DEUTSCHLAND / ÖSTERREICH / SCHWEIZ / EUROPA

Germany · Germania · Alemania · Germânia · Allemagne · Duitsland · Niemcy · Německo · Németország · Tyskland

Austria · Áustria · Autriche · Oostenrijk · Rakousko · Ausztria · Østrig · Österrike

Switzerland · Svizzera · Suiza · Suíça · Suisse · Zwitserland · Szwajcaria · Švýcarsko · Svájc · Svejts

Europe · Europa · Evropa · Európa

Germany 1:300.000

Deutschland (D)
Autobahnen und Fernstraßen
Zeichenerklärung 1:300.000
Kartenübersicht
Karten 1:300.000
Entfernungen
Autokennzeichen
Ortsnamenverzeichnis

Alemania (E)
Autopistas y rutas de larga distancia
Signos convencionales 1:300.000
Mapa índice
Mapas 1:300.000
Distancias
Matrículas
Índice de topónimos

Duitsland (NL)
Autosnelwegen en belangrijke verbindingswegen
Legenda 1:300.000
Overzichtskaart
Kaarten 1:300.000
Afstanden
Autokentekens
Register van plaatsnamen

Németország (H)
Autópálya és távolsági forgami utak — II–V
Jelmagyarázat 1:300.000 — VI–VIII
Áttekintő térkép — 1
Térképek 1:300.000 — 2–112
Távolságok — 35–
Autójelzések — 94
Helységnévjegyzék — 113–136

Germany (GB)
Motorways and trunk roads
Legend 1:300.000
Key map
Maps 1:300.000
Distances
Motor vehicle letters
Index of place names

Germânia (P)
Auto-estradas e estradas de longa distância
Sinais convencionais 1:300.000
Corte dos mapas
Mapas 1:300.000
Distâncias
Matrículas
Índice dos topónimos

Niemcy (PL)
Autostrady i drogi dalekiego zasięgu
Objaśnienia znaków 1:300.000
Skorowidz arkuszy
Mapy 1:300.000
Odległości
Znaki rejestracyjne
Skorowidz miejscowości

Tyskland (DK)
Motorveje og hovedveje — II–V
Tegnforklaring 1:300.000 — VI–VIII
Oversigtskort — 1
Kort 1:300.000 — 2–112
Afstænder — 39
Autokendetegn — 94
Stednavnsfortegnelse — 113–136

Germania (I)
Autostrade e strade di grande comunicazione
Segni convenzionali 1:300.000
Quadro d'unione
Carte 1:300.000
Distanze
Targhe automobilistiche
Elenco dei nomi di località

Allemagne (F)
Autoroutes et routes de grande liaison
Légende 1:300.000
Carte d'assemblage
Cartes 1:300.000
Distances
Plaques d'immatriculation
Index des localités

Německo (CZ)
Dálnice a hlavní dálkové silnice
Vysvětlivky 1:300.000
Klad mapových listů
Mapy 1:300.000
Vzdálenosti
Poznávací značky aut
Rejstřík sídel

Tyskland (S)
Motorvägar och genomfartsleder — II–V
Teckenförklaring 1:300.000 — VI–VIII
Kartöversikt — 1
Kartor 1:300.000 — 2–112
Avstånd — 39
Bilregistreringsskyltar — 94
Ortnamnsförteckning — 113–136

Switzerland 1:301.000

Schweiz (D)
Kartenübersicht 1:301.000
Karten 1:301.000
Ortsnamenverzeichnis

Suiza (E)
Mapa índice 1:301.000
Mapas 1:301.000
Índice de topónimos

Zwitserland (NL)
Overzichtskaart 1:301.000
Kaarten 1:301.000
Register van plaatsnamen

Ausztria (H)
Áttekintő térkép 1:301.000 — 1
Térképek 1:301.000 — 2–18
Helységnévjegyzék — 17–28

Switzerland (GB)
Key map 1:301.000
Maps 1:301.000
Index of place names

Suíça (P)
Corte dos mapas 1:301.000
Mapas 1:301.000
Índice dos topónimos

Szwajcaria (PL)
Skorowidz arkuszy 1:301.000
Mapy 1:301.000
Skorowidz miejscowości

Svejts (DK)
Oversigtskort 1:301.000 — 1
Kort 1:301.000 — 2–18
Stednavnsfortegnelse — 17–28

Svizzera (I)
Quadro d'unione 1:301.000
Carte 1:301.000
Elenco dei nomi di località

Suisse (F)
Carte d'assemblage 1:301.000
Cartes 1:301.000
Index des localités

Švýcarsko (CZ)
Klad mapových listů 1:301.000
Mapy 1:301.000
Rejstřík sídel

Schweiz (S)
Kartöversikt 1:301.000 — 1
Kartor 1:301.000 — 2–18
Ortnamnsförteckning — 17–28

Austria 1:300.000

Österreich (D)
Kartenübersicht 1:300.000
Karten 1:300.000
Ortsnamenverzeichnis
Zeichenerklärung Österreich, Schweiz

Austria (E)
Mapa índice 1:300.000
Mapas 1:300.000
Índice de topónimos
Signos convencionales Austria, Suiza

Oostenrijk (NL)
Overzichtskaart 1:300.000
Kaarten 1:300.000
Register van plaatsnamen
Legenda Oostenrijk, Zwitserland

Ausztria (H)
Áttekintő térkép 1:300.000 — 1
Térképek 1:300.000 — 2–32
Helységnévjegyzék — 33–49
Jelmagyarázat Ausztria, Svájc — 50–52

Austria (GB)
Key map 1:300.000
Maps 1:300.000
Index of place names
Legend Austria, Switzerland

Áustria (P)
Corte dos mapas 1:300.000
Mapas 1:300.000
Índice dos topónimos
Sinais convencionais Áustria, Suíça

Szwajcaria (PL)
Skorowidz arkuszy 1:300.000
Mapy 1:300.000
Skorowidz miejscowości
Objaśnienia znaków Austria, Szwajcaria

Østrig (DK)
Oversigtskort 1:300.000 — 1
Kort 1:300.000 — 2–32
Stednavnsfortegnelse — 33–49
Tegnforklaring Østrig, Svejts — 50–52

Austria (I)
Quadro d'unione 1:300.000
Carte 1:300.000
Elenco dei nomi di località
Segni convenzionali Austria, Svizzera

Autriche (F)
Carte d'assemblage 1:300.000
Cartes 1:300.000
Index des localités
Légende Autriche, Suisse

Rakousko (CZ)
Klad mapových listů 1:300.000
Mapy 1:300.000
Rejstřík sídel
Vysvětlivky Rakousko, Švýcarsko

Österrike (S)
Kartöversikt 1:300.000 — 1
Kartor 1:300.000 — 2–32
Ortnamnsförteckning — 33–49
Teckenförklaring Österrike, Schweiz — 50–52

Europa 1:4.500.000

Europa (D)
Kartenübersicht und Zeichenerklärung
Europa 1:4.500.000
Karten 1:4.500.000

Europa (E)
Mapa índice y signos convencionales
Europa 1:4.500.000
Mapas 1:4.500.000

Europa (NL)
Overzichtskaart en legenda
Europa 1:4.500.000
Kaarten 1:4.500.000

Európa (H)
Áttekintő térkép és jelmagyarázat
Európa 1:4.500.000 — 1
Térképek 1:4.500.000 — 2–16

Europe (GB)
Key map and legend
Europe 1:4.500.000
Maps 1:4.500.000

Europa (P)
Corte dos mapas e sinais convencionais
Europa 1:4.500.000
Mapas 1:4.500.000

Europa (PL)
Skorowidz arkuszy i objaśnienia znaków
Europa 1:4.500.000
Mapy 1:4.500.000

Europa (DK)
Oversigtskort og tegnforklaring
Europa 1:4.500.000 — 1
Kort 1:4.500.000 — 2–16

Europa (I)
Quadro d'unione e segni convenzionali
Europa 1:4.500.000
Carte 1:4.500.000

Europe (F)
Carte d'assemblage et légende
Europe 1:4.500.000
Cartes 1:4.500.000

Evropa (CZ)
Klad mapových listů a vysvětlivky
Evropa 1:4.500.000
Mapy 1:4.500.000

Europa (S)
Kartöversikt och teckenförklaring
Europa 1:4.500.000 — 1
Kartor 1:4.500.000 — 2–16

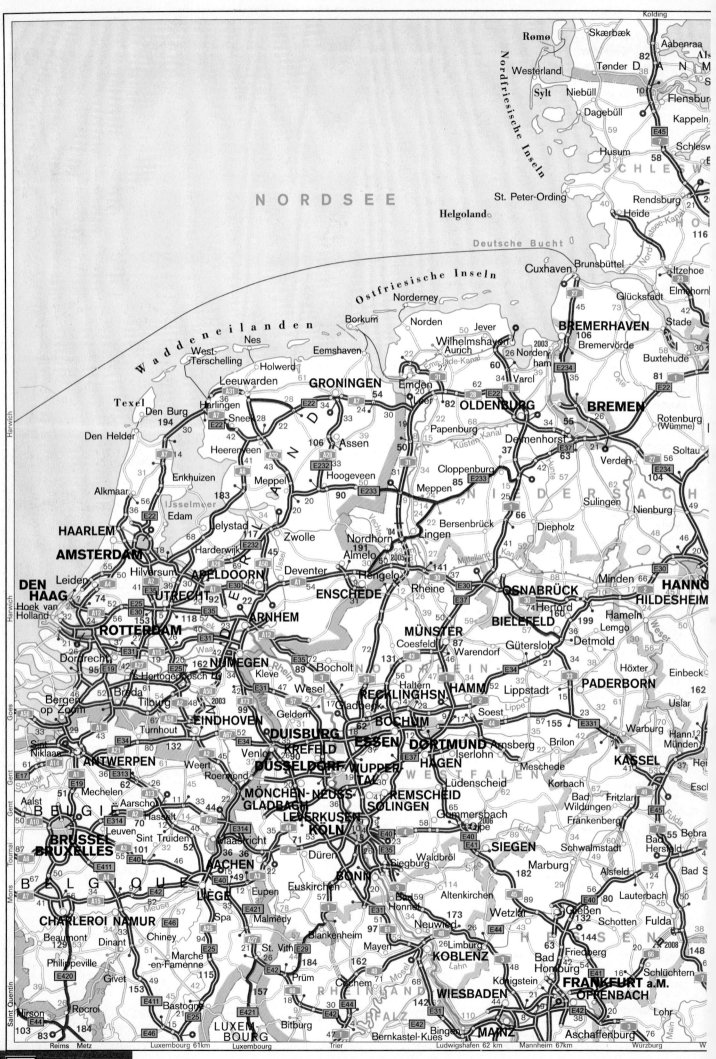

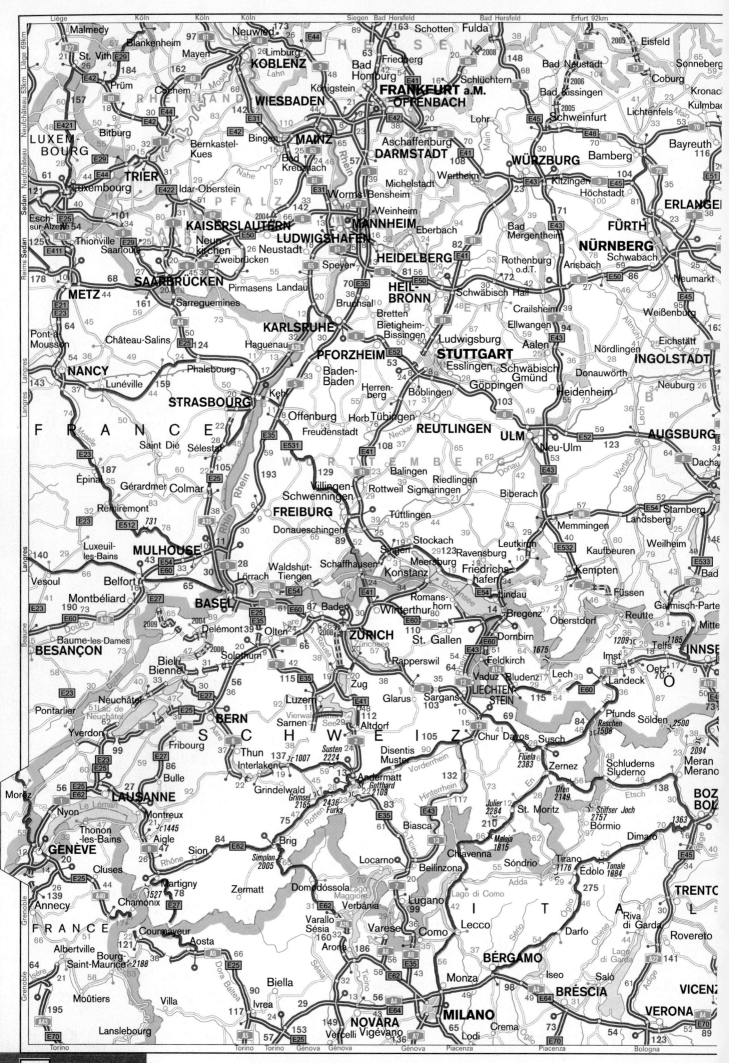

Zeichenerklärung · Legend
Segni convenzionali · Signos convencionales
1:300.000

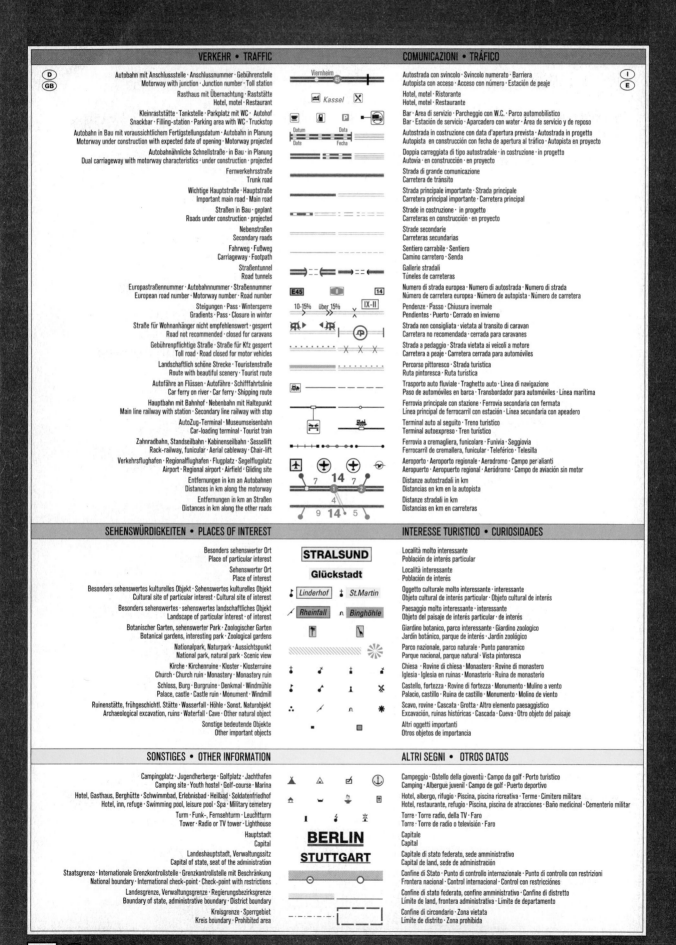

VERKEHR · TRAFFIC | **COMUNICAZIONI · TRÁFICO**

D / GB

Autobahn mit Anschlussstelle · Anschlussnummer · Gebührenstelle
Motorway with junction · Junction number · Toll station
— Viernheim · Autostrada con svincolo · Svincolo numerato · Barriera
Autopista con acceso · Acceso con número · Estación de peaje — I / E

Rasthaus mit Übernachtung · Raststätte
Hotel, motel · Restaurant
— Kassel —
Hotel, motel · Ristorante
Hotel, motel · Restaurante

Kleinraststätte · Tankstelle · Parkplatz mit WC · Autohof
Snackbar · Filling-station · Parking area with WC · Truckstop
Bar · Area di servizio · Parcheggio con W.C. · Parco automobilistico
Bar · Estación de servicio · Aparcadero con water · Área de servicio y de reposo

Autobahn in Bau mit voraussichtlichem Fertigstellungsdatum · Autobahn in Planung
Motorway under construction with expected date of opening · Motorway projected
Datum / Date — Data / Fecha
Autostrada in costruzione con data d'apertura prevista · Autostrada in progetto
Autopista en construcción con fecha de apertura al tráfico · Autopista en proyecto

Autobahnähnliche Schnellstraße · in Bau · in Planung
Dual carriageway with motorway characteristics · under construction · projected
Doppia carreggiata di tipo autostradale · in costruzione · in progetto
Autovia · en construcción · en proyecto

Fernverkehrsstraße
Trunk road
Strada di grande comunicazione
Carretera de tránsito

Wichtige Hauptstraße · Hauptstraße
Important main road · Main road
Strada principale importante · Strada principale
Carretera principal importante · Carretera principal

Straßen in Bau · geplant
Roads under construction · projected
Strade in costruzione · in progetto
Carreteras en construcción · en proyecto

Nebenstraßen
Secondary roads
Strade secondarie
Carreteras secundarias

Fahrweg · Fußweg
Carriageway · Footpath
Sentiero carrabile · Sentiero
Camino carretero · Senda

Straßentunnel
Road tunnels
Gallerie stradali
Túneles de carreteras

Europastraßennummer · Autobahnnummer · Straßennummer
European road number · Motorway number · Road number
E45 · 8 · 14
Numero di strada europea · Numero di autostrada · Numero di strada
Número de carretera europea · Número de autopista · Número de carretera

Steigungen · Pass · Wintersperre
Gradients · Pass · Closure in winter
10-15% · über 15% · IX-II
Pendenze · Passo · Chiusura invernale
Pendientes · Puerto · Cerrado en invierno

Straße für Wohnanhänger nicht empfehlenswert · gesperrt
Road not recommended · closed for caravans
Strada non consigliata · vietata al transito di caravan
Carretera no recomendada · cerrada para caravanes

Gebührenpflichtige Straße · Straße für Kfz gesperrt
Toll road · Road closed for motor vehicles
Strada a pedaggio · Strada vietata ai veicoli a motore
Carretera a peaje · Carretera cerrada para automóviles

Landschaftlich schöne Strecke · Touristenstraße
Route with beautiful scenery · Tourist route
Percorso pittoresco · Strada turistica
Ruta pintoresca · Ruta turística

Autofähre an Flüssen · Autofähre · Schifffahrtslinie
Car ferry on river · Car ferry · Shipping route
Trasporto auto fluviale · Traghetto auto · Linea di navigazione
Paso de automóviles en barca · Transbordador para automóviles · Línea marítima

Hauptbahn mit Bahnhof · Nebenbahn mit Haltepunkt
Main line railway with station · Secondary line railway with stop
Ferrovia principale con stazione · Ferrovia secondaria con fermata
Línea principal de ferrocarril con estación · Línea secundaria con apeadero

AutoZug-Terminal · Museumseisenbahn
Car-loading terminal · Tourist train
Terminal auto al seguito · Treno turistico
Terminal autoexpreso · Tren turístico

Zahnradbahn, Standseilbahn · Kabinenseilbahn · Sessellift
Rack-railway, funicular · Aerial cableway · Chair-lift
Ferrovia a cremagliera, funicolare · Funivia · Seggiovia
Ferrocarril de cremallera, funicular · Teleférico · Telesilla

Verkehrsflughafen · Regionalflughafen · Flugplatz · Segelflugplatz
Airport · Regional airport · Airfield · Gliding site
Aeroporto · Aeroporto regionale · Aerodromo · Campo per alianti
Aeropuerto · Aeropuerto regional · Aeródromo · Campo de aviación sin motor

Entfernungen in km an Autobahnen
Distances in km along the motorway
7 · 14 · 7
1 · 2
Distanze autostradali in km
Distancias en km en la autopista

Entfernungen in km an Straßen
Distances in km along the other roads
4
9 · 14 · 5
Distanze stradali in km
Distancias en km en carreteras

SEHENSWÜRDIGKEITEN · PLACES OF INTEREST | **INTERESSE TURISTICO · CURIOSIDADES**

Besonders sehenswerter Ort
Place of particular interest
STRALSUND
Località molto interessante
Población de interés particular

Sehenswerter Ort
Place of interest
Glückstadt
Località interessante
Población de interés

Besonders sehenswertes kulturelles Objekt · Sehenswertes kulturelles Objekt
Cultural site of particular interest · Cultural site of interest
Linderhof · St.Martin
Oggetto culturale molto interessante · interessante
Objeto cultural de interés particular · Objeto cultural de interés

Besonders sehenswertes landschaftliches Objekt
Landscape of particular interest · of interest
Rheinfall · Binghöhle
Paesaggio molto interessante · interessante
Objeto del paisaje de interés particular · de interés

Botanischer Garten, sehenswerter Park · Zoologischer Garten
Botanical gardens, interesting park · Zoological gardens
Giardino botanico, parco interessante · Giardino zoologico
Jardín botánico, parque de interés · Jardín zoológico

Nationalpark, Naturpark · Aussichtspunkt
National park, natural park · Scenic view
Parco nazionale, parco naturale · Punto panoramico
Parque nacional, parque natural · Vista pintoresca

Kirche · Kirchenruine · Kloster · Klosterruine
Church · Church ruin · Monastery · Monastery ruin
Chiesa · Rovine di chiesa · Monastero · Rovine di monastero
Iglesia · Iglesia en ruinas · Monasterio · Ruina de monasterio

Schloss, Burg · Burgruine · Denkmal · Windmühle
Palace, castle · Castle ruin · Monument · Windmill
Castello, fortezza · Rovine di fortezza · Monumento · Mulino a vento
Palacio, castillo · Ruina de castillo · Monumento · Molino de viento

Ruinenstätte, frühgeschichtl. Stätte · Wasserfall · Höhle · Sonst. Naturobjekt
Archaeological excavation, ruins · Waterfall · Cave · Other natural object
Scavo, rovine · Cascata · Grotta · Altro elemento paesaggistico
Excavación, ruinas históricas · Cascada · Cueva · Otro objeto del paisaje

Sonstige bedeutende Objekte
Other important objects
Altri oggetti importanti
Otros objetos de importancia

SONSTIGES · OTHER INFORMATION | **ALTRI SEGNI · OTROS DATOS**

Campingplatz · Jugendherberge · Golfplatz · Jachthafen
Camping site · Youth hostel · Golf-course · Marina
Campeggio · Ostello della gioventù · Campo da golf · Porto turistico
Camping · Albergue juvenil · Campo de golf · Puerto deportivo

Hotel, Gasthaus, Berghütte · Schwimmbad, Erlebnisbad · Heilbad · Soldatenfriedhof
Hotel, inn, refuge · Swimming pool, leisure pool · Spa · Military cemetery
Hotel, albergo, rifugio · Piscina, piscina ricreativa · Terme · Cimitero militare
Hotel, restaurante, refugio · Piscina, piscina de atracciones · Baño medicinal · Cementerio militar

Turm · Funk-, Fernsehturm · Leuchtturm
Tower · Radio or TV tower · Lighthouse
Torre · Torre radio, della TV · Faro
Torre · Torre de radio o televisión · Faro

Hauptstadt
Capital
BERLIN
Capitale
Capital

Landeshauptstadt, Verwaltungssitz
Capital of state, seat of the administration
STUTTGART
Capitale di stato federato, sede amministrativo
Capital de land, sede de administración

Staatsgrenze · Internationale Grenzkontrollstelle · Grenzkontrollstelle mit Beschränkung
National boundary · International check-point · Check-point with restrictions
Confine di Stato · Punto di controllo internazionale · Punto di controllo con restrizioni
Frontera nacional · Control internacional · Control con restricciones

Landesgrenze, Verwaltungsgrenze · Regierungsbezirksgrenze
Boundary of state, administrative boundary · District boundary
Confine di stato federato, confine amministrativo · Confine di distretto
Límite de land, frontera administrativa · Límite de departamento

Kreisgrenze · Sperrgebiet
Kreis boundary · Prohibited area
Confine di circondario · Zona vietata
Límite de distrito · Zona prohibida

Sinais convencionais · Légende
Legenda · Objaśnienia znaków
1:300.000

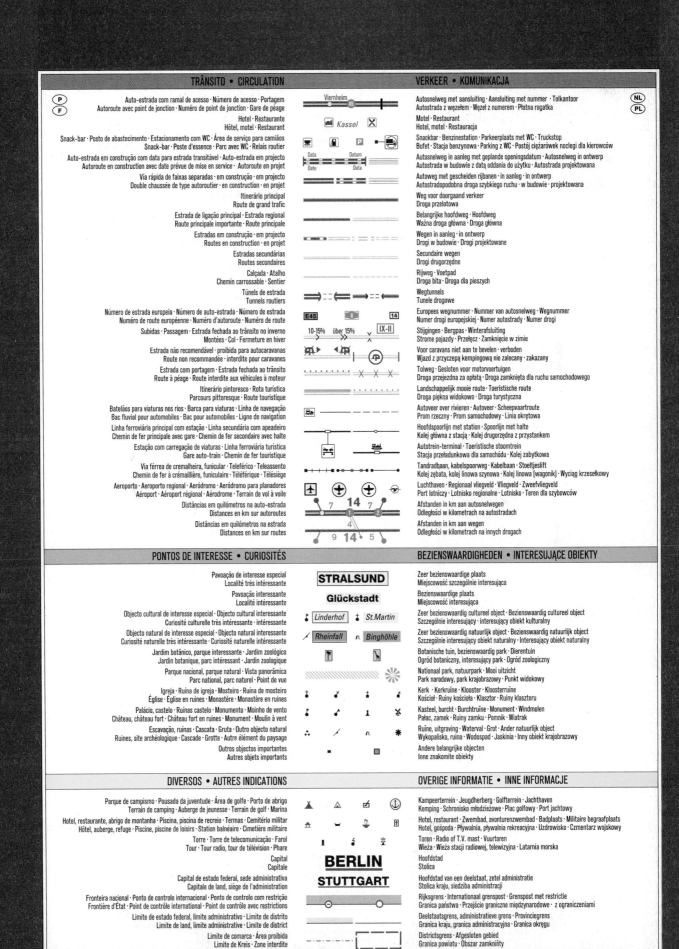

TRÂNSITO · CIRCULATION

	VERKEER · KOMUNIKACJA

(P) (F)

Auto-estrada com ramal de acesso · Número de acesso · Portagem
Autoroute avec point de jonction · Numéro de point de jonction · Gare de péage
— Viernheim 45 —
Autosnelweg met aansluiting · Aansluiting met nummer · Tolkantoor
Autostrada z węzłem · Węzeł z numerem · Płatna rogatka
(NL) (PL)

Hotel · Restaurante
Hôtel, motel · Restaurant
Kassel
Motel · Restaurant
Hotel, motel · Restauracja

Snack-bar · Posto de abastecimento · Estacionamento com WC · Área de serviço para camiãos
Snack-bar · Poste d'essence · Parc avec WC · Relais routier
Snackbar · Benzinestation · Parkeerplaats met WC · Truckstop
Bufet · Stacja benzynowa · Parking z WC · Postój ciężarówek noclegi dla kierowców

Auto-estrada em construção com data para estrada transitável · Auto-estrada em projecto
Autoroute en construction avec date prévue de mise en service · Autoroute en projet
Data   Datum
Date   Data
Autosnelweg in aanleg met geplande openingsdatum · Autosnelweg in ontwerp
Autostrada w budowie z datą oddania do użytku · Autostrada projektowana

Vía rápida de faixas separadas · em construção · em projecto
Double chaussée de type autoroutier · en construction · en projet
Autoweg met gescheiden rijbanen · in aanleg · in ontwerp
Autostradopodobna droga szybkiego ruchu · w budowie · projektowana

Itinerário principal
Route de grand trafic
Weg voor doorgaand verkeer
Droga przelotowa

Estrada de ligação principal · Estrada regional
Route principale importante · Route principale
Belangrijke hoofdweg · Hoofdweg
Ważna droga główna · Droga główna

Estradas em construção · em projecto
Routes en construction · en projet
Wegen in aanleg · in ontwerp
Drogi w budowie · Drogi projektowane

Estradas secundárias
Routes secondaires
Secundaire wegen
Drogi drugorzędne

Calçada · Atalho
Chemin carrossable · Sentier
Rijweg · Voetpad
Droga bita · Droga dla pieszych

Túnels de estrada
Tunnels routiers
Wegtunnels
Tunele drogowe

Número de estrada europeia · Número de auto-estrada · Número de estrada
Numéro de route européenne · Numéro d'autoroute · Numéro de route
E45   8   14
Europees wegnummer · Nummer van autosnelweg · Wegnummer
Numer drogi europejskiej · Numer autostrady · Numer drogi

Subidas · Passagem · Estrada fechada ao trânsito no inverno
Montées · Col · Fermeture en hiver
10-15%   über 15%   IX-II
Stijgingen · Bergpas · Winterafsluiting
Strome pojazdy · Przełęcz · Zamknięcie w zimie

Estrada não recomendável · proibida para autocaravanas
Route non recommandée · interdite pour caravanes
Voor caravans niet aan te bevelen · verboden
Wjazd z przyczepą kempingową nie zalecany · zakazany

Estrada com portagem · Estrada fechada ao trânsito
Route à péage · Route interdite aux véhicules à moteur
X X X
Tolweg · Gesloten voor motorvoertuigen
Droga przejezdna za opłatą · Droga zamknięta dla ruchu samochodowego

Itinerário pintoresco · Rota turística
Parcours pittoresque · Route touristique
Landschappelijk mooie route · Toeristische route
Droga piękna widokowo · Droga turystyczna

Batelãos para viaturas nos rios · Barca para viaturas · Linha de navegação
Bac fluvial pour automobiles · Bac pour automobiles · Ligne de navigation
Autoveer over rivieren · Autoveer · Scheepvaartroute
Prom rzeczny · Prom samochodowy · Linia okrętowa

Linha ferroviária principal com estação · Linha secundária com apeadeiro
Chemin de fer principale avec gare · Chemin de fer secondaire avec halte
Hoofdspoorlijn met station · Spoorlijn met halte
Kolej główna z stacją · Kolej drugorzędna z przystankiem

Estação com carregação de viaturas · Linha ferroviária turística
Gare auto-train · Chemin de fer touristique
Autotrein-terminal · Toeristische stoomtrein
Stacja przeładunkowa dla samochodu · Kolej zabytkowa

Via férrea de cremalheira, funicular · Teleférico · Teleassento
Chemin de fer à crémaillère, funiculaire · Téléférique · Télésiège
Tandradbaan, kabelspoorweg · Kabelbaan · Stoeltjeslift
Kolej zębata, kolej linowa szynowa · Kolej linowa (wagonik) · Wyciąg krzesełkowy

Aeroporto · Aeroporto regional · Aeródromo · Aeródromo para planadores
Aéroport · Aéroport régional · Aérodrome · Terrain de vol à voile
Luchthaven · Regionaal vliegveld · Vliegveld · Zweefvliegveld
Port lotniczy · Lotnisko regionalne · Lotnisko · Teren dla szybowców

Distâncias em quilómetros na auto-estrada
Distances en km sur autoroutes
7   14
1   2
Afstanden in km aan autosnelwegen
Odległości w kilometrach na autostradach

Distâncias em quilómetros na estrada
Distances en km sur routes
4
9   14   5
Afstanden in km aan wegen
Odległości w kilometrach na innych drogach

PONTOS DE INTERESSE · CURIOSITÉS

	BEZIENSWAARDIGHEDEN · INTERESUJĄCE OBIEKTY

Pavoação de interesse especial
Localité très intéressante
STRALSUND
Zeer bezienswaardige plaats
Miejscowość szczególnie interesująca

Pavoação interessante
Localité intéressante
Glückstadt
Bezienswaardige plaats
Miejscowość interesująca

Objecto cultural de interesse especial · Objecto cultural interessante
Curiosité culturelle très intéressante · intéressante
Linderhof   *St.Martin*
Zeer bezienswaardig cultureel object · Bezienswaardig cultureel object
Szczególnie interesujący · interesujący obiekt kulturalny

Objecto natural de interesse especial · Objecto natural interessante
Curiosité naturelle très intéressante · Curiosité naturelle intéressante
Rheinfall   *Binghöhle*
Zeer bezienswaardig natuurlijk object · Bezienswaardig natuurlijk object
Szczególnie interesujący obiekt naturalny · Interesujący obiekt naturalny

Jardim botânico, parque interessante · Jardim zoológico
Jardin botanique, parc intéressant · Jardin zoologique
Botanische tuin, bezienswaardig park · Dierentuin
Ogród botaniczny, interesujący park · Ogród zoologiczny

Parque nacional, parque natural · Vista panorâmica
Parc national, parc naturel · Point de vue
Nationaal park, natuurpark · Mooi uitzicht
Park narodowy, park krajobrazowy · Punkt widokowy

Igreja · Ruína de igreja · Mosteiro · Ruína de mosteiro
Église · Église en ruines · Monastère · Monastère en ruines
Kerk · Kerkruïne · Klooster · Kloosterruïne
Kościół · Ruiny kościoła · Klasztor · Ruiny klasztoru

Palácio, castelo · Ruínas castelo · Monumento · Moinho de vento
Château, château fort · Château fort en ruines · Monument · Moulin à vent
Kasteel, burcht · Burchtruïne · Monument · Windmolen
Pałac, zamek · Ruiny zamku · Pomnik · Wiatrak

Escavação, ruínas · Cascata · Gruta · Outro objecto natural
Ruines, site archéologique · Cascade · Grotte · Autre élément du paysage
Ruïne, uitgraving · Waterval · Grot · Ander natuurlijk object
Wykopalisko, ruina · Wodospad · Jaskinia · Inny obiekt krajobrazowy

Outros objectos importantes
Autres objets importants
Andere belangrijke objecten
Inne znakomite obiekty

DIVERSOS · AUTRES INDICATIONS

	OVERIGE INFORMATIE · INNE INFORMACJE

Parque de campismo · Pousada da juventude · Área de golfe · Porto de abrigo
Terrain de camping · Auberge de jeunesse · Terrain de golf · Marina
Kampeerterrein · Jeugdherberg · Golfterrein · Jachthaven
Kemping · Schronisko młodzieżowe · Plac golfowy · Port jachtowy

Hotel, restaurante, abrigo de montanha · Piscina, piscina de recreio · Termas · Cemitério militar
Hôtel, auberge, refuge · Piscine, piscine de loisirs · Station balnéaire · Cimetière militaire
Hotel, restaurant · Zwembad, avonturenzwembad · Badplaats · Militaire begraafplaats
Hotel, gospoda · Pływalnia, pływalnia rekreacyjna · Uzdrowisko · Czmentarz wojskowy

Torre · Torre de telecomunicação · Farol
Tour · Tour radio, tour de télévision · Phare
Toren · Radio of T.V. mast · Vuurtoren
Wieża · Wieża stacji radiowej, telewizyjna · Latarnia morska

Capital
Capitale
BERLIN
Hoofdstad
Stolica

Capital de estado federal, sede administrativa
Capitale de land, siège de l'administration
STUTTGART
Hoofdstad van een deelstaat, zetel administratie
Stolica kraju, siedziba administracji

Fronteira nacional · Ponto de controlo internacional · Ponto de controlo com restrição
Frontière d'État · Point de contrôle international · Point de contrôle avec restrictions
Rijksgrens · Internationaal grenspost · Grenspost met restrictie
Granica państwa · Przejście graniczne międzynarodowe · z ograniczeniami

Limite de estado federal, limite administrativo · Limite de distrito
Limite de land, limite administrative · Limite de district
Deelstaatsgrens, administratieve grens · Provinciegrens
Granica kraju, granica administracyjna · Granica okręgu

Limite de comarca · Área proibida
Limite de Kreis · Zone interdite
Districtsgrens · Afgesloten gebied
Granica powiatu · Obszar zamknięty

Vysvětlivky · Jelmagyarázat
Tegnforklaring · Teckenförklaring
1:300.000

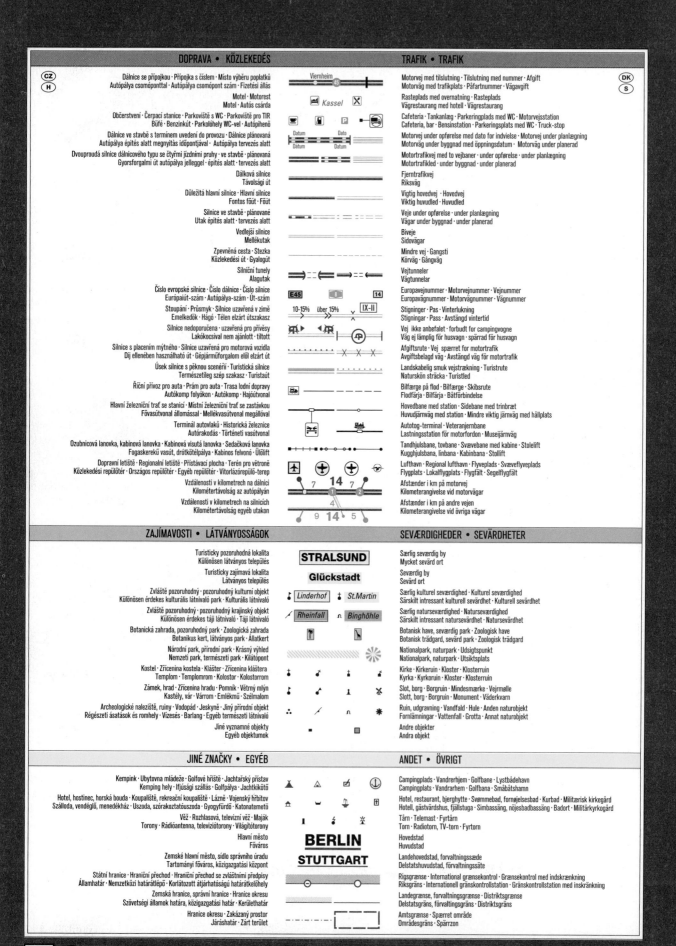

DOPRAVA · KÖZLEKEDÉS — TRAFIK · TRAFIK

CZ / H — **DK / S**

CZ · H		TRAFIK · TRAFIK (DK · S)
Dálnice se připojkou · Přípojka s číslem · Místo výběru poplatků	Viernheim 49	Motorvej med tilslutning · Tilslutning med nummer · Afgift
Autópálya csomóponttal · Autópálya csomópont szám · Fizetési állás		Motorväg med trafikplats · Påfartnummer · Vägavgift
Motel · Motorest	Kassel	Rasteplads med overnatning · Rasteplads
Motel · Autós csárda		Vägrestaurang med hotell · Vägrestaurang
Občerstvení · Čerpací stanice · Parkoviště s WC · Parkoviště pro TIR		Cafeteria · Tankanlæg · Parkeringsplads med WC · Motorvejsstation
Büfé · Benzinkút · Parkolóhely WC-vel · Autópihenő		Cafeteria, bar · Bensinstation · Parkeringsplats med WC · Truck-stop
Dálnice ve stavbě s termínem uvedení do provozu · Dálnice plánovaná	Datum / Dato / Datum / Datum	Motorvej under opførelse med dato for indvielse · Motorvej under planlægning
Autópálya építés alatt megnyitás időpontjával · Autópálya tervezés alatt		Motorväg under byggnad med öppningsdatum · Motorväg under planerad
Dvouproudá silnice dálnicového typu se čtyřmi jízdními pruhy · ve stavbě · plánovaná		Motortrafikvej med to vejbaner · under opførelse · under planlægning
Gyorsforgalmi út autópálya jelleggel · építés alatt · tervezés alatt		Motortrafikled · under byggnad · under planerad
Dálková silnice		Fjerntrafikvej
Távolsági út		Riksväg
Důležitá hlavní silnice · Hlavní silnice		Vigtig hovedvej · Hovedvej
Fontos főút · Főút		Viktig huvudled · Huvudled
Silnice ve stavbě · plánované		Veje under opførelse · under planlægning
Utak építés alatt · tervezés alatt		Vägar under byggnad · under planerad
Vedlejší silnice		Biveje
Mellékutak		Sidovägar
Zpevněná cesta · Stezka		Mindre vej · Gangsti
Közlekedési út · Gyalogút		Körväg · Gångväg
Silniční tunely		Vejtunneler
Alagutak		Vägtunnelar
Číslo evropské silnice · Číslo dálnice · Číslo silnice	E45 · 8 · 14	Europavejnummer · Motorvejnummer · Vejnummer
Európaiút-szám · Autópálya-szám · Út-szám		Europavägnummer · Motorvägnummer · Vägnummer
Stoupání · Průsmyk · Silnice uzavřená v zimě	10-15% · über 15% · IX-II	Stigninger · Pas · Vinterlukning
Emelkedők · Hágó · Télen elzárt útszakasz		Stigningar · Pass · Avstängd vintertid
Silnice nedoporučena · uzavřená pro přívěsy		Vej ikke anbefalet · forbudt for campingvogne
Lakókocsival nem ajánlott · tiltott		Väg ej lämplig för husvagn · spärrad för husvagn
Silnice s placením mýtného · Silnice uzavřená pro motorová vozidla	× × ×	Afgiftsrute · Vej spærret for motortrafik
Díj ellenében használható út · Gépjárműforgalom elől elzárt út		Avgiftsbelagd väg · Avstängd väg för motortrafik
Úsek silnice s pěknou scenérií · Turistická silnice		Landskabelig smuk vejstrækning · Turistrute
Természetileg szép szakasz · Turistaút		Naturskön sträcka · Turistled
Říční přívoz pro auta · Prám pro auta · Trasa lodní dopravy		Bilfærge på flod · Bilfærge · Skibsrute
Autókomp folyókon · Autókomp · Hajóútvonal		Flodfärja · Bilfärja · Båtförbindelse
Hlavní železniční trať se stanicí · Místní železniční trať se zastávkou		Hovedbane med station · Sidebane med trinbræt
Fővasútvonal állomással · Mellékvasútvonal megállóval		Huvudjärnväg med station · Mindre viktig järnväg med hållplats
Terminál autovlaků · Historická železnice		Autotog-terminal · Veteranjernbane
Autórakodás · Történeti vasútvonal		Lastningsstation for motorfordon · Museijärnväg
Ozubnicová lanovka, kabinová lanovka · Kabinová visutá lanovka · Sedačková lanovka		Tandhjulsbane, tovbane · Svævebane med kabine · Stolelift
Fogaskerekű vasút, drótkötélpálya · Kabinos felvonó · Ülőlift		Kugghjulsbana, linbana · Kabinbana · Stollift
Dopravní letiště · Regionalní letiště · Přistávací plocha · Terén pro větroně		Lufthavn · Regional lufthavn · Flyveplads · Svæveflyveplads
Közlekedési repülőtér · Országos repülőtér · Egyéb repülőtér · Vitorlázórepülő-terep		Flygplats · Lokalflygplats · Flygfält · Segelflygfält
Vzdálenosti v kilometrech na dálnici	7 14 7 / 1 2	Afstænder i km på motorvej
Kilométertávolság az autópályán		Kilometerangivelse vid motorvägar
Vzdálenosti v kilometrech na silnicích	4 / 9 14 5	Afstænder i km på andre vejen
Kilométertávolság egyéb utakon		Kilometerangivelse vid övriga vägar

ZAJÍMAVOSTI · LÁTVÁNYOSSÁGOK — SEVÆRDIGHEDER · SEVÄRDHETER

CZ · H		DK · S
Turisticky pozoruhodná lokalita	**STRALSUND**	Særlig seværdig by
Különösen látványos település		Mycket sevärd ort
Turisticky zajímavá lokalita	**Glückstadt**	Seværdig by
Látványos település		Sevärd ort
Zvláště pozoruhodný · pozoruhodný kulturní objekt	Linderhof · St.Martin	Særlig kulturel seværdighed · Kulturel seværdighed
Különösen érdekes kulturális látnivaló park · Kulturális látnivaló		Särskilt intressant kulturell sevärdhet · Kulturell sevärdhet
Zvláště pozoruhodný · pozoruhodný krajinský objekt	Rheinfall · Binghöhle	Særlig natursværdighed · Natursværdighed
Különösen érdekes táji látnivaló · Táji látnivaló		Särskilt intressant natursevärdhet · Natursevärdhet
Botanická zahrada, pozoruhodný park · Zoologická zahrada		Botanisk have, seværdig park · Zoologisk have
Botanikus kert, látványos park · Állatkert		Botanisk trädgard, sevärd park · Zoologisk trädgard
Národní park, přírodní park · Krásný výhled		Nationalpark, naturpark · Udsigtspunkt
Nemzeti park, természeti park · Kilátópont		Nationalpark, naturpark · Utsiktsplats
Kostel · Zřícenina kostela · Klášter · Zřícenina kláštera		Kirke · Kirkeruin · Kloster · Klosterruin
Templom · Templomrom · Kolostor · Kolostorrom		Kyrka · Kyrkoruin · Kloster · Klosterruin
Zámek, hrad · Zřícenina hradu · Pomník · Větrný mlýn		Slot, borg · Borgruin · Mindesmærke · Vejrmølle
Kastély, vár · Várrom · Emlékmű · Szélmalom		Slott, borg · Borgruin · Monument · Väderkvarn
Archeologické naleziště, ruiny · Vodopád · Jeskyně · Jiný přírodní objekt		Ruin, udgravning · Vandfald · Hule · Anden naturobjekt
Régészeti ásatások és romhely · Vízesés · Barlang · Egyéb természeti látnivaló		Fornlämningar · Vattenfall · Grotta · Annat naturobjekt
Jiné významné objekty		Andre objekter
Egyéb objektumok		Andra objekt

JINÉ ZNAČKY · EGYÉB — ANDET · ÖVRIGT

CZ · H		DK · S
Kempink · Ubytovna mládeže · Golfové hřiště · Jachtařský přístav		Campingplads · Vandrerhjem · Golfbane · Lystbådehavn
Kemping hely · Ifjúsági szállás · Golfpálya · Jachtkikötő		Campingplats · Vandrarhem · Golfbana · Småbåtshamn
Hotel, hostinec, horská bouda · Koupaliště, rekreační koupaliště · Lázně · Vojenský hřbitov		Hotel, restaurant, bjerghytte · Svømmebad, fornøjelsesbad · Kurbad · Militærisk kirkegård
Szálloda, vendéglő, menedékház · Uszoda, szórakoztatóuszoda · Gyogyfürdő · Katonatemető		Hotell, gästvärdshus, fjällstuga · Simbassäng, nöjesbadbassäng · Badort · Militärkyrkogård
Věž · Rozhlasová, televizní věž · Maják		Tårn · Telemast · Fyrtårn
Torony · Rádióantenna, televíziótorony · Világítótorony		Torn · Radiotorn, TV-torn · Fyrtorn
Hlavní město	**BERLIN**	Hovedstad
Főváros		Huvudstad
Zemské hlavní město, sídlo správního úřadu	**STUTTGART**	Landehovedstad, forvaltningssæde
Tartományi főváros, közigazgatási központ		Delstatshuvudstad, förvaltningssäte
Státní hranice · Hraniční přechod · Hraniční přechod se zvláštními předpisy		Rigsgrænse · International grænsekontrol · Grænsekontrol med indskrænkning
Államhatár · Nemzetközi határátlépő · Korlátozott átjárhatóságú határátkelőhely		Riksgräns · Internationell gränskontrollstation · Gränskontrollstation med inskränkning
Zemská hranice, správní hranice · Hranice okresu		Landegrænse, forvaltningsgrænse · Distriktsgrænse
Szövetségi államok határa, közigazgatási határ · Kerülethatár		Delstatsgräns, förvaltningsgräns · Distriktsgräns
Hranice okresu · Zakázaný prostor		Amtsgrænse · Spærret område
Járáshatár · Zárt terület		Områdesgräns · Spärrzon

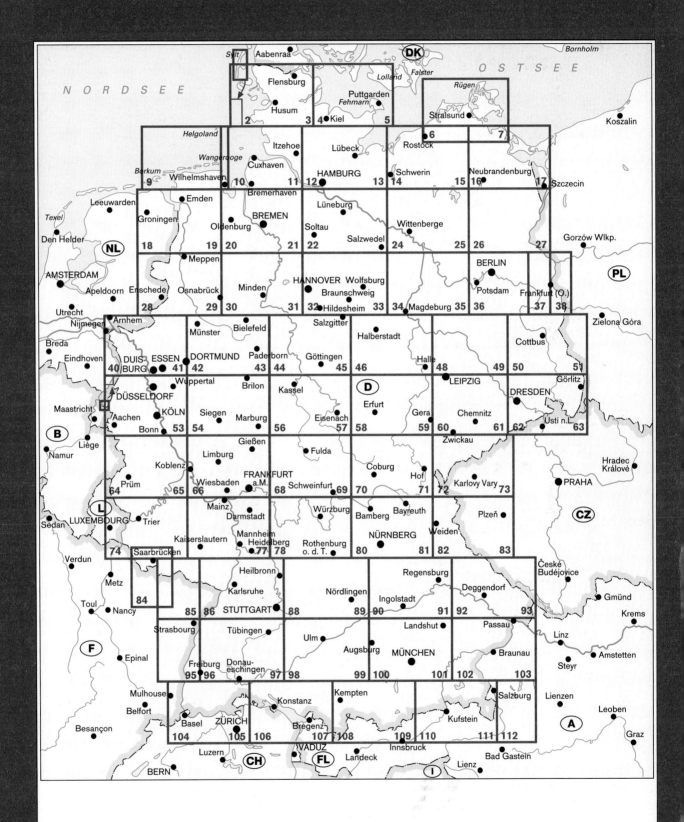

Kartenübersicht · Key map · Quadro d'unione · Mapa índice ·
Corte dos mapas · Carte d'assemblage · Overzichtskaart · Skorowidz arkuszy
Klad mapových listů · Áttekintő térkép · Oversigtskort · Kartöversikt
1:300.000

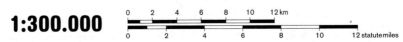

1:300.000

0 2 4 6 8 10 12 km

0 2 4 6 8 10 12 statute miles

D 1

Sylt area (top left):
Westerland, Munkmarsch, Keitum, Sylter Welle, Tinnum, Sylt-Ost, Archsum, Morsum, Mittelsand, Morsumkliff, Dikjen-Deel, Vogelkoje, Rantum, Rantum Becken, Hünengrab, Puan Klent, Steenack

Hindenburgdamm, Grüne Küstenstraße

Mainland (right side):
Tønder, Sæd, Ubjerg, Rudbøl, Fischerhäuser, Aventoft, Nolde-Museum Seebüll, Böglum, Ellhöft, Süderlügum, Humptrup, Wimmersbüll, Neukirchen, Holm, Uphusum, Braderup, Lexgaard, Bosbüll, Klixbüll, Tinningstedt, Horsbüll, Langstoft, Niebüll, Deezbüll, Klockries, Lindholm, Klanxbüll, Emmelsbüll, Neugalmsbüll, Marienkoog, Galmsbüll, Dagebülldamm, Maasbüll, Risum, Schnatebüll, Stedesand, Sande, Dagebüll-Hafen, Dagebüll, Juliane-Marienkoog, Fahretoft, Trollebüll, Waygaard, Efkebüll, Westerbargum, Scharde, Soholm, Langenhorn, Oland, Schlüttsiel, Haien, Ockholm, Koog, Büttjebüll, Stollberg, Sterdebüll, Bordelum, Reußen, Köge, Wallsb, Bredstedt, Struckum

Föhr (island, center):
Nationalpark, Föhrer Schulter, Liinsand, Ackerum, Klein Dunsum, Groß Dunsum, Oldsum, Süderende, Utersum, Westerland, Midlum, Hedehusum, Hünengräber, Witsum, Alkersum, Borgsum, Oevenum, Wrixum, Boldixum, Goting, Nieblum, Wyk auf Föhr, Nordmannsgrund, Hünengräber, Nordorf, Hünengrab

Amrum (island, left):
Norddorf, Vogelkoje, Nebel, Süddorf, Hünengr. Steenodde, Wittdün, Amrum, Hörnum

Halligen:
Langeneß, Nordmarsch-Langeneß, Kirchwarf, Bandixwarf, Langeneß, Marschnack, Mayenswarf, Hilligenley, Gröde-Appelland, Gröde, Habel, Oland, Rocheleysand, Ipkenswarf, Hooge, Backenswarf, Königspesel, Ockenswarf, Sandshörn, Hamburger Hallig, Norderwarft, Neuwarft, Moorsteert, Nordstrandischmoor

Schleswig-Holsteinisches

Pellworm (island):
Waldhusen, Tammensiel, Pellworm, Ostertilli, Schmerhörn, Rungholt-sand, Strucklahnungshörn, Alterkoog, Westerdeich, Nordstrand

Nord See (Nordfriesische)

Helgoland, Vortrapptief, Süderaue, Norderaue, Hörnumtief, Eidumtief, Rantum Becken

Norderoogsand, Norderoog, Süderoog, Süderoogsand, Südfall, Süden, England, Morsumkoog, Schob, Norderhafen, Süderhafen, Nordstrander Watt, Simonsberg, Uelvesbüll

Nordstrand, Wattenmeer, Heverstrom

Eiderstedt peninsula (bottom right):
Schanze, Stufhusen, Slatterack, Tetenbüllspieker, Witzwort, Westerhever, Augustenkoog, Osterhever, Sieversfletherkoog, Osterende, Lehmrick, Oldenswort, Tümlauer Koog, Poppenbüll, Großdehop, Tetenbüll, Kleinhörn, Katharinenheerd, Hoyerswort, Brösum, Tholendorf, Tating, Garding, Kotzenbüll, Rüxbüll, Esing, Heisternest, Sandwehle, Welt, Tönning, Sankt Peter-, Bad Sankt Peter, Ehst, Grothusenkoog, Kating, Katingsiel, Olversum, Nesserd, Sankt Peter, -Ording, Böhl, Wittdün, Süderhof, Vollerwiek, Westerdeich, Karolinenkoog, Hemmerwurth, Süderhöft, Katinger Watt, Eidersperrwerk, Schülperneuensiel, Zennhusen, Schülperaltensiel, Schülp, Eider, Linnen-platte, Wesselburenerkoog, Neuenkirchen, Heuwisch, Norddeich, Jarrenwisch-Hafe, Hödienwisch, Wesselburen, Hillgroven, Hellschen-Süderdeich, Heringsand, Oester, Wehren-Oker, Meldorf

Inset map (bottom left) — Sylt, Amrum, Föhr detail:
DANMARK, Rømø, Lister Tief, Ellenbogen, Uthörn, List, Mövenberg, Listland, Listtief, Rømø Dyb, Westerheide, Klappholttal, Vogelkoje, Sylt, Rotes Kliff, Kampen, Hünengrab Denghoog, Hügelgräber, Braderup, Wenningstedt, Munkmarsch, Sylter Welle, Westerland, Keitum, Dikjen-Deel, Tinnum, Sylt-Ost, Archsum, Mittelsand, Morsumkliff, Morsum, Hünengrab, Rantum, Rantum Becken, Vogelkoje, Steenack, Puan Klent, Hörnum, Föhr, Liinsand, Klein Dunsum, Oldsum, Ackerum, Groß Dunsum, Süderende

Grid references: 18, 19, 20, 21, 22, 23, 1b, 1c, 1d, 15, 16, 9, 199, 5, 23, 19, 26, 10, 27, 42, 202

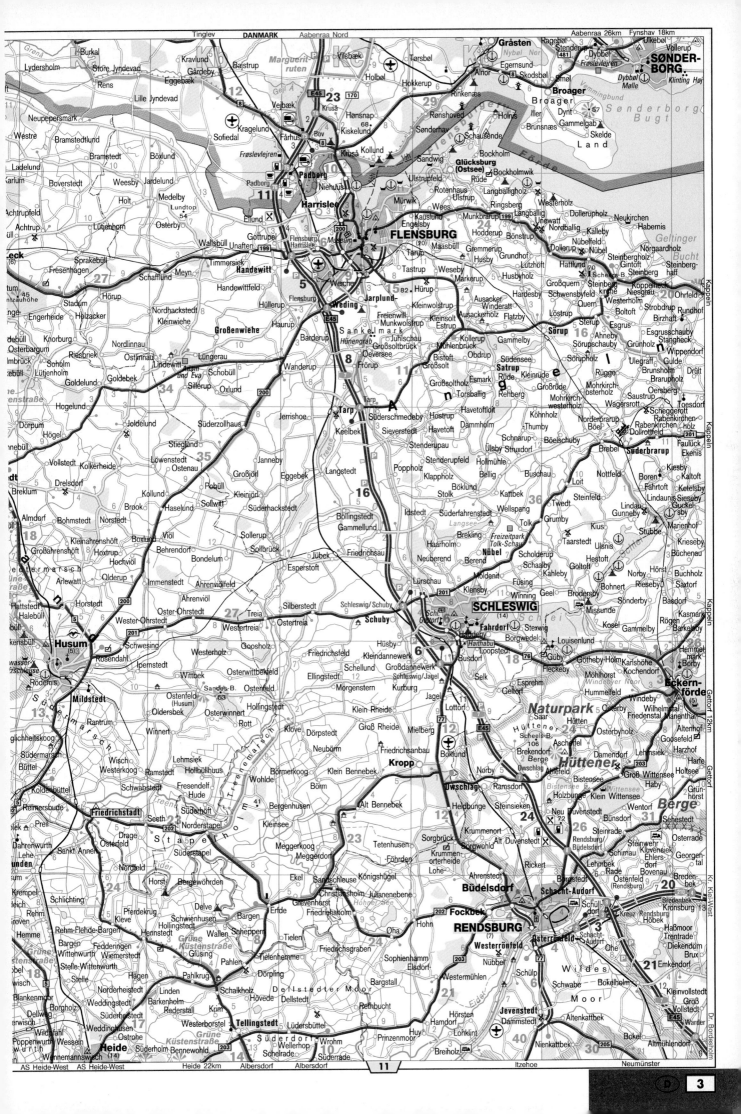

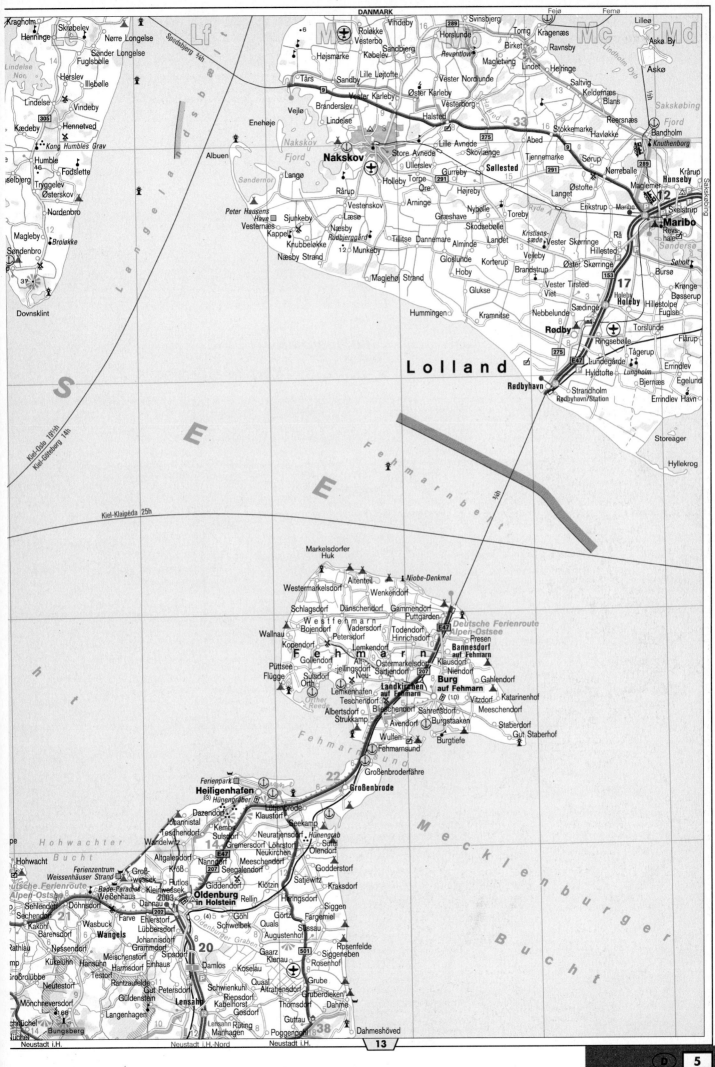

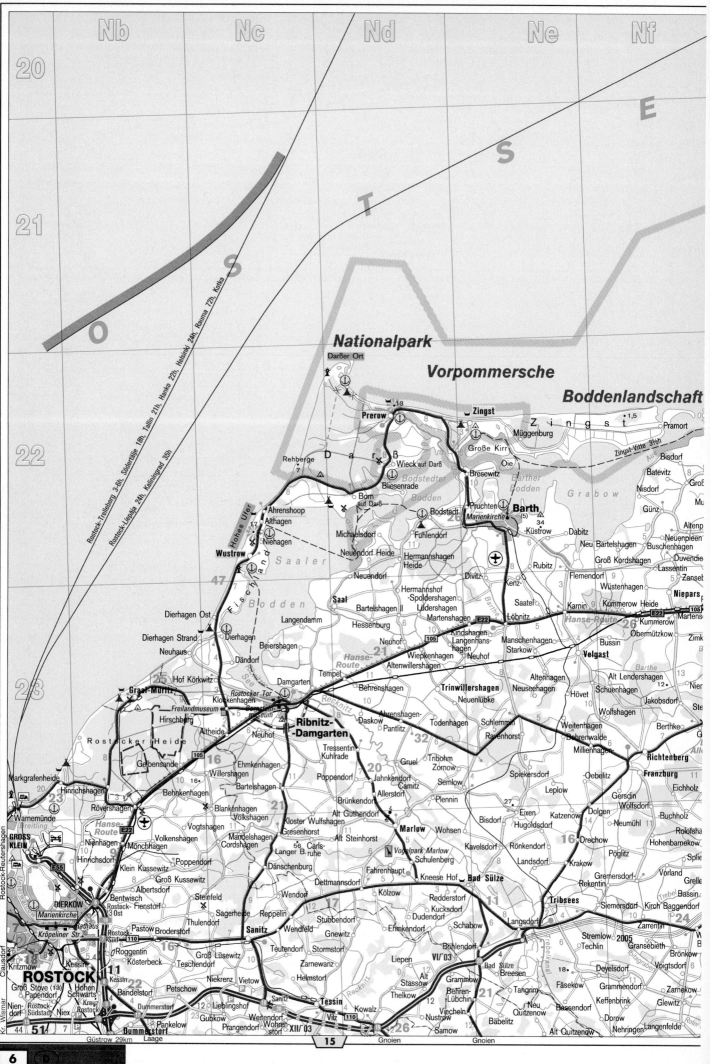

O S T S E E

Nationalpark

Vorpommersche

Boddenlandschaft

Darßer Ort

Prerow   Zingst

Müggenburg   Z i n g s t   1,5

Rehberge

D a r ß

Wieck auf Darß

Große Kirr

Oie

Zingst-Vitte 3½h

Pramort

Bisdorf

Batevitz

Bresewitz

G r a b o w

Nisdorf

Groß

Ahrenshoop

Althagen

Bodstedter

Bodden

Born auf Darß

Bliesenrade

Bodden

Pruchten

Barth

(5)

34

Küstrow

Dabitz

Günz

Mu

Hohes Ufer

Niehagen

Michaelsdorf

Bodstedt

Fuhlendorf

Marienkirche

Neu Bartelshagen

Buschenhagen

Altenp

Neuenpleen

Wustrow

47

Neuendorf Heide

Hermannshagen Heide

Groß Kordshagen

Duvendie

Lassentin

Zanset

Fischland

S a a l e r

Neuendorf

Hermannshof-Spoldershagen

Divitz

Kenz-

Rubitz

Flemendorf

Wüstenhagen

Niepars

Dierhagen Ost

B o d d e n

Saal

Bartelshagen II

Lüdershagen

Saatel

Löbnitz

Karnin

Kummerow Heide

Obermützkow

Martens

E22

105

Hanse-Route

26

Dierhagen Strand

Dierhagen

Langendamm

Hessenburg

Neuhof

105

Kindshagen

Langenhanshagen

Manschenhagen

Starkow

Bussin

Zimk

Neuhaus

Dändorf

Beiershagen

Hanse-Route

21

Wiepkenhagen

Neuhof

Velgast

Barthe

Hof Körkwitz

Tempel

Altenwillershagen

Altenhagen

Alt Lendershagen

13

Nier

25

Damgarten

Reknitz

Graal-Müritz

Klockenhagen

Rostocker Tor

Bernstein-museum

Behrenshagen

10

Trinwillershagen

Neuenlübke

Neuseehagen

Hövet

Schuenhagen

Jakobsdorf

Ste

Freilandmuseum

Ribnitz-Damgarten

Ahrenshagen-Daskow

Todenhagen

Schlemmin

Ravenhorst

Weitenhagen

Behrenwalde

Wolfshagen

5

Hirschburg

Altheide

Neuhof

Pantlitz

Richtenberg

R o s t o c k e r H e i d e

Tressentin

Kuhlrade

Gruel

Tribohm

Zörnow

Semlow

Spiekersdorf

Leplow

Oebelitz

Franzburg

Eichholz

Markgrafenheide

105

16

Ehmkenhagen

Poppendorf

Jahnkendorf

Camitz

Plennin

Bisdorf

Eixen

Katzenow

Gersdin

Wolfshagen

Buchholz

20

Hinrichshagen

Willershagen

Bartelshagen

Brünkendorf

Allerstorf

27

Hugoldsdorf

Neumühl

16

Rolofsha

Splie

Warnemünde

23

Rövershagen

Behnkenhagen

Blankenhagen

Völkshagen

21

Alt Guthendorf

Marlow

Wohsen

Kavelsdorf

Rönkendorf

Landsdorf

Krakow

Hohenbarnekow

Hanse-Route

E22

Vogtshagen

Kloster Wulfshagen

Gresenhorst

Alt Steinhorst

Vogelpark Marlow

Schulenberg

Drechow

Pöglitz

GROSS KLEIN

7

Nienhagen

Mönchhagen

Volkenshagen

Mandelshagen

Cordshagen

Langer B. ruhe

Dänschenburg

Fahrenhaupt

Kneese Hof

Bad Sülze

Redderstorf

Landsdorf

Gremersdorf-Rekentin

Vörland

Grelle

E55

Hinrichsdorf

Klein Kusewitz

Poppendorf

Dettmannsdorf

Kölzow

9

Tribsees

Siemersdorf

Kiroh Baggendorf

Bassin

DIERKOW

Groß Kusewitz

Albertsdorf

Steinfeld

Wendorf

Kucksdorf

Dudendorf

Schabow

Langsdorf

Zarrentin

24

Marienkirche

Rostock-Fienstorf

Sagerheide

Reppelin

Stubbendorf

Böhlendorf

VI/03

Stremlow

Techlin

2005

Gransebieth

Brönkow

Rathaus

Bentwisch

3 Ost

Thulendorf

Gnewitz

Bad Sülze Breesen

Deyelsdorf

Voigtsdorf

Kröpeliner Str.

Pastow

Broderstorf

Sanitz

Wendfeld

Teutendorf

Stormstorf

Liepen

18

Fäseke

Grammendorf

Zarneko

ROSTOCK

Kessin

16

Groß Lüsewitz

Teschendorf

Zarnewanz

Vietow

Helmstorf

Alt Stassow

Grammow

Behren-Lübchin

Tangrim

Keffenbrink

Glewitz

51

Groß Stove (13)

Papendorf

Hohen Schwarts

Bandelstorf

Petschow

Niekrenz

Thelkow

21

Neu Quitzenow

Dorow

Nehringen

Langenfelde

Rostock-Südstadt

Kritzmow

44

Niex

Kessin

22

Dummerstorf

Lieblingshof

Gubkow

Prangendorf

Wertendorf

Wohren storf

Sanitz

20

110

Vilz

Tessin

7

Kowalz

110

26

Samow

Viecheln

Nustrow

Bäbelitz

Bassendorf

Alt Quitzenow

Güstrow 29km

Laage

Dummerstorf

XII/03

15

Gnoien

Gnoien

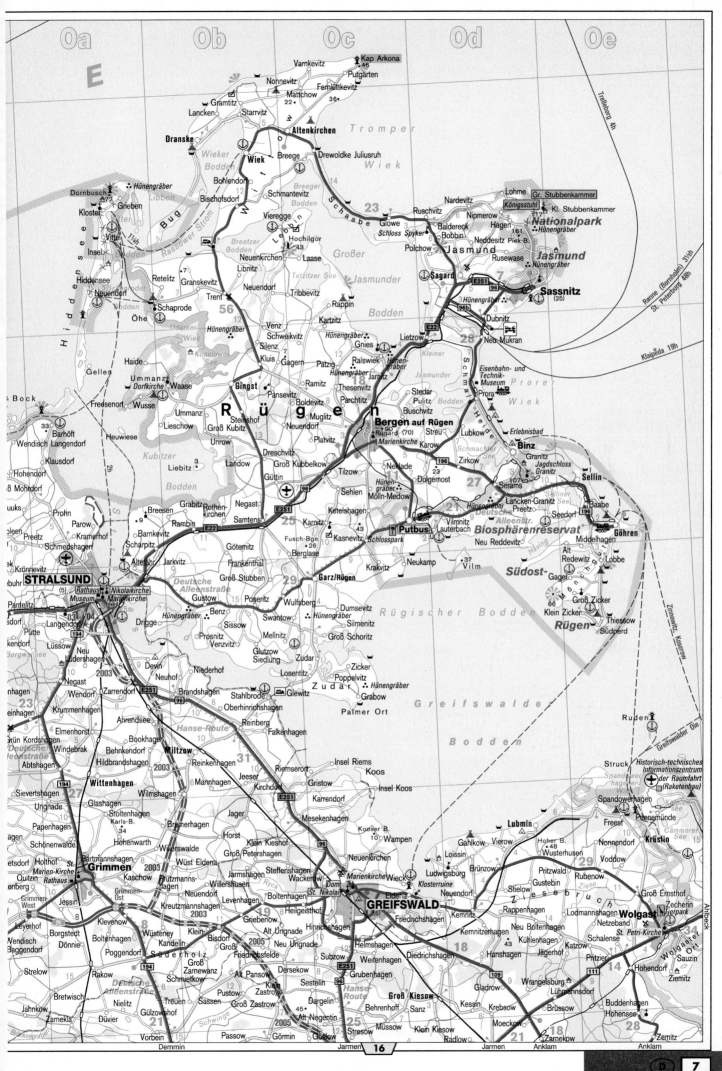

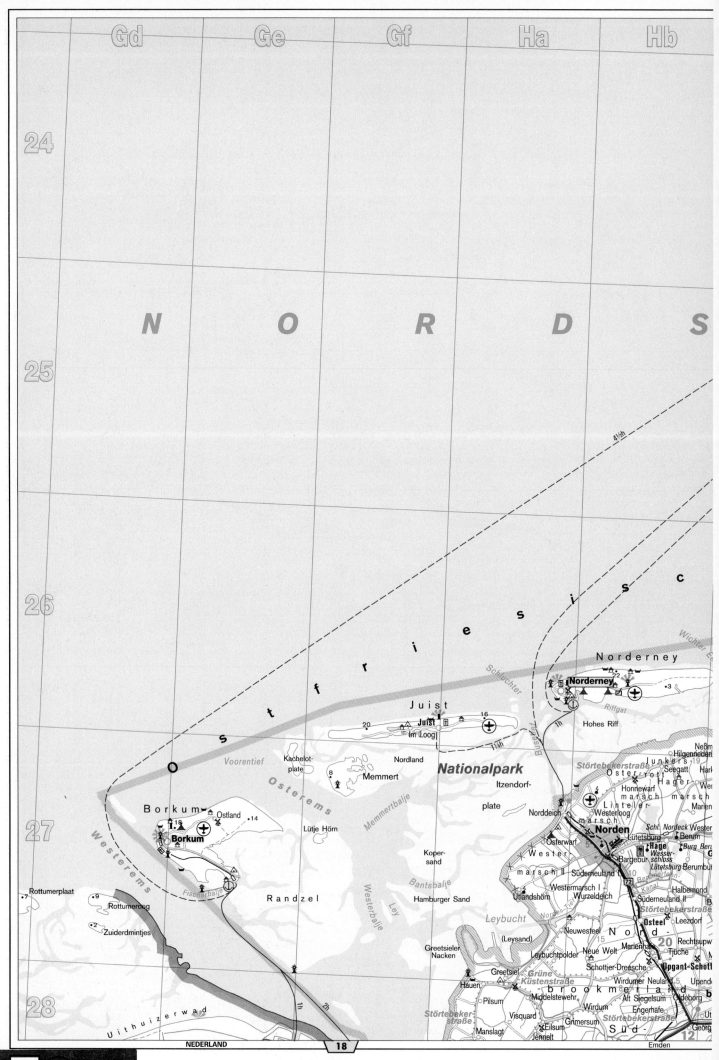

24

N   O   R   D   S

25

26

O s t f r i e s i s c

Norderney

Norderney

22

•3

Juist

Schluchter

Riffgat

20   Juist   16

Im Loog

Hohes Riff

1½h

Nordland

Nationalpark

Neßm

Hilgennieder

Voorentief   Kachelot-
plate

8

Memmert

Itzendorf-
plate

J u n k e r s

Störtebekerstraße   O s t e r - r o t

Seegatt   Hark

Honnewarf   H a g e r   Wes

m a r s c h   m a r s c h

Borkum

Ostland

•14

Lütje Hörn

Norddeich

L i n t e l e r

Westerloog

Marien

27

Borkum

Koper-
sand

Nord-
deck   Wester

Osterwarf   Norden

Schl

Berum

Burg Beru

Lütetsburg

Hage   Wasser-
schloss

Lütetsburg Berumbur

Rottumerplaat •7

•9

Westerems

Fischerbalje

Randzel

Hamburger Sand

Bantsbalje

Ley

Westerbalje

W e s t e r

m a r s c h II   Süderneuland I

Westermarsch I   Wurzeldeich

Utlandshörn

Süderneuland II

Störtebekerstraße

Rottumeroog

•2 Zuiderdmintjes

Leybucht

(Leysand)

Neuewesteel   N o r d -

Osteel   Leezdorf

15

Neue Welt   Marienhaf

20 Rechtsupw

Leybuchtpolder

Upgant-Schott

S ü d -

Greetsieler
Nacken

Greetsiel   Grüne
Küstenstraße

Schottjer-Dreesche

Wirdumer Neulan

Upend

-b r o o k m e e r l a n d   b

Häuen

Pilsum

Middelstewehr

Wirdum

Alt Siegelsum   Oldeborg

Störtebeker-
straße

Visquard

Grimersum

Engerhafe

Uithuizerwad

Manslagt

Eilsum

Jennelt

Georg

12

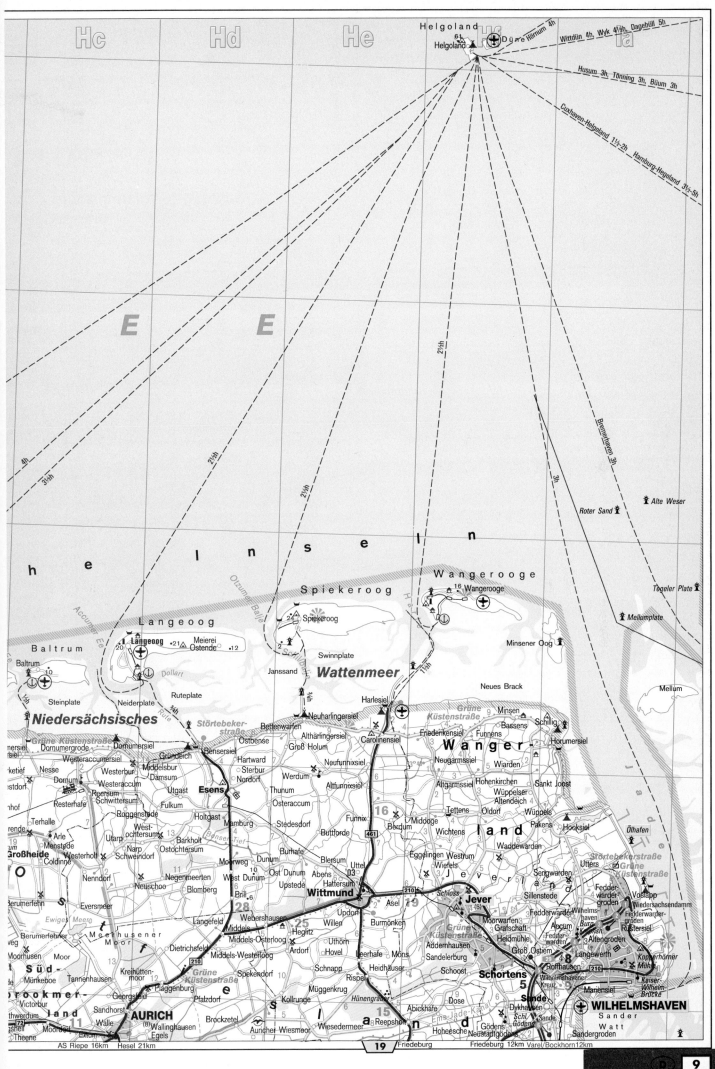

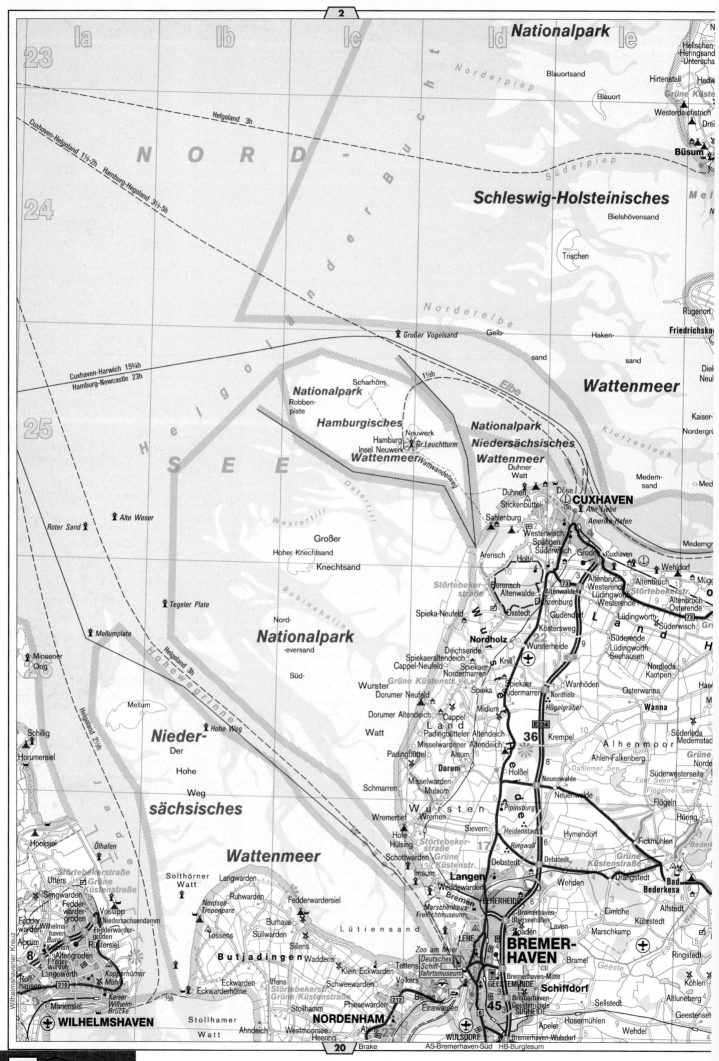

Nationalpark

Hellschen-Heringsand-Unterschaar

Grüne Küste

Westerdeichstrich

Büsum

Blauortsand

Hirtenstall

Blauort

N O R D -

i n d e r   B u c h t

Norderpiep

Süderpiep

Helgoland 3h

Cuxhaven-Helgoland 1½-2h Hamburg-Helgoland 3½-5h

Schleswig-Holsteinisches

Bielshövensand

Mel

Trischen

Norderelbe

Rugenort

Friedrichsko

Dieh

Neul

Großer Vogelsand

Gelb

Haken-

1½h

Elbe

sand

sand

Wattenmeer

Cuxhaven-Harwich 15¾h Hamburg-Newcastle 23h

Nationalpark

Robben-plate

Hamburgisches

Scharhörn

Neuwerk

Gr.Leuchtturm

Hamburg

Insel Neuwerk

Wattenmeer Wattwanderweg

Nationalpark

Niedersächsisches

Wattenmeer

Klotzenloch

Kaiser-

Nordergr-

H

e

l

g

o

l

a

n

d

e

r

S E E

Duhner Watt

Medem-sand

Med

Duhnen

Döse

CUXHAVEN

Alte Liebe

Alte Weser

Stickenbüttel

Amerika-Hafen

Roter Sand

Sahlenburg

Westerwisch

Spangen

Süderwisch

Groden-Cuxhaven

Wehldorf

Medemgr

Arensch

Holte

Berensch

Altenbruch-Westerende

Altenbruch

Müggo

Großer

Hoher Knechtsand

Altenwalde

Altenbruch-Osterende

Störtebeker-straße

Altenwalde

Altenwalde-Westerende

Lüdingwor-Westerende

Störtebeker-str.

O

Knechtsand

Franzenburg

Oxstedt

Gudendorf

Lüdingworth

Süderwisch

Gr

Spieka-Neufeld

Kösterweg

Süderende-Lüdingworth-Seehausen

Tegeler Plate

Nord-

Nationalpark

-eversand

Nordholz

Deichsende

Wursterheide

Nordleda

Kampen

Mellumplate

Knill

Süd-

Spiekaeraltendeich

Cappel-Neufeld

Spiekaer Nordermarren

Spieka Südermarren

Nordholz

Wanhöden

Osterwanna

Wanna

Minsener Oog

Grüne Küstenstr.

Wurster

Spiekaer

Süderleda

Medemstad

Mellum

Dorumer Neufeld

Spieka

Hügelgräber

Grüne

Hohewegrinne

Nieder-

Der

Hohe

Weg

Hohe Weg

Dorumer Altendeich

Cappel

L a n d

Padingbütteler Altendeich

Midlum

Nordholz

36

Krempel

A l h e n m o o r

Ahlen-Falkenberg

Süderleda

Grüne

Dahlemer See

Fünf Seen

Schillig

Watt

Misselwardener Altendeich

Alsum

Neuenwalde

Flögelner See

Horumersiel

Dorum

Schmarren

Misselwarden

Mulsum

Neuenwalde

Flögeln

Höring

sächsisches

W u r s t e n

Wremen

Pipinsburg

Beder

Wattenmeer

Hooksiel

Wremertief

Sievern

Heidenstadt

Hymendorf

Ölhafen

Hofe Hülsing

Störtebeker-straße

Ringwall

Fickmühlen

Solthörner Watt

Langwarden

Schottwarden

Grüne Küstenstr.

17

Debstedt

Drangstedt

Grüne Küstenstraße

Ruhwarden

Fedderwardersiel

Imsum

Langen

Wehden

Bad Bederkesa

Nordsee-Tropenpark

Burhave

Bremen

Weddewarden

LEHERHEIDE

Elmloe

Alfstedt

Störtebekerstraße

Utters

Grüne Küstenstraße

Fedderwardergroden

Tossens

Süllwarden

Lütjensand

Laven

Kührstedt

Marschkamp

Sengwarden

Voslapp

Niedersachsendamm

Marschenhaus Freilichtmuseum

Bremerhaven-Überseehäfen

Spaden

Ringstedt

Fedderwardergroden

Accum

Burg sn.

Rüstersiel

Zoo am Meer

Bremerhaven-Mitte

Geeste

Köhlen

WILHELMSHAVEN

8

Altengroden

Fedderwarden

Langewerth

Sillens

Waddens

Klein Eckwarden

Tettens

Volkers

Deutsches Schiff-fahrtsmuseum

LEHE

BREMER-HAVEN

Bramel

Geestenset

Roff-hausen

Kopperhörner Mühl

Eckwarden

Iffens

Schweewarden

GEESTEMÜNDE

Bremerhaven-Mitte

Schiffdorf

Hosermühlen

Wehdel

Kaiser-Wilhelm-Brücke

210

B u t j a d i n g e n

Eckwarderhörne

Störtebekerstr.
Grüne Küstenstraße

212

Blexen

Einswarden

45

SURHEIDE

Bremerhaven-Wulsdorf

Apeler

Mariensiel

Stollhamm

Phiesewarden

Bremerhaven-Wulsdorf

Stollhamer

NORDENHAM

WULSDORF

Ahndeich Westmoorsee

Atens

AS-Bremerhaven-Süd HB-Burglesum

Watt

Heering

Brake

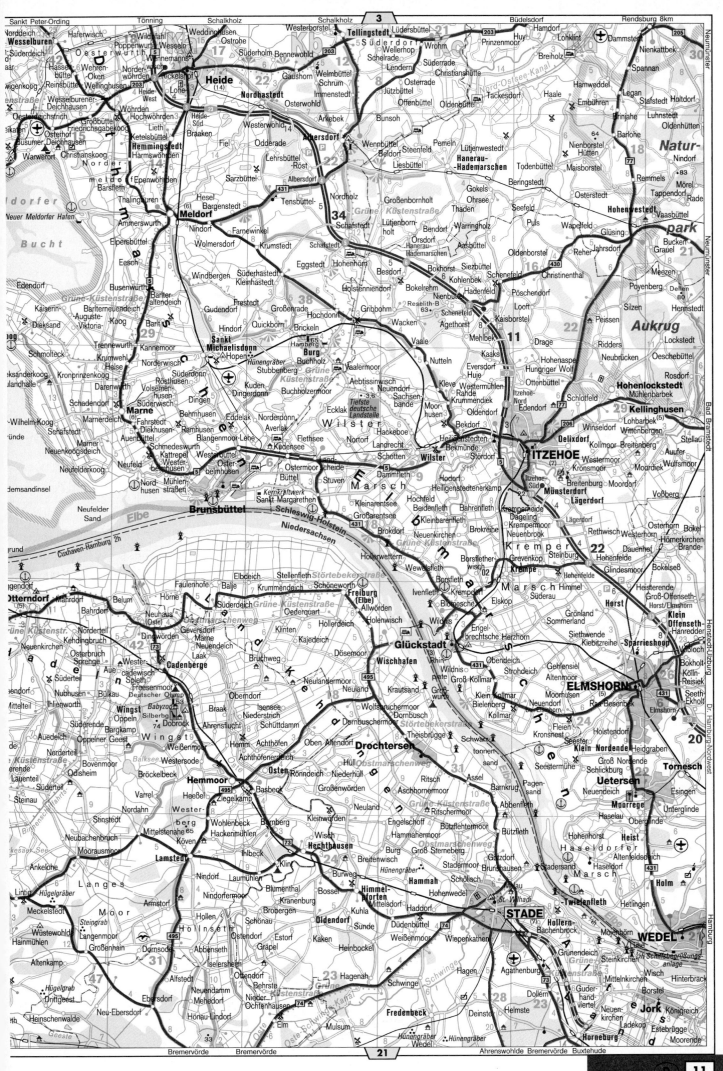

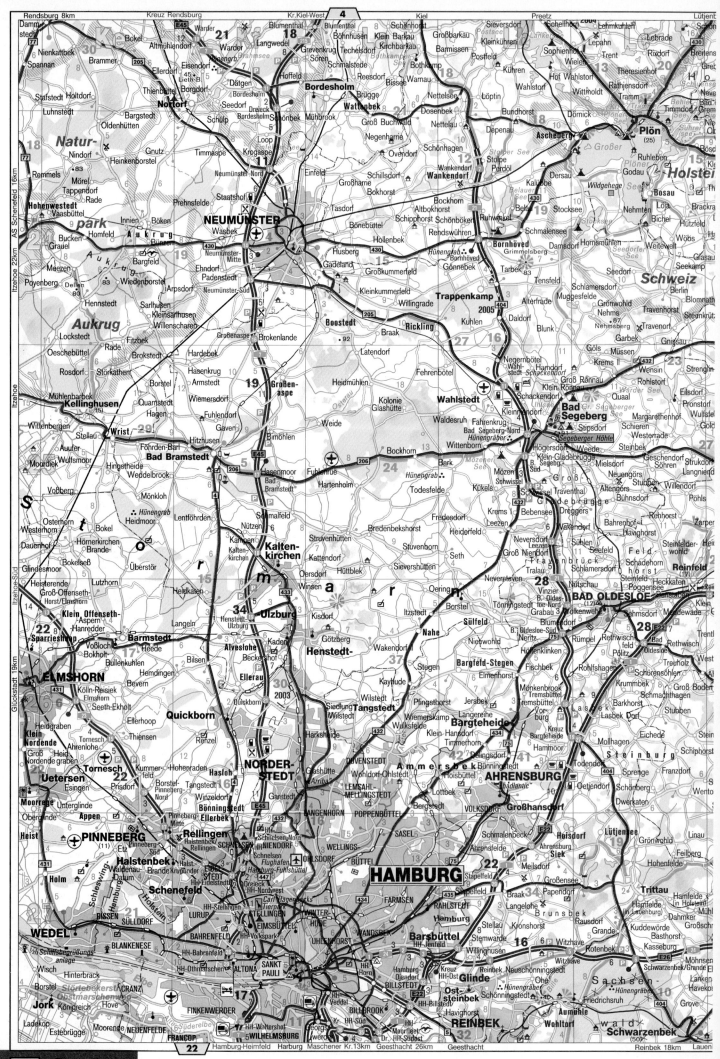

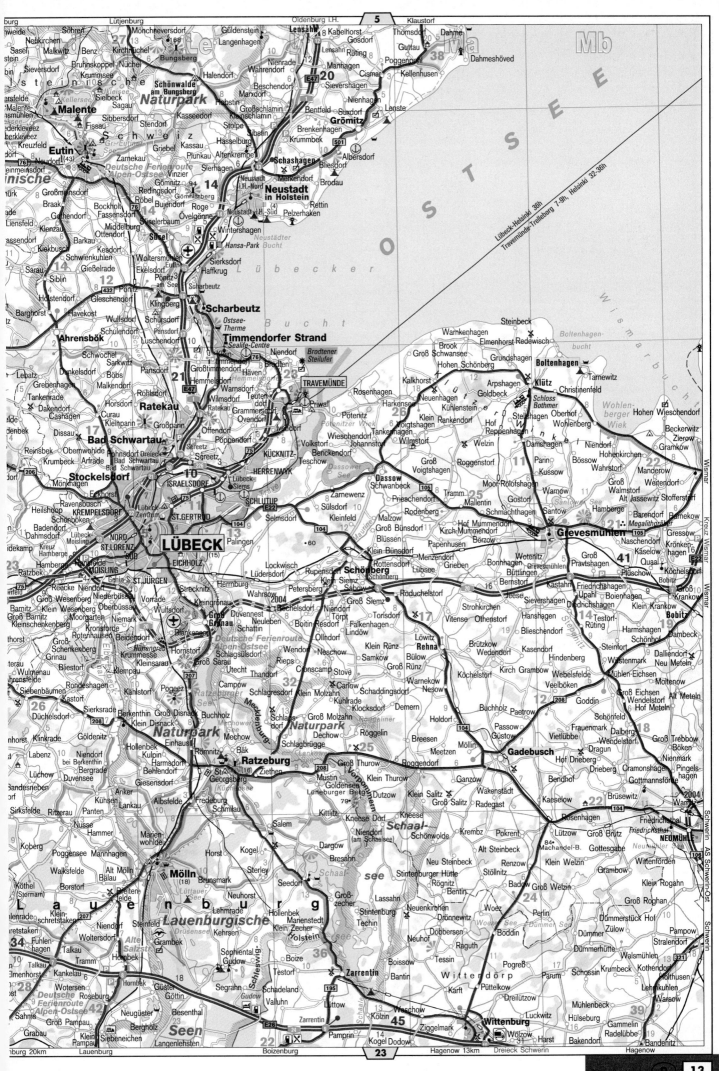

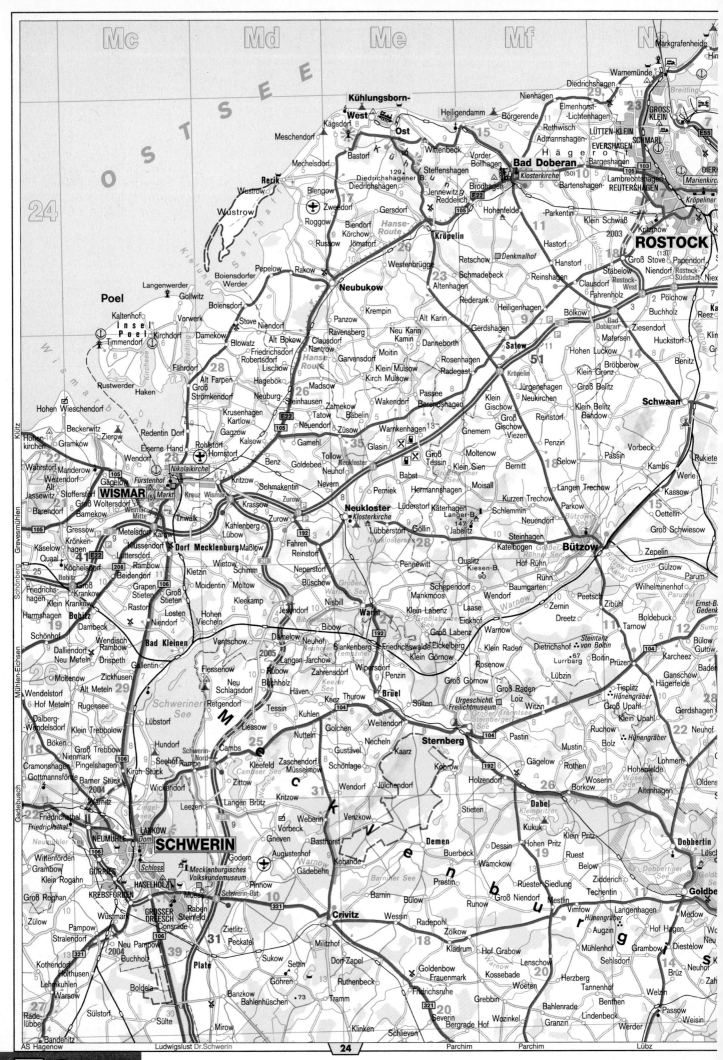

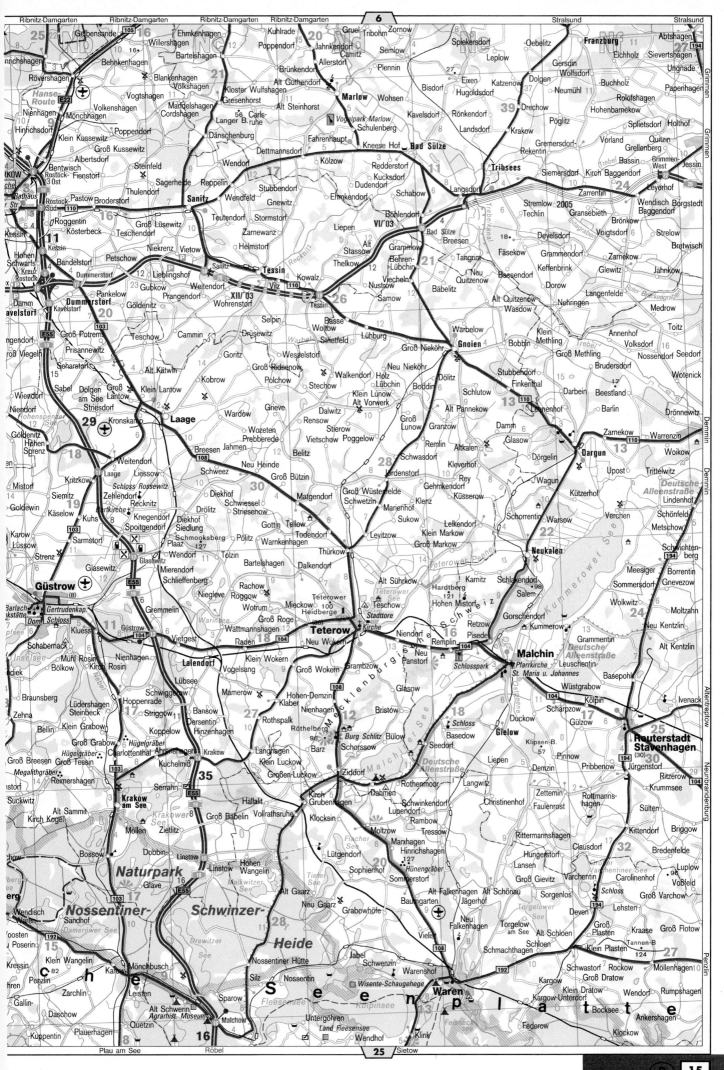

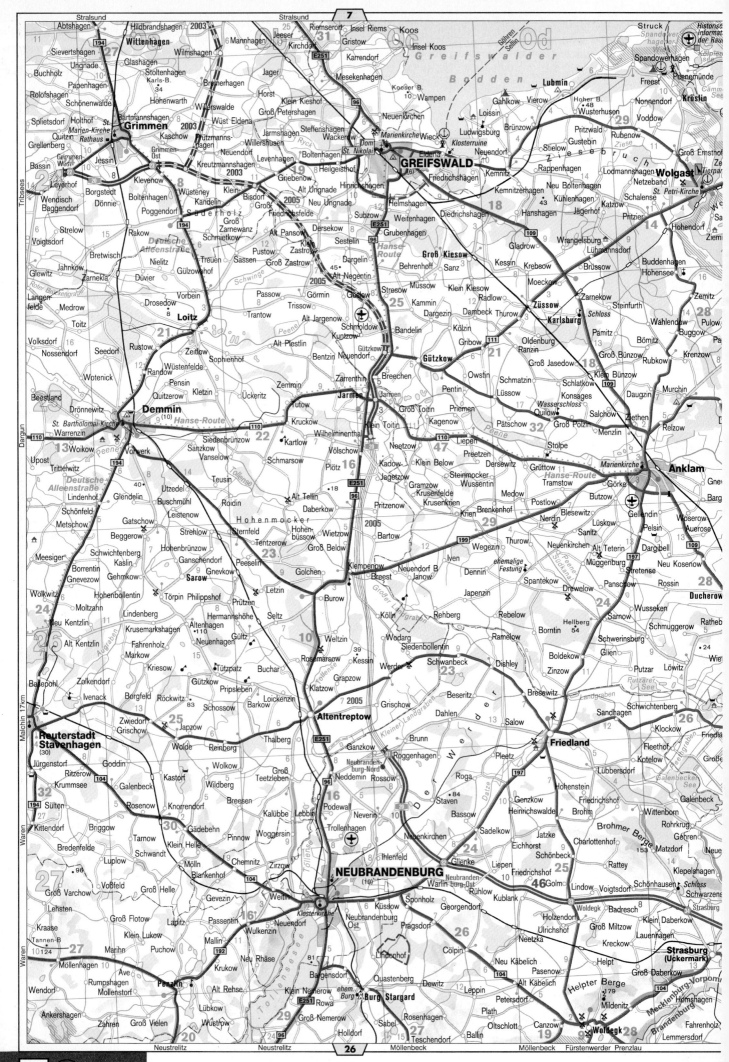

Of   Pa   Pb   Pc   Pd

ch-technisches
tionszentrum
mfahrt (Raketenbau)

O S T S E E

Pommersche Bucht

Zatoka Pomorska

Karlshagen
Trassenheide
Mölschow
Zinnowitz
Bannemin
Zempin
Krummin
Koserow
Kölpinsee
Neuendorf
Loddin
Ückentz

Naturpark

Warthe
Grüssow
Bansin
Heringsdorf
Usedom
Bansin Dorf
Sellin
Ahlbeck
Lassan
Korswandt
ŚWINOUJŚCIE
Usedom
Morgenitz
Mellenthin
Ulrichshorst
Narodowy
Usedom
Görke Zirchow
Garz
Dargen
Kutzow
Kamminke
Paprotno

Stettiner Haff

Rosenhagen
Bugewitz
Busow
Leopoldshagen
Mönkebude
Kalkstein
Grambin
Ueckermünde
Siedlung Altwarp
Altwarp
Podgrodzie
Warsin
Nowe Warpno
Bellin
Vogelsang-Warsin
Luckow
Karszno
Rieth
Torgelow-
Holländerei
Eggesin
Ahlbeck
Garzberge
Ferdinandshof
Klein
Gumnitz
Eggesiner
Teerofen
Gegensee
Puszcza Wkrzańska
Torgelow
Spechtberg
Hintersee
Jatznick
Liepe
Marienthal
Borken
Glashütte

POLICE

Pasewalk
Polzow
Gorkow
Boock
Dobra

SZCZECIN

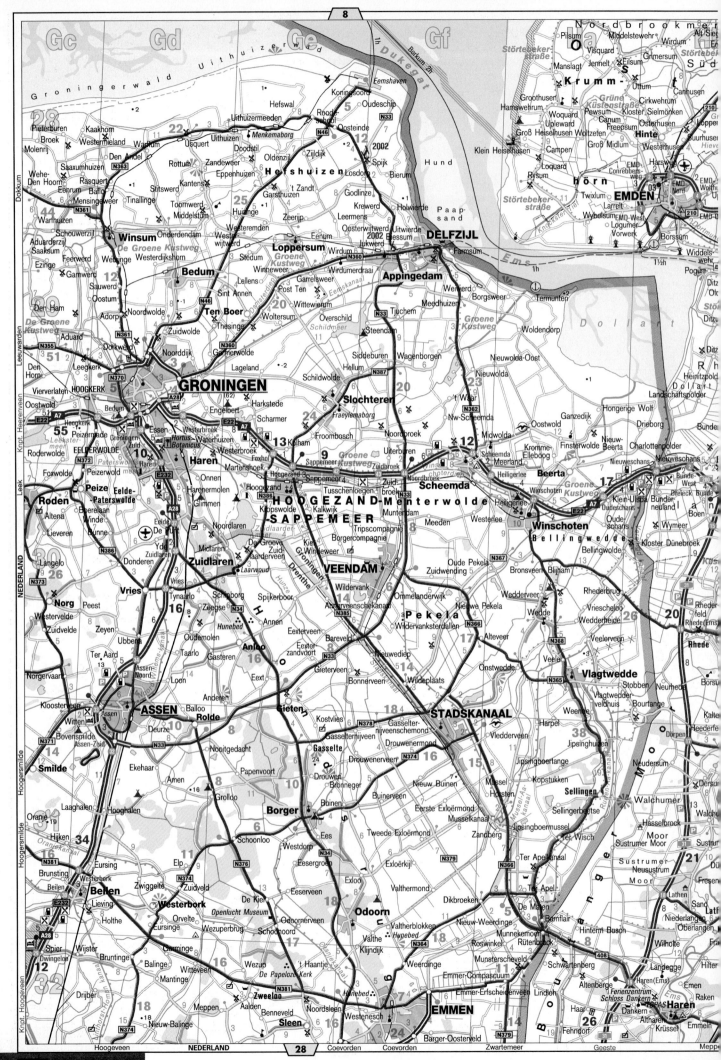

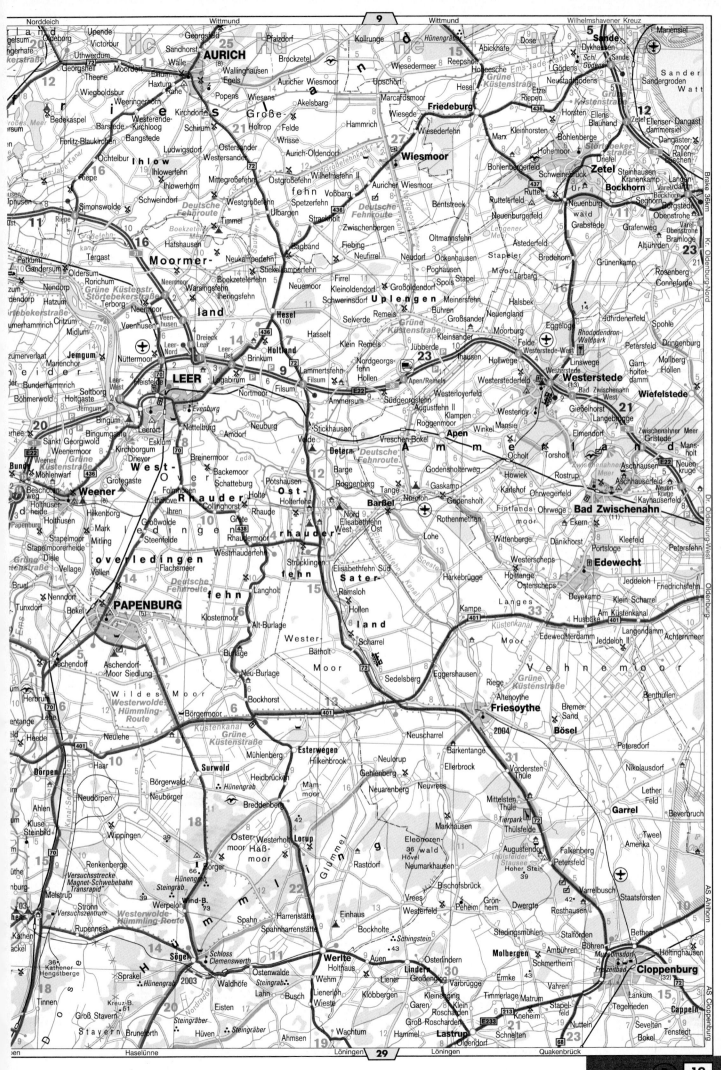

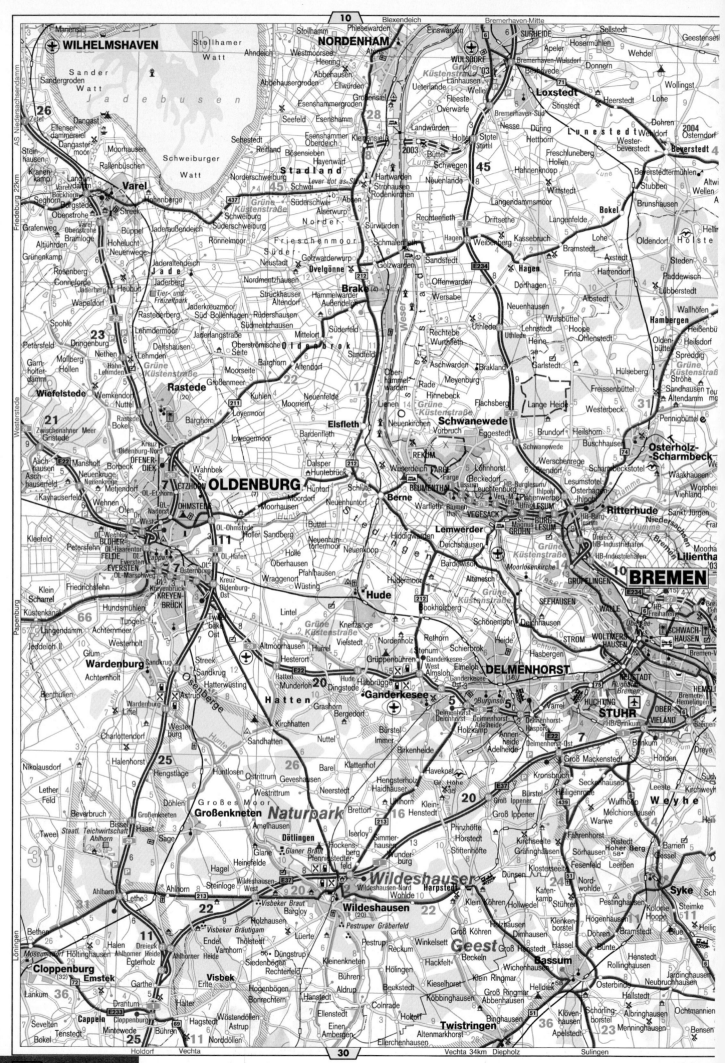

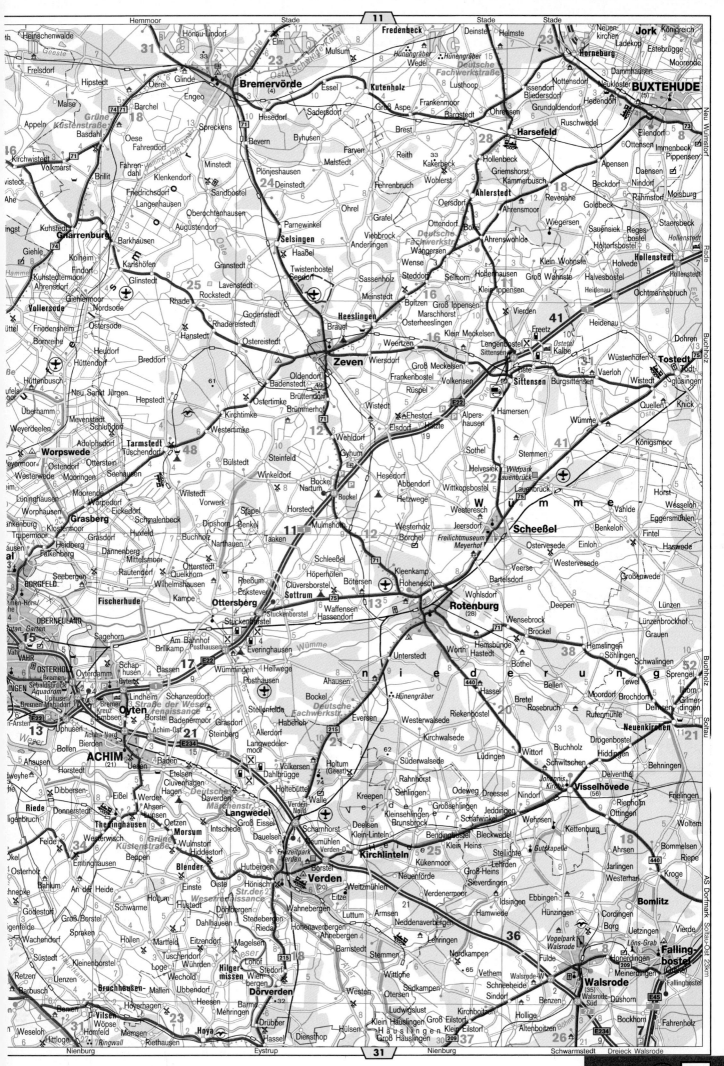

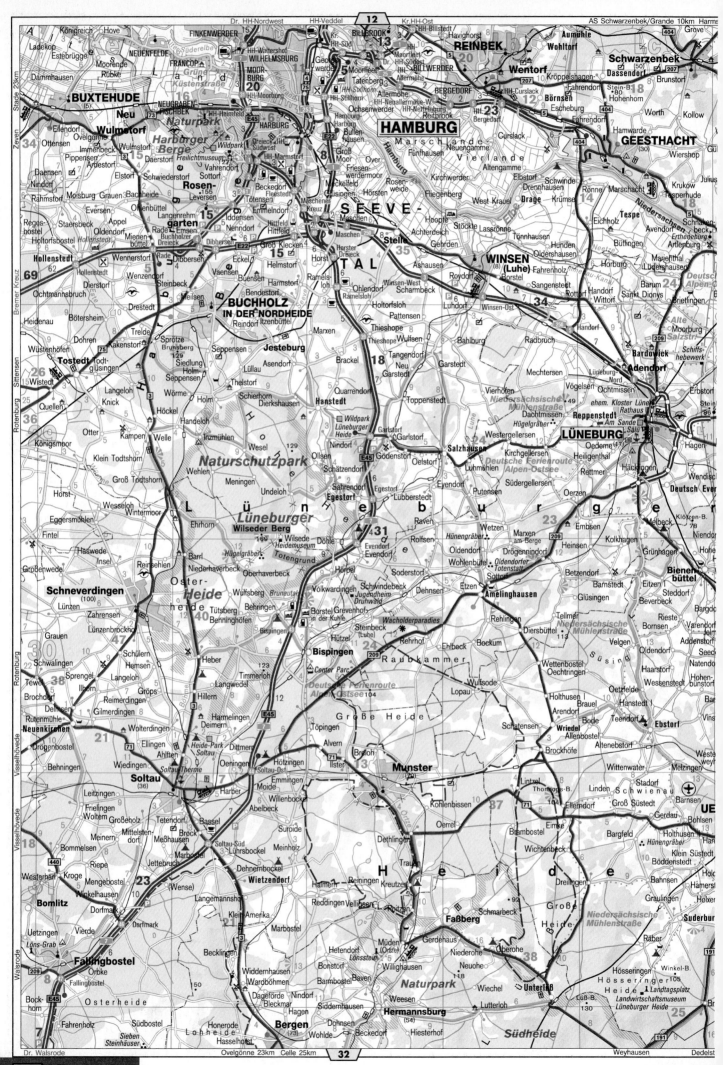

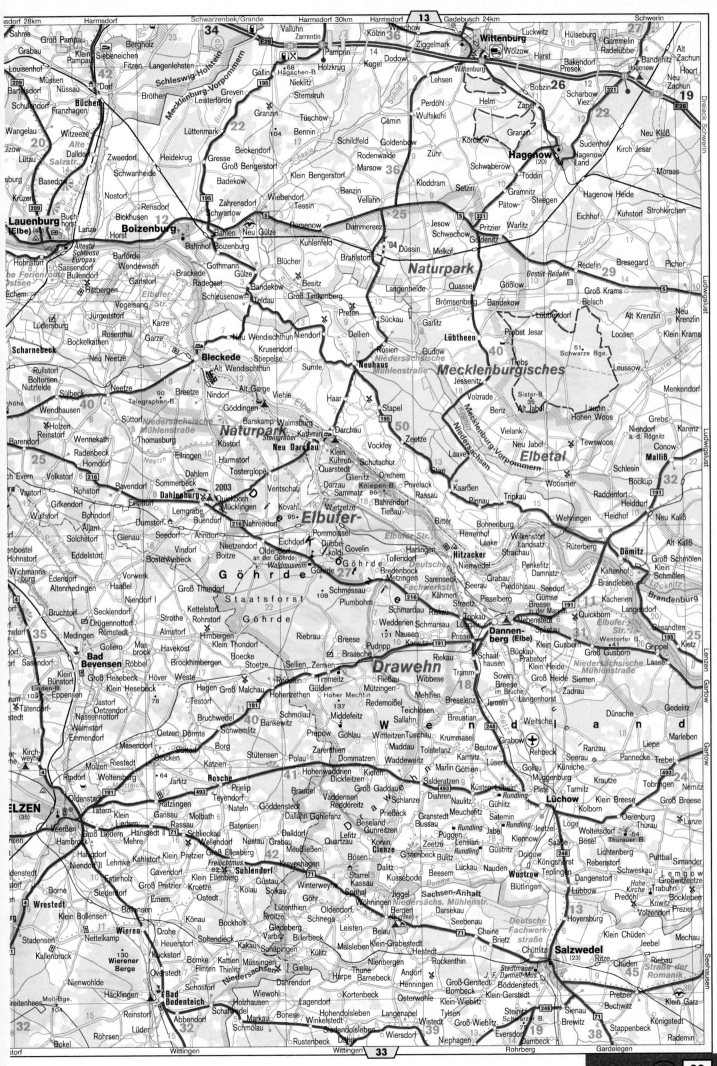

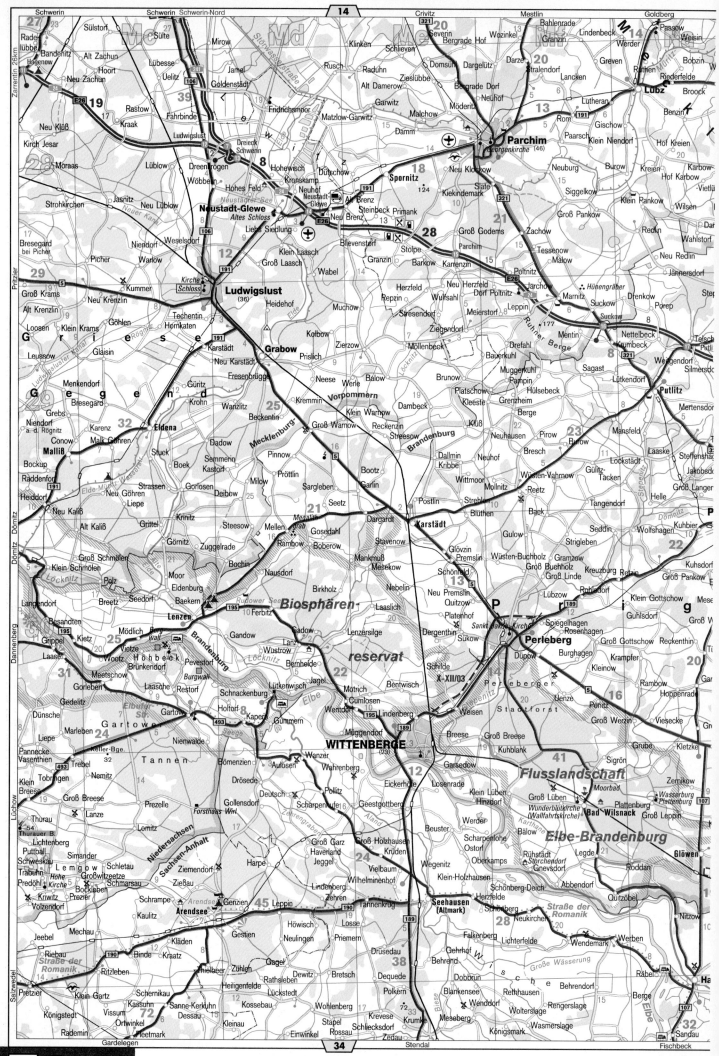

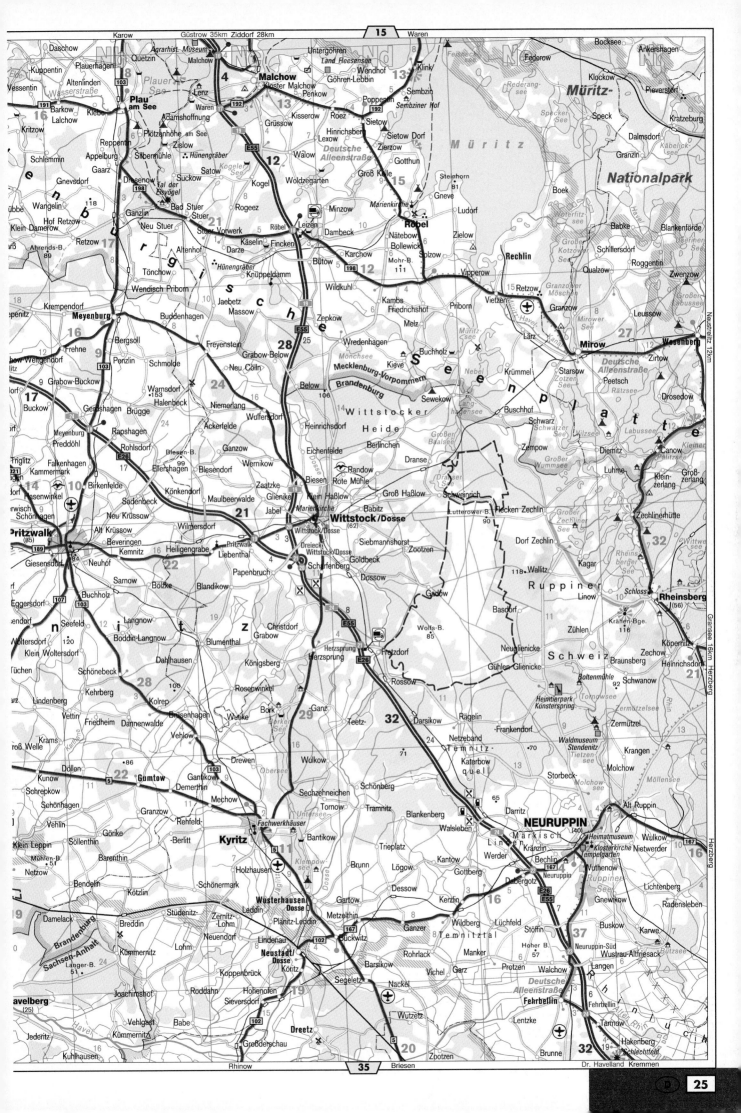

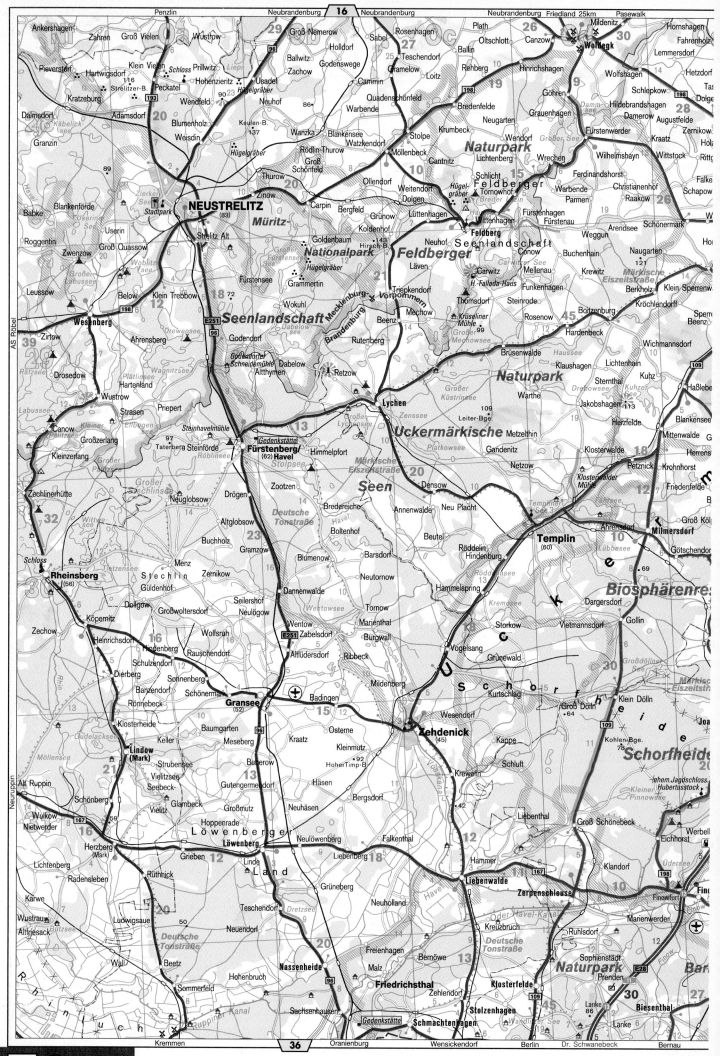

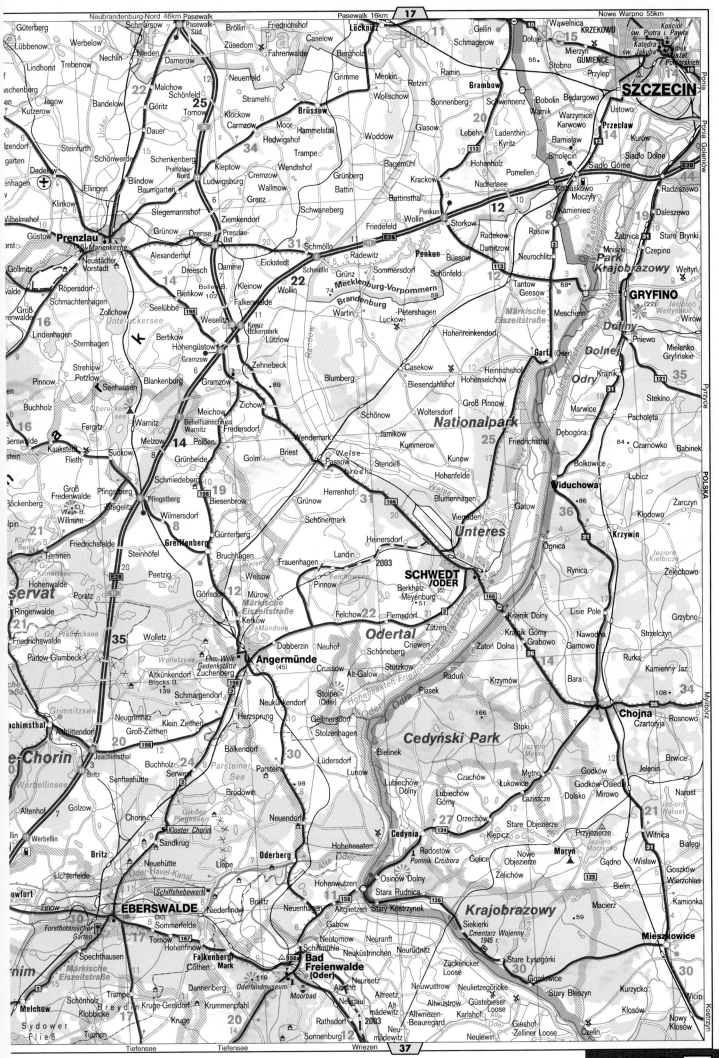

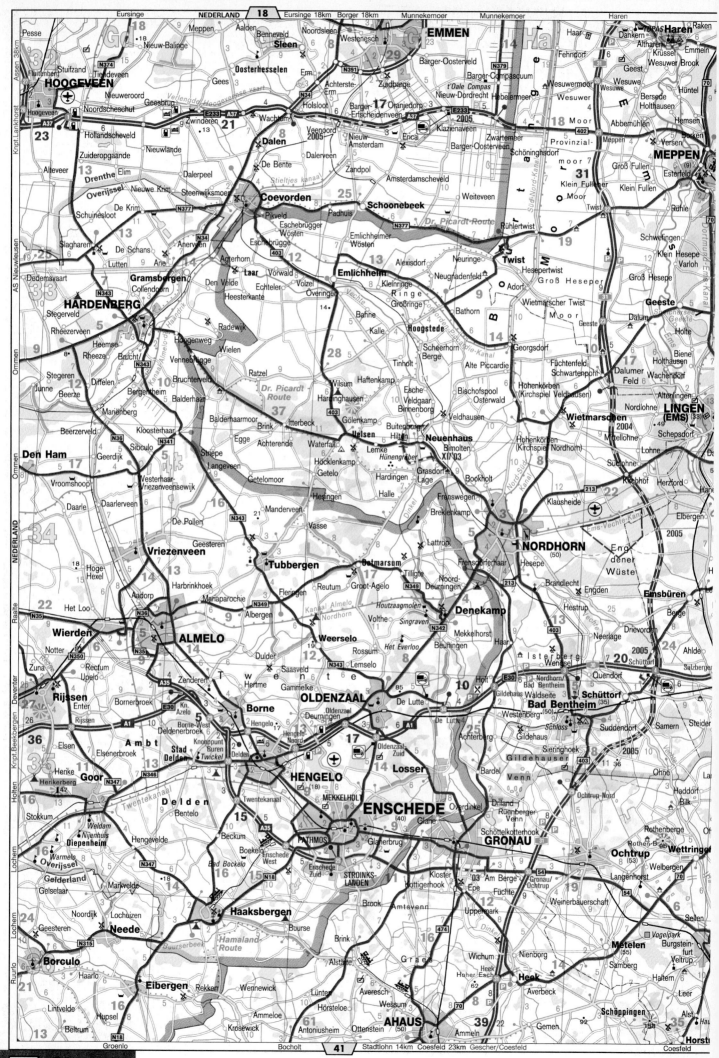

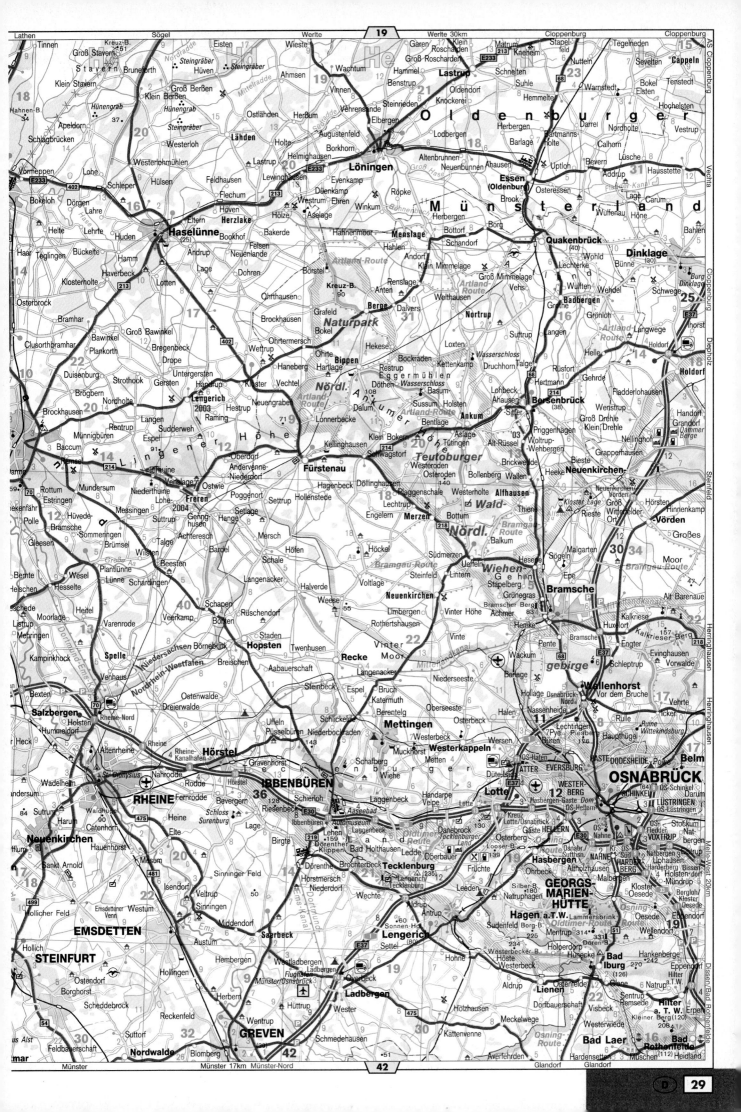

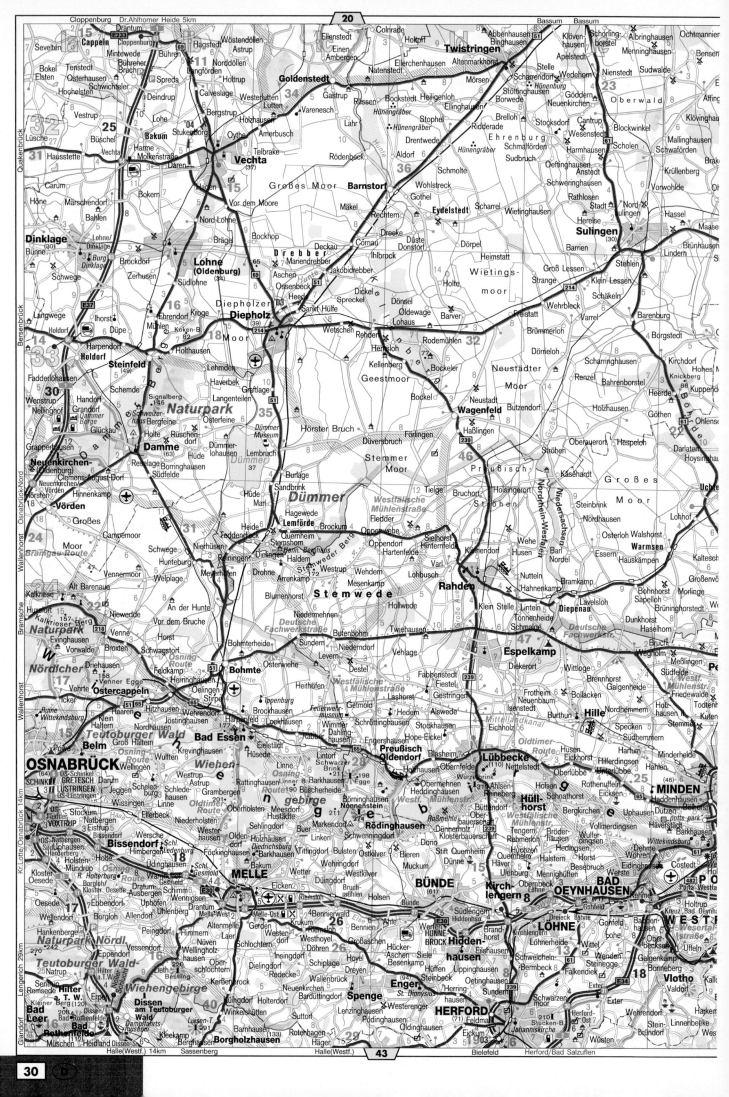

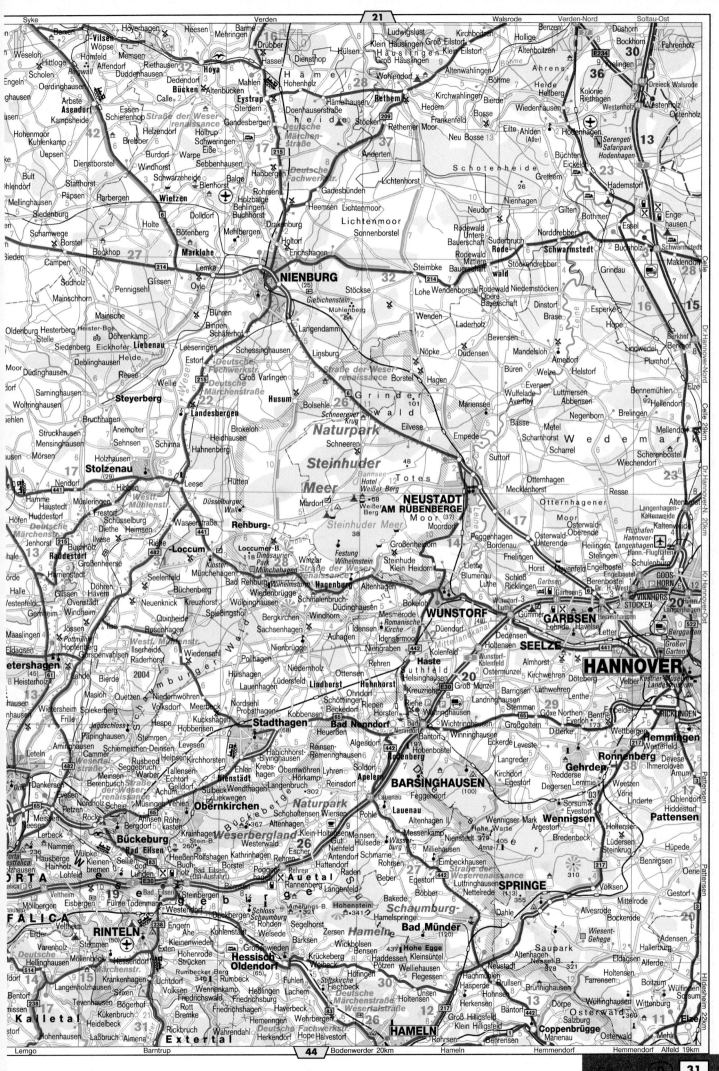

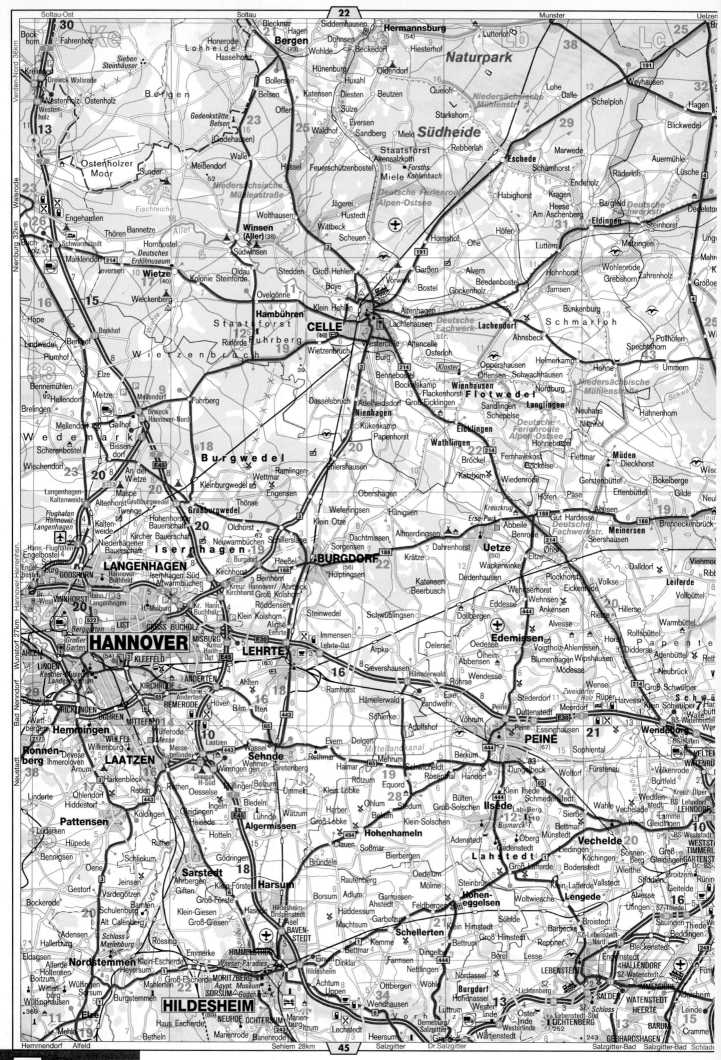

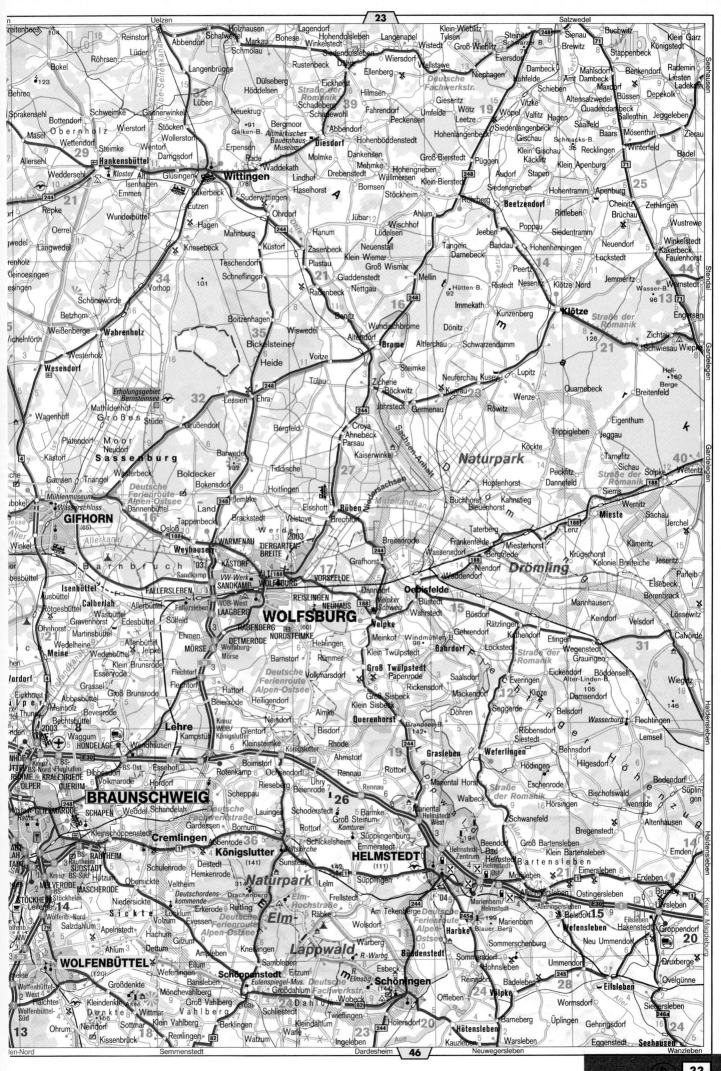

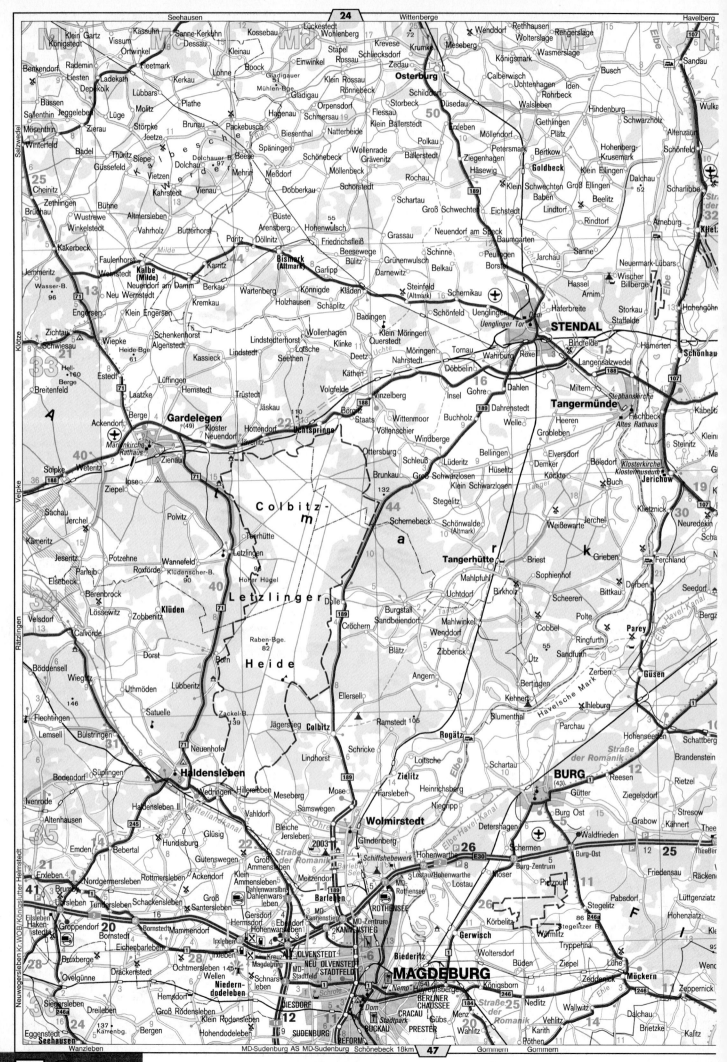

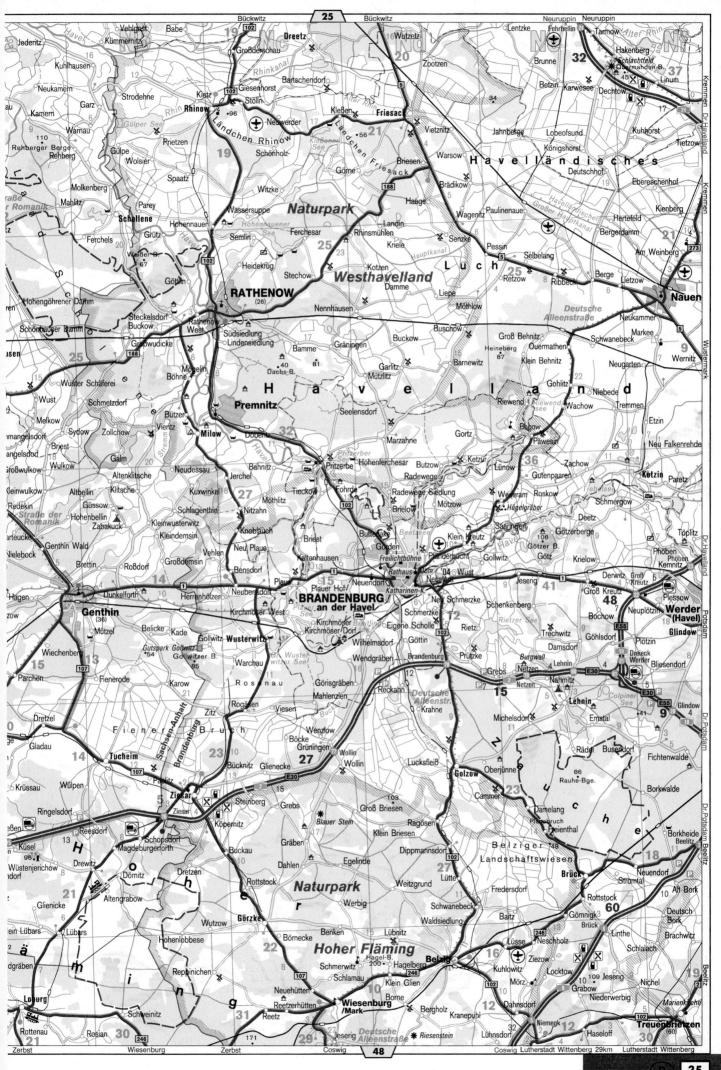

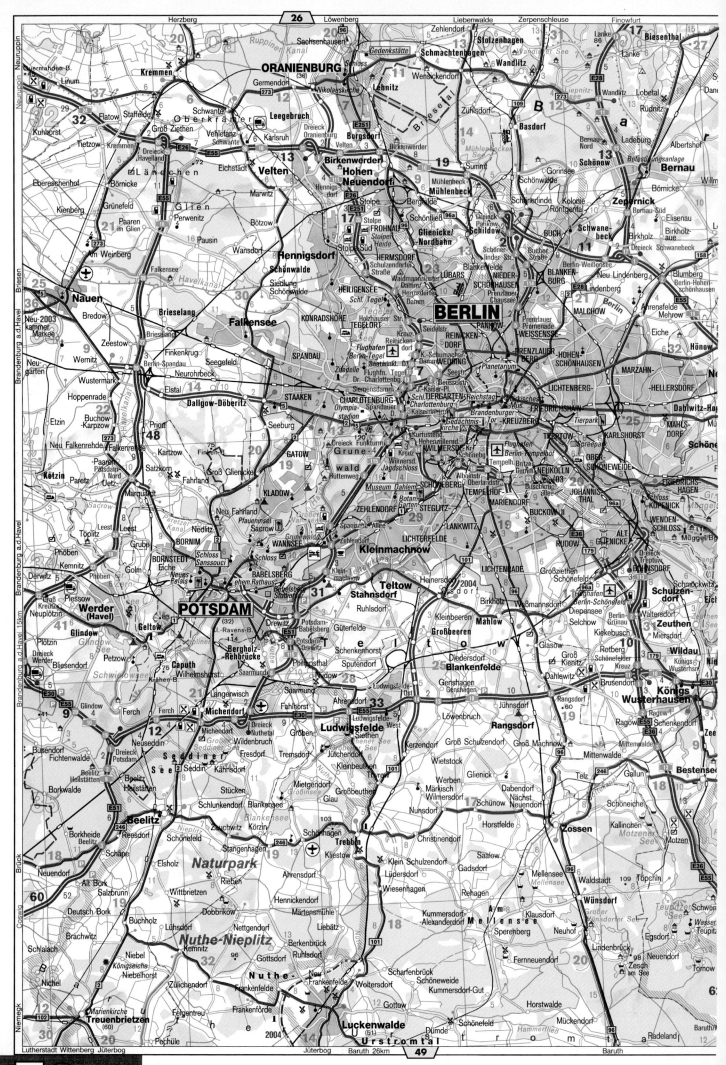

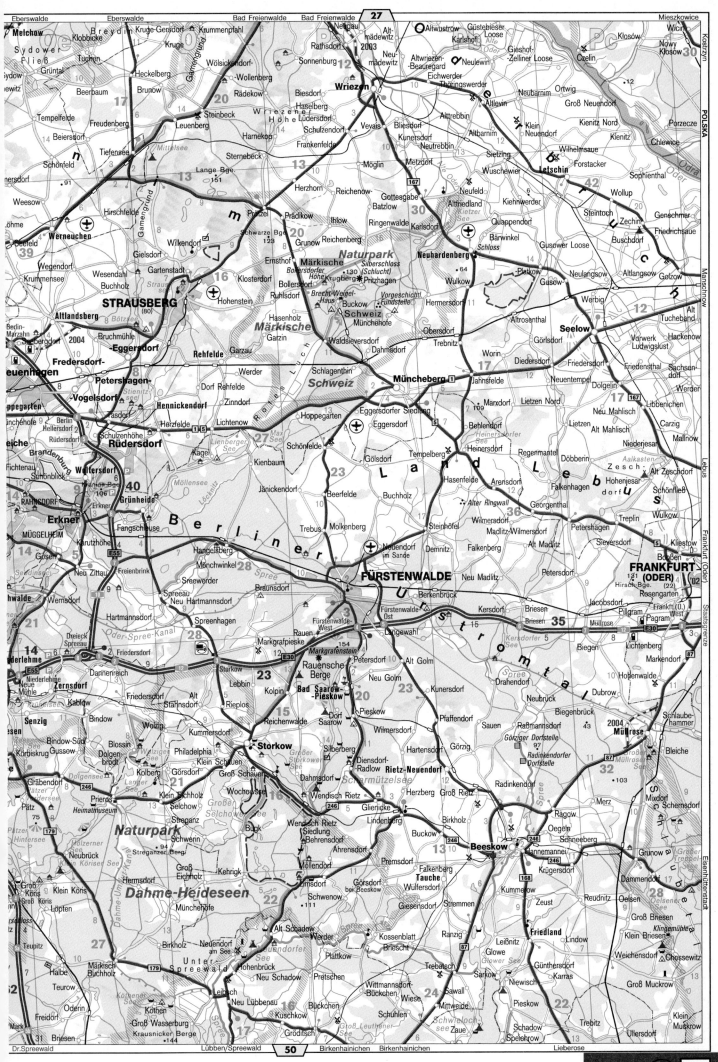

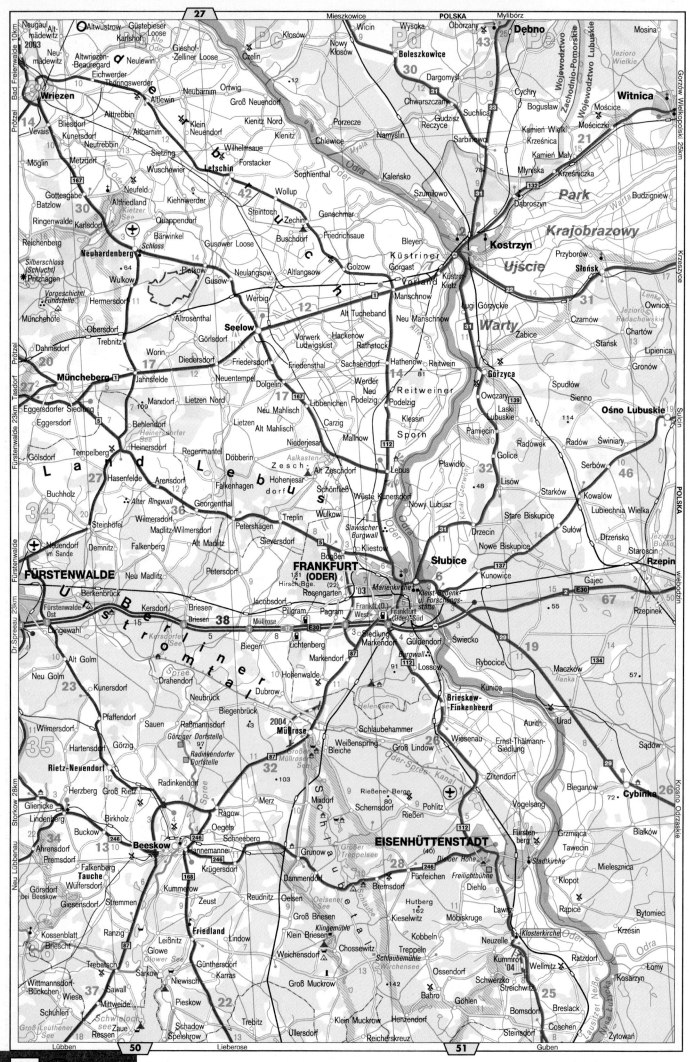

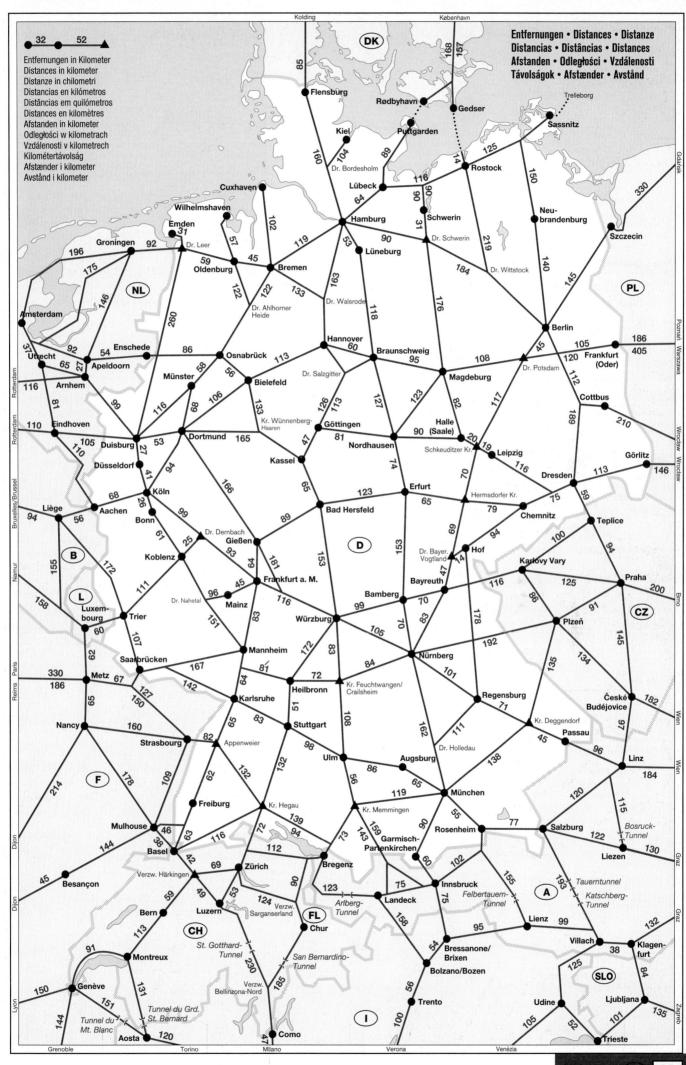

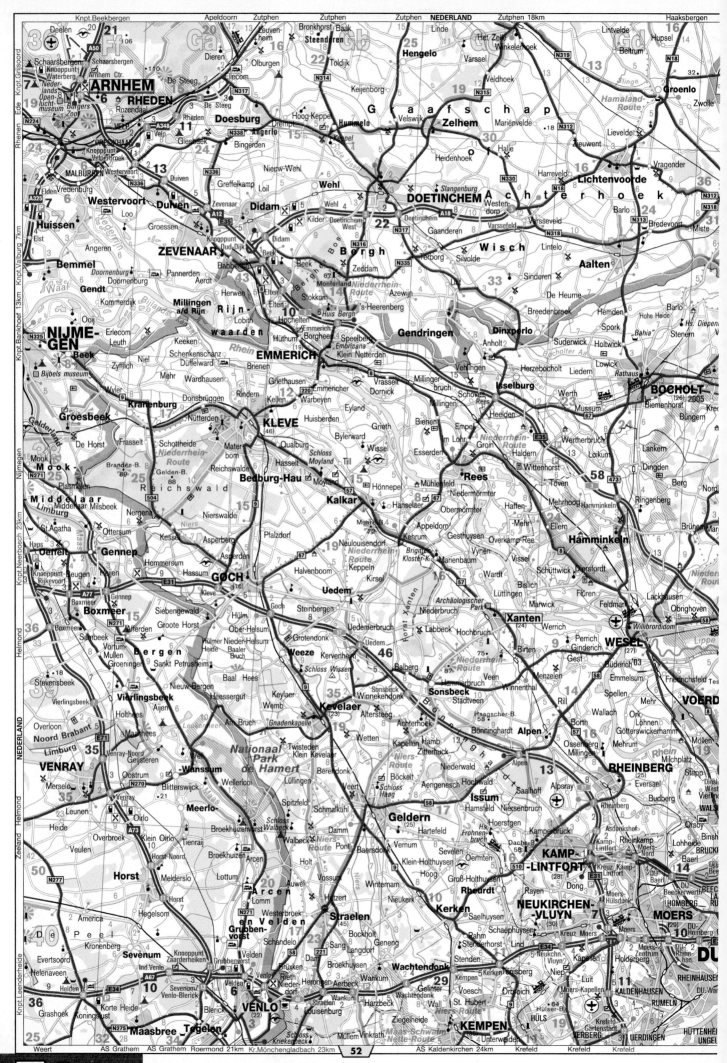

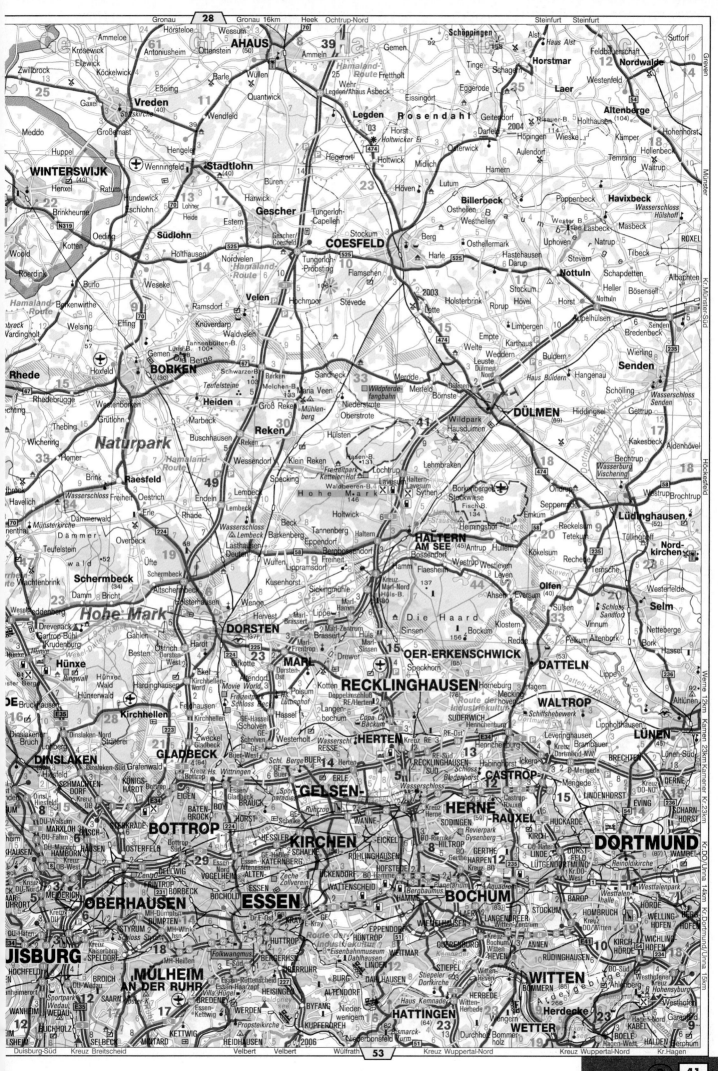

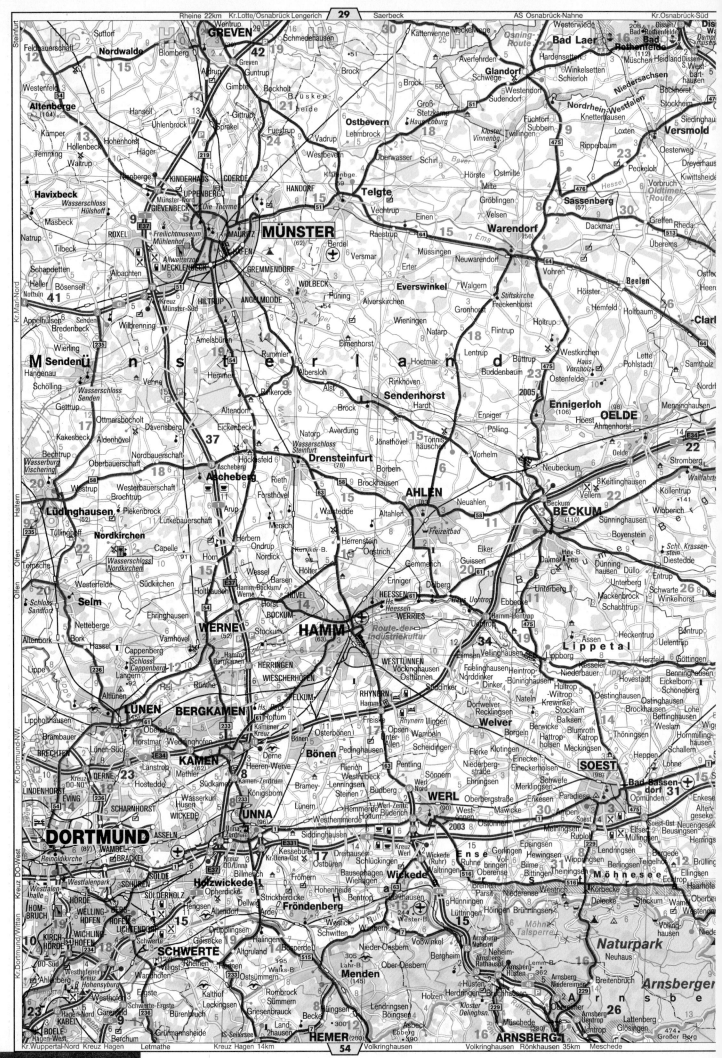

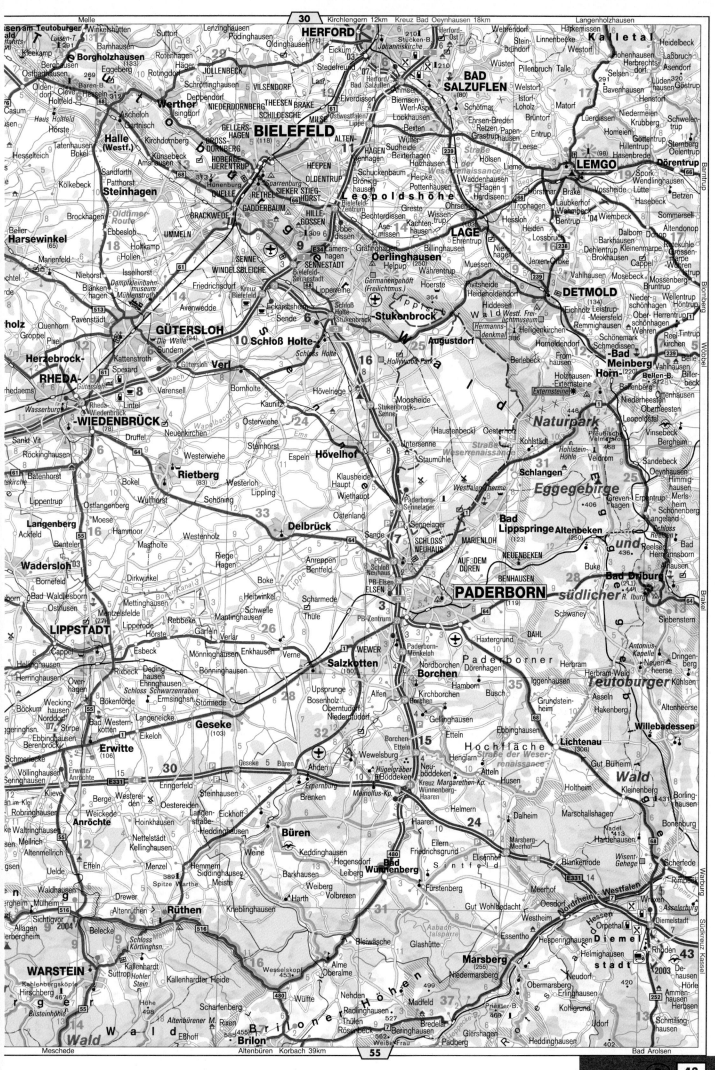

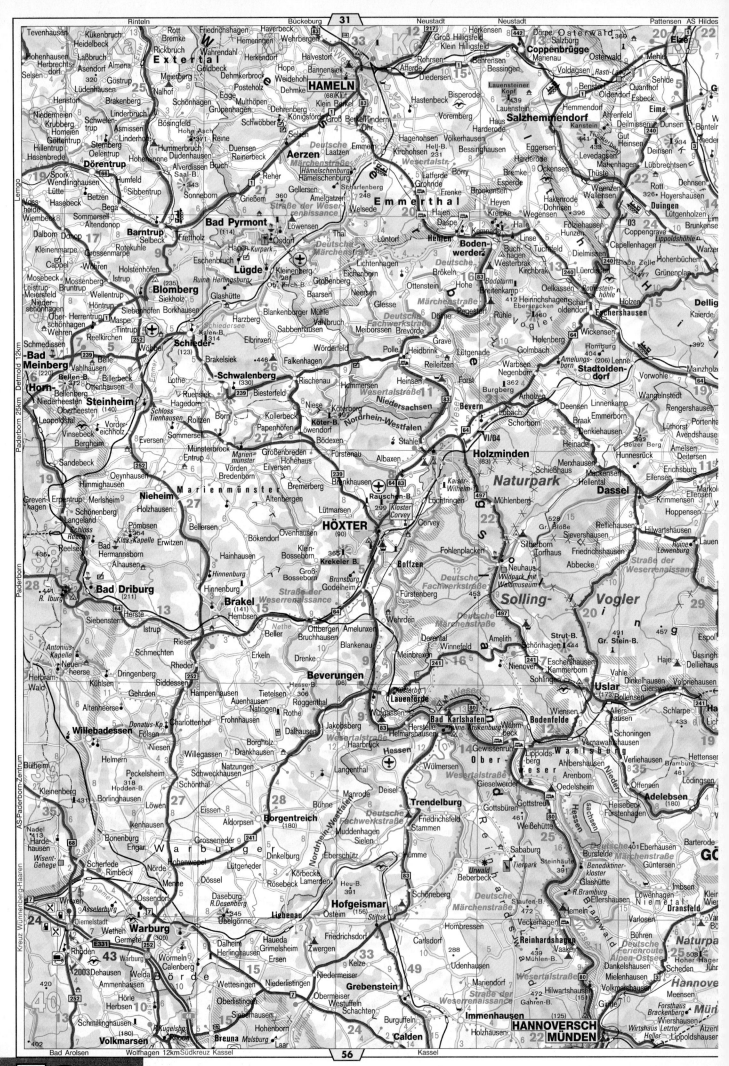

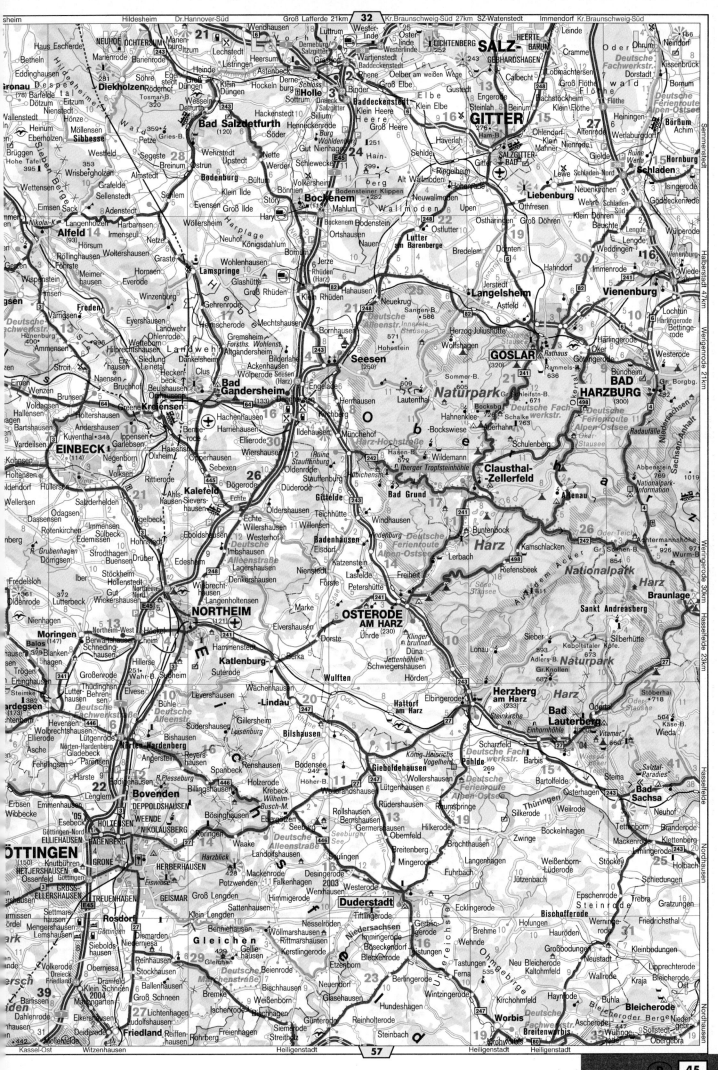

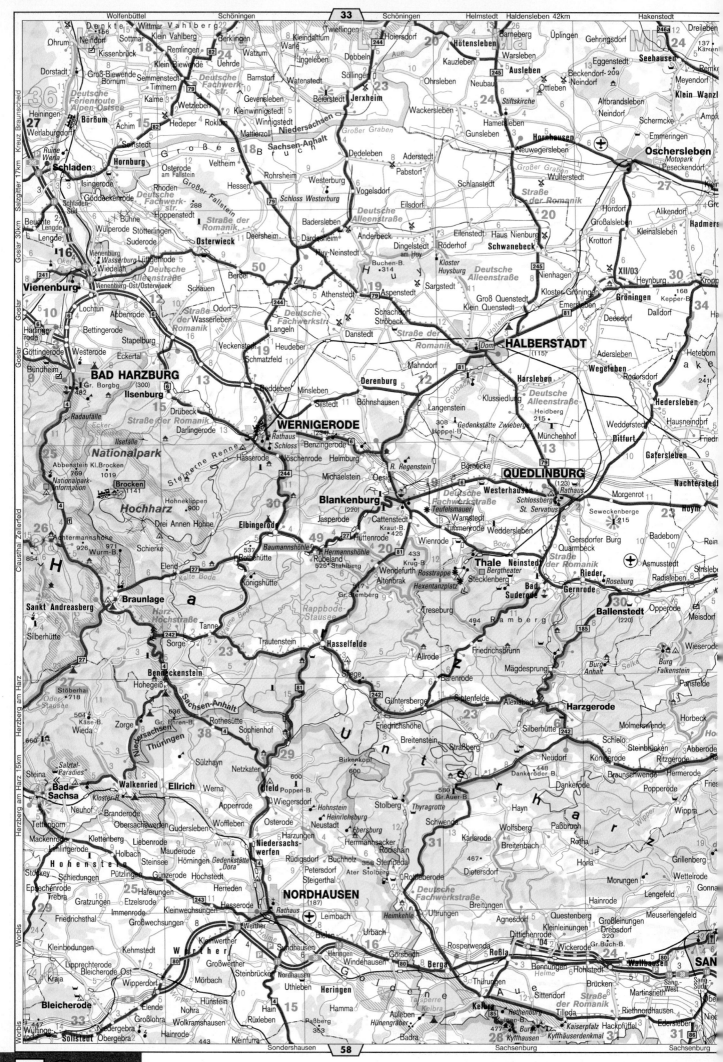

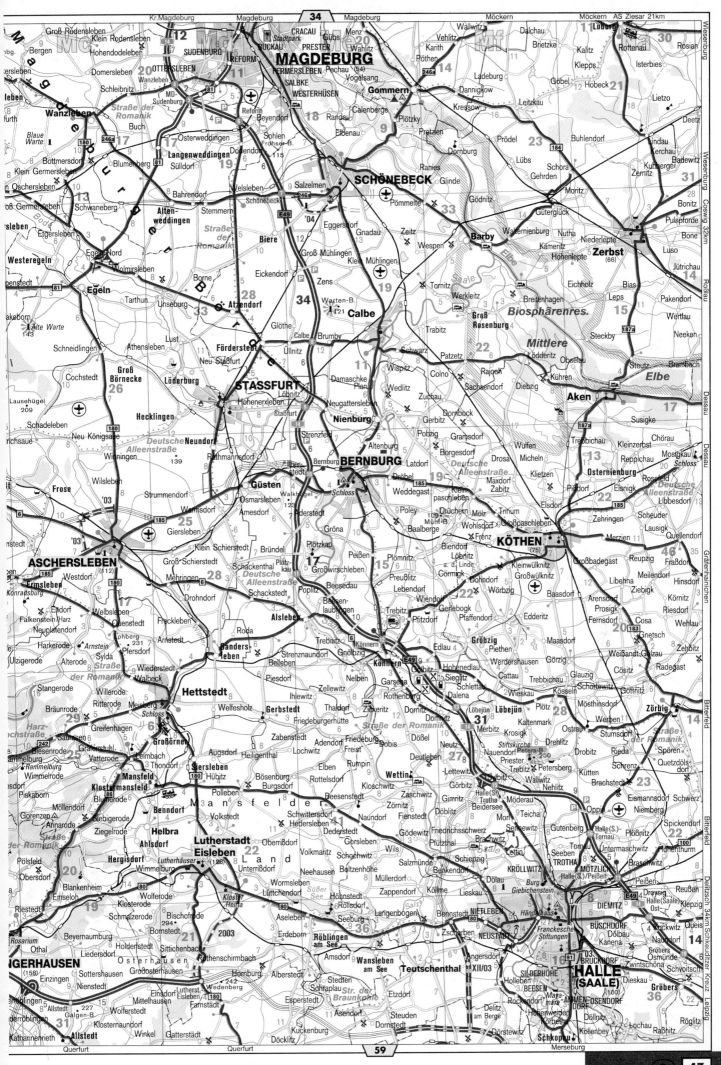

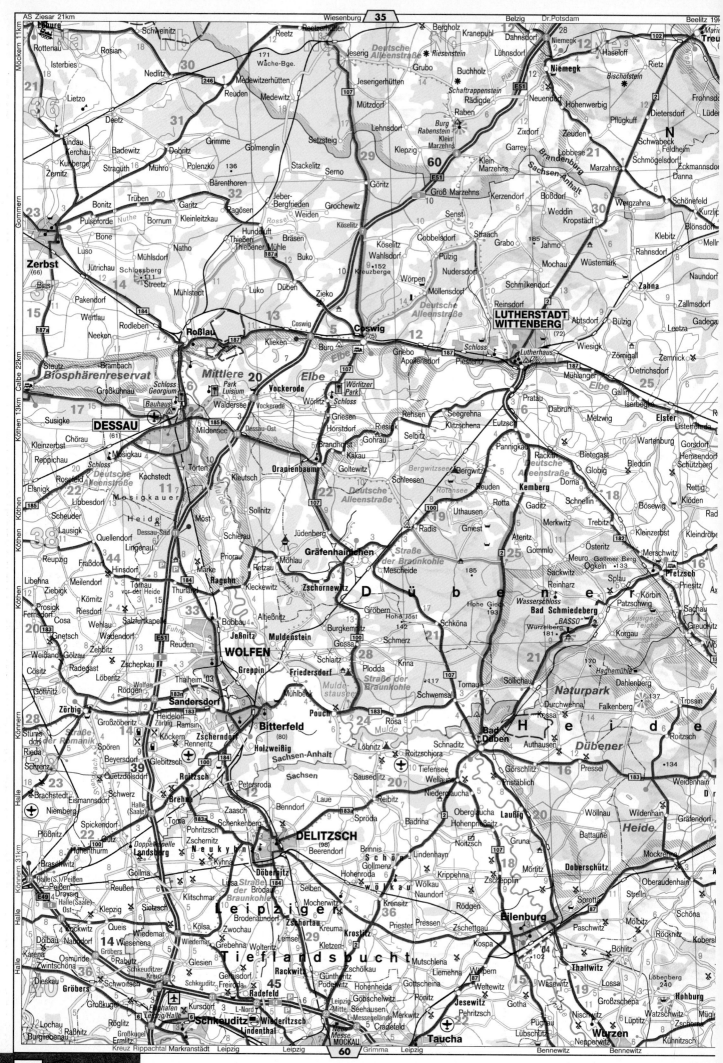

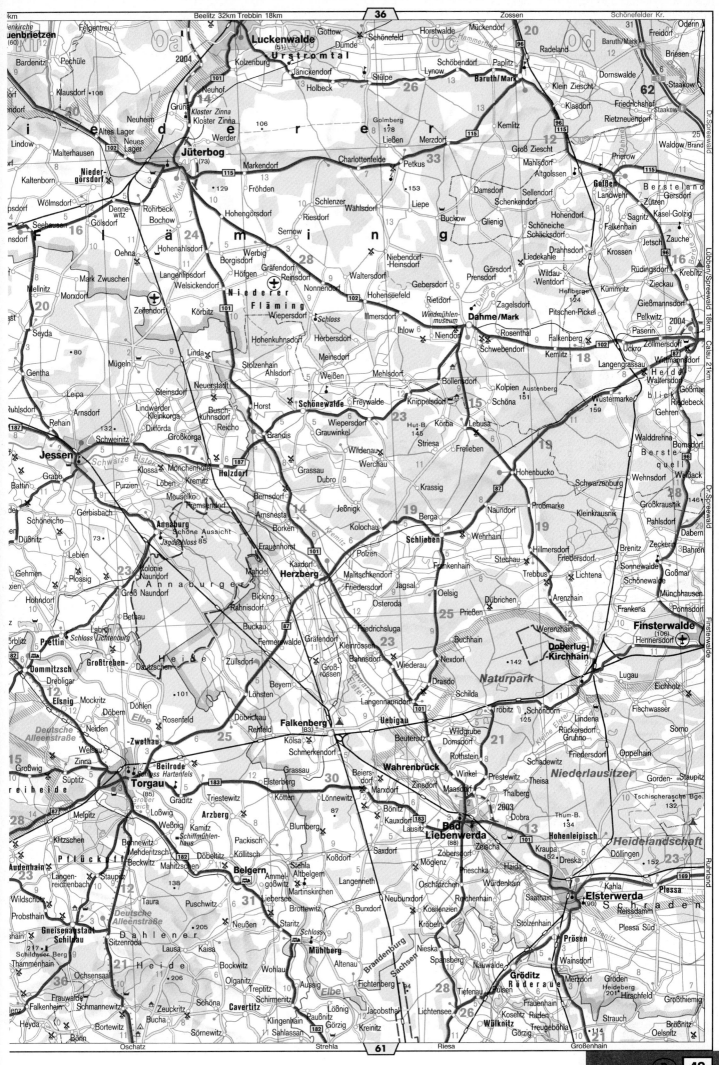

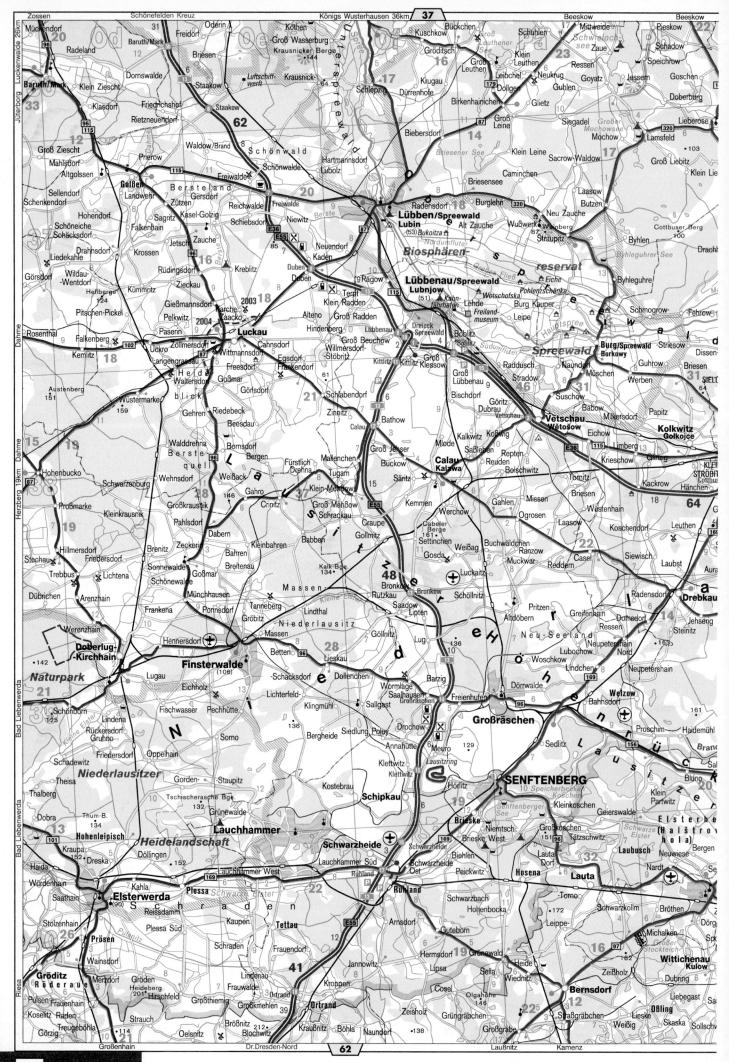

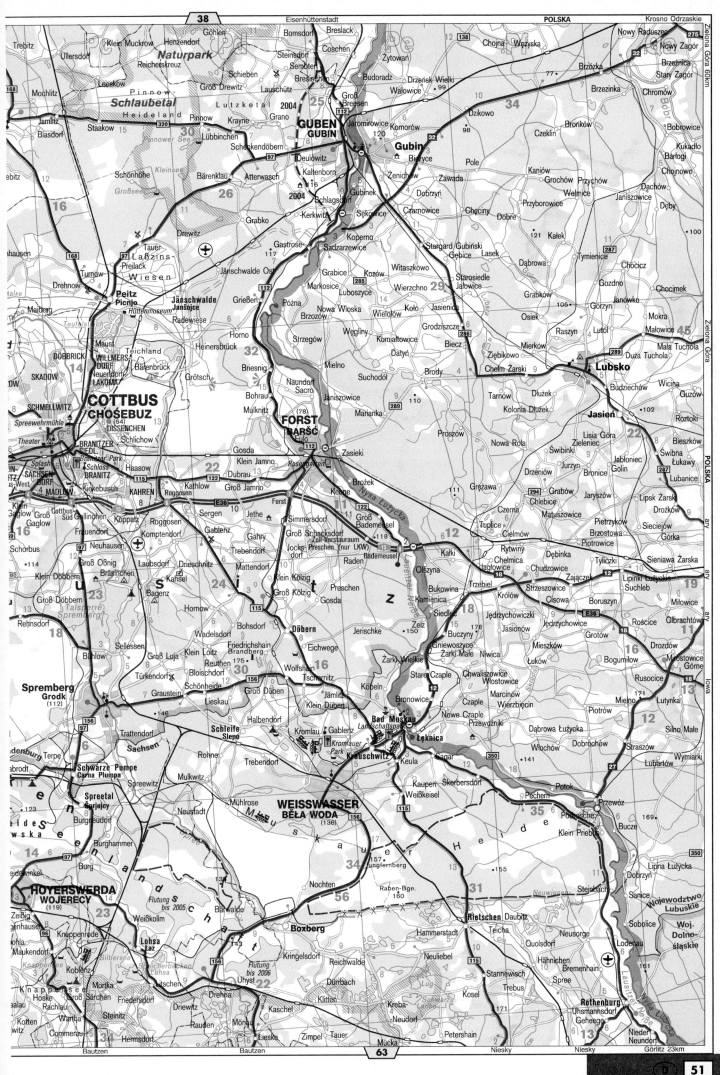

POLSKA
Krosno Odrzaskie
Eisenhüttenstadt

Zielona Góra 60km

Trebitz
Ullersdorf
Klein Muckrow
Henzendorf
Göhlen
Naturpark
Reichetskreuz
Bomsdorf
Breslack
Coschen
Chojna
Wężyska
Nowy Raduszec
Nowy Zagór
Zielona Góra
275
32
Breznica
Stary Zagór
Zytowań
138

Pinnow-
Schlaubetal
Schieben
Steinsdorf
Semöten
Bresinchen
Budoradz
Drzeńsk Wielki
Walowice
Brzózka
Chromów
Leeskow
Mochlitz
Größ Drewitz
Lauschütz
99
77
Brzezinka

168
Heideland
Lutzketal 2004
Grano
Groß
Breesen
112
Dzikowo
34
Bronków
Bobrowice

Staakow 15
Pinnow
Krayne
GUBEN
GUBIN
Jaromirowice
Komorów
98
Czeklin
Kukadlo
Bárlogi

Jamlitz
Blasdorf
320
Lübbinchen
Scheskendöbern
120
Gubin
Kaniów
Grochów
Przychów
Dąbów
Chojnowo

97
Deulowitz
Bieżyce
Pole
Welmice
Janiszowice
Dęby

Schönhöhe
Bärenklau
Atterwasch
Kaltenborn
Żenichów
Zawada
Przyborowice
Gozdno

16
16
2004
Schlagsdorf
Gubinek
Dobrzyń
121
Kalek
Górzyn

Drewitz
Kerkwitz
Sękowice
Czarnowice
Chęciny
Dobre
287
11
100

Tauer
Laßzins-
Preilack
Wiesen
117
Grabko
Koperno
Sadzarzewice
Stargard Gubiński
Gebice
Lasek
Dąbrowa
Tymienice
Chócicz

168
97
Jänschwalde Ost
Grabice
Kozów
Witaszkowo
Wierzchno
Starosiedle
Jałowice
29
Grabków
105
Janówko
Mokra

Turnow
Drehnow
Peitz
Picnjo
Grießen
112
Markosice
Luboszyce
285
Koło
Jasienica
286
Raszyn
Lutol
Małowice
45

Maiberg
Jänschwalde
Jańsojce
Pózna
Brzozów
Nowa Włoska
Wielów
Grodziszcze
Biecz
Mierków
Ziębikowo
289
Duża Tuchola
Mała Tuchola

Radewiese
Horno
Strzegów
Węgliny
Kumiałtowice
Datyń
Tarnów
Chelm Żarski
9
Lubsko
Wicina

Döbbrick
Willmers-
Dorf
Lakoma
Neuendorf
Bärenbrück
Grötsch
Heinersbrück
32
Mielno
Suchodół
Brody
Dłużek
Kolonia Dłużek
Budziechów
Guzów

Skadow
14
Maust
Teichland
Briesnig
Naundorf
Sacro
Janiszowice
289
110
Proszów
Nowa Rola
Tarnów
Jasień
Roztoki
102

Schmellwitz
COTTBUS
CHOŚEBUZ
Bohrau
Mulknitz
Marianka
Świbinki
Lisia Góra
Zieleniec
Bieszków
22
8

Spreewehrmühle
Dissenchen
Schlichow
FORST
BARŚĆ
Proszów
Drzeniów
Jurzyn
Świbna
Łukawy

Theater
Branitzer
Siedl
Haasow
Gosda
Zasieki
Bronice
Jabloniec
Golin
287

Splash
Sachsen-
Dorf
Schloss
Branitzer Park
Klein Jamno
Rosengarten
112
Greżawa
111
294
Grabów
Chlebice
Matuszowice
Lubanice

Madlow
Branitz
115
Kiekebusch
Kathlow
Dubrau
122
Groß Jamno
Forst
Brożek
Keune
Czerna
Jaryszów
Pietrzyków
Brzóstowa
Lipsk Żarski
Drożków

Gaglow
Groß
Gaglow
E36
Roggosen
Sergen
Jethe
Simmersdorf
Groß
Bademeusel
Tuplice
Piotrowice
Sieciejów
Górka

16
Kahren
Roggosen
Gablenz
Gahry
Groß Schacksdorf
Zoll-Vorstauraum
118
15
Bademeusel
2
Cielmów
Rytwiny
Dębinka
Tyliczek
Sieniawa Żarska

Neuhausen
Frauendorf
Kompterndorf
Jocks-Preschen (nur LKW)
Raden
6
12
Chelmica
Chudzowice
19

114
Groß Oßnig
Bräsinchen
Laubsdorf
Drieschnitz
Mattendorf
Klein Kölzig
Preschen
z
Kałki
Olszyna
Jągłowice
Zajączek
12
Miłowice

Klein Döbbern
Bagenz
Kahsel
24
Groß Kölzig
Gosda
Bukowina
Kamienica
Trzebiel
18
Jędrzychowiczki
Cisowa
Olbrachtów
11

Groß Döbbern
Talsperre
Spremberg
Hornow
Bohsdorf
Wadelsdorf
Döbern
Jerischke
Zelz
150
Siedlec
Jędrzychowice
176
Boruszyn
E36
18
Rościce
16
Drozdów

Rehnsdorf
18
Sellessen
Groß Luja
Friedrichshain
Brandberg
175
Eichwege
16
Buczyny
Gniewoszyce
Mieszków
Grotów
18
Mirostowice
Górne

Bühlow
Klein Loitz
Reuthen
30
156
Wolfshain
Tschernitz
Żarki Wielkie
Żarki Małe
Niwica
Łuków
Rusocice
18
13

Spremberg
Grodk
(112)
Türkendorf
Bloischdorf
Schönheide
Groß Düben
Köbeln
12
Stare Czaple
Chwaliszowice
Włostowice
Bogumiłów
171
Lutynka

156
97
Graustein
Lieskau
Klein Düben
Jämlitz
Bronowice
Czaple
Marcinów
Wierzbięcin
Mielno
12
Silno Małe

Trattendorf
146
Sachsen
Rohne
Halbendorf
Schleife
Slepo
Kromlau
Gablenz
Bad Muskau
Landschaftspark
Nowe Czaple
Piotrów
Dąbrowa Łużycka
Straszów
Wymiarki

Terpe
6
Rohne
Trebendorf
Kromlauer Park
Łęknica
Keula
Sagar
350
141
Potok
Lubartów
27
Przewóz

Schwärze Pumpe
Czarna Plumpa
Spreewitz
Mulkwitz
Krauschwitz
Kaupen
Skerbersdorf
Weißkeisel
Pechern
Podrosche
35
350

Spreetal
Šprejcy
Neustadt
WEISSWASSER
BĚŁA WODA
(136)
115
Klein Priebus
Bucze
169

Burghammer
Burgneudorf
Mühlrose
17
Jungfernberg
Lipna Łużycka
Dobrzyń
Woj.
Dolno-
śląskie

14
97
Burg
Nochten
157
Raben-Bge.
160
34
31
Neuwiesen
Stejnbach
11
Sanice
Sobolice

Hoyerswerda
Wojerecy
(119)
23
Weißkollm
Barwalde
Flutung bis 2005
Boxberg
56
Rietschen
Daubitz
Hammerstadt
Teicha
Neusorge
Quolsdorf
Lodenau
350

Lohsa
Łaz
Kringelsdorf
Reichwalde
Neuliebel
115
Hähnichen
Bremenhain
161

156
Flutung bis 2006
Uhyst
22
Dürrbach
Stannewisch
Trebus

Mortka
Friedersdorf
Drehna
Klitten
Kreba-Neudorf
Kosel
Spree
Lug
13

Steinitz
Rauden
Mönau
Zimpel
Tauer
Mücka
Petershain
Rothenburg
Uhsmannsdorf
Gehege
Nieder
Neundorf

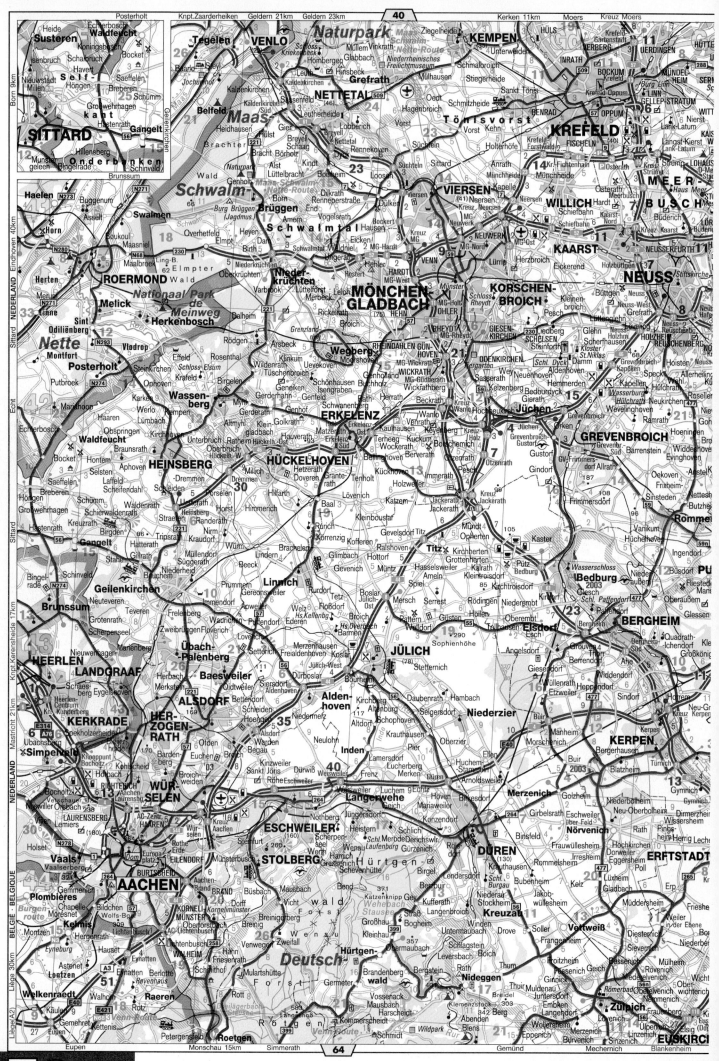

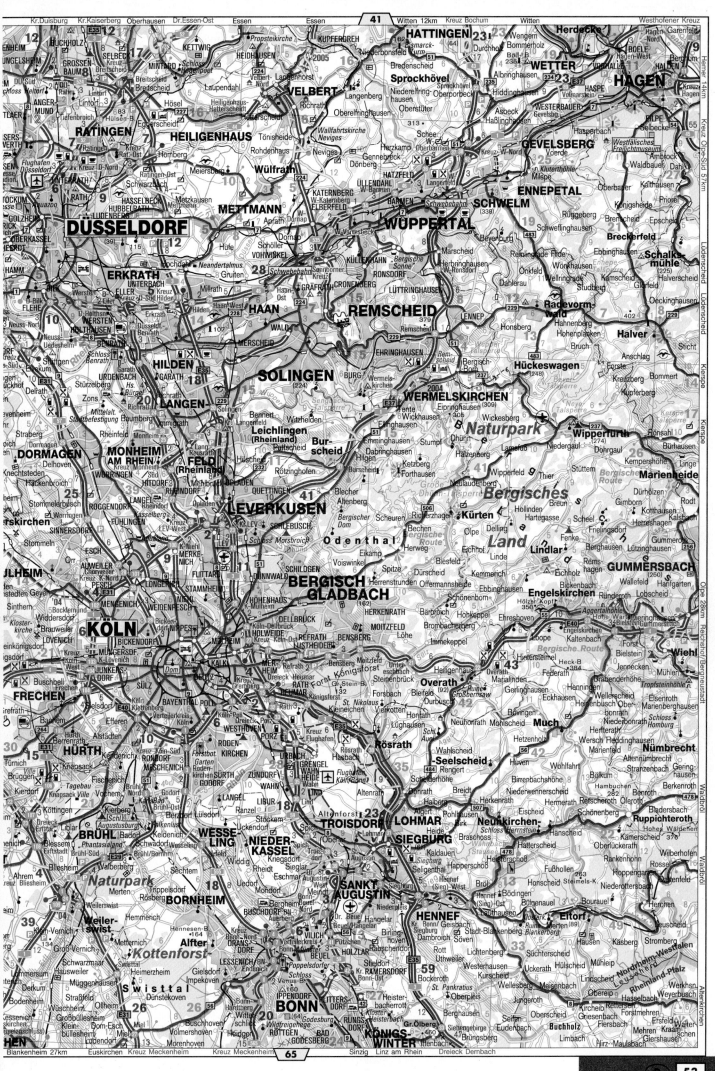

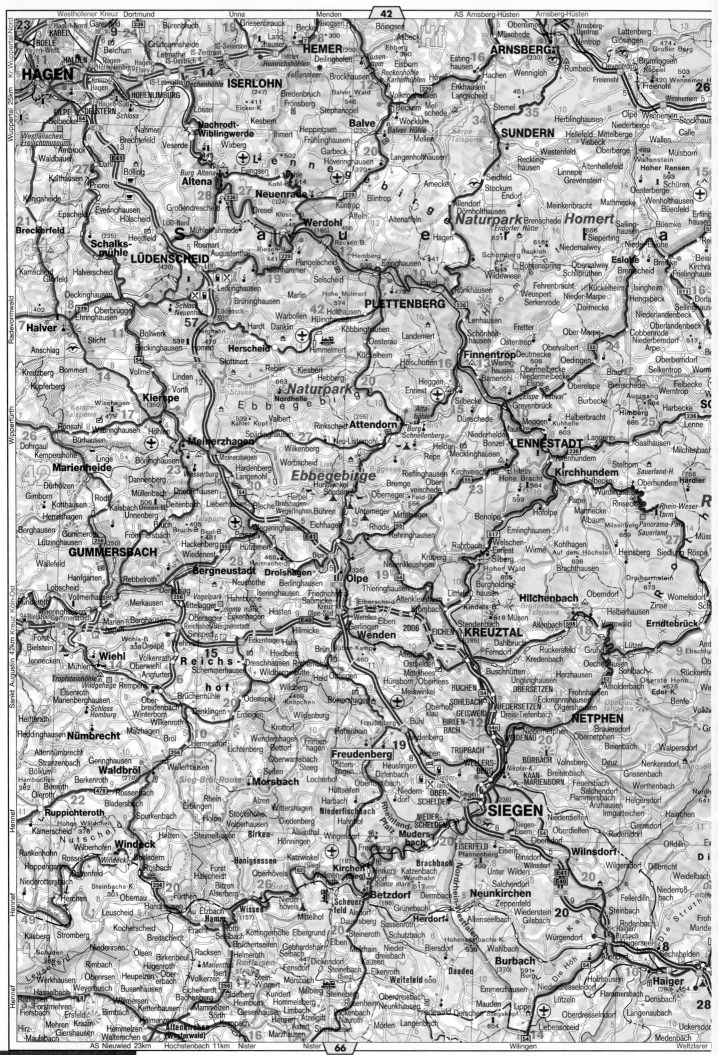

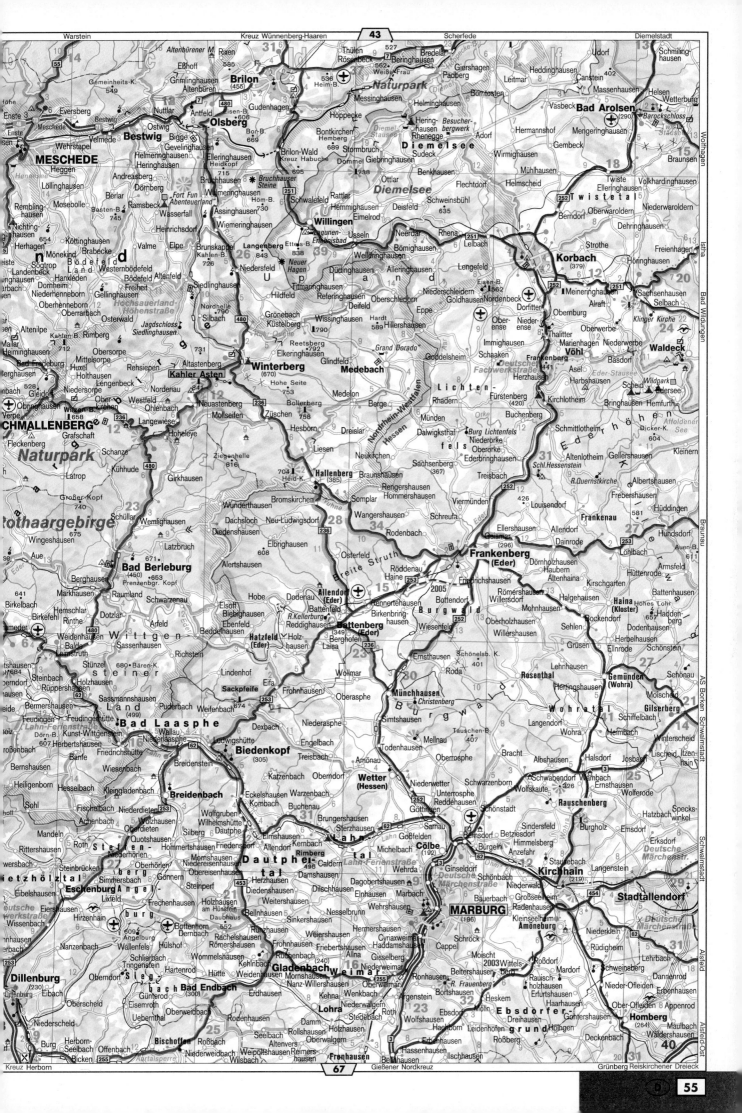

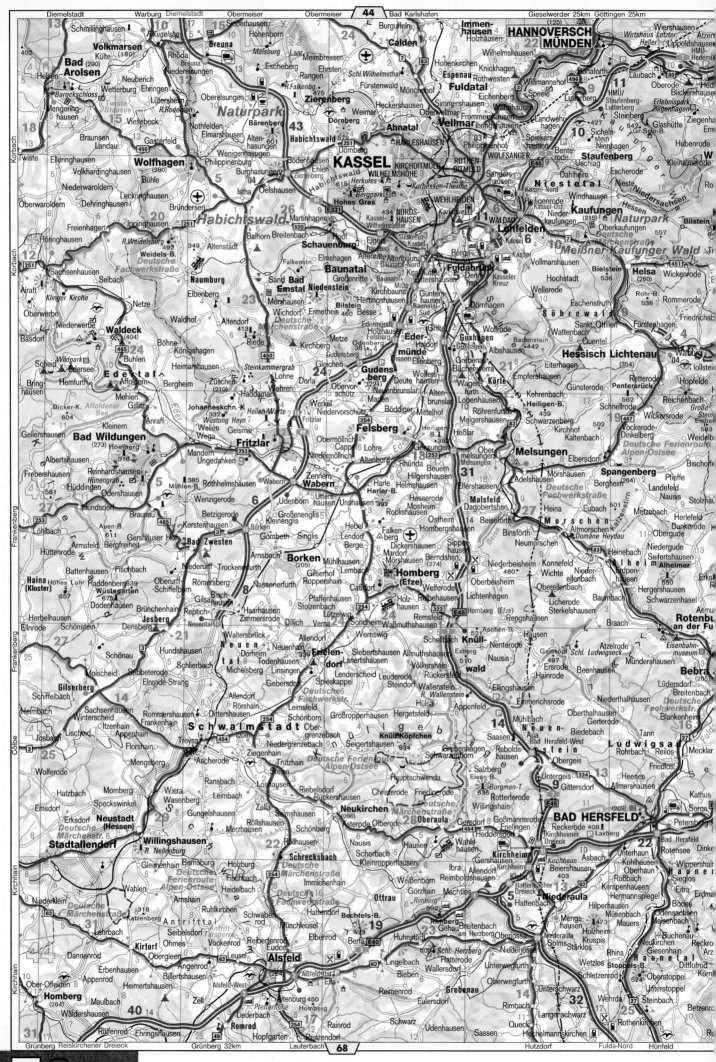

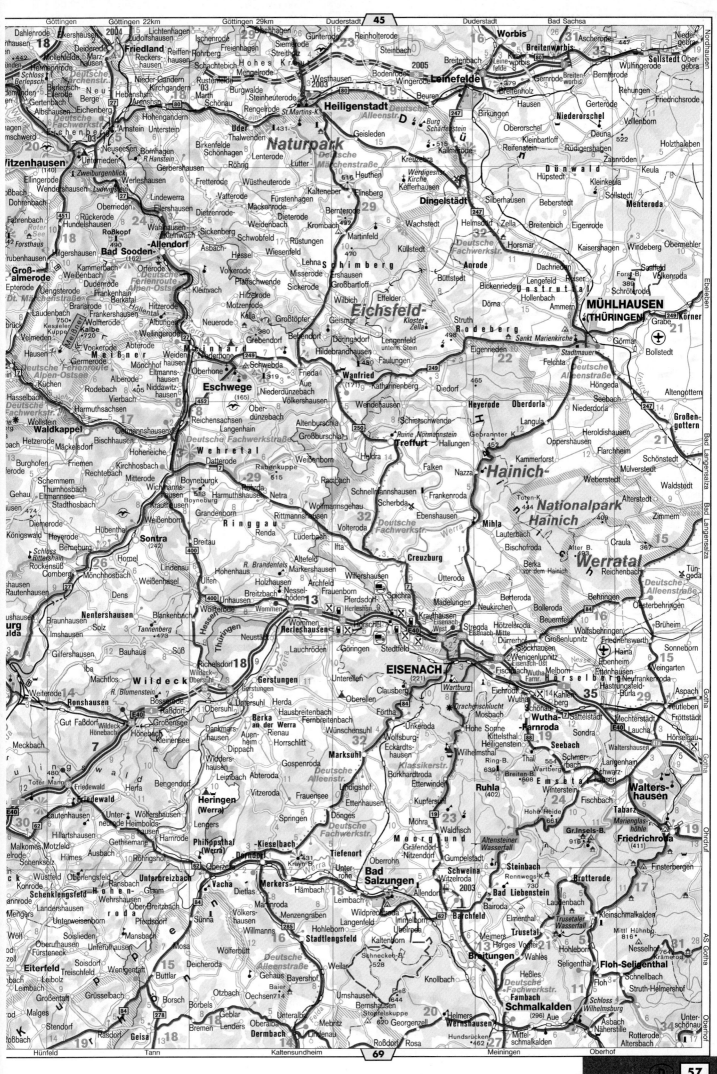

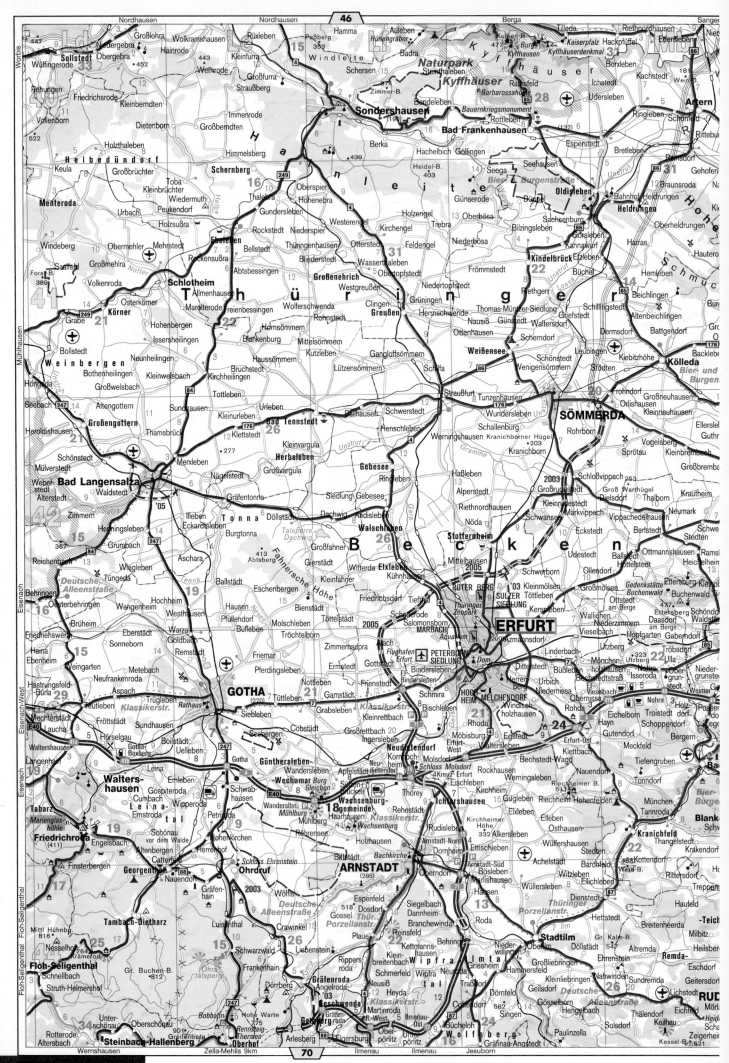

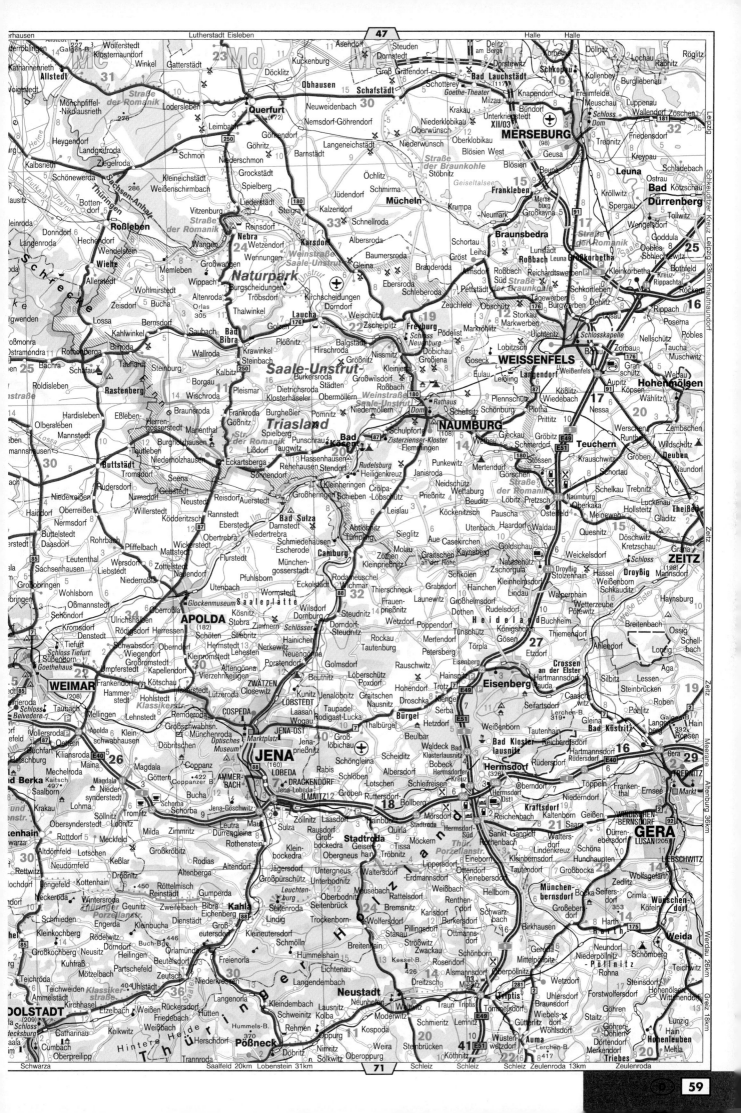

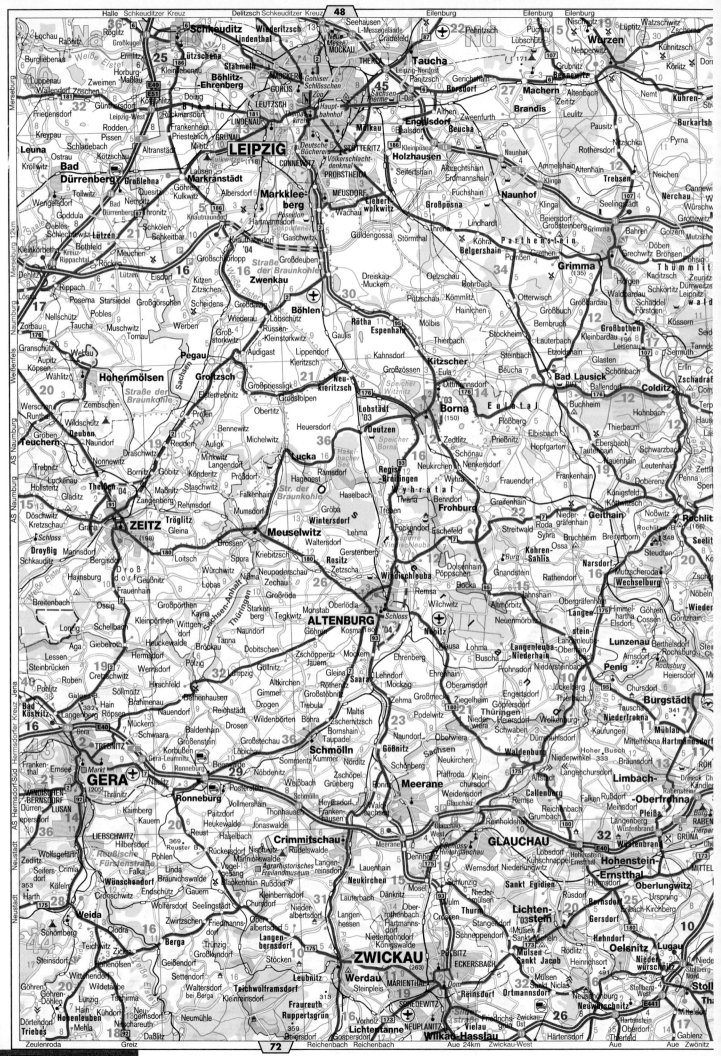

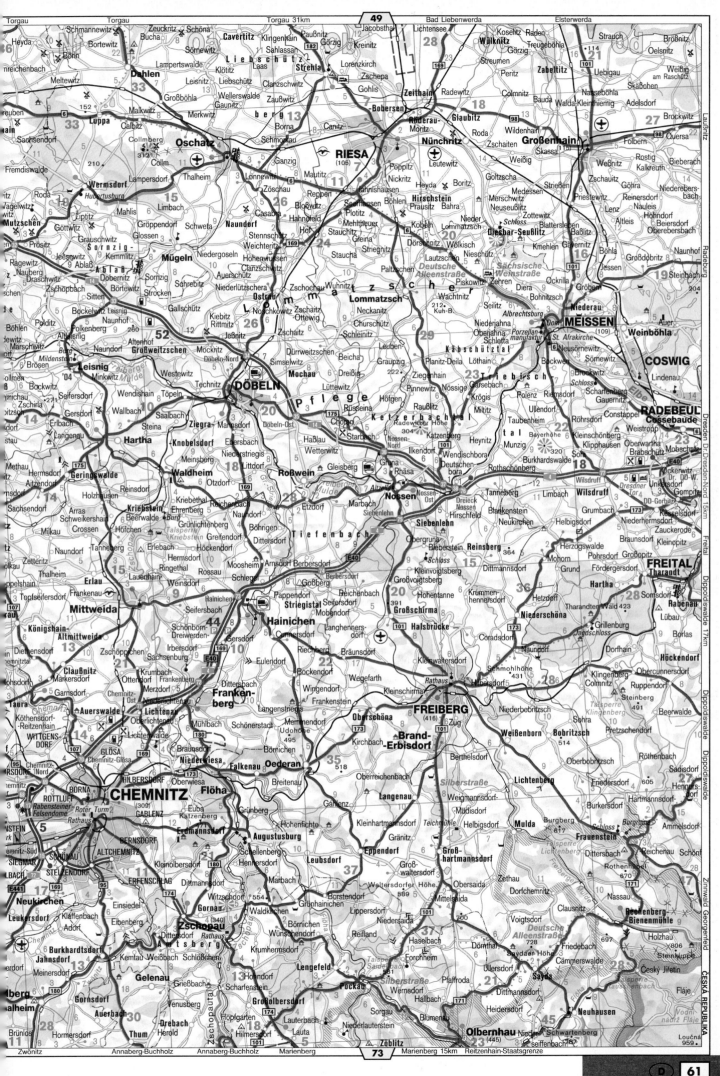

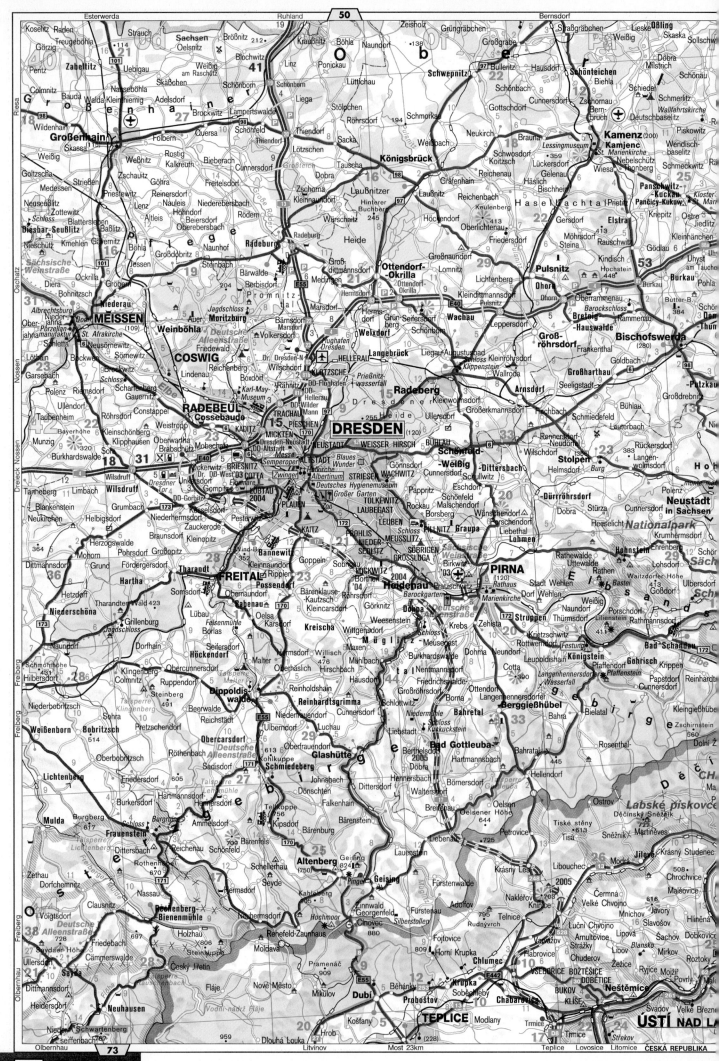

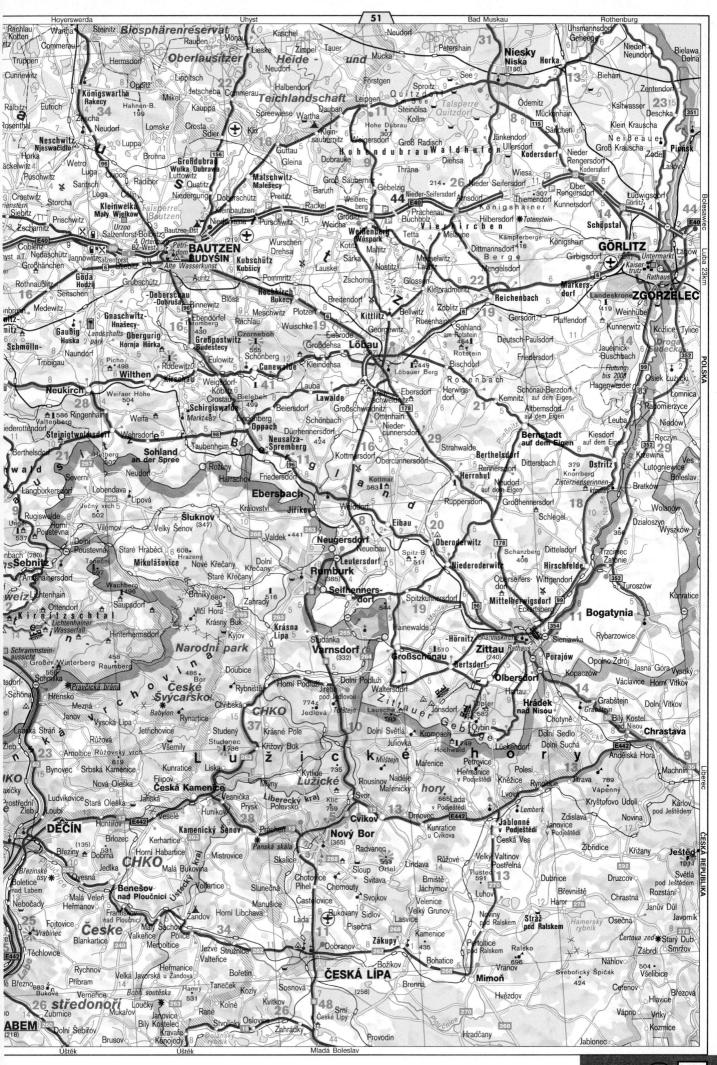

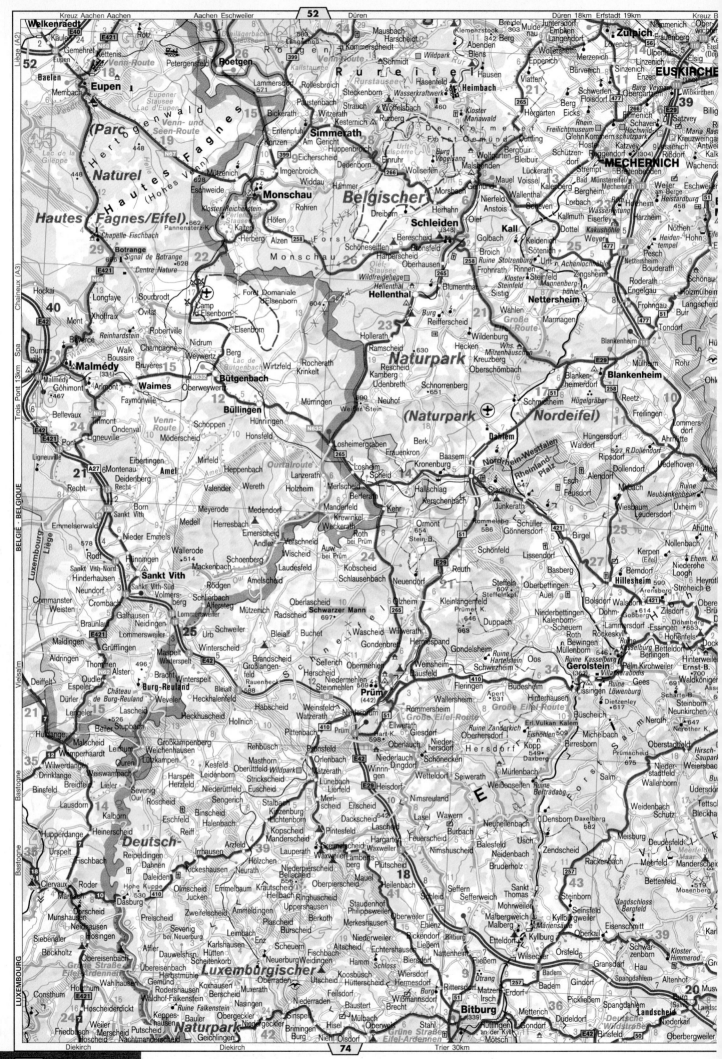

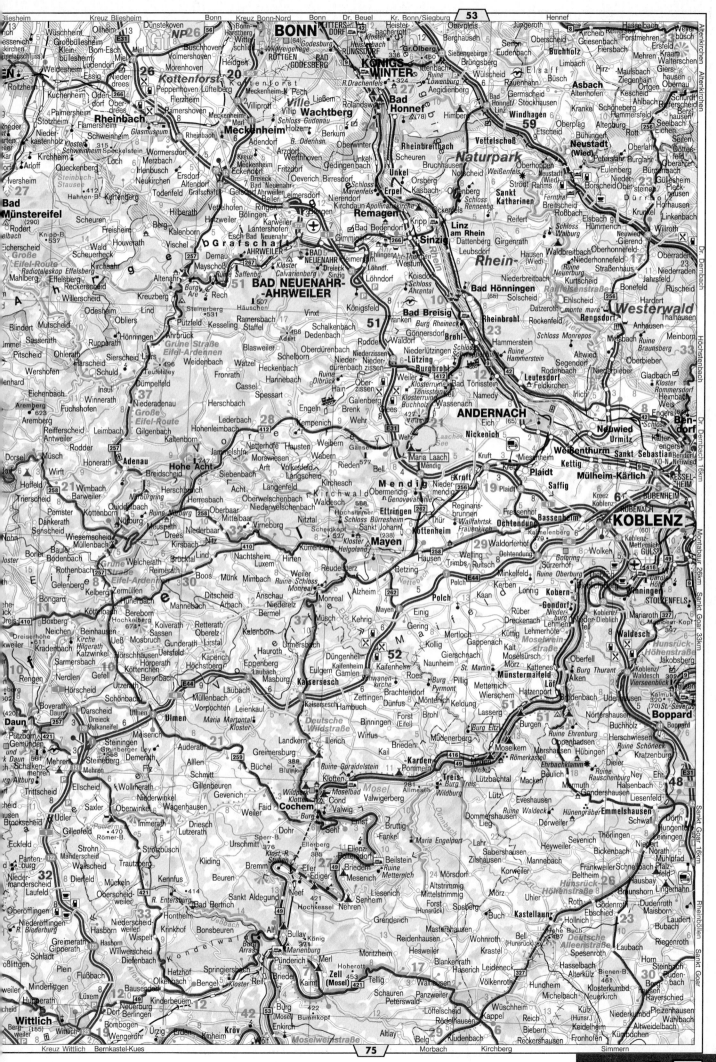

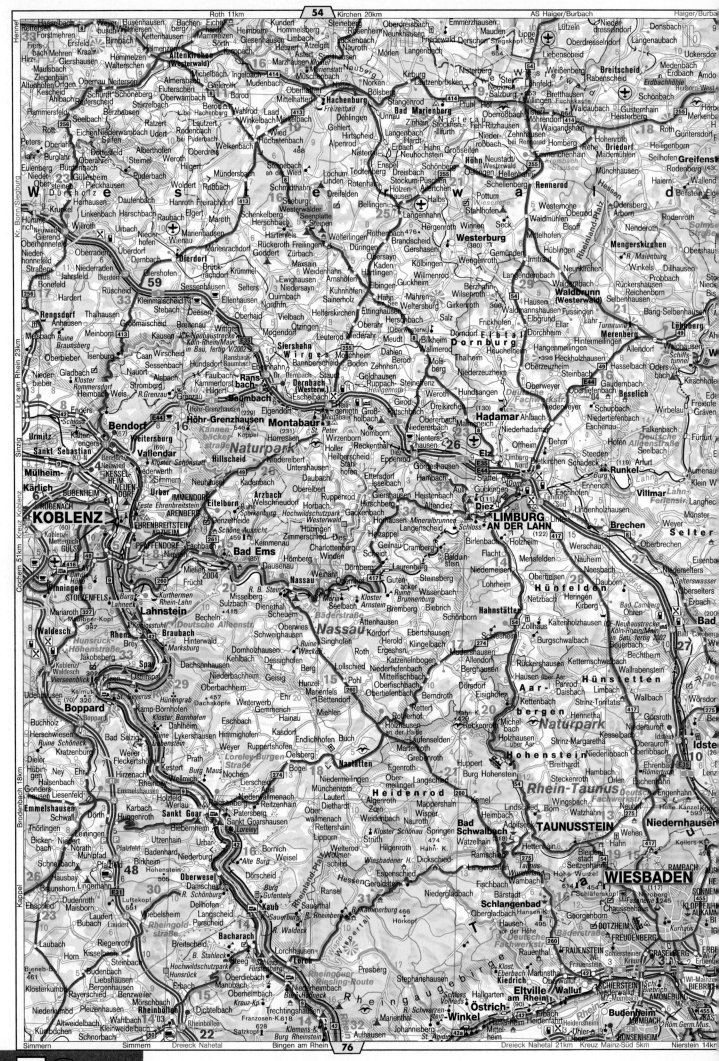

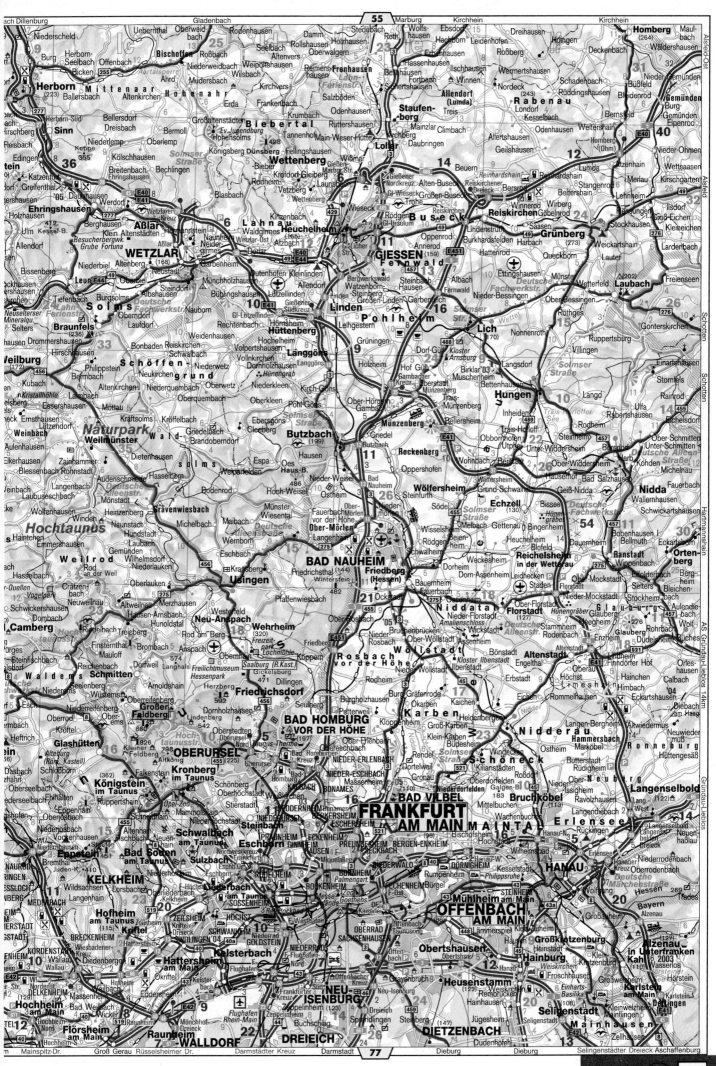

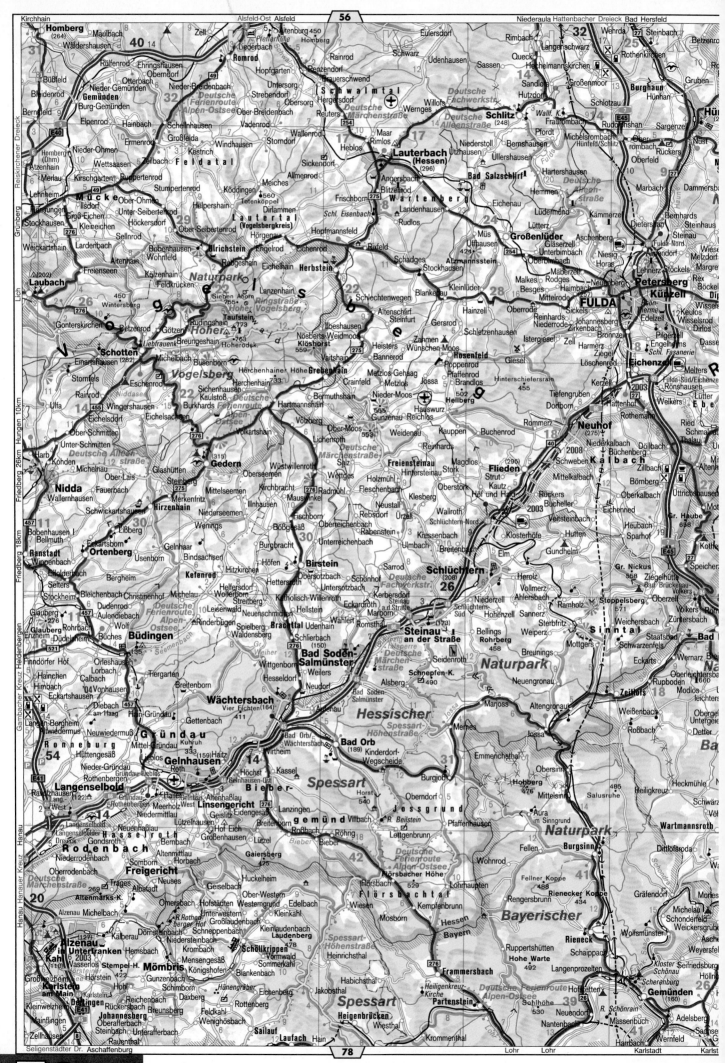

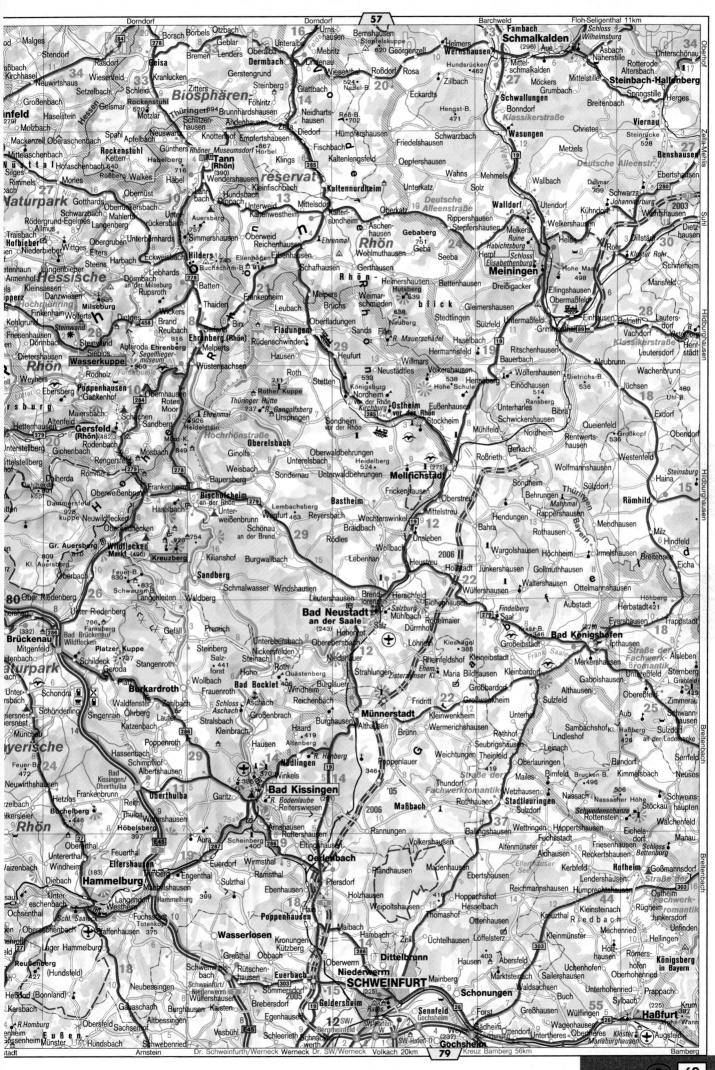

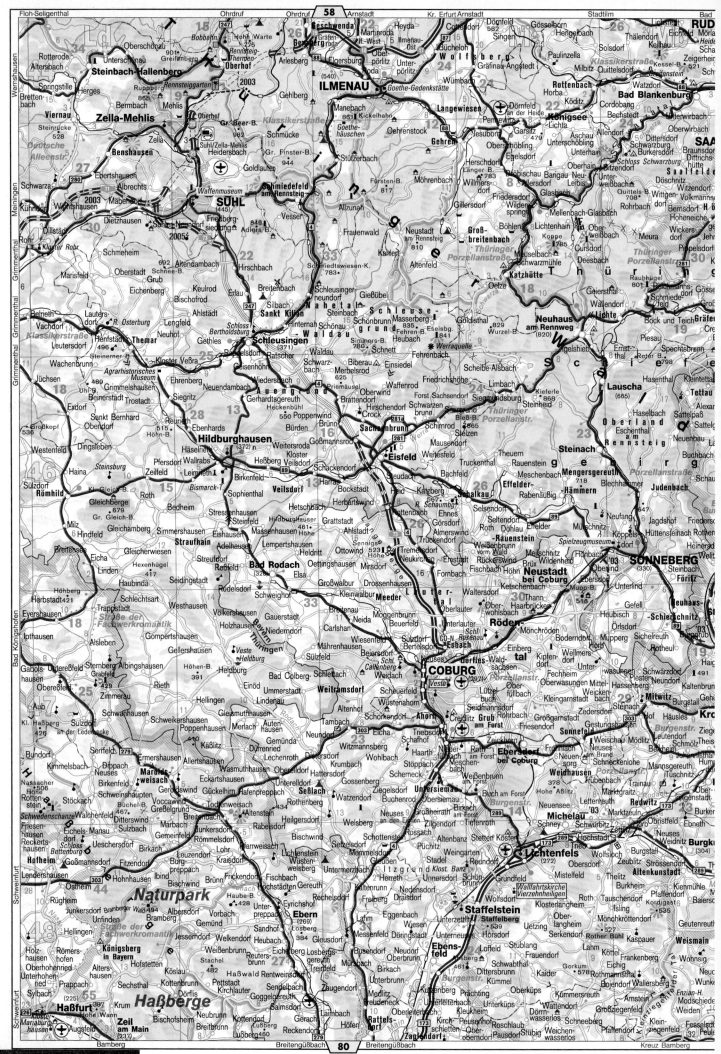

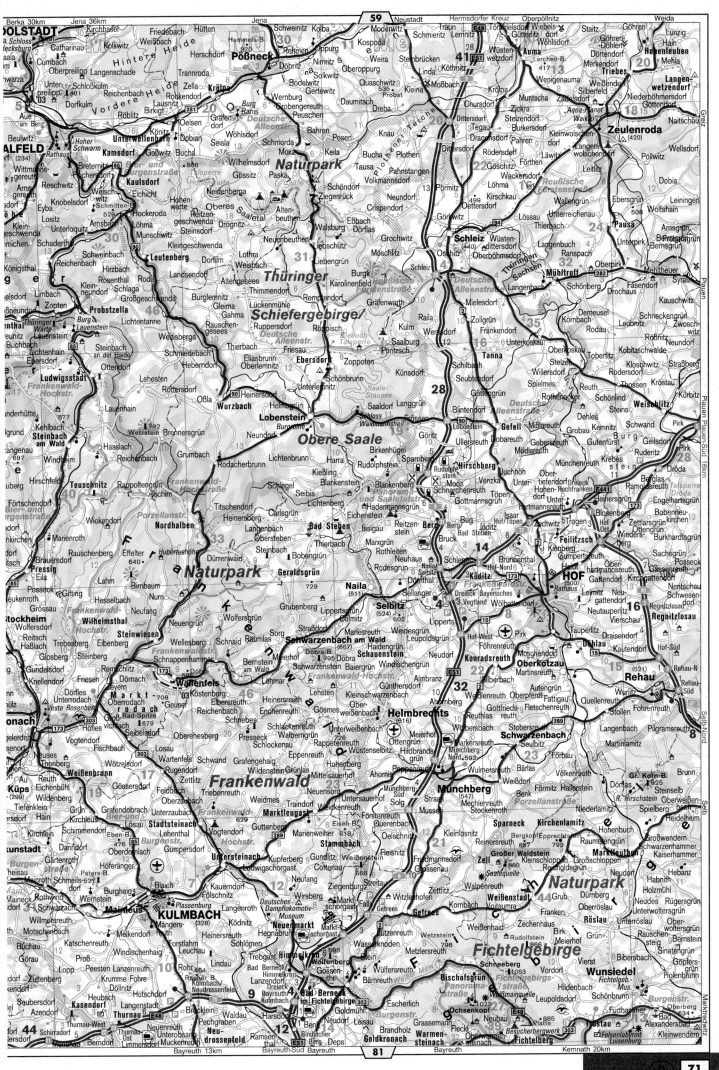

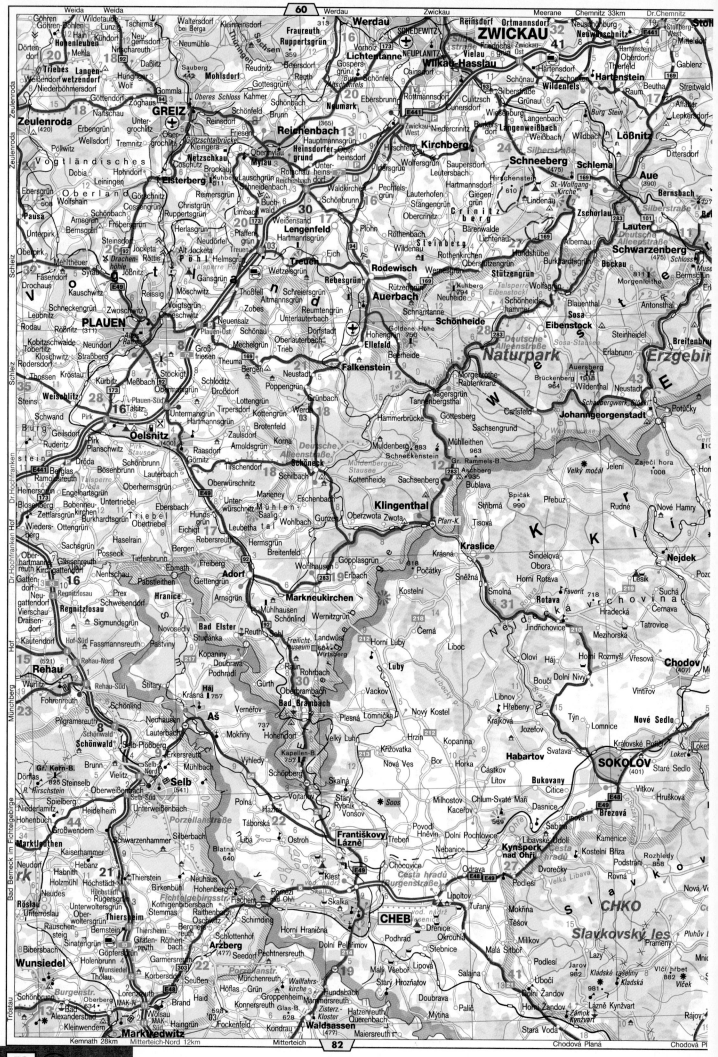

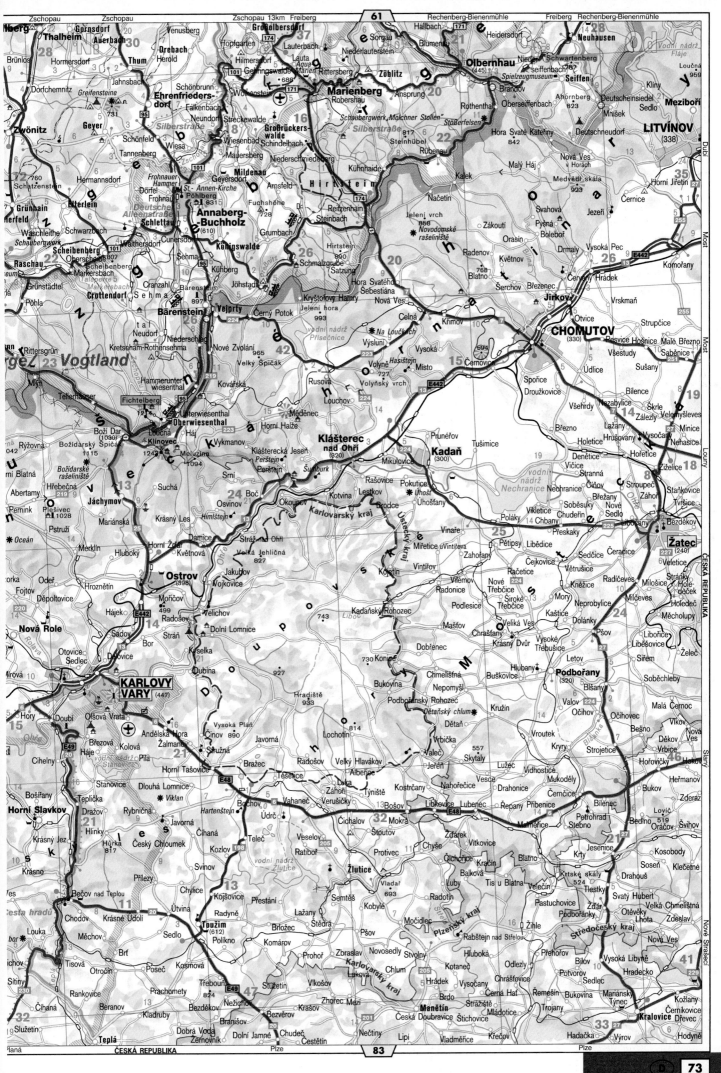

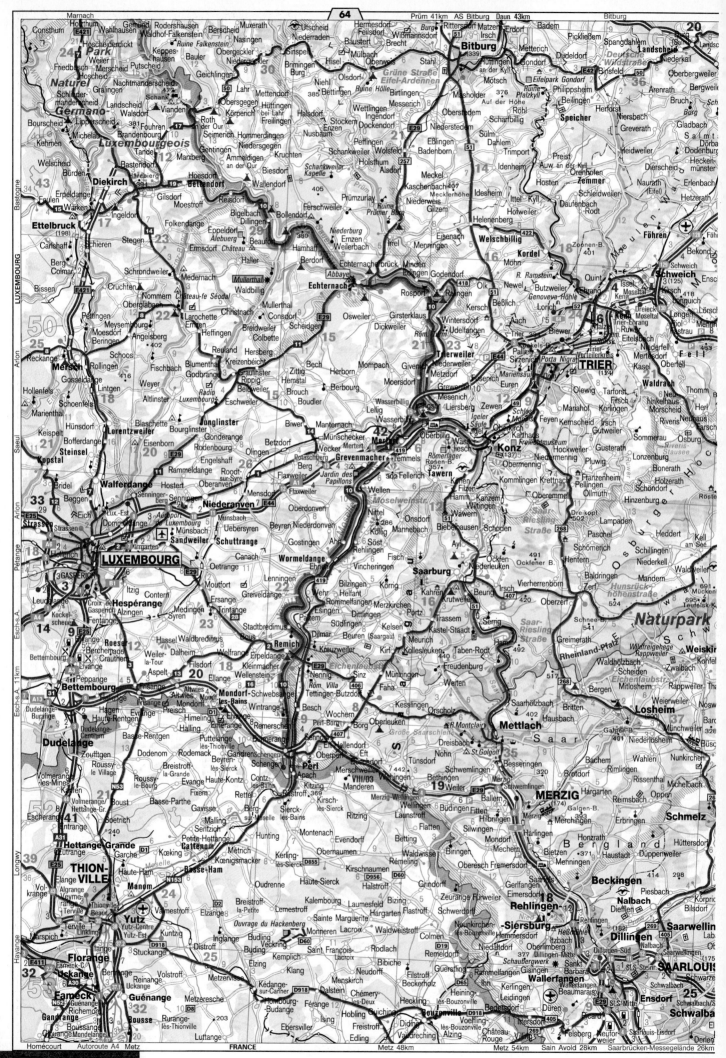

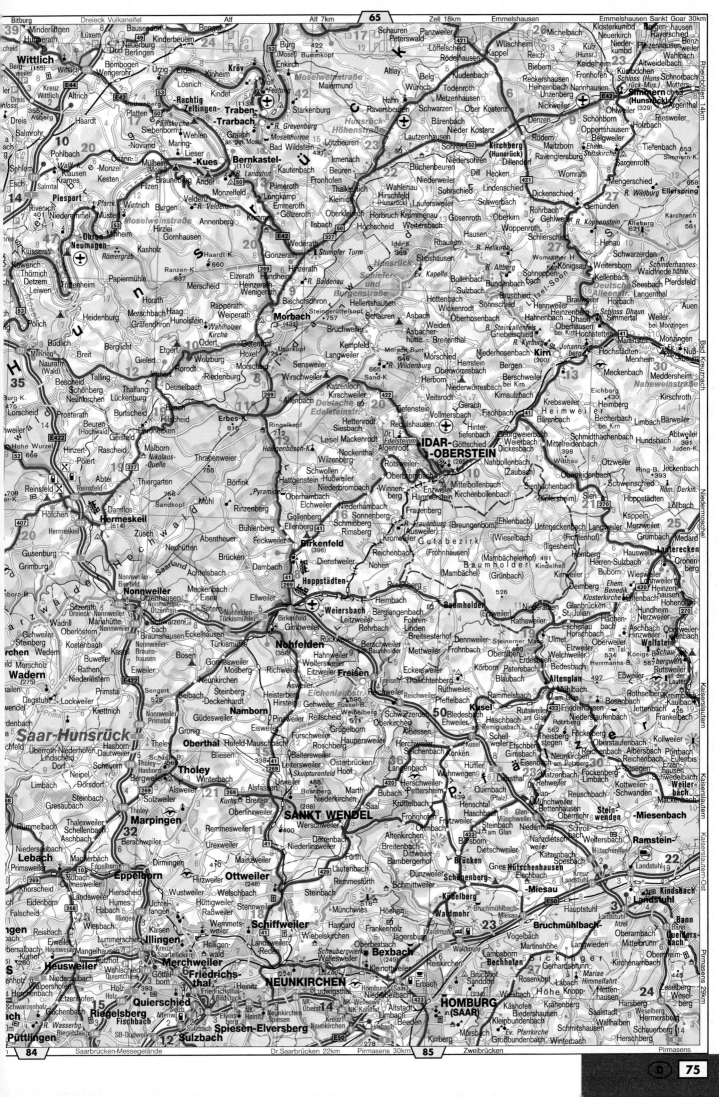

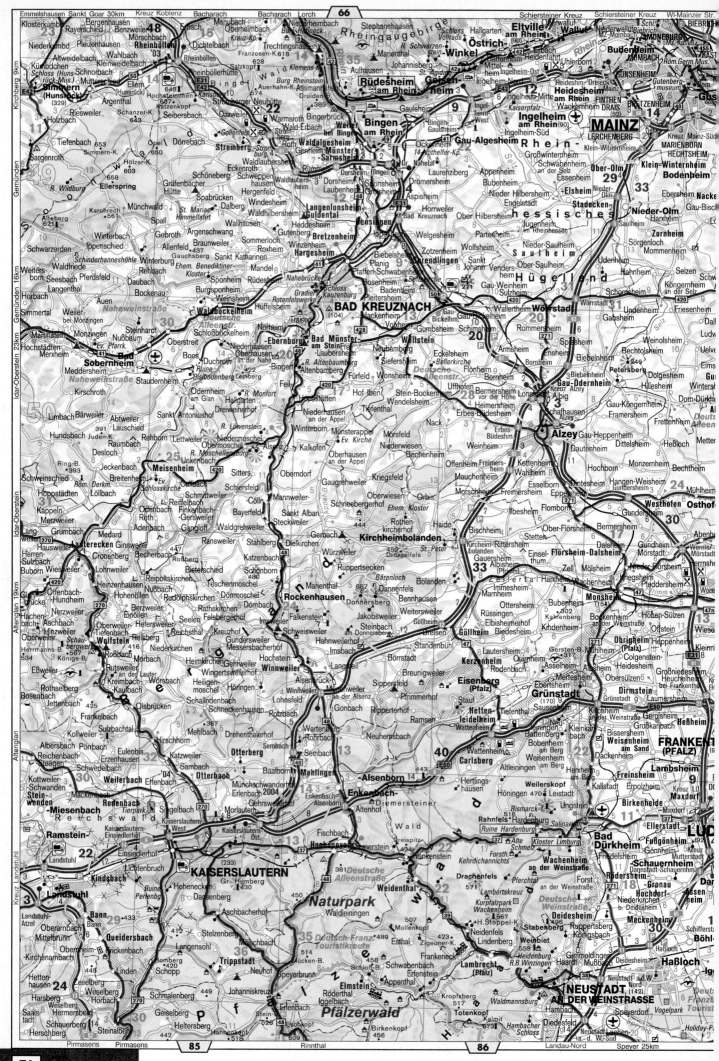

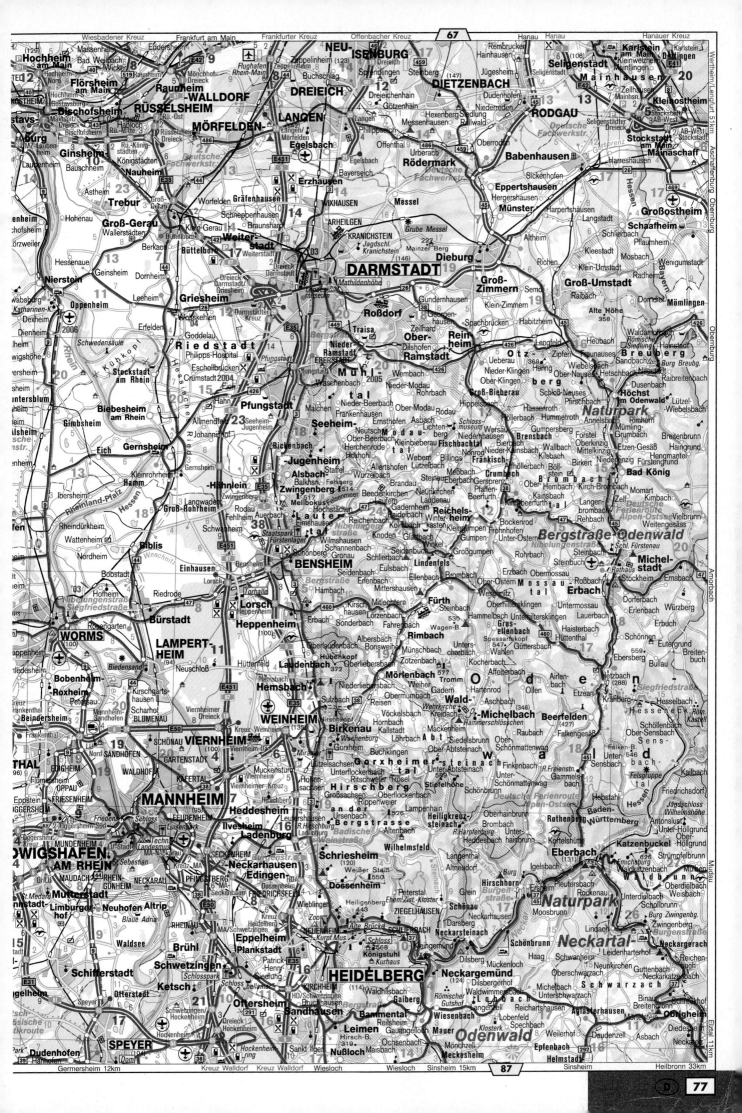

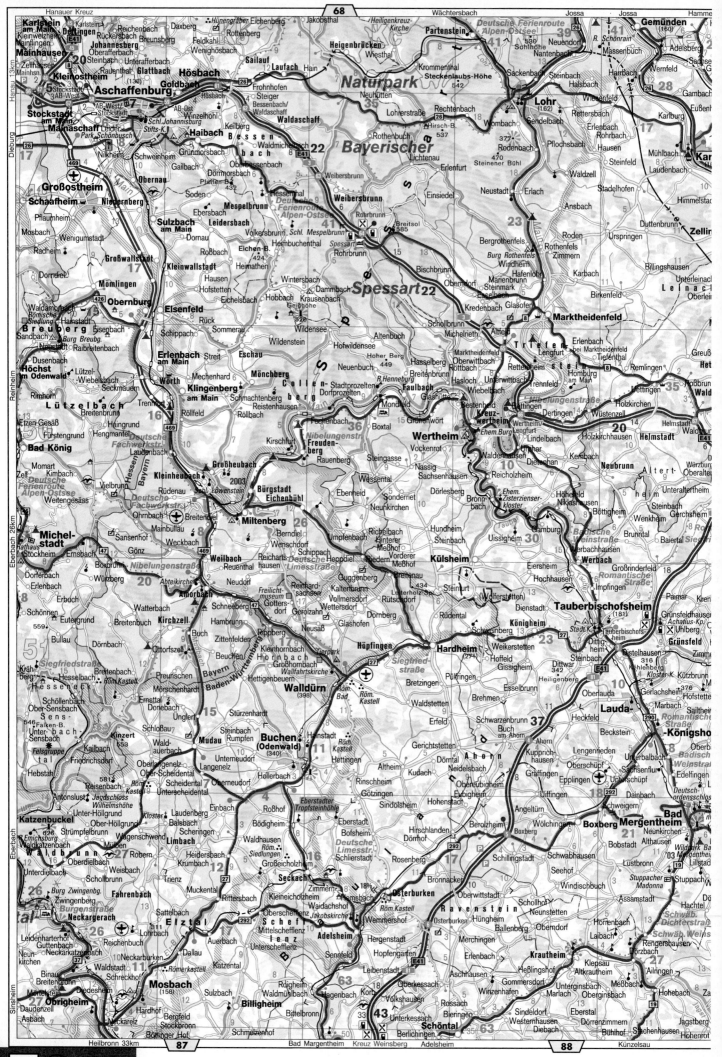

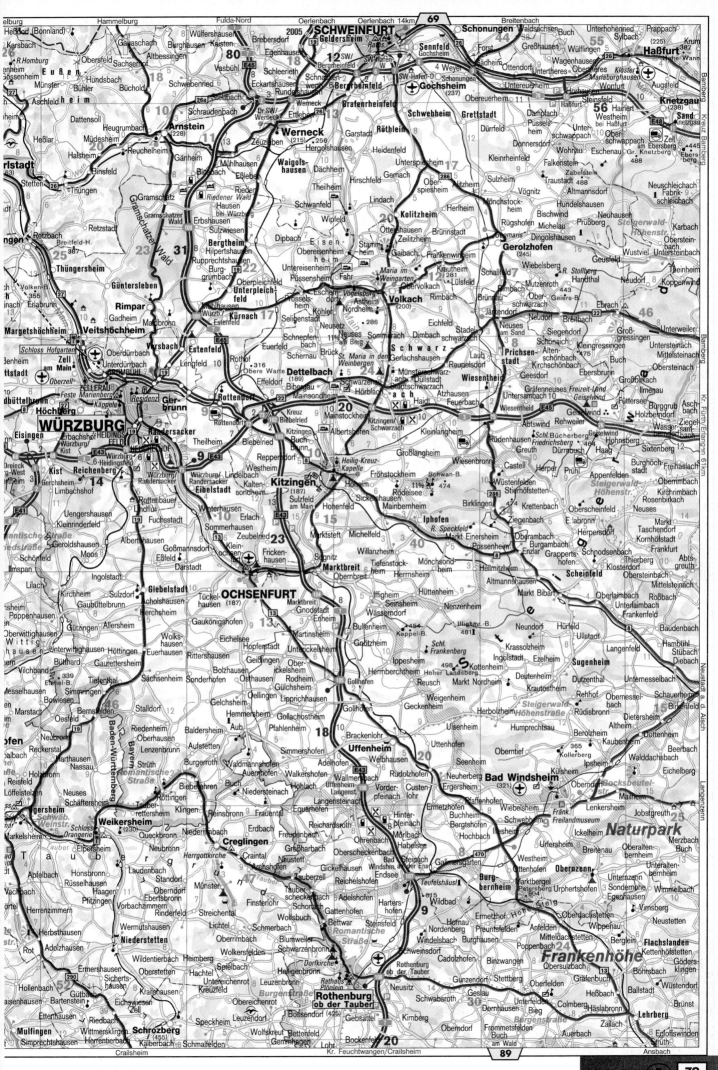

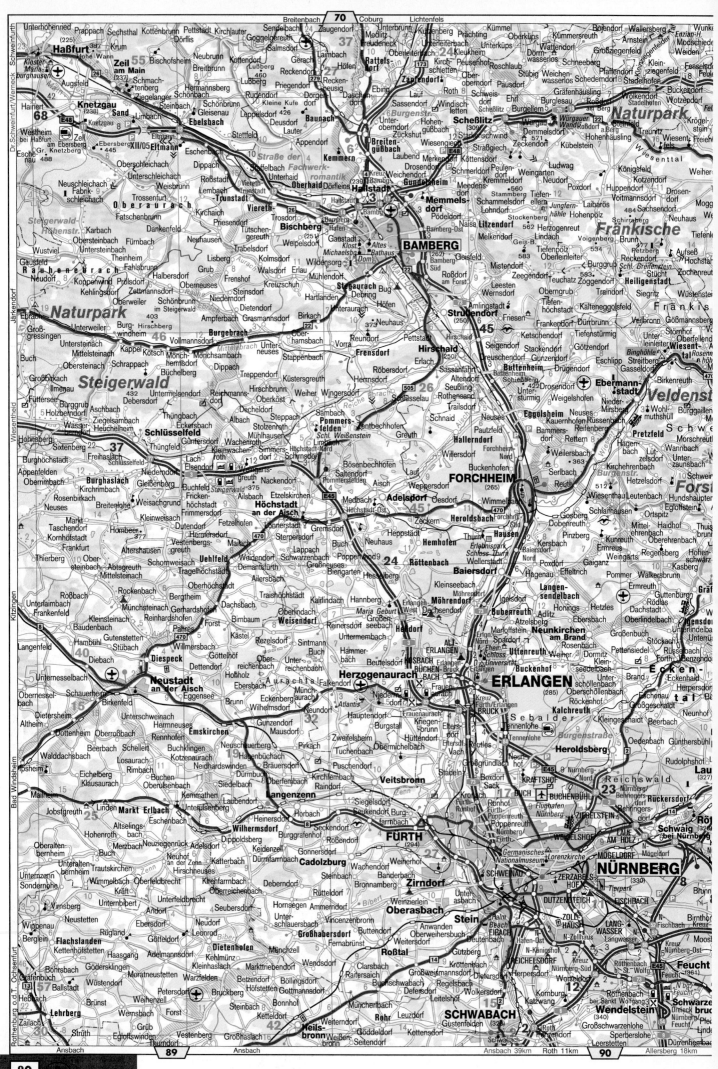

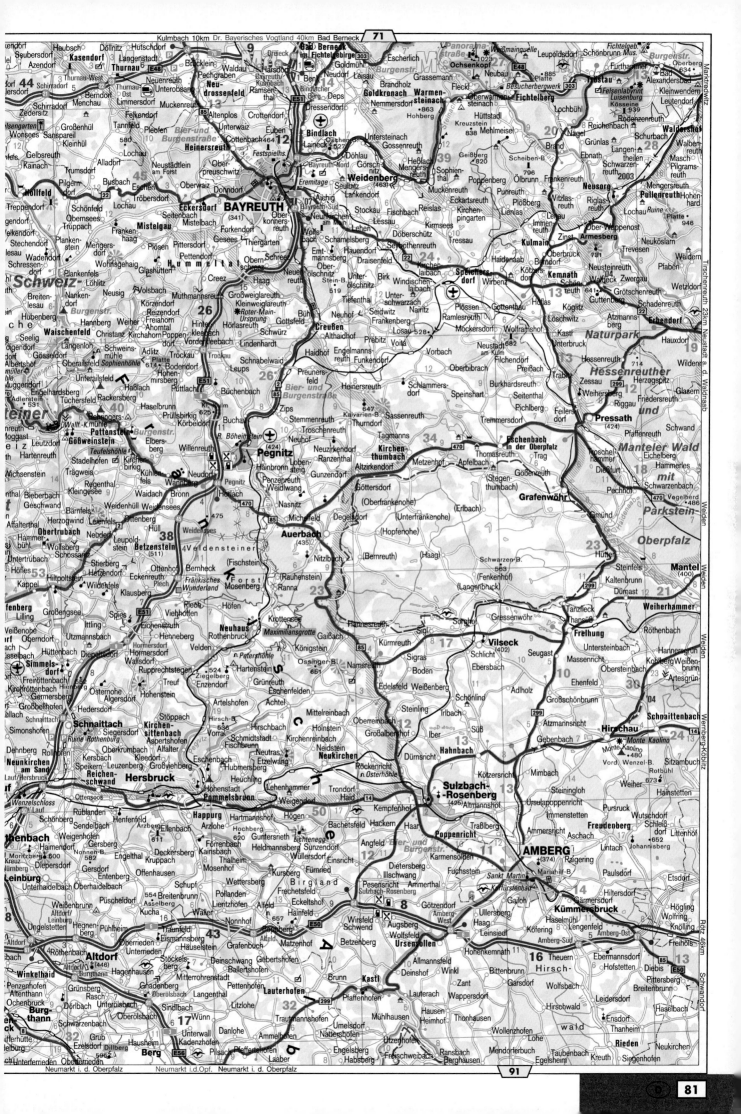

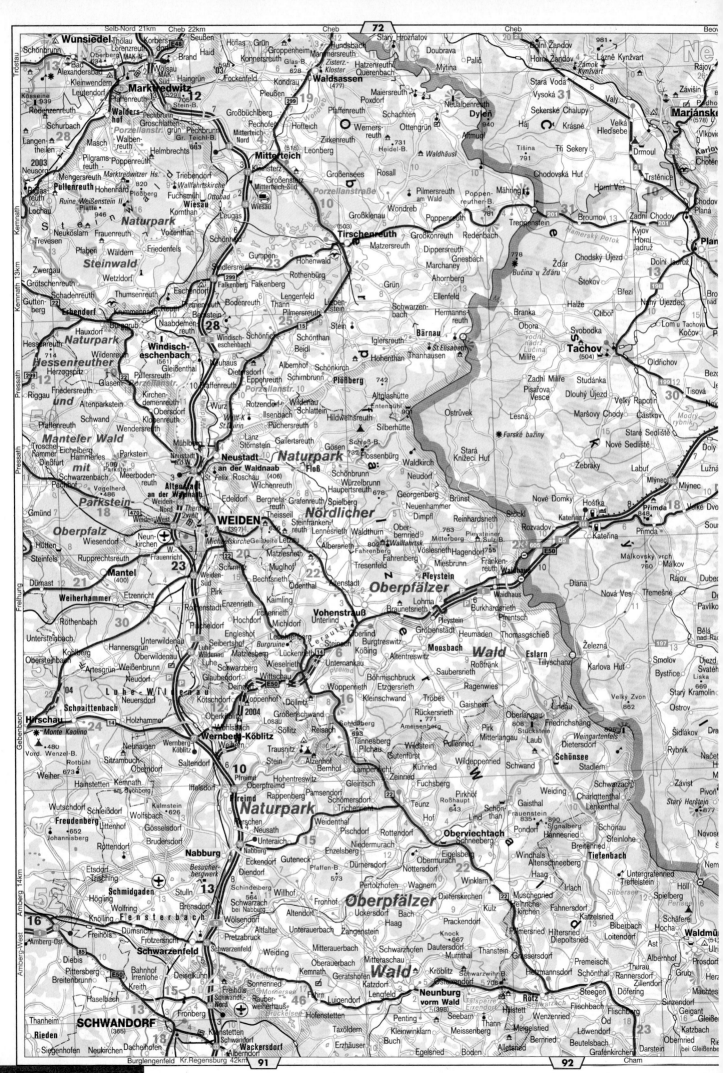

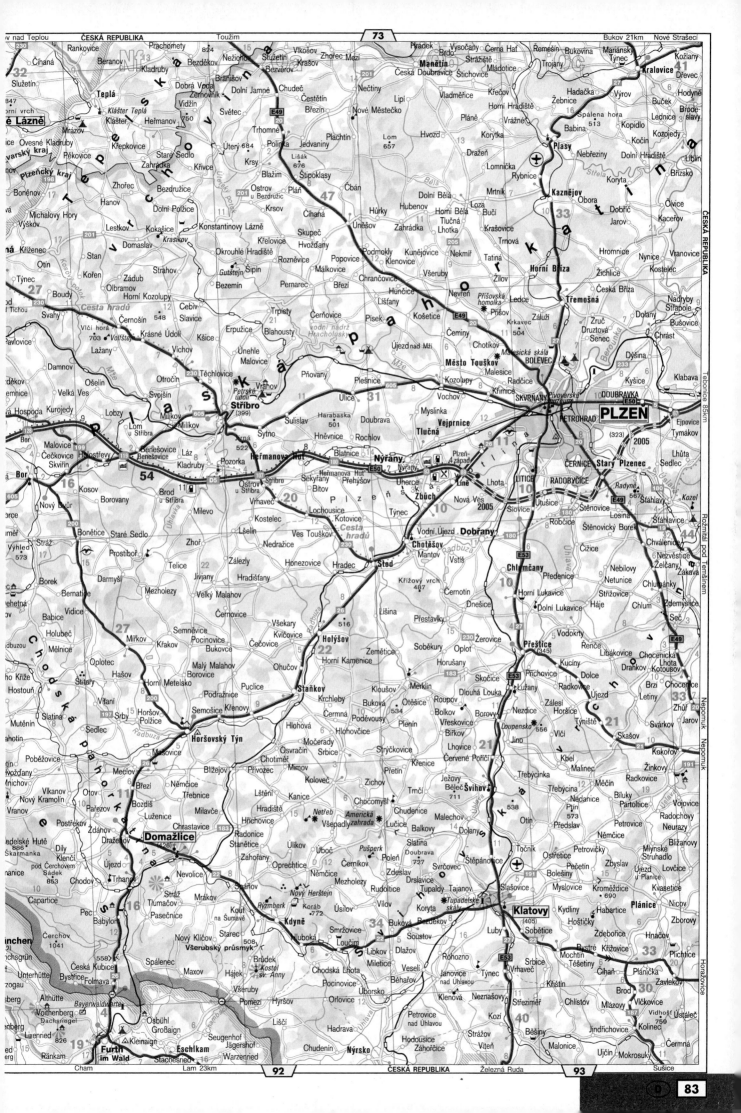

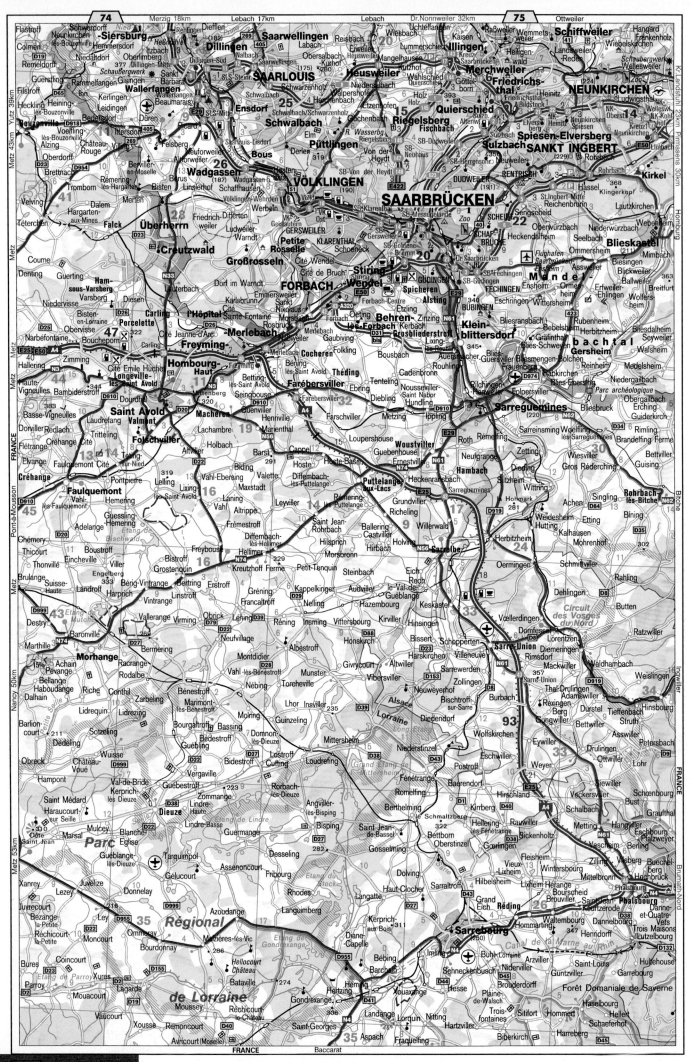

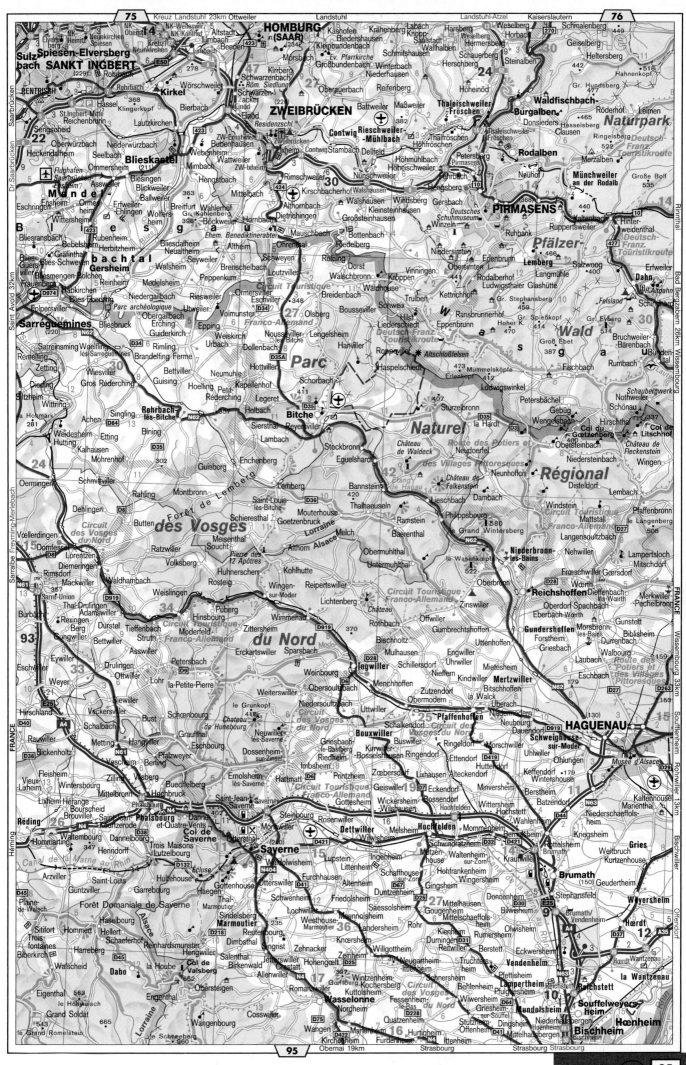

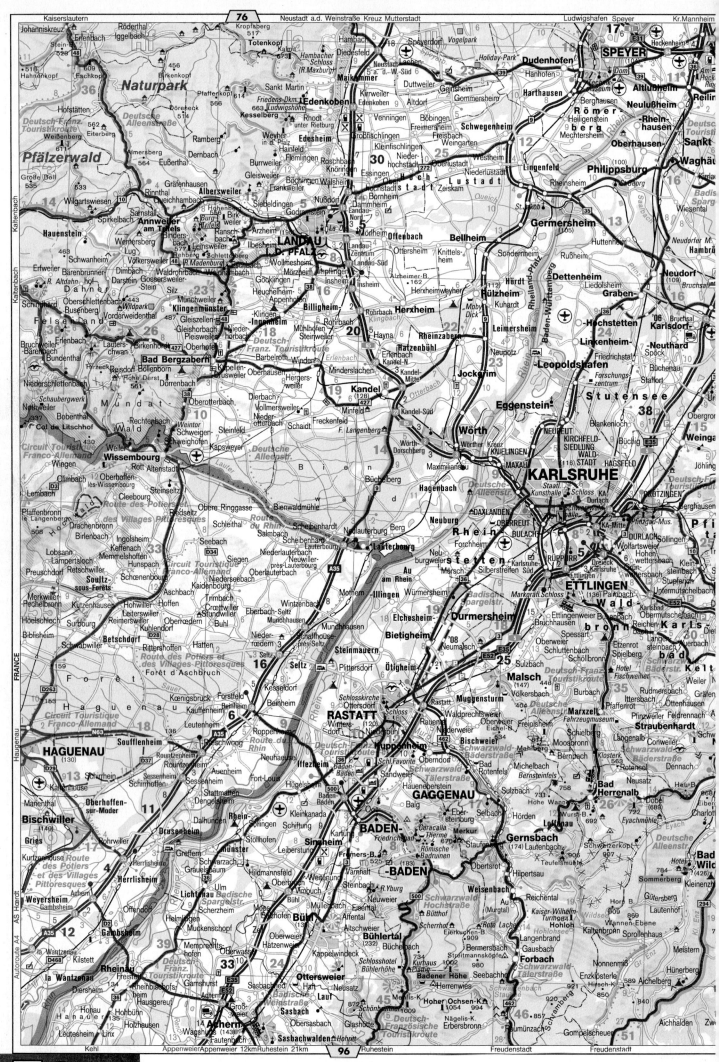

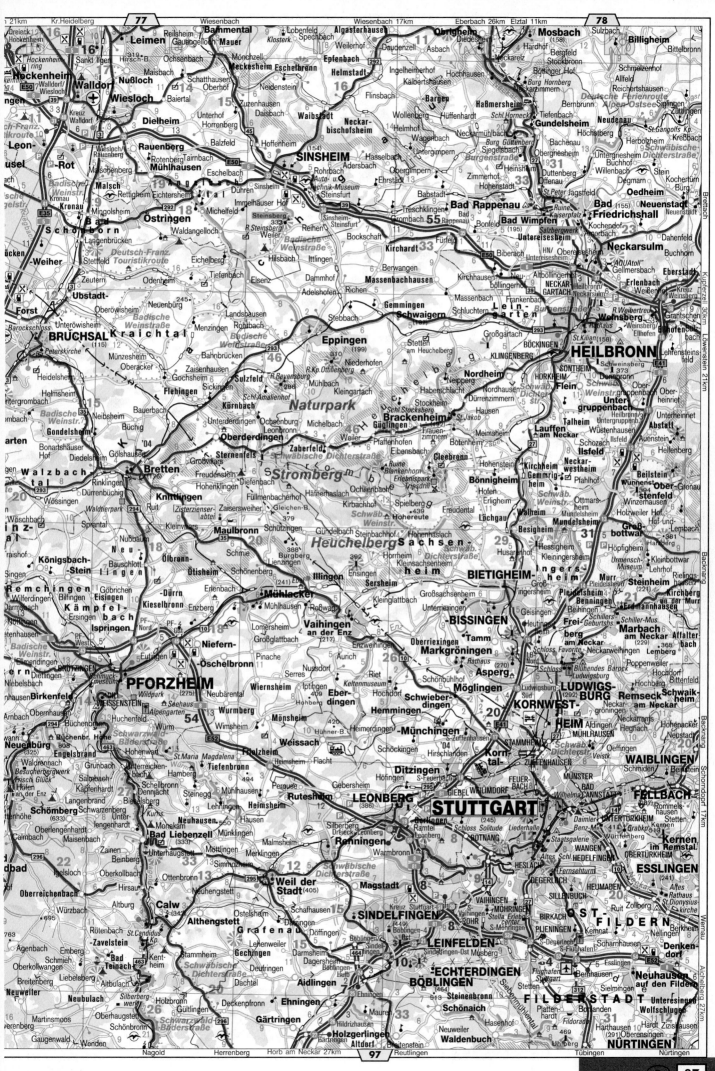

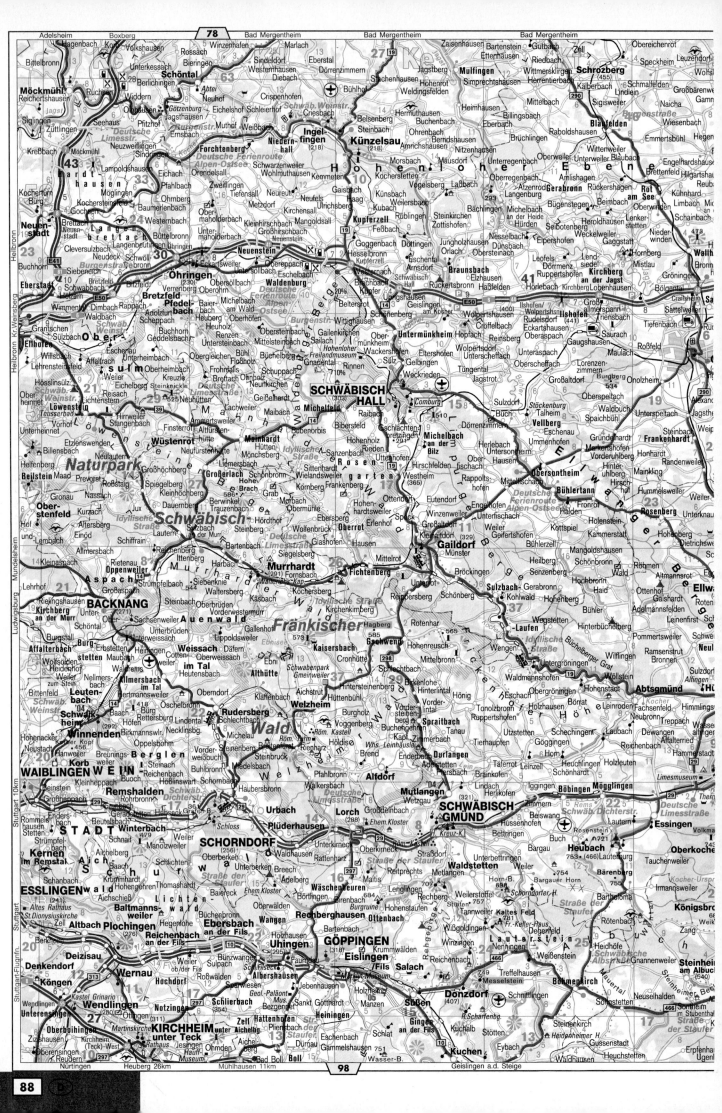

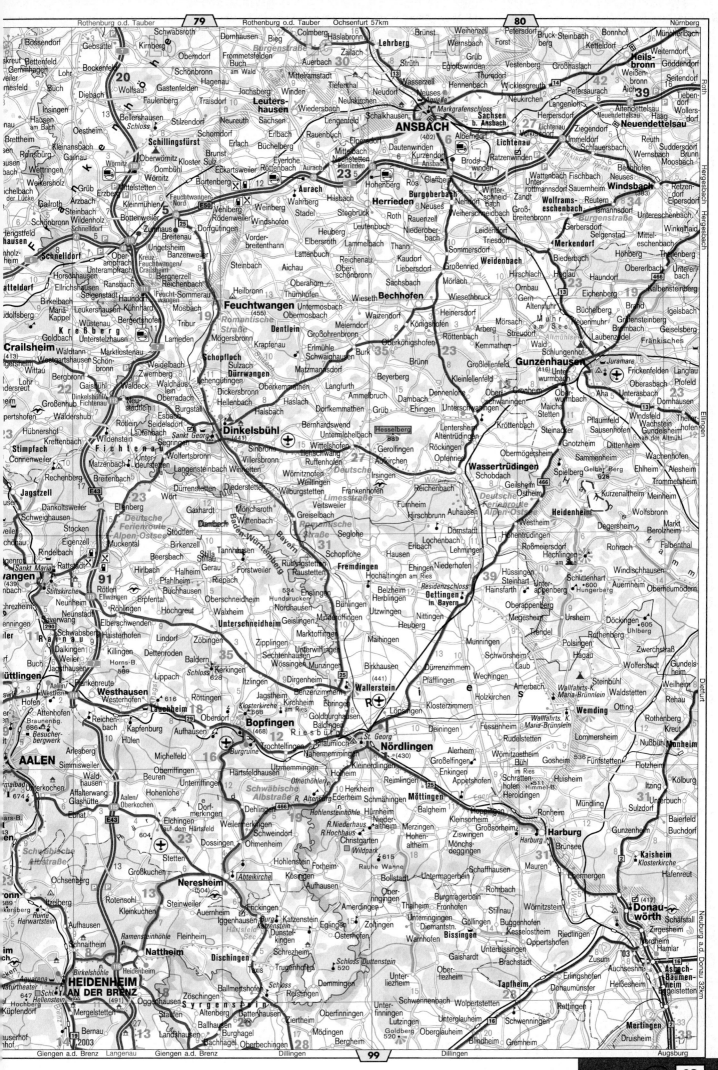

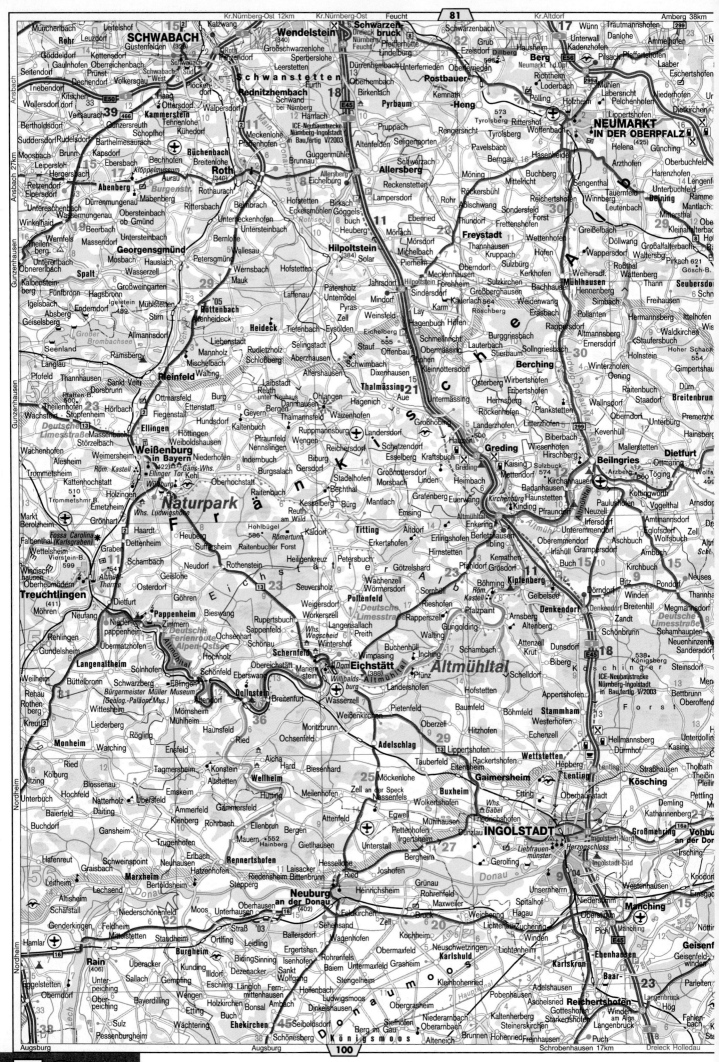

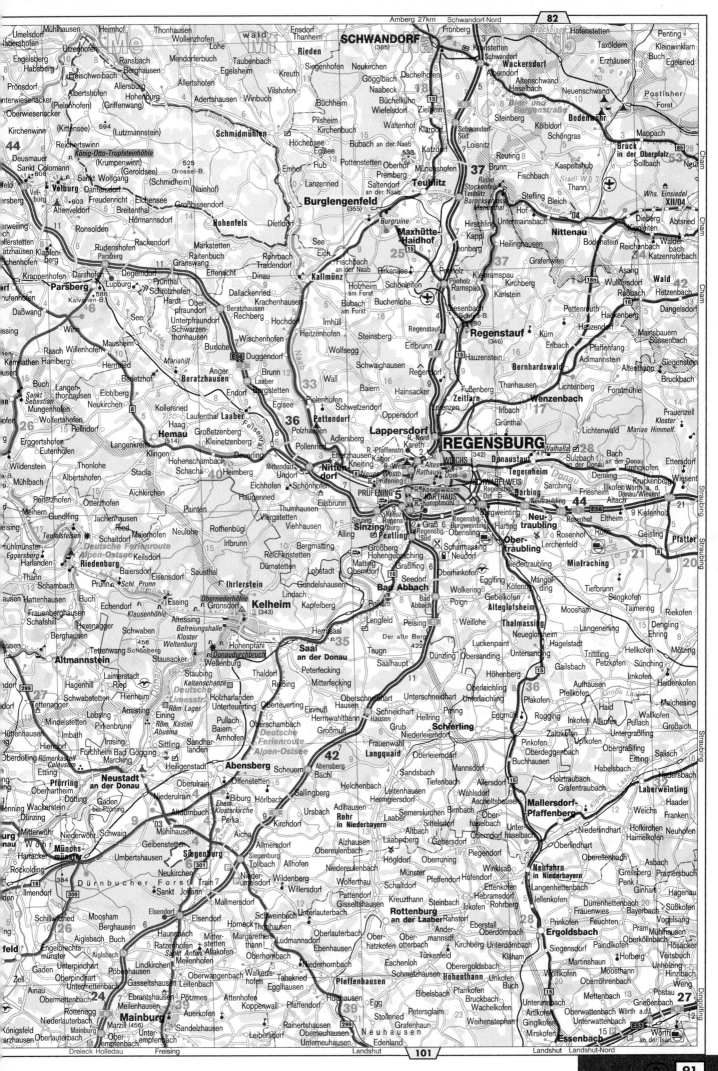

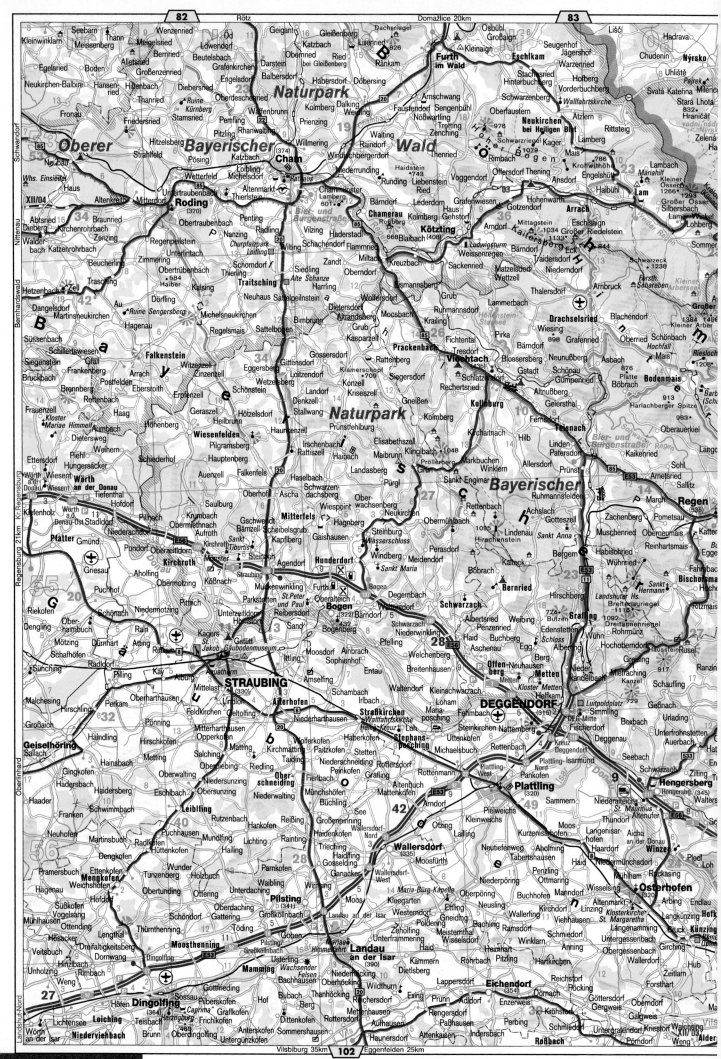

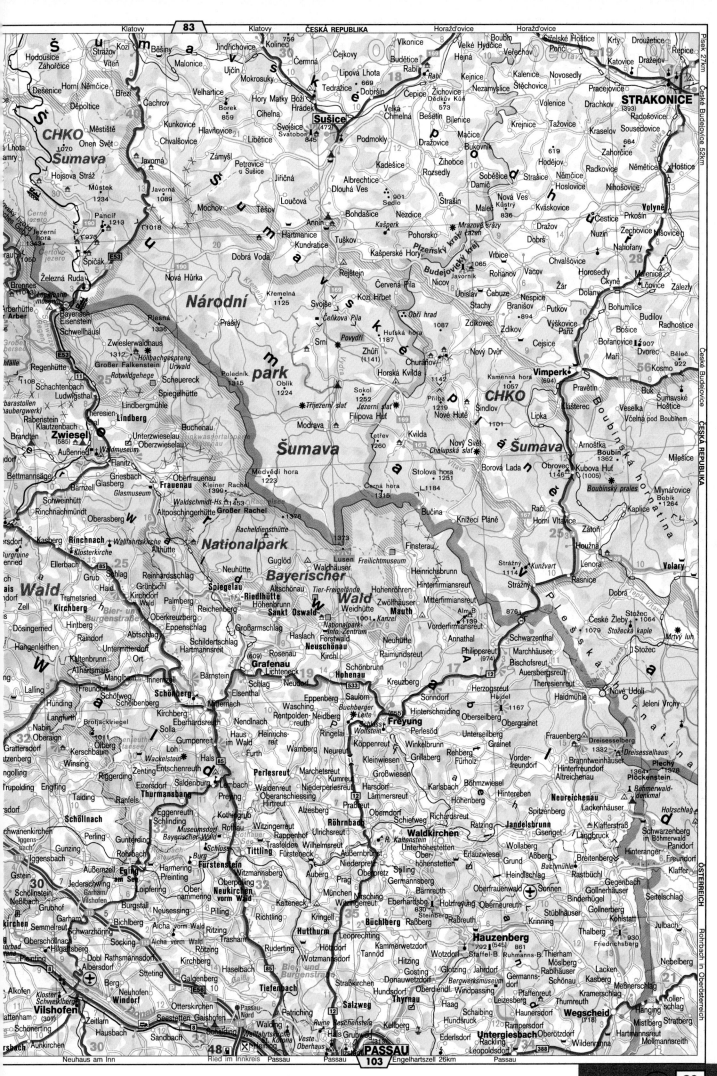

Autokennzeichen · Motor vehicle letters · Targhe automobilistiche Matrículas · Matrículas · Plaques d'immatriculation Autokentekens · Znaki rejestracyjne · Poznávací značky aut Autójelzések · Autokendetegn · Bilregisteringsskyltar

A	Augsburg
AA	Ostalbkreis in Aalen
AB	Aschaffenburg
ABG	Altenburger Land in Altenburg
AC	Kreis Aachen in Würselen und Aachen (Stadt)
AIC	Aichach-Friedberg in Aichach
AK	Altenkirchen/Westerwald
AM	Amberg
AN	Ansbach
ANA	Annaberg
AÖ	Altötting
AP	Weimarer-Land in Apolda
AS	Amberg-Sulzbach in Amberg
ASL	Aschersleben-Staßfurt in Aschersleben
ASZ	Aue-Schwarzenberg in Aue
AUR	Aurich
AW	Ahrweiler in Bad Neuenahr-Ahrweiler
AZ	Alzey-Worms in Alzey
AZE	Anhalt-Zerbst in Roßlau
B	Berlin
BA	Bamberg
BAD	Baden-Baden
BAR	Barnim in Eberswalde
BB	Böblingen
BBG	Bernburg
BBL	Brandenburg Landesregierung und Landtag
BC	Biberach/Riß
BD	Bundestag, Bundesrat, Bundesregierung
BG	Bundesgrenzschutz
BGL	Berchtesgadener Land in Bad Reichenhall
BI	Bielefeld
BIR	Birkenfeld/Nahe und Idar-Oberstein (Stadt)
BIT	Bitburg-Prüm in Bitburg
BL	Zollernalbkreis in Balingen
BLK	Burgenlandkreis in Naumburg
BM	Erftkreis in Bergheim und Hürth
BN	Bonn
BO	Bochum
BÖ	Bördekreis in Oschersleben
BOR	Borken
BOT	Bottrop
BRA	Wesermarsch in Brake Unterweser
BRB	Brandenburg
BS	Braunschweig
BT	Bayreuth
BTF	Bitterfeld
BÜS	Büsingen am Hochrhein (Kreis Konstanz)
BW	Bundes-Wasser- und Schiffahrtsverwaltung
BWL	Baden-Württemberg Landesregierung und Landtag
BYL	Bayern Landesregierung und Landtag
BZ	Bautzen
C	Chemnitz
CB	Cottbus
CE	Celle
CHA	Cham
CLP	Cloppenburg
CO	Coburg
COC	Cochem-Zell in Cochem
COE	Coesfeld
CUX	Cuxhaven
CW	Calw
D	Düsseldorf
DA	Darmstadt-Dieburg in Darmstadt und Darmstadt (Stadt)
DAH	Dachau
DAN	Lüchow-Dannenberg in Lüchow
DAU	Daun
DBR	Bad Doberan
DD	Dresden
DE	Dessau
DEG	Deggendorf
DEL	Delmenhorst
DGF	Dingolfing-Landau in Dingolfing
DH	Diepholz
DL	Döbeln
DLG	Dillingen a. d. Donau
DM	Demmin
DN	Düren
DO	Dortmund
DON	Donau-Ries in Donauwörth
DU	Duisburg
DÜW	Bad Dürkheim/Weinstraße
DW	Weißeritzkreis in Dippoldiswalde
DZ	Delitzsch
E	Essen
EA	Eisenach
EBE	Ebersberg
ED	Erding
EE	Elbe-Elster in Bad Liebenwerda
EF	Erfurt
EI	Eichstätt
EIC	Eichsfeld in Heiligenstadt
EL	Emsland in Meppen
EM	Emmendingen
EMD	Emden
EMS	Rhein-Lahn-Kreis in Bad Ems und Lahnstein (Stadt)
EN	Ennepe-Ruhr-Kreis in Schwelm
ER	Erlangen
ERB	Odenwaldkreis in Erbach Odenwald
ERH	Erlangen-Höchstadt in Erlangen
ES	Esslingen/Neckar
ESW	Werra-Meißner-Kreis in Eschwege
EU	Euskirchen
F	Frankfurt/Main
FB	Wetteraukreis in Friedberg Hessen
FD	Fulda
FDS	Freudenstadt
FF	Frankfurt (Oder)
FFB	Fürstenfeldbruck
FG	Freiberg
FL	Flensburg
FN	Bodenseekreis in Friedrichshafen
FO	Forchheim
FR	Breisgau-Hochschwarzwald in Freiburg/Breisgau und Freiburg/Breisgau (Stadt)
FRG	Freyung-Grafenau in Freyung
FRI	Friesland in Jever
FS	Freising
FT	Frankenthal/Pfalz
FÜ	Fürth
G	Gera
GAP	Garmisch-Partenkirchen
GC	Chemnitzer Land in Glauchau
GE	Gelsenkirchen
GER	Germersheim
GF	Gifhorn
GG	Groß-Gerau
GI	Gießen
GL	Rheinisch-Bergischer Kreis in Bergisch Gladbach
GM	Oberbergischer Kreis in Gummersbach
GÖ	Göttingen
GP	Göppingen
GR	Görlitz
GRZ	Greiz
GS	Goslar
GT	Gütersloh
GTH	Gotha
GÜ	Güstrow
GZ	Günzburg
H	Hannover
HA	Hagen
HAL	Halle
HAM	Hamm
HAS	Haßberge in Haßfurt
HB	Hansestadt Bremen und Bremerhaven
HBN	Hildburghausen
HBS	Halberstadt
HD	Rhein-Neckar-Kreis in Heidelberg (Stadt)
HDH	Heidenheim/Brenz
HE	Helmstedt
HEF	Hersfeld-Rotenburg in Bad Hersfeld
HEI	Dithmarschen in Heide/Holstein
HEL	Hessen Landesregierung und Landtag
HER	Herne
HF	Herford in Kirchlengern
HG	Hochtaunuskreis in Bad Homburg v. d. H.
HGW	Hansestadt Greifswald
HH	Hansestadt Hamburg
HI	Hildesheim
HL	Hansestadt Lübeck
HM	Hameln-Pyrmont in Hameln
HN	Heilbronn/Neckar
HO	Hof
HOL	Holzminden
HOM	Saarpfalz-Kreis in Homburg/Saar
HP	Bergstraße in Heppenheim/Bergstraße
HR	Schwalm-Eder-Kreis in Homberg
HRO	Hansestadt Rostock
HS	Heinsberg
HSK	Hochsauerlandkreis in Meschede
HST	Hansestadt Stralsund
HU	Main-Kinzig-Kreis in Hanau
HVL	Havelland in Rathenow
HWI	Hansestadt Wismar
HX	Höxter
HY	Hoyerswerda
IGB	St. Ingbert
IK	Ilm-Kreis in Arnstadt
IN	Ingolstadt
IZ	Itzehoe in Steinburg
J	Jena
JL	Jerichower Land in Burg
K	Köln
KA	Karlsruhe
KB	Waldeck-Frankenberg in Korbach
KC	Kronach
KE	Kempten (Allgäu)
KEH	Kelheim
KF	Kaufbeuren
KG	Bad Kissingen
KH	Bad Kreuznach
KI	Kiel
KIB	Donnersbergkreis in Kirchheimbolanden
KL	Kaiserslautern
KLE	Kleve
KM	Kamenz
KN	Konstanz
KO	Koblenz
KÖT	Köthen
KR	Krefeld
KS	Kassel
KT	Kitzingen
KU	Kulmbach
KÜN	Hohenlohekreis in Künzelsau
KUS	Kusel
KYF	Kyffhäuserkreis in Sondershausen
L	Leipziger Land in Leipzig und Leipzig (Stadt)
LA	Landshut
LAU	Nürnberger Land in Lauf a. d. Pegnitz
LB	Ludwigsburg
LD	Landau
LDK	Lahn-Dill-Kreis in Wetzlar
LDS	Dahme-Spreewald in Königs Wusterhausen
LER	Leer in Leer (Ostfriesland)
LEV	Leverkusen
LG	Lüneburg
LI	Lindau (Bodensee)
LIF	Lichtenfels
LIP	Lippe in Detmold
LL	Landsberg a. Lech
LM	Limburg-Weilburg in Limburg/Lahn
LÖ	Lörrach
LOS	Oder-Spree in Beeskow
LSA	Sachsen-Anhalt Landesregierung und Landtag
LSN	Sachsen Landesregierung und Landtag
LU	Ludwigshafen/Rhein
LWL	Ludwigslust
M	München
MA	Mannheim
MB	Miesbach
MD	Magdeburg
ME	Mettmann
MEI	Meißen
MEK	Mittlerer Erzgebirgskreis in Marienberg
MG	Mönchengladbach
MH	Mülheim a. d. Ruhr
MI	Minden-Lübbecke in Minden
MIL	Miltenberg
MK	Märkischer Kreis in Lüdenscheid
ML	Mansfelder Land in Eisleben
MM	Memmingen
MN	Unterallgäu in Mindelheim
MOL	Märkisch-Oderland in Bad Freienwalde
MOS	Neckar-Odenwald-Kreis in Mosbach
MQ	Merseburg-Querfurt in Merseburg
MR	Marburg-Biedenkopf in Marburg/Lahn
MS	Münster
MSP	Main-Spessart in Karlstadt
MST	Mecklenburg-Strelitz in Neustrelitz
MTK	Main-Taunus-Kreis in Hofheim am Taunus
MTL	Muldentalkreis in Grimma
MÜ	Mühldorf am Inn
MÜR	Müritz in Waren
MVL	Mecklenburg-Vorpommern Landesregierung und Landtag
MW	Mittweida
MYK	Mayen-Koblenz in Koblenz und Andernach (Stadt)
MZ	Mainz-Bingen in Bingen und Mainz (Stadt)
MZG	Merzig-Wadern in Merzig/Saar
N	Nürnberg
NB	Neubrandenburg
ND	Neuburg-Schrobenhausen in Neuburg a. d. Donau
NDH	Nordhausen
NE	Neuss
NEA	Neustadt a. d. Aisch-Bad Windsheim in Neustadt a. d. Aisch
NES	Rhön-Grabfeld in Bad Neustadt a. d. Saale
NEW	Neustadt a. d. Waldnaab
NF	Nordfriesland in Husum
NI	Nienburg/Weser
NK	Neunkirchen/Saar
NL	Niedersachsen Landesregierung und Landtag
NM	Neumarkt i. d. Oberpfalz
NMS	Neumünster
NOH	Grafschaft Bentheim in Nordhorn
NOL	Niederschlesischer Oberlausitzkreis in Niesky
NOM	Northeim
NR	Neuwied/Rhein
NRW	Nordrhein-Westfalen Landesregierung und Landtag
NU	Neu-Ulm
NVP	Nordvorpommern in Grimmen
NW	Neustadt/Weinstraße
NWM	Nordwestmecklenburg in Grevesmühlen
OA	Oberallgäu in Sonthofen
OAL	Ostallgäu in Marktoberdorf
OB	Oberhausen
OD	Stormarn in Bad Oldesloe
OE	Olpe
OF	Offenbach am Main
OG	Ortenaukreis in Offenburg
OH	Ostholstein in Eutin
OHA	Osterode/Harz
OHV	Oberhavel in Oranienburg
OHZ	Osterholz in Osterholz-Scharmbeck
OK	Ohrekreis in Haldensleben
OL	Oldenburg in Wildeshausen und Oldenburg (Stadt)
OPR	Ostprignitz-Ruppin in Neuruppin
OS	Osnabrück
OSL	Oberspreewald-Lausitz in Senftenberg
OVP	Ostvorpommern in Anklam
P	Potsdam
PA	Passau
PAF	Pfaffenhofen a. d. Ilm
PAN	Rottal-Inn in Pfarrkirchen
PB	Paderborn
PCH	Parchim
PE	Peine
PF	Enzkreis in Pforzheim und Pforzheim (Stadt)
PI	Pinneberg
PIR	Sächsische Schweiz in Pirna
PL	Plauen
PLÖ	Plön/Holstein
PM	Potsdam-Mittelmark in Belzig
PR	Prignitz in Perleberg
PS	Pirmasens
QLB	Quedlinburg
R	Regensburg
RA	Rastatt
RD	Rendsburg-Eckernförde in Rendsburg
RE	Recklinghausen in Marl
REG	Regen
RG	Riesa-Großenhain in Großenhain
RH	Roth
RO	Rosenheim
ROW	Rotenburg (Wümme)
RPL	Rheinland-Pfalz Landesregierung und Landtag
RS	Remscheid
RT	Reutlingen
RÜD	Rheingau-Taunus-Kreis in Bad Schwalbach
RÜG	Rügen in Bergen
RV	Ravensburg
RW	Rottweil
RZ	Herzogtum Lauenburg in Ratzeburg
S	Stuttgart
SAD	Schwandorf
SAL	Saarland Landesregierung und Landtag
SAW	Altmarkkreis Salzwedel in Salzwedel
SB	Saarbrücken
SBK	Schönebeck
SC	Schwabach
SDL	Stendal
SE	Segeberg in Bad Segeberg
SFA	Soltau-Fallingbostel in Fallingbostel
SG	Solingen
SGH	Sangerhausen
SH	Schleswig-Holstein Landesregierung und Landtag
SHA	Schwäbisch Hall
SHG	Schaumburg in Stadthagen
SHK	Saale-Holzlandkreis in Eisenberg
SHL	Suhl
SI	Siegen-Wittgenstein in Siegen
SIG	Sigmaringen
SIM	Rhein-Hunsrück-Kreis in Simmern
SK	Saalkreis in Halle
SL	Schleswig-Flensburg in Schleswig
SLF	Saalfeld-Rudolstadt in Saalfeld
SLS	Saarlouis
SM	Schmalkalden-Meiningen in Meiningen
SN	Schwerin
SO	Soest
SÖM	Sömmerda
SOK	Saale-Orla-Kreis in Oberböhmsdorf
SON	Sonneberg
SP	Speyer
SPN	Spree-Neiße-Kreis in Forst
SR	Straubing und Kreis Straubing-Bogen in Straubing
ST	Steinfurt
STA	Starnberg
STD	Stade
STL	Stollberg
SU	Rhein-Sieg-Kreis in Siegburg
SÜW	Südl. Weinstraße in Landau
SW	Schweinfurt
SZ	Salzgitter
TBB	Main-Tauber-Kreis in Tauberbischofsheim
TF	Teltow-Fläming in Zossen
THL	Thüringen Landesregierung und Landtag
THW	Technisches Hilfswerk (Bundesanstalt)
TIR	Tirschenreuth
TO	Torgau-Oschatz in Torgau
TÖL	Bad Tölz-Wolfratshausen in Bad Tölz
TR	Trier und Kreis Trier-Saarburg in Trier
TS	Traunstein
TÜ	Tübingen
TUT	Tuttlingen
UE	Uelzen
UER	Uecker-Randow in Pasewalk
UH	Unstrut-Hainich-Kreis in Mühlhausen
UL	Alb-Donau-Kreis in Ulm Donau und Ulm Donau (Stadt)
UM	Uckermark in Prenzlau
UN	Unna
V	Vogtlandkreis in Plauen
VB	Vogelsbergkreis in Lauterbach/Hessen
VEC	Vechta
VER	Verden in Verden Aller
VIE	Viersen
VK	Völklingen
VS	Schwarzwald-Baar-Kreis in Villingen-Schwenningen
W	Wuppertal
WAF	Warendorf
WAK	Wartburgkreis in Bad Salzungen
WB	Wittenberg
WE	Weimar
WEN	Weiden i. d. Oberpfalz
WES	Wesel
WF	Wolfenbüttel
WHV	Wilhelmshaven
WI	Wiesbaden
WIL	Bernkastel-Wittlich in Wittlich
WL	Harburg in Winsen/Luhe
WM	Weilheim-Schongau in Weilheim/Oberbayern
WN	Rems-Murr-Kreis in Waiblingen
WND	St. Wendel
WO	Worms
WOB	Wolfsburg
WR	Wernigerode
WSF	Weißenfels
WST	Ammerland in Westerstede
WT	Waldshut in Waldshut-Tiengen
WTM	Wittmund
WÜ	Würzburg
WUG	Weißenburg-Gunzenhausen in Weißenburg/Bayern
WUN	Wunsiedel i. Fichtelgebirge
WW	Westerwald in Montabaur
X	Bundeswehr für Fahrzeuge der NATO-Hauptquartiere
Y	Bundeswehr
Z	Zwickau und Zwickauer Land in Werdau
ZI	Löbau-Zittau-Kreis in Zittau
ZW	Zweibrücken
0	Fahrzeuge des Diplomatischen Corps
1-1	Dienstwagen des Präsidenten des Deutschen Bundestages
H	Historische Fahrzeuge »Oldtimer« (Kennbuchstabe steht rechts neben der Zahl)

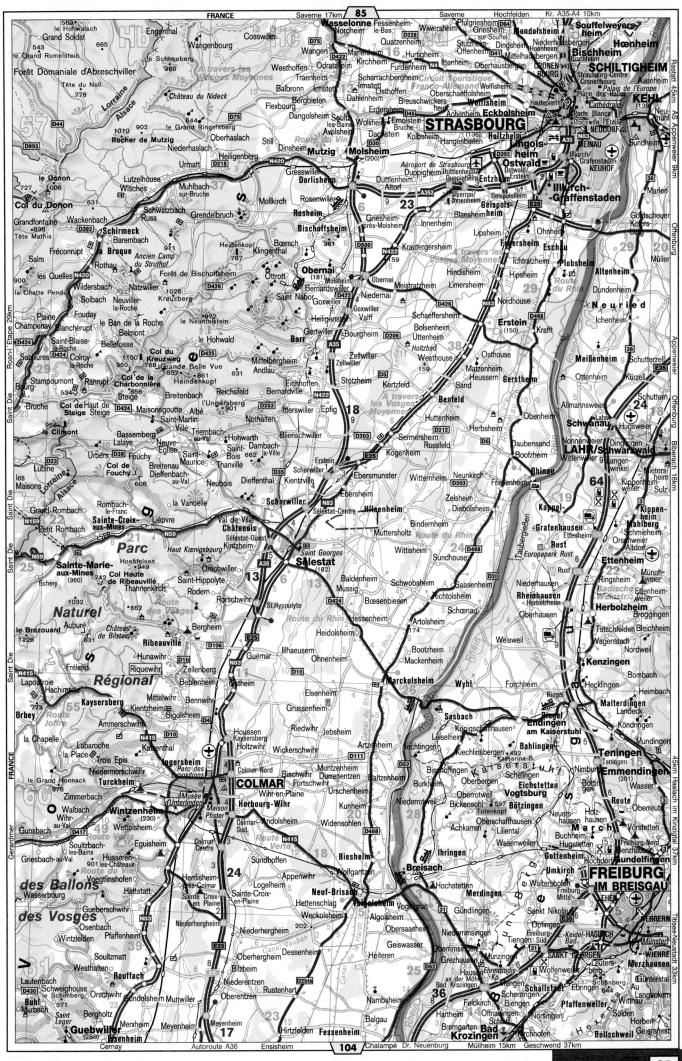

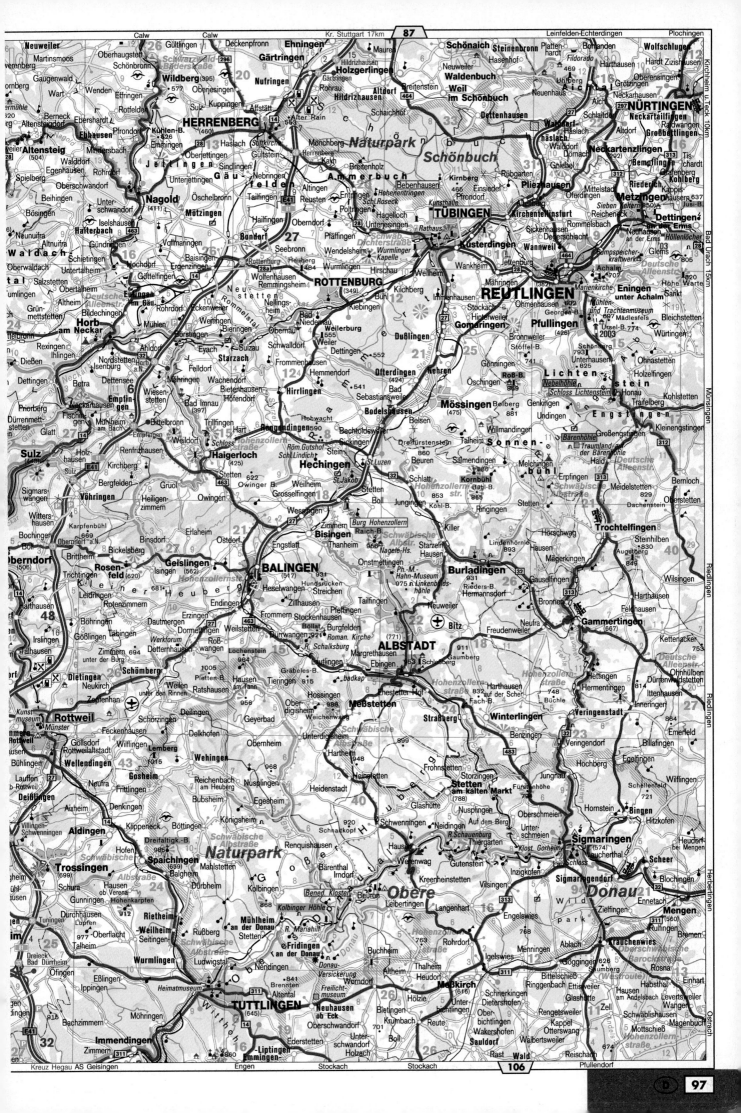

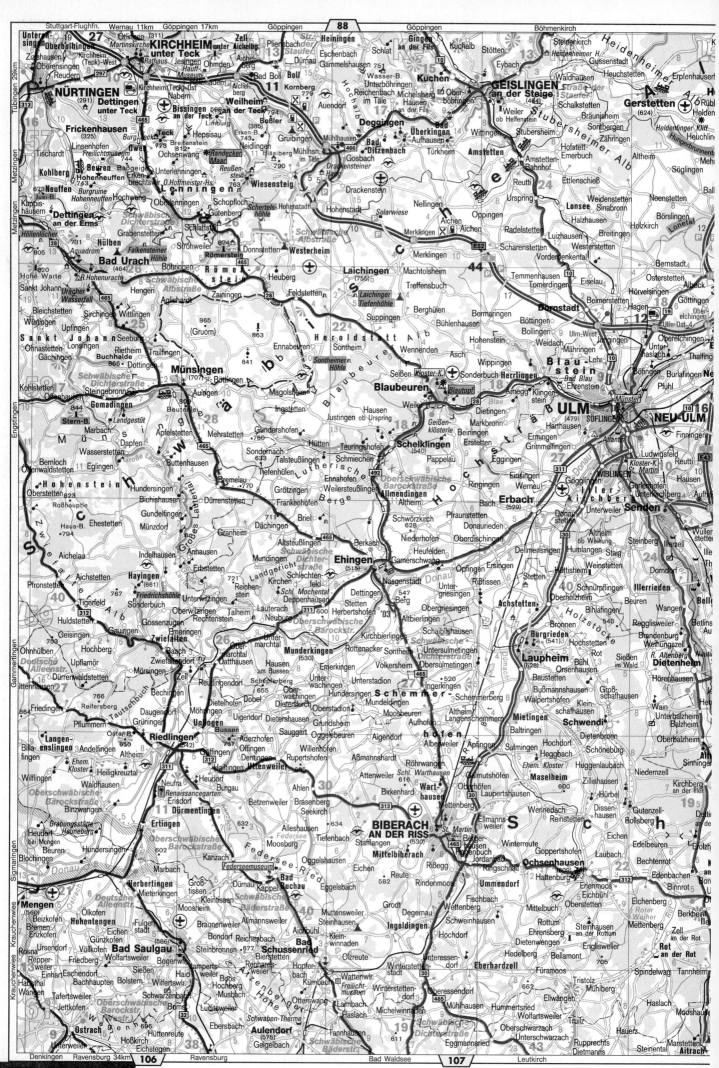

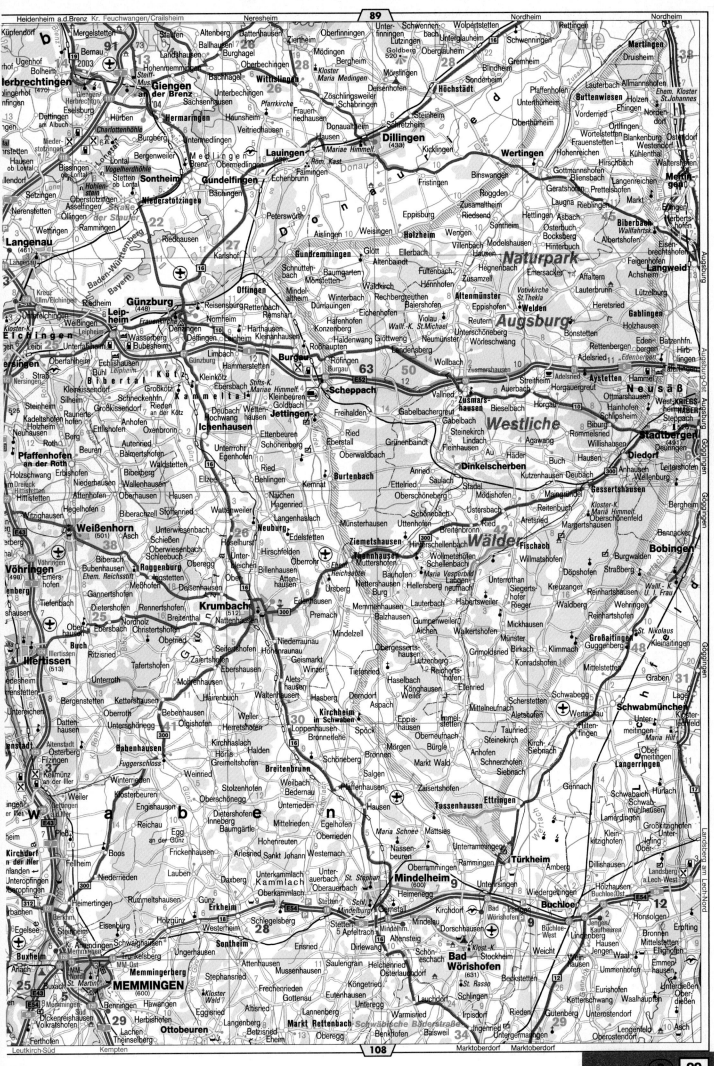

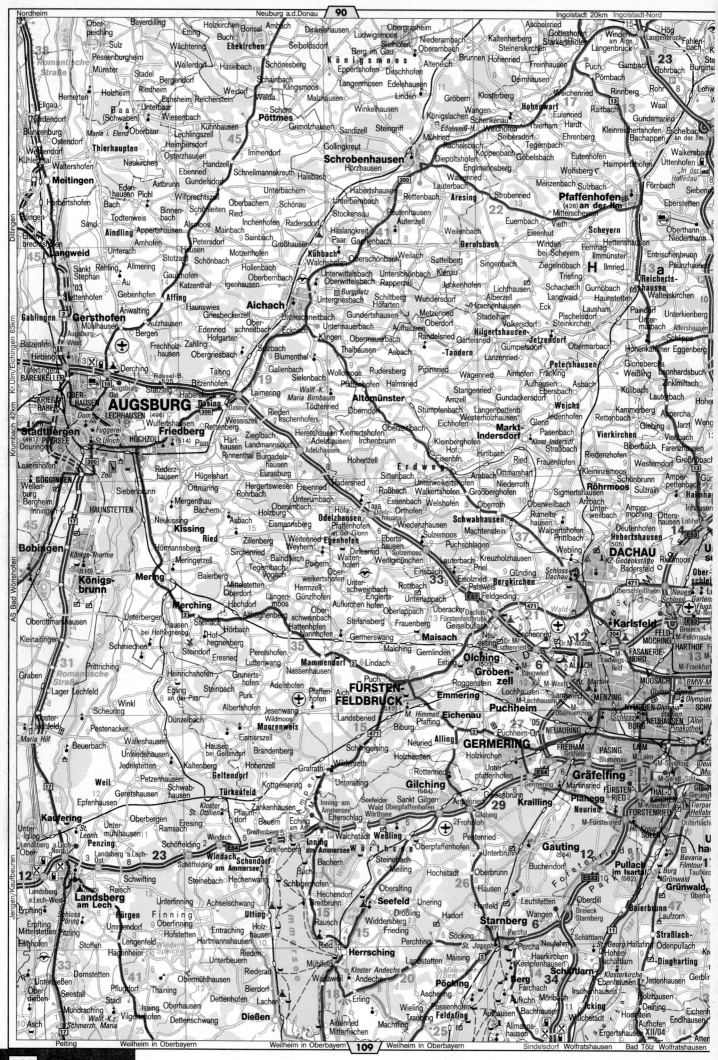

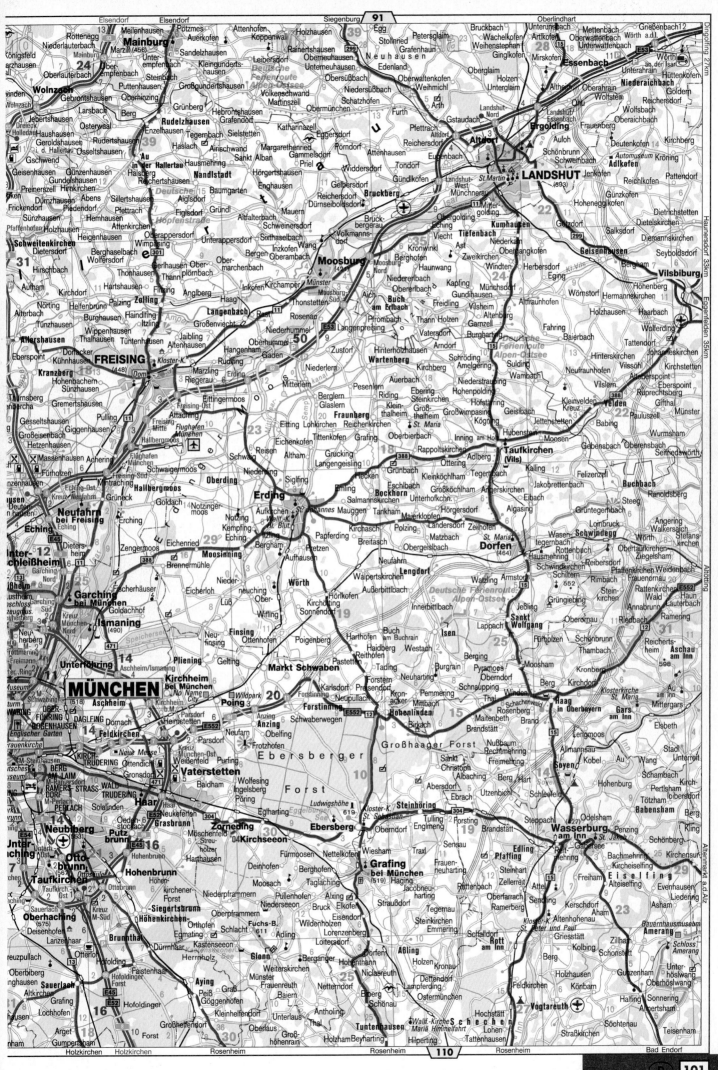

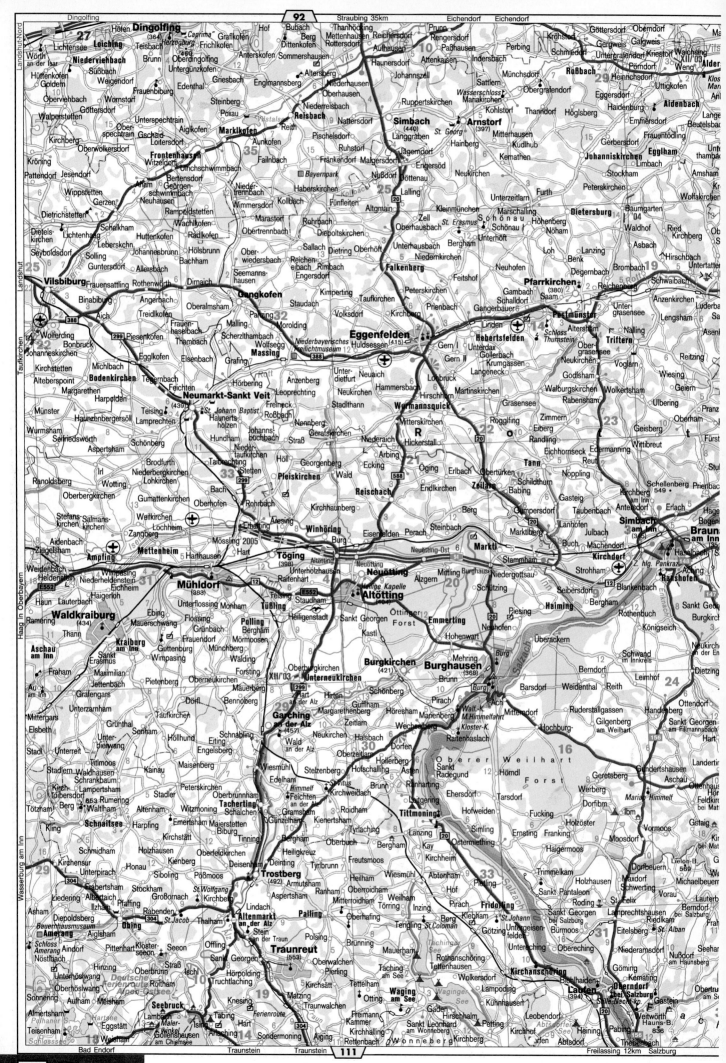

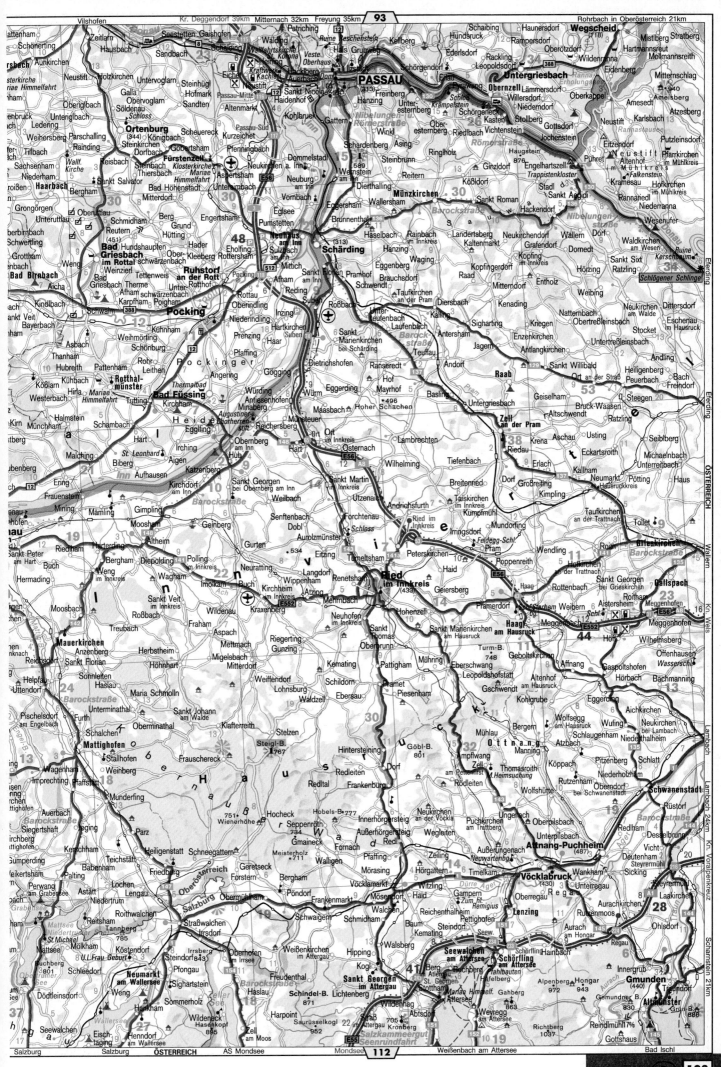

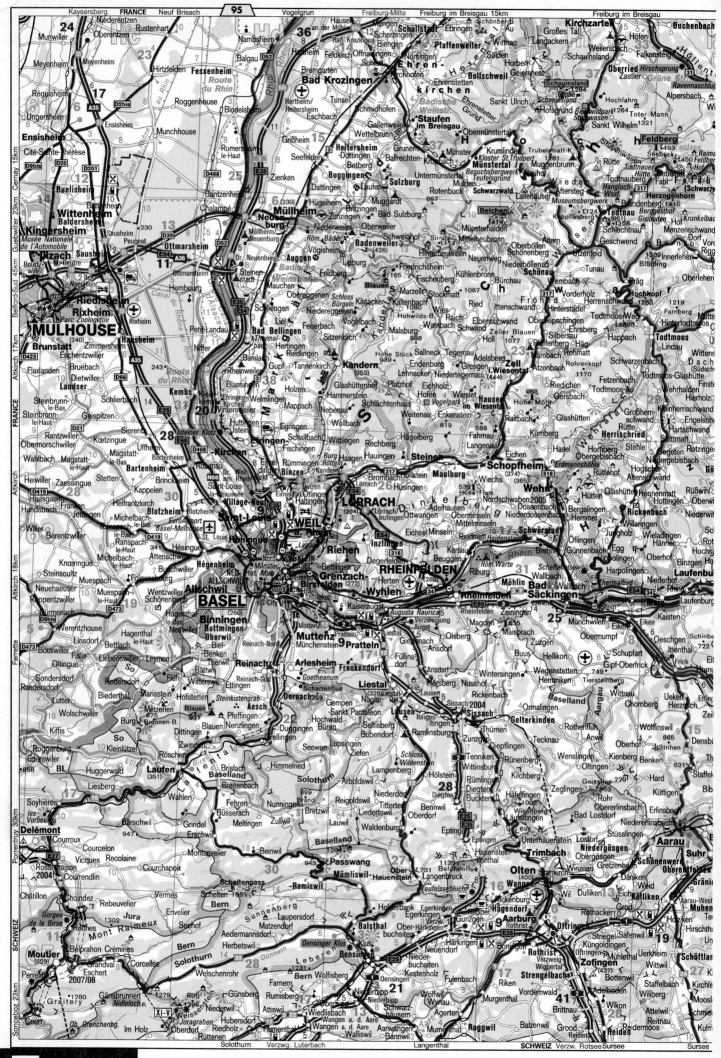

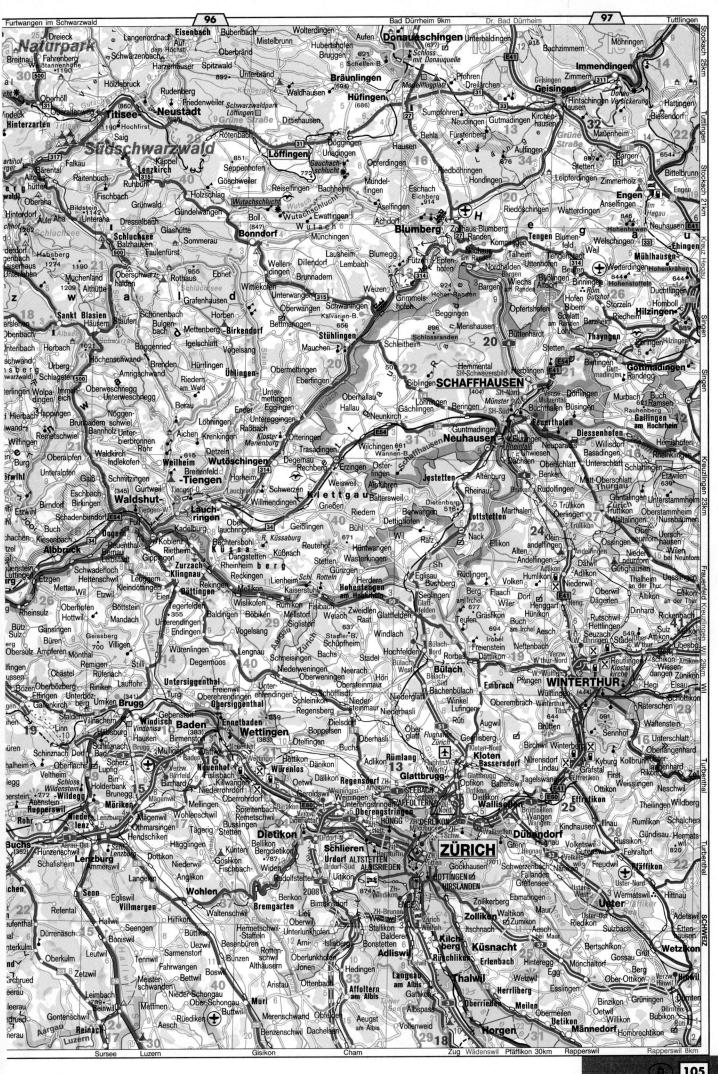

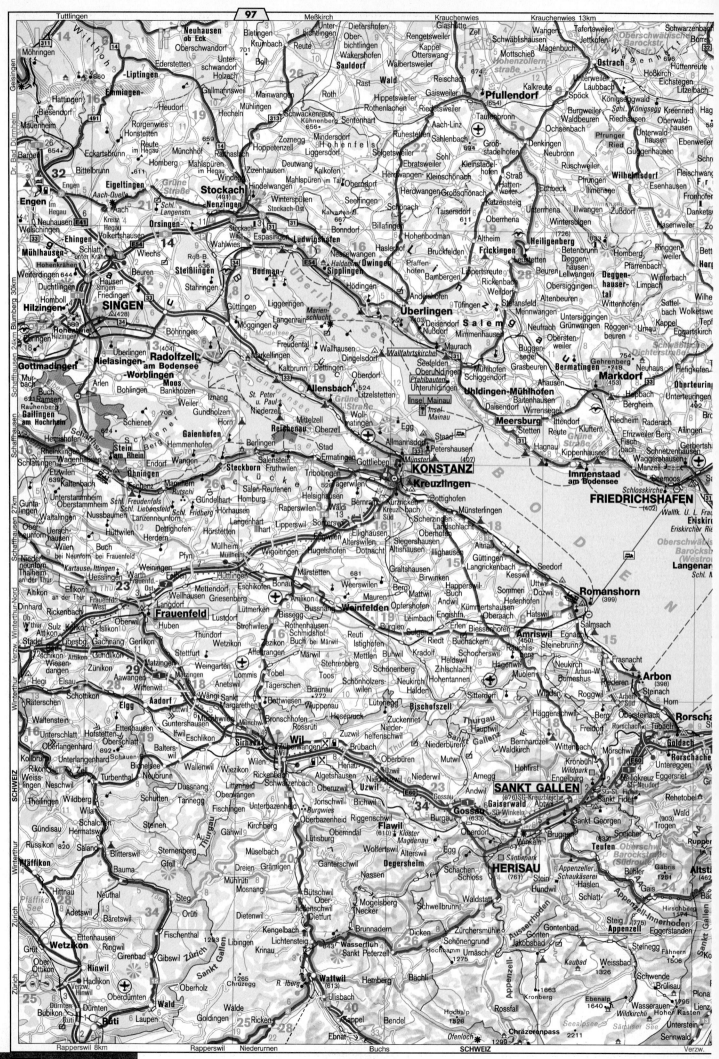

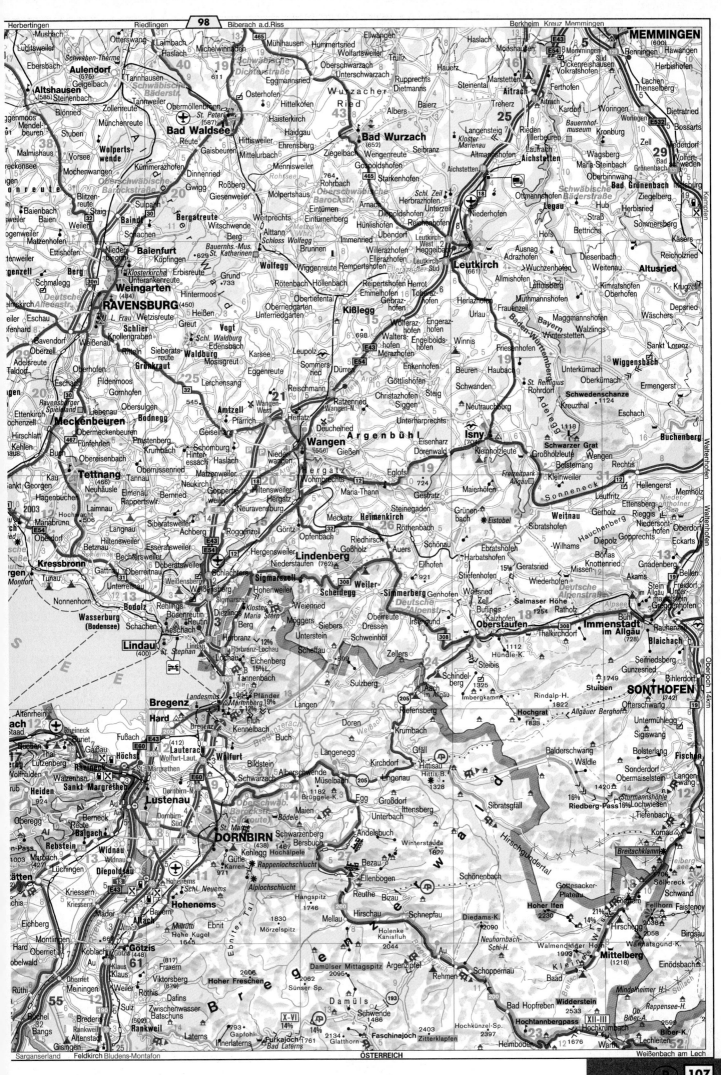

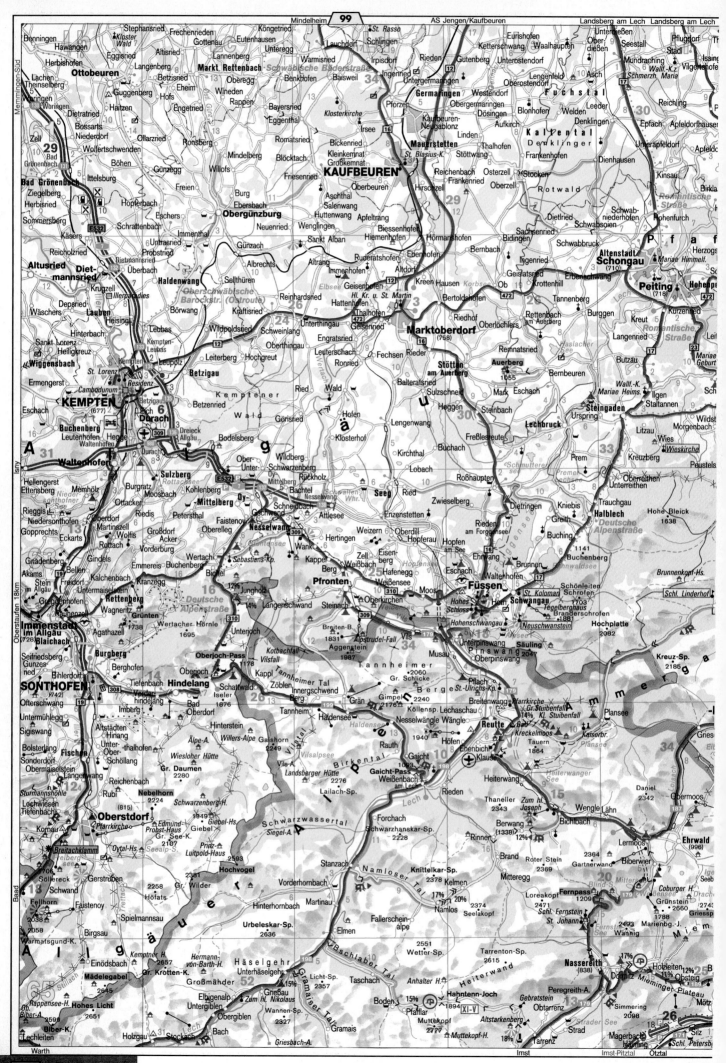

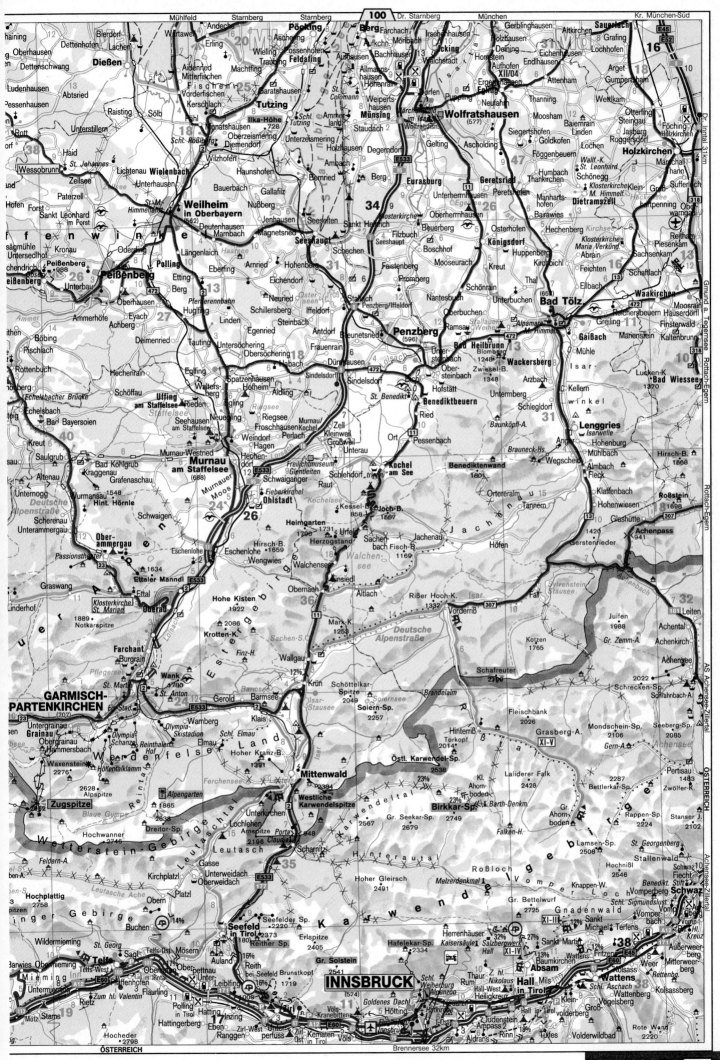

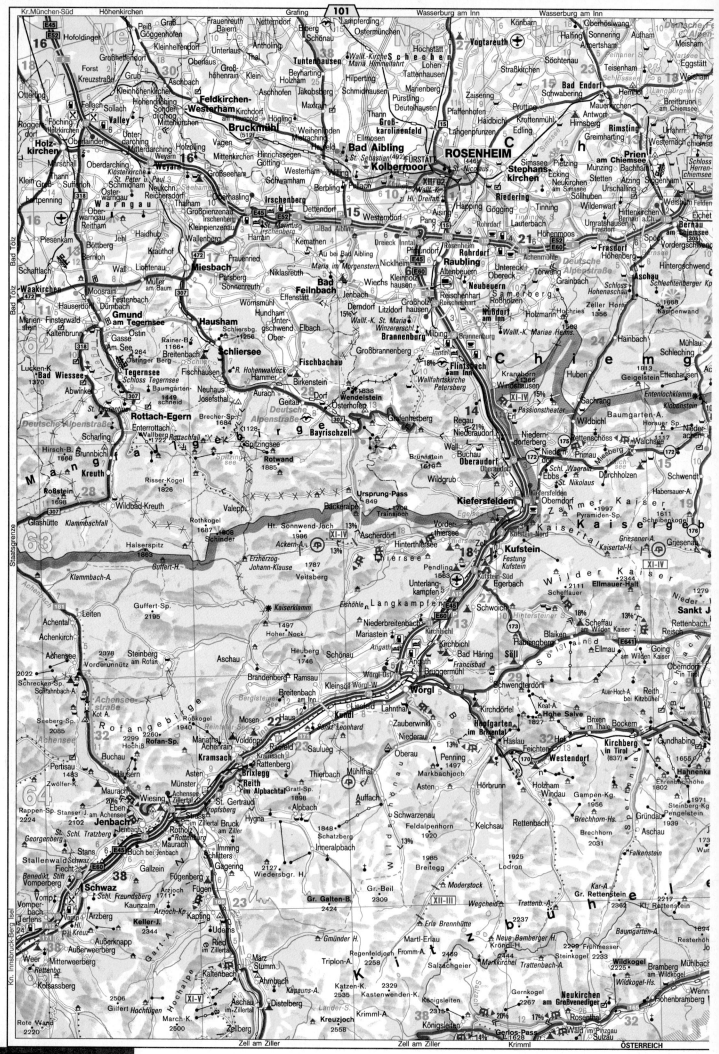

Ortsnamenverzeichnis · Index of place names
Elenco dei nomi di località · Índice de topónimos
Índice dos topónimos · Index des localités
Register van plaatsnamen · Skorowidz miejscowości
Rejstřík sídel · Helységnévjegyzék
Stednavnsfortegnelse · Ortnamnsförteckning

Ahrensdorf	**BB**	36	Ob 35	14974
①	②	③	④	⑤

	①	②	③	④	⑤
Ⓓ	Ortsname	Bundesland	Seitenzahl	Suchfeldangabe	Postleitzahl
ⒼⒷ	Place name	Federal state	Page number	Grid search reference	Postal code
Ⓘ	Località	Stato confederato	N° di pagina	Riquadro nel quale si trova il nome	N° di códice postale
Ⓔ	Topónimo	Estado federado	Nro. de página	Coordenadas de la casilla de localización	Código postal
Ⓟ	Topónimo	Estado confederado	N° da página	Coordenadas de logalização	Código postal
Ⓕ	Localité	État fédéral	N° de page	Coordonnées	Code postal
ⓃⓁ	Plaatsnaam	Deelstat	Paginanummer	Zoekveld-gegevens	Postcode
ⓅⓁ	Nazwa miejscowości	Kraj związkowy	Numer strony	Współrzędne skorowidzowe	Kod pocztowe
ⒸⓏ	Městská jména	Spolková země	Číslo strany	Údaje hledacího čtverce	Poštovní směrovací číslo
Ⓗ	Helységnév	Szövetségi tartomány	Oldalszám	Keresőhálózat megadása	Postai irányítószám
ⒹⓀ	Stednavn	Forbundsland	Sidetal	Kvadratangivelse	Postnummer
Ⓢ	Ortnamn	Delstat	Sidnummer	Kartrutangivelse	Postnummer

Die im Ortsnamenverzeichnis enthaltenen Orte sind in der Regel selbstständig.

Em geral as populações do índice dos topónimos são independentes.

Sídla uvedená v rejstříku sídeljsou zpravidla samostatná.

Due to space constraints the index is selective (only autonomous places).

Les communes que vous trouvez dans l'index des localités sont normalement autonomes.

A helységnévjegyzekben találhato nevek rendszeresen önkormányzat.

I nomi di località inseriti nel relativo elenco sono di regola nomi di località autonome.

De in het register van plaatsnamen vermelde plaatsen zijn in de regel zelfstandig.

De steder, der findes i stednavnsfortegnelse, er som regel selvstændig.

Las poblaciones del indice de topónimos son por lo general independientes.

Miejscowości zawarte w zkorowidzu sąz reguły samodzielnymi gminami.

Ortena som är upptagna i ortnamnsförteckningen är vanligen autonoma.

BB	Brandenburg	HH	Hamburg	SH	Schleswig-Holstein
BE	Berlin	MV	Mecklenburg-Vorpommern		
BW	Baden-Württemberg			SL	Saarland
BY	Bayern	NI	Niedersachsen	SN	Sachsen
HB	Bremen	NW	Nordrhein-Westfalen	ST	Sachsen-Anhalt
HE	Hessen	RP	Rheinland-Pfalz	TH	Thüringen

A

Aach **BW** 106 If 61 ✉78267
Aach **RP** 74 Gd 50 ✉54298
Aachen **NW** 52 Ga 44 ✉•52062
Aalen **BW** 89 La 55 ✉•73430
Aarbergen **HE** 66 Ia 47 ✉65326
Aasbüttel **SH** 11 Kc 24 ✉25560
Abbenrode **ST** 46 Ld 37 ✉38871
Abberode **ST** 46 Mb 39 ✉06543
Abenberg **BY** 90 Lf 53 ✉91183
Abensberg **BY** 91 Mf 56 ✉93326
Abentheuer **RP** 75 Ha 51 ✉55767
Absberg **BY** 90 Lf 54 ✉91720
Abstatt **BW** 87 Kb 54 ✉74232
Abtlöbnitz **ST** 59 Me 42 ✉06628
Abtsbessingen **TH** 58 Le 41 ✉99713
Abtsgmünd **BW** 88 La 55 ✉73453
Abtsteinach **HE** 77 Ie 51 ✉69518
Abtswind **BY** 79 Lc 50 ✉97355
Abtweiler **RP** 76 Hd 50 ✉55568
Achberg **BW** 107 Ke 63 ✉88147
Achern **BW** 96 Ia 57 ✉77855
Achim **NI** 21 Ka 30 ✉28832
Achim **NI** 46 Ld 36 ✉38312
Achslach **BY** 92 Nf 55 ✉94250
Achstetten **BW** 98 Kf 59 ✉88480
Acht **RP** 65 Ha 46 ✉56729
Achtelsbach **RP** 75 Ha 51 ✉55767
Achterwehr **SH** 4 Kf 23 ✉24239
Achtrup **SH** 3 KA 20 ✉25917
Ackendorf **ST** 34 Mc 35 ✉39343
Adamshoffnung **MV** 25 Nc 28 ✉17213
Adelberg **BW** 88 Kd 56 ✉73099
Adelebsen **NI** 44 Ke 39 ✉37139
Adelheidsdorf **NI** 32 La 33 ✉29352

Adelmannsfelden **BW** 88 La 55 ✉73486
Adelschlag **BY** 90 Mb 55 ✉85111
Adelsdorf **BY** 80 Lf 50 ✉91325
Adelsdorf **SN** 61 Od 41 ✉01561
Adelsheim **BW** 78 Kc 52 ✉74740
Adelshofen **BY** 79 Lb 52 ✉91587
Adelshofen **BY** 100 Ma 59 ✉82276
Adelzhausen **BY** 100 Mb 58 ✉86559
Adenau **RP** 65 Gf 46 ✉53518
Adenbach **RP** 76 Hd 50 ✉67742
Adenbüttel **NI** 32 Lc 34 ✉38528
Adendorf **NI** 22 Lb 29 ✉21365
Adenstedt **NI** 45 Kf 36 ✉31079
Aderstedt **ST** 46 Lf 36 ✉38838
Aderstedt **ST** 47 Me 38 ✉06408
Adlkofen **BY** 101 Nb 57 ✉84166
Admannshagen-Bargeshagen **MV** 14 Mf 24 ✉18211
Adorf **SN** 72 Nb 47 ✉08626
Adorf (Erzgebirge) **SN** 61 Nf 44 ✉09221
Aebtissinwisch **SH** 11 Kb 25 ✉25572
Aerzen **NI** 44 Kb 36 ✉31855
Affalter **SN** 72 Ne 45 ✉08294
Affalterbach **BW** 87 Kc 55
Affing **BY** 100 Lf 58 ✉86444
Affinghausen **NI** 30 If 32 ✉27257
Affler **RP** 64 Ga 48 ✉54689
Agathenburg **NI** 11 Kd 27 ✉21684
Agethorst **SH** 11 Kc 24 ✉25560
Aglasterhausen **BW** 77 If 52 ✉74858
Aham **BY** 102 Nc 57 ✉84168
Ahaus **NW** 41 Gf 36 ✉48683
Ahausen **NI** 21 Kb 30 ✉27367
Ahlbeck **MV** 17 Pb 25 ✉17419
Ahlbeck **MV** 17 Pb 26 ✉17375

Ahlden (Aller) **NI** 31 Kd 32 ✉29693
Ahlefeld **SH** 3 Ke 22 ✉24811
Ahlen **NW** 42 Hf 38 ✉•59227
Ahlerstedt **NI** 21 Kc 28 ✉21702
Ahlsdorf **BB** 49 Ob 37 ✉04916
Ahlsdorf **ST** 47 Mc 39 ✉06313
Ahlstädt **TH** 70 Le 45 ✉98553
Ahlum **ST** 33 Lf 32 ✉38489
Ahnatal **HE** 56 Kc 40 ✉34292
Ahneby **SH** 3 Ke 20 ✉24996
Ahnsbeck **NI** 32 Lb 33 ✉29353
Ahnsen **NI** 31 Ka 35 ✉31708
Aholfing **BY** 92 Nc 55 ✉94345
Aholming **BY** 92 Nf 56 ✉94527
Ahorn **BW** 78 Kd 51 ✉74744
Ahorn **BY** 70 Lf 47 ✉96482
Ahorntal **BY** 81 Mc 49 ✉95491
Ahrbrück **RP** 65 Gf 46 ✉53506
Ahrensbök **SH** 13 Ld 24 ✉23623
Ahrensburg **SH** 12 Lb 26 ✉22926
Ahrensdorf **BB** 36 Ob 35 ✉14974
Ahrensdorf **BB** 37 Pa 35 ✉15864
Ahrensfelde **BB** 36 Od 33 ✉16356
Ahrenshagen **MV** 6 Nd 23 ✉18320
Ahrenshoop **MV** 6 Nc 22 ✉18347
Ahrenviöl **SH** 3 Kb 21 ✉25885
Ahrenviölfeld **SH** 3 Kb 21 ✉25885
Aichach **BY** 100 Ma 58 ✉86551
Aicha vorm Wald **BY** 93 Ob 56 ✉94529
Aichelberg **BW** 88 Kd 57 ✉73101
Aichen **BY** 99 Ld 59 ✉86479
Aichhalden **BW** 96 Ic 59 ✉78733
Aichstetten **BW** 107 La 61 ✉88317
Aichtal **BW** 97 Kb 57 ✉72631
Aichwald **BW** 88 Kc 56 ✉73773
Aidenbach **BY** 102 Oa 57 ✉94501

Aidhausen **BY** 69 Lc 48 ✉97491
Aidlingen **BW** 87 If 56 ✉71134
Aiglsbach **BY** 91 Me 56 ✉84089
Ailertchen **RP** 66 Hf 45 ✉56459
Aindling **BY** 100 Lf 57 ✉86447
Ainring **BY** 111 Nf 62 ✉83404
Aislingen **BY** 99 Lc 57 ✉89344
Aiterhofen **BY** 92 Nd 55 ✉94330
Aitern **BW** 104 Hf 62 ✉79677
Aitrach **BW** 107 La 61 ✉88319
Aitrang **BY** 108 Ld 62 ✉87648
Aitzendorf **SN** 61 Nf 42 ✉09326
Aken (Elbe) **ST** 47 Na 37 ✉06385
Albaching **BY** 101 Na 60 ✉83544
Albbruck **BW** 105 Ia 63 ✉79774
Albernau **SN** 72 Nd 45 ✉08321
Albersdorf **SH** 11 Kb 24 ✉25767
Albersdorf **TH** 59 Me 43 ✉07646
Abershausen **BW** 88 Kd 56 ✉73095
Albersroda **ST** 59 Me 41 ✉06268
Alberstedt **ST** 47 Md 40 ✉06279
Albersweiler **RP** 86 Ia 53 ✉76857
Albertshofen **BY** 79 Lb 50 ✉97320
Albessen **RP** 75 Hb 51 ✉66871
Albig **RP** 76 Ia 50 ✉55234
Albisheim (Pfrimm) **RP** 76 Ia 51 ✉67308
Albstadt **BW** 97 Ka 59 ✉•72458
Aldenhoven **NW** 52 Gb 43 ✉52457
Aldersbach **BY** 102 Oa 57 ✉94501
Aldingen **BW** 97 Ie 60 ✉78554
Alerheim **BY** 89 Ld 55 ✉86730
Alesheim **BY** 90 Lf 54 ✉91793
Aletshausen **BY** 99 Lc 59 ✉86480
Alf **RP** 65 Ha 48 ✉56859
Alfdorf **BW** 88 Ke 55 ✉73553
Alferde **BY** 81 Md 52 ✉91236
Alfeld **NI** 45 Kf 37 ✉31061

Alfhausen **NI** 29 Hf 35 ✉49594
Alflen **RP** 65 Ha 47 ✉56828
Alfter **NW** 53 Gf 44 ✉53347
Algenstedt **ST** 34 Mc 33 ✉39638
Algermissen **NI** 32 Kf 35 ✉31191
Alheim **HE** 56 Ke 42 ✉36211
Alikendorf **ST** 46 Mb 37 ✉39398
Alken **RP** 65 Hc 47 ✉56332
Alkersleben **TH** 58 Ma 43 ✉99310
Alkersum **SH** 2 IC 20 ✉25938
Allenbach **RP** 75 Hb 50 ✉55758
Allendorf **RP** 66 Ia 47 ✉56370
Allendorf **TH** 70 Mb 45 ✉07426
Allendorf (Eder) **HE** 55 Id 42 ✉35108
Allendorf (Lumda) **HE** 67 Ie 44 ✉35469
Allenfeld **RP** 76 He 49 ✉55595
Allensbach **BW** 106 Ka 62 ✉78476
Alleringersleben **ST** 33 Ma 35 ✉39343
Allersberg **BY** 90 Mb 53 ✉90584
Allershausen **BY** 101 Md 58 ✉85391
Allerstorf **MV** 15 Nd 23 ✉18337
Alleshausen **BW** 98 Kd 60 ✉88422
Alling **BY** 100 Mb 60 ✉82239
Allmannshofen **BY** 99 Le 57 ✉86695
Allmannsweiler **BW** 98 Kd 60 ✉88348
Allmendingen **BW** 98 Ke 58 ✉89604
Allmersbach im Tal **BW** 88 Kc 55 ✉71573
Allrode **ST** 46 Lf 38 ✉06507
Allstedt **ST** 59 Mc 40 ✉06542
Almdorf **SH** 3 Ka 21 ✉25821
Almersbach **RP** 66 Hd 44 ✉57610
Almstedt **NI** 45 Kf 36 ✉31079

Alpen **NW** 40 Gc 39 ✉46519
Alpenrod **RP** 66 Hf 45 ✉57642
Alperstedt **TH** 58 Ma 42 ✉99195
Alpirsbach **BW** 96 Ic 58 ✉72275
Alsbach **RP** 66 Hd 46 ✉56237
Alsbach-Hähnlein **HE** 77 Id 50 ✉64665
Alsdorf **NW** 52 Ga 43 ✉52477
Alsdorf **RP** 54 Hf 44 ✉57518
Alsdorf **RP** 74 Gc 49 ✉54668
Alsenz **RP** 76 He 50 ✉67821
Alsfeld **HE** 56 Kb 44 ✉36304
Alsheim **RP** 77 Ib 51 ✉67577
Alsleben (Saale) **ST** 47 Md 38 ✉06425
Altbach **BW** 88 Kc 56 ✉73776
Altbarnim **BB** 37 Pb 32 ✉15320
Alt Bennebek **SH** 3 Kc 22 ✉24848
Alt Bork **BB** 36 Nf 35 ✉14822
Altbrandsleben **ST** 46 Mb 36 ✉39387
Alt Bukow **MV** 14 Md 25 ✉18233
Altdöbern **BB** 50 Pa 39 ✉03229
Altdorf **BW** 97 If 57 ✉71155
Altdorf **BW** 97 Kb 57 ✉72655
Altdorf **BY** 81 Mc 52 ✉90518
Altdorf **BY** 101 Na 57 ✉84032
Altdorf **RP** 86 Ib 53 ✉67482
Alt Duvenstedt **SH** 3 Kd 22 ✉24791
Altefähr **MV** 7 Oa 22 ✉18573
Alteglofsheim **BY** 91 Nb 55 ✉93087
Altena **NW** 54 Hd 41 ✉58762
Altenahr **RP** 65 Gf 45 ✉53505
Altenau **BB** 49 Oe 40 ✉04931
Altenau **NI** 45 Lc 38 ✉38707
Altenbamberg **RP** 76 Hf 50 ✉55585
Altenbeken **NW** 43 If 38 ✉33184
Altenberg **SN** 62 Oe 44 ✉01773
Altenberga **TH** 59 Md 44 ✉07768

Altenberge **NW** 42 Hc 36 ⊠48341
Altenbeuthen **TH** 71 Md 45 ⊠07338
Altenbrak **ST** 46 Lf 38 ⊠38889
Altenbuch **BY** 78 Kc 50 ⊠97901
Altenburg **TH** 60 Nc 43 ⊠04600
Altendiez **RP** 66 Hf 46 ⊠65624
Altendorf **BY** 80 Lf 50 ⊠96146
Altendorf **BY** 82 Nb 52 ⊠92540
Altenfeld **TH** 70 Lf 45 ⊠98701
Altengesees **TH** 71 Md 45 ⊠07356
Altenglan **RP** 75 Hc 51 ⊠66885
Altengottern **TH** 58 Ld 42 ⊠99991
Altenhagen **MV** 14 Me 24 ⊠18236
Altenhagen **MV** 16 Oa 26 ⊠17091
Altenhain **SN** 60 Ne 41 ⊠04687
Altenhausen **ST** 33 Mb 35 ⊠39343
Altenhof **BB** 27 Oe 31 ⊠16244
Altenhof **MV** 25 Nc 28 ⊠17209
Altenhof **SH** 4 Kf 22 ⊠24340
Altenholz **SH** 4 La 22 ⊠24161
Altenkirchen **MV** 7 Oc 21 ⊠18556
Altenkirchen **RP** 75 Hb 52 ⊠66903
Altenkirchen (Westerwald) **RP** 66 Hd 44 ⊠57610
Altenkrempe **SH** 13 Le 24 ⊠23730
Altenkunstadt **BY** 70 Mb 48 ⊠96264
Altenmarkt an der Alz **BY** 102 Nd 60 ⊠83352
Altenmedingen **NI** 23 Ld 30 ⊠29575
Altenmoor **SH** 11 Kd 26 ⊠25335
Altenmünster **BY** 99 Ld 58 ⊠86450
Altenpleen **MV** 6 Nf 22 ⊠18445
Altenroda **ST** 59 Md 41 ⊠06642
Altensalzwedel **ST** 33 Mb 32 ⊠29416
Altenstadt **BY** 99 La 60 ⊠89281
Altenstadt **BY** 108 Lf 62 ⊠86972
Altenstadt **HE** 67 If 47 ⊠63674
Altenstadt an der Waldnaab **BY** 82 Na 50 ⊠92665
Altensteig **BW** 97 Id 57 ⊠72213
Altenthann **BY** 91 Nb 54 ⊠93177
Altenweddingen **ST** 47 Md 37 ⊠39171
Altenzaun **ST** 34 Na 32 ⊠39596
Alterkülz **RP** 65 Hc 48 ⊠56288
Alterode **ST** 47 Mc 38 ⊠06543
Altersbach **TH** 69 Ld 44 ⊠98587
Altertheim **BY** 78 Ke 50 ⊠97237
Altes Lager **BB** 49 Oa 36 ⊠14913
Altfraunhofen **BY** 101 Nb 58 ⊠84169
Altfriedland **BB** 37 Pb 33 ⊠15320
Altglietzen **BB** 27 Pa 32 ⊠16259
Alt Golm **BB** 37 Pa 35 ⊠15526
Althegnenberg **BY** 100 Ma 59 ⊠82278
Altheim **BW** 98 Kc 60 ⊠88499
Altheim **BW** 98 Ke 59 ⊠89605
Altheim **BW** 98 La 57 ⊠89174
Althengstett **BW** 87 Ie 56 ⊠75382
Althornbach **RP** 85 Hc 53 ⊠66484
Althütte **BW** 88 Kd 55 ⊠71566
Althüttendorf **BB** 27 Oe 31 ⊠16247
Altjeßnitz **ST** 48 Nc 38 ⊠06800
Alt Kätwin **MV** 15 Nc 25 ⊠18299
Altkalen **MV** 15 Ne 25 ⊠17179
Altkirchen **TH** 60 Nb 43 ⊠04626
Alt Krenzlin **MV** 23 Mb 29 ⊠19288
Altkünkendorf **BB** 27 Of 30 ⊠16278
Altlandsberg **BB** 37 Oe 33 ⊠15345
Altlay **RP** 75 Hb 49 ⊠56858
Altleiningen **RP** 76 Ia 51 ⊠67317
Altlüdersdorf **BB** 26 Ob 30 ⊠16775
Altlußheim **BW** 86 Ic 53 ⊠68804
Alt Madlitz **BB** 37 Pb 34 ⊠15518
Alt Mahlisch **BB** 37 Pc 34 ⊠15306
Altmannstein **BY** 91 Me 55 ⊠93336
Altmersleben **ST** 34 Mc 32 ⊠39624
Alt Meteln **MV** 14 Mc 26 ⊠19069
Altmittweida **SN** 61 Nf 43 ⊠09648
Alt Mölln **SH** 13 Ld 27 ⊠23881
Altmörbitz **SN** 60 Nd 43 ⊠04655
Altötting **BY** 102 Ne 59 ⊠84503
Altomünster **BY** 100 Mb 58 ⊠85250
Altreetz **BB** 27 Pa 32 ⊠16259
Alt Rehse **MV** 16 Oa 27 ⊠17217
Altrich **RP** 75 Gf 49 ⊠54518
Altrip **RP** 77 Ic 52 ⊠67122
Alt Ruppin **BB** 25 Nf 31 ⊠16827
Alt Schadow **BB** 37 Of 36 ⊠15910
Altscheid **RP** 64 Gc 48 ⊠54636
Alt Schönau **MV** 15 Ne 27 ⊠17192
Alt Schwerin **MV** 15 Nb 27 ⊠17214
Altshausen **BW** 107 Kd 61 ⊠88361
Alt Stahnsdorf **BB** 37 Of 35 ⊠15859
Altstrimmig **RP** 65 Hb 48 ⊠56858
Alt Sührkow **MV** 15 Nd 26 ⊠17166
Alt Tellin **MV** 16 Ob 25 ⊠17129
Altthymen **BB** 26 Ob 29 ⊠16798
Alttrebbin **BB** 37 Pb 32 ⊠16259
Alt Tucheband **BB** 37 Pd 33 ⊠15328
Altusried **BY** 107 Lb 62 ⊠87452
Altwarp **MV** 17 Pb 26 ⊠17375
Altweidelbach **RP** 76 Hd 48 ⊠55469
Altwigshagen **MV** 17 Oe 26 ⊠17379
Altwriezen-Beauregard **BB** 37 Pb 32 ⊠16269
Alt Zachun **MV** 24 Mc 28 ⊠19230
Alt Zauche **BB** 50 Pa 37 ⊠15913
Alt Zeschdorf **BB** 37 Pc 34 ⊠15326
Alveslohe **SH** 12 Kf 26 ⊠25486
Alzenau in Unterfranken **BY** 68 Ka 48 ⊠63755
Alzey **RP** 76 Ia 50 ⊠55232
Amberg **BY** 81 Mf 52 ⊠92224
Amelinghausen **NI** 22 Lb 30 ⊠21385
Amerang **BY** 101 Nb 61 ⊠83123
Amerdingen **BY** 89 Lc 56 ⊠86735
Amesdorf **ST** 47 Md 38 ⊠39439
Ammeldingen an der Our **RP** 74 Gb 49 ⊠54675
Ammeldingen bei Neuerburg **RP** 64 Gb 48 ⊠54673
Ammerbuch **BW** 97 If 57 ⊠72119
Ammern **TH** 57 Lc 41 ⊠99974
Ammerndorf **BY** 80 Le 52 ⊠90614
Ammersbek **SH** 12 La 26 ⊠22949
Ammerthal **BY** 81 Me 52 ⊠92260
Amöneburg **HE** 55 If 44 ⊠35287
Amorbach **BY** 78 Kb 51 ⊠63916
Ampfing **BY** 102 Nc 59 ⊠84539
Ampfurth **ST** 46 Mc 36 ⊠39387
Amsdorf **ST** 47 Me 40 ⊠06317
Amstetten **BW** 98 Kf 57 ⊠73340
Amtsberg **SN** 61 Oa 44 ⊠09439
Amtzell **BW** 107 Ke 62 ⊠88279
Andechs **BY** 100 Mb 61 ⊠82346
Andenhausen **TH** 69 La 44 ⊠36452
Anderbeck **ST** 46 Lf 37 ⊠38836
Anderlingen **NI** 21 Kb 28 ⊠27446
Andernach **RP** 65 Hc 46 ⊠56626
Andervenne Niederdorf **NI** 29 Hd 33 ⊠49832
Andervenne Oberdorf **NI** 29 Hd 33 ⊠49832
Andisleben **TH** 58 Lf 42 ⊠99189
Angelbachtal **BW** 87 Ie 53 ⊠74918
Angelburg **HE** 55 Ic 44 ⊠35719
Angelroda **TH** 58 Lf 44 ⊠99338
Anger **BY** 111 Nf 62 ⊠83454
Angermünde **BB** 27 Pa 30 ⊠16278
Angern **ST** 34 Me 34 ⊠39326
Angersdorf **ST** 47 Mf 40 ⊠06179
Anhausen **RP** 66 Hd 46 ⊠56584
Ankershagen **MV** 16 Nf 28 ⊠17219
Anklam **MV** 16 Oe 25 ⊠17389
Ankum **NI** 29 Hf 33 ⊠49577
Annaberg-Buchholz **SN** 73 Oa 45 ⊠09456
Annaburg **ST** 49 Oa 38 ⊠06925
Annahütte **BB** 50 Of 39 ⊠01994
Annarode **ST** 47 Mc 39 ⊠06308
Annweiler am Trifels **RP** 86 Hf 53 ⊠76855
Anröchte **NW** 43 Ic 39 ⊠59609
Ansbach **BY** 89 Ld 53 ⊠91522
Anschau **RP** 65 Ha 47 ⊠56729
Ansprung **SN** 73 Ob 45 ⊠09517
Antdorf **BY** 109 Mb 62 ⊠82387
Antonsthal **SN** 72 Ne 45 ⊠08359
Antrifttal **HE** 56 Kb 44 ⊠36326
Antweiler **RP** 65 Gf 46 ⊠53533
Anzing **BY** 101 Mf 60 ⊠85646
Apelern **NI** 31 Kc 35 ⊠31552
Apen **NI** 19 Hf 29 ⊠26689
Apenburg **ST** 33 Mb 32 ⊠38486
Apensen **NI** 21 Kd 28 ⊠21641
Apfeldorf **BY** 108 Lf 61 ⊠86974
Apfelstädt **TH** 58 Lf 43 ⊠99192
Apfeltrach **BY** 99 Lc 60 ⊠87742
Apolda **TH** 59 Md 42 ⊠99510
Appel **NI** 22 Ke 28 ⊠21279
Appeln **NI** 21 If 28 ⊠27616
Appen **SH** 12 Ke 26 ⊠25482
Appenheim **RP** 76 Ia 49 ⊠55437
Appenweier **BW** 96 Ia 57 ⊠77767
Arbach **RP** 65 Ha 47 ⊠56769
Arberg **BY** 89 Ld 54 ⊠91722
Aremberg **RP** 65 Ge 46 ⊠53533
Arendsee **BB** 26 Od 29 ⊠17291
Arendsee (Altmark) **ST** 24 Mc 31 ⊠39619
Arenrath **RP** 74 Ge 49 ⊠54518
Arensdorf **BB** 37 Pb 34 ⊠15518
Arensdorf **ST** 47 Na 38 ⊠06369
Arenzhain **BB** 49 Od 38 ⊠03253
Aresing **BY** 100 Mb 57 ⊠86561
Arft **RP** 65 Ha 46 ⊠56729
Argenbühl **BW** 107 Kf 62 ⊠88260
Argenschwang **RP** 76 He 49 ⊠55595
Argenthal **RP** 76 Hd 49 ⊠55496
Arholzen **NI** 44 Kd 37 ⊠37627
Arkebek **SH** 11 Kb 24 ⊠25767
Arlewatt **SH** 3 Ka 21 ⊠25860
Armsheim **RP** 76 Ia 50 ⊠55288
Armstedt **SH** 12 Kf 25 ⊠24616
Arnbruck **BY** 92 Oa 54 ⊠93471
Arneburg **ST** 34 Na 32 ⊠39596
Arnis **SH** 4 Kf 21 ⊠24399
Arnoldsgrün **SN** 72 Nb 46 ⊠08261
Arnsberg **NW** 54 Ia 40 ⊠*59755
Arnschwang **BY** 92 Nf 53 ⊠93473
Arnsdorf **ST** 49 Nf 38 ⊠06917
Arnsdorf bei Dresden **SN** 62 Pa 42 ⊠01477
Arnsfeld **SN** 73 Oa 45 ⊠09477
Arnsgereuth **TH** 71 Mb 45 ⊠07318
Arnsgrün **SN** 72 Na 45 ⊠07952
Arnshöfen **RP** 66 Hf 45 ⊠56244
Arnsnesta **BB** 49 Ob 38 ⊠04916
Arnstadt **TH** 58 Lf 44 ⊠99310
Arnstedt **ST** 47 Md 38 ⊠06333
Arnstein **BY** 79 Kf 49 ⊠97450
Arnstorf **BY** 102 Nf 57 ⊠94424
Arolsen, Bad- **HE** 55 If 40 ⊠34454
Arpsdorf **SH** 12 Kf 24 ⊠24634
Arrach **BY** 92 Nf 53 ⊠93474
Arras **SN** 61 Nf 42 ⊠09326
Artern **TH** 58 Mb 40 ⊠06556
Artlenburg **NI** 22 Lc 28 ⊠21380
Arzbach **RP** 66 He 46 ⊠56337
Arzberg **BY** 72 Nb 48 ⊠95659
Arzberg **SN** 49 Oa 39 ⊠04886
Arzfeld **RP** 64 Gb 48 ⊠54687
Asbach **RP** 65 Hc 44 ⊠53567
Asbach **RP** 75 Hb 50 ⊠55758
Asbach-Bäumenheim **BY** 89 Lf 56 ⊠86663
Asbach-Sickenberg **TH** 57 La 41 ⊠37318
Ascha **BY** 92 Nd 55 ⊠94347
Aschaffenburg **BY** 78 Ka 49 ⊠*63739
Aschau **BY** 110 Nc 62 ⊠83229
Aschau am Inn **BY** 102 Nc 59 ⊠84544
Aschbach **RP** 76 Hd 51 ⊠67753
Ascheberg **NW** 42 Hd 38 ⊠59387
Ascheberg **SH** 12 Lb 24 ⊠24326
Ascheffel **SH** 3 Ke 22 ⊠24358
Aschenhausen **TH** 69 Lb 45 ⊠98634
Aschersleben **ST** 47 Mc 38 ⊠06449
Aschheim **BY** 101 Me 59 ⊠85609
Aseleben **ST** 47 Md 40 ⊠06317
Asendorf **NI** 22 Kf 29 ⊠21271
Asendorf **NI** 31 If 32 ⊠27330
Aspach **BW** 88 Kc 55 ⊠71546
Aspach **TH** 58 Ld 43 ⊠99880
Aspenstedt **ST** 46 Lf 37 ⊠38822
Asperg **BW** 87 Ka 55 ⊠71679
Aspisheim **RP** 76 Hf 49 ⊠55459
Assamstadt **BW** 78 Ke 52 ⊠97959
Asselfingen **BW** 99 Lb 57 ⊠89176
Aßlar **HE** 67 Ic 45 ⊠35614
Aßling **BY** 101 Na 61 ⊠85617
Astert **RP** 66 He 44 ⊠57627
Ateritz **ST** 48 Nd 38 ⊠06901
Athenstedt **ST** 46 Lf 37 ⊠38822
Attendorn **NW** 54 Hf 42 ⊠57439
Attenhausen **RP** 66 Hf 47 ⊠56370
Attenhofen **BY** 91 Mf 57 ⊠84091
Attenkirchen **BY** 101 Me 57 ⊠85395
Attenweiler **BW** 98 Ke 60 ⊠88448
Atterwasch **BB** 51 Pd 37 ⊠03172
Atting **BY** 92 Nc 55 ⊠94348
Atzelgift **RP** 66 He 44 ⊠57629
Atzendorf **ST** 47 Md 37 ⊠39443
Au **BW** 95 Hf 61 ⊠79280
Au am Rhein **BW** 86 Ib 55 ⊠76474
Aub **BY** 79 La 51 ⊠97239
Aubstadt **BY** 69 Lc 47 ⊠97633
Auderath **RP** 65 Ha 47 ⊠56766
Audigast **SN** 60 Nb 41 ⊠04539
Aue **SN** 72 Ne 45 ⊠08280
Auel **RP** 66 He 47 ⊠56357
Auen **RP** 76 Hd 50 ⊠55569
Auengrund **TH** 70 Le 46 ⊠98673
Auenwald **BW** 88 Kd 55 ⊠71549
Auerbach **BY** 81 Md 50 ⊠91275
Auerbach **BY** 92 Oa 56 ⊠94530
Auerbach **SN** 61 Nf 44 ⊠09392
Auerbach/Vogtland **SN** 72 Nc 45 ⊠08209
Auerstedt **TH** 59 Md 42 ⊠99518
Auerswalde **SN** 61 Nf 43 ⊠09238
Auetal **NI** 31 Kb 30 ⊠31749
Aufhausen **BY** 91 Nb 55 ⊠93089
Aufseß **BY** 80 Mb 49 ⊠91347
Auggen **BW** 104 Hd 62 ⊠79424
Augsburg **BY** 100 Lf 58 ⊠*86150
Augsdorf **ST** 47 Md 39 ⊠06308
Augustdorf **NW** 43 Ie 37 ⊠32832
Augustenkoog **SH** 2 Ie 22 ⊠25881
Augustusburg **SN** 61 Oa 44 ⊠09573
Auhagen **NI** 31 Kb 34 ⊠31553
Auhausen **BY** 89 Ld 54 ⊠86736
Au in der Hallertau **BY** 101 Me 57 ⊠84072
Aukrug **SH** 12 Ke 24 ⊠24613
Auleben **TH** 46 Lf 40 ⊠99765
Aulendorf **BW** 107 Kd 61 ⊠88326
Auligk **SN** 60 Nb 42 ⊠04539
Aull **RP** 66 Hf 46 ⊠65582
Aulosen **ST** 24 Md 31 ⊠39615
Auma **TH** 71 Mf 44 ⊠07955
Aumühle **SH** 12 Lb 27 ⊠21521
Aura **BY** 69 La 48 ⊠97717
Aurach **BY** 89 Lc 53 ⊠91589
Aura im Sinngrund **BY** 68 Kd 47 ⊠97773
Aurich **NI** 19 Hd 28 ⊠*26603
Ausacker **SH** 3 Kd 20 ⊠24975
Ausleben **ST** 46 Ma 36 ⊠39393
Außernzell **BY** 93 Ob 56 ⊠94532
Authausen **SN** 48 Nd 39 ⊠04849
Auufer **SH** 11 Ke 25 ⊠25548
Auw an der Kyll **RP** 74 Gd 49 ⊠54664
Auw bei Prüm **RP** 64 Gc 47 ⊠54597
Aventoft **SH** 2 Ie 19 ⊠25927
Averlak **SH** 11 Kb 25 ⊠25715
Axien **ST** 49 Nf 38 ⊠06922
Axstedt **NI** 20 Ie 28 ⊠27729
Aying **BY** 101 Me 61 ⊠85653
Ayl **RP** 74 Gd 51 ⊠54441
Aystetten **BY** 99 Le 58 ⊠86482

B

Baabe **MV** 7 Oe 22 ⊠18586
Baalberge **ST** 47 Me 38 ⊠06408
Baalsdorf **SN** 60 Nc 41 ⊠04457
Baar (Schwaben) **BY** 100 Lf 57 ⊠86674
Baar-Ebenhausen **BY** 90 Mc 56 ⊠85107
Baasdorf **ST** 47 Mf 38 ⊠06388
Babben **BB** 50 Oe 38 ⊠03246
Baben **ST** 34 Mf 32 ⊠39596
Babenhausen **BY** 99 Lb 60 ⊠87727
Babenhausen **HE** 77 If 49 ⊠64832
Babensham **BY** 101 Nb 60 ⊠83547
Babst **MV** 14 Me 25 ⊠23992
Bach an der Donau **BY** 91 Nb 54 ⊠93090
Bacharach **RP** 66 He 48 ⊠55422
Bachenberg **RP** 54 He 44 ⊠57610
Bachfeld **TH** 70 Lf 46 ⊠96528
Bachhagel **BY** 99 Lc 57 ⊠89429
Backnang **BW** 88 Kc 55 ⊠71522
Bad Abbach **BY** 91 Na 55 ⊠93077
Bad Alexandersbad **BY** 82 Na 48 ⊠95680
Bad Bellingen **BW** 104 Hd 62 ⊠79415
Bad Bentheim **NI** 28 Ha 35 ⊠48455
Badbergen **NI** 29 Ia 33 ⊠49635
Bad Bergzabern **RP** 86 Hf 54 ⊠76887
Bad Berka **TH** 58 Mb 43 ⊠99438
Bad Berleburg **NW** 55 Ic 42 ⊠57319
Bad Berneck im Fichtelgebirge **BY** 71 Md 48 ⊠95460
Bad Bertrich **RP** 65 Ha 48 ⊠56864
Bad Bevensen **NI** 23 Ld 30 ⊠29549
Bad Bibra **ST** 59 Md 41 ⊠06647
Bad Birnbach **BY** 103 Oa 58 ⊠84364
Bad Blankenburg **TH** 70 Mb 44 ⊠07422
Bad Bocklet **BY** 69 La 47 ⊠97708
Bad Brambach **SN** 72 Nb 47 ⊠08648
Bad Bramstedt **SH** 12 Kf 25 ⊠24576
Bad Breisig **RP** 65 Hb 45 ⊠53498
Bad Brückenau **BY** 69 Ke 47 ⊠97769
Bad Buchau **BW** 98 Kd 60 ⊠88422
Bad Camberg **HE** 66 Ib 47 ⊠65520
Bad Colberg-Heldburg **TH** 70 Le 47 ⊠98663
Baddeckenstedt **NI** 45 Lb 36 ⊠38271
Bad Ditzenbach **BW** 98 Ke 57 ⊠73342
Bad Doberan **MV** 14 Mf 24 ⊠18209
Bad Driburg **NW** 44 Ka 38 ⊠33014
Bad Düben **SN** 48 Nd 39 ⊠04849
Bad Dürkheim **RP** 76 Ib 52 ⊠67098
Bad Dürrenberg **ST** 59 Na 41 ⊠06231
Bad Dürrheim **BW** 96 Id 60 ⊠78073
Badeborn **ST** 46 Mb 38 ⊠06493
Bad Eilsen **NI** 31 Ka 35 ⊠31707
Badel **ST** 34 Mb 32 ⊠39624
Bad Elster **SN** 72 Nb 47 ⊠08645
Badem **RP** 64 Gd 48 ⊠54657
Bad Ems **RP** 66 He 46 ⊠56130
Bad Emstal **HE** 56 Kb 41 ⊠34308
Baden-Baden **BW** 86 Ib 56 ⊠*76530
Bad Endbach **HE** 55 Id 44 ⊠35080
Bad Endorf **BY** 110 Nb 61 ⊠83093
Badendorf **SH** 13 Ld 25 ⊠23619
Badenhard **RP** 66 Hd 48 ⊠56291
Badenhausen **NI** 45 Lb 38 ⊠37534
Badenheim **RP** 76 Hf 49 ⊠55576
Badenweiler **BW** 104 He 62 ⊠79410
Badersleben **ST** 46 Lf 37 ⊠38836
Bad Essen **NI** 30 Ib 35 ⊠49152
Bad Feilnbach **BY** 110 Mf 62 ⊠83075
Bad Frankenhausen **TH** 58 Ma 40 ⊠06567
Bad Freienwalde (Oder) **BB** 27 Pa 32 ⊠16259
Bad Friedrichshall **BW** 87 Kb 53 ⊠74177
Bad Füssing **BY** 103 Ob 58 ⊠94072
Bad Gandersheim **NI** 45 La 37 ⊠37581
Bad Gottleuba-Berggießhübel **SN** 62 Of 43 ⊠01816
Bad Grönenbach **BY** 107 Lb 61 ⊠87730
Bad Grund **NI** 45 Lb 38 ⊠37539
Bad Harzburg **NI** 46 Ld 37 ⊠38667
Bad Heilbrunn **BY** 109 Mc 62 ⊠83670
Bad Herrenalb **BW** 86 Ic 56 ⊠76332
Bad Hersfeld **HE** 56 Kd 43 ⊠36251
Bad Hönningen **RP** 65 Hc 45 ⊠53557
Bad Homburg vor der Höhe **HE** 67 Id 47 ⊠*61348
Bad Honnef **NW** 65 Hb 45 ⊠53604
Bad Iburg **NI** 29 Ia 36 ⊠49186
Badingen **BB** 26 Ob 30 ⊠16775
Badingen **ST** 34 Md 33 ⊠39579
Bad Karlshafen **NI** 44 Kc 39 ⊠34385
Bad Kissingen **BY** 69 La 47 ⊠97688
Bad Kleinen **MV** 14 Mc 26 ⊠23996
Bad Klosterlausnitz **TH** 59 Mf 43 ⊠07639
Bad König **HE** 77 Ka 50 ⊠64732
Bad Königshofen im Grabfeld **BY** 69 Lc 47 ⊠97631
Bad Kösen **ST** 59 Me 42 ⊠06628
Bad Köstritz **TH** 59 Na 43 ⊠07586
Bad Kohlgrub **BY** 109 Ma 63 ⊠82433
Bad Kreuznach **RP** 76 Hf 50 ⊠*55543
Bad Krozingen **BW** 104 Hd 61 ⊠79189
Bad Laasphe **NW** 55 Ic 43 ⊠57334
Bad Laer **NI** 42 Ia 36 ⊠49196
Bad Langensalza **TH** 58 Ld 42 ⊠99947
Bad Lauchstädt **ST** 59 Mf 40 ⊠06246
Bad Lausick **SN** 60 Ne 42 ⊠04651
Bad Lauterberg **NI** 45 Lc 39 ⊠37431
Bad Liebenstein **TH** 57 Lc 44 ⊠36448
Bad Liebenwerda **BB** 49 Oc 39 ⊠04924
Bad Liebenzell **BW** 87 Ie 56 ⊠75378
Bad Lippspringe **NW** 43 If 38 ⊠33175
Bad Marienberg **RP** 66 Hf 45 ⊠56470
Bad Mergentheim **BW** 78 Ke 52 ⊠97980
Bad Münder **NI** 31 Kc 35 ⊠31848
Bad Münster am Stein-Ebernburg **RP** 76 Hf 50 ⊠55583
Bad Münstereifel **NW** 64 Ge 45 ⊠53902
Bad Muskau **SN** 51 Pe 39 ⊠02953
Bad Nauheim **HE** 67 Ie 46 ⊠61231
Bad Nenndorf **NI** 31 Kb 34 ⊠31542
Bad Neuenahr-Ahrweiler **RP** 65 Ha 45 ⊠53474
Bad Neustadt an der Saale **BY** 69 Lb 47 ⊠97616
Bad Oeynhausen **NW** 30 Ie 35 ⊠*32545
Bad Oldesloe **SH** 12 Lc 26 ⊠23843
Bad Orb **HE** 68 Kc 47 ⊠63619
Badow **MV** 13 Ma 27 ⊠19209
Bad Peterstal-Griesbach **BW** 96 Ib 58 ⊠77740
Bad Pyrmont **NI** 44 Kb 37 ⊠31812
Badra **TH** 58 Lf 40 ⊠99706
Bad Rappenau **BW** 87 Ka 53 ⊠74906
Bad Reichenhall **BY** 111 Ne 62 ⊠83435
Badrina **SN** 48 Nd 39 ⊠04509
Bad Rippoldsau-Schapbach **BW** 96 Ib 59 ⊠77776
Bad Rothenfelde **NI** 42 Ia 36 ⊠49214
Bad Saarow-Pieskow **BB** 37 Pa 35 ⊠15526
Bad Sachsa **NI** 45 Ld 39 ⊠37441
Bad Säckingen **BW** 104 Hf 63 ⊠79713
Bad Salzdetfurth **NI** 45 La 36 ⊠31162
Bad Salzschlirf **HE** 68 Kd 45 ⊠36364
Bad Salzuflen **NW** 43 Ie 36 ⊠*32105
Bad Salzungen **TH** 57 Lb 44 ⊠36433
Bad Sassendorf **NW** 42 Ib 39 ⊠59505
Bad Schandau **SN** 62 Pa 43 ⊠01814
Bad Schmiedeberg **ST** 48 Ne 38 ⊠06905
Bad Schönborn **BW** 87 Id 53 ⊠76669
Bad Schussenried **BW** 98 Kd 60 ⊠88427
Bad Schwalbach **HE** 66 Ia 48 ⊠65307
Bad Schwartau **SH** 13 Ld 25 ⊠23611
Bad Segeberg **SH** 12 Lc 25 ⊠23795
Bad Sobernheim **RP** 76 Hd 50 ⊠55566
Bad Soden am Taunus **HE** 67 Ic 48 ⊠65812
Bad Soden-Salmünster **HE** 68 Kc 47 ⊠63628
Bad Sooden-Allendorf **HE** 57 Kf 41 ⊠37242
Bad Steben **BY** 71 Md 46 ⊠95138
Bad Suderode **ST** 46 Ma 38 ⊠06507
Bad Sülze **MV** 15 Ne 24 ⊠18334
Bad Sulza **TH** 59 Md 42 ⊠99518
Bad Teinach-Zavelstein **BW** 87 Ie 56 ⊠75385
Bad Tennstedt **TH** 58 Le 42 ⊠99955
Bad Tölz **BY** 109 Md 62 ⊠83646
Bad Überkingen **BW** 98 Ke 57 ⊠73337
Bad Urach **BW** 98 Kc 57 ⊠72574
Bad Vilbel **HE** 67 Ie 47 ⊠61118
Bad Waldsee **BW** 107 Kd 61 ⊠88339
Bad Wiessee **BY** 110 Me 62 ⊠83707
Bad Wildbad **BW** 86 Id 56 ⊠75323
Bad Wildungen **HE** 56 Ka 42 ⊠34537
Bad Wilsnack **BB** 24 Mf 31 ⊠19336
Bad Wimpfen **BW** 87 Ka 53 ⊠74206
Bad Windsheim **BY** 79 Lc 51 ⊠91438
Bad Wörishofen **BY** 99 Ld 61 ⊠86825
Bad Wurzach **BW** 107 Kf 61 ⊠88410
Bad Zwesten **HE** 56 Kb 42 ⊠34596
Bad Zwischenahn **NI** 19 Ia 29 ⊠26160
Bächingen **BY** 99 Lc 57 ⊠89431
Baek **BB** 24 Mf 30 ⊠19348
Bäk **NI** 13 Le 26 ⊠23909
Bälau **SH** 13 Ld 27 ⊠23881
Bärenbach **RP** 75 Hb 49 ⊠55483
Bärenbach **RP** 75 Hc 50 ⊠55758
Bärenbrück **BB** 51 Pc 38 ⊠03185
Bärenburg **SN** 62 Oe 44 ⊠01773
Bärenfels **SN** 62 Od 44 ⊠01776
Bärenklau **BB** 51 Oa 32 ⊠03172
Bärenklau **BB** 51 Pd 37 ⊠03172
Bärenstein **SN** 62 Oe 44 ⊠01768
Bärenstein **SN** 73 Nf 46 ⊠09471
Bärenthal **BW** 97 If 60 ⊠78580
Bärnau **BY** 82 Nc 50 ⊠95671
Bärweiler **RP** 76 Hd 50 ⊠55606
Baesweiler **NW** 52 Gb 43 ⊠52499
Bagemühl **BB** 27 Pb 28 ⊠17326
Bagenz **BB** 51 Pc 39 ⊠03130
Bahlingen am Kaiserstuhl **BW** 95 He 60 ⊠79353
Bahnsdorf **BB** 49 Ob 39 ⊠04895
Bahnsdorf **BB** 50 Pa 39 ⊠01983
Bahratal **SN** 62 Of 43 ⊠01816
Bahrdorf **NI** 33 Ma 34 ⊠38459
Bahren **BB** 71 Md 45 ⊠07389
Bahrenborstel **NI** 30 Ie 33 ⊠27245
Bahrendorf **ST** 47 Md 36 ⊠39171
Bahrenfleth **SH** 11 Kc 25 ⊠25569
Bahro **BB** 38 Pd 36 ⊠15898
Baienfurt **BW** 107 Ke 62 ⊠88255
Baierbach **BY** 101 Nb 58 ⊠84171
Baierbrunn **BY** 100 Md 60 ⊠82065
Baiern **BY** 101 Mf 61 ⊠85625
Baiersbronn **BW** 96 Ic 57 ⊠72270
Baiersdorf **BY** 80 Ma 51 ⊠91083
Baindt **BW** 107 Kd 61 ⊠88255
Baisweil **BY** 108 Ld 61 ⊠87650
Baitz **BB** 35 Ne 35 ⊠14806
Bakum **NI** 30 Ib 32 ⊠49456
Balderschwang **BY** 107 La 64 ⊠87538
Baldringen **RP** 74 Gd 51 ⊠54314
Balduinstein **RP** 66 Hf 46 ⊠65558
Balesfeld **RP** 64 Gd 48 ⊠54597
Balge **NI** 31 Kb 32 ⊠31609
Balgheim **BW** 97 Ie 60 ⊠78582
Balgstädt **ST** 59 Me 41 ⊠06632
Balingen **BW** 97 If 59 ⊠72336
Balje **NI** 11 Ka 26 ⊠21730
Ballendorf **BW** 98 La 57 ⊠89177
Ballenstedt **ST** 46 Mb 38 ⊠06493
Ballerstedt **ST** 34 Me 32 ⊠39606
Ballhausen **TH** 58 Lf 42 ⊠99955
Ballin **MV** 26 Oc 28 ⊠17349
Ballrechten-Dottingen **BW** 104 He 61 ⊠79282
Ballstädt **TH** 58 Le 42 ⊠99869
Ballstedt **TH** 58 Mb 42 ⊠99439
Balow **MV** 24 Me 29 ⊠19300
Baltmannsweiler **BW** 88 Kc 56 ⊠73666
Baltrum **NI** 9 Hc 26 ⊠26579
Balve **NW** 54 Hf 40 ⊠58802
Balzhausen **BY** 99 Ld 59 ⊠86483
Balzheim **BW** 98 La 59 ⊠88481
Bamberg **BY** 80 Lf 49 ⊠*96047
Bamme **BB** 35 Nc 33 ⊠14715
Bammental **BW** 77 Ie 52 ⊠69245
Bandau **ST** 33 Ma 33 ⊠38486
Bandelin **MV** 16 Oc 25 ⊠17506
Bandenitz **MV** 23 Mb 28 ⊠19230
Bandow **MV** 14 Mf 25 ⊠18258
Bann **RP** 76 Hd 52 ⊠66851
Bannberscheid **RP** 66 He 46 ⊠56424
Bannesdorf auf Fehmarn **SH** 5 Mb 22 ⊠23769
Bannewitz **SN** 62 Oe 43 ⊠01728
Bansin **MV** 17 Pa 25 ⊠17429
Banteln **NI** 44 Ke 36 ⊠31029
Bantikow **BB** 25 Nc 31 ⊠16868
Bantin **MV** 13 Lf 27 ⊠19246
Banzendorf **BB** 26 Oa 30 ⊠16835
Banzin **MV** 23 Lf 28 ⊠19260
Banzkow **MV** 14 Md 27 ⊠19079
Barbelroth **RP** 86 Ia 54 ⊠76889
Barbing **BY** 91 Nb 54 ⊠93092
Barby **ST** 47 Mf 37 ⊠39249
Barchfeld **TH** 58 Ma 44 ⊠99448
Bardenitz **BB** 49 Nf 36 ⊠14913
Bardowick **NI** 22 Lc 29 ⊠21357
Barenburg **NI** 30 Ie 33 ⊠27245
Barendorf **NI** 23 Ld 29 ⊠21397
Barenthin **BB** 25 Nb 31 ⊠16866
Bargenstedt **SH** 11 Ka 24 ⊠25704
Bargfeld-Stegen **SH** 12 Lb 26 ⊠23863
Bargischow **MV** 16 Oe 25 ⊠17398
Bargstall **SH** 3 Kc 23 ⊠24806
Bargstedt **NI** 21 Kc 28 ⊠21698
Bargstedt **SH** 12 Ke 24 ⊠24793
Bargteheide **SH** 12 Lb 26 ⊠22941
Bark **SH** 12 Lb 25 ⊠23826
Barkelsby **SH** 4 Kf 21 ⊠24360
Barkenholm **SH** 3 Kb 23 ⊠25791
Barkow **MV** 25 Nb 28 ⊠19395
Barleben **ST** 34 Md 35 ⊠39179
Barlt **SH** 11 Ka 24 ⊠25719
Barmissen **SH** 12 Lb 23 ⊠24245
Barmstedt **SH** 12 Ke 26 ⊠25355
Barneberg **ST** 33 Ma 36 ⊠39393
Barnekow **MV** 14 Mc 25 ⊠23968
Barnewitz **BB** 35 Nd 33 ⊠14715
Barnin **MV** 14 Me 27 ⊠19089
Barnstädt **ST** 59 Me 40 ⊠06268
Barnstedt **NI** 22 Lc 30 ⊠21406
Barnstorf **NI** 30 Ic 32 ⊠49406
Barntrup **NW** 44 Ka 37 ⊠32683
Barsbek **SH** 4 Lb 22 ⊠24217
Barsbüttel **SH** 12 La 27 ⊠22885
Barsdorf **BB** 26 Ob 30 ⊠16775
Barsikow **BB** 25 Nd 31 ⊠16845
Barsinghausen **NI** 31 Kc 35 ⊠30890
Barßel **NI** 19 Hc 29 ⊠26676
Bartelshagen I **MV** 15 Nc 23 ⊠18337
Bartelshagen II **MV** 6 Nd 23 ⊠18314
Bartenshagen-Parkentin **MV** 14 Mf 24 ⊠18209
Barth **MV** 6 Ne 22 ⊠18356
Bartholomä **BW** 88 Kf 56 ⊠73566
Bartmannshagen **MV** 16 Oa 24 ⊠18516
Bartow **MV** 16 Oc 25 ⊠17089
Barum **NI** 22 Lc 28 ⊠21357
Barum **NI** 23 Ld 30 ⊠29576

Barver **NI** 30 Id 33 ✉49453
Barwedel **NI** 33 Le 33 ✉38476
Barweiler **RP** 65 Gf 46 ✉53534
Barzig **BB** 50 Of 39 ✉01994
Basberg **RP** 64 Gd 47 ✉54578
Basdahl **NI** 21 If 28 ✉27432
Basdorf **BB** 25 Ne 30 ✉16818
Basdorf **BB** 36 Oc 32 ✉16352
Basedow **MV** 15 Ne 26 ✉17139
Basedow **SH** 23 Ld 28 ✉21483
Bassenheim **RP** 65 Hc 46 ✉56220
Baßlitz **SN** 61 Od 41 ✉01561
Bassum **NI** 20 Ie 31 ✉27211
Bastheim **BY** 69 Lb 46 ✉97654
Basthorst **SH** 12 Lc 27 ✉21493
Bastorf **MV** 14 Me 24 ✉18230
Battaune **SN** 48 Ne 39 ✉04838
Battenberg (Eder) **HE** 55 Ie 42 ✉35088
Battenberg (Pfalz) **RP** 76 Ia 51 ✉67271
Battweiler **RP** 85 Hc 53 ✉66484
Batzlow **BB** 37 Pa 33 ✉15377
Baudenbach **BY** 80 Ld 51 ✉91460
Bauerbach **TH** 69 Lc 45 ✉98617
Bauler **RP** 65 Gf 47 ✉53534
Bauler **RP** 74 Gb 49 ✉54673
Baumersroda **ST** 59 Me 41 ✉06632
Baumgarten **BB** 26 Oa 31 ✉16775
Baumgarten **MV** 14 Mf 26 ✉18246
Baumholder **RP** 75 Hc 51 ✉55774
Baunach **BY** 80 Le 49 ✉96148
Baunatal **HE** 56 Kc 41 ✉34225
Bausendorf **RP** 65 Gf 48 ✉54538
Baustert **RP** 64 Gc 49 ✉54636
Bautzen (Budyšin) **SN** 63 Pc 41 ✉02625
Bawinkel **NI** 29 Hc 33 ✉49844
Bayerbach **BY** 91 Nb 56 ✉84092
Bayerbach **BY** 103 Oa 58 ✉94137
Bayerfeld-Steckweiler **RP** 76 He 50 ✉67808
Bayerisch Eisenstein **BY** 93 Ob 54 ✉94252
Bayersoien, Bad- **BY** 109 Ma 62 ✉82435
Bayreuth **BY** 81 Md 49 ✉•95444
Bayrischzell **BY** 110 Mf 62 ✉83735
Bebensee **SH** 12 Lb 25 ✉23816
Beberstedt **TH** 57 Lc 41 ✉99976
Bebertal **ST** 34 Mc 35 ✉39343
Bebra **HE** 56 Ke 43 ✉36179
Becheln **RP** 66 He 47 ✉56132
Bechenheim **RP** 76 Hf 50 ✉55234
Becherbach **RP** 76 He 51 ✉67827
Becherbach bei Kirn **RP** 75 Hd 50 ✉55608
Bechhofen **BY** 89 Ld 53 ✉91572
Bechhofen **RP** 75 Hc 52 ✉66894
Bechstedt **TH** 70 Mb 44 ✉07426
Bechstedtstraß **TH** 58 Mb 43 ✉99428
Bechtheim **RP** 76 Ib 50 ✉67595
Bechtolsheim **RP** 76 Ib 50 ✉55234
Bechtsrieth **BY** 82 Nb 51 ✉92699
Beckdorf **NI** 21 Kd 28 ✉21643
Beckedorf **NI** 31 Kb 34 ✉31699
Beckeln **NI** 20 Id 31 ✉27243
Beckendorf-Neindorf **ST** 46 Mb 36 ✉39393
Beckingen **SL** 74 Ge 52 ✉66701
Beckum **NW** 42 Ia 38 ✉59269
Bedburg **NW** 52 Gd 43 ✉50181
Bedburg-Hau **NW** 40 Gb 38 ✉47551
Bederkesa, Bad- **NI** 10 Ie 27 ✉27624
Bedesbach **RP** 75 Hc 51 ✉66885
Bedenbostel **NI** 32 Lb 33 ✉29355
Beelen **NW** 42 Ia 37 ✉48361
Beelitz **BB** 36 Nf 35 ✉14547
Beelitz **ST** 34 Mf 32 ✉39596
Beendorf **ST** 33 Ma 35 ✉39343
Beenz **BB** 26 Ob 29 ✉17258
Beenz **BB** 26 Oe 29 ✉17291
Beerfelde **BB** 37 Pa 34 ✉15518
Beerfelden **HE** 77 If 51 ✉64743
Beerheide **SN** 72 Nc 46 ✉08209
Beerwalde **SN** 61 Nf 42 ✉09648
Beesenlaublingen **ST** 47 Me 38 ✉06425
Beesenstedt **ST** 47 Me 39 ✉06198
Beeskow **BB** 37 Pb 35 ✉15848
Beesten **NI** 29 Hd 34 ✉49832
Beestland **MV** 15 Nf 25 ✉17111
Beetz **BB** 26 Oa 32 ✉16766
Beetzendorf **ST** 33 Ma 32 ✉38489
Beggerow **MV** 16 Oa 25 ✉17111
Behlendorf **SH** 13 Le 26 ✉23919
Behnkendorf **MV** 7 Oa 23 ✉18510
Behnsdorf **ST** 33 Mb 35 ✉39356
Behrendorf **SH** 3 Kb 21 ✉25850
Behrendorf **ST** 24 Mf 32 ✉39606
Behrenhoff **MV** 16 Oc 24 ✉17498
Behren-Lübchin **MV** 15 Nd 24 ✉17179
Behrensdorf **SH** 4 Ld 22 ✉24321
Behringen **TH** 57 Lc 42 ✉99947
Behringersdorf **BY** 80 Mb 52 ✉90571
Behrungen **TH** 69 Lc 46 ✉98631
Beicha **SN** 61 Ob 42 ✉04720
Beichlingen **TH** 58 Mb 41 ✉99625
Beidendorf **MV** 14 Mc 26 ✉23996
Beidenfleth **SH** 11 Kc 25 ✉25573
Beierfeld **SN** 72 Ne 45 ✉08340
Beiersdorf **BB** 37 Oe 32 ✉16259
Beiersdorf **BB** 49 Ob 39 ✉04924
Beiersdorf **SN** 61 Od 41 ✉01561
Beiersdorf **SN** 63 Pd 42 ✉02736
Beierstedt **NI** 46 Lf 36 ✉38382
Beilingen **RP** 74 Gd 49 ✉54662
Beilngries **BY** 90 Md 54 ✉92339
Beilrode **SN** 49 Oa 39 ✉04886
Beilstein **BW** 87 Kb 54 ✉71717
Beilstein **RP** 65 Hb 48 ✉56814
Beimerstetten **BW** 98 Kf 58 ✉89179
Beindersheim **RP** 77 Ic 51 ✉67259
Beinerstadt **TH** 70 Ld 46 ✉98660
Beinhausen **RP** 65 Gf 47 ✉54552
Bekmünde **SH** 11 Kc 25 ✉25524
Bekond **RP** 74 Ge 49 ✉54340
Belau **SH** 12 Lb 24 ✉24601
Beldorf **SH** 11 Kc 24 ✉25557
Belg **RP** 75 Hb 49 ✉56858
Belgern **SN** 49 Oa 40 ✉04874
Belgershain **SN** 60 Nd 41 ✉04683
Belgweiler **RP** 75 Hd 49 ✉55469
Bell **RP** 65 Hb 46 ✉56745
Bell (Hunsrück) **RP** 65 Hc 48 ✉56288
Belleben **ST** 47 Md 38 ✉06425
Bellenberg **BY** 99 La 59 ✉89287
Bellheim **RP** 86 Ib 53 ✉76756
Bellin **MV** 15 Nb 26 ✉18292
Belling **MV** 17 Of 27 ✉17309
Bellingen **RP** 66 Hf 45 ✉56459
Bellingen **ST** 34 Me 33 ✉39579
Bellstedt **TH** 58 Le 41 ✉99713
Belm **NI** 30 Ia 35 ✉49191
Belrieth **TH** 69 Ld 45 ✉98617
Belsch **MV** 23 Mb 29 ✉19230
Belsdorf **ST** 33 Ma 34 ✉39356
Beltheim **RP** 65 Hc 48 ✉56290
Belum **NI** 11 Ka 26 ✉21785
Belzig **BB** 35 Nd 36 ✉14806
Bempflingen **BW** 97 Kb 57 ✉72658
Bendeleben **TH** 58 Lf 40 ✉99706
Bendelin **BB** 25 Nb 31 ✉19339
Bendestorf **NI** 22 Kf 28 ✉21227
Bendfeld **SH** 4 Lc 22 ✉24217
Bendorf **RP** 66 Hd 46 ✉56170
Bendorf **SH** 11 Kc 24 ✉25557
Benediktbeuern **BY** 109 Mc 62 ✉83671
Bengel **RP** 65 Ha 48 ✉54538
Benitz **MV** 14 Na 25 ✉18258
Benken **BB** 35 Nc 36 ✉14806
Benkendorf **MV** 33 Mb 32 ✉29416
Benndorf **SN** 48 Nc 39 ✉04509
Benndorf **SN** 60 Nd 42 ✉04654
Benndorf **ST** 47 Md 39 ✉06308
Benneckenstein **ST** 46 Le 38 ✉38877
Bennewitz **SN** 60 Ne 40 ✉04828
Bennhausen **RP** 76 Hf 51 ✉67808
Bennin **MV** 23 Lf 28 ✉19260
Benningen **BW** 87 Kb 55 ✉71726
Benningen **BY** 99 Lb 61 ✉87734
Bennstedt **ST** 47 Mf 40 ✉06179
Bennungen **ST** 46 Ma 40 ✉06536
Benshausen **TH** 70 Ld 45 ✉98554
Bensheim **HE** 77 Id 50 ✉64625
Bentwisch **BB** 24 Me 30 ✉19322
Bentwisch **MV** 15 Nb 24 ✉18182
Bentzin **MV** 16 Ob 25 ✉17129
Benz **MV** 14 Md 25 ✉23970
Benz **MV** 17 Pa 25 ✉17429
Benzweiler **RP** 66 Hd 48 ✉55494
Berching **BY** 90 Mc 54 ✉92334
Berchtesgaden **BY** 111 Nf 63 ✉83471
Bereborn **RP** 65 Gf 47 ✉56769
Berenbach **RP** 65 Gf 47 ✉56766
Berenbrock **ST** 34 Mb 34 ✉39638
Berg **BW** 107 Kd 62 ✉88276
Berg **BY** 71 Me 46 ✉95180
Berg **BY** 90 Mc 53 ✉92348
Berg **BY** 100 Mc 61 ✉82335
Berg **RP** 65 Gf 45 ✉53505
Berg **RP** 66 He 47 ✉56357
Berg **RP** 86 Ib 55 ✉76768
Berga **ST** 46 Lf 40 ✉06536
Berga/Elster **TH** 60 Nb 44 ✉07980
Bergatreute **BW** 107 Kd 61 ✉88368
Berge **BB** 24 Mf 29 ✉19348
Berge **BB** 35 Ne 33 ✉14641
Berge **NI** 29 He 33 ✉49626
Berge **ST** 34 Mb 33 ✉39638
Bergen **BB** 50 Oe 38 ✉03246
Bergen **BY** 90 Ma 54 ✉91790
Bergen **BY** 111 Nd 62 ✉83346
Bergen **NI** 32 Kf 32 ✉29303
Bergen **RP** 75 Hc 50 ✉55608
Bergen **SN** 72 Nb 46 ✉08239
Bergen (Dumme) **NI** 23 Lf 31 ✉29468
Bergen auf Rügen **MV** 7 Oc 22 ✉18528
Bergenhausen **RP** 66 Hd 48 ✉55469
Bergenhusen **SH** 3 Kc 22 ✉24861
Bergerdamm **BB** 35 Ne 33 ✉14641
Bergewöhrden **SH** 3 Kb 23 ✉25779
Bergfeld **NI** 33 Le 33 ✉38467
Berggießhübel, Bad Gottleuba- **SN** 62 Of 43 ✉01816
Berghaupten **BW** 96 Hf 58 ✉77791
Berghausen **RP** 66 Ia 47 ✉56368
Bergheim **BY** 90 Mb 56 ✉86673
Bergheim **NW** 52 Ge 43 ✉•50126
Bergholz **BB** 35 Nd 36 ✉14806
Bergholz **MV** 27 Pb 28 ✉17321
Bergholz-Rehbrücke **BB** 36 Oa 34 ✉14558
Berghülen **BW** 98 Ke 58 ✉89180
Berg im Gau **BY** 100 Mb 57 ✉86562
Bergisch Gladbach **NW** 53 Ha 42 ✉•51427
Bergisdorf **ST** 60 Na 42 ✉06712
Bergkamen **NW** 42 Hd 39 ✉59192
Bergkirchen **BY** 100 Mc 59 ✉85232
Berglangenbach **RP** 75 Hb 51 ✉55776
Berglen **BW** 88 Kc 55 ✉73663
Berglern **BY** 101 Mf 58 ✉85459
Berglicht **RP** 75 Gf 50 ✉54426
Bergneustadt **NW** 54 He 42 ✉51702
Bergrheinfeld **BY** 79 Lb 48 ✉97493
Bergsdorf **BB** 26 Ob 31 ✉16775
Bergtheim **BY** 79 La 49 ✉97241
Bergweiler **RP** 75 Ge 49 ✉54518
Bergwitz **ST** 48 Nd 38 ✉06773
Bergzow **ST** 34 Na 34 ✉39307
Beringstedt **SH** 11 Kd 24 ✉25575
Berka **TH** 58 Lf 40 ✉99706
Berkach **TH** 69 Lc 46 ✉98631
Berkatal **HE** 57 Kf 41 ✉37297
Berkau **ST** 34 Mc 33 ✉39624
Berka vor dem Hainich **TH** 57 Lc 42 ✉99826
Berka/Werra **TH** 57 La 43 ✉99837
Berkenbrück **BB** 37 Pb 34 ✉15518
Berkenthin **SH** 13 Ld 26 ✉23919
Berkheim **BW** 98 La 60 ✉88450
Berkholz **BB** 26 Od 29 ✉17291
Berkholz-Meyenburg **BB** 27 Pb 30 ✉16306
Berkoth **RP** 64 Gc 48 ✉54673
Berlin **BE** 36 Oc 33 ✉•10115
Berlinchen **BB** 25 Nd 29 ✉16909
Berlingen **RP** 64 Ge 47 ✉54570
Berlingerode **TH** 45 Lb 40 ✉37339
Berlstedt **TH** 58 Mb 42 ✉99439
Bermatingen **BW** 106 Kc 62 ✉88697
Bermbach **TH** 70 Ld 44 ✉98587
Bermel **RP** 65 Ha 47 ✉56729
Bermersheim **RP** 76 Ib 50 ✉67593
Bermersheim vor der Höhe **RP** 76 Ia 50 ✉55234
Bermsgrün **SN** 72 Ne 45 ✉08340
Bernau **BB** 36 Od 32 ✉16321
Bernau **BW** 104 Ia 62 ✉79872
Bernau am Chiemsee **BY** 110 Nc 62 ✉83233
Bernbeuren **BY** 108 Le 62 ✉86975
Bernbruch **SN** 62 Pa 41 ✉01917
Bernburg (Saale) **ST** 47 Me 38 ✉06406
Berndorf **RP** 64 Ge 47 ✉54578
Berndroth **RP** 66 Hf 47 ✉56370
Berne **NI** 20 Id 29 ✉27804
Berngau **BY** 90 Mc 53 ✉92361
Bernhardswald **BY** 91 Nb 54 ✉93170
Bernitt **MV** 14 Mf 25 ✉18249
Bernkastel-Kues **RP** 75 Ha 49 ✉54470
Bernried **BY** 92 Nf 55 ✉94505
Bernried **BY** 109 Mb 61 ✉82347
Bernsbach **SN** 72 Ne 45 ✉08315
Bernsdorf **BB** 49 Ob 38 ✉04916
Bernsdorf **SN** 50 Pa 40 ✉02994
Bernsdorf **SN** 61 Nf 44 ✉09337
Bernsgrün **TH** 72 Na 45 ✉07952
Bernstadt **BW** 98 La 57 ✉89182
Bernstadt auf dem Eigen **SN** 63 Pf 42 ✉02748
Bernstorf **MV** 13 Ma 26 ✉23936
Bernterode **TH** 57 Lb 41 ✉37308
Bernterode **TH** 57 Lc 40 ✉37355
Berod bei Hachenburg **RP** 66 He 45 ✉57614
Berod bei Wallmerod **RP** 66 Hf 46 ✉56414
Berscheid **RP** 64 Gb 49 ✉54673
Berschweiler bei Baumholder **RP** 75 Hb 51 ✉55777
Berschweiler bei Kirn **RP** 75 Hc 50 ✉55608
Bersenbrück **NI** 29 Hf 33 ✉49593
Berßel **ST** 46 Le 37 ✉38835
Berthelsdorf **SN** 63 Pe 42 ✉02747
Bertikow **BB** 27 Of 29 ✉17291
Bertingen **ST** 34 Mf 34 ✉39517
Bertkow **ST** 34 Mf 32 ✉39596
Bertsdorf-Hörnitz **SN** 63 Pe 43 ✉02763
Berumbur **NI** 8 Hb 27 ✉26524
Berzhahn **RP** 66 Ia 45 ✉56459
Besandten **BB** 23 Mb 30 ✉19309
Bescheid **RP** 75 Gf 50 ✉54413
Beschendorf **SH** 13 Lf 23 ✉23738
Besdorf **SH** 11 Kc 24 ✉25584
Beselich **HE** 66 Ib 46 ✉65614
Besenthal **SH** 13 Le 27 ✉23899
Beseritz **MV** 16 Oc 26 ✉17039
Besigheim **BW** 87 Ka 54 ✉74354
Besitz **MV** 23 Lf 28 ✉19258
Bessenbach **BY** 78 Kb 49 ✉63856
Bestensee **BB** 36 Od 35 ✉15741
Bestwig **NW** 55 Ic 40 ✉59909
Bethau **ST** 49 Oa 38 ✉06925
Betheln **NI** 45 Ke 36 ✉31032
Bethenhausen **TH** 60 Nb 43 ✉07554
Betteldorf **RP** 64 Ge 47 ✉54570
Betten **BB** 50 Oe 39 ✉03238
Bettendorf **RP** 66 Hf 47 ✉56355
Bettenfeld **RP** 64 Ge 48 ✉54533
Bettenhausen **TH** 69 Lb 45 ✉98617
Bettingen **RP** 74 Gc 49 ✉54646
Betzdorf **RP** 54 Hf 44 ✉57518
Betzendorf **NI** 22 Lc 20 ✉21386
Betzenstein **BY** 81 Mc 50 ✉91282
Betzenweiler **BW** 98 Kd 60 ✉88422
Betzigau **BY** 108 Lc 62 ✉87488
Betzin **BB** 35 Ne 32 ✉16833
Betzweiler-Wälde **BW** 96 Id 58 ✉72291
Beucha **SN** 60 Nd 42 ✉04567
Beulich **RP** 65 Hc 47 ✉56283
Beuna (Geiseltal) **ST** 59 Mf 41 ✉06217
Beuren **BW** 98 Kc 57 ✉72660
Beuren **RP** 65 Ha 48 ✉56825
Beuren **TH** 57 Lb 40 ✉37327
Beuren (Hochwald) **RP** 75 Gf 50 ✉54413
Beuron **BW** 97 If 60 ✉88631
Beuster **ST** 24 Me 31 ✉39615
Beutel **BB** 26 Oc 30 ✉17268
Beutelsbach **BY** 103 Oa 57 ✉94501
Beutelsdorf **TH** 59 Mc 44 ✉07407
Beutersitz **BB** 49 Oc 39 ✉04924
Beutha **SN** 72 Ne 45 ✉09366
Beveringen **BB** 25 Nb 30 ✉16928
Bevern **NI** 44 Kc 37 ✉37639
Beverstedt **NI** 20 If 28 ✉27616
Beverungen **NW** 44 Kb 38 ✉37688
Bexbach **SL** 75 Hb 52 ✉66450
Beyendorf **ST** 47 Md 36 ✉39171
Beyern **BB** 49 Ob 39 ✉04895
Beyernaumburg **ST** 47 Mc 40 ✉06528
Bias **ST** 47 Na 37 ✉39264
Biberach **BW** 96 Ia 58 ✉77781
Biberach an der Riß **BW** 98 Ke 60 ✉88400
Biberbach **BY** 99 Le 57 ✉86485
Bibertal **BY** 99 Lb 58 ✉89346
Biblis **HE** 77 Ic 50 ✉68647
Bibow **MV** 14 Md 26 ✉19417
Bibra **TH** 59 Md 44 ✉07768
Bibra **TH** 69 Lc 46 ✉98631
Biburg **BY** 91 Mf 56 ✉93354
Bichl **BY** 109 Mc 62 ✉83673
Bickenbach **HE** 77 Id 50 ✉64404
Bickenbach **RP** 65 Hd 48 ✉56291
Bickendorf **RP** 64 Gc 48 ✉54636
Bickenriede **TH** 57 Lc 41 ✉99976
Bidingen **BY** 108 Le 62 ✉87651
Biebelnheim **RP** 76 Ib 50 ✉55234
Biebelried **BY** 79 La 50 ✉97318
Biebelsheim **RP** 76 Hf 49 ✉55546
Bieberehren **BY** 79 La 51 ✉97243
Biebergemünd **HE** 68 Kb 47 ✉63599
Biebern **RP** 75 Hc 49 ✉55471
Biebersdorf **BB** 50 Of 37 ✉15913
Biebertal **HE** 67 Id 45 ✉35444
Biebrich **RP** 66 Hf 47 ✉56370
Biedenkopf **HE** 55 Id 43 ✉35216
Biederbach **BW** 96 Ia 59 ✉79215
Biederitz **ST** 34 Me 36 ✉39175
Biedershausen **RP** 75 Hc 53 ✉66917
Biedesheim **RP** 76 Ia 51 ✉67308
Bielefeld **NW** 43 Id 36 ✉•33602
Biendorf **MV** 14 Me 24 ✉18230
Biendorf **ST** 47 Mf 38 ✉06408
Bienenbüttel **NI** 22 Lc 30 ✉29553
Bienitz **SN** 60 Nb 40 ✉04430
Bienstädt **TH** 58 Le 42 ✉99100
Biere **ST** 47 Md 37 ✉39221
Biersdorf **RP** 64 Gc 48 ✉54636
Biesdorf **RP** 74 Gb 49 ✉54675
Biesenbrow **BB** 27 Of 30 ✉16278
Biesendahlshof **BB** 27 Pb 29 ✉16278
Biesenrode **ST** 47 Mc 39 ✉06343
Biesenthal **BB** 26 Od 32 ✉16359
Biessenhofen **BY** 108 Ld 61 ✉87640
Bietigheim **BW** 86 Ib 55 ✉76467
Bietigheim-Bissingen **BW** 87 Ka 55 ✉74321
Bietikow **BB** 27 Of 29 ✉17291
Bilkheim **RP** 66 Hf 46 ✉56414
Billerbeck **NW** 41 Hb 37 ✉48727
Billigheim **BW** 78 Kb 52 ✉74842
Billigheim-Ingenheim **RP** 86 Ia 54 ✉76831
Billroda **ST** 59 Mc 41 ✉06647
Bilsen **SH** 12 Kf 26 ✉25485
Bilshausen **NI** 45 La 39 ✉37434
Bilzingsleben **TH** 58 Ma 41 ✉06578
Bimöhlen **SH** 12 Kf 25 ✉24576
Binau **BW** 77 Ka 52 ✉74862
Binde **ST** 24 Mc 31 ✉29416
Bindfelde **ST** 34 Mf 33 ✉39590
Bindlach **BY** 81 Md 49 ✉95463
Bindow **BB** 37 Oe 35 ✉15754
Bingen **BW** 97 Kb 60 ✉72511
Bingen am Rhein **RP** 76 Hf 49 ✉55411
Binnen **NI** 31 Ka 33 ✉31619
Binningen **RP** 65 Hb 47 ✉56754
Binsfeld **RP** 74 Ge 49 ✉54518
Binswangen **BY** 99 Ld 57 ✉89432
Binz **MV** 7 Od 22 ✉18609
Binzen **BW** 104 Hd 63 ✉79589
Bippen **NI** 29 He 33 ✉49626
Birenbach **BW** 88 Ke 56 ✉73102
Birgel **RP** 64 Gd 47 ✉54587
Birgland **BY** 81 Md 52 ✉92262
Birkenau **HE** 77 Ie 51 ✉69488
Birkenbeul **RP** 54 Hd 44 ✉57589
Birkenfeld **BW** 87 Id 55 ✉75217
Birkenfeld **BY** 78 Ke 49 ✉97834
Birkenfeld **RP** 75 Hb 51 ✉55765
Birkenfelde **TH** 57 La 40 ✉37318
Birkenheide **RP** 76 Ib 52 ✉67134
Birkenhördt **RP** 86 Hf 54 ✉76889
Birken-Honigsessen **RP** 54 He 44 ✉57587
Birkenhügel **TH** 71 Me 46 ✉07366
Birkenwerder **BB** 36 Ob 32 ✉16547
Birkheim **RP** 66 Hd 48 ✉56291
Birkholz **BB** 37 Pb 35 ✉15848
Birkholz **ST** 34 Me 34 ✉39517
Birkigt **TH** 71 Mc 44 ✉07336
Birkungen **TH** 57 Lc 40 ✉37327
Birkweiler **RP** 86 Ia 53 ✉76831
Birkwitz-Pratzschwitz **SN** 62 Of 43 ✉01796
Birlenbach **RP** 66 Ia 46 ✉65626
Birnbach **RP** 54 Hd 44 ✉57612
Birresborn **RP** 64 Gd 47 ✉54574
Birstein **HE** 68 Kb 46 ✉63633
Birtlingen **RP** 74 Gc 49 ✉54634
Birx **TH** 69 La 45 ✉98634
Bischberg **BY** 80 Le 49 ✉96120
Bischbrunn **BY** 78 Kc 49 ✉97836
Bischdorf **BB** 50 Of 38 ✉03205
Bischhagen **TH** 45 La 40 ✉37308
Bischheim **RP** 76 Ia 50 ✉67294
Bischheim-Häslich **SN** 62 Pa 41 ✉01920
Bischoffen **HE** 67 Ic 44 ✉35649
Bischofferode **TH** 45 Lc 39 ✉37345
Bischofrod **TH** 70 Le 45 ✉98553
Bischofroda **TH** 57 Lc 42 ✉99826
Bischofrode **ST** 47 Md 40 ✉06295
Bischofsgrün **BY** 71 Me 48 ✉95493
Bischofsheim **HE** 77 Ic 49 ✉65474
Bischofsheim an der Rhön **BY** 69 La 46 ✉97653
Bischofsmais **BY** 92 Oa 55 ✉94253
Bischofswerda **SN** 62 Pa 42 ✉01877
Bischofswiesen **BY** 111 Nf 63 ✉83483
Bischweier **BW** 86 Ib 55 ✉76476
Bisingen **BW** 97 If 59 ✉72406
Bismark **MV** 17 Pb 28 ✉17322
Bismark (Altmark) **ST** 34 Md 33 ✉39629
Bispingen **NI** 22 La 30 ✉29646
Bissee **SH** 12 La 23 ✉24582
Bissendorf **NI** 30 Ib 35 ✉49143
Bissersheim **RP** 76 Ib 51 ✉67281
Bissingen **BY** 89 Ld 56 ✉86657
Bissingen an der Teck **BW** 98 Kd 57 ✉73266
Bistensee **SH** 3 Ke 22 ✉24358
Bisterschied **RP** 76 He 51 ✉67806
Bitburg **RP** 64 Gd 49 ✉54634
Bitterfeld **ST** 48 Nc 39 ✉06749
Bittkau **ST** 34 Mf 34 ✉39517
Bitz **BW** 97 Ka 59 ✉72475
Bitzen **RP** 54 He 44 ✉57539
Blaibach **BY** 92 Ne 53 ✉93476
Blaichach **BY** 108 Lb 63 ✉87544
Blandikow **BB** 25 Nc 30 ✉16909
Blankenbach **BY** 68 Kb 47 ✉63825
Blankenberg **BB** 25 Nd 31 ✉16845
Blankenberg **MV** 14 Me 26 ✉19412
Blankenberg **TH** 71 Me 46 ✉07366
Blankenburg **BB** 27 Of 29 ✉17291
Blankenburg **TH** 58 Le 41 ✉99955
Blankenburg (Harz) **ST** 46 Lf 38 ✉38889
Blankenfelde **BB** 36 Oc 35 ✉15827
Blankenhagen **MV** 15 Nc 23 ✉18182
Blankenhain **SN** 60 Nb 44 ✉08451
Blankenhain **TH** 59 Mb 43 ✉99444
Blankenheim **NW** 64 Ge 46 ✉53945
Blankenheim **ST** 47 Mc 39 ✉06528
Blankenhof **MV** 16 Oa 27 ✉17039
Blankenrath **RP** 65 Hb 48 ✉56865
Blankensee **BB** 36 Oa 35 ✉14959
Blankensee **MV** 17 Pb 27 ✉17322
Blankensee **MV** 26 Ob 28 ✉17237
Blankenstein **TH** 71 Me 46 ✉07366
Blasdorf **BB** 51 Pc 37 ✉15868
Blaubach **RP** 75 Hc 51 ✉66869
Blaubeuren **BW** 98 Ke 58 ✉89143
Blaufelden **BW** 88 Kf 53 ✉74572
Blaustein **BW** 98 Kf 58 ✉89134
Bleckede **NI** 23 Le 29 ✉21354
Bleckhausen **RP** 64 Ge 48 ✉54570
Bleialf **RP** 64 Gb 47 ✉54608
Bleicherode **TH** 46 Ld 40 ✉99752
Blekendorf **SH** 4 Ld 23 ✉24327
Blender **NI** 21 Ka 31 ✉27337
Blesendorf **BB** 25 Nc 29 ✉16909
Blesewitz **MV** 16 Od 26 ✉17392
Bleyen **BB** 38 Pd 33 ✉15328
Bliedersdorf **NI** 21 Kd 28 ✉21640
Bliesdorf **BB** 37 Pb 32 ✉16269
Bliesendorf **BB** 35 Nf 34 ✉14542
Blieskastel **SL** 85 Hb 53 ✉66440
Bliestorf **SH** 13 Ld 26 ✉23847
Blievenstorf **MV** 24 Me 28 ✉19306
Blindheim **BY** 99 Ld 57 ✉89434
Blindow **BB** 27 Of 28 ✉17291
Blintendorf **TH** 71 Me 46 ✉07926
Blönsdorf **BB** 48 Nf 37 ✉14913
Bloischdorf **BB** 51 Pc 39 ✉03130
Blomberg **NI** 9 Hc 26 ✉26487
Blomberg **NW** 44 Ka 37 ✉32825
Blomesche Wildnis **SH** 11 Kc 26 ✉25348
Blossin **BB** 37 Oe 35 ✉15754
Blowatz **MV** 14 Md 25 ✉23974
Blüthen **BB** 24 Me 30 ✉19357
Blumberg **BB** 27 Pa 29 ✉16306
Blumberg **BB** 36 Od 33 ✉16356
Blumberg **BW** 105 Id 62 ✉78176
Blumenhagen **MV** 17 Of 27 ✉17337
Blumenholz **MV** 26 Oa 28 ✉17237
Blumenow **BB** 26 Ob 30 ✉16775
Blumenthal **BB** 25 Nc 30 ✉16928
Blumenthal **SH** 12 Kf 23 ✉24241
Blunk **SH** 12 Lb 24 ✉23813
Bluno **SN** 50 Pb 39 ✉02979
Bobbau **ST** 48 Nb 38 ✉06766
Bobeck **TH** 59 Me 43 ✉07646
Bobenheim am Berg **RP** 76 Ia 51 ✉67273
Bobenheim-Roxheim **RP** 77 Ic 51 ✉67240
Bobenthal **RP** 86 Hf 54 ✉76891
Boberow **BB** 24 Md 30 ✉19357
Bobingen **BY** 100 Le 59 ✉86399
Bobitz **MV** 14 Mc 26 ✉23996
Boblitz **BB** 50 Of 37 ✉03222
Bobritzsch **SN** 61 Oc 43 ✉09627
Bobzin **MV** 23 Ma 28 ✉19230
Bocholt **NW** 40 Gd 38 ✉•46395
Bochow **BB** 35 Ne 34 ✉14550
Bochow **BB** 49 Oa 37 ✉14913
Bochum **NW** 41 Hb 40 ✉•44787
Bocka **TH** 60 Nd 42 ✉04603
Bockau **SN** 72 Ne 45 ✉08324
Bockelnhagen **TH** 45 Lc 39 ✉37345
Bockelwitz **SN** 61 Nf 41 ✉04703
Bockenau **RP** 76 Hd 49 ✉55595
Bockenem **NI** 45 La 36 ✉31167
Bockenheim an der Weinstraße **RP** 76 Ib 51 ✉67278
Bockhorn **BY** 101 Na 59 ✉85461
Bockhorn **NI** 19 Ia 28 ✉26345
Bockhorst **NI** 29 Hd 29 ✉26897
Bockstadt **TH** 70 Lf 46 ✉98673
Bockwitz **SN** 61 Nf 42 ✉04680
Boddin **MV** 13 Ma 27 ✉19243
Boddin **MV** 15 Ne 25 ✉17179
Boddin-Langnow **BB** 25 Nb 30 ✉16928
Bodelshausen **BW** 97 Ka 58 ✉72411
Bodelwitz **TH** 71 Md 44 ✉07381
Boden **RP** 66 Hf 46 ✉56412
Bodenbach **RP** 65 Gf 47 ✉53539
Bodenfelde **NI** 44 Kd 39 ✉37194
Bodenheim **RP** 76 Ib 49 ✉55294
Bodenkirchen **BY** 102 Nc 58 ✉84155
Bodenmais **BY** 92 Oa 54 ✉94249
Bodenrode-Westhausen **TH** 57 Lb 40 ✉37308
Bodensee **NI** 45 La 39 ✉37434
Bodenwerder **NI** 44 Kc 37 ✉37619
Bodenwöhr **BY** 91 Nb 53 ✉92439
Bodman-Ludwigshafen **BW** 106 Ka 62 ✉78351
Bodnegg **BW** 107 Ke 62 ✉88285
Bodolz **BY** 107 Kd 63 ✉88131
Böbing **BY** 109 Ma 62 ✉82389
Böbingen **BW** 88 Kf 56 ✉73560
Böbingen **RP** 86 Ib 53 ✉67482
Böblingen **BW** 87 Ka 56 ✉•71032
Böbrach **BY** 92 Oa 54 ✉94255
Böchingen **RP** 86 Ia 53 ✉76833
Böcke **BB** 35 Nc 35 ✉14778
Böddensell **ST** 33 Mb 34 ✉39359
Böel **SH** 3 Ke 21 ✉24401
Böhlen **SN** 60 Nc 41 ✉04564
Böhlen **TH** 70 Ma 45 ✉98701
Böhlendorf **MV** 15 Nd 24 ✉18334
Böhl-Iggelheim **RP** 76 Ib 52 ✉67459
Böhlitz **SN** 48 Ne 40 ✉04808
Böhlitz-Ehrenberg **SN** 60 Nb 40 ✉04430
Böhme **NI** 31 Kc 32 ✉29693
Böhmenkirch **BW** 88 Kf 56 ✉89558
Böhmfeld **BY** 90 Mc 55 ✉85113
Böhne **BB** 35 Nb 33 ✉14715
Böhnhusen **SH** 12 La 23 ✉24220
Böken **MV** 14 Mb 26 ✉19069
Böklund **SH** 3 Kd 20 ✉24860
Bölkendorf **BB** 27 Of 31 ✉16248
Böllenborn **RP** 86 Hf 54 ✉76887
Bölsberg **RP** 66 Hf 44 ✉57648
Bölsdorf **ST** 34 Mf 33 ✉39517
Boen **NI** 18 Hb 30 ✉26831
Bönebüttel **SH** 12 La 24 ✉24620
Bönen **NW** 42 He 39 ✉59199
Bönitz **BB** 49 Ob 39 ✉04924
Bönnigheim **BW** 87 Ka 54 ✉74357
Bönningstedt **SH** 12 Kf 26 ✉25474
Börfink **RP** 75 Ha 50 ✉54422
Börger **NI** 19 Hd 31 ✉26904
Börgerende **MV** 14 Mf 24 ✉18211
Börm **SH** 3 Kc 22 ✉24863
Börnersdorf **SN** 62 Of 44 ✉01825
Börnichen **SN** 61 Oa 44 ✉09437
Börnicke **BB** 36 Nf 32 ✉14641
Börnicke **BB** 36 Od 33 ✉16321
Börnsen **SH** 22 Lb 28 ✉21039
Börrstadt **RP** 76 Hf 51 ✉67725
Börsborn **RP** 75 Hc 52 ✉66904
Börslingen **BW** 98 La 57 ✉89177
Börßum **NI** 46 Ld 36 ✉38312
Börtewitz **SN** 61 Nf 41 ✉04703
Börtlingen **BW** 88 Kd 56 ✉73104
Börzow **MV** 13 Ma 25 ✉23936
Bösdorf **SH** 12 Lc 24 ✉24306
Bösdorf **ST** 33 Ma 34 ✉39359
Böseckendorf **TH** 45 Lb 40 ✉37339
Bösel **NI** 19 Hf 30 ✉26219
Bösenbrunn **SN** 72 Na 46 ✉08606
Bösingen **BW** 96 Id 59 ✉78662
Bösleben-Wüllersleben **TH** 58 Ma 44 ✉99310
Bötersen **NI** 21 Kb 30 ✉27367
Böttingen **BW** 97 Ie 60 ✉78583
Bötzingen **BW** 95 He 60 ✉79268
Bötzow **BB** 36 Oa 33 ✉16727
Böxlund **SH** 3 Kb 19 ✉24994
Boffzen **NI** 44 Kc 38 ✉37691
Bogel **RP** 66 He 47 ✉56357
Bogen **BY** 92 Ne 55 ✉94327
Bohmstedt **SH** 3 Ka 21 ✉25853
Bohmte **NI** 30 Ic 34 ✉49163
Bohsdorf **BB** 51 Pd 39 ✉03130
Boiensdorf **MV** 14 Md 24 ✉23974
Boitin **MV** 14 Mf 26 ✉18249
Boitze **NI** 23 Le 30 ✉21368
Boitzenburg **BB** 26 Od 29 ✉17268
Boizenburg **MV** 23 Le 28 ✉19258
Bokel **NI** 20 Ie 28 ✉27616
Bokel **SH** 12 Ka 23 ✉24802
Bokel **SH** 12 Ke 25 ✉25364
Bokelrehm **SH** 11 Kc 24 ✉25596
Bokensdorf **NI** 33 Le 33 ✉38556
Bokholt-Hanredder **SH** 12 Ke 26 ✉25335
Bokhorst **SH** 11 Kc 24 ✉25560
Boksee **SH** 4 La 23 ✉24220
Bolanden **RP** 76 Hf 51 ✉67295
Boldekow **MV** 16 Od 26 ✉17392
Boll **BW** 98 Kd 57 ✉73087
Bollenbach **RP** 75 Hc 49 ✉55624
Bollendorf **RP** 74 Gc 49 ✉54669
Bollensdorf **BB** 49 Oc 38 ✉15936
Bollersdorf **BB** 37 Pa 33 ✉15377
Bollewick **MV** 25 Nd 28 ✉17207
Bollschweil **BW** 104 He 61 ✉79283

Bolschwitz **BB** 50 Pa 38 ✉03205
Bolsterlang **BY** 107 Lb 64 ✉87538
Boltenhagen **MV** 13 Mb 25 ✉23946
Bomlitz **NI** 21 Ke 31 ✉29699
Boms **BW** 98 Kd 61 ✉88361
Bomsdorf **BB** 38 Pd 36 ✉15898
Bondelum **SH** 3 Kb 21 ✉25850
Bondorf **BW** 97 If 57 ✉71149
Bonefeld **RP** 65 Hd 45 ✉56579
Bonerath **RP** 74 Ge 50 ✉54316
Bonese **ST** 23 Lf 32 ✉29413
Bongard **RP** 65 Gf 47 ✉53539
Bonn **NW** 53 Ha 44 ✉*53111
Bonndorf **BW** 105 Ic 62 ✉79848
Bonstetten **BY** 99 Le 58 ✉86486
Boock **MV** 17 Pb 28 ✉17322
Boock **ST** 34 Md 32 ✉39606
Boos **BY** 99 Lb 60 ✉87737
Boos **RP** 65 Ha 47 ✉56729
Boos **RP** 76 He 50 ✉55595
Boostedt **SH** 12 La 24 ✉24598
Bopfingen **BW** 89 Lc 55 ✉73441
Boppard **RP** 66 Hd 47 ✉56154
Borau **ST** 59 Na 41 ✉06667
Borchen **NW** 43 Ie 38 ✉33178
Bordelum **SH** 2 If 21 ✉25852
Bordesholm **SH** 12 La 23 ✉24582
Boren **SH** 3 Ke 21 ✉24392
Borgdorf-Seedorf **SH** 12 Kf 23 ✉24589
Borgentreich **NW** 44 Kb 39 ✉34434
Borgholzhausen **NW** 43 Ic 36 ✉33829
Borgisdorf **BB** 49 Oa 37 ✉14913
Borgstedt **SH** 3 Ke 23 ✉24794
Borgsum **SH** 2 Ic 20 ✉25938
Borgwedel **SH** 3 Kd 21 ✉24857
Bork **BB** 25 Nc 30 ✉16866
Borken **BB** 49 Ob 38 ✉04916
Borken **NW** 41 Gf 37 ✉46325
Borken (Hessen) **HE** 56 Kb 42 ✉34582
Borkheide **BB** 36 Nf 35 ✉14822
Borkow **MV** 14 Mf 26 ✉19406
Borkum **NI** 8 Ge 27 ✉26757
Borkwalde **BB** 35 Nf 35 ✉14822
Borler **RP** 65 Ge 47 ✉53539
Born **ST** 34 Mc 34 ✉39345
Borna **SN** 60 Nd 42 ✉04552
Borna **SN** 61 Ob 41 ✉04758
Borna **SN** 62 Of 43 ✉01819
Born auf Darß **MV** 6 Nd 22 ✉18375
Borne **BB** 35 Nd 36 ✉14806
Borne **ST** 47 Md 37 ✉39435
Bornhagen **TH** 57 Kf 40 ✉37318
Bornheim **NW** 53 Gf 44 ✉53332
Bornheim **RP** 86 Ib 53 ✉76879
Bornhöved **SH** 12 Lb 24 ✉24619
Bornich **RP** 66 He 48 ✉56348
Bornitz **ST** 60 Na 42 ✉06712
Bornsdorf **BB** 49 Oe 38 ✉15926
Bornsen **ST** 33 Lf 32 ✉29413
Bornstedt **ST** 34 Mc 35 ✉39343
Bornstedt **ST** 47 Md 40 ✉06295
Bornum **ST** 48 Nb 37 ✉39264
Borod **RP** 66 He 45 ✉57614
Borrentin **MV** 16 Nf 26 ✉17111
Borsdorf **SN** 60 Nd 40 ✉04451
Borsfleth **SH** 11 Kc 26 ✉25376
Borstel **NI** 31 If 32 ✉27246
Borstel **SH** 12 Ke 25 ✉24616
Borstel-Hohenraden **SH** 12 Ke 26 ✉25494
Borstendorf **SN** 61 Ob 44 ✉09579
Borstorf **SH** 13 Ld 27 ✉23881
Borxleben **TH** 58 Mb 40 ✉06556
Bosau **SH** 12 Lc 24 ✉23715
Bosbüll **SH** 2 If 20 ✉25899
Bosenbach **RP** 75 Hd 51 ✉66887
Boßdorf **ST** 48 Ne 37 ✉06895
Bothel **NI** 21 Kd 30 ✉27386
Bothenheilingen **TH** 58 Ld 41 ✉99947
Bothkamp **SH** 12 La 23 ✉24250
Bottenbach **RP** 85 Hc 53 ✉66504
Bottendorf **TH** 59 Mc 41 ✉06571
Bottmersdorf **ST** 47 Mc 36 ✉39164
Bottrop **NW** 41 Gf 39 ✉*46236
Bous **SL** 84 Ge 53 ✉66359
Bovenau **SH** 4 Kf 23 ✉24796
Bovenden **NI** 45 Kf 39 ✉37120
Boxberg **BW** 78 Ke 52 ✉97944
Boxberg **RP** 65 Gf 47 ✉54552
Boxberg/Oberlausitz **SN** 51 Pd 40 ✉02943
Braak **SH** 12 Lb 27 ✉22145
Brachbach **RP** 54 Hf 44 ✉57555
Brachstedt **ST** 47 Na 39 ✉06188
Brachtendorf **RP** 65 Hb 47 ✉56761
Brachttal **HE** 68 Kb 47 ✉63636
Brachwitz **BB** 36 Nf 36 ✉14822
Brachwitz **ST** 47 Mf 39 ✉06198
Brackel **NI** 22 Ld 29 ✉21438
Brackenheim **BW** 87 Ka 54 ✉74336
Braderup **SH** 2 If 19 ✉25923
Brädikow **BB** 35 Nd 32 ✉14641
Bräsen **ST** 48 Nc 37 ✉06862
Bräunlingen **BW** 105 Ic 61 ✉78199
Bräunrode **ST** 47 Mc 39 ✉06333
Bräunsdorf **SN** 60 Ne 43 ✉09212
Bräunsdorf **SN** 61 Ob 43 ✉09603
Brahlstorf **MV** 23 Lf 28 ✉19273
Brahmenau **TH** 60 Na 43 ✉07554
Brake **NI** 20 Ic 28 ✉26919
Brakel **NW** 44 Kb 38 ✉33034
Bralitz **BB** 27 Of 31 ✉16259
Brambach **ST** 48 Na 37 ✉06862
Brammer **SH** 12 Ke 23 ✉24793
Bramsche **NI** 29 Hf 34 ✉49565
Bramstedt **NI** 20 Ie 28 ✉27628
Bramstedtlund **SH** 3 Ka 19 ✉25926
Brand **BY** 81 Mf 49 ✉95682
Brande-Hörnerkirchen **SH** 12 Ke 25 ✉25364
Brandenburg an der Havel **BB** 35 Nc 34 ✉*14770
Brand-Erbisdorf **SN** 61 Ob 43 ✉09618
Branderoda **ST** 59 Me 41 ✉06632
Branderode **TH** 46 Ld 39 ✉99755
Brandhorst **ST** 48 Nc 38 ✉06785
Brandis **BB** 49 Ob 38 ✉04916
Brandis **SN** 60 Nd 40 ✉04821
Brandscheid **RP** 66 Hf 45 ✉56459
Brandshagen **MV** 7 Ob 23 ✉18519
Brannenburg **BY** 110 Na 62 ✉83098
Braschwitz **ST** 47 Na 39 ✉06188
Braubach **RP** 66 He 47 ✉56338
Brauneberg **RP** 75 Ha 49 ✉54472
Braunfels **HE** 67 Ic 45 ✉35619
Braunichswalde **TH** 60 Nb 44 ✉07580
Braunlage **NI** 46 Ld 38 ✉38700
Braunsbach **BW** 88 Ke 53 ✉74542
Braunsbedra **ST** 59 Mf 41 ✉06242
Braunsberg **BB** 25 Nf 30 ✉16818
Braunschweig **NI** 33 Ld 35 ✉*38100
Braunschwende **ST** 46 Mb 39 ✉06543
Braunsdorf **BB** 37 Of 34 ✉15518
Braunsdorf **SN** 37 Of 34 ✉15518
Braunsdorf **SN** 61 Oa 43 ✉09577
Braunsdorf **TH** 59 Mf 44 ✉07955
Braunshorn **RP** 65 Hd 48 ✉56288
Braunweiler **RP** 76 He 49 ✉55595
Brauweiler **RP** 75 Hc 50 ✉55606
Brebel **SH** 3 Ke 21 ✉24392
Brechen **HE** 66 Ib 46 ✉65611
Brecht **RP** 64 Gc 49 ✉54636
Breckerfeld **NW** 53 Hc 41 ✉58339
Breddenberg **NI** 19 Hd 31 ✉26897
Breddin **BB** 25 Nb 31 ✉16845
Breddorf **NI** 21 Ka 29 ✉27412
Bredenbek **SH** 4 Kf 23 ✉24796
Bredenfelde **MV** 16 Nf 27 ✉17153
Bredenfelde **MV** 26 Oc 28 ✉17348
Bredereiche **BB** 26 Ob 30 ✉16775
Bredow **BB** 36 Nf 33 ✉14641
Bredstedt **SH** 2 If 21 ✉25821
Breechen **MV** 16 Oc 25 ✉17506
Breege **MV** 7 Oc 21 ✉18556
Breese **BB** 24 Me 30 ✉19322
Breesen **MV** 15 Ne 24 ✉18334
Breesen **MV** 16 Ob 27 ✉17091
Breest **MV** 16 Oc 26 ✉17089
Bregenstedt **ST** 33 Mb 35 ✉39343
Brehme **TH** 45 Lc 40 ✉37339
Brehna **ST** 48 Nb 39 ✉06796
Breidenbach **HE** 55 Ic 43 ✉35236
Breiholz **SH** 11 Kd 23 ✉24797
Breisach **BW** 95 Hd 60 ✉79206
Breit **RP** 75 Gf 50 ✉54426
Breitbrunn **BY** 80 Le 48 ✉96151
Breitbrunn am Chiemsee **BY** 110 Nc 61 ✉83254
Breitenau **BB** 50 Oe 38 ✉03249
Breitenau **RP** 66 He 45 ✉56237
Breitenau **SN** 61 Oa 43 ✉09569
Breitenau **SN** 62 Of 44 ✉01825
Breitenbach **RP** 75 Hb 52 ✉66916
Breitenbach **ST** 46 Ma 39 ✉06528
Breitenbach **ST** 60 Na 42 ✉06712
Breitenbach **TH** 57 Lb 40 ✉37327
Breitenbach am Herzberg **HE** 56 Kd 44 ✉36287
Breitenberg **BY** 93 Oe 56 ✉94139
Breitenberg **SH** 11 Kd 25 ✉25597
Breitenborn **SN** 60 Ne 42 ✉09306
Breitenbrunn **BY** 91 Md 54 ✉92363
Breitenbrunn **BY** 99 Lc 60 ✉87739
Breitenbrunn (Erzgebirge) **SN** 72 Ne 46 ✉08359
Breitenburg **SH** 11 Kd 25 ✉25524
Breitenfeld **ST** 33 Mb 33 ✉39638
Breitenfelde **SH** 13 Ld 27 ✉23881
Breitengüßbach **BY** 80 Lf 49 ✉96149
Breitenhagen **ST** 47 Mf 37 ✉39240
Breitenhain **TH** 59 Me 44 ✉07806
Breitenheerda **TH** 58 Mb 44 ✉07407
Breitenheim **RP** 76 Hd 50 ✉55592
Breitenstein **ST** 46 Lf 39 ✉06547
Breitenthal **BY** 99 Lb 59 ✉86488
Breitenthal **RP** 75 Hc 50 ✉55758
Breitenworbis **TH** 57 Lc 40 ✉37339
Breitingen **BW** 98 Kf 57 ✉89183
Breitnau **BW** 105 Ia 61 ✉79874
Breitscheid **HE** 66 Ia 44 ✉35767
Breitscheid **RP** 65 Hc 45 ✉53547
Breitscheid **RP** 66 He 48 ✉55422
Breitscheidt **RP** 54 Hd 44 ✉57539
Breitungen **ST** 46 Ma 39 ✉06536
Breitungen **TH** 57 Lc 44 ✉98597
Brekendorf **SH** 3 Kd 22 ✉24811
Breklum **SH** 3 Ka 21 ✉25821
Bremberg **RP** 66 Hf 47 ✉56370
Bremen **HB** 20 Ie 30 ✉*28195
Bremen **TH** 69 La 44 ✉36419
Bremerhaven **HB** 10 Id 27 ✉*27568
Bremervörde **NI** 21 Kb 28 ✉27432
Bremm **RP** 65 Ha 48 ✉56814
Bremsdorf **BB** 38 Pd 36 ✉15890
Bremsnitz **TH** 59 Me 44 ✉07646
Brenitz **BB** 49 Od 38 ✉03253
Brenk **RP** 65 Hb 46 ✉56651
Brennberg **BY** 92 Nc 54 ✉93179
Brensbach **HE** 77 If 50 ✉64395
Bresegard bei Hagenow **MV** 23 Mb 28 ✉19230
Bresegard bei Ludwigslust **MV** 24 Mc 29 ✉19294
Breslack **BB** 38 Pe 36 ✉15898
Brest **NI** 21 Kc 28 ✉21698
Bretleben **TH** 58 Mb 40 ✉06556
Bretnig-Hauswalde **SN** 62 Pa 42 ✉01900
Bretsch **ST** 24 Md 31 ✉39606
Bretten **BW** 87 Ie 54 ✉75015
Bretthausen **RP** 66 Ia 44 ✉56479
Brettin **ST** 35 Nb 34 ✉39307
Bretzenheim **RP** 76 Hf 49 ✉55559
Bretzfeld **BW** 88 Kc 53 ✉74626
Breuberg **HE** 78 Ka 50 ✉64747
Breuna **HE** 56 Kb 40 ✉34479
Breunigweiler **RP** 76 Hf 51 ✉67725
Brevörde **NI** 44 Kc 37 ✉37647
Brey **RP** 66 Hd 47 ✉56321
Brickeln **SH** 11 Kb 24 ✉25712
Briedel **RP** 65 Ha 48 ✉56867
Brieden **RP** 65 Hb 47 ✉56829
Briedern **RP** 65 Hb 48 ✉56820
Brielow **BB** 35 Nd 34 ✉14778
Briescht **BB** 37 Pa 36 ✉15848
Brieselang **BB** 36 Oa 33 ✉14656
Briesen **BB** 37 Pb 34 ✉15518
Briesen **BB** 49 Oe 36 ✉15757
Briesen **BB** 50 Pb 38 ✉03096
Briesensee **BB** 50 Pa 37 ✉15913
Brieske **BB** 50 Of 39 ✉01968
Brieskow-Finkenheerd **BB** 38 Pd 35 ✉15295
Briest **BB** 27 Pa 30 ✉16306
Briest **BB** 35 Nc 34 ✉14778
Brietlingen **NI** 22 Lc 28 ✉21382
Brietz **ST** 23 Ma 31 ✉29413
Brietzig **MV** 17 Of 28 ✉17309
Brigachtal **BW** 96 Ic 60 ✉78086
Briggow **MV** 16 Nf 27 ✉17153
Brilon **NW** 55 Id 40 ✉59929
Brimingen **RP** 74 Gc 49 ✉54646
Brinjahe **SH** 11 Kd 24 ✉24816
Brinkum **NI** 19 Hc 29 ✉26835
Brinnis **SN** 48 Nc 39 ✉04509
Bristow **MV** 15 Nd 26 ✉17166
Britz **BB** 27 Oe 31 ✉16230
Brockau **SN** 72 Nb 45 ✉08491
Brockel **NI** 21 Kd 30 ✉27386
Brockscheid **RP** 65 Ge 48 ✉54552
Brockum **NI** 30 Ic 34 ✉49448
Brodenbach **RP** 65 Hc 47 ✉56332
Brodersby **SH** 3 Ke 21 ✉24864
Brodersby **SH** 4 Kf 21 ✉24398
Brodersdorf **SH** 4 Lb 22 ✉24235
Broderstorf **MV** 15 Nb 24 ✉18184
Brodowin **BB** 27 Of 31 ✉16230
Bröbberow **MV** 14 Na 25 ✉18258
Bröckau **ST** 60 Nb 43 ✉06724
Bröthen **SH** 23 Le 28 ✉21514
Brohl **RP** 65 Hb 47 ✉56754
Brohl-Lützing **RP** 65 Hb 46 ✉56656
Brohm **MV** 16 Od 27 ✉17099
Brokdorf **SH** 11 Kc 25 ✉25576
Brokstedt **SH** 12 Ke 25 ✉24616
Brombachtal **HE** 77 If 50 ✉64753
Brome **NI** 33 Lf 33 ✉38465
Bromskirchen **HE** 55 Id 42 ✉59969
Bronkow **BB** 50 Of 38 ✉03205
Broock **MV** 24 Na 28 ✉19386
Brotterode **TH** 57 Lc 44 ✉98599
Brottewitz **BB** 49 Ob 40 ✉04895
Bruch **RP** 74 Ge 49 ✉54518
Bruchertseifen **RP** 54 He 44 ✉57539
Bruchhagen **BB** 27 Of 30 ✉16278
Bruchhausen **RP** 65 Hb 45 ✉53572
Bruchhausen-Vilsen **NI** 21 Ka 31 ✉27305
Bruchköbel **HE** 67 If 47 ✉63486
Bruchmühlbach-Miesau **RP** 75 Hc 52 ✉66892
Bruchmühle **BB** 37 Oe 33 ✉15370
Bruchsal **BW** 87 Id 54 ✉76646
Bruchstedt **TH** 58 Le 41 ✉99955
Bruchweiler **RP** 75 Hb 50 ✉55758
Bruck **BY** 101 Mf 60 ✉85567
Bruckberg **BY** 80 Le 52 ✉91590
Bruckberg **BY** 101 Na 57 ✉84079
Bruck in der Oberpfalz **BY** 91 Nb 53 ✉92436
Bruckmühl **BY** 110 Mf 61 ✉83052
Brudersdorf **MV** 15 Nf 25 ✉17159
Brück **BB** 35 Ne 35 ✉14822
Brücken **RP** 75 Ha 51 ✉55767
Brücken (Helme) **ST** 46 Mb 40 ✉06528
Brücken (Pfalz) **RP** 75 Hc 52 ✉66904
Brücktal **RP** 65 Ha 47 ✉53539
Brüel **MV** 14 Me 26 ✉19412
Brügge **SH** 12 La 23 ✉24582
Brüggen **NI** 45 Ke 36 ✉31033
Brüggen **NW** 52 Gb 41 ✉41379
Brüheim **TH** 58 Ld 42 ✉99869
Brühl **BW** 77 Id 52 ✉68782
Brühl **NW** 53 Gf 44 ✉50321
Brünkendorf **MV** 15 Nd 23 ✉18337
Brünlos **SN** 73 Ne 44 ✉09380
Brünn **TH** 70 Lf 46 ✉98673
Brünzow **MV** 16 Od 24 ✉17509
Brüsewitz **MV** 13 Mb 26 ✉19071
Brüssow **BB** 27 Pa 28 ✉17326
Brumby **ST** 47 Me 37 ✉39240
Brunau **ST** 34 Mc 32 ✉39624
Brunn **BB** 25 Nd 31 ✉16845
Brunn **BY** 91 Mf 54 ✉93164
Brunn **MV** 16 Oc 26 ✉17039
Brunne **BB** 35 Ne 32 ✉16833
Brunnen **BY** 100 Mc 57 ✉86564
Brunnthal **BY** 101 Me 60 ✉85649
Brunow **BB** 37 Of 32 ✉16259
Brunow **MV** 24 Me 29 ✉19372
Brunsbek **SH** 12 Lc 27 ✉22946
Brunsbüttel **SH** 11 Ka 25 ✉25541
Brunsmark **SH** 13 Le 27 ✉23883
Brunstorf **SH** 22 Lc 28 ✉21524
Bruschied **RP** 75 Hc 50 ✉55606
Brusendorf **BB** 36 Od 35 ✉15749
Bruttig-Fankel **RP** 65 Hb 48 ✉56814
Bubach **RP** 66 Hd 48 ✉56288
Bubenheim **RP** 76 Ia 49 ✉55270
Bubenheim **RP** 76 Ia 51 ✉67308
Bubenreuth **BY** 80 Ma 51 ✉91088
Bubesheim **BY** 99 Lb 58 ✉89347
Buborn **RP** 75 Hd 51 ✉67742
Bubsheim **BW** 97 Ie 60 ✉78585
Buch **BY** 99 Lb 59 ✉89290
Buch **RP** 65 Hc 48 ✉56290
Buch **RP** 66 Hf 47 ✉56357
Buch **ST** 34 Mf 34 ✉39517
Bucha **ST** 59 Mc 41 ✉06642
Bucha **TH** 59 Md 43 ✉07751
Buch am Buchrain **BY** 101 Na 59 ✉85656
Buch am Erlbach **BY** 101 Na 58 ✉84172
Buch am Wald **BY** 89 Lc 52 ✉91592
Buchbach **BY** 101 Nb 59 ✉84428
Buchbrunn **BY** 79 La 50 ✉97320
Buchdorf **BY** 89 Lf 56 ✉86675
Buchen (Odenwald) **BW** 78 Kb 51 ✉74722
Buchenbach **BW** 96 Ia 61 ✉79256
Buchenberg **BY** 108 Lb 62 ✉87474
Buchenhain **BB** 26 Od 29 ✉17268
Buchet **RP** 64 Gb 47 ✉54608
Buchfart **TH** 59 Mc 43 ✉99438
Buchhain **BB** 49 Oc 39 ✉03253
Buchheim **BW** 97 Ka 60 ✉88637
Buchhofen **BY** 92 Nf 56 ✉94533
Buchholz **BB** 25 Nb 30 ✉16928
Buchholz **BB** 37 Oe 33 ✉15345
Buchholz **BB** 37 Pa 34 ✉15518
Buchholz **MV** 25 Nd 29 ✉17209
Buchholz **NI** 31 Ka 35 ✉31710
Buchholz **NI** 31 Kd 32 ✉29690
Buchholz **RP** 65 Hc 44 ✉53567
Buchholz **SH** 11 Kb 25 ✉25712
Buchholz **SH** 13 Le 26 ✉23911
Buchholz **ST** 34 Me 33 ✉39579
Buchholz **TH** 46 Lf 39 ✉99762
Buchholz bei Beelitz **BB** 36 Nf 36 ✉14547
Buchholz bei Niemegk **BB** 48 Nd 36 ✉14823
Buchholz in der Nordheide **NI** 22 Kf 29 ✉21244
Buchhorst **SH** 23 Ld 28 ✉21481
Buchloe **BY** 99 Le 60 ✉86807
Buchow-Karpzow **BB** 36 Nf 33 ✉14641
Buchwäldchen **BB** 50 Pa 38 ✉03229
Buckau **BB** 35 Nc 35 ✉14793
Buckau **BB** 49 Oa 39 ✉04895
Buckenhof **BY** 80 Ma 51 ✉91054
Buckow **BB** 37 Pa 35 ✉15848
Buckow **BB** 49 Oc 37 ✉14913
Buckow **BB** 50 Of 38 ✉03205
Buckow (Märkische Schweiz) **BB** 37 Pa 33 ✉15377
Buckow bei Nennhausen **BB** 35 Nb 33 ✉14715
Buddenhagen **MV** 16 Oe 24 ✉17440
Budenbach **RP** 66 Hd 48 ✉55469
Budenheim **RP** 76 Ib 48 ✉55257
Büchel **RP** 65 Ha 47 ✉56823
Büchel **TH** 58 Ma 41 ✉99638
Büchen **SH** 23 Ld 28 ✉21514
Büchenbach **BY** 90 Ma 53 ✉91186
Büchenbeuren **RP** 75 Hb 49 ✉55491
Büchlberg **BY** 93 Od 56 ✉94124
Bückeburg **NI** 31 Ka 35 ✉31675
Bücken **NI** 31 Ka 32 ✉27333
Bücknitz **BB** 35 Nc 35 ✉14793
Bückwitz **BB** 25 Nd 31 ✉16845
Büddenstedt **NI** 33 Lf 35 ✉38372
Büdelsdorf **SH** 3 Kd 23 ✉24782
Büden **ST** 34 Me 36 ✉39291
Büdesheim **RP** 64 Gd 47 ✉54610
Büdingen **HE** 68 Ka 47 ✉63654
Büdlich **RP** 75 Gf 50 ✉54426
Bühl **BW** 86 Ia 56 ✉77815
Bühlertal **BW** 86 Ib 56 ✉77830
Bühlertann **BW** 88 Kf 54 ✉74424
Bühlerzell **BW** 88 Kf 54 ✉74426
Bühne **ST** 46 Ld 37 ✉38835
Bühnsdorf **SH** 12 Lc 25 ✉23845
Bühren **NI** 44 Ke 40 ✉37127
Bülkau **NI** 11 If 26 ✉21782
Bülow **MV** 13 Ma 26 ✉19217
Bülow **MV** 14 Me 27 ✉19089
Bülow **MV** 14 Na 26 ✉18276
Bülow **MV** 15 Nd 26 ✉17166
Bülstedt **NI** 21 Kb 29 ✉27412
Bülstringen **ST** 34 Mb 35 ✉39345
Bülzig **ST** 48 Ne 37 ✉06895
Bünde **NW** 30 Id 35 ✉32257
Bünsdorf **SH** 3 Ke 22 ✉24794
Bürchau **BW** 104 Hf 62 ✉79683
Bürdenbach **RP** 65 Hd 45 ✉56593
Büren **NW** 43 Id 39 ✉33142
Bürgel **TH** 59 Me 43 ✉07616
Bürgstadt **BY** 78 Kb 50 ✉63927
Bürstadt **HE** 77 Ic 51 ✉68642
Büsingen **BW** 105 Ie 62 ✉78266
Büste **ST** 34 Md 32 ✉39624
Büsum **SH** 10 If 24 ✉25761
Büsumer Deichhausen **SH** 11 If 24 ✉25761
Bütow **MV** 25 Nd 28 ✉17209
Büttelborn **HE** 77 Id 49 ✉64572
Bütthard **BY** 79 Kf 51 ✉97244
Büttstedt **TH** 57 Lb 41 ✉37359
Bützer **BB** 35 Nb 33 ✉14715
Bützow **MV** 14 Mf 25 ✉18246
Bufleben **TH** 58 Le 42 ✉99869
Bugewitz **MV** 17 Of 26 ✉17398
Buggenhagen **MV** 17 Of 25 ✉17440
Buggingen **BW** 104 Hd 61 ✉79426
Bugk **BB** 37 Of 35 ✉15859
Buhla **TH** 45 Ld 40 ✉37339
Buhlenberg **RP** 75 Ha 51 ✉55767
Buhlendorf **ST** 47 Na 36 ✉39264
Buko **ST** 48 Nc 37 ✉06869
Bullay **RP** 65 Ha 48 ✉56859
Bullenkuhlen **SH** 12 Ke 26 ✉25355
Bulleritz **SN** 62 Of 40 ✉01936
Bunde **NI** 18 Hb 29 ✉26831
Bundenbach **RP** 75 Hc 49 ✉55626
Bundenthal **RP** 85 He 54 ✉76891
Bunderhee **NI** 19 Hb 29 ✉26831
Bundorf **BY** 69 Ld 47 ✉97494
Bunsoh **SH** 11 Kc 24 ✉25767
Burbach **NW** 54 Ia 44 ✉57299
Burbach **RP** 64 Gd 48 ✉54597
Burg **RP** 74 Gc 49 ✉54646
Burg **SH** 11 Kb 25 ✉25712
Burg **SN** 51 Pc 40 ✉02979
Burg **ST** 34 Mf 35 ✉39288
Burg (Mosel) **RP** 65 Ha 48 ✉56843
Burgau **BY** 99 Lc 58 ✉89331
Burg auf Fehmarn **SH** 5 Mb 22 ✉23769
Burgberg **BY** 108 Lb 63 ✉87545
Burgbernheim **BY** 79 Lc 52 ✉91593
Burgbrohl **RP** 65 Hb 46 ✉56659
Burgdorf **NI** 32 La 34 ✉31303
Burgdorf **NI** 32 Ld 36 ✉38272
Burgebrach **BY** 80 Le 50 ✉96138
Burgen **RP** 65 Hc 47 ✉56332
Burgen **RP** 75 Ha 49 ✉54472
Burggen **BY** 108 Lf 62 ✉86977
Burghammer **SN** 51 Pc 40 ✉02979
Burghaslach **BY** 80 Ld 50 ✉96152
Burghaun **HE** 68 Ke 44 ✉36151
Burghausen **BY** 102 Ne 59 ✉84489
Burgheim **BY** 90 Ma 56 ✉86666
Burgholzhausen **ST** 59 Md 42 ✉06648
Burgk **TH** 71 Me 45 ✉07907
Burgkemnitz **ST** 48 Nc 38 ✉06804
Burgkirchen **BY** 102 Ne 59 ✉84508
Burgkunstadt **BY** 70 Mb 48 ✉96224
Burglahr **RP** 65 Hd 45 ✉57632
Burglauer **BY** 69 La 47 ✉97724
Burglemnitz **TH** 71 Md 45 ✉07356
Burglengenfeld **BY** 91 Na 53 ✉93133
Burgliebenau **ST** 59 Na 40 ✉06184
Burgoberbach **BY** 89 Ld 53 ✉91595
Burgpreppach **BY** 70 Le 48 ✉97496
Burgrieden **BW** 98 Kf 59 ✉88483
Burgsalach **BY** 90 Ma 54 ✉91790
Burgschwalbach **RP** 66 Ia 47 ✉65558
Burgsdorf **ST** 47 Md 39 ✉06295
Burgsinn **BY** 68 Kd 48 ✉97775
Burgsponheim **RP** 76 He 49 ✉55595
Burgstädt **SN** 60 Ne 43 ✉09217
Burgstall **ST** 34 Me 34 ✉39517
Burg Stargard **MV** 16 Oc 28 ✉17094
Burgstein **SN** 71 Na 46 ✉08538
Burgstetten **BW** 88 Kc 55 ✉71576
Burgthann **BY** 81 Mb 52 ✉90559
Burgwald **HE** 55 Ie 42 ✉35099
Burgwalde **TH** 57 La 40 ✉37318
Burgwall **BB** 26 Ob 30 ✉16775
Burgwedel **NI** 32 Kf 33 ✉30938
Burgwerben **ST** 59 Mf 41 ✉06667
Burgwindheim **BY** 80 Ld 49 ✉96154
Burk **BY** 89 Lc 54 ✉91596
Burkardroth **BY** 69 Kf 47 ✉97705
Burkau **SN** 62 Pb 41 ✉01906
Burkersroda **ST** 59 Md 41 ✉06647
Burkhardtsdorf **SN** 61 Nf 44 ✉09235
Burkhardtsgrün **SN** 72 Nd 45 ✉08321
Burladingen **BW** 97 Ka 59 ✉72393
Burow **MV** 16 Ob 26 ✉17089
Burrweiler **RP** 86 Ia 53 ✉76835
Burscheid **NW** 53 Ha 42 ✉51399
Burscheid **RP** 64 Gb 48 ✉54673
Burtenbach **BY** 99 Lc 58 ✉89349
Burtscheid **RP** 75 Gf 50 ✉54424
Burweg **NI** 11 Kb 27 ✉21709
Buschdorf **BB** 37 Pc 33 ✉15328
Buschkuhnsdorf **ST** 49 Oa 38 ✉06926
Buschow **BB** 35 Nd 33 ✉14715
Buschvitz **MV** 7 Oc 22 ✉18528
Busdorf **SH** 3 Kd 22 ✉24866
Buseck **HE** 67 Ie 45 ✉35418
Busenberg **RP** 86 Hf 54 ✉76891
Busendorf **BB** 35 Ne 35 ✉14547
Busenhausen **RP** 54 Hd 44 ✉57612
Busenwurth **SH** 11 Ka 24 ✉25719
Butjadingen **NI** 10 Ib 27 ✉26969
Buttelstedt **TH** 59 Mc 42 ✉99439
Buttenheim **BY** 80 Ma 50 ✉96155
Buttenwiesen **BY** 99 Le 57 ✉86647
Buttlar **TH** 57 Kf 44 ✉36419
Buttstädt **TH** 59 Mc 42 ✉99628
Butzbach **HE** 67 Id 46 ✉35510
Butzow **BB** 35 Nd 34 ✉14778
Butzow **MV** 16 Od 25 ✉17392
Buxheim **BY** 90 Mb 56 ✉85114
Buxheim **BY** 99 La 60 ✉87740
Buxtehude **NI** 22 Ke 28 ✉21614
Byhleguhre **BB** 50 Pb 37 ✉15913
Byhlen **BB** 50 Pb 37 ✉15913

C

Caan **RP** 66 Hd 46 ✉56237
Caaschwitz **TH** 59 Mf 43 ✉07586
Cadenberge **NI** 11 Ka 26 ✉21781
Cadolzburg **BY** 80 Le 52 ✉90556
Cämmerswalde **SN** 61 Oc 44 ✉09544
Cahnsdorf **BB** 50 Oe 37 ✉15926
Cainsdorf **SN** 72 Nc 44 ✉08124
Calau (Kalawa) **BB** 50 Of 38 ✉03205
Calbe (Saale) **ST** 47 Me 37 ✉39240
Calberlah **NI** 33 Ld 34 ✉38547
Calden **HE** 56 Kc 40 ✉34379
Callbach **RP** 76 He 50 ✉67829
Callenberg **SN** 60 Nd 43 ✉09337
Calvörde **ST** 34 Mb 34 ✉39359
Calw **BW** 87 Ie 56 ✉75365
Cambs **MV** 14 Md 26 ✉19067
Camburg **TH** 59 Me 42 ✉07774
Camin **MV** 23 Lf 28 ✉19246
Caminchen **BB** 50 Pa 37 ✉15913
Cammer **BB** 35 Nd 35 ✉14822
Cammin **MV** 15 Nc 25 ✉18195
Cammin **MV** 26 Ob 28 ✉17094
Cappel **NI** 10 Id 26 ✉27632
Cappeln **NI** 20 Ia 32 ✉49692
Caputh **BB** 36 Oa 34 ✉14548
Carlow **MV** 13 Lf 26 ✉19217
Carlsberg **RP** 76 Ia 51 ✉67316
Carlsfeld **SN** 72 Nd 46 ✉08325
Carlsruhe **MV** 15 Nc 24 ✉18337
Carmzow **BB** 27 Pa 28 ✉17291
Carpin **MV** 26 Ob 28 ✉17237
Carzig **BB** 37 Pc 34 ✉15326
Casekirchen **ST** 59 Mf 42 ✉06618
Casekow **BB** 27 Pb 29 ✉16306
Casel **BB** 50 Pa 38 ✉03229
Castell **BY** 79 Lc 50 ✉97355
Castrop-Rauxel **NW** 41 Hb 39 ✉*44575
Cattenstedt **ST** 46 Lf 38 ✉38889
Catterfeld **TH** 58 Ld 43 ✉99887
Cavertitz **SN** 49 Oa 40 ✉04758
Celle **NI** 32 La 33 ✉*29221
Cham **BY** 92 Nd 53 ✉93413
Chamerau **BY** 92 Ne 53 ✉93466
Charlottenberg **RP** 66 Hf 46 ✉56379
Charlottenthal **MV** 15 Nb 26 ✉18292
Chemnitz **SN** 61 Nf 43 ✉*09111
Chieming **BY** 111 Nd 61 ✉83339
Chiemsee **BY** 111 Nc 61 ✉83256
Chörau **ST** 48 Na 38 ✉06386
Chorin **BB** 27 Of 31 ✉16230
Chossewitz **BB** 37 Pc 36 ✉15848
Christdorf **BB** 25 Nc 30 ✉16909
Christes **TH** 69 Lc 44 ✉98547
Christinendorf **BB** 36 Ob 35 ✉15806
Christinenthal **SH** 11 Kd 24 ✉25593
Chüden **ST** 23 Mb 31 ✉29410
Chursdorf **SN** 60 Ne 43 ✉09322
Chursdorf **TH** 71 Mf 44 ✉07907
Clausen **RP** 85 He 53 ✉66978
Claußnitz **SN** 61 Nf 43 ✉09236
Clausthal-Zellerfeld **NI** 45 Lc 38 ✉38678
Cleebronn **BW** 87 Ka 54 ✉74389
Clenze **NI** 23 Lf 31 ✉29459
Clingen **TH** 58 Lf 41 ✉99718
Cloppenburg **NI** 19 Ia 31 ✉49661
Cobbel **ST** 34 Mf 34 ✉39517
Cobbelsdorf **ST** 48 Nd 37 ✉06869
Coburg **BY** 70 Lf 47 ✉96450
Cochem **RP** 65 Ha 48 ✉56812
Cochstedt **ST** 47 Mc 37 ✉06449
Cölbe **HE** 55 Ie 43 ✉35091
Cölpin **MV** 16 Oc 27 ✉17094
Cörmigk **ST** 47 Mf 38 ✉06408
Coesfeld **NW** 41 Ha 37 ✉48653
Cösitz **ST** 47 Na 39 ✉06369
Colbitz **ST** 34 Md 35 ✉39326
Colditz **SN** 60 Ne 42 ✉04680
Collenberg **BY** 78 Kb 50 ✉97903
Collm **SN** 61 Oa 41 ✉04779
Colmberg **BY** 79 Lc 52 ✉91598
Colmnitz bei Freital **SN** 61 Od 43 ✉01738
Colnrade **NI** 20 Ic 32 ✉27243
Conow **MV** 26 Od 29 ✉17258
Conradsdorf **SN** 61 Oc 43 ✉09633
Contwig **RP** 85 Hc 53 ✉66497
Coppenbrügge **NI** 44 Kd 36 ✉31863
Coppengrave **NI** 44 Ke 37 ✉31091
Cornberg **HE** 57 Kf 42 ✉36219
Cosa **ST** 47 Na 38 ✉06369
Coschen **BB** 51 Pe 36 ✉15898
Cossebaude **SN** 61 Od 42 ✉01462
Cossen **SN** 60 Ne 43 ✉09328
Cossengrün **TH** 72 Na 45 ✉07985
Coswig **SN** 61 Od 42 ✉01640
Coswig (Anhalt) **ST** 48 Nc 37 ✉06869
Cotta **SN** 62 Of 43 ✉01796
Cottbus (Chośebuz) **BB** 51 Pc 38 ✉*03042
Crailsheim **BW** 88 La 54 ✉74564
Cramberg **RP** 66 Hf 46 ✉65558
Cramme **NI** 45 Lc 36 ✉38312
Cramonshagen **MV** 13 Mb 26 ✉19071
Cranzahl **SN** 73 Nf 45 ✉09465
Craula **TH** 57 Ld 42 ✉99947
Craupe **BB** 50 Of 38 ✉03205
Crawinkel **TH** 58 Le 44 ✉99330
Creglingen **BW** 79 La 52 ✉97993
Cremlingen **NI** 33 Le 35 ✉38162
Creussen **BY** 81 Md 49 ✉95473
Creuzburg **TH** 57 Lb 42 ✉99831
Criewen **BB** 27 Pb 30 ✉16306
Crimla **TH** 59 Na 44 ✉07557
Crimmitschau **SN** 60 Nc 44 ✉08451
Crinitz **BB** 50 Oe 38 ✉03246
Crispendorf **TH** 71 Me 45 ✉07924
Crivitz **MV** 14 Me 27 ✉19089
Crock **TH** 70 Lf 46 ✉98673
Cröchern **ST** 34 Md 34 ✉39517
Crölpa-Löbschütz **ST** 59 Me 42 ✉06628
Cronenberg **RP** 76 Hd 51 ✉67744

Crossen **SN** 60 Nd 44 ✉08129
Crossen **SN** 61 Nf 42 ✉09306
Crossen an der Elster **TH** 59 Mf 43 ✉07613
Crostau **SN** 63 Pc 42 ✉02681
Crostwitz **SN** 63 Pb 41 ✉01920
Crottendorf **SN** 73 Nf 45 ✉09474
Crussow **BB** 27 Pa 30 ✉16278
Culitzsch **SN** 72 Nd 45 ✉08112
Cumlosen **BB** 24 Me 30 ✉19322
Cunersdorf **SN** 72 Nd 45 ✉08107
Cunersdorf **SN** 73 Oa 45 ✉09456
Cunewalde **SN** 63 Pd 42 ✉02733
Cunnersdorf **SN** 62 Oe 43 ✉01768
Cursdorf **TH** 70 Ma 45 ✉98744
Cuxhaven **NI** 10 Ie 25 ✉•27472

D

Daaden **RP** 54 Hf 44 ✉57567
Daasdorf am Berge **TH** 58 Mb 42 ✉99428
Dabel **MV** 14 Mf 27 ✉19406
Dabelow **MV** 26 Ob 29 ✉17237
Dabergotz **BB** 25 Ne 31 ✉16818
Daberkow **MV** 16 Ob 25 ✉17129
Dabrun **ST** 48 Ne 38 ✉06888
Dachau **BY** 100 Mc 59 ✉85221
Dachrieden **TH** 57 Lc 41 ✉99974
Dachsbach **BY** 80 Le 51 ✉91462
Dachsberg (Südschwarzwald) **BW** 105 Ia 62 ✉79875
Dachsenhausen **RP** 66 He 47 ✉56340
Dachwig **TH** 58 Lf 42 ✉99100
Dackenheim **RP** 76 Ib 51 ✉67273
Dackscheid **RP** 64 Gc 48 ✉54649
Dadow **MV** 24 Md 29 ✉19294
Dägeling **SH** 11 Kd 25 ✉25578
Dähre **ST** 33 Lf 32 ✉29413
Dänischenhagen **SH** 4 La 22 ✉24229
Dänkritz **SN** 60 Nc 44 ✉08439
Dätgen **SH** 12 Kf 23 ✉24589
Dagebüll **SH** 2 Ie 20 ✉25899
Dahlem **NI** 23 Le 29 ✉21368
Dahlem **NW** 64 Gd 46 ✉53949
Dahlem **RP** 74 Gd 49 ✉54636
Dahlen **SN** 61 Oa 40 ✉04774
Dahlen **ST** 34 Mf 33 ✉39579
Dahlenburg **NI** 23 Le 29 ✉21368
Dahlenwarsleben **ST** 34 Md 35 ✉39326
Dahlewitz **BB** 36 Oc 35 ✉15827
Dahlheim **RP** 66 He 47 ✉56348
Dahlum **NI** 33 Lf 36 ✉38170
Dahlwitz-Hoppegarten **BB** 36 Od 33 ✉15366
Dahme **BB** 49 Oc 37 ✉15936
Dahme **SH** 13 Ma 23 ✉23747
Dahmen **MV** 15 Nd 27 ✉17166
Dahmker **SH** 12 Lc 27 ✉22946
Dahmsdorf **BB** 37 Pa 35 ✉15864
Dahn **RP** 85 He 54 ✉66994
Dahnen **RP** 64 Ga 48 ✉54689
Dahnsdorf **BB** 35 Ne 36 ✉14806
Daisendorf **BW** 106 Kb 62 ✉88718
Daiting **BY** 90 Lf 56 ✉86653
Dalberg **RP** 76 He 49 ✉55595
Dalberg-Wendelstorf **MV** 13 Mb 26 ✉19071
Daldorf **SH** 12 Lb 24 ✉24635
Daleiden **RP** 64 Ga 48 ✉54689
Dalheim **RP** 76 Ib 50 ✉55278
Dalkendorf **MV** 15 Nd 26 ✉17166
Dalldorf **SH** 23 Ld 28 ✉21483
Dallgow-Döberitz **BB** 36 Oa 33 ✉14624
Dallmin **BB** 24 Me 29 ✉19357
Dambach **RP** 75 Ha 51 ✉55765
Dambeck **MV** 24 Me 29 ✉19357
Dambeck **ST** 33 Mb 32 ✉29416
Damelang-Freienthal **BB** 35 Ne 35 ✉14822
Damendorf **SH** 3 Ke 22 ✉24361
Damerow **MV** 27 Of 28 ✉17309
Damflos **RP** 75 Gf 50 ✉54413
Damlos **SH** 5 Lf 23 ✉23738
Damm **MV** 15 Nb 24 ✉18196
Damm **MV** 24 Me 28 ✉19374
Dammbach **BY** 78 Kc 49 ✉63874
Damme **BB** 27 Pa 29 ✉17291
Damme **BB** 35 Nd 33 ✉14715
Damme **NI** 30 Ib 33 ✉49401
Dammendorf **BB** 37 Pc 36 ✉15299
Dammfleth **SH** 11 Kd 22 ✉25554
Damnatz **NI** 23 Ma 30 ✉29472
Damp **SH** 4 La 21 ✉24351
Damscheid **RP** 66 He 48 ✉55432
Damsdorf **BB** 35 Ne 34 ✉14797
Damsdorf **SH** 12 Lb 24 ✉23824
Damshagen **MV** 13 Mb 25 ✉23948
Danewitz **BB** 36 Oe 32 ✉16321
Dankerath **RP** 65 Gf 46 ✉53520
Dankerode **ST** 46 Ma 39 ✉06493
Dankmarshausen **TH** 57 La 43 ✉99837
Danna **BB** 48 Nf 37 ✉14913
Dannau **SH** 4 Lc 23 ✉24329
Danndorf **NI** 33 Lf 34 ✉38461
Dannefeld **ST** 33 Ma 34 ✉39649
Dannenberg (Elbe) **NI** 23 Ma 30 ✉29451
Dannenberg/Mark **BB** 27 Of 32 ✉16259
Dannenfels **RP** 76 Hf 51 ✉67814
Dannenreich **BB** 37 Oe 35 ✉15754
Dannenwalde **BB** 25 Nb 30 ✉16866
Dannenwalde **BB** 26 Ob 30 ✉16775
Dannigkow **ST** 47 Mf 36 ✉39245
Dannstadt-Schauernheim **RP** 76 Ib 52 ✉67125
Danstedt **ST** 46 Lf 37 ✉38855
Dardesheim **ST** 46 Lf 37 ✉38836
Dargelin **MV** 16 Oc 24 ✉17498
Dargen **MV** 17 Pa 25 ✉17419
Dargun **MV** 15 Nf 25 ✉17159
Darlingerode **ST** 46 Le 37 ✉38871
Darmstadt **HE** 77 Ie 49 ✉•64283
Darritz **BB** 25 Ne 31 ✉16818
Darscheid **RP** 65 Gf 47 ✉54552
Darstein **RP** 86 Hf 54 ✉76848
Dasburg **RP** 64 Ga 48 ✉54689
Dasing **BY** 100 Ma 58 ✉86453
Daskow **MV** 6 Nd 23 ✉18320
Dassel **NI** 44 Kd 38 ✉37586
Dassendorf **SH** 22 Lc 28 ✉21521
Daßlitz **TH** 72 Na 44 ✉07957
Dassow **MV** 13 Lf 25 ✉23942
Datteln **NW** 41 Hc 39 ✉45711
Dattenberg **RP** 65 Hb 45 ✉53547
Datzeroth **RP** 65 Hc 45 ✉56589
Daubach **RP** 66 He 46 ✉56412
Daubach **RP** 76 Hd 49 ✉55566
Dauchingen **BW** 96 Id 60 ✉78083
Dauer **BB** 27 Of 28 ✉17291
Daun **RP** 65 Ge 47 ✉54550
Dausenau **RP** 66 He 47 ✉56132
Dautmergen **BW** 97 Ie 59 ✉72356
Dautphetal **HE** 55 Id 43 ✉35232
Daxweiler **RP** 76 He 49 ✉55442
Dechow **MV** 13 Lf 26 ✉19217
Dechtow **BB** 35 Ne 32 ✉16833
Deckenpfronn **BW** 87 If 57 ✉75392
Dedeleben **ST** 46 Lf 36 ✉38836
Dedelow **BB** 27 Oe 28 ✉17291
Dedelstorf **NI** 33 Lc 32 ✉29386
Dedenbach **RP** 65 Ha 46 ✉53426
Dederstedt **ST** 47 Me 39 ✉06295
Deensen **NI** 44 Kd 37 ✉37627
Deersheim **ST** 46 Le 37 ✉38835
Deesbach **TH** 70 Ma 45 ✉98744
Deesen **RP** 66 He 45 ✉56237
Deetz **ST** 48 Nb 36 ✉39264
Deetz/Havel **BB** 35 Ne 34 ✉14550
Deggendorf **BY** 92 Nf 55 ✉94469
Deggenhausertal **BW** 106 Kc 62 ✉88693
Deggingen **BW** 98 Ke 57 ✉73326
Dehlitz (Saale) **ST** 59 Na 41 ✉06686
Deidesheim **RP** 76 Ia 52 ✉67146
Deilingen **BW** 97 Ie 59 ✉78586
Deimberg **RP** 75 Hd 51 ✉67742
Deining **BY** 90 Md 53 ✉92364
Deiningen **BY** 89 Ld 55 ✉86738
Deinste **NI** 11 Kc 27 ✉21717
Deinstedt **NI** 21 Kb 28 ✉27446
Deisenhausen **BY** 99 Lb 60 ✉86489
Deißlingen **BW** 97 Id 60 ✉78652
Deizisau **BW** 88 Kc 56 ✉73779
Delbrück **NW** 43 Id 38 ✉33129
Delingsdorf **SH** 12 Lb 26 ✉22941
Delitz am Berge **ST** 47 Mf 40 ✉06246
Delitzsch **SN** 48 Nc 39 ✉04509
Dellfeld **RP** 85 Hc 53 ✉66503
Dellien **NI** 23 Lf 29 ✉19273
Delligsen **NI** 45 Ke 37 ✉31073
Dellstedt **SH** 3 Kc 23 ✉25786
Delmenhorst **NI** 20 Id 30 ✉•27749
Delve **SH** 3 Kb 23 ✉25788
Demen **MV** 14 Me 27 ✉19089
Demerath **RP** 65 Gf 47 ✉54552
Demern **MV** 13 Ma 26 ✉19217
Demerthin **BB** 25 Nb 31 ✉16866
Demitz-Thumitz **SN** 63 Pb 42 ✉01877
Demker **ST** 34 Mf 33 ✉39579
Demmin **MV** 16 Oa 25 ✉17109
Demnitz **BB** 37 Pb 34 ✉15518
Denkendorf **BW** 87 Kc 56 ✉73770
Denkendorf **BY** 90 Mc 55 ✉85095
Denkingen **BW** 97 Ie 60 ✉78588
Denklingen **BY** 108 Le 61 ✉86920
Denkte **NI** 33 Ld 36 ✉38321
Dennewitz **BB** 49 Oa 37 ✉14913
Dennweiler-Frohnbach **RP** 75 Hc 51 ✉66871
Densborn **RP** 64 Gd 48 ✉54570
Densow **BB** 26 Oc 30 ✉17268
Dentlein **BY** 89 Lc 54 ✉91599
Denzlingen **BW** 96 Hf 60 ✉79211
Derben **ST** 34 Mf 34 ✉39317
Derenburg **ST** 46 Lf 37 ✉38895
Derental **NI** 44 Kc 38 ✉37691
Dermbach **TH** 69 La 44 ✉36466
Dernau **RP** 65 Ha 45 ✉53507
Dernbach **RP** 66 Hd 46 ✉56307
Dernbach **RP** 86 Hf 53 ✉76857
Dernbach (Westerwald) **RP** 66 He 46 ✉56428
Dersau **SH** 12 Lb 24 ✉24326
Derschen **RP** 54 Hf 44 ✉57520
Dersekow **MV** 16 Ob 24 ✉17498
Dersenow **MV** 23 Lf 28 ✉19260
Dersum **NI** 18 Hb 31 ✉26906
Derwitz **BB** 35 Nf 34 ✉14550
Deschka **SN** 63 Qa 41 ✉02829
Desloch **RP** 76 Hd 50 ✉55592
Despetal **NI** 45 Kf 36 ✉31035
Dessau **ST** 48 Nb 38 ✉•06842
Dessighofen **RP** 66 He 47 ✉56357
Dessow **BB** 25 Nd 31 ✉16845
Detern **NI** 19 Hd 29 ✉26847
Detershagen **ST** 34 Me 35 ✉39291
Detmold **NW** 43 If 37 ✉•32756
Dettelbach **BY** 79 La 50 ✉97337
Dettenhausen **BW** 97 Ka 57 ✉72135
Dettenheim **BW** 86 Ic 53 ✉76706
Dettighofen **BW** 105 Id 63 ✉79802
Dettingen an der Erms **BW** 98 Kc 57 ✉72581
Dettingen an der Iller **BW** 99 La 60 ✉88451
Dettingen unter Teck **BW** 98 Kc 57 ✉73265
Dettmannsdorf **MV** 15 Nc 24 ✉18334
Dettum **NI** 33 Ld 35 ✉38173
Detzem **RP** 75 Gf 50 ✉54340
Deuben **ST** 60 Na 42 ✉06682
Deudesfeld **RP** 64 Ge 48 ✉54570
Deuerling **BY** 91 Mf 54 ✉93180
Deuna **TH** 57 Lc 40 ✉37355
Deuselbach **RP** 75 Ha 50 ✉54411
Deutsch Bork **BB** 36 Nf 35 ✉14822
Deutscheinsiedel **SN** 73 Od 45 ✉09548
Deutschenbora **SN** 61 Oc 42 ✉01683
Deutsch Evern **NI** 22 Lc 29 ✉21407
Deutschhof **BB** 35 Nf 32 ✉16818
Deutschneudorf **SN** 73 Oc 45 ✉09548
Deutzen **SN** 60 Nc 42 ✉04574
Dewitz **MV** 16 Oc 28 ✉17094
Dexheim **RP** 77 Ib 49 ✉55278
Deyelsdorf **MV** 15 Nf 24 ✉18513
Dhronecken **RP** 75 Ha 50 ✉54426
Dichtelbach **RP** 66 He 48 ✉55494
Dickel **NI** 30 Ic 33 ✉49453
Dickendorf **RP** 54 He 44 ✉57520
Dickenschied **RP** 75 Hc 49 ✉55483
Dickesbach **RP** 75 Hc 50 ✉55758
Didderse **NI** 32 Lc 34 ✉38530
Diebach **BY** 89 Lb 53 ✉91583
Dieblich **RP** 65 Hc 47 ✉56332
Dieburg **HE** 77 Ie 49 ✉64807
Diebzig **ST** 47 Mf 37 ✉06369
Diedersdorf **BB** 36 Oc 34 ✉15831
Diedersdorf **BB** 37 Pb 33 ✉15306
Diedorf **BY** 99 Le 58 ✉86420
Diedorf **TH** 57 Lb 41 ✉99988
Diedorf **TH** 69 La 45 ✉36452
Diedrichshagen **MV** 16 Oc 24 ✉17498
Diefenbach **RP** 65 Gf 48 ✉54538
Diekhof **MV** 15 Nc 25 ✉18299
Diekholzen **NI** 45 Kf 36 ✉31199
Diekhusen-Fahrstedt **SH** 11 Ka 25 ✉25709
Dielheim **BW** 87 Ie 53 ✉69234
Dielkirchen **RP** 76 Hf 51 ✉67811
Dielmissen **NI** 44 Kd 37 ✉37633
Diemelsee **HE** 55 Ie 40 ✉34519
Diemelstadt **HE** 43 If 40 ✉34474
Diemitz **MV** 25 Nf 29 ✉17252
Dienethal **RP** 66 He 47 ✉56379
Dienheim **RP** 77 Ib 49 ✉55276
Diensdorf-Radlow **BB** 37 Pa 35 ✉15864
Dienstedt-Hettstedt **TH** 58 Ma 44 ✉99326
Dienstweiler **RP** 75 Hb 51 ✉55765
Diepenau **NI** 30 Ie 34 ✉31603
Diepensee **BB** 36 Oc 34 ✉15831
Diepholz **NI** 30 Ib 33 ✉49356
Diera **SN** 61 Oc 41 ✉01665
Dierbach **RP** 86 Ia 54 ✉76889
Dierberg **BB** 26 Nf 30 ✉16835
Dierdorf **RP** 66 He 45 ✉56269
Dierfeld **RP** 65 Gf 48 ✉54533
Dierhagen **MV** 6 Nc 23 ✉18347
Dierscheid **RP** 74 Ge 49 ✉54523
Diesbar-Seußlitz **SN** 61 Oc 41 ✉01612
Diesdorf **ST** 33 Lf 32 ✉29413
Dieskau **ST** 47 Na 40 ✉06184
Diespeck **BY** 80 Ld 51 ✉91456
Dießen **BY** 109 Ma 61 ✉86911
Diestelow **MV** 14 Na 27 ✉19399
Dietenheim **BW** 98 La 59 ✉89165
Dietenhofen **BY** 80 Le 52 ✉90599
Dieterode **TH** 57 La 41 ✉37318
Dietersburg **BY** 102 Nf 58 ✉84378
Dietersdorf **BB** 48 Ne 36 ✉14913
Dietersdorf **ST** 46 Ma 39 ✉06536
Dietersheim **BY** 80 Ld 51 ✉91463
Dieterskirchen **BY** 82 Nc 52 ✉92542
Dietfurt **BY** 90 Md 54 ✉92345
Diethardt **RP** 66 Hf 48 ✉56355
Diethensdorf **SN** 61 Nf 43 ✉09236
Dietingen **BW** 97 Ie 59 ✉78661
Dietmannsried **BY** 108 Lb 62 ✉87463
Dietramszell **BY** 109 Md 61 ✉83623
Dietrichingen **RP** 85 Hc 53 ✉66484
Dietrichsdorf **ST** 48 Ne 37 ✉06888
Dietzenbach **HE** 77 Ie 48 ✉63128
Dietzenrode-Vatterode **TH** 57 La 41 ✉37318
Dietzhölztal **HE** 55 Ib 44 ✉35716
Diez **RP** 66 Ia 46 ✉65582
Dill **RP** 75 Hc 49 ✉55487
Dillenburg **HE** 55 Ib 44 ✉•35683
Dillendorf **RP** 75 Hc 49 ✉55481
Dillingen **BY** 99 Ld 57 ✉89407
Dillingen **SL** 74 Ge 52 ✉66763
Dillstädt **TH** 69 Ld 45 ✉98530
Dimbach **RP** 86 Hf 54 ✉76848
Dingdorf **RP** 64 Gc 48 ✉54614
Dingelstädt **TH** 57 Lb 41 ✉37351
Dingelstedt am Huy **ST** 46 Lf 37 ✉38838
Dingen **SH** 11 Ka 25 ✉25715
Dingolfing **BY** 92 Nc 57 ✉84130
Dingolshausen **BY** 79 Lc 49 ✉97497
Dingsleben **TH** 70 Ld 46 ✉98646
Dinkelsbühl **BY** 89 Lc 54 ✉91550
Dinkelscherben **BY** 99 Ld 58 ✉86424
Dinklage **NI** 30 Ia 32 ✉49413
Dinslaken **NW** 41 Ge 39 ✉•46535
Dintesheim **RP** 76 Ia 50 ✉55234
Dippach **TH** 57 La 43 ✉99837
Dipperz **HE** 69 Ke 45 ✉36160
Dippmannsdorf **BB** 35 Nd 35 ✉14806
Dippoldiswalde **SN** 62 Od 43 ✉01744
Dirlewang **BY** 99 Lc 60 ✉87742
Dirmstein **RP** 76 Ib 51 ✉67246
Dischingen **BW** 89 Lc 56 ✉89561
Dissen **BB** 51 Pb 38 ✉03096
Dissen am Teutoburger Wald **NI** 30 Ib 36 ✉49201
Ditfurt **ST** 46 Ma 37 ✉06484
Ditscheid **RP** 65 Ha 47 ✉56729
Dittelbrunn **BY** 69 Lb 48 ✉97456
Dittelsdorf **SN** 63 Pf 43 ✉02788
Dittelsheim-Heßloch **RP** 76 Ib 50 ✉67596
Dittenheim **BY** 89 Le 54 ✉91723
Dittersbach **SN** 61 Oa 43 ✉09669
Dittersbach **SN** 61 Od 44 ✉09623
Dittersdorf **SN** 62 Oe 44 ✉01768
Dittersdorf **TH** 70 Mb 45 ✉07422
Dittersdorf **TH** 71 Me 45 ✉07907
Dittweiler **RP** 75 Hb 52 ✉66903
Ditzingen **BW** 87 Ka 56 ✉71254
Divitz **MV** 6 Ne 23 ✉18314
Dobareuth **TH** 71 Mf 46 ✉07926
Dobberkau **ST** 34 Md 32 ✉39606
Dobbertin **MV** 14 Na 27 ✉19399
Dobbin **MV** 15 Nb 27 ✉18292
Dobel **BW** 86 Id 56 ✉75335
Doberburg **BB** 50 Pb 36 ✉15868
Doberlug-Kirchhain **BB** 49 Od 39 ✉03253
Doberschütz **SN** 48 Ne 39 ✉04838
Dobersdorf **SH** 4 Lb 23 ✉24232
Dobitschen **TH** 60 Nb 43 ✉04626
Dobritz **ST** 48 Nb 36 ✉39264
Dockendorf **RP** 74 Gc 49 ✉54636
Dockweiler **RP** 64 Ge 47 ✉54552
Dodenburg **RP** 74 Ge 49 ✉54518
Dodendorf **ST** 47 Md 36 ✉39171
Dodow **MV** 23 Lf 27 ✉19243
Döbberin **BB** 37 Pc 34 ✉15326
Döbeln **SN** 61 Oa 42 ✉04720
Döberitz **BB** 35 Nc 33 ✉14727
Döbern **BB** 51 Pd 39 ✉03159
Döbernitz **SN** 48 Nc 39 ✉04509
Döblitz **ST** 47 Mf 39 ✉06198
Döbra **SN** 62 Of 43 ✉01825
Döbritschen **TH** 59 Mc 43 ✉99441
Döbritz **TH** 71 Md 44 ✉07381
Döhlau **BY** 70 Ma 46 ✉96528
Döhren **ST** 33 Ma 34 ✉39356
Dölbau **ST** 47 Na 40 ✉06184
Döllen **BB** 25 Nb 31 ✉16866
Döllingen **BB** 49 Od 40 ✉04928
Döllnitz **ST** 47 Na 40 ✉06184
Döllstädt **TH** 58 Le 42 ✉99100
Dömitz **MV** 23 Mb 30 ✉19303
Dönitz **ST** 33 Ma 33 ✉38486
Dörentrup **NW** 44 Ka 36 ✉32694
Dörfel **SN** 73 Nf 45 ✉09487
Dörfles-Esbach **BY** 70 Ma 47 ✉96487
Dörgenhausen **SN** 50 Pb 40 ✉02977
Dörna **TH** 57 Lc 41 ✉99976
Dörnberg **RP** 66 Hf 47 ✉56379
Dörnick **SH** 12 Lc 24 ✉24326
Dörnitz **ST** 35 Nb 35 ✉39291
Dörnthal **SN** 61 Oc 44 ✉09509
Dörpen **NI** 19 Hb 31 ✉26892
Dörphof **SH** 4 Kf 21 ✉24398
Dörpling **SH** 3 Kb 23 ✉25794
Dörpstedt **SH** 3 Kc 22 ✉24869
Dörrebach **RP** 76 He 49 ✉55444
Dörrenbach **RP** 86 Hf 54 ✉76889
Dörrmoschel **RP** 76 He 51 ✉67806
Dörscheid **RP** 66 He 48 ✉56348
Dörsdorf **RP** 66 Ia 47 ✉56370
Dörtendorf **TH** 71 Na 44 ✉07950
Dörth **RP** 66 Hd 48 ✉56281
Dörverden **NI** 21 Kb 31 ✉27313
Dörzbach **BW** 78 Ke 52 ✉74677
Döschnitz **TH** 70 Mb 45 ✉07429
Döschwitz **ST** 59 Na 42 ✉06712
Dößel **ST** 47 Me 39 ✉06198
Dötlingen **NI** 20 Ic 31 ✉27801
Döttesfeld **RP** 66 Hd 45 ✉56305
Dogern **BW** 105 Ib 63 ✉79804
Dohma **SN** 62 Of 43 ✉01796
Dohm-Lammersdorf **RP** 64 Ge 47 ✉54576
Dohna **SN** 62 Of 43 ✉01809
Dohndorf **ST** 47 Mf 38 ✉06369
Dohr **RP** 65 Ha 48 ✉56812
Dohren **NI** 22 Ke 29 ✉21255
Dohren **NI** 29 Hd 33 ✉49770
Dolgelin **BB** 37 Pc 34 ✉15306
Dolgen **MV** 26 Oc 28 ✉17258
Dolgenbrodt **BB** 37 Oe 35 ✉15754
Dolgesheim **RP** 76 Ib 50 ✉55278
Dollart **NI** 18 Hb 29 ✉26831
Dolle **ST** 34 Md 34 ✉39517
Dollenchen **BB** 50 Of 39 ✉03238
Dollern **NI** 11 Kd 27 ✉21739
Dollerup **SH** 3 Ke 20 ✉24989
Dollgen **BB** 50 Pa 36 ✉15913
Dollgow **BB** 26 Oa 30 ✉16775
Dollnstein **BY** 90 Ma 55 ✉91795
Dollrottfeld **SH** 3 Ke 21 ✉24392
Dolsenhain **SN** 60 Nd 42 ✉04655
Dombühl **BY** 89 Lb 53 ✉91601
Domersleben **ST** 47 Mc 36 ✉39164
Dommershausen **RP** 65 Hc 48 ✉56290
Dommitzsch **SN** 49 Nf 39 ✉04880
Domnitz **ST** 47 Me 39 ✉06420
Domsdorf **BB** 49 Oc 39 ✉04924
Domsdorf **BB** 50 Pb 39 ✉03116
Domsühl **MV** 24 Me 28 ✉19374
Donaueschingen **BW** 96 Id 61 ✉78166
Donaustauf **BY** 91 Nb 54 ✉93093
Donauwörth **BY** 89 Le 56 ✉86609
Donndorf **TH** 59 Mc 41 ✉06571
Donnersdorf **BY** 79 Lc 49 ✉97499
Donsieders **RP** 85 Hd 53 ✉66978
Donzdorf **BW** 88 Ke 56 ✉73072
Dorfchemnitz **SN** 73 Nf 45 ✉08297
Dorfchemnitz bei Sayda **SN** 61 Oc 44 ✉09619
Dorfen **BY** 101 Na 59 ✉84405
Dorfilm **TH** 71 Md 45 ✉07338
Dorf Mecklenburg **MV** 14 Md 25 ✉23972
Dorfprozelten **BY** 78 Kc 50 ✉97904
Dorf Zechlin **BB** 25 Ne 30 ✉16837
Dormagen **NW** 53 Ge 42 ✉•41539
Dormettingen **BW** 97 Oe 59 ✉72358
Dormitz **BY** 80 Ma 51 ✉91077
Dorna **ST** 48 Ne 38 ✉06901
Dornbock **ST** 47 Mf 37 ✉06369
Dornburg **HE** 66 Ia 46 ✉65599
Dornburg **ST** 47 Mf 36 ✉39264
Dornburg (Saale) **TH** 59 Md 42 ✉07778
Dorndorf **TH** 57 La 43 ✉36460
Dorndorf **TH** 59 Mc 44 ✉07407
Dorndorf-Steudnitz **TH** 59 Me 42 ✉07778
Dorn-Dürkheim **RP** 76 Ib 50 ✉67585
Dornhan **BW** 96 Id 58 ✉72175
Dornheim **TH** 58 Lf 43 ✉99310
Dornholzhausen **RP** 66 He 47 ✉56357
Dornreichenbach **SN** 61 Nf 40 ✉04808
Dornstadt **BW** 98 Kf 58 ✉89160
Dornstedt **ST** 59 Me 40 ✉06179
Dornstetten **BW** 96 Id 58 ✉72280
Dornswalde **BB** 49 Od 36 ✉15837
Dornum **NI** 9 Hc 27 ✉26553
Dornumersiel **NI** 9 Hc 27 ✉26553
Dorsel **RP** 65 Ge 46 ✉53533
Dorsheim **RP** 76 Hf 49 ✉55452
Dorst **ST** 34 Mc 34 ✉39638
Dorstadt **NI** 45 Ld 36 ✉38312
Dorsten **NW** 41 Gf 38 ✉•46282
Dortmund **NW** 42 Hc 39 ✉•44135
Dorum **NI** 10 Id 26 ✉27632
Dossenheim **BW** 77 Ie 52 ✉69221
Dossow **BB** 25 Nd 30 ✉16909
Dothen **TH** 59 Mf 42 ✉07619
Dotternhausen **BW** 97 Ie 59 ✉72359
Drachhausen **BB** 51 Pb 37 ✉03185
Drachselsried **BY** 92 Nf 54 ✉94256
Drackenstedt **ST** 34 Mc 36 ✉39365
Drackenstein **BW** 98 Ke 57 ✉73345
Drage **NI** 22 Lb 28 ✉21423
Drage **SH** 3 Ka 22 ✉25878
Drage **SH** 11 Kd 24 ✉25582
Dragensdorf **TH** 71 Mf 45 ✉07907
Dragun **MV** 13 Mb 26 ✉19205
Drahendorf **BB** 37 Pb 35 ✉15848
Drahnsdorf **BB** 49 Od 37 ✉15938
Drakenburg **NI** 31 Kb 32 ✉31623
Drangstedt **NI** 10 Ie 27 ✉27624
Dranse **BB** 25 Nd 29 ✉16909
Dransfeld **NI** 44 Ke 39 ✉37127
Dranske **MV** 7 Ob 21 ✉18556
Draschwitz **ST** 60 Na 42 ✉06712
Drasdo **BB** 49 Oc 39 ✉04938
Dreba **TH** 71 Me 44 ✉07806
Drebach **SN** 73 Oa 44 ✉09430
Drebber **NI** 30 Ic 33 ✉49457
Drebkau **BB** 50 Pb 39 ✉03116
Drebsdorf **ST** 46 Mb 40 ✉06528
Drechow **MV** 15 Ne 24 ✉18465
Drees **RP** 65 Gf 46 ✉53520
Dreetz **BB** 25 Nc 32 ✉16845
Dreetz **MV** 14 Mf 26 ✉18249
Dreggers **SH** 12 Lc 25 ✉23845
Drehnow **BB** 51 Pc 37 ✉03185
Dreieich **HE** 77 Id 48 ✉63303
Dreifelden **RP** 66 Hf 45 ✉57629
Dreiheide **SN** 48 Nf 39 ✉04860
Dreikirchen **RP** 66 Hf 46 ✉56414
Dreileben **ST** 34 Mb 36 ✉39365
Dreilützow **MV** 13 Ma 27 ✉19243
Dreis **RP** 75 Gf 49 ✉54518
Dreisbach **RP** 66 Hf 45 ✉56472
Dreis-Brück **RP** 64 Ge 47 ✉54552
Dreisen **RP** 76 Ia 51 ✉67816
Dreißigacker **TH** 69 Lc 45 ✉98617
Dreitzsch **TH** 59 Me 44 ✉07819
Drelsdorf **SH** 3 Ka 21 ✉25853
Drense **BB** 27 Of 29 ✉17291
Drensteinfurt **NW** 42 He 38 ✉48317
Drentwede **NI** 30 Id 32 ✉49406
Dreschvitz **MV** 7 Ob 22 ✉18573
Dresden **SN** 62 Oe 42 ✉•01067
Drestedt **NI** 22 Ke 29 ✉21279
Dretzen **BB** 35 Nb 35 ✉14793
Drewelow **MV** 16 Od 26 ✉17392
Drewen **BB** 25 Nc 31 ✉16866
Drewitz **BB** 51 Pd 37 ✉03197
Drewitz **ST** 35 Na 35 ✉39291
Driedorf **HE** 66 Ib 45 ✉35759
Drieschnitz-Kahsel **BB** 51 Pc 38 ✉03130
Driftsethe **NI** 20 Id 28 ✉27628
Drochow **BB** 50 Of 39 ✉01994
Drochtersen **NI** 11 Kc 26 ✉21706
Dröbischau **TH** 70 Ma 45 ✉07426
Dröda **SN** 72 Na 46 ✉08538
Drönnewitz **MV** 13 Ma 27 ✉19243
Drößnitz **TH** 59 Mc 44 ✉99444
Drogen **TH** 60 Nb 43 ✉04626
Drognitz **TH** 71 Md 45 ✉07338
Drohndorf **ST** 47 Md 38 ✉06456
Drolshagen **NW** 54 He 42 ✉57489
Drosa **ST** 47 Mf 38 ✉06369
Droyßig **ST** 59 Na 42 ✉06722
Drübeck **ST** 46 Le 37 ✉38871
Druxberge **ST** 34 Mb 36 ✉39365
Duben **BB** 50 Oe 37 ✉15926
Dubro **BB** 49 Ob 38 ✉04916
Ducherow **MV** 17 Oe 26 ✉17398
Duchroth **RP** 76 He 50 ✉55585
Duckow **MV** 15 Ne 26 ✉17139
Dudeldorf **RP** 74 Gd 49 ✉54647
Dudendorf **MV** 15 Nd 24 ✉18334
Dudenhofen **RP** 86 Ic 53 ✉67373
Duderstadt **NI** 45 Lb 39 ✉37115
Düben **ST** 48 Nc 37 ✉06869
Dübrichen **BB** 49 Oc 38 ✉03253
Düchelsdorf **SH** 13 Ld 26 ✉23847
Düdenbüttel **NI** 11 Kc 27 ✉21709
Dülmen **NW** 41 Hb 38 ✉48249
Dümmer **MV** 13 Mb 27 ✉19073
Dümpelfeld **RP** 65 Gf 46 ✉53520
Dünfus **RP** 65 Hb 47 ✉56754
Düngenheim **RP** 65 Hb 47 ✉56761
Dünsen **NI** 20 Id 31 ✉27243
Dürbheim **BW** 97 Ie 60 ✉78589
Düren **NW** 52 Gd 44 ✉•52349
Dürmentingen **BW** 98 Kd 60 ✉88525
Dürnau **BW** 98 Kd 57 ✉73105
Dürnau **BW** 98 Kd 60 ✉88422
Dürrenhofe **BB** 50 Of 36 ✉15910
Dürrhennersdorf **SN** 63 Pd 42 ✉02708
Dürrholz **RP** 66 Hd 45 ✉56307
Dürrlauingen **BY** 99 Lc 58 ✉89350
Dürrröhrsdorf-Dittersbach **SN** 62 Pa 42 ✉01833
Dürrwangen **BY** 89 Lc 54 ✉91602
Düsseldorf **NW** 53 Gf 41 ✉•40210
Düvier **MV** 16 Oa 24 ✉17121
Duggendorf **BY** 91 Mf 54 ✉93182
Duingen **NI** 44 Ke 36 ✉31089
Duisburg **NW** 40 Ge 40 ✉•47051
Dummerstorf **MV** 15 Nb 24 ✉18196
Dunningen **BW** 96 Id 59 ✉78655
Dunum **NI** 9 Hd 27 ✉26427
Dunzweiler **RP** 75 Hb 52 ✉66916
Duppach **RP** 64 Gd 47 ✉54597
Durach **BY** 108 Lc 62 ✉87471
Durbach **BW** 96 Ia 58 ✉77770
Durchhausen **BW** 97 Ie 60 ✉78591
Durchwehna **SN** 48 Ne 39 ✉04849
Durlangen **BW** 88 Ke 55 ✉73568
Durmersheim **BW** 86 Ib 55 ✉76448
Dußlingen **BW** 97 Ka 58 ✉72144
Duvensee **SH** 13 Ld 26 ✉23898

E

Ebeleben **TH** 58 Le 41 ✉99713
Ebelsbach **BY** 80 Le 49 ✉97500
Ebendorf **ST** 34 Md 35 ✉39179
Ebenheim **TH** 57 Lc 43 ✉99869
Ebensfeld **BY** 70 Lf 48 ✉96250
Ebenshausen **TH** 57 Lb 42 ✉99826
Ebenweiler **BW** 107 Kc 61 ✉88370
Eberbach **BW** 77 If 52 ✉69412
Eberdingen **BW** 87 If 55 ✉71735
Eberfing **BY** 109 Mb 62 ✉82390
Ebergötzen **NI** 45 La 39 ✉37136
Eberhardzell **BW** 98 Kf 60 ✉88436
Eberholzen **NI** 45 Ke 36 ✉31079
Ebermannsdorf **BY** 81 Mf 52 ✉92263
Ebermannstadt **BY** 80 Mb 50 ✉91320
Ebern **BY** 70 Le 48 ✉96106
Ebernhahn **RP** 66 He 46 ✉56424
Ebersbach **SN** 61 Oa 42 ✉04720
Ebersbach an der Fils **BW** 88 Kd 56 ✉73061
Ebersbach-Musbach **BW** 107 Kd 61 ✉88371
Ebersbach/Sachsen **SN** 63 Pd 42 ✉02730
Ebersberg **BY** 101 Mf 60 ✉85560
Ebersbrunn **SN** 72 Nc 45 ✉08144
Ebersburg **HE** 69 Ke 46 ✉36157
Ebersdorf **NI** 11 Ka 27 ✉27432
Ebersdorf **SN** 63 Pe 42 ✉02708
Ebersdorf **TH** 71 Md 46 ✉07368
Ebersdorf bei Coburg **BY** 70 Ma 47 ✉96237
Ebershausen **BY** 99 Lc 59 ✉86491
Ebersroda **ST** 59 Me 41 ✉06632
Eberstadt **BW** 87 Kb 53 ✉74246
Eberstedt **TH** 59 Md 42 ✉99518
Eberswalde **BB** 27 Of 31 ✉•16225
Ebertshausen **RP** 66 Hf 47 ✉56370
Ebertsheim **RP** 76 Ia 51 ✉67280
Ebhausen **BW** 97 Ie 57 ✉72224
Ebnath **BY** 81 Mf 49 ✉95683
Ebrach **BY** 79 Lc 49 ✉96157
Ebringen **BW** 95 He 61 ✉79285
Ebsdorfergrund **HE** 55 If 44 ✉35085
Ebstorf **NI** 22 Lc 30 ✉29574
Echem **NI** 23 Ld 28 ✉21379
Eching **BY** 101 Md 59 ✉85386
Eching **BY** 101 Na 57 ✉84174
Eching am Ammersee **BY** 100 Ma 60 ✉82279
Echternacherbrück **RP** 74 Gc 50 ✉54668
Echtershausen **RP** 64 Gc 48 ✉54636
Echzell **HE** 67 If 46 ✉61209
Eckardtshausen **TH** 57 Lb 43 ✉99819
Eckartsberga **ST** 59 Md 42 ✉06648
Eckelsheim **RP** 76 Ia 50 ✉55599
Eckenroth **RP** 76 He 49 ✉55444
Eckental **BY** 80 Mb 51 ✉90542
Eckernförde **SH** 4 Kf 22 ✉24340
Eckersdorf **BY** 81 Mc 49 ✉95488
Eckersweiler **RP** 75 Hb 51 ✉55777
Eckfeld **RP** 65 Ge 48 ✉54531
Ecklak **SH** 11 Kb 25 ✉25572
Ecklingerode **TH** 45 Lc 39 ✉37339
Eckolstädt **TH** 59 Md 42 ✉99510
Eckstedt **TH** 58 Ma 42 ✉99195
Eddelak **SH** 11 Ka 25 ✉25715
Edderitz **ST** 47 Mf 38 ✉06388
Edelsfeld **BY** 81 Me 51 ✉92265
Edemissen **NI** 32 Lb 34 ✉31234
Edenkoben **RP** 86 Ia 53 ✉67480
Ederheim **BY** 89 Lc 56 ✉86739
Edermünde **HE** 56 Kc 41 ✉34295
Edersleben **ST** 46 Mb 40 ✉06528

Edertal **HE** 56 Ka 41 ✉34549
Edesheim **RP** 86 Ia 53 ✉67483
Edewecht **NI** 19 Ia 29 ✉26188
Ediger-Eller **RP** 65 Hb 48 ✉56814
Edingen-Neckarhausen **BW** 77 Id 52 ✉68535
Edling **BY** 101 Na 60 ✉83533
Effelder **TH** 57 Lb 41 ✉37359
Effelder-Rauenstein **TH** 70 Ma 46 ✉96528
Effeltrich **BY** 80 Ma 51 ✉91090
Efringen-Kirchen **BW** 104 Hd 63 ✉79588
Egeln **ST** 47 Mc 37 ✉39435
Egelsbach **HE** 77 Id 49 ✉63329
Egenhausen **BW** 97 Id 57 ✉72227
Egenhofen **BY** 100 Mb 59 ✉82281
Egesheim **BW** 97 If 60 ✉78592
Egestorf **NI** 22 La 31 ✉21272
Egg an der Günz **BY** 99 Lb 60 ✉87743
Eggebek **SH** 3 Kc 21 ✉24852
Eggenfelden **BY** 102 Ne 58 ✉84307
Eggenstedt **ST** 46 Mb 36 ✉39365
Eggenstein-Leopoldshafen **BW** 86 Ic 54 ✉76344
Eggenthal **BY** 108 Lc 61 ✉87653
Eggermühlen **NI** 29 He 33 ✉49577
Eggersdorf **ST** 47 Me 37 ✉39221
Eggesin **MV** 17 Pa 26 ✉17367
Eggingen **BW** 105 Ic 62 ✉79805
Egglham **BY** 102 Oa 57 ✉84385
Egglkofen **BY** 102 Nc 58 ✉84546
Eggolsheim **BY** 80 Ma 50 ✉91330
Eggstätt **BY** 110 Nc 61 ✉83125
Eggstedt **SH** 11 Kb 24 ✉25721
Eging am See **BY** 93 Ob 56 ✉94535
Eglfing **BY** 109 Mb 62 ✉82436
Egling **BY** 109 Mc 61 ✉82544
Egling an der Paar **BY** 100 Lf 59 ✉86492
Egloffstein **BY** 80 Mb 50 ✉91349
Egmating **BY** 101 Me 60 ✉85658
Egsdorf **BB** 50 Oe 37 ✉15926
Egweil **BY** 90 Mb 56 ✉85116
Ehekirchen **BY** 100 Ma 57 ✉86676
Ehingen **BW** 98 Ke 59 ✉89584
Ehingen **BY** 89 Ld 54 ✉91725
Ehingen **BY** 99 Le 57 ✉86678
Ehingen am Ries **BY** 89 Ld 55 ✉86741
Ehlenz **RP** 64 Gc 48 ✉54636
Ehlscheid **RP** 65 Hc 45 ✉56581
Ehndorf **SH** 12 Kf 24 ✉24647
Ehningen **BW** 87 If 57 ✉71139
Ehr **RP** 66 He 47 ✉56357
Ehra-Lessien **NI** 33 Le 33 ✉38468
Ehrenberg **TH** 70 Le 46 ✉98660
Ehrenberg (Rhön) **HE** 69 La 45 ✉36115
Ehrenburg **NI** 30 Id 32 ✉27248
Ehrenfriedersdorf **SN** 73 Oa 45 ✉09427
Ehrenkirchen **BW** 104 He 61 ✉79238
Ehrenstein **TH** 58 Mb 44 ✉99326
Ehringshausen **HE** 67 Ic 45 ✉35630
Ehweiler **RP** 75 Hc 51 ✉66871
Eibau **SN** 63 Pe 43 ✉02739
Eibelstadt **BY** 79 La 50 ✉97246
Eibenstock **SN** 72 Nd 46 ✉08309
Eich **RP** 77 Ic 50 ✉67575
Eich **SN** 72 Nc 45 ✉08233
Eicha **TH** 70 Ld 46 ✉98646
Eiche **BB** 36 Od 33 ✉16356
Eichelhardt **RP** 54 He 44 ✉57612
Eichen **RP** 66 Hd 45 ✉57632
Eichenau **BY** 100 Mb 60 ✉82223
Eichenbach **RP** 65 Ge 46 ✉53533
Eichenbarleben **ST** 34 Mc 35 ✉39167
Eichenberg **TH** 59 Md 44 ✉07768
Eichenberg **TH** 70 Ld 45 ✉98553
Eichenbühl **BY** 78 Kb 50 ✉63928
Eichendorf **BY** 92 Nf 57 ✉94428
Eichenzell **HE** 68 Ke 46 ✉36124
Eichholz-Drößig **BB** 49 Od 39 ✉03238
Eichhorst **BB** 26 Od 31 ✉16244
Eichhorst **MV** 16 Od 27 ✉17099
Eichigt **SN** 72 Nb 46 ✉08626
Eichstädt **BB** 36 Oa 32 ✉16727
Eichstätt **BY** 90 Mb 55 ✉85072
Eichstegen **BW** 106 Kc 61 ✉88361
Eichstetten am Kaiserstuhl **BW** 95 He 60 ✉79356
Eichwalde **BB** 36 Od 34 ✉15732
Eichwerder **BB** 37 Pb 32 ✉16269
Eickeloh **NI** 31 Ke 31 ✉29693
Eickendorf **ST** 33 Ma 34 ✉39359
Eickendorf **ST** 47 Md 37 ✉39221
Eickstedt **BB** 27 Pa 29 ✉17291
Eigeltingen **BW** 106 If 61 ✉78253
Eigenrieden **TH** 57 Lc 41 ✉99976
Eigenrode **TH** 57 Lc 41 ✉99976
Eilenburg **SN** 48 Nd 40 ✉04838
Eilenstedt **ST** 46 Ma 37 ✉38838
Eilscheid **RP** 64 Gc 48 ✉54649
Eilsdorf **ST** 46 Lf 36 ✉38838
Eilsleben **ST** 33 Mb 36 ✉39365
Eime **NI** 44 Ke 36 ✉31036
Eimeldingen **BW** 104 Hd 63 ✉79591
Eimen **NI** 45 Ke 37 ✉37632
Eimersleben **ST** 33 Mb 35 ✉39343
Eimke **NI** 22 Lb 31 ✉29578
Eimsheim **RP** 76 Ic 50 ✉55278
Einbeck **NI** 45 Kf 37 ✉37574
Eineborn **TH** 59 Mf 43 ✉07646
Einhaus **SH** 13 Le 26 ✉23911
Einhausen **HE** 77 Id 50 ✉64683
Einhausen **TH** 69 Lc 45 ✉98617
Einig **RP** 65 Hb 47 ✉56751
Einöllen **RP** 76 Hd 51 ✉67753
Einselthum **RP** 76 Ia 51 ✉67308
Einsiedel **SN** 61 Nf 44 ✉09227
Eisdorf **NI** 45 La 38 ✉37534
Eiselfing **BY** 101 Nb 60 ✉83549
Eisenach **RP** 74 Gd 49 ✉54298
Eisenach **TH** 57 Lb 43 ✉99817
Eisenbach **BW** 96 Ib 61 ✉79871
Eisenberg **BY** 108 Ld 63 ✉87637
Eisenberg **TH** 59 Mf 43 ✉07607
Eisenberg (Pfalz) **RP** 76 Ia 51 ✉67304
Eisendorf **SH** 12 Kf 23 ✉24589
Eisenheim **BY** 79 La 49 ✉97247
Eisenhüttenstadt **BB** 38 Pd 36 ✉15890
Eisenschmitt **RP** 64 Ge 48 ✉54533
Eisfeld **TH** 70 Lf 46 ✉98673
Eishausen **TH** 70 Le 46 ✉98646
Eisighofen **RP** 66 Ia 47 ✉56370
Eisingen **BW** 87 Ie 55 ✉75239
Eisingen **BY** 79 Ke 50 ✉97249
Eisleben, Lutherstadt **ST** 47 Md 39 ✉06295
Eislingen/Fils **BW** 88 Ke 56 ✉73054
Eitelborn **RP** 66 He 46 ✉56337
Eitensheim **BY** 90 Mb 56 ✉85117
Eiterfeld **HE** 57 Ke 44 ✉36132
Eitorf **NW** 53 Hc 44 ✉53783
Eitting **BY** 101 Mf 58 ✉85462
Eixen **MV** 15 Ne 24 ✉18334
Ekenis **SH** 4 Kf 21 ✉24392
Elbe **NI** 45 Lb 36 ✉38274
Elben **RP** 54 Hf 44 ✉57580
Elbenschwand **BW** 104 He 62 ✉79692
Elbingen-Mähren **RP** 66 Hf 45 ✉56459
Elbingerode **NI** 45 Lb 39 ✉37412
Elbingerode **ST** 46 Le 38 ✉38875
Elbtal **HE** 66 Ia 43 ✉65627
Elchesheim-Illingen **RP** 86 Ib 55 ✉76477
Elchingen **BY** 98 La 58 ✉89275
Elchweiler **RP** 75 Hb 50 ✉55765
Eldena **MV** 24 Mc 29 ✉19294
Eldenburg **BB** 24 Mc 30 ✉19309
Eldingen **NI** 32 Lc 32 ✉29351
Elend **ST** 46 Le 38 ✉38875
Elfershausen **BY** 69 Kf 48 ✉97725
Elgersburg **TH** 70 Le 44 ✉98716
Eliasbrunn **TH** 71 Md 46 ✉07356
Elisabeth-Sophien-Koog **SH** 2 If 21 ✉25845
Elkenroth **RP** 54 Hf 44 ✉57578
Elleben **TH** 58 Ma 43 ✉99334
Ellefeld **SN** 72 Nc 46 ✉08236
Ellenberg **BW** 89 Lb 54 ✉73488
Ellenberg **RP** 75 Hb 51 ✉55765
Ellenberg **ST** 33 Lf 32 ✉29413
Ellenhausen **RP** 66 He 45 ✉56242
Ellenz-Poltersdorf **RP** 65 Hb 48 ✉56821
Ellerau **SH** 12 Kf 26 ✉25479
Ellerbek **SH** 12 Kf 27 ✉25474
Ellerdorf **SH** 12 Ke 23 ✉24589
Ellerhoop **SH** 12 Ke 26 ✉25373
Ellern (Hunsrück) **RP** 76 Hd 49 ✉55497
Ellersleben **TH** 59 Mb 42 ✉99628
Ellerstadt **RP** 76 Ib 52 ✉67158
Ellgau **BY** 100 Lf 57 ✉86679
Ellhöft **SH** 2 If 19 ✉25923
Ellhofen **BW** 87 Kb 54 ✉74248
Ellingen **BY** 90 Lf 54 ✉91792
Ellingshausen **TH** 69 Lc 45 ✉98617
Ellingstedt **SH** 3 Kc 22 ✉24870
Ellrich **TH** 46 Le 39 ✉99755
Ellscheid **RP** 65 Gf 48 ✉54552
Ellwangen **BW** 88 La 55 ✉73479
Ellweiler **RP** 75 Ha 51 ✉55765
Ellzee **BY** 99 Lb 58 ✉89352
Elmenhorst **MV** 7 Oa 23 ✉18510
Elmenhorst **MV** 13 Ma 25 ✉23948
Elmenhorst **SH** 12 Lb 26 ✉23869
Elmenhorst **SH** 13 Ld 27 ✉21493
Elmenhorst-Lichtenhagen **MV** 14 Mf 24 ✉18107
Elmlohe **NI** 10 Ie 27 ✉27624
Elmshorn **SH** 11 Kd 26 ✉*25335
Elmstein **RP** 76 Hf 52 ✉67471
Elpersbüttel **SH** 11 Ka 24 ✉25704
Elsdorf **NI** 21 Kc 29 ✉27404
Elsdorf **NW** 52 Gd 43 ✉50189
Elsdorf-Westermühlen **SH** 3 Kd 23 ✉24800
Elsendorf **BY** 91 Me 56 ✉84094
Elsenfeld **BY** 78 Kb 49 ✉63820
Elsfleth **NI** 20 Ic 29 ✉26931
Elsholz **BB** 36 Nf 35 ✉14547
Elskop **SH** 11 Kc 26 ✉25361
Elsnig **SN** 49 Nf 39 ✉04880
Elsnigk **ST** 47 Na 38 ✉06386
Elsoff **RP** 66 Ia 45 ✉56479
Elstal **BB** 36 Oa 33 ✉14627
Elster **ST** 48 Ne 38 ✉06918
Elsterberg **TH** 72 Nb 45 ✉07985
Elstertrebnitz **SN** 60 Nb 42 ✉04523
Elsterwerda **BB** 49 Od 40 ✉04910
Elstra **SN** 62 Pa 41 ✉01920
Elterlein **SN** 73 Nf 45 ✉09481
Eltmann **BY** 80 Ld 49 ✉97483
Eltville am Rhein **HE** 66 Ia 48 ✉*65343
Elxleben **TH** 58 Lf 42 ✉99189
Elxleben **TH** 58 Ma 43 ✉99334
Elz **HE** 66 Ia 46 ✉65604
Elzach **BW** 96 Ia 59 ✉79215
Elze **NI** 32 Ke 36 ✉31008
Elztal **BW** 78 Kb 52 ✉74834
Elzweiler **RP** 75 Hc 51 ✉66887
Embsen **NI** 22 Lc 29 ✉21409
Embühren **SH** 11 Kd 23 ✉24819
Emden **NI** 18 Ha 28 ✉*26721
Emden **ST** 34 Mb 35 ✉39343
Emeringen **BW** 98 Kc 59 ✉88499
Emerkingen **BW** 98 Ke 59 ✉89607
Emersacker **BY** 99 Le 58 ✉86494
Emersleben **ST** 46 Ma 37 ✉38822
Emkendorf **SH** 4 Kf 23 ✉24802
Emleben **TH** 58 Le 43 ✉99869
Emlichheim **NI** 28 Gf 33 ✉49824
Emmelbaum **RP** 64 Gb 48 ✉54673
Emmelsbüll-Horsbüll **SH** 2 Ie 20 ✉25924
Emmelshausen **RP** 65 Hd 48 ✉56281
Emmendingen **BW** 96 Hf 60 ✉79312
Emmendorf **NI** 23 Ld 30 ✉29579
Emmerich **NW** 40 Gb 37 ✉46446
Emmering **BY** 100 Mb 59 ✉82275
Emmering **BY** 101 Na 60 ✉83550
Emmerthal **NI** 44 Kc 37 ✉31860
Emmerting **BY** 102 Ne 59 ✉84547
Emmerzhausen **RP** 54 Ia 44 ✉57520
Emmingen-Liptingen **BW** 106 If 61 ✉78576
Empfertshausen **TH** 69 La 45 ✉36452
Empfingen **BW** 97 Ie 58 ✉72186
Emsbüren **NI** 28 Hb 34 ✉48488
Emsdetten **NW** 29 Hc 35 ✉48282
Emseloh **ST** 47 Mc 39 ✉06528
Emsetal **TH** 57 Lc 43 ✉99891
Emskirchen **BY** 80 Le 51 ✉91448
Emstal **BB** 35 Ne 35 ✉14797
Emstek **NI** 20 Ia 31 ✉49685
Emtinghausen **NI** 21 Ka 31 ✉27321
Endingen am Kaiserstuhl **BW** 95 He 60 ✉79346
Endlichhofen **RP** 66 He 47 ✉56355
Endorf **ST** 47 Mc 38 ✉06333
Endschütz **TH** 60 Nb 44 ✉07570
Engden **NI** 28 Hb 34 ✉48465
Engelbrechtsche Wildnis **SH** 11 Kc 26 ✉25348
Engeln **NI** 31 If 32 ✉27305
Engelsbach **TH** 58 Ld 43 ✉99898
Engelsberg **BY** 102 Nd 60 ✉84549
Engelsbrand **BW** 87 Id 55 ✉75331
Engelschoff **NI** 11 Kc 27 ✉21710
Engelsdorf **SN** 60 Nd 40 ✉04439
Engelskirchen **NW** 53 Hc 42 ✉51766
Engelstadt **RP** 76 Ia 49 ✉55270
Engelthal **BY** 81 Mc 52 ✉91238
Engen **BW** 105 Ie 61 ✉78234
Enger **NW** 30 Id 36 ✉32130
Engerda **TH** 59 Mc 44 ✉07407
Engersen **ST** 34 Mc 33 ✉39638
Enge-Sande **SH** 2 If 20 ✉25917
Engstingen **BW** 97 Kb 58 ✉72829
Eningen unter Achalm **BW** 97 Kb 58 ✉72800
Enkenbach-Alsenborn **RP** 76 Hf 52 ✉67677
Enkirch **RP** 75 Ha 49 ✉56850
Ennepetal **NW** 53 Hc 41 ✉58256
Ennigerloh **NW** 42 Ia 37 ✉59320
Ensch **RP** 75 Ge 50 ✉54340
Ensdorf **BY** 81 Mf 52 ✉92266
Ensdorf **SL** 74 Ge 53 ✉66806
Ense **NW** 42 Hf 39 ✉59469
Ensheim **RP** 76 Ia 50 ✉55232
Enspel **RP** 66 Hf 45 ✉57647
Enzen **RP** 74 Gc 49 ✉54646
Enzklösterle **BW** 86 Ic 56 ✉75337
Epenwöhrden **SH** 11 Ka 24 ✉25704
Epfenbach **BW** 87 If 52 ✉74925
Epfendorf **BW** 97 Id 50 ✉78736
Eppelborn **SL** 75 Ha 52 ✉66571
Eppelheim **BW** 77 Id 52 ✉69214
Eppelsheim **RP** 76 Ia 50 ✉55234
Eppenberg **RP** 65 Ha 47 ✉56759
Eppenbrunn **RP** 85 Hd 54 ✉66957
Eppendorf **SN** 61 Ob 44 ✉09575
Eppenrod **RP** 66 Hf 46 ✉65558
Eppenschlag **BY** 93 Ob 55 ✉94536
Eppertshausen **HE** 77 If 49 ✉64859
Eppingen **BW** 87 If 54 ✉75031
Eppishausen **BY** 99 Ld 60 ✉87745
Eppstein **HE** 67 Ic 48 ✉65817
Erbach **BW** 98 Kf 58 ✉89155
Erbach **HE** 77 If 51 ✉64711
Erbach **RP** 66 He 48 ✉55494
Erbendorf **BY** 82 Na 49 ✉92681
Erbenhausen **TH** 69 La 45 ✉98634
Erbes-Büdesheim **RP** 76 Ia 50 ✉55234
Erdeborn **ST** 47 Md 40 ✉06317
Erden **RP** 75 Ha 49 ✉54492
Erdesbach **RP** 75 Hc 51 ✉66887
Erding **BY** 101 Mf 59 ✉85435
Erdmannhausen **BW** 87 Kb 55 ✉71729
Erdweg **BY** 100 Mb 58 ✉85253
Eresing **BY** 100 Ma 60 ✉86922
Erfde **SH** 3 Kb 23 ✉24803
Erftstadt **NW** 53 Ge 44 ✉50374
Erfurt **TH** 58 Ma 42 ✉*99084
Erfweiler **RP** 85 He 54 ✉66996
Ergersheim **BY** 79 Lb 51 ✉91465
Ergolding **BY** 101 Nb 57 ✉84030
Ergoldsbach **BY** 91 Nb 56 ✉84061
Erharting **BY** 102 Nd 59 ✉84513
Ering **BY** 103 Oa 59 ✉94140
Eriskirch **BW** 107 Kd 63 ✉88097
Erkelenz **NW** 52 Gb 42 ✉41812
Erkenbrechtsweiler **BW** 98 Kc 57 ✉73268
Erkerode **NI** 33 Le 35 ✉38173
Erkheim **BY** 99 Lb 60 ✉87746
Erkner **BB** 37 Oe 34 ✉15537
Erkrath **NW** 53 Gf 41 ✉40699
Erla **SN** 72 Ne 45 ✉08340
Erlabrunn **SN** 72 Ne 46 ✉08349
Erlangen **BY** 80 Ma 51 ✉*91052
Erlau **SN** 61 Nf 42 ✉09306
Erlbach **BY** 102 Ne 59 ✉84567
Erlbach **SN** 61 Nf 42 ✉09326
Erlbach **SN** 72 Nc 47 ✉08265
Erlbach-Kirchberg **SN** 60 Ne 44 ✉09385
Erlenbach **BW** 87 Kb 53 ✉74235
Erlenbach **RP** 86 Ib 54 ✉76872
Erlenbach am Main **BY** 78 Kb 50 ✉63906
Erlenbach bei Dahn **RP** 86 Hf 54 ✉76891
Erlenbach bei Marktheidenfeld **BY** 78 Kd 50 ✉97837
Erlenmoos **BW** 98 Kf 60 ✉88416
Erlensee **HE** 67 If 47 ✉63526
Erligheim **BW** 87 Ka 54 ✉74391
Ermershausen **BY** 70 Ld 47 ✉96126
Ermlitz **ST** 60 Na 40 ✉06184
Ermsleben **ST** 47 Mc 38 ✉06463
Erndtebrück **NW** 54 Ib 43 ✉57339
Ernsgaden **BY** 90 Md 56 ✉85119
Ernst **RP** 65 Hb 48 ✉56814
Ernstroda **TH** 58 Ld 43 ✉99894
Ernstthal **TH** 70 Mb 45 ✉98724
Ernzen **RP** 74 Gc 49 ✉54668
Erolzheim **BW** 98 La 60 ✉88453
Erpel **RP** 65 Hb 45 ✉53579
Erpolzheim **RP** 76 Ib 52 ✉67167
Ersfeld **RP** 65 Hd 44 ✉57635
Ershausen **TH** 57 Lb 41 ✉37308
Ertingen **BW** 98 Kc 60 ✉88521
Erwitte **NW** 43 Ic 39 ✉59597
Erxleben **ST** 33 Mb 35 ✉39343
Erxleben **ST** 34 Me 32 ✉39606
Erzenhausen **RP** 76 Hd 51 ✉67685
Erzhausen **HE** 77 Id 49 ✉64390
Esch **RP** 64 Gd 46 ✉54585
Esch **RP** 75 Gf 49 ✉54518
Eschach **BW** 88 Kf 55 ✉73569
Eschau **BY** 78 Kb 50 ✉63863
Eschbach **BW** 104 Hd 61 ✉79427
Eschbach **RP** 66 He 47 ✉56357
Eschbach **RP** 86 Ia 53 ✉76831
Eschborn **HE** 67 Id 48 ✉65760
Eschbronn **BW** 96 Ic 59 ✉78664
Eschdorf **TH** 58 Mb 44 ✉07407
Esche **NI** 28 Gf 33 ✉49828
Escheburg **SH** 22 Lb 28 ✉21039
Eschede **NI** 32 Lb 32 ✉29348
Eschefeld **SN** 60 Nd 42 ✉04654
Eschelbronn **BW** 87 If 53 ✉74927
Eschenbach **BW** 98 Ke 57 ✉73107
Eschenbach in der Oberpfalz **BY** 81 Mf 50 ✉92676
Eschenbergen **TH** 58 Le 42 ✉99869
Eschenburg **HE** 55 Ic 44 ✉35713
Eschenlohe **BY** 109 Mb 63 ✉82438
Eschenrode **ST** 33 Ma 35 ✉39356
Eschenthal **TH** 70 Mb 46 ✉96523
Eschershausen **NI** 44 Kd 37 ✉37632
Eschfeld **RP** 64 Gb 48 ✉54619
Eschlkam **BY** 92 Nf 53 ✉93458
Eschwege **HE** 57 La 41 ✉37269
Eschweiler **NW** 52 Gb 44 ✉52249
Esens **NI** 9 Hd 27 ✉26427
Esgrus **SH** 3 Ke 20 ✉24402
Eslarn **BY** 82 Nd 51 ✉92693
Eslohe **NW** 54 Ia 41 ✉59889
Espelkamp **NW** 30 Ie 34 ✉32339
Espenau **HE** 56 Kc 40 ✉34314
Espenhain **SN** 60 Nc 41 ✉04579
Esperstedt **ST** 47 Md 40 ✉06279
Esperstedt **TH** 58 Ma 40 ✉06567
Eßbach **TH** 71 Me 45 ✉07924
Essel **NI** 31 Kd 32 ✉29690
Esselbach **BY** 78 Kd 49 ✉97839
Esselborn **RP** 76 Ia 50 ✉55234
Essen **NW** 41 Ha 40 ✉*45127
Essen (Oldenburg) **NI** 29 Hf 32 ✉49632
Essenbach **BY** 101 Nb 57 ✉84051
Essenheim **RP** 76 Ia 49 ✉55270
Essing **BY** 91 Me 55 ✉93343
Essingen **BW** 88 La 56 ✉73457
Essingen **RP** 86 Ib 53 ✉76879
Eßleben-Teutleben **TH** 59 Mc 42 ✉99628
Esslingen **BW** 87 Kc 56 ✉*73728
Eßlingen **RP** 74 Gd 49 ✉54636
Eßweiler **RP** 75 Hd 51 ✉67754
Estedt **ST** 34 Mc 33 ✉39638
Estenfeld **BY** 79 La 50 ✉97230
Esterwegen **NI** 19 He 31 ✉26897
Esthal **RP** 76 Hf 52 ✉67472
Estorf **NI** 11 Kb 27 ✉21727
Estorf **NI** 31 Ka 33 ✉31629
Etgersleben **ST** 47 Mc 37 ✉39448
Etgert **RP** 75 Ha 50 ✉54424
Etingen **ST** 33 Ma 34 ✉39359
Etschberg **RP** 75 Hc 51 ✉66871
Ettal **BY** 109 Ma 63 ✉82488
Etteldorf **RP** 64 Gd 48 ✉54655
Ettenheim **BW** 95 Hf 59 ✉77955
Ettenstatt **BY** 90 Ma 54 ✉91796
Ettersburg **TH** 58 Mb 42 ✉99439
Etterwinden **TH** 57 Lb 43 ✉99819
Ettinghausen **RP** 66 Hf 45 ✉56244
Ettlingen **BW** 86 Ic 55 ✉76275
Ettringen **BY** 99 Ld 60 ✉86833
Ettringen **RP** 65 Hb 46 ✉56729
Etzbach **RP** 54 He 44 ✉57539
Etzelsrode **TH** 46 Ld 39 ✉99735
Etzelwang **BY** 81 Md 51 ✉92268
Etzenricht **BY** 82 Na 51 ✉92694
Etzin **BB** 35 Nf 33 ✉14641
Etzleben **TH** 58 Ma 41 ✉06577
Euba **SN** 61 Oa 43 ✉09128
Euerbach **BY** 69 La 48 ✉97502
Euerdorf **BY** 69 La 48 ✉97717
Eulenberg **RP** 65 Hc 45 ✉57632
Eulenbis **RP** 76 Hd 51 ✉67685
Eulgem **RP** 65 Ha 47 ✉56761
Eulowitz **SN** 63 Pc 42 ✉02692
Eurasburg **BY** 100 Ma 58 ✉86495
Eurasburg **BY** 109 Mc 61 ✉82547
Euscheid **RP** 64 Gb 48 ✉54597
Euskirchen **NW** 65 Ge 45 ✉*53879
Eußenheim **BY** 79 Kf 48 ✉97776
Eußerthal **RP** 86 Hf 53 ✉76857
Eutin **SH** 13 Ld 24 ✉23701
Eutingen im Gäu **BW** 97 Ie 58 ✉72184
Eutzsch **ST** 48 Nd 38 ✉06888
Everingen **ST** 33 Ma 34 ✉39359
Everode **NI** 45 Kf 37 ✉31085
Eversmeer **NI** 9 Hc 27 ✉26556
Everswinkel **NW** 42 Hf 37 ✉48351
Evessen **NI** 33 Le 35 ✉38173
Ewighausen **RP** 66 He 45 ✉56244
Exdorf **TH** 70 Ld 46 ✉98631
Extertal **NW** 44 Ka 36 ✉32699
Eyba **TH** 71 Mc 45 ✉07318
Eydelstedt **NI** 30 Id 32 ✉49406
Eyendorf **NI** 22 Lb 29 ✉21376
Eystrup **NI** 31 Kb 32 ✉27324

F

Fachbach **RP** 66 He 46 ✉56133
Fahlhorst **BB** 36 Oa 35 ✉14532
Fahrbinde **MV** 24 Mc 28 ✉19288
Fahrdorf **SH** 3 Kd 21 ✉24857
Fahren **SH** 4 Lc 22 ✉24253
Fahrenbach **BW** 78 Ka 52 ✉74864
Fahrenholz **BB** 26 Oe 28 ✉17337
Fahrenkrug **SH** 12 Lb 25 ✉23795
Fahrenwalde **MV** 27 Pa 28 ✉17309
Fahrenzhausen **BY** 100 Md 58 ✉85777
Fahrland **BB** 36 Oa 34 ✉14476
Faid **RP** 65 Ha 48 ✉56814
Falkenau **SN** 61 Oa 43 ✉09569
Falkenbach **SN** 73 Oa 45 ✉09429
Falkenberg **BB** 37 Pa 36 ✉15848
Falkenberg **BB** 37 Pb 34 ✉15518
Falkenberg **BB** 49 Od 37 ✉15926
Falkenberg **BY** 82 Nb 49 ✉95685
Falkenberg **BY** 102 Ne 58 ✉84326
Falkenberg **ST** 24 Me 31 ✉39615
Falkenberg (Elster) **BB** 49 Ob 39 ✉04895
Falkenberg/Mark **BB** 27 Of 32 ✉16259
Falkenfels **BY** 92 Nd 54 ✉94350
Falkenhagen **BB** 27 Oe 28 ✉17291
Falkenhagen **BB** 37 Pc 34 ✉15306
Falkenhain **BB** 49 Od 37 ✉15938
Falkenhain **SN** 49 Nf 40 ✉04808
Falkenhain **SN** 62 Oe 44 ✉01773
Falkenrehde **BB** 36 Nf 34 ✉14641
Falkensee **BB** 36 Oa 33 ✉14612
Falkenstein **BY** 92 Nd 54 ✉93167
Falkenstein **RP** 76 Hf 51 ✉67808
Falkenstein (Vogtland) **SN** 72 Nc 46 ✉08223
Falkenthal **BB** 26 Ob 31 ✉16775
Falkenwalde **BB** 27 Pa 29 ✉17291
Fallingbostel **NI** 22 Ke 31 ✉29683
Fambach **TH** 57 Lc 44 ✉98597
Farchant **BY** 109 Ma 63 ✉82490
Fargau-Pratjau **SH** 4 Lc 23 ✉24256
Farnstädt **ST** 47 Md 40 ✉06279
Farschweiler **RP** 75 Ge 50 ✉54317
Farsleben **ST** 34 Me 35 ✉39326
Farven **NI** 21 Kb 28 ✉27446
Faßberg **NI** 22 Lb 31 ✉29328
Faulbach **BY** 78 Kc 50 ✉97906
Faulenrost **MV** 15 Ne 27 ✉17139
Faulungen **TH** 57 Lb 41 ✉99976
Fedderingen **SH** 3 Ka 23 ✉25779
Fehl-Ritzhausen **RP** 66 Ia 44 ✉56472
Fehrbellin **BB** 25 Ne 32 ✉16833
Fehrenbach **TH** 70 Lf 46 ✉98666
Fehrow **BB** 50 Pb 37 ✉03096
Feichten an der Alz **BY** 102 Nd 60 ✉84550
Feilbingert **RP** 76 He 50 ✉67824
Feilitzsch **BY** 71 Mf 46 ✉95183
Feilsdorf **RP** 64 Gc 49 ✉54636
Felchow **BB** 27 Pa 30 ✉16278
Feldafing **BY** 109 Mb 61 ✉82340
Feldatal **HE** 68 Kb 45 ✉36325
Feldberg **MV** 26 Oc 29 ✉17258
Feldberg (Schwarzwald) **BW** 104 Ia 61 ✉79868
Felde **SH** 4 Kf 23 ✉24242
Feldengel **TH** 58 Lf 41 ✉99718
Feldheim **BB** 48 Nf 36 ✉14913
Feldhorst **SH** 12 Lc 25 ✉23858
Feldkirchen **BY** 92 Nd 55 ✉94351
Feldkirchen **BY** 101 Me 60 ✉85622
Feldkirchen-Westerham **BY** 110 Mf 61 ✉83620
Fell **RP** 74 Ge 50 ✉54341
Fellbach **BW** 87 Kb 56 ✉*70734
Fellen **BY** 68 Kd 48 ✉97778
Fellheim **BY** 99 Lb 60 ✉87748
Felm **SH** 4 La 22 ✉24244
Felsberg **HE** 56 Kc 42 ✉34587
Fensdorf **RP** 54 He 44 ✉57580
Fensterbach **BY** 82 Na 52 ✉92269
Ferch **BB** 36 Nf 35 ✉14548
Ferchesar **BB** 35 Nc 33 ✉14715
Ferchland **ST** 34 Na 34 ✉39317
Ferdinandshof **MV** 17 Of 26 ✉17379
Ferdinandshorst **BB** 26 Od 28 ✉17291
Fermerswalde **BB** 49 Ob 39 ✉04895
Ferna **TH** 45 Lb 40 ✉37339
Fernwald **HE** 67 Ie 45 ✉35463
Ferschweiler **RP** 74 Gc 49 ✉54668
Feucht **BY** 80 Mb 52 ✉90537
Feuchtwangen **BY** 89 Lc 54 ✉91555
Feuerscheid **RP** 64 Gc 48 ✉54597
Feusdorf **RP** 64 Gd 46 ✉54584
Fichtelberg **BY** 81 Mf 48 ✉95686
Fichtenau **BW** 89 Lb 54 ✉74579
Fichtenberg **BB** 49 Ob 40 ✉04931
Fichtenberg **BW** 88 Ke 55 ✉74427
Fichtenwalde **BB** 36 Nf 34 ✉14547
Fiefbergen **SH** 4 Lb 22 ✉24217
Fienstedt **ST** 47 Me 39 ✉06198
Fiersbach **RP** 65 Hc 44 ✉57635
Filderstadt **BW** 87 Kb 56 ✉70794
Filsen **RP** 66 Hd 47 ✉56341
Filsum **NI** 19 Hd 29 ✉26849
Filz **RP** 65 Gf 47 ✉56766
Fincken **MV** 25 Nc 28 ✉17209
Finkenbach-Gersweiler **RP** 76 He 50 ✉67822
Finkenthal **MV** 15 Ne 25 ✉17179
Finnentrop **NW** 54 Hf 41 ✉57413
Finning **BY** 100 Lf 60 ✉86923
Finowfurt **BB** 26 Oe 31 ✉16244
Finsing **BY** 101 Mf 59 ✉85464
Finsterbergen **TH** 58 Ld 43 ✉99898
Finsterwalde **BB** 50 Oe 39 ✉03238
Fintel **NI** 21 Ke 29 ✉27389
Firrel **NI** 19 He 29 ✉26835
Fisch **RP** 74 Gc 51 ✉54439
Fischach **BY** 99 Le 59 ✉86850
Fischbach **RP** 75 Hc 50 ✉55743
Fischbach **RP** 76 Hf 52 ✉67693
Fischbach **RP** 85 He 54 ✉66996
Fischbach **SN** 62 Pa 42 ✉01477
Fischbach **TH** 57 Lc 43 ✉99891
Fischbach (Rhön) **TH** 69 La 45 ✉36452
Fischbachau **BY** 110 Mf 62 ✉83730
Fischbach-Oberraden **RP** 64 Gc 48 ✉54675
Fischbachtal **HE** 77 Ie 50 ✉64405
Fischbeck (Elbe) **ST** 34 Mf 33 ✉39524
Fischen **BY** 108 Lb 64 ✉87538
Fischerbach **BW** 96 Ia 59 ✉77716
Fischingen **BW** 104 Hd 63 ✉79592
Fischwasser **BB** 49 Od 39 ✉03238
Fitzbek **SH** 12 Ke 24 ✉25579
Fitzen **SH** 23 Ld 27 ✉21514
Flachslanden **BY** 79 Ld 52 ✉91604
Flacht **RP** 66 Ia 46 ✉65558
Fladungen **BY** 69 La 45 ✉97650
Flammersfeld **RP** 65 Hd 45 ✉57632
Flarchheim **TH** 57 Lc 42 ✉99986
Flatow **BB** 36 Nf 32 ✉16766
Flechtingen **ST** 33 Mb 34 ✉39345
Fleckeby **SH** 3 Ke 22 ✉24357
Flecken Zechlin **BB** 25 Ne 30 ✉16837
Fleetmark **ST** 34 Mc 32 ✉29416
Flein **BW** 87 Kb 54 ✉74223
Flemlingen **RP** 86 Ia 53 ✉76835
Flensburg **SH** 3 Kd 20 ✉*24937
Fleringen **RP** 64 Gd 47 ✉54597
Flessau **ST** 34 Me 32 ✉39606
Flieden **HE** 68 Kd 46 ✉36103
Fließem **RP** 64 Gd 48 ✉54636
Flieth **BB** 27 Oe 30 ✉17268
Flinsberg **TH** 57 Lb 41 ✉37308
Flintbek **SH** 4 La 23 ✉24220
Flintsbach am Inn **BY** 110 Na 62 ✉83126
Flögeln **NI** 10 Ie 26 ✉27624
Flöha **SN** 61 Oa 43 ✉09557
Flörsbachtal **HE** 68 Kc 48 ✉63639
Flörsheim am Main **HE** 77 Ic 48 ✉65439
Flörsheim-Dalsheim **RP** 76 Ia 51 ✉67592
Flöthe **NI** 45 Lc 36 ✉38312
Floh-Seligenthal **TH** 57 Ld 44 ✉98593
Flomborn **RP** 76 Ia 50 ✉55234
Flonheim **RP** 76 Ia 50 ✉55237
Florstadt **HE** 67 If 47 ✉61197
Floß **BY** 82 Nb 50 ✉92685
Flossenbürg **BY** 82 Nc 50 ✉92696
Fluorn-Winzeln **BW** 96 Ic 59 ✉78737
Flurstedt **TH** 59 Md 42 ✉99510
Flußbach **RP** 65 Gf 48 ✉54516
Fluterschen **RP** 66 Hd 44 ✉57614
Fockbek **SH** 3 Kd 23 ✉24787
Fockendorf **TH** 60 Nc 42 ✉04617
Föckelberg **RP** 75 Hd 51 ✉66887
Föhrden-Barl **SH** 12 Ke 25 ✉25563
Föhren **RP** 74 Ge 49 ✉54343
Förderstedt **ST** 47 Md 37 ✉39443
Föritz **TH** 70 Mb 46 ✉96524
Förtha **TH** 57 Lb 43 ✉99819
Fohrde **BB** 35 Nc 34 ✉14798
Fohren-Linden **RP** 75 Hb 51 ✉55777
Folbern **SN** 61 Od 41 ✉01558
Forbach **BW** 86 Ic 56 ✉76596
Forchheim **BW** 95 He 59 ✉79362
Forchheim **BY** 80 Ma 50 ✉91301
Forchtenberg **BW** 88 Kd 53 ✉74670
Forheim **BY** 89 Lc 56 ✉86735
Forst **BW** 87 Id 54 ✉76694
Forst **RP** 54 He 44 ✉57537
Forst (Eifel) **RP** 65 Hb 47 ✉56754
Forst (Hunsrück) **RP** 65 Hb 48 ✉56858
Forst an der Weinstraße **RP** 76 Ib 52 ✉67147
Forstern **BY** 101 Mf 59 ✉85659
Forstinning **BY** 101 Mf 60 ✉85661
Forst/Lausitz (Baršć) **BB** 51 Pd 38 ✉03149
Forstmehren **RP** 54 Hd 44 ✉57635
Fränkisch-Crumbach **HE** 77 If 50 ✉64407

Framersheim **RP** 76 Ib 50 ⊠55234
Frammersbach **BY** 68 Kd 48 ⊠97833
Frankelbach **RP** 76 Hd 51 ⊠67737
Frankena **BB** 49 Od 39 ⊠03253
Frankenau **HE** 55 If 42 ⊠35110
Frankenau **SN** 61 Nf 43 ⊠09648
Frankenberg **SN** 61 Oa 43 ⊠09669
Frankenberg (Eder) **HE** 55 If 42 ⊠35066
Frankendorf **BB** 25 Ne 30 ⊠16818
Frankendorf **TH** 59 Mc 43 ⊠99441
Frankeneck **RP** 76 Ia 52 ⊠67468
Frankenfeld **NI** 31 Kc 32 ⊠27336
Frankenfelde **BB** 37 Pa 32 ⊠16269
Frankenhain **BB** 49 Oc 38 ⊠04936
Frankenhain **TH** 58 Le 44 ⊠99330
Frankenhardt **BW** 88 La 54 ⊠74586
Frankenheim **SN** 60 Nb 40 ⊠04420
Frankenheim **TH** 69 La 45 ⊠98634
Frankenroda **TH** 57 Lb 42 ⊠99826
Frankenstein **RP** 76 Ia 52 ⊠67468
Frankenstein **SN** 61 Ob 43 ⊠09569
Frankenthal **SN** 62 Pa 42 ⊠01909
Frankenthal (Pfalz) **RP** 77 Ib 51 ⊠67227
Frankenwinheim **BY** 79 Lb 49 ⊠97447
Frankfurt (Oder) **BB** 37 Pc 34 ⊠*15230
Frankfurt am Main **HE** 67 Ie 47 ⊠*60311
Frankleben **ST** 59 Mf 41 ⊠06259
Frankweiler **RP** 86 Ia 53 ⊠76833
Franzburg **MV** 15 Nf 23 ⊠18461
Franzenheim **RP** 74 Ge 50 ⊠54316
Frasdorf **BY** 110 Nb 62 ⊠83112
Fraßdorf **ST** 48 Na 38 ⊠06386
Frauenau **BY** 93 Ob 55 ⊠94258
Frauenberg **RP** 75 Hb 50 ⊠55776
Frauendorf **BB** 50 Oe 40 ⊠01945
Frauendorf **BB** 51 Pc 38 ⊠03058
Frauendorf **SN** 60 Nd 42 ⊠04654
Frauenhagen **BB** 27 Pa 30 ⊠16278
Frauenneuharting **BY** 101 Na 60 ⊠83553
Frauenprießnitz **TH** 59 Me 42 ⊠07774
Frauensee **TH** 57 La 43 ⊠36460
Frauenstein **SN** 61 Od 44 ⊠09623
Frauenwald **TH** 70 Lf 45 ⊠98711
Fraunberg **BY** 101 Mf 58 ⊠85447
Fraureuth **SN** 60 Nc 44 ⊠08427
Frechen **NW** 53 Ge 43 ⊠50226
Freckenfeld **RP** 86 Ia 54 ⊠76872
Freckleben **ST** 47 Md 38 ⊠06456
Fredeburg **SH** 13 Le 26 ⊠23909
Freden **NI** 45 Kf 37 ⊠31084
Fredenbeck **NI** 11 Kc 27 ⊠21717
Fredersdorf **BB** 27 Pa 29 ⊠16306
Fredersdorf **BB** 35 Nd 35 ⊠14806
Fredersdorf-Vogelsdorf **BB** 37 Oe 33 ⊠15370
Fredesdorf **SH** 12 Lb 25 ⊠23826
Freesdorf **BB** 50 Oe 38 ⊠15926
Frehne **BB** 25 Nb 29 ⊠16945
Freiamt **BW** 96 Hf 59 ⊠79348
Freiberg **SN** 61 Ob 43 ⊠09599
Freiberg am Neckar **BW** 87 Kb 55 ⊠71691
Freiburg (Elbe) **NI** 11 Kb 26 ⊠21729
Freiburg im Breisgau **BW** 96 Hf 60 ⊠*79098
Freidorf **BB** 37 Oe 36 ⊠15757
Freienbessingen **TH** 58 Le 41 ⊠99713
Freienhagen **BB** 26 Ob 32 ⊠16515
Freienhagen **TH** 57 La 40 ⊠37318
Freienhufen **BB** 50 Of 39 ⊠01983
Freienorla **TH** 59 Md 44 ⊠07768
Freiensteinau **HE** 68 Kc 46 ⊠36399
Freienwill **SH** 3 Kc 20 ⊠24991
Freigericht **HE** 68 Ka 48 ⊠63579
Freihung **BY** 81 Mf 51 ⊠92271
Freilassing **BY** 111 Nf 61 ⊠83395
Frei-Laubersheim **RP** 76 Hf 50 ⊠55546
Freileben **BB** 49 Oc 38 ⊠04936
Freilingen **RP** 66 He 45 ⊠56244
Freimersheim **RP** 76 Ia 50 ⊠55234
Freimersheim **RP** 86 Ib 53 ⊠67482
Freinsheim **RP** 76 Ib 51 ⊠67251
Freirachdorf **RP** 66 He 45 ⊠56244
Freisbach **RP** 86 Ib 53 ⊠67361
Freisen **SL** 75 Hb 51 ⊠66629
Freising **BY** 101 Me 58 ⊠*85354
Freist **ST** 47 Me 39 ⊠06347
Freistatt **NI** 30 Ie 33 ⊠27259
Freital **SN** 62 Od 43 ⊠01705
Freiwalde **BB** 50 Oe 37 ⊠15910
Frellstedt **NI** 33 Lf 35 ⊠38373
Frelsdorf **NI** 21 If 28 ⊠27616
Fremdingen **BY** 89 Lc 55 ⊠86742
Frensdorf **BY** 80 Lf 50 ⊠96158
Freren **NI** 29 Hd 34 ⊠49832
Fresdorf **BB** 36 Oa 35 ⊠14552
Fresenburg **NI** 18 Hb 31 ⊠49762
Fresendelf **SH** 3 Kb 22 ⊠25876
Frestedt **SH** 11 Ka 24 ⊠25727
Frettenheim **RP** 76 Ib 50 ⊠67596
Fretterode **TH** 57 La 41 ⊠37318
Fretzdorf **BB** 25 Nd 30 ⊠16909
Freudenberg **BB** 37 Oe 32 ⊠16259
Freudenberg **BW** 78 Kc 50 ⊠97896
Freudenberg **BY** 81 Mf 52 ⊠92272
Freudenberg **NW** 54 Hf 43 ⊠57258
Freudenburg **RP** 74 Gd 51 ⊠54450
Freudenstadt **BW** 96 Ic 58 ⊠72250
Freudental **BW** 87 Ka 54 ⊠74392
Freyburg (Unstrut) **ST** 59 Me 41 ⊠06632
Freyenstein **BB** 25 Nc 29 ⊠16918
Freystadt **BY** 90 Mc 53 ⊠92342
Freyung **BY** 93 Od 56 ⊠94078
Frickenhausen **BW** 98 Kc 57 ⊠72636
Frickenhausen **BY** 79 La 50 ⊠97252
Frickingen **BW** 106 Kb 62 ⊠88699
Fridingen an der Donau **BW** 97 If 60 ⊠78567
Fridolfing **BY** 102 Ne 60 ⊠83413
Friedberg **BY** 100 Lf 58 ⊠86316
Friedberg (Hessen) **HE** 67 Ie 46 ⊠61169
Friedebach **SN** 61 Oc 44 ⊠09619
Friedebach **TH** 59 Mc 44 ⊠07381
Friedeburg **NI** 19 He 28 ⊠26446
Friedeburg **ST** 19 He 28 ⊠26446
Friedeburgerhütte **ST** 47 Me 39 ⊠06347
Friedelshausen **TH** 69 Lb 45 ⊠98634
Friedelsheim **RP** 76 Ib 52 ⊠67159
Friedenfelde **BB** 26 Oe 30 ⊠17268
Friedenfels **BY** 82 Na 49 ⊠95688
Friedensau **ST** 34 Na 35 ⊠39291
Friedensdorf **ST** 59 Na 40 ⊠06254
Friedenweiler **BW** 105 Ib 61 ⊠79877
Friedersdorf **BB** 37 Oe 35 ⊠15754
Friedersdorf **BB** 37 Pc 33 ⊠15306
Friedersdorf **BB** 49 Ob 38 ⊠04916
Friedersdorf **BB** 49 Od 39 ⊠03253
Friedersdorf **SN** 63 Pd 42 ⊠02742
Friedersdorf **ST** 48 Nc 39 ⊠06749
Friedersdorf **TH** 70 Ma 45 ⊠98701
Friedewald **HE** 57 Kf 43 ⊠36289
Friedewald **RP** 66 Hf 44 ⊠57520
Friedewald **SN** 61 Od 42 ⊠01468
Friedland **BB** 37 Pb 36 ⊠15848
Friedland **MV** 16 Od 27 ⊠17098
Friedland **NI** 57 Kf 40 ⊠37133
Friedmannsdorf **TH** 60 Nb 44 ⊠07580
Friedrichroda **TH** 58 Ld 43 ⊠99894
Friedrichsaue **BB** 37 Pc 33 ⊠15328
Friedrichsaue **ST** 47 Mb 38 ⊠06449
Friedrichsbrunn **ST** 46 Ma 38 ⊠06507
Friedrichsdorf **HE** 67 Id 47 ⊠61381
Friedrichsgabekoog **SH** 11 If 24 ⊠25764
Friedrichsgraben **SH** 3 Kc 23 ⊠24799
Friedrichsgrün **SN** 72 Nd 44 ⊠08141
Friedrichshafen **BW** 106 Kc 63 ⊠*88045
Friedrichshain **BB** 51 Pd 39 ⊠03130
Friedrichsholm **SH** 3 Kc 23 ⊠24799
Friedrichskoog **SH** 11 If 24 ⊠25718
Friedrichsruhe **MV** 14 Me 27 ⊠19374
Friedrichstadt **SH** 3 Ka 22 ⊠25840
Friedrichsthal **BB** 26 Ob 32 ⊠16515
Friedrichsthal **BB** 27 Pc 30 ⊠16306
Friedrichsthal **SL** 75 Ha 52 ⊠66299
Friedrichsthal **TH** 46 Ld 40 ⊠99735
Friedrichswalde **BB** 27 Oe 30 ⊠16247
Friedrichswerth **TH** 57 Ld 43 ⊠99869
Friedrich-Wilhelm-Lübke-Koog **SH** 2 Id 19 ⊠25924
Frielendorf **HE** 56 Ke 43 ⊠34621
Friemar **TH** 58 Le 43 ⊠99869
Friesack **BB** 35 Nd 32 ⊠14662
Friesdorf **ST** 46 Mb 39 ⊠06543
Friesenhagen **NW** 54 He 43 ⊠51598
Friesenheim **BW** 96 Hf 58 ⊠77948
Friesenheim **RP** 76 Ib 49 ⊠55278
Friesenried **BY** 108 Lc 61 ⊠87654
Friesoythe **NI** 19 Hf 30 ⊠26169
Friolzheim **BW** 87 If 55 ⊠71292
Frittlingen **BW** 97 Ie 60 ⊠78665
Fritzlar **HE** 56 Kb 42 ⊠34560
Fröhnd **BW** 104 Hf 62 ⊠79677
Frömmstedt **TH** 58 Ma 41 ⊠99638
Fröndenberg **NW** 42 He 40 ⊠58730
Frössen **TH** 71 Me 46 ⊠07926
Frõttstädt **TH** 58 Ld 43 ⊠99880
Frohburg **SN** 60 Nd 42 ⊠04654
Frohnau **SN** 73 Nf 45 ⊠09456
Frohndorf **TH** 58 Mb 42 ⊠99610
Frohnhofen **RP** 75 Hb 52 ⊠66903
Frohnsdorf **TH** 60 Nd 43 ⊠04618
Fronhausen **HE** 67 Ie 44 ⊠35112
Fronhofen **RP** 75 Hc 49 ⊠55471
Fronreute **BW** 107 Kd 61 ⊠88273
Frontenhausen **BY** 102 Nc 57 ⊠84160
Frose **ST** 47 Mc 38 ⊠06464
Frücht **RP** 66 He 47 ⊠56132
Fuchshain **SN** 60 Nd 41 ⊠04683
Fuchshofen **RP** 65 Gf 46 ⊠53533
Fuchsmühl **BY** 82 Na 49 ⊠95689
Fuchsstadt **BY** 69 Kf 48 ⊠97727
Fuchstal **BY** 108 Le 61 ⊠86925
Fünfeichen **BB** 38 Pd 36 ⊠15890
Fünfstetten **BY** 89 Le 55 ⊠86681
Fürfeld **RP** 76 Hf 50 ⊠55546
Fürstenau **NI** 29 He 33 ⊠49584
Fürstenberg **NI** 44 Kc 38 ⊠37699
Fürstenberg/Havel **BB** 26 Ob 29 ⊠16798
Fürsteneck **BY** 93 Oc 56 ⊠94142
Fürstenfeldbruck **BY** 100 Mb 59 ⊠82256
Fürstenstein **BY** 93 Oc 56 ⊠94538
Fürstenwalde/Spree **BB** 37 Pa 34 ⊠15517
Fürstenwerder **BB** 26 Od 28 ⊠17291
Fürstenzell **BY** 103 Ob 57 ⊠94081
Fürstlich Drehna **BB** 50 Oe 38 ⊠03246
Fürth **BY** 80 Lf 52 ⊠*90762
Fürth **HE** 77 Ie 51 ⊠64658
Fürthen **RP** 54 Hd 44 ⊠57539
Füssen **BY** 108 Le 63 ⊠87629
Fuhlendorf **MV** 6 Nd 22 ⊠18356
Fuhlendorf **SH** 12 Kf 25 ⊠24649
Fuhlenhagen **SH** 13 Ld 27 ⊠21493
Fulda **HE** 68 Kd 45 ⊠*36037
Fuldabrück **HE** 56 Kc 41 ⊠34277
Fuldatal **HE** 56 Kc 40 ⊠34233
Funkenhagen **BB** 26 Od 29 ⊠17268
Furth im Wald **BY** 92 Nf 53 ⊠93437
Furtwangen im Schwarzwald **BW** 96 Ib 60 ⊠78120
Fußgönheim **RP** 76 Ib 52 ⊠67136

G

Gablenz **BB** 51 Pd 38 ⊠03058
Gablenz **SN** 51 Pd 39 ⊠02953
Gablingen **BY** 99 Le 58 ⊠86456
Gabsheim **RP** 76 Ib 50 ⊠55288
Gachenbach **BY** 100 Mb 57 ⊠86565
Gackenbach **RP** 66 Hf 46 ⊠56412
Gadebusch **MV** 13 Ma 26 ⊠19205
Gadegast **ST** 49 Nf 37 ⊠06918
Gadow **BB** 25 Nd 30 ⊠16909
Gadsdorf **BB** 36 Oc 35 ⊠15806
Gädebehn **MV** 14 Md 27 ⊠19089
Gädheim **BY** 79 Lc 48 ⊠97503
Gägelow **MV** 14 Mc 25 ⊠23968
Gärtringen **BW** 87 If 57 ⊠71116
Gäufelden **BW** 97 If 57 ⊠71126
Gagel **ST** 24 Md 31 ⊠39606
Gager **MV** 7 Od 23 ⊠18586
Gaggenau **BW** 86 Ib 56 ⊠76571
Gahlenz **SN** 61 Ob 43 ⊠09569
Gahma **TH** 71 Md 45 ⊠07356
Gahro **BB** 50 Oe 38 ⊠03246
Gahry **BB** 51 Pd 38 ⊠03149
Gaiberg **BW** 77 Ie 52 ⊠69251
Gaienhofen **BW** 106 If 62 ⊠78343
Gaildorf **BW** 88 Ke 54 ⊠74405
Gailingen am Hochrhein **BW** 105 Ie 62 ⊠78262
Gaimersheim **BY** 90 Mc 56 ⊠85080
Gaißach **BY** 109 Md 62 ⊠83674
Galenberg **RP** 65 Hb 46 ⊠56651
Gallin **MV** 15 Na 27 ⊠19386
Gallinchen **BB** 51 Pc 38 ⊠03058
Gallmersgarten **BY** 79 Lb 52 ⊠91605
Gallun **BB** 36 Od 35 ⊠15749
Galmsbüll **SH** 2 Ie 20 ⊠25899
Gamlen **RP** 65 Hb 47 ⊠56761
Gammelby **SH** 3 Ke 21 ⊠24340
Gammelin **MV** 23 Mb 27 ⊠19230
Gammelsdorf **BY** 101 Mf 57 ⊠85408
Gammelshausen **BW** 98 Ke 57 ⊠73108
Gammertingen **BW** 97 Kb 59 ⊠72501
Gandenitz **BB** 26 Oc 29 ⊠17268
Ganderkesee **NI** 20 Id 30 ⊠27777
Gandesbergen **NI** 31 Kb 32 ⊠27324
Gangelt **NW** 52 Ga 43 ⊠52538
Gangkofen **BY** 102 Nd 58 ⊠84140
Ganglofsömmern **TH** 58 Lf 41 ⊠99634
Ganzer **BB** 25 Nd 31 ⊠16845
Ganzlin **MV** 25 Nb 28 ⊠19395
Gappenach **RP** 65 Hc 47 ⊠56294
Garbsen **NI** 31 Kd 34 ⊠*30823
Garching an der Alz **BY** 102 Nd 60 ⊠84518
Garching bei München **BY** 101 Me 59 ⊠85748
Gardelegen **ST** 34 Mc 33 ⊠39638
Garding **SH** 2 Ie 22 ⊠25836
Garlin **BB** 24 Me 29 ⊠19357
Garlipp **ST** 34 Md 33 ⊠39579
Garlitz **BB** 35 Nd 33 ⊠14715
Garlitz **MV** 23 Ma 29 ⊠19249
Garlstorf **NI** 22 La 29 ⊠21376
Garmisch-Partenkirchen **BY** 109 Ma 64 ⊠82467
Garrel **NI** 19 Ia 31 ⊠49681
Garrey **BB** 48 Nd 36 ⊠14823
Gars am Inn **BY** 101 Nb 60 ⊠83536
Garstedt **NI** 22 Lb 29 ⊠21441
Gartow **BB** 25 Nd 31 ⊠16845
Gartow **NI** 24 Mc 30 ⊠29471
Gartz **BB** 27 Pc 29 ⊠16307
Garz **BB** 25 Nd 31 ⊠16845
Garz **MV** 17 Pb 25 ⊠17419
Garz **ST** 35 Nb 32 ⊠39524
Garzau **BB** 37 Of 33 ⊠15345
Garzin **BB** 37 Of 33 ⊠15345
Gatersleben **ST** 46 Mb 38 ⊠06466
Gattendorf **BY** 71 Mf 47 ⊠95185
Gatterstädt **ST** 59 Md 40 ⊠06268
Gau-Algesheim **RP** 76 Ia 49 ⊠55435
Gau-Bickelheim **RP** 76 Ia 50 ⊠55599
Gau-Bischofsheim **RP** 76 Ib 49 ⊠55296
Gauern **TH** 60 Nb 44 ⊠07580
Gauernitz **SN** 61 Od 42 ⊠01665
Gauersheim **RP** 76 Ia 51 ⊠67294
Gaugrehweiler **RP** 76 Hf 50 ⊠67822
Gau-Heppenheim **RP** 76 Ib 50 ⊠55234
Gaukönigshofen **BY** 79 La 51 ⊠97253
Gau-Odernheim **RP** 76 Ia 50 ⊠55239
Gaushorn **SH** 11 Kb 23 ⊠25782
Gaußig (Huska) **SN** 63 Pb 42 ⊠02633
Gauting **BY** 100 Mc 60 ⊠82131
Gau-Weinheim **RP** 76 Ia 49 ⊠55578
Geba **TH** 69 Lb 45 ⊠98617
Gebelzig **SN** 63 Pe 41 ⊠02606
Gebenbach **BY** 81 Mf 51 ⊠92274
Gebersdorf **BB** 49 Oc 37 ⊠15936
Gebersreuth **TH** 71 Mf 46 ⊠07926
Gebesee **TH** 58 Lf 42 ⊠99189
Gebhardshain **RP** 54 He 44 ⊠57580
Gebroth **RP** 76 He 49 ⊠55595
Gebsattel **BY** 79 Lb 52 ⊠91607
Gebstedt **TH** 59 Md 42 ⊠99510
Gechingen **BW** 87 If 56 ⊠75391
Gedern **HE** 68 Kb 46 ⊠63688
Geesow **BB** 27 Pc 29 ⊠16307
Geeste **NI** 28 Hb 33 ⊠49744
Geestgottberg **ST** 24 Me 31 ⊠39615
Geesthacht **SH** 22 Lc 28 ⊠21502
Gefell **RP** 65 Gf 47 ⊠54552
Gefell **TH** 71 Mf 46 ⊠07926
Gefrees **BY** 71 Me 48 ⊠95482
Gehaus **TH** 57 La 44 ⊠36404
Gehlberg **TH** 70 Le 44 ⊠98559
Gehlert **RP** 66 Hf 45 ⊠57627
Gehlweiler **RP** 75 Hc 49 ⊠55490
Gehofen **TH** 59 Mb 41 ⊠06571
Gehrde **NI** 29 Ia 33 ⊠49596
Gehrden **NI** 31 Kd 35 ⊠30989
Gehren **BB** 49 Od 38 ⊠15926
Gehren **MV** 16 Oe 27 ⊠17335
Gehringswalde **SN** 73 Oa 45 ⊠09429
Gehrweiler **RP** 76 He 51 ⊠67724
Geichlingen **RP** 74 Gb 49 ⊠54675
Geiersthal **BY** 92 Nf 54 ⊠94244
Geierswalde **SN** 50 Pa 39 ⊠02979
Geilenkirchen **NW** 52 Ga 43 ⊠52511
Geilnau **RP** 66 Hf 46 ⊠56379
Geisa **TH** 69 Kf 44 ⊠36419
Geiselbach **BY** 68 Kb 48 ⊠63826
Geiselberg **RP** 76 He 53 ⊠67715
Geiselhöring **BY** 92 Nc 56 ⊠94333
Geiselwind **BY** 79 Lc 50 ⊠96160
Geisenfeld **BY** 91 Md 56 ⊠85290
Geisenhain **TH** 59 Me 43 ⊠07646
Geisenhausen **BY** 101 Nb 58 ⊠84144
Geisenheim **HE** 76 Hf 49 ⊠65366
Geisfeld **RP** 75 Gf 50 ⊠54413
Geisig **RP** 66 He 47 ⊠56357
Geising **SN** 62 Oe 44 ⊠01778
Geisingen **BW** 105 Ie 61 ⊠78187
Geisleden **TH** 57 Lb 40 ⊠37308
Geislingen **BW** 97 Ie 59 ⊠72351
Geislingen an der Steige **BW** 98 Kf 57 ⊠73312
Geismar **TH** 57 Lb 41 ⊠37308
Geitersdorf **TH** 59 Mb 44 ⊠07407
Geithain **SN** 60 Ne 42 ⊠04643
Gelbensande **MV** 15 Nb 23 ⊠18182
Gelchsheim **BY** 79 La 51 ⊠97255
Geldern **NW** 40 Gc 39 ⊠47608
Geldersheim **BY** 69 Lb 48 ⊠97505
Gelenau **SN** 61 Nf 44 ⊠09423
Gelenberg **RP** 65 Gf 47 ⊠53539
Gellmersdorf **BB** 27 Pa 31 ⊠16278
Gelnhausen **HE** 68 Kb 47 ⊠63571
Gelsenkirchen **NW** 41 Ha 39 ⊠*45879
Geltendorf **BY** 100 Ma 60 ⊠82269
Gelting **SH** 4 Kf 20 ⊠24395
Geltorf **SH** 3 Kd 22 ⊠24884
Geltow **BB** 36 Nf 34 ⊠14542
Gemmerich **RP** 66 He 47 ⊠56357
Gemmingen **BW** 87 Ka 54 ⊠75050
Gemmrigheim **BW** 87 Kb 54 ⊠74376
Gemünd **RP** 64 Gb 49 ⊠54673
Gemünden **BY** 68 Ke 48 ⊠97737
Gemünden **HE** 68 Ka 44 ⊠35329
Gemünden **RP** 66 Ia 45 ⊠56459
Gemünden **RP** 75 Hd 49 ⊠55490
Gemünden (Wohra) **HE** 55 If 43 ⊠35285
Genderkingen **BY** 90 Lf 56 ⊠86682
Gengenbach **BW** 96 Ia 58 ⊠77723
Genschmar **BB** 37 Pc 33 ⊠15328
Genshagen **BB** 36 Oc 35 ⊠14974
Gensingen **RP** 76 Hf 49 ⊠55457
Gentha **ST** 49 Nf 38 ⊠06918
Genthin **ST** 35 Nb 34 ⊠39307
Gentingen **RP** 74 Gb 49 ⊠54675
Genzkow **MV** 16 Od 27 ⊠17099
Georgenberg **BY** 82 Nc 50 ⊠92697
Georgensgmünd **BY** 90 Lf 53 ⊠91166
Georgenthal **TH** 58 Ld 44 ⊠99887
Georgsdorf **NI** 28 Ha 33 ⊠49828
Georgsmarienhütte **NI** 29 Ia 35 ⊠49124
Gera **TH** 60 Na 43 ⊠*07545
Geraberg **TH** 70 Le 44 ⊠98716
Gerabronn **BW** 88 Kf 53 ⊠74582
Gerach **BY** 80 Le 48 ⊠96161
Gerach **RP** 75 Hc 50 ⊠55743
Geratskirchen **BY** 102 Nd 58 ⊠84552
Gerbach **RP** 76 Hf 50 ⊠67813
Gerbershausen **TH** 57 Kf 40 ⊠37318
Gerbitz **ST** 47 Mf 37 ⊠06429
Gerbrunn **BY** 79 Kf 50 ⊠97218
Gerbstedt **ST** 47 Md 39 ⊠06347
Gerdau **NI** 22 Lc 31 ⊠29581
Gerdshagen **BB** 25 Nb 29 ⊠16928
Geretsried **BY** 109 Md 61 ⊠82538
Gerhardsbrunn **RP** 75 Hc 52 ⊠66894
Gerhardshofen **BY** 80 Le 51 ⊠91466
Gering **RP** 65 Hb 47 ⊠56751
Geringswalde **SN** 61 Nf 42 ⊠09326
Gerlebogk **ST** 47 Mf 38 ⊠06420
Gerlingen **BW** 87 Ka 56 ⊠70839
Germaringen **BY** 108 Ld 61 ⊠87656
Germendorf **BB** 36 Oa 32 ⊠16767
Germering **BY** 100 Mc 60 ⊠82110
Germersheim **RP** 86 Ic 53 ⊠76726
Gernrode **ST** 46 Ma 38 ⊠06507
Gernrode **TH** 57 Lc 40 ⊠37339
Gernsbach **BW** 86 Ic 56 ⊠76593
Gernsheim **HE** 77 Ic 50 ⊠64579
Geroda **BY** 69 Kf 47 ⊠97779
Geroda **TH** 59 Mf 44 ⊠07819
Geroldsgrün **BY** 71 Md 46 ⊠95179
Geroldshausen **BY** 79 Kf 50 ⊠97256
Gerolfingen **BY** 89 Ld 54 ⊠91726
Gerolsbach **BY** 100 Mc 58 ⊠85302
Gerolsheim **RP** 76 Ib 51 ⊠67229
Gerolstein **RP** 64 Gd 47 ⊠54568
Gerolzhofen **BY** 79 Lc 49 ⊠97447
Gersdorf **SN** 60 Ne 44 ⊠09355
Gersdorf bei Leisnig **SN** 61 Nf 42 ⊠04703
Gersdorf-Möhrsdorf **SN** 62 Pa 41 ⊠01920
Gersfeld (Rhön) **HE** 69 Kf 46 ⊠36129
Gersheim **SL** 85 Hb 54 ⊠66453
Gersten **NI** 29 Hd 33 ⊠49838
Gerstenberg **TH** 60 Nc 42 ⊠04617
Gerstengrund **TH** 69 La 44 ⊠36419
Gerstetten **BW** 98 La 57 ⊠89547
Gersthofen **BY** 100 Lf 58 ⊠86368
Gerstungen **TH** 57 La 43 ⊠99834
Gerswalde **BB** 27 Oe 29 ⊠17268
Gerterode **TH** 57 Lc 40 ⊠37355
Gertewitz **TH** 71 Md 44 ⊠07389
Gerthausen **TH** 69 Lb 45 ⊠98617
Gerwisch **ST** 34 Me 35 ⊠39175
Gerzen **BY** 102 Nc 57 ⊠84175
Geschendorf **SH** 12 Ld 22
Gescher **NW** 41 Ha 37 ⊠48712
Geschwenda **TH** 58 Lf 44 ⊠98716
Gesees **BY** 81 Md 49 ⊠95494
Geseke **NW** 43 Ic 39 ⊠59590
Geslau **BY** 79 Lb 52 ⊠91608
Gessertshausen **BY** 99 Le 59 ⊠86459
Gestratz **BY** 107 Kf 63 ⊠88167
Getelo **NI** 28 Gf 34 ⊠49843
Gettorf **SH** 4 Kf 22 ⊠24214
Geusa **ST** 59 Mf 40 ⊠06217
Geußnitz **ST** 60 Nb 42 ⊠06712
Gevelsberg **NW** 53 Hc 41 ⊠58285
Gevenich **RP** 65 Ha 48 ⊠56825
Gevensleben **NI** 46 Le 36 ⊠38384
Geversdorf **NI** 11 Ka 26 ⊠21784
Geyer **SN** 73 Nf 45 ⊠09468
Giebelstadt **BY** 79 Kf 51 ⊠97232
Gieboldehausen **NI** 45 Lb 39 ⊠37434
Gieckau **ST** 59 Mf 42 ⊠06618
Giekau **SH** 4 Lc 23 ⊠24321
Gielde **NI** 45 Ld 36 ⊠38315
Gieleroth **RP** 66 He 44 ⊠57610
Gielert **RP** 75 Gf 50 ⊠54424
Gielow **MV** 15 Ne 26 ⊠17139
Gielsdorf **BB** 37 Of 33 ⊠15345
Giengen an der Brenz **BW** 99 Lb 57 ⊠89537
Gierschnach **RP** 65 Hb 47 ⊠56294
Giershausen **RP** 66 Hd 44 ⊠57632
Giersleben **ST** 47 Md 38 ⊠06449
Gierstädt **TH** 58 Lf 42 ⊠99100
Giesdorf **RP** 64 Gc 47 ⊠54614
Giesenhausen **RP** 54 He 44 ⊠57612
Giesenhorst **BB** 35 Nc 32 ⊠16845
Giesensdorf **BB** 37 Pa 36 ⊠15848
Giesensdorf **SH** 13 Le 26 ⊠23909
Gieseritz **ST** 33 Ma 32 ⊠29413
Gieshof-Zelliner Loose **BB** 37 Pb 32 ⊠15324
Gießen **HE** 67 Ie 45 ⊠*35390
Gießmannsdorf **BB** 49 Od 37 ⊠15926
Gifhorn **NI** 33 Ld 34 ⊠38518
Gilching **BY** 100 Mb 60 ⊠82205
Gillenbeuren **RP** 65 Ha 48 ⊠56825
Gillenfeld **RP** 65 Gf 48 ⊠54558
Gillersdorf **TH** 70 Ma 45 ⊠98701
Gilserberg **HE** 56 Ka 43 ⊠34630
Gilten **NI** 31 Kd 32 ⊠29690
Gilzem **RP** 74 Gd 49 ⊠54298
Gimbsheim **RP** 77 Ic 50 ⊠67578
Gimbweiler **RP** 75 Hb 51 ⊠55767
Gimritz **ST** 47 Mf 39 ⊠06198
Gindorf **RP** 64 Gd 48 ⊠54657
Gingen an der Fils **BW** 88 Ke 57 ⊠73333
Gingst **MV** 7 Ob 22 ⊠18569
Ginsheim-Gustavsburg **HE** 77 Ic 49 ⊠65462
Ginsweiler **RP** 76 Hd 51 ⊠67742
Gipperath **RP** 65 Gf 48 ⊠54533
Girod **RP** 66 Hf 46 ⊠56412
Gischau **ST** 33 Ma 32 ⊠29416
Gischow **MV** 24 Mf 28 ⊠19386
Gittelde **NI** 45 Lb 38 ⊠37534
Gladau **ST** 35 Na 35 ⊠39307
Gladbach **RP** 74 Ge 49 ⊠54518
Gladbeck **NW** 41 Gf 39 ⊠*45964
Gladenbach **HE** 55 Id 44 ⊠35075
Gladigau **ST** 34 Md 32 ⊠39606
Glaisin **MV** 24 Mc 29 ⊠19288
Glambeck **BB** 26 Oa 31 ⊠16775
Glanbrücken **RP** 75 Hd 51 ⊠66887
Glandorf **NI** 42 Hf 36 ⊠49219
Glan-Münchweiler **RP** 75 Hc 52 ⊠66907
Glasau **SH** 13 Lc 24 ⊠23719
Glasehausen **TH** 45 Lb 40 ⊠37308
Glasewitz **MV** 15 Nb 26 ⊠18276
Glashütte **MV** 17 Pb 27 ⊠17321
Glashütte **SN** 62 Oe 43 ⊠01768
Glashütten **BY** 81 Mc 49 ⊠95496
Glashütten **HE** 67 Ic 47 ⊠61479
Glasin **MV** 14 Me 25 ⊠23992
Glasow **MV** 27 Pb 28 ⊠17322
Glattbach **BY** 78 Ka 48 ⊠63864
Glatten **BW** 96 Id 58 ⊠72293
Glau **BB** 36 Ob 35 ⊠14959
Glaubitz **SN** 61 Oc 41 ⊠01612
Glauburg **HE** 67 Ka 47 ⊠63695
Glauchau **SN** 60 Nd 44 ⊠08371
Glauzig **ST** 47 Na 39 ⊠06369
Glebitzsch **ST** 48 Nb 39 ⊠06794
Glees **RP** 65 Hb 46 ⊠56653
Gleichamberg **TH** 70 Ld 46 ⊠98646
Gleichen **NI** 45 La 40 ⊠37130
Gleicherwiesen **TH** 70 Ld 46 ⊠98646
Gleima **TH** 71 Md 45 ⊠07356
Gleina **ST** 59 Me 41 ⊠06632
Gleiritsch **BY** 82 Nb 52 ⊠92723
Gleißenberg **BY** 83 Ne 53 ⊠93477
Gleisweiler **RP** 86 Ia 53 ⊠76835
Gleiszellen-Gleishorbach **RP** 86 Hf 54 ⊠76889
Glesien **SN** 48 Nb 40 ⊠04509
Glewitz **MV** 15 Nf 24 ⊠18513
Glienecke **BB** 35 Nc 35 ⊠14793
Glienick **BB** 36 Oc 35 ⊠15806
Glienicke **BB** 37 Pa 35 ⊠15864
Glienicke-Nordbahn **BB** 36 Oc 33 ⊠16548
Glienig **BB** 49 Oc 37 ⊠15936
Glienke **MV** 16 Oc 27 ⊠17099
Glietz **BB** 50 Pa 36 ⊠15913
Glinde **SH** 12 Lb 27 ⊠21509
Glinde **ST** 47 Mf 36 ⊠39249
Glindenberg **ST** 34 Md 35 ⊠39326
Glindow **BB** 36 Nf 34 ⊠14542
Glöthe **ST** 47 Md 37 ⊠39240
Glött **BY** 99 Lc 57 ⊠89353
Glöwen **BB** 24 Na 31 ⊠19339
Glonn **BY** 101 Mf 61 ⊠85625
Glottertal **BW** 96 Hf 60 ⊠79286
Glowe **MV** 7 Oc 21 ⊠18551
Glücksburg (Ostsee) **SH** 3 Kd 19 ⊠24960
Glückstadt **SH** 11 Kc 26 ⊠25348
Glüsing **SH** 3 Kb 23 ⊠25779
Gmund am Tegernsee **BY** 110 Me 62 ⊠83703
Gnadau **ST** 47 Me 37 ⊠39249
Gnandstein **SN** 60 Nd 42 ⊠04655
Gnarrenburg **NI** 21 If 28 ⊠27442
Gnaschwitz-Doberschau (Hnašecy-Dobruša) **SN** 63 Pc 42 ⊠02692
Gneisenaustadt Schildau **SN** 49 Nf 40 ⊠04889
Gnetsch **ST** 47 Na 38 ⊠06369
Gneven **MV** 14 Md 27 ⊠19065
Gnevezow **MV** 16 Nf 26 ⊠17111
Gnevkow **MV** 16 Oa 26 ⊠17089
Gnevsdorf **MV** 25 Nb 28 ⊠19395
Gnewitz **MV** 15 Nc 24 ⊠18195
Gnoien **MV** 15 Ne 25 ⊠17179
Gnotzheim **BY** 89 Le 54 ⊠91728
Gnutz **SH** 12 Ke 24 ⊠24622
Goch **NW** 40 Ga 38 ⊠47574
Gochsheim **BY** 79 Lb 48 ⊠97469
Goddert **RP** 66 He 45 ⊠56244
Godendorf **MV** 26 Oa 29 ⊠17237
Godern **MV** 14 Md 27 ⊠19065
Göbitz **ST** 60 Nb 42 ⊠06712
Göcklingen **RP** 86 Ia 54 ⊠76831
Göda (Hodźij) **SN** 63 Pb 41 ⊠02633
Gödenroth **RP** 65 Hd 48 ⊠56290
Gödenstorf **NI** 22 La 29 ⊠21376
Gödnitz **ST** 47 Mf 37 ⊠39264
Göggingen **BW** 88 Kf 55 ⊠73571
Göhl **SH** 5 Lf 23 ⊠23758
Göhlen **BB** 38 Pd 36 ⊠15898
Göhlen **MV** 24 Mc 29 ⊠19288
Göhlsdorf **BB** 35 Ne 34 ⊠14542
Göhrde **NI** 23 Le 30 ⊠29473
Göhren **MV** 7 Oe 22 ⊠18586
Göhren **MV** 14 Md 27 ⊠19089
Göhren **MV** 26 Od 28 ⊠17348
Göhren **TH** 60 Nc 43 ⊠04603
Göhren-Döhlen **TH** 59 Na 44 ⊠07950
Göhren-Lebbin **MV** 25 Nd 28 ⊠17213
Göldenitz **SH** 13 Ld 26 ⊠23919
Gölenkamp **NI** 28 Gf 33 ⊠49843
Göllheim **RP** 76 Ia 51 ⊠67307
Göllin **MV** 14 Me 25 ⊠18246

Göllingen TH 58 Ma 40 ⊠ 06567
Göllnitz BB 50 Of 39 ⊠ 03238
Göllnitz TH 60 Nb 43 ⊠ 04626
Gönnebek SH 12 Lb 24 ⊠ 24610
Gönnersdorf RP 64 Gd 47 ⊠ 54584
Gönnersdorf RP 65 Hb 46 ⊠ 53498
Gönnheim RP 76 Ib 52 ⊠ 67161
Göpfersdorf TH 60 Nd 43 ⊠ 04618
Göppingen BW 88 Ke 56 ⊠•73033
Görgeshausen RP 66 Hf 46 ⊠ 56412
Görike BB 25 Nb 31 ⊠ 16866
Görisried BY 108 Lc 62 ⊠ 87657
Göritz BB 27 Of 28 ⊠ 17291
Göritz BB 50 Pa 38 ⊠ 03226
Görkwitz TH 71 Me 45 ⊠ 07907
Görlitz SN 63 Pf 41 ⊠•02826
Görlsdorf BB 27 Of 30 ⊠ 16278
Görlsdorf BB 50 Oe 38 ⊠ 15926
Görmin MV 16 Ob 25 ⊠ 17121
Görne BB 35 Nd 32 ⊠ 14728
Görsbach TH 46 Lf 40 ⊠ 99765
Görschen ST 59 Mf 42 ⊠ 06618
Görsdorf BB 49 Oc 37 ⊠ 15936
Görsdorf bei Storkow BB 37 Of 35 ⊠ 15859
Görwihl BW 105 Ia 63 ⊠ 79733
Görzig BB 37 Pb 35 ⊠ 15848
Görzig ST 47 Mf 39 ⊠ 06369
Görzke BB 35 Nc 35 ⊠ 14828
Göschitz TH 71 Mf 45 ⊠ 07907
Gösen TH 59 Mf 43 ⊠ 07607
Gösenroth RP 75 Hc 49 ⊠ 55624
Gössenheim BY 78 Ke 48 ⊠ 97780
Gössitz TH 71 Md 45 ⊠ 07389
Gößlow MV 23 Ma 28 ⊠ 19249
Gößnitz TH 60 Nc 43 ⊠ 04639
Gößweinstein BY 81 Mc 50 ⊠ 91327
Göttengrün TH 71 Mf 46 ⊠ 07926
Göttin SH 13 Le 27 ⊠ 21514
Göttingen NI 45 Ke 39 ⊠•37073
Göttlin BB 35 Nb 33 ⊠ 14715
Göttnitz ST 47 Na 39 ⊠ 06780
Götz BB 35 Ne 34 ⊠ 14778
Gohlis SN 61 Ob 40 ⊠ 01619
Gohrau ST 48 Nc 38 ⊠ 06786
Gohrisch SN 62 Pa 43 ⊠ 01824
Gokels SH 11 Kc 24 ⊠ 25557
Golbitz ST 47 Me 39 ⊠ 06420
Golchen MV 16 Ob 26 ⊠ 17089
Goldbach BY 78 Kb 48 ⊠ 63773
Goldbach TH 58 Le 43 ⊠ 99869
Goldbeck BB 25 Nd 30 ⊠ 16909
Goldbeck ST 34 Mf 32 ⊠ 39596
Goldberg MV 14 Na 27 ⊠ 19399
Goldebek SH 3 Ka 20 ⊠ 25862
Goldelund SH 3 Ka 20 ⊠ 25862
Goldenstädt MV 24 Md 28 ⊠ 19079
Goldenstedt NI 30 Ic 32 ⊠ 49424
Goldisthal TH 70 Ma 45 ⊠ 98746
Goldkronach BY 81 Me 48 ⊠ 95497
Goldschau ST 59 Mf 42 ⊠ 06721
Gollenberg RP 75 Hb 50 ⊠ 55767
Gollensdorf ST 24 Md 31 ⊠ 39615
Gollhofen BY 79 Lb 51 ⊠ 97258
Gollin BB 26 Od 30 ⊠ 17268
Gollmitz BB 27 Oe 29 ⊠ 17291
Gollmitz BB 50 Of 38 ⊠ 03205
Gollwitz BB 35 Nb 34 ⊠ 14789
Golm BB 27 Pa 30 ⊠ 16306
Golm BB 36 Nf 34 ⊠ 14476
Golmbach NI 44 Kd 37 ⊠ 37640
Golmsdorf TH 59 Me 43 ⊠ 07751
Goltoft SH 3 Ke 21 ⊠ 24864
Golzow BB 27 Oe 31 ⊠ 16230
Golzow BB 35 Nd 35 ⊠ 14778
Golzow BB 37 Pd 33 ⊠ 15328
Gomadingen BW 98 Kc 58 ⊠ 72532
Gomaringen BW 97 Ka 58 ⊠ 72810
Gommern ST 47 Me 36 ⊠ 39245
Gommersheim RP 86 Ib 53 ⊠ 67377
Gompertshausen TH 70 Ld 47 ⊠ 98663
Gompitz SN 61 Od 42 ⊠ 01462
Gonbach RP 76 Hf 51 ⊠ 67724
Gondelsheim BW 87 Id 54 ⊠ 75053
Gondenbrett RP 64 Gc 47 ⊠ 54595
Gondershausen RP 65 Hc 48 ⊠ 56283
Gondorf RP 74 Gd 49 ⊠ 54647
Gonna ST 47 Mb 39 ⊠ 06528
Goosefeld SH 3 Kf 22 ⊠ 24340
Goppeln SN 62 Oe 43 ⊠ 01728
Gorden BB 49 Od 39 ⊠ 03238
Gorenzen ST 47 Mc 39 ⊠ 06343
Gorgast BB 38 Pd 33 ⊠ 15328
Gorleben NI 24 Mc 30 ⊠ 29475
Gorlosen MV 24 Mc 29 ⊠ 19294
Gornau SN 61 Oa 44 ⊠ 09405
Gornhausen RP 75 Ha 49 ⊠ 54472
Gornsdorf SN 61 Nf 43 ⊠ 09390
Gorschendorf MV 15 Ne 26 ⊠ 17139
Gorsleben TH 58 Ma 41 ⊠ 06577
Gortz BB 35 Nd 33 ⊠ 14778
Gorxheimertal HE 77 Ie 51 ⊠ 69517
Gosda BB 50 Of 38 ⊠ 03205
Gosda SN 51 Pd 39 ⊠ 03149
Goseck ST 59 Mf 41 ⊠ 06667
Gosen BB 37 Oe 34 ⊠ 15537
Gosheim BW 97 Ie 60 ⊠ 78559
Goslar NI 45 Lc 37 ⊠•38640
Gospiteroda TH 58 Ld 43 ⊠ 99880
Gossa ST 48 Nc 38 ⊠ 06773
Gossel TH 58 Le 44 ⊠ 99338
Gossersweiler-Stein RP 86 Hf 54 ⊠ 76857
Goßmar BB 49 Oe 38 ⊠ 03249
Goßmar BB 49 Oe 38 ⊠ 15926
Goßwitz TH 71 Mf 45 ⊠ 07334
Gotha TH 58 Le 43 ⊠ 99867
Gottberg BB 25 Nd 31 ⊠ 16845
Gottenheim BW 95 He 60 ⊠ 79288
Gottesgabe MV 13 Mb 27 ⊠ 19209
Gotteszell BY 92 Nf 55 ⊠ 94239
Gottfrieding BY 92 Nd 57 ⊠ 84177
Gotthun MV 25 Nd 28 ⊠ 17207
Gottmadingen BW 105 Ie 62 ⊠ 78244
Graach an der Mosel RP 75 Ha 49 ⊠ 54470
Graal-Müritz MV 6 Nb 23 ⊠ 18181
Grabau SH 12 Lb 26 ⊠ 23845
Grabau SH 23 Ld 27 ⊠ 21493
Graben BY 99 Le 59 ⊠ 86836
Graben-Neudorf BW 86 Ic 54 ⊠ 76676
Grabenstätt BY 111 Nd 61 ⊠ 83355
Grabenstetten BW 98 Kc 57 ⊠ 72582
Grabko BB 51 Pd 37 ⊠ 03172
Grabow MV 24 Md 29 ⊠ 19300
Grabow ST 34 Mf 35 ⊠ 39291
Grabow-Below MV 25 Nc 29 ⊠ 17209
Grabow-Buckow BB 25 Nb 29 ⊠ 16945
Grabowhöfe MV 15 Nd 27 ⊠ 17194
Grabsleben TH 58 Lf 43 ⊠ 99869
Gräben BB 35 Nc 35 ⊠ 14793
Gräbendorf BB 37 Oe 35 ⊠ 15741
Gräfelfing BY 100 Mc 60 ⊠ 82166
Gräfenberg BY 80 Mb 51 ⊠ 91322
Gräfendhron RP 75 Gf 50 ⊠ 54426
Gräfendorf BB 49 Ob 37 ⊠ 14913
Gräfendorf BB 49 Ob 39 ⊠ 04916
Gräfendorf BY 78 Ke 48 ⊠ 97782
Gräfendorf TH 71 Md 45 ⊠ 07387
Gräfendorf-Nitzendorf TH 57 Lb 43 ⊠ 36433
Gräfenhain SN 62 Of 41 ⊠ 01936
Gräfenhainichen ST 48 Nc 38 ⊠ 06773
Gräfenroda TH 58 Lf 44 ⊠ 99330
Gräfenthal TH 71 Mb 45 ⊠ 98743
Gräfenwarth TH 71 Me 45 ⊠ 07907
Gräningen BB 35 Nc 33 ⊠ 14715
Grävenwiesbach HE 67 Ic 46 ⊠ 61279
Grafenau BW 87 If 56 ⊠ 71120
Grafenau BY 93 Oc 55 ⊠ 94481
Grafenberg BW 97 Kb 57 ⊠ 72661
Grafengehaig BY 71 Md 47 ⊠ 95356
Grafenhausen BW 105 Ib 62 ⊠ 79865
Grafenrheinfeld BY 79 Lb 49 ⊠ 97506
Grafenwiesen BY 92 Nf 53 ⊠ 93479
Grafenwöhr BY 81 Mf 50 ⊠ 92655
Grafhorst NI 33 Lf 34 ⊠ 38462
Grafing bei München BY 101 Na 60 ⊠ 85567
Grafling BY 92 Nf 55 ⊠ 94539
Grafrath BY 100 Ma 60 ⊠ 82284
Grafschaft RP 65 Ha 45 ⊠ 53501
Grainau BY 109 Lf 64 ⊠ 82491
Grainet BY 93 Oe 56 ⊠ 94143
Grambek SH 13 Le 27 ⊠ 23883
Grambin MV 17 Pa 26 ⊠ 17375
Grambow MV 13 Mb 27 ⊠ 19071
Grambow MV 27 Pc 28 ⊠ 17322
Gramkow MV 13 Mc 25 ⊠ 23968
Grammendorf MV 15 Nf 24 ⊠ 18513
Grammentin MV 15 Nf 26 ⊠ 17153
Grammow MV 15 Nd 24 ⊠ 18195
Gramzow BB 27 Of 29 ⊠ 17291
Grana ST 60 Na 42 ⊠ 06712
Grande SH 12 Lc 27 ⊠ 22946
Grano BB 51 Pd 37 ⊠ 03172
Granschütz ST 59 Na 41 ⊠ 06679
Gransdorf RP 64 Ge 48 ⊠ 54533
Gransebieth MV 15 Nf 24 ⊠ 18513
Gransee BB 26 Oa 30 ⊠ 16775
Granzin MV 24 Mf 27 ⊠ 19386
Granzow BB 25 Nb 31 ⊠ 16866
Grapzow MV 16 Ob 26 ⊠ 17089
Grasberg NI 21 Ka 30 ⊠ 28879
Grasbrunn BY 101 Me 60 ⊠ 85630
Grasellenbach HE 77 If 51 ⊠ 64689
Grasleben NI 33 Ma 35 ⊠ 38368
Grassau BB 49 Ob 38 ⊠ 04916
Grassau BY 111 Nc 62 ⊠ 83224
Grassau ST 34 Me 32 ⊠ 39579
Grattersdorf BY 93 Oa 56 ⊠ 94541
Grauel SH 11 Ke 24 ⊠ 24594
Grauenhagen MV 26 Od 28 ⊠ 17348
Grauingen ST 33 Mb 34 ⊠ 39359
Graupa SN 62 Of 42 ⊠ 01796
Graustein BB 51 Pc 39 ⊠ 03130
Grebbin MV 14 Mf 27 ⊠ 19374
Grebenau HE 56 Kc 44 ⊠ 36323
Grebenhain HE 68 Kc 46 ⊠ 36355
Grebenstein HE 44 Kc 40 ⊠ 34393
Grebin SH 12 Ld 23 ⊠ 24329
Grebs BB 35 Nd 34 ⊠ 14793
Grebs MV 24 Mb 29 ⊠ 19294
Greding BY 90 Mc 54 ⊠ 91171
Grefrath NW 52 Gb 40 ⊠ 47929
Greifenberg BY 100 Ma 60 ⊠ 86926
Greifenhagen ST 47 Mc 39 ⊠ 06333
Greifenhain BB 50 Pa 39 ⊠ 03116
Greifenhain SN 60 Nd 42 ⊠ 04654
Greifenstein HE 67 Ib 45 ⊠ 35753
Greiffenberg BB 27 Of 30 ⊠ 16278
Greifswald MV 16 Oc 24 ⊠•17489
Greiling BY 109 Md 62 ⊠ 83677
Greimerath RP 65 Gf 48 ⊠ 54533
Greimerath RP 74 Ge 51 ⊠ 54314
Greimersburg RP 65 Ha 47 ⊠ 56814
Greiz TH 72 Nb 45 ⊠ 07973
Gremersdorf MV 15 Nf 24 ⊠ 18461
Gremersdorf SH 5 Lf 22 ⊠ 23758
Gremsdorf BY 80 Lf 50 ⊠ 91350
Grenderich RP 65 Hb 48 ⊠ 56858
Grenzach-Wyhlen BW 104 He 63 ⊠ 79639
Greppin ST 48 Nb 39 ⊠ 06803
Gresenhorst MV 15 Nc 24 ⊠ 18337
Gresse MV 23 Le 28 ⊠ 19258
Grethem NI 31 Kd 32 ⊠ 29690
Grettstadt BY 79 Lb 49 ⊠ 97508
Greußen TH 58 Lf 41 ⊠ 99718
Greußenheim BY 78 Ke 50 ⊠ 97259
Greven MV 23 Le 28 ⊠ 19258
Greven NW 29 Hd 36 ⊠ 48268
Grevenbroich NW 52 Gd 42 ⊠•41515
Grevenkop SH 11 Kd 25 ⊠ 25361
Grevenkrug SH 12 La 23 ⊠ 24241
Grevesmühlen MV 13 Mb 25 ⊠ 23936
Gribbohm SH 11 Kb 24 ⊠ 25596
Gribow MV 16 Oc 25 ⊠ 17506
Griebelschied RP 75 Hc 50 ⊠ 55608
Grieben BB 26 Oa 31 ⊠ 16775
Grieben MV 13 Ma 25 ⊠ 23936
Grieben ST 34 Mf 34 ⊠ 39517
Griebenow MV 16 Ob 24 ⊠ 18516
Griebo ST 48 Nd 37 ⊠ 06869
Griefstedt TH 58 Ma 41 ⊠ 99638
Gries RP 75 Hc 52 ⊠ 66903
Griesbach im Rottal BY 103 Ob 58 ⊠ 94086
Griesen ST 48 Nc 38 ⊠ 06786
Griesheim HE 77 Id 49 ⊠ 64347
Griesheim TH 58 Ma 44 ⊠ 99326
Griesbach SN 61 Oa 44 ⊠ 09435
Grießen BB 51 Pd 37 ⊠ 03172
Griesstätt BY 101 Nb 61 ⊠ 83556
Grimburg RP 75 Gf 51 ⊠ 54413
Grimma SN 60 Ne 41 ⊠ 04668
Grimme ST 48 Nb 36 ⊠ 39264
Grimmelshausen TH 70 Ld 46 ⊠ 98660
Grimmen MV 16 Oa 24 ⊠ 18507
Grinau SH 13 Ld 26 ⊠ 23847
Grischow MV 16 Oa 26 ⊠ 17153
Grischow MV 16 Oc 26 ⊠ 17089
Grobengereuth TH 71 Md 44 ⊠ 07389
Grobleben ST 34 Mf 33 ⊠ 39579
Grockstädt ST 59 Md 41 ⊠ 06268
Gröben BB 36 Oa 35 ⊠ 14974
Gröben ST 59 Na 42 ⊠ 06682
Gröbenzell BY 100 Mc 59 ⊠ 82194
Gröbern ST 48 Nc 38 ⊠ 06773
Gröbers ST 48 Na 40 ⊠ 06184
Gröbitz BB 50 Oe 39 ⊠ 03238
Gröbitz ST 59 Mf 42 ⊠ 06667
Gröbzig ST 47 Mf 38 ⊠ 06388
Gröde SH 2 Ie 21 ⊠ 25869
Gröden BB 49 Od 40 ⊠ 04932
Grödersby SH 4 Kf 21 ⊠ 24376
Gröditsch BB 50 Of 36 ⊠ 15910
Gröditz SN 49 Oc 40 ⊠ 01609
Grömbach BW 96 Id 57 ⊠ 72294
Grömitz SH 13 Lf 24 ⊠ 23743
Gröna ST 47 Me 38 ⊠ 06408
Gröningen ST 46 Mb 37 ⊠ 39397
Grönwohld SH 12 Lc 27 ⊠ 22956
Größnitz ST 59 Me 41 ⊠ 06632
Grörst ST 59 Mf 41 ⊠ 06632
Grötsch BB 51 Pd 38 ⊠ 03185
Groitzsch SN 60 Nb 42 ⊠ 04539
Grolsheim RP 76 Hf 49 ⊠ 55459
Gronau NI 45 Ke 36 ⊠ 31028
Gronau NW 28 Ha 35 ⊠ 48599
Großaitingen BY 99 Le 59 ⊠ 86845
Großalmerode HE 56 Ke 41 ⊠ 37247
Großalsleben ST 46 Mb 37 ⊠ 39387
Groß Ammensleben ST 34 Md 35 ⊠ 39326
Großbadegast ST 47 Na 38 ⊠ 06369
Großbardau SN 60 Ne 41 ⊠ 04668
Großbardorf BY 69 Lc 47 ⊠ 97633
Großbarkau SH 12 Lb 23 ⊠ 24245
Großbartloff TH 57 Lb 41 ⊠ 37359
Großbeeren BB 36 Ob 34 ⊠ 14979
Groß Behnitz BB 35 Ne 33 ⊠ 14641
Großberndten TH 58 Le 40 ⊠ 99713
Groß Berßen NI 29 Hd 32 ⊠ 49777
Großbettlingen BW 97 Kb 57 ⊠ 72663
Groß Beuchow BB 50 Of 37 ⊠ 03222
Großbeuthen BB 36 Ob 35 ⊠ 14974
Groß-Bieberau HE 77 If 50 ⊠ 64401
Großbockedra TH 59 Me 43 ⊠ 07646
Groß Boden SH 12 Lc 26 ⊠ 23847
Großbodungen TH 45 Lc 40 ⊠ 37345
Groß Börnecke ST 47 Mc 37 ⊠ 39435
Großbothen SN 60 Ne 41 ⊠ 04668
Großbottwar BW 87 Kb 54 ⊠ 71723
Groß Breese BB 24 Mf 30 ⊠ 19322
Großbreitenbach TH 70 Ma 45 ⊠ 98701
Großbrembach TH 59 Mb 42 ⊠ 99610
Groß Briesen BB 35 Nd 35 ⊠ 14806
Groß Briesen BB 37 Pc 36 ⊠ 15848
Groß Buchwald SH 12 La 24 ⊠ 24582
Großbundenbach RP 85 Hc 53 ⊠ 66501
Groß Daberkow MV 16 Oe 28 ⊠ 17348
Großderschau BB 35 Nc 32 ⊠ 16845
Großdeuben SN 60 Nc 41 ⊠ 04564
Groß Disnack SH 13 Le 26 ⊠ 23911
Großdittmannsdorf SN 62 Oe 41 ⊠ 01471
Groß Döbbern BB 51 Pb 39 ⊠ 03058
Groß Dölln BB 26 Od 31 ⊠ 17268
Groß Dratow MV 15 Nf 27 ⊠ 17192
Großdrebnitz SN 62 Pb 42 ⊠ 01877
Groß Drewitz BB 51 Pd 36 ⊠ 03172
Großdubrau (Wulka Dubrawa) SN 63 Pc 41 ⊠ 02694
Groß Düben SN 51 Pd 39 ⊠ 02959
Großefehn NI 19 Hd 28 ⊠ 26629
Großeibstadt BY 69 Lc 47 ⊠ 97633
Groß Eichholz BB 37 Of 36 ⊠ 15859
Grosselfingen BW 97 If 58 ⊠ 72415
Großenaspe SH 12 Kf 25 ⊠ 24623
Großenbrode SH 5 Ma 22 ⊠ 23775
Großenehrich TH 58 Lf 41 ⊠ 99718
Großengottern TH 58 Ld 42 ⊠ 99991
Großenhain SN 61 Oc 41 ⊠ 01558
Großenkneten NI 20 Ib 31 ⊠ 26197
Großenlüder HE 68 Kd 45 ⊠ 36137
Großenlupnitz TH 57 Lc 43 ⊠ 99819
Großenrade SH 11 Kb 24 ⊠ 25712
Großensee SH 12 Lb 27 ⊠ 22946
Großensee TH 57 Kf 43 ⊠ 99837
Großenseebach BY 80 Lf 51 ⊠ 91091
Großenwiehe SH 3 Kb 20 ⊠ 24969
Großenwörden NI 11 Kb 26 ⊠ 21712
Großerkmannsdorf SN 62 Of 42 ⊠ 01454
Großerlach BW 88 Kd 54 ⊠ 71577
Groß Ernsthof MV 16 Oe 24 ⊠ 17440
Großeutersdorf TH 59 Md 44 ⊠ 07768
Großfahner TH 58 Lf 42 ⊠ 99100
Großfischlingen RP 86 Ib 53 ⊠ 67483
Groß Flotow MV 16 Oa 27 ⊠ 17219
Groß Fredenwalde BB 27 Oe 30 ⊠ 17268
Großfriesen SN 72 Nb 46 ⊠ 08541
Großfurra TH 58 Le 40 ⊠ 99706
Groß Gaglow BB 51 Pb 38 ⊠ 03058
Groß Garz ST 24 Md 31 ⊠ 39615
Groß-Gerau HE 77 Ic 49 ⊠ 64521
Groß Germersleben ST 47 Mc 37 ⊠ 39398
Groß Gievitz MV 15 Ne 27 ⊠ 17192
Groß Gladebrügge SH 12 Lb 25 ⊠ 23795
Groß Glienicke BB 36 Oa 34 ⊠ 14476
Groß Godems MV 24 Me 28 ⊠ 19372
Groß Görnow MV 14 Me 26 ⊠ 19406
Großgörschen ST 60 Nb 41 ⊠ 06686
Großgrabe SN 62 Of 40 ⊠ 02994
Groß Grönau SH 13 Le 26 ⊠ 23627
Großhabersdorf BY 80 Le 52 ⊠ 90613
Großhansdorf SH 12 Lb 26 ⊠ 22927
Großharrie SH 12 La 24 ⊠ 24625
Großharthau SN 62 Pa 42 ⊠ 01909
Großhartmannsdorf SN 61 Oc 44 ⊠ 09618
Großheide NI 8 Hc 27 ⊠ 26532
Großheirath BY 70 Lf 47 ⊠ 96269
Großhennersdorf SN 63 Pe 43 ⊠ 02747
Großheringen TH 59 Me 42 ⊠ 99518
Großheubach BY 78 Kb 50 ⊠ 63920
Großholbach RP 66 Hf 46 ⊠ 56412
Groß Ippener NI 20 Id 31 ⊠ 27243
Groß Jehser BB 50 Of 38 ⊠ 03205
Großkampenberg RP 64 Gb 48 ⊠ 54619
Großkarlbach RP 76 Ib 51 ⊠ 67229
Großkayna ST 59 Mf 41 ⊠ 06242
Groß Kelle MV 25 Nd 28 ⊠ 17207
Groß Kienitz BB 36 Oc 35 ⊠ 15831
Groß Kiesow MV 16 Oc 24 ⊠ 17495
Groß Klessow BB 50 Of 38 ⊠ 03222
Großkmehlen BB 50 Oe 40 ⊠ 01990
Großkochberg TH 59 Mc 44 ⊠ 07407
Groß Kölzig BB 51 Pd 39 ⊠ 03159
Groß Köris BB 37 Od 36 ⊠ 15746
Großkorbetha ST 59 Na 41 ⊠ 06688
Groß Kordshagen MV 6 Nf 22 ⊠ 18442
Großkoschen BB 50 Pa 40 ⊠ 01968
Groß Krankow MV 14 Mc 26 ⊠ 23966
Groß Krauscha SN 63 Pf 41 ⊠ 02829
Großkrausnik BB 49 Od 38 ⊠ 03249
Groß Kreutz BB 35 Ne 34 ⊠ 14550
Großkröbitz TH 59 Mc 43 ⊠ 07751
Großkrotzenburg HE 67 If 48 ⊠ 63538
Großkugel ST 48 Na 40 ⊠ 06184
Groß Kummerfeld SH 12 La 24 ⊠ 24626
Groß Laasch MV 24 Md 28 ⊠ 19288
Groß Labenz MV 14 Me 26 ⊠ 19417
Großlangenfeld RP 64 Gb 47 ⊠ 54608
Großlangheim BY 79 Lb 50 ⊠ 97320
Großlehna SN 60 Nb 41 ⊠ 04420
Groß Leine BB 50 Pa 37 ⊠ 15913
Großleinungen ST 46 Mb 40 ⊠ 06528
Groß Leuthen BB 50 Pa 36 ⊠ 15913
Großliebringen TH 58 Ma 44 ⊠ 99326
Groß Lindow BB 38 Pd 35 ⊠ 15295
Großlittgen RP 64 Ge 48 ⊠ 54534
Großlöbichau TH 59 Me 43 ⊠ 07751
Großlohra TH 46 Ld 40 ⊠ 99759
Groß Luckow MV 17 Oe 27 ⊠ 17337
Groß Lübbenau BB 50 Of 38 ⊠ 03226
Groß Lüsewitz MV 15 Nc 24 ⊠ 18190
Groß Luja BB 51 Pc 39 ⊠ 03130
Groß Machnow BB 36 Oc 35 ⊠ 15806
Großmaischeid RP 66 Hd 45 ⊠ 56276
Groß Marzehns BB 48 Nd 37 ⊠ 14823
Groß Meckelsen NI 21 Kc 29 ⊠ 27419
Großmehring BY 90 Md 56 ⊠ 85098
Groß Mehßow BB 50 Oe 38 ⊠ 03205
Groß Miltzow MV 16 Od 27 ⊠ 17349
Großmölsen TH 58 Mb 42 ⊠ 99198
Groß Mohrdorf MV 6 Nf 22 ⊠ 18445
Groß Molzahn MV 13 Lf 26 ⊠ 19217
Großmonra TH 58 Mb 41 ⊠ 99625
Groß Muckrow BB 37 Pc 36 ⊠ 15868
Großmühlingen ST 47 Me 37 ⊠ 39221
Großmutz BB 26 Oa 31 ⊠ 16775
Groß Naundorf ST 49 Oa 38 ⊠ 06925
Großnaundorf SN 62 Of 41 ⊠ 01936
Groß Nemerow MV 16 Ob 28 ⊠ 17094
Groß Neuendorf BB 37 Pc 32 ⊠ 15324
Großneuhausen TH 58 Mb 42 ⊠ 99625
Großniedesheim RP 76 Ib 51 ⊠ 67259
Groß Nieköhr MV 15 Ne 25 ⊠ 17179
Groß Niendorf MV 14 Mf 27 ⊠ 19374
Groß Niendorf SH 12 Lb 25 ⊠ 23816
Groß Nordende SH 11 Kd 26 ⊠ 25436
Großobringen TH 59 Mc 42 ⊠ 99439
Großörner ST 47 Md 39 ⊠ 06348
Großoesingen NI 32 Lc 33 ⊠ 29393
Groß Offenseth-Aspern SH 12 Ke 26 ⊠ 25355
Groß Oßnig BB 51 Pc 38 ⊠ 03058
Großostheim BY 78 Ka 49 ⊠ 63762
Groß Pampau SH 13 Ld 27 ⊠ 21493
Großpaschleben ST 47 Mf 38 ⊠ 06369
Groß Petershagen MV 16 Ob 24 ⊠ 17498
Groß Pinnow BB 27 Pb 29 ⊠ 16306
Groß Plasten MV 15 Nf 27 ⊠ 17192
Großpösna SN 60 Nd 41 ⊠ 04463
Groß Polzin MV 16 Od 25 ⊠ 17390
Großpostwitz (Budestecy) SN 63 Pc 42 ⊠ 02692
Großpürschütz TH 59 Md 44 ⊠ 07751
Groß Quenstedt ST 46 Ma 37 ⊠ 38822
Groß Radisch SN 63 Pe 41 ⊠ 02906
Großräschen BB 50 Pa 39 ⊠ 01983
Groß Rheide SH 3 Kc 22 ⊠ 24872
Groß Ridsenow MV 15 Nc 25 ⊠ 18299
Groß Rietz BB 37 Pb 35 ⊠ 15848
Großrinderfeld BW 78 Ke 51 ⊠ 97950
Groß Rodensleben ST 34 Mc 36 ⊠ 39167
Großröda TH 60 Nb 43 ⊠ 04617
Groß Rönnau SH 12 Lc 25 ⊠ 23795
Großrössen BB 49 Ob 39 ⊠ 04895
Groß Roge MV 15 Nc 26 ⊠ 17166
Groß-Rohrheim HE 77 Id 50 ⊠ 68649
Großromstedt TH 59 Mc 43 ⊠ 99510
Groß Rosenburg ST 47 Mf 37 ⊠ 39240
Großrosseln SL 84 Ge 53 ⊠ 66352
Großrudestedt TH 58 Ma 42 ⊠ 99195
Großrückerswalde SN 73 Oa 45 ⊠ 09518
Groß Rünz MV 13 Lf 26 ⊠ 19217
Groß Salitz MV 13 Ma 26 ⊠ 19205
Groß Sarau SH 13 Le 26 ⊠ 23627
Groß Schacksdorf BB 51 Pd 38 ⊠ 03149
Groß Schauen BB 37 Of 35 ⊠ 15859
Groß Schenkenberg SH 13 Ld 26 ⊠ 23860
Groß Schierstedt ST 47 Md 38 ⊠ 06449
Großschirma SN 61 Ob 43 ⊠ 09603
Großschönau SN 63 Pe 43 ⊠ 02779
Groß Schönebeck BB 26 Od 31 ⊠ 16348
Groß Schoritz MV 7 Oc 23 ⊠ 18574
Groß Schulzendorf BB 36 Oc 35 ⊠ 15806
Großschwabhausen TH 59 Md 43 ⊠ 99441
Groß Schwechten ST 34 Me 32 ⊠ 39579
Großschweidnitz SN 63 Pd 42 ⊠ 02708
Groß Schwiesow MV 14 Na 25 ⊠ 18276
Großseifen RP 66 Hf 45 ⊠ 56472
Groß Siemz MV 13 Lf 26 ⊠ 23923
Großsolt SH 3 Kd 20 ⊠ 24991
Großsteinhausen RP 85 Hc 53 ⊠ 66484
Groß Stieten MV 14 Mc 26 ⊠ 23972
Großstöbnitz TH 60 Nc 43 ⊠ 04626
Großstolpen SN 60 Nc 42 ⊠ 04539
Groß Teetzleben MV 16 Ob 27 ⊠ 17091
Großthiemig BB 49 Od 40 ⊠ 04932
Großtreben-Zwethau SN 49 Nf 39 ⊠ 04886
Groß Twülpstedt NI 33 Lf 34 ⊠ 38464
Groß-Umstadt HE 77 If 49 ⊠ 64823
Großvargula TH 58 Le 42 ⊠ 99958
Groß Vielen MV 26 Oa 28 ⊠ 17217
Groß Vollstedt SH 4 Kf 23 ⊠ 24802
Großwallstadt BY 78 Ka 49 ⊠ 63868
Groß Walmstorf MV 13 Mb 25 ⊠ 23948
Großwaltersdorf SN 61 Ob 44 ⊠ 09575
Groß Warnow BB 24 Md 29 ⊠ 19357
Groß Wasserburg BB 50 Oe 36 ⊠ 15910
Großwechsungen TH 46 Ld 40 ⊠ 99735
Großweil BY 109 Mb 62 ⊠ 82439
Großweitzschen SN 61 Oa 42 ⊠ 04720
Groß Welle BB 24 Na 30 ⊠ 16866
Groß Wittensee SH 3 Ke 22 ⊠ 24361
Groß-Wokern MV 15 Nd 26 ⊠ 17166
Großwoltersdorf BB 26 Oa 30 ⊠ 16775
Großwudicke BB 35 Nb 33 ⊠ 14715
Groß Wüstenfelde MV 15 Nd 25 ⊠ 17168
Großzerlang BB 26 Nf 29 ⊠ 16831
Groß Ziescht BB 49 Od 37 ⊠ 15837
Groß Ziethen BB 27 Of 31 ⊠ 16766
Groß-Ziethen BB 36 Oa 32 ⊠ 16247
Großziethen BB 36 Oc 34 ⊠ 15831
Groß-Zimmern HE 77 If 49 ⊠ 64846
Großzöberitz ST 48 Na 39 ⊠ 06780
Grothusenkoog SH 2 Ie 23 ⊠ 25836
Grove SH 12 Lc 27 ⊠ 21493
Groven SH 2 Ka 23 ⊠ 25774
Grub TH 70 Ld 45 ⊠ 98530
Grub am Forst BY 70 Ma 47 ⊠ 96271
Grube BB 24 Na 31 ⊠ 19336
Grube SH 5 Ma 23 ⊠ 23749
Grubo BB 48 Nd 36 ⊠ 14823
Grüna BB 49 Oa 36 ⊠ 14913
Grüna SN 60 Ne 44 ⊠ 09224
Grünbach SN 72 Nc 46 ⊠ 08223
Grünberg BB 27 Pa 28 ⊠ 17326
Grünberg HE 67 If 45 ⊠ 35305
Grünberg SN 27 Pa 28 ⊠ 17326
Grünberg SN 61 Oa 44 ⊠ 09573
Gründau HE 68 Ka 47 ⊠ 63584
Grünebach RP 54 Hf 44 ⊠ 57520
Grüneberg BB 26 Ob 31 ⊠ 16775
Grünefeld BB 36 Nf 32 ⊠ 14641
Grünenbach BY 107 La 63 ⊠ 88167

Grünendeich **NI** 11 Kd 27 ⊠21720
Grünewald **BB** 50 Of 40 ⊠01945
Grüngräbchen **SN** 50 Of 40 ⊠01936
Grünhain **SN** 73 Ne 45 ⊠08358
Grünhainichen **SN** 61 Ob 44 ⊠09579
Grünheide (Mark) **BB** 37 Oe 34 ⊠15537
Grünkraut **BW** 107 Ke 62 ⊠88287
Grünlichtenberg **SN** 61 Oa 42 ⊠09648
Grünow **BB** 27 Of 29 ⊠17291
Grünow **BB** 27 Pa 30 ⊠16278
Grünow **MV** 26 Ob 28 ⊠17237
Grünsfeld **BW** 78 Ke 51 ⊠97947
Grünstadt **RP** 76 Ia 51 ⊠67269
Grünstädtel **SN** 73 Nf 45 ⊠08340
Grüntal **BB** 37 Oe 32 ⊠16230
Grünwald **BY** 100 Md 60 ⊠82031
Grünz **MV** 27 Pa 29 ⊠17328
Grüssow **MV** 25 Nc 28 ⊠17213
Grütz **BB** 35 Nb 33 ⊠14715
Gruhno **BB** 49 Od 39 ⊠03238
Gruibingen **BW** 98 Kd 57 ⊠73344
Grumbach **RP** 75 Hd 51 ⊠67745
Grumbach **SN** 61 Od 42 ⊠01723
Grumbach **SN** 73 Oa 45 ⊠09477
Grumbach **TH** 71 Md 46 ⊠07343
Grundhof **SH** 3 Kd 20 ⊠24977
Grundsheim **BW** 98 Ke 59 ⊠89613
Grunewald **BB** 26 Oc 30 ⊠17268
Grunow **BB** 37 Pa 33 ⊠15377
Grunow **BB** 37 Pc 36 ⊠15299
Gschwend **BW** 88 Ke 55 ⊠74417
Gstadt am Chiemsee **BY** 111 Nc 61 ⊠83257
Guben (Gubin) **BB** 51 Pe 37 ⊠03172
Gubkow **MV** 15 Nc 24 ⊠18190
Guckheim **RP** 66 Hf 45 ⊠56459
Gudendorf **SH** 11 Ka 24 ⊠25722
Gudensberg **HE** 56 Kc 41 ⊠34281
Guderhandviertel **NI** 11 Kd 27 ⊠21720
Gudow **SH** 13 Le 27 ⊠23899
Gübs **ST** 34 Me 36 ⊠39175
Güby **SH** 3 Ke 22 ⊠24357
Gückingen **RP** 66 Ia 46 ⊠65558
Güglingen **BW** 87 If 54 ⊠74363
Gülitz **BB** 24 Mf 29 ⊠19348
Güllesheim **RP** 66 Hd 45 ⊠56593
Gülpe **BB** 35 Nb 32 ⊠14715
Gültz **MV** 16 Ob 26 ⊠17089
Gülzow **MV** 14 Na 26 ⊠18276
Gülzow **MV** 15 Nf 26 ⊠17153
Gülzow **SH** 22 Ld 28 ⊠21483
Günserode **TH** 58 Ma 41 ⊠06567
Günstedt **TH** 58 Ma 41 ⊠99631
Günterberg **BB** 27 Of 30 ⊠16278
Güntersberge **ST** 46 Lf 39 ⊠06507
Güntersleben **BY** 79 Kf 49 ⊠97261
Günthersdorf **BB** 37 Pb 36 ⊠15848
Günthersdorf **ST** 60 Na 40 ⊠06254
Günthersleben-Wechmar **TH** 58 Le 43 ⊠99869
Günzach **BY** 108 Lc 62 ⊠87634
Günzburg **BY** 99 Lb 58 ⊠89312
Günzerode **TH** 46 Le 39 ⊠99735
Güsen **ST** 34 Mf 34 ⊠39317
Güssefeld **ST** 34 Mc 32 ⊠39624
Güstebieser Loose **BB** 27 Pb 32 ⊠16259
Güsten **ST** 47 Md 38 ⊠39439
Güster **SH** 13 Le 27 ⊠21514
Güstow **BB** 27 Oe 29 ⊠17291
Güstrow **MV** 15 Nb 26 ⊠18273
Gütenbach **BW** 96 Ia 60 ⊠78148
Güterberg **BB** 17 Oe 28 ⊠17335
Güterfelde **BB** 36 Ob 34 ⊠14532
Güterglück **ST** 47 Mf 37 ⊠39264
Gütersloh **NW** 43 Ic 37 ⊠*33330
Gützkow **MV** 16 Oc 25 ⊠17506
Guggenhausen **BW** 106 Kc 61 ⊠88379
Guhrow **BB** 50 Pb 38 ⊠03096
Guldental **RP** 76 Hf 49 ⊠55452
Gumbsheim **RP** 76 Hf 50 ⊠55597
Gummersbach **NW** 54 Hd 42 ⊠*51643
Gumperda **TH** 59 Md 44 ⊠07768
Gumtow **BB** 25 Nb 31 ⊠16866
Gundelfingen **BW** 96 Hf 60 ⊠79194
Gundelfingen **BY** 99 Lc 57 ⊠89423
Gundelsheim **BW** 87 Kb 53 ⊠74831
Gundelsheim **BY** 80 Lf 49 ⊠96163
Gunderath **RP** 65 Ha 47 ⊠56767
Gundersheim **RP** 76 Ib 50 ⊠67598
Gundersleben **TH** 58 Le 41 ⊠99713
Gundersweiler **RP** 76 He 51 ⊠67724
Gundheim **RP** 76 Ib 50 ⊠67599
Gundremmingen **BY** 99 Lc 57 ⊠89355
Gunningen **BW** 97 Ie 60 ⊠78594
Gunsleben **ST** 46 Ma 36 ⊠39393
Guntersblum **RP** 77 Ib 50 ⊠67583
Gunzen **SN** 72 Nc 46 ⊠08261
Gunzenhausen **BY** 89 Le 54 ⊠91710
Gusenburg **RP** 75 Gf 51 ⊠54413
Gusow **BB** 37 Pc 33 ⊠15306
Gussow **BB** 37 Oe 35 ⊠15754
Gusterath **RP** 74 Ge 50 ⊠54317
Gustow **MV** 7 Ob 23 ⊠18574
Gutach **BW** 96 Hf 60 ⊠79261
Gutach **BW** 96 Ib 59 ⊠77793
Guteborn **BB** 50 Of 40 ⊠01945
Gutenacker **RP** 66 Hf 47 ⊠56370
Gutenberg **RP** 76 He 49 ⊠55595
Gutenberg **ST** 47 Mf 39 ⊠06193
Gutendorf **TH** 58 Mb 43 ⊠99438
Guteneck **BY** 82 Nb 52 ⊠92543
Gutengermendorf **BB** 26 Oa 31 ⊠16775
Gutenstetten **BY** 80 Ld 51 ⊠91468
Gutenswegen **ST** 34 Mc 35 ⊠39326
Gutenzell-Hürbel **BW** 98 La 60 ⊠88484
Guthmannshausen **TH** 59 Mb 42 ⊠99628
Gutow **MV** 14 Na 26 ⊠18276
Guttau **SN** 63 Pd 41 ⊠02694
Guttenberg **BY** 71 Md 48 ⊠95358
Gutweiler **RP** 74 Ge 50 ⊠54317
Guxhagen **HE** 56 Kd 41 ⊠34302
Gyhum **NI** 21 Kb 29 ⊠27404

H

Haag **BY** 81 Md 49 ⊠95473
Haag an der Amper **BY** 101 Mf 58 ⊠85410
Haage **BB** 35 Nd 32 ⊠14662
Haag in Oberbayern **BY** 101 Nb 60 ⊠83527
Haale **SH** 11 Kd 23 ⊠24819
Haan **NW** 53 Ha 41 ⊠42781
Haar **BY** 101 Me 60 ⊠85540
Haarbach **BY** 103 Oa 57 ⊠94542
Haasow **BB** 51 Pc 38 ⊠03058
Habach **BY** 109 Mb 62 ⊠82392
Habichtswald **HE** 56 Kb 40 ⊠34317
Habighorst **NI** 32 Lb 32 ⊠29359
Habscheid **RP** 64 Gb 47 ⊠54597
Haby **SH** 3 Ke 22 ⊠24361
Hachelbich **TH** 58 Lf 40 ⊠99706
Hachenburg **RP** 66 Hf 45 ⊠57627
Hackenheim **RP** 76 Hf 50 ⊠55546
Hackpfüffel **ST** 58 Mb 40 ⊠06528
Hadamar **HE** 66 Ia 46 ⊠65589
Hademstorf **NI** 31 Kd 32 ⊠29693
Hadenfeld **SH** 11 Kc 24 ⊠25560
Hadmersleben **ST** 46 Mb 37 ⊠39398
Häg-Ehrsberg **BW** 104 Hf 62 ⊠79685
Hägen **SH** 3 Ka 23 ⊠25779
Hähnichen **SN** 51 Pf 40 ⊠02923
Hämelhausen **NI** 31 Kb 32 ⊠27324
Härtensdorf **SN** 72 Nd 44 ⊠08134
Häsen **BB** 26 Ob 31 ⊠16775
Häusern **BW** 105 Ib 62 ⊠79837
Häuslingen **NI** 31 Kc 32 ⊠27336
Hafenlohr **BY** 78 Kd 49 ⊠97840
Haferungen **TH** 46 Ld 39 ⊠99735
Hage **NI** 8 Hb 27 ⊠26524
Hagebök **MV** 14 Md 25 ⊠23974
Hagelberg **BB** 35 Nd 36 ⊠14806
Hagelstadt **BY** 91 Nb 55 ⊠93095
Hagen **NI** 20 Id 28 ⊠27628
Hagen **NW** 53 Hd 40 ⊠*58089
Hagen **SH** 12 Ke 25 ⊠24576
Hagen am Teutoburger Wald **NI** 29 Hf 35 ⊠49170
Hagenbach **RP** 86 Ib 54 ⊠76767
Hagenbüchach **BY** 80 Le 51 ⊠91469
Hagenburg **NI** 31 Kb 34 ⊠31558
Hagenow **MV** 23 Mb 28 ⊠19230
Hagermarsch **NI** 8 Hb 27 ⊠26524
Hagnau **BW** 106 Kc 62 ⊠88709
Hahausen **NI** 45 Lb 37 ⊠38729
Hahn **RP** 75 Hb 49 ⊠56850
Hahn am See **RP** 66 Hf 45 ⊠56244
Hahnbach **BY** 81 Me 51 ⊠92256
Hahnenbach **RP** 75 Hc 50 ⊠55606
Hahnheim **RP** 76 Ib 49 ⊠55278
Hahnstätten **RP** 66 Ia 47 ⊠65623
Hahnweiler **RP** 75 Hb 51 ⊠55776
Haibach **BY** 78 Kb 49 ⊠63808
Haibach **BY** 92 Ne 54 ⊠94353
Haida **BB** 49 Oc 40 ⊠04910
Haidemühl **BB** 50 Pb 39 ⊠03130
Haidmühle **BY** 93 Oe 56 ⊠94145
Haiger **HE** 54 Ib 44 ⊠35708
Haigerloch **BW** 97 If 58 ⊠72401
Haimhausen **BY** 100 Md 59 ⊠85778
Haiming **BY** 102 Nf 59 ⊠84533
Haina **TH** 57 Ld 43 ⊠99869
Haina **TH** 70 Ld 46 ⊠98631
Haina (Kloster) **HE** 55 If 42 ⊠35114
Hainau **RP** 66 He 47 ⊠56357
Hainburg **HE** 67 If 48 ⊠63512
Hainchen **TH** 59 Mf 42 ⊠07619
Hainewalde **SN** 63 Pe 43 ⊠02779
Hainfeld **RP** 86 Ia 53 ⊠76835
Hainichen **SN** 60 Nd 41 ⊠04567
Hainichen **SN** 61 Oa 43 ⊠09661
Hainichen **TH** 59 Md 43 ⊠07778
Hainrode **TH** 58 Le 40 ⊠99735
Hainsfarth **BY** 89 Ld 55 ⊠86744
Hainspitz **TH** 59 Me 43 ⊠07607
Haiterbach **BW** 97 Ie 57 ⊠72221
Hakeborn **ST** 47 Mc 37 ⊠39448
Hakenberg **BB** 35 Nf 32 ⊠16833
Hakenstedt **ST** 33 Mb 35 ⊠39343
Halbe **BB** 37 Oe 36 ⊠15757
Halbemond **NI** 8 Hb 27 ⊠26524
Halbendorf **SN** 51 Pd 39 ⊠02953
Halberstadt **ST** 46 Ma 37 ⊠38820
Halblech **BY** 108 Lf 63 ⊠87642
Halbs **RP** 66 Hf 45 ⊠56457
Haldensleben **ST** 34 Mc 35 ⊠39340
Haldenwang **BY** 99 Lc 58 ⊠89356
Haldenwang **BY** 108 Lc 62 ⊠87490
Halenbeck **BB** 25 Nb 29 ⊠16945
Halfing **BY** 101 Nb 61 ⊠83128
Hallbach **SN** 61 Ob 44 ⊠09526
Hallbergmoos **BY** 101 Me 59 ⊠85399
Halle **NI** 28 Gf 34 ⊠49843
Halle **NI** 44 Kd 37 ⊠37620
Halle (Saale) **ST** 47 Na 40 ⊠*06108
Halle (Westfalen) **NW** 43 Ic 36 ⊠33790
Hallenberg **NW** 55 Id 42 ⊠59969
Hallerndorf **BY** 80 Lf 50 ⊠91352
Hallgarten **RP** 76 He 50 ⊠67826
Hallschlag **RP** 64 Gc 46 ⊠54611
Hallstadt **BY** 80 Lf 49 ⊠96103
Hallungen **TH** 57 Lb 42 ⊠99826
Halsbrücke **SN** 61 Ob 43 ⊠09633
Halsdorf **RP** 74 Gc 49 ⊠54646
Halsenbach **RP** 66 Hd 47 ⊠56283
Halstenbek **SH** 12 Ke 27 ⊠25469
Haltern **NW** 41 Hb 38 ⊠45721
Halver **NW** 53 Hc 41 ⊠58553
Halvesbostel **NI** 21 Kd 28 ⊠21646
Hambach **RP** 66 Hf 46 ⊠65582
Hamberge **SH** 13 Ld 25 ⊠23619
Hambergen **NI** 20 Ie 29 ⊠27729
Hambrücken **BW** 86 Id 53 ⊠76707
Hambuch **RP** 65 Hb 47 ⊠56761
Hambühren **NI** 32 Kf 33 ⊠29313
Hamburg **HH** 12 La 27 ⊠*20095
Hamdorf **SH** 11 Kd 23 ⊠24805
Hameln **NI** 44 Kb 36 ⊠*31785
Hamersen **NI** 21 Kd 29 ⊠27419
Hamersleben **ST** 46 Ma 36 ⊠39393
Hamfelde (in Holstein) **SH** 12 Lc 27 ⊠22929
Hamfelde (in Lauenburg) **SH** 12 Lc 27 ⊠22929
Hamm **NW** 42 He 38 ⊠*59063
Hamm **RP** 54 He 44 ⊠57577
Hamm **RP** 64 Gc 48 ⊠54636
Hamm **RP** 77 Ic 50 ⊠67580
Hamma **TH** 46 Lf 40 ⊠99765
Hammah **NI** 11 Kc 27 ⊠21714
Hammelburg **BY** 69 Kf 48 ⊠97762
Hammelspring **BB** 26 Oc 30 ⊠17268
Hammer **BB** 26 Oc 31 ⊠16559
Hammer an der Uecker **MV** 17 Pa 27 ⊠17358
Hammerbrücke **SN** 72 Nc 46 ⊠08269
Hammersbach **HE** 67 If 47 ⊠63546
Hammerstedt **TH** 59 Mc 43 ⊠99441
Hammerstein **RP** 65 Hc 46 ⊠56598
Hammerunterwiesenthal **SN** 73 Nf 46 ⊠09484
Hamminkeln **NW** 40 Gd 38 ⊠46499
Hammoor **SH** 12 Lb 26 ⊠22941
Hamwarde **SH** 22 Lc 28 ⊠21502
Hamweddel **SH** 11 Kd 23 ⊠24816
Hanau **HE** 67 If 48 ⊠*63457
Handeloh **NI** 22 Kf 29 ⊠21256
Handewitt **SH** 3 Kb 20 ⊠24983
Handorf **NI** 22 Lc 28 ⊠21447
Handrup **NI** 29 Hd 33 ⊠49838
Hanerau-Hademarschen **SH** 11 Kc 24 ⊠25557
Hangelsberg **BB** 37 Of 34 ⊠15518
Hangen-Weisheim **RP** 76 Ib 50 ⊠55234
Hanhofen **RP** 86 Ic 53 ⊠67374
Hankensbüttel **NI** 33 Ld 32 ⊠29386
Hannover **NI** 32 Ke 34 ⊠*30159
Hannoversch Münden **NI** 44 Kd 40 ⊠34346
Hanroth **RP** 66 Hd 45 ⊠56316
Hanshagen **MV** 13 Mb 26 ⊠23936
Hanshagen **MV** 16 Od 24 ⊠17509
Hanstedt **NI** 22 La 29 ⊠21271
Hanstedt I **NI** 22 Lc 30 ⊠29582
Hanstorf **MV** 14 Mf 24 ⊠18239
Hanum **ST** 33 Lf 32 ⊠38489
Happurg **BY** 81 Mc 52 ⊠91230
Harbach **RP** 54 Hf 43 ⊠57572
Harbarnsen **NI** 45 Kf 37 ⊠31097
Harbke **ST** 33 Ma 35 ⊠39365
Harburg **BY** 89 Le 56 ⊠86655
Hardebek **SH** 12 Kf 25 ⊠24616
Hardegsen **NI** 45 Ke 39 ⊠37181
Hardenbeck **BB** 26 Od 29 ⊠17268
Hardert **RP** 65 Hd 45 ⊠56579
Hardheim **BW** 78 Kd 51 ⊠74736
Hardisleben **TH** 59 Mc 42 ⊠99628
Hardt **BW** 96 Ic 59 ⊠78739
Hardt **RP** 66 Hf 45 ⊠56472
Hardthausen **BW** 88 Kc 53 ⊠74239
Haren **NI** 18 Hb 32 ⊠49733
Hargarten **RP** 64 Gc 48 ⊠54649
Hargesheim **RP** 76 Hf 49 ⊠55595
Harkensee **MV** 13 Lf 25 ⊠23942
Harmsdorf **SH** 5 Le 23 ⊠23738
Harmsdorf **SH** 13 Le 26 ⊠23911
Harmstorf **NI** 22 Kf 28 ⊠21228
Harpstedt **NI** 20 Id 31 ⊠27243
Harra **TH** 71 Me 46 ⊠07366
Harrislee **SH** 3 Kc 20 ⊠24955
Harschbach **RP** 66 Hd 45 ⊠56307
Harscheid **RP** 65 Gf 46 ⊠53520
Harsdorf **BY** 71 Md 48 ⊠95499
Harsefeld **NI** 21 Kd 28 ⊠21698
Harsewinkel **NW** 43 Ib 37 ⊠33428
Harsleben **ST** 46 Ma 37 ⊠38829
Harspelt **RP** 64 Gb 48 ⊠54617
Harsum **NI** 32 Kf 35 ⊠31177
Hartau **SN** 63 Pe 43 ⊠02763
Hartenfels **RP** 66 He 45 ⊠56244
Hartenholm **SH** 12 La 25 ⊠24628
Hartenstein **BY** 81 Md 51 ⊠91235
Hartenstein **SN** 72 Ne 44 ⊠08118
Hartha **SN** 61 Nf 42 ⊠04746
Hartha **SN** 61 Od 43 ⊠01737
Harthausen **RP** 86 Ic 53 ⊠67376
Hartheim **BW** 104 Hd 61 ⊠79258
Harth-Pöllnitz **TH** 59 Na 44 ⊠07570
Hartmannsdorf **BB** 37 Oe 34 ⊠15528
Hartmannsdorf **SN** 60 Ne 43 ⊠09232
Hartmannsdorf **SN** 72 Nd 45 ⊠08107
Hartmannsdorf **TH** 59 Mf 43 ⊠07586
Hartmannsdorf **TH** 59 Mf 43 ⊠07613
Hartmannsdorf-Reichenau **SN** 61 Od 44 ⊠01762
Hartmannsgrün **SN** 72 Nb 46 ⊠08606
Harxheim **RP** 76 Ib 49 ⊠55296
Harzgerode **ST** 46 Mb 39 ⊠06493
Harzungen **TH** 46 Le 39 ⊠99762
Hasbergen **NI** 29 Hf 35 ⊠49205
Hasborn **RP** 65 Gf 48 ⊠54533
Haschbach am Remigiusberg **RP** 75 Hc 51 ⊠66871
Hasel **BW** 104 Hf 63 ⊠79686
Haselau **SH** 11 Kd 26 ⊠25489
Haselbach **BY** 92 Ne 54 ⊠94354
Haselbach **TH** 60 Nc 42 ⊠04617
Haselbach **TH** 70 Mb 46 ⊠96523
Haselberg **BB** 37 Pa 32 ⊠16269
Haseldorf **SH** 11 Kd 27 ⊠25489
Haselünne **NI** 29 Hd 32 ⊠49740
Haselund **SH** 3 Kb 21 ⊠25855
Hasenfelde **BB** 37 Pb 34 ⊠15518
Hasenkrug **SH** 12 Kf 25 ⊠24616
Hasenmoor **SH** 12 Kf 25 ⊠24640
Haserich **RP** 65 Hc 48 ⊠56858
Haslach im Kinzigtal **BW** 96 Ia 59 ⊠77716
Hasloch **BY** 78 Kd 50 ⊠97907
Hasloh **SH** 12 Kf 26 ⊠25474
Haßbergen **NI** 31 Kb 32 ⊠31626
Hassel **NI** 31 Kb 32 ⊠27324
Hassel **ST** 34 Mf 33 ⊠39596
Hasselbach **RP** 54 Hd 44 ⊠57635
Hasselbach **RP** 65 Hc 48 ⊠56288
Hasselberg **SH** 4 Kf 20 ⊠24376
Hasselfelde **ST** 46 Lf 38 ⊠38899
Hasselroth **HE** 68 Ka 48 ⊠63594
Hassendorf **NI** 21 Kb 30 ⊠27367
Haßfurt **BY** 69 Ld 48 ⊠97437
Haßleben **BB** 26 Oe 29 ⊠17291
Haßleben **TH** 58 Ma 42 ⊠99189
Haßloch **RP** 76 Ib 52 ⊠67454
Haßmersheim **BW** 87 Ka 53 ⊠74855
Haßmoor **SH** 3 Kf 23 ⊠24790
Haste **NI** 31 Kc 34 ⊠31559
Hastrungsfeld-Burla **TH** 57 Ld 43 ⊠99848
Hathenow **BB** 38 Pd 33 ⊠15328
Hatten **NI** 20 Ic 30 ⊠26209
Hattenhofen **BW** 88 Kd 57 ⊠73110
Hattenhofen **BY** 100 Ma 59 ⊠82285
Hattersheim am Main **HE** 67 Id 48 ⊠65795
Hattgenstein **RP** 75 Ha 50 ⊠55767
Hattingen **NW** 41 Hb 40 ⊠*45525
Hattorf am Harz **NI** 45 Lb 39 ⊠37197
Hattstedt **SH** 3 Ka 21 ⊠25856
Hattstedtermarsch **SH** 2 Ka 21 ⊠25856
Hatzenbühl **RP** 86 Ib 54 ⊠76770
Hatzenport **RP** 65 Hc 47 ⊠56332
Hatzfeld (Eder) **HE** 55 Id 42 ⊠35116
Hauenstein **RP** 86 Hf 53 ⊠76846
Haufeld **TH** 58 Mb 44 ⊠07407
Haundorf **BY** 89 Le 53 ⊠91729
Hauneck **HE** 56 Ke 44 ⊠36282
Haunetal **HE** 56 Ke 44 ⊠36166
Haunsheim **BY** 99 Lc 57 ⊠89437
Hauptstuhl **RP** 75 Hd 52 ⊠66851
Hauroth **RP** 65 Ha 47 ⊠56761
Hausach **BW** 96 Ia 59 ⊠77756
Hausbay **RP** 66 Hd 48 ⊠56291
Hausdorf **SN** 60 Ne 42 ⊠09306
Hausdorf **SN** 62 Oe 43 ⊠01768
Hausen **BY** 69 La 45 ⊠97647
Hausen **BY** 78 Kb 49 ⊠63840
Hausen **BY** 80 Ma 50 ⊠91353
Hausen **BY** 91 Mf 55 ⊠93345
Hausen **RP** 75 Hc 49 ⊠55608
Hausen **TH** 57 Lc 40 ⊠37327
Hausen (Wied) **RP** 65 Hc 45 ⊠53547
Hausen am Bussen **BW** 98 Kd 59 ⊠89597
Hausen am Tann **BW** 97 If 59 ⊠72361
Hausen bei Würzburg **BY** 79 La 49 ⊠97262
Hausen im Wiesental **BW** 104 He 62 ⊠79688
Hausen ob Verena **BW** 97 Ie 60 ⊠78595
Hausham **BY** 110 Mf 62 ⊠83734
Hausneindorf **ST** 46 Mb 37 ⊠06458
Haussömmern **TH** 58 Le 41 ⊠99955
Hausten **RP** 65 Ha 46 ⊠56745
Hausweiler **RP** 75 Hd 51 ⊠67742
Hauteroda **TH** 58 Mb 41 ⊠06577
Hauzenberg **BY** 93 Od 57 ⊠94051
Havekost **SH** 12 Lc 27 ⊠21493
Havelberg **ST** 24 Na 32 ⊠39539
Haverlah **NI** 45 Lb 36 ⊠38275
Havetoft **SH** 3 Kd 21 ⊠24873
Havetoftloit **SH** 3 Kd 20 ⊠24875
Havixbeck **NW** 41 Hc 37 ⊠48329
Hawangen **BY** 99 Lb 61 ⊠87749
Hayingen **BW** 98 Kc 59 ⊠72534
Hayn **ST** 46 Ma 39 ⊠06536
Haynrode **TH** 45 Lc 40 ⊠37339
Haynsburg **ST** 60 Na 42 ⊠06712
Heberndorf **TH** 71 Md 46 ⊠07343
Hebertsfelden **BY** 102 Nf 58 ⊠84332
Hebertshausen **BY** 100 Md 59 ⊠85241
Hechingen **BW** 97 If 58 ⊠72379
Hechthausen **NI** 11 Kb 27 ⊠21755
Heckelberg **BB** 37 Of 32 ⊠16259
Hecken **RP** 75 Hc 49 ⊠55481
Heckenbach **RP** 65 Ha 46 ⊠53506
Heckenmünster **RP** 74 Ge 49 ⊠54518
Heckhuscheid **RP** 64 Gb 47 ⊠54619
Hecklingen **ST** 47 Md 37 ⊠39444
Heddert **RP** 74 Ge 51 ⊠54429
Heddesbach **BW** 77 If 52 ⊠69434
Heddesheim **BW** 77 Id 52 ⊠68542
Hedeper **NI** 46 Le 36 ⊠38322
Hedersleben **ST** 46 Mb 37 ⊠06458
Hedersleben **ST** 47 Me 39 ⊠06295
Hedwigenkoog **SH** 10 If 23 ⊠25761
Heede **NI** 19 Hb 31 ⊠26892
Heede **SH** 12 Ke 26 ⊠25355
Heek **NW** 28 Ha 36 ⊠48619
Heemsen **NI** 31 Kb 32 ⊠31622
Heere **NI** 45 Lb 36 ⊠38277
Heeren **ST** 34 Mf 33 ⊠39590
Heerstedt **NI** 20 Ie 28 ⊠27616
Heeslingen **NI** 21 Kb 29 ⊠27404
Heeßen **NI** 31 Ka 35 ⊠31707
Hefersweiler **RP** 76 He 51 ⊠67753
Hehlen **NI** 44 Kc 37 ⊠37619
Heichelheim **TH** 59 Mb 42 ⊠99439
Heide **SH** 11 Ka 23 ⊠25746
Heideck **BY** 90 Ma 54 ⊠91180
Heidekamp **SH** 12 Ld 25 ⊠23858
Heideland **TH** 59 Mf 42 ⊠07607
Heidelberg **BW** 77 Ie 52 ⊠*69115
Heideloh **ST** 48 Nb 39 ⊠06780
Heiden **NW** 41 Gf 38 ⊠46359
Heidenau **NI** 21 Kd 29 ⊠21258
Heidenau **SN** 62 Of 43 ⊠01809
Heidenburg **RP** 75 Gf 50 ⊠54426
Heidenheim **BY** 89 Le 54 ⊠91719
Heidenheim an der Brenz **BW** 89 Lb 56 ⊠*89518
Heidenrod **HE** 66 Hf 47 ⊠65321
Heidersdorf **SN** 61 Oc 44 ⊠09526
Heidesheim am Rhein **RP** 76 Ia 49 ⊠55262
Heidgraben **SH** 11 Ke 26 ⊠25436
Heidhof **MV** 23 Mb 29 ⊠19303
Heidmoor **SH** 12 Ke 25 ⊠24632
Heidmühlen **SH** 12 La 25 ⊠24598
Heidweiler **RP** 74 Ge 49 ⊠54518
Heigenbrücken **BY** 78 Kc 48 ⊠63869
Heikendorf **SH** 4 Lb 22 ⊠24226
Heilbach **RP** 64 Gb 48 ⊠54673
Heilberscheid **RP** 66 Hf 46 ⊠56412
Heilbronn **BW** 87 Kb 54 ⊠*74072
Heilenbach **RP** 64 Gc 48 ⊠54636
Heiligenberg **BW** 106 Kc 62 ⊠88633
Heiligenfelde **ST** 24 Md 32 ⊠39606
Heiligengrabe **BB** 25 Nb 30 ⊠16909
Heiligenhafen **SH** 5 Lf 22 ⊠23774
Heiligenhagen **MV** 14 Mf 24 ⊠18239
Heiligenhaus **NW** 53 Gf 41 ⊠42579
Heiligenmoschel **RP** 76 He 51 ⊠67699
Heiligenstadt **BY** 80 Mb 49 ⊠91332
Heiligenstadt **TH** 57 Lb 40 ⊠37308
Heiligenstedten **SH** 11 Kc 25 ⊠25524
Heiligenstedtenerkamp **SH** 11 Kc 25 ⊠25524
Heiligenthal **ST** 47 Md 39 ⊠06347
Heiligkreuzsteinach **BW** 77 Ie 52 ⊠69253
Heilsberg **TH** 58 Mb 44 ⊠07407
Heilsbronn **BY** 89 Le 52 ⊠91560
Heilshoop **SH** 13 Ld 25 ⊠23619
Heimbach **NW** 64 Gc 45 ⊠52396
Heimbach **RP** 75 Hb 51 ⊠55779
Heimborn **RP** 54 He 44 ⊠57629
Heimbuchenthal **BY** 78 Kb 49 ⊠63872
Heimburg **ST** 46 Lf 38 ⊠38889
Heimenkirch **BY** 107 Kf 63 ⊠88178
Heimertingen **BY** 99 Lb 60 ⊠87751
Heimsheim **BW** 87 If 56 ⊠71296
Heimweiler **RP** 75 Hc 50 ⊠55606
Heinade **NI** 44 Kd 37 ⊠37627
Heinbockel **NI** 11 Kb 27 ⊠21726
Heinersbrück **BB** 51 Pd 38 ⊠03185
Heinersdorf **BB** 37 Pb 34 ⊠15518
Heinersdorf **TH** 70 Mb 46 ⊠96515
Heinersgrün **SN** 71 Mf 46 ⊠08538
Heinersreuth **BY** 81 Md 49 ⊠95500
Heiningen **BW** 88 Kd 57 ⊠73092
Heiningen **NI** 45 Lc 36 ⊠38312
Heinkenborstel **SH** 12 Ke 24 ⊠24594
Heinrichsberg **ST** 34 Me 35 ⊠39326
Heinrichsdorf **BB** 26 Nf 30 ⊠16831
Heinrichsort **SN** 60 Nd 44 ⊠09350
Heinrichsruh **MV** 17 Of 26 ⊠17379
Heinrichsthal **BY** 68 Kc 48 ⊠63871
Heinrichswalde **MV** 17 Oe 27 ⊠17379
Heinsberg **NW** 52 Ga 42 ⊠52525
Heinsen **NI** 44 Kc 37 ⊠37649
Heinzenbach **RP** 75 Hc 49 ⊠55483
Heinzenhausen **RP** 76 Hd 51 ⊠67742
Heisdorf **RP** 64 Gc 48 ⊠54614
Heist **SH** 11 Kd 27 ⊠25492
Heistenbach **RP** 66 Hf 46 ⊠65558
Heitersheim **BW** 104 He 61 ⊠79423
Helbedündorf **TH** 58 Ld 40 ⊠99713
Helbigsdorf **SN** 61 Oc 42 ⊠01723
Helbra **ST** 47 Md 39 ⊠06311
Heldenstein **BY** 102 Nc 59 ⊠84431
Heldrungen **TH** 58 Mb 41 ⊠06577
Helferskirchen **RP** 66 Hf 45 ⊠56244
Helgoland **SH** 9 Hf 23 ⊠27498
Hellborn **TH** 59 Mf 44 ⊠07646
Helle **BB** 24 Na 29 ⊠16928
Hellenhahn-Schellenberg **RP** 66 Ia 45 ⊠56479
Hellenthal **NW** 64 Gc 46 ⊠53940
Hellertshausen **RP** 75 Hb 50 ⊠55758
Hellingen **TH** 70 Ld 48 ⊠98663
Hellschen-Heringsand-Unterschaar **SH** 10 If 23 ⊠25764
Hellwege **NI** 21 Kb 30 ⊠27367
Helmbrechts **BY** 71 Me 47 ⊠95233
Helmenzen **RP** 66 Hd 44 ⊠57612
Helmeroth **RP** 54 He 44 ⊠57612
Helmershausen **TH** 69 Lb 45 ⊠98617
Helmsdorf **TH** 57 Lc 41 ⊠37351
Helmsgrün **TH** 71 Md 46 ⊠07356
Helmstadt **BY** 78 Ke 50 ⊠97264
Helmstadt-Bargen **BW** 87 If 53 ⊠74921
Helmstedt **NI** 33 Lf 35 ⊠38350
Helmstorf **SH** 14 Ld 23 ⊠24321
Helpsen **NI** 31 Ka 35 ⊠31691
Helpt **MV** 16 Od 27 ⊠17349
Helsa **HE** 56 Ke 41 ⊠34298
Helse **SH** 11 Ka 25 ⊠25709
Heltersberg **RP** 85 He 53 ⊠67716
Helvesiek **NI** 21 Kc 29 ⊠27389
Hemau **BY** 91 Me 54 ⊠93155
Hemdingen **SH** 12 Ke 26 ⊠25485
Hemer **NW** 54 He 40 ⊠58675
Hemhofen **BY** 80 Lf 50 ⊠91334
Hemleben **TH** 58 Mb 41 ⊠06577
Hemme **SH** 3 Ka 23 ⊠25774
Hemmelzen **RP** 66 Hd 44 ⊠57612
Hemmersheim **BY** 79 La 51 ⊠97258
Hemmingen **BW** 87 Ka 55 ⊠71282
Hemmingen **NI** 32 Ke 35 ⊠30966
Hemmingstedt **SH** 11 Ka 24 ⊠25770
Hemmoor **NI** 11 Ka 26 ⊠21745
Hemsbach **BW** 77 Id 51 ⊠69502
Hemsbünde **NI** 21 Kc 30 ⊠27386
Hemslingen **NI** 21 Kd 30 ⊠27386
Hemsloh **NI** 30 Ic 33 ⊠49453
Hemstedt **ST** 34 Mc 33 ⊠39638
Henau **RP** 75 Hd 49 ⊠55490
Hendungen **BY** 69 Lc 46 ⊠97640
Henfenfeld **BY** 81 Mc 52 ⊠91239
Henfstädt **TH** 70 Ld 45 ⊠98660
Hengersberg **BY** 92 Oa 56 ⊠94491
Henneberg **TH** 69 Lc 46 ⊠98617
Hennef **NW** 53 Hb 44 ⊠53773
Hennersdorf **BB** 49 Od 39 ⊠03253
Hennersdorf **SN** 61 Oa 44 ⊠09573
Hennickendorf **BB** 37 Of 33 ⊠15378
Hennigsdorf **BB** 36 Ob 33 ⊠16761
Henningen **ST** 23 Lf 31 ⊠29413
Hennstedt **SH** 3 Kb 23 ⊠25779
Hennstedt **SH** 12 Ke 24 ⊠25581
Hennweiler **RP** 75 Hc 50 ⊠55619
Henschleben **TH** 58 Lf 42 ⊠99634
Henschtal **RP** 75 Hc 52 ⊠66909
Henstedt-Ulzburg **SH** 12 Ka 26 ⊠24558
Hentern **RP** 74 Ge 51 ⊠54314
Henzendorf **BB** 38 Pd 36 ⊠15898
Hepberg **BY** 90 Mc 56 ⊠85120
Heppenheim **HE** 77 Id 51 ⊠64646
Hepstedt **NI** 21 Ka 29 ⊠27412
Herbersdorf **BB** 49 Ob 37 ⊠14913
Herbertingen **BW** 98 Kc 60 ⊠88518
Herbolzheim **BW** 95 He 59 ⊠79336
Herborn **HE** 67 Ic 44 ⊠35745
Herborn **RP** 75 Hb 50 ⊠55758
Herbrechtingen **BW** 99 La 57 ⊠89542
Herbsleben **TH** 58 Le 42 ⊠99955
Herbstadt **BY** 69 Ld 47 ⊠97633
Herbstein **HE** 68 Kb 45 ⊠36358
Herbstmühle **RP** 64 Gb 49 ⊠54673
Herchweiler **RP** 75 Hb 51 ⊠66871
Herdecke **NW** 41 Hc 40 ⊠58313
Herdorf **RP** 54 Hf 44 ⊠57562
Herdwangen-Schönach **BW** 106 Kb 61 ⊠88634
Heretsried **BY** 99 Le 58 ⊠86465
Herford **NW** 30 Id 36 ⊠*32049
Herforst **RP** 74 Ge 49 ⊠54662
Hergatz **BY** 107 Kf 63 ⊠88145
Hergenfeld **RP** 76 He 49 ⊠55452
Hergenroth **RP** 66 Hf 45 ⊠56457
Hergensweiler **BY** 107 Ke 63 ⊠88138
Hergersweiler **RP** 86 Ia 54 ⊠76872
Hergisdorf **ST** 47 Mc 39 ⊠06313
Heringen (Helme) **TH** 46 Lf 40 ⊠99765
Heringen (Werra) **HE** 57 La 43 ⊠36266
Heringsdorf **MV** 17 Pb 25 ⊠17424
Heringsdorf **SH** 5 Ma 23 ⊠23777
Herl **RP** 74 Ge 50 ⊠54317
Herleshausen **HE** 57 La 42 ⊠37293
Hermannsburg **NI** 22 La 32 ⊠29320
Hermannsdorf **SN** 73 Nf 45 ⊠09481
Hermannsfeld **TH** 69 Lb 45 ⊠98617

Hermaringen **BW** 99 Lb 57 ✉89568
Hermerode **ST** 46 Mb 39 ✉06543
Hermersberg **RP** 76 Hd 53 ✉66919
Hermersdorf **BB** 37 Pb 33 ✉15374
Hermeskeil **RP** 75 Gf 51 ✉54411
Hermsdorf **BB** 50 Of 40 ✉01945
Hermsdorf **SN** 62 Oe 42 ✉01458
Hermsdorf **ST** 34 Mc 35 ✉39326
Hermsdorf **TH** 59 Mf 43 ✉07629
Hermsdorf/Erzgebirge **SN** 62 Od 44 ✉01776
Hermstedt **TH** 59 Md 43 ✉99510
Herne **NW** 41 Hb 39 ✉*44623
Herold **RP** 66 Hf 47 ✉56368
Herold **SN** 73 Nf 44 ✉09419
Heroldishausen **TH** 57 Lc 42 ✉99991
Heroldsbach **BY** 80 Lf 50 ✉91336
Heroldsberg **BY** 80 Ma 51 ✉90562
Heroldstatt **BW** 98 Ke 58 ✉72535
Herpf **TH** 69 Lc 45 ✉98617
Herrenberg **BW** 97 Ie 57 ✉71083
Herrengosserstedt **ST** 59 Mc 42 ✉06648
Herrenhof **TH** 58 Le 43 ✉99887
Herren-Sulzbach **RP** 75 Hd 51 ✉67742
Herresbach **RP** 65 Ha 46 ✉56729
Herrieden **BY** 89 Ld 53 ✉91567
Herrischried **BW** 104 Hf 62 ✉79737
Herrmannsacker **TH** 46 Lf 39 ✉99762
Herrngiersdorf **BY** 91 Na 56 ✉84097
Herrnhut **SN** 63 Pe 42 ✉02747
Herrnschwende **TH** 58 Lf 41 ✉99631
Herrsching **BY** 100 Mb 61 ✉82211
Herrstein **RP** 75 Hc 50 ✉55756
Hersbruck **BY** 81 Mc 51 ✉91217
Herschbach **RP** 66 He 45 ✉56249
Herschbach (Oberwesterwald) **RP** 66 Hf 45 ✉56414
Herschberg **RP** 85 Hd 53 ✉66919
Herschbroich **RP** 65 Gf 46 ✉53518
Herschdorf **TH** 70 Ma 45 ✉98701
Herschdorf **TH** 71 Md 44 ✉07381
Herscheid **NW** 54 He 41 ✉58849
Herschweiler-Pettersheim **RP** 75 Hb 52 ✉66909
Hersdorf **RP** 64 Gd 47 ✉54597
Herten **NW** 41 Ha 39 ✉*45699
Herxheim **RP** 86 Ib 54 ✉76863
Herxheim am Berg **RP** 76 Ib 51 ✉67273
Herxheimweyher **RP** 86 Ib 54 ✉76863
Herzberg **BB** 26 Nf 31 ✉16835
Herzberg **BB** 37 Pa 35 ✉15864
Herzberg **MV** 14 Mf 27 ✉19374
Herzberg (Elster) **BB** 49 Ob 38 ✉04916
Herzberg am Harz **NI** 45 Lc 39 ✉37412
Herzebrock-Clarholz **NW** 43 Ib 37 ✉33442
Herzfeld **MV** 24 Me 29 ✉19372
Herzfeld **RP** 64 Gb 48 ✉54619
Herzfelde **BB** 26 Od 29 ✉17268
Herzfelde **BB** 37 Of 34 ✉15378
Herzhorn **SH** 11 Kd 26 ✉25379
Herzlake **NI** 29 Hd 32 ✉49770
Herzogenaurach **BY** 80 Lf 51 ✉91074
Herzogenrath **NW** 52 Ga 43 ✉52134
Herzsprung **BB** 25 Nc 30 ✉16909
Herzsprung **BB** 27 Pa 31 ✉16278
Hesel **NI** 19 Hd 29 ✉26835
Heßdorf **BY** 80 Lf 51 ✉91093
Hessen **ST** 46 Le 36 ✉38835
Hesseneck **HE** 77 Ka 51 ✉64754
Hesserode **TH** 46 Le 39 ✉99735
Heßheim **RP** 76 Ib 51 ✉67258
Hessigheim **BW** 87 Kb 55 ✉74394
Hessisch Lichtenau **HE** 56 Kd 41 ✉37235
Hessisch Oldendorf **NI** 31 Kb 35 ✉31840
Heßles **TH** 57 Lc 44 ✉98597
Hesweiler **RP** 65 Hb 48 ✉56865
Heteborn **ST** 46 Mb 37 ✉06458
Hetlingen **SH** 11 Kd 27 ✉25491
Hetschburg **TH** 58 Mb 43 ✉99438
Hettenhausen **RP** 75 Hd 52 ✉66919
Hettenleidelheim **RP** 76 Ia 51 ✉67310
Hettenrodt **RP** 75 Hb 50 ✉55758
Hettenshausen **BY** 100 Md 58 ✉85276
Hettingen **BW** 97 Kb 59 ✉72513
Hettstadt **BY** 79 Ke 50 ✉97265
Hettstedt **ST** 47 Md 39 ✉06333
Hetzerath **RP** 74 Ge 49 ✉54523
Hetzles **BY** 80 Ma 51 ✉91077
Heubach **BW** 88 Kf 56 ✉73540
Heubach **TH** 70 Lf 45 ✉98666
Heuchelheim **HE** 67 Id 45 ✉35452
Heuchelheim bei Frankenthal **RP** 76 Ib 51 ✉67259
Heuchelheim-Klingen **RP** 86 Ia 54 ✉76831
Heuchlingen **BW** 88 Kf 55 ✉73572
Heuckewalde **ST** 60 Nb 43 ✉06712
Heudeber **ST** 46 Le 37 ✉38855
Heuersdorf **SN** 60 Nc 42 ✉04574
Heuerßen **NI** 31 Kb 35 ✉31700
Heukewalde **TH** 60 Nb 43 ✉04626
Heupelzen **RP** 54 Hd 44 ✉57612
Heusenstamm **HE** 67 If 48 ✉63150
Heustreu **BY** 69 Lb 46 ✉97618
Heusweiler **SL** 75 Gf 52 ✉66265
Heuthen **TH** 57 Lb 41 ✉37308
Heuweiler **BW** 96 Hf 60 ✉79194
Heuzert **RP** 66 He 44 ✉57627
Heyen **NI** 44 Kd 36 ✉37619
Heyerode **TH** 57 Lc 42 ✉99988
Heyersdorf **TH** 60 Nc 43 ✉04626
Heygendorf **TH** 59 Mc 40 ✉06556
Heynitz **SN** 61 Oc 42 ✉01683
Hiddenhausen **NW** 30 Id 35 ✉32120
Hilbersdorf **SN** 61 Nf 43 ✉09627
Hilbersdorf **TH** 60 Na 44 ✉07580
Hilchenbach **NW** 54 Ia 42 ✉57271
Hildburghausen **TH** 70 Le 46 ✉98646
Hildebrandhausen **TH** 57 Lb 41 ✉99976
Hilden **NW** 53 Gf 42 ✉*40721
Hilders **HE** 69 La 45 ✉36115
Hildesheim **NI** 32 Kf 36 ✉*31134
Hildrizhausen **BW** 97 If 57 ✉71157
Hilgenroth **RP** 54 Hd 44 ✉57612
Hilgermissen **NI** 21 Kb 31 ✉27318
Hilgert **RP** 66 He 46 ✉56206
Hilgertshausen-Tandern **BY** 100 Mc 58 ✉86567
Hilkenbrook **NI** 19 He 31 ✉26897
Hille **NW** 30 Ie 34 ✉32479
Hillerse **NI** 32 Lc 34 ✉38543
Hillersleben **ST** 34 Md 35 ✉39343
Hillesheim **RP** 64 Ge 47 ✉54576
Hillesheim **RP** 76 Ib 50 ✉67586
Hillgroven **SH** 2 If 23 ✉25764
Hillmersdorf **BB** 49 Od 38 ✉04936
Hillscheid **RP** 66 He 46 ✉56204
Hilmersdorf **SN** 73 Oa 44 ✉09429
Hilpoltstein **BY** 90 Mb 53 ✉91161
Hilscheid **RP** 75 Ha 50 ✉54426
Hilst **RP** 85 Hd 54 ✉66957
Hiltenfingen **BY** 99 Le 60 ✉86856
Hilter am Teutoburger Wald **NI** 30 Ia 36 ✉49176
Hiltpoltstein **BY** 81 Mc 51 ✉91355
Hilzingen **BW** 105 Ie 62 ✉78247
Himbergen **NI** 23 Le 30 ✉29584
Himmelhartha **SN** 60 Ne 43 ✉09328
Himmelkron **BY** 71 Md 48 ✉95502
Himmelpfort **BB** 26 Ob 29 ✉16798
Himmelpforten **NI** 11 Kb 27 ✉21709
Himmelstadt **BY** 79 Ke 49 ✉97267
Himmighofen **RP** 66 He 47 ✉56357
Hindelang **BY** 108 Lc 63 ✉87541
Hindenberg **BB** 26 Oa 30 ✉16835
Hindenberg **BB** 50 Oe 37 ✉03222
Hindenburg **ST** 34 Mf 32 ✉39596
Hingstheide **SH** 12 Ke 25 ✉25563
Hinrichshagen **MV** 15 Nd 27 ✉17194
Hinrichshagen **MV** 16 Oc 24 ✉17498
Hinrichshagen **MV** 26 Od 28 ✉17348
Hinsdorf **ST** 48 Na 38 ✉06386
Hinte **NI** 18 Hb 28 ✉26759
Hinterhermsdorf **SN** 63 Pc 43 ✉01855
Hinterschmiding **BY** 93 Od 56 ✉94146
Hintersee **MV** 17 Pb 27 ✉17375
Hintertiefenbach **RP** 75 Hc 50 ✉55743
Hinterweidenthal **RP** 85 He 53 ✉66999
Hinterweiler **RP** 64 Ge 47 ✉54570
Hinterzarten **BW** 105 Ia 61 ✉79856
Hinzenburg **RP** 74 Ge 50 ✉54316
Hinzert-Pölert **RP** 75 Gf 50 ✉54421
Hinzweiler **RP** 75 Hd 51 ✉67756
Hipstedt **NI** 21 If 28 ✉27432
Hirrlingen **BW** 97 If 58 ✉72145
Hirschaid **BY** 80 Lf 50 ✉96114
Hirschau **BY** 81 Mf 51 ✉92242
Hirschbach **BY** 81 Md 51 ✉92275
Hirschbach **SN** 62 Oe 43 ✉01768
Hirschberg **RP** 66 Hf 46 ✉65558
Hirschberg **TH** 71 Me 46 ✉07927
Hirschberg an der Bergstraße **BW** 77 Ie 51 ✉69493
Hirschfeld **BB** 49 Od 40 ✉04932
Hirschfeld **SN** 72 Nc 45 ✉08144
Hirschfeld **TH** 60 Nb 43 ✉07554
Hirschfeld (Hunsrück) **RP** 75 Hb 49 ✉55483
Hirschfelde **BB** 37 Oe 33 ✉16356
Hirschfelde **SN** 63 Pf 43 ✉02788
Hirschhorn **HE** 77 If 52 ✉69434
Hirschhorn **RP** 76 He 51 ✉67732
Hirschroda **ST** 59 Me 41 ✉06636
Hirschstein **SN** 61 Oc 41 ✉01594
Hirschthal **RP** 85 He 54 ✉66996
Hirten **RP** 65 Ha 47 ✉56729
Hirtstein **SN** 73 Ob 45 ✉09496
Hirzbach **TH** 71 Mc 45 ✉07338
Hirzenhain **HE** 68 Ka 46 ✉63697
Hirz-Maulsbach **RP** 65 Hc 44 ✉57635
Hisel **RP** 74 Gc 49 ✉54646
Hittbergen **NI** 23 Ld 28 ✉21522
Hitzacker **NI** 23 Ma 30 ✉29456
Hitzhofen **BY** 90 Mc 55 ✉85122
Hitzhusen **SH** 12 Kf 25 ✉24576
Hobeck **ST** 47 Na 36 ✉39279
Hochborn **RP** 76 Ib 50 ✉55234
Hochdonn **SH** 11 Kb 24 ✉25712
Hochdorf **BW** 88 Kc 56 ✉73269
Hochdorf **BW** 98 Ke 60 ✉88454
Hochdorf **TH** 59 Mb 44 ✉99444
Hochdorf-Assenheim **RP** 76 Ib 52 ✉67126
Hochheim **TH** 58 Ma 43 ✉99869
Hochheim am Main **HE** 67 Ic 48 ✉65239
Hochkirch (Bukecy) **SN** 63 Pd 42 ✉02627
Hochscheid **RP** 75 Hb 49 ✉54472
Hochspeyer **RP** 76 Hf 52 ✉67691
Hochstadt **BY** 70 Ma 48 ✉96272
Hochstadt **RP** 86 Ib 53 ✉76879
Hochstätten **RP** 76 Hf 50 ✉55585
Hochstetten-Dhaun **RP** 75 Hc 50 ✉55606
Hockenheim **BW** 87 Id 53 ✉68766
Hockweiler **RP** 74 Ge 50 ✉54316
Hodenhagen **NI** 31 Kd 32 ✉29693
Hodorf **SH** 11 Kc 25 ✉25569
Höchberg **BY** 79 Kf 50 ✉97204
Höchenschwand **BW** 105 Ib 62 ✉79862
Höchheim **BY** 69 Lc 46 ✉97633
Höchstadt an der Aisch **BY** 80 Le 50 ✉91315
Höchstädt **BY** 99 Ld 57 ✉89420
Höchstädt im Fichtelgebirge **BY** 72 Na 48 ✉95186
Höchstberg **RP** 65 Ha 47 ✉56767
Höchstenbach **RP** 66 He 45 ✉57629
Höchst im Odenwald **HE** 77 Ka 50 ✉64739
Höckendorf **SN** 61 Od 43 ✉01774
Höckendorf **SN** 62 Of 41 ✉01936
Hödingen **ST** 33 Ma 35 ✉39356
Höfen an der Enz **BW** 87 Id 56 ✉75339
Höfer **NI** 32 Lb 32 ✉29361
Högel **SH** 3 Ka 21 ✉25858
Högersdorf **SH** 12 Lb 25 ✉23795
Högsdorf **SH** 4 Ld 23 ✉24327
Höhbeck **NI** 24 Mc 30 ✉29478
Höheinöd **RP** 85 Hd 53 ✉66989
Höheischweiler **RP** 85 Hd 53 ✉66989
Höhenkirchen-Siegertsbrunn **BY** 101 Me 60 ✉85635
Höhfröschen **RP** 85 Hd 53 ✉66989
Höhn **RP** 66 Ia 45 ✉56462
Höhndorf **SH** 4 Lc 22 ✉24217
Höhnstedt **ST** 47 Me 39 ✉06179
Höhr-Grenzhausen **RP** 66 He 46 ✉56203
Hömberg **RP** 66 He 46 ✉56379
Hönningen **RP** 65 Gf 46 ✉53506
Hönow **BB** 36 Od 33 ✉15366
Höpfingen **BW** 78 Kc 51 ✉74746
Hörden **NI** 45 Lb 38 ✉37412
Hördt **RP** 86 Ic 54 ✉76771
Hörgertshausen **BY** 101 Mf 57 ✉85413
Höringen **RP** 76 He 51 ✉67724
Hörnum **SH** 2 Ib 20 ✉25997
Hörscheid **RP** 65 Gf 47 ✉54552
Hörschhausen **RP** 65 Gf 47 ✉54552
Hörselgau **TH** 58 Ld 43 ✉99880
Hörsingen **ST** 33 Ma 35 ✉39356
Hörstel **NW** 29 Hd 35 ✉48477
Hörsten **SH** 3 Kd 23 ✉24797
Hörup **SH** 3 Ka 20 ✉24980
Hösbach **BY** 78 Kb 48 ✉63768
Hötensleben **ST** 46 Ma 36 ✉39393
Höttingen **BY** 90 Ma 54 ✉91798
Hövede **SH** 3 Kb 23 ✉25782
Hövelhof **NW** 43 Id 38 ✉33161
Höwisch **ST** 24 Md 31 ✉39615
Höxter **NW** 44 Kc 38 ✉37671
Hof **BY** 71 Mf 47 ✉*95028
Hof **RP** 66 Ia 45 ✉56472
Hofbieber **HE** 69 Ke 45 ✉36145
Hoffeld **RP** 65 Ge 46 ✉53534
Hofgeismar **HE** 44 Kc 39 ✉34369
Hofheim **BY** 69 Ld 48 ✉97461
Hofheim am Taunus **HE** 67 Ic 48 ✉65719
Hofkirchen **BY** 93 Oa 56 ✉94544
Hofstetten **BW** 96 Ia 59 ✉77716
Hofstetten **BY** 100 Lf 60 ✉86928
Hohberg **BW** 96 Hf 58 ✉77749
Hohburg **SN** 48 Ne 40 ✉04808
Hohenahlsdorf **BB** 49 Oa 37 ✉14913
Hohenahr **HE** 67 Ic 44 ✉35644
Hohenaltheim **BY** 89 Ld 56 ✉86745
Hohenaspe **SH** 11 Kd 25 ✉25582
Hohenau **BY** 93 Od 55 ✉94545
Hohenberg **BY** 72 Nb 48 ✉95691
Hohenberg-Krusemark **ST** 34 Mf 32 ✉39596
Hohenbocka **BB** 50 Of 40 ✉01945
Hohenböddenstedt **ST** 33 Lf 32 ✉29413
Hohenbollentin **MV** 16 Oa 26 ✉17111
Hohenbruch **BB** 26 Oa 32 ✉16515
Hohenbrück-Neu Schadow **BB** 37 Of 36 ✉15910
Hohenbrünzow **MV** 16 Oa 26 ✉17111
Hohenbrunn **BY** 101 Me 60 ✉85662
Hohenbucko **BB** 49 Oc 38 ✉04936
Hohenburg **BY** 91 Me 53 ✉92277
Hohen-Demzin **MV** 15 Nd 26 ✉17166
Hohendodeleben **ST** 47 Mc 36 ✉39167
Hohendorf **MV** 16 Oe 24 ✉17440
Hohenebra **TH** 58 Lf 41 ✉99713
Hohenerxleben **ST** 47 Md 37 ✉39443
Hohenfelde **BB** 27 Pb 30 ✉16306
Hohenfelde **MV** 14 Mf 24 ✉18209
Hohenfelde **SH** 4 Lc 22 ✉24257
Hohenfelde **SH** 11 Kd 25 ✉25358
Hohenfelde **SH** 12 Lc 27 ✉22946
Hohenfelden **TH** 58 Ma 43 ✉99448
Hohenfels **BY** 91 Mf 53 ✉92366
Hohenfels-Essingen **RP** 64 Ge 47 ✉54570
Hohenferchesar **BB** 35 Nd 34 ✉14798
Hohenfinow **BB** 27 Of 32 ✉16248
Hohenfurch **BY** 108 Lf 61 ✉86978
Hohengandern **TH** 57 Kf 40 ✉37318
Hohengöhren **ST** 34 Na 33 ✉39524
Hohengörsdorf **BB** 49 Ob 37 ✉14913
Hohengüstow **BB** 27 Of 29 ✉17291
Hohenhameln **NI** 32 La 35 ✉31249
Hohenhorn **SH** 22 Lc 28 ✉21526
Hohenkammer **BY** 100 Md 58 ✉85411
Hohenkirchen **TH** 58 Le 43 ✉99887
Hohenleimbach **RP** 65 Ha 46 ✉56746
Hohenleipisch **BB** 49 Od 39 ✉04934
Hohenlepte **ST** 47 Na 37 ✉39264
Hohenleuben **TH** 71 Na 44 ✉07958
Hohenlinden **BY** 101 Na 60 ✉85664
Hohenlobbese **BB** 35 Nb 36 ✉14828
Hohenlockstedt **SH** 11 Kd 25 ✉25551
Hohenmocker **MV** 16 Ob 25 ✉17111
Hohenmölsen **ST** 60 Na 42 ✉06679
Hohennauen **BB** 35 Nb 32 ✉14715
Hohen Neuendorf **BB** 36 Ob 32 ✉16540
Hohenöllen **RP** 76 Hd 51 ✉67744
Hohenölsen **TH** 60 Na 44 ✉07570
Hohenofen **BB** 25 Nc 32 ✉16845
Hohenpeißenberg **BY** 109 Lf 62 ✉82383
Hohenpolding **BY** 101 Na 58 ✉84432
Hohenprießnitz **SN** 48 Nd 39 ✉04838
Hohen Pritz **MV** 14 Mf 27 ✉19406
Hohenreinkendorf **BB** 27 Pb 29 ✉16307
Hohenroda **HE** 57 Kf 44 ✉36284
Hohenroda **SN** 48 Nc 39 ✉04509
Hohenroth **BY** 69 Lb 47 ✉97618
Hohensaaten **BB** 27 Pa 31 ✉16248
Hohenseeden **ST** 34 Mf 35 ✉39307
Hohenseefeld **BB** 49 Ob 37 ✉14913
Hohenselchow **BB** 27 Pb 29 ✉16306
Hohen Sprenz **MV** 15 Nb 25 ✉18299
Hohenstadt **BW** 98 Ke 57 ✉73345
Hohenstein **BW** 98 Kc 58 ✉72531
Hohenstein **HE** 66 Ia 47 ✉65329
Hohenstein-Ernstthal **SN** 60 Ne 44 ✉09337
Hohen-Sülzen **RP** 76 Ib 51 ✉67591
Hohentengen **BW** 98 Kc 60 ✉88367
Hohentengen am Hochrhein **BW** 105 Ic 63 ✉79801
Hohenthann **BY** 91 Na 57 ✉84098
Hohenthurm **ST** 48 Na 39 ✉06188
Hohentramm **ST** 33 Mb 32 ✉38489
Hohen Viecheln **MV** 14 Md 26 ✉23996
Hohen Wangelin **MV** 15 Nc 27 ✉17194
Hohenwarsleben **ST** 34 Md 35 ✉39326
Hohenwart **BY** 100 Mc 57 ✉86558
Hohenwarte **TH** 71 Mc 45 ✉07338
Hohenwarth **BY** 92 Nf 53 ✉93480
Hohenwarthe **ST** 34 Me 35 ✉39291
Hohenweiden **ST** 47 Mf 40 ✉06179
Hohenwestedt **SH** 11 Kd 24 ✉24594
Hohenwulsch **ST** 34 Md 32 ✉39606
Hohenwutzen **BB** 27 Pa 31 ✉16259
Hohenziatz **ST** 34 Na 35 ✉39291
Hohenzieritz **MV** 26 Oa 28 ✉17237
Hohes Kreuz **TH** 57 La 40 ✉37308
Hohlstedt **TH** 59 Mc 43 ✉99441
Hohn **SH** 3 Kd 23 ✉24806
Hohndorf **SN** 60 Ne 44 ✉09394
Hohndorf **TH** 72 Na 45 ✉07985
Hohne **NI** 32 Lc 33 ✉29362
Hohnhorst **NI** 31 Kc 34 ✉31559
Hohnstein **SN** 62 Pa 43 ✉01848
Hohnstorf **NI** 23 Ld 28 ✉21522
Hohwacht **SH** 5 Le 23 ✉24321
Hohwald **SN** 63 Pb 42 ✉01844
Hoisdorf **SH** 12 Lb 27 ✉22955
Holbach **TH** 46 Ld 39 ✉99755
Holdenstedt **ST** 47 Mc 40 ✉06528
Holdorf **MV** 13 Ma 26 ✉19217
Holdorf **NI** 30 Ia 33 ✉49451
Holenberg **NI** 44 Kd 37 ✉37642
Holldorf **MV** 26 Ob 28 ✉17094
Holle **NI** 45 La 36 ✉31188
Holleben **ST** 47 Mf 40 ✉06179
Hollen **NI** 20 Ie 28 ✉27616
Hollenbach **BY** 100 Ma 58 ✉86568
Hollenbach **TH** 57 Lc 41 ✉99976
Hollenbek **SH** 13 Lf 27 ✉23883
Hollenstedt **NI** 22 Ke 28 ✉21279
Holler **RP** 66 Hf 46 ✉56412
Hollern-Twielenfleth **NI** 11 Kd 27 ✉21723
Hollfeld **BY** 81 Mb 49 ✉96142
Hollingstedt **SH** 3 Kb 22 ✉24876
Hollingstedt **SH** 3 Kb 23 ✉25788
Hollnich **RP** 65 Hc 48 ✉56288
Hollnseth **NI** 11 Ka 27 ✉21769
Hollstadt **BY** 69 Lb 46 ✉97618
Holm **SH** 2 If 19 ✉25923
Holm **SH** 11 Ke 27 ✉25488
Holste **NI** 20 If 28 ✉27729
Holstenniendorf **SH** 11 Kb 24 ✉25584
Holsthum **RP** 74 Gc 49 ✉54668
Holt **SH** 3 Ka 20 ✉24994
Holtgast **NI** 9 Hd 27 ✉26427
Holthusen **MV** 14 Mb 27 ✉19075
Holtland **NI** 19 Hd 29 ✉26835
Holtsee **SH** 4 Kf 22 ✉24363
Holungen **TH** 45 Lc 40 ✉37345
Holzappel **RP** 66 Hf 46 ✉56379
Holzbach **RP** 75 Hd 49 ✉55469
Holzbunge **SH** 3 Ke 22 ✉24361
Holzdorf **SH** 4 Kf 21 ✉24364
Holzdorf **ST** 49 Oa 38 ✉06926
Holzen **NI** 44 Ke 37 ✉37632
Holzendorf **BB** 27 Oe 28 ✉17291
Holzengel **TH** 58 Lf 41 ✉99718
Holzerath **RP** 74 Ge 50 ✉54316
Holzgerlingen **BW** 97 If 57 ✉71088
Holzgünz **BY** 99 Lb 60 ✉87752
Holzhausen **BB** 25 Nc 31 ✉16845
Holzhausen **SN** 60 Nc 41 ✉04454
Holzhausen **SN** 61 Nf 42 ✉09326
Holzhausen **ST** 23 Le 32 ✉29413
Holzhausen **ST** 34 Md 33 ✉39629
Holzhausen an der Haide **RP** 66 Hf 47 ✉56357
Holzheim **BY** 99 La 58 ✉89291
Holzheim **BY** 99 Ld 57 ✉89438
Holzheim **BY** 100 Lf 57 ✉86684
Holzheim **RP** 66 Ia 46 ✉65558
Holzheim am Forst **BY** 91 Na 54 ✉93183
Holzkirch **BW** 98 La 57 ✉89183
Holzkirchen **BY** 78 Ke 50 ✉97292
Holzmaden **BW** 98 Kd 57 ✉73271
Holzminden **NI** 44 Kd 38 ✉37603
Holzsußra **TH** 58 Le 41 ✉99713
Holzweißig **ST** 48 Nc 39 ✉06808
Holzwickede **NW** 42 Hd 40 ✉59439
Homberg **HE** 55 Ka 44 ✉35315
Homberg **RP** 66 Ia 45 ✉56479
Homberg **RP** 75 Hd 51 ✉67744
Homberg (Efze) **HE** 56 Kc 42 ✉34576
Homburg (Saar) **SL** 75 Hc 53 ✉66424
Hommerdingen **RP** 74 Gb 49 ✉54675
Honerath **RP** 65 Gf 46 ✉53518
Honigsee **SH** 4 Lb 23 ✉24211
Hontheim **RP** 65 Ha 48 ✉54538
Hoogstede **NI** 28 Gf 33 ✉49846
Hoort **MV** 24 Mc 28 ✉19230
Hopferau **BY** 108 Ld 63 ✉87659
Hopfgarten **SN** 61 Oa 44 ✉09429
Hopfgarten **TH** 58 Mb 43 ✉99428
Hoppegarten bei Müncheberg **BB** 37 Pa 34 ✉15345
Hoppenrade **BB** 24 Na 30 ✉16928
Hoppenrade **BB** 36 Nf 33 ✉14641
Hoppenrade **MV** 15 Nb 26 ✉18292
Hoppstädten **RP** 75 Hd 50 ✉67744
Hoppstädten-Weiersbach **RP** 75 Hb 51 ✉55768
Hopsten **NW** 29 Hd 34 ✉48496
Horath **RP** 75 Gf 50 ✉54497
Horbach **RP** 66 He 46 ✉56412
Horbach **RP** 75 Hd 50 ✉55606
Horbach **RP** 76 Hd 53 ✉66851
Horb am Neckar **BW** 97 Ie 58 ✉72160
Horben **BW** 104 Hf 61 ✉79289
Horbruch **RP** 75 Hb 49 ✉55483
Horburg-Maßlau **SN** 60 Na 40 ✉06254
Hordorf **ST** 46 Mb 37 ✉39387
Horgau **BY** 99 Le 58 ✉86497
Horgenzell **BW** 106 Kd 62 ✉88263
Horhausen **RP** 66 Hd 45 ✉56593
Horhausen **RP** 66 Hf 46 ✉56379
Horka **SN** 63 Pf 41 ✉02923
Horla **ST** 46 Mb 39 ✉06528
Hormersdorf **SN** 73 Nf 44 ✉09395
Hornbach **RP** 85 Hc 53 ✉66500
Horn-Bad Meinberg **NW** 43 If 37 ✉32805
Hornbek **SH** 13 Ld 27 ✉21514
Hornberg **BW** 96 Ib 59 ✉78132
Hornburg **NI** 46 Ld 36 ✉38315
Hornburg **ST** 47 Md 40 ✉06295
Horneburg **NI** 21 Kd 27 ✉21640
Hornhausen **ST** 46 Ma 36 ✉39387
Horno **BB** 51 Pd 38 ✉03172
Hornow **BB** 51 Pc 39 ✉03130
Hornsömmern **TH** 58 Le 41 ✉99955
Hornstorf **MV** 14 Md 25 ✉23974
Horperath **RP** 65 Gf 47 ✉56766
Horrweiler **RP** 76 Hf 49 ✉55457
Horschbach **RP** 75 Hd 51 ✉66887
Horsmar **TH** 57 Lc 41 ✉99976
Horst **MV** 16 Ob 24 ✉18519
Horst **SH** 11 Kd 26 ✉25358
Horst **SH** 13 Le 27 ✉23883
Horstdorf **ST** 48 Nc 38 ✉06785
Horstedt **NI** 21 Kb 29 ✉27367
Horstedt **SH** 3 Kb 21 ✉25860
Horstfelde **BB** 36 Oc 35 ✉15806
Horstmar **NW** 41 Hb 36 ✉48612
Horstwalde **BB** 36 Oc 36 ✉15837
Hosena **BB** 50 Pa 40 ✉01996
Hosenfeld **HE** 68 Kd 45 ✉36154
Hoßkirch **BW** 106 Kc 61 ✉88374
Hosten **RP** 74 Gd 49 ✉54664
Hottelstedt **TH** 58 Mb 42 ✉99439
Hottenbach **RP** 75 Hb 50 ✉55758
Hottendorf **ST** 34 Md 33 ✉39638
Hoya **NI** 31 Ka 32 ✉27318
Hoyerhagen **NI** 21 Ka 32 ✉27318
Hoyershausen **NI** 44 Ke 36 ✉31093
Hoyerswerda (Wojerecy) **SN** 51 Pb 40 ✉02977
Hoym **ST** 46 Mc 38 ✉06467
Hude **NI** 20 Ic 30 ✉27798
Hude **SH** 3 Kb 22 ✉25876
Hübingen **RP** 66 He 46 ✉56412
Hüblingen **RP** 66 Ia 45 ✉56479
Hückelhoven **NW** 52 Gb 42 ✉41836
Hückeswagen **NW** 53 Hc 42 ✉42499
Hüde **NI** 30 Ib 33 ✉49448
Hüffelsheim **RP** 76 He 50 ✉55595
Hüffenhardt **BW** 87 Ka 53 ✉74928
Hüffler **RP** 75 Hc 52 ✉66909
Hüfingen **BW** 105 Ic 61 ✉78183
Hügelsheim **BW** 86 Ia 56 ✉76549
Hülben **BW** 98 Kc 57 ✉72584
Hüllhorst **NW** 30 Ie 35 ✉32609
Hülsebeck **BB** 24 Mf 29 ✉16949
Hülseburg **MV** 13 Mb 27 ✉19230
Hülsede **NI** 31 Kc 35 ✉31867
Hümmel **RP** 64 Ge 46 ✉53520
Hümmerich **RP** 65 Hc 45 ✉53547
Hümpfershausen **TH** 69 Lb 45 ✉98634
Hünfeld **HE** 68 Ke 44 ✉36088
Hünfelden **HE** 66 Ia 47 ✉65597
Hünstetten **HE** 66 Ib 47 ✉65510
Hünxe **NW** 41 Ge 39 ✉46569
Hürtgenwald **NW** 52 Gc 44 ✉52393
Hürth **NW** 53 Gf 43 ✉50354
Hürup **SH** 3 Kd 20 ✉24975
Hüsby **SH** 3 Kc 22 ✉24850
Hüselitz **ST** 34 Me 33 ✉39579
Hütschenhausen **RP** 75 Hc 52 ✉66882
Hüttblek **SH** 12 La 25 ✉24641
Hütten **RP** 64 Gb 48 ✉54673
Hütten **SH** 3 Ke 22 ✉24358
Hüttenberg **HE** 67 Id 45 ✉35625
Hüttenrode **ST** 46 Lf 38 ✉38889
Hütterscheid **RP** 64 Gc 48 ✉54636
Hüttingen an der Kyll **RP** 74 Gd 49 ✉54636
Hüttingen bei Lahr **RP** 74 Gb 49 ✉54675
Hüttisheim **BW** 98 Kf 59 ✉89185
Hüttlingen **BW** 89 La 55 ✉73460
Hüven **NI** 29 Hd 32 ✉49751
Huglfing **BY** 109 Mb 62 ✉82386
Hugoldsdorf **MV** 15 Ne 24 ✉18465
Huisheim **BY** 89 Le 56 ✉86685
Huje **SH** 11 Kc 25 ✉25588
Hummelfeld **SH** 3 Ke 22 ✉24357
Hummelshain **TH** 59 Md 44 ✉07768
Hummeltal **BY** 81 Mc 49 ✉95503
Humptrup **SH** 2 If 19 ✉25923
Hundeluft **ST** 48 Nc 37 ✉06862
Hunderdorf **BY** 92 Ne 55 ✉94336
Hundeshagen **TH** 45 Lb 40 ✉37339
Hundhaupten **TH** 59 Mf 43 ✉07557
Hunding **BY** 93 Ob 55 ✉94551
Hundsangen **RP** 66 Ia 46 ✉56414
Hundsbach **RP** 75 Hd 50 ✉55621
Hundsdorf **RP** 66 He 46 ✉56235
Hundshübel **SN** 72 Nd 45 ✉08318
Hungen **HE** 67 If 46 ✉35410
Hungenroth **RP** 66 Hd 48 ✉56281
Hunzel **RP** 66 He 47 ✉56355
Hupperath **RP** 65 Ge 49 ✉54518
Hurlach **BY** 99 Le 60 ✉86857
Husby **SH** 3 Kd 20 ✉24975
Husum **NI** 31 Kb 33 ✉31632
Husum **SH** 3 Ka 22 ✉25813
Hutthurm **BY** 93 Oc 56 ✉94116
Huy-Neinstedt **ST** 46 Lf 37 ✉38836

I

Ibbenbüren **NW** 29 He 35 ✉*49477
Ichenhausen **BY** 99 Lb 58 ✉89335
Ichstedt **TH** 58 Mb 40 ✉06556
Ichtershausen **TH** 58 Lf 43 ✉99334
Icking **BY** 109 Mc 61 ✉82057
Idar-Oberstein **RP** 75 Hc 50 ✉55743
Iden **ST** 34 Mf 32 ✉39606
Idenheim **RP** 74 Gd 49 ✉54636
Idesheim **RP** 74 Gd 49 ✉54636
Idstedt **SH** 3 Kd 21 ✉24879
Idstein **HE** 66 Ib 47 ✉65510
Iffeldorf **BY** 109 Mb 62 ✉82393
Iffezheim **BW** 86 Ia 56 ✉76473
Ifta **TH** 57 Lb 42 ✉99831
Igel **RP** 74 Gd 50 ✉54298
Igensdorf **BY** 80 Mb 51 ✉91338
Igersheim **BW** 79 Kf 52 ✉97999
Iggensbach **BY** 93 Oa 56 ✉94547
Iggingen **BW** 88 Kf 56 ✉73574
Ihleburg **ST** 34 Mf 34 ✉39291
Ihlewitz **ST** 47 Me 39 ✉06347
Ihlienworth **NI** 11 If 26 ✉21775
Ihlow **BB** 37 Pa 33 ✉15377
Ihlow **BB** 49 Oc 37 ✉14913
Ihlow **NI** 19 Hc 28 ✉26632
Ihringen **BW** 95 Hd 60 ✉79241
Ihrlerstein **BY** 91 Mf 55 ✉93346
Ilberstedt **ST** 47 Me 38 ✉06408
Ilbesheim **RP** 76 Ia 50 ✉67294
Ilbesheim **RP** 86 Ia 53 ✉76831
Ilfeld **TH** 46 Le 39 ✉99768
Illeben **TH** 58 Le 42 ✉99958
Illerich **RP** 65 Hb 47 ✉56814
Illerkirchberg **BW** 98 Kf 58 ✉89171
Illerrieden **BW** 98 La 59 ✉89186
Illertissen **BY** 99 La 59 ✉89257
Illesheim **BY** 79 Lc 52 ✉91471

Illingen BW 87 If 55 ✉75428
Illingen SL 75 Ha 52 ✉66557
Illmensee BW 106 Kc 61 ✉88636
Illmersdorf BB 49 Ob 37 ✉14913
Illschwang BY 81 Me 52 ✉92278
Ilmenau TH 70 Lf 44 ✉98693
Ilmmünster BY 100 Mc 58 ✉85304
Ilmtal TH 58 Ma 44 ✉99326
Ilsede NI 32 Lb 35 ✉31241
Ilsenburg ST 46 Ld 37 ✉38871
Ilsfeld BW 87 Kb 54 ✉74360
Ilshofen BW 88 Kf 53 ✉74532
Ilvesheim BW 77 Id 52 ✉68549
Immekath ST 33 Ma 33 ✉38486
Immelborn TH 57 Lb 44 ✉36433
Immendingen BW 105 Ie 61 ✉78194
Immenhausen HE 44 Kd 40 ✉34376
Immenreuth BY 81 Mf 49 ✉95505
Immenrode TH 46 Ld 40 ✉99735
Immenrode TH 46 Le 40 ✉99735
Immenstaad am Bodensee BW 106 Kc 63 ✉88090
Immenstadt im Allgäu BY 107 Lb 63 ✉87509
Immenstedt SH 3 Kb 21 ✉25885
Immenstedt SH 11 Kb 23 ✉25767
Immerath RP 65 Gf 48 ✉54552
Immert RP 75 Ha 50 ✉54426
Immesheim RP 76 Ia 51 ✉67308
Impflingen RP 86 Ia 53 ✉76831
Imsbach RP 76 Hf 51 ✉67817
Imsweiler RP 76 He 51 ✉67808
Inchenhofen BY 100 Ma 57 ✉86570
Inden NW 52 Gc 43 ✉52459
Ingelbach RP 66 He 44 ✉57610
Ingeleben NI 46 Lf 36 ✉38385
Ingelfingen BW 88 Kd 53 ✉74653
Ingelheim am Rhein RP 76 Ia 49 ✉55218
Ingendorf RP 74 Gc 49 ✉54636
Ingenried BY 108 Le 62 ✉86980
Ingersheim BW 87 Kb 55 ✉74379
Ingersleben TH 58 Lf 43 ✉99192
Ingoldingen BW 98 Kd 60 ✉88456
Ingolstadt BY 90 Mc 56 ✉•85049
Innernzell BY 93 Ob 55 ✉94548
Inning am Ammersee BY 100 Ma 60 ✉82266
Inning am Holz BY 101 Na 58 ✉84416
Insel ST 34 Me 33 ✉39599
Insel Hiddensee MV 7 Oa 21 ✉18565
Insheim RP 86 Ic 54 ✉76865
Insingen BY 89 La 53 ✉91610
Insul RP 65 Gf 46 ✉53520
Inzell BY 111 Ne 62 ✉83334
Inzigkofen BW 97 Ka 60 ✉72514
Inzlingen BW 104 He 63 ✉79594
Iphofen BY 79 Lb 50 ✉97346
Ippenschied RP 76 Hd 49 ✉55566
Ippesheim BY 79 Lb 51 ✉97258
Ipsheim BY 79 Lc 51 ✉91472
Irchenrieth BY 82 Nb 51 ✉92699
Irfersgrün SN 72 Nc 45 ✉08485
Irlbach BY 92 Ne 55 ✉94342
Irmenach RP 75 Hb 49 ✉56843
Irmtraut RP 66 Ia 45 ✉56479
Irndorf BW 97 If 60 ✉78597
Irrel RP 74 Gc 49 ✉54666
Irrhausen RP 64 Gb 48 ✉54689
Irsch RP 74 Gd 51 ✉54451
Irschenberg BY 110 Mf 61 ✉83737
Irsee BY 108 Ld 61 ✉87660
Irxleben ST 34 Mc 36 ✉39167
Isen BY 101 Na 59 ✉84424
Isenbüttel NI 33 Ld 34 ✉38550
Isenburg RP 66 Hd 46 ✉56271
Iserlohn NW 54 He 40 ✉•58638
Isernhagen NI 32 Kf 34 ✉30916
Isert RP 54 He 44 ✉57612
Ismaning BY 101 Me 59 ✉85737
Isny BW 107 La 62 ✉88316
Ispringen BW 87 Ie 55 ✉75228
Isselbach RP 66 Hf 46 ✉65558
Isselburg NW 40 Gc 38 ✉46419
Isseroda TH 58 Mb 43 ✉99428
Issersheilingen TH 58 Le 41 ✉99947
Issigau BY 71 Me 46 ✉95188
Issum NW 40 Gc 39 ✉47661
Isterberg NI 28 Ha 34 ✉48465
Itterbeck NI 28 Ge 33 ✉49847
Ittlingen BW 87 If 53 ✉74930
Itzehoe SH 11 Kd 25 ✉25524
Itzgrund BY 70 Lf 48 ✉96274
Itzstedt SH 12 La 26 ✉23845
Iven MV 16 Oc 26 ✉17391
Ivenack MV 16 Nf 26 ✉17153
Ivenrode ST 33 Mb 35 ✉39343

J

Jabel BB 25 Nc 29 ✉16909
Jabel MV 15 Nd 27 ✉17194
Jachenau BY 109 Mc 63 ✉83676
Jacobsdorf BB 37 Pc 34 ✉15236
Jade NI 20 Ib 28 ✉26349
Jaebetz MV 25 Nc 29 ✉17209
Jämlitz BB 51 Pd 39 ✉03130
Jänickendorf BB 37 Of 34 ✉15518
Jännersdorf BB 24 Na 28 ✉16949
Jänschwalde (Janšojce) BB 51 Pd 37 ✉03197
Jävenitz ST 34 Md 33 ✉39638
Jagel SH 3 Kc 22 ✉24878
Jagow BB 27 Oe 28 ✉17337
Jagsal BB 49 Oc 38 ✉04936
Jagsthausen BW 88 Kc 53 ✉74249
Jagstzell BW 89 La 54 ✉73489
Jahnsbach SN 73 Nf 45 ✉09419
Jahnsdorf SN 61 Nf 44 ✉09387
Jahnsfelde BB 37 Pb 33 ✉15320
Jahnshain SN 60 Nd 43 ✉04657
Jahrsdorf SH 11 Kd 24 ✉24594
Jahrstedt ST 33 Lf 33 ✉38486
Jakobsdorf MV 6 Nf 23 ✉18442
Jakobshagen BB 26 Od 29 ✉17268
Jakobsweiler RP 76 Hf 51 ✉67814
Jameln NI 23 Ma 30 ✉29479
Jamikow BB 27 Pb 30 ✉16306
Jamlitz BB 51 Pc 37 ✉15868
Jandelsbrunn BY 93 Oe 56 ✉94118
Janisroda ST 59 Me 42 ✉06618
Janneby SH 3 Kb 21 ✉24992
Jannowitz BB 50 Of 40 ✉01945
Japenzin MV 16 Oc 26 ✉17392
Jarchau ST 34 Mf 33 ✉39596
Jardelund SH 3 Kb 20 ✉24994
Jarmen MV 16 Oc 25 ✉17126
Jarplund-Weding SH 3 Kc 20 ✉24941
Jatzke MV 16 Od 27 ✉17099
Jatznick MV 17 Of 27 ✉17309
Jeber-Bergfrieden ST 48 Nc 37 ✉06862
Jeckenbach RP 76 Hd 50 ✉55592
Jederitz ST 25 Na 32 ✉39524
Jeeben ST 33 Ma 32 ✉38489
Jeetze ST 34 Mc 32 ✉39624
Jeggau ST 33 Mb 33 ✉39649
Jeggeleben ST 34 Mb 32 ✉29416
Jehserig BB 50 Pb 39 ✉03116
Jelmstorf NI 23 Ld 30 ✉29585
Jembke NI 33 Le 34 ✉38477
Jemgum NI 19 Hc 29 ✉26844
Jena TH 59 Md 43 ✉•07743
Jenalöbnitz TH 59 Me 43 ✉07751
Jengen BY 99 Le 60 ✉86860
Jennewitz MV 14 Me 24 ✉18230
Jerchel BB 35 Nc 34 ✉14715
Jerchel ST 34 Mb 34 ✉39638
Jerchel ST 34 Mf 34 ✉39517
Jerichow ST 34 Na 34 ✉39319
Jerischke BB 51 Pe 39 ✉03159
Jerrishoe SH 3 Kc 21 ✉24963
Jersbek SH 12 Lb 26 ✉22941
Jersleben ST 34 Md 35 ✉39326
Jerxheim NI 46 Lf 36 ✉38381
Jesberg HE 56 Ka 42 ✉34632
Jesendorf MV 14 Md 26 ✉19417
Jesenwang BY 100 Ma 59 ✉82287
Jeserig BB 35 Ne 34 ✉14778
Jeserigerhütten BB 48 Nc 36 ✉14827
Jeserig/Fläming BB 48 Nc 36 ✉14827
Jeseritz ST 34 Mb 34 ✉39638
Jesewitz SN 48 Nd 40 ✉04838
Jessen (Elster) ST 49 Nf 38 ✉06917
Jessenitz MV 23 Ma 29 ✉19249
Jessern BB 50 Pb 36 ✉15913
Jeßnigk BB 49 Ob 38 ✉04916
Jeßnitz ST 48 Nb 38 ✉06800
Jesteburg NI 22 Kf 29 ✉21266
Jestetten BW 105 Id 63 ✉79798
Jethe BB 51 Pd 38 ✉03149
Jetsch BB 49 Od 37 ✉15938
Jettenbach BY 102 Nc 59 ✉84555
Jettenbach RP 75 Hd 51 ✉66887
Jettingen BW 97 Ie 57 ✉71131
Jettingen-Scheppach BY 99 Lc 58 ✉89343
Jetzendorf BY 100 Mc 58 ✉85305
Jevenstedt SH 3 Kd 23 ✉24808
Jever NI 9 Hf 27 ✉26441
Joachimsthal BB 27 Oe 31 ✉16247
Jockgrim RP 86 Ib 54 ✉76751
Jocksdorf BB 51 Pd 38 ✉03149
Jöhstadt SN 73 Oa 45 ✉09477
Jördenstorf MV 15 Nd 25 ✉17168
Jörnstorf MV 14 Me 24 ✉18233
Jößnitz SN 72 Na 45 ✉08547
Johannesberg BY 78 Ka 48 ✉63867
Johanngeorgenstadt SN 72 Ne 46 ✉08349
Johanniskirchen BY 102 Nf 57 ✉84381
Joldelund SH 3 Ka 21 ✉25862
Jonaswalde TH 60 Nb 43 ✉04626
Jonsdorf SN 63 Pe 43 ✉02796
Jork NI 11 Ke 27 ✉21635
Jossgrund HE 68 Kc 47 ✉63637
Jucken RP 64 Gb 48 ✉54689
Judenbach TH 70 Mb 46 ✉96515
Jübar ST 33 Lf 32 ✉38489
Jübek SH 3 Kc 21 ✉24855
Jüchen NW 52 Gd 42 ✉41363
Jüchsen TH 69 Ld 46 ✉98631
Jückelberg TH 60 Nd 43 ✉04618
Jüdenberg ST 48 Nc 38 ✉06773
Jühnde NI 45 Ke 40 ✉37127
Jühnsdorf BB 36 Oc 35 ✉15831
Jülich NW 52 Gc 43 ✉52428
Jünkerath RP 64 Gd 46 ✉54584
Jürgenshagen MV 14 Mf 25 ✉18246
Jürgenstorf MV 15 Nf 26 ✉17153
Jüterbog BB 49 Oa 36 ✉14913
Jütrichau ST 48 Na 37 ✉39264
Jützenbach TH 45 Lc 39 ✉37345
Jugenheim in Rheinhessen RP 76 Ia 49 ✉55270
Juist NI 8 Gf 26 ✉26571
Julbach BY 102 Nf 59 ✉84387
Juliusburg NI 23 Ld 28 ✉21483
Jungingen BW 97 Ka 59 ✉72417

K

Kaaks SH 11 Kc 25 ✉25582
Kaakstedt BB 27 Oe 29 ✉17268
Kaarßen NI 23 Ma 29 ✉19273
Kaarst NW 52 Gd 41 ✉41564
Kabelhorst SH 13 Lf 23 ✉23738
Kablow BB 37 Oe 35 ✉15758
Kade ST 35 Nb 34 ✉39307
Kaden RP 66 Hf 45 ✉56459
Kadenbach RP 66 He 46 ✉56337
Käbschütztal SN 61 Oc 42 ✉01665
Kämpfelbach BW 87 Ie 55 ✉75236
Kändler SN 60 Ne 43 ✉09247
Käshofen RP 75 Hc 53 ✉66894
Käthen ST 34 Md 33 ✉39599
Kagar BB 25 Ne 30 ✉16837
Kagel BB 37 Of 34 ✉15345
Kahl BY 67 Ka 48 ✉63796
Kahla BB 49 Od 40 ✉04928
Kahla TH 59 Md 44 ✉07768
Kahlwinkel ST 59 Mc 41 ✉06647
Kahrstedt ST 34 Mc 32 ✉39624
Kaifenheim RP 65 Hb 47 ✉56761
Kail RP 65 Hb 47 ✉56829
Kaisborstel SH 11 Kc 24 ✉25560
Kaisersbach BW 88 Kd 55 ✉73667
Kaisersesch RP 65 Ha 47 ✉56759
Kaisershagen TH 57 Lc 41 ✉99974
Kaiserslautern RP 76 He 52 ✉•67655
Kaiser-Wilhelm-Koog SH 11 If 25 ✉25709
Kaisheim BY 89 Le 56 ✉86687
Kakau ST 48 Nc 38 ✉06785
Kakenstorf NI 22 Ke 29 ✉21255
Kakerbeck ST 33 Mb 32 ✉39624
Kalbach HE 68 Kd 46 ✉36148
Kalbe NI 21 Kd 29 ✉27419
Kalbe (Milde) ST 34 Mc 33 ✉39624
Kalbsrieth TH 59 Mc 40 ✉06556
Kalchreuth BY 80 Ma 51 ✉90562
Kalefeld NI 45 La 38 ✉37589
Kalenborn RP 65 Gf 45 ✉53505
Kalenborn RP 65 Ha 47 ✉56759
Kalenborn-Scheuern RP 64 Gd 47 ✉54570
Kalkar NW 40 Gb 38 ✉47546
Kalkhorst MV 13 Ma 25 ✉23942
Kalkofen RP 76 Hf 50 ✉67822
Kall NW 64 Gd 45 ✉53925
Kalletal NW 31 If 36 ✉32689
Kallinchen BB 36 Od 35 ✉15806
Kallmerode TH 57 Lb 40 ✉37327
Kallmünz BY 91 Mf 54 ✉93183
Kallstadt RP 76 Ib 52 ✉67169
Kalt RP 65 Hc 47 ✉56294
Kaltenborn RP 65 Gf 46 ✉53520
Kalteneber TH 57 La 41 ✉37308
Kaltenengers RP 65 Hd 46 ✉56220
Kaltenholzhausen RP 66 Ia 47 ✉65558
Kaltenkirchen SH 12 Kf 25 ✉24568
Kaltenlengsfeld TH 69 Lb 45 ✉36452
Kaltennordheim TH 69 Lb 45 ✉36452
Kaltensundheim TH 69 Lb 45 ✉98634
Kaltental BY 108 Le 61 ✉87662
Kaltenwestheim TH 69 La 45 ✉98634
Kaltwasser SN 63 Pf 41 ✉02829
Kalübbe SH 12 Lb 24 ✉24326
Kambs MV 25 Nd 29 ✉17207
Kamen NW 42 Hd 39 ✉59174
Kamenz (Kanjenc) SN 62 Pa 41 ✉01917
Kamern ST 35 Na 32 ✉39524
Kamin MV 14 Me 25 ✉18233
Kammerforst RP 66 He 46 ✉56206
Kammerforst TH 57 Lc 42 ✉99986
Kammerstein BY 90 Ma 53 ✉91126
Kammin MV 16 Oc 25 ✉17506
Kamminke MV 17 Pb 25 ✉17419
Kammlach BY 99 Lc 60 ✉87754
Kamp-Bornhofen RP 66 Hd 47 ✉56341
Kampen SH 2 Ic 19 ✉25999
Kamp-Lintfort NW 40 Gd 40 ✉47475
Kamsdorf TH 71 Mc 45 ✉07334
Kandel RP 86 Ib 54 ✉76870
Kandelin MV 16 Oa 24 ✉18516
Kandern BW 104 Hd 62 ✉79400
Kankelau SH 13 Ld 27 ✉21514
Kannawurf TH 58 Ma 41 ✉06578
Kantow BB 25 Nd 31 ✉16845
Kanzach BW 98 Kd 60 ✉88422
Kanzem RP 74 Gd 51 ✉54441
Kapellendorf TH 59 Mc 43 ✉99510
Kapellen-Drusweiler RP 86 Ia 54 ✉76889
Kaperich RP 65 Ha 47 ✉56767
Kappe BB 26 Oc 31 ✉16775
Kappel RP 75 Hc 48 ✉55483
Kappel-Grafenhausen BW 95 He 59 ✉77966
Kappeln RP 75 Hd 50 ✉67744
Kappeln SH 4 Kf 20 ✉24376
Kappelrodeck BW 96 Ia 57 ✉77876
Kapsweyer RP 86 Ia 54 ✉76889
Karbach BY 78 Kd 49 ✉97842
Karbach RP 66 Hd 48 ✉56281
Karben HE 67 Ie 47 ✉61184
Karby SH 4 Kf 21 ✉24398
Karche-Zaacko BB 50 Oe 37 ✉15926
Karft MV 13 Ma 27 ✉19243
Kargow MV 15 Ne 27 ✉17192
Karith ST 47 Mf 36 ✉39291
Karl RP 64 Ge 48 ✉54534
Karlsbad BW 86 Id 55 ✉76307
Karlsburg MV 16 Od 25 ✉17495
Karlsdorf TH 59 Me 44 ✉07646
Karlsdorf-Neuthard BW 86 Id 54 ✉76689
Karlsfeld BY 100 Md 59 ✉85757
Karlshagen MV 17 Of 24 ✉17449
Karlshausen RP 64 Gb 48 ✉54673
Karlshuld BY 90 Mb 56 ✉86668
Karlskron BY 90 Mc 56 ✉85123
Karlsruhe BW 86 Ic 54 ✉•76131
Karlstadt BY 78 Ke 49 ✉97753
Karlstein am Main BY 67 Ka 48 ✉63791
Karlum SH 2 If 20 ✉25926
Karnin MV 6 Ne 23 ✉18469
Karnitz MV 7 Oc 22 ✉18574
Karolinenkoog SH 2 If 23 ✉25774
Karow ST 35 Nb 34 ✉39307
Karras BB 37 Pb 36 ✉15848
Karrenzin MV 24 Me 28 ✉19372
Karsbach BY 69 Ke 48 ✉97783
Karsdorf ST 59 Me 41 ✉06638
Karstädt BB 24 Me 30 ✉19357
Karstädt MV 24 Md 29 ✉19294
Kartlow MV 16 Ob 25 ✉17129
Karwesee BB 35 Ne 32 ✉16833
Karwitz NI 23 Ma 30 ✉29481
Kasbach-Ohlenberg RP 65 Hb 45 ✉53547
Kaschenbach RP 74 Gc 49 ✉54668
Kasdorf RP 66 He 47 ✉56357
Kasel RP 74 Ge 50 ✉54317
Kasel-Golzig BB 49 Oe 37 ✉15938
Kasendorf BY 71 Mc 48 ✉95359
Kasseburg SH 12 Lc 27 ✉22929
Kasseedorf SH 13 Le 24 ✉23717
Kassel HE 56 Kc 41 ✉•34117
Kassieck ST 34 Mc 33 ✉39638
Kassow MV 14 Na 25 ✉18258
Kastellaun RP 65 Hc 48 ✉56288
Kastel-Staadt RP 74 Gd 51 ✉54441
Kastl BY 81 Me 52 ✉92280
Kastl BY 102 Ne 59 ✉84556
Kastorf SH 13 Ld 26 ✉23847
Katelbogen MV 14 Mf 25 ✉18249
Katerbow BB 25 Ne 31 ✉16818
Katharinenheerd SH 2 Ie 22 ✉25836
Kathendorf ST 33 Ma 34 ✉39359
Katlenburg-Lindau NI 45 La 38 ✉37191
Kattendorf SH 12 La 25 ✉24568
Katzberg TH 70 Lf 46 ✉96528
Katzenbach RP 76 He 51 ✉67806
Katzenelnbogen RP 66 Hf 47 ✉56368
Katzhütte TH 70 Ma 45 ✉98746
Katzow MV 16 Od 24 ✉17509
Katzweiler RP 76 He 51 ✉67734
Katzwinkel RP 65 Gf 47 ✉54552
Katzwinkel (Sieg) RP 54 He 44 ✉57581
Kaub RP 66 He 48 ✉56349
Kauern TH 60 Na 43 ✉07554
Kaufering BY 100 Lf 60 ✉86916
Kaufungen HE 56 Kd 41 ✉34260
Kaulitz ST 24 Mc 31 ✉29416
Kaulsdorf TH 71 Mc 45 ✉07338
Kauschwitz SN 72 Na 45 ✉08525
Kausen RP 54 Hf 44 ✉57520
Kauxdorf BB 49 Ob 39 ✉04924
Kavelsdorf MV 15 Ne 24 ✉18334
Kavelstorf MV 15 Na 24 ✉18196
Kayhude SH 12 La 26 ✉23863
Kayna ST 60 Nb 43 ✉06724
Kefenrod HE 68 Kb 46 ✉63699
Kefferhausen TH 57 Lb 41 ✉37351
Kehl BW 96 Hf 57 ✉77694
Kehlbach RP 66 He 47 ✉56355
Kehmstedt TH 46 Ld 40 ✉99752
Kehnert ST 34 Me 34 ✉39517
Kehrberg BB 25 Nb 30 ✉16928
Kehrig RP 65 Hb 47 ✉56729
Kehrigk BB 37 Of 35 ✉15859
Keidelheim RP 75 Hc 49 ✉55471
Keila TH 71 Me 45 ✉07389
Kelberg RP 65 Gf 47 ✉53539
Kelheim BY 91 Mf 55 ✉93309
Kelkheim (Taunus) HE 67 Ic 48 ✉65779
Kella TH 57 La 41 ✉37308
Kellenbach RP 75 Hd 49 ✉55606
Kellenhusen SH 13 Ma 23 ✉23746
Keller BB 26 Oa 31 ✉16775
Kellinghusen SH 12 Ke 25 ✉25548
Kellmünz an der Iller BY 99 La 60 ✉89293
Kelsterbach HE 67 Id 48 ✉65451
Keltern BW 86 Id 55 ✉75210
Kemberg ST 48 Nd 38 ✉06901
Kemlitz BB 49 Od 37 ✉15926
Kemmen BB 50 Of 38 ✉03205
Kemmenau RP 66 He 46 ✉56132
Kemmern BY 80 Lf 49 ✉96164
Kemnath BY 81 Mf 49 ✉95478
Kemnitz BB 25 Nb 30 ✉16928
Kemnitz BB 35 Nf 34 ✉14542
Kemnitz MV 16 Od 24 ✉17509
Kempen NW 52 Gc 40 ✉47906
Kempenich RP 65 Ha 46 ✉56746
Kempfeld RP 75 Hb 50 ✉55758
Kempten BY 108 Lb 62 ✉•87435
Kemtau SN 61 Nf 44 ✉09235
Kenn RP 74 Ge 50 ✉54344
Kenz MV 6 Ne 23 ✉18314
Kenzingen BW 95 He 59 ✉79341
Keppeshausen RP 74 Gb 49 ✉54673
Kerben RP 65 Hc 47 ✉56295
Kerkau ST 34 Mc 32 ✉29416
Kerken NW 40 Gc 40 ✉47647
Kerkow BB 27 Pa 30 ✉16278
Kerkwitz, Gastrose- BB 51 Pd 37 ✉03172
Kernen im Remstal BW 88 Kc 56 ✉71394
Kerpen NW 52 Gd 43 ✉•50169
Kerpen (Eifel) RP 64 Ge 47 ✉54578
Kerschenbach RP 64 Gc 46 ✉54589
Kerzendorf BB 36 Ob 35 ✉14974
Kerzenheim RP 76 Ia 51 ✉67304
Kerzlin BB 25 Nd 31 ✉16845
Kescheid RP 65 Hd 45 ✉57632
Kesfeld RP 64 Gb 48 ✉54619
Kesseling RP 65 Ha 46 ✉53506
Kesselsdorf SN 61 Od 42 ✉01723
Kessin MV 15 Na 24 ✉18196
Kesten RP 75 Gf 49 ✉54518
Kestert RP 66 Hd 47 ✉56348
Ketsch BW 77 Id 52 ✉68775
Kettenhausen RP 54 Hd 44 ✉57612
Kettenheim RP 76 Ia 50 ✉55234
Kettenkamp NI 29 Hf 33 ✉49577
Kettershausen BY 99 Lb 59 ✉86498
Kettig RP 65 Hc 46 ✉56220
Ketzerbachtal SN 61 Ob 42 ✉01623
Ketzin BB 35 Nf 34 ✉14669
Ketzür BB 35 Nd 34 ✉14778
Kevelaer NW 40 Gb 39 ✉•47623
Kickeshausen RP 64 Gb 48 ✉54689
Kiebitz SN 61 Oa 41 ✉04720
Kiebitzreihe SH 11 Kd 26 ✉25368
Kiedrich HE 66 Ia 48 ✉65399
Kiefersfelden BY 110 Na 63 ✉83088
Kiehnwerder BB 37 Pb 33 ✉15324
Kiekebusch BB 36 Od 34 ✉15749
Kiekebusch BB 51 Pc 38 ✉03058
Kiel SH 4 La 22 ✉•24103
Kienbaum BB 37 Of 34 ✉15345
Kienberg BB 36 Nf 32 ✉14641
Kienberg BY 102 Nc 60 ✉83361
Kienitz BB 37 Pc 32 ✉15324
Kierspe NW 54 Hd 42 ✉58566
Kiesby SH 3 Kf 21 ✉24392
Kieselbronn BW 87 Ie 55 ✉75249
Kieselwitz BB 38 Pd 36 ✉15890
Kieve MV 25 Nd 29 ✉17209
Kindelbrück TH 58 Ma 41 ✉99638
Kindenheim RP 76 Ia 51 ✉67271
Kinderbeuern RP 65 Ha 48 ✉54538
Kinding BY 90 Mc 54 ✉85125
Kindsbach RP 76 Hd 52 ✉66862
Kinheim RP 75 Ha 49 ✉54538
Kinzenburg RP 64 Gb 48 ✉54597
Kipfenberg BY 90 Mc 55 ✉85110
Kippenheim BW 95 Hf 59 ✉77971
Kipsdorf SN 62 Oe 44 ✉01773
Kirburg RP 66 Hf 44 ✉57629
Kirchanschöring BY 102 Nf 61 ✉83417
Kirchardt BW 87 Ka 53 ✉74912
Kirchbarkau SH 12 La 23 ✉24245
Kirchberg BY 93 Ob 55 ✉94259
Kirchberg BY 101 Na 58 ✉84434
Kirchberg SN 72 Nd 45 ✉08107
Kirchberg (Hunsrück) RP 75 Hc 49 ✉55481
Kirchberg an der Iller BW 98 La 60 ✉88486
Kirchberg an der Jagst BW 88 Kf 53 ✉74592
Kirchberg an der Murr BW 88 Kc 55 ✉71737
Kirchbrak NI 44 Kd 37 ✉37619
Kirchdorf BY 91 Mf 56 ✉93348
Kirchdorf BY 101 Md 58 ✉85414
Kirchdorf BY 101 Nb 59 ✉83527
Kirchdorf BY 102 Nf 59 ✉84375
Kirchdorf MV 16 Ob 23 ✉18519
Kirchdorf NI 30 If 33 ✉27245
Kirchdorf an der Iller BW 99 La 60 ✉88457
Kirchdorf im Wald BY 93 Ob 55 ✉94261
Kirchehrenbach BY 80 Mb 50 ✉91356
Kircheib RP 53 Hc 44 ✉57635
Kirchen (Sieg) RP 54 Hf 44 ✉57548
Kirchendemenreuth BY 82 Na 50 ✉92665
Kirchengel TH 58 Lf 41 ✉99718
Kirchenlamitz BY 71 Mf 48 ✉95158
Kirchenpingarten BY 81 Me 49 ✉95466
Kirchensittenbach BY 81 Mc 51 ✉91241
Kirchentellinsfurt BW 97 Kb 57 ✉72138
Kirchenthumbach BY 81 Me 50 ✉91281
Kirchgandern TH 57 Kf 40 ✉37318
Kirchgellersen NI 22 Lb 29 ✉21394
Kirchhain HE 55 If 43 ✉35274
Kirchham BY 103 Ob 58 ✉94148
Kirchhasel TH 59 Mc 44 ✉07407
Kirchhaslach BY 99 Lc 60 ✉87755
Kirchheilingen TH 58 Le 41 ✉99947
Kirchheim BW 87 Ka 54 ✉74366
Kirchheim BY 79 Kf 51 ✉97268
Kirchheim HE 56 Kd 43 ✉36275
Kirchheim TH 58 Ma 43 ✉99334
Kirchheim am Ries BW 89 Lc 55 ✉73467
Kirchheim an der Weinstraße RP 76 Ib 51 ✉67281
Kirchheim bei München BY 101 Me 59 ✉85551
Kirchheimbolanden RP 76 Hf 50 ✉67292
Kirchheim in Schwaben BY 99 Lc 59 ✉87757
Kirchheim unter Teck BW 88 Kc 57 ✉73230
Kirchhundem NW 54 Ia 42 ✉57399
Kirch Jesar MV 23 Mb 28 ✉19230
Kirchlauter BY 70 Le 48 ✉96166
Kirchlengern NW 30 Id 35 ✉32278
Kirchlinteln NI 21 Kc 31 ✉27308
Kirch Mulsow MV 14 Me 25 ✉18233
Kirchnüchel SH 13 Le 23 ✉23714
Kirchroth BY 92 Nd 55 ✉94356
Kirchsahr RP 65 Gf 45 ✉53505
Kirchscheidungen ST 59 Me 41 ✉06636
Kirchseelte NI 20 Ie 31 ✉27243
Kirchseeon BY 101 Mf 60 ✉85614
Kirchtimke NI 21 Kb 29 ✉27412
Kirchwald RP 65 Hb 46 ✉56729
Kirchwalsede NI 21 Kc 30 ✉27386
Kirchweidach BY 102 Ne 60 ✉84558
Kirchweiler RP 64 Ge 47 ✉54570
Kirchwistedt NI 21 If 28 ✉27616
Kirchworbis TH 57 Lc 40 ✉37339
Kirchzarten BW 96 Hf 61 ✉79199
Kirchzell BY 78 Kb 51 ✉63931
Kirf RP 74 Gc 51 ✉54441
Kirkel SL 85 Hb 53 ✉66459
Kirn RP 75 Hc 50 ✉55606
Kirnitzschtal SN 63 Pb 43 ✉01855
Kirrweiler RP 75 Hc 51 ✉67744
Kirrweiler RP 86 Ib 53 ✉67489
Kirsbach RP 65 Ha 47 ✉53539
Kirschau SN 63 Pc 42 ✉02681
Kirschkau TH 71 Mf 45 ✉07919
Kirschroth RP 76 Hd 50 ✉55566
Kirschweiler RP 75 Hb 50 ✉55743
Kirtorf HE 56 Ka 44 ✉36320
Kisdorf SH 12 La 26 ✉24629
Kisselbach RP 66 Hd 48 ✉56291
Kissenbrück NI 46 Ld 36 ✉38324
Kissing BY 100 Ma 59 ✉86438
Kißlegg BW 107 Kf 62 ✉88353
Kist BY 79 Kf 50 ✉97270
Kittendorf MV 15 Nf 27 ✉17153
Kittlitz BB 50 Of 38 ✉03222
Kittlitz SH 13 Lf 27 ✉23911
Kitzen SN 60 Nb 41 ✉04460
Kitzingen BY 79 La 50 ✉97318
Kitzscher SN 60 Nd 42 ✉04567
Kläden ST 24 Mc 31 ✉39619
Kläden ST 34 Md 33 ✉39579
Klaffenbach SN 61 Nf 44 ✉09111
Klamp SH 4 Lc 23 ✉24321
Klanxbüll SH 2 Id 19 ✉25924
Klappholz SH 3 Kd 20 ✉24860
Klasdorf BB 49 Od 36 ✉15837
Klausdorf BB 36 Oc 36 ✉15838
Klausdorf MV 7 Oa 22 ✉18445
Klausdorf SH 4 Lb 23 ✉24147
Klausen RP 75 Gf 49 ✉54524
Klaushagen BB 26 Od 29 ✉17268
Kleinaitingen BY 100 Le 59 ✉86507
Kleinalsleben ST 46 Mb 37 ✉39398
Klein Ammensleben ST 34 Md 35 ✉39326
Kleinau ST 34 Md 32 ✉39606
Klein Barkau SH 12 La 23 ✉24245
Kleinbartloff TH 57 Lc 40 ✉37355
Klein Behnitz BB 35 Ne 33 ✉14641
Klein Belitz MV 14 Mf 25 ✉18246
Klein Bengerstorf MV 23 Lf 28 ✉19258
Klein Bennebek SH 3 Kc 22 ✉24848
Kleinberndten TH 58 Ld 40 ✉99713
Klein Berßen NI 29 Hc 32 ✉49777
Klein-Bierstedt ST 33 Ma 32 ✉29416
Kleinblittersdorf SL 84 Ha 54 ✉66271
Kleinbockedra TH 59 Md 43 ✉07646
Kleinbodungen TH 45 Ld 40 ✉99752
Kleinbrembach TH 58 Mb 42 ✉99610
Kleinbrüchter TH 58 Ld 41 ✉99713
Klein Bünzow MV 16 Od 25 ✉17390
Kleinbundenbach RP 85 Hc 53 ✉66501
Klein Döbbern BB 51 Pb 39 ✉03058
Kleindröben ST 48 Nf 38 ✉06917
Kleinebersdorf TH 59 Mf 43 ✉07646
Kleineutersdorf TH 59 Md 44 ✉07768
Kleinfischlingen RP 86 Ib 53 ✉67483
Kleinfurra TH 58 Le 40 ✉99735
Kleingeschwenda TH 71 Md 45 ✉07338
Klein Gottschow BB 24 Na 30 ✉19348
Kleinhartmannsdorf SN 61 Ob 44 ✉09575
Kleinhelmsdorf ST 59 Mf 42 ✉06722
Kleinheubach BY 78 Kb 50 ✉63924
Kleinich RP 75 Hb 49 ✉54483
Kleinkahl BY 68 Kb 48 ✉63828
Kleinkarlbach RP 76 Ib 51 ✉67271
Kleinkeula TH 57 Lc 41 ✉99976
Kleinkorga ST 49 Oa 38 ✉06926
Kleinkrausnik BB 49 Od 38 ✉03249
Klein Kussewitz MV 15 Nb 24 ✉18184
Kleinlangenfeld RP 64 Gd 47 ✉54597
Kleinlangheim BY 79 Lb 50 ✉97355
Klein Leine BB 50 Pa 37 ✉15913
Klein Luckow MV 17 Of 27 ✉17337
Klein Lukow MV 16 Oa 27 ✉17217
Kleinmachnow BB 36 Ob 34 ✉14532
Kleinmaischeid RP 66 Hd 45 ✉56271
Klein Marzehns BB 48 Nd 36 ✉14823
Klein Meckelsen NI 21 Kc 29 ✉27419
Kleinmölsen TH 58 Ma 42 ✉99198

Klein Muckrow BB 51 Pc 36 ⊠15868
Kleinmühlingen ST 47 Me 37 ⊠39221
Kleinmutz BB 26 Ob 31 ⊠16775
Klein Neuendorf BB 37 Pb 32 ⊠15324
Kleinneuhausen TH 58 Mb 42 ⊠99625
Kleinniedesheim RP 77 Ib 51 ⊠67259
Klein Nordende SH 11 Kd 26 ⊠25336
Kleinobringen TH 59 Mb 42 ⊠99439
Klein Offenseth-Sparrieshoop SH 12 Ke 26 ⊠25365
Klein Oschersleben ST 46 Mc 36 ⊠39398
Kleinostheim BY 78 Ka 48 ⊠63801
Kleinow BB 24 Mf 30 ⊠19348
Klein Pampau SH 23 Ld 27 ⊠21514
Klein Partwitz SN 50 Pb 39 ⊠02979
Kleinpaschleben ST 47 Mf 38 ⊠06369
Klein Priebus SN 51 Pf 40 ⊠02957
Klein Quenstedt ST 46 Ma 37 ⊠38822
Klein Radden BB 50 Of 37 ⊠03222
Kleinreinsdorf TH 60 Nb 44 ⊠07989
Klein Rheide SH 3 Kc 22 ⊠24848
Kleinrinderfeld BY 79 Kf 50 ⊠97271
Kleinröhrsdorf SN 62 Of 42 ⊠01900
Klein Rogahn MV 14 Mb 27 ⊠19073
Kleinromstedt TH 59 Md 43 ⊠99510
Klein Schierstedt ST 47 Md 38 ⊠06449
Kleinschmalkalden TH 57 Ld 44 ⊠98593
Klein Schulzendorf BB 36 Ob 35 ⊠14959
Kleinschwabhausen TH 59 Mc 43 ⊠99441
Klein Schwechten ST 34 Mf 32 ⊠39579
Kleinsendelbach BY 80 Ma 51 ⊠91077
Klein Sien MV 14 Mf 25 ⊠18246
Kleinsteinhausen RP 85 Hc 53 ⊠66484
Klein Trebbow MV 14 Mc 26 ⊠19069
Klein Upahl MV 14 Na 26 ⊠18276
Kleinvargula TH 58 Le 42 ⊠99958
Klein Vielen MV 26 Oa 28 ⊠17237
Kleinwallstadt BY 78 Kb 49 ⊠63839
Klein Wanzleben ST 47 Mb 36 ⊠39164
Kleinwechsungen TH 46 Le 39 ⊠99735
Kleinwelka (Mały Wjelkow) SN 63 Pc 41 ⊠02627
Kleinwelsbach TH 58 Ld 41 ⊠99947
Klein Wesenberg SH 13 Ld 26 ⊠23860
Klein-Winternheim RP 76 Ib 49 ⊠55270
Klein Wittensee SH 3 Ke 22 ⊠24361
Klein Woltersdorf BB 25 Na 30 ⊠16928
Klein Zecher SH 13 Lf 27 ⊠23883
Kleinzerlang BB 25 Nf 29 ⊠16831
Klein Ziethen BB 27 Of 31 ⊠16247
Klempau SH 13 Ld 26 ⊠23628
Klepzig BB 48 Nd 36 ⊠14823
Kleßen BB 35 Nc 32 ⊠14728
Kletkamp SH 4 Ld 23 ⊠24327
Klettbach TH 58 Ma 43 ⊠99102
Klettenberg TH 46 Ld 39 ⊠99755
Klettgau BW 105 Ic 63 ⊠79771
Klettstedt TH 58 Le 42 ⊠99955
Klettwitz BB 50 Of 39 ⊠01998
Kletzen-Zschölkau SN 48 Nc 40 ⊠04519
Kletzin MV 16 Oa 25 ⊠17111
Kletzke BB 24 Na 31 ⊠19336
Kleve NW 40 Gb 38 ⊠47533
Kleve SH 3 Ka 23 ⊠25789
Kleve SH 11 Kc 25 ⊠25554
Klevenow MV 16 Oa 24 ⊠18516
Kleverhof MV 15 Ne 25 ⊠17179
Kliding RP 65 Ha 48 ⊠56825
Klieken ST 48 Nc 37 ⊠06869
Kliestow BB 36 Ob 35 ⊠14959
Klietz ST 34 Na 32 ⊠39524
Klingelbach RP 66 Hf 47 ⊠56368
Klingenberg SN 61 Od 43 ⊠01738
Klingenberg am Main BY 78 Kb 50 ⊠63911
Klingenmünster RP 86 Hf 54 ⊠76889
Klingenthal SN 72 Nc 46 ⊠08248
Klings TH 69 La 45 ⊠36452
Klink MV 25 Nd 28 ⊠17192
Klinken MV 24 Me 27 ⊠19374
Klinkow BB 27 Oe 28 ⊠17291
Klinkrade SH 13 Ld 26 ⊠23898
Klipphausen SN 61 Od 42 ⊠01665
Klitten SN 51 Pd 40 ⊠02906
Klixbüll SH 2 If 20 ⊠25899
Klocksin MV 15 Nd 27 ⊠17194
Kloddram MV 23 Ma 28 ⊠19260
Klöden ST 48 Nf 38 ⊠06917
Klötze ST 33 Mb 33 ⊠38486
Kloschwitz SN 72 Na 46 ⊠08538
Kloschwitz ST 47 Me 39 ⊠06198
Klosterdorf BB 37 Of 33 ⊠15345
Klosterfelde BB 26 Oc 32 ⊠16348
Klosterhäseler ST 59 Md 41 ⊠06647
Klosterheide BB 26 Oa 31 ⊠16835
Klosterkumbd RP 65 Hd 48 ⊠55469
Klosterlechfeld BY 99 Lf 60 ⊠86836
Klostermansfeld ST 47 Mc 39 ⊠06308
Kloster Neuendorf ST 34 Mc 33 ⊠39638
Kloster Veßra TH 70 Ld 45 ⊠98660
Klosterwalde BB 26 Od 29 ⊠17268
Kloster Zinna BB 49 Oa 36 ⊠14913
Klotten RP 65 Hb 47 ⊠56818
Kludenbach RP 75 Hc 49 ⊠55481
Klüden ST 34 Mc 34 ⊠39638
Klüsserath RP 75 Gf 49 ⊠54340
Klütz MV 13 Mb 25 ⊠23948
Kluis MV 7 Ob 22 ⊠18569
Kluse NI 19 Hb 31 ⊠26892
Knapendorf ST 59 Mf 40 ⊠06246
Knau TH 71 Me 45 ⊠07389
Kneese MV 13 Ma 27 ⊠19205
Kneitlingen NI 33 Le 35 ⊠38170
Knetzgau BY 80 Ld 49 ⊠97478
Knippelsdorf BB 49 Oc 38 ⊠04916
Knittelsheim RP 86 Ib 53 ⊠76879
Knittlingen BW 87 Ie 54 ⊠75438
Knöringen RP 86 Ia 53 ⊠76833
Knopp-Labach RP 75 Hc 52 ⊠66917
Knorrendorf MV 16 Oa 27 ⊠17091
Knüllwald HE 56 Kd 43 ⊠34593
Kobbeln BB 38 Pd 36 ⊠15890
Koberg SH 13 Ld 27 ⊠23881
Kobern-Gondorf RP 65 Hc 47 ⊠56330
Kobershain SN 49 Nf 40 ⊠04889
Koblentz MV 17 Pa 27 ⊠17309
Koblenz RP 66 Hd 46 ⊠*56068
Koblenz SN 51 Pb 40 ⊠02999
Kochel am See BY 109 Mc 63 ⊠82431
Kodersdorf SN 63 Pf 41 ⊠02923
Köchelstorf MV 13 Ma 26 ⊠19217
Köckte ST 33 Ma 33 ⊠39649
Ködderitzsch TH 59 Md 42 ⊠99518
Köditz BY 71 Mf 46 ⊠95189
Ködnitz BY 71 Md 48 ⊠95361
Köfering BY 91 Nb 55 ⊠93096
Köhlen NI 10 If 27 ⊠27624
Köhn SH 4 Lc 22 ⊠24257
Kölbingen RP 66 Hf 45 ⊠56459
Kölleda TH 58 Mb 41 ⊠99625
Kölln-Reisiek SH 12 Ke 26 ⊠25337
Köln NW 53 Gf 43 ⊠*50668
Kölsa BB 49 Ob 39 ⊠04895
Kölzin MV 16 Oc 24 ⊠17506
Könderitz ST 60 Nb 42 ⊠06712
Köngen BW 88 Kc 56 ⊠73257
Köngernheim an der Selz RP 76 Ib 49 ⊠55278
Königerode ST 46 Mb 39 ⊠06493
Königheim BW 78 Kd 51 ⊠97953
Königsau RP 75 Hc 49 ⊠55606
Königsbach-Stein BW 87 Id 55 ⊠75203
Königsberg BB 25 Nc 30 ⊠16909
Königsberg in Bayern BY 70 Ld 48 ⊠97486
Königsborn ST 34 Me 36 ⊠39175
Königsbronn BW 89 La 56 ⊠89551
Königsbrück SN 62 Of 41 ⊠01936
Königsbrunn BY 100 Lf 59 ⊠86343
Königsdorf BY 109 Md 62 ⊠82549
Königsee TH 70 Ma 45 ⊠07426
Königseggwald BW 106 Kc 61 ⊠88376
Königsfeld BY 80 Mb 49 ⊠96167
Königsfeld RP 65 Hb 45 ⊠53426
Königsfeld SN 60 Ne 42 ⊠09306
Königsfeld im Schwarzwald BW 96 Ic 60 ⊠78126
Königshain SN 63 Pf 41 ⊠02829
Königshain-Wiederau SN 61 Nf 43 ⊠09306
Königsheim BW 97 If 60 ⊠78598
Königshorst BB 35 Ne 32 ⊠16833
Königshügel SH 3 Kc 23 ⊠24799
Königshütte ST 46 Le 38 ⊠38875
Königslutter NI 33 Le 35 ⊠38154
Königsmark ST 34 Mf 32 ⊠39606
Königsmoos BY 100 Mb 57 ⊠86669
Königstein BY 81 Md 51 ⊠92281
Königstein im Taunus HE 67 Ic 47 ⊠61462
Königstein/Sächsische Schweiz SN 62 Pa 43 ⊠01824
Königsthal TH 71 Mb 45 ⊠07330
Königswalde SN 60 Nc 44 ⊠08412
Königswalde SN 73 Oa 45 ⊠09471
Königswartha (Rakecy) SN 63 Pc 41 ⊠02699
Königswinter NW 65 Hb 44 ⊠53639
Könitz TH 71 Mc 45 ⊠07336
Könnern ST 47 Me 38 ⊠06420
Könnigde ST 34 Md 33 ⊠39629
Köpernitz BB 35 Nc 35 ⊠14793
Körba BB 49 Oc 38 ⊠04936
Körbelitz ST 34 Me 35 ⊠39175
Körborn RP 75 Hc 51 ⊠66871
Körchow MV 23 Ma 28 ⊠19243
Kördorf RP 66 Hf 47 ⊠56370
Körle HE 56 Kd 41 ⊠34327
Körner TH 58 Ld 41 ⊠99998
Körperich RP 74 Gb 49 ⊠54675
Kösching BY 90 Md 56 ⊠85092
Köselitz ST 48 Nc 37 ⊠06869
Kösnitz TH 59 Md 42 ⊠99510
Kößlarn BY 103 Oa 58 ⊠94149
Köthel (Stormarn) SH 13 Ld 27 ⊠22929
Köthen (Anhalt) ST 47 Mf 38 ⊠06366
Kötschlitz ST 60 Nb 40 ⊠06254
Kötterichen RP 65 Gf 47 ⊠56767
Kötz BY 99 Lb 58 ⊠89359
Kötzlin BB 25 Nb 31 ⊠16866
Kötzschau ST 60 Na 41 ⊠06231
Kötzting BY 92 Nf 53 ⊠93444
Köwerich RP 75 Gf 49 ⊠54340
Kogel MV 23 Lf 28 ⊠19246
Kogel MV 25 Nc 28 ⊠17213
Kohlberg BW 98 Kc 57 ⊠72664
Kohlberg BY 82 Na 51 ⊠92702
Kohren-Sahlis SN 60 Nd 42 ⊠04655
Koitzsch SN 62 Of 41 ⊠01936
Kolberg BB 37 Oe 35 ⊠15752
Kolbingen BW 97 If 60 ⊠78600
Koldenbüttel SH 3 Ka 22 ⊠25840
Kolitzheim BY 79 Lb 49 ⊠97509
Kolkerheide SH 3 Ka 21 ⊠25862
Kolkwitz (Gołkojce) BB 50 Pb 38 ⊠03099
Kollig RP 65 Hb 47 ⊠56751
Kollmar SH 11 Kc 26 ⊠25377
Kollmoor SH 11 Kd 25 ⊠25524
Kollnburg BY 92 Nf 54 ⊠94262
Kollow SH 22 Lc 28 ⊠21527
Kollweiler RP 75 Hd 51 ⊠66879
Kolochau BB 49 Ob 38 ⊠04936
Kolpin BB 37 Of 35 ⊠15518
Kolrep BB 25 Nb 30 ⊠16866
Kolverath RP 65 Gf 47 ⊠56767
Kommen RP 75 Ha 49 ⊠54472
Konken RP 75 Hc 51 ⊠66871
Konnersreuth BY 72 Nb 48 ⊠95692
Konradsreuth BY 71 Mf 47 ⊠95176
Konstanz BW 106 Kb 63 ⊠*78462
Konz RP 74 Gd 50 ⊠54329
Konzell BY 92 Ne 54 ⊠94357
Kopp RP 64 Gd 47 ⊠54574
Koppatz BB 51 Pc 38 ⊠03058
Korb BW 88 Kc 55 ⊠71404
Korbach HE 55 If 41 ⊠34497
Korbetha ST 47 Mf 40 ⊠06258
Korbußen TH 60 Nb 43 ⊠07554
Kordel RP 74 Gd 49 ⊠54306
Korgau ST 48 Ne 38 ⊠06905
Korlingen RP 74 Ge 50 ⊠54317
Korntal-Münchingen BW 87 Ka 55 ⊠70825
Kornwestheim BW 87 Kb 55 ⊠70806
Korschenbroich NW 52 Gd 41 ⊠41352
Korswandt MV 17 Pb 25 ⊠17419
Korweiler RP 65 Hc 48 ⊠56288
Kosel SH 3 Ke 21 ⊠24354
Koserow MV 17 Pa 24 ⊠17459
Kosma TH 60 Nc 43 ⊠04600
Kospa-Pressen SN 48 Nd 40 ⊠04838
Kospoda TH 59 Me 44 ⊠07806
Kossa SN 48 Ne 39 ⊠04849
Koßdorf BB 49 Ob 40 ⊠04895
Kossebau ST 24 Md 32 ⊠39606
Kossenblatt BB 37 Pa 36 ⊠15848
Koßwig BB 50 Pa 38 ⊠03226
Kotelow MV 16 Oe 27 ⊠17099
Kottenborn RP 65 Gf 46 ⊠53518
Kottenheim RP 65 Hb 46 ⊠56736
Kottgeisering BY 100 Ma 60 ⊠82288
Kottmarsdorf SN 63 Pd 42 ⊠02708
Kottweiler-Schwanden RP 75 Hd 52 ⊠66879
Kotzen BB 35 Nd 33 ⊠14715
Kotzenbüll SH 2 If 22 ⊠25832
Kowalz MV 15 Nd 24 ⊠18195
Koxhausen RP 64 Gb 49 ⊠54673
Kraam RP 66 Hd 44 ⊠57635
Kraatz BB 26 Od 28 ⊠17291
Kraatz-Buberow BB 26 Ob 31 ⊠16775
Krackow MV 27 Pb 28 ⊠17329
Kradenbach RP 65 Gf 47 ⊠54552
Krähenberg RP 75 Hc 53 ⊠66894
Kränzlin BB 25 Ne 31 ⊠16818
Kraftisried BY 108 Lc 62 ⊠87647
Kraftsdorf TH 59 Mf 43 ⊠07586
Krahne BB 35 Nd 35 ⊠14778
Kraiburg am Inn BY 102 Nc 59 ⊠84559
Kraichtal BW 87 Ie 54 ⊠76703
Krailling BY 100 Mc 60 ⊠82152
Kraja TH 45 Ld 40 ⊠99752
Krakow am See MV 15 Nb 27 ⊠18292
Kramerhof MV 7 Oa 22 ⊠18445
Krampfer BB 24 Na 30 ⊠19348
Kranenburg NI 11 Kb 27 ⊠21726
Kranenburg NW 40 Ga 38 ⊠47559
Kranichfeld TH 58 Mb 43 ⊠99448
Kranzberg BY 101 Md 58 ⊠85402
Krassow MV 14 Md 25 ⊠23992
Kratzeburg MV 26 Nf 28 ⊠17237
Kratzenburg RP 66 Hd 47 ⊠56283
Krauchenwies BW 97 Kb 60 ⊠72505
Krauschwitz SN 51 Pe 39 ⊠02957
Krauschwitz ST 59 Mf 42 ⊠06682
Krausnick BB 50 Oe 36 ⊠15910
Kraußnitz SN 62 Oe 40 ⊠01561
Krauthausen TH 57 Lb 42 ⊠99819
Krautheim BW 78 Kd 52 ⊠74238
Krautheim TH 58 Mb 42 ⊠99439
Krautscheid RP 64 Gb 48 ⊠54673
Krayne BB 51 Pd 37 ⊠03172
Kreba-Neudorf SN 51 Pe 40 ⊠02906
Krebeck NI 45 La 39 ⊠37434
Kreblitz BB 50 Oe 37 ⊠15926
Kreckow MV 16 Od 27 ⊠17349
Krefeld NW 52 Gd 41 ⊠*47798
Kreien MV 24 Na 28 ⊠19386
Kreiensen NI 45 Kf 37 ⊠37547
Kreimbach-Kaulbach RP 76 Hd 51 ⊠67757
Kreischa SN 62 Oe 43 ⊠01731
Krembz MV 13 Ma 27 ⊠19205
Kremitz ST 49 Oa 38 ⊠06926
Kremkau ST 34 Mc 22 ⊠39624
Kremmen BB 36 Oa 32 ⊠16766
Kremmin MV 24 Md 29 ⊠19300
Krempdorf SH 11 Kc 26 ⊠25376
Krempe SH 11 Kd 25 ⊠25361
Krempel SH 3 Ka 23 ⊠25774
Krempendorf BB 25 Nb 29 ⊠16945
Kremperheide SH 11 Kd 25 ⊠25569
Krempermoor SH 11 Kd 25 ⊠25569
Krempin MV 14 Me 24 ⊠18233
Krems II SH 12 Lc 25 ⊠23827
Kreßberg BW 89 Lb 54 ⊠74594
Kressbronn BW 107 Kd 63 ⊠88079
Kretz RP 65 Hc 46 ⊠56630
Kretzschau ST 59 Na 42 ⊠06712
Kreuth BY 110 Me 63 ⊠83708
Kreuzau NW 52 Gd 44 ⊠52372
Kreuzbruch BB 26 Oc 31 ⊠16559
Kreuzebra TH 57 Lb 40 ⊠37351
Kreuztal NW 54 Ia 43 ⊠57223
Kreuzwertheim BY 78 Kd 50 ⊠97892
Krevese ST 34 Me 32 ⊠39606
Krewelin BB 26 Oc 31 ⊠16775
Kreypau ST 59 Na 41 ⊠06231
Kribbe BB 24 Me 29 ⊠19357
Krickenbach RP 76 Hd 52 ⊠67706
Kriebitzsch TH 60 Nb 42 ⊠04617
Kriebstein SN 61 Nf 42 ⊠09648
Kriegsfeld RP 76 Hf 50 ⊠67819
Kriele BB 35 Nd 33 ⊠14715
Krielow BB 35 Ne 34 ⊠14550
Krien MV 16 Oc 26 ⊠17391
Kriesow MV 16 Oa 26 ⊠17091
Kriftel HE 67 Ic 48 ⊠65830
Krina ST 48 Nc 39 ⊠06774
Kringelsdorf SN 51 Pd 40 ⊠02943
Krippen SN 62 Pa 43 ⊠01814
Kritzow MV 25 Na 28 ⊠19386
Krölpa TH 71 Md 44 ⊠07387
Kröning BY 101 Nb 57 ⊠84178
Kröpelin MV 14 Me 24 ⊠18236
Kröppelshagen-Fahrendorf SH 22 Lb 28 ⊠21529
Kröppen RP 85 Hd 54 ⊠66957
Kröslin MV 16 Oe 24 ⊠17440
Kröv RP 75 Hb 49 ⊠54536
Krogaspe SH 12 Kf 24 ⊠24644
Krohnhorst BB 26 Oe 30 ⊠17268
Krokau SH 4 Lb 22 ⊠24217
Krombach BY 68 Kb 48 ⊠63829
Krombach TH 57 La 41 ⊠37308
Kromlau SN 51 Pd 39 ⊠02953
Kromsdorf TH 59 Mc 42 ⊠99441
Kronach BY 71 Mb 47 ⊠96317
Kronau BW 87 Id 53 ⊠76709
Kronberg im Taunus HE 67 Id 47 ⊠61476
Kronburg BY 107 La 61 ⊠87758
Kronprinzenkoog SH 11 If 25 ⊠25709
Kronsgaard SH 4 Kf 20 ⊠24395
Kronshagen SH 4 La 23 ⊠24119
Kronsmoor SH 11 Kd 25 ⊠25597
Kronweiler RP 75 Hb 51 ⊠55767
Kropp SH 3 Kc 22 ⊠24848
Kroppach RP 66 He 44 ⊠57612
Kroppen BB 50 Oe 40 ⊠01945
Kroppenstedt ST 46 Mc 37 ⊠39397
Kropstädt ST 48 Ne 37 ⊠06895
Krosigk ST 47 Mf 39 ⊠06193
Krostitz SN 48 Nc 40 ⊠04509
Krottelbach RP 75 Hb 52 ⊠66909
Krottorf ST 46 Mb 37 ⊠39387
Kruchten RP 74 Gb 49 ⊠54675
Kruckow MV 16 Ob 25 ⊠17129
Krüden ST 24 Me 31 ⊠39615
Krümmel RP 66 He 45 ⊠56244
Krün BY 109 Mb 63 ⊠82494
Krüssau ST 35 Na 35 ⊠39291
Krüzen SH 23 Ld 28 ⊠21483
Kruft RP 65 Hb 46 ⊠56642
Krugau BB 50 Of 36 ⊠15913
Kruge-Gersdorf BB 27 Of 32 ⊠16259
Krugsdorf MV 17 Pa 27 ⊠17309
Krukow MV 16 Oa 27 ⊠17217
Krukow NI 22 Lc 28 ⊠21483
Krumbach BY 99 Lb 60 ⊠86381
Krumhermersdorf SN 61 Oa 44 ⊠09434
Krummbek SH 4 Lc 22 ⊠24217
Krummenau RP 75 Hb 49 ⊠55483
Krummendeich NI 11 Kb 26 ⊠21732
Krummendiek SH 11 Kc 25 ⊠25554
Krummennaab BY 82 Na 49 ⊠92703
Krummensee BB 37 Oe 33 ⊠16356
Krummesse SH 13 Le 26 ⊠23628
Krummhörn NI 18 Ha 28 ⊠26736
Krummin MV 17 Of 24 ⊠17440
Krummwisch SH 4 Kf 22 ⊠24796
Krumpa ST 59 Mf 41 ⊠06242
Krumstedt SH 11 Kb 24 ⊠25727
Krunkel RP 65 Hd 45 ⊠56593
Krusenfelde MV 16 Oc 25 ⊠17391
Krusenhagen MV 14 Md 25 ⊠23974
Kublank MV 16 Oc 27 ⊠17349
Kubschütz (Kubšicy) SN 63 Pd 41 ⊠02627
Kuchelmiß MV 15 Nc 26 ⊠18292
Kuchen BW 98 Ke 57 ⊠73329
Kuddewörde SH 12 Lc 27 ⊠22958
Kuden SH 11 Kb 25 ⊠25712
Kudensee SH 11 Kb 25 ⊠25572
Kühbach BY 100 Ma 58 ⊠86556
Kühdorf TH 72 Na 44 ⊠07980
Kühlenthal BY 99 Le 57 ⊠86707
Kühlungsborn MV 14 Me 24 ⊠18225
Kühndorf TH 69 Lc 45 ⊠98547
Kühnitzsch SN 60 Ne 40 ⊠04808
Kühren SH 12 Lb 23 ⊠24211
Kühren-Burkartshain SN 60 Ne 40 ⊠04808
Kührstedt NI 10 Ie 27 ⊠27624
Kühsen SH 13 Ld 26 ⊠23898
Kükels SH 12 Lb 25 ⊠23829
Küllstedt TH 57 Lb 41 ⊠37359
Külsheim BW 78 Kc 50 ⊠97900
Külz (Hunsrück) RP 65 Hc 48 ⊠55471
Kümbdchen RP 75 Hd 49 ⊠55471
Kümmersbruck BY 81 Mf 52 ⊠92245
Kümmritz BB 49 Od 37 ⊠15938
Künsdorf TH 71 Me 46 ⊠07922
Künzell HE 68 Ke 45 ⊠36093
Künzelsau BW 88 Ke 53 ⊠74653
Künzing BY 92 Oa 56 ⊠94550
Küps BY 70 Mb 47 ⊠96328
Kürbitz SN 72 Na 46 ⊠08538
Kürnach BY 79 La 49 ⊠97273
Kürnbach BW 87 Ie 54 ⊠75057
Kürten NW 53 Hb 42 ⊠51515
Küsel ST 35 Na 35 ⊠39291
Küssaberg BW 105 Ib 63 ⊠79790
Küsten NI 23 Ma 31 ⊠29482
Küstrin-Kietz BB 38 Pd 33 ⊠15328
Küstrow MV 6 Ne 22 ⊠18356
Kütten ST 47 Na 39 ⊠06193
Kuhardt RP 86 Ib 54 ⊠76773
Kuhbier BB 24 Na 30 ⊠16928
Kuhfelde ST 33 Ma 32 ⊠29416
Kuhlen MV 14 Md 26 ⊠19412
Kuhlhausen ST 35 Nb 32 ⊠39524
Kuhlowitz BB 35 Nd 36 ⊠14806
Kuhlrade MV 15 Nc 23 ⊠18337
Kuhnhöfen RP 66 Hf 45 ⊠56244
Kuhs MV 15 Nb 25 ⊠18276
Kuhschnappel SN 60 Nd 44 ⊠09356
Kuhsdorf BB 25 Na 30 ⊠16928
Kuhstorf MV 23 Mb 28 ⊠19230
Kulkwitz SN 60 Nb 41 ⊠04420
Kulmain BY 81 Mf 49 ⊠95508
Kulmbach BY 71 Mc 48 ⊠95326
Kulpin SH 13 Le 26 ⊠23911
Kumhausen BY 101 Na 57 ⊠84036
Kummer MV 24 Mc 29 ⊠19288
Kummerfeld SH 12 Ke 26 ⊠25495
Kummerow BB 27 Pb 30 ⊠16306
Kummerow BB 37 Pb 36 ⊠15848
Kummerow MV 6 Nf 23 ⊠18442
Kummerow MV 15 Ne 26 ⊠17139
Kummersdorf BB 37 Of 35 ⊠15859
Kummersdorf-Alexanderdorf BB 36 Ob 36 ⊠15806
Kummersdorf-Gut BB 36 Ob 36 ⊠15838
Kundert RP 54 He 44 ⊠57629
Kunersdorf BB 37 Pb 32 ⊠16269
Kunnersdorf SN 63 Pf 41 ⊠02829
Kunnerwitz SN 63 Pf 42 ⊠02826
Kunow BB 25 Na 31 ⊠16866
Kunrau ST 33 Ma 33 ⊠38486
Kunreuth BY 80 Ma 50 ⊠91358
Kupferberg BY 71 Md 48 ⊠95362
Kupferzell BW 88 Ke 53 ⊠74635
Kuppenheim BW 86 Ib 56 ⊠76456
Kuppentin MV 25 Na 28 ⊠19386
Kurtscheid RP 65 Hc 45 ⊠56581
Kurtschlag BB 26 Oc 30 ⊠16792
Kurzen Trechow MV 14 Mf 25 ⊠18246
Kuschkow BB 37 Of 36 ⊠15910
Kusel RP 75 Hc 51 ⊠66869
Kusey ST 33 Ma 33 ⊠38486
Kusterdingen BW 97 Ka 57 ⊠72127
Kutenholz NI 21 Kc 28 ⊠27449
Kutzenhausen BY 99 Le 58 ⊠86500
Kutzleben TH 58 Lf 41 ⊠99955
Kyllburg RP 64 Gd 48 ⊠54655
Kyllburgweiler RP 64 Gd 48 ⊠54655
Kyritz BB 25 Nc 31 ⊠16866

L

Laaber BY 91 Mf 54 ⊠93164
Laage MV 15 Nc 25 ⊠18299
Laar NI 28 Ge 33 ⊠49824
Laasdorf TH 59 Me 43 ⊠07646
Laaske BB 24 Na 29 ⊠16949
Laaslich BB 24 Me 30 ⊠19348
Laasow BB 50 Pa 37 ⊠15913
Laasow BB 50 Pa 38 ⊠03205
Laatzen NI 32 Ke 35 ⊠30880
Labenz SH 13 Ld 26 ⊠23898
Laberweinting BY 91 Nc 56 ⊠84082
Laboe SH 4 Lb 22 ⊠24235
Labrun ST 49 Nf 39 ⊠06922
Lachen BY 107 La 61 ⊠87760
Lachendorf NI 32 Lb 33 ⊠29331
Ladbergen NW 29 He 36 ⊠49549
Ladeburg BB 36 Od 32 ⊠16321
Ladeburg ST 47 Mf 36 ⊠39279
Ladelund SH 3 Ka 19 ⊠25926
Ladenburg BW 77 Id 52 ⊠68526
Lägerdorf SH 11 Kd 25 ⊠25566
Lähden NI 29 Hd 32 ⊠49774
Laer NW 41 Hc 36 ⊠48366
Lärz MV 25 Ne 29 ⊠17248
Lage NI 28 Gf 34 ⊠49828
Lage NW 43 Ie 37 ⊠32791
Lagendorf ST 23 Lf 32 ⊠29413
Lahn NI 19 Hd 32 ⊠49757
Lahnau HE 67 Id 45 ⊠35633
Lahnstein RP 66 Hd 47 ⊠56112
Lahntal HE 55 Ie 43 ⊠35094
Lahr RP 65 Hc 48 ⊠56288
Lahr RP 74 Gb 49 ⊠54675
Lahr/Schwarzwald BW 96 Hf 58 ⊠77933
Lahstedt NI 32 Lb 35 ⊠31246
Laichingen BW 98 Ke 58 ⊠89150
Lalendorf MV 15 Nc 26 ⊠18279
Lalling BY 93 Oa 55 ⊠94551
Lam BY 92 Oa 53 ⊠93462
Lambertsberg RP 64 Gc 48 ⊠54649
Lambrecht (Pfalz) RP 76 Ia 52 ⊠67466
Lambrechtshagen MV 14 Na 24 ⊠18069
Lambsborn RP 75 Hc 52 ⊠66894
Lambsheim RP 76 Ib 51 ⊠67245
Lamerdingen BY 99 Le 60 ⊠86862
Lammershagen SH 4 Lc 23 ⊠24238
Lampaden RP 74 Ge 51 ⊠54316
Lampertheim HE 77 Id 51 ⊠68623
Lampertswalde SN 61 Oa 40 ⊠04758
Lampertswalde SN 62 Oe 41 ⊠01561
Lamspringe NI 45 La 37 ⊠31195
Lamstedt NI 11 Ka 27 ⊠21769
Lancken-Granitz MV 7 Od 22 ⊠18586
Landau an der Isar BY 92 Ne 56 ⊠94405
Landau in der Pfalz RP 86 Ia 53 ⊠76829
Landensberg BY 99 Ld 58 ⊠89361
Landesbergen NI 31 Ka 33 ⊠31628
Landin BB 27 Pa 30 ⊠16278
Landin BB 35 Nd 33 ⊠14715
Landkern RP 65 Ha 47 ⊠56814
Landkirchen auf Fehmarn SH 5 Ma 22 ⊠23769
Landolfshausen NI 45 La 39 ⊠37136
Landrecht SH 11 Kc 25 ⊠25554
Landsberg ST 48 Nb 39 ⊠06188
Landsberg am Lech BY 100 Lf 60 ⊠86899
Landsberied BY 100 Mb 60 ⊠82290
Landscheid RP 74 Ge 49 ⊠54526
Landscheide SH 11 Kb 25 ⊠25572
Landsendorf TH 71 Md 45 ⊠07338
Landshut BY 101 Nb 57 ⊠*84028
Landstuhl RP 75 Hd 52 ⊠66849
Landwehr NI 45 Kf 37 ⊠31087
Landwüst SN 72 Nc 47 ⊠08258
Langballig SH 3 Kd 20 ⊠24977
Langdorf BY 93 Oa 54 ⊠94264
Langebrück SN 62 Of 42 ⊠01465
Langeln SH 12 Kf 26 ⊠25485
Langeln ST 46 Le 37 ⊠38871
Langelsheim NI 45 Lc 37 ⊠38685
Langen BB 25 Ne 31 ⊠16818
Langen NI 10 Id 27 ⊠27607
Langen NI 29 Hc 33 ⊠49838
Langen (Hessen) HE 77 Id 49 ⊠63225
Langenaltheim BY 90 Lf 55 ⊠91799
Langenapel ST 23 Lf 32 ⊠29413
Langenargen BW 107 Kd 63 ⊠88085
Langenau BW 99 La 57 ⊠89129
Langenau SN 61 Ob 43 ⊠09636
Langenbach BY 101 Mf 58 ⊠85416
Langenbach RP 66 Hf 44 ⊠57520
Langenbach RP 75 Hb 52 ⊠66909
Langenberg NW 43 Ib 38 ⊠33449
Langenbernsdorf SN 60 Nb 44 ⊠08428
Langenbogen ST 47 Me 40 ⊠06179
Langenbrettach BW 88 Kc 53 ⊠74243
Langen Brütz MV 14 Md 27 ⊠19067
Langenburg BW 88 Kf 53 ⊠74595
Langendorf NI 23 Mb 30 ⊠29484
Langendorf ST 59 Mf 41 ⊠06667
Langendorf ST 60 Nb 42 ⊠06729
Langeneichstädt ST 59 Me 40 ⊠06268
Langenenslingen BW 98 Kc 60 ⊠88515
Langeneß SH 2 Id 21 ⊠25863
Langenfeld BY 79 Lc 51 ⊠91474
Langenfeld RP 53 Gf 42 ⊠56729
Langengrassau BB 49 Od 37 ⊠15926
Langenhagen NI 32 Ke 34 ⊠*30851
Langenhennersdorf SN 62 Of 43 ⊠01819
Langenhessen SN 60 Nc 44 ⊠08439
Langenhorn SH 2 If 20 ⊠25842
Langen Jarchow MV 14 Md 26 ⊠19412
Langenlehsten SH 23 Le 27 ⊠21514
Langenleuba-Niederhain TH 60 Nd 43 ⊠04618
Langenlipsdorf BB 49 Oa 37 ⊠14913
Langenlonsheim RP 76 Hf 49 ⊠55450
Langenmosen BY 100 Mb 57 ⊠86571
Langennaundorf BB 49 Ob 39 ⊠04938
Langenneufnach BY 99 Ld 59 ⊠86863
Langenorla TH 59 Md 44 ⊠07381
Langenpreising BY 101 Mf 58 ⊠85465
Langensalzwedel ST 34 Mf 33 ⊠39590
Langenscheid RP 66 Hf 46 ⊠65558
Langenselbold HE 68 Ka 47 ⊠63505

Langensendelbach **BY** 80 Ma 51 ⊠91094
Langenstein **ST** 46 Ma 37 ⊠38895
Langensteinbach **SN** 60 Ne 43 ⊠04657
Langenthal **RP** 76 Hd 49 ⊠55569
Langenweddingen **ST** 47 Md 36 ⊠39171
Langenwetzendorf **TH** 72 Na 44 ⊠07957
Langenwolschendorf **TH** 71 Mf 45 ⊠07937
Langenzenn **BY** 80 Le 51 ⊠90579
Langeoog **NI** 9 Hd 26 ⊠26465
Langerringen **BY** 99 Le 60 ⊠86853
Langerwehe **NW** 52 Gc 44 ⊠52379
Langerwisch **BB** 36 Oa 35 ⊠14557
Langewahl **BB** 37 Pa 35 ⊠15518
Langewiesen **TH** 70 Ma 44 ⊠98704
Langfurth **BY** 89 Lc 54 ⊠91731
Langgöns **HE** 67 Id 46 ⊠35428
Langgrün **TH** 71 Me 46 ⊠07926
Langhagen **MV** 15 Nc 26 ⊠18279
Langlingen **NI** 32 Lb 33 ⊠29364
Langquaid **BY** 91 Na 56 ⊠84085
Langscheid **RP** 65 Ha 46 ⊠56729
Langsdorf **MV** 15 Ne 24 ⊠18334
Langstedt **SH** 3 Kc 21 ⊠24852
Langula **TH** 57 Lc 42 ⊠99986
Langwedel **NI** 21 Kb 31 ⊠27299
Langwedel **SH** 12 Kf 23 ⊠24631
Langweid **BY** 100 Lf 58 ⊠86462
Langweiler **RP** 75 Hb 50 ⊠55758
Langweiler **RP** 75 Hd 50 ⊠67746
Langwieden **RP** 75 Hd 52 ⊠66894
Lankau **SH** 13 Ld 26 ⊠23881
Lanke **BB** 36 Od 32 ⊠16359
Lansen **MV** 15 Ne 27 ⊠17192
Lanz **BB** 24 Md 30 ⊠19309
Lanze **SH** 23 Ld 28 ⊠21483
Lapitz **MV** 16 Oa 27 ⊠17217
Lappersdorf **BY** 91 Na 54 ⊠93138
Lasbek **SH** 12 Lc 26 ⊠23847
Lascheid **RP** 64 Gc 48 ⊠54597
Lasel **RP** 64 Gc 48 ⊠54612
Lassahn **MV** 13 Lf 27 ⊠19246
Lassan **MV** 17 Of 25 ⊠17440
Lastrup **NI** 29 Hf 32 ⊠49688
Latdorf **ST** 47 Me 38 ⊠06408
Latendorf **SH** 12 La 25 ⊠24598
Lathen **NI** 19 Hb 31 ⊠49762
Laubach **HE** 67 Ka 45 ⊠35321
Laubach **RP** 65 Ha 47 ⊠56759
Laubach **RP** 65 Hd 48 ⊠56288
Lauben **BY** 99 Lb 60 ⊠87761
Lauben **BY** 108 Lb 62 ⊠87493
Laubenheim **RP** 76 Hf 49 ⊠55452
Laubsdorf **BB** 51 Pc 38 ⊠03058
Laubst **BB** 50 Pb 38 ⊠03116
Laubusch **SN** 50 Pa 40 ⊠02991
Laucha **TH** 57 Ld 43 ⊠99880
Lauchhammer **BB** 50 Oe 39 ⊠01979
Lauchheim **BW** 89 Lb 55 ⊠73466
Lauchringen **BW** 105 Ib 63 ⊠79787
Lauchröden **TH** 57 La 43 ⊠99819
Lauda-Königshofen **BW** 78 Ke 51 ⊠97922
Laudenbach **BW** 77 Id 51 ⊠69514
Laudenbach **BY** 78 Ka 50 ⊠63925
Laudert **RP** 66 Hd 48 ⊠56291
Lauenau **NI** 31 Kc 35 ⊠31867
Lauenbrück **NI** 21 Kd 29 ⊠27389
Lauenburg (Elbe) **SH** 23 Ld 28 ⊠21481
Lauenförde **NI** 44 Kc 39 ⊠37697
Lauenhagen **NI** 31 Kb 34 ⊠31714
Lauenhain **SN** 60 Nc 44 ⊠08451
Lauenhain-Tannenberg **SN** 61 Nf 42 ⊠09648
Lauf **BW** 86 Ia 57 ⊠77886
Lauf **BY** 81 Mb 51 ⊠91207
Laufach **BY** 78 Kb 48 ⊠63846
Laufeld **RP** 65 Gf 48 ⊠54533
Laufen **BY** 102 Nf 61 ⊠83410
Laufenburg (Baden) **BW** 104 Ia 63 ⊠79725
Laufersweiler **RP** 75 Hb 49 ⊠55487
Lauffen am Neckar **BW** 87 Kb 54 ⊠74348
Laugna **BY** 99 Le 57 ⊠86502
Lauingen **BY** 99 Lc 57 ⊠89415
Laumersheim **RP** 76 Ib 51 ⊠67229
Lauperath **RP** 64 Gb 48 ⊠54649
Laupheim **BW** 98 Kf 59 ⊠88471
Laurenburg **RP** 66 Hf 46 ⊠56379
Lausa **SN** 49 Oa 40 ⊠04874
Lauscha **TH** 70 Mb 46 ⊠98724
Lauschied **RP** 76 Hd 50 ⊠55568
Lauschütz **BB** 51 Pd 36 ⊠03172
Lausnitz **TH** 59 Me 44 ⊠07806
Lausnitz bei Pößneck **TH** 71 Mc 44 ⊠07387
Laußig **SN** 48 Nd 39 ⊠04838
Laußnitz **SN** 62 Of 41 ⊠01936
Lauta **SN** 50 Pa 40 ⊠02991
Lautenbach **BW** 96 Ia 57 ⊠77794
Lauter **BY** 80 Le 49 ⊠96169
Lauter **SN** 72 Ne 45 ⊠08312
Lauterach **BW** 98 Kd 59 ⊠89584
Lauterbach **BW** 96 Ib 59 ⊠78730
Lauterbach **SN** 60 Nc 44 ⊠08439
Lauterbach **SN** 73 Oa 44 ⊠09496
Lauterbach **TH** 57 Lc 42 ⊠99826
Lauterbach (Hessen) **HE** 68 Kc 45 ⊠36341
Lauterecken **RP** 76 Hd 51 ⊠67742
Lauterhofen **BY** 81 Md 52 ⊠92283
Lautersheim **RP** 76 Ia 51 ⊠67308
Lauterstein **BW** 88 Kf 56 ⊠73111
Lautert **RP** 66 Hf 47 ⊠56355
Lautertal **BY** 70 Lf 47 ⊠96486
Lautertal (Odenwald) **HE** 77 Id 50 ⊠64686
Lautertal (Vogelsberg) **HE** 68 Kb 45 ⊠36369
Lautrach **BY** 107 La 61 ⊠87763
Lautzenbrücken **RP** 66 Hf 44 ⊠56472
Lautzenhausen **RP** 75 Hb 49 ⊠55483
Lawalde **SN** 63 Pd 42 ⊠02708
Lawitz **BB** 38 Pd 36 ⊠15898
Lebach **SL** 75 Gf 52 ⊠66822
Lebehn **MV** 27 Pb 28 ⊠17322
Lebendorf **ST** 47 Me 38 ⊠06420
Lebien **ST** 49 Nf 38 ⊠06922
Lebrade **SH** 12 Lc 23 ⊠24306
Lebus **BB** 38 Pd 34 ⊠15326
Lebusa **BB** 49 Oc 38 ⊠04936
Lechbruck am See **BY** 108 Le 62 ⊠86983
Leck **SH** 2 If 20 ⊠25917
Leegebruch **BB** 36 Ob 32 ⊠16767
Leer **NI** 19 Hc 29 ⊠26789
Leese **NI** 31 Ka 33 ⊠31633
Leeskow **BB** 51 Pc 36 ⊠15868
Leetza **ST** 48 Nf 37 ⊠06895
Leezdorf **NI** 8 Hb 27 ⊠26529
Leezen **MV** 14 Mc 27 ⊠19067
Leezen **SH** 12 Lb 25 ⊠23816
Legau **BY** 107 La 61 ⊠87764
Legde **BB** 24 Mf 31 ⊠19336
Legden **NW** 41 Ha 36 ⊠48739
Lehe **NI** 19 Hc 30 ⊠26892
Lehe **SH** 3 Ka 22 ⊠25774
Lehesten **TH** 59 Md 43 ⊠07778
Lehesten **TH** 71 Mc 46 ⊠07349
Lehma **TH** 60 Nc 42 ⊠04617
Lehmen **RP** 65 Hc 47 ⊠56332
Lehmkuhlen **SH** 12 Lc 23 ⊠24211
Lehmrade **SH** 13 Le 27 ⊠23883
Lehndorf **TH** 60 Nc 43 ⊠04603
Lehnin **BB** 35 Ne 35 ⊠14797
Lehnitz **BB** 36 Ob 32 ⊠16565
Lehnsdorf **BB** 48 Nc 36 ⊠14823
Lehnstedt **TH** 59 Mc 43 ⊠99441
Lehrberg **BY** 79 Ld 52 ⊠91611
Lehre **NI** 33 Le 34 ⊠38165
Lehrensteinsfeld **BW** 87 Kc 54 ⊠74251
Lehrte **NI** 32 Kf 34 ⊠31275
Lehsen **MV** 23 Ma 28 ⊠19243
Leibchel **BB** 50 Pa 36 ⊠15913
Leibertingen **BW** 97 Ka 60 ⊠88637
Leiblfing **BY** 92 Nd 56 ⊠94339
Leibsch **BB** 37 Of 36 ⊠15910
Leichlingen **NW** 53 Ha 42 ⊠42799
Leidenborn **RP** 64 Gb 48 ⊠54619
Leidersbach **BY** 78 Kb 49 ⊠63849
Leiferde **NI** 32 Lc 34 ⊠38542
Leimbach **RP** 64 Gb 48 ⊠54673
Leimbach **RP** 65 Gf 46 ⊠53518
Leimbach **ST** 59 Md 40 ⊠06268
Leimbach **TH** 57 Lb 44 ⊠36433
Leimen **BW** 77 Ie 52 ⊠69181
Leimen **RP** 85 He 53 ⊠66978
Leimersheim **RP** 86 Ic 54 ⊠76774
Leina **TH** 58 Ld 43 ⊠99880
Leinach **BY** 79 Ke 49 ⊠97274
Leinburg **BY** 81 Mb 52 ⊠91227
Leinefelde **TH** 57 Lb 40 ⊠37327
Leinfelden-Echterdingen **BW** 87 Ka 56 ⊠70771
Leingarten **BW** 87 Ka 54 ⊠74211
Leiningen **RP** 66 Hd 48 ⊠56291
Leiningen **TH** 72 Na 45 ⊠07985
Leinzell **BW** 88 Kf 55 ⊠73575
Leipa **ST** 49 Nf 37 ⊠06917
Leipe **BB** 50 Pa 37 ⊠03226
Leipheim **BY** 99 Lb 58 ⊠89340
Leippe-Torno **SN** 50 Pa 40 ⊠02991
Leipzig **SN** 60 Nb 41 ⊠*04103
Leisel **RP** 75 Hb 50 ⊠55767
Leislau **ST** 59 Me 42 ⊠06618
Leisnig **SN** 61 Nf 42 ⊠04703
Leißling **ST** 59 Mf 41 ⊠06667
Leißnitz **BB** 37 Pb 36 ⊠15848
Leitzkau **ST** 47 Mf 36 ⊠39279
Leitzweiler **RP** 75 Hb 51 ⊠55779
Leiwen **RP** 75 Gf 50 ⊠54340
Leizen **MV** 25 Nc 28 ⊠17209
Lelkendorf **MV** 15 Ne 25 ⊠17168
Lemberg **RP** 85 Hd 53 ⊠66969
Lembruch **NI** 30 Ic 33 ⊠49459
Lemförde **NI** 30 Ic 34 ⊠49448
Lemgo **NW** 43 If 36 ⊠32657
Lemgow **NI** 24 Mb 31 ⊠29485
Lemmersdorf **BB** 26 Oe 28 ⊠17337
Lemnitz **TH** 59 Me 44 ⊠07819
Lemwerder **NI** 20 Id 30 ⊠27809
Lengdorf **BY** 101 Na 59 ⊠84435
Lengede **NI** 32 Lb 35 ⊠38268
Lengefeld **SN** 61 Ob 44 ⊠09514
Lengefeld **ST** 46 Mb 39 ⊠06528
Lengefeld **TH** 57 Lb 41 ⊠99976
Lengefeld **TH** 57 Lc 41 ⊠99976
Lengenbostel **NI** 21 Kc 29 ⊠27419
Lengenfeld **SN** 72 Nc 45 ⊠08485
Lengenwang **BY** 108 Ld 62 ⊠87663
Lengerich **NI** 29 Hd 33 ⊠49838
Lengerich **NW** 29 He 35 ⊠49525
Lengfeld **TH** 70 Ld 45 ⊠98660
Lenggries **BY** 109 Md 62 ⊠83661
Lenne **NI** 44 Ke 37 ⊠37627
Lennestadt **NW** 54 Ia 42 ⊠57368
Lenningen **BW** 98 Kd 57 ⊠73252
Lensahn **SH** 13 Lf 23 ⊠23738
Lenterode **TH** 57 La 40 ⊠37318
Lentföhrden **SH** 12 Kf 25 ⊠24632
Lenting **BY** 90 Mc 56 ⊠85101
Lentzke **BB** 25 Ne 32 ⊠16833
Lenz **SN** 61 Od 41 ⊠01561
Lenzen (Elbe) **BB** 24 Mc 30 ⊠19309
Leonberg **BW** 87 If 56 ⊠71229
Leonberg **BY** 91 Na 53 ⊠95666
Leopoldshagen **MV** 17 Of 26 ⊠17375
Leopoldshöhe **NW** 43 Ie 36 ⊠33818
Leppin **MV** 16 Oc 28 ⊠17349
Leppin **ST** 24 Md 31 ⊠39615
Leps **ST** 47 Na 37 ⊠39264
Letschin **BB** 37 Pc 33 ⊠15324
Lettweiler **RP** 76 He 50 ⊠67823
Letzlingen **ST** 34 Md 34 ⊠39638
Leuben-Schleinitz **SN** 61 Ob 42 ⊠01623
Leubetha **SN** 72 Nb 46 ⊠08626
Leubnitz **SN** 60 Nc 44 ⊠08412
Leubnitz **SN** 71 Na 45 ⊠08539
Leubsdorf **RP** 65 Hb 45 ⊠53547
Leubsdorf **SN** 61 Ob 44 ⊠09573
Leuchtenberg **BY** 82 Nb 51 ⊠92705
Leuenberg **BB** 37 Of 32 ⊠16259
Leukersdorf (Erzgebirge) **SN** 61 Nf 44 ⊠09387
Leun **HE** 67 Ic 45 ⊠35638
Leuna **ST** 59 Na 41 ⊠06237
Leupoldishain **SN** 62 Pa 43 ⊠01824
Leupoldsgrün **BY** 71 Me 47 ⊠95191
Leussow **MV** 23 Mb 29 ⊠19288
Leutenbach **BW** 88 Kc 55 ⊠71397
Leutenbach **BY** 80 Mb 50 ⊠91359
Leutenberg **TH** 71 Mc 45 ⊠07338
Leutenhain **SN** 60 Ne 42 ⊠09306
Leutenthal **TH** 59 Mc 42 ⊠99439
Leuterod **RP** 66 Hf 46 ⊠56244
Leutersbach **SN** 72 Nd 45 ⊠08107
Leutersdorf **SN** 63 Pd 43 ⊠02794
Leutersdorf **TH** 70 Ld 45 ⊠98617
Leutershausen **BY** 89 Lc 53 ⊠91578
Leutesdorf **RP** 65 Hc 46 ⊠56599
Leutewitz **SN** 61 Oc 41 ⊠01594
Leuthen **BB** 50 Pb 38 ⊠03058
Leutkirch **BW** 107 La 62 ⊠88299
Levenhagen **MV** 16 Ob 24 ⊠17498
Leverkusen **NW** 53 Ha 42 ⊠*51371
Levitzow **MV** 15 Nd 25 ⊠17168
Lexgaard **SH** 2 If 20 ⊠25923
Lexow **MV** 25 Nd 28 ⊠17213
Libbenichen **BB** 37 Pc 34 ⊠15306
Libbesdorf **ST** 48 Na 38 ⊠06386
Libehna **ST** 47 Na 38 ⊠06369
Lich **HE** 67 If 45 ⊠35423
Lichstedt **TH** 58 Mb 44 ⊠07407
Lichte **TH** 70 Mb 45 ⊠98739
Lichtenau **BW** 86 Ia 56 ⊠77839
Lichtenau **BY** 89 Ld 53 ⊠91586
Lichtenau **NW** 43 If 39 ⊠33165
Lichtenau **SN** 61 Oa 43 ⊠09244
Lichtenau **SN** 72 Nd 45 ⊠08318
Lichtenberg **BY** 71 Md 46 ⊠95192
Lichtenberg **MV** 26 Oc 28 ⊠17259
Lichtenberg **SN** 62 Of 41 ⊠01896
Lichtenberg/Erzgebirge **SN** 61 Oc 43 ⊠09638
Lichtenborn **RP** 64 Gb 48 ⊠54619
Lichtenfels **BY** 70 Ma 48 ⊠96215
Lichtenfels **HE** 55 Ie 42 ⊠35104
Lichtenhain **TH** 70 Ma 45 ⊠98744
Lichtenow **BB** 37 Of 34 ⊠15345
Lichtenstein **BW** 97 Kb 58 ⊠72805
Lichtenstein (Sachsen) **SN** 60 Nd 44 ⊠09350
Lichtentanne **SN** 72 Nc 44 ⊠08115
Lichtenwald **BW** 88 Kc 56 ⊠73669
Lichtenwalde **SN** 61 Nf 43 ⊠09577
Lichterfeld **BB** 50 Oe 39 ⊠03238
Lichterfelde **BB** 27 Oe 31 ⊠16230
Lichterfelde **ST** 24 Mf 31 ⊠39615
Liebenau **NI** 31 Ka 33 ⊠31618
Liebenau **NI** 44 Kb 39 ⊠34396
Liebenburg **NI** 45 Lc 36 ⊠38704
Liebengrün **TH** 71 Me 45 ⊠07368
Liebenrode **TH** 46 Ld 39 ⊠99755
Liebenscheid **RP** 66 Ia 44 ⊠56479
Liebenstein **TH** 58 Lf 44 ⊠99330
Liebenthal **BB** 25 Nc 30 ⊠16909
Liebenthal **BB** 26 Oc 31 ⊠16559
Liebenwalde **BB** 26 Oc 31 ⊠16559
Lieberose **BB** 50 Pb 37 ⊠15868
Liebertwolkwitz **SN** 60 Nc 41 ⊠04445
Lieblingshof **MV** 15 Nc 24 ⊠18196
Liebschütz **TH** 71 Me 45 ⊠07368
Liebschützberg **SN** 61 Oa 40 ⊠04758
Liebshausen **RP** 66 Hd 48 ⊠55494
Liebstadt **SN** 62 Of 43 ⊠01825
Liebstedt **TH** 59 Mc 42 ⊠99510
Liederbach am Taunus **HE** 67 Id 48 ⊠65835
Liedersdorf **ST** 47 Mc 40 ⊠06528
Lieg **RP** 65 Hc 48 ⊠56290
Liegau-Augustusbad **SN** 62 Of 42 ⊠01465
Lienen **NW** 29 Hf 36 ⊠49536
Liepe **BB** 27 Of 31 ⊠16248
Liepe **BB** 35 Nd 33 ⊠14715
Liepe **BB** 49 Oc 37 ⊠14913
Liepen **MV** 16 Oc 25 ⊠17391
Liepgarten **MV** 17 Pa 26 ⊠17375
Lierfeld **RP** 64 Gc 48 ⊠54597
Lierschied **RP** 66 He 47 ⊠56357
Liesenich **RP** 65 Hb 48 ⊠56858
Lieser **RP** 75 Ha 49 ⊠54470
Lieskau **BB** 50 Oe 39 ⊠03238
Lieskau **BB** 51 Pd 39 ⊠03130
Lieskau **ST** 47 Mf 39 ⊠06120
Ließem **RP** 64 Gc 48 ⊠54636
Ließen **BB** 49 Oc 36 ⊠14913
Liessow **MV** 15 Nb 25 ⊠18299
Liesten **ST** 34 Mb 32 ⊠29416
Lieth **SH** 11 Ka 24 ⊠25770
Lietzen **BB** 37 Pc 34 ⊠15306
Lietzow **BB** 35 Nf 33 ⊠14641
Lietzow **MV** 7 Oc 22 ⊠18528
Lilienthal **NI** 21 If 30 ⊠28865
Limbach **BW** 78 Kb 52 ⊠74838
Limbach **RP** 54 Hc 44 ⊠57629
Limbach **RP** 75 Hd 50 ⊠55606
Limbach **SN** 72 Nb 45 ⊠08491
Limbach-Oberfrohna **SN** 60 Ne 43 ⊠09212
Limburg an der Lahn **HE** 66 Ia 46 ⊠*65549
Limburgerhof **RP** 77 Ic 52 ⊠67117
Limeshain **HE** 67 If 47 ⊠63694
Limlingerode **TH** 45 Ld 39 ⊠99755
Limsdorf **BB** 37 Pa 36 ⊠15864
Linau **SH** 12 Lc 27 ⊠22959
Lind **RP** 65 Gf 46 ⊠53506
Lind **RP** 65 Ha 47 ⊠56729
Linda (Elster) **ST** 49 Oa 37 ⊠06928
Linda bei Neustadt (Orla) **TH** 71 Me 44 ⊠07819
Linda bei Weida **TH** 60 Nb 44 ⊠07580
Lindau **BY** 107 Kd 63 ⊠88131
Lindau **SH** 4 Kf 22 ⊠24214
Lindau **ST** 47 Na 36 ⊠39264
Lindberg **BY** 93 Ob 54 ⊠94227
Lindchen **BB** 50 Pa 39 ⊠03103
Linden **HE** 67 Ie 45 ⊠35440
Linden **RP** 66 Hf 45 ⊠57629
Linden **RP** 76 Hd 52 ⊠66851
Linden **SH** 3 Kb 23 ⊠25791
Linden **TH** 70 Ld 46 ⊠98646
Lindena **BB** 49 Od 39 ⊠03238
Lindenau **BB** 50 Oe 40 ⊠01945
Lindenau **SN** 60 Nb 40 ⊠08289
Lindenau **TH** 70 Le 47 ⊠98663
Lindenberg **BB** 25 Na 30 ⊠16928
Lindenberg **BB** 36 Od 33 ⊠16321
Lindenberg **BB** 37 Pa 35 ⊠15864
Lindenberg **BY** 107 Kf 63 ⊠88161
Lindenberg **MV** 16 Oa 26 ⊠17111
Lindenberg **RP** 76 Ia 52 ⊠67473
Lindenbrück **BB** 36 Od 36 ⊠15838
Lindenfels **HE** 77 Ie 50 ⊠64678
Lindenhayn **SN** 48 Nd 39 ⊠04509
Lindenkreuz **TH** 59 Mf 43 ⊠07589
Lindenschied **RP** 75 Hc 49 ⊠55481
Lindenthal **SN** 60 Nb 40 ⊠04466
Lindern **NI** 19 He 31 ⊠49699
Lindewerra **TH** 57 Kf 41 ⊠37318
Lindewitt **SH** 3 Kb 20 ⊠24969
Lindhorst **NI** 31 Kb 34 ⊠31698
Lindig **TH** 59 Md 44 ⊠07768
Lindlar **NW** 53 Hc 42 ⊠51789
Lindow **BB** 37 Pb 36 ⊠15848
Lindow (Mark) **BB** 26 Oa 31 ⊠16835
Lindstedt **ST** 34 Md 33 ⊠39638
Lindthal **BB** 50 Oe 39 ⊠03238
Lindtorf **ST** 34 Mf 32 ⊠39596
Lindwedel **NI** 31 Ke 33 ⊠29690
Lingen (Ems) **NI** 28 Hb 33 ⊠*49808
Lingenfeld **RP** 86 Ic 53 ⊠67360
Lingerhahn **RP** 66 Hd 48 ⊠56291
Linkenbach **RP** 66 Hd 45 ⊠56317
Linkenheim-Hochstetten **BW** 86 Ic 54 ⊠76351
Linnich **NW** 52 Gb 43 ⊠52441
Linow **BB** 25 Ne 30 ⊠16831
Linsburg **NI** 31 Kb 33 ⊠31636
Linsengericht **HE** 68 Kb 47 ⊠63589
Linstow **MV** 15 Nc 27 ⊠18292
Linthe **BB** 35 Ne 36 ⊠14822
Lintig **NI** 11 If 27 ⊠27624
Linum **BB** 35 Nf 32 ⊠16833
Linz am Rhein **RP** 65 Hb 45 ⊠53545
Lippersdorf **SN** 61 Ob 44 ⊠09514
Lippetal **NW** 42 Ia 38 ⊠59510
Lipporn **RP** 66 Hf 48 ⊠56357
Lipprechterode **TH** 45 Ld 40 ⊠99752
Lippstadt **NW** 43 Ib 38 ⊠*59555
Lipten **BB** 50 Of 39 ⊠03205
Liptitz **SN** 61 Nf 41 ⊠04779
Lirstal **RP** 65 Ha 47 ⊠56767
Lisberg **BY** 80 Le 49 ⊠96170
Lißdorf **ST** 59 Md 42 ⊠06648
Lissendorf **RP** 64 Gd 47 ⊠54587
List **SH** 2 Ic 18 ⊠25992
Listerfehrda **ST** 48 Nf 38 ⊠06918
Litzendorf **BY** 80 Ma 49 ⊠96123
Lobbach **BW** 77 If 52 ⊠74931
Lobbese **BB** 48 Ne 36 ⊠14913
Lobenstein **TH** 71 Md 46 ⊠07356
Lobetal **BB** 36 Od 32 ⊠16321
Lobsdorf **SN** 60 Nd 44 ⊠09356
Lobstädt **SN** 60 Nc 42 ⊠04552
Loburg **ST** 35 Na 36 ⊠39279
Lochau **ST** 59 Na 40 ⊠06184
Lochum **RP** 66 Hf 45 ⊠57629
Lockstädt **BB** 24 Na 29 ⊠16949
Lockstedt **SH** 11 Ke 24 ⊠25551
Locktow **BB** 35 Ne 36 ⊠14806
Loddin **MV** 17 Pa 24 ⊠17459
Lodenau **SN** 51 Pf 40 ⊠02929
Lodersleben **ST** 59 Md 40 ⊠06268
Löbau **SN** 63 Pd 42 ⊠02708
Löbejün **ST** 47 Mf 39 ⊠06193
Löben **ST** 49 Oa 38 ⊠06925
Löberitz **ST** 48 Na 39 ⊠06780
Löberschütz **TH** 59 Me 43 ⊠07751
Löbichau **TH** 60 Nb 43 ⊠04626
Löbitz **ST** 59 Mf 42 ⊠06618
Löbnitz **MV** 6 Ne 23 ⊠18314
Löbnitz **SN** 48 Nc 39 ⊠04509
Löbnitz (Bode) **ST** 47 Me 37 ⊠39443
Löbnitz an der Linde **ST** 47 Mf 38 ⊠06369
Löchgau **BW** 87 Ka 54 ⊠74369
Löcknitz **MV** 17 Pb 28 ⊠17321
Lödderitz **ST** 47 Mf 37 ⊠39240
Löderburg **ST** 47 Md 37 ⊠39446
Löf **RP** 65 Hc 47 ⊠56332
Löffingen **BW** 105 Ib 61 ⊠79843
Lögow **BB** 25 Nd 31 ⊠16845
Löhma **TH** 71 Mf 45 ⊠07907
Löhme **BB** 36 Oe 33 ⊠16356
Löhnberg **HE** 66 Ib 45 ⊠35792
Löhne **NW** 30 Ie 35 ⊠32584
Löhsten **BB** 49 Oa 39 ⊠04895
Löllbach **RP** 76 Hd 50 ⊠67744
Löningen **NI** 29 He 32 ⊠49624
Löpten **BB** 37 Oe 36 ⊠15757
Löptin **SH** 12 Lb 23 ⊠24250
Lörrach **BW** 104 Hd 63 ⊠*79539
Lörzweiler **RP** 76 Ib 49 ⊠55296
Lösnich **RP** 75 Ha 49 ⊠54492
Lößnitz **SN** 72 Ne 45 ⊠08294
Lötzbeuren **RP** 75 Hb 49 ⊠56843
Löwenberg **BB** 26 Oa 31 ⊠16775
Löwenbruch **BB** 36 Oc 35 ⊠14974
Löwenstedt **SH** 3 Kb 21 ⊠25864
Löwenstein **BW** 88 Kc 54 ⊠74245
Löwitz **MV** 13 Ma 26 ⊠19217
Löwitz **MV** 16 Oe 26 ⊠17398
Loffenau **BW** 86 Ic 56 ⊠76597
Lohbarbek **SH** 11 Kd 25 ⊠25551
Lohberg **BY** 92 Oa 53 ⊠93470
Lohe-Föhrden **SH** 3 Kd 22 ⊠24806
Lohe-Rickelshof **SH** 11 Ka 23 ⊠25746
Lohfelden **HE** 56 Kd 41 ⊠34253
Lohkirchen **BY** 102 Nc 59 ⊠84494
Lohm **BB** 25 Nb 31 ⊠16845
Lohma **TH** 59 Mc 43 ⊠99444
Lohmar **NW** 53 Hb 43 ⊠53797
Lohme **MV** 7 Od 21 ⊠18551
Lohmen **MV** 14 Na 26 ⊠18276
Lohmen **SN** 62 Of 43 ⊠01847
Lohne (Oldenburg) **NI** 30 Ib 33 ⊠49393
Lohnsfeld **RP** 76 Hf 51 ⊠67727
Lohnweiler **RP** 76 Hd 51 ⊠67744
Lohr **BY** 78 Kd 49 ⊠97816
Lohra **HE** 55 Id 44 ⊠35102
Lohrheim **RP** 66 Ia 47 ⊠65558
Lohsa (Łaz) **SN** 51 Pc 40 ⊠02999
Loiching **BY** 102 Nc 57 ⊠84180
Loissin **MV** 16 Od 24 ⊠17509
Loit **SH** 3 Ke 21 ⊠24888
Loitsche **ST** 34 Me 35 ⊠39326
Loitz **MV** 16 Oa 25 ⊠17121
Loitzendorf **BY** 92 Ne 54 ⊠94359
Lollar **HE** 67 Ie 45 ⊠35457
Lollschied **RP** 66 Hf 47 ⊠56357
Lommatzsch **SN** 61 Ob 41 ⊠01623
Lomnitz **SN** 62 Of 41 ⊠01458
Longen **RP** 74 Ge 50 ⊠54338
Longkamp **RP** 75 Ha 49 ⊠54472
Longuich **RP** 74 Ge 50 ⊠54340
Lonnerstadt **BY** 80 Le 50 ⊠91475
Lonnig **RP** 65 Hc 47 ⊠56295
Lonsee **BW** 98 Kf 57 ⊠89173
Lonsheim **RP** 76 Ia 50 ⊠55237
Looft **SH** 11 Kd 24 ⊠25582
Loop **SH** 12 Kf 24 ⊠24644
Loose **SH** 4 Kf 21 ⊠24366
Lorch **BW** 88 Ke 56 ⊠73547
Lorch **HE** 66 He 48 ⊠65391
Lorsch **HE** 77 Id 51 ⊠64653
Lorscheid **RP** 75 Gf 50 ⊠54317
Lorup **NI** 19 He 31 ⊠26901
Losenrade **ST** 24 Me 31 ⊠39615
Losheim **SL** 74 Ge 51 ⊠66679
Lositz-Jehmichen **TH** 71 Mc 45 ⊠07318
Lossa **ST** 59 Mc 41 ⊠06647
Loßburg **BW** 96 Ic 58 ⊠72290
Losse **ST** 24 Md 31 ⊠39615
Lostau **ST** 34 Me 35 ⊠39291
Lotte **NW** 29 Hf 35 ⊠49504
Lottorf **SH** 3 Kd 22 ⊠24878
Lottstetten **BW** 105 Id 63 ⊠79807
Loxstedt **NI** 20 Ie 28 ⊠27612
Lubmin **MV** 16 Od 24 ⊠17509
Lubochow **BB** 50 Pa 39 ⊠03103
Luchau **SN** 62 Oe 43 ⊠01768
Lucka **TH** 60 Nc 42 ⊠04613
Luckau **BB** 50 Oe 37 ⊠15926
Luckau (Wendland) **NI** 23 Ma 31 ⊠29487
Luckenau **ST** 60 Na 42 ⊠06727
Luckenbach **RP** 54 Hf 44 ⊠57629
Luckenwalde **BB** 49 Ob 36 ⊠14943
Luckow **MV** 17 Pb 26 ⊠17375
Luckow-Petershagen **BB** 27 Pb 29 ⊠16306
Luckwitz **MV** 13 Ma 27 ⊠19243
Ludorf **MV** 25 Ne 28 ⊠17207
Ludwigsau **HE** 56 Ke 43 ⊠36251
Ludwigsburg **BB** 27 Pa 28 ⊠17291
Ludwigsburg **BW** 87 Kb 55 ⊠*71634
Ludwigschorgast **BY** 71 Md 48 ⊠95364
Ludwigsdorf **SN** 63 Pf 41 ⊠02829
Ludwigsfelde **BB** 36 Ob 35 ⊠14974
Ludwigshafen am Rhein **RP** 77 Ic 52 ⊠*67059
Ludwigshöhe **RP** 77 Ib 50 ⊠55278
Ludwigslust **MV** 24 Md 29 ⊠19288
Ludwigsstadt **BY** 71 Mc 46 ⊠96337
Ludwigswinkel **RP** 85 Hd 54 ⊠66996
Lübars **ST** 35 Na 35 ⊠39291
Lübbecke **NW** 30 Id 35 ⊠32312
Lübbenau/Spreewald (Lubnjow) **BB** 50 Of 37 ⊠03222
Lübbenow **BB** 27 Oe 28 ⊠17337
Lübben/Spreewald (Lubin) **BB** 50 Of 37 ⊠15907
Lübberstedt **NI** 20 If 28 ⊠27729
Lübberstorf **MV** 14 Me 25 ⊠23992
Lübbinchen **BB** 51 Pd 37 ⊠03172
Lübbow **NI** 23 Mb 31 ⊠29488
Lübeck **SH** 13 Le 25 ⊠*23552
Lübesse **MV** 24 Mc 28 ⊠19077
Lüblow **MV** 24 Mc 28 ⊠19288
Lübnitz **BB** 35 Nd 36 ⊠14806
Lübow **MV** 14 Md 25 ⊠23972
Lübs **MV** 17 Of 26 ⊠17379
Lübs **ST** 47 Mf 36 ⊠39264
Lübstorf **MV** 14 Mc 26 ⊠19069
Lübtheen **MV** 23 Ma 29 ⊠19249
Lübz **MV** 24 Na 28 ⊠19386
Lübzin **MV** 14 Mf 26 ⊠18249
Lüchow **NI** 23 Mb 31 ⊠29439
Lüchow **SH** 13 Ld 26 ⊠23898
Lückenburg **RP** 75 Gf 50 ⊠54424
Lückendorf **SN** 63 Pe 44 ⊠02797
Lückersdorf-Gelenau **SN** 62 Pa 41 ⊠01917
Lückstedt **ST** 24 Md 32 ⊠39606
Lüdelsen **ST** 33 Lf 32 ⊠38489
Lüdenscheid **NW** 54 Hd 41 ⊠*58507
Lüder **NI** 33 Ld 32 ⊠29394
Lüderitz **ST** 34 Me 33 ⊠39517
Lüdersburg **NI** 23 Ld 29 ⊠21379
Lüdersdorf **BB** 27 Pa 31 ⊠16248
Lüdersdorf **BB** 36 Ob 35 ⊠14943
Lüdersdorf **BB** 37 Pa 32 ⊠16269
Lüdersfeld **NI** 31 Kb 34 ⊠31702
Lüdershagen **MV** 6 Nd 23 ⊠18314
Lüdinghausen **NW** 41 Hc 38 ⊠59348
Lüerdissen **NI** 44 Kd 37 ⊠37635
Lügde **NW** 44 Kb 37 ⊠32676
Lühburg **MV** 15 Nd 25 ⊠17179
Lühmannsdorf **MV** 16 Od 24 ⊠17495
Lühsdorf **BB** 36 Nf 36 ⊠14943
Lülsfeld **BY** 79 Lb 49 ⊠97511
Lünebach **RP** 64 Gc 48 ⊠54597
Lüneburg **NI** 22 Lc 29 ⊠*21335
Lünen **NW** 42 Hd 39 ⊠*44532
Lünne **NI** 29 Hc 34 ⊠48480
Lünow **BB** 35 Ne 34 ⊠14778
Lürschau **SH** 3 Kd 21 ⊠24850
Lüsse **BB** 35 Ne 36 ⊠14806
Lüssow **MV** 7 Oa 23 ⊠18442
Lüssow **MV** 15 Na 25 ⊠18276
Lüssow **MV** 16 Oc 25 ⊠17506
Lütau **SH** 23 Ld 28 ⊠21483
Lütetsburg **NI** 8 Hb 27 ⊠26524
Lütjenburg **SH** 4 Ld 23 ⊠24321
Lütjenholm **SH** 3 Ka 20 ⊠25842
Lütjensee **SH** 12 Lc 27 ⊠22952
Lütjenwestedt **SH** 11 Kc 24 ⊠25585
Lütkendorf **BB** 24 Na 29 ⊠16949
Lütow **MV** 17 Of 24 ⊠17440
Lüttchendorf **ST** 47 Md 39 ⊠06317
Lütte **BB** 35 Nd 35 ⊠14806
Lüttenhagen **MV** 26 Oc 28 ⊠17258
Lüttewitz **SN** 61 Ob 42 ⊠04720
Lüttgenrode **ST** 46 Ld 37 ⊠38835
Lüttow **MV** 13 Lf 27 ⊠19246
Lütz **RP** 65 Hc 48 ⊠56290
Lützelbach **HE** 78 Ka 50 ⊠64750
Lützen **ST** 60 Na 41 ⊠06686
Lützkampen **RP** 64 Ga 48 ⊠54617
Lützlow **BB** 27 Pa 29 ⊠17291
Lützow **MV** 13 Mb 27 ⊠19209
Lützschena-Stahmeln **SN** 60 Nb 40 ⊠04469
Lug **BB** 50 Of 39 ⊠03205
Lug **RP** 86 Hf 53 ⊠76848
Lugau **BB** 49 Od 39 ⊠03238
Lugau **SN** 60 Ne 44 ⊠09385
Luhden **NI** 31 Ka 35 ⊠31711
Luhe-Wildenau **BY** 82 Na 51 ⊠92706
Luhme **BB** 25 Nf 29 ⊠16837
Luhnstedt **SH** 12 Ke 24 ⊠24816
Luisenthal **TH** 58 Le 44 ⊠99885
Luko **ST** 48 Nc 37 ⊠06869
Lumpzig **TH** 60 Nb 43 ⊠04626
Lunden **SH** 3 Ka 22 ⊠25774
Lunestedt **NI** 20 Ie 28 ⊠27616
Lunzenau **SN** 60 Ne 43 ⊠09328
Lunzig **TH** 60 Na 44 ⊠07980
Lupburg **BY** 91 Me 54 ⊠92331
Lupendorf **MV** 15 Nd 27 ⊠17194
Luppa **SN** 61 Nf 41 ⊠04779
Luppenau **ST** 59 Na 40 ⊠06254
Luso **ST** 48 Na 37 ⊠39264
Lustadt **RP** 86 Ib 53 ⊠67363
Lutheran **MV** 24 Mf 28 ⊠19386
Lutherstadt Eisleben **ST** 47 Md 39 ⊠06295
Lutherstadt Wittenberg **ST** 48 Nd 37 ⊠06886
Lutter **TH** 57 La 40 ⊠37318
Lutter am Barenberge **NI** 45 Lb 37 ⊠38729
Lutterbek **SH** 4 Lb 22 ⊠24235
Lutzerath **RP** 65 Ha 48 ⊠56826
Lutzhorn **SH** 12 Ke 26 ⊠25355
Lutzingen **BY** 89 Ld 57 ⊠89440
Luxem **RP** 65 Ha 47 ⊠56729
Lychen **BB** 26 Oc 29 ⊠17279
Lykershausen **RP** 66 He 47 ⊠56346

M

Maasbüll **SH** 3 Kd 20 ⊠24975
Maasdorf **ST** 47 Mf 38 ⊠06388
Maasen **NI** 30 If 32 ⊠27249
Maasholm **SH** 4 La 20 ⊠24404
Machern **SN** 60 Nd 40 ⊠04827
Macken **RP** 65 Hc 47 ⊠56290
Mackenbach **RP** 76 Hd 51 ⊠67686
Mackenrode **TH** 45 Ld 39 ⊠99755
Mackenrode **TH** 57 La 39 ⊠37318
Mackenrodt **RP** 75 Hb 50 ⊠55758
Mähren, Elbingen- **RP** 66 Hf 45 ⊠56459
Mähring **BY** 82 Nd 49 ⊠95695
Märkisch Buchholz **BB** 37 Oe 36 ⊠15748
Märkisch Wilmersdorf **BB** 36 Ob 35 ⊠14974
Magdala **TH** 59 Mc 43 ⊠99441

Magdeburg ST 34 Me 36 ⊠*39104
Magdeburgerforth ST 35 Nb 35 ⊠39291
Magstadt BW 87 If 56 ⊠71106
Mahdel BB 49 Oa 38 ⊠04916
Mahlberg BW 95 He 59 ⊠77972
Mahlow BB 36 Oc 34 ⊠15831
Mahlsdorf BB 49 Od 37 ⊠15938
Mahlsdorf ST 33 Mb 32 ⊠29416
Mahlstetten BW 97 Ie 60 ⊠78601
Mahlwinkel ST 34 Me 34 ⊠39517
Maierhöfen BY 107 La 63 ⊠88167
Maihingen BY 89 Ld 55 ⊠86747
Maikammer RP 86 Ia 53 ⊠67487
Mainaschaff BY 78 Ka 49 ⊠63814
Mainbernheim BY 79 Lb 50 ⊠97350
Mainburg BY 91 Me 57 ⊠84048
Mainhardt BW 88 Kd 54 ⊠74535
Mainhausen HE 78 If 48 ⊠63533
Mainleus BY 71 Mc 48 ⊠95336
Mainstockheim BY 79 Lb 50 ⊠97320
Maintal HE 67 If 48 ⊠63477
Mainz RP 76 Ib 49 ⊠*55116
Maisach BY 100 Mb 59 ⊠82216
Maisborn RP 66 Hd 48 ⊠56291
Maitenbeth BY 101 Na 60 ⊠83558
Maitzborn RP 75 Hc 49 ⊠55481
Malberg RP 54 He 44 ⊠57629
Malberg RP 64 Gd 48 ⊠54655
Malbergweich RP 64 Gd 48 ⊠54655
Malborn RP 75 Ha 50 ⊠54426
Malchin MV 15 Ne 26 ⊠17139
Malching BY 103 Ob 59 ⊠94094
Malchow MV 25 Nc 28 ⊠17213
Malente SH 13 Ld 23 ⊠23714
Malgersdorf BY 102 Ne 57 ⊠84333
Malitschkendorf BB 49 Ob 38 ⊠04936
Malk Göhren MV 24 Mc 29 ⊠19294
Mallentin MV 13 Ma 25 ⊠23936
Mallersdorf-Pfaffenberg BY 91 Nb 56 ⊠84066
Mallin MV 16 Oa 27 ⊠17217
Malliß MV 24 Mb 29 ⊠19294
Mallnow BB 37 Pc 34 ⊠15326
Malsburg-Marzell BW 104 He 62 ⊠79429
Malsch BW 86 Ic 55 ⊠76316
Malsch BW 87 Ie 53 ⊠69254
Malschwitz (Malešecy) SN 63 Pd 41 ⊠02694
Malsfeld HE 56 Kd 42 ⊠34323
Malter SN 62 Oe 43 ⊠01744
Malterdingen BW 95 He 60 ⊠79364
Malterhausen BB 49 Nf 36 ⊠14913
Maltitz SN 63 Pe 41 ⊠02627
Mamerow MV 15 Nc 26 ⊠18279
Mammelzen RP 54 He 44 ⊠57636
Mammendorf BY 100 Ma 59 ⊠82291
Mamming BY 92 Nd 57 ⊠94437
Manching BY 90 Md 56 ⊠85077
Mandel RP 76 He 49 ⊠55595
Mandelbachtal SL 85 Ha 53 ⊠66399
Mandelshagen MV 15 Nc 24 ⊠18184
Mandern RP 74 Ge 51 ⊠54429
Manderscheid RP 64 Gb 48 ⊠54649
Manderscheid RP 65 Ge 48 ⊠54531
Mangelsdorf ST 34 Na 33 ⊠39524
Manhagen SH 13 Lf 23 ⊠23738
Manker BB 25 Nd 31 ⊠16845
Mankmuß BB 24 Me 30 ⊠19357
Mannebach RP 65 Ha 47 ⊠56769
Mannebach RP 74 Gc 51 ⊠54441
Mannhausen ST 33 Mb 34 ⊠39359
Mannheim BW 77 Id 51 ⊠*68159
Mannstedt TH 59 Mc 42 ⊠99628
Mannweiler-Cölln RP 76 He 50 ⊠67822
Manschnow BB 38 Pd 33 ⊠15328
Mansfeld BB 24 Na 29 ⊠16949
Mansfeld ST 47 Mc 39 ⊠06343
Mantel BY 82 Na 51 ⊠92708
Manubach RP 66 He 48 ⊠55413
Marbach am Neckar BW 87 Kb 55 ⊠71672
Marburg HE 55 Ie 44 ⊠*35037
March BW 95 He 60 ⊠79232
Margetshöchheim BY 79 Ke 49 ⊠97276
Mariaposching BY 92 Ne 56 ⊠94553
Marienberg SN 73 Ob 45 ⊠09496
Marienborn ST 33 Ma 35 ⊠39365
Marienfels RP 66 Hf 47 ⊠56357
Marienhafe NI 8 Hb 27 ⊠26529
Marienhagen NI 44 Kd 36 ⊠31094
Marienhausen RP 66 He 45 ⊠56269
Marienheide NW 54 Hd 42 ⊠51709
Marienmünster NW 44 Kb 38 ⊠37696
Marienrachdorf RP 66 He 45 ⊠56242
Mariental NI 33 Lf 35 ⊠38368
Marienthal BB 26 Ob 30 ⊠16775
Marienthal MV 17 Pa 27 ⊠17309
Marienwerder BB 26 Od 31 ⊠16348
Marihn MV 16 Oa 27 ⊠17219
Maring-Noviand RP 75 Ha 49 ⊠54484
Marisfeld TH 70 Ld 45 ⊠98530
Markdorf BW 106 Kc 62 ⊠88677
Marke ST 48 Nb 38 ⊠06779
Markee BB 35 Nf 33 ⊠14641
Markendorf BB 49 Ob 37 ⊠14913
Markersdorf SN 63 Pf 42 ⊠02829
Markgrafpieske BB 37 Of 35 ⊠15528
Markgröningen BW 87 Ka 55 ⊠71706
Markkleeberg SN 60 Nc 41 ⊠04416
Marklkofen BY 102 Nd 57 ⊠84163
Marklohe NI 31 Ka 32 ⊠31608
Markneukirchen SN 72 Nb 47 ⊠08258
Markranstädt SN 60 Nb 41 ⊠04420
Marksuhl TH 57 Lb 43 ⊠99819
Marktbergel BY 79 Lc 52 ⊠91613
Markt Berolzheim BY 90 Lf 54 ⊠91801
Markt Bibart BY 79 Lc 51 ⊠91477
Marktbreit BY 79 Lb 50 ⊠97340
Markt Einersheim BY 79 Lb 50 ⊠97348
Markt Erlbach BY 80 Ld 52 ⊠91459
Marktgraitz BY 70 Mb 47 ⊠96257
Marktheidenfeld BY 78 Kd 49 ⊠97828
Markt Indersdorf BY 100 Mc 58 ⊠85229
Marktl BY 102 Ne 59 ⊠84533
Marktleugast BY 71 Md 48 ⊠95352
Marktleuthen BY 71 Mf 48 ⊠95168
Markt Nordheim BY 79 Lb 51 ⊠91478
Marktoberdorf BY 108 Ld 62 ⊠87616
Marktoffingen BY 89 Lc 55 ⊠86748
Marktredwitz BY 82 Na 49 ⊠95615
Marktrodach BY 71 Mc 47 ⊠96364
Marktschellenberg BY 111 Oa 62 ⊠83487
Marktschorgast BY 71 Md 48 ⊠95509
Markt Schwaben BY 101 Mf 59 ⊠85570
Marktsteft BY 79 La 50 ⊠97342
Markt Taschendorf BY 80 Ld 50 ⊠91480
Markt Wald BY 99 Ld 60 ⊠86865
Marktzeuln BY 70 Mb 47 ⊠96275
Markvippach TH 58 Ma 42 ⊠99195
Markwerben ST 59 Mf 41 ⊠06667
Marl NI 30 Ic 34 ⊠49448
Marl NW 41 Ha 39 ⊠*45768
Marloffstein BY 80 Ma 51 ⊠91080
Marlow MV 15 Nd 24 ⊠18337
Marne SH 11 Ka 25 ⊠25709
Marnerdeich SH 11 If 25 ⊠25709
Marnheim RP 76 Ia 51 ⊠67297
Marnitz MV 24 Mf 29 ⊠19376
Maroldsweisach BY 70 Ld 47 ⊠96126
Marolterode TH 58 Le 41 ⊠99994
Maroth RP 66 He 45 ⊠56271
Marpingen SL 75 Ha 52 ⊠66646
Marquardt BB 36 Nf 34 ⊠14476
Marquartstein BY 111 Nd 62 ⊠83250
Marsberg NW 43 Ie 40 ⊠34431
Marschacht NI 22 Lc 28 ⊠21436
Martensrade SH 4 Lc 23 ⊠24238
Martfeld NI 21 Ka 31 ⊠27327
Marth TH 57 La 40 ⊠37318
Martinfeld TH 57 Lb 41 ⊠37308
Martinroda TH 57 La 44 ⊠36404
Martinroda TH 58 Lf 44 ⊠98693
Martinsheim BY 79 La 51 ⊠97340
Martinshöhe RP 75 Hc 52 ⊠66894
Martinskirchen BB 49 Ob 40 ⊠04895
Martinsrieth ST 46 Mb 40 ⊠06528
Martinstein RP 75 Hd 50 ⊠55627
Marwitz BB 36 Oa 32 ⊠16727
Marxdorf BB 37 Pb 34 ⊠15306
Marxdorf BB 49 Ob 39 ⊠04924
Marxen NI 22 La 29 ⊠21439
Marxheim BY 90 Lf 56 ⊠86688
Marxzell BW 86 Ic 55 ⊠76359
Marzahna BB 48 Ne 36 ⊠14913
Marzahne BB 35 Nd 33 ⊠14778
Marzhausen RP 66 He 44 ⊠57627
Marzling BY 101 Me 58 ⊠85417
Masburg RP 65 Ha 47 ⊠56761
Maselheim BW 98 Kf 60 ⊠88437
Maßbach BY 69 Lb 47 ⊠97711
Massen BB 50 Oe 39 ⊠03238
Massenbachhausen BW 87 Ka 53 ⊠74252
Masserberg TH 70 Lf 45 ⊠98666
Massing BY 102 Nd 58 ⊠84323
Massow MV 25 Nc 29 ⊠17209
Maßweiler RP 85 Hd 53 ⊠66506
Mastershausen RP 65 Hb 48 ⊠56869
Masthorn RP 64 Gb 48 ⊠54597
Matgendorf MV 15 Nd 25 ⊠17168
Mattendorf BB 51 Pd 39 ⊠03159
Mattstedt TH 59 Md 42 ⊠99510
Matzenbach RP 75 Hc 52 ⊠66909
Matzerath RP 64 Gc 48 ⊠54597
Matzlow-Garwitz MV 24 Md 28 ⊠19372
Mauchenheim RP 76 Ia 50 ⊠67294
Mauden RP 54 Ia 44 ⊠57520
Mauderode TH 46 Le 39 ⊠99735
Mauer BW 77 Ie 52 ⊠69256
Mauern BY 101 Mf 57 ⊠85419
Mauerstetten BY 108 Ld 61 ⊠87665
Maulbeerwalde BB 25 Nc 29 ⊠16909
Maulbronn BW 87 Ie 55 ⊠75433
Maulburg BW 104 He 63 ⊠79689
Mauschbach RP 85 Hc 53 ⊠66500
Mausendorf TH 70 Lf 46 ⊠96528
Maust BB 51 Pc 38 ⊠03185
Mauth BY 93 Od 55 ⊠94151
Maxdorf RP 76 Ib 52 ⊠67133
Maxhütte-Haidhof BY 91 Na 53 ⊠93142
Maxsain RP 66 He 45 ⊠56244
Mayen RP 65 Hb 46 ⊠56727
Mayschoß RP 65 Ha 45 ⊠53508
Mechau ST 24 Mb 31 ⊠29416
Mechelgrün SN 72 Nb 46 ⊠08541
Mechelroda TH 59 Mc 43 ⊠99441
Mechernich NW 64 Ge 45 ⊠53894
Mechow SH 13 Le 26 ⊠23909
Mechtersen NI 22 Lb 29 ⊠21358
Mechterstädt TH 57 Ld 43 ⊠99880
Meckel RP 74 Gd 49 ⊠54636
Meckenbach RP 75 Ha 51 ⊠55767
Meckenbach RP 75 Hd 50 ⊠55606
Meckenbeuren BW 107 Kd 62 ⊠88074
Meckenheim NW 65 Ha 45 ⊠53340
Meckenheim RP 76 Ib 52 ⊠67149
Meckesheim BW 87 If 53 ⊠74909
Medard RP 76 Hd 51 ⊠67744
Meddersheim RP 76 Hd 50 ⊠55566
Meddewade SH 12 Lc 26 ⊠23847
Medebach NW 55 Ie 41 ⊠59964
Medelby SH 3 Kb 20 ⊠24994
Medewitz BB 48 Nc 36 ⊠14827
Medingen SN 62 Oe 41 ⊠01458
Medow MV 16 Od 25 ⊠17391
Meeder BY 70 Lf 47 ⊠96484
Meerane SN 60 Nc 43 ⊠08393
Meerbeck NI 31 Ka 34 ⊠31715
Meerbusch NW 52 Ge 41 ⊠*40667
Meerfeld RP 64 Ge 48 ⊠54531
Meersburg BW 106 Kb 62 ⊠88709
Meesiger MV 15 Nf 26 ⊠17111
Meezen SH 12 Ke 24 ⊠24594
Megesheim BY 89 Le 55 ⊠86750
Meggerdorf SH 3 Kc 22 ⊠24799
Mehlbach RP 76 He 51 ⊠67735
Mehlbek SH 11 Kc 24 ⊠25588
Mehlingen RP 76 Hf 52 ⊠67678
Mehlmeisel BY 81 Mf 49 ⊠95694
Mehlsdorf BB 49 Ob 37 ⊠15936
Mehltheuer SN 61 Ob 41 ⊠01594
Mehltheuer SN 71 Na 45 ⊠08539
Mehmels TH 69 Lc 45 ⊠98634
Mehmke ST 33 Lf 32 ⊠29413
Mehren RP 65 Gf 47 ⊠54552
Mehren RP 65 Hd 44 ⊠57635
Mehring BY 102 Ne 59 ⊠84561
Mehring RP 74 Ge 50 ⊠54346
Mehringen ST 47 Md 38 ⊠06456
Mehrstedt TH 58 Ld 41 ⊠99994
Mehrstetten BW 98 Kd 58 ⊠72537
Meichow BB 27 Of 29 ⊠17291
Meiersberg MV 17 Of 26 ⊠17375
Meilendorf ST 48 Na 38 ⊠06386
Meinborn RP 66 Hd 46 ⊠56584
Meine NI 33 Ld 34 ⊠38527
Meinersdorf SN 61 Nf 44 ⊠09235
Meinersen NI 32 Lc 34 ⊠38536
Meinerzhagen NW 54 He 42 ⊠58540
Meineweh ST 59 Na 42 ⊠06721
Meinhard HE 57 La 41 ⊠37276
Meinheim BY 89 Le 54 ⊠91802
Meiningen TH 69 Lc 45 ⊠98617
Meinsdorf BB 49 Ob 37 ⊠14913
Meisburg RP 64 Ge 48 ⊠54570
Meisdorf ST 46 Mb 38 ⊠06463
Meisenheim RP 76 He 50 ⊠55590
Meißen SN 61 Od 41 ⊠01662
Meißenheim BW 95 He 58 ⊠77974
Meißner HE 57 Kf 41 ⊠37290
Meitingen BY 100 Lf 57 ⊠86405
Meitzendorf ST 34 Md 35 ⊠39326
Melbeck NI 22 Lc 29 ⊠21406
Melchow BB 27 Oe 32 ⊠16230
Meldorf SH 11 Ka 24 ⊠25704
Melkof MV 23 Ma 28 ⊠19273
Melle NI 30 Ic 35 ⊠*49324
Mellen BB 24 Md 30 ⊠19309
Mellenbach-Glasbach TH 70 Ma 45 ⊠98746
Mellensee BB 36 Oc 35 ⊠15806
Mellenthin MV 17 Of 25 ⊠17429
Mellin ST 33 Lf 33 ⊠38489
Mellingen TH 59 Mc 43 ⊠99441
Mellinghausen NI 31 If 32 ⊠27249
Mellnitz ST 49 Nf 37 ⊠06918
Mellrichstadt BY 69 Lb 46 ⊠97638
Melpers TH 69 La 45 ⊠98634
Melsbach RP 65 Hc 46 ⊠56581
Melsdorf SH 4 La 23 ⊠24109
Melsungen HE 56 Kd 42 ⊠34212
Meltewitz SN 61 Nf 40 ⊠04808
Melz MV 25 Nd 28 ⊠17209
Memleben ST 59 Md 41 ⊠06642
Memmelsdorf BY 80 Lf 49 ⊠96117
Memmingen BY 99 Lb 61 ⊠87700
Memmingerberg BY 99 Lb 61 ⊠87766
Menden (Sauerland) NW 42 He 40 ⊠*58706
Mendhausen TH 69 Lc 46 ⊠98631
Mendig RP 65 Hb 46 ⊠56743
Mengen BW 97 Kc 60 ⊠88512
Mengerschied RP 75 Hd 49 ⊠55490
Mengersgereuth-Hämmern TH 70 Ma 46 ⊠96529
Mengerskirchen HE 66 Ib 45 ⊠35794
Mengkofen BY 92 Nc 56 ⊠84152
Menningen RP 74 Gc 49 ⊠54310
Menslage NI 29 He 32 ⊠49637
Menteroda TH 58 Ld 41 ⊠99996
Menz BB 26 Oa 30 ⊠16775
Menz ST 34 Me 36 ⊠39175
Menzendorf MV 13 Ma 25 ⊠23923
Meppen NI 28 Hb 32 ⊠49716
Merbelsrod TH 70 Lf 46 ⊠98673
Merching BY 100 Ma 59 ⊠86504
Merchweiler SL 75 Ha 52 ⊠66589
Merdingen BW 95 He 60 ⊠79291
Merenberg HE 66 Ib 45 ⊠35799
Mering BY 100 Lf 59 ⊠86415
Merkelbach RP 66 He 45 ⊠57629
Merkendorf BY 89 Le 53 ⊠91732
Merkendorf TH 71 Mf 44 ⊠07950
Merkers-Kieselbach TH 57 La 44 ⊠36460
Merklingen BW 98 Ke 57 ⊠89188
Merlscheid RP 64 Gc 48 ⊠54597
Mermuth RP 65 Hc 47 ⊠56283
Merschbach RP 75 Gf 50 ⊠54426
Merseburg ST 59 Mf 40 ⊠06217
Mertendorf ST 59 Mf 42 ⊠06618
Mertendorf TH 59 Me 43 ⊠07619
Mertensdorf BB 25 Na 29 ⊠16949
Mertesdorf RP 74 Ge 50 ⊠54318
Mertesheim RP 76 Ia 51 ⊠67271
Mertingen BY 99 Le 57 ⊠86690
Mertloch RP 65 Hb 47 ⊠56753
Merxheim RP 75 Hd 50 ⊠55627
Merz BB 37 Pc 35 ⊠15848
Merzalben RP 85 He 53 ⊠66978
Merzdorf BB 49 Oc 36 ⊠14913
Merzdorf BB 49 Od 40 ⊠04932
Merzen NI 29 He 34 ⊠49586
Merzenich NW 52 Gd 43 ⊠52399
Merzhausen BW 95 Hf 61 ⊠79249
Merzig SL 74 Ge 52 ⊠66663
Merzkirchen RP 74 Gc 51 ⊠54439
Merzweiler RP 75 Hd 50 ⊠67746
Meschede NW 55 Ib 40 ⊠59872
Meseberg BB 26 Oa 31 ⊠16775
Meseberg ST 34 Md 35 ⊠39326
Meseberg ST 34 Me 33 ⊠39606
Mesekenhagen MV 16 Oc 24 ⊠17498
Mesenich RP 65 Hb 48 ⊠56820
Mespelbrunn BY 78 Kb 49 ⊠63875
Meßdorf ST 34 Md 32 ⊠39624
Messel HE 77 Ie 49 ⊠64409
Messenkamp NI 31 Kc 35 ⊠31867
Messerich RP 74 Gc 49 ⊠54636
Messingen NI 29 Hc 34 ⊠49832
Meßkirch BW 97 Ka 61 ⊠88605
Meßstetten BW 97 If 59 ⊠72469
Mestlin MV 14 Mf 27 ⊠19374
Metebach TH 58 Ld 43 ⊠99880
Metelen NW 28 Hb 36 ⊠48629
Metelsdorf MV 14 Mc 25 ⊠23972
Metschow MV 16 Nf 25 ⊠17111
Metten BY 92 Nf 55 ⊠94526
Mettendorf RP 74 Gb 49 ⊠54675
Mettenheim BY 102 Nc 59 ⊠84562
Mettenheim RP 77 Ib 50 ⊠67582
Metterich RP 64 Gd 49 ⊠54634
Mettingen NW 29 He 35 ⊠49497
Mettlach SL 74 Gd 51 ⊠66693
Mettmann NW 53 Ha 41 ⊠40822
Mettweiler RP 75 Hb 51 ⊠55777
Metzels TH 69 Lc 45 ⊠98639
Metzenhausen RP 75 Hc 49 ⊠55481
Metzingen BW 97 Kb 57 ⊠72555
Meudt RP 66 Hf 46 ⊠56414
Meura TH 70 Mb 45 ⊠98744
Meuro ST 48 Ne 38 ⊠06905
Meusegast SN 62 Of 43 ⊠01809
Meuselbach-Schwarzmühle TH 70 Ma 45 ⊠98746
Meuselwitz TH 60 Nc 42 ⊠04610
Meuspath RP 65 Gf 46 ⊠53520
Mewegen MV 17 Pb 27 ⊠17322
Meyenburg BB 25 Nb 29 ⊠16945
Meyn SH 3 Kb 20 ⊠24980
Michelau BY 70 Ma 47 ⊠96247
Michelau BY 79 Lc 49 ⊠97513
Michelbach RP 65 Hc 48 ⊠56288
Michelbach an der Bilz BW 88 Ke 54 ⊠74544
Michelfeld BW 88 Kd 54 ⊠74545
Micheln ST 47 Mf 38 ⊠06386
Michelsdorf BB 35 Ne 35 ⊠14797
Michelsneukirchen BY 92 Nd 54 ⊠93185
Michelstadt HE 77 Ka 50 ⊠64720
Michendorf BB 36 Nf 34 ⊠14552
Mickhausen BY 99 Ld 59 ⊠86866
Midlum NI 10 Id 26 ⊠27632
Midlum SH 2 Id 20 ⊠25938
Miehlen RP 66 Hf 47 ⊠56357
Mielesdorf TH 71 Mf 45 ⊠07922
Mielkendorf SH 4 La 23 ⊠24247
Miellen RP 66 He 47 ⊠56132
Miesbach BY 110 Mf 62 ⊠83714
Miesitz TH 59 Mf 44 ⊠07819
Mieste ST 33 Mb 34 ⊠39649
Miesterhorst ST 33 Ma 33 ⊠39649
Mietingen BW 98 Kf 59 ⊠88487
Mihla TH 57 Lc 42 ⊠99826
Milbitz bei Teichel TH 58 Mb 44 ⊠07407
Milda TH 59 Mc 43 ⊠07751
Mildenau SN 73 Oa 45 ⊠09456
Mildenberg BB 26 Ob 30 ⊠16775
Mildenitz MV 16 Od 28 ⊠17348
Mildstedt SH 3 Ka 22 ⊠25866
Milkau SN 61 Nf 42 ⊠09306
Milkel SN 63 Pc 41 ⊠02627
Millienhagen MV 6 Ne 23 ⊠18461
Milmersdorf BB 26 Oe 30 ⊠17268
Milow BB 17 Oe 28 ⊠17337
Milow BB 35 Nb 33 ⊠14715
Milow MV 24 Md 29 ⊠19300
Miltach BY 92 Ne 54 ⊠93468
Miltenberg BY 78 Kb 50 ⊠63897
Miltern ST 34 Mf 33 ⊠39590
Miltitz SN 60 Nb 41 ⊠04205
Miltzow MV 7 Ob 23 ⊠18519
Milz TH 69 Ld 46 ⊠98631
Milzau ST 59 Mf 40 ⊠06246
Mindelheim BY 99 Ld 60 ⊠87719
Mindelstetten BY 91 Me 55 ⊠93349
Minden NW 30 If 35 ⊠*32423
Minden RP 74 Gc 50 ⊠54310
Minderlittgen RP 65 Gf 48 ⊠54518
Minfeld RP 86 Ia 54 ⊠76872
Minheim RP 75 Gf 49 ⊠54518
Mintraching BY 91 Nb 55 ⊠93098
Minzow MV 25 Nd 28 ⊠17209
Mirow MV 25 Ne 29 ⊠17252
Misselberg RP 66 He 47 ⊠56377
Misselwarden NI 10 Id 26 ⊠27632
Missen BB 50 Pa 38 ⊠03205
Missen-Wilhams BY 107 La 63 ⊠87547
Mistelbach BY 81 Mc 49 ⊠95511
Mistelgau BY 81 Mc 49 ⊠95490
Mistorf MV 15 Na 25 ⊠18276
Mittelbach SN 60 Ne 44 ⊠09224
Mittelbiberach BW 98 Kd 60 ⊠88441
Mittelbrunn RP 75 Hd 52 ⊠66851
Mitteleschenbach BY 89 Le 53 ⊠91734
Mittelfischbach RP 66 Hf 47 ⊠56370
Mittelhausen ST 47 Mc 40 ⊠06542
Mittelherwigsdorf SN 63 Pe 43 ⊠02763
Mittelhof RP 54 He 44 ⊠57537
Mittelneufnach BY 99 Ld 59 ⊠86868
Mittelnkirchen NI 11 Kd 27 ⊠21720
Mittelpöllnitz TH 59 Mf 44 ⊠07819
Mittelreidenbach RP 75 Hc 50 ⊠55758
Mittelsinn BY 68 Kd 47 ⊠97785
Mittelsömmern TH 58 Lf 41 ⊠99955
Mittelstenahe NI 11 Ka 27 ⊠21770
Mittelstetten BY 100 Ma 59 ⊠82293
Mittelstrimmig RP 65 Hb 48 ⊠56858
Mittenaar HE 67 Ic 44 ⊠35756
Mittenwald BY 109 Mb 64 ⊠82481
Mittenwalde BB 26 Oe 29 ⊠17268
Mittenwalde BB 36 Od 35 ⊠15749
Mitterfels BY 92 Nd 55 ⊠94360
Mitterskirchen BY 102 Ne 58 ⊠84335
Mitterteich BY 82 Nb 49 ⊠95666
Mittweida SN 61 Nf 43 ⊠09648
Mittweide BB 37 Pa 36 ⊠15848
Mitwitz BY 70 Mb 47 ⊠96268
Mixdorf BB 37 Pc 35 ⊠15299
Mobschatz SN 61 Od 42 ⊠01462
Mochau SN 61 Ob 42 ⊠04720
Mochau ST 48 Ne 37 ⊠06888
Mochow BB 50 Pb 37 ⊠15913
Mockern TH 60 Nc 43 ⊠04603
Mockrehna SN 48 Ne 39 ⊠04838
Modautal HE 77 Ie 50 ⊠64397
Möbiskruge BB 38 Pd 36 ⊠15890
Möckern ST 34 Mf 36 ⊠39291
Möckern TH 59 Me 43 ⊠07646
Möckmühl BW 88 Kc 53 ⊠74219
Mödingen BY 99 Lc 57 ⊠89426
Mögelin BB 35 Nb 33 ⊠14715
Mögglingen BW 88 Kf 56 ⊠73563
Möglin, Reichenow- BB 37 Pa 33 ⊠15345
Möglingen BW 87 Ka 55 ⊠71696
Möhlau ST 48 Nc 38 ⊠06791
Möhnesee NW 42 Ia 39 ⊠59519
Möhnsen SH 12 Lc 27 ⊠21493
Möhrenbach TH 70 Lf 45 ⊠98708
Möhrendorf BY 80 Lf 51 ⊠91096
Mölbis SN 60 Nd 41 ⊠04579
Mölkau SN 60 Nc 41 ⊠04457
Möllenbeck MV 24 Me 29 ⊠19300
Möllenbeck MV 26 Oc 28 ⊠17237
Möllendorf ST 47 Mc 39 ⊠06343
Möllenhagen MV 15 Nf 27 ⊠17219
Möllensdorf ST 48 Nd 37 ⊠06869
Mölln MV 16 Oa 27 ⊠17091
Mölln SH 13 Le 27 ⊠23879
Mölschow MV 17 Of 24 ⊠17449
Mölsheim RP 76 Ib 51 ⊠67591
Mömbris BY 68 Ka 48 ⊠63776
Mömlingen BY 78 Ka 49 ⊠63853
Mönchberg BY 78 Kb 50 ⊠63933
Mönchengladbach NW 52 Ge 41 ⊠*41061
Mönchenhöfe ST 49 Oa 38 ⊠06926
Mönchenholzhausen TH 58 Mb 43 ⊠99198
Mönchhagen MV 15 Nb 24 ⊠18182
Mönchpfiffel-Nikolausrieth TH 59 Mc 40 ⊠06556
Mönchsdeggingen BY 89 Ld 56 ⊠86751
Mönchsroth BY 89 Lc 54 ⊠91614
Mönchweiler BW 96 Ic 60 ⊠78087
Mönchwinkel BB 37 Of 34 ⊠15528
Mönkeberg SH 4 Lb 22 ⊠24248
Mönkebude MV 17 Of 26 ⊠17375
Mönkhagen SH 13 Ld 25 ⊠23619
Mönkloh SH 12 Ke 25 ⊠24576
Mönsheim BW 87 If 55 ⊠71297
Möntenich RP 65 Hb 47 ⊠56754
Mörel SH 12 Ke 24 ⊠24594
Mörfelden-Walldorf HE 77 Id 49 ⊠64546
Möringen ST 34 Me 33 ⊠39599
Mörlen RP 66 Hf 44 ⊠57583
Mörlenbach HE 77 Ie 51 ⊠69509
Mörnsheim BY 90 Ma 55 ⊠91804
Moers NW 40 Ge 40 ⊠*47441
Mörsbach RP 54 He 44 ⊠57629
Mörschbach RP 66 Hd 48 ⊠55494
Mörschied RP 75 Hb 50 ⊠55758
Mörsdorf RP 65 Hb 48 ⊠56290
Mörsdorf TH 59 Me 43 ⊠07646
Mörsfeld RP 76 Hf 50 ⊠67808
Mörstadt RP 76 Ib 51 ⊠67591
Mörtitz SN 48 Nd 39 ⊠04838
Mörz BB 35 Ne 36 ⊠14806
Möschlitz TH 71 Me 45 ⊠07907
Möser ST 34 Me 35 ⊠39291
Mössingen BW 97 Ka 58 ⊠72116
Mösthinsdorf ST 47 Na 39 ⊠06193
Möthlitz BB 35 Nc 34 ⊠14715
Möthlow BB 35 Nd 33 ⊠14715
Möttingen BY 89 Ld 56 ⊠86753
Mötzing BY 92 Nc 55 ⊠93099
Mötzingen BW 97 Ie 57 ⊠71159
Mözen SH 12 Lb 25 ⊠23795
Mogendorf RP 66 He 46 ⊠56424
Mohlsdorf TH 72 Nb 44 ⊠07987
Mohorn SN 61 Oc 42 ⊠01723
Mohsdorf SN 60 Nf 43 ⊠09217
Moisall MV 14 Mf 25 ⊠18246
Moisburg NI 22 Ke 28 ⊠21647
Molau ST 59 Me 42 ⊠06618
Molbergen NI 19 Hf 31 ⊠49696
Molfsee SH 4 La 23 ⊠24113
Mollenstorf MV 16 Nf 27 ⊠17217
Molmerswende ST 46 Mb 39 ⊠06543
Molsberg RP 66 Hf 46 ⊠56414
Molschleben TH 58 Le 42 ⊠99869
Moltzow MV 15 Nd 27 ⊠17194
Molzhain RP 54 Hf 44 ⊠57520
Mommenheim RP 76 Ib 49 ⊠55278
Monheim BY 90 Lf 55 ⊠86653
Monheim am Rhein NW 53 Gf 42 ⊠40789
Monreal RP 65 Hb 47 ⊠56729
Monschau NW 64 Gb 45 ⊠52156
Monsheim RP 76 Ib 51 ⊠67590
Monstab TH 60 Nc 43 ⊠04617
Montabaur RP 66 He 46 ⊠56410
Monzelfeld RP 75 Ha 49 ⊠54472
Monzernheim RP 76 Ib 50 ⊠55234
Monzingen RP 76 Hd 50 ⊠55569
Moor MV 13 Ma 25 ⊠23948
Moordiek SH 11 Ke 25 ⊠25597
Moordorf SH 11 Kd 25 ⊠25597
Moorenweis BY 100 Ma 60 ⊠82272
Moorgrund TH 57 Lb 43 ⊠36433
Moorhusen SH 11 Kc 25 ⊠25554
Moormerland NI 19 Hc 28 ⊠26802
Moorrege SH 11 Kd 26 ⊠25436
Moorweg NI 9 Hd 27 ⊠26427
Moos BW 106 If 62 ⊠78345
Moos BY 92 Nf 56 ⊠94554
Moosach BY 101 Mf 60 ⊠85665
Moosbach BY 82 Nc 51 ⊠92709
Moosburg BW 98 Kd 60 ⊠88422
Moosburg BY 101 Mf 58 ⊠85368
Moosinning BY 101 Me 59 ⊠85452
Moosthenning BY 92 Nd 56 ⊠84164
Moraas MV 23 Mb 28 ⊠19230
Morbach RP 75 Ha 50 ⊠54497
Morgenitz MV 17 Of 25 ⊠17406
Morgenröthe-Rautenkranz SN 72 Nd 46 ⊠08262
Moringen NI 45 Kf 38 ⊠37186
Moritz ST 47 Na 37 ⊠39264
Moritzburg SN 62 Od 42 ⊠01468
Moritzheim RP 65 Hb 48 ⊠56865
Morl ST 47 Mf 39 ⊠06193
Morsbach NW 54 He 43 ⊠51597
Morscheid RP 74 Ge 50 ⊠54317
Morschen HE 56 Kd 42 ⊠34326
Morschheim RP 76 Ia 50 ⊠67294
Morshausen RP 65 Hc 47 ⊠56283
Morsleben ST 33 Ma 35 ⊠39343
Morsum NI 21 Ka 31 ⊠27321
Morxdorf ST 49 Nf 37 ⊠06918
Mosbach BW 78 Kb 52 ⊠74821
Mosbruch RP 65 Gf 47 ⊠56767
Moschheim RP 66 Hf 46 ⊠56424
Mose ST 34 Md 35 ⊠39326
Mosel SN 60 Nc 44 ⊠08129
Moselkern RP 65 Hc 47 ⊠56254
Mossautal HE 77 If 51 ⊠64756
Moßbach TH 71 Me 44 ⊠07907
Motten BY 68 Ke 46 ⊠97786
Motzen BB 36 Od 35 ⊠15741
Motzlar TH 69 Kf 44 ⊠36419
Moxa TH 71 Md 45 ⊠07381
Much NW 53 Hc 43 ⊠53804
Mucheln SH 4 Lc 23 ⊠24238
Muchow MV 24 Md 29 ⊠19300
Muckwar BB 50 Pa 38 ⊠03229
Mudau BW 78 Kb 51 ⊠69427
Mudenbach RP 66 He 44 ⊠57614
Mudersbach RP 54 Hf 43 ⊠57555
Mücheln (Geiseltal) ST 59 Me 41 ⊠06249
Mücka SN 63 Pe 41 ⊠02906
Mücke HE 68 Ka 45 ⊠35325
Mückeln RP 65 Gf 48 ⊠54558
Mückendorf BB 36 Oc 36 ⊠15837
Müden NI 32 Lc 33 ⊠38539
Müden (Mosel) RP 65 Hc 47 ⊠56254
Mügeln SN 61 Oa 41 ⊠04769
Müglitztal SN 62 Oe 43 ⊠01809
Mühlbrook SH 12 La 24 ⊠24582
Mühlacker BW 87 Ie 55 ⊠75417
Mühlanger ST 48 Ne 37 ⊠06888
Mühlau SN 60 Ne 43 ⊠09241
Mühlbach SN 61 Oa 43 ⊠09669
Mühlbeck ST 48 Nc 39 ⊠06774
Mühlberg BB 49 Ob 40 ⊠04931
Mühlberg TH 58 Le 43 ⊠99869
Mühldorf BY 102 Nd 59 ⊠84453
Mühlenbach BW 96 Ia 59 ⊠77796
Mühlenbarbek SH 11 Ke 25 ⊠25548
Mühlenbeck BB 36 Oc 32 ⊠16567

Mühlen-Eichsen **MV** 13 Mb 26 ✉19205
Mühlenrade **SH** 12 Ld 27 ✉21493
Mühlental **SN** 72 Nb 46 ✉08626
Mühlhausen **BW** 87 Ie 53 ✉69242
Mühlhausen **BY** 80 Le 50 ✉96172
Mühlhausen **BY** 90 Mc 53 ✉92360
Mühlhausen-Ehingen **BW** 106 Ie 62 ✉78259
Mühlhausen im Täle **BW** 98 Kd 57 ✉73347
Mühlhausen/Thüringen **TH** 57 Ld 41 ✉99974
Mühlheim am Main **HE** 67 If 48 ✉63165
Mühlheim an der Donau **BW** 97 If 60 ✉78570
Mühlingen **BW** 106 Ka 61 ✉78357
Mühlpfad **RP** 66 Hd 48 ✉56291
Mühlrose **SN** 51 Pd 40 ✉02959
Mühl Rosin **MV** 15 Nb 26 ✉18276
Mühlstedt **ST** 48 Nb 37 ✉06862
Mühltal **HE** 77 Ie 50 ✉64367
Mühltroff **SN** 71 Mf 45 ✉07919
Mülbach **RP** 74 Gc 49 ✉54636
Mülheim (Mosel) **RP** 75 Gf 49 ✉54486
Mülheim an der Ruhr **NW** 41 Gf 40 ✉*45468
Mülheim-Kärlich **RP** 65 Hc 46 ✉56218
Müllenbach **RP** 65 Gf 47 ✉53520
Müllenbach **RP** 65 Ha 47 ✉56761
Müllheim **BW** 104 Hd 62 ✉79379
Müllrose **BB** 37 Pc 35 ✉15299
Mülsen Sankt Jacob **SN** 60 Nd 44 ✉08132
Mülsen Sankt Micheln **SN** 60 Nd 44 ✉08132
Mülsen Sankt Niclas **SN** 60 Nd 44 ✉08146
Mülverstedt **TH** 57 Ld 42 ✉99947
Münchberg **BY** 71 Me 47 ✉95213
Müncheberg **BB** 37 Pa 33 ✉15374
Münchehofe **BB** 37 Of 36 ✉15748
Münchehofe/Mark **BB** 37 Oe 34 ✉15366
München **BY** 101 Me 59 ✉*80331
Münchenbernsdorf **TH** 59 Mf 44 ✉07589
Münchengosserstadt **TH** 59 Md 42 ✉99510
Münchhausen **BB** 49 Oe 38 ✉03238
Münchhausen **HE** 55 Ie 43 ✉35117
Münchsmünster **BY** 91 Md 56 ✉85126
Münchsteinach **BY** 80 Ld 51 ✉91481
Münchwald **RP** 76 Hd 49 ✉55595
Münchweiler **RP** 86 Hf 54 ✉76857
Münchweiler an der Rodalb **RP** 85 He 53 ✉66981
Mündersbach **RP** 66 He 45 ✉56271
Münk **RP** 65 Ha 47 ✉56729
Münnerstadt **BY** 69 Lb 47 ✉97702
Münsing **BY** 109 Mc 61 ✉82541
Münsingen **BW** 98 Kd 58 ✉72525
Münster **BY** 100 Lf 57 ✉86692
Münster **HE** 77 If 49 ✉64839
Münster **NW** 42 He 37 ✉*48143
Münsterappel **RP** 76 Hf 50 ✉67822
Münsterdorf **SH** 11 Kd 25 ✉25587
Münsterhausen **BY** 99 Lc 59 ✉86505
Münstermaifeld **RP** 65 Hc 47 ✉56294
Münster-Sarmsheim **RP** 76 Hf 49 ✉55424
Münstertal **BW** 104 He 61 ✉79244
Münzenberg **HE** 67 Ie 46 ✉35516
Mürlenbach **RP** 64 Gd 48 ✉54570
Mürow **BB** 27 Pa 30 ✉16278
Müsch **RP** 65 Gf 46 ✉53533
Müschen **BB** 50 Pa 38 ✉03096
Müschenbach **RP** 66 He 44 ✉57629
Müssen **SH** 23 Ld 28 ✉21516
Mützel **ST** 35 Nb 34 ✉39307
Mützenich **RP** 64 Gb 47 ✉54608
Mützlitz **BB** 35 Nd 33 ✉14715
Muggensturm **BW** 86 Ib 55 ✉76461
Muhr am See **BY** 89 Le 54 ✉91735
Mulda **SN** 61 Oc 44 ✉09619
Muldenstein **ST** 48 Nc 38 ✉06804
Mulfingen **BW** 88 Ke 52 ✉74673
Mulknitz **BB** 51 Pd 38 ✉03149
Mulsum **NI** 10 Id 26 ✉27632
Mundelsheim **BW** 87 Kb 54 ✉74395
Munderkingen **BW** 98 Kd 59 ✉89597
Munkbrarup **SH** 3 Kd 20 ✉24960
Munningen **BY** 89 Ld 55 ✉86754
Munschwitz **TH** 71 Mc 45 ✉07338
Munster **NI** 22 La 30 ✉29633
Muntscha **TH** 71 Mf 44 ✉07955
Murchin **MV** 16 Oe 25 ✉17390
Murg **BW** 104 Ia 63 ✉79730
Murnau am Staffelsee **BY** 109 Mb 63 ✉82418
Murr **BW** 87 Kb 55 ✉71711
Murrhardt **BW** 88 Kd 55 ✉71540
Muschwitz **ST** 60 Na 41 ✉06679
Mustin **MV** 14 Mf 26 ✉19406
Mustin **SH** 13 Lf 26 ✉23911
Musweiler **RP** 64 Ge 48 ✉54534
Mutlangen **BW** 88 Ke 56 ✉73557
Mutterschied **RP** 76 Hd 49 ✉55469
Mutterstadt **RP** 77 Ic 52 ✉67112
Mutzschen **SN** 61 Nf 41 ✉04688
Muxerath **RP** 64 Gb 49 ✉54673
Mylau **SN** 72 Nb 45 ✉08499

N

Nabburg **BY** 82 Na 52 ✉92507
Nachrodt-Wiblingwerde **NW** 54 He 41 ✉58769
Nachterstedt **ST** 47 Mb 38 ✉06469
Nachtsheim **RP** 65 Ha 47 ✉56729
Nack **RP** 76 Hf 50 ✉55234
Nackel **BB** 25 Nd 32 ✉16845
Nackenheim **RP** 77 Ib 49 ✉55299
Nadrensee **MV** 27 Pc 28 ✉17329
Nächst Neuendorf **BB** 36 Oc 35 ✉15806
Nagel **BY** 81 Mf 49 ✉95697
Nagold **BW** 97 Ie 57 ✉72202
Nahe **SH** 12 La 26 ✉23866
Nahetal-Waldau **TH** 70 Lf 45 ✉98553
Nahmitz **BB** 35 Ne 34 ✉14797
Nahrendorf **NI** 23 Le 29 ✉21369
Nahrstedt **ST** 34 Me 33 ✉39599
Nahwinden **TH** 58 Mb 44 ✉99326
Naila **BY** 71 Me 47 ✉95119
Nalbach **SL** 74 Ge 52 ✉66809
Namborn **SL** 75 Ha 51 ✉66640
Nandlstadt **BY** 101 Me 57 ✉85405
Nannhausen **RP** 75 Hc 49 ✉55469
Nanzdietschweiler **RP** 75 Hc 52 ✉66909
Nardt **SN** 50 Pb 40 ✉02979
Narsdorf **SN** 60 Ne 42 ✉04657
Nasingen **RP** 64 Gb 49 ✉54673
Nassau **RP** 66 He 47 ✉56377
Nassenfels **BY** 90 Mb 56 ✉85128
Nassenheide **BB** 26 Ob 32 ✉16515
Nastätten **RP** 66 Hf 47 ✉56355
Natendorf **NI** 22 Lc 30 ✉29587
Nattenheim **RP** 64 Gd 48 ✉54636
Nattheim **BW** 89 Lb 56 ✉89564
Nauen **BB** 35 Nf 33 ✉14641
Nauendorf **ST** 47 Mf 39 ✉06193
Nauendorf **TH** 58 Le 44 ✉99887
Nauendorf **TH** 58 Ma 43 ✉99448
Nauenhain **SN** 60 Ne 42 ✉04643
Naugarten **BB** 26 Od 28 ✉17291
Nauheim **HE** 77 Ic 49 ✉64569
Naumburg **HE** 56 Kb 41 ✉34311
Naumburg (Saale) **ST** 59 Mf 42 ✉06618
Naundorf **BB** 49 Oc 38 ✉04936
Naundorf **BB** 50 Pa 38 ✉03226
Naundorf **SN** 48 Nd 40 ✉04838
Naundorf **SN** 61 Oa 41 ✉04769
Naundorf **TH** 60 Nb 43 ✉04617
Naunheim **RP** 65 Hb 47 ✉56753
Naunhof **SN** 60 Nd 41 ✉04683
Naunhof **SN** 61 Od 41 ✉01561
Nauort **RP** 66 Hd 46 ✉56237
Naurath (Eifel) **RP** 74 Ge 49 ✉54340
Naurath (Wald) **RP** 75 Gf 50 ✉54426
Nauroth **RP** 66 Hf 44 ✉57583
Nausitz **TH** 59 Mb 41 ✉06571
Nausnitz **TH** 59 Me 43 ✉07616
Nautschütz **TH** 59 Mf 42 ✉07619
Nauwalde **SN** 49 Oc 40 ✉01609
Nazza **TH** 57 Lb 42 ✉99826
Nebel **SH** 2 Ic 21 ✉25946
Nebelin **BB** 24 Me 30 ✉19348
Nebelschütz **SN** 62 Pa 41 ✉01920
Nebra (Unstrut) **ST** 59 Md 41 ✉06642
Nechlin **BB** 27 Of 28 ✉17309
Neckarbischofsheim **BW** 87 If 53 ✉74924
Neckargemünd **BW** 77 If 52 ✉69151
Neckargerach **BW** 78 Ka 52 ✉69437
Neckarsteinach **HE** 77 Ie 52 ✉69239
Neckarsulm **BW** 87 Kb 53 ✉74172
Neckartailfingen **BW** 97 Kb 57 ✉72666
Neckartenzlingen **BW** 97 Kb 57 ✉72654
Neckarwestheim **BW** 87 Kb 54 ✉74382
Neckarzimmern **BW** 87 Ka 53 ✉74865
Neckeroda **TH** 59 Mc 44 ✉99444
Neddemin **MV** 16 Ob 27 ✉17039
Nedlitz **ST** 34 Mf 36 ✉39291
Nedlitz **ST** 48 Nb 36 ✉39264
Neef **RP** 65 Ha 48 ✉56858
Neehausen **ST** 47 Me 39 ✉06295
Neenstetten **BW** 98 La 57 ✉89189
Neetze **NI** 23 Ld 29 ✉21398
Neetzka **MV** 16 Od 27 ✉17349
Neetzow **MV** 16 Oc 25 ✉17391
Negenborn **NI** 44 Kd 37 ✉37643
Negenharrie **SH** 12 La 24 ✉24625
Negernbötel **SH** 12 Lb 25 ✉23795
Nehlitz **ST** 47 Mf 39 ✉06193
Nehms **SH** 12 Lb 24 ✉23813
Nehmten **SH** 12 Lc 24 ✉24326
Nehren **BW** 97 Ka 58 ✉72147
Nehren **RP** 65 Hb 48 ✉56820
Neichen **RP** 65 Gf 47 ✉54552
Neidenbach **RP** 64 Gd 48 ✉54657
Neidenfels **RP** 76 Ia 52 ✉67468
Neidenstein **BW** 87 If 53 ✉74933
Neidlingen **BW** 98 Kd 57 ✉73272
Neinstedt **ST** 46 Ma 38 ✉06502
Neitersen **RP** 66 Hd 44 ✉57638
Nellingen **BW** 98 Ke 57 ✉89191
Nempitz **ST** 60 Nb 41 ✉06231
Nemsdorf-Göhrendorf **ST** 59 Me 40 ✉06268
Nenkersdorf **SN** 60 Nd 42 ✉04654
Nenndorf **NI** 9 Hc 27 ✉26556
Nennhausen **BB** 35 Nc 33 ✉14715
Nennslingen **BY** 90 Ma 54 ✉91790
Nentershausen **HE** 57 Kf 42 ✉36214
Nentershausen **RP** 66 Hf 46 ✉56412
Neppermin **MV** 17 Pa 25 ✉17429
Nerchau **SN** 60 Ne 41 ✉04685
Nerdin **MV** 16 Od 26 ✉17391
Nerdlen **RP** 65 Gf 47 ✉54552
Nerenstetten **BW** 99 La 57 ✉89129
Neresheim **BW** 89 Lb 56 ✉73450
Neritz **SH** 12 Lb 26 ✉23843
Neroth **RP** 64 Ge 47 ✉54570
Nersingen **BY** 99 La 58 ✉89278
Nerzweiler **RP** 75 Hd 51 ✉67749
Neschholz **BB** 35 Ne 36 ✉14806
Neschwitz (Njeswačidło) **SN** 63 Pb 41 ✉02699
Nessa **ST** 59 Na 42 ✉06682
Nesse **NI** 9 Hc 27 ✉26553
Nesselwang **BY** 108 Ld 63 ✉87484
Netphen **NW** 54 Ia 43 ✉57250
Nettelbeck **BB** 24 Na 29 ✉16949
Nettelsee **SH** 12 Lb 23 ✉24250
Nettersheim **NW** 64 Gd 46 ✉53947
Nettetal **NW** 52 Gb 41 ✉41334
Nettgau **ST** 33 Lf 33 ✉38489
Netzbach **RP** 66 Ia 47 ✉65623
Netzeband **BB** 25 Nd 30 ✉16818
Netzen **BB** 35 Ne 34 ✉14797
Netzschkau **SN** 72 Nb 45 ✉08491
Neualbenreuth **BY** 82 Nc 49 ✉95698
Neu-Anspach **HE** 67 Id 47 ✉61267
Neubamberg **RP** 76 Hf 50 ✉55546
Neubarnim **BB** 37 Pb 32 ✉15324
Neu Bartelshagen **MV** 6 Nf 22 ✉18442
Neuberend **SH** 3 Kd 21 ✉24879
Neuberg **HE** 67 If 47 ✉63543
Neubeuern **BY** 110 Na 62 ✉83115
Neubiberg **BY** 101 Md 60 ✉85579
Neubörger **NI** 19 Hc 31 ✉26909
Neu Boltenhagen **MV** 16 Od 24 ✉17509
Neubrandenburg **MV** 16 Oc 27 ✉*17033
Neubrück (Spree) **BB** 37 Pb 35 ✉15848
Neubrunn **BY** 78 Ke 50 ✉97277
Neubrunn **TH** 69 Lc 45 ✉98617
Neubukow **MV** 14 Me 24 ✉18233
Neubulach **BW** 87 Ie 57 ✉75387
Neuburg **BW** 86 Ib 55 ✉76776
Neuburg **BY** 99 Lc 60 ✉86476
Neuburg am Inn **BY** 103 Oc 57 ✉94127
Neuburg an der Donau **BY** 90 Ma 56 ✉86633
Neu Darchau **NI** 23 Lf 29 ✉29490
Neudenau **BW** 87 Kb 53 ✉74861
Neudietendorf **TH** 58 Lf 43 ✉99192
Neudörnfeld **TH** 59 Mc 43 ✉99444
Neudorf **SN** 73 Nf 46 ✉09465
Neudorf **ST** 46 Ma 39 ✉06493
Neudorf-Bornstein **SH** 4 Kf 22 ✉24214
Neudrossenfeld **BY** 81 Md 48 ✉95512
Neu Duvenstedt **SH** 3 Ke 22 ✉24794
Neuehütten **BB** 35 Nc 36 ✉14827
Neueibau **SN** 63 Pd 43 ✉02739
Neu-Eichenberg **HE** 57 Kf 40 ✉37249
Neuekrug **ST** 33 Le 32 ✉29413
Neuenbau **TH** 70 Mb 46 ✉96515
Neuenbeuthen **TH** 71 Md 45 ✉07338
Neuenbrook **SH** 11 Kd 25 ✉25578
Neuenbürg **BW** 87 Id 55 ✉75305
Neuenburg **BW** 104 Hd 62 ✉79395
Neuendeich **SH** 11 Kd 26 ✉25436
Neuendettelsau **BY** 89 Le 53 ✉91564
Neuendorf **BB** 26 Oa 31 ✉16515
Neuendorf **BB** 51 Pc 38 ✉03185
Neuendorf **MV** 14 Md 25 ✉18246
Neuendorf **MV** 16 Ob 24 ✉18516
Neuendorf **ST** 33 Mb 32 ✉38486
Neuendorf **TH** 45 Lb 40 ✉37339
Neuendorf A **MV** 17 Of 26 ✉17379
Neuendorf am Damm **ST** 34 Mc 33 ✉39624
Neuendorf am See **BB** 37 Of 36 ✉15910
Neuendorf B **MV** 16 Oc 26 ✉17391
Neuendorf bei Elmshorn **SH** 11 Kd 26 ✉25335
Neuendorf bei Niemegk **BB** 48 Ne 36 ✉14823
Neuendorf bei Wilster **SH** 11 Kc 25 ✉25554
Neuendorf/Eifel **RP** 64 Gc 47 ✉54597
Neuendorf im Sande **BB** 37 Pa 34 ✉15518
Neuendorf/Main **BY** 68 Kd 48 ✉97788
Neuengönna **TH** 59 Md 43 ✉07778
Neuengörs **SH** 12 Lc 25 ✉23818
Neuenhagen **BB** 37 Oe 33 ✉15366
Neuenhaus **NI** 28 Gf 33 ✉49828
Neuenhofe **ST** 34 Mc 35 ✉39345
Neuenkirchen **MV** 7 Ob 21 ✉18569
Neuenkirchen **MV** 16 Oc 24 ✉17498
Neuenkirchen **MV** 16 Oc 27 ✉17039
Neuenkirchen **MV** 16 Od 26 ✉17392
Neuenkirchen **NI** 11 If 26 ✉21763
Neuenkirchen **NI** 11 Kd 27 ✉21640
Neuenkirchen **NI** 22 Ke 30 ✉29643
Neuenkirchen **NI** 29 He 34 ✉49586
Neuenkirchen **NI** 30 Ie 32 ✉27251
Neuenkirchen **NW** 29 Hc 35 ✉48485
Neuenkirchen **SH** 2 If 23 ✉25792
Neuenkirchen-Vörden **NI** 29 Ia 33 ✉49434
Neuenmarkt **BY** 71 Md 48 ✉95339
Neuenrade **NW** 54 He 41 ✉58809
Neuensalz **SN** 72 Nb 45 ✉08541
Neuenstadt **BW** 88 Kb 53 ✉74196
Neuenstein **BW** 88 Kd 53 ✉74632
Neuenstein **HE** 56 Kd 43 ✉36286
Neuental **HE** 56 Kb 43 ✉34599
Neuenweg **BW** 104 He 62 ✉79691
Neuerburg **RP** 64 Gb 48 ✉54673
Neuerkirch **RP** 65 Hd 48 ✉55471
Neuermark-Lübars **ST** 34 Mf 33 ✉39524
Neuerstadt **ST** 49 Oa 37 ✉06926
Neu Fahrland **BB** 36 Oa 34 ✉14476
Neufahrn in Niederbayern **BY** 91 Nb 56 ✉84088
Neufeld **SH** 11 Ka 25 ✉25724
Neufelderkoog **SH** 11 If 25 ✉25724
Neuferchau **ST** 33 Ma 33 ✉38486
Neuffen **BW** 98 Kc 57 ✉72639
Neufra **BW** 97 Kb 59 ✉72419
Neufraunhofen **BY** 101 Na 58 ✉84181
Neu Gaarz **MV** 15 Nd 27 ✉17194
Neugattersleben **ST** 47 Me 37 ✉06429
Neugaul **BB** 27 Pa 32 ✉16259
Neugernsdorf **TH** 60 Na 44 ✉07980
Neugersdorf **SN** 63 Pd 43 ✉02727
Neuglobsow **BB** 26 Oa 30 ✉16775
Neu Golm **BB** 37 Pa 35 ✉15526
Neugrimnitz **BB** 27 Of 31 ✉16247
Neu Gülze **MV** 23 Le 28 ✉19258
Neuhäusel **RP** 66 He 46 ✉56335
Neuhardenberg **BB** 37 Pb 33 ✉15320
Neuharlingersiel **NI** 9 He 26 ✉26427
Neuhaus **BY** 81 Md 51 ✉91284
Neuhaus (Oste) **NI** 11 Ka 26 ✉21785
Neuhaus am Inn **BY** 103 Oc 58 ✉94152
Neuhaus am Rennweg **TH** 70 Ma 45 ✉98724
Neuhausen **BB** 51 Pc 38 ✉03058
Neuhausen **BW** 87 Ie 56 ✉75242
Neuhausen auf den Fildern **BW** 87 Kb 56 ✉73765
Neuhausen/Erzgebirge **SN** 61 Oc 44 ✉09544
Neuhausen ob Eck **BW** 97 If 61 ✉78579
Neuhaus-Schierschnitz **TH** 70 Mb 47 ✉96524
Neuheilenbach **RP** 64 Gd 48 ✉54597
Neuheim **BB** 49 Oa 36 ✉14913
Neu Heinde **MV** 15 Nc 25 ✉17168
Neuhemsbach **RP** 76 Hf 51 ✉67680
Neuhof **HE** 68 Kd 46 ✉36119
Neuhof **MV** 13 Ma 27 ✉19246
Neuhof **NI** 45 La 37 ✉31195
Neuhof an der Zenn **BY** 80 Ld 52 ✉90616
Neuhofen **RP** 77 Ic 52 ✉67141
Neuholland **BB** 26 Ob 31 ✉16515
Neuhütten **BY** 78 Kc 49 ✉97843
Neuhütten **RP** 75 Ha 51 ✉54422
Neu-Isenburg **HE** 67 Ie 48 ✉63263
Neu Käbelich **MV** 16 Oc 27 ✉17348
Neukalen **MV** 15 Ne 26 ✉17154
Neu Kaliß **MV** 23 Mb 29 ✉19294
Neukamperfehn **NI** 19 Hd 28 ✉26835
Neu-Kentzlin **MV** 16 Nf 26 ✉17111
Neukieritzsch **SN** 60 Nc 42 ✉04575
Neukirch **BW** 107 Ke 63 ✉88099
Neukirch **SN** 62 Of 41 ✉01936
Neukirch **SN** 63 Pb 42 ✉01904
Neukirchen **BY** 81 Md 51 ✉92259
Neukirchen **BY** 92 Ne 55 ✉94362
Neukirchen **HE** 56 Kc 43 ✉34626
Neukirchen **SH** 2 Ie 19 ✉25927
Neukirchen **SH** 5 Lf 23 ✉23779
Neukirchen **ST** 24 Mf 31 ✉39615
Neukirchen (Pleiße) **SN** 60 Nc 44 ✉08459
Neukirchen-Balbini **BY** 92 Nc 53 ✉92445
Neukirchen bei Heiligen Blut **BY** 92 Nf 53 ✉93453
Neukirchen/Erzgebirge **SN** 61 Nf 44 ✉09221
Neukirchen-Vluyn **NW** 40 Gd 40 ✉47506
Neukirchen vorm Wald **BY** 93 Oc 56 ✉94154
Neukloster **MV** 14 Me 25 ✉23992
Neu Kosenow **MV** 16 Oe 26 ✉17398
Neukünkendorf **BB** 27 Pa 31 ✉16278
Neuküstrinchen **BB** 27 Pa 32 ✉16259
Neukyhna **SN** 48 Nb 39 ✉04509
Neulehe **NI** 19 Hc 31 ✉26909
Neuleiningen **RP** 76 Ia 51 ✉67271
Neuler **BW** 88 La 55 ✉73491
Neulewin **BB** 37 Pb 32 ✉16259
Neulingen **BW** 87 Ie 55 ✉75245
Neulingen **ST** 24 Md 31 ✉39615
Neulögow **BB** 26 Oa 30 ✉16775
Neulöwenberg **BB** 26 Ob 31 ✉16775
Neu Lübbenau **BB** 37 Of 36 ✉15910
Neulußheim **BW** 86 Ic 53 ✉68809
Neumagen-Dhron **RP** 75 Gf 49 ✉54347
Neu Mahlisch **BB** 37 Pc 34 ✉15306
Neumark **SN** 72 Nc 45 ✉08496
Neumark **TH** 58 Mb 42 ✉99439
Neumarkt in der Oberpfalz **BY** 90 Md 53 ✉92318
Neumarkt-Sankt Veit **BY** 102 Nd 58 ✉84494
Neumühle **TH** 72 Nb 44 ✉07980
Neumünster **SH** 12 Kf 24 ✉*24534
Neunburg vorm Wald **BY** 82 Nc 52 ✉92431
Neundorf **SN** 72 Na 46 ✉08527
Neundorf **SN** 73 Oa 45 ✉09488
Neundorf **TH** 71 Md 46 ✉07356
Neundorf **TH** 71 Me 45 ✉07924
Neundorf (Anhalt) **ST** 47 Md 38 ✉39418
Neunheilingen **TH** 58 Ld 41 ✉99947
Neunkhausen **RP** 54 Hf 44 ✉57520
Neunkirchen **BW** 77 Ka 52 ✉74867
Neunkirchen **BY** 78 Kc 50 ✉63930
Neunkirchen **NW** 54 Ia 44 ✉57290
Neunkirchen **RP** 66 Ia 45 ✉56479
Neunkirchen **RP** 75 Gf 50 ✉54426
Neunkirchen **SL** 75 Hb 52 ✉*66538
Neunkirchen am Brand **BY** 80 Ma 51 ✉91077
Neunkirchen am Potzberg **RP** 75 Hc 51 ✉66887
Neunkirchen am Sand **BY** 81 Mb 51 ✉91233
Neunkirchen-Seelscheid **NW** 53 Hc 43 ✉53819
Neuötting **BY** 102 Ne 59 ✉84524
Neupetershain **BB** 50 Pa 39 ✉03103
Neuplatendorf **ST** 47 Mc 38 ✉06333
Neu Poserin **MV** 15 Na 27 ✉19399
Neupotz **RP** 86 Ib 54 ✉76777
Neureetz **BB** 27 Pa 32 ✉16259
Neureichenau **BY** 93 Oe 56 ✉94089
Neuried **BW** 95 He 58 ✉77743
Neuried **BY** 100 Mc 60 ✉82061
Neurochlitz **BB** 27 Pc 29 ✉16307
Neurüdnitz **BB** 27 Pb 32 ✉16259
Neuruppin **BB** 25 Ne 31 ✉16816
Neusäß **BY** 100 Le 58 ✉86356
Neusalza-Spremberg **SN** 63 Pd 42 ✉02742
Neu Schadow, Hohenbrück- **BB** 37 Of 36 ✉15910
Neuschönau **BY** 93 Oc 55 ✉94556
Neuschoo **NI** 9 Hd 27 ✉26487
Neusiß **TH** 58 Lf 44 ✉99338
Neusitz **BY** 79 Lb 52 ✉91616
Neusorg **BY** 81 Mf 49 ✉95700
Neuss **NW** 52 Gd 41 ✉*41460
Neußen **SN** 49 Oa 40 ✉04874
Neustadt **BY** 78 Kd 49 ✉97845
Neustadt **SN** 51 Pc 40 ✉02979
Neustadt **TH** 45 Lc 40 ✉37345
Neustadt (Dosse) **TH** 25 Nc 31 ✉16845
Neustadt (Hessen) **HE** 56 Ka 43 ✉35279
Neustadt (Vogtland) **SN** 72 Nb 46 ✉08223
Neustadt (Wied) **RP** 65 Hc 45 ✉53577
Neustadt am Kulm **BY** 81 Me 50 ✉95514
Neustadt am Rennsteig **TH** 70 Lf 45 ✉98701
Neustadt am Rübenberge **NI** 31 Kc 34 ✉31535
Neustadt an der Aisch **BY** 80 Ld 51 ✉91413
Neustadt an der Donau **BY** 91 Me 56 ✉93333
Neustadt an der Orla **TH** 59 Me 44 ✉07806
Neustadt an der Waldnaab **BY** 82 Nb 50 ✉92660
Neustadt an der Weinstraße **RP** 76 Ib 52 ✉*67433
Neustadt bei Coburg **BY** 70 Ma 46 ✉96465
Neustadt-Glewe **MV** 24 Md 28 ✉19306
Neustadt in Holstein **SH** 13 Lf 24 ✉23730
Neustadt in Sachsen **SN** 62 Pb 42 ✉01844
Neustadt/Westerwald **RP** 66 Ia 45 ✉56479
Neustetten **BW** 97 If 58 ✉72149
Neustrelitz **MV** 26 Oa 28 ✉17235
Neutraubling **BY** 91 Nb 55 ✉93073
Neu-Ulm **BY** 98 La 58 ✉*89231
Neuwegersleben **ST** 46 Ma 36 ✉39387
Neuweiler **BW** 87 Id 57 ✉75389
Neuwied **RP** 65 Hc 46 ✉*56564
Neuwiese **SN** 50 Pb 40 ✉02979
Neuwittenbek **SH** 4 La 22 ✉24214
Neuwürschnitz **SN** 60 Ne 44 ✉09397
Neu Wulmstorf **NI** 22 Ke 28 ✉21629
Neu Zauche **BB** 50 Pa 37 ✉15913
Neuzelle **BB** 38 Pd 36 ✉15898
Neu Zittau **BB** 37 Oe 34 ✉15537
Neverin **MV** 16 Ob 27 ✉17039
Neversdorf **SH** 12 Lb 25 ✉23816
Newel **RP** 74 Gd 50 ✉54309
Nexdorf **BB** 49 Oc 39 ✉03253
Ney **RP** 65 Hd 47 ✉56283
Nichel **BB** 35 Nf 36 ✉14822
Nickenich **RP** 65 Hc 46 ✉56645
Nidda **HE** 67 Ka 46 ✉63667
Niddatal **HE** 67 Ie 47 ✉61194
Nidderau **HE** 67 If 47 ✉61130
Nideggen **NW** 52 Gc 44 ✉52385
Niebel **BB** 36 Nf 36 ✉14929
Niebelhorst **BB** 36 Nf 36 ✉14929
Niebendorf-Heinsdorf **BB** 49 Oc 37 ✉14913
Nieblum **SH** 2 Id 20 ✉25938
Niebüll **SH** 2 Ie 20 ✉25899
Nieby **SH** 4 Kf 20 ✉24395
Nieden **MV** 27 Of 28 ✉17309
Niedenstein **HE** 56 Kb 41 ✉34305
Niederahr **RP** 66 Hf 46 ✉56414
Niederaichbach **BY** 101 Nb 57 ✉84100
Niederalben **RP** 75 Hc 51 ✉66887
Niederalteich **BY** 92 Oa 56 ✉94557
Niederau **SN** 61 Od 41 ✉01689
Niederaula **HE** 56 Kd 44 ✉36272
Niederbachheim **RP** 66 He 47 ✉56357
Niederbergkirchen **BY** 102 Nc 59 ✉84494
Niederbösa **TH** 58 Ma 41 ✉99718
Niederbreitbach **RP** 65 Hc 45 ✉56589
Niederbrombach **RP** 75 Hb 50 ✉55767
Niederburg **RP** 66 He 48 ✉55432
Niedercrinitz **SN** 72 Nd 45 ✉08107
Niedercunnersdorf **SN** 63 Pe 42 ✉02708
Niederdorf **SN** 60 Nf 44 ✉09366
Niederdorfelden **HE** 67 Ie 47 ✉61138
Niederdorla **TH** 57 Lc 42 ✉99986
Niederdreisbach **RP** 54 Hf 44 ✉57520
Niederdürenbach **RP** 65 Hb 46 ✉56651
Niederelbert **RP** 66 He 46 ✉56412
Niedererbach **RP** 66 Hf 46 ✉56412
Niedereschach **BW** 96 Id 60 ✉78078
Niederfell **RP** 65 Hc 47 ✉56332
Niederfinow **BB** 27 Of 31 ✉16248
Niederfischbach **RP** 54 Hf 43 ✉57572
Niederfrohna **SN** 60 Ne 43 ✉09243
Niederfüllbach **BY** 70 Lf 47 ✉96489
Niedergebra **TH** 58 Ld 40 ✉99759
Niedergeckler **RP** 74 Gb 49 ✉54675
Niedergörsdorf **BB** 49 Nf 37 ✉14913
Niederhambach **RP** 75 Hb 50 ✉55767
Niederhausen **RP** 76 He 50 ✉55585
Niederhausen an der Appel **RP** 76 Hf 50 ✉67822
Niederheimbach **RP** 66 Hf 48 ✉55413
Nieder-Hilbersheim **RP** 76 Ia 49 ✉55437
Niederhofen **RP** 66 Hd 45 ✉56316
Niederhorbach **RP** 86 Ia 54 ✉76889
Niederhosenbach **RP** 75 Hc 50 ✉55758
Niederirsen **NW** 54 Hd 44 ✉57589
Niederjesar **BB** 37 Pc 34 ✉15306
Niederkassel **NW** 53 Ha 44 ✉53859
Niederkirchen **RP** 76 He 51 ✉67700
Niederkirchen bei Deidesheim **RP** 76 Ib 52 ✉67150
Nieder Kostenz **RP** 75 Hc 49 ✉55481
Niederkrossen **TH** 59 Md 44 ✉07407
Niederkrüchten **NW** 52 Gb 41 ✉41372
Niederkumbd **RP** 75 Hd 48 ✉55469
Niederlangen **NI** 18 Hb 31 ✉49779
Niederlauch **RP** 64 Gc 48 ✉54614
Niederlauer **BY** 69 Lb 47 ✉97618
Niederlauterstein **SN** 73 Ob 44 ✉09496
Niederlehme **BB** 36 Od 35 ✉15751
Niederlommatzsch **SN** 61 Oc 41 ✉01665
Niedermohr **RP** 75 Hc 52 ✉66879
Niedermoschel **RP** 76 He 50 ✉67822
Niedermülsen **SN** 60 Nd 44 ✉08138
Niedermurach **BY** 82 Nc 52 ✉92545
Niedernberg **BY** 78 Ka 49 ✉63843
Niederndodeleben **ST** 34 Mc 36 ✉39167
Niederndorf **TH** 59 Mf 43 ✉07586
Niederneisen **RP** 66 Ia 47 ✉65629

Nieder Neundorf SN 63 Pf 41 ✉02929
Niedernhall BW 88 Kd 53 ✉74676
Niedernhausen HE 67 Ib 48 ✉65527
Niedernwöhren NI 31 Ka 34 ✉31712
Niederoderwitz SN 63 Pe 43 ✉02791
Niederöfflingen RP 65 Gf 48 ✉54533
Nieder-Olm RP 76 Ib 49 ✉55268
Niederorschel TH 57 Lc 40 ✉37355
Niederotterbach RP 86 Ia 54 ✉76889
Niederpierscheid RP 64 Gc 48 ✉54649
Niederraden RP 64 Gc 49 ✉54675
Niederrieden BY 99 Lb 60 ✉87767
Niederröblingen (Helme) ST 47 Mb 40 ✉06542
Niederroßbach RP 66 Ia 45 ✉56479
Niederroßla TH 59 Mc 42 ✉99510
Niedersachswerfen TH 46 Le 39 ✉99762
Niedersaida SN 61 Ob 44 ✉09618
Niederscheidweiler RP 65 Gf 48 ✉54533
Niederschlettenbach RP 86 Hf 54 ✉76891
Niederschöna SN 61 Oc 43 ✉09600
Niederschönenfeld BY 90 Lf 56 ✉86694
Niedersohren RP 75 Hc 49 ✉55487
Niederspier TH 58 Lf 41 ✉99713
Niederstadtfeld RP 64 Ge 48 ✉54570
Niederstaufenbach RP 75 Hd 51 ✉66879
Niederstedem RP 74 Gd 49 ✉54634
Niederstetten BW 79 Kf 52 ✉97996
Niederstotzingen BW 99 Lb 57 ✉89168
Niederstriegis SN 61 Oa 42 ✉04741
Niedert RP 65 Hd 48 ✉56291
Niedertaufkirchen BY 102 Nd 59 ✉84494
Niedertiefenbach RP 66 Hf 47 ✉56368
Niedertrebra TH 59 Md 42 ✉99518
Niederviehbach BY 102 Nc 57 ✉84183
Niederwallmenach RP 66 He 48 ✉56357
Niederwambach RP 66 Hd 45 ✉57614
Niederweiler RP 64 Gc 48 ✉54636
Niederweiler RP 75 Hb 49 ✉55491
Niederweis RP 74 Gc 49 ✉54668
Niederwerbig BB 35 Ne 36 ✉14822
Niederwerrn BY 69 Lb 48 ✉97464
Niederwerth RP 66 Hd 46 ✉56179
Niederwiesa SN 61 Oa 43 ✉09577
Nieder-Wiesen RP 76 Hf 50 ✉55234
Niederwillingen TH 58 Ma 44 ✉99326
Niederwinkling BY 92 Ne 55 ✉94559
Niederwörresbach RP 75 Hc 50 ✉55758
Niederwürschnitz SN 60 Ne 44 ✉09399
Niederzier NW 52 Gc 43 ✉52382
Niederzimmern TH 58 Mb 42 ✉99428
Niederzissen RP 65 Hb 46 ✉56651
Niefern-Öschelbronn BW 87 Ie 55 ✉75223
Niegripp ST 34 Me 35 ✉39291
Nieheim NW 44 Ka 38 ✉33039
Niehl RP 74 Gc 49 ✉54646
Niekrenz MV 15 Nc 24 ✉18190
Nielebock ST 34 Na 34 ✉39319
Niemberg ST 48 Na 39 ✉06188
Niemegk BB 48 Ne 36 ✉14823
Niemerlang BB 25 Nc 29 ✉16909
Niemetal NI 44 Ke 39 ✉37127
Niemtsch BB 50 Pa 40 ✉01968
Nienborstel SH 11 Kd 24 ✉24819
Nienbüttel SH 11 Kc 24 ✉25596
Nienburg NI 31 Kb 33 ✉31582
Nienburg (Saale) ST 47 Me 37 ✉06429
Niendorf BB 49 Oc 37 ✉15936
Niendorf MV 13 Lf 26 ✉23923
Niendorf SH 13 Ld 27 ✉23881
Niendorf am Schaalsee SH 13 Lf 27 ✉23919
Niendorf an der Rögnitz MV 23 Mb 29 ✉19294
Nienhagen MV 14 Mf 24 ✉18211
Nienhagen NI 32 La 33 ✉29336
Nienhagen ST 46 Ma 37 ✉39397
Nienstädt NI 31 Kb 35 ✉31688
Nienstedt ST 47 Mc 40 ✉06542
Nienwohld SH 12 Lb 26 ✉23863
Niepars MV 6 Nf 23 ✉18442
Niersbach RP 74 Ge 49 ✉54518
Nierstein RP 77 Ic 49 ✉55283
Niesgrau SH 3 Ke 20 ✉24395
Niesky (Niska) SN 63 Pf 41 ✉02906
Nieste NI 56 Ke 41 ✉34329
Niestetal HE 56 Kd 41 ✉34266
Nievern RP 66 He 46 ✉56132
Niewisch BB 37 Pb 36 ✉15848
Niewitz BB 50 Oe 37 ✉15910
Nimritz TH 71 Me 44 ✉07381
Nimshuscheid RP 64 Gd 48 ✉54612
Nimsreuland RP 64 Gc 48 ✉54614
Nindorf SH 11 Ka 24 ✉25704
Nindorf SH 12 Ke 24 ✉24594
Nirmsdorf TH 59 Mc 42 ✉99510
Nister RP 66 Hf 44 ✉57645
Nisterberg RP 66 Ia 44 ✉56472
Nister-Möhrendorf RP 66 Ia 45 ✉56477
Nitschareuth TH 72 Na 44 ✉07957
Nittel RP 74 Gc 51 ✉54453
Nittenau BY 91 Nb 53 ✉93149
Nittendorf BY 91 Mf 54 ✉93152
Nitz RP 65 Ha 46 ✉56729
Nitzahn BB 35 Nc 34 ✉14715
Nitzow ST 24 Na 31 ✉39539
Nobitz TH 60 Nd 43 ✉04603
Nochern RP 66 He 47 ✉56357
Nöbdenitz TH 60 Nb 43 ✉04626
Nöda TH 58 Ma 42 ✉99195
Noer SH 4 La 22 ✉24214
Nördlingen BY 89 Ld 55 ✉86720
Nörten-Hardenberg NI 45 Kf 39 ✉37176
Nörtershausen RP 65 Hc 47 ✉56283
Nörvenich NW 52 Gd 44 ✉52388
Nohen RP 75 Hb 51 ✉55767
Nohfelden SL 75 Hb 51 ✉66625
Nohn RP 64 Ge 47 ✉54578
Nohra TH 46 Le 40 ✉99735
Nohra TH 58 Mb 43 ✉99428
Nomborn RP 66 Hf 46 ✉56412
Nonnendorf BB 49 Ob 37 ✉14913
Nonnenhorn BY 107 Kd 63 ✉88149
Nonnewitz ST 60 Na 42 ✉06727
Nonnweiler RP 75 Gf 51 ✉66620
Norath RP 66 Hd 48 ✉56291
Norddeich SH 11 If 23 ✉25764
Norddorf SH 2 Ic 20 ✉25946
Norden NI 8 Hb 27 ✉26506
Nordendorf BY 99 Lf 57 ✉86695
Nordenham NI 20 Ic 27 ✉26954
Norderbrarup SH 3 Ke 21 ✉24392
Norderfriedrichskoog SH 2 If 22 ✉25870
Norderheistedt SH 3 Ka 23 ✉25779
Nordermeldorf SH 11 If 24 ✉25704
Norderney NI 8 Hb 26 ✉26548
Norderstapel SH 3 Kb 22 ✉25868
Norderstedt SH 12 Kf 26 ✉*22844
Norderwöhrden SH 11 Ka 23 ✉25746
Nordgermersleben ST 34 Mc 35 ✉39343
Nordhackstedt SH 3 Kb 20 ✉24980
Nordhalben BY 71 Mc 46 ✉96365
Nordhastedt SH 11 Kb 23 ✉25785
Nordhausen TH 46 Lf 39 ✉99734
Nordheim BW 87 Ka 54 ✉74226
Nordheim BY 79 Lb 49 ✉97334
Nordheim TH 69 Lc 46 ✉98631
Nordheim vor der Rhön HE 69 Lb 46 ✉97647
Nordhofen RP 66 He 45 ✉56242
Nordholz NI 10 Id 26 ✉27637
Nordhorn NI 28 Ha 34 ✉*48527
Nordkirchen NW 42 Hd 38 ✉59394
Nordleda NI 10 Ie 26 ✉21765
Nordrach BW 96 Ia 58 ✉77787
Nordsehl NI 31 Kb 34 ✉31717
Nordstemmen NI 32 Ke 36 ✉31171
Nordstrand SH 2 If 22 ✉25845
Nordwalde NW 42 Hd 36 ✉48356
Norheim RP 76 He 50 ✉55585
Norken RP 66 Hf 44 ✉57629
Norstedt SH 3 Ka 21 ✉25884
Northeim NI 45 La 38 ✉37154
Nortmoor NI 19 Hd 29 ✉26845
Nortorf SH 11 Kb 25 ✉25554
Nortorf SH 12 Kf 23 ✉24589
Nortrup NI 29 Hf 33 ✉49638
Noschkowitz SN 61 Oa 41 ✉04749
Nossen SN 61 Ob 42 ✉01683
Nossendorf MV 15 Nf 25 ✉17111
Nossentiner Hütte MV 15 Nc 27 ✉17214
Nostorf MV 23 Ld 28 ✉19258
Nothweiler RP 85 He 54 ✉76891
Nottensdorf NI 21 Kd 28 ✉21640
Nottfeld SH 3 Ke 21 ✉24392
Nottleben TH 58 Lf 43 ✉99192
Nottuln NW 41 Hc 37 ✉48301
Notzingen BW 88 Kc 56 ✉73274
Nudersdorf ST 48 Nd 37 ✉06896
Nudow BB 36 Ob 35 ✉14532
Nübel SH 3 Kd 21 ✉24881
Nübel SH 3 Ke 20 ✉24881
Nüdlingen BY 69 La 47 ✉97720
Nümbrecht NW 54 Hd 43 ✉51588
Nünchritz SN 61 Oc 41 ✉01612
Nünschweiler RP 85 Hc 53 ✉66989
Nürburg RP 65 Gf 46 ✉53520
Nürnberg BY 80 Mb 52 ✉*90402
Nürtingen BW 98 Kc 57 ✉72622
Nüsttal HE 69 Ke 45 ✉36167
Nützen SH 12 Kf 25 ✉24568
Nufringen BW 97 If 57 ✉71154
Nunsdorf BB 36 Ob 35 ✉15806
Nusbaum RP 74 Gc 49 ✉54675
Nusplingen BW 97 If 60 ✉72362
Nußbach RP 76 He 51 ✉67759
Nußbaum RP 76 Hd 50 ✉55569
Nußdorf BY 111 Nd 61 ✉83365
Nußdorf am Inn BY 110 Mb 62 ✉83131
Nusse SH 13 Ld 27 ✉23896
Nußloch BW 87 Ie 53 ✉69226
Nustrow MV 15 Nd 24 ✉18195
Nutha ST 47 Na 37 ✉39264
Nuthe-Urstromtal BB 36 Oa 36 ✉14947
Nutteln SH 11 Kc 25 ✉25594

O

Oberahr RP 66 Hf 45 ✉56414
Oberalba TH 69 La 44 ✉36466
Oberalben RP 75 Hc 51 ✉66871
Oberammergau BY 109 Ma 63 ✉82487
Oberarnbach RP 75 Hd 52 ✉66851
Oberasbach BY 80 Lf 52 ✉90522
Oberau BY 109 Ma 63 ✉82496
Oberaudorf BY 110 Na 63 ✉83080
Oberaula HE 56 Kc 43 ✉36280
Oberaurach BY 80 Ld 49 ✉97514
Oberbachheim RP 66 He 47 ✉56355
Oberbergkirchen BY 102 Nc 59 ✉84564
Oberbettingen RP 64 Gd 47 ✉54578
Oberbillig RP 74 Gd 50 ✉54331
Oberbodnitz TH 59 Me 44 ✉07646
Oberbösa TH 58 Ma 41 ✉99718
Oberboihingen BW 88 Kc 56 ✉72644
Oberbrombach RP 75 Hb 50 ✉55767
Obercarsdorf SN 62 Od 43 ✉01762
Obercunnersdorf SN 63 Pe 42 ✉02708
Oberdachstetten BY 79 Lc 52 ✉91617
Oberderdingen BW 87 If 54 ✉75038
Oberdiebach RP 66 He 48 ✉55413
Oberding BY 101 Me 59 ✉85445
Oberdischingen BW 98 Ke 59 ✉89610
Oberdolling BY 90 Md 56 ✉85129
Oberdorla TH 57 Lc 42 ✉99986
Oberdreis RP 66 He 45 ✉57639
Oberdürenbach RP 65 Ha 46 ✉56651
Oberehe-Stroheich RP 64 Ge 47 ✉54578
Oberelbert RP 66 He 46 ✉56412
Oberellen TH 57 Lb 43 ✉99819
Oberelsbach HE 69 La 46 ✉97656
Oberelz RP 65 Ha 47 ✉56767
Obererbach RP 54 Hd 44 ✉57612
Obererbach RP 66 Hf 46 ✉56414
Oberfell RP 65 Hc 47 ✉56332
Oberfischbach RP 66 Hf 47 ✉56370
Ober-Flörsheim RP 76 Ia 50 ✉55234
Obergebra TH 58 Ld 40 ✉99759
Obergeckler RP 74 Gb 49 ✉54675
Obergriesbach BY 100 Ma 58 ✉86573
Obergröningen BW 88 Kf 55 ✉73569
Obergünzburg BY 108 Lc 61 ✉87634
Obergurig (Hornja Hórka) SN 63 Pc 42 ✉02692
Oberhaching BY 101 Md 60 ✉82041
Oberhäslich SN 62 Oe 43 ✉01744
Oberhaid BY 80 Le 49 ✉96173
Oberhaid RP 66 He 45 ✉56237
Oberhain TH 70 Ma 45 ✉07426
Oberhambach RP 75 Hb 50 ✉55765
Oberharmersbach BW 96 Ib 58 ✉77784
Oberhausen BY 90 Ma 56 ✉86697
Oberhausen BY 109 Ma 62 ✉82386
Oberhausen NW 41 Gf 40 ✉*46045
Oberhausen RP 86 Ia 54 ✉76887
Oberhausen an der Appel RP 76 Hf 50 ✉67822
Oberhausen an der Nahe RP 76 He 50 ✉55585
Oberhausen bei Kirn RP 75 Hc 50 ✉55606
Oberhausen-Rheinhausen BW 86 Ic 53 ✉68794
Oberheimbach RP 66 He 48 ✉55413
Oberheldrungen TH 58 Mb 41 ✉06577
Ober-Hilbersheim RP 76 Ia 49 ✉55437
Oberhof TH 70 Le 44 ✉98559
Oberhonnefeld-Gierend RP 65 Hc 45 ✉56587
Oberhosenbach RP 75 Hc 50 ✉55758
Oberickelsheim BY 79 La 51 ✉97258
Oberirsen RP 54 Hd 44 ✉57635
Oberjünne BB 35 Nd 35 ✉14778
Oberkail RP 64 Gd 48 ✉54533
Oberkatz TH 69 Lb 45 ✉98634
Oberkirch BW 96 Ia 57 ✉77704
Oberkirn RP 75 Hc 49 ✉55624
Oberkochen BW 89 La 56 ✉73447
Ober Kostenz RP 75 Hc 49 ✉55481
Oberkotzau BY 71 Mf 47 ✉95145
Oberlahr RP 65 Hd 45 ✉57641
Oberlangen NI 18 Hb 31 ✉49779
Oberlascheid RP 64 Gb 47 ✉54608
Oberlauch RP 64 Gc 47 ✉54614
Oberlauterbach SN 72 Nb 46 ✉08239
Oberleichtersbach BY 69 Ke 47 ✉97789
Oberlichtenau SN 62 Of 41 ✉01936
Oberlungwitz SN 60 Ne 44 ✉09353
Obermaiselstein BY 107 Lb 64 ✉87538
Obermarchtal BW 98 Kd 59 ✉89611
Obermaßfeld-Grimmenthal TH 69 Lc 45 ✉98617
Obermehler TH 58 Ld 41 ✉99996
Obermeitingen BY 99 Le 60 ✉86836
Obermichelbach BY 80 Lf 51 ✉90587
Ober-Mörlen HE 67 Id 46 ✉61239
Obermoschel RP 76 He 50 ✉67823
Obermylau SN 72 Nb 45 ✉08499
Obernbreit BY 79 Lb 51 ✉97342
Obernburg BY 78 Ka 49 ✉63785
Oberndorf BW 96 Id 59 ✉78727
Oberndorf BY 90 Lf 57 ✉86698
Oberndorf NI 11 Ka 26 ✉21787
Oberndorf RP 76 Hf 50 ✉67821
Oberneisen RP 66 Ia 47 ✉65558
Oberneukirchen BY 102 Nd 59 ✉84565
Obernfeld NI 45 Lb 39 ✉37434
Obernheim BW 97 If 60 ✉72364
Obernheim-Kirchenarnbach RP 75 Hd 52 ✉66919
Obernhof RP 66 Hf 47 ✉56379
Obernholz NI 33 Ld 32 ✉29386
Obernkirchen NI 31 Kb 35 ✉31683
Obernzell BY 103 Od 57 ✉94130
Obernzenn BY 79 Lc 52 ✉91619
Oberoderwitz SN 63 Pe 43 ✉02791
Oberöfflingen RP 65 Gf 48 ✉54533
Ober-Olm RP 76 Ib 49 ✉55270
Oberoppurg TH 71 Me 44 ✉07381
Oberostendorf BY 108 Le 61 ✉86869
Oberotterbach RP 86 Hf 54 ✉76889
Oberottmarshausen BY 100 Lf 59 ✉86507
Oberpframmern BY 101 Me 60 ✉85667
Oberpierscheid RP 64 Gc 48 ✉54649
Oberpleichfeld BY 79 La 49 ✉97241
Oberpöring BY 92 Nf 56 ✉94562
Oberpreilipp TH 71 Mc 44 ✉07407
Oberraden RP 66 Hd 45 ✉56587
Ober-Ramstadt HE 77 Ie 49 ✉64372
Oberreichenbach BW 87 Id 56 ✉75394
Oberreichenbach BY 80 Le 51 ✉91097
Oberreichenbach SN 61 Ob 43 ✉09636
Oberreidenbach RP 75 Hc 50 ✉55758
Oberreute BY 107 Kf 63 ✉88179
Oberried BW 104 Hf 61 ✉79254
Oberrieden BY 99 Lc 60 ✉87769
Oberriexingen BW 87 Ka 55 ✉71739
Oberrod RP 66 Ia 45 ✉56479
Oberröblingen ST 46 Mc 40 ✉06528
Oberroßbach RP 66 Ia 45 ✉56479
Oberrot BW 88 Ke 54 ✉74420
Oberroth BY 99 Lb 59 ✉89294
Oberrothenbach SN 60 Nc 44 ✉08129
Obersachswerfen TH 46 Ld 39 ✉99755
Oberscheidweiler RP 65 Gf 48 ✉54533
Oberscheinfeld BY 79 Lc 50 ✉91483
Oberschleißheim BY 100 Md 59 ✉85764
Oberschlettenbach RP 86 Hf 54 ✉76889
Oberschneiding BY 92 Nd 56 ✉94363
Oberschöna SN 61 Ob 43 ✉09600
Oberschönau TH 70 Ld 44 ✉98587
Oberschönegg BY 99 Lb 60 ✉87770
Oberschwarzach BY 79 Lc 49 ✉97516
Oberschweinbach BY 100 Ma 59 ✉82294
Obersdorf ST 47 Mc 39 ✉06528
Obersimten RP 85 Hd 54 ✉66957
Obersinn BY 68 Kd 47 ✉97791
Obersöchering BY 109 Mb 62 ✉82395
Obersontheim BW 88 Kf 54 ✉74423
Oberspier TH 58 Lf 41 ✉99713
Oberstadion BW 98 Ke 59 ✉89613
Oberstadt TH 70 Ld 45 ✉98530
Oberstadtfeld RP 64 Ge 47 ✉54570
Oberstaufen BY 107 La 63 ✉87534
Oberstaufenbach RP 75 Hd 51 ✉66879
Oberstdorf BY 108 Lb 64 ✉87561
Oberstedem RP 74 Gd 49 ✉54634
Oberstenfeld BW 87 Kc 54 ✉71720
Oberstreit RP 76 He 50 ✉55596
Oberstreu BY 69 Lb 46 ✉97640
Obersülzen RP 76 Ib 51 ✉67271
Obersüßbach BY 101 Mf 57 ✉84101
Obersulm BW 88 Kc 54 ✉74182
Obertaufkirchen BY 101 Nb 59 ✉84419
Oberteuringen BW 106 Kd 62 ✉88094
Oberthal SL 75 Ha 51 ✉66649
Oberthulba BY 69 Kf 47 ✉97723
Obertiefenbach RP 66 Hf 47 ✉56357
Obertraubling BY 91 Nb 55 ✉93083
Obertrebra TH 59 Md 42 ✉99510
Obertrubach BY 81 Mb 50 ✉91286
Obertshausen HE 67 Ie 48 ✉63179
Oberursel HE 67 Id 47 ✉61440
Oberviechtach BY 82 Nc 52 ✉92526
Oberwallmenach RP 66 Hf 48 ✉56357
Oberwambach RP 66 Hd 45 ✉57614
Oberweid TH 69 La 45 ✉98634
Oberweiler RP 64 Gc 48 ✉54636
Oberweiler im Tal RP 76 Hd 51 ✉67756
Oberweiler-Tiefenbach RP 75 Hd 51 ✉67752
Oberweis RP 74 Gc 49 ✉54636
Oberweißbach TH 70 Ma 45 ✉98744
Oberwesel RP 66 He 48 ✉55430
Oberweser HE 44 Kd 39 ✉34399
Oberwiera SN 60 Nd 43 ✉08396
Oberwies RP 66 He 47 ✉56379
Oberwiesen RP 76 Hf 50 ✉67294
Oberwiesenthal SN 73 Oa 46 ✉09484
Oberwind TH 70 Lf 46 ✉98673
Oberwirbach TH 70 Mb 45 ✉07422
Oberwörresbach RP 75 Hc 50 ✉55758
Oberwolfach BW 96 Ib 59 ✉77709
Oberzissen RP 65 Hb 46 ✉56651
Obhausen ST 59 Me 40 ✉06268
Obing BY 102 Nc 61 ✉83119
Obrigheim BW 78 Ka 52 ✉74847
Obrigheim (Pfalz) RP 76 Ib 51 ✉67283
Ochsenfurt BY 79 La 51 ✉97199
Ochsenhausen BW 98 Kf 60 ✉88416
Ochtendung RP 65 Hc 46 ✉56299
Ochtmersleben ST 34 Mc 36 ✉39167
Ochtrup NW 28 Hb 35 ✉48607
Ockenfels RP 65 Hb 45 ✉53545
Ockenheim RP 76 Hf 49 ✉55437
Ockfen RP 74 Gd 51 ✉54441
Ockholm SH 2 If 20 ✉25842
Odderade SH 11 Kb 24 ✉25785
Odelzhausen BY 100 Mb 59 ✉85235
Odenbach RP 76 He 50 ✉67748
Odenthal NW 53 Ha 42 ✉51519
Oderberg BB 27 Pa 31 ✉16248
Oderin BB 37 Oe 36 ✉15757
Odernheim am Glan RP 76 He 50 ✉55571
Oebelitz MV 15 Ne 23 ✉18461
Oebisfelde ST 33 Lf 34 ✉39646
Oebles-Schlechtewitz ST 59 Na 41 ✉06231
Öchlitz ST 59 Me 41 ✉06268
Oechsen TH 57 La 44 ✉36404
Oederan SN 61 Oa 43 ✉09569
Oederquart NI 11 Kb 26 ✉21734
Oedheim BW 87 Kb 53 ✉74229
Oehna BB 49 Oa 37 ✉14913
Öhningen BW 106 If 63 ✉78337
Öhringen BW 88 Kc 53 ✉74613
Ölbronn-Dürrn BW 87 Ie 55 ✉75248
Oelde NW 42 Ia 37 ✉59302
Oelixdorf SH 11 Kd 25 ✉25524
Öllingen BW 99 La 57 ✉89129
Oelsberg RP 66 He 47 ✉56357
Oelsen SN 62 Of 44 ✉01816
Ölsen RP 54 Hd 44 ✉57612
Oelsig BB 49 Oc 38 ✉04936
Oelsnitz SN 72 Na 46 ✉08606
Oelsnitz/Erzgebirge SN 60 Ne 44 ✉09376
Oelzschau SN 60 Nd 41 ✉04579
Oepfershausen TH 69 Lb 45 ✉98634
Öpfingen BW 98 Ke 59 ✉89614
Oerel NI 21 Ka 28 ✉27432
Oer-Erkenschwick NW 41 Hb 39 ✉45739
Oering SH 12 Lb 26 ✉23845
Oerlenbach BY 69 La 48 ✉97714
Oerlinghausen NW 43 Ie 37 ✉33813
Oersberg SH 4 Ke 20 ✉24407
Oersdorf SH 12 La 25 ✉24568
Oeschebüttel SH 12 Ke 25 ✉25548
Oesterdeichstrich SH 11 If 24 ✉25761
Oesterwurth SH 11 If 23 ✉25764
Östringen BW 87 Ie 53 ✉76684
Ötigheim RP 86 Ib 55 ✉76470
Ötisheim BW 87 Ie 55 ✉75443
Oettern TH 59 Mc 43 ✉99438
Oettersdorf TH 71 Mf 45 ✉07907
Oettingen BY 89 Ld 55 ✉86732
Oetzen NI 23 Le 30 ✉29588
Ötzingen RP 66 He 45 ✉56244
Oevenum SH 2 Id 20 ✉25938
Oeversee SH 3 Kc 20 ✉24988
Offenau BW 87 Kb 53 ✉74254
Offenbach RP 86 Ib 53 ✉76877
Offenbach am Main HE 67 If 48 ✉*63065
Offenbach-Hundheim RP 75 Hd 51 ✉67749
Offenberg BY 92 Nf 55 ✉94560
Offenbüttel SH 11 Kc 23 ✉25767
Offenburg BW 96 Ia 58 ✉*77652
Offenhausen BY 81 Mc 52 ✉91238
Offenheim RP 76 Ia 50 ✉55234
Offingen BY 99 Lc 58 ✉89362
Offstein RP 76 Ib 51 ✉67591
Ofterdingen BW 97 Ka 58 ✉72131
Ofterschwang BY 107 Lb 63 ✉87527
Oftersheim BW 77 Id 52 ✉68723
Oggelshausen BW 98 Kd 60 ✉88422
Ogrosen BB 50 Pa 38 ✉03205
Ohlenhard RP 64 Ge 46 ✉53520
Ohlsbach BW 96 Ia 58 ✉77797
Ohlstadt BY 109 Mb 63 ✉82441
Ohlweiler RP 75 Hd 49 ✉55469
Ohmbach RP 75 Hb 52 ✉66903
Ohmden BW 98 Kd 57 ✉73275
Ohne NI 28 Hb 35 ✉48465
Ohorn SN 62 Pa 41 ✉01896
Ohrdruf TH 58 Le 44 ✉99885
Ohrenbach BY 79 Lb 52 ✉91620
Ohrsleben ST 46 Ma 36 ✉39393
Ohrum NI 45 Lc 36 ✉38312
Olbernhau SN 73 Oc 45 ✉09526
Olbersdorf SN 63 Pe 43 ✉02785
Olbersleben TH 59 Mc 42 ✉99628
Olching BY 100 Mb 59 ✉82140
Oldenborstel SH 11 Kd 24 ✉25560
Oldenbüttel SH 11 Kc 23 ✉25557
Oldenburg NI 20 Ib 29 ✉*26121
Oldenburg in Holstein SH 5 Lf 23 ✉23758
Oldendorf NI 11 Kb 27 ✉21726
Oldendorf NI 22 La 30 ✉21385
Oldendorf SH 11 Kc 25 ✉25588
Oldenhütten SH 12 Ke 24 ✉24793
Oldenswort SH 2 If 22 ✉25870
Oldersbek SH 3 Kb 22 ✉25873
Olderup SH 3 Kb 21 ✉25860
Oldisleben TH 58 Ma 41 ✉06578
Oldsum SH 2 Ic 20 ✉25938
Olfen NW 41 Hc 38 ✉59399
Ollendorf TH 58 Mb 42 ✉99198
Ollmuth RP 74 Ge 50 ✉54316
Olmscheid RP 64 Gb 48 ✉54689
Olpe NW 54 Hf 42 ✉57462
Olsberg NW 55 Id 40 ✉59939
Olsbrücken RP 76 He 51 ✉67737
Olsdorf RP 74 Gc 49 ✉54646
Olzheim RP 64 Gc 47 ✉54597
Onsdorf RP 74 Gc 51 ✉54456
Opfenbach BY 107 Kf 63 ✉88145
Oppach SN 63 Pd 42 ✉02736
Oppelhain BB 49 Od 39 ✉03238
Oppenau BW 96 Ib 58 ✉77728
Oppenheim RP 77 Ic 49 ✉55276
Oppenweiler BW 88 Kc 55 ✉71570
Oppershausen TH 57 Lc 42 ✉99986
Oppertshausen RP 75 Hd 49 ✉55469
Oppin ST 47 Na 39 ✉06188
Oppurg TH 71 Me 44 ✉07381
Oranienbaum ST 48 Nc 38 ✉06785
Oranienburg BB 36 Ob 32 ✉16515
Orbis RP 76 Hf 50 ✉67294
Orenhofen RP 74 Ge 49 ✉54298
Orfgen RP 66 Hd 44 ✉57632
Orlamünde TH 59 Md 44 ✉07768
Orlenbach RP 64 Gc 48 ✉54595
Ormont RP 64 Gc 47 ✉54597
Ornbau BY 89 Le 53 ✉91737
Orsfeld RP 64 Gd 48 ✉54655
Orsingen-Nenzingen BW 106 If 61 ✉78359
Ortenberg BW 96 Hf 58 ✉77799
Ortenberg HE 68 Ka 46 ✉63683
Ortenburg BY 103 Ob 57 ✉94496
Ortmannsdorf SN 60 Nd 44 ✉08146
Ortrand BB 50 Oe 40 ✉01990
Ortwig BB 37 Pc 32 ✉15324
Osann-Monzel RP 75 Gf 49 ✉54518
Osburg RP 74 Ge 50 ✉54317
Oschatz SN 61 Oa 41 ✉04758
Oschersleben (Bode) ST 46 Mb 36 ✉39387
Osdorf SH 4 La 22 ✉24251
Osloß NI 33 Le 34 ✉38557
Osnabrück NI 29 Ia 35 ✉*49074
Ossa SN 60 Nd 42 ✉04643
Ossendorf BB 38 Pd 36 ✉15898
Oßla TH 71 Md 46 ✉07343
Oßling SN 50 Pb 40 ✉01920
Oßmannstedt TH 59 Mc 42 ✉99510
Ostbevern NW 42 He 36 ✉48346
Osteel NI 8 Hb 27 ✉26529
Ostelsheim BW 87 If 56 ✉75395
Osten NI 11 Kb 26 ✉21756
Ostenfeld (Husum) SH 3 Kb 22 ✉25872
Ostenfeld (Rendsburg) SH 3 Ke 23 ✉24790
Osterberg BY 99 La 60 ✉89296
Osterbruch NI 11 If 26 ✉21762
Osterburg (Altmark) ST 34 Me 32 ✉39606
Osterburken BW 78 Kc 52 ✉74706
Osterby SH 3 Kb 20 ✉24994
Osterby SH 3 Ke 22 ✉24367
Ostercappeln NI 30 Ib 34 ✉49179
Ostereistedt NI 21 Kb 29 ✉27404
Osterfeld ST 59 Mf 42 ✉06721
Osterhausen ST 47 Mc 40 ✉06295
Osterhever SH 2 Ie 22 ✉25836
Osterhofen BY 92 Oa 56 ✉94486
Osterholz-Scharmbeck NI 20 If 29 ✉27711
Osterhorn SH 12 Ke 25 ✉25364
Osternienburg ST 47 Na 38 ✉06386
Osteroda BB 49 Ob 38 ✉04916
Osterode am Harz NI 45 Lb 38 ✉37520
Oster-Ohrstedt SH 3 Kb 21 ✉25885
Osterrade SH 11 Kc 23 ✉25767
Osterrönfeld SH 12 Ke 23 ✉24783
Osterspai RP 66 Hd 47 ✉56340
Osterstedt SH 11 Kd 24 ✉25590
Osterwald NI 28 Ha 33 ✉49828

Osterweddingen ST 47 Md 36 ⊠39171
Osterwieck ST 46 Le 37 ⊠38835
Osterwohle ST 23 Lf 31 ⊠29413
Ostfildern BW 87 Kb 56 ⊠73760
Osthausen-Wülfershausen TH 58 Ma 43 ⊠99310
Ostheim vor der Rhön BY 69 Lb 46 ⊠97645
Osthofen RP 77 Ib 50 ⊠67574
Ostingersleben ST 33 Mb 35 ⊠39343
Ostrach BW 106 Kc 61 ⊠88356
Ostramondra TH 59 Mb 41 ⊠99636
Ostrau SN 61 Oa 41 ⊠04749
Ostrau ST 47 Mf 39 ⊠06193
Ostrhauderfehn NI 19 Hd 29 ⊠26842
Ostritz SN 63 Pf 42 ⊠02899
Ostrohe SH 11 Ka 23 ⊠25746
Oststeinbek SH 12 Lb 27 ⊠22113
Ottenbach BW 88 Ke 56 ⊠73113
Ottenbüttel SH 11 Kd 25 ⊠25591
Ottendorf SH 4 La 22 ⊠24107
Ottendorf SN 61 Nf 43 ⊠09648
Ottendorf TH 59 Mf 44 ⊠07646
Ottendorf-Okrilla SN 62 Of 41 ⊠01458
Ottenhain SN 63 Pe 42 ⊠02708
Ottenhöfen BW 96 Ia 57 ⊠77883
Ottenhofen BY 101 Mf 59 ⊠85570
Ottensoos BY 81 Mc 51 ⊠91242
Ottenstein NI 44 Kc 37 ⊠31868
Otter NI 22 Ke 29 ⊠21259
Otterbach RP 76 He 52 ⊠67731
Otterberg RP 76 He 51 ⊠67697
Otterfing BY 109 Md 61 ⊠83624
Otterndorf NI 11 If 26 ⊠21762
Ottersberg NI 21 Kb 30 ⊠28870
Ottersheim RP 76 Ia 51 ⊠67308
Ottersheim RP 86 Ib 53 ⊠76879
Otterstadt RP 77 Ic 52 ⊠67166
Otterstedt TH 58 Lf 41 ⊠99718
Ottersweier BW 86 Ia 56 ⊠77833
Otterwisch SN 60 Nd 41 ⊠04668
Otting BY 89 Le 55 ⊠86700
Ottobeuren BY 108 Lb 61 ⊠87724
Ottobrunn BY 101 Md 60 ⊠85521
Ottrau HE 56 Kc 44 ⊠34633
Ottstedt am Berge TH 58 Mb 42 ⊠99428
Ottweiler SL 75 Ha 52 ⊠66564
Otzberg HE 77 If 50 ⊠64853
Otzing BY 92 Ne 56 ⊠94563
Otzweiler RP 75 Hd 50 ⊠55606
Ovelgönne NI 20 Ic 28 ⊠26939
Ovelgünne ST 33 Mb 36 ⊠39365
Overath NW 53 Hb 43 ⊠51491
Owen BW 98 Kc 57 ⊠73277
Owingen BW 106 Ka 62 ⊠88696
Owschlag SH 3 Kd 22 ⊠24811
Oybin SN 63 Pe 43 ⊠02797
Oy-Mittelberg BY 108 Lc 63 ⊠87466
Oyten NI 21 Ka 30 ⊠28876

P

Paaren im Glien BB 36 Nf 33 ⊠14641
Pabstorf ST 46 Lf 36 ⊠38836
Packebusch ST 34 Md 32 ⊠39624
Padenstedt SH 12 Kf 24 ⊠24634
Paderborn NW 43 Ie 38 ⊠*33098
Padingbüttel NI 10 Id 26 ⊠27632
Pähl BY 109 Mb 61 ⊠82396
Pätow-Steegen MV 23 Ma 28 ⊠19230
Pätz BB 37 Oe 35 ⊠15741
Päwesin BB 35 Ne 33 ⊠14778
Pahlen SH 3 Kb 23 ⊠25794
Pahlsdorf BB 49 Od 38 ⊠03249
Painten BY 91 Mf 54 ⊠93351
Palling BY 102 Nd 60 ⊠83349
Palzem RP 74 Gc 51 ⊠54439
Pampow MV 14 Mc 27 ⊠19075
Pampow MV 17 Pb 27 ⊠17322
Panitzsch SN 60 Nd 40 ⊠04451
Panker SH 4 Ld 22 ⊠24321
Panschwitz-Kuckau (Pančicy-Kukow) SN 62 Pa 41 ⊠01920
Pansfelde ST 46 Mb 39 ⊠06543
Pantelitz MV 6 Nf 23 ⊠18442
Panten SH 13 Ld 26 ⊠23896
Pantenburg RP 65 Gf 48 ⊠54531
Panzweiler RP 65 Hb 48 ⊠56865
Papenbruch BB 25 Nc 30 ⊠16909
Papenburg NI 19 Hc 30 ⊠26871
Papendorf MV 14 Na 24 ⊠18059
Papendorf MV 17 Of 28 ⊠17309
Papenhagen MV 16 Oa 24 ⊠18510
Papenhusen MV 13 Ma 25 ⊠23936
Paplitz BB 49 Oc 36 ⊠15837
Paplitz ST 35 Nb 35 ⊠39307
Pappendorf SN 61 Oa 43 ⊠09661
Pappenheim BY 90 Ma 55 ⊠91788
Parchau ST 34 Mf 35 ⊠39291
Parchen ST 35 Na 34 ⊠39307
Parchim MV 24 Mf 28 ⊠19370
Parchtitz MV 7 Oc 22 ⊠18528
Parey BB 35 Nb 32 ⊠14715
Parey ST 34 Mf 34 ⊠39317
Parkow MV 14 Mf 25 ⊠18246
Parkstein BY 82 Na 50 ⊠92711
Parkstetten BY 92 Nd 55 ⊠94365
Parlow-Glambeck BB 27 Oe 30 ⊠16247
Parmen-Weggun BB 26 Od 28 ⊠17291
Parsau NI 33 Lf 33 ⊠38470
Parsberg BY 91 Me 54 ⊠92331
Parstein BB 27 Pa 31 ⊠16248
Partenheim RP 76 Ia 49 ⊠55288
Partenstein BY 68 Kc 48 ⊠97846
Parthenstein SN 60 Nd 41 ⊠04668
Parum MV 13 Mb 27 ⊠19243
Paschel RP 74 Ge 51 ⊠54314
Paschwitz SN 48 Ne 40 ⊠04838
Pasenow MV 16 Od 27 ⊠17349
Pasewalk MV 17 Pa 28 ⊠17309
Paska TH 71 Md 45 ⊠07381
Passade SH 4 Lc 22 ⊠24253
Passau BY 103 Od 57 ⊠*94032
Passee MV 14 Me 25 ⊠23992
Passow BB 27 Pa 29 ⊠16306
Passow MV 14 Na 27 ⊠19386
Pastetten BY 101 Mf 59 ⊠85669
Pastin MV 14 Mf 26 ⊠19406
Patersberg RP 66 He 48 ⊠56348
Patersdorf BY 92 Nf 54 ⊠94265
Pattensen NI 32 Ke 35 ⊠30982
Patzig MV 7 Oc 22 ⊠18528
Paulinenaue BB 35 Ne 32 ⊠14641
Paunzhausen BY 100 Md 58 ⊠85307
Pausa/Vogtland SN 71 Na 45 ⊠07952
Pausin BB 36 Oa 33 ⊠14641
Pechbrunn BY 82 Nb 49 ⊠95701
Peckfitz ST 33 Ma 33 ⊠39649
Peenemünde MV 16 Oe 24 ⊠17449
Peffingen RP 74 Gc 49 ⊠54668
Pegau SN 60 Nb 41 ⊠04523
Pegestorf NI 44 Kc 37 ⊠37619
Pegnitz BY 81 Md 50 ⊠91257
Peickwitz BB 50 Of 40 ⊠01945
Peine NI 32 Lb 35 ⊠*31224
Peissen SH 11 Kd 24 ⊠25551
Peißen ST 47 Me 38 ⊠06408
Peißen ST 47 Na 39 ⊠06188
Peißenberg BY 109 Ma 62 ⊠82380
Peiting BY 108 Lf 62 ⊠86971
Peitz (Picnjo) BB 51 Pc 37 ⊠03185
Pellingen RP 74 Ge 50 ⊠54331
Pellworm SH 2 Id 21 ⊠25849
Pelm RP 64 Ge 47 ⊠54570
Pelsin MV 16 Oe 26 ⊠17392
Pemfling BY 92 Nd 53 ⊠93482
Penig SN 60 Ne 43 ⊠09322
Penkow MV 25 Nc 28 ⊠17213
Penkun MV 27 Pb 29 ⊠17328
Pennewitz TH 70 Ma 45 ⊠98708
Pennigsehl NI 31 Ka 33 ⊠31621
Pentling BY 91 Na 55 ⊠93080
Penzberg BY 109 Mc 62 ⊠82377
Penzin MV 14 Mf 25 ⊠18249
Penzing BY 100 Lf 60 ⊠86929
Penzlin MV 16 Oa 27 ⊠17217
Peplow MV 14 Md 24 ⊠18233
Perach BY 102 Ne 59 ⊠84567
Perasdorf BY 92 Ne 55 ⊠94366
Perkam BY 92 Nc 55 ⊠94368
Perl SL 74 Gc 52 ⊠66706
Perleberg BB 24 Mf 30 ⊠19348
Perlesreut BY 93 Oc 56 ⊠94157
Perlin MV 13 Mb 27 ⊠19209
Perscheid RP 66 He 48 ⊠55430
Perwenitz BB 36 Oa 33 ⊠14641
Peseckendorf ST 46 Mb 36 ⊠39398
Pessin BB 35 Ne 33 ⊠14641
Pesterwitz SN 62 Od 42 ⊠01705
Petersaurach BY 89 Le 53 ⊠91580
Petersberg HE 68 Ke 45 ⊠36100
Petersberg RP 85 Hd 53 ⊠66989
Petersberg ST 47 Mf 39 ⊠06193
Petersberg TH 59 Me 43 ⊠07616
Petersdorf BB 37 Pa 35 ⊠15518
Petersdorf BY 100 Ma 57 ⊠86574
Petersdorf MV 16 Oc 28 ⊠17348
Petersdorf TH 46 Lf 39 ⊠99735
Petershagen BB 37 Pc 34 ⊠15326
Petershagen NW 31 If 34 ⊠32469
Petershain SN 63 Pe 41 ⊠02906
Petershausen BY 100 Mc 58 ⊠85238
Peterslahr RP 65 Hc 45 ⊠57632
Petersroda ST 48 Nb 39 ⊠06809
Peterswald-Löffelscheid RP 65 Hb 48 ⊠56858
Petkus BB 49 Oc 37 ⊠14913
Petriroda TH 58 Le 43 ⊠99887
Pettendorf BY 91 Mf 54 ⊠93186
Petting BY 111 Nf 61 ⊠83367
Pettstadt BY 80 Lf 50 ⊠96175
Petznick BB 26 Od 30 ⊠17268
Peuschen TH 71 Md 45 ⊠07389
Pfaffendorf BB 37 Pb 35 ⊠15848
Pfaffendorf SN 62 Pa 43 ⊠01824
Pfaffendorf SN 63 Pf 42 ⊠02829
Pfaffenhausen BY 99 Lc 60 ⊠87772
Pfaffenhofen BW 87 If 54 ⊠74397
Pfaffenhofen an der Glonn BY 100 Mb 59 ⊠85235
Pfaffenhofen an der Ilm BY 100 Mc 57 ⊠85276
Pfaffenhofen an der Roth BY 99 La 58 ⊠89284
Pfaffen-Schwabenheim RP 76 Hf 49 ⊠55546
Pfaffenweiler BW 95 He 61 ⊠79292
Pfaffroda SN 61 Oc 44 ⊠09526
Pfaffschwende TH 57 La 41 ⊠37308
Pfakofen BY 91 Nb 55 ⊠93101
Pfalzfeld RP 66 Hd 48 ⊠56291
Pfalzgrafenweiler BW 96 Id 57 ⊠72285
Pfarrkirchen BY 102 Nf 58 ⊠84347
Pfarrweisach BY 70 Le 48 ⊠96176
Pfatter BY 92 Nc 55 ⊠93102
Pfedelbach BW 88 Kc 53 ⊠74629
Pfeffelbach RP 75 Hc 51 ⊠66871
Pfeffenhausen BY 91 Mf 57 ⊠84076
Pferdingsleben TH 58 Le 43 ⊠99869
Pferdsdorf TH 57 Kf 44 ⊠36414
Pfersdorf TH 70 Ld 46 ⊠98646
Pfiffelbach TH 59 Mc 42 ⊠99510
Pfinztal BW 87 Id 55 ⊠76327
Pförring BY 91 Md 56 ⊠85104
Pfofeld BY 89 Lf 54 ⊠91738
Pforzen BY 108 Ld 61 ⊠87666
Pforzheim BW 87 Ie 55 ⊠*75172
Pfreimd BY 82 Nb 52 ⊠92536
Pfronstetten BW 98 Kc 59 ⊠72539
Pfronten BY 108 Ld 63 ⊠87459
Pfuhlsborn TH 59 Md 42 ⊠99510
Pfullendorf BW 106 Kb 61 ⊠88630
Pfullingen BW 97 Kb 58 ⊠72793
Pfungstadt HE 77 Id 50 ⊠64319
Philadelphia BB 37 Of 35 ⊠15859
Philippsburg BW 86 Ic 53 ⊠76661
Philippsheim RP 74 Gd 49 ⊠54662
Philippsreut BY 93 Od 55 ⊠94158
Philippsthal BB 36 Oa 34 ⊠14532
Philippsthal (Werra) HE 57 La 43 ⊠36269
Phöben BB 36 Nf 34 ⊠14542
Picher MV 24 Mc 28 ⊠19230
Pickließem RP 64 Gd 49 ⊠54647
Piding BY 111 Nf 62 ⊠83451
Pielenhofen BY 91 Mf 54 ⊠93188
Piesau TH 70 Mb 45 ⊠98739
Pieskow BB 37 Pb 36 ⊠15848
Piesport RP 75 Gf 49 ⊠54498
Piethen ST 47 Mf 38 ⊠06388
Pietzpuhl ST 34 Mf 35 ⊠39291
Pillgram BB 37 Pc 35 ⊠15236
Pillig RP 65 Hb 47 ⊠56753
Pillingsdorf TH 59 Me 44 ⊠07819
Pilsach BY 90 Md 53 ⊠92367
Pilsting BY 92 Nd 56 ⊠94431
Pinneberg SH 12 Ke 27 ⊠25421
Pinnow BB 27 Pa 30 ⊠16278
Pinnow BB 51 Pd 37 ⊠03172
Pinnow MV 14 Md 27 ⊠19065
Pinnow MV 16 Oa 27 ⊠17091
Pintesfeld RP 64 Gc 48 ⊠54649
Pinzberg BY 80 Ma 50 ⊠91361
Pirk BY 82 Nc 51 ⊠92712
Pirmasens RP 85 Hd 53 ⊠*66953
Pirna SN 62 Of 43 ⊠01796
Pirow BB 24 Mf 29 ⊠19348
Piskaborn ST 47 Mc 39 ⊠06343
Pitschen-Pickel BB 49 Od 37 ⊠15926
Pittenbach RP 64 Gb 47 ⊠54595
Pittenhart BY 102 Nc 61 ⊠83132
Plaaz MV 15 Nc 25 ⊠18276
Plänitz-Leddin BB 25 Nc 31 ⊠16845
Plaidt RP 65 Hc 46 ⊠56637
Planegg BY 100 Mc 60 ⊠82152
Plankenfels BY 81 Mc 49 ⊠95515
Plankstadt BW 77 Id 52 ⊠68723
Plascheid RP 64 Gb 48 ⊠54673
Plate MV 14 Mc 27 ⊠19086
Platkow BB 37 Pb 33 ⊠15306
Platten RP 75 Gf 49 ⊠54518
Plattkow BB 37 Pa 36 ⊠15848
Plattling BY 92 Nf 56 ⊠94447
Plau am See MV 25 Nb 28 ⊠19395
Plaue TH 58 Lf 44 ⊠99338
Plauen SN 72 Na 45 ⊠*08523
Plauerhagen MV 25 Nb 28 ⊠19395
Plech BY 81 Mc 51 ⊠91287
Pleckhausen RP 66 Hd 45 ⊠56593
Pleidelsheim BW 87 Kb 55 ⊠74385
Plein RP 65 Gf 48 ⊠54518
Pleinfeld BY 90 Ma 54 ⊠91785
Pleiskirchen BY 102 Nd 59 ⊠84568
Pleißa SN 60 Ne 43 ⊠09246
Pleisweiler-Oberhofen RP 86 Hf 54 ⊠76889
Pleitersheim RP 76 Hf 49 ⊠55576
Pleizenhausen RP 66 Hd 48 ⊠55469
Pleß BY 99 La 60 ⊠87773
Plessa BB 49 Od 40 ⊠04928
Plettenberg NW 54 Hf 41 ⊠58840
Pleystein BY 82 Nc 51 ⊠92714
Pliening BY 101 Me 59 ⊠85652
Pliezhausen BW 97 Kb 57 ⊠72124
Plochingen BW 88 Kc 56 ⊠73207
Plön SH 12 Lc 24 ⊠24306
Plößberg BY 82 Nc 50 ⊠95703
Plötz MV 16 Ob 25 ⊠17129
Plötz ST 47 Mf 39 ⊠06193
Plötzin BB 35 Nf 34 ⊠14542
Plötzkau ST 47 Me 38 ⊠06425
Plötzky ST 47 Me 36 ⊠39245
Plöwen MV 17 Pb 28 ⊠17321
Plossig ST 49 Nf 38 ⊠06922
Plothen TH 71 Me 45 ⊠07907
Plotitz SN 61 Ob 41 ⊠01594
Plüderhausen BW 88 Kd 56 ⊠73655
Plüschow MV 13 Mb 25 ⊠23936
Plütscheid RP 64 Gc 48 ⊠54597
Pluwig RP 74 Ge 50 ⊠54316
Pobershau SN 73 Ob 45 ⊠09496
Pobzig ST 47 Me 38 ⊠06429
Pockau SN 61 Ob 44 ⊠09509
Pocking BY 103 Ob 58 ⊠94060
Podelwitz SN 48 Nc 40 ⊠04448
Podelwitz TH 60 Nc 43 ⊠04603
Podelzig BB 38 Pd 34 ⊠15326
Pöcking BY 100 Mb 61 ⊠82343
Pödelist ST 59 Me 41 ⊠06618
Pöhla SN 73 Ne 45 ⊠08352
Pölchow MV 14 Na 24 ⊠18059
Pölitz MV 15 Nc 25 ⊠18299
Pölitz SH 12 Lc 26 ⊠23847
Pöllwitz TH 71 Na 45 ⊠07937
Pölsfeld ST 47 Mc 39 ⊠06528
Pölzig TH 60 Nb 43 ⊠07554
Pömmelte ST 47 Me 37 ⊠39249
Pörmitz TH 71 Me 45 ⊠07907
Pörnbach BY 100 Mc 57 ⊠85309
Pöschendorf SH 11 Kd 24 ⊠25560
Pösing BY 92 Nd 53 ⊠93483
Pößneck TH 71 Md 44 ⊠07381
Pötenitz MV 13 Lf 25 ⊠23942
Pöttmes BY 100 Ma 57 ⊠86554
Pogeez SH 13 Le 26 ⊠23911
Poggelow MV 15 Nd 25 ⊠17168
Poggendorf MV 16 Oa 24 ⊠18516
Poggensee SH 13 Ld 27 ⊠23896
Pohl RP 66 Hf 47 ⊠56357
Pohla SN 62 Pb 41 ⊠01877
Pohle NI 31 Kc 35 ⊠31867
Pohlheim HE 67 Ie 45 ⊠35415
Pohlitz BB 38 Pd 35 ⊠15890
Pohnsdorf SH 4 Lb 23 ⊠24211
Pohrsdorf SN 61 Od 42 ⊠01737
Poing BY 101 Me 59 ⊠85586
Pokrent MV 13 Ma 27 ⊠19205
Polch RP 65 Hb 47 ⊠56751
Polenzko ST 48 Nb 36 ⊠39264
Poley ST 47 Me 38 ⊠06408
Polkenberg SN 61 Nf 41 ⊠04703
Polle NI 44 Kc 37 ⊠37647
Polleben ST 47 Md 39 ⊠06295
Pollenfeld BY 90 Mb 55 ⊠85131
Pollhagen NI 31 Kb 34 ⊠31718
Polling BY 102 Nd 59 ⊠84570
Polling BY 109 Ma 62 ⊠82398
Pollitz ST 24 Md 31 ⊠39615
Polsingen BY 89 Le 55 ⊠91805
Polßen BB 27 Of 29 ⊠16278
Polz MV 24 Mc 30 ⊠19303
Polzen BB 49 Ob 38 ⊠04916
Polzow MV 17 Pa 27 ⊠17309
Pommelsbrunn BY 81 Md 51 ⊠91224
Pommerby SH 4 Kf 21 ⊠24395
Pommern RP 65 Hb 47 ⊠56829
Pommersfelden BY 80 Lf 50 ⊠96178
Pomster RP 65 Gf 46 ⊠53534
Ponickau SN 62 Oe 40 ⊠01561
Ponitz TH 60 Nc 43 ⊠04639
Ponnsdorf BB 49 Oe 39 ⊠03238
Poppenbüll SH 2 Ie 22 ⊠25836
Poppendorf MV 15 Nd 23 ⊠18184
Poppenhausen BY 69 Lb 48 ⊠97490
Poppenhausen HE 69 Kf 46 ⊠36163
Poppenhausen TH 70 Le 47 ⊠98663
Poppenricht BY 81 Me 52 ⊠92284
Poppenwind TH 70 Le 46 ⊠98673
Porep BB 24 Na 29 ⊠16949
Porschdorf SN 62 Pa 43 ⊠01814
Porta Westfalica NW 30 If 35 ⊠32457
Poseritz MV 7 Ob 23 ⊠18574
Poserna ST 60 Na 41 ⊠06686
Possendorf SN 62 Oe 43 ⊠01728
Postau BY 91 Nc 57 ⊠84103
Postbauer-Heng BY 90 Mb 53 ⊠92353
Posterstein TH 60 Nb 43 ⊠04626
Postfeld SH 12 Lb 23 ⊠24211
Postlow MV 16 Od 25 ⊠17391
Postmünster BY 102 Nf 58 ⊠84389
Potsdam BB 36 Oa 34 ⊠*14467
Pottenstein BY 81 Mc 50 ⊠91278
Pottum RP 66 Ia 45 ⊠56459
Potzehne ST 34 Mc 34 ⊠39638
Potzlow BB 27 Oe 29 ⊠17291
Pouch ST 48 Nc 39 ⊠06774
Poxdorf BY 80 Ma 51 ⊠91099
Poxdorf TH 59 Me 43 ⊠07616
Poyenberg SH 11 Ke 24 ⊠25581
Pracht RP 54 He 44 ⊠57589
Prackenbach BY 92 Ne 54 ⊠94267
Pragsdorf MV 16 Oc 27 ⊠17094
Prasdorf SH 4 Lb 22 ⊠24253
Prath RP 66 He 47 ⊠56346
Prebberede MV 15 Nc 25 ⊠17168
Prebitz BY 81 Me 49 ⊠95473
Preddöhl BB 25 Nb 29 ⊠16928
Preetz SH 4 Lb 23 ⊠24211
Preilack BB 51 Pc 37 ⊠03185
Preischeid RP 64 Ga 48 ⊠54689
Preist RP 74 Gd 49 ⊠54664
Prem BY 108 Le 62 ⊠86984
Premnitz BB 35 Nc 33 ⊠14727
Premsendorf ST 49 Oa 38 ⊠06926
Premslin BB 24 Me 30 ⊠19357
Prenden BB 26 Od 32 ⊠16348
Prensdorf BB 49 Oc 37 ⊠15936
Prenzlau BB 27 Oe 29 ⊠17291
Prerow MV 6 Nd 22 ⊠18375
Preschen BB 51 Pe 39 ⊠03159
Pressath BY 81 Mf 50 ⊠92690
Presseck BY 71 Md 47 ⊠95355
Pressel SN 48 Ne 39 ⊠04849
Pressig BY 71 Mb 46 ⊠96332
Prestewitz BB 49 Oc 39 ⊠04924
Pretschen BB 37 Pa 36 ⊠15910
Prettin ST 49 Nf 39 ⊠06922
Pretzfeld BY 80 Mb 50 ⊠91362
Pretzien ST 47 Mf 36 ⊠39245
Pretzier ST 23 Mb 32 ⊠29416
Pretzsch ST 59 Mf 42 ⊠06667
Pretzsch (Elbe) ST 48 Ne 38 ⊠06909
Pretzschendorf SN 61 Od 43 ⊠01774
Preußisch Oldendorf NW 30 Id 35 ⊠32361
Preußlitz ST 47 Me 38 ⊠06408
Prezelle NI 24 Mc 31 ⊠29491
Priborn MV 25 Ne 29 ⊠17209
Prichsenstadt BY 79 Lc 50 ⊠97357
Prien am Chiemsee BY 110 Nb 61 ⊠83209
Prieros BB 37 Oe 35 ⊠15752
Priesendorf BY 80 Le 49 ⊠96170
Priesitz ST 48 Nf 38 ⊠06909
Prießen BB 49 Oc 39 ⊠03253
Prießnitz ST 59 Me 42 ⊠06618
Priester SN 48 Nc 40 ⊠04509
Priestewitz SN 61 Od 41 ⊠01561
Prietitz SN 62 Pa 41 ⊠01920
Prinzenmoor SH 11 Kc 23 ⊠24805
Prinzhöfte NI 20 Id 31 ⊠27243
Priort BB 36 Nf 33 ⊠14641
Pripsleben MV 16 Oa 26 ⊠17091
Prisannewitz MV 15 Nb 25 ⊠18196
Prisdorf SH 12 Ke 26 ⊠25497
Prislich MV 24 Md 29 ⊠19300
Prittitz ST 59 Mf 42 ⊠06667
Prittriching BY 100 Lf 59 ⊠86931
Pritzerbe BB 35 Nc 34 ⊠14798
Pritzier MV 23 Ma 28 ⊠19230
Pritzwalk BB 25 Na 30 ⊠16928
Probsteierhagen SH 4 Lb 22 ⊠24253
Probstzella TH 71 Mc 45 ⊠07330
Prösen BB 49 Od 40 ⊠04932
Pröttlin BB 24 Md 29 ⊠19357
Prötzel BB 37 Oe 33 ⊠15345
Profen ST 60 Nb 42 ⊠06725
Prohn MV 7 Oa 22 ⊠18445
Pronsfeld RP 64 Gb 48 ⊠54597
Pronstorf SH 12 Lc 25 ⊠23820
Proschim BB 50 Pb 39 ⊠03130
Prosigk ST 47 Na 38 ⊠06369
Prosselsheim BY 79 La 49 ⊠97279
Proßmarke BB 49 Od 38 ⊠04936
Protzen BB 25 Ne 31 ⊠16833
Pruchten MV 6 Ne 22 ⊠18356
Prüm RP 64 Gc 47 ⊠54595
Prümzurlay RP 74 Gc 49 ⊠54668
Prützke BB 35 Nd 34 ⊠14797
Prüzen MV 14 Na 26 ⊠18276
Prutting BY 110 Nb 61 ⊠83134
Puchheim BY 100 Mc 59 ⊠82178
Puchow MV 16 Oa 27 ⊠17217
Pudagla MV 17 Pa 25 ⊠17429
Puderbach RP 66 Hd 45 ⊠56305
Püchersreuth BY 82 Nb 50 ⊠92715
Püggen ST 33 Ma 32 ⊠29416
Pünderich RP 65 Ha 48 ⊠56862
Pürgen BY 100 Lf 60 ⊠86932
Püttlingen SL 84 Gf 53 ⊠66346
Pützlingen TH 46 Ld 39 ⊠99735
Pulheim NW 53 Ge 43 ⊠50259
Pullach im Isartal BY 100 Mc 60 ⊠82049
Pullenreuth BY 81 Na 49 ⊠95704
Pulow MV 16 Oe 25 ⊠17440
Puls SH 11 Kd 24 ⊠25560
Pulsnitz SN 62 Pa 41 ⊠01896
Pulspforde ST 48 Na 37 ⊠39264
Purzien ST 49 Oa 38 ⊠06925
Puschendorf BY 80 Lf 51 ⊠90617
Puschwitz SN 63 Pb 41 ⊠02699
Putbus MV 7 Oc 22 ⊠18581
Putgarten MV 7 Oc 20 ⊠18556
Putlitz BB 24 Na 29 ⊠16949
Putzar MV 16 Oe 26 ⊠17392
Putzbrunn BY 101 Me 60 ⊠85640
Pyrbaum BY 90 Mb 53 ⊠90602

Q

Quakenbrück NI 29 Hf 32 ⊠49610
Qualitz MV 14 Mf 26 ⊠18249
Quappendorf BB 37 Pb 33 ⊠15320
Quarnstedt SH 12 Ke 25 ⊠25563
Quaschwitz TH 71 Me 44 ⊠07389
Quedlinburg ST 46 Ma 38 ⊠06484
Queidersbach RP 76 Hd 52 ⊠66851
Queienfeld TH 69 Lc 46 ⊠98631
Queis ST 48 Na 40 ⊠06188
Quellendorf ST 48 Na 38 ⊠06386
Quendorf NI 28 Hb 34 ⊠48465
Quenstedt ST 47 Mc 38 ⊠06333
Querenhorst NI 33 Lf 34 ⊠38368
Querfurt ST 59 Md 40 ⊠06268
Quern SH 3 Ke 20 ⊠24972
Quernheim NI 30 Ic 34 ⊠49448
Querstedt ST 34 Me 33 ⊠39579
Questenberg ST 46 Ma 40 ⊠06536
Quetzdölsdorf ST 48 Na 39 ⊠06780
Quickborn SH 11 Kb 24 ⊠25712
Quickborn SH 12 Kf 26 ⊠25451
Quiddelbach RP 65 Gf 46 ⊠53518
Quierschied SL 75 Ha 53 ⊠66287
Quirla TH 59 Me 43 ⊠07646
Quirnbach RP 66 He 45 ⊠56242
Quirnbach (Pfalz) RP 75 Hc 52 ⊠66909
Quirnheim RP 76 Ia 51 ⊠67280
Quitzdorf am See SN 63 Pe 41 ⊠02906
Quitzöbel BB 24 Mf 31 ⊠19336

R

Raa-Besenbek SH 11 Kd 26 ⊠25335
Rabel SH 4 Kf 20 ⊠24376
Raben BB 48 Nd 36 ⊠14823
Rabenau HE 67 If 44 ⊠35466
Rabenau SN 62 Od 43 ⊠01734
Rabenholz SH 4 Kf 20 ⊠24395
Rabenkirchen-Faulück SH 4 Ke 21 ⊠24407
Raben Steinfeld MV 14 Md 27 ⊠19065
Rackith ST 48 Ne 38 ⊠06901
Rackwitz SN 48 Nc 40 ⊠04519
Radbruch NI 22 Lb 29 ⊠21449
Raddusch BB 50 Pa 38 ⊠03226
Rade SH 3 Ke 22 ⊠24790
Rade SH 12 Ke 24 ⊠25579
Rade SH 12 Ke 25 ⊠24594
Rade ST 49 Nf 38 ⊠06917
Radeberg SN 62 Of 42 ⊠01454
Radebeul SN 62 Od 42 ⊠01445
Radeburg SN 62 Oe 41 ⊠01471
Radefeld SN 48 Nb 40 ⊠04509
Rädegast MV 14 Me 25 ⊠18239
Radegast ST 48 Na 39 ⊠06369
Radekow BB 27 Pc 29 ⊠16307
Radeland BB 49 Od 36 ⊠15837
Rademin ST 34 Mb 32 ⊠29416
Radevormwald NW 53 Hc 41 ⊠42477
Radewege BB 35 Nd 34 ⊠14778
Radibor SN 63 Pc 41 ⊠02627
Radis ST 48 Nd 38 ⊠06773
Radisleben ST 46 Mb 38 ⊠06463
Radolfzell am Bodensee BW 106 If 62 ⊠78315
Raduhn MV 24 Me 28 ⊠19374
Räbke NI 33 Lf 35 ⊠38375
Räckelwitz SN 62 Pb 41 ⊠01920
Rädel BB 35 Ne 35 ⊠14797
Rädigke BB 48 Nd 36 ⊠14823
Rägelin BB 25 Nd 30 ⊠16818
Raesfeld NW 41 Gf 38 ⊠46348
Rätzlingen NI 33 Ma 34 ⊠39359
Ragösen BB 35 Nd 35 ⊠14806
Ragösen ST 48 Nb 37 ⊠06862
Ragow BB 36 Od 35 ⊠15749
Ragow BB 37 Pb 35 ⊠15848
Ragow BB 50 Of 37 ⊠03222
Raguhn ST 48 Nb 38 ⊠06779
Rahden NW 30 Id 34 ⊠32369
Rahnsdorf BB 49 Oa 38 ⊠04916
Rahnsdorf ST 48 Ne 37 ⊠06895
Raich BW 104 He 62 ⊠79692
Rain BY 90 Lf 56 ⊠86641
Rain BY 92 Nc 55 ⊠94369
Rainau BW 89 La 55 ⊠73492
Raisdorf SH 4 Lb 23 ⊠24223
Raisting BY 109 Ma 61 ⊠82399
Raitenbuch BY 90 Ma 54 ⊠91790
Rakow MV 14 Md 24 ⊠18233
Rakow MV 16 Oa 24 ⊠18516
Ralbitz-Rosenthal SN 62 Pb 41 ⊠01920
Ralingen RP 74 Gd 50 ⊠54310
Ralswiek MV 7 Oc 22 ⊠18528
Rambin MV 7 Ob 22 ⊠18573
Ramerberg BY 101 Na 60 ⊠83561
Ramhusen SH 11 Ka 25 ⊠25715
Ramin MV 27 Pb 28 ⊠17321
Rammelsbach RP 75 Hc 51 ⊠66887
Rammenau SN 62 Pa 42 ⊠01877
Rammingen BW 99 Lb 57 ⊠89192
Rammingen BY 99 Ld 60 ⊠86871
Ramsau bei Berchtesgaden BY 111 Nf 63 ⊠83486
Ramsdorf SN 60 Nc 42 ⊠04565
Ramsen RP 76 Hf 51 ⊠67305
Ramsin ST 48 Nb 39 ⊠06794
Ramsla TH 58 Mb 42 ⊠99439
Ramstedt SH 3 Kb 22 ⊠25876
Ramstein-Miesenbach RP 75 Hd 52 ⊠66877
Ramsthal BY 69 La 48 ⊠97729
Randersacker BY 79 Kf 50 ⊠97236
Rangendingen BW 97 If 58 ⊠72414
Rangsdorf BB 36 Oc 35 ⊠15834
Ranies ST 47 Mf 36 ⊠39221
Ranis TH 71 Md 44 ⊠07389
Rankwitz MV 17 Of 25 ⊠17406
Rannstedt TH 59 Md 42 ⊠99518
Rannungen BY 69 Lb 47 ⊠97517
Ransbach-Baumbach RP 66 He 46 ⊠56235
Ranschbach RP 86 Ia 53 ⊠76829
Ranspach SN 71 Mf 45 ⊠07952
Ranstadt HE 67 Ka 46 ⊠63691
Ransweiler RP 76 He 51 ⊠67808
Rantrum SH 3 Ka 22 ⊠25873
Rantum SH 2 Ib 19 ⊠25980
Rantzau SH 4 Lc 23 ⊠24329
Ranzig BB 37 Pb 36 ⊠15848
Ranzin MV 16 Od 25 ⊠17495
Ranzow BB 50 Pa 38 ⊠03229
Rappelsdorf TH 70 Le 45 ⊠98553
Rappin MV 7 Oc 21 ⊠18528
Raschau SN 73 Ne 45 ⊠08352
Rascheid RP 75 Gf 50 ⊠54413
Rasdorf HE 69 Kf 44 ⊠36169
Raßnitz ST 60 Na 40 ⊠06184
Rastatt BW 86 Ib 55 ⊠76437
Rastdorf NI 19 He 31 ⊠26901
Rastede NI 20 Ib 29 ⊠26180
Rastenberg TH 59 Mc 41 ⊠99636
Rastorf SH 4 Lb 23 ⊠24211
Rastow MV 24 Mc 28 ⊠19077
Ratekau SH 13 Le 25 ⊠23626
Rathebur MV 17 Oe 26 ⊠17398
Rathen SN 62 Pa 43 ⊠01824
Rathendorf SN 60 Nd 42 ⊠04657
Rathenow BB 35 Nc 33 ⊠14712
Rathjensdorf SH 12 Lc 23 ⊠24306
Rathmannsdorf SN 62 Pa 43 ⊠01814
Rathmannsdorf ST 47 Md 38 ⊠39439
Rathsdorf BB 37 Pa 32 ⊠16269
Rathskirchen RP 76 He 51 ⊠67744
Rathstock BB 38 Pd 33 ⊠15328
Rathsweiler RP 75 Hc 51 ⊠66887
Ratingen NW 53 Gf 41 ⊠*40878
Rattelsdorf BY 80 Lf 48 ⊠96179
Rattelsdorf TH 59 Me 44 ⊠07646
Rattenberg BY 92 Ne 54 ⊠94371
Rattenkirchen BY 101 Nb 59 ⊠84431
Rattiszell BY 92 Ne 54 ⊠94372
Ratzdorf BB 38 Pe 36 ⊠15898
Ratzeburg SH 13 Le 26 ⊠23909
Ratzert RP 66 Hd 45 ⊠57614
Raubach RP 66 Hd 45 ⊠56316
Raubling BY 110 Na 62 ⊠83064
Rauda TH 59 Mf 43 ⊠07613
Rauen BB 37 Pa 34 ⊠15518
Rauenberg BW 87 Ie 53 ⊠69231
Rauhenebrach BY 80 Ld 49 ⊠96181
Raumbach RP 76 Hd 50 ⊠55592
Raunheim HE 77 Ic 48 ⊠65479
Rauschenberg HE 55 If 43 ⊠35282
Rauschengesees TH 71 Md 45 ⊠07356
Rauschwitz TH 59 Me 43 ⊠07616
Rausdorf SH 12 Lc 27 ⊠22929
Rausdorf TH 59 Me 43 ⊠07646
Ravengiersburg RP 75 Hc 49 ⊠55471
Ravenhorst MV 6 Ne 23 ⊠18314
Ravensberg MV 14 Me 25 ⊠18233
Ravensburg BW 107 Kd 62 ⊠*88212

Ravenstein BW 78 Kd 52 ⊠74747
Raversbeuren RP 75 Hb 49 ⊠56850
Rayerschied RP 66 Hd 48 ⊠55469
Rebesgrün SN 72 Nc 45 ⊠08209
Rech RP 65 Ha 45 ⊠53506
Rechberghausen BW 88 Kd 56 ⊠73098
Rechenberg-Bienenmühle SN 61 Od 44 ⊠09623
Rechlin MV 25 Ne 28 ⊠17248
Rechtenbach BY 78 Kc 49 ⊠97848
Rechtenstein BW 98 Kd 59 ⊠89611
Rechtmehring BY 101 Na 60 ⊠83562
Rechtsupweg NI 8 Hb 27 ⊠26529
Reckahn BB 35 Nd 34 ⊠14778
Recke NW 29 He 34 ⊠49509
Reckendorf BY 80 Le 48 ⊠96182
Reckenroth RP 66 Ia 47 ⊠56370
Reckenzin BB 24 Me 29 ⊠19357
Reckershausen RP 75 Hc 49 ⊠55481
Recklinghausen NW 41 Hb 39 ⊠*45657
Recknitz MV 15 Nb 25 ⊠18276
Reddeber ST 46 Le 37 ⊠38855
Reddelich MV 14 Me 24 ⊠18209
Reddern BB 50 Pa 38 ⊠03229
Redefin MV 23 Mb 28 ⊠19230
Redekin ST 34 Na 34 ⊠39319
Rednitzhembach BY 90 Ma 53 ⊠91126
Redwitz BY 70 Mb 47 ⊠96257
Rees NW 40 Gc 38 ⊠46459
Reesdorf BB 36 Nf 35 ⊠14547
Reesdorf SH 12 La 23 ⊠24241
Reesdorf ST 35 Nb 35 ⊠39291
Reesen ST 34 Mf 35 ⊠39291
Reeßum NI 21 Kb 30 ⊠27367
Reetz BB 35 Nc 36 ⊠14827
Reetzerhütten BB 35 Nc 36 ⊠14827
Regen BY 92 Oa 55 ⊠94209
Regensburg BY 91 Na 54 ⊠*93047
Regenstauf BY 91 Na 54 ⊠93128
Regesbostel NI 21 Kd 28 ⊠21649
Regis-Breitingen SN 60 Nc 42 ⊠04565
Regnitzlosau BY 72 Na 47 ⊠95194
Rehagen BB 36 Oc 35 ⊠15806
Rehau BY 72 Na 47 ⊠95111
Rehbach RP 76 Hd 49 ⊠55566
Rehberg MV 26 Oc 28 ⊠17348
Rehborn RP 76 He 50 ⊠55592
Rehburg-Loccum NI 31 Kb 34 ⊠31547
Rehden NI 30 Ic 33 ⊠49453
Rehe RP 66 Ia 45 ⊠56479
Reher SH 11 Kd 24 ⊠25593
Rehfeld BB 49 Oa 39 ⊠04895
Rehfeld-Berlitt BB 25 Nb 31 ⊠16866
Rehfelde BB 37 Of 33 ⊠15345
Rehhorst SH 12 Lc 25 ⊠23619
Rehling BY 100 Lf 58 ⊠86508
Rehlingen NI 22 Lb 30 ⊠21385
Rehlingen-Siersburg SL 74 Gd 52 ⊠66780
Rehm-Flehde-Bargen SH 3 Ka 23 ⊠25776
Rehmsdorf ST 60 Nb 42 ⊠06729
Rehna MV 13 Ma 26 ⊠19217
Rehsen ST 48 Nd 38 ⊠06786
Rehungen TH 57 Ld 40 ⊠99759
Rehweiler RP 75 Hc 52 ⊠66907
Reich RP 75 Hc 48 ⊠55471
Reichardtswerben ST 59 Mf 41 ⊠06667
Reichartshausen BW 77 If 52 ⊠74934
Reichelsheim HE 77 Ie 50 ⊠64385
Reichelsheim in der Wetterau HE 67 If 46 ⊠61203
Reichenau BW 106 Ka 62 ⊠78479
Reichenbach BY 71 Mc 46 ⊠96358
Reichenbach BY 91 Nc 53 ⊠93189
Reichenbach RP 75 Hb 51 ⊠55776
Reichenbach SN 61 Ob 43 ⊠09603
Reichenbach TH 57 Ld 42 ⊠99947
Reichenbach TH 59 Mf 43 ⊠07629
Reichenbach (Oberlausitz) SN 63 Pe 42 ⊠02894
Reichenbach (Vogtland) SN 72 Nc 45 ⊠08468
Reichenbach am Heuberg BW 97 Ie 60 ⊠78564
Reichenbach an der Fils BW 88 Kc 56 ⊠73262
Reichenbach-Reichenau SN 62 Of 41 ⊠01936
Reichenbach-Steegen RP 75 Hd 51 ⊠66879
Reichenberg BB 37 Pa 33 ⊠15377
Reichenberg BY 79 Kf 50 ⊠97234
Reichenberg RP 66 He 48 ⊠56357
Reichenberg SN 62 Od 42 ⊠01468
Reichenhain BB 49 Oc 40 ⊠04932
Reichenow-Möglin BB 37 Pa 33 ⊠15345
Reichenschwand BY 81 Mc 51 ⊠91244
Reichenwalde BB 37 Of 35 ⊠15526
Reichersbeuern BY 109 Md 62 ⊠83677
Reicherskreuz BB 51 Pc 36 ⊠03172
Reichertshausen BY 100 Md 58 ⊠85293
Reichertsheim BY 101 Nb 59 ⊠84437
Reichertshofen BY 90 Mc 57 ⊠85084
Reichling BY 108 Lf 61 ⊠86934
Reichmannsdorf TH 70 Mb 45 ⊠98739
Reicho ST 49 Oa 38 ⊠06926
Reichshof NW 54 He 43 ⊠51580
Reichstädt SN 62 Od 43 ⊠01744
Reichstädt TH 60 Nb 43 ⊠07580
Reichsthal RP 76 He 51 ⊠67759
Reichwalde BB 49 Oe 37 ⊠15938
Reichwalde SN 51 Pd 40 ⊠02943
Reichweiler RP 75 Hb 51 ⊠66871
Reidenhausen RP 65 Hb 48 ⊠56865
Reifenberg RP 85 Hc 53 ⊠66507
Reiferscheid RP 66 Hd 45 ⊠57632
Reiff RP 64 Gb 48 ⊠54619
Reiffelbach RP 76 He 50 ⊠67829
Reifferscheid RP 65 Gf 46 ⊠53520
Reifland SN 61 Ob 44 ⊠09514
Reil RP 65 Ha 48 ⊠56861
Reilingen BW 87 Id 53 ⊠68799
Reimerath RP 65 Gf 47 ⊠53539
Reimershagen MV 15 Nb 26 ⊠18276
Reimlingen BY 89 Ld 56 ⊠86756
Reinbek SH 22 Lb 27 ⊠21465
Reinberg MV 7 Ob 23 ⊠18519
Reinberg MV 16 Oa 26 ⊠17091
Reinersdorf SN 61 Od 41 ⊠01561
Reinfeld SH 12 Lc 25 ⊠23858
Reinhards TH 68 Kd 45 ⊠36419
Reinhardshagen HE 44 Kd 40 ⊠34359
Reinhardtsdorf-Schöna SN 62 Pb 43 ⊠01814
Reinhardtsgrimma SN 62 Oe 43 ⊠01768
Reinharz ST 48 Ne 38 ⊠06905
Reinheim HE 77 Ie 49 ⊠64354
Reinholterode TH 45 Lb 40 ⊠37308
Reinsberg SN 61 Oc 42 ⊠09629
Reinsbüttel SH 11 If 23 ⊠25764
Reinsdorf BB 49 Ob 37 ⊠14913
Reinsdorf SN 60 Nd 44 ⊠08141
Reinsdorf ST 59 Md 41 ⊠06642
Reinsdorf TH 58 Mb 41 ⊠06556
Reinsfeld RP 75 Gf 50 ⊠54421
Reinshagen MV 14 Mf 24 ⊠18239
Reinstädt TH 59 Mc 44 ⊠07768
Reinstedt ST 47 Mb 38 ⊠06463
Reinstorf NI 23 Ld 29 ⊠21400
Reipeldingen RP 64 Ga 48 ⊠54689
Reipoltskirchen RP 76 He 51 ⊠67753
Reisbach BY 102 Nd 57 ⊠94419
Reischach BY 102 Ne 59 ⊠84571
Reisdorf TH 59 Md 42 ⊠99518
Reiser TH 57 Lc 41 ⊠99974
Reiskirchen HE 67 If 45 ⊠35447
Reitwein BB 38 Pd 33 ⊠15328
Reitzengeschwenda TH 71 Md 45 ⊠07338
Reitzenhain RP 66 He 48 ⊠56357
Reken NW 41 Ha 38 ⊠48734
Rellingen SH 12 Kf 27 ⊠25462
Relsberg RP 76 He 51 ⊠67753
Remagen RP 65 Hb 45 ⊠53424
Remchingen BW 87 Id 55 ⊠75196
Remda TH 58 Mb 44 ⊠07407
Remkersleben ST 47 Mc 36 ⊠39164
Remlingen BY 78 Ke 50 ⊠97280
Remlingen NI 46 Le 36 ⊠38319
Remmels SH 11 Ke 24 ⊠24594
Remplin MV 15 Ne 26 ⊠17139
Remptendorf TH 71 Md 45 ⊠07368
Remscheid NW 53 Hb 41 ⊠*42853
Remse SN 60 Nd 43 ⊠08373
Remseck am Neckar BW 87 Kb 55 ⊠71686
Remshalden BW 88 Kc 56 ⊠73630
Remstädt TH 58 Le 43 ⊠99869
Renchen BW 96 Ia 57 ⊠77871
Rendsburg SH 3 Kd 23 ⊠24768
Rendswühren SH 12 Lb 24 ⊠24619
Rengsdorf RP 65 Hc 45 ⊠56579
Renkenberge NI 19 Hc 31 ⊠49762
Rennau NI 33 Lf 35 ⊠38368
Renneritz ST 48 Nb 39 ⊠06794
Rennerod RP 66 Ia 45 ⊠56477
Rennertshofen BY 90 Ma 56 ⊠86643
Renningen BW 87 If 56 ⊠71272
Renquishausen BW 97 If 60 ⊠78603
Renthendorf TH 59 Me 44 ⊠07646
Rentweinsdorf BY 70 Le 48 ⊠96184
Rentwertshausen TH 69 Lc 46 ⊠98631
Renzow MV 13 Ma 27 ⊠19209
Reppelin MV 15 Nc 24 ⊠18190
Reppenstedt NI 22 Lc 29 ⊠21391
Reppichau ST 47 Na 38 ⊠06386
Reppinichen BB 35 Nb 36 ⊠14828
Repten BB 50 Pa 38 ⊠03205
Rerik MV 14 Md 24 ⊠18230
Reschwitz TH 71 Mc 45 ⊠07318
Ressen BB 50 Pa 39 ⊠03103
Retgendorf MV 14 Md 26 ⊠19067
Rethem NI 31 Kc 32 ⊠27336
Rethwisch SH 11 Kd 25 ⊠25566
Rethwisch SH 12 Lc 26 ⊠23847
Retschow MV 14 Mf 24 ⊠18211
Rettenbach BY 92 Nc 54 ⊠93191
Rettenbach BY 99 Lc 58 ⊠89364
Rettenberg BY 108 Lb 63 ⊠87549
Retterath RP 65 Ha 47 ⊠56769
Rettersen RP 53 Hc 44 ⊠57635
Rettershain RP 66 Hf 48 ⊠56357
Rettert RP 66 Hf 47 ⊠56370
Retzau ST 48 Nc 38 ⊠06779
Retzin BB 24 Na 30 ⊠19348
Retzow BB 35 Ne 33 ⊠14641
Retzow MV 25 Nb 28 ⊠19395
Retzstadt BY 79 Kf 49 ⊠97282
Reudelsterz RP 65 Hb 47 ⊠56727
Reuden ST 48 Nb 36 ⊠39264
Reuden ST 60 Nb 42 ⊠06725
Reudnitz BB 37 Pc 36 ⊠15848
Reupzig ST 47 Na 38 ⊠06369
Reurieth TH 70 Le 46 ⊠98646
Reußen ST 48 Na 39 ⊠06188
Reut BY 102 Nf 59 ⊠84367
Reute BW 95 He 60 ⊠79276
Reuterstadt Stavenhagen MV 15 Nf 26 ⊠17153
Reuth BY 82 Na 49 ⊠92717
Reuth RP 64 Gd 47 ⊠54597
Reuth SN 71 Mf 46 ⊠08538
Reuthen BB 51 Pd 39 ⊠03130
Reutlingen BW 97 Kb 58 ⊠*72760
Rhade NI 21 Ka 29 ⊠27404
Rhauderfehn NI 19 Hd 29 ⊠26817
Rhaunen RP 75 Hb 49 ⊠55624
Rheda-Wiedenbrück NW 43 Ic 37 ⊠33378
Rhede NI 18 Hb 30 ⊠26899
Rhede NW 41 Ge 37 ⊠46414
Rheden NI 45 Ke 36 ⊠31039
Rheinau BW 86 Hf 56 ⊠77866
Rheinbach NW 65 Gf 45 ⊠53359
Rheinberg NW 40 Gd 39 ⊠47495
Rheinböllen RP 66 Hd 48 ⊠55494
Rheinbreitbach RP 65 Hb 45 ⊠53619
Rheinbrohl RP 65 Hc 45 ⊠56598
Rheine NW 29 Hd 35 ⊠*48429
Rheinfelden (Baden) BW 104 He 63 ⊠79618
Rheinhausen BW 95 He 59 ⊠79365
Rheinmünster BW 86 Ia 56 ⊠77836
Rheinsberg BB 25 Nf 30 ⊠16831
Rheinstetten BW 86 Ib 55 ⊠76287
Rheinzabern RP 86 Ib 54 ⊠76764
Rhens RP 66 Hd 47 ⊠56321
Rheurdt NW 40 Gc 40 ⊠47509
Rhinow BB 35 Nb 32 ⊠14728
Rhoden ST 46 Le 36 ⊠38835
Rhodt unter Rietburg RP 86 Ia 53 ⊠76835
Rhumspringe NI 45 Lb 39 ⊠37434
Ribbeck BB 26 Ob 30 ⊠16775
Ribbeck BB 35 Ne 33 ⊠14641
Ribbesbüttel NI 33 Lc 34 ⊠38551
Ribnitz-Damgarten MV 6 Nc 23 ⊠18311
Richtenberg MV 15 Nf 23 ⊠18461
Rickenbach BW 104 Ia 63 ⊠79736
Rickert SH 3 Kd 22 ⊠24782
Rickling SH 12 La 24 ⊠24635
Riebau ST 23 Mb 31 ⊠29416
Rieben BB 36 Oa 35 ⊠14547
Ried BY 100 Ma 59 ⊠86510
Riedbach BY 69 Lc 48 ⊠97519
Riede NI 21 If 31 ⊠27339
Riedelberg RP 85 Hc 53 ⊠66484
Rieden BY 91 Mf 53 ⊠92286
Rieden BY 108 Ld 61 ⊠87668
Rieden RP 65 Ha 46 ⊠56745
Rieden am Forggensee BY 108 Le 63 ⊠87669
Riedenburg BY 91 Me 55 ⊠93339
Riedenheim BY 79 Kf 51 ⊠97283
Rieder ST 46 Mb 38 ⊠06507
Riederich BW 97 Kb 57 ⊠72585
Riedering BY 110 Nb 61 ⊠83083
Riedhausen BW 106 Kc 61 ⊠88377
Riedlingen BW 98 Kc 60 ⊠88499
Riedstadt HE 77 Id 50 ⊠64560
Riegel am Kaiserstuhl BW 95 He 60 ⊠79359
Riegelsberg SL 75 Gf 53 ⊠66292
Riegenroth RP 66 Hd 48 ⊠55469
Riegsee BY 109 Mb 62 ⊠82418
Riekofen BY 91 Nc 55 ⊠93104
Rielasingen-Worblingen BW 106 If 62 ⊠78239
Rieneck BY 68 Kd 48 ⊠97794
Rieplos BB 37 Of 35 ⊠15859
Rieps MV 13 Lf 26 ⊠19217
Riepsdorf SH 13 Lf 23 ⊠23738
Riesa SN 61 Ob 41 ⊠*01587
Riesbürg BW 89 Ld 55 ⊠73469
Rieschweiler-Mühlbach RP 85 Hc 53 ⊠66509
Riesdorf BB 49 Ob 37 ⊠14913
Riesdorf ST 48 Na 38 ⊠06369
Rieseby SH 3 Ke 21 ⊠24354
Riesigk ST 48 Nc 38 ⊠06786
Rießen BB 38 Pd 35 ⊠15890
Rieste NI 29 Ia 34 ⊠49597
Riestedt ST 47 Mc 40 ⊠06528
Riesweiler RP 75 Hd 49 ⊠55499
Rietberg NW 43 Ic 38 ⊠33397
Rietdorf BB 49 Oc 37 ⊠15936
Rieth MV 17 Pb 26 ⊠17375
Rietheim-Weilheim BW 97 Ie 60 ⊠78604
Riethgen TH 58 Ma 41 ⊠99638
Riethnordhausen ST 46 Mb 40 ⊠06528
Riethnordhausen TH 58 Ma 42 ⊠99195
Rietschen SN 51 Pe 40 ⊠02956
Rietz BB 35 Nd 34 ⊠14797
Rietz BB 48 Ne 36 ⊠14929
Rietzel ST 34 Na 35 ⊠39291
Rietzneuendorf-Friedrichshof BB 49 Od 36 ⊠15910
Rimbach BY 92 Nf 53 ⊠93485
Rimbach BY 102 Nd 58 ⊠84326
Rimbach HE 77 Ie 51 ⊠64668
Rimsberg RP 75 Hb 51 ⊠55765
Rimsting BY 110 Nb 61 ⊠83253
Rinchnach BY 93 Ob 55 ⊠94269
Ringe NI 28 Gf 33 ⊠49824
Ringelai BY 93 Oc 56 ⊠94160
Ringenhain SN 63 Pb 42 ⊠01904
Ringenwalde BB 27 Oe 30 ⊠17268
Ringenwalde BB 37 Pa 33 ⊠15377
Ringfurth ST 34 Mf 34 ⊠39517
Ringgau HE 57 La 42 ⊠37296
Ringleben TH 58 Lf 42 ⊠99189
Ringleben TH 58 Mb 40 ⊠06556
Ringsberg SH 3 Kd 20 ⊠24977
Ringsheim BW 95 He 59 ⊠77975
Ringstedt NI 10 If 27 ⊠27624
Rinnthal RP 86 Hf 53 ⊠76857
Rinteln NI 31 Ka 35 ⊠31737
Rinzenberg RP 75 Ha 50 ⊠55767
Riol RP 74 Ge 50 ⊠54340
Rippach ST 59 Na 41 ⊠06686
Rippershausen TH 69 Lb 45 ⊠98639
Ristedt ST 33 Ma 33 ⊠38486
Risum-Lindholm SH 2 If 20 ⊠25920
Ritschenhausen TH 69 Lc 45 ⊠98617
Ritterhude NI 20 Ie 29 ⊠27721
Ritterode ST 47 Mc 39 ⊠06333
Rittersdorf RP 64 Gd 48 ⊠54636
Rittersdorf TH 58 Mb 44 ⊠99448
Rittersgrün SN 73 Ne 46 ⊠08355
Rittersheim RP 76 Ia 51 ⊠67294
Ritzerau SH 13 Ld 26 ⊠23896
Ritzerow MV 16 Nf 27 ⊠17153
Ritzgerode ST 46 Mb 39 ⊠06543
Rivenich RP 75 Gf 49 ⊠54518
Riveris RP 74 Ge 50 ⊠54317
Rochau ST 34 Me 32 ⊠39579
Rochlitz SN 60 Ne 42 ⊠09306
Rochsburg SN 60 Ne 43 ⊠09328
Rockau TH 59 Me 43 ⊠07619
Rockenberg HE 67 Ie 46 ⊠35519
Rockenhausen RP 76 Hf 51 ⊠67806
Rockenstuhl TH 69 Kf 45 ⊠36419
Rockeskyll RP 64 Ge 47 ⊠54570
Rockhausen TH 58 Ma 43 ⊠99102
Rockstedt TH 58 Le 41 ⊠99713
Rodach, Bad- BY 70 Le 46 ⊠96476
Rodalben RP 85 Hd 53 ⊠66976
Rodau SN 71 Mf 45 ⊠08539
Roddahn BB 25 Nb 32 ⊠16845
Rodder RP 65 Gf 46 ⊠53520
Rodeberg TH 57 Lc 41 ⊠99976
Roden BY 78 Kd 49 ⊠97849
Rodenäs SH 2 Ie 19 ⊠25924
Rodenbach HE 67 Ka 48 ⊠63517
Rodenbach RP 76 Hd 52 ⊠67688
Rodenbach bei Puderbach RP 66 He 45 ⊠57639
Rodenbek SH 4 La 23 ⊠24247
Rodenberg NI 31 Kc 35 ⊠31552
Rodenwalde MV 23 Lf 28 ⊠19260
Rodersdorf ST 46 Mb 37 ⊠38828
Rodershausen RP 64 Gb 49 ⊠54673
Rodewald NI 31 Kd 32 ⊠31637
Rodewisch SN 72 Nc 45 ⊠08228
Rodewitz (Spree) SN 63 Pc 42 ⊠02681
Rodgau HE 77 If 49 ⊠63110
Roding BY 92 Nd 53 ⊠93426
Rodishain TH 46 Lf 39 ⊠99762
Rodleben ST 48 Nb 37 ⊠06862
Roduchelstorf MV 13 Ma 26 ⊠23923
Röbel/Müritz MV 25 Nd 28 ⊠17207
Röblingen am See ST 47 Me 40 ⊠06317
Röcken ST 60 Na 41 ⊠06686
Röckingen BY 89 Ld 54 ⊠91740
Röcknitz SN 48 Ne 40 ⊠04808
Röckwitz MV 16 Oa 26 ⊠17091
Röddelin BB 26 Oc 30 ⊠17268
Rödelhausen RP 75 Hb 49 ⊠56858
Rödelmaier BY 69 Lb 47 ⊠97618
Rödelsee BY 79 Lb 50 ⊠97348
Rödental BY 70 Ma 47 ⊠96472
Röderau-Bobersen SN 61 Ob 41 ⊠01619
Rödermark HE 77 Ie 49 ⊠63322
Rödern RP 75 Hc 49 ⊠55481
Rödersheim-Gronau RP 76 Ib 52 ⊠67127
Rödgen ST 48 Nb 39 ⊠06766
Rödinghausen NW 30 Id 35 ⊠32289
Rödlin-Thurow MV 26 Ob 28 ⊠17237
Rödlitz SN 60 Nd 44 ⊠09350
Röfingen BY 99 Lc 58 ⊠89365
Rögling BY 90 Lf 55 ⊠86703
Röglitz ST 48 Na 40 ⊠06184
Rögnitz MV 13 Ma 27 ⊠19205
Röhl RP 74 Gd 49 ⊠54636
Röhrmoos BY 100 Mc 59 ⊠85244
Röhrnbach BY 93 Oc 56 ⊠94133
Röhrsdorf SN 61 Ne 43 ⊠09247
Röhrsdorf SN 62 Oe 43 ⊠01809
Röllbach BY 78 Kb 50 ⊠63934
Römerberg RP 86 Ic 53 ⊠67354
Römerstein BW 98 Kd 58 ⊠72587
Römhild TH 69 Ld 45 ⊠98631
Römnitz SH 13 Le 26 ⊠23909
Römstedt NI 23 Ld 30 ⊠29591
Rönnebeck BB 26 Oa 30 ⊠16775
Röpersdorf BB 27 Oe 29 ⊠17291
Roes RP 65 Hb 47 ⊠56754
Rösa ST 48 Nc 39 ⊠06774
Röslau BY 71 Mf 48 ⊠95195
Rösrath NW 53 Hb 43 ⊠51503
Rößnitz SN 71 Mf 46 ⊠08527
Roetgen NW 64 Gb 45 ⊠52159
Rötgesbüttel NI 33 Ld 34 ⊠38531
Rötha SN 60 Nc 41 ⊠04571
Röthenbach BY 80 Mb 52 ⊠90552
Röthenbach BY 107 Kf 63 ⊠88167
Röthlein BY 79 Lb 49 ⊠97520
Rötsweiler-Nockenthal RP 75 Hb 50 ⊠55767
Röttenbach BY 80 Lf 50 ⊠91341
Röttenbach BY 90 Ma 54 ⊠91187
Röttingen BY 79 Kf 51 ⊠97285
Rötz BY 82 Nd 52 ⊠92444
Rövershagen MV 15 Nb 23 ⊠18182
Röwitz ST 33 Ma 33 ⊠38486
Rogäsen BB 35 Nc 35 ⊠14789
Rogätz ST 34 Me 35 ⊠39326
Rogeez MV 25 Nc 28 ⊠17209
Roggenburg BY 99 Lb 59 ⊠89297
Roggendorf MV 13 Ma 26 ⊠19205
Roggenstorf MV 13 Ma 25 ⊠23936
Roggentin MV 15 Nb 24 ⊠18184
Roggentin MV 25 Nf 28 ⊠17252
Roggosen BB 51 Pc 38 ⊠03058
Roggow MV 14 Md 24 ⊠18230
Rohlsdorf BB 25 Nb 29 ⊠16928
Rohlstorf SH 12 Lc 25 ⊠23821
Rohne SN 51 Pc 39 ⊠02959
Rohnstedt TH 58 Lf 41 ⊠99718
Rohr BY 80 Lf 52 ⊠91189
Rohr TH 69 Lc 45 ⊠98530
Rohrbach BY 100 Md 57 ⊠85296
Rohrbach RP 75 Hb 51 ⊠55776
Rohrbach RP 75 Hc 49 ⊠55490
Rohrbach RP 86 Ia 54 ⊠76865
Rohrbach TH 59 Mc 42 ⊠99439
Rohrbach TH 70 Mb 45 ⊠07429
Rohrbeck BB 49 Oa 37 ⊠14913
Rohrberg ST 33 Ma 32 ⊠38489
Rohrberg TH 57 La 40 ⊠37318
Rohrdorf BW 97 Ie 57 ⊠72229
Rohrdorf BY 110 Na 62 ⊠83101
Rohrenfels BY 90 Mb 56 ⊠86701
Rohr in Niederbayern BY 91 Mf 56 ⊠93352
Rohrlack BB 25 Nd 31 ⊠16845
Rohrsen NI 31 Kb 32 ⊠31627
Rohrsheim ST 46 Le 36 ⊠38836
Roigheim BW 78 Kb 52 ⊠74255
Roitzsch ST 48 Nb 39 ⊠06809
Roklum NI 46 Le 36 ⊠38325
Rollshausen NI 45 Lb 39 ⊠37434
Rollwitz MV 17 Of 28 ⊠17309
Rom MV 24 Mf 28 ⊠19372
Rommersheim RP 64 Gc 47 ⊠54597
Rommerskirchen NW 52 Ge 42 ⊠41569
Romrod HE 68 Kb 44 ⊠36329
Rondeshagen SH 13 Ld 26 ⊠23919
Ronneburg HE 68 Ka 47 ⊠63549
Ronneburg TH 60 Nb 43 ⊠07580
Ronnenberg NI 31 Kd 35 ⊠30952
Ronsberg BY 108 Lc 61 ⊠87671
Ronshausen HE 57 Kf 43 ⊠36217
Rorodt RP 75 Ha 50 ⊠54411
Rosa TH 69 Lb 44 ⊠98590
Rosbach vor der Höhe HE 67 Ie 47 ⊠61191
Roschbach RP 86 Ia 53 ⊠76835
Rosche NI 23 Le 31 ⊠29571
Roscheid RP 64 Ga 48 ⊠54619
Rosdorf NI 45 Kf 40 ⊠37124
Rosdorf SH 12 Ke 25 ⊠25548
Roseburg SH 13 Ld 27 ⊠21514
Rosenbach SN 63 Pe 42 ⊠02708
Rosenberg BW 78 Kc 52 ⊠74749
Rosenberg BW 88 La 54 ⊠73494
Rosendahl NW 41 Hb 36 ⊠48720
Rosendorf TH 59 Me 44 ⊠07819
Rosenfeld BW 97 Ie 59 ⊠72348
Rosengarten BW 88 Ke 54 ⊠74538
Rosengarten NI 22 Kf 28 ⊠21224
Rosenheim BY 110 Na 61 ⊠*83022
Rosenheim RP 54 Hf 44 ⊠57520
Rosenkopf RP 75 Hc 52 ⊠66894
Rosenow MV 14 Mf 26 ⊠18249
Rosenow MV 16 Oa 27 ⊠17091
Rosenthal BB 49 Oc 37 ⊠15936
Rosenthal-Bielatal SN 62 Pa 43 ⊠01824
Rosenwinkel BB 25 Nc 30 ⊠16928
Rosian ST 48 Nb 36 ⊠39279
Rositz TH 60 Nc 42 ⊠04617
Roskow BB 35 Ne 34 ⊠14778
Rosow BB 27 Pc 29 ⊠16307
Rossau SN 61 Oa 42 ⊠09661
Rossau ST 34 Md 32 ⊠39606
Roßbach BY 102 Nf 57 ⊠94439
Roßbach RP 65 Hc 45 ⊠53547
Roßbach RP 66 He 45 ⊠56271
Roßbach bei Merseburg ST 59 Mf 41 ⊠06242
Roßdorf HE 77 Ie 49 ⊠64380
Roßdorf ST 35 Nb 34 ⊠39307
Roßdorf TH 69 Lb 44 ⊠98590
Roßhaupten BY 108 Le 63 ⊠87672
Rossin MV 16 Oe 26 ⊠17398
Roßla ST 46 Ma 40 ⊠06536
Roßlau ST 48 Nb 37 ⊠06862
Roßleben TH 59 Mc 41 ⊠06571
Rossow BB 25 Nd 30 ⊠16909
Rossow MV 17 Pa 28 ⊠17322
Roßtal BY 80 Lf 52 ⊠90574
Roßwein SN 61 Ob 42 ⊠04741
Rostock MV 14 Na 24 ⊠*18055
Rot am See BW 88 La 53 ⊠74585
Rot an der Rot BW 98 La 60 ⊠88430
Rotberg BB 36 Od 34 ⊠15749
Rotenburg an der Fulda HE 56 Ke 42 ⊠36199
Rotenburg/Wümme NI 21 Kc 30 ⊠27356
Rotenhain RP 66 Hf 45 ⊠56459
Roth BY 90 Ma 53 ⊠91154
Roth RP 54 He 44 ⊠57539
Roth RP 65 Hc 48 ⊠56288
Roth RP 66 Hf 47 ⊠56368
Roth RP 76 He 49 ⊠55442
Roth TH 70 Ld 46 ⊠98646
Roth TH 70 Ma 46 ⊠96528
Rotha ST 46 Ma 39 ⊠06528
Roth an der Our RP 74 Gb 49 ⊠54675
Roth bei Prüm RP 64 Gc 47 ⊠54597
Rothemühl MV 17 Of 27 ⊠17379
Rothenacker TH 71 Mf 46 ⊠07922
Rothenbach RP 66 Hf 45 ⊠56459
Rothenberg HE 77 If 52 ⊠64757
Rothenbuch BY 78 Kc 49 ⊠63860
Rothenburg SN 51 Pf 40 ⊠02929
Rothenburg ST 47 Me 39 ⊠06420
Rothenburg ob der Tauber BY 79 Lb 52 ⊠91541
Rothenfels BY 78 Kd 49 ⊠97851
Rothenklempenow MV 17 Pb 27 ⊠17321
Rothenschirmbach ST 47 Md 40 ⊠06295
Rothenstein TH 59 Md 43 ⊠07751
Rothselberg RP 76 Hd 51 ⊠67753
Rothstein BB 49 Oc 39 ⊠04924
Rotschau SN 72 Nb 45 ⊠08468
Rott BY 109 Lf 61 ⊠86935
Rott RP 65 Hd 45 ⊠57632
Rotta ST 48 Nd 38 ⊠06773
Rottach-Egern BY 110 Me 62 ⊠83700
Rott am Inn BY 101 Na 61 ⊠83543
Rottelsdorf ST 47 Me 39 ⊠06295
Rottenacker BW 98 Ke 59 ⊠89616
Rottenbach TH 70 Ma 44 ⊠07422
Rottenbuch BY 109 Lf 62 ⊠82401
Rottenburg BW 97 If 58 ⊠72108
Rottenburg an der Laaber BY 91 Na 56 ⊠84056
Rottendorf BY 79 La 50 ⊠97228
Rotterode TH 70 Ld 44 ⊠98587
Rotthalmünster BY 103 Ob 58 ⊠94094
Rottleben TH 58 Ma 40 ⊠06567
Rottleberode ST 46 Lf 39 ⊠06548
Rottmannsdorf SN 72 Nc 45 ⊠08056
Rottmersleben ST 34 Mc 35 ⊠39343
Rottstock BB 35 Nb 35 ⊠14793
Rottweil BW 97 Id 59 ⊠78628
Roxheim RP 76 He 49 ⊠55595
Rubenow MV 16 Oe 24 ⊠17509
Rubkow MV 16 Oe 25 ⊠17390
Rubow MV 14 Md 26 ⊠19067
Rudelzhausen BY 101 Me 57 ⊠84104
Ruderatshofen BY 108 Ld 62 ⊠87674
Rudersberg BW 88 Kd 55 ⊠73635
Rudersdorf TH 59 Mc 42 ⊠99628
Ruderting BY 93 Oc 57 ⊠94161
Rudisleben TH 58 Lf 43 ⊠99334
Rudolstadt TH 59 Mb 44 ⊠07407
Rübeland ST 46 Lf 38 ⊠38889
Rüber RP 65 Hc 47 ⊠56295
Rückeroth RP 66 He 45 ⊠56244
Rückersdorf BB 49 Od 39 ⊠03238
Rückersdorf BY 80 Mb 52 ⊠90607
Rückersdorf TH 60 Nb 44 ⊠07580
Rückerswind TH 70 Ma 46 ⊠96528
Rückholz BY 108 Ld 63 ⊠87494
Rückweiler RP 75 Hb 51 ⊠55776
Rüde SH 3 Kd 20 ⊠24986
Rüdenau BY 78 Kb 50 ⊠63924
Rüdenhausen BY 79 Lc 50 ⊠97355
Rüdersdorf BB 37 Oe 34 ⊠15562
Rüdersdorf TH 59 Mf 43 ⊠07586
Rüdershausen NI 45 Lb 39 ⊠37434
Rüdesheim RP 76 He 49 ⊠55593
Rüdesheim am Rhein HE 76 Hf 49 ⊠65385
Rüdigershagen TH 57 Lc 40 ⊠37355
Rüdnitz BB 36 Od 32 ⊠16321
Rügge SH 3 Ke 20 ⊠24405
Rügland BY 80 Ld 52 ⊠91622
Rühen NI 33 Lf 34 ⊠38471
Rühn MV 14 Mf 26 ⊠18246
Rühstädt BB 24 Mf 31 ⊠19322
Rülzheim RP 86 Ib 54 ⊠76761
Rümmelsheim RP 76 Hf 49 ⊠55452
Rümmingen BW 104 Hd 63 ⊠79595
Rümpel SH 12 Lc 26 ⊠23843
Rüscheid RP 66 Hd 45 ⊠56584
Rüsselsheim HE 77 Ic 49 ⊠65428
Rüssen-Kleinstorkwitz SN 60 Nb 41 ⊠04442
Rüssingen RP 76 Ia 51 ⊠67308
Rüstungen TH 57 La 41 ⊠37318
Rüterberg MV 23 Mb 30 ⊠19303
Rüthen NW 43 Ib 40 ⊠59602
Rüthnick BB 26 Oa 31 ⊠16835
Rüting MV 13 Mb 26 ⊠23936
Rugendorf BY 71 Mc 47 ⊠95365
Ruhla TH 57 Lc 43 ⊠99842
Ruhland BB 50 Of 40 ⊠01945
Ruhlsdorf BB 26 Od 32 ⊠16348
Ruhlsdorf ST 49 Nf 38 ⊠06917
Ruhmannsfelden BY 92 Nf 55 ⊠94239
Ruhpolding BY 111 Nd 62 ⊠83324
Ruhstorf an der Rott BY 103 Ob 58 ⊠94099
Ruhwinkel SH 12 Lb 24 ⊠24601
Rukieten MV 15 Na 25 ⊠18258
Rullstorf NI 23 Ld 29 ⊠21379
Rumbach RP 85 He 54 ⊠76891
Rumohr SH 4 La 23 ⊠24254
Runding BY 92 Ne 53 ⊠93486
Runkel HE 66 Ib 46 ⊠65594
Ruppach-Goldhausen RP 66 Hf 46 ⊠56412
Ruppersdorf TH 71 Md 45 ⊠07356

Ruppertsberg **RP** 76 Ib 52 ✉67152
Ruppertsecken **RP** 76 Hf 51 ✉67808
Ruppertsgrün **SN** 72 Nc 44 ✉08427
Ruppertshofen **BW** 88 Kf 55 ✉73577
Ruppertshofen **RP** 66 He 47 ✉56357
Ruppertsweiler **RP** 85 He 53 ✉66957
Ruppichteroth **NW** 53 Hd 43 ✉53809
Ruschberg **RP** 75 Hb 51 ✉55776
Rust **BW** 95 He 59 ✉77977
Rustenfelde **TH** 57 La 40 ✉37318
Rutenberg **BB** 26 Ob 29 ✉17279
Rutesheim **BW** 87 If 56 ✉71277
Ruthenbeck **MV** 14 Me 27 ✉19089
Ruthweiler **RP** 75 Hc 51 ✉66869
Rutsweiler am Glan **RP** 75 Hc 51 ✉66887
Rutsweiler an der Lauter **RP** 76 Hd 51 ✉67752
Ruttersdorf-Lotschen **TH** 59 Me 43 ✉07646

S

Saal **BY** 69 Lc 47 ✉97633
Saal **MV** 6 Nd 23 ✉18317
Saalburg **TH** 71 Me 45 ✉07929
Saaldorf-Surheim **BY** 111 Nf 61 ✉83416
Saaleplatte **TH** 59 Md 42 ✉99510
Saalfeld **TH** 57 Ld 41 ✉99974
Saalfeld/Saale **TH** 71 Mb 45 ✉07318
Saalhausen **BB** 50 Of 39 ✉01994
Saalow **BB** 36 Oc 35 ✉15806
Saalstadt **RP** 75 Hd 53 ✉66919
Saara bei Gera **TH** 59 Mf 43 ✉07589
Saara bei Schmölln **TH** 60 Nc 43 ✉04603
Saarbrücken **SL** 84 Ha 53 ✉*66111
Saarburg **RP** 74 Gd 51 ✉54439
Saarlouis **SL** 74 Ge 52 ✉66740
Saarmund **BB** 36 Oa 35 ✉14552
Saarwellingen **SL** 74 Gf 52 ✉66793
Saathain **BB** 49 Oc 40 ✉04932
Sabel **MV** 15 Nb 25 ✉18299
Sabrodt **SN** 51 Pb 39 ✉02979
Sachau **ST** 33 Mb 34 ✉39649
Sachsenbande **SH** 11 Kc 25 ✉25554
Sachsen bei Ansbach **BY** 89 Ld 53 ✉91623
Sachsenbrunn **TH** 70 Lf 46 ✉98678
Sachsendorf **BB** 37 Pd 33 ✉15306
Sachsendorf **ST** 47 Mf 37 ✉39240
Sachsenhagen **NI** 31 Kb 34 ✉31553
Sachsenhausen **TH** 59 Mc 42 ✉99439
Sachsenheim **BW** 87 Ka 55 ✉74343
Sachsenkam **BY** 109 Me 62 ✉83679
Sacka **SN** 62 Oe 41 ✉01561
Sacrow-Waldow **BB** 50 Pa 37 ✉15913
Sadelkow **MV** 16 Oc 27 ✉17099
Sadenbeck **BB** 25 Nb 29 ✉16928
Saerbeck **NW** 29 Hd 35 ✉48369
Sättelstädt **TH** 57 Lc 43 ✉99848
Saffig **RP** 65 Hc 46 ✉56648
Sagard **MV** 7 Od 21 ✉18551
Sagast **BB** 24 Mf 29 ✉16949
Sahms **SH** 13 Ld 27 ✉21493
Sailauf **BY** 78 Kb 48 ✉63877
Salach **BW** 88 Ke 56 ✉73084
Salching **BY** 92 Nd 56 ✉94330
Saldenburg **BY** 93 Ob 56 ✉94163
Salem **BW** 106 Kb 62 ✉88682
Salem **SH** 13 Lf 27 ✉23911
Salgen **BY** 99 Lc 60 ✉87775
Sallgast **BB** 50 Of 39 ✉03238
Sallneck **BW** 104 He 62 ✉79692
Salm **RP** 64 Ge 48 ✉54570
Salmtal **RP** 75 Ge 49 ✉54528
Salow **MV** 16 Od 26 ✉17099
Salz **BY** 69 Lb 47 ✉97616
Salz **RP** 66 Hf 45 ✉56414
Salzbergen **NI** 29 Hc 35 ✉48499
Salzbrunn **BB** 36 Nf 35 ✉14547
Salzburg **RP** 66 Ia 44 ✉56479
Salzfurtkapelle **ST** 48 Nb 38 ✉06779
Salzgitter **NI** 45 Lc 36 ✉*38226
Salzhausen **NI** 22 Lb 29 ✉21376
Salzhemmendorf **NI** 44 Kd 36 ✉31020
Salzkotten **NW** 43 Id 38 ✉33154
Salzmünde **ST** 47 Me 39 ✉06198
Salzwedel **ST** 23 Mb 31 ✉29410
Salzweg **BY** 93 Oc 57 ✉94121
Samern **NI** 28 Hb 35 ✉48465
Samswegen **ST** 34 Md 35 ✉39326
Samtens **MV** 7 Ob 22 ✉18573
Sand **BY** 80 Ld 49 ✉97522
Sandbeiendorf **ST** 34 Me 34 ✉39517
Sandberg **BY** 69 La 46 ✉97657
Sandbostel **NI** 21 Ka 28 ✉27446
Sande **NI** 9 Hf 27 ✉26452
Sandersdorf **ST** 48 Nb 39 ✉06792
Sandersleben **ST** 47 Md 38 ✉06456
Sandesneben **SH** 12 Ld 26 ✉23898
Sandhausen **BW** 77 Id 52 ✉69207
Sandkrug **BB** 27 Of 31 ✉16230
Sandstedt **NI** 20 Id 28 ✉27628
Sangerhausen **ST** 46 Mc 40 ✉06526
Sanitz **MV** 15 Nc 24 ✉18190
Sankelmark **SH** 3 Kc 20 ✉24988
Sankt Alban **RP** 76 Hf 50 ✉67813
Sankt Aldegund **RP** 65 Ha 48 ✉56858
Sankt Andreasberg **NI** 45 Ld 38 ✉37444
Sankt Annen **SH** 3 Ka 22 ✉25776
Sankt Augustin **NW** 53 Hb 44 ✉53757
Sankt Bernhard **TH** 70 Ld 46 ✉98660
Sankt Blasien **BW** 105 Ia 62 ✉79837
Sankt Egidien **SN** 60 Nd 44 ✉09356
Sankt Englmar **BY** 92 Nf 54 ✉94379
Sankt Gangloff **TH** 59 Mf 43 ✉07629
Sankt Georgen **BW** 96 Ib 60 ✉78112
Sankt Goar **RP** 66 He 48 ✉56329
Sankt Goarshausen **RP** 66 He 48 ✉56346
Sankt Ingbert **SL** 85 Ha 53 ✉66386
Sankt Johann **BW** 98 Kc 58 ✉72813
Sankt Johann **RP** 65 Hb 46 ✉56727
Sankt Johann **RP** 76 Ia 49 ✉55578
Sankt Julian **RP** 75 Hc 51 ✉66887
Sankt Katharinen **RP** 65 Hc 45 ✉53562
Sankt Katharinen **RP** 76 He 49 ✉55595
Sankt Kilian **TH** 70 Le 45 ✉98553
Sankt Leon-Rot **BW** 87 Id 53 ✉68789
Sankt Märgen **BW** 96 Ia 60 ✉79274
Sankt Margarethen **SH** 11 Kb 25 ✉25572
Sankt Martin **RP** 86 Ia 53 ✉67487
Sankt Michaelisdonn **SH** 11 Ka 25 ✉25693
Sankt Oswald-Riedlhütte **BY** 93 Oc 55 ✉94568
Sankt Peter **BW** 96 Ia 60 ✉79271
Sankt Peter-Ording **SH** 2 Id 23 ✉25826
Sankt Sebastian **RP** 66 Hd 46 ✉56220
Sankt Thomas **RP** 64 Gd 48 ✉54655
Sankt Wendel **SL** 75 Hb 52 ✉66606
Sankt Wolfgang **BY** 101 Na 59 ✉84427
Sanne **ST** 34 Mf 33 ✉39596
Sanne-Kerkuhn **ST** 24 Mc 32 ✉39606
Sanzkow **MV** 16 Oa 25 ✉17111
Sargenroth **RP** 75 Hd 49 ✉55471
Sargstedt **ST** 46 Ma 37 ✉38822
Sarlhusen **SH** 12 Ke 24 ✉24616
Sarmersbach **RP** 65 Gf 47 ✉54552
Sarmstorf **MV** 15 Nb 25 ✉18276
Sarnow **MV** 16 Od 26 ✉17392
Sarow **MV** 16 Oa 26 ✉17111
Sarstedt **NI** 32 Kf 35 ✉31157
Sarzbüttel **SH** 11 Ka 24 ✉25785
Sasbach **BW** 86 Ia 57 ✉77880
Sasbach am Kaiserstuhl **BW** 95 Hd 60 ✉79361
Sasbachwalden **BW** 96 Ia 57 ✉77887
Sassen **MV** 16 Ob 24 ✉17121
Sassen **RP** 65 Gf 47 ✉56767
Sassenberg **NW** 42 Ia 37 ✉48336
Sassenburg **NI** 33 Ld 33 ✉38524
Saßleben **BB** 50 Pa 38 ✉03205
Sassnitz **MV** 7 Oe 21 ✉18546
Saterland **NI** 19 He 30 ✉26683
Satow **MV** 14 Mf 25 ✉18239
Satow **MV** 25 Nc 28 ✉17209
Satrup **SH** 3 Kd 20 ✉24986
Satteldorf **BW** 88 La 53 ✉74589
Satzkorn **BB** 36 Nf 34 ✉14476
Saubach **ST** 59 Md 41 ✉06647
Sauen **BB** 37 Pb 35 ✉15848
Sauensiek **NI** 21 Kd 28 ✉21644
Sauerlach **BY** 101 Md 61 ✉82054
Sauerthal **RP** 66 Hf 48 ✉65391
Sauldorf **BW** 106 Ka 61 ✉88605
Saulgau, Bad- **BW** 98 Kc 60 ✉88348
Saulgrub **BY** 109 Ma 62 ✉82442
Saustrup **SH** 3 Ke 20 ✉24392
Sauzin **MV** 16 Oe 24 ✉17440
Saxdorf **BB** 49 Ob 40 ✉04895
Saxler **RP** 65 Gf 48 ✉54558
Sayda **SN** 61 Oc 44 ✉09619
Schaafheim **HE** 77 Ka 49 ✉64850
Schaalby **SH** 3 Kd 21 ✉24882
Schacht-Audorf **SH** 3 Ke 23 ✉24790
Schachtebich **TH** 57 La 40 ✉37318
Schackendorf **SH** 12 Lb 25 ✉23795
Schackensleben **ST** 34 Mc 35 ✉39343
Schackenthal **ST** 47 Md 38 ✉06449
Schacksdorf **BB** 50 Oe 39 ✉03238
Schackstedt **ST** 47 Md 38 ✉06425
Schadeleben **ST** 47 Mc 37 ✉06449
Schadewitz **BB** 49 Oc 39 ✉03238
Schadow **BB** 50 Pb 36 ✉15848
Schäftlarn **BY** 100 Mc 61 ✉82069
Schäpe **BB** 36 Nf 35 ✉14547
Schäplitz **ST** 34 Md 33 ✉39579
Schafflund **SH** 3 Kb 20 ✉24980
Schafstädt **ST** 59 Me 40 ✉06255
Schafstedt **SH** 11 Kb 24 ✉25725
Schalkau **TH** 70 Ma 46 ✉96528
Schalkenbach **RP** 65 Ha 46 ✉53426
Schalkenmehren **RP** 65 Gf 48 ✉54552
Schalkham **BY** 102 Nc 58 ✉84175
Schalkholz **SH** 3 Kb 23 ✉25782
Schalksmühle **NW** 54 Hd 41 ✉58579
Schallbach **BW** 104 Hd 63 ✉79597
Schallodenbach **RP** 76 He 51 ✉67701
Schallstadt **BW** 95 He 61 ✉79227
Schankweiler **RP** 74 Gc 49 ✉54668
Schapen **NI** 29 Hd 34 ✉48480
Schapow **BB** 26 Oe 28 ✉17291
Schaprode **MV** 7 Ob 21 ✉18569
Scharbeutz **SH** 13 Le 24 ✉*23683
Scharfbillig **RP** 74 Gd 49 ✉54636
Scharfenberg **SN** 61 Od 42 ✉01665
Scharfenstein **SN** 61 Oa 44 ✉09435
Scharnebeck **NI** 23 Ld 29 ✉21379
Scharnhorst **NI** 32 Lb 32 ✉29348
Schartau **ST** 34 Me 35 ✉39291
Schashagen **SH** 13 Lf 24 ✉23730
Schauen **ST** 46 Le 37 ✉38835
Schauenburg **HE** 56 Kb 41 ✉34270
Schauenstein **BY** 71 Me 47 ✉95197
Schauerberg **RP** 85 Hd 53 ✉66919
Schaufling **BY** 92 Oa 55 ✉94571
Schauren **RP** 65 Hb 48 ✉56865
Schauren **RP** 75 Hb 50 ✉55758
Schechen **BY** 110 Na 61 ✉83135
Schechingen **BW** 88 Kf 55 ✉73579
Scheden **NI** 44 Ke 40 ✉37127
Scheer **BW** 97 Kb 60 ✉72516
Scheeßel **NI** 21 Kd 29 ✉27383
Schefflenz **BW** 78 Kb 52 ✉74850
Scheggerott **SH** 4 Ke 21 ✉24392
Scheibe-Alsbach **TH** 70 Ma 46 ✉98749
Scheibenberg **SN** 73 Nf 45 ✉09481
Scheibenhardt **RP** 86 Ia 55 ✉76779
Scheid **RP** 64 Gc 46 ✉54611
Scheidegg **BY** 107 Kf 63 ✉88175
Scheiditz **TH** 59 Me 43 ✉07646
Scheidt **RP** 66 Hf 46 ✉56379
Scheinfeld **BY** 79 Lc 51 ✉91443
Scheitenkorb **RP** 64 Gb 48 ✉54673
Schelkau **ST** 59 Na 42 ✉06682
Schelklingen **BW** 98 Ke 58 ✉89601
Schellbach **ST** 60 Na 43 ✉06712
Schellerhau **SN** 62 Oe 44 ✉01773
Schellerten **NI** 32 La 35 ✉31174
Schellhorn **SH** 12 Lb 23 ✉24211
Schellweiler **RP** 75 Hc 51 ✉66869
Schemmerhofen **BW** 98 Ke 59 ✉88433
Schenefeld **SH** 11 Kc 24 ✉25560
Schenefeld **SH** 12 Ke 27 ✉22869
Schenkelberg **RP** 66 He 45 ✉56244
Schenkenberg **BB** 27 Of 28 ✉17291
Schenkenberg **BB** 35 Ne 34 ✉14778
Schenkenberg **SN** 48 Nb 39 ✉04509
Schenkendöbern **BB** 51 Pd 37 ✉03172
Schenkendorf **BB** 36 Od 35 ✉15711
Schenkenhorst **BB** 36 Ob 34 ✉14532
Schenkenhorst **ST** 34 Mc 33 ✉39638
Schenklengsfeld **HE** 57 Kf 44 ✉36277
Schermbeck **NW** 41 Ge 38 ✉46514
Schernberg **TH** 58 Le 41 ✉99713
Schernebeck **ST** 34 Me 34 ✉39517
Schernfeld **BY** 90 Ma 55 ✉85132
Schernikau **ST** 34 Me 33 ✉39579
Schernsdorf **BB** 37 Pc 35 ✉15890
Scherstetten **BY** 99 Ld 59 ✉86872
Scheßlitz **BY** 80 Ma 49 ✉96110
Scheuder **ST** 47 Na 38 ✉06386
Scheuerfeld **RP** 54 Hf 44 ✉57584
Scheuern **RP** 64 Gb 48 ✉54673
Scheuring **BY** 100 Lf 59 ✉86937
Scheyern **BY** 100 Mc 57 ✉85298
Schiebsdorf **BB** 50 Oe 37 ✉15938
Schiedel **SN** 62 Pa 41 ✉01917
Schieder-Schwalenberg **NW** 44 Ka 37 ✉32816
Schiedungen **TH** 46 Ld 39 ✉99755
Schielo **ST** 46 Mb 39 ✉06493
Schierau **ST** 48 Nb 38 ✉06779
Schieren **SH** 12 Lc 25 ✉23795
Schierensee **SH** 4 Kf 23 ✉24241
Schierke **ST** 46 Ld 38 ✉38879
Schierling **BY** 91 Na 55 ✉84069
Schierschwende **TH** 57 Lb 42 ✉99988
Schiersfeld **RP** 76 He 50 ✉67823
Schiesheim **RP** 66 Ia 47 ✉65623
Schiffdorf **NI** 10 Ie 27 ✉27619
Schifferstadt **RP** 77 Ic 52 ✉67105
Schiffmühle **BB** 27 Pa 32 ✉16259
Schiffweiler **SL** 75 Ha 52 ✉66578
Schilbach **SN** 72 Nb 46 ✉08261
Schilda **BB** 49 Oc 39 ✉03253
Schildau, Gneisenaustadt- **SN** 49 Nf 40 ✉04889
Schildow **BB** 36 Oc 33 ✉16552
Schillingen **RP** 74 Ge 51 ✉54429
Schillingsfürst **BY** 89 Lb 53 ✉91583
Schillingstedt **TH** 58 Mb 41 ✉99625
Schillsdorf **SH** 12 La 24 ✉24637
Schiltach **BW** 96 Ic 59 ✉77761
Schiltberg **BY** 100 Mb 58 ✉86576
Schimm **MV** 14 Md 26 ✉23972
Schindhard **RP** 85 He 54 ✉66996
Schinkel **SH** 4 Kf 22 ✉24214
Schinne **ST** 34 Me 33 ✉39579
Schiphorst **SH** 12 Lc 26 ✉23847
Schipkau **BB** 50 Of 39 ✉01993
Schirgiswalde **SN** 63 Pc 42 ✉02681
Schirmitz **BY** 82 Nb 51 ✉92718
Schirnding **BY** 72 Nb 48 ✉95706
Schkeuditz **SN** 48 Nb 40 ✉04435
Schkölen **TH** 59 Mf 42 ✉07619
Schköna **ST** 48 Nd 38 ✉06773
Schkopau **ST** 59 Mf 40 ✉06258
Schkortleben **ST** 59 Na 41 ✉06688
Schlabendorf **BB** 50 Of 38 ✉15926
Schladen **NI** 45 Ld 36 ✉38315
Schladt **RP** 65 Gf 48 ✉54534
Schlagenthin **ST** 35 Nb 34 ✉39307
Schlagsdorf **MV** 13 Lf 26 ✉19217
Schlaitdorf **BW** 97 Kb 57 ✉72667
Schlaitz **ST** 48 Nc 39 ✉06774
Schlalach **BB** 35 Ne 36 ✉14822
Schlamau **BB** 35 Nc 36 ✉14827
Schlammersdorf **BY** 81 Me 50 ✉95519
Schlangen **NW** 43 If 38 ✉33189
Schlangenbad **HE** 66 Ia 48 ✉65388
Schlanstedt **ST** 46 Ma 36 ✉38838
Schlat **BW** 88 Ke 57 ✉73114
Schleberoda **ST** 59 Me 41 ✉06632
Schleching **BY** 110 Nc 62 ✉83259
Schlechtsart **TH** 70 Ld 47 ✉98663
Schleesen **ST** 48 Nd 38 ✉06785
Schlegel **SN** 61 Oa 43 ✉09661
Schlegel **SN** 63 Pf 43 ✉02788
Schlegel **TH** 71 Md 46 ✉07366
Schlehdorf **BY** 109 Mb 63 ✉82444
Schleid **RP** 64 Gc 48 ✉54636
Schleid **TH** 69 Kf 44 ✉36419
Schleiden **NW** 64 Gc 45 ✉53937
Schleife (Slepo) **SN** 51 Pd 39 ✉02959
Schleifreisen **TH** 59 Me 43 ✉07629
Schleiz **TH** 71 Me 45 ✉07907
Schlema **SN** 72 Ne 45 ✉08301
Schlemmin **MV** 6 Ne 23 ✉18320
Schlemmin **MV** 14 Mf 25 ✉18249
Schlenzer **BB** 49 Ob 37 ✉14913
Schlepzig **BB** 50 Of 36 ✉15910
Schlesen **SH** 4 Lc 23 ✉24256
Schleswig **SH** 3 Kd 21 ✉24837
Schlettau **SN** 73 Nf 45 ✉09487
Schleusegrund **TH** 70 Lf 45 ✉98667
Schleusingen **TH** 70 Le 45 ✉98553
Schlichting **SH** 3 Ka 23 ✉25776
Schlieben **BB** 49 Oc 38 ✉04936
Schliengen **BW** 104 Hd 62 ✉79418
Schlier **BW** 107 Kd 62 ✉88281
Schlierbach **BW** 88 Kd 56 ✉73278
Schlierschied **RP** 75 Hc 49 ✉55483
Schliersee **BY** 110 Mf 62 ✉83727
Schlitz **HE** 68 Kd 44 ✉36110
Schlöben **TH** 59 Me 43 ✉07646
Schloen **MV** 15 Ne 27 ✉17192
Schloßböckelheim **RP** 76 He 50 ✉55596
Schloß Holte-Stukenbrock **NW** 43 Id 37 ✉33758
Schloßkulm **TH** 71 Mc 44 ✉07407
Schloßvippach **TH** 58 Mb 42 ✉99195
Schlotfeld **SH** 11 Kd 25 ✉25551
Schlotheim **TH** 58 Le 41 ✉99994
Schlottwitz **SN** 62 Oe 43 ✉01768
Schluchsee **BW** 105 Ib 62 ✉79859
Schlüchtern **HE** 68 Kc 46 ✉36381
Schlüsselfeld **BY** 80 Ld 50 ✉96132
Schlunkendorf **BB** 36 Oa 35 ✉14547
Schlunzig **SN** 60 Nd 44 ✉08138
Schmachtenhagen **BB** 36 Oc 32 ✉16515
Schmadebeck **MV** 14 Mf 24 ✉18236
Schmalenberg **RP** 76 He 52 ✉67718
Schmalensee **SH** 12 Lb 24 ✉24638
Schmalfeld **SH** 12 Kf 25 ✉24640
Schmalkalden **TH** 57 Lc 44 ✉98574
Schmallenberg **NW** 55 Ib 42 ✉57392
Schmalstede **SH** 12 La 23 ✉24241
Schmalzerode **ST** 47 Mc 40 ✉06295
Schmargendorf **BB** 27 Of 31 ✉16278
Schmarsow **MV** 16 Ob 25 ✉17129
Schmatzfeld **ST** 46 Le 37 ✉38855
Schmatzin **MV** 16 Od 25 ✉17390
Schmedeswurth **SH** 11 Ka 25 ✉25724
Schmeheim **TH** 70 Ld 45 ✉98530
Schmelz **SL** 74 Ge 52 ✉66839
Schmerbach **TH** 57 Lc 43 ✉99891
Schmergow **BB** 35 Ne 34 ✉14550
Schmerkendorf **BB** 49 Ob 39 ✉04895
Schmidgaden **BY** 82 Na 52 ✉92546
Schmidmühlen **BY** 91 Mf 53 ✉92287
Schmidthachenbach **RP** 75 Hd 50 ✉55758
Schmiechen **BY** 100 Lf 59 ✉86511
Schmiedeberg **BB** 27 Of 30 ✉16278
Schmiedeberg **SN** 62 Oe 43 ✉01762
Schmiedefeld am Rennsteig **TH** 70 Le 45 ✉98711
Schmiedefeld bei Neuhaus **TH** 70 Mb 45 ✉98739
Schmiedehausen **TH** 59 Md 42 ✉99518
Schmieden **TH** 59 Mc 44 ✉07407
Schmieritz **TH** 59 Me 44 ✉07819
Schmilau **SH** 13 Le 26 ✉23911
Schmilkendorf **ST** 48 Nd 37 ✉06896
Schmißberg **RP** 75 Hb 51 ✉55765
Schmitshausen **RP** 85 Hd 53 ✉66484
Schmitt **RP** 65 Ha 47 ✉56825
Schmitten **HE** 67 Ic 47 ✉61389
Schmittweiler **RP** 76 He 50 ✉67829
Schmölln **BB** 27 Pa 29 ✉17291
Schmölln **TH** 60 Nc 43 ✉04626
Schmölln-Putzkau **SN** 63 Pb 42 ✉01877
Schmogrow **BB** 50 Pb 37 ✉03096
Schmolde **BB** 25 Nb 29 ✉16945
Schmorda **TH** 71 Md 45 ✉07389
Schnabelwaid **BY** 81 Md 50 ✉91289
Schnackenburg **NI** 24 Md 30 ✉29493
Schnaditz **SN** 48 Nd 39 ✉04849
Schnaitsee **BY** 102 Nc 60 ✉83530
Schnaittach **BY** 81 Mc 51 ✉91220
Schnaittenbach **BY** 81 Na 51 ✉92253
Schnakenbeck **NI** 22 Ld 28 ✉21481
Schnarup-Thumby **SH** 3 Kd 21 ✉24891
Schneckengrün **SN** 72 Na 45 ✉08527
Schneckenhausen **RP** 76 He 51 ✉67699
Schneckenlohe **BY** 70 Mb 47 ✉96277
Schneeberg **BY** 78 Kb 51 ✉63936
Schneeberg **SN** 72 Nd 45 ✉08289
Schnega **NI** 23 Lf 31 ✉29465
Schneidenbach **SN** 72 Nb 45 ✉08468
Schneidlingen **ST** 47 Mc 37 ✉39435
Schneizlreuth **BY** 111 Ne 62 ✉83458
Schnelldorf **BY** 89 La 53 ✉91625
Schnellin **ST** 48 Ne 38 ✉06901
Schneppenbach **RP** 75 Hc 49 ✉55608
Schnett **TH** 70 Lf 45 ✉98666
Schneverdingen **NI** 22 Ke 30 ✉29640
Schnorbach **RP** 76 Hd 49 ✉55497
Schnürpflingen **BW** 98 Kf 59 ✉89194
Schobüll **SH** 3 If 21 ✉25875
Schochwitz **ST** 47 Me 39 ✉06179
Schoden **RP** 74 Gd 51 ✉54441
Schöbendorf **BB** 49 Oc 36 ✉15837
Schöffengrund **HE** 67 Ic 46 ✉35641
Schöfweg **BY** 93 Ob 55 ✉94572
Schöllkrippen **BY** 68 Kb 48 ✉63825
Schöllnach **BY** 93 Ob 56 ✉94508
Schöllnitz **BB** 50 Of 39 ✉03229
Schömberg **BW** 87 Id 56 ✉75328
Schömberg **BW** 97 Ie 59 ✉72355
Schömberg **TH** 59 Na 44 ✉07570
Schömerich **RP** 74 Ge 51 ✉54314
Schöna **SN** 48 Ne 40 ✉04838
Schönaich **BW** 87 Ka 57 ✉71101
Schöna-Kolpien **BB** 49 Oc 38 ✉04936
Schönau **BW** 77 Ie 52 ✉69250
Schönau **BW** 104 Hf 62 ✉79677
Schönau **BY** 102 Nf 58 ✉84337
Schönau **RP** 85 He 54 ✉66996
Schönau am Königssee **BY** 111 Nf 63 ✉83471
Schönau an der Brend **BY** 69 La 46 ✉97659
Schönau-Berzdorf **SN** 63 Pf 42 ✉02899
Schönau vor dem Walde **TH** 58 Ld 43 ✉99894
Schönbach **RP** 65 Gf 47 ✉54552
Schönbach **SN** 60 Ne 42 ✉04668
Schönbach **SN** 63 Pd 42 ✉02708
Schönbach **TH** 72 Na 45 ✉07985
Schönbeck **MV** 16 Od 27 ✉17349
Schönbek **SH** 12 Kf 24 ✉24582
Schönberg **BB** 25 Nd 31 ✉16866
Schönberg **BB** 26 Nf 31 ✉16835
Schönberg **BY** 93 Ob 55 ✉94513
Schönberg **BY** 102 Nc 58 ✉84573
Schönberg **MV** 13 Lf 25 ✉23923
Schönberg **RP** 75 Gf 50 ✉54426
Schönberg **SN** 60 Na 43 ✉08393
Schönberg **SN** 71 Mf 45 ✉08539
Schönberg **ST** 24 Mf 31 ✉39615
Schönberg (Holstein) **SH** 4 Lc 22 ✉24217
Schönborn **BB** 49 Oc 39 ✉03253
Schönborn **RP** 66 Hf 47 ✉56370
Schönborn **RP** 75 Hc 49 ✉55469
Schönborn **RP** 76 He 51 ✉67808
Schönborn **SN** 62 Oe 41 ✉01561
Schönborn **SN** 62 Of 42 ✉01465
Schönborn-Dreiwerden-Seifersbach **SN** 61 Oa 43 ✉09648
Schönbrunn **BW** 77 If 52 ✉69436
Schönbrunn **SN** 72 Nc 45 ✉08485
Schönbrunn **SN** 73 Oa 45 ✉09429
Schönbrunn im Steigerwald **BY** 80 Le 49 ✉96185
Schönburg **ST** 59 Mf 42 ✉06618
Schöndorf **RP** 74 Ge 50 ✉54316
Schöndorf **TH** 71 Me 45 ✉07924
Schönebeck **BB** 25 Nb 30 ✉16928
Schönebeck (Elbe) **ST** 47 Me 36 ✉39218
Schöneberg **BB** 27 Pb 30 ✉16278
Schöneberg **RP** 66 Hd 45 ✉57638
Schöneberg **RP** 76 He 49 ✉55444
Schöneck **HE** 67 If 47 ✉61137
Schönecken **RP** 64 Gc 48 ✉54614
Schöneck/Vogtland **SN** 72 Nb 46 ✉08261
Schönefeld **BB** 36 Oc 34 ✉12529
Schönefeld **BB** 48 Nf 37 ✉14913
Schöneiche **BB** 36 Od 35 ✉15806
Schöneiche bei Berlin **BB** 37 Oe 34 ✉15566
Schönenberg **BW** 104 Hf 62 ✉79677
Schönenberg-Kübelberg **RP** 75 Hc 52 ✉66901
Schönerlinde **BB** 36 Oc 33 ✉16352
Schönermark **BB** 25 Nc 31 ✉16845
Schönermark **BB** 26 Oa 30 ✉16775
Schönermark **BB** 26 Oe 29 ✉17291
Schönermark **BB** 27 Pa 30 ✉16278
Schönewalde **BB** 49 Ob 38 ✉04916
Schönewalde **BB** 49 Od 38 ✉03253
Schönewerda **TH** 59 Mc 41 ✉06556
Schönewörde **NI** 33 Ld 33 ✉29396
Schönfeld **BB** 27 Of 28 ✉17291
Schönfeld **BB** 27 Pb 29 ✉16307
Schönfeld **BB** 37 Oe 32 ✉16356
Schönfeld **MV** 15 Nf 25 ✉17111
Schönfeld **SN** 62 Od 44 ✉01762
Schönfeld **SN** 62 Oe 41 ✉01561
Schönfeld **SN** 73 Nf 45 ✉09488
Schönfeld **ST** 34 Na 32 ✉39524
Schönfeld **TH** 58 Mb 40 ✉06556
Schönfelde **BB** 37 Pa 34 ✉15518
Schönfeld-Weißig **SN** 62 Of 42 ✉01474
Schönfels **SN** 72 Nc 44 ✉08115
Schönfließ **BB** 36 Ob 33 ✉16567
Schönfließ **BB** 37 Pc 34 ✉15326
Schöngeising **BY** 100 Mb 60 ✉82296
Schöngleina **TH** 59 Me 43 ✉07646
Schönhagen **BB** 25 Na 31 ✉16866
Schönhagen **BB** 36 Ob 35 ✉14959
Schönhausen **MV** 16 Oe 27 ✉17337
Schönhausen (Elbe) **ST** 34 Na 33 ✉39524
Schönheide **SN** 72 Nd 46 ✉08304
Schönholz-Neuwerder **BB** 35 Nc 32 ✉14728
Schönhorst **SH** 12 La 23 ✉24220
Schöningen **NI** 33 Lf 36 ✉38364
Schönkirchen **SH** 4 Lb 23 ✉24232
Schönow **BB** 27 Pb 29 ✉16306
Schönow **BB** 36 Od 32 ✉16321
Schönsee **BY** 82 Nd 51 ✉92539
Schönstedt **TH** 58 Ld 42 ✉99947
Schöntal **BW** 88 Kc 52 ✉74214
Schönthal **BY** 82 Nd 52 ✉93488
Schönwald **BY** 72 Na 47 ✉95173
Schönwalde **BB** 36 Oa 33 ✉14621
Schönwalde **BB** 36 Oc 32 ✉16352
Schönwalde **BB** 50 Oe 37 ✉15910
Schönwalde **SH** 17 Of 27 ✉17309
Schönwalde (Altmark) **ST** 34 Me 33 ✉39517
Schönwerder **BB** 27 Of 28 ✉17291
Schöppenstedt **NI** 33 Le 36 ✉38170
Schöppingen **NW** 28 Hb 36 ✉48624
Schöpstal **SN** 63 Pf 41 ✉02829
Schöten **TH** 59 Md 43 ✉99510
Scholen **NI** 30 Ie 32 ✉27251
Schollbrunn **BY** 78 Kc 49 ✉97852
Schollene **ST** 35 Nb 32 ✉14715
Schonach im Schwarzwald **BW** 96 Ib 60 ✉78136
Schondorf am Ammersee **BY** 100 Ma 60 ✉86938
Schondra **BY** 69 Kf 47 ✉97795
Schongau **BY** 108 Lf 62 ✉86956
Schonstett **BY** 101 Nb 61 ✉83137
Schonungen **BY** 69 Lc 48 ✉97453
Schopfheim **BW** 104 Hf 63 ✉79650
Schopfloch **BW** 96 Id 58 ✉72296
Schopfloch **BY** 89 Lb 54 ✉91626
Schopp **RP** 76 He 52 ✉67707

Schopsdorf **ST** 35 Nb 35 ⊠39291
Schorbus **BB** 50 Pb 38 ⊠03058
Schorndorf **BW** 88 Kd 56 ⊠73614
Schorndorf **BY** 92 Nd 54 ⊠93489
Schornsheim **RP** 76 Ib 49 ⊠55288
Schorstedt **ST** 34 Md 32 ⊠39606
Schortens **NI** 9 Hf 27 ⊠26419
Schortewitz **ST** 47 Na 39 ⊠06369
Schossin **MV** 13 Mb 27 ⊠19073
Schotten **HE** 68 Ka 45 ⊠63679
Schraden **BB** 50 Oe 40 ⊠04928
Schramberg **BW** 96 Ic 59 ⊠78713
Schrampe **ST** 24 Mc 31 ⊠39619
Schraplau **ST** 47 Me 40 ⊠06279
Schrebitz **SN** 61 Oa 41 ⊠04720
Schrecksbach **HE** 56 Kb 43 ⊠34637
Schrenz **ST** 47 Na 39 ⊠06780
Schrepkow **BB** 25 Na 31 ⊠16866
Schriesheim **BW** 77 Ie 52 ⊠69198
Schrobenhausen **BY** 100 Mb 57 ⊠86529
Schrozberg **BW** 88 Kf 52 ⊠74575
Schrum **SH** 11 Kb 23 ⊠25782
Schuby **SH** 3 Kc 21 ⊠24850
Schülldorf **SH** 3 Ke 23 ⊠24790
Schüller **RP** 64 Gd 47 ⊠54586
Schülp **SH** 2 If 23 ⊠25764
Schülp **SH** 3 Kd 23 ⊠24813
Schülp **SH** 12 Kf 24 ⊠24589
Schünow **BB** 36 Oc 35 ⊠15806
Schürdt **RP** 66 Hd 45 ⊠57632
Schürensöhlen **SH** 12 Lc 26 ⊠23847
Schüttorf **NI** 28 Hb 35 ⊠48465
Schuld **RP** 65 Gf 46 ⊠53520
Schulenberg **MV** 15 Nd 24 ⊠18334
Schulenberg **NI** 45 Lc 37 ⊠38707
Schulendorf **SH** 23 Ld 28 ⊠21516
Schulzendorf **BB** 26 Oa 30 ⊠16775
Schulzendorf **BB** 36 Od 34 ⊠15732
Schulzendorf **BB** 37 Pa 32 ⊠16269
Schuttertal **BW** 96 Hf 59 ⊠77978
Schutterwald **BW** 96 Hf 58 ⊠77746
Schutz **RP** 64 Ge 48 ⊠54570
Schutzbach **RP** 54 Hf 44 ⊠57520
Schwaan **MV** 14 Na 25 ⊠18258
Schwabach **BY** 80 Ma 52 ⊠91126
Schwabbruck **BY** 108 Le 62 ⊠86986
Schwabenheim an der Selz **RP** 76 Ia 49 ⊠55270
Schwabhausen **BY** 100 Mb 59 ⊠85247
Schwabhausen **TH** 58 Le 43 ⊠99869
Schwabmünchen **BY** 99 Le 59 ⊠86830
Schwabsoien **BY** 108 Lf 61 ⊠86987
Schwabstedt **SH** 3 Ka 22 ⊠25876
Schwäbisch Gmünd **BW** 88 Ke 56 ⊠*73525
Schwäbisch Hall **BW** 88 Ke 54 ⊠74523
Schwaförden **NI** 30 If 32 ⊠27252
Schwaig bei Nürnberg **BY** 80 Mb 52 ⊠90571
Schwaigen **BY** 109 Ma 63 ⊠82445
Schwaigern **BW** 87 Ka 54 ⊠74193
Schwaikheim **BW** 88 Kc 55 ⊠71409
Schwalbach **SL** 74 Gf 53 ⊠66773
Schwalbach am Taunus **HE** 67 Id 48 ⊠65824
Schwall **RP** 66 Hd 48 ⊠56281
Schwallungen **TH** 69 Lc 44 ⊠98590
Schwalmstadt **HE** 56 Kb 43 ⊠34613
Schwalmtal **HE** 68 Kc 44 ⊠36318
Schwalmtal **NW** 52 Gb 41 ⊠41366
Schwanau **BW** 95 He 58 ⊠77963
Schwanbeck **MV** 16 Oc 26 ⊠17099
Schwandorf **BY** 82 Na 53 ⊠92421
Schwanebeck **BB** 35 Nd 35 ⊠14806
Schwanebeck **BB** 36 Od 33 ⊠16341
Schwanebeck **ST** 46 Ma 37 ⊠39397
Schwaneberg **ST** 47 Mc 37 ⊠39171
Schwanefeld **ST** 33 Ma 35 ⊠39343
Schwanewede **NI** 20 Id 29 ⊠28790
Schwanfeld **BY** 79 La 49 ⊠97523
Schwangau **BY** 108 Le 63 ⊠87645
Schwanheide **MV** 23 Ld 28 ⊠19258
Schwanheim **RP** 86 Hf 53 ⊠76848
Schwanow **BB** 25 Nf 30 ⊠16831
Schwanstetten **BY** 90 Ma 53 ⊠90596
Schwante **BB** 36 Oa 32 ⊠16727
Schwarme **NI** 21 Ka 31 ⊠27327
Schwarmstedt **NI** 31 Kd 32 ⊠29690
Schwartbuck **SH** 4 Lc 22 ⊠24257
Schwarz **MV** 25 Ne 29 ⊠17252
Schwarza **TH** 69 Ld 45 ⊠98547
Schwarzach **BW** 77 Ka 52 ⊠74869
Schwarzach **BY** 79 Lb 50 ⊠97359
Schwarzach **BY** 92 Nf 55 ⊠94374
Schwarzach bei Nabburg **BY** 82 Nb 52 ⊠92548
Schwarzbach **BB** 50 Of 40 ⊠01945
Schwarzbach **SN** 73 Nf 45 ⊠09481
Schwarzbach **TH** 59 Mf 44 ⊠07589
Schwarzbach **TH** 70 Le 46 ⊠98673
Schwarzburg **TH** 70 Mb 45 ⊠07427
Schwarzen **RP** 75 Hb 49 ⊠55481
Schwarzenbach **BY** 71 Mf 47 ⊠95126
Schwarzenbach **BY** 81 Na 50 ⊠92720
Schwarzenbach am Wald **BY** 71 Md 47 ⊠95131
Schwarzenbek **SH** 22 Lc 27 ⊠21493
Schwarzenberg (Erzgebirge) **SN** 72 Ne 45 ⊠08340
Schwarzenborn **HE** 56 Kc 43 ⊠34639
Schwarzenborn **RP** 64 Ge 48 ⊠54533
Schwarzenbruck **BY** 80 Mb 52 ⊠90592
Schwarzenfeld **BY** 82 Na 52 ⊠92521
Schwarze Pumpe (Carna Plumpa) **BB** 51 Pc 39 ⊠03139
Schwarzerden **RP** 75 Hd 49 ⊠55629
Schwarzhausen **TH** 57 Lc 43 ⊠99891
Schwarzheide **BB** 50 Oe 40 ⊠01987
Schwarzhofen **BY** 82 Nc 52 ⊠92447
Schwarzkollm **SN** 50 Pa 40 ⊠02977
Schwebheim **BY** 79 Lb 49 ⊠97525
Schwedelbach **RP** 76 Hd 52 ⊠67685
Schwedeneck **SH** 4 La 22 ⊠24229
Schwedt (Oder) **BB** 27 Pb 30 ⊠16303
Schwegenheim **RP** 86 Ib 53 ⊠67365
Schweich **RP** 74 Ge 50 ⊠54338
Schweickershausen **TH** 70 Le 47 ⊠98663
Schweigen-Rechtenbach **RP** 86 Hf 54 ⊠76889
Schweighausen **RP** 66 He 47 ⊠56377
Schweighofen **RP** 86 Hf 54 ⊠76889
Schweina **TH** 57 Lb 44 ⊠36448
Schweinbach **TH** 71 Mc 45 ⊠07338
Schweindorf **NI** 9 Hc 27 ⊠26556
Schweinfurt **BY** 69 Lb 48 ⊠*97421
Schweinrich **BB** 25 Nd 29 ⊠16909
Schweinschied **RP** 75 He 50 ⊠67744
Schweisweiler **RP** 76 Hf 51 ⊠67808
Schweitenkirchen **BY** 101 Md 57 ⊠85301
Schweix **RP** 85 Hd 54 ⊠66957
Schwelm **NW** 53 Hb 41 ⊠58332
Schwemsal **ST** 48 Nd 39 ⊠06774
Schwenda **ST** 46 Ma 39 ⊠06547
Schwendi **BW** 98 Kf 59 ⊠88477
Schwenningen **BW** 97 Ka 60 ⊠72477
Schwenningen **BY** 89 Le 57 ⊠89443
Schwepnitz **SN** 62 Of 41 ⊠01936
Schweppenhausen **RP** 76 He 49 ⊠55444
Schwerbach **RP** 75 Hc 49 ⊠55624
Schwerin **BB** 37 Od 36 ⊠15755
Schwerin **BB** 37 Of 35 ⊠15859
Schwerin **MV** 14 Mc 27 ⊠*19053
Schweringen **NI** 31 Ka 32 ⊠27333
Schwerinsburg **MV** 16 Od 26 ⊠17398
Schwerinsdorf **NI** 19 He 29 ⊠26835
Schwerstedt **TH** 58 Lf 42 ⊠99634
Schwerstedt **TH** 58 Mb 42 ⊠99439
Schwerte **NW** 42 Hd 40 ⊠58239
Schwerz **ST** 48 Na 39 ⊠06188
Schwesing **SH** 3 Ka 22 ⊠25813
Schwetzingen **BW** 77 Id 52 ⊠68723
Schwichtenberg **MV** 16 Oe 26 ⊠17099
Schwickershausen **TH** 69 Lc 46 ⊠98631
Schwieberdingen **BW** 87 Ka 55 ⊠71701
Schwienau **NI** 22 Lc 31 ⊠29593
Schwiesau **ST** 33 Mb 33 ⊠39638
Schwifting **BY** 100 Lf 60 ⊠86940
Schwindegg **BY** 101 Nb 59 ⊠84419
Schwinkendorf **MV** 15 Nd 27 ⊠17139
Schwirzheim **RP** 64 Gd 47 ⊠54597
Schwissel **SH** 12 Lb 25 ⊠23795
Schwobfeld **TH** 57 La 41 ⊠37318
Schwörstadt **BW** 104 Hf 63 ⊠79739
Schwollen **RP** 75 Hb 50 ⊠55767
Schwülper **NI** 32 Lc 34 ⊠38179
Sebnitz **SN** 63 Pb 43 ⊠01855
Seck **RP** 66 Ia 45 ⊠56479
Seckach **BW** 78 Kb 52 ⊠74743
Seddin **BB** 36 Oa 35 ⊠14554
Sedlitz **BB** 50 Pa 39 ⊠01968
Seebach **BW** 96 Ib 57 ⊠77889
Seebach **TH** 57 Lc 43 ⊠99846
Seebeck-Strubensee **BB** 26 Oa 31 ⊠16835
Seebenau **ST** 23 Ma 31 ⊠29413
Seebergen **TH** 58 Le 43 ⊠99869
Seeburg **BB** 36 Oa 33 ⊠14476
Seeburg **NI** 45 La 39 ⊠37136
Seeburg **ST** 47 Me 40 ⊠06317
Seedorf **NI** 21 Kb 28 ⊠27404
Seedorf **SH** 12 Lc 24 ⊠23823
Seedorf **SH** 13 Lf 27 ⊠23883
Seefeld **BB** 37 Oe 33 ⊠16356
Seefeld **BY** 100 Mb 60 ⊠82229
Seefeld **SH** 11 Kd 24 ⊠25557
Seeg **BY** 108 Ld 63 ⊠87637
Seega **TH** 58 Ma 41 ⊠06567
Seehausen **BB** 27 Of 29 ⊠17291
Seehausen **BB** 49 Nf 37 ⊠14913
Seehausen **SN** 48 Nc 40 ⊠04103
Seehausen **ST** 46 Mb 36 ⊠39365
Seehausen (Altmark) **ST** 24 Me 31 ⊠39615
Seehausen am Staffelsee **BY** 109 Ma 62 ⊠82418
Seeheim-Jugenheim **HE** 77 Ie 50 ⊠64342
Seehof **MV** 14 Mc 26 ⊠19069
Seekirch **BW** 98 Kd 60 ⊠88422
Seelbach **BW** 96 Hf 59 ⊠77960
Seelbach **RP** 54 He 44 ⊠57577
Seelbach **RP** 66 Hd 45 ⊠57632
Seelbach **RP** 66 Hf 47 ⊠56377
Seelen **RP** 76 He 51 ⊠67744
Seelingstädt **TH** 60 Nb 44 ⊠07580
Seelitz **SN** 60 Ne 42 ⊠09306
Seelow **BB** 37 Pc 33 ⊠15306
Seelze **NI** 31 Kd 34 ⊠30926
Seeon **BY** 102 Nc 61 ⊠83370
Seerhausen **SN** 61 Ob 41 ⊠01594
Seesbach **RP** 75 Hd 49 ⊠55629
Seesen **NI** 45 Lb 37 ⊠38723
Seeshaupt **BY** 109 Mb 62 ⊠82402
Seester **SH** 11 Kd 26 ⊠25370
Seestermühe **SH** 11 Kd 26 ⊠25371
Seeth **SH** 3 Kb 22 ⊠25878
Seeth-Ekholt **SH** 12 Ke 26 ⊠25337
Seethen **ST** 34 Md 33 ⊠39638
Seevetal **NI** 22 La 28 ⊠*21217
Seewald **BW** 96 Ic 57 ⊠72297
Seffern **RP** 64 Gd 48 ⊠54636
Sefferweich **RP** 64 Gd 48 ⊠54636
Segeletz **BB** 25 Nd 31 ⊠16845
Seggebruch **NI** 31 Ka 35 ⊠31691
Seggerde **ST** 33 Ma 34 ⊠39356
Sehestedt **SH** 3 Kf 22 ⊠24814
Sehlde **NI** 45 Lb 36 ⊠38279
Sehlem **NI** 45 Kf 36 ⊠31196
Sehlem **RP** 75 Gf 49 ⊠54518
Sehlen **MV** 7 Oc 22 ⊠18528
Sehma **SN** 73 Oa 45 ⊠09465
Sehnde **NI** 32 Kf 35 ⊠31319
Seibersbach **RP** 76 He 49 ⊠55444
Seidewinkel **SN** 50 Pb 40 ⊠02979
Seifartsdorf **TH** 59 Mf 43 ⊠07613
Seifen **RP** 66 Hd 45 ⊠57632
Seifersdorf **SN** 62 Od 43 ⊠01774
Seiffen **SN** 73 Oc 45 ⊠09548
Seifhennersdorf **SN** 63 Pd 43 ⊠02782
Seilershof **BB** 26 Oa 30 ⊠16775
Seinsfeld **RP** 64 Gd 48 ⊠54655
Seinsheim **BY** 79 Lb 51 ⊠97342
Seisla **TH** 71 Md 45 ⊠07389
Seitenroda **TH** 59 Md 44 ⊠07768
Seitingen-Oberflacht **BW** 97 Ie 60 ⊠78606
Seiwerath **RP** 64 Gd 48 ⊠54597
Selb **BY** 72 Nb 47 ⊠95100
Selbach (Sieg) **RP** 54 He 44 ⊠57537
Selbelang **BB** 35 Ne 33 ⊠14641
Selbitz **BY** 71 Me 47 ⊠95152
Selbitz **ST** 48 Nd 38 ⊠06773
Selchenbach **RP** 75 Hb 51 ⊠66871
Selchow **BB** 36 Oc 34 ⊠15831
Selchow **BB** 37 Of 35 ⊠15859
Selent **SH** 4 Lc 23 ⊠24238
Selfkant **NW** 52 Ff 42 ⊠52538
Seligenstadt **HE** 67 If 48 ⊠63500
Selk **SH** 3 Kd 22 ⊠24884
Sellendorf **BB** 49 Od 37 ⊠15938
Sellerich **RP** 64 Gb 47 ⊠54608
Sellessen **BB** 51 Pc 39 ⊠03130
Sellin **MV** 7 Oe 22 ⊠18586
Selm **NW** 42 Hc 38 ⊠59379
Selow **MV** 14 Mf 25 ⊠18246
Selpin **MV** 15 Nc 25 ⊠18195
Selsingen **NI** 21 Kb 28 ⊠27446
Selters **HE** 66 Ib 46 ⊠65618
Selters **RP** 66 He 45 ⊠56242
Selzen **RP** 76 Ib 49 ⊠55278
Sembach **RP** 76 Hf 51 ⊠67681
Sembten **BB** 51 Pd 36 ⊠03172
Semlin **BB** 35 Nc 33 ⊠14715
Semlow **MV** 15 Nd 23 ⊠18334
Semmenstedt **NI** 46 Ld 36 ⊠38327
Senden **BW** 98 La 59 ⊠89250
Senden **NW** 42 Hc 37 ⊠48308
Sendenhorst **NW** 42 Hf 37 ⊠48324
Senftenberg **BB** 50 Pa 39 ⊠01968
Senftenhütte **BB** 27 Of 31 ⊠16230
Sengenthal **BY** 90 Mc 53 ⊠92369
Sengerich **RP** 64 Gb 48 ⊠54619
Senheim **RP** 65 Hb 48 ⊠56820
Sennewitz **ST** 47 Mf 39 ⊠06193
Sennfeld **BY** 69 Lb 48 ⊠97526
Sensbachtal **HE** 77 Ka 51 ⊠64759
Senscheid **RP** 65 Gf 46 ⊠53520
Senst **ST** 48 Nd 37 ⊠06869
Sensweiler **RP** 75 Hb 50 ⊠55758
Senzig **BB** 37 Oe 35 ⊠15754
Senzke **BB** 35 Nd 33 ⊠14662
Serba **TH** 59 Me 43 ⊠07616
Sergen **BB** 51 Pd 38 ⊠03058
Sermuth **SN** 60 Ne 42 ⊠04668
Serno **ST** 48 Nc 36 ⊠06862
Sernow **BB** 49 Ob 37 ⊠14913
Serrig **RP** 74 Gd 51 ⊠54455
Sersheim **BW** 87 If 55 ⊠74372
Serwest **BB** 27 Of 31 ⊠16230
Sessenbach **RP** 66 Hd 46 ⊠56237
Sessenhausen **RP** 66 He 45 ⊠56244
Seßlach **BY** 70 Le 47 ⊠96145
Seth **SH** 12 Lb 25 ⊠23845
Setzin **MV** 23 Ma 28 ⊠19230
Setzingen **BW** 99 La 57 ⊠89129
Seubersdorf **BY** 91 Md 54 ⊠92358
Seubtendorf **TH** 71 Mf 46 ⊠07922
Seukendorf **BY** 80 Lf 52 ⊠90556
Seulingen **NI** 45 Lb 39 ⊠37136
Sevenig (Our) **RP** 64 Ga 48 ⊠54617
Sevenig bei Neuerburg **RP** 64 Gb 48 ⊠54673
Severin **MV** 14 Me 27 ⊠19374
Sexau **BW** 96 Hf 60 ⊠79350
Seybothenreuth **BY** 81 Me 49 ⊠95517
Seyda **ST** 49 Nf 37 ⊠06918
Sibbesse **NI** 45 Kf 36 ⊠31079
Sichau **ST** 33 Mb 33 ⊠39649
Sichelreuth **TH** 70 Mb 47 ⊠96524
Sickerode **TH** 57 La 41 ⊠37308
Sickte **NI** 33 Ld 35 ⊠38173
Siebeldingen **RP** 86 Ia 53 ⊠76833
Siebenbach **RP** 65 Ha 46 ⊠56729
Siebenbäumen **SH** 13 Ld 26 ⊠23847
Siebeneichen **SH** 23 Ld 27 ⊠21514
Siebenlehn **SN** 61 Ob 42 ⊠09634
Siedenbollentin **MV** 16 Oc 26 ⊠17089
Siedenbrünzow **MV** 16 Oa 25 ⊠17111
Siedenburg **NI** 31 If 32 ⊠27254
Siedenlangenbeck **ST** 33 Ma 32 ⊠29416
Siefersheim **RP** 76 Hf 50 ⊠55599
Siegadel **BB** 50 Pa 37 ⊠15913
Siegbach **HE** 55 Ic 44 ⊠35768
Siegburg **NW** 53 Hb 44 ⊠53721
Siegelsbach **BW** 87 Ka 53 ⊠74936
Siegen **NW** 54 Ia 43 ⊠*57072
Siegenburg **BY** 91 Me 56 ⊠93354
Siegmundsburg **TH** 70 Ma 46 ⊠98749
Siegsdorf **BY** 111 Nd 62 ⊠83313
Siek **SH** 12 Lb 27 ⊠22962
Sielenbach **BY** 100 Ma 58 ⊠86577
Siemersdorf **MV** 15 Nf 24 ⊠18465
Sien **RP** 75 Hd 50 ⊠55758
Sienhachenbach **RP** 75 Hc 50 ⊠55758
Sierksdorf **SH** 13 Le 24 ⊠23730
Sierksrade **SH** 13 Ld 26 ⊠23847
Sierscheid **RP** 65 Gf 46 ⊠53520
Siershahn **RP** 66 He 46 ⊠56427
Siersleben **ST** 47 Md 39 ⊠06308
Siesbach **RP** 75 Hb 50 ⊠55767
Siethen **BB** 36 Ob 35 ⊠14974
Sietow **MV** 25 Nd 28 ⊠17209
Sietzing **BB** 37 Pb 33 ⊠15324
Sietzsch **ST** 48 Nb 40 ⊠06188
Sieversdorf **BB** 25 Nc 32 ⊠16845
Sieversdorf **BB** 37 Pc 34 ⊠15236
Sievershütten **SH** 12 La 25 ⊠24641
Sieverstedt **SH** 3 Kc 21 ⊠24885
Siewisch **BB** 50 Pb 38 ⊠03116
Siezbüttel **SH** 11 Kc 24 ⊠25560
Siggelkow **MV** 24 Mf 28 ⊠19376
Sigmaringen **BW** 97 Kb 60 ⊠72488
Sigmaringendorf **BW** 97 Kb 60 ⊠72517
Sigmarszell **BY** 107 Ke 63 ⊠88138
Silberfeld **TH** 71 Mf 44 ⊠07937
Silberstedt **SH** 3 Kc 21 ⊠24887
Silberstraße **SN** 72 Nd 45 ⊠08121
Silbitz **TH** 59 Na 43 ⊠07613
Silkerode **TH** 45 Lc 39 ⊠37345
Silmersdorf **BB** 25 Na 29 ⊠16949
Silstedt **ST** 46 Lf 37 ⊠38855
Silz **MV** 15 Nc 27 ⊠17214
Silz **RP** 86 Hf 54 ⊠76857
Silzen **SH** 11 Kd 24 ⊠25551
Simbach **BY** 102 Ne 57 ⊠94436
Simbach am Inn **BY** 102 Nf 59 ⊠84359
Simmelsdorf **BY** 81 Mb 51 ⊠91245
Simmerath **NW** 64 Gb 45 ⊠52152
Simmern (Hunsrück) **RP** 75 Hd 49 ⊠55469
Simmersdorf **BB** 51 Pd 38 ⊠03149
Simmersfeld **BW** 96 Id 57 ⊠72226
Simmershausen **TH** 70 Le 46 ⊠98646
Simmershofen **BY** 79 La 51 ⊠97215
Simmertal **RP** 75 Hd 50 ⊠55618
Simmozheim **BW** 87 Ie 56 ⊠75397
Simonsberg **SH** 2 If 22 ⊠25813
Simonswald **BW** 96 Ia 60 ⊠79263
Sindelfingen **BW** 87 Ka 56 ⊠*71063
Sindelsdorf **BY** 109 Mc 62 ⊠82404
Singen **BW** 106 If 62 ⊠78224
Singhofen **RP** 66 Hf 47 ⊠56379
Sinn **HE** 67 Ic 45 ⊠35764
Sinntal **HE** 68 Ke 47 ⊠36391
Sinsheim **BW** 87 If 53 ⊠74889
Sinspelt **RP** 74 Gc 49 ⊠54675
Sinzheim **BW** 86 Ia 56 ⊠76547
Sinzig **RP** 65 Hb 45 ⊠53489
Sinzing **BY** 91 Na 55 ⊠93161
Sippersfeld **RP** 76 Hf 51 ⊠67729
Sipplingen **BW** 106 Ka 62 ⊠78354
Siptenfelde **ST** 46 Ma 39 ⊠06507
Sirksfelde **SH** 13 Ld 26 ⊠23898
Sittensen **NI** 21 Kd 29 ⊠27419
Sitters **RP** 76 He 50 ⊠67823
Sitzendorf **TH** 70 Mb 45 ⊠07429
Soderstorf **NI** 22 La 30 ⊠21388
Söchtenau **BY** 110 Nb 61 ⊠83139
Sögel **NI** 19 Hd 31 ⊠49751
Söhlde **NI** 32 Lb 35 ⊠31185
Söhrewald **HE** 56 Kd 41 ⊠34320
Sölden **BW** 104 He 61 ⊠79294
Söllichau **ST** 48 Nd 39 ⊠06774
Söllingen **NI** 46 Lf 36 ⊠38387
Sömmerda **TH** 58 Ma 42 ⊠99610
Sönnebüll **SH** 3 If 21 ⊠25821
Sören **SH** 12 La 23 ⊠24241
Sörgenloch **RP** 76 Ib 49 ⊠55270
Sörth **RP** 66 He 44 ⊠57636
Sörup **SH** 3 Ke 20 ⊠24966
Soest **NW** 42 Ia 39 ⊠59494
Sohland am Rotstein **SN** 63 Pe 42 ⊠02894
Sohland an der Spree **SN** 63 Pc 42 ⊠02689
Sohren **RP** 75 Hb 49 ⊠55487
Sohrschied **RP** 75 Hb 49 ⊠55487
Solingen **NW** 53 Ha 42 ⊠*42651
Solkwitz **TH** 71 Me 44 ⊠07381
Sollerup **SH** 3 Kb 21 ⊠24852
Sollstedt **TH** 57 Ld 40 ⊠99759
Sollstedt **TH** 57 Ld 41 ⊠99976
Sollwitt **SH** 3 Kb 21 ⊠25884
Solms **HE** 67 Ic 45 ⊠35606
Solnhofen **BY** 90 Lf 55 ⊠91807
Solpke **ST** 34 Mb 33 ⊠39638
Soltau **NI** 22 Ke 31 ⊠29614
Soltendieck **NI** 23 Le 31 ⊠29594
Sommerach **BY** 79 Lb 49 ⊠97334
Sommerau **RP** 74 Ge 50 ⊠54317
Sommerfeld **BB** 26 Oa 32 ⊠16766
Sommerhausen **BY** 79 La 50 ⊠97286
Sommerkahl **BY** 68 Kb 48 ⊠63825
Sommerland **SH** 11 Kd 26 ⊠25358
Sommerloch **RP** 76 He 49 ⊠55595
Sommersdorf **MV** 15 Nf 26 ⊠17111
Sommersdorf **MV** 27 Pb 29 ⊠17328
Sommersdorf **ST** 33 Ma 35 ⊠39365
Sonderhofen **BY** 79 La 51 ⊠97255
Sondershausen **TH** 58 Lf 40 ⊠99706
Sondheim vor der Rhön **HE** 69 Lb 46 ⊠97647
Sonneberg **TH** 70 Mb 46 ⊠96515
Sonneborn **TH** 58 Ld 43 ⊠99869
Sonnefeld **BY** 70 Ma 47 ⊠96242
Sonnen **BY** 93 Oe 56 ⊠94164
Sonnenberg **BB** 26 Oa 30 ⊠16775
Sonnenberg-Winnenberg **RP** 75 Hb 50 ⊠55767
Sonnenbühl **BW** 97 Ka 58 ⊠72820
Sonnewalde **BB** 49 Od 38 ⊠03249
Sonnschied **RP** 75 Hc 50 ⊠55758
Sonsbeck **NW** 40 Gc 39 ⊠47665
Sontheim **BW** 99 Lb 57 ⊠89567
Sontheim **BY** 99 Lc 60 ⊠87776
Sonthofen **BY** 108 Lb 63 ⊠87527
Sontra **HE** 57 Kf 42 ⊠36205
Sophienhamm **SH** 3 Kc 23 ⊠24806
Sophienstädt **BB** 26 Od 32 ⊠16348
Sophienthal **BB** 37 Pc 33 ⊠15324
Sorge **ST** 46 Le 38 ⊠38875
Sornzig-Ablaß **SN** 61 Nf 41 ⊠04769
Sosa **SN** 72 Nd 45 ⊠08326
Sosberg **RP** 65 Hc 48 ⊠56858
Sottrum **NI** 21 Kb 30 ⊠27367
Soyen **BY** 101 Nb 60 ⊠83564
Spaatz **BB** 35 Nb 32 ⊠14715
Spabrücken **RP** 76 He 49 ⊠55595
Spahnharrenstätte **NI** 19 Hd 31 ⊠49751
Spaichingen **BW** 97 Ie 60 ⊠78549
Spall **RP** 76 He 49 ⊠55595
Spalt **BY** 90 Lf 53 ⊠91174
Spangdahlem **RP** 64 Ge 49 ⊠54529
Spangenberg **HE** 56 Ke 42 ⊠34286
Spantekow **MV** 16 Od 26 ⊠17392
Spardorf **BY** 80 Ma 51 ⊠91080
Sparneck **BY** 71 Mf 48 ⊠95234
Spatzenhausen **BY** 109 Mb 62 ⊠82447
Spay **RP** 66 Hd 47 ⊠56322
Spechbach **BW** 77 If 52 ⊠74937
Spechthausen **BB** 27 Oe 32 ⊠16230
Speicher **RP** 74 Gd 49 ⊠54662
Speichersdorf **BY** 81 Me 49 ⊠95469
Speichrow **BB** 50 Pb 36 ⊠15848
Speinshart **BY** 81 Me 50 ⊠92676
Spelle **NI** 29 Hc 34 ⊠48480
Spenge **NW** 30 Ic 36 ⊠32139
Sperenberg **BB** 36 Oc 36 ⊠15838
Spergau **ST** 59 Na 41 ⊠06237
Spesenroth **RP** 65 Hc 48 ⊠56288
Spessart **RP** 65 Ha 46 ⊠56746
Speyer **RP** 86 Ic 53 ⊠67346
Spickendorf **ST** 48 Na 39 ⊠06188
Spiegelau **BY** 93 Oc 55 ⊠94518
Spiegelberg **BW** 88 Kc 54 ⊠71579
Spiekeroog **NI** 9 He 26 ⊠26474
Spielberg **ST** 59 Md 42 ⊠06628
Spiesen-Elversberg **SL** 85 Ha 53 ⊠66583
Spiesheim **RP** 76 Ia 50 ⊠55288
Spirkelbach **RP** 86 Hf 53 ⊠76848
Spitzkunnersdorf **SN** 63 Pe 43 ⊠02794
Splietsdorf **MV** 15 Nf 24 ⊠18513
Spören **ST** 48 Na 39 ⊠06780
Spohla **SN** 51 Pb 40 ⊠02997
Spoldershagen **MV** 6 Nd 23 ⊠18314
Sponheim **RP** 76 He 49 ⊠55595
Sponholz **MV** 16 Oc 27 ⊠17039
Spora **ST** 60 Nb 42 ⊠06724
Spornitz **MV** 24 Me 28 ⊠19372
Spraitbach **BW** 88 Ke 55 ⊠73565
Sprakebüll **SH** 3 Ka 20 ⊠25917
Sprakensehl **NI** 32 Ld 32 ⊠29365
Spree **SN** 51 Pf 40 ⊠02923
Spreeau **BB** 37 Of 34 ⊠15528
Spreenhagen **BB** 37 Of 34 ⊠15528
Spremberg (Grodk) **BB** 51 Pb 39 ⊠03130
Sprendlingen **RP** 76 Hf 49 ⊠55576
Springe **NI** 31 Kd 35 ⊠31832
Springstille **TH** 69 Ld 44 ⊠98587
Sprockhövel **NW** 53 Hb 40 ⊠45549
Spröda **SN** 48 Nc 39 ⊠04509
Sprötau **TH** 58 Mb 42 ⊠99610
Sprotta **SN** 48 Ne 40 ⊠04838
Sputendorf **BB** 36 Ob 34 ⊠14532
Staakow **BB** 49 Oe 36 ⊠15910
Staakow **BB** 49 Pc 37 ⊠15910
Staats **ST** 34 Md 33 ⊠39599
Stackelitz **ST** 48 Nc 36 ⊠06862
Stade **NI** 11 Kd 27 ⊠*21680
Stadecken-Elsheim **RP** 76 Ia 49 ⊠55271
Stadelhofen **BY** 80 Mb 48 ⊠96187
Stadensen **NI** 23 Ld 31 ⊠29596
Stadland **NI** 20 Ic 28 ⊠*26035
Stadlern **BY** 82 Nd 51 ⊠92549
Stadtallendorf **HE** 55 Ka 43 ⊠35260
Stadtbergen **BY** 100 Le 58 ⊠86391
Stadthagen **NI** 31 Kb 34 ⊠31655
Stadtilm **TH** 58 Ma 44 ⊠99326
Stadtkyll **RP** 64 Gd 46 ⊠54589
Stadtlauringen **BY** 69 Lc 47 ⊠97488
Stadtlengsfeld **TH** 57 La 44 ⊠36457
Stadtlohn **NW** 41 Gf 37 ⊠48703
Stadtoldendorf **NI** 44 Kd 37 ⊠37627
Stadtprozelten **BY** 78 Kc 50 ⊠97909
Stadtroda **TH** 59 Me 43 ⊠07646
Stadtsteinach **BY** 71 Mc 48 ⊠95346
Stadt Wehlen **SN** 62 Pa 43 ⊠01829
Stadum **SH** 3 Ka 20 ⊠25917
Stäbelow **MV** 14 Na 24 ⊠18198
Staffelde **BB** 36 Nf 32 ⊠16766
Staffelde **ST** 34 Mf 33 ⊠39596
Staffelstein **BY** 70 Ma 48 ⊠96231
Staffhorst **NI** 31 If 32 ⊠27254
Stafstedt **SH** 11 Ke 23 ⊠24816
Stahlberg **RP** 76 He 51 ⊠67808
Stahlhofen am Wiesensee **RP** 66 Ia 45 ⊠56459
Stahnsdorf **BB** 36 Ob 34 ⊠14532
Staig **BW** 98 Kf 59 ⊠89195
Staitz **TH** 59 Mf 44 ⊠07950
Stakendorf **SH** 4 Lc 22 ⊠24217
Stallwang **BY** 92 Ne 54 ⊠94375
Stammbach **BY** 71 Md 48 ⊠95236
Stammham **BY** 90 Mc 55 ⊠85134
Stammham **BY** 102 Nf 59 ⊠84533
Stamsried **BY** 92 Nd 53 ⊠93491
Stanau **TH** 59 Me 44 ⊠07806
Standenbühl **RP** 76 Hf 51 ⊠67816
Stangendorf **SN** 60 Nd 44 ⊠08138
Stangengrün **SN** 72 Nc 45 ⊠08107
Stangerode **ST** 47 Mc 39 ⊠06543
Stangheck **SH** 4 Kf 20 ⊠24395
Stapelburg **ST** 46 Ld 37 ⊠38871
Stapelfeld **SH** 12 Lb 27 ⊠22145
Staritz **SN** 49 Ob 40 ⊠04874
Starkenberg **TH** 60 Nb 43 ⊠04617
Starkenburg **RP** 75 Ha 49 ⊠56843
Starnberg **BY** 100 Mc 60 ⊠82319
Starsiedel **ST** 60 Na 41 ⊠06686
Starzach **BW** 97 If 58 ⊠72181
Staßfurt **ST** 47 Md 37 ⊠39418
Stauchitz **SN** 61 Ob 41 ⊠01594
Staudach-Egerndach **BY** 111 Nc 62 ⊠83224
Staudernheim **RP** 76 He 50 ⊠55568
Staudt **RP** 66 Hf 46 ⊠56424
Staufenberg **HE** 67 Ie 44 ⊠35460
Staufenberg **NI** 56 Kd 40 ⊠34355
Staupitz **BB** 49 Oe 39 ⊠03238
Staven **MV** 16 Oc 27 ⊠17039
Stavenhagen, Reuterstadt- **MV** 15 Nf 26 ⊠17153
Stavern **NI** 29 Hc 32 ⊠49777
Stebach **RP** 66 Hd 45 ⊠56276
Stechau **BB** 49 Oc 38 ⊠04936
Stechow **BB** 35 Nc 33 ⊠14715
Steckelsdorf **BB** 35 Nb 33 ⊠14715
Stecklenberg **ST** 46 Ma 38 ⊠06507
Stedesand **SH** 2 If 20 ⊠25920
Stedesdorf **NI** 9 He 27 ⊠26427
Stedten **ST** 47 Me 40 ⊠06317
Stedtlingen **TH** 69 Lb 45 ⊠98617
Steenfeld **SH** 11 Kb 24 ⊠25557
Steesow **MV** 24 Md 30 ⊠19300
Steffeln **RP** 64 Gd 47 ⊠54597
Steffenberg **HE** 55 Ic 43 ⊠35239
Steffenshagen **BB** 25 Na 29 ⊠16928
Steffenshagen **MV** 14 Me 24 ⊠18209
Stegaurach **BY** 80 Lf 49 ⊠96135
Stegelitz **BB** 27 Of 30 ⊠17268
Stegelitz **ST** 34 Mf 35 ⊠39291
Stegen **BW** 96 Hf 61 ⊠79252
Steigerthal **TH** 46 Lf 39 ⊠99762
Steigra **ST** 59 Md 41 ⊠06268

Steimbke **NI** 31 Kc 33 ⊠31634
Steimel **RP** 66 Hd 45 ⊠57614
Steimke **ST** 33 Lf 33 ⊠38486
Stein **BY** 80 Lf 52 ⊠90547
Stein **SH** 4 Lb 22 ⊠24235
Steina **SN** 61 Oa 42 ⊠01920
Steinach **BW** 96 Ia 59 ⊠77790
Steinach **BY** 92 Nd 55 ⊠94377
Steinach **TH** 70 Ma 46 ⊠96523
Steinalben **RP** 85 Hd 53 ⊠66851
Steinau **NI** 11 If 26 ⊠21775
Steinau an der Straße **HE** 68 Kc 47 ⊠36396
Steinbach **HE** 67 Id 48 ⊠61449
Steinbach **RP** 66 Hd 48 ⊠56291
Steinbach **SN** 60 Nd 42 ⊠04651
Steinbach **SN** 61 Od 41 ⊠01471
Steinbach **SN** 73 Ob 45 ⊠09477
Steinbach **TH** 57 Lb 40 ⊠37308
Steinbach **TH** 57 Lc 43 ⊠36448
Steinbach **TH** 70 Lf 45 ⊠98667
Steinbach am Donnersberg **RP** 76 Hf 51 ⊠67808
Steinbach am Glan **RP** 75 Hc 52 ⊠66909
Steinbach am Wald **BY** 71 Mc 46 ⊠96361
Steinbach-Hallenberg **TH** 70 Ld 44 ⊠98587
Steinbeck **BB** 37 Of 32 ⊠16259
Steinberg **BY** 91 Nb 53 ⊠92449
Steinberg **SH** 3 Ke 20 ⊠24972
Steinbergkirche **SH** 3 Ke 20 ⊠24972
Stein-Bockenheim **RP** 76 Hf 50 ⊠55599
Steinborn **RP** 64 Gd 48 ⊠54655
Steinburg **SH** 12 Lc 26 ⊠22964
Steinburg **ST** 59 Mc 41 ⊠06647
Steindorf **BY** 100 Ma 59 ⊠82297
Steinebach an der Wied **RP** 66 He 45 ⊠57629
Steineberg **RP** 65 Gf 47 ⊠54552
Steinefrenz **RP** 66 Hf 46 ⊠56414
Steinen **BW** 104 He 63 ⊠79585
Steinen **RP** 66 He 45 ⊠56244
Steinenbronn **BW** 87 Ka 56 ⊠71144
Steineroth **RP** 54 Hf 44 ⊠57518
Steinfeld **BY** 78 Ke 49 ⊠97854
Steinfeld **MV** 15 Nb 24 ⊠18184
Steinfeld **NI** 30 Ib 33 ⊠49439
Steinfeld **RP** 86 Ia 54 ⊠76889
Steinfeld **SH** 3 Ke 21 ⊠24888
Steinfeld **ST** 34 Me 33 ⊠39599
Steinförde **BB** 26 Oa 29 ⊠16798
Steinfurt **NW** 29 Hc 36 ⊠48565
Steingaden **BY** 108 Lf 62 ⊠86989
Steinhagen **MV** 7 Nf 23 ⊠18442
Steinhagen **MV** 14 Mf 25 ⊠18246
Steinhagen **NW** 43 Ic 36 ⊠33803
Steinhausen an der Rottum **BW** 98 Kf 60 ⊠88416
Steinheid **TH** 70 Ma 46 ⊠98749
Steinheim **BW** 87 Kb 55 ⊠71711
Steinheim **NW** 44 Ka 37 ⊠32839
Steinheim am Albuch **BW** 88 La 56 ⊠89555
Steinhöfel **BB** 27 Of 30 ⊠16278
Steinhöfel **BB** 37 Pb 34 ⊠15518
Steinhöring **BY** 101 Na 60 ⊠85643
Steinhorst **NI** 32 Lc 32 ⊠29367
Steinhorst **SH** 12 Ld 26 ⊠23847
Steinigtwolmsdorf **SN** 63 Pb 42 ⊠01904
Stein im Chemnitztal **SN** 60 Ne 43 ⊠09306
Steiningen **RP** 65 Gf 47 ⊠54552
Steinitz **ST** 23 Ma 32 ⊠29416
Steinkirchen **BY** 101 Na 58 ⊠84439
Steinkirchen **NI** 11 Kd 27 ⊠21720
Steinmauern **RP** 86 Ib 55 ⊠76479
Steinmocker **MV** 16 Oc 25 ⊠17391
Stein-Neukirch **RP** 66 Ia 44 ⊠56479
Steinpleis **SN** 60 Nc 44 ⊠08432
Steinrode **TH** 45 Lc 39 ⊠37345
Steinsberg **RP** 66 Hf 47 ⊠56379
Steinsdorf **BB** 51 Pd 36 ⊠15898
Steinsdorf **TH** 59 Na 44 ⊠07570
Steinsdorf **TH** 71 Md 45 ⊠07338
Steinsfeld **BY** 79 Lb 52 ⊠91628
Steinthaleben **TH** 58 Lf 40 ⊠06567
Steintoch **BB** 37 Pc 33 ⊠15324
Steinweiler **RP** 86 Ia 54 ⊠76872
Steinwenden **RP** 75 Hd 52 ⊠66879
Steinwiesen **BY** 71 Mc 47 ⊠96349
Stein-Wingert **RP** 54 He 44 ⊠57629
Steißlingen **BW** 106 If 62 ⊠78256
Stelle **NI** 22 La 28 ⊠21435
Stelle-Wittenwurth **SH** 3 Ka 23 ⊠25795
Stelzen **TH** 71 Mf 46 ⊠07922
Stelzenberg **RP** 76 He 52 ⊠67705
Stemmen **NI** 21 Kd 29 ⊠27389
Stempeda **TH** 46 Lf 39 ⊠99762
Stemshorn **NI** 30 Ic 34 ⊠49448
Stemwede **NW** 30 Ic 34 ⊠32351
Stendal **ST** 34 Mf 33 ⊠39576
Stendell **BB** 27 Pb 30 ⊠16306
Stepenitz **BB** 25 Na 29 ⊠16945
Stepfershausen **TH** 69 Lc 45 ⊠98617
Stephanskirchen **BY** 110 Nb 61 ⊠83071
Stephansposching **BY** 92 Ne 56 ⊠94569
Sterley **SH** 13 Le 27 ⊠23883
Sternberg **MV** 14 Me 26 ⊠19406
Sternebeck **BB** 37 Of 32 ⊠16269
Sternenfels **BW** 87 Ie 54 ⊠75447
Sternhagen **BB** 27 Oe 29 ⊠17291
Sterup **SH** 3 Ke 20 ⊠24996
Stetten **BW** 106 Kb 62 ⊠88719
Stetten **BY** 99 Lc 60 ⊠87778
Stetten **RP** 76 Ia 50 ⊠67294
Stetten am kalten Markt **BW** 97 Ka 60 ⊠72510
Stettfeld **BY** 80 Le 49 ⊠96188
Steuden **ST** 47 Me 40 ⊠06179
Steutz **ST** 47 Na 37 ⊠39264
Steyerberg **NI** 31 Ka 33 ⊠31595
Stiefenhofen **BY** 107 La 63 ⊠88167
Stiege **ST** 46 Lf 38 ⊠38899
Stimpfach **BW** 89 La 54 ⊠74597
Stinstedt **NI** 11 If 26 ⊠21772
Stipsdorf **SH** 12 Lc 25 ⊠23795
Stipshausen **RP** 75 Hb 49 ⊠55758
Stobra **TH** 59 Md 42 ⊠99510
Stockach **BW** 106 If 61 ⊠78333
Stockelsdorf **SH** 13 Ld 25 ⊠23617
Stockem **RP** 74 Gc 49 ⊠54646
Stockhausen-Illfurth **RP** 66 Hf 45 ⊠56472
Stockheim **BY** 70 Mb 47 ⊠96342
Stockheim **HE** 69 Lb 46 ⊠97640
Stocksee **SH** 12 Lb 24 ⊠24326
Stockstadt am Main **BY** 78 Ka 49 ⊠63811
Stockstadt am Rhein **HE** 77 Ic 50 ⊠64589
Stockum-Püschen **RP** 66 Hf 45 ⊠56459
Stöckey **TH** 45 Ld 39 ⊠37345
Stöckse **NI** 31 Kb 33 ⊠31638
Stödtlen **BW** 89 Lb 54 ⊠73495
Stölln **BB** 35 Nc 32 ⊠14728
Stördorf **SH** 11 Kc 25 ⊠25554
Störkathen **SH** 12 Ke 25 ⊠25548
Störmthal **SN** 60 Nc 41 ⊠04463
Störnstein **BY** 82 Nb 50 ⊠92721
Stößen **ST** 59 Mf 42 ⊠06667
Stötten am Auerberg **BY** 108 Le 62 ⊠87675
Stöttwang **BY** 108 Le 61 ⊠87677
Stoetze **NI** 23 Le 30 ⊠29597
Stolberg **NW** 52 Gb 44 ⊠*52222
Stolberg **ST** 46 Lf 39 ⊠06547
Stolk **SH** 3 Kd 21 ⊠24890
Stollberg/Erzgebirge **SN** 60 Ne 44 ⊠09366
Stolpe **BB** 27 Pa 31 ⊠16278
Stolpe **BB** 36 Ob 33 ⊠16540
Stolpe **MV** 16 Od 25 ⊠17391
Stolpe **MV** 24 Me 28 ⊠19372
Stolpe **SH** 12 Lb 24 ⊠24601
Stolpe auf Usedom **MV** 17 Of 25 ⊠17406
Stolpen **SN** 62 Pa 42 ⊠01833
Stolpe-Süd **BB** 36 Ob 33 ⊠16761
Stoltebüll **SH** 4 Kf 20 ⊠24409
Stoltenberg **SH** 4 Lc 22 ⊠24256
Stoltenhagen **MV** 16 Oa 24 ⊠18510
Stolzenau **NI** 31 Ka 33 ⊠31592
Stolzenhagen **BB** 26 Oc 32 ⊠16348
Stolzenhagen **BB** 27 Pa 31 ⊠16248
Stolzenhain **BB** 49 Ob 37 ⊠04916
Stolzenhain an der Röder **BB** 49 Oc 40 ⊠04932
Storbeck **BB** 25 Ne 31 ⊠16818
Storkau **ST** 34 Mf 33 ⊠39590
Storkau **ST** 59 Mf 41 ⊠06667
Storkow **BB** 26 Oc 30 ⊠17268
Storkow **BB** 37 Of 35 ⊠15859
Storkow **MV** 27 Pb 29 ⊠17328
Straach **ST** 48 Nd 37 ⊠06896
Stradow **BB** 50 Pa 38 ⊠03226
Straelen **NW** 40 Gb 40 ⊠47638
Straguth **ST** 48 Nb 36 ⊠39264
Strahlungen **BY** 69 Lb 47 ⊠97618
Strahwalde **SN** 63 Pe 42 ⊠02747
Stralendorf **MV** 13 Mb 27 ⊠19073
Stralendorf **MV** 24 Mf 28 ⊠19372
Stralsund **MV** 7 Oa 23 ⊠*18435
Strande **SH** 4 Lb 22 ⊠24229
Strasburg (Uckermark) **MV** 16 Oe 27 ⊠17335
Strasen **MV** 26 Oa 29 ⊠17255
Straßberg **BW** 97 Ka 59 ⊠72479
Straßberg **SN** 72 Na 46 ⊠08527
Straßberg **ST** 46 Ma 39 ⊠06493
Straßenhaus **RP** 65 Hc 45 ⊠56587
Straßgräbchen **SN** 50 Pa 40 ⊠01936
Straßkirchen **BY** 92 Ne 55 ⊠94342
Straßlach-Dingharting **BY** 100 Md 60 ⊠82064
Straubenhardt **BW** 86 Id 55 ⊠75334
Straubing **BY** 92 Nd 55 ⊠94315
Straufhain **TH** 70 Le 46 ⊠98646
Straupitz **BB** 50 Pa 37 ⊠15913
Strausberg **BB** 37 Of 33 ⊠15344
Straußberg **TH** 58 Le 40 ⊠99713
Straußfurt **TH** 58 Ma 41 ⊠99634
Streckewalde **SN** 73 Oa 45 ⊠09518
Streetz **ST** 48 Nb 37 ⊠06862
Streganz **BB** 37 Oe 35 ⊠15752
Strehla **SN** 61 Ob 40 ⊠01616
Streichwitz **BB** 38 Pd 36 ⊠15898
Streithausen **RP** 66 Hf 44 ⊠57629
Strelln **SN** 48 Ne 40 ⊠04838
Stremmen **BB** 37 Pb 36 ⊠15848
Strenznaundorf **ST** 47 Me 38 ⊠06425
Stresow **ST** 34 Na 35 ⊠39291
Stressenhausen **TH** 70 Le 46 ⊠98646
Strickscheid **RP** 64 Gb 48 ⊠54597
Striegistal **SN** 61 Ob 43 ⊠09661
Striesdorf **MV** 15 Nb 25 ⊠18299
Striesow **BB** 50 Pb 38 ⊠03096
Strießen **SN** 61 Oc 41 ⊠01561
Strodehne **BB** 35 Nb 32 ⊠14728
Strohkirchen **MV** 24 Mb 28 ⊠19230
Strohn **RP** 65 Gf 48 ⊠54558
Stromberg **RP** 76 He 49 ⊠55442
Strotzbüsch **RP** 65 Gf 48 ⊠54552
Struckum **SH** 2 If 21 ⊠25821
Strübbel **SH** 2 If 23 ⊠25792
Strüth **RP** 66 Hf 48 ⊠56357
Strukdorf **SH** 12 Lc 25 ⊠23815
Strullendorf **BY** 80 Ma 49 ⊠96129
Struppen **SN** 62 Of 43 ⊠01796
Struth-Helmershof **TH** 57 Ld 44 ⊠98593
Struvenhütten **SH** 12 La 25 ⊠24643
Struxdorf **SH** 3 Kd 21 ⊠24891
Stubben **NI** 12 Lc 26 ⊠27616
Stubben **SH** 20 Ie 28 ⊠23847
Stubbendorf **MV** 15 Ne 25 ⊠17159
Stubbendorf **MV** 15 Ne 25 ⊠18195
Stubenberg **BY** 102 Oa 59 ⊠94166
Stücken **BB** 36 Oa 35 ⊠14547
Stüdenitz **BB** 25 Nb 31 ⊠16845
Stühlingen **BW** 105 Ic 62 ⊠79780
Stuer **MV** 25 Nc 28 ⊠17209
Stürzelbach **RP** 66 Hd 45 ⊠57614
Stützengrün **SN** 72 Nd 45 ⊠08328
Stützerbach **TH** 70 Lf 45 ⊠98714
Stuhr **NI** 20 Ie 30 ⊠28816
Stulln **BY** 82 Na 52 ⊠92551
Stumsdorf **ST** 47 Na 39 ⊠06780
Stutensee **BW** 86 Ic 54 ⊠76297
Stuttgart **BW** 87 Ka 56 ⊠*70173
Stuvenborn **SH** 12 La 25 ⊠24641
Suckow **MV** 24 Mf 29 ⊠19376
Suddendorf **NI** 28 Hb 35 ⊠48465
Suderburg **NI** 22 Lc 31 ⊠29556
Sudwalde **NI** 30 Ie 32 ⊠27257
Südbrookmerland **NI** 9 Hc 27 ⊠26624
Süderau **SH** 11 Kd 26 ⊠25361
Süderbrarup **SH** 3 Ke 21 ⊠24392
Süderdeich **SH** 11 If 23 ⊠25764
Süderdorf **SH** 11 Kc 23 ⊠25782
Süderende **SH** 2 Ic 20 ⊠25938
Süderfahrenstedt **SH** 3 Kd 21 ⊠24890
Südergellersen **NI** 22 Lb 29 ⊠21394
Süderhackstedt **SH** 3 Kb 21 ⊠24852
Süderhastedt **SH** 11 Kb 24 ⊠25727
Süderheistedt **SH** 3 Ka 23 ⊠25779
Süderhöft **SH** 3 Kb 22 ⊠25876
Süderlügum **SH** 2 If 19 ⊠25923
Südermarsch **SH** 3 Ka 22 ⊠25813
Süderstapel **SH** 3 Kb 22 ⊠25879
Südlohn **NW** 41 Gf 37 ⊠46354
Sülfeld **SH** 12 Lb 26 ⊠23867
Sülldorf **ST** 47 Md 36 ⊠39171
Sülm **RP** 74 Gd 49 ⊠54636
Sülstorf **MV** 14 Mc 27 ⊠19077
Sülzfeld **TH** 69 Lc 45 ⊠98617
Sünching **BY** 91 Nb 55 ⊠93104
Sünna **TH** 57 La 44 ⊠36404
Süplingen **ST** 34 Mb 35 ⊠39343
Süpplingen **NI** 33 Lf 35 ⊠38373
Süpplingenburg **NI** 33 Lf 35 ⊠38376
Süsel **SH** 13 Le 24 ⊠23701
Süßen **BW** 88 Ke 56 ⊠73079
Süstedt **NI** 21 If 31 ⊠27305
Sugenheim **BY** 79 Lc 51 ⊠91484
Suhl **TH** 70 Le 45 ⊠*98527
Suhlendorf **NI** 23 Le 31 ⊠29562
Sukow **MV** 14 Md 27 ⊠19079
Sukow **MV** 15 Nd 25 ⊠17168
Sulingen **NI** 30 Ie 32 ⊠27232
Sulza **TH** 59 Md 43 ⊠07751
Sulz am Neckar **BW** 97 Id 58 ⊠72172
Sulzbach **HE** 67 Id 48 ⊠65843
Sulzbach **RP** 66 He 47 ⊠56379
Sulzbach **RP** 75 Hc 49 ⊠55758
Sulzbach **SL** 84 Ha 53 ⊠66280
Sulzbach am Main **BY** 78 Kb 49 ⊠63834
Sulzbach an der Murr **BW** 88 Kc 54 ⊠71560
Sulzbach-Laufen **BW** 88 Kf 55 ⊠74429
Sulzbach-Rosenberg **BY** 81 Me 51 ⊠92237
Sulzbachtal **RP** 76 Hd 51 ⊠67734
Sulzberg **BY** 108 Lc 63 ⊠87477
Sulzburg **BW** 104 He 61 ⊠79295
Sulzdorf an der Lederhecke **BY** 70 Ld 47 ⊠97528
Sulzemoos **BY** 100 Mb 59 ⊠85254
Sulzfeld **BW** 87 If 54 ⊠75056
Sulzfeld **BY** 69 Lc 47 ⊠97633
Sulzfeld am Main **BY** 79 La 50 ⊠97320
Sulzheim **BY** 79 Lc 49 ⊠97529
Sulzheim **RP** 76 Ia 49 ⊠55286
Sulzthal **BY** 69 La 48 ⊠97717
Sundern **NW** 54 Ia 40 ⊠59846
Sundhausen **TH** 58 Le 42 ⊠99947
Sundremda **TH** 58 Mb 44 ⊠07407
Surberg **BY** 111 Ne 61 ⊠83362
Surwold **NI** 19 Hd 31 ⊠26903
Suschow **BB** 50 Pa 38 ⊠03226
Sustrum **NI** 18 Hb 31 ⊠49762
Swisttal **NW** 53 Gf 44 ⊠53913
Syke **NI** 20 If 31 ⊠28857
Sylda **ST** 47 Mc 38 ⊠06333
Sylt-Ost **SH** 2 Ic 19 ⊠25980
Syrau **SN** 72 Na 45 ⊠08548
Syrgenstein **BY** 89 Lc 57 ⊠89428

T

Taarstedt **SH** 3 Ke 21 ⊠24893
Tabarz **TH** 57 Ld 43 ⊠99891
Taben-Rodt **RP** 74 Gd 51 ⊠54441
Tacherting **BY** 102 Nd 60 ⊠83342
Taching am See **BY** 102 Ne 61 ⊠83373
Tackesdorf **SH** 11 Kc 23 ⊠25585
Täferrot **BW** 88 Kf 55 ⊠73525
Tännesberg **BY** 82 Nc 51 ⊠92723
Tätzschwitz **SN** 50 Pa 40 ⊠02979
Tagewerben **ST** 59 Mf 41 ⊠06667
Tagmersheim **BY** 90 Lf 56 ⊠86704
Talheim **BW** 87 Kb 54 ⊠74388
Talheim **BW** 97 Ie 60 ⊠78607
Talkau **SH** 13 Ld 27 ⊠21493
Talling **RP** 75 Gf 50 ⊠54426
Tambach-Dietharz **TH** 58 Ld 44 ⊠99897
Tamm **BW** 87 Ka 55 ⊠71732
Tangeln **ST** 33 Ma 32 ⊠38489
Tangerhütte **ST** 34 Me 34 ⊠39517
Tangermünde **ST** 34 Mf 33 ⊠39590
Tangstedt **SH** 12 Kf 26 ⊠25499
Tangstedt **SH** 12 La 26 ⊠22889
Tann **BY** 102 Nf 59 ⊠84367
Tann (Rhön) **HE** 69 La 45 ⊠36142
Tanna **TH** 71 Mf 46 ⊠07922
Tanndorf **SN** 60 Ne 41 ⊠04680
Tanne **ST** 46 Le 38 ⊠38875
Tanneberg **SN** 61 Oc 42 ⊠01683
Tannenberg **SN** 73 Nf 45 ⊠09468
Tannenbergsthal **SN** 72 Nc 46 ⊠08262
Tannhausen **BW** 89 Lc 55 ⊠73497
Tannheim **BW** 98 La 61 ⊠88459
Tantow **BB** 27 Pc 29 ⊠16307
Tapfheim **BY** 89 Ld 56 ⊠86660
Tappenbeck **NI** 33 Le 34 ⊠38479
Tappendorf **SH** 12 Ke 24 ⊠24594
Tarbek **SH** 12 Lb 24 ⊠24619
Tarmow **BB** 25 Ne 32 ⊠16833
Tarmstedt **NI** 21 Ka 29 ⊠27412
Tarnow **MV** 14 Na 26 ⊠18249
Tarp **SH** 3 Kc 21 ⊠24963
Tarthun **ST** 47 Mc 37 ⊠39435
Tasdorf **SH** 12 La 24 ⊠24536
Tastrup **SH** 3 Kd 20 ⊠24943
Tastungen **TH** 45 Lb 40 ⊠37339
Taubenheim **SN** 61 Oc 42 ⊠01665
Tauberbischofsheim **BW** 78 Ke 51 ⊠97941
Tauberrettersheim **BY** 79 Kf 52 ⊠97285
Taucha **SN** 60 Nd 40 ⊠04425
Taucha **ST** 60 Na 41 ⊠06679
Tauche **BB** 37 Pa 36 ⊠15848
Tauer **BB** 51 Pc 37 ⊠03185
Taufkirchen **BY** 101 Md 60 ⊠82024
Taufkirchen **BY** 102 Nc 60 ⊠84574
Taufkirchen (Vils) **BY** 101 Na 58 ⊠84416
Taugwitz **ST** 59 Md 42 ⊠06628
Taunusstein **HE** 66 Ia 48 ⊠65232
Taupadel **TH** 60 Nc 43 ⊠04603
Taura **SN** 49 Oa 40 ⊠04889
Taura bei Burgstädt **SN** 61 Nf 43 ⊠09249
Tauscha **SN** 60 Ne 43 ⊠09322
Tauscha **SN** 62 Oe 41 ⊠01561
Tautenburg **TH** 59 Me 43 ⊠07778
Tautendorf **TH** 59 Mf 44 ⊠07646
Tautenhain **TH** 59 Mf 43 ⊠07639
Tawern **RP** 74 Gd 50 ⊠54456
Techelsdorf **SH** 12 La 23 ⊠24220
Techentin **MV** 14 Mf 27 ⊠19399
Tecklenburg **NW** 29 He 35 ⊠49545
Teetz-Ganz **BB** 25 Nd 30 ⊠16866
Tegau **TH** 71 Mf 45 ⊠07907
Tegernau **BW** 104 He 62 ⊠79692
Tegernheim **BY** 91 Nb 54 ⊠93105
Tegernsee **BY** 110 Me 62 ⊠83684
Tegkwitz **TH** 60 Nb 43 ⊠04617
Teicha **ST** 47 Mf 39 ⊠06193
Teichel **TH** 59 Mb 44 ⊠07407
Teichröda **TH** 59 Mb 44 ⊠07407
Teichweiden **TH** 59 Mc 44 ⊠07407
Teichwitz **TH** 60 Na 44 ⊠07570
Teichwolframsdorf **TH** 60 Nb 44 ⊠07989
Teisendorf **BY** 111 Ne 62 ⊠83317
Teising **BY** 102 Nd 59 ⊠84576
Teisnach **BY** 92 Nf 54 ⊠94244
Teistungen **TH** 45 Lb 40 ⊠37339
Teldau **MV** 23 Le 29 ⊠19273
Telgte **NW** 42 He 37 ⊠48291
Tellig **RP** 65 Hb 48 ⊠56858
Tellingstedt **SH** 11 Kb 23 ⊠25782
Telschow-Weitgendorf **BB** 24 Na 29 ⊠16949
Teltow **BB** 36 Ob 34 ⊠14513
Telz **BB** 36 Oc 35 ⊠15806
Temmels **RP** 74 Gc 50 ⊠54441
Temmen **BB** 27 Oe 30 ⊠17268
Tempelberg **BB** 37 Pb 34 ⊠15518
Tempelfelde **BB** 37 Oe 32 ⊠16230
Templin **BB** 26 Od 30 ⊠17268
Tengen **BW** 105 Id 62 ⊠78250
Teningen **BW** 95 He 60 ⊠79331
Tennenbronn **BW** 96 Ic 59 ⊠78144
Tensbüttel-Röst **SH** 11 Kb 24 ⊠25767
Tensfeld **SH** 12 Lb 24 ⊠23824
Terpt **BB** 50 Of 37 ⊠15926
Teschendorf **BB** 26 Oa 31 ⊠16515
Teschendorf **MV** 26 Oc 28 ⊠17094
Teschenmoschel **RP** 76 He 51 ⊠67806
Tespe **NI** 22 Lc 28 ⊠21395
Tessenow **MV** 24 Mf 28 ⊠19376
Tessin **MV** 15 Nc 24 ⊠18195
Tessin **MV** 23 Ma 27 ⊠19243
Tessin bei Boizenburg **MV** 13 Lf 28 ⊠19258
Testorf-Steinfort **MV** 13 Mb 26 ⊠23936
Tetenbüll **SH** 2 Ie 22 ⊠25882
Tetenhusen **SH** 3 Kc 22 ⊠24817
Teterow **MV** 15 Nd 26 ⊠17166
Tettau **BB** 50 Oe 40 ⊠01945
Tettau **BY** 70 Mb 46 ⊠96355
Tettenweis **BY** 103 Ob 58 ⊠94167
Tettnang **BW** 107 Kd 62 ⊠88069
Teublitz **BY** 91 Na 53 ⊠93158
Teuchern **ST** 59 Na 42 ⊠06682
Teugn **BY** 91 Na 55 ⊠93356
Teunz **BY** 82 Nc 52 ⊠92552
Teupitz **BB** 36 Od 36 ⊠15755
Teuschnitz **BY** 71 Mc 46 ⊠96358
Teusin **MV** 16 Oa 25 ⊠17111
Teutleben **TH** 58 Ld 43 ⊠99880
Teutschenthal **ST** 47 Me 40 ⊠06179
Tewswoos **MV** 23 Mb 29 ⊠19303
Thaden **SH** 11 Kc 24 ⊠25557
Thaining **BY** 100 Lf 60 ⊠86943
Thale (Harz) **ST** 46 Ma 38 ⊠06502
Thalebra **TH** 58 Le 41 ⊠99713
Thaleischweiler-Fröschen **RP** 85 Hd 53 ⊠66987
Thalfang **RP** 75 Gf 50 ⊠54424
Thalhausen **RP** 66 Hd 45 ⊠56584
Thalheim **ST** 48 Nb 39 ⊠06766
Thalheim/Erzgebirge **SN** 61 Ne 44 ⊠09380
Thallichtenberg **RP** 75 Hb 51 ⊠66871
Thallwitz **SN** 48 Ne 40 ⊠04808
Thalmässing **BY** 90 Mb 54 ⊠91177
Thalmassing **BY** 91 Nb 55 ⊠93107
Thalwenden **TH** 57 La 40 ⊠37318
Thalwinkel **ST** 59 Md 41 ⊠06647
Thammenhain **SN** 48 Nf 40 ⊠04808
Thandorf **MV** 13 Le 26 ⊠19217
Thannhausen **BY** 99 Lc 59 ⊠86470
Thanstein **BY** 82 Nc 52 ⊠92554
Tharandt **SN** 61 Od 43 ⊠01737
Thedinghausen **NI** 21 Ka 31 ⊠27321
Theeßen **ST** 34 Na 35 ⊠39291
Theilenhofen **BY** 90 Lf 54 ⊠91741
Theilheim **BY** 79 La 50 ⊠97288
Theisbergstegen **RP** 75 Hc 51 ⊠66871
Theisseil **BY** 82 Nb 50 ⊠92637
Theißen **ST** 60 Na 42 ⊠06727
Thelkow **MV** 15 Nd 24 ⊠18195
Themar **TH** 70 Ld 45 ⊠98660
Thesenvitz **MV** 7 Oc 22 ⊠18528
Theuern **TH** 70 Ma 46 ⊠96528
Theuma **SN** 72 Nb 46 ⊠08541
Thielbeer **ST** 24 Mc 31 ⊠39619
Thiendorf **SN** 62 Oe 41 ⊠01561
Thierbach **SN** 60 Nd 43 ⊠09322
Thierbach **TH** 71 Md 45 ⊠07356
Thierhaupten **BY** 100 Lf 57 ⊠86672
Thierschneck **TH** 59 Me 42 ⊠07774
Thiersheim **BY** 72 Na 48 ⊠95707
Thierstein **BY** 72 Na 48 ⊠95199
Thießen **ST** 48 Nb 37 ⊠06862
Thiessow **MV** 7 Oe 23 ⊠18586
Thimmendorf **TH** 71 Md 45 ⊠07356
Thörlingen **RP** 65 Hd 48 ⊠56291
Thörnich **RP** 75 Gf 49 ⊠54340
Tholey **SL** 75 Ha 52 ⊠66636
Thomasburg **NI** 23 Le 29 ⊠21401
Thomm **RP** 74 Ge 50 ⊠54317
Thonhausen **TH** 60 Nb 43 ⊠04626
Thräna **SN** 60 Nc 42 ⊠04552
Threna **SN** 60 Nd 41 ⊠04683
Thümmlitzwalde **SN** 60 Ne 41 ⊠04668
Thüngen **BY** 79 Kf 49 ⊠97289
Thüngersheim **BY** 79 Kf 49 ⊠97291
Thür **RP** 65 Hb 46 ⊠56743
Thüringenhausen **TH** 58 Lf 41 ⊠99713
Thürkow **MV** 15 Nd 26 ⊠17168
Thuine **NI** 29 Hd 33 ⊠49832
Thulendorf **MV** 15 Nb 24 ⊠18184
Thum **SN** 73 Nf 44 ⊠09419
Thumby **SH** 4 Kf 21 ⊠24351
Thundorf **BY** 69 Lb 47 ⊠97711
Thurland **ST** 48 Nb 38 ⊠06779
Thurm **SN** 60 Nd 44 ⊠08138
Thurmansbang **BY** 93 Ob 56 ⊠94169
Thurnau **BY** 71 Mc 48 ⊠95349
Thyrnau **BY** 93 Od 57 ⊠94136
Thyrow **BB** 36 Ob 35 ⊠14974
Tiddische **NI** 33 Le 33 ⊠38473
Tiefenbach **BW** 98 Kd 60 ⊠88422
Tiefenbach **BY** 82 Nd 52 ⊠93464
Tiefenbach **BY** 93 Oc 57 ⊠94113
Tiefenbach **BY** 101 Na 58 ⊠84184
Tiefenbach **RP** 75 Hd 49 ⊠55471
Tiefenbach **SN** 61 Ob 42 ⊠09661
Tiefenbronn **BW** 87 Ie 56 ⊠75233
Tiefenort **TH** 57 Lb 43 ⊠36469
Tiefensee **BB** 37 Oe 32 ⊠16259
Tiefensee **SN** 48 Nd 39 ⊠04849
Tiefenthal **RP** 76 Hf 50 ⊠55546
Tiefenthal **RP** 76 Ia 51 ⊠67311
Tielen **SH** 3 Kc 23 ⊠24803
Tielenhemme **SH** 3 Kb 23 ⊠25794
Tietzow **BB** 36 Nf 32 ⊠14641
Tilleda **ST** 46 Ma 40 ⊠06537
Timmaspe **SH** 12 Kf 24 ⊠24644
Timmendorfer Strand **SH** 13 Le 24 ⊠23669
Timmenrode **ST** 46 Ma 38 ⊠06502
Tinningstedt **SH** 2 If 20 ⊠25917
Tirpersdorf **SN** 72 Nb 46 ⊠08606
Tirschenreuth **BY** 82 Nc 49 ⊠95643
Tissa **TH** 59 Me 43 ⊠07646
Tiste **NI** 21 Kd 29 ⊠27419
Titisee-Neustadt **BW** 105 Ib 61 ⊠79822
Titschendorf **TH** 71 Md 46 ⊠07343
Titting **BY** 90 Mb 55 ⊠85135
Tittling **BY** 93 Oc 56 ⊠94104
Tittmoning **BY** 102 Ne 60 ⊠84529
Titz **NW** 52 Gc 42 ⊠52445
Toba **TH** 58 Le 41 ⊠99713
Toddin **MV** 23 Ma 28 ⊠19230
Todenbüttel **SH** 11 Kd 24 ⊠24819
Todendorf **SH** 12 Lc 26 ⊠22965
Todenroth **RP** 75 Hc 49 ⊠55481
Todesfelde **SH** 12 La 25 ⊠23826
Todtenweis **BY** 100 Lf 57 ⊠86447
Todtmoos **BW** 104 Ia 62 ⊠79682
Todtnau **BW** 104 Hf 62 ⊠79674
Töging **BY** 102 Nd 59 ⊠84513
Tömmelsdorf **TH** 59 Mf 44 ⊠07819
Tönisvorst **NW** 52 Gc 41 ⊠47918
Tönning **SH** 2 If 23 ⊠25832
Töpchin **BB** 36 Od 35 ⊠15755
Töpeln **SN** 61 Oa 42 ⊠04720
Töpen **BY** 71 Mf 46 ⊠95183
Töplitz **BB** 36 Nf 34 ⊠14476
Töppeln **TH** 59 Mf 43 ⊠07558
Tolk **SH** 3 Kd 21 ⊠24894
Tollwitz **ST** 60 Na 41 ⊠06231
Tonna **TH** 58 Le 42 ⊠99958
Tonndorf **TH** 58 Mb 43 ⊠99438
Toppenstedt **NI** 22 La 29 ⊠21442
Torgau **SN** 49 Oa 39 ⊠04860
Torgelow **MV** 15 Ne 27 ⊠17192
Torgelow **MV** 17 Of 27 ⊠17358
Torgelow-Holländerei **MV** 17 Pa 26 ⊠17358
Tornau **ST** 48 Nd 39 ⊠06774
Tornau vor der Heide **ST** 48 Nb 38 ⊠06779
Tornesch **SH** 12 Ke 26 ⊠25436
Tornitz **ST** 47 Mf 37 ⊠39249
Tornow **BB** 26 Ob 30 ⊠16775
Tostedt **NI** 22 Kd 29 ⊠21255
Tosterglope **NI** 23 Le 29 ⊠21371
Tottleben **TH** 58 Le 41 ⊠99947
Traben-Trarbach **RP** 75 Ha 49 ⊠56841
Trabitz **BY** 81 Mf 50 ⊠92724
Train **BY** 91 Me 56 ⊠93358
Traisen **RP** 76 Hf 50 ⊠55595
Traitsching **BY** 92 Nd 54 ⊠93455
Tramm **MV** 14 Md 27 ⊠19089
Tramm **SH** 13 Ld 27 ⊠21516
Trampe **BB** 27 Oe 32 ⊠16230
Trannroda **TH** 71 Md 44 ⊠07381
Trantow **MV** 16 Ob 25 ⊠17121
Trappenkamp **SH** 12 Lb 24 ⊠24610
Trappstadt **BY** 70 Ld 47 ⊠97633
Trassem **RP** 74 Gd 51 ⊠54441
Trassenheide **MV** 17 Of 24 ⊠17449
Traunreut **BY** 102 Nd 61 ⊠83301
Traunstein **BY** 111 Nd 61 ⊠83278
Trausnitz **BY** 82 Nb 51 ⊠92555
Trautenstein **ST** 46 Le 38 ⊠38899
Trautskirchen **BY** 80 Ld 52 ⊠90619
Travenbrück **SH** 12 Lb 25 ⊠23843
Travenhorst **SH** 12 Lc 24 ⊠23827
Trebatsch **BB** 37 Pa 36 ⊠15848
Trebbichau an der Fuhne **ST** 47 Na 38 ⊠06386
Trebbin **BB** 36 Ob 35 ⊠14959
Trebbus **BB** 49 Oc 38 ⊠03253
Trebel **NI** 24 Mb 31 ⊠29494
Treben **TH** 60 Nc 42 ⊠04617
Trebendorf **BB** 51 Pd 38 ⊠03149
Trebendorf **SN** 51 Pd 39 ⊠02959
Trebenow **BB** 27 Of 28 ⊠17337
Trebgast **BY** 71 Md 48 ⊠95367
Trebitz **BB** 51 Pb 36 ⊠15868
Trebitz **ST** 48 Ne 38 ⊠06909
Trebnitz **BB** 37 Pb 33 ⊠15320
Trebnitz **ST** 47 Me 38 ⊠06420
Trebnitz **TH** 60 Na 43 ⊠07554
Trebra **TH** 45 Ld 39 ⊠99755
Trebra **TH** 58 Lf 41 ⊠99718
Trebsen/Mulde **SN** 60 Ne 41 ⊠04687
Trebur **HE** 77 Ic 49 ⊠65468
Trechtingshausen **RP** 76 He 48 ⊠55413
Trechwitz **BB** 35 Ne 34 ⊠14778
Treffelstein **BY** 82 Nd 52 ⊠93492
Treffurt **TH** 57 Lb 42 ⊠99830
Treia **SH** 3 Kb 21 ⊠24896
Treis-Karden **RP** 65 Hb 47 ⊠56253
Tremmen **BB** 35 Nf 33 ⊠14641
Tremsbüttel **SH** 12 Lb 26 ⊠22967
Tremsdorf **BB** 36 Oa 35 ⊠14552
Trendelburg **HE** 44 Kc 39 ⊠34388
Trennewurth **SH** 11 If 25 ⊠25693
Trent **MV** 7 Ob 21 ⊠18569
Treplin **BB** 37 Pc 34 ⊠15236
Treppeln **BB** 38 Pd 36 ⊠15898
Treppendorf **TH** 58 Mb 44 ⊠07407
Treseburg **ST** 46 Lf 38 ⊠38889
Treuchtlingen **BY** 90 Lf 55 ⊠91757
Treuen **SN** 72 Nb 45 ⊠08233
Treuenbrietzen **BB** 36 Nf 36 ⊠14929
Tribsees **MV** 15 Ne 24 ⊠18465
Trieb (Vogtland) **SN** 72 Nb 46 ⊠08239
Triebel (Vogtland) **SN** 72 Na 46 ⊠08606
Triebes **TH** 71 Na 44 ⊠07950
Triebischtal **SN** 61 Oc 42 ⊠01665
Triefenstein **BY** 78 Kd 50 ⊠97855
Trieplatz **BB** 25 Nd 31 ⊠16845
Trier **RP** 74 Ge 50 ⊠*54290
Trierscheid **RP** 65 Ge 46 ⊠53520
Trierweiler **RP** 74 Gd 50 ⊠54311
Triftern **BY** 102 Nf 58 ⊠84371
Triglitz **BB** 24 Na 29 ⊠16949
Trimbs **RP** 65 Hb 47 ⊠56753
Trimport **RP** 74 Gd 49 ⊠54636
Trinum **ST** 47 Mf 38 ⊠06369
Trinwillershagen **MV** 6 Nd 23 ⊠18320
Trippstadt **RP** 76 He 52 ⊠67705
Triptis **TH** 59 Mf 44 ⊠07819
Trittenheim **RP** 75 Gf 50 ⊠54349
Trochtelfingen **BW** 97 Kb 59 ⊠72818
Trockenborn **TH** 59 Me 44 ⊠07646
Tröbitz **BB** 49 Oc 39 ⊠03253
Tröbnitz **TH** 59 Me 43 ⊠07646
Tröchtelborn **TH** 58 Le 43 ⊠99869
Tröglitz **ST** 60 Nb 42 ⊠06729
Tröndel **SH** 4 Lc 22 ⊠24321

Tröstau BY 81 Mf 48 ⊠95709
Trogen BY 71 Mf 46 ⊠95183
Troisdorf NW 53 Ha 44 ⊠•53840
Troistedt TH 58 Mb 43 ⊠99438
Trollenhagen MV 16 Ob 27 ⊠17039
Tromsdorf ST 59 Mc 42 ⊠06648
Trossin SN 48 Nf 39 ⊠04880
Trossingen BW 97 Ie 60 ⊠78647
Trostberg BY 102 Nd 60 ⊠83308
Truckenthal TH 70 Ma 46 ⊠96528
Trügleben TH 58 Ld 43 ⊠99880
Trulben RP 85 Hd 54 ⊠66957
Trunkelsberg BY 99 Lb 60 ⊠87779
Trusetal TH 57 Lc 44 ⊠98596
Tryppehna ST 34 Mf 36 ⊠39291
Tschernitz BB 51 Pd 39 ⊠03130
Tschirn BY 71 Mc 46 ⊠96367
Tucheim ST 35 Nb 35 ⊠39307
Tuchen BB 37 Oe 32 ⊠16230
Tuchenbach BY 80 Lf 51 ⊠90587
Tübingen BW 97 Ka 57 ⊠•72070
Tüchen BB 24 Na 30 ⊠16928
Tülau NI 33 Lf 33 ⊠38474
Tümlauer Koog SH 2 Id 22 ⊠25881
Tüngeda TH 58 Ld 42 ⊠99947
Türkendorf BB 51 Pc 39 ⊠03130
Türkenfeld BY 100 Ma 60 ⊠82299
Türkheim BY 99 Le 60 ⊠86842
Tüßling BY 102 Nd 59 ⊠84577
Tüttendorf SH 4 Kf 22 ⊠24214
Tüttleben TH 58 Le 43 ⊠99869
Tützpatz MV 16 Oa 26 ⊠17091
Tunau BW 104 Hf 62 ⊠79677
Tuningen BW 97 Id 60 ⊠78609
Tuntenhausen BY 110 Mf 61 ⊠83104
Tunzenhausen TH 58 Ma 42 ⊠99610
Turnow BB 51 Pc 37 ⊠03185
Tussenhausen BY 99 Ld 60 ⊠86874
Tutow MV 16 Ob 25 ⊠17129
Tuttlingen BW 97 If 61 ⊠78532
Tutzing BY 109 Mb 61 ⊠82327
Twedt SH 3 Ke 21 ⊠24894
Twieflingen NI 33 Lf 36 ⊠38388
Twist NI 28 Ha 33 ⊠49767
Twistetal HE 55 If 41 ⊠34477
Twistringen NI 30 Id 32 ⊠27239
Tylsen ST 23 Ma 32 ⊠29413
Tyrlaching BY 102 Ne 60 ⊠84558

U

Ubstadt-Weiher BW 87 Id 54 ⊠76698
Uchtdorf ST 34 Me 34 ⊠39517
Uchte NI 31 If 33 ⊠31600
Uchtspringe ST 34 Md 33 ⊠39599
Uckro BB 49 Od 37 ⊠15926
Udenheim RP 76 Ib 49 ⊠55288
Uder TH 57 La 40 ⊠37318
Udestedt TH 58 Ma 42 ⊠99198
Udler RP 65 Gf 48 ⊠54552
Übach-Palenberg NW 52 Ga 43 ⊠52531
Übereisenbach RP 64 Gb 48 ⊠54689
Überherrn SL 84 Ge 53 ⊠66802
Überlingen BW 106 Kb 62 ⊠88662
Übersee BY 111 Nc 62 ⊠83236
Uebigau BB 49 Ob 39 ⊠04938
Üchtelhausen BY 69 Lb 48 ⊠97532
Ückeritz MV 17 Pa 24 ⊠17459
Ueckermünde MV 17 Pa 26 ⊠17373
Uedem NW 40 Gb 38 ⊠47589
Üdersdorf RP 65 Ge 48 ⊠54552
Uehlfeld BY 80 Le 50 ⊠91486
Ühlingen-Birkendorf BW 105 Ib 62 ⊠79777
Uehrde NI 46 Le 36 ⊠38170
Uelitz MV 24 Mc 28 ⊠19077
Ülsby SH 3 Kd 21 ⊠24860
Uelsen NI 28 Gf 33 ⊠49843
Uelversheim RP 76 Ib 50 ⊠55278
Uelvesbüll SH 2 If 22 ⊠25889
Uelzen NI 23 Ld 31 ⊠29525
Uenglingen ST 34 Me 33 ⊠39579
Uersfeld RP 65 Gf 47 ⊠56767
Ürzig RP 75 Gf 49 ⊠54539
Ueß RP 65 Gf 47 ⊠56767
Uetersen SH 11 Kd 26 ⊠25436
Uettingen BY 78 Ke 50 ⊠97292
Ütz ST 34 Mf 34 ⊠39517
Uetze NI 32 Lb 34 ⊠31311
Uetz-Paaren BB 36 Nf 34 ⊠14476
Üxheim RP 64 Ge 46 ⊠54579
Uffenheim BY 79 Lb 51 ⊠97215
Uffing am Staffelsee BY 109 Ma 62 ⊠82449
Uftrungen ST 46 Lf 40 ⊠06548
Uhingen BW 88 Kd 56 ⊠73066
Uhldingen-Mühlhofen BW 106 Kb 62 ⊠88690
Uhler RP 65 Hc 48 ⊠56290
Uhlstädt TH 59 Mc 44 ⊠07407
Uhrsleben ST 33 Mb 35 ⊠39343
Uhyst SN 51 Pd 40 ⊠02999
Uichteritz ST 59 Mf 41 ⊠06667
Ullersdorf BB 51 Pc 36 ⊠15868
Ullersdorf SN 62 Of 42 ⊠01454
Ulm BW 98 Kf 58 ⊠•89073
Ulmen RP 65 Gf 47 ⊠56766
Ulmet RP 75 Hc 51 ⊠66887
Ulrichstein HE 68 Kb 45 ⊠35327
Ulsnis SH 3 Ke 21 ⊠24897
Ulzigerode ST 47 Mc 38 ⊠06543
Umkirch BW 95 He 60 ⊠79224
Ummanz MV 7 Ob 22 ⊠18569
Ummendorf BW 98 Kf 60 ⊠88444
Ummendorf ST 33 Ma 36 ⊠39365
Ummern NI 32 Lc 33 ⊠29369
Ummerstadt TH 70 Le 47 ⊠98663
Umpferstedt TH 59 Mc 43 ⊠99441
Undeloh NI 22 Kf 29 ⊠21274
Undenheim RP 76 Ib 49 ⊠55278
Ungerhausen BY 99 Lb 60 ⊠87781
Unkel RP 65 Hb 45 ⊠53572
Unkenbach RP 76 He 50 ⊠67823
Unlingen BW 98 Kd 59 ⊠88527
Unna NW 42 He 39 ⊠•59423
Unnau RP 66 Hf 45 ⊠57648
Unseburg ST 47 Md 37 ⊠39435
Unsleben BY 69 Lb 46 ⊠97618
Unstruttal TH 57 Lc 41 ⊠99974
Unteralba TH 57 La 44 ⊠36466
Unterammergau BY 109 Lf 63 ⊠82497
Unterbodnitz TH 59 Me 44 ⊠07646
Unterbreizbach TH 57 Kf 44 ⊠36414
Unterdießen BY 99 Lf 61 ⊠86944
Unterdietfurt BY 102 Ne 58 ⊠84339
Unteregg BY 99 Lc 61 ⊠87782
Untereisesheim BW 87 Ka 53 ⊠74257
Unterellen TH 57 Lb 43 ⊠99819
Unterensingen BW 88 Kc 57 ⊠72669
Unterföhring BY 101 Me 59 ⊠85774
Untergriesbach BY 103 Oe 57 ⊠94107
Untergruppenbach BW 87 Kb 54 ⊠74199
Unterhaching BY 101 Md 60 ⊠82008
Unterjeckenbach RP 75 Hc 50 ⊠67746
Unterkatz TH 69 Lb 45 ⊠98634
Unterkirnach BW 96 Ic 60 ⊠78089
Unterkoskau TH 71 Mf 46 ⊠07922
Unterleinleiter BY 80 Mb 50 ⊠91364
Unterlemnitz TH 71 Md 46 ⊠07356
Unterlüß NI 22 Lb 31 ⊠29345
Untermarchtal BW 98 Kd 59 ⊠89617
Untermeitingen BY 99 Le 60 ⊠86836
Untermerzbach BY 70 Lf 48 ⊠96190
Untermünkheim BW 88 Ke 54 ⊠74547
Unterneukirchen BY 102 Nd 59 ⊠84579
Unterpleichfeld BY 79 La 49 ⊠97294
Unterpreilipp TH 71 Mc 44 ⊠07407
Unterreichenbach BW 87 Ie 56 ⊠75399
Unterreit BY 102 Nc 60 ⊠83567
Unterrißdorf ST 47 Md 39 ⊠06295
Unterrohn TH 57 Lb 44 ⊠36469
Unterroth BY 99 Lb 59 ⊠89299
Unterschleißheim BY 100 Md 59 ⊠85716
Unterschneidheim BW 89 Lc 55 ⊠73485
Unterschönau TH 70 Ld 44 ⊠98587
Unterschwaningen BY 89 Ld 54 ⊠91743
Untershausen RP 66 He 46 ⊠56412
Untersiemau BY 70 Lf 47 ⊠96253
Unterstadion BW 98 Ke 59 ⊠89619
Untersteinach BY 71 Md 48 ⊠95369
Unterthingau BY 108 Ld 62 ⊠87647
Unterwachingen BW 98 Kd 59 ⊠89597
Unterwaldhausen BW 106 Kc 61 ⊠88379
Unterweid TH 69 La 45 ⊠98634
Unterweißbach TH 70 Mb 45 ⊠98744
Unterwellenborn TH 71 Mc 45 ⊠07333
Unterwössen BY 111 Nc 62 ⊠83246
Untrasried BY 108 Lc 62 ⊠87496
Unzenberg RP 75 Hc 49 ⊠55483
Upahl MV 13 Mb 26 ⊠23936
Upgant-Schott NI 8 Hb 27 ⊠26529
Uphusum SH 2 Ie 19 ⊠25923
Uplengen NI 19 He 29 ⊠26670
Upost MV 15 Nf 25 ⊠17111
Uppershausen RP 64 Gc 48 ⊠54673
Urbach BW 88 Kd 56 ⊠73660
Urbach RP 66 Hd 45 ⊠56317
Urbach TH 46 Lf 40 ⊠99765
Urbach TH 58 Ld 41 ⊠99996
Urbar RP 66 Hd 46 ⊠56182
Urleben TH 58 Le 42 ⊠99955
Urmersbach RP 65 Ha 47 ⊠56761
Urmitz RP 65 Hd 46 ⊠56220
Urnshausen TH 57 Lb 44 ⊠36457
Ursberg BY 99 Lc 59 ⊠86513
Urschmitt RP 65 Ha 48 ⊠56825
Ursensollen BY 81 Me 52 ⊠92289
Urspringen BY 78 Ke 49 ⊠97857
Ursprung SN 60 Ne 44 ⊠09385
Usch RP 64 Gd 48 ⊠54655
Usedom MV 17 Of 25 ⊠17406
Userin MV 26 Nf 28 ⊠17237
Usingen HE 67 Id 46 ⊠61250
Uslar NI 44 Kd 39 ⊠37170
Ustersbach BY 99 Ld 59 ⊠86514
Utarp NI 9 Hc 27 ⊠26556
Utecht MV 13 Le 26 ⊠19217
Utenbach ST 59 Mf 42 ⊠06618
Utendorf TH 69 Lc 45 ⊠98617
Utersum SH 2 Ic 20 ⊠25938
Uthausen ST 48 Nd 38 ⊠06773
Uthleben TH 46 Le 40 ⊠99765
Uthlede NI 20 Id 29 ⊠27628
Utscheid RP 64 Gc 48 ⊠54675
Uttenreuth BY 80 Ma 51 ⊠91080
Uttenweiler BW 98 Kd 60 ⊠88524
Utting BY 100 Ma 60 ⊠86919
Utzberg TH 58 Mb 43 ⊠99428
Utzedel MV 16 Oa 25 ⊠17111
Utzenfeld BW 104 Hf 62 ⊠79694
Utzenhain RP 66 Hd 48 ⊠56291
Utzerath RP 65 Gf 47 ⊠54552

V

Vaale SH 11 Kc 24 ⊠25594
Vaalermoor SH 11 Kb 25 ⊠25594
Vacha TH 57 La 44 ⊠36404
Vachdorf TH 69 Ld 45 ⊠98617
Vachendorf BY 111 Nd 61 ⊠83377
Vahlberg NI 33 Le 36 ⊠38170
Vahlbruch NI 44 Kb 37 ⊠37647
Vahlde NI 21 Kd 29 ⊠27389
Vahldorf ST 34 Md 35 ⊠39345
Vaihingen an der Enz BW 87 If 55 ⊠71665
Valfitz ST 33 Ma 32 ⊠29416
Vallendar RP 66 Hd 46 ⊠56179
Valley BY 110 Me 61 ⊠83626
Valluhn MV 13 Lf 27 ⊠19246
Valwig RP 65 Hb 48 ⊠56812
Varchentin MV 15 Nf 27 ⊠17192
Varel NI 20 Ia 28 ⊠26316
Varrel NI 30 Ie 33 ⊠27259
Vastorf NI 23 Ld 29 ⊠21397
Vaterstetten BY 101 Me 60 ⊠85591
Vatterode ST 47 Mc 39 ⊠06343
Vechelde NI 32 Lc 35 ⊠38159
Vechta NI 30 Ic 32 ⊠49377
Veckenstedt ST 46 Le 37 ⊠38871
Veelböken MV 13 Mb 26 ⊠19205
Vehlefanz BB 36 Oa 32 ⊠16727
Vehlgast ST 25 Nb 32 ⊠39539
Vehlin BB 25 Na 31 ⊠16866
Vehlitz ST 34 Mf 36 ⊠39291
Vehlow BB 25 Nb 30 ⊠16866
Veilsdorf TH 70 Le 46 ⊠98669
Veitsbronn BY 80 Lf 51 ⊠90587
Veitshöchheim BY 79 Kf 49 ⊠97209
Veitsrodt RP 75 Hb 50 ⊠55758
Velbert NW 53 Ha 40 ⊠•42549
Velburg BY 91 Me 53 ⊠92355
Velden BY 81 Mc 51 ⊠91235
Velden BY 101 Nb 58 ⊠84149
Veldenz RP 75 Ha 49 ⊠54472
Velen NW 41 Gf 37 ⊠46342
Velgast MV 6 Ne 23 ⊠18469
Vellahn MV 23 Lf 28 ⊠19260
Vellberg BW 88 Kf 54 ⊠74541
Vellmar HE 56 Kc 40 ⊠34246
Velpke NI 33 Lf 34 ⊠38458
Velsdorf ST 33 Mb 34 ⊠39359
Velten BB 36 Oa 32 ⊠16727
Veltheim ST 46 Le 36 ⊠38835
Veltheim (Ohe) NI 33 Le 35 ⊠38173
Vendersheim RP 76 Ia 49 ⊠55578
Venningen RP 86 Ib 53 ⊠67482
Ventschow MV 14 Md 26 ⊠19417
Venusberg SN 61 Oa 44 ⊠09430
Verchen MV 15 Nf 25 ⊠17111
Verden (Aller) NI 21 Kb 31 ⊠27283
Veringenstadt BW 97 Kb 59 ⊠72519
Verl NW 43 Ic 37 ⊠33415
Versmold NW 42 Ib 36 ⊠33775
Vestenbergsgreuth BY 80 Le 50 ⊠91487
Vetschau/Spreewald (Wětošow) BB 50 Pa 38 ⊠03226
Vettelschoß RP 65 Hc 45 ⊠53560
Vettin BB 25 Nb 30 ⊠16928
Vettweiß NW 52 Gd 44 ⊠52391
Vichel BB 25 Nd 31 ⊠16845
Viechtach BY 92 Nf 54 ⊠94234
Vielank MV 23 Ma 29 ⊠19303
Vielau SN 72 Nd 44 ⊠08141
Vielbach RP 66 He 45 ⊠56244
Vielist MV 15 Nd 27 ⊠17194
Vielitz BB 26 Oa 31 ⊠16835
Vienau ST 34 Mc 32 ⊠39624
Vienenburg NI 46 Ld 37 ⊠38690
Vierden NI 21 Kd 29 ⊠27419
Viereck MV 17 Pa 27 ⊠17309
Viereth-Trunstadt BY 80 Le 49 ⊠96191
Vierherrenborn RP 74 Gd 51 ⊠54314
Vierhöfen NI 22 Lb 29 ⊠21444
Vieritz BB 35 Nb 33 ⊠14715
Vierkirchen BY 100 Mc 58 ⊠85256
Vierkirchen SN 63 Pe 41 ⊠02894
Viernau TH 70 Ld 44 ⊠98547
Viernheim HE 77 Id 51 ⊠68519
Viersen NW 52 Gc 41 ⊠•41747
Viesecke BB 24 Na 30 ⊠19336
Viesen BB 35 Nc 35 ⊠14789
Vietgest MV 15 Nc 26 ⊠18279
Vietmannsdorf BB 26 Od 30 ⊠17268
Vietznitz BB 35 Nd 32 ⊠14662
Viezen MV 14 Mf 25 ⊠18249
Vilgertshofen BY 108 Lf 61 ⊠86946
Villenbach BY 99 Ld 57 ⊠89444
Villingendorf BW 97 Id 59 ⊠78667
Villingen-Schwenningen BW 96 Ic 60 ⊠•78048
Villmar HE 66 Ib 46 ⊠65606
Vilsbiburg BY 102 Nc 58 ⊠84137
Vilseck BY 81 Mf 51 ⊠92249
Vilsheim BY 101 Na 58 ⊠84186
Vilshofen BY 93 Ob 57 ⊠94474
Vinningen RP 85 Hd 54 ⊠66957
Vinzelberg ST 34 Me 33 ⊠39599
Viöl SH 3 Kb 21 ⊠25884
Vippachedelhausen TH 58 Mb 42 ⊠99439
Vipperow MV 25 Ne 28 ⊠17209
Virneburg RP 65 Ha 46 ⊠56729
Visbek NI 20 Ib 31 ⊠49429
Visselhövede NI 21 Kd 31 ⊠27374
Vissum ST 24 Mc 32 ⊠29416
Vitense MV 13 Ma 26 ⊠19217
Vitzenburg ST 59 Md 41 ⊠06268
Vlotho NW 30 If 36 ⊠32602
Vockerode ST 48 Nc 37 ⊠06786
Vögelsen NI 22 Lc 29 ⊠21360
Vöhl HE 55 If 41 ⊠34516
Vöhrenbach BW 96 Ic 60 ⊠78147
Vöhringen BW 97 Ie 58 ⊠72189
Vöhringen BY 98 La 59 ⊠89269
Völkershausen TH 57 La 44 ⊠36404
Völkersweiler RP 86 Hf 53 ⊠76857
Völklingen SL 84 Gf 53 ⊠66333
Völpke ST 33 Ma 36 ⊠39393
Völschow MV 16 Ob 25 ⊠17129
Voerde NW 40 Ge 39 ⊠46562
Vörstetten BW 96 Hf 60 ⊠79279
Vogelsang BB 26 Oc 30 ⊠16792
Vogelsang BB 38 Pe 35 ⊠15890
Vogelsang-Warsin MV 17 Pb 26 ⊠17375
Vogelsberg TH 58 Mb 42 ⊠99610
Vogelsdorf ST 46 Lf 36 ⊠38836
Vogt BW 107 Ke 62 ⊠88267
Vogtareuth BY 101 Nb 61 ⊠83569
Vogtsburg BW 95 He 60 ⊠79235
Vohburg an der Donau BY 91 Md 56 ⊠85088
Vohenstrauss BY 82 Nb 51 ⊠92648
Voigtsdorf MV 16 Od 27 ⊠17349
Voigtstedt TH 58 Mb 40 ⊠06556
Volgfelde ST 34 Md 33 ⊠39599
Volkach BY 79 Lb 49 ⊠97332
Volkenschwand BY 101 Mf 57 ⊠84106
Volkerode TH 57 La 41 ⊠37308
Volkertshausen BW 106 If 62 ⊠78269
Volkerzen RP 54 He 44 ⊠57612
Volkesfeld RP 65 Ha 46 ⊠56745
Volkmannsdorf TH 70 Mb 45 ⊠07318
Volkmannsdorf TH 71 Me 45 ⊠07924
Volkmarsen HE 56 Ka 40 ⊠34471
Volkstedt ST 47 Md 39 ⊠06295
Vollersode NI 21 If 29 ⊠27729
Vollersroda TH 59 Mc 43 ⊠99438
Vollerwiek SH 2 Ie 23 ⊠25836
Vollmersbach RP 75 Hc 50 ⊠55758
Vollmershain TH 60 Nb 43 ⊠04626
Vollmersweiler RP 86 Ia 54 ⊠76744
Vollrathsruhe MV 15 Nc 27 ⊠17194
Vollstedt SH 3 Ka 21 ⊠25821
Volsemenhusen SH 11 Ka 25 ⊠25693
Voltlage NI 29 He 34 ⊠49599
Volxheim RP 76 Hf 50 ⊠55546
Vorbach BY 81 Me 50 ⊠95519
Vorbeck MV 14 Na 25 ⊠18258
Vorderweidenthal RP 86 Hf 54 ⊠76889
Vordorf NI 33 Lc 34 ⊠38533
Vorra BY 81 Md 51 ⊠91247
Vorwerk NI 21 Ka 30 ⊠27412
Vreden NW 41 Gf 36 ⊠48691
Vrees NI 19 He 31 ⊠49757

W

Waabs SH 4 La 21 ⊠24369
Waake NI 45 La 39 ⊠37136
Waakirchen BY 109 Me 62 ⊠83666
Waal BY 99 Le 61 ⊠86875
Wabern HE 56 Kb 42 ⊠34590
Wachau SN 62 Of 42 ⊠01454
Wachenheim RP 76 Ib 51 ⊠67591
Wachenheim an der Weinstraße RP 76 Ia 52 ⊠67157
Wachenroth BY 80 Le 50 ⊠96193
Wachow BB 35 Ne 33 ⊠14641
Wachsenburggemeinde TH 58 Lf 43 ⊠99310
Wachstedt TH 57 Lb 41 ⊠37359
Wachtberg NW 65 Ha 45 ⊠53343
Wachtendonk NW 40 Gc 40 ⊠47669
Wacken SH 11 Kc 25 ⊠25596
Wackernheim RP 76 Ia 49 ⊠55263
Wackerow MV 16 Ob 24 ⊠17498
Wackersberg BY 109 Md 62 ⊠83646
Wackersdorf BY 91 Nb 53 ⊠92442
Wackersleben ST 46 Lf 36 ⊠39393
Waddekath ST 33 Le 32 ⊠29413
Waddeweitz NI 23 Lf 30 ⊠29496
Wadelsdorf BB 51 Pd 39 ⊠03130
Wadern SL 75 Gf 51 ⊠66687
Wadersloh NW 43 Ib 38 ⊠59329
Wadgassen SL 84 Ge 53 ⊠66787
Wächtersbach HE 68 Kb 47 ⊠63607
Wäschenbeuren BW 88 Ke 56 ⊠73116
Waffenbrunn BY 92 Nd 53 ⊠93494
Wagenfeld NI 30 Id 33 ⊠49419
Wagenhausen RP 65 Ha 48 ⊠56826
Wagenhoff NI 33 Ld 33 ⊠38559
Wagenitz BB 35 Nd 32 ⊠14641
Wagersrott SH 3 Ke 20 ⊠24392
Waghäusel BW 86 Id 53 ⊠68753
Waging am See BY 102 Ne 61 ⊠83329
Wagun MV 15 Ne 25 ⊠17159
Wahlbach RP 76 Hd 48 ⊠55494
Wahlenau RP 75 Hb 49 ⊠55491
Wahlhausen TH 57 Kf 41 ⊠37318
Wahlheim RP 76 Ia 50 ⊠55234
Wahlitz ST 47 Mf 36 ⊠39175
Wahlrod RP 66 He 45 ⊠57614
Wahlsburg HE 44 Kd 39 ⊠37194
Wahlsdorf BB 49 Ob 37 ⊠14913
Wahlstedt SH 12 Lb 25 ⊠23812
Wahlstorf MV 24 Na 28 ⊠19386
Wahlstorf SH 12 Lb 23 ⊠24211
Wahns TH 69 Lb 45 ⊠98634
Wahnwegen RP 75 Hc 52 ⊠66909
Wahrenberg ST 24 Md 31 ⊠39615
Wahrenbrück BB 49 Oc 39 ⊠04924
Wahrenholz NI 33 Ld 33 ⊠29399
Waiblingen BW 87 Kb 55 ⊠•71332
Waibstadt BW 87 If 53 ⊠74915
Waidhaus BY 82 Nd 51 ⊠92726
Waidhofen BY 100 Mc 57 ⊠86579
Waigandshain RP 66 Ia 45 ⊠56477
Waigolshausen BY 79 La 49 ⊠97534
Wain BW 98 La 59 ⊠88489
Wainsdorf BB 49 Od 40 ⊠04932
Waischenfeld BY 81 Mc 49 ⊠91344
Wakendorf I SH 12 Lc 25 ⊠23845
Wakendorf II SH 12 La 26 ⊠24558
Walbeck ST 33 Ma 35 ⊠39356
Walbeck ST 47 Mc 39 ⊠06333
Walchow BB 25 Ne 31 ⊠16833
Walchum NI 18 Hb 31 ⊠26907
Wald BW 106 Ka 61 ⊠88639
Wald BY 91 Nc 54 ⊠93192
Wald BY 108 Ld 62 ⊠87616
Waldachtal BW 96 Id 57 ⊠72178
Walda-Kleinthiemig SN 61 Od 41 ⊠01561
Waldalgesheim RP 76 Hf 49 ⊠55425
Waldaschaff BY 78 Kb 49 ⊠63857
Waldau ST 59 Mf 42 ⊠06721
Waldau TH 70 Lf 45 ⊠98667
Waldböckelheim RP 76 He 50 ⊠55596
Waldbreitbach RP 65 Hc 45 ⊠56588
Waldbröl NW 54 Hd 43 ⊠51545
Waldbronn BW 86 Ic 55 ⊠76337
Waldbrunn BW 77 Ka 52 ⊠69429
Waldbrunn BY 79 Ke 50 ⊠97295
Waldbrunn (Westerwald) HE 66 Ia 45 ⊠65620
Waldbüttelbrunn BY 79 Ke 50 ⊠97297
Waldburg BW 107 Ke 62 ⊠88289
Walddorf SN 63 Pd 43 ⊠02739
Walddorfhäslach BW 97 Kb 57 ⊠72141
Walddrehna BB 49 Od 38 ⊠15926
Waldeck HE 56 Ka 41 ⊠34513
Waldeck TH 59 Me 43 ⊠07646
Waldems HE 67 Ic 47 ⊠65529
Waldenbuch BW 97 Ka 57 ⊠71111
Waldenburg BW 88 Kd 53 ⊠74638
Waldenburg SN 60 Nd 43 ⊠08396
Walderbach BY 92 Nc 53 ⊠93194
Waldershof BY 82 Na 49 ⊠95679
Waldesch RP 65 Hd 47 ⊠56323
Waldfeucht NW 52 Ga 42 ⊠52525
Waldfischbach-Burgalben RP 85 He 53 ⊠67714
Waldgrehweiler RP 76 He 50 ⊠67822
Waldhambach RP 86 Ia 53 ⊠76857
Waldheim SN 61 Oa 42 ⊠04736
Waldhof-Falkenstein RP 64 Gb 49 ⊠54673
Waldhufen SN 63 Pe 41 ⊠02906
Waldkappel HE 57 Kf 42 ⊠37284
Waldkirch BW 96 Hf 60 ⊠79183
Waldkirchen BY 93 Od 56 ⊠94065
Waldkirchen SN 61 Oa 44 ⊠09437
Waldkirchen SN 72 Nc 45 ⊠08485
Waldkraiburg BY 102 Nc 59 ⊠84478
Waldlaubersheim RP 76 He 49 ⊠55444
Waldleiningen RP 76 Hf 52 ⊠67693
Wald-Michelbach HE 77 Ie 51 ⊠69483
Waldmohr RP 75 Hc 52 ⊠66914
Waldmühlen RP 66 Ia 45 ⊠56479
Waldmünchen BY 82 Ne 52 ⊠93449
Waldorf RP 65 Hb 46 ⊠53498
Waldow/Brand BB 49 Oe 37 ⊠15910
Waldrach RP 74 Ge 50 ⊠54320
Waldrohrbach RP 86 Hf 54 ⊠76857
Waldsassen BY 82 Nc 49 ⊠95652
Waldsee RP 77 Ic 52 ⊠67165
Waldshut-Tiengen BW 105 Ib 63 ⊠79761
Waldsieversdorf BB 37 Pa 33 ⊠15377
Waldsolms HE 67 Ic 46 ⊠35647
Waldstetten BW 88 Ke 56 ⊠73550
Waldstetten BY 99 Lb 58 ⊠89367
Waldthurn BY 82 Nc 50 ⊠92727
Waldweiler RP 74 Ge 51 ⊠54429
Walhausen RP 65 Hb 48 ⊠56865
Walheim BW 87 Ka 54 ⊠74399
Walkendorf MV 15 Nd 25 ⊠17179
Walkenried NI 46 Ld 39 ⊠37445
Walkertshofen BY 99 Ld 59 ⊠86877
Walksfelde SH 13 Ld 27 ⊠23896
Wall BB 26 Nf 32 ⊠16818
Wallbach TH 69 Lc 45 ⊠98639
Walldorf BW 87 Id 53 ⊠69190
Walldorf TH 69 Lc 45 ⊠98639
Walldürn BW 78 Kc 51 ⊠74731
Wallen SH 3 Kb 23 ⊠25788
Wallenborn RP 64 Ge 48 ⊠54570
Wallendorf RP 74 Gb 49 ⊠54675
Wallendorf ST 59 Na 40 ⊠06254
Wallenfels BY 71 Md 47 ⊠96346
Wallenhorst NI 29 Ia 34 ⊠49134
Wallerfangen SL 74 Ge 53 ⊠66798
Wallerfing BY 92 Nf 56 ⊠94574
Wallersdorf BY 92 Ne 56 ⊠94522
Wallersheim RP 64 Gc 47 ⊠54597
Wallerstein BY 89 Ld 55 ⊠86757
Wallertheim RP 76 Ia 50 ⊠55578
Wallgau BY 109 Mb 63 ⊠82499
Wallhalben RP 85 Hd 53 ⊠66917
Wallhausen BW 88 La 53 ⊠74599
Wallhausen RP 76 He 49 ⊠55595
Wallhausen ST 46 Mb 40 ⊠06528
Wallitz BB 25 Ne 30 ⊠16837
Wallmenroth RP 54 He 44 ⊠57584
Wallmerod RP 66 Hf 46 ⊠56414
Wallmoden NI 45 Lb 36 ⊠38729
Wallmow BB 27 Pa 28 ⊠17291
Wallroda SN 62 Of 42 ⊠01477
Wallsbüll SH 3 Kb 20 ⊠24980
Wallscheid RP 65 Gf 48 ⊠54531
Wallstawe ST 33 Ma 32 ⊠29413
Walluf HE 66 Ia 48 ⊠65396
Wallwitz ST 34 Me 36 ⊠39291
Wallwitz ST 47 Mf 39 ⊠06193
Walow MV 25 Nc 28 ⊠17209
Walpernhain TH 59 Mf 42 ⊠07613
Walpertskirchen BY 101 Mf 59 ⊠85469
Walschleben TH 58 Lf 42 ⊠99189
Walsdorf BY 80 Le 49 ⊠96194
Walsdorf RP 64 Ge 47 ⊠54578
Walshausen RP 85 Hc 53 ⊠66484
Walsheim RP 86 Ia 53 ⊠76833
Walsleben BB 25 Nd 31 ⊠16818
Walsleben ST 34 Mf 32 ⊠39606
Walsrode NI 21 Kd 31 ⊠29664
Waltenhofen BY 108 Lb 62 ⊠87448
Walternienburg ST 47 Mf 37 ⊠39264
Walterschen RP 66 Hd 44 ⊠57632
Waltersdorf BB 36 Od 34 ⊠15732
Waltersdorf BB 49 Ob 37 ⊠14913
Waltersdorf BB 49 Od 38 ⊠15926
Waltersdorf TH 59 Me 44 ⊠07646
Waltersdorf bei Berga TH 60 Nb 44 ⊠07980
Waltershausen TH 58 Ld 43 ⊠99880
Walthersdorf SN 73 Nf 45 ⊠09474
Walting BY 90 Mb 55 ⊠85137
Waltrop NW 41 Hc 39 ⊠45731
Walzbachtal BW 87 Id 54 ⊠75045
Wandersleben TH 58 Le 43 ⊠99869
Wanderup SH 3 Kc 20 ⊠24997
Wandlitz BB 36 Oc 32 ⊠16348
Wanfried HE 57 Lb 41 ⊠37281
Wang BY 101 Mf 58 ⊠85368
Wangelau SH 23 Ld 28 ⊠21483
Wangelnstedt NI 44 Ke 37 ⊠37627
Wangels SH 5 Le 23 ⊠23758
Wangen BW 88 Kd 56 ⊠73117
Wangen BW 107 Kf 62 ⊠88239
Wangen ST 59 Md 41 ⊠06642
Wangenheim TH 58 Ld 42 ⊠99869
Wangerland NI 9 Hf 26 ⊠26434
Wankendorf SH 12 Lb 24 ⊠24601
Wanna NI 10 Ie 26 ⊠21776
Wannefeld ST 34 Mc 34 ⊠39638
Wannweil BW 97 Kb 57 ⊠72827
Wansdorf BB 36 Oa 33 ⊠14641
Wansleben am See ST 47 Mc 40 ⊠06318
Wanzer ST 24 Md 31 ⊠39615
Wanzleben ST 47 Mc 36 ⊠39164
Wapelfeld SH 11 Kd 24 ⊠24594
Warberg NI 33 Lf 35 ⊠38378
Warburg NW 44 Ka 40 ⊠34414
Warchau BB 35 Nc 34 ⊠14789
Wardenburg NI 20 Ia 30 ⊠26203
Warder SH 12 Kf 23 ⊠24646
Wardow MV 15 Nc 25 ⊠18299
Waren MV 15 Ne 27 ⊠17192
Warendorf NW 42 Hf 37 ⊠48231
Warin MV 14 Me 26 ⊠19417
Warlitz MV 23 Ma 28 ⊠19230
Warlow MV 24 Mc 28 ⊠19288
Warmensteinach BY 81 Me 48 ⊠95485
Warmsen NI 30 Ie 34 ⊠31606
Warmsroth RP 76 He 49 ⊠55442
Warnau SH 12 La 23 ⊠24250
Warnau ST 35 Nb 32 ⊠39524
Warngau BY 110 Me 61 ⊠83627
Warnitz BB 27 Of 29 ⊠17291
Warnkenhagen MV 15 Nc 25 ⊠17168
Warnow MV 13 Mb 25 ⊠23936
Warnow MV 14 Mf 26 ⊠18249
Warnstedt ST 46 Ma 38 ⊠06502
Warpe NI 31 Ka 32 ⊠27333
Warrenzin MV 15 Nf 25 ⊠17111
Warringholz SH 11 Kc 24 ⊠25560
Warsow BB 35 Nd 32 ⊠14662
Warsow MV 13 Mb 27 ⊠19075
Warstein NW 43 Ib 40 ⊠59581
Wartenberg BY 101 Na 58 ⊠85456
Wartenberg HE 68 Kc 45 ⊠36367
Wartenberg-Rohrbach RP 76 Hf 51 ⊠67681
Wartenburg ST 48 Ne 38 ⊠06901
Wartha SN 51 Pb 40 ⊠02999

Warthausen BW 98 Ke 60 ✉88447
Warthe BB 26 Od 29 ✉17268
Wartin BB 27 Pa 29 ✉16306
Wartmannsroth BY 68 Ke 47 ✉97797
Warwerort SH 11 If 24 ✉25761
Warza TH 58 Le 42 ✉99869
Wasbek SH 12 Kf 24 ✉24647
Wasbüttel NI 33 Ld 34 ✉38553
Waschleithe SN 73 Nf 45 ✉08340
Waschow MV 13 Lf 27 ✉19243
Wasdow MV 15 Ne 25 ✉17179
Wasenbach RP 66 Hf 47 ✉56370
Wassenach RP 65 Hb 46 ✉56653
Wassenberg NW 52 Ga 42 ✉41849
Wassensdorf ST 33 Ma 34 ✉39646
Wasserburg (Bodensee) BY 107 Kd 63 ✉88142
Wasserburg am Inn BY 101 Nb 60 ✉83512
Wasserleben ST 46 Le 37 ✉38871
Wasserliesch RP 74 Gd 50 ✉54332
Wasserlosen BY 69 La 48 ✉97535
Wassersuppe BB 35 Nc 32 ✉14715
Wasserthaleben TH 58 Lf 41 ✉99718
Wassertrüdingen BY 89 Ld 54 ✉91717
Waßmannsdorf BB 36 Oc 34 ✉15831
Wasungen TH 69 Lc 45 ✉98634
Wathlingen NI 32 Lb 33 ✉29339
Wattenbek SH 12 La 23 ✉24582
Wattendorf BY 70 Ma 48 ✉96196
Wattenheim RP 76 Ia 51 ✉67319
Wattmannshagen MV 15 Nc 26 ✉18279
Watzerath RP 64 Gc 47 ✉54595
Watzkendorf MV 26 Ob 28 ✉17237
Wawern RP 64 Gc 48 ✉54612
Wawern RP 74 Gd 51 ✉54441
Waxweiler RP 64 Gc 48 ✉54649
Webau ST 60 Na 41 ✉06679
Weberstedt TH 57 Lc 42 ✉99947
Wechingen BY 89 Ld 55 ✉86759
Wechmar, Günthersleben- TH 58 Le 43 ✉99869
Wechselburg SN 60 Ne 43 ✉09306
Weddelbrook SH 12 Ke 25 ✉24576
Weddendorf ST 33 Ma 34 ✉39646
Weddersleben ST 46 Ma 38 ✉06502
Wedderstedt ST 46 Mb 37 ✉06458
Weddingstedt SH 3 Ka 23 ✉25795
Wedel SH 12 Ke 27 ✉22880
Wedemark NI 68 Ke 33 ✉30900
Wedendorf MV 13 Ma 26 ✉19217
Wedlitz ST 47 Me 37 ✉06429
Weede SH 12 Lc 25 ✉23795
Weener NI 19 Hc 29 ✉26826
Weenzen NI 44 Kd 36 ✉31096
Wees SH 3 Kd 20 ✉24999
Weesby SH 3 Ka 20 ✉24994
Weesow BB 37 Oe 33 ✉16356
Weeze NW 40 Gb 39 ✉47652
Wefensleben ST 33 Mb 35 ✉39365
Wegberg NW 52 Gb 42 ✉41844
Wegeleben ST 46 Mb 37 ✉38828
Wegendorf BB 37 Oe 33 ✉15345
Wegenstedt ST 33 Mb 34 ✉39359
Wegscheid BY 93 Oe 57 ✉94110
Wehingen BW 97 Ie 60 ✉78564
Wehnde TH 45 Lc 40 ✉37339
Wehr BW 104 Hf 63 ✉79664
Wehr RP 65 Hb 46 ✉56653
Wehrbleck NI 30 Ie 33 ✉27259
Wehretal HE 57 La 42 ✉37287
Wehrhain BB 49 Oc 38 ✉04936
Wehrheim HE 67 Id 47 ✉61273
Wehringen BY 99 Le 59 ✉86517
Wehrsdorf SN 63 Pc 42 ✉02689
Weibern RP 65 Ha 46 ✉56745
Weibersbrunn BY 78 Kc 49 ✉63879
Weichendorf BB 37 Pc 36 ✉15848
Weichering BY 90 Mc 56 ✉86706
Weichs BY 100 Mc 58 ✉85258
Weickelsdorf ST 59 Mf 42 ✉06722
Weida TH 60 Na 44 ✉07570
Weiden BY 82 Nb 50 ✉92637
Weiden RP 75 Hb 50 ✉55758
Weidenbach BY 89 Ld 53 ✉91746
Weidenbach RP 64 Ge 48 ✉54570
Weidenbach RP 66 Hf 48 ✉56355
Weidenberg BY 81 Me 49 ✉95466
Weidenhahn RP 66 He 45 ✉56244
Weidenhain SN 48 Nf 39 ✉04860
Weidenstetten BW 98 Kf 57 ✉89197
Weidenthal RP 76 Hf 52 ✉67475
Weidhausen BY 70 Ma 47 ✉96279
Weiding BY 82 Nd 52 ✉92557
Weiding BY 92 Ne 53 ✉93495
Weidingen RP 64 Gc 48 ✉54636
Weifa SN 63 Pc 42 ✉01904
Weigendorf BY 81 Md 51 ✉91249
Weigenheim BY 79 Lb 51 ✉97215
Weigersdorf SN 63 Pd 41 ✉02906
Weigsdorf-Köblitz SN 63 Pc 42 ✉02733
Weihenzell BY 80 Ld 52 ✉91629
Weiherhammer BY 82 Na 51 ✉92729
Weihmichl BY 101 Na 57 ✉84107
Weikersheim BW 79 Kf 52 ✉97990
Weil BY 100 Lf 60 ✉86947
Weil am Rhein BW 104 Hd 63 ✉79576
Weilar TH 57 Lb 44 ✉36457
Weilbach BY 78 Kb 50 ✉63937
Weilburg HE 66 Ib 46 ✉35781
Weil der Stadt BW 87 If 56 ✉71263
Weilen unter den Rinnen BW 97 Ie 59 ✉72367
Weiler RP 65 Ha 47 ✉56729
Weiler RP 65 Ha 48 ✉56825
Weilerbach RP 76 Hd 52 ✉67685
Weiler bei Bingen RP 76 Hf 49 ✉55413
Weiler bei Monzingen RP 75 Hd 50 ✉55627
Weilersbach BY 80 Mb 50 ✉91365
Weiler-Simmerberg BY 107 Kf 63 ✉88171
Weilerswist NW 53 Gf 44 ✉53919
Weilheim BW 105 Ib 63 ✉79809
Weilheim an der Teck BW 98 Kd 57 ✉73235
Weilheim in Oberbayern BY 109 Mb 61 ✉82362
Weil im Schönbuch BW 97 Ka 57 ✉71093
Weilmünster HE 67 Ic 46 ✉35789
Weilrod HE 67 Ic 46 ✉61276
Weiltingen BY 89 Lc 54 ✉91744
Weimar HE 55 Ie 44 ✉35096
Weimar TH 59 Mc 43 ✉*99423
Weinähr RP 66 Hf 47 ✉56379
Weinbach HE 67 Ib 46 ✉35796
Weinbergen TH 57 Ld 41 ✉99998
Weinböhla SN 61 Od 42 ✉01689
Weingarten BW 86 Id 54 ✉76356
Weingarten BW 107 Kd 62 ✉88250
Weingarten RP 86 Ib 53 ✉67366
Weingarten TH 57 Ld 43 ✉99869
Weinheim BW 77 Id 51 ✉69469
Weinolsheim RP 76 Ib 50 ✉55278
Weinsberg BW 87 Kb 54 ✉74189
Weinsheim RP 64 Gc 47 ✉54595
Weinsheim RP 76 He 49 ✉55595
Weinstadt BW 88 Kc 55 ✉71384
Weira TH 71 Me 44 ✉07806
Weisbach TH 71 Md 45 ✉07356
Weischlitz SN 72 Na 46 ✉08538
Weischütz ST 59 Me 41 ✉06636
Weisel RP 66 He 48 ✉56348
Weisen BB 24 Me 30 ✉19322
Weisenbach BW 86 Ib 56 ✉76599
Weisendorf BY 80 Le 51 ✉91085
Weisenheim am Berg RP 76 Ia 51 ✉67273
Weisenheim am Sand RP 76 Ib 51 ✉67256
Weiskirchen SL 74 Gf 51 ✉66709
Weismain BY 70 Mb 48 ✉96260
Weissach BW 87 If 55 ✉71287
Weissach im Tal BW 88 Kc 55 ✉71554
Weißack BB 49 Oe 38 ✉15926
Weißandt-Gölzau ST 47 Na 38 ✉06369
Weißbach BW 88 Kd 53 ✉74679
Weißbach TH 59 Me 44 ✉07646
Weißdorf BY 71 Mf 47 ✉95237
Weißenberg (Wóspork) SN 63 Pd 41 ✉02627
Weißenborn HE 57 La 42 ✉37299
Weißenborn ST 59 Na 42 ✉06722
Weißenborn TH 59 Mf 43 ✉07639
Weißenborn/Erzgebirge SN 61 Oc 43 ✉09600
Weißenborn-Lüderode TH 45 Lc 39 ✉37345
Weißenbrunn BY 71 Mc 47 ✉96369
Weißenburg in Bayern BY 90 Lf 54 ✉91781
Weißendorf TH 71 Na 44 ✉07950
Weißenfels ST 59 Mf 41 ✉06667
Weißenhorn BY 99 Lb 59 ✉89264
Weißenohe BY 80 Mb 51 ✉91367
Weißensberg BY 107 Ke 63 ✉88138
Weißenschirmbach ST 59 Md 41 ✉06268
Weißensee TH 58 Ma 41 ✉99631
Weißenstadt BY 71 Mf 48 ✉95163
Weißenthurm RP 65 Hc 46 ✉56575
Weißewarte ST 34 Mf 34 ✉39517
Weißig am Raschütz SN 61 Od 40 ✉01561
Weißkeißel SN 51 Pe 40 ✉02957
Weißwasser (Běła Woda) SN 51 Pd 40 ✉02943
Weissweil BW 95 He 59 ✉79367
Weitefeld RP 54 Hf 44 ✉57586
Weitendorf MV 14 Me 26 ✉19412
Weitendorf MV 15 Nb 25 ✉18299
Weitenhagen MV 6 Ne 23 ✉18461
Weitenhagen MV 16 Oc 24 ✉17498
Weitersbach RP 75 Hb 49 ✉55624
Weitersborn RP 75 Hd 49 ✉55629
Weitersburg RP 66 Hd 46 ✉56191
Weiterstadt HE 77 Id 49 ✉64331
Weitersweiler RP 76 Hf 51 ✉67808
Weitisberga TH 71 Mc 45 ✉07343
Weitnau BY 107 La 63 ✉87480
Weitramsdorf BY 70 Lf 47 ✉96479
Weixdorf SN 62 Oe 42 ✉01478
Welbsleben ST 47 Mc 38 ✉06333
Welcherath RP 65 Gf 47 ✉53539
Welchweiler RP 75 Hc 51 ✉66887
Welden BY 99 Le 58 ✉86465
Welfesholz ST 47 Md 39 ✉06333
Welgesheim RP 76 Hf 49 ✉55576
Welkenbach RP 66 He 45 ✉57644
Welle NI 22 Ke 29 ✉21261
Wellen RP 74 Gc 51 ✉54441
Wellen ST 34 Mc 36 ✉39167
Wellendingen BW 97 Ie 60 ✉78669
Wellheim BY 90 Ma 56 ✉91809
Welling RP 65 Hb 47 ✉56753
Wellmitz BB 38 Pe 36 ✉15898
Welmbüttel SH 11 Kb 23 ✉25782
Welschbillig RP 74 Gd 49 ✉54298
Welschneudorf RP 66 He 46 ✉56412
Welsickendorf BB 49 Oa 37 ✉14913
Welsleben ST 47 Md 36 ✉39221
Welsow BB 27 Pa 30 ✉16278
Welt SH 2 Ie 23 ✉25836
Welterod RP 66 Hf 48 ✉56357
Weltersburg RP 66 Hf 45 ✉56459
Welver NW 42 Hf 39 ✉59514
Welzheim BW 88 Kd 55 ✉73642
Welzow BB 50 Pa 39 ✉03119
Wembach BW 104 Hf 62 ✉79677
Wemding BY 89 Le 55 ✉86650
Wenddorf ST 34 Me 34 ✉39517
Wendeburg NI 32 Lc 35 ✉38176
Wendehausen TH 57 Lb 42 ✉99988
Wendelsheim RP 76 Hf 50 ✉55234
Wendelstein BY 80 Ma 52 ✉90530
Wendemark ST 24 Mf 31 ✉39615
Wenden NW 54 Hf 43 ✉57482
Wendisch Baggendorf MV 15 Nf 24 ✉18513
Wendisch Evern NI 22 Lc 29 ✉21403
Wendisch Priborn MV 25 Nb 29 ✉19395
Wendisch Rietz BB 37 Pa 35 ✉15864
Wendisch Waren MV 15 Na 27 ✉19399
Wendlingen BW 88 Kc 56 ✉73240
Wendorf MV 7 Oa 23 ✉18442
Wendorf MV 14 Me 26 ✉19412
Wendtorf SH 4 Lb 22 ✉24235
Weng BY 92 Nc 57 ✉84187
Wengelsdorf ST 59 Na 41 ✉06688
Wenigenlupnitz TH 57 Lc 43 ✉99819
Wennbüttel SH 11 Kc 24 ✉25767
Wennigsen NI 31 Kd 35 ✉30974
Wenningstedt SH 2 Ib 19 ✉25996
Wensickendorf BB 36 Oc 32 ✉16515
Wensin SH 12 Lc 25 ✉23827
Wentorf SH 12 Lc 26 ✉23898
Wentorf SH 22 Lb 27 ✉21465
Wenze ST 33 Ma 33 ✉38486
Wenzenbach BY 91 Nb 54 ✉93173
Wenzendorf NI 22 Ke 28 ✉21279
Wenzlow BB 35 Nc 35 ✉14778
Werbach BW 78 Kd 50 ✉97956
Werbellin BB 27 Oe 31 ✉16244
Werben BB 50 Pb 38 ✉03096
Werben (Elbe) ST 24 Na 31 ✉39615
Werbig BB 35 Nc 35 ✉14806
Werbig BB 37 Pc 33 ✉15306
Werbig BB 49 Ob 37 ✉14913
Werchau BB 49 Ob 38 ✉04916
Werchow BB 50 Of 38 ✉03205
Werda SN 72 Nb 46 ✉08223
Werdau SN 60 Nc 44 ✉08412
Werder BB 25 Ne 31 ✉16818
Werder BB 37 Of 33 ✉15345
Werder BB 37 Pa 36 ✉15848
Werder BB 49 Oa 36 ✉14913
Werder MV 16 Oc 26 ✉17089
Werder (Havel) BB 36 Nf 34 ✉14542
Werdohl NW 54 He 41 ✉58791
Werdum NI 9 He 27 ✉26427
Werenzhain BB 49 Od 39 ✉03253
Wergzahna BB 48 Ne 37 ✉14913
Werkhausen RP 54 Hd 44 ✉57635
Werl NW 42 Hf 39 ✉59457
Werlaburgdorf NI 45 Ld 36 ✉38315
Werle MV 24 Me 29 ✉19300
Werlte NI 19 He 31 ✉49757
Wermelskirchen NW 53 Hb 41 ✉42929
Wermsdorf SN 61 Nf 41 ✉04779
Wernau BW 88 Kc 56 ✉73249
Wernberg-Köblitz BY 82 Nb 51 ✉92533
Wernburg TH 71 Md 44 ✉07381
Werne NW 42 Hd 38 ✉59368
Werneck BY 79 La 49 ✉97440
Wernersberg RP 86 Hf 53 ✉76857
Werneuchen BB 37 Oe 33 ✉16356
Wernigerode ST 46 Lf 37 ✉38855
Wernikow BB 25 Nc 29 ✉16909
Werningshausen TH 58 Ma 42 ✉99634
Wernitz BB 36 Nf 33 ✉14641
Wernitzgrün SN 72 Nc 47 ✉08258
Wernsdorf BB 37 Oe 34 ✉15537
Wernshausen TH 69 Lb 44 ✉98590
Wernstedt ST 34 Mc 33 ✉39624
Weroth RP 66 Hf 46 ✉56414
Werpeloh NI 19 Hc 31 ✉49751
Werschen ST 59 Na 42 ✉06682
Wershofen RP 65 Ge 46 ✉53520
Wertach BY 108 Lc 63 ✉87497
Wertheim BW 78 Kc 50 ✉97877
Werther NW 43 Ic 36 ✉33824
Werther TH 46 Le 40 ✉99735
Wertingen BY 99 Le 57 ✉86637
Wesel NW 40 Gd 39 ✉*46483
Weselberg RP 76 Hd 52 ✉66919
Wesenberg MV 26 Nf 29 ✉17255
Wesendahl BB 37 Oe 33 ✉15345
Wesendorf BB 26 Oc 31 ✉16792
Wesendorf NI 33 Ld 33 ✉29392
Weseram BB 35 Ne 34 ✉14778
Wespen ST 47 Mf 37 ✉39249
Wesselburen SH 11 If 23 ✉25764
Wesselburener Deichhausen SH 11 If 23 ✉25764
Wesselburenerkoog SH 2 If 23 ✉25764
Wesseling NW 53 Ha 44 ✉50389
Wesseln SH 11 Ka 23 ✉25746
Wessin MV 14 Me 27 ✉19089
Weßling BY 100 Mb 60 ✉82234
Westdorf ST 47 Mc 38 ✉06449
Weste NI 23 Le 30 ✉29599
Westenbrügge MV 14 Me 24 ✉18233
Westendorf BY 99 Le 57 ✉86707
Westendorf BY 108 Le 61 ✉87679
Westenfeld TH 69 Ld 46 ✉98631
Westensee SH 4 Kf 23 ✉24259
Westerau SH 12 Ld 26 ✉23847
Westerborstel SH 11 Kb 23 ✉25782
Westerburg RP 66 Ia 45 ✉56457
Westerdeichstrich SH 10 Ie 24 ✉25761
Westeregeln ST 47 Mc 37 ✉39448
Westerengel TH 58 Lf 41 ✉99718
Westergellersen NI 22 Lb 29 ✉21394
Westerhausen ST 46 Ma 38 ✉06484
Westerheim BW 98 Kd 57 ✉72589
Westerheim BY 99 Lb 60 ✉87784
Westerhever SH 2 Id 22 ✉25881
Westerholz SH 3 Ke 20 ✉24977
Westerhorn SH 11 Kd 25 ✉25364
Westerkappeln NW 29 Hf 35 ✉49492
Westerland SH 2 Ib 19 ✉25980
Westermoor SH 11 Kd 25 ✉25597
Westerngrund BY 68 Kb 48 ✉63825
Westernohe RP 66 Ia 45 ✉56479
Wester-Ohrstedt SH 3 Ka 21 ✉25885
Westerrade SH 12 Lc 25 ✉23815
Westerrönfeld SH 3 Kd 23 ✉24784
Westerstede NI 19 Hf 29 ✉26655
Westerstetten BW 98 Kf 57 ✉89198
Westertimke NI 21 Ka 29 ✉27412
Westerwalsede NI 21 Kc 30 ✉27386
Westfehmarn SH 5 Ma 22 ✉23769
Westfeld NI 45 Kf 36 ✉31079
Westgreußen TH 58 Lf 41 ✉99718
Westhausen BW 89 Lb 55 ✉73463
Westhausen TH 58 Le 42 ✉99869
Westhausen TH 70 Le 47 ✉98663
Westheim BY 89 Le 54 ✉91747
Westheim RP 86 Ib 53 ✉67368
Westhofen RP 76 Ib 50 ✉67593
Westoverledingen NI 19 Hc 30 ✉26810
Westre SH 3 Ka 19 ✉25926
Wethau ST 59 Mf 42 ✉06618
Wetschen NI 30 Ic 33 ✉49453
Wettelrode ST 46 Mb 39 ✉06528
Wettenberg HE 67 Id 45 ✉35435
Wetter NW 53 Hc 40 ✉58300
Wetter (Hessen) HE 55 Ie 43 ✉35083
Wetterzeube ST 59 Mf 42 ✉06722
Wettin ST 47 Me 39 ✉06198
Wettlingen RP 74 Gc 49 ✉54646
Wettringen BY 89 La 53 ✉91631
Wettringen NW 28 Hb 35 ✉48493
Wettrup NI 29 Hd 33 ✉49838
Wettstetten BY 90 Mc 56 ✉85139
Wetzdorf TH 59 Me 42 ✉07619
Wetzlar HE 67 Ic 45 ✉*35578
Wewelsfleth SH 11 Kc 25 ✉25599
Weyer RP 66 He 47 ✉56357
Weyerbusch RP 54 Hd 44 ✉57635
Weyhausen NI 33 Le 34 ✉38554
Weyhe NI 20 If 31 ✉28844
Weyher in der Pfalz RP 86 Ia 53 ✉78835
Wichmannsdorf BB 26 Oe 29 ✉17291
Wichmar TH 59 Me 42 ✉07774
Wickede NW 42 Hf 39 ✉58739
Wickenrodt RP 75 Hc 50 ✉55758
Wickerode ST 46 Ma 40 ✉06536
Wickersdorf TH 70 Mb 45 ✉07318
Wickerstedt TH 59 Md 42 ✉99510
Widdern BW 88 Kc 53 ✉74259
Wiebelsdorf TH 59 Mf 43 ✉07950
Wiebelsheim RP 66 Hd 48 ✉56291
Wiebendorf MV 23 Lf 28 ✉19258
Wieck auf Darß MV 6 Nd 22 ✉18375
Wied RP 66 He 45 ✉57629
Wieda NI 46 Ld 39 ✉37447
Wiedemar SN 48 Nb 40 ✉04509
Wieden BW 104 Hf 61 ✉79695
Wiedenborstel SH 12 Ke 24 ✉24613
Wiedensahl NI 31 Ka 34 ✉31719
Wiederau BB 49 Oc 39 ✉04938
Wiedergeltingen BY 99 Le 60 ✉86879
Wiederitzsch SN 48 Nc 40 ✉04448
Wiedersbach TH 70 Le 46 ✉98667
Wiederstedt ST 47 Md 38 ✉06333
Wiednitz SN 50 Pa 40 ✉02994
Wiefelstede NI 20 Ia 29 ✉26215
Wiegendorf TH 59 Mc 43 ✉99510
Wieglitz ST 34 Mb 34 ✉39345
Wiehe TH 59 Mc 41 ✉06571
Wiehl NW 54 Hd 43 ✉51674
Wiek MV 7 Ob 21 ✉18556
Wiemersdorf SH 12 Kf 25 ✉24649
Wiemerstedt SH 3 Ka 23 ✉25789
Wiendorf MV 15 Nb 25 ✉18258
Wiendorf ST 47 Me 38 ✉06420
Wienhausen NI 32 Lb 33 ✉29342
Wienrode ST 46 Lf 38 ✉38889
Wiepersdorf BB 49 Ob 38 ✉04916
Wiepke ST 34 Mc 33 ✉39638
Wieren NI 23 Ld 31 ✉29568
Wiernsheim BW 87 If 55 ✉75446
Wierschem RP 65 Hc 47 ✉56294
Wiersdorf RP 64 Gc 48 ✉54636
Wiershop SH 22 Lc 28 ✉21502
Wies BW 104 He 62 ✉79697
Wiesa SN 73 Oa 45 ✉09488
Wiesau BY 82 Nb 49 ✉95676
Wiesbach RP 75 Hc 52 ✉66894
Wiesbaden HE 66 Ib 48 ✉*65183
Wiesbaum RP 64 Ge 46 ✉54578
Wiesemscheid RP 65 Gf 46 ✉53534
Wiesen BY 68 Kc 48 ✉63831
Wiesenau BB 38 Pd 35 ✉15295
Wiesenbach BW 77 Ie 52 ✉69257
Wiesenbad SN 73 Oa 45 ✉09488
Wiesenbronn BY 79 Lb 50 ✉97355
Wiesenburg BB 35 Nc 36 ✉14827
Wiesenburg SN 72 Nd 45 ✉08134
Wiesenfeld TH 57 La 41 ✉37308
Wiesenfeld TH 69 Kf 44 ✉36419
Wiesenfelden BY 92 Nd 54 ✉94344
Wiesenhagen BB 36 Ob 35 ✉14943
Wiesensteig BW 98 Kd 57 ✉73349
Wiesent BY 92 Nc 54 ✉93109
Wiesenthal TH 69 Lb 44 ✉36466
Wiesenthau BY 80 Ma 50 ✉91369
Wiesentheid BY 79 Lc 50 ✉97353
Wiesenttal BY 80 Mb 50 ✉91346
Wieserode ST 47 Mb 38 ✉06543
Wieseth BY 89 Lc 53 ✉91632
Wieskau ST 47 Mf 39 ✉06388
Wieslet BW 104 He 62 ✉79699
Wiesloch BW 87 Ie 53 ✉69168
Wiesmoor NI 19 He 28 ✉26639
Wiesthal BY 78 Kc 48 ✉97859
Wiesweiler RP 76 Hd 51 ✉67744
Wietmarschen NI 28 Hb 33 ✉49835
Wietstock BB 36 Ob 35 ✉14974
Wietstock MV 17 Oe 26 ✉17379
Wietze NI 32 Ke 33 ✉29323
Wietzen NI 31 Ka 32 ✉31613
Wietzendorf NI 22 Kf 31 ✉29649
Wiggensbach BY 107 Lb 62 ✉87487
Wilbich TH 57 Lb 41 ✉37308
Wilburgstetten BY 89 Lc 54 ✉91634
Wildau BB 36 Od 34 ✉15745
Wildau-Wentdorf BB 49 Od 37 ✉15938
Wildbach SN 72 Nd 45 ✉08289
Wildberg BB 25 Nd 31 ✉16845
Wildberg BW 97 Ie 57 ✉72218
Wildberg MV 16 Oa 27 ✉17091
Wildeck HE 57 Kf 43 ✉36208
Wildemann NI 45 Lb 38 ✉38709
Wildenau BB 49 Ob 38 ✉04916
Wildenberg BY 91 Mf 56 ✉93359
Wildenbörten TH 60 Nb 43 ✉04626
Wildenbruch BB 36 Oa 35 ✉14552
Wildenfels SN 72 Nd 45 ✉08134
Wildenhain SN 48 Ne 39 ✉04838
Wildenhain SN 61 Oc 41 ✉01561
Wildenspring TH 70 Ma 45 ✉98701
Wildeshausen NI 20 Ic 31 ✉27793
Wildetaube TH 60 Na 44 ✉07980
Wildflecken, Markt BY 69 Kf 46 ✉97772
Wildgrube BB 49 Oc 39 ✉04924
Wildpoldsried BY 108 Lc 62 ✉87499
Wildschütz SN 48 Nf 40 ✉04838
Wildsteig BY 108 Lf 62 ✉82409
Wilgartswiesen RP 86 Hf 53 ✉76848
Wilhelmsburg MV 17 Of 27 ✉17379
Wilhelmsdorf BW 106 Kc 61 ✉88271
Wilhelmsdorf BY 80 Le 51 ✉91489
Wilhelmsdorf TH 71 Md 45 ✉07389
Wilhelmsfeld BW 77 Ie 52 ✉69259
Wilhelmshaven NI 20 Ia 27 ✉*26382
Wilhelmshorst BB 36 Oa 34 ✉14557
Wilhelmsthal BY 71 Mc 47 ✉96352
Wilhermsdorf BY 80 Le 52 ✉91452
Wilkau-Haßlau SN 72 Nc 44 ✉08112
Willanzheim BY 79 Lb 50 ✉97348
Willebadessen NW 44 Ka 39 ✉34439
Willenscharen SH 12 Ke 24 ✉24616
Willerstedt TH 59 Mc 42 ✉99510
Willich NW 52 Gd 41 ✉47877
Willingen HE 55 Id 41 ✉34508
Willingen RP 66 Ia 44 ✉56479
Willingshausen HE 56 Ka 43 ✉34628
Willmars HE 69 Lb 45 ✉97647
Willmenrod RP 66 Hf 45 ✉56459
Willmering BY 92 Ne 53 ✉93497
Willmersdorf BB 37 Oe 32 ✉16356
Willmersdorf-Stöbritz BB 50 Of 37 ✉15926
Willroth RP 66 Hd 45 ✉56594
Willstätt BW 96 Hf 57 ✉77731
Willwerscheid RP 65 Gf 48 ✉54533
Wilmersdorf BB 25 Nc 30 ✉16928
Wilmersdorf BB 27 Of 30 ✉16278
Wilmersdorf BB 37 Pa 35 ✉15848
Wilmersdorf BB 37 Pb 34 ✉15518
Wilmshagen MV 16 Oa 23 ✉18519
Wilnsdorf NW 54 Ia 44 ✉57234
Wilschdorf SN 62 Pa 42 ✉01833
Wilsdruff SN 61 Od 42 ✉01723
Wilsecker RP 64 Gd 48 ✉54655
Wilsickow BB 17 Of 28 ✉17337
Wilsleben ST 47 Mc 38 ✉06449
Wilstedt NI 21 Ka 30 ✉27412
Wilster SH 11 Kc 25 ✉25554
Wilsum NI 28 Gf 33 ✉49849
Wilthen SN 63 Pc 42 ✉02681
Wiltingen RP 74 Gd 51 ✉54459
Wilzenberg-Hußweiler RP 75 Hb 50 ✉55767
Wimbach RP 65 Gf 46 ✉53518
Wimmelburg ST 47 Mc 40 ✉06313
Wimsheim BW 87 Ie 55 ✉71299
Wincheringen RP 74 Gc 51 ✉54457
Windach BY 100 Ma 60 ✉86949
Windberg BY 92 Ne 55 ✉94336
Windberge ST 34 Me 33 ✉39579
Windbergen SH 11 Ka 24 ✉25729
Windeby SH 3 Ke 22 ✉24340
Windeck NW 54 Hd 44 ✉51570
Windehausen TH 46 Lf 40 ✉99765
Windelsbach BY 79 Lb 52 ✉91635
Winden RP 66 Hf 46 ✉56379
Winden RP 86 Ia 54 ✉76872
Winden im Elztal BW 96 Ia 60 ✉79297
Windesheim RP 76 He 49 ✉55452
Windhagen RP 65 Hc 45 ✉53578
Windhausen NI 45 Lb 38 ✉37539
Windischeschenbach BY 82 Na 50 ✉92670
Windischleuba TH 60 Nc 42 ✉04603
Windorf BY 93 Ob 57 ✉94575
Windsbach BY 89 Le 53 ✉91575
Wingerode TH 57 Lb 40 ✉37327
Wingst NI 11 Ka 26 ✉21789
Winhöring BY 102 Nd 59 ✉84543
Winkel BB 49 Oc 39 ✉04924
Winkel ST 59 Mc 40 ✉06542
Winkelbach RP 66 He 45 ✉57644
Winkelhaid BY 81 Mb 52 ✉90610
Winkelsett NI 20 Id 31 ✉27243
Winkelstedt ST 34 Mb 32 ✉39624
Winklarn BY 82 Nc 52 ✉92559
Winnemark SH 4 Kf 21 ✉24398
Winnen RP 66 Ia 45 ✉56459
Winnenden BW 88 Kc 55 ✉71364
Winnerath RP 65 Gf 46 ✉53520
Winnert SH 3 Kb 22 ✉25887
Winnigstedt NI 46 Le 36 ✉38170
Winningen RP 65 Hd 47 ✉56333
Winningen ST 47 Mc 38 ✉06449
Winnweiler RP 76 He 51 ✉67722
Winringen RP 64 Gc 48 ✉54614
Winseldorf SH 11 Kd 25 ✉25551
Winsen SH 12 La 26 ✉24568
Winsen (Aller) NI 32 Kf 32 ✉29308
Winsen (Luhe) NI 22 Lb 28 ✉21423
Winterbach BW 88 Kc 56 ✉73650
Winterbach BY 99 Lc 58 ✉89368
Winterbach RP 76 Hd 49 ✉55595
Winterbach RP 85 Hc 53 ✉66484
Winterberg NW 55 Id 41 ✉59955
Winterborn RP 76 Hf 50 ✉67822
Winterburg RP 76 He 49 ✉55595
Winterfeld ST 33 Mb 32 ✉29416
Winterhausen BY 79 La 50 ✉97286
Winterlingen BW 97 Ka 59 ✉72474
Winterrieden BY 99 Lb 60 ✉87785
Winterscheid RP 64 Gb 47 ✉54608
Wintersdorf TH 60 Nc 42 ✉04610
Wintersheim RP 76 Ib 50 ✉67587
Winterspelt RP 64 Gb 47 ✉54616
Winterstein TH 57 Lc 43 ✉99891
Winterwerb RP 66 He 47 ✉56355
Wintrich RP 75 Gf 49 ✉54487
Wintzingerode TH 45 Lb 40 ✉37339
Winzenburg NI 45 Kf 37 ✉31088
Winzer BY 92 Oa 56 ✉94577
Wipfeld BY 79 Lb 49 ✉97537
Wipfratal TH 58 Lf 44 ✉99310
Wipperdorf TH 46 Ld 40 ✉99752
Wipperfürth NW 53 Hc 42 ✉51688
Wippingen NI 19 Hc 31 ✉26892
Wippra ST 46 Mb 39 ✉06543
Wirdum NI 18 Hb 28 ✉26529
Wirft RP 65 Gf 46 ✉53534
Wirfus RP 65 Hb 47 ✉56814
Wirges RP 66 He 46 ✉56422
Wirsberg BY 71 Md 48 ✉95339
Wirscheid RP 66 Hd 46 ✉56237
Wirschweiler RP 75 Hb 50 ✉55758
Wisch SH 3 Ka 22 ✉25876
Wisch SH 4 Lc 22 ✉24217
Wischhafen NI 11 Kc 26 ✉21737
Wischroda ST 59 Md 41 ✉06647
Wismar BB 17 Oe 27 ✉17335
Wismar MV 14 Mc 25 ✉23966
Wissen RP 54 He 44 ✉57537
Wißmannsdorf RP 64 Gc 49 ✉54636
Wistedt NI 21 Kd 29 ✉21255
Witsum SH 2 Ic 20 ✉25938
Wittbek SH 3 Kb 22 ✉25872
Wittbrietzen BB 36 Oa 35 ✉14547

Wittdün **SH** 2 Ic 21 ⊠25946
Wittelshofen **BY** 89 Lc 54 ⊠91749
Witten **NW** 41 Hc 40 ⊠*58452
Wittenbeck **MV** 14 Me 24 ⊠18209
Wittenberg, Lutherstadt- **ST** 48 Nd 37 ⊠06886
Wittenberge **BB** 24 Me 30 ⊠19322
Wittenbergen **SH** 11 Kd 25 ⊠25548
Wittenborn **MV** 16 Oe 27 ⊠17337
Wittenborn **SH** 12 Lb 25 ⊠23829
Wittenburg **MV** 23 Ma 27 ⊠19243
Wittenförden **MV** 14 Mb 27 ⊠19073
Wittenhagen **MV** 16 Oa 23 ⊠18510
Wittenmoor **ST** 34 Me 33 ⊠39579
Witterda **TH** 58 Lf 42 ⊠99189
Wittgendorf **SN** 63 Pf 43 ⊠02788
Wittgendorf **ST** 60 Nb 43 ⊠06712
Wittgendorf **TH** 70 Mb 45 ⊠07318
Wittgensdorf **SN** 61 Nf 43 ⊠09228
Wittgert **RP** 66 He 46 ⊠56237
Wittibreut **BY** 102 Oa 59 ⊠84384
Wittichenau (Kulow) **SN** 50 Pb 40 ⊠02997
Wittighausen **BW** 79 Ke 51 ⊠97957
Wittingen **NI** 33 Le 32 ⊠*29378
Wittislingen **BY** 99 Lc 57 ⊠89426
Wittlich **RP** 75 Gf 49 ⊠54516
Wittlingen **BW** 104 Hd 63 ⊠79599
Wittmannsdorf-Bückchen **BB** 37 Pa 36 ⊠15910
Wittmannsgereuth **TH** 71 Mb 45 ⊠07318
Wittmar **NI** 33 Ld 36 ⊠38329
Wittmoldt **SH** 12 Lc 23 ⊠24306
Wittmund **NI** 9 He 27 ⊠26409
Wittnau **BW** 95 He 61 ⊠79299
Wittorf **NI** 22 Lc 28 ⊠21357
Wittstock/Dosse **BB** 25 Nd 30 ⊠16909
Witzeeze **SH** 23 Ld 28 ⊠21514
Witzendorf **TH** 70 Mb 45 ⊠07318
Witzenhausen **HE** 57 Ke 40 ⊠*37213
Witzhave **SH** 12 Lb 27 ⊠22969
Witzin **MV** 14 Mf 26 ⊠19406
Witzke **BB** 35 Nc 32 ⊠14715
Witzleben **TH** 58 Ma 44 ⊠99310
Witzmannsberg **BY** 93 Oc 56 ⊠94104
Witzschdorf **SN** 61 Oa 44 ⊠09437
Witzwort **SH** 2 If 22 ⊠25889
Wobbenbüll **SH** 2 If 21 ⊠25856
Wochowsee **BB** 37 Of 35 ⊠15859
Woddow **BB** 27 Pb 28 ⊠17326
Wöbbelin **MV** 24 Mc 28 ⊠19288
Wöhrden **SH** 11 Ka 23 ⊠25797
Wölferbütt **TH** 57 La 44 ⊠36404
Wölferlingen **RP** 66 Hf 45 ⊠56244
Wölfershausen **TH** 69 Lc 46 ⊠98617
Wölfersheim **HE** 67 Ie 46 ⊠61200
Wölfis **TH** 58 Le 44 ⊠99885
Wöllnau **SN** 48 Ne 39 ⊠04838
Wöllstadt **HE** 67 Ie 47 ⊠61206
Wöllstein **RP** 76 Hf 50 ⊠55597
Wölpinghausen **NI** 31 Kb 34 ⊠31556
Wölsickendorf-Wollenberg **BB** 37 Of 32 ⊠16259
Wörblitz **SN** 48 Nf 39 ⊠04880
Wörbzig **ST** 47 Mf 38 ⊠06369
Wörlitz **ST** 48 Nc 37 ⊠06786
Wörmlitz **ST** 34 Mf 35 ⊠39291
Wörnersberg **BW** 96 Id 57 ⊠72299
Wörnitz **BY** 89 Lb 53 ⊠91637
Wörpen **ST** 48 Nd 37 ⊠06869
Wörrstadt **RP** 76 Ia 49 ⊠55286
Wört **BW** 89 Lb 54 ⊠73499
Wörth **BY** 78 Kb 50 ⊠63939
Wörth **BY** 101 Mf 59 ⊠85457
Wörth **RP** 86 Ib 54 ⊠76744
Wörth an der Donau **BY** 92 Nc 54 ⊠93086
Wörth an der Isar **BY** 101 Nc 57 ⊠84109
Wörthsee **BY** 100 Mb 60 ⊠82237
Woggersin **MV** 16 Ob 27 ⊠17039
Wohlde **SH** 3 Kb 22 ⊠24899
Wohlhausen **SN** 72 Nb 47 ⊠08258
Wohlmirstedt **ST** 59 Mc 41 ⊠06642
Wohlmuthausen **TH** 69 Lb 45 ⊠98617
Wohlsborn **TH** 59 Mc 42 ⊠99439
Wohlsdorf **ST** 47 Mf 38 ⊠06408
Wohltorf **SH** 22 Lb 27 ⊠21521
Wohratal **HE** 55 If 43 ⊠35288
Wokuhl **MV** 26 Ob 29 ⊠17237
Wolde **MV** 16 Oa 26 ⊠17091
Woldegk **MV** 26 Od 28 ⊠17348
Woldert **RP** 66 Hd 45 ⊠57614
Wolfach **BW** 96 Ib 59 ⊠77709
Wolfegg **BW** 107 Ke 62 ⊠88364
Wolfen **ST** 48 Nb 39 ⊠06766
Wolfenbüttel **NI** 33 Lc 35 ⊠*38300
Wolferode **ST** 47 Mc 40 ⊠06295
Wolferschwenda **TH** 58 Lf 41 ⊠99713
Wolfersdorf **BY** 101 Me 58 ⊠85395
Wolfersdorf **TH** 59 Me 44 ⊠07646
Wolfersgrün **SN** 72 Nc 45 ⊠08107
Wolferstadt **BY** 89 Le 55 ⊠86709
Wolferstedt **ST** 47 Mc 40 ⊠06542
Wolfertschwenden **BY** 108 La 61 ⊠87787
Wolfhagen **HE** 56 Ka 41 ⊠34466
Wolfmannshausen **TH** 69 Lc 46 ⊠98631
Wolframs-Eschenbach **BY** 89 Le 53 ⊠91639
Wolfratshausen **BY** 109 Mc 61 ⊠82515
Wolfsbehringen **TH** 57 Lc 42 ⊠99947
Wolfsberg **ST** 46 Ma 39 ⊠06536
Wolfsberg **TH** 70 Ma 44 ⊠98704
Wolfsburg **NI** 33 Lf 34 ⊠*38440
Wolfsburg-Unkeroda **TH** 57 Lb 43 ⊠99819
Wolfschlugen **BW** 87 Kb 57 ⊠72649
Wolfsegg **BY** 91 Mf 54 ⊠93195
Wolfshagen **BB** 24 Na 30 ⊠19348
Wolfshagen **MV** 26 Oe 28 ⊠17335
Wolfshain **BB** 51 Pd 39 ⊠03130
Wolfsheim **RP** 76 Ia 49 ⊠55578
Wolfsruh **BB** 26 Oa 30 ⊠16775
Wolfstein **RP** 76 Hd 51 ⊠67752
Wolgast **MV** 16 Oe 24 ⊠17438
Wolken **RP** 65 Hc 46 ⊠56332
Wolkenburg-Kaufungen **SN** 60 Nd 43 ⊠08399
Wolkenstein **SN** 73 Oa 45 ⊠09429
Wolkramshausen **TH** 46 Le 40 ⊠99735
Wollbach **BY** 69 Lb 46 ⊠97618
Wollbrandshausen **NI** 45 Lb 39 ⊠37434
Wollershausen **NI** 45 Lb 39 ⊠37434
Wolletz **BB** 27 Of 30 ⊠16278
Wollin **BB** 35 Nc 35 ⊠14778
Wollin bei Penkun **MV** 27 Pb 29 ⊠17328
Wollmerath **RP** 65 Gf 48 ⊠56826
Wollschow **BB** 27 Pb 28 ⊠17326
Wolmersdorf **SH** 11 Ka 24 ⊠25704
Wolmirsleben **ST** 47 Mc 37 ⊠39435
Wolmirstedt **ST** 34 Me 35 ⊠39326
Wolnzach **BY** 101 Md 57 ⊠85283
Wolpertshausen **BW** 88 Kf 54 ⊠74549
Wolpertswende **BW** 107 Kd 61 ⊠88284
Wolsdorf **NI** 33 Lf 35 ⊠38379
Wolsfeld **RP** 74 Gc 49 ⊠54636
Wolsier **BB** 35 Nb 32 ⊠14715
Woltersdorf **BB** 27 Pb 29 ⊠16306
Woltersdorf **BB** 37 Oe 34 ⊠15569
Woltersdorf **NI** 23 Mb 31 ⊠29497
Woltersdorf **SH** 13 Ld 27 ⊠21516
Woltersdorf **ST** 34 Me 36 ⊠39175
Woltershausen **NI** 45 Kf 37 ⊠31099
Wolzig **BB** 37 Oe 35 ⊠15754
Womrath **RP** 75 Hc 49 ⊠55481
Wonfurt **BY** 79 Lc 48 ⊠97539
Wonneberg **BY** 111 Ne 61 ⊠83329
Wonsees **BY** 81 Mb 49 ⊠96197
Wonsheim **RP** 76 Hf 50 ⊠55599
Woosmer **MV** 23 Mb 29 ⊠19303
Wootz **BB** 24 Mc 30 ⊠19309
Woppenroth **RP** 75 Hc 49 ⊠55490
Worbis **TH** 45 Lc 40 ⊠37339
Worin **BB** 37 Pb 33 ⊠15306
Woringen **BY** 107 La 61 ⊠87789
Wormlage **BB** 50 Of 39 ⊠01994
Worms **RP** 77 Ic 51 67547
Wormsdorf **ST** 33 Mb 36 ⊠39365
Wormstedt **TH** 59 Md 42 ⊠99510
Worpswede **NI** 21 If 29 ⊠27726
Worth **SH** 22 Lc 28 ⊠21502
Woschkow **BB** 50 Pa 39 ⊠01983
Wotenick **MV** 16 Oa 25 ⊠17111
Wrangelsburg **MV** 16 Od 24 ⊠17495
Wredenhagen **MV** 25 Nd 29 ⊠17209
Wremen **NI** 10 Id 27 ⊠27638
Wrestedt **NI** 23 Ld 31 ⊠29559
Wriedel **NI** 22 Lb 30 ⊠29565
Wriezen **BB** 37 Pa 32 ⊠16269
Wrist **SH** 12 Ke 25 ⊠25563
Wrixum **SH** 2 Id 20 ⊠25938
Wrohm **SH** 11 Kc 23 ⊠25799
Wülfershausen **BY** 69 Lc 46 ⊠97618
Wülfingerode **TH** 57 Ld 40 ⊠99759
Wülfrath **NW** 53 Ha 41 ⊠42489
Wülknitz **SN** 61 Oc 40 ⊠01609
Wülperode **ST** 46 Ld 37 ⊠38835
Wünnenberg, Bad- **NW** 43 Ie 39 ⊠33181
Wünschendorf **SN** 61 Oa 44 ⊠09514
Wünschendorf/Elster **TH** 60 Na 44 ⊠07570
Wünschensuhl **TH** 57 Lb 43 ⊠99837
Wünsdorf **BB** 36 Oc 36 ⊠15838
Würchwitz **ST** 60 Nb 42 ⊠06712
Würrich **RP** 75 Hb 49 ⊠56858
Würselen **NW** 52 Ga 44 ⊠52146
Würzburg **BY** 79 Kf 50 97070
Würzweiler **RP** 76 Hf 51 ⊠67808
Wüschheim **RP** 65 Hc 48 ⊠55471
Wüstenbrand **SN** 60 Ne 44 ⊠09358
Wüstenfelde **MV** 16 Oa 25 ⊠17121
Wüstenjerichow **ST** 35 Na 35 ⊠39291
Wüstenrot **BW** 88 Kc 54 ⊠71543
Wüstermarke **BB** 49 Od 38 ⊠15926
Wüstheuterode **TH** 57 La 41 ⊠37318
Wulfen **ST** 47 Mf 38 ⊠06369
Wulfersdorf **BB** 25 Nc 29 ⊠16909
Wulferstedt **ST** 46 Ma 36 ⊠39387
Wulfsen **NI** 22 La 29 ⊠21445
Wulfsmoor **SH** 12 Ke 25 ⊠25563
Wulften **NI** 45 Lb 38 ⊠37199
Wulkau **ST** 34 Na 32 ⊠39524
Wulkenzin **MV** 16 Ob 27 ⊠17039
Wulkow **BB** 26 Nf 31 ⊠16835
Wulkow bei Seelow **BB** 37 Pb 33 ⊠15320
Wulm **SN** 60 Nd 44 ⊠08138
Wulsbüttel **NI** 20 Ie 29 ⊠27628
Wundersleben **TH** 58 Ma 42 ⊠99610
Wunsiedel **BY** 71 Mf 48 ⊠95632
Wunstorf **NI** 31 Kc 34 ⊠31515
Wuppertal **NW** 53 Hb 41 42103
Wurmannsquick **BY** 102 Ne 58 ⊠84329
Wurmberg **BW** 87 Ie 55 ⊠75449
Wurmlingen **BW** 97 Ie 60 ⊠78573
Wurmsham **BY** 102 Nb 58 ⊠84189
Wurzbach **TH** 71 Md 46 ⊠07343
Wurzen **SN** 60 Ne 40 ⊠04808
Wuschewier **BB** 37 Pb 33 ⊠15320
Wußwerk **BB** 50 Pa 37 ⊠15913
Wust **BB** 35 Nd 34 ⊠14778
Wust **ST** 35 Na 33 ⊠39524
Wusterhausen **BB** 25 Nc 31 ⊠16868
Wusterhusen **MV** 16 Od 24 ⊠17509
Wustermark **BB** 36 Nf 33 ⊠14641
Wusterwitz **BB** 35 Nc 34 ⊠14789
Wustrau-Altfriesack **BB** 25 Nf 31 ⊠16818
Wustrow **MV** 6 Nc 22 ⊠18347
Wustrow **MV** 26 Nf 29 ⊠17255
Wustrow **NI** 23 Ma 31 ⊠29462
Wutach **BW** 105 Ic 62 ⊠79879
Wutha-Farnroda **TH** 57 Lc 43 ⊠99848
Wutike **BB** 25 Nc 30 ⊠16866
Wutöschingen **BW** 105 Ib 63 ⊠79793
Wutzetz **BB** 25 Nd 32 ⊠14662
Wyhl am Kaiserstuhl **BW** 95 Hd 59 ⊠79369
Wyhratal **SN** 60 Nc 42 ⊠04552
Wyk auf Föhr **SH** 2 Id 20 ⊠25938
Wymeer **NI** 18 Hb 29 ⊠26831

X

Xanten **NW** 40 Gc 39 ⊠46509

Z

Zaatzke **BB** 25 Nc 29 ⊠16909
Zabakuck **ST** 35 Nb 34 ⊠39307
Zabelsdorf **BB** 26 Ob 30 ⊠16775
Zabeltitz **SN** 61 Oc 40 ⊠01561
Zabenstedt **ST** 47 Md 39 ⊠06347
Zaberfeld **BW** 87 If 54 ⊠74374
Zabitz **ST** 47 Mf 38 ⊠06369
Zachenberg **BY** 92 Oa 55 ⊠94239
Zachow **BB** 35 Ne 34 ⊠14669
Zadelsdorf **TH** 71 Mf 44 ⊠07937
Zäckericker Loose **BB** 27 Pb 32 ⊠16259
Zahna **ST** 48 Ne 37 ⊠06895
Zahrensdorf **MV** 14 Md 26 ⊠19412
Zaisenhausen **BW** 87 Ie 54 ⊠75059
Zandt **BY** 92 Ne 54 ⊠93499
Zapel, Dorf- **MV** 14 Me 27 ⊠19089
Zapfendorf **BY** 80 Lf 48 ⊠96199
Zappendorf **ST** 47 Me 39 ⊠06179
Zarnekow **MV** 15 Nf 24 ⊠17159
Zarnewanz **MV** 15 Nc 24 ⊠18195
Zarpen **SH** 13 Lc 25 ⊠23619
Zarrendorf **MV** 7 Oa 23 ⊠18510
Zarrentin **MV** 13 Lf 27 ⊠19246
Zauchwitz **BB** 36 Oa 35 ⊠14547
Zechin **BB** 37 Pc 33 ⊠15328
Zechlinerhütte **BB** 25 Nf 30 ⊠16831
Zechow **BB** 26 Nf 30 ⊠16831
Zeckerin **BB** 49 Od 38 ⊠03249
Zeddenick **ST** 34 Mf 36 ⊠39291
Zedlitz **TH** 59 Na 44 ⊠07557
Zeesen **BB** 36 Od 35 ⊠15711
Zeestow **BB** 36 Nf 33 ⊠14641
Zehbitz **ST** 48 Na 38 ⊠06369
Zehdenick **BB** 26 Oc 31 ⊠16792
Zehlendorf **BB** 26 Oc 32 ⊠16515
Zehma **TH** 60 Nc 43 ⊠04603
Zehna **MV** 15 Na 26 ⊠18276
Zehnhausen bei Rennerod **RP** 66 Ia 45 ⊠56477
Zehren **SN** 61 Oc 41 ⊠01665
Zeil am Main **BY** 80 Ld 48 ⊠97475
Zeilarn **BY** 102 Ne 59 ⊠84367
Zeiskam **RP** 86 Ib 53 ⊠67378
Zeißig **SN** 51 Pb 40 ⊠02977
Zeithain **SN** 61 Oc 40 ⊠01619
Zeitlarn **BY** 91 Na 54 ⊠93197
Zeitlofs **BY** 68 Ke 47 ⊠97799
Zeitz **ST** 60 Na 42 ⊠06712
Zell **BW** 96 Ia 58 ⊠77736
Zell **BY** 71 Me 48 ⊠95239
Zell **BY** 92 Nc 54 ⊠93199
Zell (Mosel) **RP** 65 Hb 48 ⊠56856
Zella **TH** 57 Lc 41 ⊠99976
Zella **TH** 69 La 44 ⊠36452
Zella-Mehlis **TH** 70 Ld 44 ⊠98544
Zell am Main **BY** 79 Kf 50 ⊠97299
Zellendorf **BB** 49 Oa 37 ⊠14913
Zellertal **RP** 76 Ia 51 ⊠67308
Zell im Wiesental **BW** 104 Hf 62 ⊠79669
Zellingen **BY** 79 Ke 49 ⊠97225
Zell unter Aichelberg **BW** 88 Kd 57 ⊠73119
Zeltingen-Rachtig **RP** 75 Ha 49 ⊠54492
Zembschen **ST** 60 Na 42 ⊠06679
Zemitz **MV** 16 Oe 25 ⊠17440
Zemmer **RP** 74 Ge 49 ⊠54313
Zemnick **ST** 48 Nf 37 ⊠06918
Zempin **MV** 17 Of 24 ⊠17459
Zempow **BB** 25 Ne 29 ⊠16837
Zendscheid **RP** 64 Gd 48 ⊠54655
Zens **ST** 47 Me 37 ⊠39221
Zenting **BY** 93 Ob 56 ⊠94579
Zepelin **MV** 14 Na 25 ⊠18246
Zepernick **BB** 36 Od 33 ⊠16341
Zepkow **MV** 25 Nd 29 ⊠17209
Zeppernick **ST** 34 Na 36 ⊠39279
Zerben **ST** 34 Mf 34 ⊠39317
Zerbst **ST** 47 Na 37 ⊠39261
Zernien **NI** 23 Lf 30 ⊠29499
Zernikow **BB** 26 Oa 30 ⊠16775
Zernin **MV** 14 Mf 26 ⊠18249
Zernitz **BB** 25 Nc 31 ⊠16845
Zernitz **ST** 47 Na 36 ⊠39264
Zernsdorf **BB** 37 Oe 35 ⊠15758
Zerpenschleuse **BB** 26 Oc 31 ⊠16348
Zerrenthin **MV** 17 Pa 28 ⊠17309
Zetel **NI** 19 Ia 28 ⊠26340
Zethlingen **ST** 33 Mb 32 ⊠39624
Zettemin **MV** 15 Ne 27 ⊠17153
Zettingen **RP** 65 Hb 47 ⊠56761
Zettlitz **SN** 61 Ne 42 ⊠09306
Zeuchfeld **ST** 59 Mf 41 ⊠06632
Zeulenroda **TH** 71 Na 45 ⊠07937
Zeust **BB** 37 Pb 36 ⊠15848
Zeuthen **BB** 36 Od 34 ⊠15738
Zeutsch **TH** 59 Mc 44 ⊠07407
Zeven **NI** 21 Kb 29 ⊠27404
Zichow **BB** 27 Pa 29 ⊠16306
Zichtau **ST** 34 Mb 33 ⊠39638
Zickeritz **ST** 47 Me 39 ⊠06420
Zickhusen **MV** 14 Mc 26 ⊠19069
Zieckau **BB** 49 Od 37 ⊠15926
Ziegelheim **TH** 60 Nd 43 ⊠04618
Ziegelroda **ST** 59 Mc 40 ⊠06268
Ziegendorf **MV** 24 Me 29 ⊠19372
Ziegenhain **RP** 65 Hd 44 ⊠57632
Ziegenrück **TH** 71 Me 45 ⊠07924
Ziegra-Knobelsdorf **SN** 61 Oa 42 ⊠04720
Zieko **ST** 48 Nc 37 ⊠06869
Zielitz **ST** 34 Me 35 ⊠39326
Ziemendorf **ST** 24 Mc 31 ⊠39619
Ziemetshausen **BY** 99 Lc 59 ⊠86473
Ziemkendorf **BB** 27 Pa 29 ⊠17291
Ziepel **ST** 34 Mf 36 ⊠39291
Zierenberg **HE** 56 Kb 40 ⊠34289
Zierow **MV** 14 Mc 25 ⊠23968
Ziertheim **BY** 89 Lc 57 ⊠89446
Zierzow **MV** 24 Md 29 ⊠19300
Ziesar **BB** 35 Nb 35 ⊠14793
Ziesendorf **MV** 14 Na 25 ⊠18059
Ziethen **MV** 16 Oe 25 ⊠17390
Ziethen **SH** 13 Le 26 ⊠23911
Zilly **ST** 46 Lf 37 ⊠38835
Zilshausen **RP** 65 Hc 48 ⊠56288
Ziltendorf **BB** 38 Pd 35 ⊠15295
Zimmern **TH** 58 Ld 42 ⊠99947
Zimmern **TH** 59 Md 42 ⊠07778
Zimmern ob Rottweil **BW** 97 Id 60 ⊠78658
Zimmernsupra **TH** 58 Lf 43 ⊠99100
Zimmern unter der Burg **BW** 97 Ie 59 ⊠72369
Zimmerschied **RP** 66 He 46 ⊠56379
Zimmritz **TH** 59 Md 43 ⊠07751
Zingst **MV** 6 Ne 22 ⊠18374
Zinna **SN** 49 Nf 39 ⊠04860
Zinndorf **BB** 37 Of 33 ⊠15345
Zinnitz **BB** 50 Of 38 ⊠03205
Zinzow **MV** 16 Od 26 ⊠17392
Zirchow **MV** 17 Pa 25 ⊠17419
Zirkow **MV** 7 Od 22 ⊠18528
Zirndorf **BY** 80 Lf 52 ⊠90513
Zirzow **MV** 16 Ob 27 ⊠17039
Zislow **MV** 25 Nc 28 ⊠17209
Zittau **SN** 63 Pe 43 ⊠02763
Zitz **BB** 35 Nb 35 ⊠14789
Zobbenitz **ST** 34 Mc 34 ⊠39638
Zobes **SN** 72 Nb 45 ⊠08541
Zoblitz **SN** 63 Pe 42 ⊠02894
Zodel **SN** 63 Qa 41 ⊠02829
Zöblitz **SN** 73 Ob 45 ⊠09517
Zölkow **MV** 14 Me 27 ⊠19374
Zöllmersdorf **BB** 49 Od 37 ⊠15926
Zöllnitz **TH** 59 Md 43 ⊠07751
Zörbig **ST** 48 Na 39 ⊠06780
Zörnigall **ST** 48 Ne 37 ⊠06888
Zöschen **ST** 60 Na 40 ⊠06254
Zöschingen **BY** 89 Lb 56 ⊠89447
Zöthen **TH** 59 Me 42 ⊠07774
Zollchow **BB** 35 Nb 33 ⊠14715
Zollgrün **TH** 71 Mf 45 ⊠07922
Zolling **BY** 101 Me 58 ⊠85406
Zootzen **BB** 25 Nd 30 ⊠16909
Zootzen **BB** 26 Ob 30 ⊠16798
Zootzen **BB** 35 Nd 32 ⊠14662
Zorbau **ST** 59 Na 41 ⊠06679
Zorge **NI** 46 Ld 39 ⊠37449
Zorneding **BY** 101 Me 60 ⊠85604
Zornheim **RP** 76 Ib 49 ⊠55270
Zossen **BB** 36 Oc 35 ⊠15806
Zotzenheim **RP** 76 Hf 49 ⊠55576
Zschadraß **SN** 60 Ne 42 ⊠04680
Zschaitz-Ottewig **SN** 61 Ob 41 ⊠04720
Zschepplin **SN** 48 Nd 40 ⊠04838
Zscherben **ST** 47 Mf 40 ⊠06179
Zscherndorf **ST** 48 Nb 39 ⊠06794
Zschocken **SN** 72 Nd 44 ⊠08118
Zschopau **SN** 61 Oa 44 ⊠09405
Zschorlau **SN** 72 Nd 45 ⊠08321
Zschornewitz **ST** 48 Nc 38 ⊠06791
Zschortau **SN** 48 Nc 40 ⊠04509
Zuchau **ST** 47 Mf 37 ⊠39240
Zudar **MV** 7 Oc 23 ⊠18574
Zühlen **BB** 25 Ne 30 ⊠16831
Zühlsdorf **BB** 36 Oc 32 ⊠16515
Züllsdorf **BB** 49 Oa 39 ⊠04895
Zülow **MV** 13 Mb 27 ⊠19073
Zülpich **NW** 52 Ge 45 ⊠53909
Züsch **RP** 75 Gf 51 ⊠54422
Züsedom **MV** 27 Pa 28 ⊠17309
Züsow **MV** 14 Me 25 ⊠23992
Züssow **MV** 16 Od 25 ⊠17495
Zützen **BB** 27 Pb 30 ⊠16306
Zützen **BB** 49 Od 37 ⊠15938
Zurow **MV** 14 Md 25 ⊠23992
Zusamaltheim **BY** 99 Ld 57 ⊠89449
Zusmarshausen **BY** 99 Ld 58 ⊠86441
Zuzenhausen **BW** 87 If 53 ⊠74939
Zweibrücken **RP** 85 Hc 53 ⊠66482
Zweifelscheid **RP** 64 Gb 48 ⊠54673
Zweiflingen **BW** 88 Kd 53 ⊠74639
Zweimen **ST** 60 Na 40 ⊠06254
Zwenkau **SN** 60 Nb 41 ⊠04442
Zwickau **SN** 60 Nc 44 08056
Zwiefalten **BW** 98 Kc 59 ⊠88529
Zwiesel **BY** 93 Ob 54 ⊠94227
Zwinge **TH** 45 Lc 39 ⊠37345
Zwingenberg **BW** 77 Ka 52 ⊠69439
Zwingenberg **HE** 77 Id 50 ⊠64673
Zwochau **SN** 48 Nb 40 ⊠04509
Zwönitz **SN** 73 Ne 45 ⊠08297
Zwota **SN** 72 Nc 46 ⊠08267

© Mairs Geographischer Verlag/Falk Verlag, 73751 Ostfildern
Printed in Germany

Kartenübersicht · Key map · Quadro d'unione · Mapa índice · Corte dos mapas · Carte d'assemblage · Overzichtskaart · Skorowidz arkuszy · Klad mapových listů · Áttekintő térkép · Oversigtskort · Kartöversikt
1:301.000

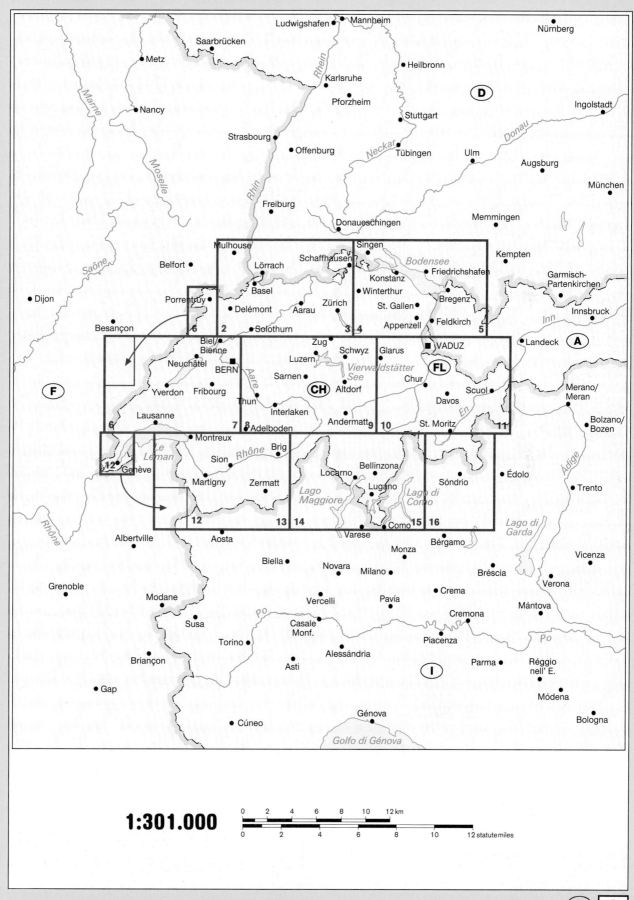

1:301.000

0 2 4 6 8 10 12 km
0 2 4 6 8 10 12 statute miles

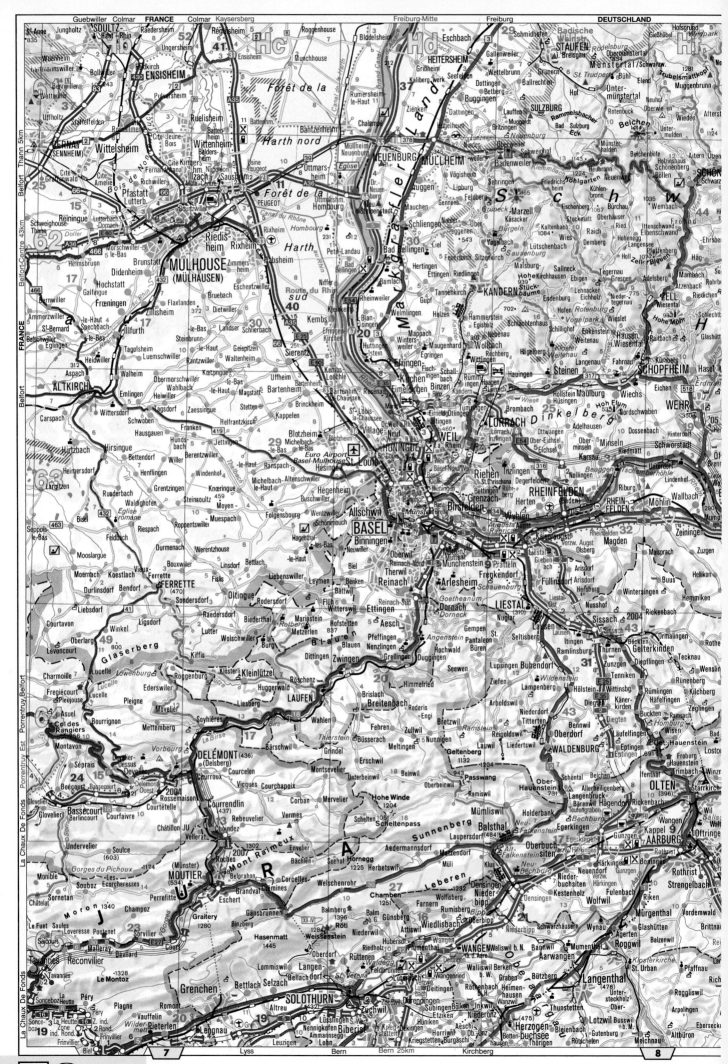

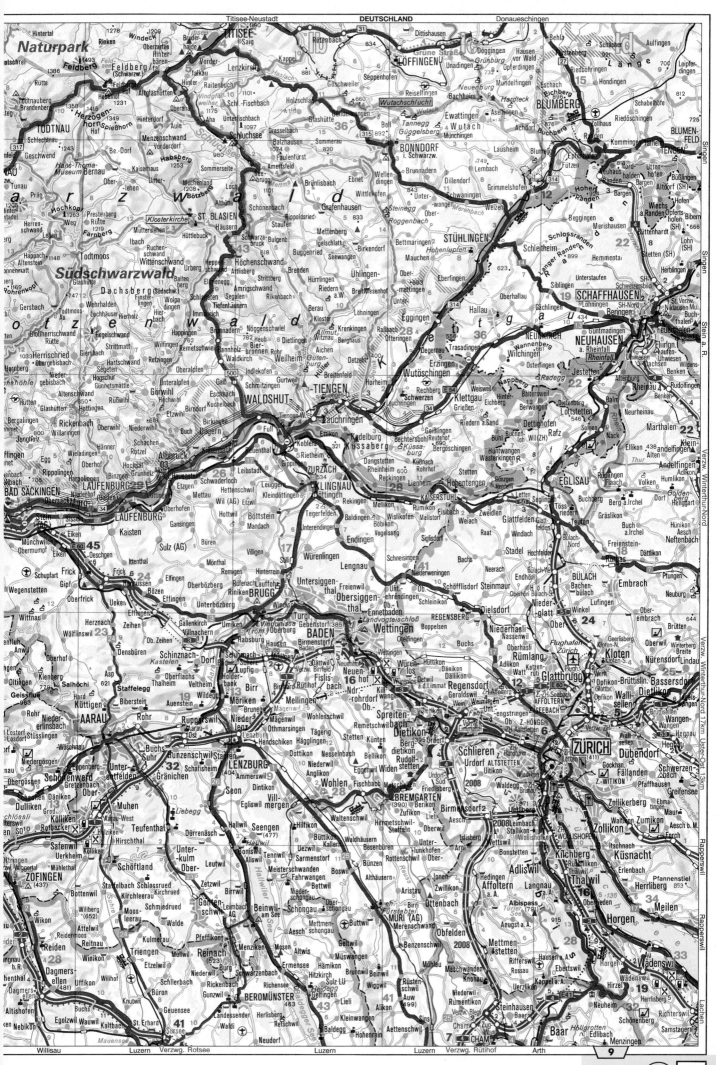

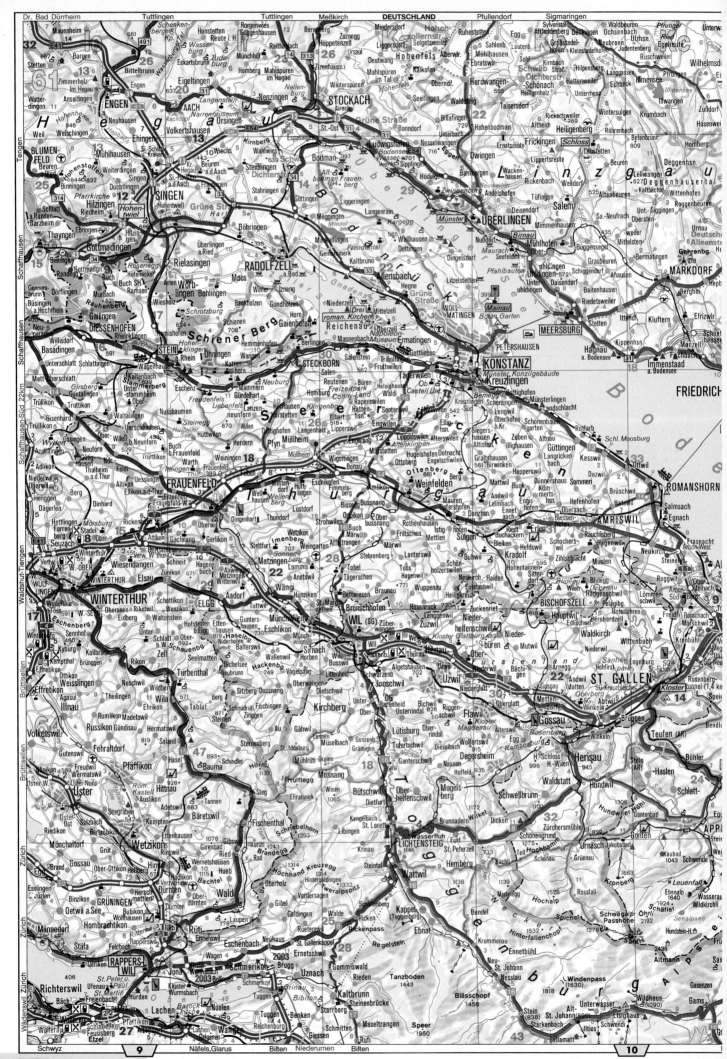

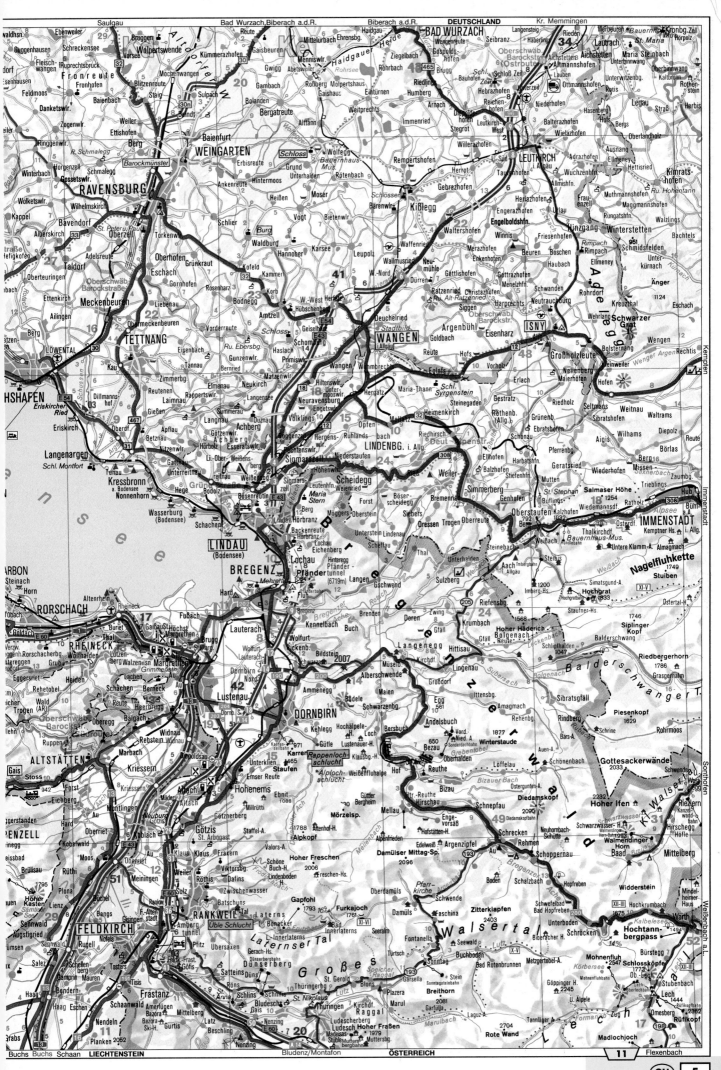

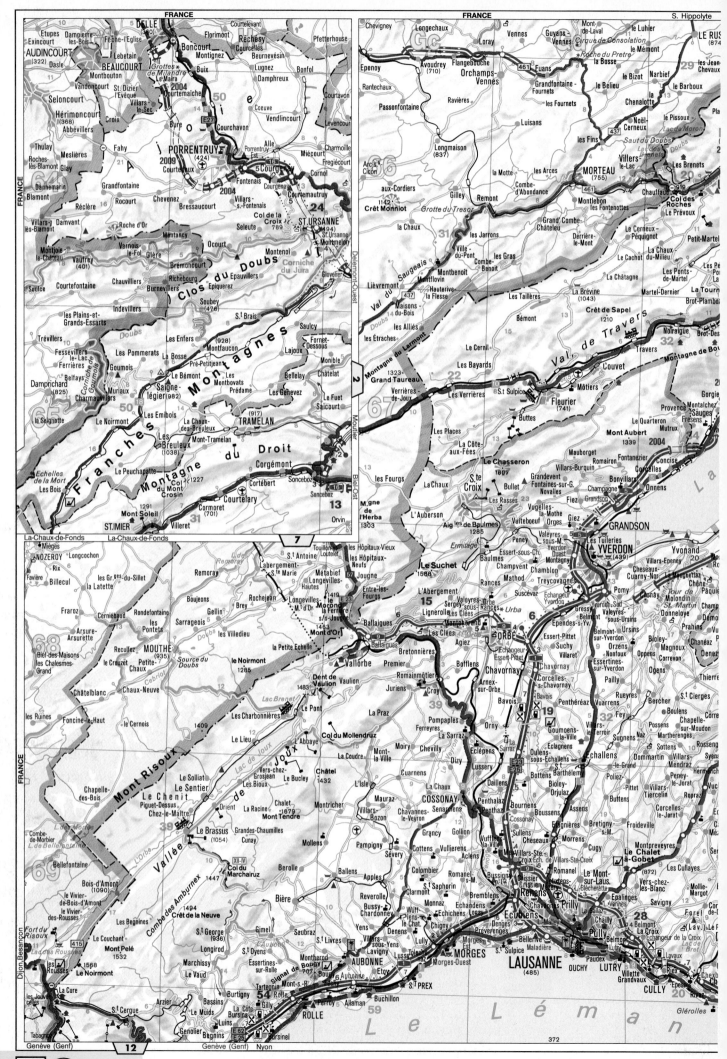

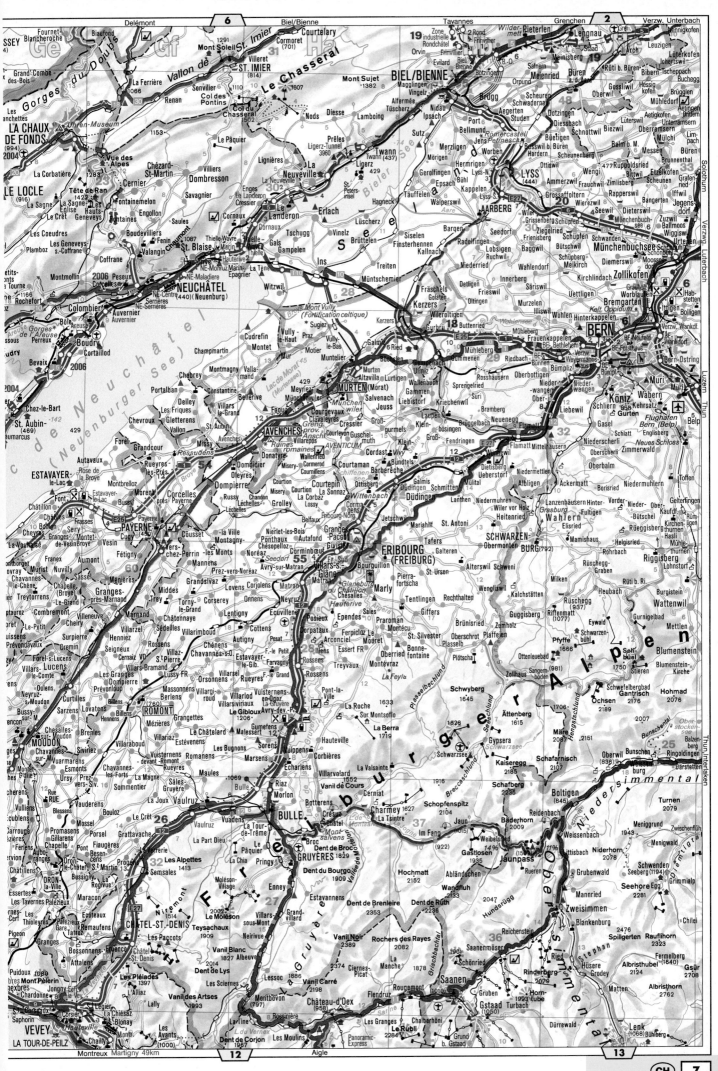

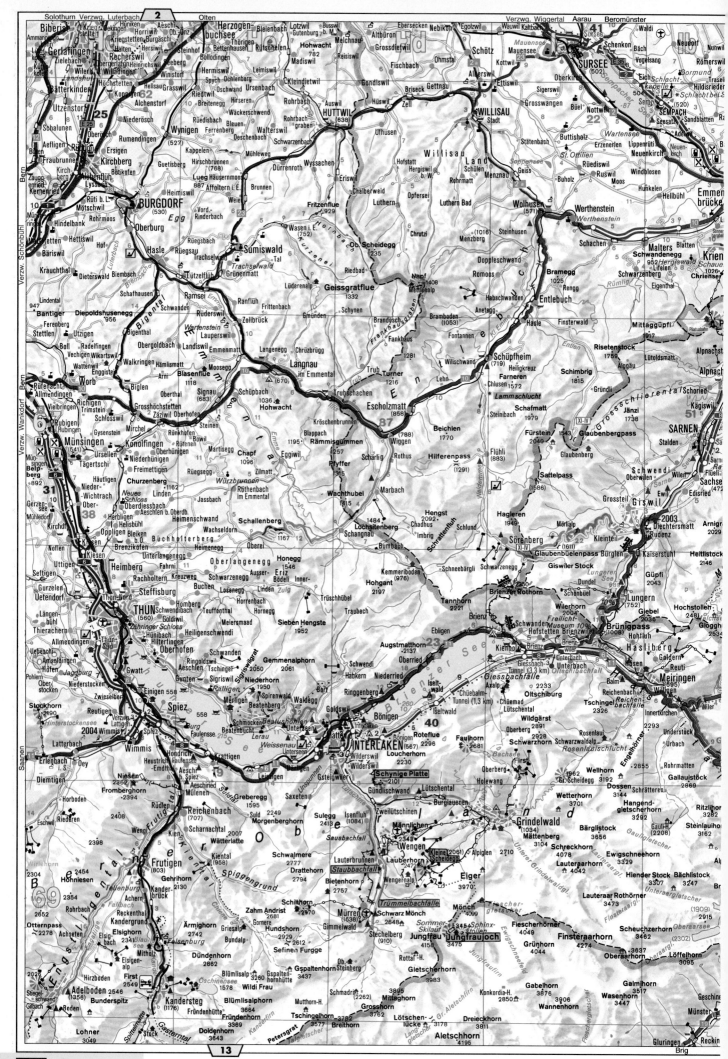

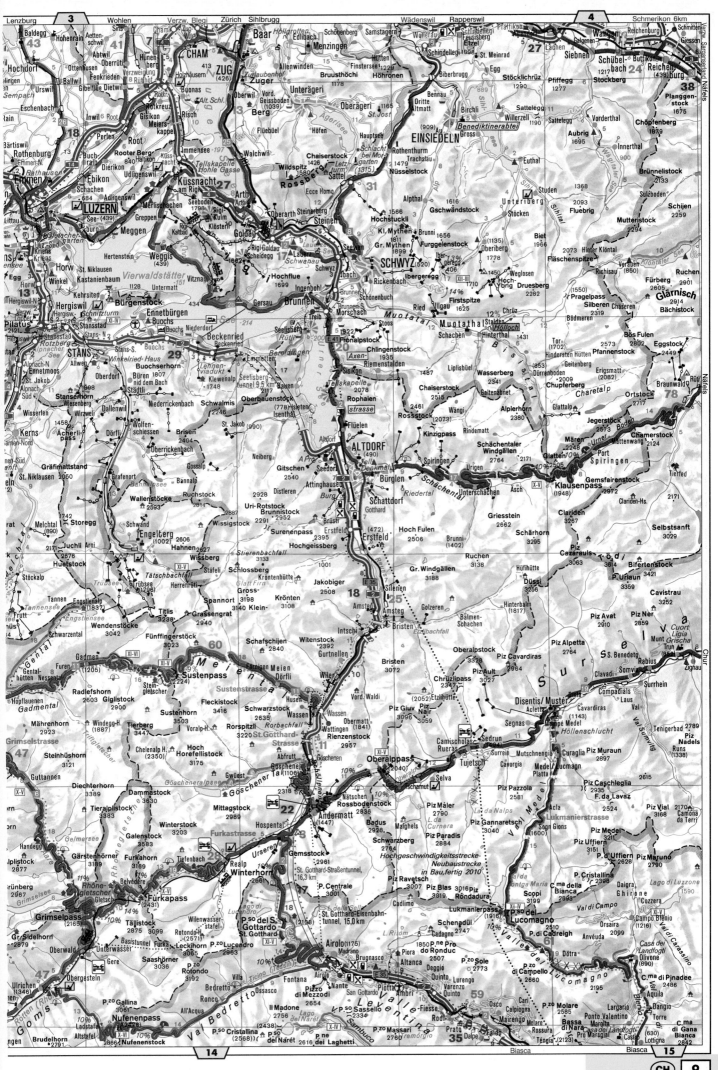

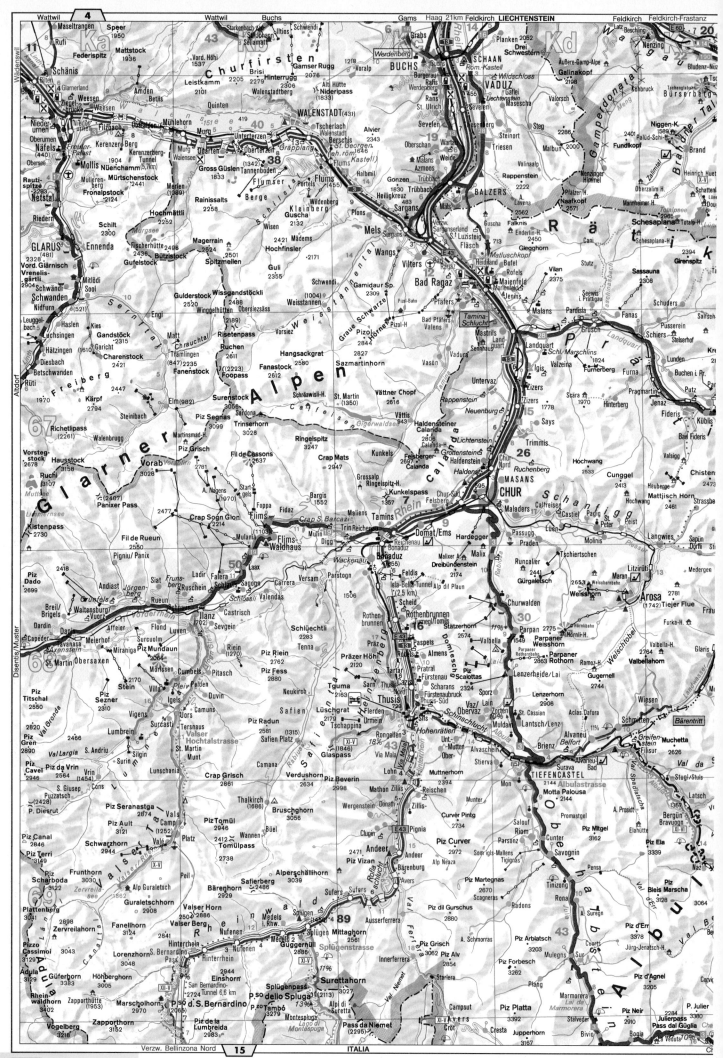

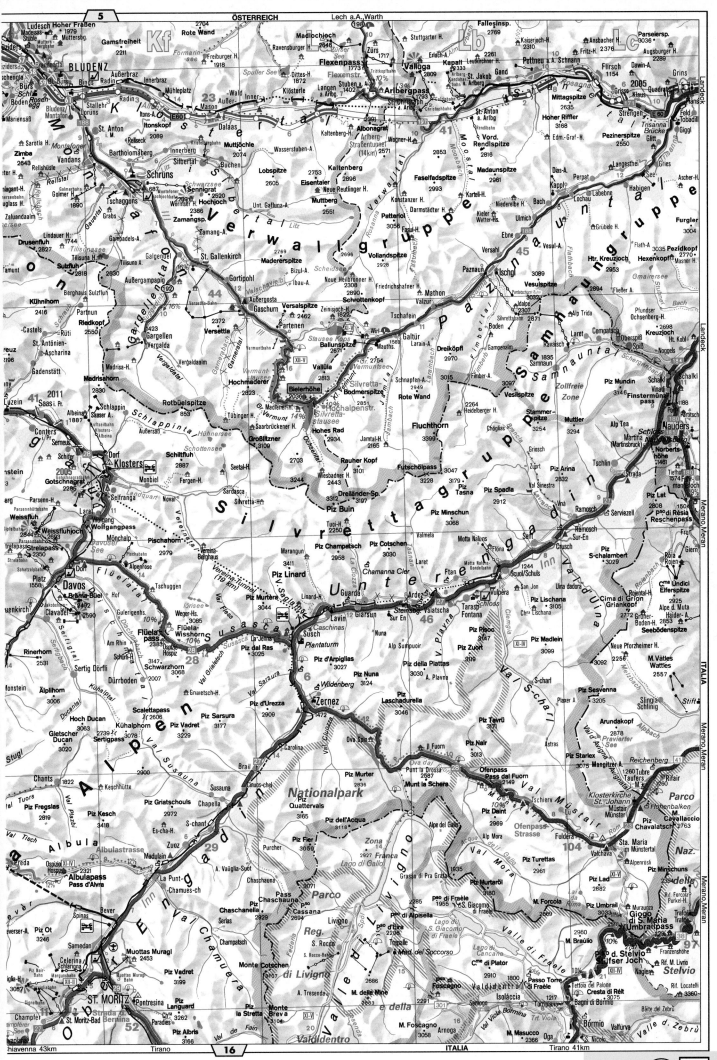

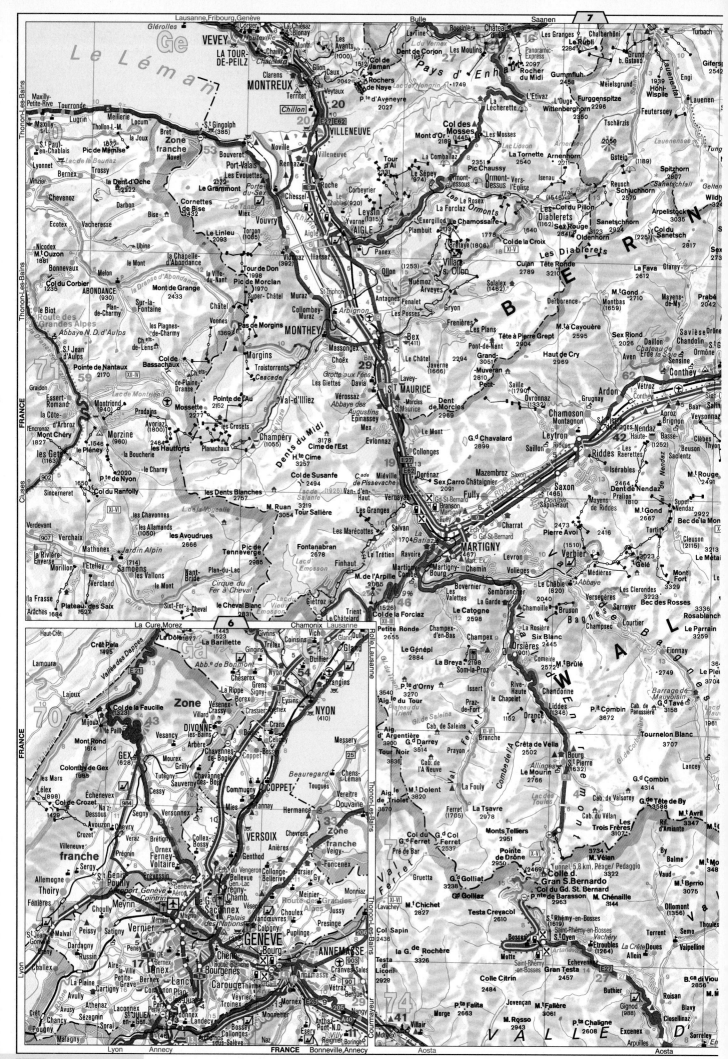

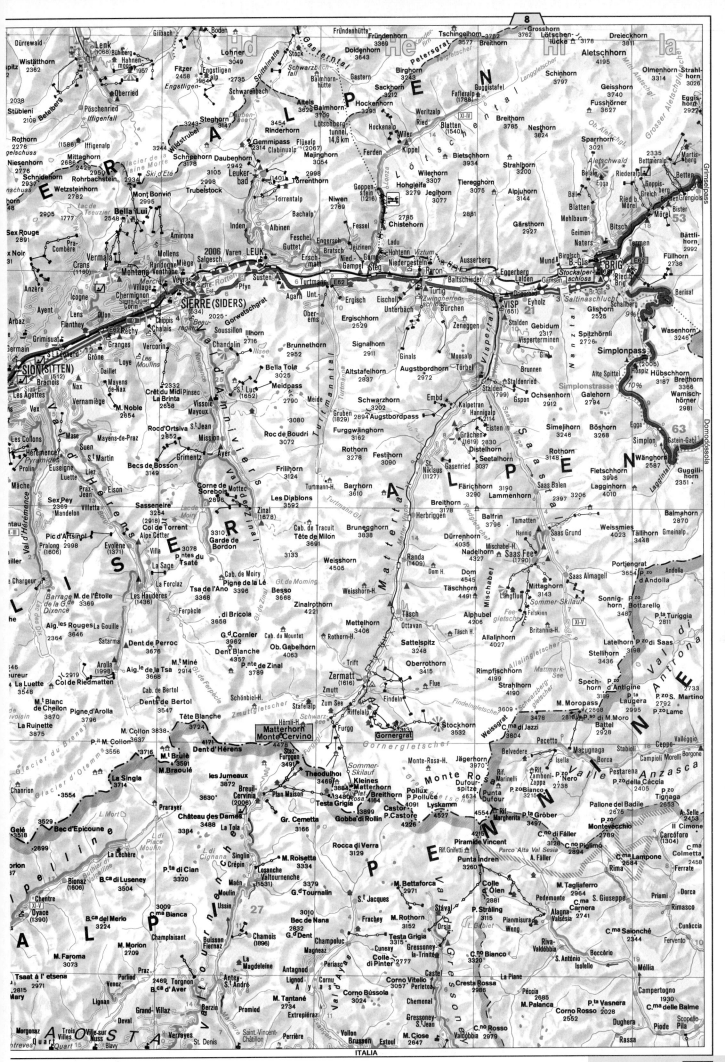

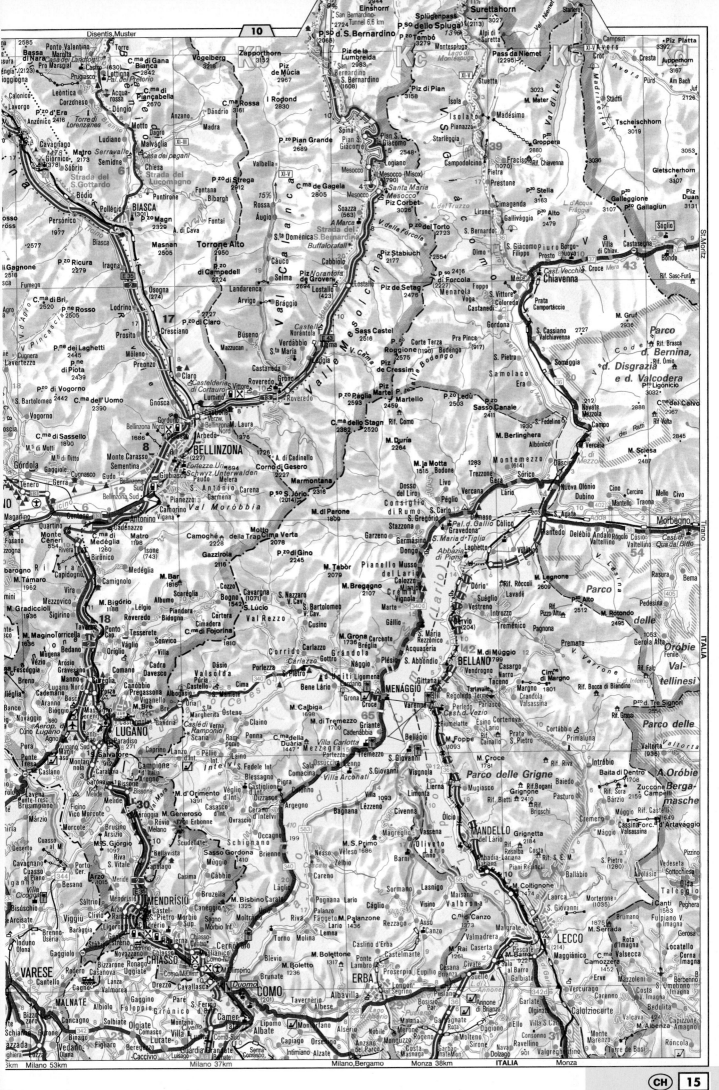

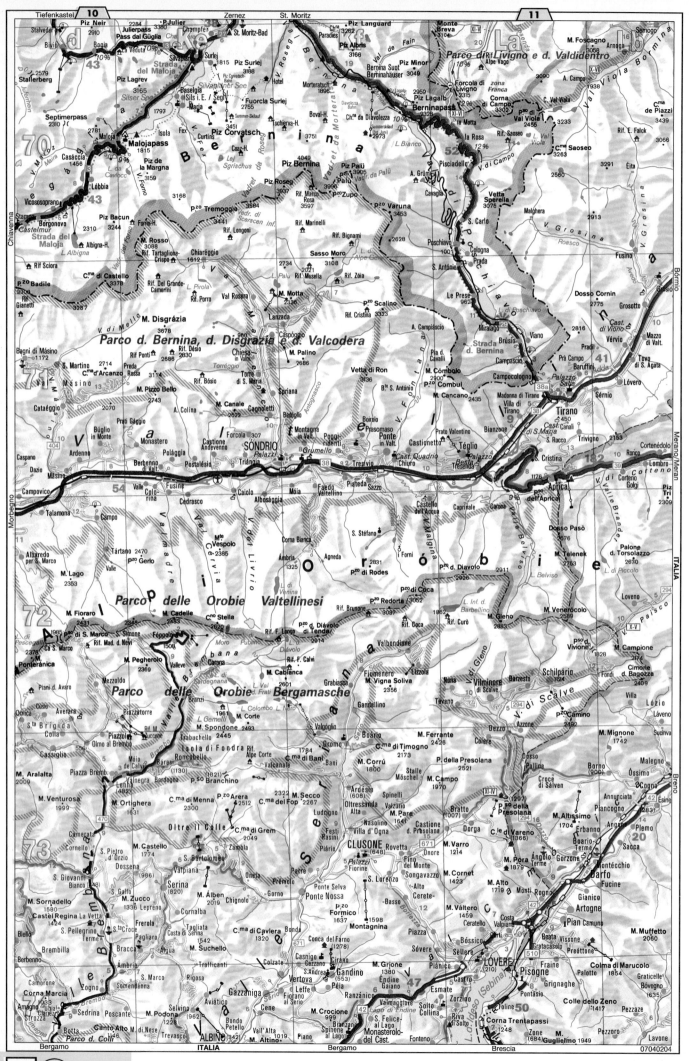

07040204

Ortsnamenverzeichnis · Index of place names
Elenco dei nomi di località · Índice de topónimos
Índice dos topónimos · Index des localités
Register van plaatsnamen · Skorowidz miejscowości
Rejstřík sídel · Helységnévjegyzék
Stednavnsfortegnelse · Ortnamnsförteckning

Nyon ①	1260 ②	VD ③	12 ④	NBK ⑤	Gb 70 ⑥

	①	②	③	④	⑤	⑥
Ⓓ	Ortsname	Postleitzahl	Kanton	Seitenzahl	Nebenkarte	Suchfeldangabe
ⒼⒷ	Place name	Postal code	Canton	Page number	Insert map	Grid search reference
Ⓘ	Località	N° di códice postale	Cantone	N° di pagina	Carta riquadrata a fianco	Riquadro nel quale si trova il nome
Ⓔ	Topónimo	Código postal	Cantón	Nro. de página	Mapa del recuadro	Datos casilla de localización
Ⓟ	Topónimo	Código postal	Cantão	N° da página	Carta especial	Coordenadas de localização
Ⓕ	Localité	Code postal	Canton	N° de page	Papillon	Coordonnées
ⓃⓁ	Plaatsnaam	Postcode	Kanton	Paginanummer	Anvullende kaart	Zoekveld-gegevens
ⓅⓁ	Nazwa miejscowości	Kod pocztowe	Kanton	Numer strony	Mapa boczna	Numeracja skorowidzowa
ⒸⓏ	Městská jména	Poštovní směrovací číslo	Kanton	Číslo strany	Vedlejší mapa	Údaje hledacího čtverce
Ⓗ	Helységnév	Postai irányítószám	Kanton	Oldalszám	Melléktérkép	Keresőhálózat megadása
ⒹⓀ	Stednavn	Postnummer	Kanton	Sidetal	Bikort	Kvadratangivelse
Ⓢ	Ortnamn	Postnummer	Kanton	Sidnummer	Tilläggskarta	Kartrutangivelse

AG	Aargau	GE	Genève/Genf	OW	Obwalden	UR	Uri
AI	Appenzell-Innerrhoden	GL	Glarus	SG	St. Gallen	VD	Vaud/Waadt
AR	Appenzell-Ausserrhoden	GR	Graubünden	SH	Schaffhausen	VS	Valais/Wallis
BE	Bern	JU	Jura	SO	Solothurn	ZG	Zug
BL	Basel-Landschaft	LU	Luzern	SZ	Schwyz	ZH	Zürich
BS	Basel-Stadt	NE	Neuchâtel/Neuenburg	TG	Thurgau		
FR	Fribourg/Freiburg	NW	Nidwalden	TI	Ticino/Tessin	FL	Liechtenstein

A

Aadorf 8355 TG 4 If 63
Aarau 5000 AG 3 Ia 64
Aarberg 3270 BE 7 Hb 66
Aarburg 4663 AG 2 Hf 64
Aarwangen 4912 BE
2 He 65
Aawangen 4 If 63
Abbaye, L' 1341 VD
6 Gb 68
Abbaye-de-Bellelay
6 NBK Ha 65
Abergement, L' 1351 VD
6 Gc 68
Abfrutt 9 Id 68
Abländschen 1631
7 Hb 69
Abtwil 9030 4 Kb 64
Abtwil 5646 AG 3 Ic 65
Achern 8 Hd 69
Achseten 3725 8 Hd 69
Acla 9 Ie 69
Aclas Dafora 10 Kd 68
Aclens 1111 VD 6 Gc 69
Acletta 9 Ie 68
Acquarossa 6716 15 If 70
Adelboden 3715 BE
8 Hd 69
Adelwil 8 Ib 66
Adetswil 8345 4 Ie 64
Adikon 4 Ie 63
Adligenswil 6043 LU
9 Ic 66
Adlikon 3 Ic 64
Adlikon 8450 ZH 4 Ie 63
Adliswil 8134 ZH 3 Id 65
Äckermatt 7 Hc 67
Aedermannsdorf 4711 SO
2 Hd 65
Aefligen 3426 BE 8 Hd 66
Ägerten 2 He 65
Aegerten 2558 BE
7 Hb 66
Älggäu 8 Ia 67
Aesch 8412 3 Id 63
Aesch 4147 BL 2 Hd 64
Aesch 6287 LU 3 Ib 65
Aesch 8904 ZH 3 Ic 64
Aesch bei Maur 3 Id 64

Aeschi 3361 SO 2 Hd 65
Aeschi bei Spiez 3703 BE
8 He 68
Aeschiried 8 He 68
Aeschlen 3656 8 Hd 68
Aeschlen bei
Oberdiessbach 3516
8 Hd 67
Aetigkofen 4571 SO
7 Hc 66
Aetingen 4571 SO
7 Hc 66
Aettenschwil 5645 3 Ic 65
Äugstisried 5 Kc 65
Aeugst am Albis 8914 ZH
3 Ic 65
Affeier 7133 10 Ka 68
Affeltrangen 9556 TG
4 Ka 63
Affoltern, Zürich- 8046
3 Ic 64
Affoltern am Albis 8910
ZH 3 Ic 65
Affoltern im Emmental
3416 BE 8 He 66
Agarn 3941 VS 13 Hd 71
Agasul 8308 4 Ie 64
Agettes, Les 1961 VS
12 Hc 71
Aghei 14 Ie 71
Agiez 1351 VD 6 Gc 68
Agno 6982 TI 14 If 72
Agra 6927 TI 15 If 73
Agriswil FR 7 Hb 67
Agro 14 Ie 71
Aigle 1860 VD 12 Gf 70
Aire-la-Ville 1288 GE
12 NBK Ga 71
Airolo 6780 TI 9 Id 69
Albeina 11 Ke 67
Alberswil 6248 LU
8 Hf 65
Albeuve 1661 FR 7 Ha 69
Albignahütte 16 Kd 70
Albinen 3941 VS
13 Hd 70
Albligen 3183 BE 7 Hb 67
Albumo 15 If 72
Alchenflüh, Rüdtligen-
3422 BE 8 Hd 66
Alchenstorf 3473 BE
8 Hd 66

Alfermée, Tüscherz- 2512
BE 7 Hb 66
Algetshausen 9249
4 Ka 64
Alikon 5648 3 Ic 65
Aliswil 3 Ib 65
All'Acqua 6781 9 Ic 69
Allaman 1165 VD 6 Gc 70
Alle 2942 BE 6 NBK Ha 64
Allenwinden 6311 9 Id 65
Allerheiligenberg 4699
2 He 64
Alliaz, L' 7 Gf 69
Allmendingen 8 Hd 68
Allmendingen 3112
8 Hd 67
Allschwil 4123 BL
2 Hd 63
Allweg 9 Ib 67
Almens 7416 GR
10 Kc 68
Alnasca 14 Ie 71
Alpe Cotter 13 Hc 72
Alpe Dévero 14 Ib 70
Alpe di Cadinello
15 Ka 71
Alpe di Cava 15 Ka 70
Alpe Fümegna 15 If 71
Alpenrösli 11 Lc 69
Alpenrose 11 Kf 68
Alpiglen 8 Hf 69
Alpnach 6055 OW 8 Ib 67
Alpnachstad 6053 8 Ib 67
Alp Nagens 10 Kb 67
Alp Schmorras 10 Kc 69
Alpthal 8841 SZ 9 Ie 66
Altanca 9 Id 69
Altavilla 3280 FR 7 Ha 67
Altbüron 6147 LU 2 Hf 65
Altdorf 6460 UR 9 Id 67
Altdorf (SH) 8211 SH
3 Id 62
Alten 8450 3 Id 63
Altendorf 8852 SZ 4 Ie 65
Altenrhein 9423 4 Kd 63
Alterswil 4 Kb 64
Alterswil 1715 FR
7 Hb 68
Alterswilen 8573 TG
4 Ka 63
Alte Spittel 13 Hf 71
Althäusern 3 Ic 65

Alti Hütte 10 Kb 66
Altishausen 4 Ka 63
Altishofen 6246 LU
3 Hf 65
Altnau 8595 TG 4 Kb 63
Altreu 2 Hc 65
Alt-Sankt Johann 9656 SG
4 Kb 65
Altstätten 9450 SG
5 Kd 64
Altstafel 9 Ic 70
Altstetten, Zürich- 8048
3 Ic 64
Altwis 6286 LU 3 Ib 65
Alvaneu 7499 GR
10 Kd 68
Alvaneu-Bad 7473
10 Kd 68
Alvaschein 7451 GR
10 Kd 68
Am Bach 7447 15 Kd 70
Ambri 6775 9 Ie 69
Amden 8873 SG
10 Ka 66
Aminona 3967 13 Hd 70
Amlikon 8515 TG 4 Ka 63
Ammannsegg 4572 SO
2 Hd 65
Ammerswil 5600 3 Ib 64
Ammerzwil 3257 7 Hb 66
Am Rhin 11 Kf 68
Amriswil 8580 TG
4 Kb 63
Amsoldingen 3633 BE
8 Hd 68
Amsteg 6474 9 Id 68
Andeer 7440 GR
10 Kc 69
Andelfingen 8450 ZH
3 Id 63
Andermatt 6490 UR
9 Id 69
Andiast 7159 GR
10 Ka 68
Andwil 8586 4 Kb 63
Andwil 9204 SG 4 Kb 64
Anetegg 8 Ia 66
Anetswil 4 If 63
Angliken 8615 3 Ib 64
Anières 1247 GE
12 NBK Gb 71
Antagnes 12 Gf 71

Anvéuda 9 If 69
Anwil 4461 BL 3 Hf 64
Anzano 15 Ka 70
Anzère 1972 12 Hc 71
Anzónico 6799 TI 14 If 70
Appenzell 9050 AI
4 Kc 64
Apples 1143 VD 6 Gc 69
Aproz 1961 12 Hb 71
Áquila 6711 TI 9 If 69
Aranno 6981 TI 14 If 72
Arbaz 1961 VS 12 Hc 71
Arbedo 6517 TI 15 Ka 71
Arboldswil 4424 BL
2 He 64
Arbon 9320 TG 4 Kc 63
Arcegno 6611 14 Ie 71
Arch 3296 BE 2 Hc 65
Arconciel 1711 FR
7 Ha 68
Ardez 7546 GR 11 Lb 68
Ardon 1917 VS 12 Hb 71
Arisdorf 4422 BL 2 He 63
Aristau 5628 AG 3 Ic 65
Arlesheim 4144 BL
2 He 64
Arnegg 9212 4 Kb 64
Arnex-sur-Orbe 1349 VD
6 Gd 68
Arni 8905 AG 3 Ic 65
Arni 3508 BE 8 Hd 67
Arogno 6822 TI 15 If 73
Arolla 1961 VS 13 Hc 72
Arosa 7050 GR 10 Kd 68
Arósio 6911 15 If 72
Arosio 6911 TI 15 If 72
Arpolingen 2 Hf 65
Arrissoules 1462 VD
7 Ge 68
Arth 6415 SZ 9 Id 66
Arveyes 1883 12 Ha 71
Arvigo 6549 GR 15 Ka 71
Arzier 1261 VD 6 Gb 70
Arzo 6864 TI 15 If 73
Asch 9 Ie 67
Ascharina, Sankt Antönien-
7241 GR 11 Ke 67
Ascona 6612 TI 14 Ie 71
Asp 5025 2 He 64
Assens 1049 VD 6 Gd 69
Astano 6981 TI 14 Ie 72
Astras 11 Lb 68

Asuel 2954 JU 2 Hb 64
Athenaz 1285
12 NBK Ff 71
Attalens 1616 FR 7 Ge 69
Attelwil 5056 AG 3 Ia 65
Attinghausen 6468 UR
9 Id 67
Attiswil 4536 BE 2 Hd 65
Au 9 Ie 66
Au 8376 4 If 64
Au 8804 3 Id 65
Au 9434 SG 4 Kd 64
Auberson, L' 1451
6 Gc 67
Aubonne 1170 VD
6 Gc 69
Auboranges 1099 FR
7 Ge 69
Auenstein 5105 AG
3 Ia 64
Áugio 6549 15 Ka 70
Augst 4302 BL 2 Hb 71
Aumont 1482 FR 7 Ge 68
Auréssio 6611 14 Id 71
Auressio 6611 TI 14 Id 71
Aurigeno 6671 14 Ie 71
Aurüti 4 If 64
Auslikon 8330 4 Ie 64
Ausserberg 3931 VS
13 He 70
Ausserbinn 3981 VS
13 Ia 70
Ausser Eriz 8 He 68
Ausserferrera 7444 GR
10 Kc 69
Auswil 4944 BE 8 He 66
Autafond 1782 FR
7 Ha 67
Autavaux 1565 FR
7 Gf 67
Autigny 1751 FR 7 Ha 68
Auvernier 2012 NE
7 Ha 67
Auw 5644 AG 3 Ic 65
Avants, Les 1833 7 Gf 70
Avegno 6671 TI 14 Ie 71
Aven 1961 12 Hb 71
Avenches 1580 VD
7 Ha 67
Avenex, Signy- 1261 VD
12 NBK Gb 70
Avers 7431 GR 10 Kc 70

Avry-devant-Pont **1631** FR 7 Ha 68
Avry-sur-Matran **1754** FR 7 Ha 68
Avully **1237** GE 12 NBK Ff 71
Avusy **1285** GE 12 NBK Ff 71
Axalp **3855** 8 Ia 68
Ayent **1966** VS 12 Hc 71
Ayer **3961** VS 13 Hd 71
Azmoos **9478** 10 Kc 66

B

Baar 12 Hb 71
Baar **6340** ZG 3 Id 65
Bachalp 13 Hd 70
Bachenbülach **8184** ZH 3 Id 63
Bachs **8164** ZH 3 Ic 63
Baden **5400** AG 3 Ib 64
Bad Fideris 10 Ke 67
Bad Lostorf 3 Hf 64
Bad Pfäfers 10 Kc 67
Bad Ragaz **7310** SG 10 Kc 66
Bäch 3 Ia 65
Bäch **8806** 4 Ie 65
Bächigen 4 Kb 64
Bächlen 2 Hc 65
Bächli **9128** 4 Kb 65
Bäll 13 Hf 70
Bärenburg 10 Kc 69
Bärenwil 2 He 64
Bäretswil **8344** 4 If 64
Bäriswil **3323** BE 8 Hd 66
Bärschwil **4252** SO 2 Hc 64
Bärtiswil 8 Ib 66
Bätterkinden **3315** BE 8 Hd 66
Bättwil **4112** SO 2 Hc 63
Baggwil 7 Hb 66
Bagnes VS 12 Hb 72
Baldegg **6283** 3 Ib 65
Baldingen **8439** AG 3 Ib 63
Balerna **6828** TI 15 If 73
Balgach **9436** SG 4 Kd 64
Ballaigues **1338** VD 6 Gc 68
Ballens **1141** VD 6 Gc 69
Ballmoos **3349** BE 7 Hc 66
Ballwil **6275** LU 9 Ib 65
Balm 8 Ia 68
Balm bei Günsberg **4511** SO 2 Hd 65
Balm bei Messen **3254** SO 7 Hc 66
Balmberg (Gasthaus) 2 Hd 65
Balmen-Schachen 9 Ie 68
Balmhornhütte 13 He 70
Balsthal **4710** SO 2 He 64
Balterswil **8362** 4 If 64
Baltschieder **3931** VS 13 Hf 71
Balzenberg 7 Hd 68
Balzenwil 2 Hf 65
Balzers **FL-9496** 10 Kc 66
Banco **6981** 14 Ie 72
Bangerten **3256** BE 7 Hc 66
Bannalp 9 Ic 67
Bannwil **4913** BE 2 He 65
Barbengo **6911** TI 15 If 73
Barberêche 7 Ha 67
Bardonnex **1257** GE 12 NBK Ga 71
Bargen **3282** BE 7 Hb 66
Bargen **8233** SH 3 Id 62
Bargis 10 Kb 67
Barzheim **8240** SH 4 Ie 62
Basadingen **8251** TG 4 Ie 62
Baseglia, Sils im Engadin/Segl **7515** GR 16 Ke 70
Basel **4000** BS 2 Hd 63
Baselgia, Sils/Segl 16 Ke 70
Basódino (Gasthaus) 14 Ic 70
Bassecourt **2854** JU 2 Hb 64
Basse-Nendaz **1961** VS 12 Hb 71
Bassersdorf **8303** ZH 3 Id 64
Bassins **1261** VD 6 Gb 70
Bauen **6466** UR 9 Id 67
Baulmes **1446** VD 6 Gd 68
Bauma **8494** ZH 4 If 64
Bavois **1399** VD 6 Gd 68
Bayards, Les **2127** NE 6 Gd 67
Beatenberg **3803** BE 8 He 68
Beatenbucht 8 He 68
Beckenried **6375** NW 9 Ic 67
Bedano **6911** TI 15 If 72
Bedigliora **6981** TI 14 Ie 72
Bedretto **6781** TI 9 Ic 69
Beggingen **8211** SH 3 Id 62
Begnines, Les 6 Ga 69
Begnins **1268** VD 6 Gb 70
Beinwil **5637** AG 3 Ib 65
Beinwil **4249** SO 2 Hd 64
Beinwil am See **5712** 3 Ib 65
Bel 13 Hf 71
Belalp (Gasthaus) **3901** 13 Hf 70
Belchen 2 He 64
Belfaux **1782** FR 7 Ha 67
Bellach **4512** SO 2 Hc 65
Bellavista 15 If 73
Bellerive 6 Gd 69
Bellerive **1581** VD 7 Ha 67
Bellevue **1293** GE 12 NBK Ga 71
Bellikon **5454** AG 3 Ic 64
Bellinzona **6500** TI 15 Ka 71
Bellmund **2564** BE 7 Hb 66
Bellwald **3981** VS 14 Ia 70
Belmont 6 Gd 68
Belmont **1092** VD 6 Gd 69
Belmont-sur-Yverdon **1432** VD 6 Gd 68
Belp **3123** BE 7 Hc 67
Belpberg **3124** BE 7 He 67
Belprahon **2741** BE 2 Hc 65
Belvédère 9 Ic 69
Bémont 6 Gd 67
Bémont, Le **2877** JU 6 NBK Gf 65
Bendel 4 Ka 65
Bendern **FL** 5 Kc 65
Bendlehn 5 Kc 64
Benken 2 Hd 63
Benken **8717** SG 4 If 65
Benken **8463** ZH 3 Id 62
Bennau **8836** 9 Ie 66
Bennwil **4431** BL 2 He 64
Benzenschwil **5636** AG 3 Ic 65
Bercher **1038** VD 6 Ge 68
Berg 4 If 64
Berg 4 Ie 63
Berg **9305** SG 4 Kc 63
Berg **8572** TG 4 Ka 63
Berg am Irchel **8415** ZH 3 Id 63
Bergdietikon **8962** AG 3 Ic 64
Berghaus 7 Hc 68
Bergün **7482** GR 10 Ke 69
Berikon **8965** AG 3 Ic 64
Beringen **8222** SH 3 Id 62
Berisal 13 Ia 71
Berken **3361** BE 2 He 65
Berlens **1680** FR 7 Gf 68
Berlincourt **2862** 2 Hb 64
Berlingen **8267** TG 4 Ka 62
Bern **3000** BE 7 Hc 67
Berneck **9442** SG 4 Kd 64
Bernex **1233** GE 12 NBK Ga 71
Bernhardzell **9304** 4 Kb 64
Berninahäuser = Bernina Suot 16 Kf 70
Bernina Suot 16 Kf 70
Berolle **1141** VD 6 Gb 69
Beromünster **6215** LU 3 Ib 65
Berschis **8892** 10 Kc 66
Bertol, Cabane de 13 Hd 72
Bertschikon 4 Ie 64
Bertschikon **8614** ZH 4 Ie 63
Berzona **6611** TI 14 Id 71
Besazio **6863** TI 15 If 73
Besenbüren **5627** AG 3 Ib 65
Besencens **1699** FR 7 Gf 69
Betlis 10 Ka 66
Betschwanden **8777** GL 10 Ka 67
Betten **3981** VS 8 Ia 70
Bettenhausen **3366** BE 2 He 65
Bettens **1041** VD 6 Gd 69
Bettingen **4126** BS 2 Hd 63
Bettlach **2544** SO 2 Hc 65
Bettmeralp **3981** 13 Ia 70
Bettwiesen **9553** 4 Ka 63
Bettwil **5618** AG 3 Ib 65
Beurnevésin **2935** JU 6 NBK Ha 63
Beuson **1961** 12 Hb 71
Bevaix **2022** NE 7 Ge 67
Bever **7502** GR 11 Kf 69
Beverseralp 10 Ke 69
Bévilard **2735** BE 2 Hb 65
Bex **1880** VD 12 Gf 71
Biasca **6710** TI 15 If 70
Biaufond **2311** 6 NBK Gf 65
Biberbrugg 9 Ie 65
Biberist **4562** SO 2 Hd 65
Bibern **8211** SH 3 Ie 62
Bibern **4571** SO 7 Hc 66
Biberstein **5023** AG 3 Ia 64
Biborgh 15 Ka 70
Bichelsee **8363** TG 4 If 64
Bidogno **6951** TI 15 If 72
Biel **4105** BL 2 Hd 63
Biel **3981** VS 14 Ib 70
Biel = Bienne **2500** BE 7 Hb 66
Biembach **3419** 8 Hd 66
Bienne = Biel **2500** BE 7 Hb 66
Bière **1145** VD 6 Gb 69
Biessenhofen 4 Kb 63
Biezwil **4571** SO 7 Hc 66
Bigenthal **3513** 8 Hd 67
Biglen **3507** BE 8 Hd 67
Bignasco **6676** TI 14 Id 70
Billens **1681** FR 7 Gf 68
Bilten **8865** GL 9 Ka 66
Binn **3981** VS 14 Ia 70
Binningen **4102** BL 2 Hd 63
Binntalhütte 14 Ib 70
Binzberg 2 Hc 65
Binzikon 4 Ie 65
Bióggio **6934** 15 If 72
Bioley-Magnoux **1049** VD 6 Ge 68
Bioley-Orjulaz **1049** VD 6 Gd 69
Bioux, Les **1341** VD 6 Gb 69
Birchli 9 Ie 66
Birgisch **3901** VS 13 Hf 70
Birmensdorf **8903** ZH 3 Ic 64
Birmenstorf **5413** AG 3 Ib 64
Birónico **6804** TI 15 If 72
Birr **5242** 3 Ib 64
Birrhard **5244** AG 3 Ib 64
Birri 3 Ic 65
Birrwil **5708** AG 3 Ib 65
Birsfelden **4127** BL 2 Hd 63
Birwinken **8585** TG 4 Kb 63
Bischofszell **9220** TG 4 Kb 63
Bischwil 4 Ka 64
Bisikon 4 Ie 64
Bissegg **8514** 4 Ka 63
Bissone **6816** TI 15 If 73
Bister **3983** VS 13 Ia 70
Bitsch **3981** VS 13 Hf 70
Bittwil 7 Hc 66
Bivio **7457** GR 15 Kd 70
Blankenburg **3771** BE 7 Hc 69
Blappach 8 He 67
Blatten **3901** 13 Hf 70
Blatten **6102** 8 Ib 66
Blatten **3903** VS 13 He 70
Blauen **4249** BL 2 Hd 64
Bleienbach **3368** BE 2 He 65
Bleiken 4 Kb 63
Bleiken bei Oberdiessbach **3518** BE 8 Hd 67
Blessens **1675** FR 7 Ge 69
Bleuen 8 He 66
Blidegg 4 Kb 63
Blitzingen **3981** VS 14 Ib 70
Blonay **1807** VD 7 Gf 70
Blumenstein **3638** BE 7 Hd 68
Blumenstein Kirche 7 Hc 68
Boden 8 Hd 69
Bódio **6743** 15 If 70
Böbikon **8439** AG 3 Ib 63
Böckten **4461** BL 2 He 64
Boécourt **2856** JU 6 NBK Hb 64
Bödeli 8 He 68
Bödmeren 9 If 67
Bönigen **3806** BE 8 Hf 68
Bösingen **3178** FR 7 Hb 67
Böttstein **5315** AG 3 Ib 63
Bötzingen 7 Hb 65
Bözen **5254** AG 3 Ia 63
Bofel 10 Kd 66
Bofflens **1351** VD 6 Gc 68
Bogia 16 Kd 70
Bogis-Bossey **1261** VD 12 NBK Ga 70
Bogno **6951** TI 15 Ka 72
Bolastro 14 Ie 71
Bôle **2014** 7 Ge 67
Bolken **3361** SO 2 Hd 65
Boll **3067** 8 Hd 67
Bolligen **3065** BE 7 Hc 67
Bollingen **8715** 4 If 65
Bollion **1470** FR 7 Ge 67
Bollodingen **3366** BE 7 He 65
Boltigen **3766** BE 7 Hc 69
Bonaduz **7402** GR 10 Kc 68
Bonau **8554** 4 Ka 63
Boncourt **2926** JU 6 NBK Ha 63
Bondo **7649** GR 15 Kd 70
Bonfol **2944** JU 6 NBK Ha 64
Boningen **4618** SO 2 Hf 65
Boniswil **5706** AG 3 Ib 65
Bonnefontaine **1711** FR 7 Hb 68
Bonstetten **8906** ZH 3 Ic 65
Bonvillars **1411** VD 6 Gd 67
Boppelsen **8113** ZH 3 Ic 64
Bordai 14 Id 71
Borex **1261** VD 12 NBK Ga 70
Borgnone **6651** TI 14 Id 71
Borgonovo **7649** 15 Kd 70
Borisried 7 Hc 67
Bort 8 He 68
Boschetto 14 Id 71
Bosco/Gurin **6671** TI 14 Ic 70
Bosco Luganese **6935** TI 15 If 72
Bosse, La 6 NBK Gf 65
Bossey, Bogis- **1298** VD 12 NBK Ga 70
Bossonnens **1615** FR 7 Ge 69
Boswil **5623** AG 3 Ib 65
Bottens **1041** 6 Gd 69
Bottenwil **4814** AG 3 Hf 65
Botterens **1631** FR 7 Ha 69
Bottighofen **8598** TG 4 Kb 63
Bottmingen BL 2 Hd 63
Boudevilliers **2043** NE 7 Gf 66
Boudry **2017** NE 7 Ge 67
Bougy **1171** VD 6 Gc 69
Boulens **1041** VD 6 Ge 68
Bouloz **1699** FR 7 Gf 69
Bourg 12 NBK Gb 71
Bourg, Chêne- **1225** GE 12 NBK Ga 71
Bourgeries, Chêne- **1224** GE 12 NBK Ga 71
Bourg-Saint-Pierre **1931** VS 12 Hb 73
Bourguillon **1722** 7 Ha 68
Bournens **1049** VD 6 Gd 69
Bourrignon **2803** JU 2 Hb 64
Boussens **1049** VD 6 Gd 69
Bouveret **1897** VD 12 Ge 70
Bovalhütte 16 Kf 70
Bovernier **1931** VS 12 Ha 72
Bowil **3533** BE 8 He 67
Bozon, Villars- 6 Gc 69
Bràggio **6549** GR 15 Ka 71
Brail **7527** 11 Kf 68
Bramard, Villars- **1531** VD 7 Gf 68
Bramberg 7 Hb 67
Bramboden **6166** 8 Hf 67
Bramois **1967** 12 Hc 71
Branche 12 Ha 73
Brand 4 Ie 65
Brandösch 8 Hf 67
Branson 12 Ha 72
Brassus, Le **1348** VD 6 Gb 69
Bratsch **3941** VS 13 He 70
Braunau **9502** 4 Ka 63
Braunwald **8784** GL 9 If 67
Bravuogn = Bergün **7482** GR 10 Ke 69
Bré **6911** 15 If 72
Breganzona **6932** TI 15 If 72
Breil/Brigels **7165** GR 10 Ka 68
Breite 3 Id 64
Breiten 13 Ia 70
Breitenbach **4226** SO 2 Hd 64
Breitenegg 8 He 66
Bremblens **1111** 6 Gc 69
Bremgarten **5620** AG 3 Ic 64
Bremgarten **3047** BE 7 Hc 67
Brenets, Les **2416** NE 6 Ge 66
Brenles **1681** VD 7 Gf 68
Breno **6911** TI 14 If 72
Brent **1817** 7 Gf 70
Brenzikofen **3526** BE 8 Hd 67
Bressaucourt **2904** JU 6 NBK Ha 64
Bretaye 12 Ha 70
Bretigny-sur-Morrens **1041** VD 6 Gd 69
Bretonnières **1349** VD 6 Gc 68
Bretzwil **4207** BL 2 Hd 64
Breuleux, Les **2724** 6 NBK Gf 65
Brévine, La **2125** NE 6 Gd 66
Brienz **3855** BE 8 Ia 68
Brienz **7084** GR 10 Kd 68
Brienzwiler **3856** BE 8 Ia 68
Brig **3900** VS 13 Hf 70
Brigels, Breil/ **7165** GR 10 Ka 68
Brigerbad 13 Hf 71
Brig-Glis **3900** VS 13 Hf 70
Brignon 12 Hb 71
Brione sopra Minusio **6645** TI 14 Ie 71
Brione Verzasca **6611** TI 14 Ie 71
Briseck 8 Hf 66
Brislach **4225** BL 2 Hd 64
Brissago **6614** TI 14 Ie 72
Bristen **6475** 9 Ie 68
Britanniahütte 13 Hf 72
Brittern 7 Hc 66
Brittnau **4805** AG 3 Hf 65
Broc **1636** FR 7 Ha 69
Bróglio **6671** TI 14 Id 70
Bronschhofen **9552** SG 4 Ka 64
Brontallo **6671** TI 14 Id 70
Brot-Dessous **2103** NE 6 Ge 67
Brot-Plamboz **2093** NE 7 Ge 66
Brügg **2555** BE 7 Hb 66
Brüggelbach 7 Hb 67
Brügglen **4571** SO 7 Hc 66
Brülisau **9058** 5 Kc 65
Brünggen 4 Ie 64
Brünisried **1711** FR 7 Hb 68
Brüschwil 4 Kb 63
Brüsti 9 Id 67
Brütisellen, Wangen- **8306** ZH 3 Id 64
Brüttelen **2578** BE 7 Ha 66
Brütten **8311** ZH 3 Id 64
Brugg 4 If 65
Brugg **5200** AG 3 Ib 64
Bruggen 4 Kb 64
Brugnasco 9 Id 69
Brunegg **5505** AG 3 Ib 64
Brunnadern **9125** SG 4 Ka 64
Brunnen 8 He 66
Brunnen 13 Hf 71
Brunnen **6440** 9 Id 66
Brunnenthal **3349** SO 7 Hc 66
Brunni 9 Ie 66
Brunni 9 Ie 67
Brunnwil 3 Ib 65
Brusino Arsízio **6911** TI 15 If 73
Brúsio **7743** GR 16 La 71
Bruson 12 Hb 72
Bruzella **6831** TI 15 Ka 73
Bubendorf **4416** BL 2 He 64
Bubikon **8608** ZH 4 Ie 65
Buch 4 Kb 63
Buch (SH) **8263** SH 4 Ie 62
Buch am Irchel **8414** ZH 3 Id 63
Buch bei Frauenfeld **8533** 4 Ie 63
Buch bei Märwil 4 Ka 63
Buchackern 4 Kb 63
Buchberg **8451** SH 3 Id 63
Buchegg 7 Hc 66
Buchen 8 He 68
Buchen im Prättigau **7221** 10 Ke 67
Buchenloh 3 Ic 63
Buchholterberg **3615** BE 8 Hd 67
Buchillon **1164** VD 6 Gc 70
Buchrain **6033** LU 9 Ic 66
Buchs **5033** AG 3 Ia 64
Buchs **6211** LU 3 Ia 65
Buchs **9470** SG 10 Kc 65
Buchs **8107** ZH 3 Ic 64
Buchthalen 3 Id 62
Buckten **4446** BL 2 He 64
Bucley, Le VD 6 Gb 69
Büchel 5 Kd 65
Büchslen **3211** FR 7 Ha 67
Büel 8 Ia 66
Büel 10 Kb 69
Büetigen **3263** BE 7 Hb 66
Bühl **3274** BE 7 Hb 66
Bühlberg 7 Hc 70
Bühler **9055** AR 4 Kc 64
Bülach **8180** ZH 3 Id 63
Bümpliz 7 Hc 67
Bündtels 7 Hb 67
Bünzen **5624** AG 3 Ib 65
Bürchen **3931** VS 13 He 71
Büren 4 Ka 63
Büren 3 Ia 63
Büren **3313** BE 7 Hc 66
Büren **4413** SO 2 Hd 64
Büren an der Aare **3294** BE 7 Hc 66
Büren nid dem Bach **6382** 9 Ic 67
Bürglen **6077** 8 Ia 68
Bürglen **8575** TG 4 Ka 63
Bürglen **6463** UR 9 Id 67
Büron **6233** LU 3 Ia 65
Büsserach **4227** SO 2 Hd 64
Bütikofen 8 Hd 66
Bütschwil 7 Hc 66
Bütschwil **9606** SG 4 Ka 64
Büttenhardt **8211** SH 3 Id 62
Büttikon **5611** AG 3 Ib 64
Bützberg **4922** 2 He 65
Bugnons, Les 7 Gf 68
Buholz 8 Ia 66
Buhwil **9215** 4 Ka 63
Buix **2925** JU 6 NBK Ha 63
Bulle **1630** FR 7 Ha 69
Bullet **1451** VD 6 Gd 67
Bumbach 8 Hf 67
Bundalp 8 He 69

Bunschen 7 Hc 68
Buochs **6374** NW 9 Ic 67
Buonas 9 Ic 66
Bure **2915** JU 6 NBK Gf 64
Burg **5736** AG 3 Ib 65
Burg im Leimental **4117**
BL 2 Hc 64
Burgäschi **3361** SO
2 Hd 65
Burgdorf **3400** BE
8 Hd 66
Burgerau 10 Kc 66
Burgistein **3134** BE
7 Hc 68
Burglauenen **3816**
8 Hf 69
Buriet 4 Kd 64
Burquin, Villars- **1411** VD
6 Gd 67
Bursinel **1195** VD
6 Gb 70
Bursins **1181** VD 6 Gb 70
Burtigny **1261** VD
6 Gb 70
Búseno **6549** GR
15 Ka 71
Bussigny **1599** VD
7 Gf 69
Bussigny-près-Lausanne
1030 VD 6 Gd 69
Bussnang **9565** TG
4 Ka 63
Busswil **9572** 4 Ka 64
Busswil bei Büren **3292**
BE 7 Hb 66
Busswil bei Melchnau
4917 BE 2 He 65
Bussy **1482** FR 7 Gf 67
Bussy-Chardonney **1141**
VD 6 Gc 69
Bussy-sur-Moudon **1511**
VD 7 Ge 68
Buttenried 7 Hb 67
Buttens **1041** VD 6 Gd 69
Buttes **2115** NE 6 Gd 67
Buttikon **8863** 9 If 65
Buttisholz **6018** LU
8 Ia 66
Buttwil **5632** AG 3 Ib 65
Buus **4463** BL 2 Hf 63

C

Cabane de Chanrion
12 Hc 73
Cabane de l'A Neuve
12 Ha 73
Cabane de Panossière
12 Hb 72
Cábbio **6831** TI 15 Ka 73
Cabbiolo **6558** 15 Kb 70
Cabioi 14 Ie 70
Cachot, Le **2401** 6 Gd 66
Cadagno 9 Ie 69
Cademario **6936** TI
14 If 72
Cademário **6936** TI
14 If 72
Cadempino **6814** TI
15 If 72
Cadenazzo **6593** TI
15 If 71
Cadlimo 9 Ie 69
Cadro **6965** TI 15 If 72
Cala 14 Ie 70
Calandahütte 10 Kc 67
Calfreisen **7099** GR
10 Kd 67
Calpiogna **6760** 9 Ie 69
Cama **6557** GR 15 Ka 71
Camana 10 Kb 68
Camanóglio 14 Id 70
Cámedo **6651** 14 Id 71
Camignolo **6804** 15 If 72
Camischolas **7181** 9 Ie 68
Camona da Terri 9 If 69
Camorino **6528** TI
15 If 71
Camp 10 Ka 69
Campascio **7749**
16 La 71
Campello **6760** TI 9 Ie 69
Campo 14 Id 70
Campo Blènio **6711** TI
9 If 69
Campocologno **7744**
16 La 71
Campo Vallemaggia **6671**
TI 14 Ic 71
Campsut **7446** 10 Kc 69
Camuns **7131** GR
10 Kb 68
Canéggio **6831** TI
15 Ka 73

Cani 10 Kd 66
Canóbbio **6952** TI
15 If 72
Capeder 10 Ka 68
Capidogno **6825** TI
15 If 73
Capolago **6825** TI
15 If 73
Cap Sciora, Rifugio
15 Kd 71
Carábbia **6911** 15 If 73
Carabietta **6911** TI
14 If 73
Carasso 15 If 71
Carena **6549** 15 Ka 71
Cari **6760** 9 Ie 69
Carmena 15 Ka 71
Carolina 11 La 68
Carona **6914** TI 15 If 73
Carouge **1227** GE
12 NBK Ga 71
Carrera **7122** 10 Kb 68
Carrouge **1099** VD
6 Ge 69
Cartigny **1236** GE
12 NBK Ff 71
Casàccia **7649** 16 Kd 70
Casima **6851** 15 Ka 73
Caslano **6987** TI 14 If 73
Castagnola **6976** 15 If 72
Castaneda **6549** GR
15 Ka 71
Castasegna **7649** GR
15 Kc 70
Castels, Sankt Antönien-
7241 11 Ke 67
Castel San Pietro **6874** TI
15 If 73
Castiel **7099** GR
10 Kd 67
Castione **6532** 15 Ka 71
Castrisch **7126** GR
10 Kb 68
Castro **6711** TI 15 If 70
Cáuco **6549** GR 15 Ka 70
Caux **1824** 12 Gf 70
Cavaglia 16 La 70
Cavagnago **6799** TI
14 If 70
Cavardiras **7181** 9 If 68
Cavergno **6671** TI
14 Id 70
Caviano **6578** TI 14 Ie 72
Cavigliano **6654** TI
14 Ie 71
Cavorgia 9 Ie 68
Cazis **7499** GR 10 Kc 68
Celerina **7505** GR
11 Ke 69
Celigny **1298** GE
12 NBK Gb 70
Cerentino **6671** TI
14 Id 71
Cerneux-Péquignot, Le
2414 NE 6 Gd 66
Cerniat **1631** FR 7 Ha 69
Cerniaz (VD) **1531** VD
7 Gf 68
Cernier **2053** NE 7 Gf 66
Cernil, Le 6 Gd 67
Certara **6951** TI 15 Ka 72
Cevio **6675** TI 14 Id 70
Châble, Le **1934** VS
12 Hb 72
Châbles **1470** FR 7 Ge 67
Chabrey **1581** VD 7 Gf 67
Chadhus 8 Hf 67
Chäseren 9 If 66
Chailly 6 Gd 69
Chailly **1816** 7 Gf 70
Chalais **3966** VS
13 Hc 71
Chalberhöni 7 Hb 70
Chalberweid 8 Hf 66
Chalet VD 6 Gb 69
Cham **6330** ZG 9 Ic 65
Chambésy, Prégny- **1292**
GE 12 NBK Ga 71
Chamblon **1436** VD
6 Gd 68
Chamoille 12 Ha 72
Chamoson **1915** VS
12 Hb 71
Champagne **1411** VD
6 Gd 67
Champatsch 11 Kf 69
Champéry **1874** VS
12 Gf 71
Champex **1938** 12 Ha 72
Champex-d'en-Bas
12 Ha 72
Champfèr **7512** 11 Ke 70
Champmartin **1588** VD
7 Gf 67
Champoz **2735** BE
2 Hb 65
Champsec 12 Hb 72

Champtauroz **1482** VD
7 Ge 68
Champvent **1441** VD
6 Gd 68
Chamues-ch, La Punt
11 Kf 69
Chancy **1284** GE
12 NBK Ff 72
Chandolin 12 Hb 71
Chandolin **3961** VS
13 Hd 71
Chandon **1773** FR
7 Ha 67
Chandonne 12 Ha 72
Chanéaz **1411** VD
6 Ge 68
Chanrion 12 Hc 73
Chants GR 11 Ke 69
Chapelet, le 12 Ha 72
Chapella 11 Kf 69
Chapelle (Broye) **1531** FR
7 Gf 68
Chapelle (Glâne) **1699** FR
7 Ge 69
Chapelle-sur-Moudon
1099 VD 6 Ge 68
Charbonnières, Les **1343**
6 Gb 68
Chardonne **1803** VD
7 Ge 69
Chargeur, Le 12 Hc 72
Charmey **1637** FR
7 Ha 69
Charmoille **2947** JU
2 Hb 64
Charrat **1906** VS
12 Ha 72
Chaschauna 11 La 69
Châtagne, La **2401**
6 Gd 66
Châtaignier 12 Ha 71
Château-d'Oex **1837** VD
7 Ha 69
Châtel **1631** FR 7 Ha 69
Châtel, Le 12 Ha 71
Châtelard, Le **1681** FR
7 Gf 68
Châtelard, Le **1921** VS
12 Gf 72
Châtelat **2711** BE
2 Hb 65
Châtel-Saint-Denis **1618**
FR 7 Gf 69
Châtillens **1599** VD
7 Ge 69
Châtillon **2843** 2 Hb 64
Châtillon **1470** FR
7 Ge 67
Châtillon (JU) **2801** JU
2 Hb 64
Châtonnaye **1531** FR
7 Gf 68
Chaux, La 6 Gc 67
Chaux, La **1349** VD
6 Gc 69
Chaux-de-Fonds, La **2300**
NE 7 Ge 66
Chaux-des-Breuleux, La
2724 JU 6 NBK Ha 65
Chaux-du-Milieu, La **2405**
NE 6 Ge 66
Chavannes **1022** VD
6 Gd 69
Chavannes-de-Bogis **1261**
VD 12 NBK Ga 70
Chavannes-des-Bois **1290**
VD 12 NBK Ga 70
Chavannes-le-Chêne **1463**
VD 6 Ge 68
Chavannes-les-Forts **1678**
FR 7 Gf 68
Chavannes-le-Veyron **1349**
VD 6 Ge 69
Chavannes-sous-
Orsonnens **1681** FR
7 Gf 68
Chavannes-sur-Moudon
1511 VD 7 Ge 68
Chavornay **1373** 6 Gd 68
Cheiry **1523** FR 7 Ge 68
Chemin **1921** 12 Ha 72
Chêne **1225**
12 NBK Ga 71
Chêne-Bougeries **1224**
GE 12 NBK Ga 71
Chêne-Bourg **1225** GE
12 NBK Ga 71
Chénens **1751** FR
7 Gf 68
Chêne-Pâquier **1463** VD
6 Ge 68
Chenit, Le **1347** VD
6 Ga 69
Chermignon **3961**
13 Hc 71

Chesailles-sur-Moudon
1681 VD 7 Ge 68
Chésalles 7 Ha 68
Cheseaux **1033** VD
6 Gd 69
Cheseaux-Noréaz **1400**
VD 6 Gd 68
Chéserex **1261** VD
12 NBK Ga 70
Chesières **1885** 12 Ha 70
Chésopelloz **1711** FR
7 Ha 68
Chessel **1846** VD
12 Gf 70
Chevenez **2906** JU
6 NBK Gf 64
Chevilly **1315** VD 6 Gc 68
Chevrens 12 NBK Gf 71
Chevroux **1531** VD
7 Gf 67
Chexares 6 Ge 69
Cheyres **1468** FR 7 Ge 67
Chézard-Saint-Martin **2054**
7 Gf 66
Chézard-Saint Martin **2054**
NE 7 Gf 67
Chez-le-Bart **2025**
7 Ge 67
Chez-le-Maître VD
6 Gb 69
Chiasso **6830** TI 15 If 73
Chiesa 15 If 70
Chiésaz, La 7 Gf 70
Chigny **1141** VD 6 Gc 69
Chilei 7 Hc 69
Chioggiogna **6799** TI
14 Ie 70
Chippis **3965** VS
13 Hd 71
Chirónico **6747** TI
14 Ie 70
Chlusen 8 Hf 67
Chöglias 11 Lb 67
Choëx **1871** 12 Gf 71
Choindez 2 Hc 64
Choulex **1244** GE
12 NBK Gb 71
Choully 12 NBK Ga 71
Chrüz 9 Ie 66
Chrüzbrügg 8 He 67
Chrüzlen 4 Ie 65
Chrutzi 8 Hf 66
Chüemad 8 Ia 68
Chur **7000** GR 10 Kd 67
Churwalden **7075** GR
10 Kd 68
Ciernes-Picat 7 Ha 69
Cimadera **6951** TI
15 Ka 72
Cimalmotto **6671** 14 Ic 71
Cimo **6981** TI 14 If 72
Cinuos-chel **7526**
11 Kf 69
Clabinualp 13 Hd 70
Clarens **1815** 12 Gf 70
Claridenhütte 9 If 67
Clarmont **1111** VD
6 Gc 69
Claro **6702** TI 15 Ka 71
Clavadel **7272** 11 Ke 68
Clavadi 9 If 68
Clavaleyres **1595** BE
7 Ha 67
Clèbes 12 Hb 71
Clées, Les **1351** VD
6 Gd 68
Clerondes, Les 12 Hb 72
Cleuson 12 Hb 72
Clugin **7442** GR 10 Kc 69
Coazhütte 16 Ke 70
Coeudres, Les 7 Ge 66
Coeuve **2932** JU
6 NBK Ha 64
Coffrane **2207** NE 7 Gf 66
Cóglio **6671** 14 Id 71
Coinsins **1267** VD
12 NBK Gb 70
Cointrin **1216** GE
12 NBK Ga 71
Coldrério **6877** TI 15 If 73
Collex-Bossy **1239** GE
12 NBK Ga 71
Collinasca 14 Id 71
Collombey-Muraz **1868** VS
12 Gf 71
Collonge-Bellerive **1245**
GE 12 NBK Gb 71
Collonges **1903** VS
12 Ha 71
Collons, Les **1961**
12 Hc 71
Cologna 16 La 70
Cologny **1223** GE
12 NBK Ga 71

Colombier **2013** NE
7 Gf 67
Colombier **1111** VD
6 Gc 69
Comano **6911** 15 If 72
Comballaz, La **1861**
12 Ha 70
Combremont-le-Grand
1535 VD 7 Ge 68
Combremont-le-Petit **1531**
VD 7 Ge 68
Comeire 12 Ha 72
Commugny **1291** VD
12 NBK Ga 70
Comologno **6611** TI
14 Id 71
Compadials **7199** 9 If 68
Compatsch **7562**
11 Lc 67
Concise **1426** VD
6 Ge 67
Confignon **1232** GE
12 NBK Ga 71
Cons 10 Ka 69
Constantine **1581** VD
7 Gf 67
Conters im Prättigau **7241**
GR 11 Ke 67
Conthey **1964** VS
12 Hb 71
Contone **6594** TI 15 If 71
Contra **6611** 14 Ie 71
Coppet **1296** VD
12 NBK Gb 70
Corban **2826** JU 2 Hc 64
Corbatière, La 7 Ge 66
Corbaz, La **1783** FR
7 Ha 67
Corbeyrier **1861** VD
12 Gf 70
Corbières **1631** FR
7 Ha 68
Corcapolo 14 Id 71
Corcelles **2747** BE
2 Hc 65
Corcelles **2035** NE
7 Gf 66
Corcelles **1426** VD
6 Ge 67
Corcelles-le-Jorat **1099** VD
6 Ge 69
Corcelles-près-Payerne
1562 VD 7 Gf 67
Corcelles-sur-Chavornay
1399 VD 6 Gd 68
Cordast **1781** FR 7 Ha 67
Corgémont **2606** BE
6 NBK Ha 65
Corin **3960** 13 Hc 71
Corino 14 Id 70
Corippo **6611** TI 14 Ie 71
Corjolens **1754** FR
7 Ha 68
Cormagens **1783** FR
7 Ha 67
Cormérod **1711** FR
7 Ha 67
Corminbœuf **1711** FR
7 Ha 68
Cormoret **2612** BE
7 Ha 65
Cornaux **2087** NE
7 Ha 66
Cornes-de-Cerf 6 Ge 69
Cornol **2952** JU
6 NBK Ha 64
Corpataux **1711** FR
7 Ha 68
Corrençon 6 Ge 68
Correvon **1065** VD
6 Ge 68
Corseaux **1802** VD
7 Ge 70
Corserey **1751** FR
7 Gf 68
Corsier **1246** GE
12 NBK Gb 71
Corsier **1804** VD 7 Ge 70
Cortaillod **2016** NE
7 Gf 67
Cortébert **2607** BE
6 NBK Ha 65
Corticiasca **6951** TI
15 Ka 72
Corzoneso **6711** TI
15 If 70
Cossonay **1304** VD
6 Gc 69
Côte-aux-Fées, La **2117**
NE 6 Gc 67
Cottens **1751** 7 Ha 68
Cottens **1111** VD 6 Gc 69
Couchant, Le 6 Ga 69
Coudre, La 6 Gc 68
Courcelon **2823** 2 Hc 64

Courchapoix **2825** JU
2 Hc 64
Courchavon **2922** JU
6 NBK Ha 64
Courfaivre **2853** JU
2 Hb 64
Courgenay **2892** JU
6 NBK Ha 64
Courgevaux **1781** FR
7 Ha 67
Courlevon **1781** FR
7 Ha 67
Cournillens **1784** FR
7 Ha 67
Courrendlin **2764** JU
2 Hc 64
Courroux **2822** JU
2 Hc 64
Court **2738** BE 2 Hb 65
Courtaman **1781** FR
7 Ha 67
Courtedoux **2905** JU
6 NBK Ha 64
Courtelary **2608** BE
6 NBK Ha 65
Courtemaîche **2923** JU
6 NBK Ha 64
Courtemautruy
6 NBK Ha 64
Courtepin **1784** FR
7 Ha 67
Courtételle **2852** JU
2 Hb 64
Courtion **1711** FR
7 Ha 67
Cousset **1774** 7 Gf 67
Couvet **2108** NE 6 Gd 67
Cozzera 9 If 69
Cozzo **6951** 15 Ka 72
Crana **6611** TI 14 Id 71
Crans **1299** VD
12 NBK Gb 70
Crans **3963** VS 13 Hc 71
Crassier **1263** VD
12 NBK Ga 70
Cremin **1531** VD 7 Ge 68
Crémines **2746** BE
2 Hc 65
Cresciano **6705** TI
15 If 71
Cressier **1785** FR 7 Ha 67
Cressier **2088** NE 7 Ha 66
Cresta **7447** 10 Kc 70
Crésuz **1631** FR 7 Ha 69
Crêt, Le **2322** 7 Ge 66
Crêt, Le **1699** FR 7 Gf 69
Crissier **1023** VD 6 Gd 69
Crôt 10 Kc 70
Croglio **6981** TI 14 Ie 72
Croix, La **1602** 6 Ge 69
Cronay **1411** VD 6 Ge 68
Croy **1349** VD 6 Gd 68
Cruarnens **1349** VD
6 Gc 69
Cuarny **1411** VD 6 Ge 68
Cudrefin **1588** VD
7 Ha 67
Cugnasco **6516** TI
15 If 71
Cugnera 14 Ie 71
Cugy **1482** FR 7 Gf 67
Cugy **1053** VD 6 Gd 69
Curáglia **6951** TI 9 If 68
Cúrio **6985** TI 14 If 72
Curtilles **1522** VD 7 Ge 68
Curtins 16 Ke 70

D

Dachsen **8447** ZH 3 Id 62
Dägerlen **8479** 4 Ie 63
Dällikon **8108** ZH 3 Ic 64
Däniken **4658** 3 Hf 64
Dänikon **8114** 3 Ic 64
Därligen **3707** BE
8 He 68
Därstetten **3763** BE
7 Hc 68
Dättlikon **8422** ZH 3 Id 63
Dättwil 3 Ib 64
Dagmersellen **6252** LU
3 Hf 65

Dagro 15 lf 70
Daigra 9 lf 69
Daillens **1349** VD 6 Gd 69
Daillet 13 Hc 71
Daillon **1961** 12 Hb 71
Dallenwil **6383** NW 9 lc 67
Dalpe **6797** TI 9 le 70
Damphreux **2933** JU 6 NBK Ha 64
Damvant **2914** JU 6 NBK Gf 64
Dándrio 15 Ka 70
Dangio **6717** 9 lf 69
Danis **7163** 10 Ka 68
Dardagny **1282** GE 12 NBK Ff 71
Dardin **7164** 10 Ka 68
Davesco **6964** TI 15 lf 72
Davia 12 Gf 71
Davos **7270** GR 11 Ke 68
Davos-Dorf **7260** GR 11 Ke 68
Davos-Platz **7270** GR 11 Ke 68
Degersheim **9113** SG 4 Kb 64
Deggio 9 le 69
Deitingen **4707** SO 2 Hd 65
Delémont **2800** JU 2 Hc 64
Delley **1565** FR 7 Gf 67
Delsberg = Delémont **2800** JU 2 Hc 64
Démoret **1415** VD 6 Ge 68
Denens **1141** VD 6 Gc 69
Denezy **1511** VD 7 Ge 68
Denges **1026** VD 6 Gd 69
Densbüren **5026** AG 3 la 64
Derborence 12 Hb 71
Derendingen **4552** SO 2 Hd 65
Detligen **3036** 7 Hb 66
Dettighofen 4 lf 63
Develier **2802** JU 2 Hb 64
Develier-Dessus **2802** JU 2 Hb 64
Diablerets, Les **1865** VD 12 Ha 70
Diavolezzahütte 16 Kf 70
Dicken **9115** 4 Kb 64
Diechtersmatt 8 lb 67
Diegten **4457** BL 2 He 64
Dielsdorf **8157** ZH 3 lc 64
Diemerswil **3053** BE 7 Hc 66
Diemtigen **3754** BE 8 Hd 68
Diepflingen **4442** BL 2 He 64
Diepoldsau **9444** SG 4 Kd 64
Dierikon **6036** LU 9 lc 66
Diesbach **8777** GL 10 Ka 67
Dieselbach 4 Ka 64
Diessbach **3264** GL 7 Hc 66
Diesse **2517** BE 7 Ha 66
Diessenhofen **8253** TG 4 le 62
Dieterswald 8 Hd 66
Dieterswil **3256** 7 Hc 66
Dietfurt **9615** 4 Ka 64
Dietikon **8953** ZH 3 lc 64
Dietisberg 7 Hb 67
Dietlikon **8953** ZH 3 ld 64
Dietschwil 4 Ka 64
Dietwil **6042** AG 9 lc 66
Digg 10 Kc 67
Dingenhart 4 lf 63
Dinhard **8474** ZH 4 le 63
Dintikon **5606** AG 3 lb 64
Dirinella 14 le 72
Disentis/Mustér **7180** GR 9 le 68
Disla 9 lf 68
Distleren 9 ld 67
Dittingen **4243** BL 2 Hc 64
Dizy **1304** VD 6 Gc 69
Dörfli 9 ld 68
Dörfli 9 lc 67
Dörflingen **8211** SH 4 le 62
Dötra 9 lf 69
Döttingen **5312** AG 3 lb 63
Domat/Ems **7013** GR 10 Kc 64
Dombresson **2056** NE 7 Gf 66
Domdidier **1564** 7 Gf 67

Domhütte 13 He 72
Dommartin **1041** VD 6 Ge 68
Dompierre **1563** FR 7 Gf 67
Dompierre **1531** VD 7 Gf 68
Donath **7431** GR 10 Kc 69
Donatyre **1580** VD 7 Ha 67
Dóngio **6715** TI 15 lf 70
Donneloye **1411** 6 Ge 68
Donzhausen **8583** 4 Kb 63
Doppleschwand **6112** LU 8 la 66
Dorénaz **1905** VS 12 Ha 71
Dorf **8451** ZH 3 ld 63
Dorf, Davos- **7260** GR 11 Ke 68
Dorf, Klosters- 11 Kf 67
Dornach **4143** SO 2 Hd 63
Dotnacht **8561** 4 Ka 63
Dottikon **5605** AG 3 lb 64
Dotzingen **3293** BE 7 Hb 66
Dozwil **8580** TG 4 Kb 63
Drance 12 Ha 72
Dreien **9612** SG 4 Ka 64
Dritte Altmatt 9 le 66
Drône 12 Hc 71
Dübendorf **8600** ZH 3 ld 64
Düdingen **3186** FR 7 Hb 67
Dünnershaus 4 Kb 63
Dürnten **8635** ZH 4 lf 65
Dürrboden 11 Kf 68
Dürrenäsch **5724** AG 3 la 64
Dürrenboden 9 le 67
Dürrenroth **3465** BE 8 He 66
Dürrenwald 7 Hc 70
Duggingen **4202** BL 2 Hd 64
Duillier **1266** VD 12 NBK Gb 70
Dulliken **4657** SO 3 Hf 64
Dully 12 NBK Gb 70
Dundel 8 la 68
Dunzio 14 le 71
Dussnang **8374** 4 lf 64
Duvin **7131** GR 10 Kb 68

E

Ebenalp (Gasthaus) 4 Kc 65
Ebersecken **6244** LU 2 Hf 65
Ebertswil **8925** 3 ld 65
Ebikon **6030** LU 9 lc 66
Ebligen 8 Hf 68
Ebmatingen **8123** 3 ld 64
Ebnat **9642** SG 4 Ka 65
Ecce Homo 10 Id 66
Echallens **1040** VD 6 Gd 68
Echandens **1036** VD 6 Gd 69
Echarlens **1631** FR 7 Ha 68
Echichens **1111** 6 Gc 69
Eclagnens **1399** VD 6 Gd 68
Eclépens **1349** VD 6 Gd 68
Ecorcheresses, Les 2 Hb 65
Ecoteaux **1699** VD 7 Gf 69
Ecublens **1599** FR 7 Ge 69
Ecublens **1024** VD 6 Gd 69
Ecuvillens **1725** FR 7 Ha 68
Ederswiler **2813** JU 2 Hb 64
Edisried 8 lb 67
Edlibach **6311** 3 ld 65
Edlischwil 4 Kb 64
Effingen **5253** AG 3 la 63
Effretikon **8307** 4 le 64
Efra 14 le 70
Egerkingen **4622** SO 2 He 64
Egg 7 Hc 69
Egg **0231** 4 Kb 64
Egg **8841** SZ 9 le 65

Egg **8132** ZH 4 le 65
Egga 13 Hf 70
Egga 13 la 71
Eggenwil **5445** AG 3 lb 64
Eggerberg **3931** VS 13 Hf 71
Eggersriet **9034** SG 5 Kc 64
Eggerstanden 5 Kc 64
Eggiwil **3537** BE 8 He 67
Eglisau **8193** ZH 3 ld 63
Egliswil **5704** AG 3 lb 64
Egnach **9322** TG 4 Kc 63
Egolzwil **6243** 3 Hf 65
Ehratsrick 4 lf 64
Ehrikon 4 le 64
Eich **6205** LU 8 la 65
Eichberg **9453** SG 5 Kd 64
Eidberg 4 le 64
Eigenthal **6013** 8 lb 66
Eiken **5268** AG 3 Hf 63
Einigen **3646** 8 Hd 68
Einsiedeln **8840** SZ 9 le 66
Eischoll **3941** VS 13 He 71
Eison 13 Hc 71
Eisten **3901** VS 13 Hf 71
Elahütte 10 Kd 66
Elfingen **5255** AG 3 la 63
Elgg **8353** ZH 4 lf 63
Elisried 7 Hc 67
Ellighausen 4 Ka 63
Ellikon **8460** 3 ld 63
Ellikon an der Thur **8548** ZH 4 le 63
Elm **8767** GL 10 Ka 67
Elsau **8352** ZH 4 le 63
Elsigbach 8 Hd 69
Elsigenalp 8 Hd 69
Embd **3921** VS 13 He 71
Embrach **8424** ZH 3 ld 63
Emdthal, Heustrich- 8 Hd 68
Emibois, Les **2311** 6 NBK Gf 65
Emmen **6032** 9 lb 66
Emmenbrücke **6020** 9 lb 66
Emmenmatt **3543** 8 He 67
Emmetten **6376** NW 9 ld 67
Ems, Domat/ 10 Kc 67
Enderlinhütte 10 Kd 66
Endhöri 3 lc 63
Endingen **5304** AG 3 lb 63
Enfers, Les **2875** JU 6 NBK Ha 65
Engelberg **6390** OW 9 lc 67
Engelburg **9032** SG 4 Kb 64
Engellon 7 Gf 66
Engelschwilen 4 Ka 63
Engersch 13 He 70
Enges **2072** NE 7 Gf 66
Enggistein **3077** 8 Hd 67
Engi 2 Hd 64
Engi 12 Hb 70
Engi **8765** GL 10 Ka 67
Engishofen 4 Kb 63
Englisberg **3086** BE 7 Hc 67
Engollon **2063** NE 7 Gf 66
Engstlenalp 9 lb 68
Engstligenalp 13 Hd 70
Engwang 4 Ka 63
Engwilen **8561** 4 Ka 63
Ennenda **8755** GL 10 Ka 66
Ennetaach 4 Kb 63
Ennetbürgen **6373** NW 9 lc 66
Ennetmoos **6372** NW 9 lb 67
Enney **1661** FR 7 Ha 69
Entetschwil 4 Kb 63
Entlebuch **6162** LU 8 la 66
Envelier 2 Hc 65
Epagnier, Marin- **2074** NE 7 Gf 66
Epalinges **1066** VD 6 Gd 69
Epauvillers **2885** JU 6 NBK Ha 64
Ependes **1711** FR 7 Ha 68
Ependes-sur-Yverdon **1434** VD 6 Gd 68

Epeney, Villars- **1411** VD 6 Ge 68
Epesses **1098** VD 6 Ge 69
Epinassey 12 Gf 71
Epiquerez **2886** 6 NBK Ha 64
Eppenberg-Wöschnau **5012** SO 3 la 64
Epsach **3272** BE 7 Hb 66
Eptingen **4458** BL 2 He 64
Erde **1961** 12 Hb 71
Ergisch **3941** VS 13 He 71
Erigsmatt 9 lf 67
Eriswil **4952** BE 8 Hf 66
Eriz **3611** BE 8 He 68
Erlach **3235** BE 7 Ha 66
Erlen **8586** TG 4 Kb 63
Erlenbach **8703** ZH 3 ld 65
Erlenbach im Simmental **3762** BE 8 Hd 68
Erlinsbach **5015** AG 3 Hf 64
Ermatingen **8272** TG 4 Ka 62
Ermensee **6294** LU 3 lb 65
Ermenswil **8734** 4 lf 65
Ernen **3981** VS 13 la 70
Ernetschwil **8725** SG 4 lf 65
Erschmatt **3941** VS 13 He 70
Erschwil **4228** SO 2 Hd 64
Ersigen **3423** BE 8 Hd 66
Erstfeld **6472** UR 9 ld 67
Erzenerlen 8 la 66
Es-chahütte 11 Kf 69
Eschen **FL-9492** 5 Kd 65
Eschenbach **6274** LU 9 lb 66
Eschenbach **8733** SG 4 lf 65
Eschenz **8264** TG 4 lf 63
Eschert **2741** 2 Hc 65
Eschikofen 4 lf 63
Eschlikon **8360** 4 lf 64
Escholzmatt **6182** LU 8 Hf 67
Eschwil 8 Hd 69
Esmonts **1675** FR 7 Ge 69
Essert (FR) **1724** FR 7 Ha 68
Essertes **1099** VD 6 Ge 69
Essertines-sur-Rolle **1181** VD 6 Gb 69
Essertines-sur-Yverdon **1411** VD 6 Gd 68
Essert-Pittet **1435** VD 6 Gd 68
Essert-sous-Champvent **1411** VD 6 Gd 68
Esslingen **8133** 4 le 65
Estavannens **1661** FR 7 Ha 69
Estavayer-le-Gibloux **1751** FR 7 Ha 68
Estavayer-le-Lac **1470** FR 7 Ge 67
Estévenens **1681** FR 7 Gf 68
Etagnières **1037** VD 6 Gd 68
Etivaz, L' **1831** 12 Ha 70
Etoy **1163** VD 6 Gc 69
Ettenhausen 4 le 64
Ettenhausen **8356** 4 lf 64
Ettingen **4107** BL 2 Hc 64
Ettiswil **6218** LU 8 la 65
Etzelkofen **3349** BE 7 Hc 66
Etzelwil 3 la 65
Etzgen **4343** AG 3 la 63
Etziken **4554** SO 2 Hd 65
Etzlihütte 9 le 68
Etzwil 3 lb 63
Euseigne **1961** VS 13 Hc 71
Euthal **8841** 9 le 66
Evilard **2533** BE 7 Hb 65
Evionnaz **1902** VS 12 Gf 71
Evolène **1968** VS 13 Hc 72
Evouettes, Les **1891** 12 Gf 70
Exergillod 12 Ha 70
Eyholz **3931** 13 Hf 71

Eysins **1262** VD 12 NBK Gb 70
Eywald 7 Hc 68

F

Fäld 14 lb 70
Fällanden **8117** ZH 3 ld 64
Färnigen 9 ld 68
Fafleralp 13 Hf 70
Fahrni **3611** BE 8 Hd 68
Fahrwangen **5615** AG 3 lb 65
Fahy **2916** JU 6 NBK Gf 64
Faido **6760** TI 9 le 70
Falera **7131** GR 10 Kb 68
Fanas **7215** GR 10 Kd 67
Fankhaus **3557** 8 Hf 67
Faoug **1595** VD 7 Ha 67
Farnern **4511** BE 2 Hd 65
Farvagny-le-Grand **1726** FR 7 Ha 68
Farvagny-le-Petit **1726** FR 7 Ha 68
Faulensee **3705** 8 He 68
Féchy **1171** VS 6 Gc 69
Fehraltdorf **8320** ZH 4 le 64
Fehren **4249** SO 2 Hd 64
Felben **8552** TG 4 lf 63
Feldbach **8714** 4 le 65
Feldbrunnen-Sankt Niklaus **4532** SO 2 Hd 65
Feldi 4 le 63
Feldis **7404** GR 10 Kc 68
Felsberg **7012** GR 10 Kc 67
Felskinn 13 Hf 72
Fenalet **1881** 12 Ha 71
Fendringen 7 Hb 67
Fenin **2063** NE 7 Gf 66
Fenkrieden 9 lc 65
Ferden **3903** VS 13 He 70
Ferenbalm FR 7 Hb 67
Ferenberg 8 Hd 67
Fergenhütte 11 Kf 67
Ferlens **1099** VD 6 Ge 69
Fermelberg 7 Hc 69
Ferpècle VS 13 Hd 72
Ferpicloz **1724** FR 7 Ha 68
Ferrenberg 8 He 66
Ferret VS 12 Ha 73
Ferreyres **1349** VD 6 Gc 68
Ferrière, La **2333** BE 7 Gf 66
Feschel **3941** VS 13 Hd 70
Fescóggia **6911** TI 14 lf 72
Fessel 13 He 70
Fétigny **1531** FR 7 Gf 68
Feuerthalen **8245** ZH 3 ld 62
Feuisberg **8835** SZ 4 le 65
Feutersoey **3784** 12 Hb 70
Fex **7511** 16 Ke 70
Fey **1961** 12 Hb 71
Fey **1049** VD 6 Gd 68
Fiaugères **1699** FR 7 Gf 69
Fidaz **7099** 10 Kb 67
Fideris **7235** GR 10 Ke 67
Fideris, Bad 10 Ke 67
Fiesch **3984** VS 13 la 70
Fieschertal **3984** VS 13 la 70
Fiesso, Rodi- **6772** 9 le 69
Fiez **1411** VD 6 Gd 67
Figino **6918** 15 lf 73
Filisur **7477** GR 10 Kd 68
Filzbach **8876** GL 10 Ka 66
Fimmelsberg 4 Ka 63
Findeln 13 He 72
Finhaut **1925** VS 12 Gf 72
Finsterhennen **2577** BE 7 Ha 66
Finstersee **6311** 9 ld 65
Finsterwald **6162** 8 la 67
Fionnay **1931** VS 12 Hb 72
First (Gasthaus) 8 la 68
Fischbach **5525** AG 3 lb 64
Fischbach **6145** LU 8 Hf 65
Fischenthal **8497** ZH 4 lf 64
Fischerhütte 10 Ka 66
Fischingen **8376** TG 4 lf 64

Fisibach **8435** AG 3 lc 63
Fislisbach **5442** AG 3 lb 64
Flaach **8416** ZH 3 ld 63
Fläsch **7306** GR 10 Kc 66
Flamatt, Wünnewil **3184** FR 7 Hb 67
Flanthey **3941** 13 Hc 71
Flawil **9230** SG 4 Kb 64
Flendruz **1831** 7 Hb 69
Flerden **7431** GR 10 Kc 68
Fless, Val 11 Kf 68
Fleurier **2114** NE 6 Gd 67
Flims **7017** GR 10 Kb 67
Flims Waldhaus **7018** 10 Kb 67
Flöna 11 Lb 68
Flond **7131** GR 10 Ka 68
Flue 13 He 72
Flüealp 13 Hd 70
Flüebüel 9 ld 66
Flüelen **6454** UR 9 ld 67
Flüeli 8 lb 67
Flüh **4112** 2 Hc 63
Flühli **6173** LU 8 la 67
Flumenthal **4534** SO 2 Hd 65
Flums **8890** SG 10 Kb 66
Flumserberg 10 Kb 66
Flurlingen **8247** ZH 3 ld 62
Font **1470** FR 7 Ge 67
Fontai 15 Ka 70
Fontainemelon **2052** NE 7 Gf 66
Fontaines **2046** NE 7 Gf 66
Fontaines-sur-Grandson **1411** VD 6 Gd 67
Fontana 9 ld 69
Fontana 15 Ka 70
Fontana 14 ld 70
Fontana, Tarasp- **7553** GR 11 Lb 69
Fontanezier **1411** VD 6 Gd 67
Fontannen **6111** 8 Hf 67
Fontenais **2902** JU 6 NBK Ha 64
Foppa 10 Ka 67
Forch **8127** 3 ld 64
Forclaz, La 13 Hc 72
Forclaz, La **1861** 12 Ha 70
Forel **1565** FR 7 Gf 67
Forel (Lavaux) **1606** VD 6 Ge 69
Forel-sur-Lucens **1531** VD 7 Ge 68
Fornet-Dessous **2711** JU 6 NBK Ha 65
Fornohütte 16 Ke 70
Foróglio 14 ld 70
Forst **9452** BE 5 Kd 64
Fosano 14 le 72
Fouly, La **1931** 12 Ha 73
Founex **1297** VD 12 NBK Gb 70
Fraced 14 le 70
Fräschels **3284** FR 7 Hb 66
Franex **1482** FR 7 Ge 68
Frasco **6611** TI 14 le 70
Frasnacht **9320** 4 Kc 63
Frasses **1482** FR 7 Gf 68
Fraubrunnen **3312** BE 8 Hd 66
Frauchwil 7 Hc 66
Frauenfeld **8500** TG 4 lf 63
Frauenkappelen **3202** BE 7 Hb 67
Frauenkirch **7275** GR 11 Ke 68
Fregiécourt **2953** JU 2 Hb 64
Freiburg = Fribourg **1700** FR 7 Ha 68
Freidorf **9306** 4 Kc 63
Freienbach **8807** SZ 4 le 65
Freienstein-Teufen **8427** 3 ld 63
Freienwil **5423** ZH 3 lb 63
Freimettigen **3510** BE 8 Hd 67
Frenières **1881** 12 Ha 71
Frenkendorf **4402** BL 2 He 63
Fresens **2027** NE 6 Ge 67
Freudwil 4 le 64
Fribourg = Freiburg **1700** FR 7 Ha 68
Frick **5262** AG 3 la 63
Friedlisberg 3 lc 64

Frienisberg 7 Hb 66
Frieswil 3035 7 Hb 66
Friltschen 9504 4 Ka 63
Friques, Les 1581 FR
7 Gf 67
Frittenbach 8 He 66
Froburg 2 Hf 64
Froda di Là 14 le 70
Froideville 1055 VD
6 Gd 69
Frümsen 9467 5 Kc 65
Fruence 7 Gf 69
Fründenhütte 8 He 69
Fruthwilen 8559 4 Ka 62
Frutigen 3714 BE
8 Hd 69
Frutt 6061 8 lb 68
Ftan 7551 GR 11 Lb 68
Füllinsdorf 4414 BL
2 He 63
Fümegn 14 lf 71
Fürstenau 7414 GR
10 Kc 68
Fürstenaubruck 7413
10 Kc 68
Fuet, Le 2711 6 Hb 65
Fuldera 7531 GR
11 Lb 69
Fulenbach 4854 SO
2 He 65
Full 4354 AG 3 lb 63
Fully 1926 VS 12 Ha 72
Fuorn, Il 11 Lb 68
Furen 9 lb 68
Furgg 13 He 72
Furkahütte 10 Ke 68
Furna 7232 GR 10 Kd 67
Furt 4 Ka 64
Fúsio 6671 TI 14 ld 70

G

Gachnang 8547 TG
4 lf 63
Gadenstätt 7241
11 Ke 67
Gadmen 3863 BE 9 lc 68
Gächlingen 8214 SH
3 lc 62
Gächliwil 4571 SO
7 Hc 66
Gähwil 9534 4 lf 64
Gänsbrunnen 4716 SO
2 Hc 65
Gaflei FL 10 Kd 66
Gaggiole 14 lf 71
Gais 9056 AR 5 Kc 64
Gaiserwald 9030 SG
4 Kc 64
Galgenen 8854 SZ 4 lf 65
Gallenkirch 5224 AG
3 la 64
Galmis 7 Hb 67
Galmiz 3285 FR 7 Ha 67
Gals 2076 BE 7 Ha 66
Galtenäbnet 9 le 67
Galteren 7 Hb 68
Gamidaurspitz 10 Kc 66
Gammen 7 Hb 67
Gampel 3945 VS
13 He 70
Gampelen 3236 BE
7 Ha 66
Gampel-Steg 13 He 70
Gamprin FL-9487 5 Kc 65
Gams 9473 SG 4 Kc 65
Gamsen 3900 13 Hf 71
Gana 14 le 71
Gandria 6978 TI 15 lf 72
Gándria 6978 TI 15 lf 72
Gansingen 4346 AG
3 la 63
Ganterschwil 9608 SG
4 Ka 64
Garde, La 12 Ha 72
Garicht 10 Ka 67
Gasel 3144 7 Hc 67
Gasenried 3924 13 He 71
Gasenzen 4 Kc 65
Gastern 13 He 70
Gaulihütte 8 lb 69
Gebenstorf 5412 AG
3 lb 64
Geerlisberg 3 ld 64
Geimen 13 Hf 70
Geiss 6123 8 la 66
Geitenberg 9 lf 67
Gelfingen 6284 LU
3 lb 65
Gelterfingen 3199 BE
7 Hc 67
Gelterkinden 4460 BL
2 Hf 64
Geltwil 5637 AG 3 lb 65

Gempen 4145 SO
2 Hd 64
Gempenach 3211 FR
7 Hb 67
Genestrério 6852 TI
15 lf 73
Genève = Genf 1200 GE
12 NBK Ga 71
Geneveys-sur-Coffrane,
Les 2206 NE 7 Ge 66
Genevez, Les 2714 JU
6 NBK Ha 65
Genf = Genève 1200 GE
12 NBK Ga 71
Genolier 1261 VD
6 Gb 70
Gentalhütten 9 lb 68
Genthod 1294 GE
12 NBK Ga 71
Gentilino 6925 TI 15 lf 72
Gere 9 lc 69
Gerlafingen 4563 SO
2 Hd 65
Gerlikon 8500 4 lf 63
Germignaga 14 le 72
Geroldswil 8954 ZH
3 lc 64
Gerolfingen 7 Hb 66
Gerra 15 lf 71
Gerra Gambarogno 6576
TI 14 le 72
Gerra Verzasca 6611 TI
14 le 70
Gersau 6442 SZ 9 ld 66
Gerzensee 3115 BE
8 Hd 67
Geschinen 3981 VS
9 lb 69
Gettnau 6142 LU 8 Hf 66
Geuensee 6232 LU
3 la 65
Ghirone 6711 TI 9 lf 69
Giarsun 11 La 68
Gibel 4 lf 65
Gibelflüe 9 lc 66
Gibswil 8498 4 lf 65
Giebenach 4304 BL
2 He 63
Giessen 14 lb 70
Giessen 4 lf 65
Giétroz VS 12 Gf 72
Giettes, Les 1871
12 Gf 71
Giez 1411 VD 6 Gd 67
Giffers 1711 FR 7 Hb 68
Gilbach 7 Hd 69
Gillarens 1675 FR
7 Ge 69
Gilly 1181 6 Gb 70
Gimel 1188 VD 6 Gb 69
Gimmelwald 3826
8 Hf 69
Ginals 13 He 71
Gingins 1261 VD
12 NBK Ga 70
Giórnico 6745 TI 14 lf 70
Gipf 5264 AG 3 Hf 63
Gippingen 3 lb 63
Girenbad 4 lf 65
Gisenhard 4 le 63
Gisikon 6038 LU 9 lc 66
Giswil 6074 OW 8 la 67
Giubiasco 6512 TI
15 lf 71
Giumáglio 6671 TI
14 ld 71
Givisiez 1762 FR 7 Ha 67
Givrins 1261 6 Gb 70
Giw 13 Hf 71
Gland 1196 VD
12 NBK Ga 70
Gläne, Montet- 1675 FR
7 Ge 68
Glarey 12 Hb 71
Glaris 7275 10 Ke 68
Glarus 8750 GL 10 Ka 66
Glashütten 4856 2 He 65
Glattalp 17 lf 67
Glattbruck 8152 3 ld 64
Glattfelden 8192 ZH
3 lc 63
Glaubenberg 8 la 67
Gletsch 9 lc 69
Gletterens 1531 FR
7 Gf 67
Glion 1823 12 Gf 70
Glis, Brig- 3902 VS
13 Hf 70
Glovelier 2855 JU
2 Hb 64
Gluringen 3981 VS
14 lb 70
Gmeinalp 13 la 72
Gmünden 8 He 66
Gnosca 6525 TI 15 lf 71

Gockhausen 3 ld 64
Göschenen 6487 UR
9 ld 68
Golaten BE 7 Hb 66
Goldach 9403 SG
5 Kc 64
Goldau 6410 9 ld 66
Goldern 6085 8 lb 68
Goldingen 8638 SG
4 lf 65
Goldiwil 3624 8 Hd 68
Goldswil 3805 8 Hf 68
Gollion 1111 VD 6 Gc 69
Golzeren 9 le 68
Gommiswald 8737 SG
4 Ka 65
Gondiswil 4918 BE
8 Hf 66
Gondo 3901 13 la 71
Gonten 9108 AI 4 Kc 64
Gontenbad 4 Kc 64
Gontenschwil 5728 AG
3 la 65
Gonzenbach 4 Ka 64
Goppenstein 3903
13 He 70
Goppisberg 3981 VS
13 la 70
Gordévio 6672 TI
14 le 71
Górdola 6592 TI 14 lf 71
Gorduno 6518 TI
15 Ka 71
Gorgier 2023 NE 7 Ge 67
Gornere 8 He 69
Gossalp 9 lc 67
Gossau 9202 SG 4 Kb 64
Gossau 8625 ZH 4 le 65
Gossliwil 4571 SO
7 Hc 66
Gottlieben 8274 TG
4 Ka 62
Gouille, La 13 Hc 72
Goumoëns-la-Ville 1399
VD 6 Gd 68
Goumois 2728 JU
6 NBK Gf 65
Graben 3361 BE 2 He 65
Grabs 9472 SG 4 Kc 65
Grächen 3925 VS
13 He 71
Grämigen 4 Ka 64
Gränichen 5722 AG
3 la 64
Gräslikon 8415 3 ld 63
Grafenort 6388 9 lc 67
Grafenried 3308 BE
7 Hc 66
Graltshausen 4 Kb 63
Grancia 6911 TI 15 lf 73
Grancy 1111 VD 6 Gc 69
Grandcour 1531 VD
7 Gf 67
Grandes-Chaumilles VD
6 Gb 69
Grandevent 1411 VD
6 Gd 67
Grandfontaine 2908 JU
6 NBK Gf 64
Grand-Saconnex, Le 1218
GE 12 NBK Ga 71
Grandsivaz 7 Gf 68
Grandson 1422 VD
6 Gd 67
Grandval 2745 BE
2 Hc 65
Grandvaux 1603 VD
6 Ge 69
Grandvillard 1666 FR
7 Ha 69
Granges 3957 13 Hc 71
Granges 1607 FR
7 Ge 69
Granges, Les 7 Gf 68
Granges, Les 7 Ha 70
Granges, Les 1922
12 Gf 72
Granges-de-Vésin 1482
FR 7 Ge 67
Granges-Paccot 1700 FR
7 Ha 67
Granges-près-Marnand
1523 VD 7 Gf 68
Grangettes 1681 FR
7 Gf 68
Grasswil 3365 8 Hd 66
Grattavache FR 7 Gf 69
Grauberg 10 Kb 67
Gravesano 6911 TI
15 lf 72
Greich 3983 VS 13 la 70
Greifensee 8606 ZH
3 ld 64
Grellingen 4203 BL
2 Hd 64

Grenchen 2540 SO
2 Hc 65
Grengiols 3981 VS
13 la 70
Grens 1261 VD
12 NBK Gb 70
Greppen 6404 LU 9 lc 66
Gresso 6611 TI 14 ld 71
Gressy 1432 VD 6 Gd 68
Gretzenbach 5014 SO
3 Hf 64
Grialetschhütte 11 Kf 68
Gribbio 14 le 70
Griesalp 8 He 69
Grimentz 3961 VS
13 Hd 71
Grimisuat 1961 VS
12 Hc 71
Grimmialp 7 Hc 69
Grindel 4249 2 Hc 64
Grindelwald 3818 BE
8 la 69
Griosch 11 Lb 67
Grissenberg 7 Hb 66
Grod 3 Hf 64
Grodey 7 Hc 69
Grolley 1772 FR 7 Ha 67
Grône 3941 VS 13 Hc 71
Grono 6537 GR 15 Ka 71
Gross 8841 9 le 66
Grossaffoltern 3257 BE
7 Hc 66
Grossalp 14 lc 70
Grossalp 10 Kc 67
Grossdietwil 6146 LU
2 Hf 65
Grosse Scheidegg 8 la 68
Grosshöchstetten 3506
BE 8 Hd 67
Grossteil 6074 8 la 67
Grosswangen 6022 LU
8 la 66
Grub 9036 SG 5 Kc 64
Gruben 7 Hb 69
Gruben 3941 13 He 71
Grubenwald 7 Hc 69
Grüenau 4 Kb 65
Grüm, Alp 16 Kf 70
Gründli 8 la 67
Grünenmatt 3452
8 He 66
Grüningen 8627 ZH
4 le 65
Grüsch 7214 GR
10 Kd 67
Grüt 8624 4 le 65
Grugnay 12 Hb 71
Grund bei Gstaad 3783
7 Hb 70
Gruyères 1663 FR
7 Ha 69
Gryon 1882 VD 12 Ha 71
Gspaltenhornhütte
8 He 69
Gspon 13 Hf 71
Gstaad 3780 7 Hb 70
Gsteig 3785 BE 12 Hb 70
Gsteigwiler 3814 BE
8 Hf 68
Gstein-Gabi 3901
13 la 71
Guarda 7543 11 La 68
Gudo 6515 TI 15 lf 71
Gümligen 3073 7 Hc 67
Gümmenen 3205
7 Hb 67
Gündisau 4 le 64
Gündlischwand 3815 BE
8 Hf 69
Günndelhart 4 lf 63
Günsberg 4224 SO
2 Hd 65
Gütighausen 4 le 63
Guetisberg 8 Hd 66
Güttingen 8594 TG
4 Kb 63
Guggisberg 3158 BE
7 Hb 68
Guggistafel 13 Hf 70
Gulerigenhaus 11 Kf 68
Gumefens 1631 FR
7 Ha 69
Gunten 3654 8 He 68
Guntenswil 4 le 64
Guntershausen 8357
4 lf 64
Guntmadingen 8222 SH
3 ld 62
Gunzgen 4617 SO
2 He 65
Gunzwil 6222 LU 3 la 65
Guraletsch, Alp 10 Ka 69
Gurbrü 3208 BE 7 Hb 67
Gurin, Bosco/ 6671 TI
14 lc 70

Gurmels 3212 FR
7 Ha 67
Gurnigelbad 7 Hc 68
Gurtnellen 6482 UR
9 ld 68
Gurzelen 3137 BE
8 Hd 68
Guscha 10 Kd 66
Guschelmuth 1781 FR
7 Ha 67
Gutenburg 4932 BE
2 He 65
Guttannen 3864 BE
9 lb 68
Guttet 3941 VS 13 Hd 70
Gwatt 3645 8 Hd 68
Gwüest 9 lc 68
Gy 1251 GE
12 NBK Gb 71
Gypsera 7 Hb 68
Gysenstein 3503 8 Hd 67

H

Haag 9469 5 Kc 65
Habkern 3804 BE 8 Hf 68
Habsburg 5117 AG
3 lb 64
Habschwanden 6166
8 la 66
Habstetten 7 Hc 66
Hadlikon 4 lf 65
Häfelfingen 4445 BL
2 Hf 64
Hägendorf 4614 SO
2 He 64
Häggenschwil 9312 SG
4 Kb 63
Hägglingen 5607 AG
3 lb 64
Hämikon 6285 LU 3 lb 65
Hämlismatt 8 Hd 67
Härkingen 4624 SO
2 He 65
Hätzingen 8776 GL
10 Ka 67
Häusernmoos 3463
8 He 66
Häutligen 3510 BE
8 Hd 67
Hagenbuch 8523 ZH
4 lf 63
Hagenwil 4 Ka 63
Hagenwil 8580 4 Kb 63
Hagneck 2575 BE
7 Hb 66
Hahnenmoos 13 Hc 70
Halbmil 10 Kc 66
Halden 9223 4 Kb 63
Haldenstein 7023 GR
10 Kc 67
Hallau 8215 SH 3 lc 62
Hallwil 5705 AG 3 la 64
Halten 4566 SO 2 Hd 65
Haltikon 9 lc 66
Handegg 9 lb 69
Hannig 13 Hf 72
Hannigalp 13 Hf 71
Happerswil 8585 4 Kb 63
Hard 3 Hf 64
Hard 5 Kb 64
Hardern 7 Hb 66
Hasel 4 le 64
Hasle 3150 BE 8 Hd 66
Hasle 6166 LU 8 la 67
Haslen 9054 4 Kc 64
Haslen 8773 GL 10 Ka 67
Haslen, Schlatt- 9054 AI
4 Kc 64
Hasli 7 Hc 67
Hasliberg 6085 BE
8 la 68
Hatswil 4 Kb 63
Hattenhausen 4 Ka 63
Haudères, Les 1961 VS
13 Hc 72
Hauenstein 4699 3 la 63
Hauenstein-Ifenthal 4699
SO 2 Hf 64
Hauptsee 9 ld 66
Hauptwil 9213 TG
4 Kb 64
Hausen 5212 AG 3 lb 64
Hausen am Albis 8915 ZH
3 ld 65
Haute-Nendaz 1961 VS
12 Hb 71
Hauterive 2068 NE
7 Gf 66
Hauteville 1631 FR
7 Ha 69
Hauts-Geneveys, Les 2208
NE 7 Gf 66

Hedingen 8908 ZH
3 lc 65
Heerbrugg 9435 5 Kd 64
Hefenhofen 8580 TG
4 Kb 63
Hegnau 3 ld 64
Heidelberger Hütte
11 Lb 67
Heiden 9410 AR 5 Kd 64
Heiligenschwendi 3625
BE 8 Hd 68
Heiligkreuz 10 Kc 66
Heiligkreuz 14 Ka 70
Heiligkreuz 6166 3 la 67
Heiligkreuz 8888 4 Ka 63
Heimberg 3627 BE
8 Hd 68
Heimenegg 8 He 67
Heimenhausen 3361 BE
2 He 65
Heimenschwand 3615
8 He 67
Heimiswil 3412 BE
8 Hd 66
Heinrichswil 4511 SO
8 Hd 65
Heitenried 1714 FR
7 Hb 67
Heldswil 9214 4 Kb 63
Helgisried 3155 7 Hc 67
Helisbühl 3526 BE
8 Hd 67
Hellberg 4 le 65
Hellbühl 6016 8 lb 66
Hellikon 4316 AG 2 Hf 63
Hellsau 3361 BE 8 Hd 66
Helsighausen 4 Ka 63
Hemberg 9633 SG
4 Kb 65
Hemishofen 8261 SH
4 le 62
Hemmental 8211 SH
3 ld 62
Hemmiken 4461 BL
2 Hf 63
Henau 9247 4 Ka 64
Hendschiken 5604 AG
3 lb 64
Henggart 8444 ZH
4 le 63
Hennes 1681 FR 7 Gf 68
Henniez 1599 VD 7 Gf 68
Herbetswil 4711 SO
2 Hd 65
Herbligen 3526 BE
8 Hd 67
Herblingen 3 ld 62
Herbriggen 3921
13 He 72
Herdern 8535 TG 4 lf 63
Hérémence 1961 VS
12 Hc 71
Hergiswil 6052 NW
9 lb 66
Hergiswil bei Willisau 6133
LU 8 Hf 66
Herisau 9100 AR 4 Kb 64
Herlisberg 6028 LU
3 lb 65
Hermance 1248 GE
12 NBK Gb 71
Hermatswil 4 le 64
Hermenches 1511 VD
6 Ge 69
Hermetschwil-Staffeln
5626 AG 3 lb 64
Hermiswil 3354 BE
8 He 65
Hermrigen 3274 BE
7 Hb 66
Herrenrüti 9 lc 68
Herrliberg 8704 ZH
3 ld 65
Herschmettlen 4 le 65
Hersiwil 4511 SO 2 Hd 65
Hertenstein 9 lc 66
Herznach 5027 AG
3 la 64
Herzogenbuchsee 3360
BE 2 He 65
Hessigkofen 4571 SO
7 Hc 66
Hettenschwil 5317
3 lb 63
Hettiswil 3325 8 Hd 66
Hettlingen 8442 ZH
4 le 63
Heubach 3154 7 Hc 68
Heuberge 10 Ke 67
Heustrich-Emdthal
8 Hd 68
Heutte, La 2604 BE
2 Hb 65

Hildisrieden 6024 LU 8 lb 66
Hilfikon 5613 AG 3 lb 64
Hilterfingen 3652 BE 8 Hd 68
Himmelried 4249 SO 2 Hd 64
Hindelbank 3324 BE 8 Hd 66
Hindersten Hütten 9 lf 67
Hinterbalm 9 le 68
Hinterberg 10 Kd 67
Hinterfultigen 3089 7 Hc 67
Hintergoldingen 4 lf 65
Hinterkappelen 3032 7 Hc 67
Hinter Klöntal 9 lf 66
Hinterrein 3 lb 63
Hinterrhein 7438 GR 10 Kb 69
Hinterthal 6437 9 le 67
Hinwil 8340 ZH 4 lf 65
Hirschbrunnen 8 He 66
Hirschthal 5042 AG 3 la 64
Hirseren 8 He 66
Hirzboden 8 Hd 69
Hirzel 8816 ZH 3 ld 65
Hittnau 8335 ZH 4 le 64
Hitzkirch 6285 LU 3 lb 65
9 lb 65
Hochdorf 6280 LU 9 lb 65
Hochfelden 8182 ZH 3 ld 63
Hochwald 4146 SO 2 Hd 64
Hochwang 10 Kd 67
Hockenalp 13 He 70
Höchstetten 3361 BE 8 Hd 66
Höfen 9 ld 66
Höfen 3611 BE 8 Hd 68
Hölstein 4434 BL 2 He 64
Höngg, Zürich- 8049 3 lc 64
Hörhausen 8507 4 lf 63
Höri 8181 3 lc 63
Hörnlihütte 10 Kd 68
Hörnlihütte 13 Hd 72
Hörstetten 4 lf 63
Hof 11 Kf 68
Hof 8 Hd 66
Hofen 8211 SH 3 le 62
Hofenacker 4 le 62
Hoffeld 9114 4 Ka 64
Hofstatt 6154 8 Hf 66
Hofstetten 3858 BE 8 la 68
Hofstetten 4114 SO 2 Hd 64
Hofstetten bei Elgg 8354 ZH 4 lf 64
Hohenrain 6276 LU 3 lb 65
Hohentannen 9224 TG 4 Kb 63
Hohfirst 4 Kb 64
Hohfluh 6083 8 la 68
Hohtenn 3901 VS 13 He 70
Holderbank 5113 AG 3 la 64
Holderbank 4718 SO 2 He 64
Holewang 8 la 68
Holzhäusern 9 lc 65
Holziken 5043 AG 3 la 64
Homberg 3611 BE 8 Hd 68
Hombrechtikon 8634 ZH 4 le 65
Homburg 5808 TG 4 lf 63
Hondrich 3702 8 Hd 68
Hopflauenen 9 lb 68
Horben 4 lf 64
Horboden 3755 8 Hd 69
Horgen 8810 ZH 3 ld 65
Horn 9326 TG 5 Kc 63
Hornegg 8 He 68
Hornussen 5275 AG 3 la 63
Horrenbach BE 8 He 68
Horriwil 4511 SO 2 Hd 65
Horw 6048 LU 9 lb 66
Hosenruck 9515 4 Ka 63
Hospental 6493 UR 9 ld 69
Hottwil 4348 AG 3 la 63
Hubersdorf 4511 SO 2 Hd 65
Hueb 4 lf 65
Hüfihütte 9 le 68
Huémoz 1861 12 Ha 71
Hünenberg 6331 ZG 9 lc 65

Hünibach 3626 8 Hd 68
Hüniken 4554 SO 2 Hd 65
Hünikon 3 ld 63
Hüntwangen 8194 3 lc 63
Hüsen 8 la 68
Hüsere 7 Hc 69
Hüswil 6152 8 Hf 66
Hütten 8821 ZH 9 ld 65
Hüttikon 8115 ZH 3 lc 64
Hüttlingen 8553 TG 4 lf 63
Hüttwilen 8536 TG 4 lf 63
Hugelshofen 8561 TG 4 Ka 63
Huggerwald 2 Hc 64
Humlikon 8451 ZH 3 ld 63
Hundwil 9064 AR 4 Kb 64
Hunkelen 8 lb 66
Hunzenschwil 5502 AG 3 la 64
Hunziken 4 lf 63
Hurden 4 le 65
Husen 9 ld 68
Huttwil 4950 BE 8 He 66

I

Ibach 6438 9 ld 66
Ibergeregg 9 le 66
Ichertswil 4571 7 Hc 65
Icogne 3941 13 Hc 71
Ifenthal, Hauenstein- 4699 SO 2 Hf 64
Iffigenalp 13 Hc 70
Iffwil 3349 BE 7 Hc 66
Igels 7131 GR 10 Ka 68
Igis 7206 10 Kd 67
Ilanz 7130 GR 10 Kb 68
Illarsaz 12 Gf 70
Illens 7 Ha 68
Illgau 6434 SZ 9 le 66
Illhart 4 Ka 63
Illighausen 8574 TG 4 Kb 63
Illiswil 7 Hb 67
Illnau 8308 ZH 4 le 64
Iltios 4 Kb 65
Imbrig 8 Hf 67
Im Fang 1631 7 Hb 69
Immensee 6405 9 lc 66
Indemini 6579 TI 14 le 72
Inden 3953 VS 13 Hd 70
Ingenbohl 6440 SZ 9 ld 66
Inkwil 4555 BE 2 Hd 65
Innerberg 7 Hb 66
Innererra 3611 8 He 68
Innerferrera 7445 GR 10 Kc 69
Innerthal 8858 SZ 9 lf 66
Innertkirchen 3862 BE 8 lb 68
Ins 3232 BE 7 Ha 66
Interlaken 3800 BE 8 Hf 68
Intragna 6655 TI 14 le 71
Intschi 6476 9 ld 68
Inwil 6034 LU 9 lc 66
Ipsach 2563 BE 7 Hb 66
Iragna 6707 15 lf 70
Iseltwald 3807 BE 8 Hf 68
Isenau 12 Ha 70
Isenfluh 3822 8 Hf 69
Isenthal 6461 UR 9 ld 67
Iseo 6981 TI 14 lf 72
Isérables 1914 VS 12 Hb 71
Isle, L' 1148 VD 6 Gc 69
Isleten 9 ld 67
Islikon 8546 4 lf 63
Islisberg 8905 AG 3 lc 64
Isola 16 Kc 70
Isone 6849 15 lf 72
Issert 12 Ha 72
Istighofen 4 Ka 63
Itingen 4452 BL 2 He 64
Itschnach 3 ld 64
Ittenthal 4337 AG 3 la 63
Ittigen 3063 7 Hc 66

J

Jakobsbad 4 Kb 64
Jassbach BE 8 Hd 67
Jaun 1631 FR 7 Hb 69
Javerne 12 Ha 71
Jegenstorf 3303 BE 7 Hc 66
Jeizinen 13 Hc 70
Jenaz 7233 GR 10 Ke 67

Jenins 7307 GR 10 Kd 66
Jenna, La 11 La 68
Jens 2565 BE 7 Hb 66
Jetschwil 7 Hb 67
Jeuss 1781 FR 7 Ha 67
Jona 8645 SG 4 le 65
Jonen 8916 AG 3 lc 65
Jongny 1805 VD 7 Gf 69
Jonschwil 9243 SG 4 Ka 64
Joux, La 1699 FR 7 Gf 69
Jouxtens-Mézery 1008 VD 6 Gd 69
Jürg-Jenatsch-Hütte 10 Ke 69
Juf 7448 15 Kd 70
Juriens 1349 VD 6 Gc 68
Jussy 1254 GE 12 NBK Gb 71

K

Kägiswil 6056 8 lb 67
Känerkinden 4447 BL 2 He 64
Kaiseraugst 4303 AG 2 He 63
Kaiserstuhl 8 la 68
Kaiserstuhl 8434 AG 3 lc 63
Kaisten 4336 AG 3 la 63
Kalchstätten 7 Hb 68
Kallern 5625 AG 3 lb 65
Kallnach 3283 BE 7 Hb 66
Kalpetran 3922 13 He 71
Kaltbach 3 la 65
Kaltbrunn 8722 SG 4 Ka 65
Kaltenbach 8251 4 le 62
Kanderbrück 8 Hd 69
Kandergrund 3716 BE 8 Hd 69
Kandersteg 3718 BE 8 Hd 69
Kappel 4616 SO 2 He 64
Kappel (Toggenburg) 4 Ka 65
Kappel am Albis 8926 ZH 3 ld 65
Kappelen 8 He 66
Kappelen 3273 BE 7 Hb 66
Kastanienbaum 6047 9 lb 66
Katzenrüti 3 lc 64
Kaubad (Gasthaus) 4 Kc 65
Kaufdorf 3126 BE 7 Hc 67
Kehlenalphütte 9 lc 68
Kehrsatz 3122 BE 7 Hc 67
Kehrsiten 6365 9 lc 66
Kemmeriboden 8 Hf 68
Kempten 4 le 64
Kemptthal 8310 4 le 64
Kengelbach 4 Ka 64
Kerenzer Berg 10 Ka 66
Kernenried 3349 BE 8 Hd 66
Kerns 6064 OW 9 lb 67
Kerzers 3210 FR 7 Hb 67
Keschhütte 11 Kf 69
Kesswil 8593 TG 4 Kb 63
Kestenholz 4703 SO 2 He 65
Kien 8 Hd 69
Kienberg 4468 SO 3 Hf 64
Kienholz 8 la 68
Kiental 3723 BE 8 He 69
Kies 10 Ka 67
Kiesen 3117 BE 8 Hd 67
Kilchberg 4496 BL 2 Hf 64
Kilchberg 8802 ZH 3 ld 65
Killwangen 8956 AG 3 lc 64
Kindhausen 8963 3 ld 64
Kippel 3903 VS 13 He 70
Kirchberg 3422 BE 8 Hd 66
Kirchberg 9533 SG 4 Ka 64
Kirchdorf 3116 BE 8 Hd 67
Kirchenthurnen 3128 BE 7 Hc 67
Kirchleerau 5054 3 la 65
Kirchlindach 3038 7 Hc 66
Kirchrued 3 la 65

Kleinandelfingen 8450 ZH 4 le 63
Kleinberg 10 Kb 66
Kleinbösingen 3211 FR 7 Hb 67
Kleindietwil 4936 BE 8 He 66
Kleindöttingen 5314 3 lb 63
Kleingurmels 3212 FR 7 Hb 67
Kleinlützel 4245 SO 2 Hc 64
Kleinteil 6074 8 la 67
Kleinwangen 6277 3 lb 65
Klewenalp 9 lc 67
Klingnau 5313 AG 3 lb 63
Klösterli 2 Hc 64
Klösterli 9 lc 66
Klosters 7250 GR 11 Kf 67
Klosters-Dorf 7252 GR 11 Kf 67
Kloster Wurmsbach 4 lf 65
Kloten 8302 ZH 3 ld 64
Klus 4710 2 He 65
Knonau 8934 ZH 3 lc 65
Knutwil 6213 LU 3 la 65
Kobelwald 5 Kd 64
Koblenz 5322 AG 3 lb 63
Kölliken 5742 AG 3 la 64
Köniz 3098 BE 7 Hc 67
Kollbrunn 8483 4 le 64
Konkordiahütte 8 la 69
Konolfingen 3510 BE 8 Hd 67
Koppingen 3425 BE 8 Hd 66
Kottwil 6217 LU 8 la 65
Kradolf 9214 TG 4 Kb 63
Krattigen 3704 BE 8 He 68
Krauchthal 3326 BE 8 Hd 66
Kreuzlingen 8280 TG 4 Kb 63
Kreuzweg 8 Hd 68
Kriechenwil 3179 BE 7 Hb 67
Kriegstetten 4566 SO 2 Hd 65
Kriens 6010 LU 9 lb 66
Kriessern 9451 5 Kd 64
Krinau 9622 SG 4 Ka 64
Kröntenhütte 9 ld 68
Kröschenbrunnen 6199 8 Hf 67
Kronbühl 9302 4 Kc 64
Krummenau 9643 SG 4 Ka 64
Küblis 7240 GR 10 Ke 67
Kümmertshausen 8586 4 Kb 63
Künten 5444 AG 3 lb 64
Küsnacht 8700 ZH 3 ld 65
Küssnacht am Rigi 6403 SZ 9 lc 66
Küttigen 5024 AG 3 la 64
Küttigkofen 4571 SO 2 Hd 65
Kulmerau 6234 LU 3 la 65
Kunkels 10 Kc 67
Kyburg 8311 ZH 4 le 64

L

Laax 7031 GR 10 Kb 68
Lachen 5 Kd 64
Lachen 8853 SZ 4 lf 65
Laconnex 1287 GE 12 NBK Ga 71
Ladir 7131 GR 10 Kb 68
Ladstafel 9 lc 70
Ladu 13 He 70
Längenbühl 3611 BE 8 Hd 68
Längflue 13 Hf 72
Läufelfingen 4448 BL 2 Hf 64
Lai, Lenzerheide/ 7078 10 Kd 68
Lain 7099 10 Kc 68
Lajoux 2718 JU 6 NBK Ha 65
Lalden 3931 VS 13 Hf 71
Lally 7 Gf 69
Lamboing 2516 BE 7 Ha 66
Lamone 6814 TI 15 lf 72

Lampenberg 4432 BL 2 He 64
Lancey 12 Hb 73
Lancy 1212 GE 12 NBK Ga 71
Landarenca 6549 15 Ka 70
Landecy GE 12 NBK Ga 71
Landeron, Le 2525 NE 7 Ha 66
Landiswil 3431 BE 8 Hd 67
Landquart 7302 10 Kd 67
Landschlacht 8597 4 Kb 63
Langenbruck 4438 BL 2 He 64
Langendorf 4513 SO 2 Hc 65
Langenegg 8 He 67
Langenhart 4 Ka 63
Langenthal 4900 BE 2 He 65
Langnau 6262 3 Hf 65
Langnau am Albis 8135 ZH 3 ld 65
Langnau bei Reiden 6262 LU 3 la 65
Langnau im Emmental 3550 BE 8 He 67
Langrickenbach 8585 TG 4 Kb 63
Langwies 7099 GR 10 Ke 67
Lanterswil 4 Ka 63
Lanthen 7 Hb 67
Lantsch/Lenz 7083 GR 10 Kd 68
Lanzenhäusern 3148 7 Hb 67
Lanzenneunforn 8506 4 lf 63
Largario 6711 TI 9 lf 69
Latsch 7484 10 Ke 69
Latterbach 3758 8 Hd 68
Lauenen 3782 BE 12 Hb 70
Lauerz 6424 SZ 9 ld 66
Laufen 4242 BL 2 Hc 64
Laufenburg 4335 AG 3 la 63
Laufen-Uhwiesen 8448 ZH 3 ld 62
Lauffohr 3 lb 63
Laupen 8637 4 lf 65
Laupen 3181 BE 7 Hb 67
Laupersdorf 4712 SO 2 Hd 64
Lauperswil 3438 BE 8 He 67
Laus 9 lf 68
Lausanne 1003 VD 6 Gd 69
Lausen 4415 BL 2 He 64
Lauterbrunnen 3822 BE 8 Hf 69
Lauwil 4426 BL 2 Hd 64
Lavena, Alpe FL 10 Kd 66
Lavertezzo 6611 TI 14 le 71
Lavey 1892 12 Gf 71
Lavey-Morcles 1890 VD 12 Ha 71
Lavigny 1171 VD 6 Gc 69
Lavin 7543 GR 11 La 68
Lavorgo 6746 14 le 70
Lax 3981 VS 13 la 70
Léchelles 1773 FR 7 Ha 67
Lécherette, La 1831 12 Ha 70
Léggia 6549 GR 15 Ka 71
Lehn 8 Hf 67
Leibstadt 4353 AG 3 la 63
Leimbach 3 ld 64
Leimbach 8584 4 Kb 63
Leimbach (AG) 5733 AG 3 la 65
Leimiswil 4935 BE 8 He 65
Leissigen 3706 BE 8 He 68
Lélgio 15 lf 72
Lengnau 5426 AG 3 lb 63
Lengnau 2543 BE 2 Hc 65
Lenk 3775 BE 13 Hc 70
Lens 3941 VS 13 Hc 71
Lentigny 1751 FR 7 Gf 68

Lenz, Lantsch/ 7083 GR 10 Kd 68
Lenzburg 5600 AG 3 lb 64
Lenzerheide/Lai 7078 10 Kd 68
Leóntica 6711 TI 15 lf 70
Les Bois 2336 JU 6 NBK Gf 65
Lessoc 1661 FR 7 Ha 69
Letten 3 lc 63
Leuggelbach 8772 GL 10 Ka 67
Leuggern 5316 AG 3 lb 63
Leuk 3953 VS 13 Hd 70
Leukerbad 3954 VS 13 Hd 70
Leutwil 5725 AG 3 la 65
Leuzigen 3297 BE 2 Hc 65
Levron 1931 12 Ha 72
Leysin 1854 VS 12 Gf 70
Leytron 1912 VS 12 Hb 71
Libingen 9614 4 Ka 64
Lichtensteig 9620 SG 4 Ka 64
Liddes 1931 VS 12 Ha 72
Liebewil 7 Hc 67
Liebistorf 3211 FR 7 Hb 67
Liedertswil 4436 BL 2 He 64
Lieli 3 lc 64
Lieli 6277 LU 3 lb 65
Lienz 9464 5 Kc 65
Liesberg 4253 BL 2 Hc 64
Liestal 4410 BL 2 He 63
Lieu, Le 1345 VD 6 Gb 68
Liez 13 Hc 71
Lifelen 8 lb 66
Ligerz 2514 BE 7 Ha 66
Lignerolle 1351 VD 6 Gc 68
Lignières 2523 NE 7 Ha 66
Ligornetto 6853 TI 15 lf 73
Limpach 3349 BE 7 Hc 66
Linardhütte 11 La 68
Lindau 8307 ZH 3 ld 64
Linden 8 He 68
Linden 3517 BE 8 Hd 67
Lindenhof 2 Hf 63
Lindental 8 Hd 66
Linéscio 6671 TI 14 ld 71
Linthal 8783 GL 9 lf 67
Liplisbüel 9 le 67
Lippenrüti 8 lb 66
Lipperswil 8557 4 Ka 63
Lippoldswilen 4 Ka 63
Lischanahütte 11 Lb 68
Lisighaus 4 Kb 65
Littau 6014 LU 8 lb 66
Littenheid 9573 4 Ka 64
Littisbach 7 Hc 69
Litzirüti 7099 10 Ke 68
Lobsigen 3268 7 Hb 66
Locarno 6600 TI 14 le 71
Locle, Le 2400 NE 6 Ge 66
Loco 6671 TI 14 ld 71
Lodano 6671 TI 14 ld 71
Lodrino 6567 TI 15 lf 71
Löbbia 16 Kd 70
Löhningen 8224 SH 3 ld 62
Lömmenschwil 9308 4 Kc 63
Logiano 15 Kb 70
Lohn (GR) 7431 GR 10 Kc 68
Lohn (SH) 8211 SH 3 ld 62
Lohn (SO) 4573 SO 2 Hd 65
Lohnstorf 3127 BE 7 Hc 68
Lommis 9506 TG 4 lf 63
Lommiswil 4514 SO 2 Hc 65
Lonay 1027 VD 6 Gd 69
Longirod 1261 VD 6 Gb 69
Losenegg 8 He 68
Losone 6616 TI 14 le 71
Lossy 1782 FR 7 Ha 67
Lostallo 6558 GR 15 Kb 71
Lostorf 4654 SO 3 Hf 64
Lostorf, Bad 3
Lottigna 6711 TI 15 lf 70
Lotzwil 4932 BE 2 He 65

Lourtier **1931** 12 Hb 72
Lovatens **1681** VD
7 Gf 68
Lovens **1754** FR 7 Ha 68
Loveresse **2732** BE
2 Hb 65
Loye 13 Hc 71
Lucelle **2807** 2 Hb 64
Lucens **1522** VD 7 Ge 68
Lucerne = Luzern **6000**
LU 9 Ib 66
Luchsingen **8775** GL
10 Ka 67
Lucmagn, Medel/ **7181**
GR 9 Ie 68
Ludiano **6711** TI 15 If 70
Lüderenalp 8 He 66
Lüen **7099** GR 10 Kd 67
Lü-Lusai **7531** GR
11 Lb 69
Lüscherz **2576** BE
7 Ha 66
Lüsslingen **4574** SO
2 Hc 65
Lüterkofen **4571** SO
2 Hc 65
Lüterswil **4571** SO
7 Hc 66
Lütisburg **9235** SG
4 Ka 64
Lütoldsmatt 8 Ib 67
Lütschental 8 Ia 68
Lütschental **3816** BE
8 Hf 69
Luette 13 Hc 71
Lütze 2 Hc 64
Lützelflüh **3432** BE
8 He 66
Lufingen **8426** ZH 3 Id 63
Lugaggia **6951** TI 15 If 72
Lugano **6900** TI 15 If 72
Lugnez **2933** JU
6 NBK Ha 63
Luins **1181** VD
12 NBK Gb 70
Lully (FR) **1470** FR
7 Ge 67
Lully (VD) **1111** VD
6 Gc 69
Lumbrein **7131** GR
10 Ka 68
Lumino **6533** TI 15 Ka 71
Lunden 10 Ke 67
Lungern **6078** OW 8 Ia 68
Lunschania 10 Kb 68
Lupfig **5242** AG 3 Ib 64
Lupsingen **4419** BL
2 He 64
Lurengo 9 Ie 69
Lurtigen **3211** FR 7 Ha 67
Lussery **1304** VD 6 Gd 69
Lussy **1111** VD 6 Gc 69
Lussy (FR) **1758** FR
7 Gf 68
Lustdorf **8513** 4 If 63
Luterbach **4708** SO
2 Hd 65
Luthern **6156** LU 8 Hf 66
Luthern Bad **6157** 8 Hf 66
Lutry **1095** VD 6 Gd 69
Lutzenberg **9426** AR
5 Kd 64
Luven **7131** GR 10 Kb 68
Luzein **7242** GR 10 Ke 67
Luzern **6000** LU 9 Ib 66
Lyss **3250** BE 7 Hb 66
Lyssach **3421** BE 8 Hd 66

M

Mâche **1961** 12 Hc 71
Madetswil **8322** 4 Ie 64
Madiswil **4934** BE
8 He 65
Madra 15 Ka 70
Madrano **6781** 9 Id 69
Madulain **7523** GR
11 Kf 69
Mädems 10 Kb 66
Mägenwil **5506** AG
3 Ib 64
Mäls **FL** 10 Kc 66
Männedorf **8708** ZH
4 Ie 65
Märstetten **8562** TG
4 Ka 63
Märwil **9562** 4 Ka 63
Mättenwang 9 If 67
Magadino **6573** TI
14 If 71
Magden **4312** AG
2 He 63
Mággia **6673** TI 14 Ie 71

Magglingen **2532**
7 Hb 66
Magliaso **6983** TI 14 If 72
Magne, Le **1687** FR
7 Gf 68
Magnoux, Bioley- **1049** VD
6 Ge 68
Maienfeld **7304** GR
10 Kd 66
Maighels 9 Ie 69
Maira, Le 6 NBK Gf 64
Mairengo **6799** TI 9 Ie 69
Maisprach **4464** BL
2 Hf 63
Maladers **7026** GR
10 Kd 67
Malans 10 Kd 67
Malans **7208** GR
10 Kc 66
Malbun **FL** 10 Kd 66
Malessert 7 Ha 68
Maliens 10 Kc 67
Malix **7074** GR 10 Kd 68
Malixer Alp 10 Kc 68
Malleray **2735** BE
2 Hb 65
Maloja **7516** GR 16 Ke 70
Malters **6102** LU 8 Ib 66
Malváglia **6713** TI 15 If 70
Malval **1217** GE
Mamishaus **3152** 7 Hc 67
Mammern **8265** 4 If 63
Manche, La 7 Hb 69
Mandach **5318** AG
3 Ib 63
Mandelon 12 Hc 72
Mannenbach **8268**
4 Ka 62
Mannens **1775** FR
7 Gf 68
Mannried 7 Hc 69
Maracon **1699** VD
7 Gf 69
Maran 10 Kd 68
Marangun 11 La 68
Marbach **6196** LU 8 Hf 67
Marbach (SG) **9437** SG
5 Kd 64
Marchissy **1261** VD
6 Gb 69
Marécottes, Les **1923**
12 Gf 72
Maria, Sils im
Engadin/Segl **7514** GR
16 Ke 70
Mariahilf 7 Hb 67
Mariastein **4115** 2 Hc 64
Marin-Epagnier **2074** NE
7 Gf 66
Marly **1723** FR 7 Ha 68
Marmorera **7451** GR
10 Kd 69
Marnand **1599** VD
7 Gf 68
Maróggia **6817** TI 15 If 73
Marolta **6711** TI 9 If 70
Marsens **1633** FR
7 Ha 68
Martel-Dernier **2316**
6 Ge 66
Marthalen **8460** ZH
3 Id 63
Martherenges **1099** VD
6 Ge 68
Martigny **1920** VS
12 Ha 72
Martigny-Bourg **1920**
12 Ha 72
Martigny-Combe **1920** VS
12 Ha 72
Martina **7560** 11 Lc 67
Martinsbruck = Martina
7560 11 Lc 67
Martinsmadhütte
10 Kb 67
Martisberg **3981** VS
13 Ia 70
Martisegg 8 He 67
Masans 10 Kd 67
Maschwanden **8933** ZH
3 Ic 65
Mase **1961** VS 13 Hc 71
Maseltrangen 4 Ka 65
Masescha **FL** 10 Kd 66
Massagno **6900** TI
15 If 72
Massongex **1891** VS
12 Gf 71
Massonnens **1681** FR
7 Gf 68
Mastrils **7302** 10 Kd 67
Mathod **1438** VD 6 Gd 68
Mathon **7431** GR
10 Kc 69
Matran **1753** FR 7 Ha 68

Matt **8766** GL 10 Ka 67
Matten 4 Kb 64
Matten **3773** BE 7 Hc 69
Matten bei Interlaken **3800**
BE 8 Hf 68
Mattmarksee 13 Hf 72
Mattstetten **3332** BE
7 Hc 66
Mattwil **8585** 4 Kb 63
Matzendorf **4713** SO
2 Hd 65
Matzingen **9548** TG
4 If 63
Mauborget **1411** VD
6 Gd 67
Mauensee **6216** LU
3 Ia 65
Mauguettaz, La 6 Ge 68
Maules **1688** FR 7 Gf 69
Maur **8124** ZH 3 Id 64
Mauraz **1148** VD 6 Gc 69
Mauren **FL-9493** 5 Kd 65
Mauren **8575** 4 Ka 63
Mayens-de-May 12 Hb 71
Mayens-de-Nax 13 Hc 71
Mayens-de-Praz 13 Hc 71
Mayens-de-Riddes **1914**
VS 12 Hb 71
Mayoux 13 Hd 71
Mazembroz 12 Ha 71
Mazzucan 15 Ka 71
Medéglia **6849** TI 15 If 72
Medel/Lucmagn **7181** GR
9 Ie 68
Medels im Rheinwald
7436 GR 10 Kb 69
Medergen 10 Ke 68
Médières 12 Hb 72
Mèdoscio 15 If 71
Meggen **6045** LU 9 Ic 66
Mehlbaum 13 Hf 70
Meide 13 He 71
Meielsgrund 12 Hb 70
Meien **6484** 9 Id 68
Meienried **3294** BE
Meierhof **7134** 10 Ka 68
Meierskappel **6344** LU
9 Ic 66
Meiersmaad 8 He 68
Meikirch **3045** BE
7 Hc 66
Meilen **8706** ZH 3 Id 65
Meinier **1252** GE
12 NBK Gb 71
Meinisberg **2554** BE
2 Hb 65
Meiringen **3860** BE
8 Ib 68
Meisterschwanden **5616**
AG 3 Ib 65
Melano **6818** TI 15 If 73
Melchnau **4917** BE
2 Hf 65
Melchtal **6067** 9 Ib 67
Melera 15 Ka 71
Melide **6815** TI 15 If 73
Mellikon **8439** AG 3 Ic 63
Mellingen **5507** AG
3 Ib 64
Mellstorf 3 Ic 63
Mels **8887** SG 10 Kc 66
Meltingen **4249** SO
2 Hd 64
Mendraz, Villars- **1099** VD
6 Ge 68
Mendrísio **6850** TI
15 If 73
Ménières **1531** 7 Gf 68
Meniggrund 7 Hc 69
Menigwald 7 Hc 69
Menzberg **6125** 8 Hf 66
Menziken **5737** AG
3 Ib 65
Menzingen **6313** ZG
3 Id 65
Menznau **6122** LU 8 Ia 66
Menzónio **6671** TI
14 Id 70
Merenschwand **5634**
3 Ic 65
Mergóscia **6611** TI
14 Ie 71
Méride **6866** TI 15 If 73
Merishausen **8232** SH
3 Id 62
Merlen 10 Kb 66
Merligen **3658** 8 He 68
Merlischachen **6402**
Mervelier **2827** JU
2 Hc 64
Merzligen **3274** BE
7 Hb 66
Mesocco **6563** GR
15 Kb 70

Messen **3254** SO 7 Hc 66
Mettau **4344** AG 3 Ia 63
Mettembert **2801** JU
2 Hb 64
Mettendorf 4 Kb 64
Mettendorf 4 If 63
Mettlen 7 Hc 68
Mettlen **9517** 4 Ka 63
Mettlenalp 8 Hf 66
Mettmenschongau 3 Ib 65
Mettmenstetten **8932** ZH
3 Ic 65
Metzerlen **4116** SO
2 Hc 64
Mex (VD) **1030** VD
6 Gd 69
Mex (VS) **1891** VS
12 Gf 71
Meyriez **3280** FR 7 Ha 67
Meyrin **1217** GE
12 NBK Ga 71
Mézery, Jouxtens- **1008**
VD 6 Gd 69
Mézières **1083** VD
6 Ge 69
Mézières (FR) **1681** FR
7 Gf 68
Mezzovico **6849** TI
15 If 72
Middes **1751** FR 7 Gf 68
Miécourt **2946** JU
6 NBK Ha 64
Miège **3961** VS 13 Hd 70
Mies **1295** VD
12 NBK Ga 71
Miéville 12 Ha 71
Miex **1896** 12 Gf 70
Miglièglia **6981** TI
14 Ie 72
Milken **3157** 7 Hc 68
Minúsio **6648** TI 14 Ie 71
Miralago **7749** 16 La 71
Miraniga **7135** 10 Ka 68
Mirchel **3532** BE 8 Hd 67
Mischabelhütte 13 Hf 72
Misery **1711** FR 7 Ha 67
Misoz = Mesocco
15 Kb 70
Mission 13 Hd 71
Missy **1565** VD 7 Gf 67
Mistelegg 4 Kb 65
Mitholz 8 Hd 69
Mitlödi **8756** GL 10 Ka 67
Mittaggüpfi 8 Ib 67
Mittelhäusern **3147** BE
7 Hc 67
Möhlin **4313** AG 2 Hf 63
Mönchalp 11 Kf 67
Mönchaltorf **8617** ZH
4 Ie 65
Mönthal **5237** AG 3 Ia 63
Mörel **3983** VS 13 Ia 70
Mörigen **2572** BE
7 Hb 66
Möriken **5115** AG 3 Ib 64
Mörlialp 8 Ia 67
Mörschwil **9402** SG
4 Kc 64
Mötschwil **3324** BE
8 Hd 66
Mogelsberg **9122** SG
4 Ka 64
Moghegno **6671** TI
14 Ie 71
Mogno 14 Id 70
Moiry **1349** VD 6 Gc 68
Moiry, Cabane de
13 Hd 72
Móleno **6549** TI 15 If 71
Moléson-Village **1631**
7 Ha 69
Molinis **7099** GR
10 Kd 67
Mollens **1141** VD 6 Gc 69
Mollens **3961** VS
13 Hc 70
Mollie-Margot **1099**
6 Ge 69
Mollis **8753** GL 10 Ka 66
Molondin **1415** VD
6 Ge 68
Mompé Medel **7181**
9 Ie 68
Mon **7451** GR 10 Kd 68
Monbiel **7250** GR
11 Kf 67
Mondada 14 Id 70
Móneto **6651** 14 Id 71
Monible **2711** BE 2 Hb 65
Monnaz **1112** VD
Monniaz 12 NBK Gb 71
Monstein **7275** 10 Ke 68
Mont, Le 12 Ha 71
Mont, Le 6 Gd 69
Montagnola **6926** TI
15 If 72

Montagnon 12 Hb 71
Montagny **1441** VD
6 Gd 68
Montagny-la-Ville **1776** FR
7 Gf 67
Montagny-les-Monts **1774**
FR 7 Gf 68
Montalchez **2077** NE
6 Ge 67
Montana **3962** VS
13 Hc 70
Montavon **2857** FR
2 Hb 64
Montbas 12 Hb 71
Montborget **1482** FR
7 Ge 68
Montbovats, Les
6 NBK Ha 65
Montbovon **1835** FR
7 Ha 69
Montbrelloz **1565** FR
7 Gf 67
Montcherand **1351** VD
6 Gc 68
Monte Brè **6605** 14 Ie 71
Monte Carasso **6513** TI
15 If 71
Montécu **1711** FR
7 Hb 68
Montéggio **6891** TI
14 Ie 72
Monte Laura 15 Ka 71
Montenol **2884** JU
6 NBK Ha 64
Monte-Rosa-Hütte
13 He 73
Montet 7 Ha 67
Montet-Broye **1482** FR
7 Gf 67
Montet-Glâne **1675** FR
7 Ge 68
Montévraz **1724** FR
7 Ha 68
Montfaucon **2875** JU
6 NBK Ha 65
Montherod **1171** VD
6 Gc 69
Monthey **1870** VS
12 Gf 71
Monti di Ditto 14 If 71
Monti di Motta 14 If 71
Monti di San Carlo
14 Ie 70
Montignez **2924** JU
6 NBK Ha 63
Mont-la-Ville **1349**
6 Gc 68
Montlingen **9462** 5 Kd 64
Montmagny **1581** VD
7 Gf 67
Montmelon **2851** JU
2 Hb 64
Montmollin **2205** NE
7 Ge 66
Montpreveyres **1099** VD
6 Ge 69
Montreux **1820** VD
12 Gf 70
Montricher **1141** VD
6 Gc 69
Montsevelier **2828**
2 Hc 64
Mont-sur-Lausanne, Le
1500 VD 6 Gd 69
Mont-sur-Rolle **1181**
6 Gb 70
Mont-Tramelan **2722** BE
6 NBK Ha 65
Moolen 4 Kb 63
Moos 5 Kd 65
Moos 8 Ia 66
Moosalp 13 He 71
Moosegg (Gasthaus)
8 He 67
Moosleerau **5054** AG
3 Ia 65
Moosseedorf **3302** BE
7 Hc 66
Mora, Alp 11 Lb 69
Morat = Murten **3280** FR
7 Ha 67
Mórbio Inferiore **6834** TI
15 Ka 73
Mórbio Superiore **6835** TI
15 If 73
Morcles, Lavey- **1890** VD
12 Ha 71
Morcote **6922** TI 15 If 73
Morens **1482** FR 7 Gf 67
Morges **1110** VD 6 Gc 69
Morgins **1875** VS
12 Ge 71
Morissen **7131** GR
10 Ka 68
Morlon **1631** FR 7 Ha 69
Mornera 15 If 71

Morrens **1054** VD
6 Gd 69
Morschach **6443** SZ
9 Id 66
Morteratsch 16 Kf 70
Mosen **6295** LU 3 Ib 65
Mosnang **9607** SG
4 Ka 64
Mosogno **6611** TI
14 Id 71
Mossel **1675** FR 7 Ge 69
Mosses, Les **1861**
12 Ha 70
Môtier **1787** FR 7 Ha 67
Môtiers **2112** 6 Gd 67
Motta 14 Ie 71
Motta, La 16 La 70
Motta Naluns 11 Lb 68
Mottec 13 Hd 71
Motto **6711** 15 If 70
Moudon **1510** VD
7 Ge 68
Moulins, Les **1831** VD
7 Ha 70
Mountet, Cabane du
13 Hd 72
Mouret, Le 7 Ha 68
Moutier **2740** BE 2 Hc 65
Movelier **2812** JU
2 Hb 64
Mühlau **5642** AG 3 Ic 65
Mühlebach **3981** VS
14 Ia 70
Mühleberg **3203** BE
7 Hb 67
Mühledorf **3116** BE
8 Hd 67
Mühledorf **4571** SO
7 Hc 66
Mühlehorn **8874** GL
10 Ka 66
Mühlethal **4812** AG
3 Hf 65
Mühlethurnen **3127** BE
7 Hc 67
Mühleweg 8 He 66
Mühlrüti **9613** 4 If 64
Mülchi **3349** BE 7 Hc 66
Mülenen **3712** BE
8 He 69
Müli 2 Hd 65
Mülital 7 Hb 67
Müllheim **8555** TG 4 If 63
Mülligen **5283** AG 3 Ib 64
Mümliswil **4717** SO
2 He 64
Münchenbuchsee **3053**
BE 7 Hc 66
Münchenstein **4142** BL
2 Hd 63
Münchenwiler **1781** BE
7 Ha 67
Münchringen **3303** BE
7 Hd 66
Münchwilen **4333** AG
3 Hf 63
Münchwilen **9542** TG
4 If 64
Münsingen **3110** BE
8 Hd 67
Münster **3985** VS 8 Ib 69
Münster = Moutier **2740**
BE 2 Hc 65
Münster = Müstair **7537**
GR 11 Lc 69
Münsterlingen 4 Kb 63
Müntschemier **3225** BE
7 Ha 66
Mürren **3825** 8 Hf 69
Müselbach **9602** 4 Ka 64
Müstair = Münster **7537**
GR 11 Lc 69
Müswangen **6285** LU
3 Ib 65
Mugena **6911** TI 14 If 72
Múggio **6831** TI 15 Ka 73
Muhen **5037** AG 3 Ia 64
Muids, Le **1261** 6 Gb 70
Mulania 10 Kb 69
Muldain **7099** 10 Kc 68
Mulegns **7455** GR
10 Kd 69
Mulin 10 Kb 67
Mullenberg 10 Ka 66
Mullwil 3 Ic 65
Mumenthal 2 He 65
Mumpf **4322** AG 2 Hf 63
Mund **3901** VS 13 Hf 70
Munt 10 Kb 66
Munt 9 If 68
Muntelier **3280** FR
7 Ha 67
Munter 10 Kc 69
Muotathal **6436** SZ
9 Ic 67

Mur (VD) **1787** VD
7 Ha 67
Muralto **6600** TI 14 le 71
Muraunza 11 Lc 69
Muraz **1893** 12 Gf 71
Murg **8877** 10 Kb 66
Murgenthal **4853** AG
2 He 65
Muri **3074** 7 Hc 67
Muri (AG) **5630** AG
3 Ib 65
Muriaux **2311** JU
6 NBK Gf 65
Murist **1482** FR 7 Ge 68
Murten **3280** FR 7 Ha 67
Murzelen **3034** 7 Hb 66
Mustér, Disentis/ **7180** GR
9 le 68
Mutrux **1428** VD 6 Ge 67
Mutschellen **8968** 3 lc 64
Mutschnengia 9 le 68
Muttenz **4132** BL 2 Hd 63
Mutwil 4 Kb 64
Muzzano **6933** TI 15 lf 72

N

Nack 3 ld 63
Näfels **8752** GL 10 Ka 66
Nänikon **8606** 4 le 64
Nätschen 9 ld 69
Nante 9 ld 69
Nassen **9123** 4 Ka 64
Nassenwil 3 lc 64
Naters **3904** VS 13 Hf 70
Nax **1961** VS 13 Hc 71
Naz 10 Ke 69
Naz **1041** VD 6 Ge 68
Neaza, Alp 10 Kc 69
Nebikon **6244** LU 3 Hf 65
Neerach **8173** ZH 3 lc 63
3 ld 63
Neggio **6981** TI 14 lf 72
Neiberg 9 ld 67
Neirivue **1661** FR 7 Ha 69
Nendeln **FL** 5 Kd 65
Nennigkofen **4574** SO
2 He 65
Nenzlingen **4249** BL
2 Hd 64
Neschwil **8484** 4 le 64
Nesselnbach **5523**
3 lb 64
Nessental **3863** 9 lb 68
Nesslau **9650** SG 4 Kb 65
Netstal **8754** 10 Ka 66
Neubrunn **8361** 4 lf 64
Neuburg 3 ld 63
Neuchâtel **2000** NE
7 Gf 66
Neudorf **6025** LU 3 lb 63
Neuenburg = Neuchâtel
2000 NE 7 Gf 66
Neuendorf **4623** 2 He 65
Neuenegg **3176** BE
7 Hb 67
Neuenhof **5432** 3 lb 64
Neuenkirch **6206** LU
8 lb 66
Neuhaus **8732** 4 lf 65
Neuhausen am Rheinfall
8212 SH 3 ld 62
Neuheim **6345** ZG 3 ld 65
Neukirch 10 Kb 68
Neukirch **8578** 4 Ka 63
Neukirch **9315** TG
4 Kc 63
Neunkirch **8213** SH
3 lc 62
Neuparadis 4 le 62
Neurheinau 3 ld 63
Neu Sankt Johann **9652**
SG 4 Kb 65
Neuvevilla, La **2520** BE
7 Ha 66
Neuwilen 4 Ka 63
Neyruz **1751** FR 7 Ha 68
Neyruz-sur-Moudon **1511**
VD 7 Ge 68
Nidau **2560** BE 7 Hb 66
Nidfurn **8772** GL
10 Ka 66
Niederbipp **4704** 2 He 65
Niederbuchsiten **4626** SO
2 He 65
Niederbüren **9246** SG
4 Kb 64
Niederbütschel 7 Hc 67
Niederdorf 9 lc 67
Niederdorf **4435** BL
2 He 64
Niedererlinsbach **5015** SO
3 Hf 64

Niedergampel 13 He 70
Niedergesteln **3942** VS
13 He 70
Niederglatt **9240** 4 Ka 64
Niederglatt **8172** ZH
3 lc 63
Niedergösgen **5013** SO
3 Hf 64
Niederhasli **8155** ZH
3 lc 64
Niederhelfenschwil **9527**
SG 4 Kb 64
Niederhofen 4 lf 64
Niederhünigen **3504** BE
8 Hd 67
Niederlenz **5702** AG
3 lb 64
Niedermettlen 7 Hb 67
Niedermuhlern **3087** BE
7 Hc 67
Niedermuhren 7 Hb 67
Niederneunforn **8525**
4 le 63
Niederönz **3362** BE
2 He 65
Niederösch **3424** BE
8 Hd 66
Niederrickenbach NW
9 lc 67
Niederried 7 Hb 66
Niederried **3853** BE
8 Hf 67
Niederrohrdorf **5443** AG
3 lb 64
Niederscherli **3145**
3 ld 63
Niederschongau 3 lb 65
Niedersteinmaur 3 lc 63
Niederstocken **3611** BE
8 Hd 68
Niederurnen **8867** GL
10 Ka 66
Niederwald **3981** VS
14 lb 70
Niederwangen **3172**
7 Hc 67
Niederweningen **8166** ZH
3 lc 63
Niederwichtrach **3114** BE
8 Hd 67
Niederwil 3 la 65
Niederwil 3 lc 65
Niederwil 4 le 63
Niederwil **9203** 4 Kb 64
Niederwil **5524** AG
3 lb 64
Niederwil **4511** SO
2 Hd 65
Nierlet-les-Bois **1772** FR
7 Ha 67
Niva **6671** 14 ld 71
Nods **2518** BE 7 Ha 66
Noflen **3116** BE 8 Hd 68
Noiraigue **2103** NE
6 Ge 67
Noirmont, Le **2725** JU
6 NBK Gf 65
Nonfoux 6 Gd 68
Norántola 15 Ka 71
Noréaz **1754** FR 7 Ha 68
Noréaz, Cheseaux- **1400**
VD 6 Gd 68
Nottwil **6207** LU 8 la 66
Novággio **6986** TI
14 le 72
Novai 11 Kf 67
Novalles **1411** VD
6 Gd 67
Novazzano **6883** TI
15 lf 73
Noville **1845** VD 12 Gf 70
Nürensdorf **8309** ZH
3 ld 64
Nufenen **7437** GR
10 Kb 69
Nuglar **4412** SO 2 He 64
Nuna 11 La 68
Nunningen **4208** SO
2 Hd 64
Nunwil 3 lb 65
Nuolen 4 lf 65
Nussbaumen **8537**
4 le 63
Nusshof **4453** BL 2 He 63
Nuvilly **1482** FR 7 Ge 68
Nyon **1260** VD
12 NBK Gb 70

O

Oberaach **8587** TG
4 Kb 63
Oberägeri **6315** ZG
9 ld 66

Oberarth **6414** 9 ld 66
Oberbalm **3096** BE
7 Hc 67
Oberbazenheid 4 Ka 64
Oberbeinwil **4249**
2 Hd 64
Oberberg 8 la 68
Oberbipp **4538** BE
2 He 65
Oberbözberg **5225** AG
3 la 63
Oberbottigen 7 Hb 67
Oberbuchsiten **4625** SO
2 He 65
Oberbüren **9245** SG
4 Ka 64
Oberbütschel **3085**
7 Hc 67
Oberburg 3 lb 64
Oberburg **3414** 8 Hd 66
Oberbussnang 4 Ka 63
Oberdiessbach **3515** BE
8 Hd 67
Oberdorf **4515** 2 Hc 65
Oberdorf **4436** BL
2 He 64
Oberdorf (NW) **6370** NW
9 lc 67
Oberdürnten 4 lf 65
Oberegg **9413** AI 5 Kd 64
Oberehrendingen **5422**
AG 3 lb 63
Oberei 8 He 67
Oberembrach **8425** ZH
3 ld 63
Oberems **3941** VS
13 He 71
Oberengstringen **8102** ZH
3 lc 64
Oberentfelden **5036** AG
3 la 64
Oberflachs **5108** AG
3 la 64
Oberfrick 3 Hf 63
Obergerlafingen **4564** SO
2 Hd 65
Obergesteln **3981** VS
9 lb 69
Oberglatt 4 Kb 64
Oberglatt **8154** ZH
3 ld 64
Obergösgen **4653** SO
3 Hf 64
Obergoldbach **3434**
8 Hd 67
Oberhallau **8216** SH
3 lc 62
Oberhasli 3 lc 64
Oberhelfenschwil **9621**
SG 4 Ka 64
Oberhöri 3 ld 63
Oberhof **5267** AG 3 Hf 64
Oberhofen 8 He 67
Oberhofen **4345** 3 la 63
Oberhofen **3653** BE
8 Hd 68
Oberhofen bei Kreuzlingen
4 Kb 63
Oberholz 4 lf 65
Oberhünigen **3510** BE
8 Hd 67
Oberiberg **8843** SZ
9 le 66
Oberkirch **6208** LU
8 la 65
Oberkulm **5727** AG
3 la 65
Oberlangenegg **3616** BE
8 He 68
Oberlunkhofen **8917** AG
3 lc 65
Obermatt 9 ld 68
Obermonten 7 Hb 68
Obermumpf **4324** AG
3 Hf 62
Obermutten **7431**
10 Kc 68
Oberneunforn 4 le 63
Oberönz **3363** BE
2 He 65
Oberösch **3424** BE
8 Hd 66
Ober-Ottikon 4 le 65
Oberramsern **4571** SO
7 Hc 66
Oberrickenbach **6386**
9 lc 67
Oberried 13 Hc 70
Oberried **3854** BE 8 Hf 68
Oberried (FR) **1724** FR
7 Ha 68
Oberrieden **8942** ZH
3 ld 65
Oberriet **9463** SG
5 Kd 64
Oberrindal 4 Ka 64

Oberrohrdorf **5452** AG
3 lb 64
Oberrüti **5647** AG 9 lc 65
Obersaxen **7133** GR
10 Ka 68
Oberschan **9479**
10 Kc 66
Oberscherli 7 Hc 67
Oberschlatt **8251** 4 le 62
Oberschlatt **8418** 4 lf 64
Oberschongau 3 lb 65
Oberschrot **1716** FR
7 Hb 68
Obersee 9 Ka 66
Oberseen 4 le 64
Obersiezsäss 10 Kb 66
Obersiggenthal **5416** AG
3 lb 63
Obersteinach 4 Kc 63
Ober Steinberg 8 Hf 69
Obersteinmaur 3 lc 63
Oberstocken **3611** BE
8 Hd 68
Oberterzen **8884**
10 Kb 66
Oberthal **3531** BE
8 Hd 67
Oberurnen **8868** GL
10 Ka 66
Oberuzwil **9242** SG
4 Ka 64
Obervaz, Vaz/ - **7099** GR
10 Kc 68
Oberwald **3981** VS
9 lb 69
Oberwangen **3173**
7 Hc 67
Oberwangen **8371** 4 lf 64
Oberwenningen **8165** ZH
3 lc 63
Oberwichtrach **3114** BE
8 Hd 67
Oberwil 4 le 63
Oberwil 3 ld 64
Oberwil 4 lf 63
Oberwil **3765** 7 Hc 68
Oberwil **4104** 2 Hd 63
Oberwil **6317** 9 lc 66
Oberwil **3298** BE 7 Hc 66
Oberwil (AG) **8966** AG
3 lc 64
Oberwilen 8 lb 67
Oberwinterthur 4 le 63
Ober Zaixen 3 la 64
Obfelden **8912** ZH 3 lc 65
Obstalden **8875** GL
10 Ka 66
Ochlenberg **3367** BE
8 He 65
Ocourt **2889** JU
6 NBK Ha 64
Oekingen **4566** SO
2 Hd 65
Oensingen **4702** SO
2 He 65
Oerlikon, Zürich- **8050**
3 ld 64
Oerlingen **8461** 3 le 63
Oeschenbach **4943** BE
8 He 66
Oeschgen **5263** AG
3 la 63
Oetwil am See **8618** ZH
4 le 65
Oetwil an der Limmat
8955 ZH 3 lc 64
Oey **3753** 8 Hd 68
Oftringen **4665** AG
2 Hf 64
Ogens **1049** VD 6 Ge 68
Ohmstal **6142** LU 8 Hf 65
Oleyres **1580** VD 7 Ha 67
Olivone **6718** TI 9 lf 69
Ollon **3961** 13 Hc 71
Ollon **1867** VD 12 Gf 71
Olsberg **4305** AG 2 He 63
Olten **4600** SO 2 Hf 64
Oltigen 7 Hb 66
Oltingen **4494** BL 3 Hf 64
Onex **1213** GE
12 NBK Ga 71
Onnens **1754** FR 7 Ha 68
Onnens **1425** VD 6 Ge 67
Opfersei 8 Hf 66
Opfershofen **8584**
4 Ka 63
Opfertshofen (SH) **8211**
SH 3 ld 62
Opfikon **8152** ZH 3 ld 63
Oppens **1411** VD 6 Ge 68
Oppikon **9563** TG
4 Ka 63

Oppligen **3117** BE
8 Hd 67
Orbe **1350** VD 6 Gd 68
Orges **1411** VD 6 Gd 68
Orient **1341** 6 Gb 69
Origlio **6951** TI 15 la 72
Oríglio **6951** TI 15 lf 72
Orjulaz, Bioley- **1049** VD
6 Gd 69
Ormalingen **4466** BL
2 Hf 64
Ormône 12 Hb 71
Ormont-Dessous **1863** VD
12 Ha 70
Ormont-Dessus **1865** VD
12 Ha 70
Orny **1315** VD 6 Gd 68
Oron-la-Ville **1672** VD
7 Ge 69
Oron-le-Châtel **1699** VD
7 Ge 69
Orpund **2552** BE 7 Hb 66
Orsaira 9 lf 69
Orselina **6644** TI 14 le 71
Orsières **1937** VS
12 Ha 72
Orsonnens **1681** FR
7 Gf 68
Orvin **2534** BE 7 Hb 65
Orzens **1411** VD 6 Gd 68
Oschwand **3476** 8 He 66
Osco **6799** TI 9 le 69
Osogna **6703** TI 15 lf 71
Ossasco 10 ld 69
Ossingen **8475** ZH
4 le 63
Osterfingen **8218** SH
3 lc 62
Ostermundigen **3072**
7 Hc 67
Otelfingen **8112** ZH
3 lc 64
Othmarsingen **5504** AG
3 lb 64
Ottavan 13 He 72
Ottenbach **8913** ZH
3 lc 65
Ottenhusen 9 lb 65
Ottenleuebad 7 Hc 68
Ottikon **8311** ZH 4 le 64
Ottisberg 7 Ha 67
Ottiswil 7 Hc 66
Ottoberg **8561** 4 Ka 63
Ouchy 6 Gd 69
Ouge, L' 12 Ha 70
Oulens **1511** VD 7 Ge 68
Oulens-sous-Echallens
1041 VD 6 Gd 68
Ova Spin 11 La 68
Ovronnaz **1912** 12 Ha 71

P

Paccot, Granges- **1700** FR
7 Ha 67
Paccots, Les **1622**
7 Gf 69
Pagig **7099** GR 10 Kd 67
Pailly **1411** VD 6 Gd 68
Palagnedra **6651** TI
14 ld 71
Palézieux **1599** VD
7 Ge 69
Palézieux-Gare **1607**
7 Ge 69
Pampigny **1141** VD
6 Gc 69
Panex **1861** 12 Gf 70
Panix, Pigniu/ **7156** GR
10 Ka 68
Pany GR 10 Ke 67
Pâquier, Chêne- **1463** VD
6 Ge 68
Pâquier, Le **1661** FR
7 Ha 69
Pâquier, Le **2058** NE
7 Gf 66
Paradis 4 le 62
Paradiso **6902** TI 15 lf 72
Pardisla 10 Kd 67
Parpan **7076** GR
10 Kd 68
Parsennhütte 11 Ke 67
Parsonz **7464** 10 Kd 69
Parstogn 10 Kb 68
Part-Dieu, La 7 Gf 69
Partnun 11 Ke 66
Paspels **7417** GR
10 Kc 68
Passugg **7062** 10 Kd 67
Paudex **1094** VD 6 Gd 69
Paudo 15 Ka 71
Payerne **1530** VD 7 Gf 67
Pazzallo **6912** TI 15 lf 72

Péccia **6671** TI 14 ld 70
Peiden, Uors- **7131** GR
10 Kb 68
Peil 10 Kb 68
Peissy 12 NBK Ff 71
Peist **7099** 10 Kd 67
Peney 8 NBK Ga 71
Peney GE 12 NBK Ga 71
Peney-le-Jorat **1099** VD
6 Ge 69
Pensa 10 Kd 69
Penthalaz **1305** VD
6 Gd 69
Penthaz **1349** VD
6 Gd 69
Pentheréaz **1399** VD
6 Gd 68
Péquignot, Le Cerneux-
2414 NE 6 Gd 66
Perlen **6035** 9 lc 66
Perly **1258** GE
12 NBK Ga 71
Perrefitte **2741** BE
2 Hb 65
Perreux **2018** 7 Ge 67
Perroy **1166** VD 6 Gc 70
Persónico **6799** TI
15 lf 70
Péry **2603** BE 2 Hb 65
Peseux **2034** NE 7 Gf 66
Petite-Grave GE
12 NBK Ga 71
Petit-Martel **2311** 6 Ge 66
Petits-Ponts, Les **2092**
6 Ge 66
Peuchapatte, Le **2724** JU
6 NBK Gf 65
Pfäfers **7312** SG 10 Kc 66
Pfäfers, Bad 10 Kc 67
Pfäffikon **8808** 4 le 65
Pfäffikon **8330** ZH 4 le 64
Pfaffhausen 3 ld 64
Pfaffnau **6264** LU 2 Hf 65
Pfeffikon **5735** LU 3 la 65
Pfeffingen **4148** BL
2 Hc 64
Pfungen **8422** ZH 3 ld 63
Pfyn 13 Hd 71
Pfyn **8505** TG 4 lf 63
Piandera **6951** 15 Ka 72
Pianezzo **6549** TI
15 Ka 71
Piano 14 lc 71
Piano di Péccia **6671**
14 ld 70
Pian San Giácomo
15 Kb 70
Piazzogna **6579** TI
14 le 72
Pierrafortscha **1722** FR
7 Hb 68
Pieterlen **2542** BE
2 Hb 65
Pigeon, Le 6 Ge 69
Pignia **7443** GR 10 Kc 69
Pigniu/Panix **7156** GR
10 Ka 68
Piguet-Dessus 6 Gb 69
Pinsec 13 Hd 71
Piodina 14 le 72
Piora 9 ld 69
Piotta **6776** 9 ld 69
Pisciadello 16 La 70
Pitasch **7131** GR
10 Kb 68
Pizolhütte 10 Kc 67
Places, Les 6 Gc 67
Plaffeien **1716** FR
7 Hb 68
Plagne **2536** BE 2 Hb 65
Plaine, La **1283** GE
12 NBK Ff 71
Plamboz 7 Ge 66
Plamboz, Brot- **2314** NE
6 Ge 66
Plambuit 12 Ha 70
Planchettes, Les **2325** NE
7 Ge 66
Plang 10 Kd 69
Planken **FL-9494** 5 Kd 65
Plan-les-Ouates **1228** GE
12 NBK Ga 71
Plans, Les **1881** 12 Ha 71
Plasselb **1711** FR
7 Hb 68
Platta **7181** 9 le 68
Platz 10 Kb 68
Platz, Davos- **7270** GR
11 Ke 68
Plaun, Alp dil 10 Kc 68
Plavna, Alp 11 Lb 68
Plaxer Alp 11 Lb 68
Pleigne **2807** 2 Hb 64
Pleujouse **2953** JU
2 Hb 64
Plona 5 Kd 65

Plons **8888** 10 Kc 66
Pöschenried 13 Hc 70
Pohlern **3611** BE 8 Hd 68
Poliez-le-Grand **1041** VD
6 Gd 69
Poliez-Pittet **1041** VD
6 Gd 69
Pollégio **6742** TI 15 If 70
Pommerats, Les **2727** JU
6 NBK Gf 65
Pompaples **1349** VD
6 Gc 68
Pomy **1411** VD 6 Gd 68
Pont **1699** FR 7 Ge 69
Pont, Le **1342** VD
6 Gb 68
Pont-de-Nant 12 Ha 71
Ponte Capriasca **6951** TI
15 If 72
Pontenet **2733** BE
2 Hb 65
Ponte Tresa **6988** TI
14 If 73
Ponthaux **1772** FR
7 Ha 67
Pontirone 15 If 70
Pont-la-Ville **1634** FR
7 Ha 68
Ponto Valentino **6711** TI
9 If 69
Pontresina **7504** GR
11 Kf 69
Ponts-de-Martel, Les **2316**
NE 6 Ge 66
Porrentruy **2900** JU
6 NBK Ha 64
Porsel **1699** FR 7 Gf 69
Port 9 If 67
Port **2562** BE 7 Hb 66
Portalban **1565** FR
7 Gf 67
Portels **8895** 10 Kb 66
Port-Valais **1891** VS
12 Gf 70
Porza **6948** TI 15 If 72
Posat **1726** FR 7 Ha 68
Poschiavo **7742** GR
16 La 70
Posieux **1725** FR 7 Ha 68
Possens 6 Ge 68
Posses, Les **1881**
12 Ha 71
Pra Combère 13 Hc 71
Prada 16 La 71
Praden **7063** GR
10 Kd 67
Präz **7431** GR 10 Kc 68
Pragmartin 10 Ke 67
Prahins **1411** VD 6 Ge 68
Pralion 12 Hb 71
Pralong VS 12 Hc 72
Prangins **1197** VD
12 NBK Gb 70
Praroman **1724** FR
7 Ha 68
Prato **6671** TI 14 Id 70
Prato **6799** TI 9 Ic 70
Pratteln **4133** BL 2 He 63
Pratval **7415** GR 7 Kc 68
Prayon 12 Ha 73
Praz **1781** 7 Ha 67
Praz, La **1349** VD 6 Gc 68
Praz-de-Fort **1931**
12 Ha 72
Praz-Jean 13 Hc 71
Preda **7485** 10 Ke 69
Prédame **2711**
6 NBK Ha 65
Pregassona **6963** TI
15 If 72
Prégny GE 12 NBK Ga 71
Prégny-Chambésy **1292**
GE 12 NBK Ga 71
Prêles **2515** BE 7 Ha 66
Premier **1349** VD 6 Gc 68
Preonzo **6549** TI 15 If 71
Pré-Petitjean 6 NBK Ha 65
Prese, Le **7749** 16 La 71
Presinge **1243** GE
12 NBK Gb 71
Préverenges **1028** VD
6 Gd 69
Prévondavaux **1511** FR
7 Ge 68
Prévonloup **1681** VD
7 Gf 68
Prévoux, Le **2413** 6 Ge 66
Prez-vers-Noréaz **1751** FR
7 Gf 68
Prez-vers-Siviriez **1678** FR
7 Gf 69
Prilly **1008** VD 6 Gd 69
Pringy **1661** 7 Ha 69
Progens **1624** FR 7 Gf 69
Progero 15 If 71
Prolin 12 Hc 71

Pro Marsgial 9 If 70
Promasens **1675** FR
7 Ge 69
Promastgel 10 Kd 69
Promontogno **7649** GR
15 Kd 70
Prosidt, Alp 10 Kd 69
Prosito **6526** 15 If 71
Provence **1428** VD
6 Ge 67
Prugiasco **6711** TI
15 If 70
Pürd GR 15 Kd 70
Püscen Négro 14 Ie 70
Puidoux **1604** VD
6 Ge 69
Pully **1009** VD 6 Gd 69
Punt-Chamues-ch, La
7522 GR 11 Kf 69
Punt la Drossa 11 La 69
Pupinge **1241** GE
12 NBK Gb 71
Pura **6984** TI 14 If 72
Purcher 11 La 69
Pusserein **7221** 10 Ke 67
Putz **7221** 10 Ke 67
Puzzatsch 10 Ka 69

Q

Quarten **8883** SG
10 Kb 66
Quarteron, Le 6 Ge 67
Quartino **6572** 14 If 71
Quinten **8877** 10 Kb 66
Quinto **6777** TI 9 Ie 69

R

Raat 3 Ic 63
Rabius **7172** 9 If 68
Rachholtern 8 Hd 68
Racine, La 6 Gb 69
Radelfingen 8 Hd 67
Radelfingen **3271** BE
7 Hb 66
Radons 10 Kd 69
Raerettes, Les 12 Hb 71
Räuchlisberg 4 Kb 63
Räzüns 10 Kc 68
Rafis 10 Kc 66
Rafz **8197** ZH 3 Id 63
Ragaz, Bad **7310** SG
10 Kc 66
Rain **6026** 8 Ib 66
Ramiswil **4711** 2 Hd 64
Ramlinsburg **4433** BL
2 He 64
Ramosch **7556** GR
11 Lc 67
Ramozhütte 10 Kd 68
Ramsach 2 Hf 64
Ramsei **3435** 8 He 66
Ramsen **8262** SH 4 Ie 62
Rancate **6862** TI 15 If 73
Rances **1351** VD 6 Gd 68
Randa **3922** VS 13 He 72
Randogne **3961** VS
13 Hc 70
Ranflüh **3439** 8 He 66
Rans 10 Kc 66
Rapperswilen **8558** TG
4 Ka 63
Rapperswil **3255** 7 Hc 66
Rapperswil (SG) **8640** SG
4 Ie 65
Raron **3942** VS 13 He 71
Rasa **6651** 14 Id 71
Rasses, Les **1451**
6 Gd 67
Ravaisch 11 Lc 67
Ravoire **1921** 12 Ha 72
Realp **6491** UR 9 Ic 69
Rebeuvelier **2763** JU
2 Hc 64
Rebstein **9445** SG
5 Kd 64
Rechenthal 8 Hd 69
Rechtenthal 8 Hd 69
Rechthalten **1718** FR
7 Hb 68
Réchy **3966** 13 Hc 71
Reckenthal 8 Hd 69
Reckingen **3981** VS
8 Ib 70
Réclère **2912** JU
6 NBK Gf 64
Reconvilier **2732** BE
2 Hb 65
Regensberg **8158** ZH
3 Ic 64
Regensdorf **8105** ZH
3 Ic 64

Rehetobel **9038** AR
5 Kc 64
Reichenau 10 Kc 67
Reichenbach 8 Ia 68
Reichenbach **3713** BE
8 He 69
Reichenburg **8864** SZ
9 If 65
Reichenstein 7 Hb 69
Reiden **6260** LU 3 Hf 65
Reidenbach BE 7 Hc 69
Reidermoos **6261** 3 Hf 65
Reigoldswil **4418** BL
2 He 64
Reinach **4153** BL 2 Hd 63
Reinach (AG) **5734** AG
3 Ib 65
Reinisch 8 Hc 69
Reinach 7 Hb 69
Reischen, Zillis- **7431** GR
10 Kc 69
Reisiswil **4919** BE
8 He 65
Reitnau **5057** AG 3 Ia 65
Rekingen **8436** AG
3 Ib 63
Remaufens **1617** FR
7 Gf 69
Remetschwil **5453** AG
3 Ib 64
Remigen **5236** AG
3 Ib 63
Renan **2616** BE 7 Gf 66
Renens **1020** VD 6 Gd 69
Rengg **6162** 3 Ia 66
Rennaz **1844** VD
12 Gf 70
Retschwil **6285** LU
3 Ib 65
Reuenthal 3 Ib 63
Reusch 12 Hb 70
Reute **9411** AR 5 Kd 64
Reutenen, Salen- 4 Ka 62
Reuti **6086** 8 Ib 68
Reutigen **3647** BE
8 Hd 68
Reverolle **1111** VD
6 Gc 69
Rhäzüns **7499** GR
10 Kc 68
Rheinau **8462** ZH 3 Id 63
Rheineck **9424** SG
5 Kd 64
Rheinfelden **4310** AG
2 He 63
Rheinklingen 4 Ie 62
Riaz **1632** FR 7 Ha 69
Riburg 7 He 63
Richene 14 Ia 70
Richensee 3 Ib 65
Richenthal **6263** LU
3 Hf 65
Richigen 8 Hd 67
Richisau 9 If 66
Richterswil **8805** ZH
4 Ie 65
Ricken **8726** 4 Ka 65
Rickenbach **6432** 9 Id 66
Rickenbach **4462** BL
2 Hf 63
Rickenbach **6221** LU
3 Ia 65
Rickenbach **4613** SO
2 Hf 64
Rickenbach **9532** TG
4 Ka 64
Rickenbach **8545** ZH
4 Ie 63
Riddes **1908** VS
12 Hb 71
Ried 7 Hc 69
Ried 14 Ia 70
Ried 13 He 70
Ried **6431** 9 Ie 66
Ried **8498** 4 If 65
Ried bei Brig **3901** VS
13 Hf 70
Ried bei Kerzers **3211** FR
7 Hb 67
Ried bei Mörel **3981** VS
13 Ia 70
Riedbach 7 Hb 67
Riedbad 8 Hf 66
Rieden **8739** SG 4 Ka 65
Riederalp **3981** 13 Ia 70
Riederen 8 Hd 69
Riedern **8750** GL
10 Ka 66
Riedholz **4533** SO
2 Hd 65
Riedikon **8616** 4 Ie 64
Riedt **8586** TG 4 Kb 63
Riedtwil **3475** 8 He 66
Riehen **4125** BS 2 Hd 63
Riein **7131** GR 10 Kb 68
Riemenstalden **6452** SZ
9 Id 67

Rietheim **8438** AG 3 Ib 63
Riex **1097** VD 6 Ge 69
Riffelalp 13 He 72
Riffenmatt **3156** 7 Hb 68
Rifferswil **8911** ZH 3 Ic 65
Riggenschwil 4 Ka 64
Riggisberg **3132** BE
7 Hc 68
Rigi-Kaltbad **6356** 9 Ic 66
Rigi-Kulm **6411** 9 Ic 66
Rigi-Scheidegg 9 Id 66
Riken **4857** 2 Hf 65
Riketwil 4 Ie 63
Rikon **8486** 4 Ie 64
Rindematt 9 Ie 67
Ringelspitzhütte 10 Kc 67
Ringgenberg **3852** BE
8 Hf 68
Ringoldingen 7 Hd 68
Ringoldswil 8 He 68
Ringwil 7 Ie 64
Riniken **5223** AG 3 Ib 63
Riom **7463** GR 10 Kd 69
Rippe, La **1261** VD
12 NBK Ga 70
Risch 9 Ic 66
Ritordo 10 Id 70
Ritzingen **3981** VS
14 Ib 70
Riva San Vitale **6826** TI
15 If 73
Rivaz **1812** VD 6 Ge 69
Rive-Haute 12 Ha 72
Riveo **6671** 14 Id 71
Rivera **6802** TI 14 If 72
Robiéi 14 Ic 70
Roche **1852** VD 12 Gf 70
Roche, La **1634** FR
7 Ha 68
Roche-d'Or **2913** JU
6 NBK Gf 64
Rochefort **2203** NE
7 Ge 66
Roches **2762** BE 2 Hc 65
Rocourt **2907** JU
6 NBK Gf 64
Rod 4 If 65
Rodels **7415** GR
10 Kc 68
Roderis 2 Hd 64
Rodersdorf **4118** SO
2 Hc 63
Rodi-Fiesso **6772** 9 Ie 69
Römerswil **6027** LU
8 Ib 65
Rösa, La **7742** 16 La 70
Röschenz **4244** BL
2 Hc 64
Röthenbach bei
Herzogenbuchsee **3361**
BE 2 He 65
Röthenbach im Emmental
3538 BE 8 He 67
Rofels GR 10 Kd 66
Roggenburg **2814**
2 Hb 64
Roggliswil **6265** LU
2 Hf 65
Roggwil **4914** BE 2 He 65
Roggwil **9325** TG 4 Kc 63
Rogivue, La **1699** VD
7 Gf 69
Rohr **5032** AG 3 Ia 64
Rohr (SO) **4655** SO
3 Hf 64
Rohrbach 8 Hd 69
Rohrbach 7 Hc 68
Rohrbach **4938** BE
8 He 66
Rohrbachgraben **4945** BE
8 He 66
Rohrmatt **6131** 8 Hf 66
Rohrmatten 8 Ib 68
Rohrmoos 8 Hd 66
Rolle **1180** VD 6 Gb 70
Romainmôtier **1349** VD
6 Gc 68
Romairon **1411** VD
6 Gd 67
Romanel-sur-Lausanne
1032 VS 6 Gd 69
Romanel-sur-Morges **1111**
VD 6 Gc 69
Romanens **1681** FR
7 Gf 68
Romanshorn **8590** TG
4 Kc 63
Romont **2538** BE 2 Hb 65
Romont **1680** FR 7 Gf 68
Romoos **6113** LU 8 Ia 66
Rona **7454** GR 10 Kd 69
Ronco 9 Ic 69
Ronco sopra Ascona **6622**
TI 14 Ie 72
Rongellen **7431** GR
10 Kc 68

Root **6037** LU 9 Ic 66
Ropraz **1097** VD 6 Ge 69
Rorbas **8427** ZH 3 Id 63
Rorschach **9400** SG
5 Kc 64
Rorschacherberg **9400**
SG 5 Kc 64
Rosenlaui **3860** 8 Ia 68
Rosex, Le 12 Ha 70
Rosière, La 12 Ha 72
Rossa **6549** GR 15 Ka 70
Rossau 3 Ic 65
Rossemaison **2842** JU
2 Hb 64
Rossenges **1511** VD
6 Ge 68
Rossens **1531** VD 7 Gf 68
Rossens, La **1711** FR
7 Ha 68
Rossfall 4 Kb 65
Rosshäusern **3204**
7 Hb 67
Rossinière **1836** VD
7 Ha 70
Rossura **6799** TI 9 Ie 70
Rotfarb 4 Kb 65
Rothacker 3 Hf 64
Rothenbrunnen **7405** GR
10 Kc 68
Rothenburg **6023** LU
9 Ib 66
Rothenfluh **4467** BL
2 Hf 64
Rothenhausen **9518**
4 Ka 63
Rothenthurm **6418** SZ
9 Id 66
Rothornhütte 13 He 72
Rothrist **4852** AG 2 Hf 65
Rothus 8 Hf 67
Rotkreuz **6343** 9 Ic 66
Rotonda 14 Id 71
Rotondohütte 9 Ic 69
Rottalhütte 8 Hf 69
Rottenschwil **8911** AG
3 Ic 65
Rougemont **1838** VD
7 Hb 69
Roveredo **6535** GR
15 Ka 71
Roveredo **6951** TI
15 If 72
Rovray **1463** VD 6 Ge 68
Rubigen **3113** BE
8 Hd 67
Ruchwil 7 Hb 66
Rudenz 8 Ib 67
Rudolfingen **8461** 3 Id 63
Rudolfstetten **8964** AG
3 Ic 64
Rue **1675** FR 7 Ge 69
Rüderswil **3437** BE
8 He 66
Rüdingen 3 Id 63
Rüdlen 8 Hd 69
Rüdlingen **8455** SH
8 He 63
Rüdtligen-Alchenflüh **3422**
BE 8 Hd 66
Rüedisbach **3474**
8 He 66
Rüediswil 8 Ia 66
Rüeggisberg **3088** BE
7 Hc 67
Rüegsau **3417** BE
8 Hd 66
Rüegsbach **3418** 8 He 66
Rüegsegg 8 He 67
Rüeterswil **8735** 4 If 65
Rüfenach **5235** AG
3 Ib 63
Rüfenacht **3075** 8 Hd 67
Rümikon **8439** AG 3 Ic 63
Rümlang **8153** ZH 3 Id 64
Rümligen **3128** BE
7 Hc 67
Rümlingen **4444** BL
2 Hf 64
Rünenberg **4497** BL
2 Hf 64
Rünkhofen 8 Hd 67
Rueras **7181** 9 Ie 68
Rueren 7 Hb 69
Rüschegg **3153** BE
7 Hc 68
Rüschegg Graben **3154**
7 Hc 68
Rüschlikon **8803** ZH
3 Id 65
Rüstenschwil 3 Ic 65
Rütenen 8 Hd 67
Rüthi **9464** SG 5 Kd 65
Rüti 9 Ia 66
Rüti **8630** ZH 4 If 65
Rüti (GL) **8782** GL 9 If 67

Rüti, Sankt Antönien- **7241**
GR 11 Ke 67
Rüti bei Büren **3295** BE
7 Hc 65
Rüti bei Lyssach **3327** BE
8 Hd 66
Rüti bei Riggisberg **3099**
BE 7 Hc 68
Rütihof 3 Ib 64
Rütschelen **4933** BE
2 He 65
Rüttenen **4522** SO
2 Hd 65
Rueun **7156** GR 10 Ka 68
Rueyres **1531** FR 7 Ha 68
Rueyres **1681** FR 7 Gf 68
Rueyres **1411** VD
6 Ge 68
Rueyres-les-Prés **1531** FR
7 Gf 67
Rufi **8723** 4 Ka 65
Rugell **FL-9491** 5 Kd 65
Rumendingen **3352** BE
8 Hd 66
Rumentikon 3 Ic 65
Rumisberg **4511** BE
2 Hd 65
Rumlikon 4 Ie 64
Runcalier 10 Kd 68
Runs 9 If 68
Ruppen 5 Kc 64
Rupperswil **5102** AG
3 Ia 64
Ruppoldsried **3251** BE
7 Hc 66
Ruschein **7131** GR
10 Kb 68
Russikon **8332** ZH 4 Ie 64
Russin **1281** GE
12 NBK Ff 71
Russo **6611** TI 14 Id 71
Russy **1773** FR 7 Gf 67
Ruswil **6017** LU 8 Ia 66

S

Saanen **3792** BE 7 Hb 69
Saanenmöser **3777**
7 Hb 69
Saas im Prättigau **7247**
GR 11 Ke 67
Saas Almagell **3905** VS
13 Hf 72
Saas Balen **3901** VS
13 Hf 71
Saaser Alp 11 Ke 67
Saas Fee **3906** VS
13 Hf 72
Saas Grund **3901**
13 Hf 72
Sachseln **6072** OW
8 Ib 67
Saclentz 12 Hb 71
Säriswil **3044** 7 Hb 66
Safenwil **5745** AG 3 Hf 64
Safien **7105** GR 10 Kb 68
Safien Platz **7105**
10 Kb 68
Safnern **2553** BE 7 Hb 65
Sage, La **1961** 13 Hc 72
Sagne, La **2314** NE
7 Ge 66
Sagne-Eglise, La 7 Ge 66
Sagno **6831** TI 15 Ka 73
Sagogn **7131** GR
10 Kb 68
Saicourt **2732** BE
2 Hb 65
Saignelégier **2726** JU
6 NBK Gf 65
Saille 12 Ha 71
Saillon **1913** VS 12 Ha 71
Saint-Aubin **2024** NE
7 Ge 67
Saint-Aubin (FR) **1566** FR
7 Gf 67
Saint-Barthélemy (VD)
1041 VD 6 Gd 69
Saint-Blaise **2072** NE
7 Ge 66
Saint-Brais **2874** JU
6 NBK Ha 65
Saint-Cergue **1264** VD
6 Ga 70
Saint-Cierges **1099** VD
6 Ge 68
Sainte-Croix **1450** VD
6 Gc 67
Sainte-Croix, Villars- **1030**
VD 6 Gd 69
Saint-George **1261** VD
6 Gb 69
Saint-Germain VS
12 Hb 71

Saint-Gingolph **1898** VS
12 Ge 70
Saint-Imier **2610** BE
7 Gf 65
Saint-Jean **3961** VS
13 Hd 71
Saint-Légier **1806** VD
7 Gf 70
Saint-Léonard **3958** VS
12 Hc 71
Saint-Livres **1171** VD
6 Gc 69
Saint-Luc **3961** VS
13 Hd 71
Saint-Martin (FR) **1699** FR
7 Gf 69
Saint-Martin (VS) **1961** VS
13 Hc 71
Saint-Martin, Chézard-
2055 NE 7 Gf 66
Saint-Maurice **1890** VS
12 Gf 71
Saint-Oyens **1181** VD
6 Gb 69
Saint-Pierre-de-Clages
1916 12 Hb 71
Saint-Prex **1162** VD
6 Gc 69
Saint-Saphorin **1813**
6 Ge 69
Saint-Saphorin **1111** VD
6 Gc 69
Saint-Sulpice (NE) **2123**
NE 6 Gd 67
Saint-Sulpice (VD) **1025**
VD 6 Gd 69
Saint-Ursanne **2882** JU
6 NBK Ha 64
Sala Capriasca **6951** TI
15 If 72
Saland **8493** 4 If 64
Saleina, Cabane de
12 Ha 73
Salen-Reutenen 4 Ka 62
Salenstein **8268** TG
4 Ka 62
Sales **1711** 7 Ha 68
Sâles (Gruyères) **1688** FR
7 Gf 69
Salez **9465** SG 5 Kc 65
Salfsch 10 Ke 67
Salgesch **3956** VS
13 Hd 70
Salins **1961** VS 12 Hb 71
Salmsach **8590** TG
4 Kc 63
Salorino **6872** TI 15 If 73
Salouf **7462** GR 10 Kd 69
Salvan **1922** VS 12 Gf 72
Salvenach **1781** FR
7 Ha 67
Sambüie 14 Ie 71
Samedan **7503** GR
11 Ke 69
Samnaun **7563** GR
11 Lb 67
Samstagern **8833** 3 Id 63
San Abbóndio **6577** TI
14 Ie 72
San Antonio **6592** TI
14 If 71
San Bartolomeo 14 Ie 71
San Bernardino 15 Kb 70
San Carlo 14 Id 70
San Carlo **7749** 16 La 70
San Carlo [Val Bavona]
14 Id 70
San Carlo [Val di Péccia]
14 Id 70
Sandblatten 8 Ib 66
Sangernboden **1711**
7 Hc 68
San Giusep 10 Ka 69
San Jon 11 Lb 68
Sankt Antönien-Ascharina
7241 GR 11 Ke 67
Sankt Antönien-Castels
7241 11 Ke 67
Sankt Antönien-Rüti **7241**
GR 11 Ke 67
Sankt Antoni **1713** FR
7 Hb 67
Sankt Cassian 10 Kd 68
Sankt Chrischona
2 Hd 63
Sankt Erhard **6212**
3 Ia 64
Sankt Gallen **9000** SG
4 Kc 64
Sankt Gallenkappel **8735**
SG 4 If 65
Sankt Iddaburg 4 If 64
Sankt Jakob 9 Ib 67
Sankt Loretto 4 Ka 64
Sankt Luzisteig 10 Kd 66

Sankt Margarethen **9543**
4 If 63
Sankt Margrethen **9430**
SG 5 Kd 64
Sankt Martin 10 Ka 68
Sankt Martin 10 Kc 67
Sankt Meinrad 9 Ie 65
Sankt Moritz **7500** GR
11 Ke 69
Sankt Moritz-Bad
11 Ke 70
Sankt Niklaus **3924** VS
13 He 71
Sankt Niklaus,
Feldbrunnen- **4532** SO
2 Hd 65
Sankt Niklausen 3 Id 62
Sankt Niklausen 9 Ib 66
Sankt Niklausen **6066**
9 Ib 67
Sankt Pantaleon **4421**
2 He 64
Sankt Pelagiberg **9225**
4 Kb 63
Sankt Peter **7099** GR
10 Kd 67
Sankt Peterzell **9127** SG
4 Ka 64
Sankt Silvester **1711** FR
7 Hb 67
Sankt Stephan **3772** BE
7 Hc 69
Sankt Ulrich 10 Kc 66
Sankt Urban **4915**
2 He 64
Sankt Ursen **1717** FR
7 Hb 68
San Nazzaro **6575** TI
14 Ie 72
Sant'Abbórdio 14 Ie 72
Santa Doménica 15 Ka 70
Santa Maria im Münstertal
7536 GR 11 Lc 69
Santa Maria in Calanca
6549 GR 15 Ka 71
Sant'Antònio 15 If 71
Sant'Antònio 16 La 71
Sant'Antònio **6549** TI
15 Ka 71
San Vittore **6534** GR
15 Ka 71
Saoseo, Rifugio 16 La 70
Sapin-Haut 12 Ha 72
Sapün **7099** 10 Ke 68
Sardasca 11 Kf 67
Sardona 10 Kb 67
Sargans **7320** SG
10 Kc 66
Sarmenstorf **5614** AG
3 Ib 65
Sarn **7431** 10 Kc 68
Sarnen **6060** OW 8 Ib 67
Sarraz, La VD 6 Gd 69
Sarraz, La **1315** VD
6 Gc 68
Sarreyer **1931** 12 Hb 72
Sarzens **1681** VD 7 Ge 68
Sasc-Fura, Rifugio
15 Kd 71
Sassel **1531** VD 7 Gf 68
Satarma 13 Hc 72
Satigny **1242** GE
12 NBK Ga 71
Sattelegg SZ 9 If 66
Saubraz **1181** VD
6 Gb 69
Sauges **2026** 6 Ge 67
Saulcy JU 6 NBK Ha 65
Saules 7 Gf 66
Saules **2732** BE 2 Hb 65
Savagnier **2065** NE
7 Gf 66
Savigny **1073** VD 6 Ge 69
Savognin **7460** GR
10 Kd 69
Sax **9468** 5 Kc 65
Saxeten **3813** BE 8 He 69
Saxon **1907** VS 12 Ha 71
Says **7203** GR 10 Kd 67
Scära 10 Kd 67
Scagneras 10 Kd 69
Scaréglia **6951** 15 Ka 72
Schaan FL-**9494**
10 Kc 65
Schaanwald **FL** 5 Kd 65
Schachen 9 Ie 67
Schachen 3 Hf 64
Schachen 9 Ib 66
Schachen **6105** 8 Ia 66
Schachen **9414** 5 Kd 64
Schachen, Balmen-
9 Ie 68
Schänis **8718** SG
10 Ka 65

Schärlig **6193** 8 Hf 67
Schaffhausen **8200** SH
3 Id 62
Schafhausen **3514**
8 Hd 66
Schafisheim **5503** AG
3 Ia 64
Schallberg 13 Ia 71
Schalunen **3314** BE
8 Hd 66
S-chanf **7525** GR
11 Kf 69
Schangnau **6197** BE
8 Hf 67
Scharans **7412** GR
10 Kc 68
S-charl **7550** 11 Lb 68
Scharnachtal **3722**
8 He 69
Schattdorf **6467** UR
9 Id 67
Scheid **7419** GR
10 Kc 68
Schellenberg FL-**9488**
5 Kd 65
Schenkon **6214** LU
3 Ia 65
Scherz **5118** AG 3 Ib 64
Scherzingen **8596** TG
4 Kb 63
Schesaplanahütte
10 Kd 66
Scheunen **3349** BE
7 Hc 66
Scheunenberg 7 Hc 66
Scheuren **2556** BE
7 Hb 66
Schiers **7220** GR
10 Kd 67
Schifer 11 Ke 67
Schindellegi **8834** 4 Ie 65
Schindlet 4 If 64
Schinznach Bad **5116** AG
3 Ia 64
Schinznach Dorf **5107** AG
3 Ia 64
Schlans **7166** GR 9 If 68
Schlappin 11 Kf 67
Schlarigna = Celerina
7505 GR 11 Ke 69
Schlatt 4 Kc 64
Schlatt 7 Hc 67
Schlatt bei Diessenhofen
8251 4 Ie 62
Schlatt bei Winterthur
8418 ZH 4 If 64
Schlatt-Haslen **9054** AI
4 Kc 64
Schlattingen **8255** 4 Ie 62
Schleinikon **8165** ZH
3 Ic 63
Schleitheim **8226** SH
3 Ic 62
Schleuis **7131** GR
10 Kb 68
Schlierbach **6231** LU
3 Ia 65
Schlieren **8952** ZH 3 Ic 64
Schliern **3098** 7 Hc 67
Schloss 8 Kb 64
Schlossrued **5044** AG
3 Ia 65
Schlosswil **3082** BE
8 Hd 67
Schlund 8 Hf 67
Schmadrihütte 8 Hf 69
Schmerikon **8716** SG
4 If 65
Schmidrüti **8499** ZH
4 If 64
Schmiedrued **5046** AG
3 Ia 65
Schmitten 4 If 65
Schmitten **3185** FR
7 Hb 67
Schmitten **7499** GR
10 Kd 68
Schmocken 8 He 68
Schnaus **7130** GR
10 Ka 68
Schneebärgli 8 Hf 68
Schneisingen **5425** AG
3 Ic 63
Schneit 4 If 63
Schnottwil **3253** SO
7 Hc 66
Schocherswil **8581**
4 Kb 63
Schöfflisdorf **8165** ZH
3 Ic 63
Schöftland **5040** AG
3 Ia 65
Schönau 4 Kb 65
Schönbielhütte 13 Hd 72
Schönbüel 8 Ia 68
Schönbühl **3322** 7 Hc 66

Schönenbaumgarten
4 Kb 63
Schönenberg 4 Ka 65
Schönenberg (ZH) **8821**
ZH 3 Id 65
Schönenbuch **4124** BL
9 Id 66
Schönengrund **9105** AR
4 Kb 64
Schönenwerd **5012** SO
3 Hf 64
Schönholzerswilen **8577**
TG 4 Ka 63
Schönried **3778** 7 Hb 69
Schöntal 2 He 64
Schötz **6247** LU 3 Hf 65
Schongau **6288** LU
3 Ib 65
Schoried 8 Ib 67
Schottikon 4 Ie 63
Schräawislihütte 10 Kb 67
Schrätteren 8 Ib 69
Schuders **7221** 10 Ke 66
Schübelbach **8862** SZ
9 If 65
Schülen 8 Hf 66
Schüpbach **3535** 8 He 67
Schüpberg 7 Hc 66
Schüpfen **3054** LU
7 Hc 66
Schüpfheim **6170** LU
8 Ia 67
Schürlihütte 11 Kf 68
Schuls, Scuols/ **7550** GR
11 Lb 68
Schupfart **4325** AG
3 Hf 63
Schwaderloch **4352** AG
3 Ia 63
Schwadernau **2556** BE
7 Hb 66
Schwämmhöchi 9 If 66
Schwand 9 Ic 67
Schwanden 7 Hc 66
Schwanden **3433**
8 He 66
Schwanden **3657**
8 He 68
Schwanden **8762** GL
10 Ka 66
Schwanden bei Brienz
3855 BE 8 Ia 68
Schwarenbach 13 Hd 70
Schwarzenbach **4953**
8 He 66
Schwarzenbach **9536**
4 Ka 64
Schwarzenbach **6215** LU
3 Ib 65
Schwarzenberg **6103** LU
8 Ia 66
Schwarzenbühl 7 Hc 68
Schwarzenburg **3150** FR
7 Hb 67
Schwarzenegg 8 Ia 68
Schwarzenegg **3616**
8 He 68
Schwarzental 9 Ib 68
Schwarzhäusern **4911** BE
2 He 65
Schwarzsee **1711** FR
7 Hb 68
Schwarzwaldalp 8 Ia 68
Schwefelbergbad 7 Hc 68
Schwellbrunn **9103** AR
4 Kb 64
Schwende 5 Kc 65
Schwenden **3757**
7 Hc 69
Schwendi 8 Ia 67
Schwendi 4 Kb 65
Schwendi 8 Hf 68
Schwendi **7321** 10 Kc 66
Schwendibach **3624** BE
8 Hd 68
Schweni 7 Hb 68
Schwerzenbach **8603** ZH
3 Id 64
Schwyz **6430** SZ 9 Id 66
Schynen 8 Hf 67
Sciernes, Les **1831**
7 Ha 69
Scudellate **6831** 15 Ka 73
Scuol/Schuls **7550**
11 Lb 68
Seccada 14 Ie 70
Sédeilles **1531** VD
7 Gf 68
Sedrun **7188** 9 Ie 68
Seebach, Zürich- **8052**
3 Id 64
Seeberg 7 Hc 69

Seeberg **3364** BE
8 Hd 65
Seeboden 9 Ic 66
Seeburg 9 Ic 66
Seedorf **3267** BE 7 Hb 66
Seedorf **6462** UR 9 Id 67
Seegräben **8607** ZH
4 Ie 64
Seehof **2741** BE 2 Hd 65
Seelisberg **6377** UR
9 Id 67
Seelmatten 4 If 64
Seen 4 Ie 64
Seengen **5707** AG 3 Ib 64
Seesatz 8 Ib 66
Seetalhütte 11 Kf 67
Seewen **6423** 9 Id 66
Seewen **4206** SO
2 Hd 64
Seewil 7 Hc 66
Seewis im Prättigau **7212**
GR 10 Kd 66
Seftigen **3136** BE
8 Hd 68
Segl = Sils im Engadin
7515 GR 16 Ke 70
Seglingen 3 Id 63
Segnes **7181** 9 Ie 68
Sehihütte 11 Ke 67
Seigneux **1599** VD
7 Gf 68
Seiry **1470** FR 7 Ge 67
Seleute **2888** 6 NBK Ha 64
Selfranga 11 Kf 67
Selkingen **3981** VS
14 Ib 70
Sellamatt 4 Kb 65
Selma **6549** GR 15 Ka 70
Seltisberg **4411** BL
2 He 64
Selva 9 Ie 68
Selzach **2545** SO 2 Hc 65
Sembrancher **1933** VS
12 Ha 72
Sementina **6514** TI
15 If 71
Semione **6714** TI 15 If 70
Sempach **6204** LU
8 Ib 66
Semsales **1623** FR
7 Gf 69
Senarclens **1111** VD
6 Gc 69
Sennhaus 10 Kc 67
Sennhof **8482** 4 Ie 64
Sennwald **9466** SG
5 Kc 65
Sensine 12 Hb 71
Sent **7554** GR 11 Lb 68
Sentier, Le **1347** 6 Gb 69
Seon **5703** AG 3 Ia 64
Sépey, Le **1863** 12 Ha 70
Séprais 2 Hb 64
Sergey **1351** VD 6 Gc 68
Serlas 11 Kf 69
Serneus **7249** GR
11 Ke 67
Serrières 7 Gf 66
Sertig Dörfli GR 11 Ke 68
Servion **1099** VD 6 Ge 69
Sessa **6981** TI 14 Ie 72
Seuzach **8472** ZH 4 Ie 63
Sevelen **9475** SG
10 Kc 66
Sévery **1141** VD 6 Gc 69
Sevgein **7131** GR
10 Kb 68
Sézegnin 12 NBK Ff 71
Siat **7157** GR 10 Ka 68
Siblingen **8225** SH
3 Id 62
Siders = Sierre **3960** VS
13 Hd 71
Siebnen **8854** 9 If 65
Siegershausen **8573**
4 Ka 63
Sierre **3960** VS 13 Hd 71
Sigerswil 8 Ia 66
Sigirino **6849** TI 15 If 72
Siglistorf **8439** AG 3 Ic 63
Signau **3534** BE 8 He 67
Signy-Avenex **1261** VD
12 NBK Gb 70
Sigriswil **3655** BE 8 He 68
Silenen **6473** UR 9 Id 68
Silgin **7499** GR 10 Ka 68
Sils **7411** 10 Kc 68
Sils im Engadin **7514** GR
16 Ke 70
Silvaplana **7513** GR
16 Ke 70
Silvrettahütte 11 La 67
Simplon **3901** VS
13 Ia 71
Sins **5643** AG 3 Ic 65
Sion **1950** VS 12 Hc 71

Sirnach **8370** TG 4 If 64
Siselen **2577** BE 7 Hb 66
Sisikon **6452** UR 9 Id 67
Sissach **4450** BL 2 He 64
Sisseln **4334** AG 3 Hf 63
Sitten = Sion **1950** VS
12 Hc 71
Sitterdorf **8581** 4 Kb 63
Sitzberg 4 If 64
Siviriez **1678** FR 7 Gf 68
Soazza **6562** 15 Kb 70
Sóbrio **7799** TI 15 If 70
Sörenberg **6174** 8 Ia 67
Sogn Gions 9 Ie 69
Sóglio **7649** GR 15 Kd 70
Solalex 12 Ha 71
Soleure = Solothurn **4500**
SO 2 Hd 65
Solgen 3 Id 63
Solliat, Le **1347** 6 Gb 69
Solothurn **4500** SO
2 Hd 65
Someo **6674** TI 14 Id 71
Som igls Mallens
10 Kc 69
Som-la-Proz 12 Ha 72
Sommentier **1681** FR
7 Gf 69
Sommeri **8580** TG
4 Kb 63
Somvix **7175** GR 9 If 68
Sonceboz **2605** BE
6 NBK Ha 65
Sonlerto 14 Id 70
Sonnaz, La 7 Ha 67
Sonogno **6611** TI
14 Ie 70
Sonterswil 4 Ka 63
Sontga Andriu 10 Ka 68
Sontga Benedetg 9 If 68
Sonvico **6968** TI 15 If 72
Sonvilier **2615** BE 7 Gf 66
Sool **8762** GL 10 Ka 66
Soral **1286** GE
12 NBK Ga 71
Sorengo **6924** TI 15 If 72
Sorens **1631** FR 7 Ha 68
Sornetan **2711** BE
2 Hb 65
Sornico 14 Id 70
Sorvilier **2736** BE 2 Hb 65
Sottens **1099** VD 6 Ge 68
Soubey **2887** JU
6 NBK Ha 64
Souboz **2741** BE 2 Hb 65
Soulce **2864** JU 2 Hb 65
Soussillon 13 Hd 71
Soyhières **2805** JU
2 Hc 64
Speicher **9042** AR
4 Kc 64
Spiez **3700** BE 8 Hd 68
Spina 15 Kb 70
Spinas 11 Ke 69
Spirenwald 8 He 68
Spiringen 9 If 67
Spiringen **6464** UR
9 Ie 67
Splügen **7435** GR
10 Kb 69
Sporz 10 Kd 68
Spreitenbach **8957** AG
3 Ic 64
Sprengelried 7 Hb 67
Sprügh 14 Ie 70
Spruga **6611** 14 Id 71
Spych 8 He 66
Staad 2 Hc 65
Stábio **6855** TI 15 If 73
Stadel **8174** ZH 3 Ic 63
Stadel **8543** ZH 4 Ie 63
Städtli 9 Id 67
Städtli 15 Kc 70
Stäfa **8712** ZH 4 Ie 65
Stäfeli 9 Ic 68
Stätenbach 8 Ia 66
Stafelalp 13 Hd 72
Staffelbach **5053** AG
3 Ia 65
Staffeln, Hermetschwil-
5626 AG 3 Ib 64
Stalden 9 Ie 67
Stalden **6063** OW 8 Ib 67
Stalden (VS) **3922** VS
13 Hf 71
Staldenried **3931** VS
13 Hf 71
Stallikon **8143** ZH 3 Ic 64
Stalveder GR 15 Kd 70
Stampa **7649** GR
15 Kd 70
Stans **6370** NW 9 Ic 67
Stansstad **6362** NW
9 Ib 67
Starkenbach 4 Kb 65
Starlera 10 Kc 69

Starrberg 4 If 65
Starrkirch 4656 SO
 2 Hf 64
Startgels 10 Kb 67
Staufen 5603 AG 3 Ia 64
Stechelberg 3824 8 Hf 64
Steckborn 8266 TG
 4 If 62
Steffisburg 3612 BE
 8 Hd 68
Steg FL 10 Kd 66
Steg 8496 4 If 64
Stehrenberg 9503
 4 Ka 63
Stein (AG) 4332 AG
 3 Hf 63
Stein (AR) 9063 AR
 4 Kb 64
Stein (Toggenburg) 9651
 SG 4 Kb 65
Stein am Rhein 8260 SH
 4 If 62
Steinach 9323 SG
 4 Kc 63
Steinegg 4 Kc 64
Steineloh 4 Kc 63
Steinen 4 If 64
Steinen 8 He 67
Steinen 6422 SZ 9 Id 66
Steinenberg 9 Id 66
Steinenbrücke 4 Ka 65
Steinerberg 6416 SZ
 9 Id 66
Steingletscher 9 Ic 68
Steinhaus 3981 VS
 14 Ia 70
Steinhausen 6312 ZG
 3 Ic 65
Steinhof 3364 SO
 8 He 65
Steinhusen 8 Ia 66
Steinibach 8 Ia 67
Steinibach 10 Ka 67
Steinmaur 8162 ZH
 3 Ic 63
Steinort FL 10 Kd 66
Steintal 4 Ka 65
Stelserhof 10 Ke 67
Sternenberg 8499 ZH
 4 If 64
Stetten (AG) 5608 AG
 3 Ib 64
Stetten (SH) 8211 SH
 3 Id 62
Stettfurt (TG) 9507 TG
 4 If 63
Stetten 3066 BE 8 Hd 67
Stiegelschwand 8 Hd 69
Stieren 7 Hc 68
Stierva 7451 GR
 10 Kd 68
Stilli 5233 AG 3 Ib 63
Stock 13 Hd 70
Stöckalp 9 Ib 68
Stöcken 9 Ie 66
Stoos 6433 9 Id 67
Strada 7558 11 Lc 67
Strassberg 10 Ke 67
Strelapass 11 Ke 68
Strengelbach 4802 AG
 3 Hf 65
Strohwilen 4 Ka 63
Studen 8841 9 Ie 66
Studen 2557 BE 7 Hb 66
Stüsslingen 4655 SO
 3 Hf 64
Stugl/Stuls 7483
 10 Ke 68
Stuls, Stugl/ 7483
 10 Ke 68
Stutz 10 Kd 66
Subingen 4553 SO
 2 Hd 65
Suchy 1433 VD 6 Gd 68
Suen 13 Hc 71
Sufers 7434 GR 10 Kc 69
Sugiez 1786 7 Ha 67
Sugnens 1049 VD
 6 Gd 68
Suhr 5034 3 Ia 64
Suld 8 He 69
Sulgen 8583 TG 4 Kb 63
Sullens 1049 VD 6 Gd 69
Sulz (AG) 4349 AG
 3 Ia 63
Sulz (LU) 6284 LU 3 Ib 65
Sulzbach 4 Ie 64
Sulzboden 9 If 66
Sulzfluh, Berghaus
 11 Ke 66
Sumiswald 3454 BE
 8 He 66
Sumpuoir, Alp 11 La 68
Super-Nendaz 12 Hb 72
Sur 7456 GR 10 Kd 69

Surava 7472 GR
 10 Kd 68
Surcasti 7131 GR
 10 Ka 68
Surcuolm 7131 GR
 10 Ka 68
Suregn, Alp 10 Kd 69
Sur En 11 La 68
Sur-En 11 Lc 68
Suri 7 Hb 67
Surin 7131 10 Ka 68
Surlej 16 Ke 70
Sur Montsoflo 7 Ha 68
Surpierre 1523 FR
 7 Gf 68
Surrein 9 Ie 68
Surrhein 7199 9 If 68
Sursee 6210 LU 8 Ia 65
Suscévaz 1437 VD
 6 Gd 68
Susch 7542 GR 11 La 68
Susten 3952 VS 13 Hd 71
Sutz 2572 BE 7 Hb 66
Syens 1099 VD 6 Ge 68

T

Tabagno 6 Ga 70
Tablat 4 If 64
Tägerig 5522 AG 3 Ib 64
Tägerschen 9554 TG
 4 Ka 63
Tägertschi 3502 BE
 8 Hd 67
Tägerwilen 8274 TG
 4 Ka 62
Täsch 3921 VS 13 He 72
Täschhütte 13 He 72
Täuffelen 2575 BE
 7 Hb 66
Tafers 1712 FR 7 Hb 67
Tagelswangen 3 Id 64
Taillères, Les 2126
 6 Gd 67
Tal 8 He 66
Tamatten 13 Hf 72
Tamins 7015 GR
 10 Kc 67
Tamunt 11 Ke 66
Tannay 1295 VD
 12 NBK Ga 70
Tannen 4 Ka 64
Tannen 4 If 64
Tannen 9 Ib 68
Tannenboden 8898
 10 Kb 66
Tarasp-Fontana 7553 GR
 11 Lb 68
Tartar 7431 GR 10 Kc 68
Tartegnin 1180 VD
 6 Gb 69
Tatroz 7 Gf 69
Tavanasa 7162 10 Ka 68
Tavannes 2710 BE
 2 Hb 65
Taverne, Torricella- 6808
 TI 15 If 72
Tavernes, les 1599 VD
 7 Ge 69
Tavetsch 9 Ie 68
Tea, Alp 11 Lc 67
Tecknau 4492 BL 2 Hf 64
Tegerfelden 5306 AG
 3 Ib 63
Tegna 6652 TI 14 Ie 71
Tell 4 Kb 65
Tène, La 7 Ha 66
Tenero 6598 TI 14 Ie 71
Téngia 9 Ie 70
Tenigerbad 9 If 68
Tenna 7105 GR 10 Kb 68
Tenniken 4456 BL
 2 He 64
Tennwil 5617 3 Ib 65
Tentlingen 1711 FR
 7 Hb 68
Termen 3901 VS 13 Ia 70
Terra di Fuori 14 Ie 71
Territet 1820 12 Gf 70
Tersnaus 7131 GR
 10 Kb 68
Tesserete 6950 TI
 15 If 72
Teufen (AR) 9053 AR
 4 Kc 64
Teufen, Freienstein- 8428
 3 Id 63
Teufenthal (AG) 5723 AG
 3 Ia 64
Teuffenthal (BE) 3623 BE
 8 He 68
Thal 9425 SG 4 Kd 64

Thalheim (AG) 5112 AG
 3 Ia 64
Thalheim an der Thur
 8479 ZH 4 Ie 63
Thalkirch 7105 10 Kb 69
Thalwil 8800 ZH 3 Id 65
Thayngen 8240 SH
 4 Ie 62
Theilingen 8485 4 Ie 64
Therwil 4106 BL 2 Hd 63
Thielle-Wavre 2075 NE
 7 Gf 66
Thierachern 3634 BE
 8 Hd 68
Thierrens 1065 VD
 6 Ge 68
Thioleyres, Les 1590 VD
 7 Ge 69
Thörigen 3367 BE
 2 He 65
Thônex 1226 GE
 12 NBK Ga 71
Thun 3600 BE 8 Hd 68
Thundorf 8512 TG 4 If 63
Thunstetten 4922 BE
 2 He 65
Thurnen 4441 BE
 2 He 64
Thusis 7430 GR 10 Kc 68
Thyon 1973 12 Hc 71
Tiefenbach 9 Ic 69
Tiefencastel 7450 GR
 10 Kd 68
Tiercellin, Villars- 1099 VD
 6 Ge 69
Tierfed 9 If 67
Tigignas 10 Kd 69
Tine, La 1831 7 Ha 70
Tinizong 7453 GR
 10 Kd 69
Titterten 4425 BL 2 He 64
Tobel 9555 TG 4 Ka 63
Törbel 3921 VS 13 He 71
Tössriedern 3 Id 63
Toffen 3125 BE 7 Hc 67
Tolochenaz 1111 VD
 6 Gc 69
Tomils, Tumegl/ 7418 GR
 10 Kc 68
Toos 9516 4 Ka 63
Tor 9 If 67
Torgon 1891 12 Gf 70
Torny-le-Grand 1751 FR
 7 Gf 68
Torre 6717 TI 9 If 69
Torrentalp 13 Hd 70
Torricella-Taverne 6808 TI
 15 If 72
Tortin 12 Hb 72
Tour-de-Peilz, La 1814 VD
 12 Ge 70
Tour-de-Trême, La 1635
 FR 7 Ha 69
Tourne, La 7 Ge 66
Trachselwald 3456 BE
 8 He 66
Trachslau 8841 9 Ie 66
Tracuit, Cabane de
 13 Hd 72
Trämligen 10 Ka 67
Tramelan, Mont- 2720 BE
 6 NBK Ha 65
Trasadingen 8211 SH
 3 Ic 62
Traselingen 8 Ib 65
Traubach 8 Hf 68
Travers 8105 NE 6 Gd 67
Treib 9 Id 66
Treiten 3226 BE 7 Ha 66
Trélex 1261 VD
 12 NBK Gb 70
Tremona 6865 TI 15 If 73
Trétien, Le 1921 12 Gf 72
Trey 1531 VD 7 Gf 68
Treycovagnes 1436 VD
 6 Gd 68
Treytorrens 1482 VD
 7 Ge 68
Treyvaux 1711 FR
 7 Ha 68
Triboltingen 8272 4 Ka 62
Trida, Alp 11 Lb 67
Triengen 6234 3 Ia 65
Trient 1921 VS 12 Gf 72
Triesen FL-9495
 10 Kd 66
Triesenberg FL-9497
 10 Kd 66
Trift 13 He 72
Trimbach 4632 SO
 2 Hf 64
Trimmis 7203 GR
 10 Kd 67
Trimstein 3083 8 Hd 67
Trin 7099 GR 10 Kc 67
Trogen 9043 AR 5 Kc 64

Troinex 1256 GE
 12 NBK Ga 71
Troistorrents 1872 VS
 12 Gf 71
Trub 3556 BE 8 Hf 67
Trubschachen 3555 BE
 8 He 67
Trübbach 9477 10 Kc 66
Trübsee 9 Ic 68
Trüllikon 8461 ZH 4 Ie 63
Trüschhübel 8 He 68
Trun 7166 GR 9 If 68
Truttikon 8479 ZH 4 Ie 63
Tschärzis 12 Hb 70
Tschamut 9 Ie 68
Tschappina 7431 GR
 10 Kc 68
Tscheppach 4571 SO
 7 Hc 65
Tscherlach 8881
 10 Kb 66
Tschiertschen 7064 GR
 10 Kd 68
Tschierv 7531 GR
 11 Lb 69
Tschiervahütte 16 Kf 70
Tschingel 3656 8 He 68
Tschlin 7559 GR
 11 Lc 67
Tschugg 3233 BE
 7 Ha 66
Tschuggen GR 11 Kf 68
Tsintre, La 7 Ha 69
Tübach 9327 SG 5 Kc 63
Tüscherz-Alfermée 2512
 BE 7 Hb 66
Tufertschwil 4 Ka 64
Tuggen 8856 SZ 4 If 65
Tuileries, Les 6 Gd 68
Tujetsch 7188 GR 9 Ie 68
Tumegl/Tomils 7418 GR
 10 Kc 68
Tuoihütte 11 La 67
Turbach 3781 7 Hb 69
Turbenthal 8488 ZH
 4 If 64
Turgi 5300 AG 3 Ib 63
Turtig 13 He 71
Turtmann 3946 VS
 13 He 71
Turtmannhütte 13 He 71
Tuttwil 9546 4 If 63
Twann 2513 BE 7 Ha 66

U

Udligenswil 6044 LU
 9 Ic 66
Ueberstorf 3182 FR
 7 Hb 67
Uebeschi 3611 BE
 8 Hd 68
Ueken 5028 AG 3 Ia 63
Uerikon 4 Ie 65
Uerkheim 4813 AG
 3 Ia 65
Uerschhausen 4 Ie 63
Uerzlikon 3 Ic 65
Uesslingen 8524 TG
 4 Ie 63
Uetendorf 3138 BE
 8 Hd 68
Uetikon 8707 ZH 4 Ie 65
Uettligen 3043 7 Hc 66
Uezwil 5611 AG 3 Ib 65
Uffikon 6253 LU 3 Ia 65
Ufhusen 6153 LU 8 Hf 66
Uhwiesen, Laufen- 8448
 ZH 3 Id 62
Uina Dadaint 11 Lc 68
Uitikon 8142 ZH 3 Ic 64
Ulmiz 3211 FR 7 Hb 67
Ulrichen 3988 VS 9 Ib 69
Umiken 5222 AG 3 Ib 64
Undervelier 2863 JU
 2 Hb 65
Unterägeri 6314 ZG
 9 Id 66
Unterbach 3857 8 Ia 68
Unterbäch 3941 VS
 13 He 71
Unterbazenheid 4 Ka 64
Unterbeinwil 4249
 2 Hd 64
Unterbözberg 5224 AG
 3 Ia 63
Untereggen 9033 SG
 5 Kc 64
Unterehrendingen 5424
 AG 3 Ic 63
Unterems 3941 VS
 13 He 71

Unterendingen 5305 AG
 3 Ib 63
Unterengstringen 8103 ZH
 3 Ic 64
Unterentfelden 5035 AG
 3 Ia 64
Unteriberg 8842 SZ
 9 Ie 66
Unterkulm 5726 AG
 3 Ia 65
Unterlangenegg 3614 BE
 8 He 68
Unterlöhren 4 Kc 63
Unterlunkhofen 8918 AG
 3 Ic 64
Untermatt 9 Ic 66
Untermutten 10 Kc 68
Unterramsern 4571 SO
 7 Hc 66
Unterrindal 4 Ka 64
Unterschächen 6465 UR
 9 Ic 67
Unterseen 3800 BE
 8 He 68
Untersiggenthal 5417 AG
 3 Ib 63
Unterstammheim 8476 ZH
 4 Ie 63
Unterstaufen 3 Id 62
Untersteckholz 4916 BE
 2 He 65
Unterstock 8 Ib 68
Unterterzen 8882
 10 Kb 66
Untervaz 7204 GR
 10 Kd 67
Unterwasser 9 Ic 69
Unterwasser 9657
 4 Kb 65
Uors-Peiden 7131 GR
 10 Ka 68
Urbach 8 Ib 68
Urdorf 8902 ZH 3 Ic 64
Urigen 9 Ic 67
Urmein 7431 GR
 10 Kc 68
Urnäsch 9107 AR
 4 Kb 64
Ursellen 8 Hd 67
Ursenbach 4937 BE
 8 He 66
Urseren 9 Id 69
Ursins 1411 VD 6 Gd 68
Urswil 6280 9 Ib 66
Ursy 1675 FR 7 Ge 69
Urtenen 3322 BE 7 Hc 66
Usser Säss 11 Kf 69
Uster 8610 ZH 4 Ie 64
Uttigen 3118 BE 8 Hd 68
Uttwil 8592 TG 4 Kc 63
Utzensdorf 3427 BE
 8 Hd 66
Utzigen 3068 8 Hd 67
Uznach 8730 SG 4 If 65
Uzwil 9240 SG 4 Ka 64

V

Vacallo 6833 TI 15 If 73
Vadura 7311 10 Kc 67
Vaduz FL-9490 10 Kc 66
Vättis 7312 10 Kc 67
Váglio 6951 TI 15 If 72
Val 9 If 68
Valangin 2042 NE 7 Gf 66
Valatscha 11 Lb 68
Valbella 15 Ka 70
Valbella 7077 10 Kd 68
Valbellahütte 10 Ke 68
Valchava 7531 GR
 11 Lc 69
Vald 14 Ie 70
Val-d'Illiez 1873 12 Gf 71
Valé 10 Ka 69
Valendas 7122 GR
 10 Kb 68
Valens 7311 10 Kc 67
Valettes, Les 12 Ha 72
Valeyres-sous-Montagny
 1441 VD 6 Gd 68
Valeyres-sous-Rances
 1351 VD 6 Gd 68
Valeyres-sous-Ursins 1411
 VD 6 Gd 68
Valinaalp FL 10 Kd 66
Vallamand 1581 VD
 7 Ha 67
Vallon 1565 FR 7 Gf 67
Vallorbe 1337 VD 6 Gc 68
Valmara 14 Ie 72
Valmela 11 Lb 68
Valorsch FL 10 Kd 66
Valsainte, La 7 Hb 68
Valsigg 10 Ke 67

Val Sinestra 11 Lb 67
Valsorey, Cabane de
 12 Hb 73
Vals-Platz 7132 GR
 10 Ka 69
Valzeina 7213 GR
 10 Kd 67
Van-d'en-Haut 12 Gf 71
Vandoeuvres 1253 GE
 12 NBK Gb 71
Varen 3941 VS 13 Hd 70
Varenzo 6777 9 Ie 69
Vasön 7311 10 Kc 67
Vaud, Le 1261 VD
 6 Gb 69
Vauderens 1675 FR
 7 Ge 69
Vaüglia-Suot, Alp 11 Kf 69
Vauffelin 2537 BE
 2 Hb 65
Vaulion 1349 VD 6 Gc 68
Vaulruz 1627 FR 7 Gf 69
Vaumarcus 2028 NE
 6 Ge 67
Vaunaise, La VD 7 Ge 68
Vaz/Obervaz 7099 GR
 10 Kc 68
Vechigen 3067 BE
 8 Hd 67
Veduta, La 16 Ke 70
Vélan, Cabane du VS
 12 Hb 73
Vellerat 2764 BE 2 Hc 64
Velteim 5106 AG 3 Ia 64
Vendlincourt 2943 JU
 6 NBK Ha 64
Venthône 3961 VS
 13 Hd 71
Verbier 1936 VS
 12 Hb 72
Vercorin 3961 13 Hd 71
Verdábbio 6549 GR
 15 Ka 71
Verdásio 6651 14 Id 71
Vereina-Berghaus
 11 Kf 68
Vergeletto 6611 TI
 14 Id 71
Vermala 13 Hc 70
Vermes 2829 JU 2 Hc 64
Vernamiège 1961 VS
 13 Hc 71
Vernayaz 1904 VS
 12 Ha 72
Vernier 1214 GE
 12 NBK Ga 71
Vérossaz 1891 VS
 12 Gf 71
Verrerie, La 1624 7 Gf 69
Verrières, Les 2126 NE
 6 Gc 67
Versam 7104 GR
 10 Kb 68
Vers-chez-Grosjean
 6 Gb 69
Vers-chez-les-Blanc
 6 Ge 69
Vers-chez-Perrin 1531
 7 Gf 68
Vérscio 6653 TI 14 Ie 71
Versegères 1931
 12 Hb 72
Vers-l'Eglise 1864
 12 Ha 70
Versoix 1290 GE
 12 NBK Ga 71
Vésenaz 1222 GE
 12 NBK Gb 71
Vesin 1482 FR 7 Gf 68
Vétroz 1963 VS 12 Hb 71
Vevey 1800 VD 7 Gf 70
Vex 1961 VS 12 Hc 71
Veyras 3964 VS 13 Hd 71
Veyrier 1255 GE
 12 NBK Ga 71
Veysonnaz 1961 VS
 12 Hb 71
Veytaux 1820 VD
 12 Gf 70
Vezia 6943 TI 15 If 72
Vézio 6911 TI 14 If 72
Viano 7743 16 La 71
Vich 1267 VD
 12 NBK Gb 70
Vico Morcote 6911 TI
 15 If 73
Vicosoprano 7649 GR
 15 Kd 70
Vicques 2824 JU 2 Hc 64
Vielbringen 8 Hd 67
Vigana 15 If 71
Viganello 6962 TI 15 If 72
Vigens 7131 GR
 10 Ka 68
Villa 13 Hc 72
Villa 6781 9 Id 69

Villa (GR) **7131** GR 10 Ka 68
Village 13 Hc 71
Villa Luganese **6966** TI 15 If 72
Villaraboud **1678** FR 7 Gf 68
Villarepos **1580** FR 7 Ha 67
Villaret 6 Gd 68
Villargiroud **1681** FR 7 Gf 68
Villariaz **1681** FR 7 Gf 68
Villarimboud **1751** FR 7 Gf 68
Villarlod **1681** FR 7 Ha 68
Villars-Bozon VD 6 Gc 69
Villars-Bramard **1531** VD 7 Gf 68
Villars-Burquin **1411** VD 6 Gd 67
Villarsel-sur-Marly **1751** FR 7 Gf 68
Villars-Epeney **1411** VD 6 Ge 68
Villarsiviriaux **1681** FR 7 Gf 68
Villars-le-Comte **1511** VD 7 Ge 68
Villars-le-Grand **1581** VD 7 Gf 67
Villars-le-Terroir **1041** VD 6 Gd 68
Villars-Mendraz **1099** VD 6 Ge 68
Villars-Sainte-Croix **1030** VD 6 Gd 69
Villars-sous-Mont **1666** FR 7 Ha 69
Villars-sous-Yens **1141** VD 6 Gc 69
Villars-sur-Fontenais **2903** 6 NBK Ha 64
Villars-sur-Glâne **1752** FR 7 Ha 68
Villars-sur-Ollon **1884** VS 12 Ha 71
Villars-Tiercellin **1099** VD 6 Ge 69
Villarvolard **1631** FR 7 Ha 68
Villarzel **1531** VD 7 Gf 68
Villaz-Saint-Pierre **1758** FR 7 Gf 68
Villeneuve **1844** VD 12 Gf 70
Villeret **2613** BE 7 Ha 65
Villetta 13 Hc 72
Villette **1069** VD 6 Ge 69
Villiers **2057** NE 7 Gf 66
Villigen **5234** 3 lb 63
Villmergen **5612** AG 3 lb 64
Villnachern **5213** AG 3 la 64
Vilters **7324** SG 10 Kc 66
Vinadi 11 Lc 67
Vinelz **3234** BE 7 Ha 66
Vingelz 7 Hb 66
Vinzel **1181** VD 6 Gb 70
Vionnaz **1891** VS 12 Gf 70
Vira TI 15 If 72
Vira (Gambarogno) **6574** TI 14 le 72
Visletto 14 ld 71
Visp **3930** VS 13 Hf 71
Visperterminen **3931** VS 13 Hf 71
Vissoie **3961** VS 13 Hd 71
Vitznau **6354** LU 9 lc 66
Vnà **7557** 11 Lc 67
Vocáglia 14 ld 71
Vogelsang 3 lb 63
Vogelsang 8 la 65
Vogelsang 4 If 64
Vogorno **6611** TI 14 If 71
Volken **8451** ZH 3 ld 63
Volketswil **8604** ZH 4 le 64
Vollèges **1931** VS 12 Ha 72

Voralp 10 Kc 65
Voralphütte 9 lc 68
Vorauen 9 If 66
Vordemwald **4803** AG 2 Hf 65
Vorder Geissboden 9 ld 66
Vorder Höhi 4 Kb 65
Vorder Rinderbach 8 He 66
Vordersagen 4 If 65
Vorder Waldi 9 ld 62
Vorsiez 10 Kb 67
Vrin **7131** GR 10 Ka 68
Vuadens **1628** FR 7 Ha 69
Vuarmarens **1675** FR 7 Ge 68
Vuarrens **1411** VD 6 Gd 68
Vucherens **1099** VD 6 Ge 69
Vufflens-la-Ville **1302** VD 6 Gd 69
Vufflens-le-Château **1141** VD 6 Gc 69
Vugelles-la-Mothe **1411** VD 6 Gd 67
Vuippens **1631** FR 7 Ha 68
Vuissens **1482** FR 6 Ge 68
Vuisternens-devant-Romont **1687** FR 7 Gf 68
Vuisternens-en-Ogoz **1681** FR 7 Ha 68
Vuitebœuf **1445** VD 6 Gd 68
Vulliens **1099** VD 7 Ge 68
Vullierens **1111** VD 6 Gc 69
Vully-le-Bas **1781** FR 7 Ha 67
Vully-le-Haut **1781** FR 7 Ha 67
Vulpèra **7552** 11 Lb 68
Vuorz, Waltensburg/ **7158** GR 10 Ka 68

W

Waag 9 le 66
Wabern **3084** 7 Hc 67
Wachseldorn **3611** BE 8 He 67
Wäckerschwend 8 He 66
Wädenswil **8820** ZH 3 ld 65
Wäldi **8561** TG 4 Ka 63
Wängi 9 le 67
Wängi **9545** TG 4 If 63
Wagen **8646** 4 If 65
Wagenhausen **8260** TG 4 le 62
Wagerswil 4 Ka 63
Wahlen **4249** BL 2 Hd 64
Wahlendorf **3046** 7 Hb 66
Wahlern **3150** BE 7 Hc 67
Walchwil **6318** ZG 9 ld 66
Wald **8636** 4 If 65
Wald (AR) **9044** AR 5 Kc 64
Walde **8727** 4 Ka 65
Walde (AG) **5047** AG 3 la 65
Waldegg 3 lc 64
Waldegg **3802** 8 He 68
Waldenburg **4437** BL 2 He 64
Waldhäusern 3 lb 64
Waldi 3 la 65
Waldkirch **9205** SG 4 Kb 64
Waldstatt **9104** SG 4 Kb 64
Walenbrugg 10 Ka 67

Walenstadt **8880** SG 10 Kb 66
Walenstadtberg **8881** 10 Kb 66
Waliswil bei Niederbipp **4705** BE 2 He 65
Walkringen **3512** BE 8 Hd 67
Wallbach **4323** AG 2 Hf 63
Wallenbuch **3206** FR 7 Hb 67
Wallenried **1784** FR 7 Ha 67
Wallenwil 4 If 64
Wallisellen **8304** ZH 3 ld 64
Walliswil bei Wangen **4706** BE 2 He 65
Walperswil **3272** BE 7 Hb 66
Waltalingen **8479** ZH 4 le 63
Waltensburg/Vuorz **7158** GR 10 Ka 68
Waltenschwil **5622** AG 3 lb 64
Waltenstein 4 le 64
Walterswil **4942** BE 8 He 66
Walterswil (SO) **5746** SO 3 Hf 64
Waltikon 3 ld 64
Walzenhausen **9428** AR 4 Kd 64
Wangen **8602** 3 ld 64
Wangen **8855** SZ 4 If 65
Wangen an der Aare **4705** BE 2 Hd 65
Wangen bei Olten **4612** SO 2 Hf 64
Wangenried **3361** BE 2 Hd 65
Wangs **7323** 10 Kc 66
Wannen 10 Kb 69
Wanzwil **3361** BE 2 He 65
Wartau **7478** SG 10 Kc 66
Warth **8532** 4 If 63
Wasen im Emmental **3457** 8 He 66
Wassen **6484** UR 9 ld 68
Wasserauen 4 Kc 65
Wasterkingen **8194** ZH 3 lc 63
Watt **8105** 3 lc 64
Wattenwil **3135** BE 7 Hc 68
Wattingen 9 ld 68
Wattwil **9630** SG 4 Ka 65
Wauwil **6242** LU 3 la 65
Wavre, Thielle- **2075** NE 7 Gf 66
Weesen **8872** SG 10 Ka 66
Wegenstetten **4317** AG 3 Hf 63
Wegerhaus 11 Kf 68
Weggis **6353** LU 9 lc 66
Weglosen 9 If 66
Weiach **8433** ZH 3 lc 63
Weibelsried 7 Hb 69
Weier **3462** 8 He 66
Weieren 4 Ka 64
Weinfelden **8570** TG 4 Ka 63
Weingarten **9508** 4 If 63
Weiningen **8104** 3 lc 64
Weiningen **8534** 4 If 63
Weissbad **9057** 4 Kc 65
Weissenbach **3767** 7 Hc 69
Weissenburg **3764** BE 7 Hc 68
Weisshorn 10 Kd 68
Weisshornhütte 13 He 72
Weisslingen **8484** ZH 4 le 64
Weisstannen **7321** 10 Kb 66
Weite 10 Kc 66
Wellhausen 4 If 63

Welschenrohr **4716** SO 2 Hd 65
Wengen **3823** 8 Hf 69
Wengernalp 8 Hf 69
Wengi **3714** 8 Hd 69
Wengi bei Büren **3251** BE 7 Hc 66
Wenglisswil 7 Hb 68
Wenslingen **4493** BL 2 Hf 64
Wenzikon 4 le 63
Wergenstein **7431** 10 Kc 69
Weritzalp 13 He 70
Wermatswil **8615** ZH 4 le 64
Wernetshausen **8340** 4 If 65
Werthenstein **6106** LU 8 la 66
Wettingen **5430** AG 3 lc 63
Wettswil am Albis **8907** ZH 3 lc 64
Wetzikon 4 le 64
Wetzikon (ZH) **8620** ZH 4 If 63
Widen **8967** AG 3 lc 64
Widlisbach 2 Hd 65
Widnau **9443** SG 4 Kd 64
Wiedlisbach **4537** BE 2 Hd 65
Wierezwil 7 Hc 66
Wiesen (GR) **7499** GR 10 Ke 68
Wiesenberg 9 lc 67
Wiesendangen **8542** ZH 4 le 63
Wiesholz 4 le 62
Wiggen **6192** LU 8 Hf 67
Wiggiswil **3053** BE 7 Hc 66
Wiggwil 3 lb 65
Wigoltingen **8556** 4 Ka 63
Wikartswil 8 Hd 67
Wikon **4806** LU 3 Hf 65
Wil 2 Hf 64
Wil (SG) **9500** SG 4 Ka 64
Wila **8492** ZH 4 If 64
Wilchingen **8217** SH 3 lc 62
Wildberg **8321** ZH 4 le 64
Wildegg **5103** 3 la 64
Wildenberg 10 Kb 66
Wildensbuch 3 ld 62
Wilderswil **3812** 8 Hf 68
Wildhaus **9658** 4 Kc 65
Wildkirchli 4 Kc 65
Wilen 4 If 63
Wilen 4 Kb 64
Wilen **6062** 8 lb 67
Wilen **9225** 4 Kb 63
Wilen **9535** 4 Ka 64
Wilen bei Neunforn 4 le 63
Wiler 8 lb 68
Wiler 9 ld 68
Wiler **3266** 7 Hb 66
Wiler (Lötschen) **3903** VS 13 He 70
Wiler bei Utzenstorf **3428** BE 8 Hd 66
Wiler vor Holz 7 Hb 67
Wileroltingen **3207** BE 7 Hb 67
Wiliberg **6261** AG 3 la 65
Wilihof **6234** LU 3 la 65
Wilischwand 8 Hf 67
Willadingen **3425** BE 8 Hd 66
Willerzell **8841** 9 le 66
Willigen 8 lb 68
Willisau **6130** LU 8 Hf 66
Willisau Land **6131** LU 8 Hf 66
Willisdorf 4 le 62
Wimmis **3752** BE 8 Hd 68
Windblosen 3 la 63
Windegghütte 9 lc 68
Windisch **5200** AG 3 lb 63

Windlach **8175** 3 lc 63
Winggelhütten 10 Kb 67
Winikon **6235** LU 3 la 65
Winistrorf **4511** 7 Hd 65
Winkel 9 lb 66
Winkel bei Bülach **8185** ZH 3 ld 63
Winkeln 4 Kb 64
Winterberg **8311** ZH 4 le 64
Wintersingen **4451** BL 2 He 63
Winterthur **8400** ZH 4 le 63
Winznau **4652** SO 2 Hf 64
Wisen 4 Ka 64
Wisen 10 Kb 66
Wisen **4699** SO 2 Hf 64
Wislikofen **8439** AG 3 lc 63
Wisserlen 9 lb 67
Witenwasserenstafel 9 lc 69
Witikon, Zürich- **8053** 3 ld 64
Wittenbach **9309** SG 4 Kc 64
Wittenwil 9 If 64
Witterswil **4108** SO 2 Hd 63
Wittinsburg **4443** BL 2 He 64
Wittnau **5265** AG 3 Hf 64
Witzwil 7 Ha 66
Wölflinswil **5266** AG 3 Hf 64
Wöschnau, Eppenberg- **5012** SO 3 la 64
Wohlen (AG) **5610** AG 3 lb 64
Wohlen bei Bern **3033** BE 7 Hc 67
Wohlenschwil **5512** AG 3 lb 64
Wolfenschiessen **6386** NW 9 lc 67
Wolfertswil **9116** 4 Kb 64
Wolfgang **7265** 11 Ke 67
Wolfhalden **9427** AR 5 Kd 64
Wolfhausen **8633** 4 le 65
Wolfisberg **4704** BE 2 Hd 65
Wolfwil **4855** SO 2 He 65
Wolhusen **6110** LU 8 la 66
Wollerau **8832** SZ 4 le 65
Wollishofen, Zürich- **8038** 3 ld 64
Worb **3076** BE 8 Hd 67
Worben **3252** BE 7 Hb 66
Worblaufen **3048** 7 Hc 66
Wülflingen 4 le 63
Wünnewil-Flamatt **3184** FR 7 Hb 67
Würenlingen **5303** AG 3 lb 63
Würenlos **8116** AG 3 lc 64
Wuppenau **9514** TG 4 Ka 63
Wynau **4923** BE 2 He 65
Wynigen **3472** BE 8 Hd 66
Wyssachen **4954** BE 8 He 66

Y

Yens **1141** VD 6 Gc 69
Yverdon-les-Bains **1400** VD 6 Gd 68
Yvonand **1462** VD 6 Ge 68
Yvorne **1853** VD 12 Gf 70

Z

Zäziwil **3532** BE 8 Hd 67
Zapporthütte 10 Ka 69
Zauggenried **3349** BE 8 Hd 66
Zeglingen **4495** BL 2 Hf 64
Zeihen **5256** AG 3 la 64
Zeiningen **4314** AG 2 Hf 63
Zell (LU) **6144** LU 8 Hf 66
Zell (ZH) **8487** ZH 4 le 64
Zeneggen **3931** VS 13 Hf 71
Zermatt **3920** VS 13 He 72
Zernez **7530** GR 11 La 68
Zetzwil **5732** AG 3 la 65
Ziefen **4417** BL 2 He 64
Ziegelbrücke **8866** 10 Ka 66
Ziegelried 7 Hb 66
Zielebach **4564** BE 8 Hd 65
Zignau **7167** 9 lf 68
Zihlschlacht **8581** TG 4 Kb 63
Zillis-Reischen **7431** GR 10 Kc 69
Zilmatt 8 He 67
Zimlisberg 7 Hc 66
Zimmerwald **3086** BE 7 Hc 67
Zinal **3961** VS 13 Hd 72
Zinggen 4 If 64
Zizers **7205** GR 10 Kd 67
Zmutt 13 He 72
Zofingen **4800** AG 3 Hf 65
Zollbrück **3436** 8 He 67
Zollhaus 7 Hb 68
Zollikerberg **8125** 3 ld 64
Zollikofen **3052** BE 7 Hc 66
Zollikon **8702** 3 ld 64
Zorten **7099** 10 Kd 68
Zuben **8585** 4 Kb 63
Zuchwil **4528** SO 2 Hd 65
Zuckenriet **9526** 4 Ka 64
Züberwangen **9523** 4 Ka 64
Zünikon 4 le 63
Zürchersmühle **9106** 4 Kb 64
Zürich **8000** ZH 3 ld 64
Zufikon **5620** AG 3 lc 64
Zug **6300** ZG 9 ld 65
Zullwil **4249** SO 2 Hd 64
Zumholz **1711** FR 7 Hb 68
Zumikon **8126** ZH 3 ld 64
Zum See 13 He 72
Zunzgen **4455** BL 2 He 64
Zuort 11 Lb 67
Zuoz **7524** GR 11 Kf 69
Zurzach **8437** AG 3 lb 63
Zuzgen **4315** AG 2 Hf 63
Zuzwil **9524** AG 4 Ka 64
Zuzwil **3349** BE 7 Hc 66
Zweidlen **8432** 3 lc 63
Zweilütschinen **3815** 8 Hf 69
Zweisimmen **3770** BE 7 Hc 69
Zwieselberg **3645** BE 8 Hd 68
Zwillikon **8910** 3 lc 65
Zwingen **4222** BL 2 Hd 64
Zwischbergen **3901** VS 13 la 71
Zwischenflüh **3756** 7 Hc 69

Kartenübersicht · Key map · Quadro d'unione · Mapa índice · Corte dos mapas · Carte d'assemblage · Overzichtskaart · Skorowidz arkuszy Klad mapových listů · Áttekintő térkép · Oversigtskort · Kartöversikt

1:300.000

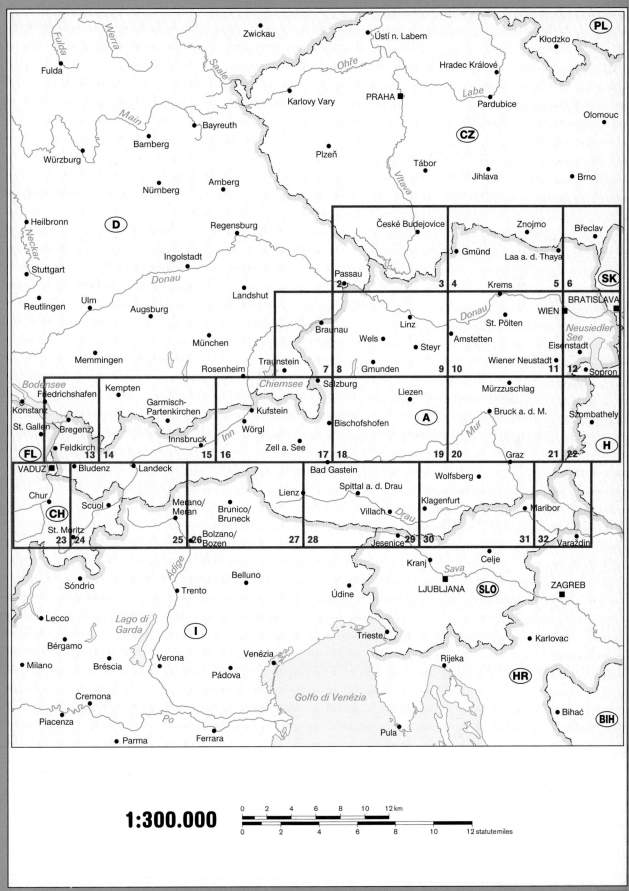

1:300.000

0   2   4   6   8   10   12 km
0   2   4   6   8   10   12 statute miles

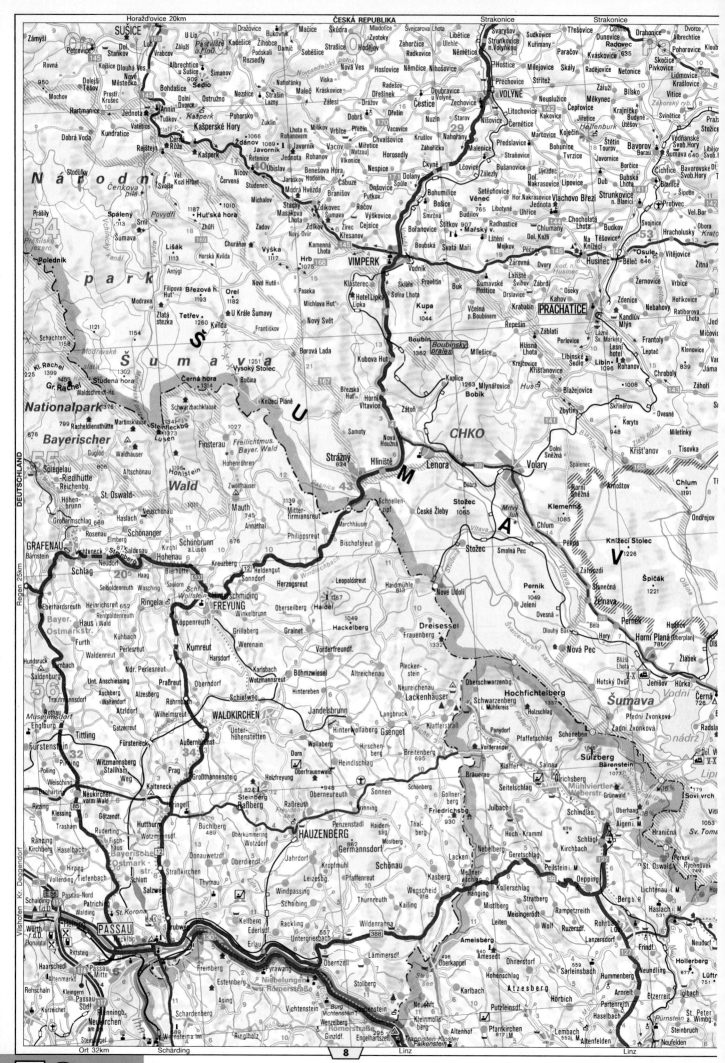

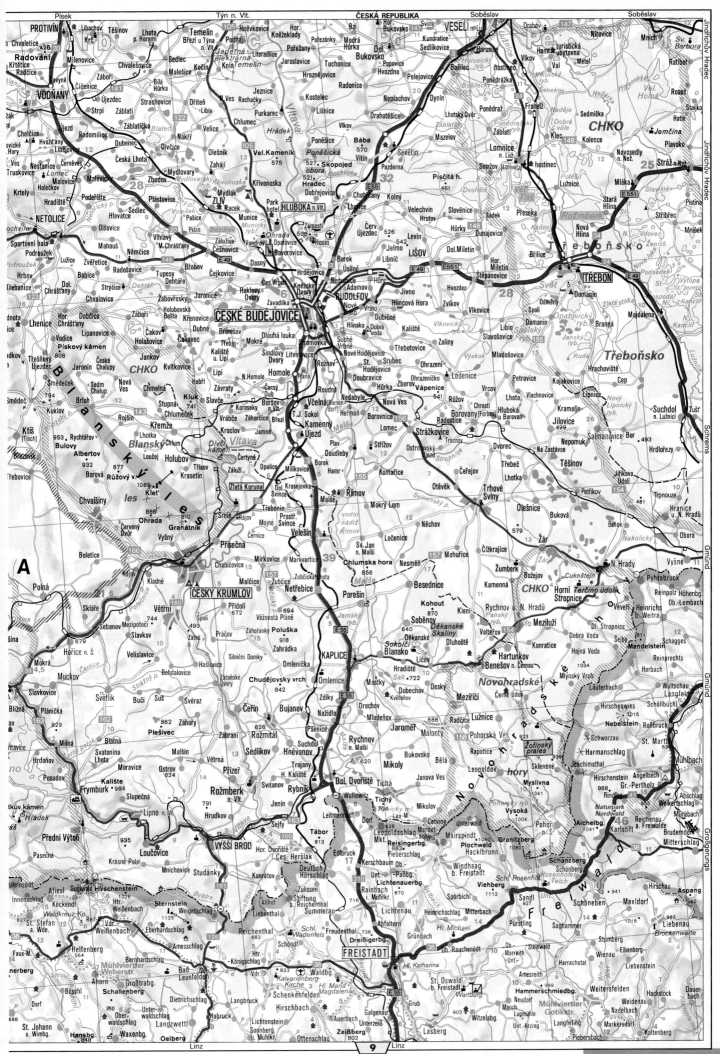

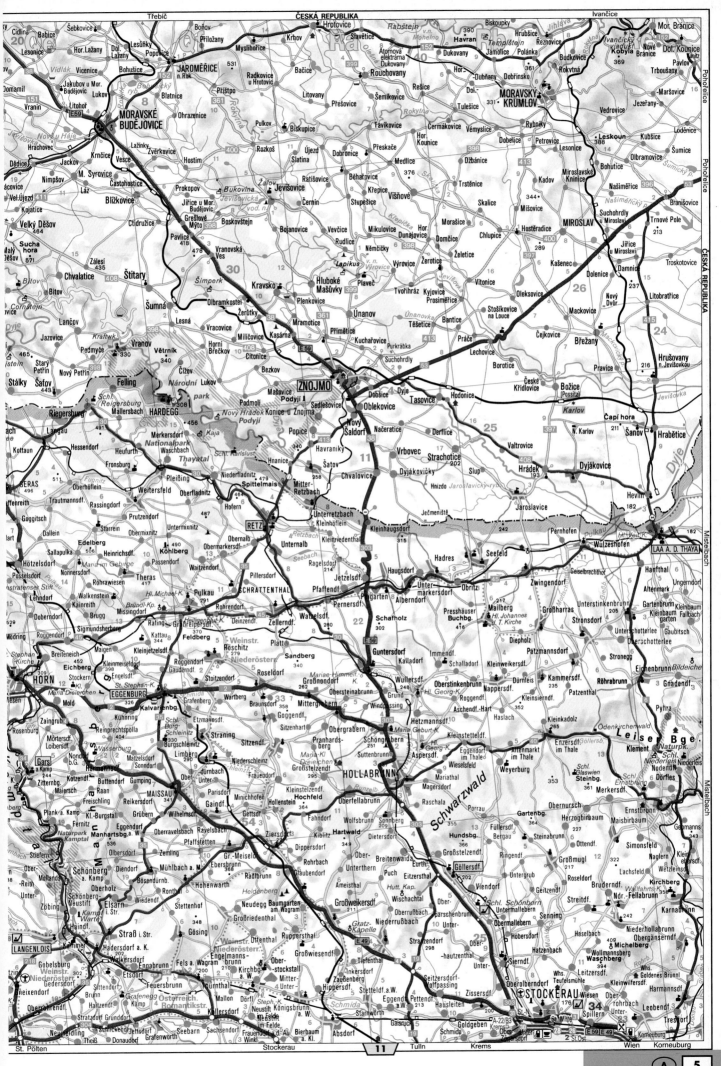

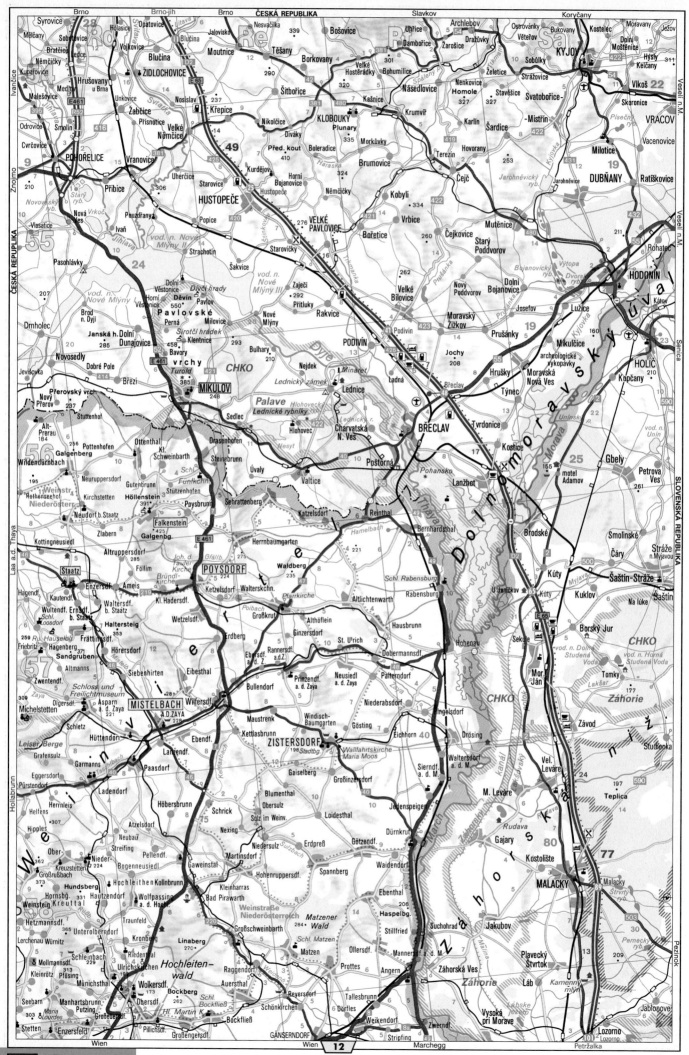

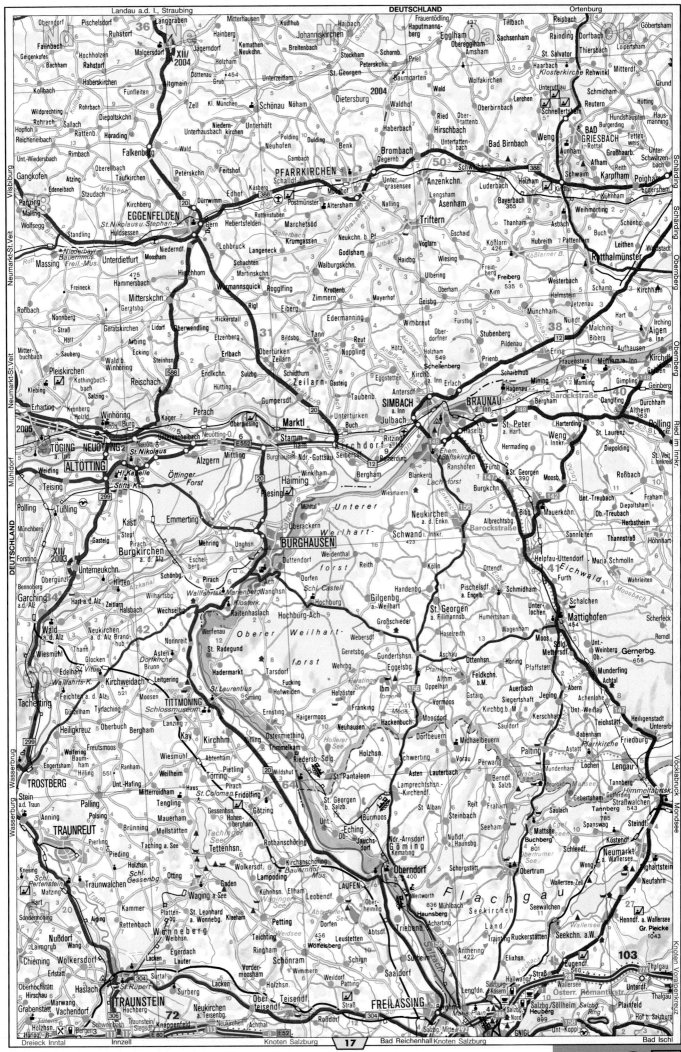

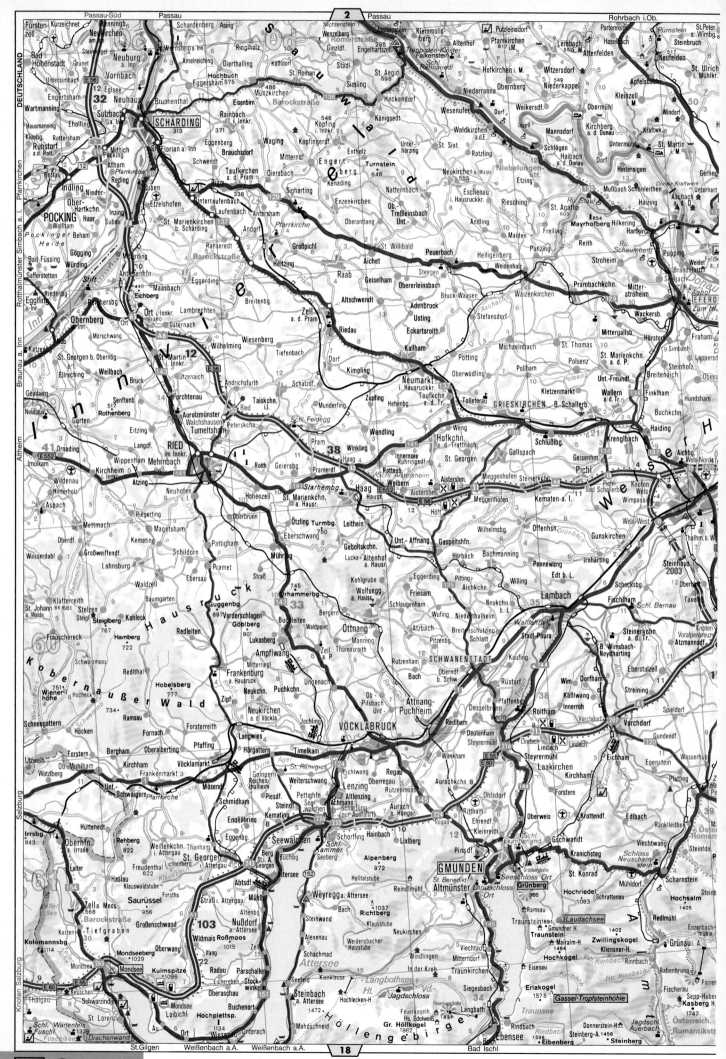

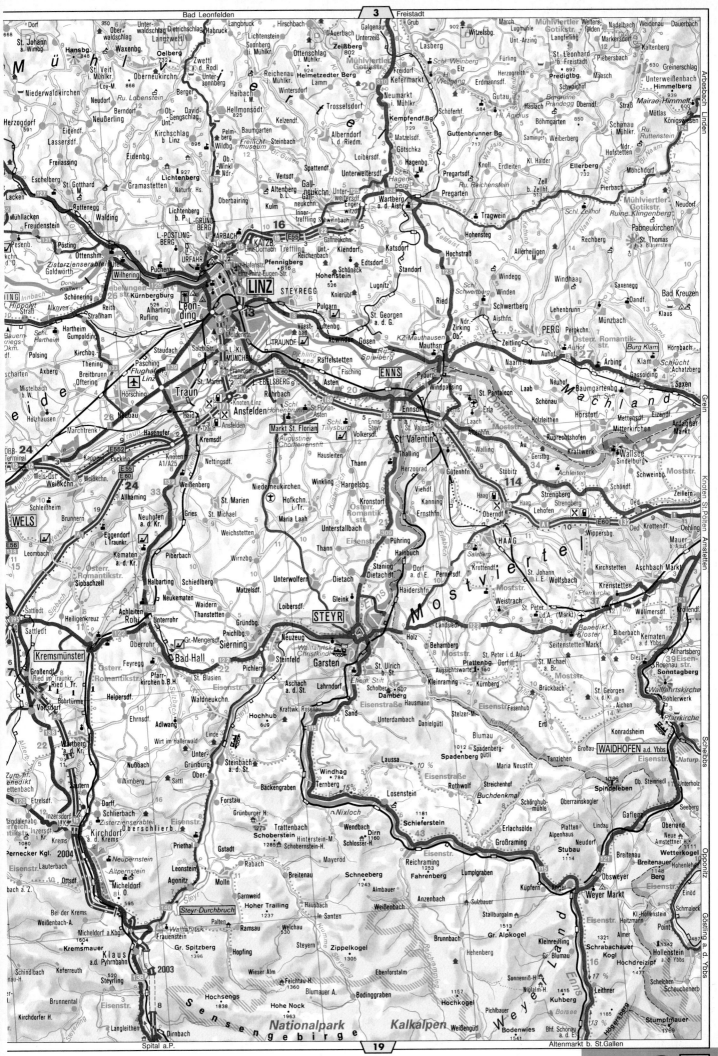

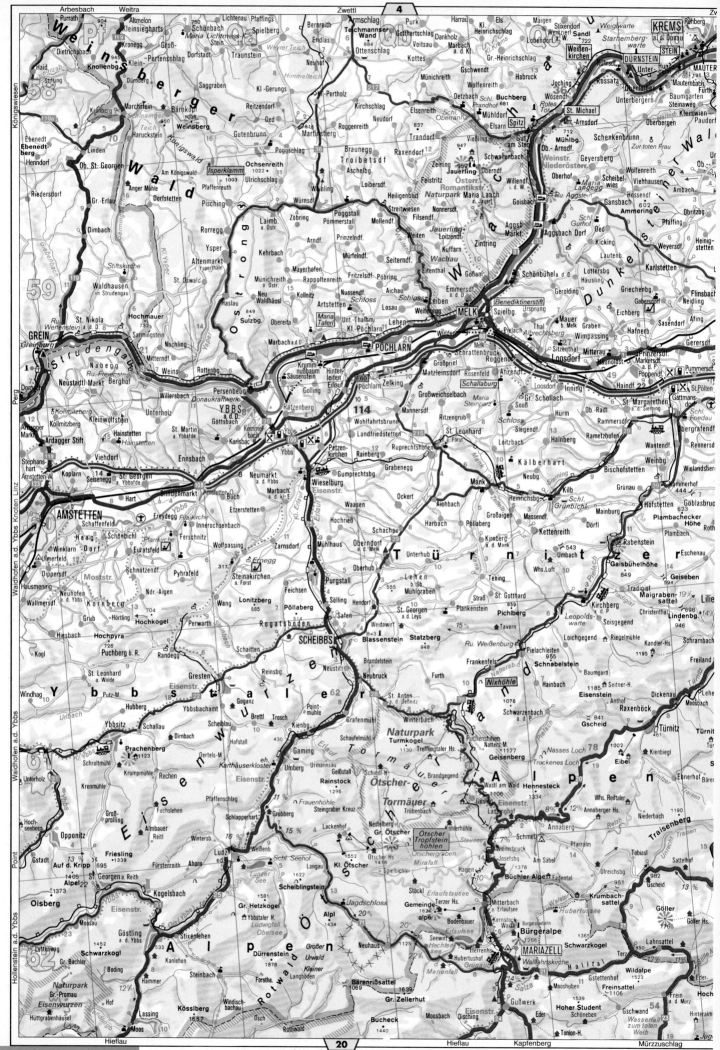

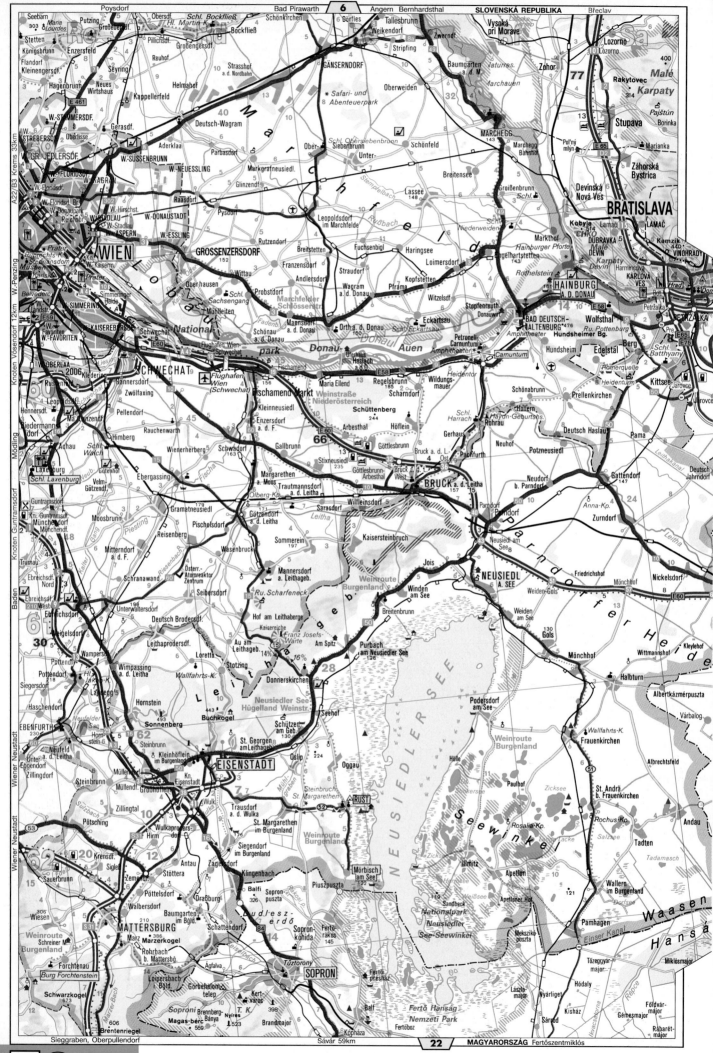

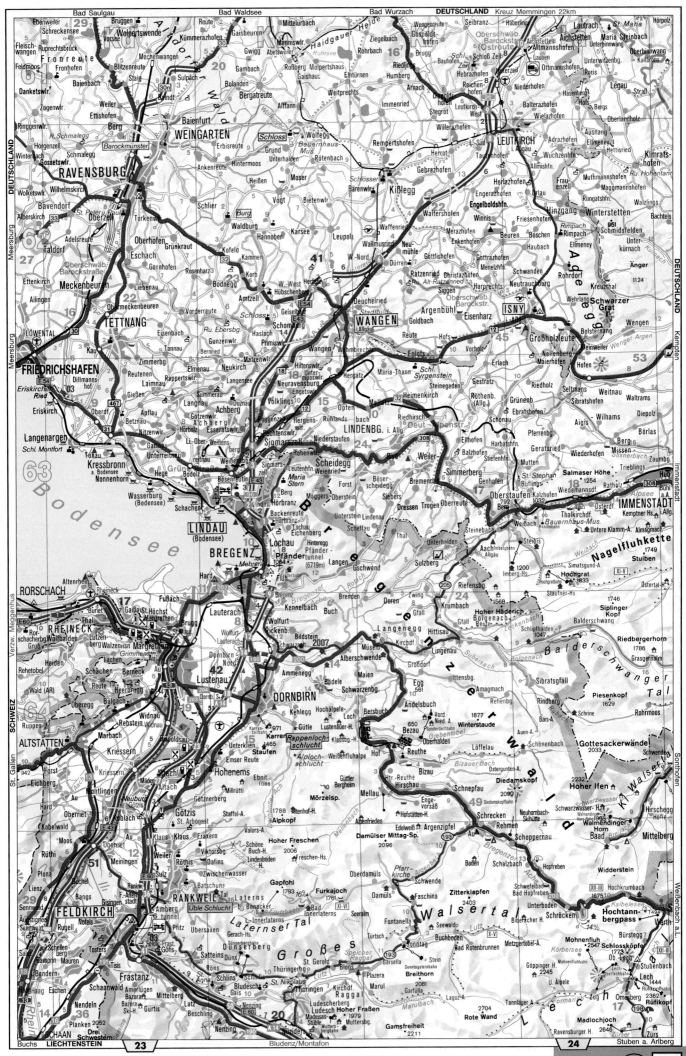

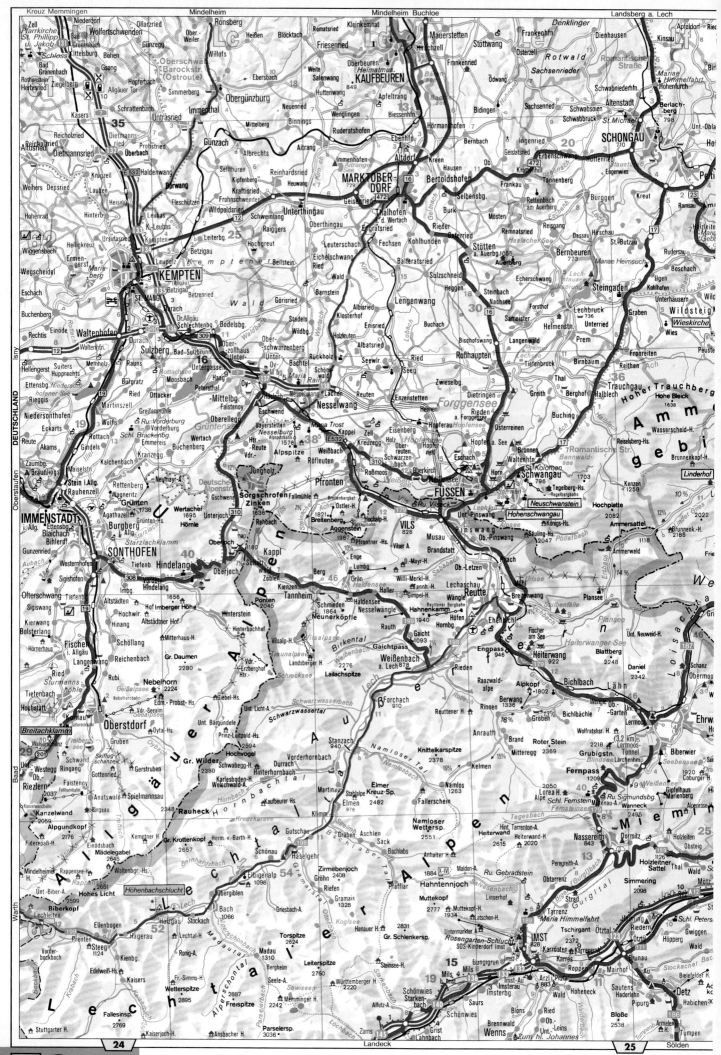

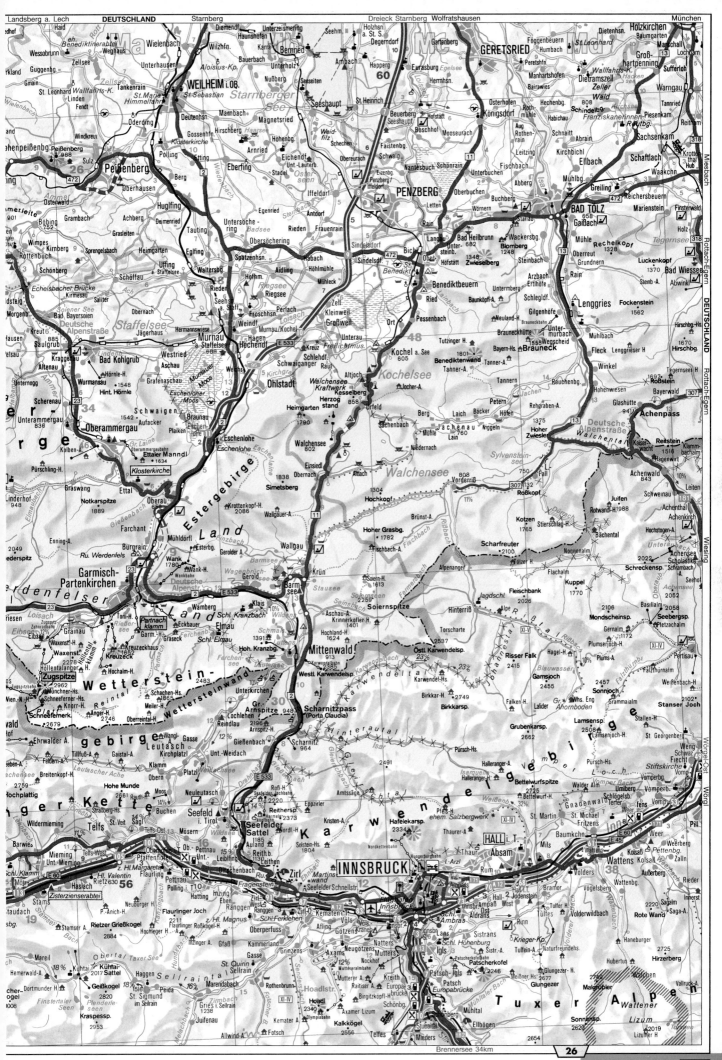

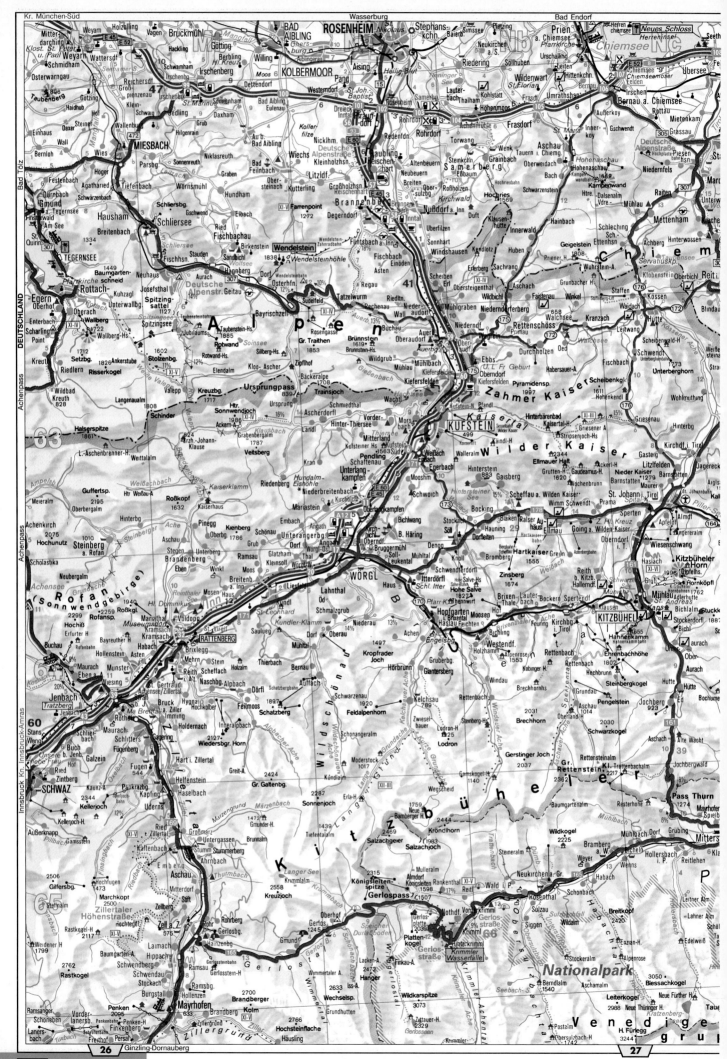

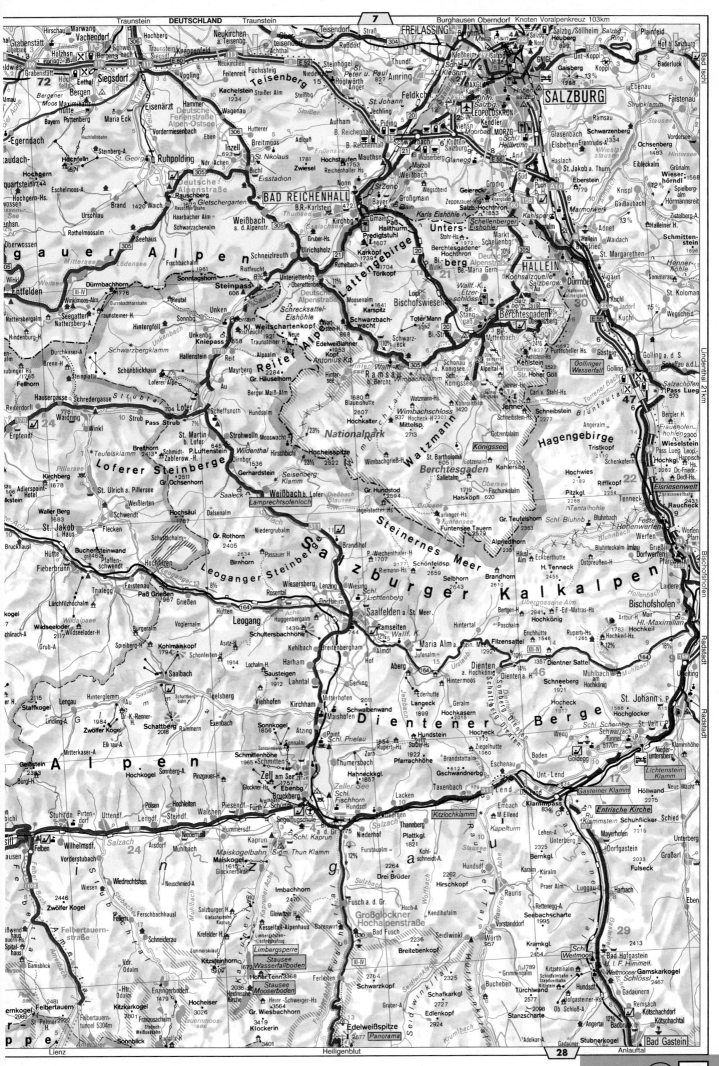

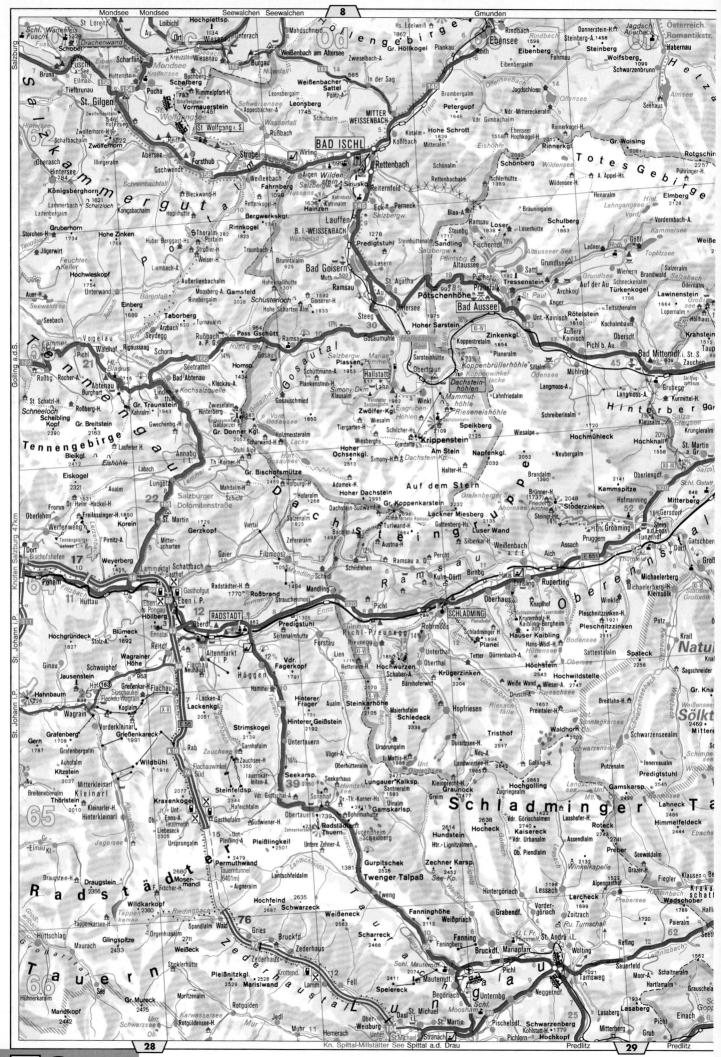

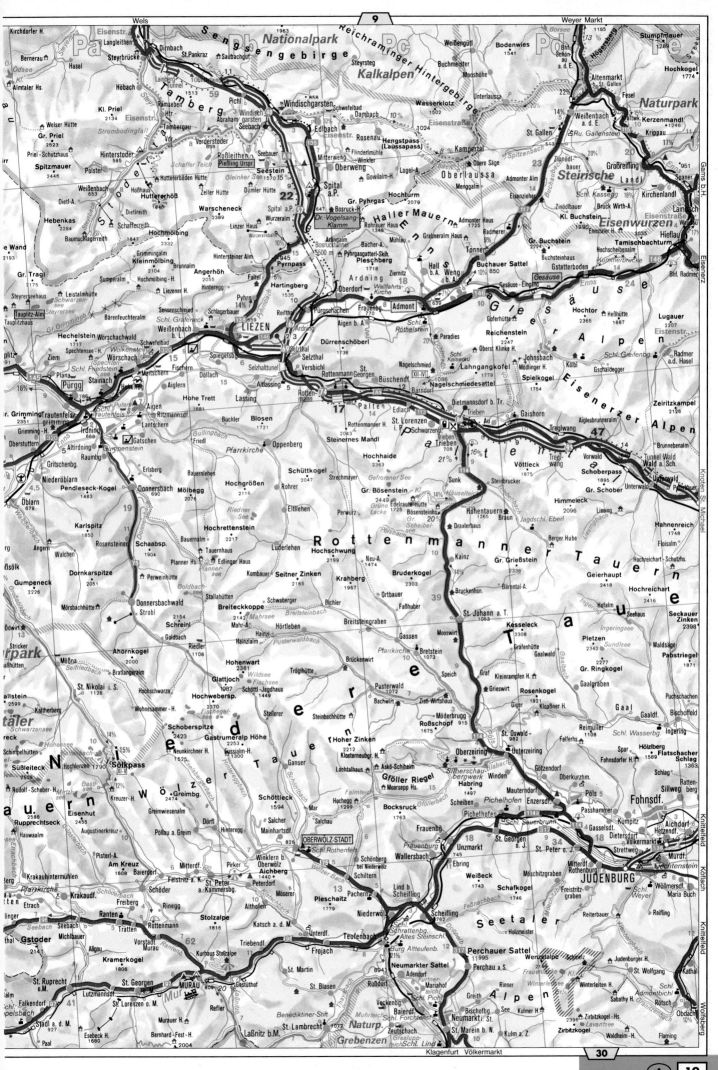

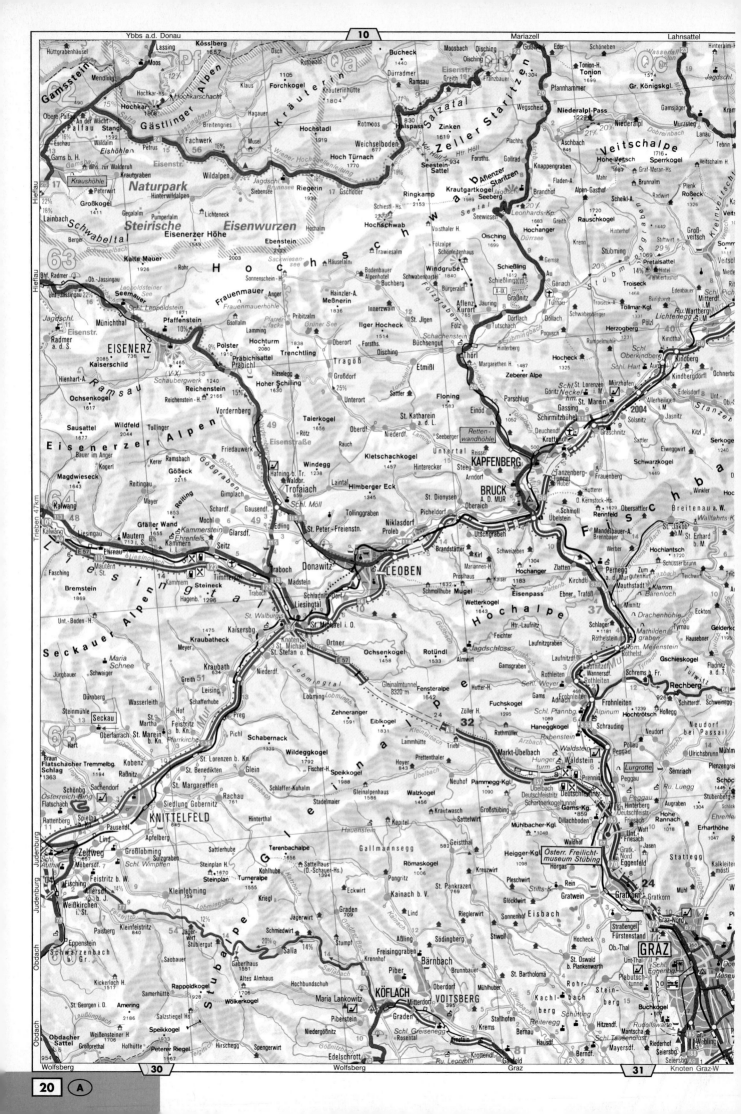

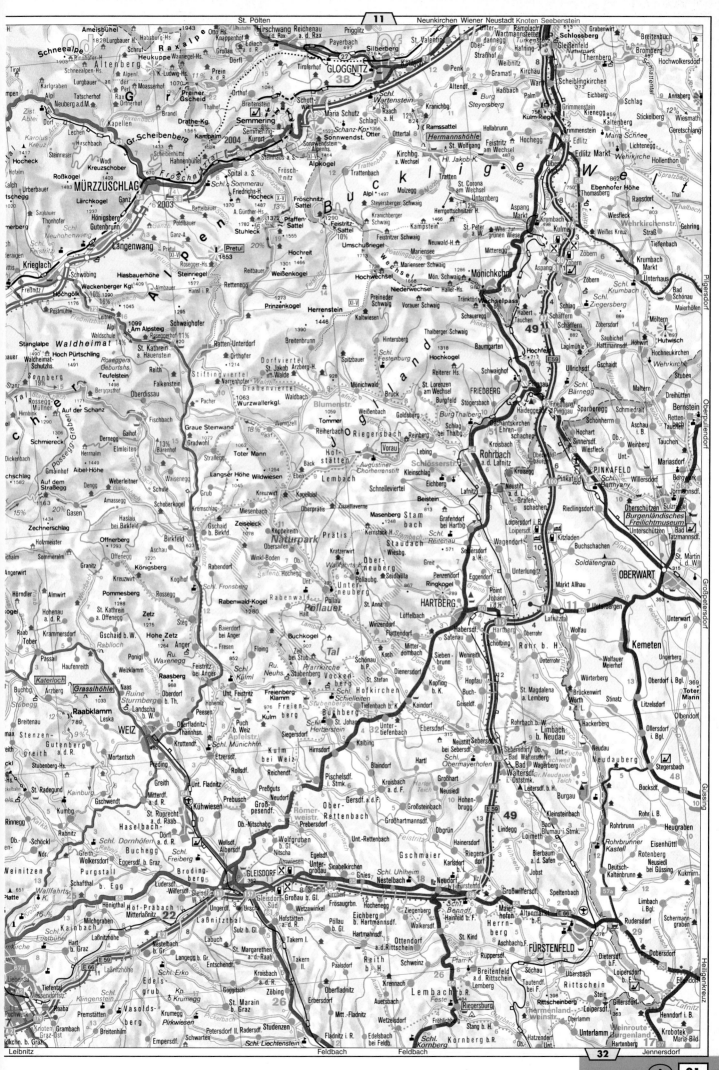

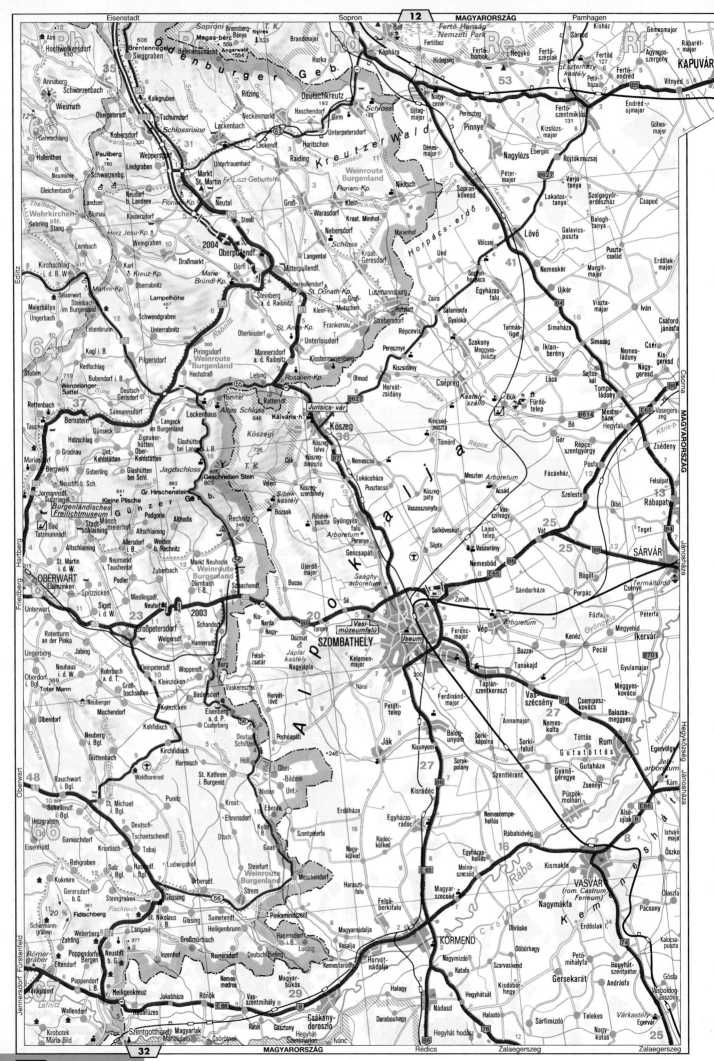

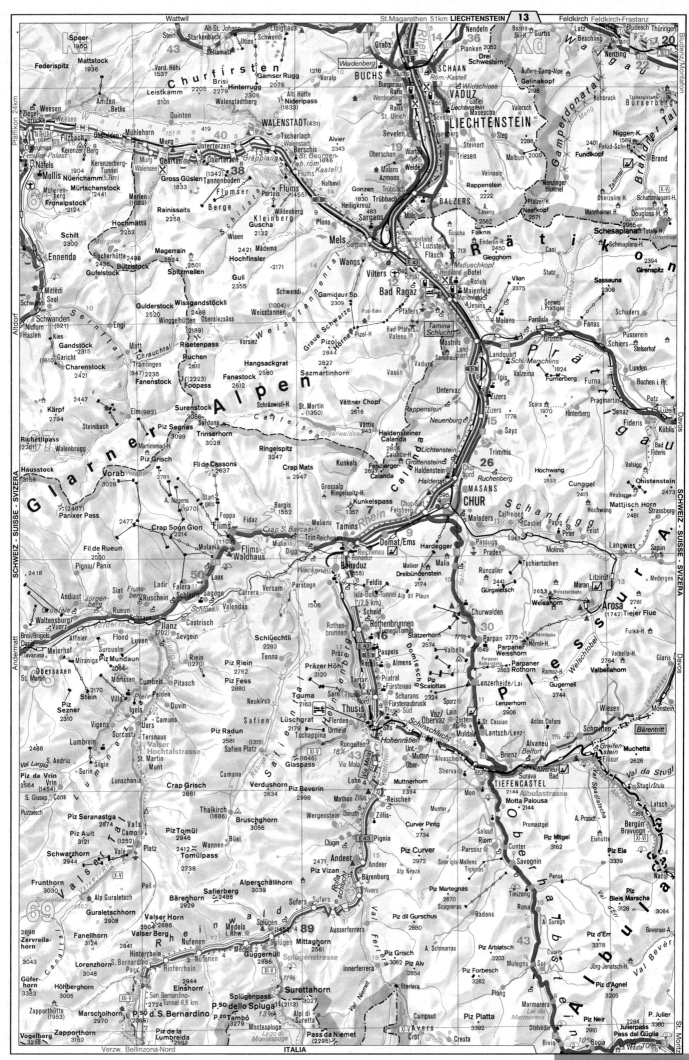

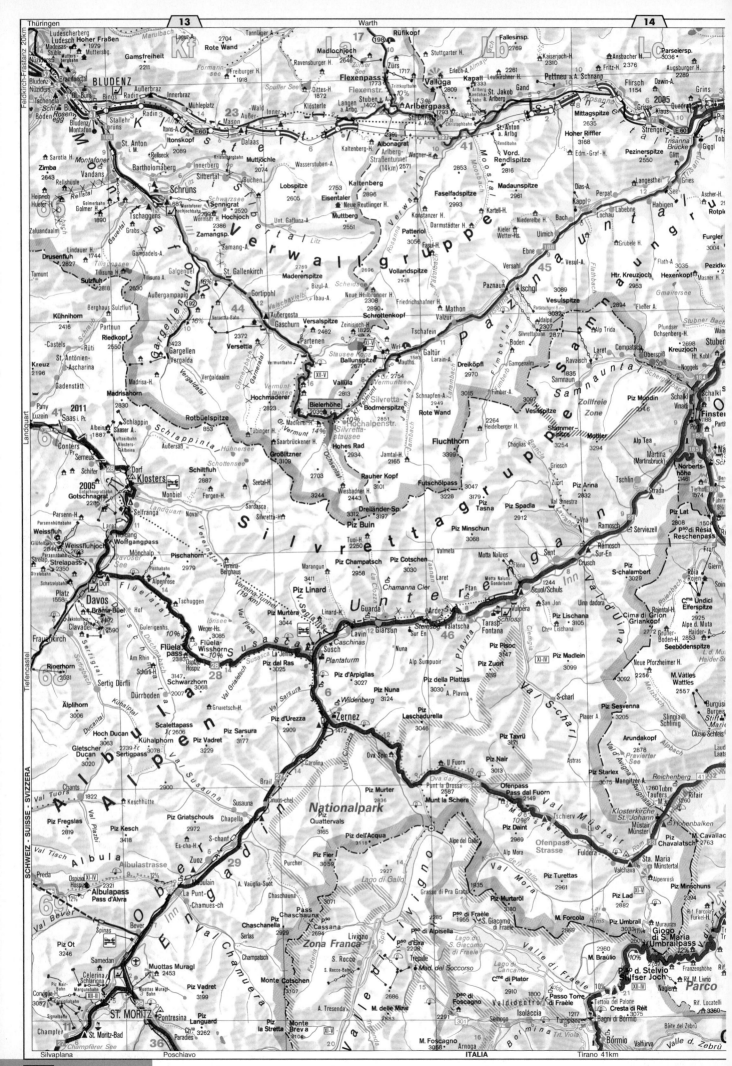

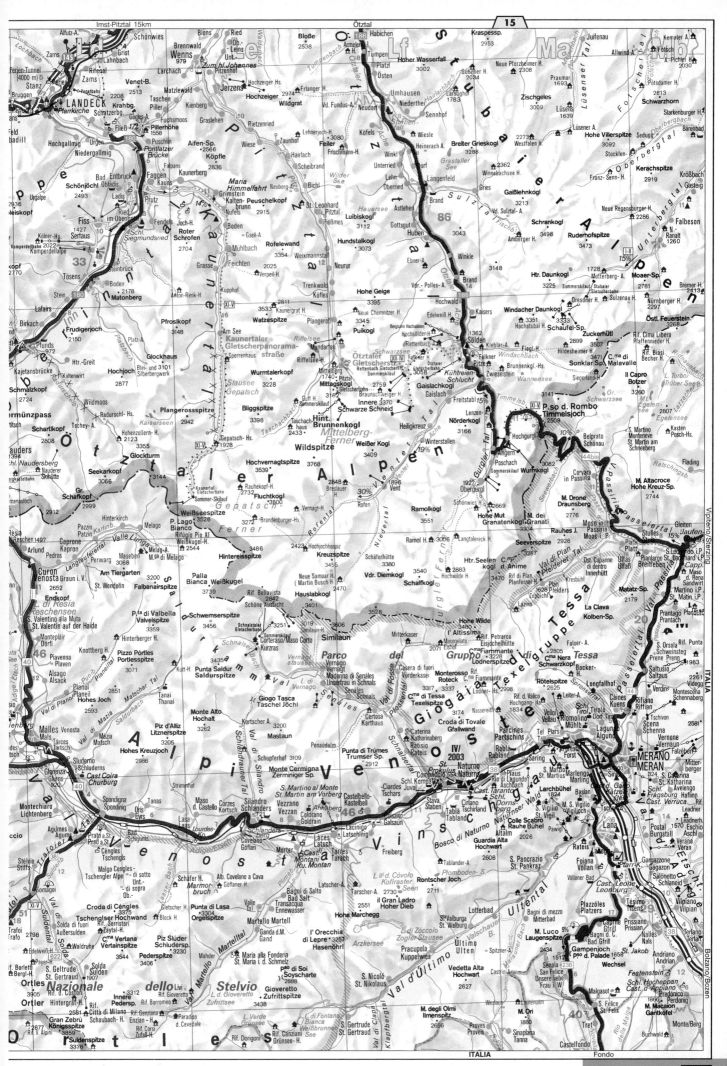

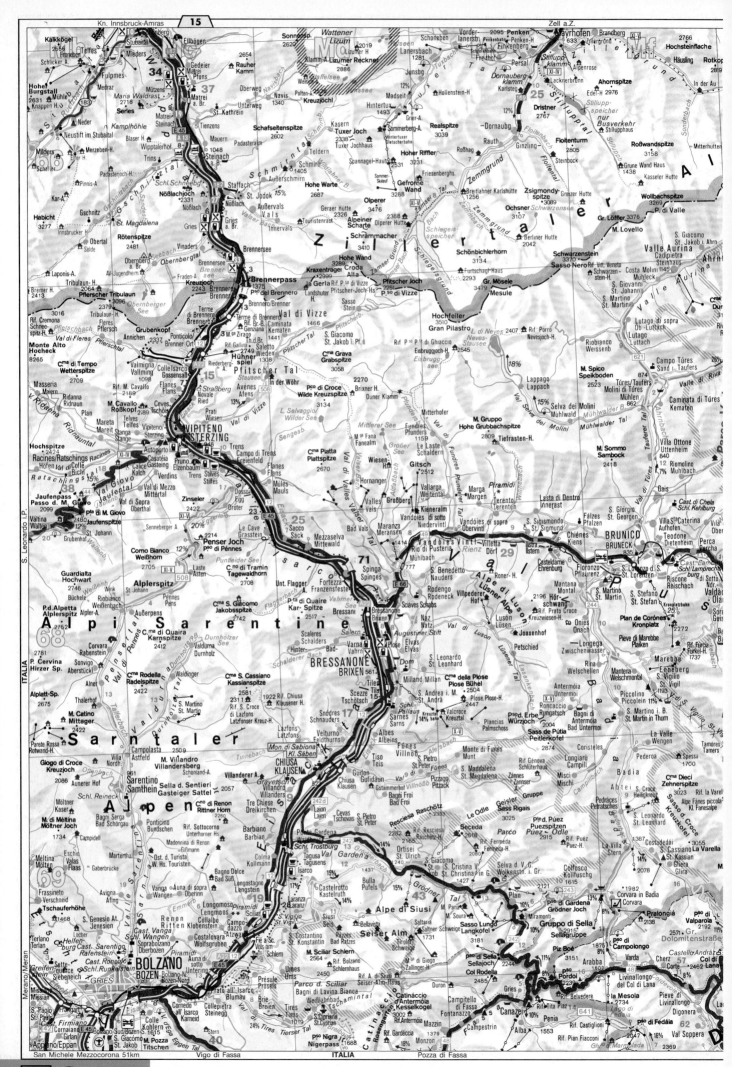

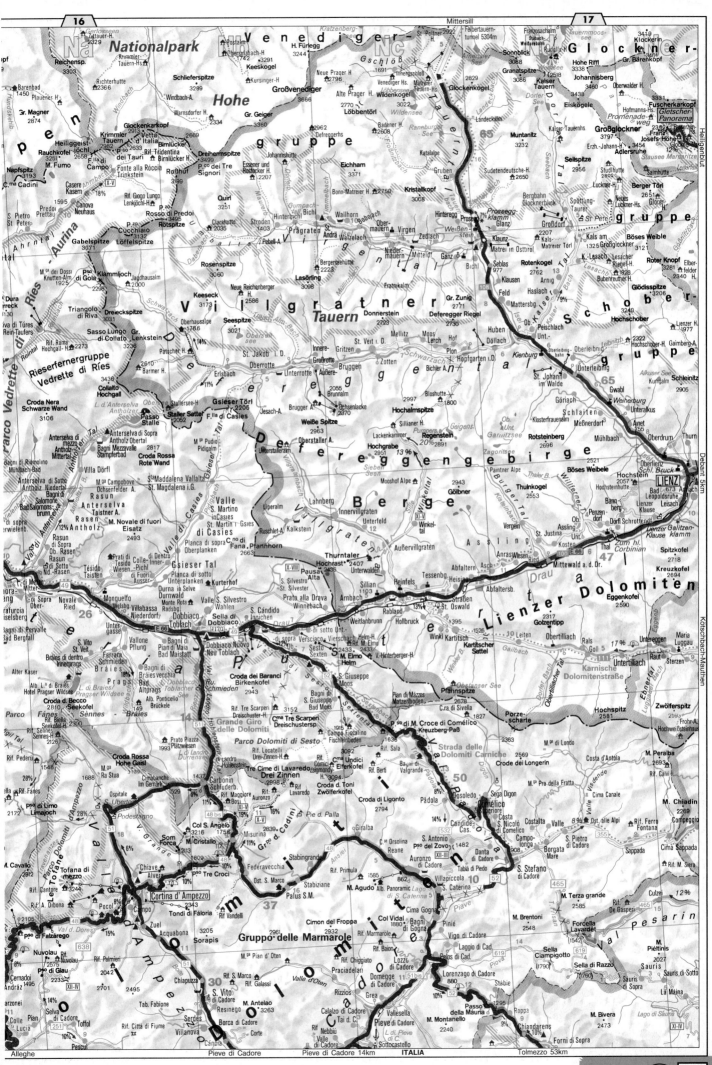

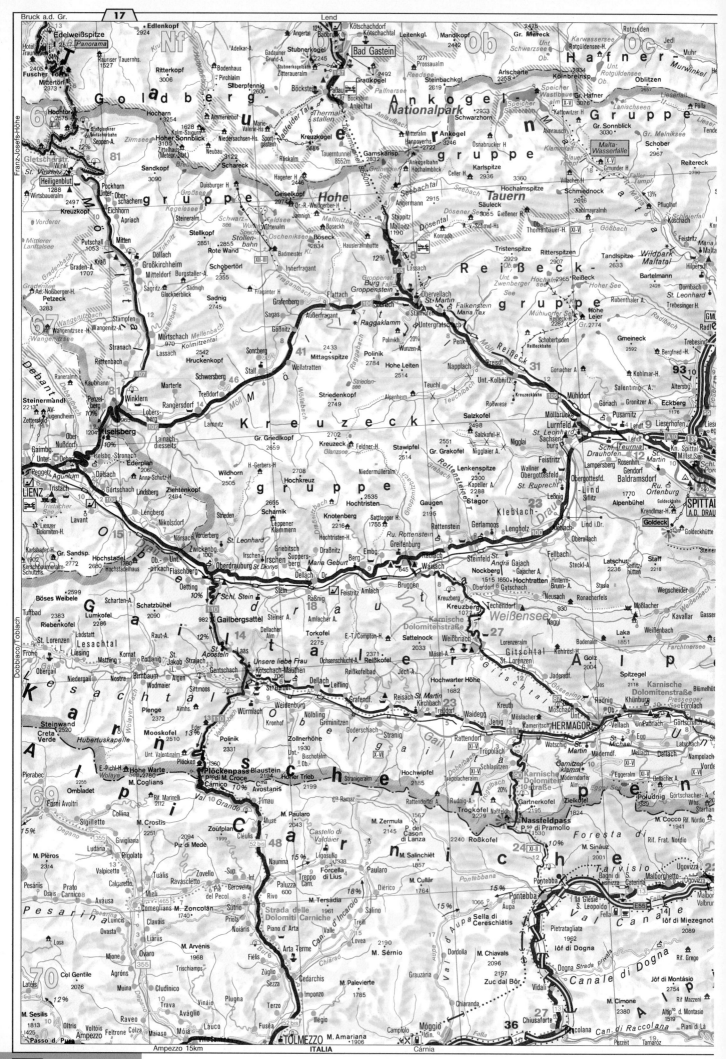

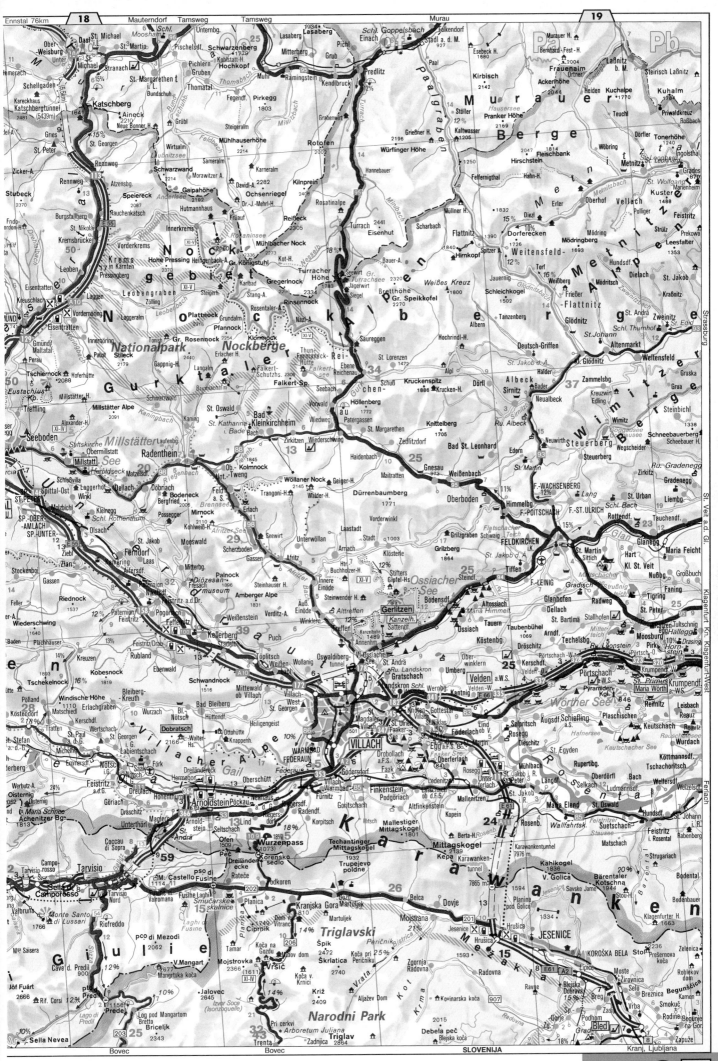

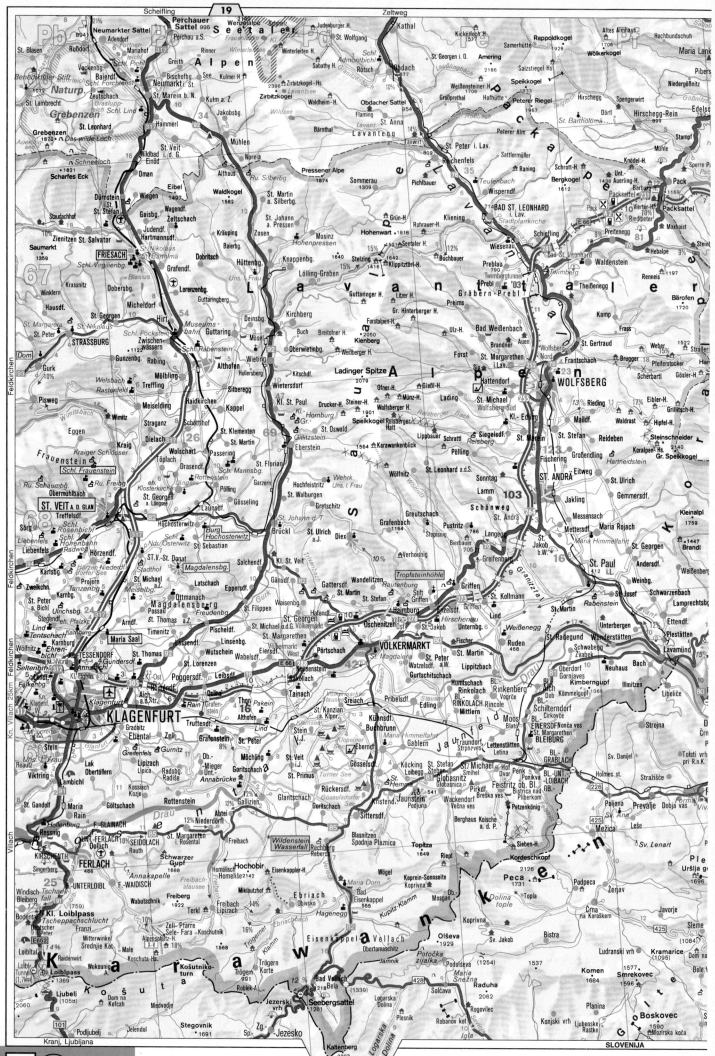

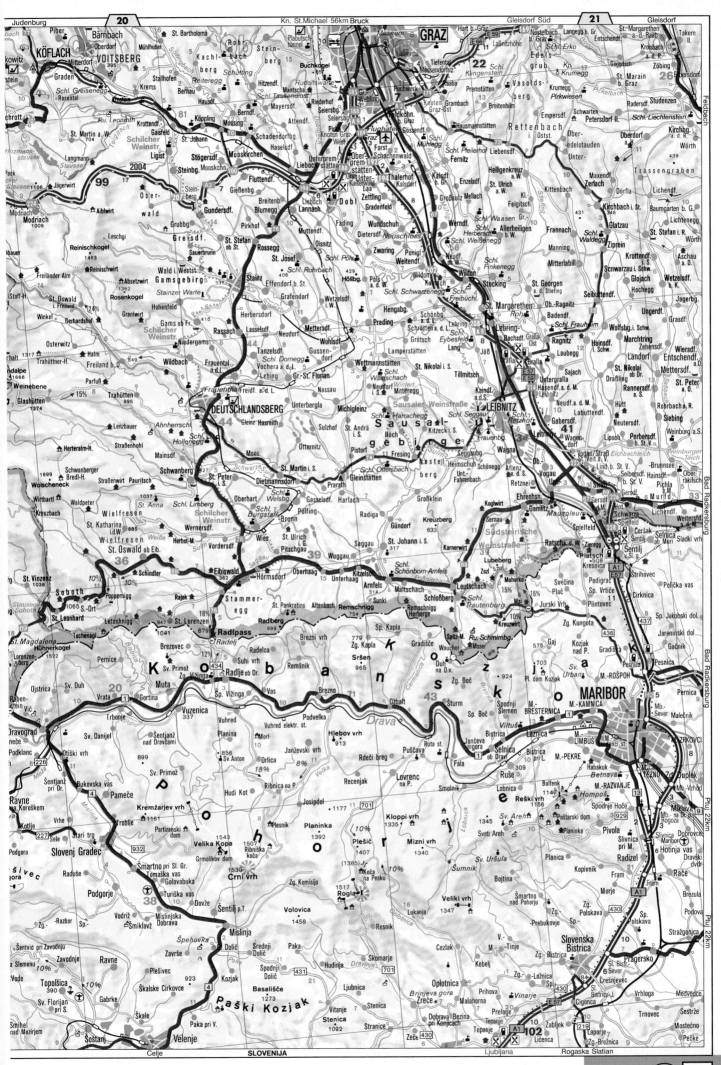

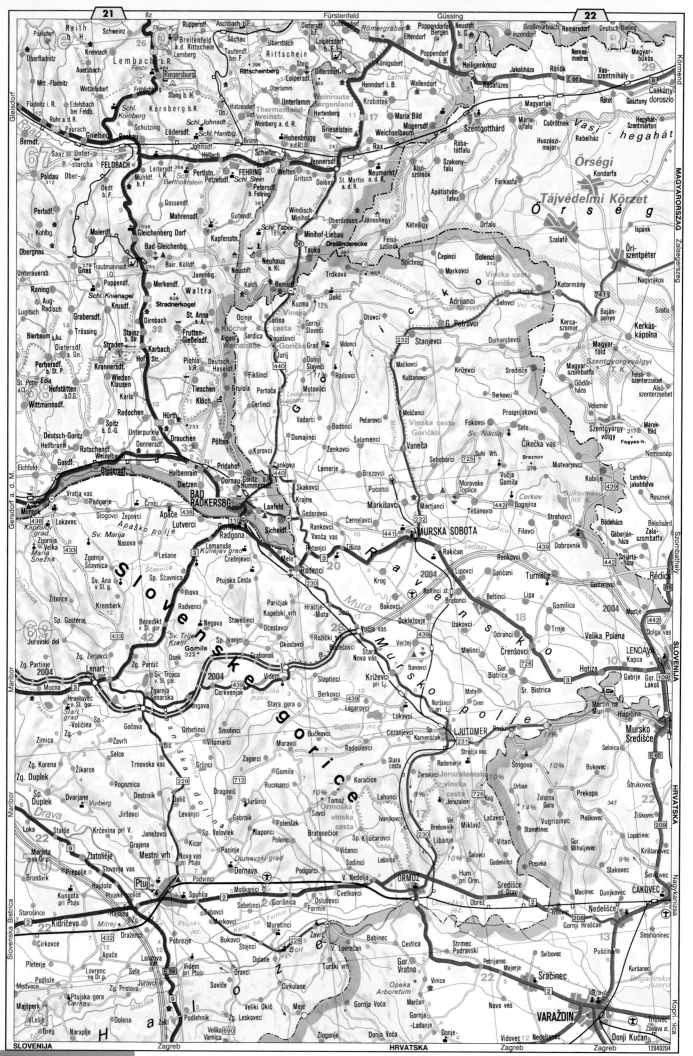

Ortsnamenverzeichnis · Index of place names
Elenco dei nomi di località · Índice de topónimos
Índice dos topónimos · Index des localités
Register van plaatsnamen · Skorowidz miejscowości
Rejstřík sídel · Helységnévjegyzék
Stednavnsfortegnelse · Ortnamnsförteckning

Absdorf	3462	TU	5	Qf 58
①	②	③	④	⑤

	①	②	③	④	⑤
Ⓓ	Ortsname	Postleitzahl	Stadt oder Bezirk	Seitenzahl	Suchfeldangabe
Ⓖ🄱	Place name	Postal code	Town or district	Page number	Grid search reference
Ⓘ	Località	N° di códice postale	Città o distretto	N° di pagina	Riquadro nel quale si trova il nome
Ⓔ	Topónimo	Código postal	Ciudad o distrito	Nro. de página	Datos casilla de localización
Ⓟ	Topónimo	Código postal	Cidade ou distrito	N° da página	Coordenadas de localização
Ⓕ	Localité	Code postal	Ville ou district	N° de page	Coordonnées
Ⓝ🄻	Plaatsnaam	Postcode	Stad of district	Paginanummer	Zoekveld-gegevens
Ⓟ🄻	Nazwa miejscowości	Kod pocztowe	Miasto lub obwód	Numer strony	Numeracja skorowidzowa
Ⓒ🅉	Městská jména	Poštovní směrovací číslo	Město nebo okres	Číslo strany	Údaje hledacího čtverce
Ⓗ	Helységnév	Postai irányítószám	Város vagy kerület	Oldalszám	Keresőhálózat megadása
Ⓓ🄺	Stednavn	Postnummer	Stad eller distrikt	Sidetal	Kvadratangivelse
Ⓢ	Ortnamn	Postnummer	Stad eller distrikt	Sidnummer	Kartrutangivelse

③

AM	Amstetten	JE	Jennersdorf	RA	Radkersburg
B	Bregenz	JO	St. Johann im Pongau	RE	Reutte
BA	Bad Aussee (Stadt)	JU	Judenburg	RI	Ried im Innkreis
BL	Bruck an der Leitha	K	Klagenfurt (Stadt)	RO	Rohrbach in Oberösterreich
BM	Bruck an der Mur	KB	Kitzbühel	S	Salzburg (Stadt)
BN	Baden	KF	Knittelfeld	SB	Scheibbs
BR	Braunau am Inn	KI	Kirchdorf an der Krems	SD	Schärding
BZ	Bludenz	KL	Klagenfurt-Land	SE	Steyr-Land
DL	Deutschlandsberg	KO	Korneuburg	SL	Salzburg-Umgebung
DO	Dornbirn	KR	Krems an der Donau-Land	SP	Spittal an der Drau
E	Eisenstadt (Stadt)	KS	Krems an der Donau (Stadt)	SR	Steyr (Stadt)
EF	Eferding	KU	Kufstein	SV	St. Veit an der Glan
EU	Eisenstadt-Umgebung	L	Linz (Stadt)	SW	Schwechat (Stadt)
FB	Feldbach	LA	Landeck	SZ	Schwaz
FE	Feldkirchen	LB	Leibnitz	TA	Tamsweg
FF	Fürstenfeld	LE	Leoben (Stadt)	TU	Tulln
FK	Feldkirch	LF	Lilienfeld	UU	Urfahr-Umgebung
FR	Freistadt	LI	Liezen	VB	Vöcklabruck
G	Graz (Stadt)	LL	Linz-Land	VI	Villach (Stadt)
GB	Gröbming (Markt)	LN	Leoben-Umgebung	VK	Völkermarkt
GD	Gmünd	LZ	Lienz	VL	Villach-Land
GF	Gänserndorf	MA	Mattersburg	VO	Voitsberg
GM	Gmunden	MD	Mödling	W	Wien (Stadt)
GR	Grieskirchen	ME	Melk	WB	Wiener Neustadt-Bezirk
GS	Güssing	MI	Mistelbach	WE	Wels (Stadt)
GU	Graz-Umgebung	MU	Murau	WL	Wels-Land
HA	Hallein	MZ	Mürzzuschlag	WN	Wiener Neustadt (Stadt)
HB	Hartberg	ND	Neusiedl am See	WO	Wolfsberg
HE	Hermagor	NK	Neunkirchen	WT	Waidhofen an der Thaya
HL	Hollabrunn	OP	Oberpullendorf	WU	Wien-Umgebung
HO	Horn	OW	Oberwart	WY	Waidhofen an der Ybbs (Stadt)
I	Innsbruck (Stadt)	P	St. Pölten (Stadt)	WZ	Weiz
IL	Innsbruck-Land	PE	Perg	ZE	Zell am See
IM	Imst	PL	St. Pölten-Land	ZT	Zwettl-Niederösterreich

A

Aalfang, Amaliendorf- **3872** GD 4 Qa 56
Aberg 17 Nf 64
Abern 7 Oa 60
Abersee **5342** 18 Oc 62
Abfaltern 27 Nc 68
Abfaltersbach **9913** LZ 27 Nc 68
Abraham 19 Pb 62
Absam **6060** IL 15 Mc 65
Abschlag 4 Pf 57
Absdorf **3462** TU 5 Qf 58
Absetzwirt 31 Qa 67
Abstetten 11 Qf 59
Abtei 30 Pc 69
Abtenau **5441** HA 18 Ob 63
Abtsdorf 8 Od 61
Abwinden 9 Pc 59
Ach, Hochburg- **5122** BR 7 Ne 60
Acharting 7 Nf 61
Achatzberg 9 Pe 59
Achau **2481** MD 12 Rc 60
Achen 16 Na 64
Achenkirch **6215** SZ 15 Me 63
Achenlohe 7 Ob 60
Achensee 15 Me 63
Achenthal 15 Me 63
Achenwald 15 Me 63
Achleiten 9 Pa 60
Achmann 8 Od 61
Achtal 7 Ob 60
Ackerl-Hütte 16 Nc 63
Ackern-A. 16 Mf 63
Adamekhütte 18 Od 64
Adamstal (Gasthaus) 11 Qe 61
Adeldorf 11 Qd 60
Adelkaralm 17 Nf 66
Adenbruck 8 Oe 59
Adendorf 19 Pc 66
Aderklaa **2232** GF 12 Rd 59
Adlerhütte 16 Nc 64
Adlerspoint-Hotel 17 Nc 63
Adletzberg 11 Qe 59
Admont **8911** LI 19 Pc 63
Admonter Alm 19 Pd 63
Admonter Haus 19 Pc 63
Adnet **5421** HA 17 Oa 62
Adolf-Noßberger-Hütte 28 Ne 67
Adolf-Pichler-Hütte 15 Mb 65
Adriach 20 Qb 65
Äußere Einöde 29 Oe 68
Äußere-Gamp-Alpe 23 Kd 65
Äußere Großrotte 27 Nb 67
Äußere Kainisch 18 Oe 63
Afiesl **4191** RO 2-3 Pa 57
Afing 10 Qd 59
Aflenz an der Sulm 31 Qd 68
Aflenz Kurort **8623** BM 20 Qb 63
Afritz, Feld am See- **9542** VL 29 Oe 68
Aggsbach 11 Qf 61
Aggsbach Dorf **3642** 10 Qc 59
Aggsbach Markt **3641** 10 Qc 59
Agonitz 9 Pb 61
Ahorn **4184** RO 2-3 Pa 57
Ahorn 10 Pf 62
Ahrenberg 11 Qe 59
Ahrnbach 16 Mf 65
Aiblwirt 31 Qa 67
Aich **8966** LI 18 Oe 64
Aich 30 Pe 69
Aich an der Straße 30 Pb 68
Aichau 10 Qb 59
Aichbach 10 Qb 60
Aichberg 8 Of 59
Aichdorf 19 Pe 65
Aichen 9 Pe 61
Aichet 8 Oe 58
Aichkirchen **4671** WL 8 Oe 60
Aifersdorf 29 Od 68
Aigen **5351** 18 Od 62
Aigen 11 Ra 59
Aigen 11 Ra 61
Aigen 32 Qf 68
Aigen, Ludweis- **3762** WT 4 Qc 56
Aigen bei Admont 19 Pc 63
Aigen im Ennstal **8943** LI 19 Pa 63
Aigen im Mühlkreis **4160** RO 2 Of 57
Aiglern 19 Pa 63
Aiglesbrunnenalm 19 Pd 64
Aiglsau 16 Nc 63
Aigneralm 18 Oc 65
Ainet **9951** LZ 27 Nd 67
Aisdorf 17 Nd 65
Aistbach 3 Pd 57
Aistersheim **4676** GR 8 Oe 59
Aisthofen 9 Pd 59
Albeck **9571** FE 29 Pa 68
Albern 29 Of 67
Albern 4 Pf 57
Alberndorf 4 Qc 55
Alberndorf im Pulkautal **2054** HL 5 Ra 57
Alberndorf in der Riedmark **4211** 9 Pc 58
Alberschwende **6861** B 13 Ke 64
Albert-Appel-Haus 18 Of 62
Albrechts 4 Qa 56
Albrechtsberg 7 Oa 59
Albrechtsberg an der Großen Krems **3613** KR 4 Qc 58
Albrechtsfeld 12 Sa 62
Aldrans **6071** IL 15 Mc 65
Alexanderhütte 29 Od 68
Alexenau 8 Od 61
Alfutzalpe 14 Ld 65
Algen 28 Nf 69
Alharting 9 Pb 59
Alkoven **4072** EF 9 Pa 59
Alland **2534** 11 Ra 60
Allentsgschwendt 4 Qb 58
Allentsteig **3804** ZT 4 Qb 57
Allerheiligen bei Wildon **8412** LB 31 Qd 67
Allerheiligen im Mürztal **8643** MZ 20 Qc 64
Allersdorf bei Judenburg 20 Pe 66
Allersdorf im Burgenland 22 Rb 65
Allgau 19 Pa 66
Allhaming **4511** LL 9 Pa 60
Allhartsberg **3331** AM 9 Pe 60
Allhut 3 Pc 57
Allwind Alpe 15 Mb 65
Almbauer 21 Qd 64
Almbauer 9 Pc 61
Almbauer (Gasthaus) 10 Pf 61
Almdorf 16 Nc 63
Almdorf 17 Nf 64
Almdorf Königsleiten 16 Na 65
Almer 9 Pe 62
Almhaus 28 Nf 69
Almosen 4 Qc 56
Almrausch 28 Oc 66
Almtaler Haus 19 Pa 62
Almwirt (Gasthaus) 20 Qa 65
Almwirt (Gasthaus) 21 Qc 65
Alois-Günther-Haus 21 Qe 63
Alpaalm 17 Ne 63
Alpbach **6236** KU 16 Mf 64
Alpe (Gasthaus) 15 Mc 64
Alpenanger 15 Mc 64
Alpen-Gasthof 20 Qb 63
Alpengasthof (Gasthof) 29 Od 66
Alpenhaus 9 Pd 61
Alpenheim 28 Oa 67
Alpenland (Gasthaus) 21 Qd 63
Alpenrose 16 Nb 65
Alpenrose 26 Mf 66
Alpenrose-Hütte 14 Lf 64
Alpenrose-Hütte 16 Nb 64
Alpenschutzhütte 30 Pc 70
Alpl **8671** 21 Qd 64
Alpl 10 Qa 62
Alpl 21 Qd 63
Alpl 29 Of 67
Alplhaus 15 Ma 64
Altach **6844** FK 13 Kd 64
Altaussee **8992** LI 18 Oe 63
Alt-Dietmanns **3813** 4 Qc 56
Alte Einöd (Gasthaus) 11 Rb 61
Altenbach 31 Qb 69
Altenberg 11 Rb 59
Altenberg 8 Od 61
Altenberg an der Rax **8691** MZ 21 Qd 63
Altenberg bei Linz **4203** UU 9 Pc 58
Altenburg **3591** HO 4 Qd 57
Altendorf **2631** NK 21 Qf 63
Altenfelden **4121** RO 8 Of 58
Altenhof 8 Oe 58
Altenhof am Hausruck **4674** 8 Oe 60
Altenhofen 9 Pd 60
Altenmark 6 Rc 57
Altenmarkt 29 Pa 67
Altenmarkt an der Triesting **2571** BN 11 Qf 61
Altenmarkt bei Fürstenfeld **8280** FF 21 Ra 66
Altenmarkt bei Sankt Gallen **8934** LI 19 Pd 62
Altenmarkt im Ayperthale 10 Qa 59
Altenmarkt im Pongau **5541** JO 18 Oc 64
Altenwörth **3474** 11 Qf 58
Alte Prager Hütte 27 Nc 66
Altersberg 28 Oc 67
Altes Almhaus 20 Pf 66
Alte Traunsteiner Hütte 17 Ne 63
Alte Wacht 16 Nc 64
Altfinkenstein 29 Of 69
Althaus 30 Pc 67
Altheim **4950** BR 7 Ob 59
Altheim 7 Oa 60
Althodis 22 Rb 65
Althöflein 6 Re 57
Althofen **9330** SV 30 Pc 67
Althofen 19 Pb 66
Althofen 30 Pc 69
Altirdning 19 Pa 64
Altlassing 19 Pb 63
Altlengbach **3033** PL 11 Qf 60
Altlenzing 8 Od 61
Altlichtenwarth **2144** MI 6 Re 57
Altmanns 6 Rc 57
Altmannsdorf 11 Qd 60
Altmelon 10 Pf 58
Altmünster **4813** GM 8 Oe 61
Altnagelberg 4 Pf 56
Altossiach 29 Of 68
Altpölla 4 Qc 57
Alt-Prerau 6 Rc 56
Altruppersdorf 6 Rd 57
Altschlaining 22 Rb 65
Altschwendt **4721** SD 8 Oe 59
Altwaidhofen 4 Qb 56
Altweitra, Unserfrau- **3970** GD 4 Pf 56
Amagmach 13 Kf 64
Amaliendorf-Aalfang **3872** GD 4 Qa 56
Amassegg 21 Qd 64
Ambach 11 Qd 59
Amberg 29 Oe 68
Amberger Hütte 25 Ma 66
Ameis **2141** 6 Rd 57
Ameisberg 11 Ra 59
Ameisthal 5 Qf 58
Ameiswiese 11 Qd 62
Amelreiching 8 Oc 58
Amerlügen 13 Kd 65
Amesedt 2 Oe 57
Amesreith 3 Pd 58
Amesschlag 3 Pb 57
Am Königswald 10 Qa 59
Amlach **9900** LZ 27 Ne 68
Amlach 28 Oa 68
Amlacher Alm 28 Oa 68
Ammenegg 13 Ke 64
Ammererhof 28 Nf 66
Ammerwald (Gasthaus) 14 Le 63
Ampass **6060** IL 15 Mc 65
Ampflwang im Hausruckwald **4843** VB 8 Od 60
Am Säbel 10 Qb 62
Am See 25 Le 67
Am Spitz (Gasthaus) 12 Rd 61
Amstetten **3300** AM 10 Pf 60
Amtssäge 15 Mb 64
Andau **7163** 12 Sa 62
Andelsbuch **6866** B 13 Kf 64
Andersdorf 30 Pf 68
An der Wacht (Gasthaus) 20 Pe 62
Andlersdorf **2301** GF 12 Rf 60
Andling 8 Oe 58
Andorf **4770** SD 8 Od 58
Andrichsfurth **4754** RI 8 Od 59
Angath **6300** KU 16 Na 63
Angelbach 3 Pe 57
Anger **8184** WZ 21 Qd 65
Anger 18 Oe 63
Anger 20 Pf 63
Anger 9 Pd 61
Angeralm 17 Oa 63
Angereralm 16 Nc 64
Angermann 28 Oa 67
Anger Mühle (Gasthaus) 10 Pf 59
Angern 11 Qd 58
Angern 19 Pa 64
Angern 25 Ma 67
Angern an der March **2261** GF 6 Re 58
Angertal (Gasthaus) 17 Oa 66
Angerwirt (Gasthaus) 20 Qc 65
Anhalter Hütte 14 Ld 65
Anif **5081** SL 17 Oa 62
Anlauftal 28 Oa 66
Annaberg **3222** LF 10 Qc 61
Annaberg 21 Rb 63
Annaberger Haus 10 Qc 61
Annaberg im Lammertal **5524** HA 18 Oc 63
Anna-Schutzhütte 28 Nf 68
Annenheim 29 Of 69
Anninger Schutzhaus 11 Rb 60
Anras **9913** LZ 27 Nd 68
Ansbacher Hütte 14 Lc 65
Ansfelden **4052** 9 Pb 59
Antau, Hirm- **7024** MA 12 Rc 62
Antersham 8 Od 58
Anthering **5102** SL 7 Oa 61
Anthof 10 Qc 61
Antiesenhofen **4980** RI 8 Oc 58
Anton-Renk-Hütte 25 Le 66
Anzenbach 9 Pc 61
Anzendorf 10 Qb 60
Apetlon **7143** ND 12 Re 62
Apetloner Hof 12 Re 62
Apfelberg **8720** KF 20 Pe 65
Apfeldorf 16 Nc 63
Apfelsbach 8 Of 58
Apfoltern 3 Pc 57
Appesbacher-A. 18 Oc 62
Apriach 28 Nf 67
Arbesbach **3925** ZT 4 Pf 58
Arbesthal, Göttlesbrunn- **2464** BL 12 Re 60
Arbing **4341** PE 9 Pe 59
Archkogel 18 Oe 63
Ardagger **3321** AM 9 Pe 60
Ardagger Stift **3321** 10 Pe 60
Ardning **8904** LI 19 Pb 63
Argenzipfel 13 Kf 65
Arlingalm 19 Pc 63
Armelenhütte 14 Lf 65
Armschlag 4 Qb 58
Arnbach 27 Nc 68
Arndorf 10 Qa 59
Arndorf 20 Qb 64
Arndorf 29 Pa 69
Arndorf 30 Pb 68
Arnfels **8454** LB 31 Qc 69
Arnig 27 Nd 67
Arnoldstein **9601** VL 29 Od 69
Arnreit **4122** RO 2 Of 57
Arnspitzhütte 15 Mb 64
Arnstein 20 Qa 66
Arriach **9543** VL 29 Oe 68
Arthurhaus 17 Oa 64
Arthur-von-Schmid-Hütte 28 Ob 67
Artolz 4 Qb 56
Artstetten-Pöbring **3661** ME 10 Qb 59
Arzberg **8162** WZ 21 Qc 65
Arzberg, Zell- 9 Pe 61
Arzberghaus (Gasthaus) 21 Qe 64
Arzl, Innsbruck- 15 Mc 65
Arzl im Pitztal **6471** IM 14 Le 65
Asch 27 Nd 68
Aschach 16 Nc 64
Aschach an der Donau **4082** EF 8 Of 58
Aschach an der Steyr **4421** SE 9 Pb 61
Aschamalm 16 Nb 65
Aschau 16 Mf 63
Aschau 16 Nb 64
Aschau 18 Ob 62
Aschau 21 Qd 65
Aschau 7 Oa 60
Aschau am Ottersbach 31 Qe 67
Aschau im Burgenland 21 Rb 64
Aschau im Zillertal **6274** SZ 16 Mf 65
Aschbach 20 Qb 63
Aschbach bei Fürstenfeld 21 Qf 66
Aschbach Markt **3361** 9 Pe 60
Aschbichler 11 Qf 61
Aschelberg 10 Qb 59
Aschen 4 Qa 58
Aschendorf-Hart 5 Ra 57
Ascherdörfl 16 Na 63
Ascherhütte 24 Lc 66
Asing 2 Od 57
Asitz-Hütte 17 Ne 64
Askö-Schiheim 19 Pc 65
Aspach **5252** BR 8 Ob 59
Aspang Markt **2870** NK 21 Ra 63
Asparn 11 Qf 59
Asparn an der Zaya **2151** MI 6 Rc 57
Asperhofen **3041** PL 11 Qf 59
Aspern 12 Rc 59
Aspersdorf 5 Ra 57
Assach 18 Oe 64
Assendlalm 18 Oe 65
Assling **9911** LZ 20 Qa 66
Assling 27 Nd 67
Astätt 7 Oa 60
Asten **4481** LL 9 Pc 59
Asten 16 Mf 64
Asten 7 Nf 60
Astlehen 25 Lf 66
Attendorf **8151** GU 31 Qb 67
Attenmarkt im Thale 5 Rb 57
Attenreith 4 Qb 58
Attersee **4864** VB 8 Od 61
Attnang-Puchheim **4800** VB 8 Oe 60
Atz 11 Qf 61
Atzbach **4904** VB 8 Oe 60
Atzelsdorf 11 Qf 59
Atzelsdorf 4 Qc 57
Atzelsdorf 6 Rd 58
Atzenberg 29 Od 67
Atzenbrugg **3452** TU 11 Qf 59
Atzesberg **4152** RO 2 Of 57
Atzing 17 Ne 64
Atzing 8 Oc 59
Atzmannsdorf 8 Of 60
Au **6883** 13 Kf 65
Au **8624** 20 Qb 63
Au 11 Qe 60
Au 13 Kd 65
Au 14 Lf 65
Au 17 Nd 64
Au 17 Ne 63
Au 18 Od 63
Au 19 Pc 64
Au 25 Lf 66
Au 8 Oc 62
Au 9 Pd 60
Aualm 18 Ob 64
Aualm 18 Od 65
Au am Leithaberge **2451** BL 12 Rd 61
Auen (Gasthaus) 30 Pe 67
Auerbach **5222** BR 7 Oa 60
Auerbach 9 Pc 58
Auerhütten 11 Rb 63
Auersbach **8330** FB 21 Qe 67
Auersthal **2214** GF 6 Rd 58
Auf der Au 18 Oe 63
Auffach **6313** 16 Na 64
Augraben (Gasthaus) 20 Qc 66
Aug-Radisch **8342** FB 32 Qe 68
Augsburger Hütte 14 Lc 65
Augsdorf 29 Pa 69
Augustinerhütte 11 Ra 61
Augustinerkreuz 19 Pa 65
Auhäusl 16 Nb 63
Auhof 9 Pd 59
Auhofalm 18 Ob 65
Auland 15 Mb 65
Aumühl 20 Qc 64
Aurach am Hongar **4861** VB 8 Od 61
Aurachkirchen 8 Oe 61
Aurolzmünster **4971** RI 8 Oc 59
Aussee, Bad **8990** BA 18 Oe 63
Außerberg 15 Md 65
Außerbraz 24 Kf 66
Außerfragant 28 Oa 67
Außergampapig 24 Kf 66
Außergosta 24 Kf 66
Außerkasten 11 Qe 60
Außerknapp 15 Me 65
Außerlienbachalm 18 Oc 63
Außerschmirn 26 Md 66
Außervals 26 Mc 66
Außervillgraten **9931** LZ 27 Nc 68
Außerwald 24 La 66
Austriahütte 18 Od 64
Autendorf 4 Qd 55
Axamer Lizum 15 Mb 65
Axams **6094** IL 15 Mb 65
Axberg 9 Pa 59

B

Baad 13 La 65
Babenham 7 Oa 60
Bach **6653** RE 14 Lc 65
Bach 24 Lb 66
Bach 29 Oe 68
Bach 29 Pa 69
Bach 30 Pf 69
Bach 8 Od 61
Bach 8 Oe 60
Bacheralm 19 Pc 63
Bachhof 11 Qe 60
Bachleralm 18 Od 64
Bachmanning **4672** WL 8 Oe 60
Bachsdorf 31 Qd 68
Bachwirt (Gasthaus) 19 Pc 65
Backenreute 13 Ke 63
Bad Abtenau 18 Oc 63
Bad Aussee **8990** BA 18 Oe 63
Badbruck 17 Oa 66
Bad Deutsch-Altenburg **2405** BL 12 Rf 60
Baden **2500** BN 11 Rb 61
Badendorf 31 Qd 68
Badener Hütte 27 Nc 66
Bader 29 Pa 68
Baderluck 17 Ob 62
Badersdorf 22 Rc 65
Bad Fischau-Brunn **2721** WB 11 Ra 62
Bad Fusch 17 Ne 65
Badgastein **5640** JO 28 Oa 66
Bad Gleichenberg **8344** FB 32 Qf 67
Bad Goisern **4822** GM 18 Od 63
Bad Großpertholz **3972** GD 4 Pe 57
Bad Häring **6323** KU 16 Na 63
Bad Hall **4540** SE 9 Pb 60
Bad Hofgastein **5630** JO 17 Oa 66
Bad Innerlaterns 13 Ke 65
Bad Ischl **4820** GM 18 Od 62
Bad Kleinkirchheim **9546** SP 29 Oe 68
Bad Kreuzen **4362** PE 9 Pe 59
Bad Leonfelden **4190** UU 3 Pb 58
Bad Leopoldsruhe 27 Ne 68
Badmeister 28 Oa 67
Bad Mitterndorf **8983** LI 18 Of 63
Bad Obladis 25 Ld 66
Bad Pirawarth **2222** GF 6 Rd 58
Bad Radkersburg **8490** RA 32 Qf 68
Bad Rotenbrunnen 13 Kf 65
Bad Sankt Leonhard 29 Of 68
Bad Sankt Leonhard im Lavanttal **9462** WO 30 Pe 67
Bad Sauerbrunn MA 12 Rb 62
Bad Schallerbach **4701** GR 8 Of 59
Bad Schönau **2853** WB 21 Rb 64
Bad Tatzmannsdorf **7431** OW 21 Rb 65
Bad Vellach 30 Pd 70
Bad Vöslau **2540** BN 11 Rb 61
Bad Waltersdorf **8271** HB 21 Qf 66
Bad Weißenbach 30 Pe 67
Bad Wimsbach-Neydharting **4654** WL 8 Of 60
Bad Zell **4283** FR 9 Pd 59
Bächental 15 Md 63
Bäck (Gasthaus) 21 Qe 64
Bäckengraben 9 Pb 61
Bärenbad 25 Mb 66
Bärenbad (Gasthaus) 27 Na 66
Bärenfeuchteralm 19 Pa 63
Bärenhof 21 Qd 64
Bärenreith 10 Qd 61
Bärental 29 Pa 70
Bärentalalm 19 Pc 64
Bärenwirt (Gasthaus) 17 Ne 65
Bärnbach **8572** VO 20 Qa 66
Bärndorf 11 Qf 59
Bärndorf 19 Pc 64
Bärnhoferwirt 18 Od 65
Bärnkopf **3665** ZT 10 Pf 58
Bärnstätten 16 Nc 63
Bärnthal 30 Pd 66
Baierberg 30 Pc 67
Baierdorf 19 Pa 65
Baierdorf 19 Pc 66
Baierdorf bei Anger **8184** WZ 21 Qe 65
Bairisch Kölldorf **8344** FB 32 Qf 67
Balbersdorf 11 Qf 62
Baldramsdorf **9805** SP 28 Oc 68
Bangs 13 Kd 65
Bannberg 27 Nd 68
Barbarahaus 30 Pf 67
Barchegg 12 Rf 59
Barfuß 31 Qa 68
Barmer Hütte 27 Na 67
Bartholomäberg **6780** BZ 24 Kf 66
Barwies 14 Lf 65
Basillalm 15 Me 64
Batschuns 13 Kd 65
Bauer-A. 29 Of 67
Bauer im Anger 20 Pe 64
Bauernalm 19 Pb 64
Bauernlehen 19 Pb 64
Baumgarten 11 Qd 58
Baumgarten 21 Ra 64
Baumgarten 8 Oc 60
Baumgarten 9 Pc 58
Baumgarten, Draßburg- **7021** MA 12 Re 62
Baumgarten, Judenau **3441** TU 11 Qf 59
Baumgartenalm 16 Me 65
Baumgartenalm 16 Nb 65
Baumgarten am Tullnerfeld 11 Ra 59
Baumgarten am Wagram 5 Qf 58
Baumgarten an der March 12 Rf 59
Baumgarten bei Gnas **8083** FB 31 Qe 67
Baumgartenberg **4342** PE 9 Pe 59
Baumgarten im Burgenland 12 Rc 62
Baumgartl 10 Qc 61
Baumkirchen **6121** IL 15 Md 65
Baumschlagerreith 19 Pa 63
Bayreuther Hütte 16 Me 64
Bazora 13 Kd 65
Bazora-Ski-Hütte 13 Kd 65
Behamberg **4401** AM 9 Pc 60
Bei der Krems 9 Pa 61
Bela = Bad Vellach 30 Pd 70
Berg 13 Ke 63
Berg 14 Lc 63
Berg 18 Of 65
Berg 4 Qd 57
Bergau 5 Ra 58
Berg bei Rohrbach **4150** RO 2 Of 57
Berg bei Wolfsthal **2413** 12 Sa 60
Berger 20 Pe 63
Berger 9 Pb 58
Berger Hube 19 Pd 64
Berger Maiß-Alm 17 Ne 63
Bergern 8 Od 60
Bergerseehütte 27 Nc 67
Bergfried 29 Od 68
Bergfriedhaus 28 Oc 67
Bergham 7 Oa 59
Bergham 8 Oc 61

Berghaus Koische auf der Petzen 30 Pe 69
Bergheim **5101** SL 7 Oa 62
Bergheim 14 Lc 65
Berghof 10 Pf 59
Berg im Attergau **4880** VB 8 Od 61
Berg im Drautal **9771** SP 28 Oa 68
Berglerhütte 17 Ob 63
Bergöriach 18 Od 66
Bergstation, Hotel 11 Qe 62
Bergwerk 21 Rb 65
Berliner Hütte 26 Me 66
Bernau 11 Qe 60
Bernau 16 Na 64
Bernau 20 Qb 66
Berndlalm 16 Nb 65
Berndorf **2560** BN 11 Ra 61
Berndorf 31 Qb 67
Berndorf 32 Qe 67
Berndorf 9 Pb 58
Berndorf bei Salzburg **5165** SL 7 Oa 61
Bernerau 19 Pa 62
Bernhard-Fest-Hütte 29 Pa 66
Bernhardschlag 3 Pb 57
Bernhardsthal **2275** MI 6 Rf 57
Bernreith 4 Qa 58
Bernschlag 4 Qb 57
Bernstein **7434** OW 21 Rb 64
Bersbuch 13 Kf 64
Bertahütte 29 Of 69
Bertgen-Hütte 17 Oa 64
Berwang **6622** RE 14 Le 64
Beschling 13 Kd 65
Bettelbauer (Gasthaus) 21 Qe 63
Bettelwurfhütte 15 Mc 65
Bezau **6870** B 13 Kf 64
Biberacher Hütte 13 La 65
Biberbach **3353** AM 9 Pe 60
Biberwier **6633** RE 14 Lf 64
Biburg 7 Oa 59
Bicheln 16 Nc 65
Bichl 16 Nc 64
Bichl 25 Le 66
Bichl 27 Nc 66
Bichl 27 Nd 67
Bichlalm 16 Nc 64
Bichlbach **6621** RE 14 Le 64
Bichlbächle 14 Le 64
Bichler 19 Pb 64
Bichler Alm 27 Nc 67
Bichling 16 Nb 64
Bichlwang 16 Na 63
Biedermannsdorf **2362** MD 11 Rb 60
Bielefelder Hütte 14 Lf 65
Bierbauer 30 Pe 68
Bierbaum am Auersbach **8093** RA 32 Qe 68
Bierbaum am Kleebühel 11 Qf 58
Bierbaum an der Safen 21 Ra 66
Bilčovs = Ludmannsdorf **9072** KL 29 Pa 69
Bildstein **6858** B 13 Ke 64
Binder 11 Qd 62
Bings 24 Kf 66
Birgitzköpflhütte 15 Mb 65
Birkach 25 Ld 67
Birkfeld **8190** WZ 21 Qd 65
Birkkarhütte 15 Mc 64
Birnbaum **9652** 28 Nf 68
Birnberg 18 Oe 64
Bisamberg **2102** KO 12 Rc 59
Bischofberg 19 Pc 66
Bischoffeld **8731** 19 Pe 65
Bischofshofen **5500** JO 17 Ob 64
Bischofstetten **3232** ME 10 Qc 60
Bistrica nad Pliberkom = Feistritz ob Bleiburg 30 Pe 69
Bizau **6874** B 13 Kf 64
Bizulalpe 24 La 66
Blaa-A. 18 Oe 63
Blaiken 16 Nb 63
Blaindorf **8221** HB 21 Qe 66
Blankenbach 7 Nf 59
Blaserhütte 26 Mc 66
Blasnitzen 30 Pd 69
Blato = Moos 30 Pe 69
Bleckwand-H. 18 Oc 62
Bleiberg-Kreuth **9531** 29 Od 69
Bleiberg-Nötsch 29 Od 69
Bleiberg ob Villach **9530** 29 Od 69
Bleiburg **9150** VK 30 Pe 69
Blindenmarkt **3372** ME 10 Pf 60
Blindorf 11 Qe 60
Blons **6700** BZ 13 Ke 65
Blons 14 Le 65
Bloshütte 27 Nc 67
Bludenz **6700** BZ 24 Ke 66
Bludesch **6712** BZ 13 Ke 65
Blühnbach 17 Oa 64
Blühnteckalm 17 Oa 64
Blümelhütte 28 Oc 69
Blumau **2602** 11 Rb 61
Blumau 22 Rb 63
Blumau 9 Pd 61
Blumau an der Wild 4 Qc 56
Blumauer-A. 9 Pb 62
Blumau in Steiermark **8283** FF 21 Ra 66
Blumegg 31 Qb 67
Blumenthal 6 Re 58
Bobojach 27 Nc 66
Bochumer Hütte 16 Nc 64
Bockern 16 Nb 64
Bockfließ **2213** MI 12 Rd 59
Bocking 16 Nb 64
Bocksdorf **7551** GS 21 Ra 66
Boden 17 Oa 65
Boden 24 Ke 66
Boden 24 Lb 67
Boden 25 Ld 66
Boden 25 Le 66
Boden 28 Oc 68
Bodenalm 28 Oc 68
Bodenbauer (Gasthaus) 10 Qb 62
Bodenbauer (Gasthaus) 29 Pa 70
Bodenbauer Alpenhotel 20 Qa 63
Bodenhaus 28 Nf 66
Bodensdorf **9551** 29 Of 68
Bodental 29 Pb 70
Boding 10 Pf 62
Bodinggraben 9 Pc 62
Böckstein **5645** 28 Oa 66
Bödele 13 Ke 64
Böheimkirchen **3071** PL 11 Qe 59
Böhlerwerk **3333** 9 Pe 61
Böhmgarten 9/10 Pe 58
Böhmsdorf 4 Pf 57
Böschl 8-9 Pa 58
Böseckhütte 28 Oa 67
Bösendürnbach 5 Qe 58
Bösensteinhaus 19 Pc 64
Böses Weibl 27 Ne 67
Bogenneusiedl 6 Rd 58
Bohemiahütte 18 Od 65
Bolgenach 13 Kf 64
Bonacker 13 Ke 65
Bonisdorf 32 Ra 68
Bonn-Matreier-Hütte 27 Nc 66
Bosruckhütte (Gasthaus) 19 Pc 63
Bräuerau 2 Of 57
Bräuningalm 18 Oe 63
Bramberg am Wildkogel **5733** ZE 16 Nc 65
Bramor 15 Md 65
Brand **3873** 4 Qa 55
Brand **6708** BZ 23 Ke 66
Brand 14 Le 64
Brand 25 Lf 66
Brand 4 Qb 57
Brandalm 18 Oe 64
Brandberg **6290** SZ 16 Mf 66
Brandenberg **6234** KU 16 Mf 64
Brandenburger Haus 25 Le 67
Brandgegend 10 Qb 61
Brandhof 20 Qb 63
Brandl 21 Qe 63
Brandlhof 17 Ne 64
Brandner (Gasthaus) 30 Pe 67
Brandstätter (Gasthaus) 20 Qb 64
Brandstatt 14 Le 63
Brandstatt 8-9 Pa 59
Brandstattalm 17 Nf 65
Brandwald 18 Of 63
Bratlangeralm 19 Pa 65
Brauchsdorf 8 Od 58
Braun (Gasthaus) 19 Pd 64
Braun (Gasthaus) 19 Pe 65
Braunau am Inn **5280** BR 7 Oa 59
Braunegg 10 Qb 59
Braunschweiger Hütte 25 Lf 67
Braunsdorf 5 Qf 57
Brechhornhaus 16 Nb 64
Bregenz **6900** B 13 Ke 63
Breitbrunn 9 Pa 59
Breitenaich **4075** 8 Of 59
Breitenau **2624** NK 11 Ra 62
Breitenau 20 Qc 65
Breitenau 9 Pb 61
Breitenau 9 Pe 61
Breitenau am Hochlantsch **8614** BM 20 Qc 64
Breitenbach 31 Qb 67
Breitenbach am Inn **6250** KU 16 Mf 64
Breitenberg 8 Od 59
Breitenbergham 17 Ne 64
Breitenbrunn **7091** 12 Re 61
Breitenbrunn 21 Qe 64
Breitenbuch 11 Rb 63
Breitenebenalm 18 Ob 65
Breiteneich 5 Qe 57
Breitenfeld 4 Qc 56
Breitenfeld an der Rittschein **8313** FB 21 Qf 67
Breitenfurth bei Wien **2384** MD 11 Ra 60
Breitengries 20 Pf 62
Breitenhilm 31 Qd 67
Breitenkopfhütte 15 Lf 64
Breitenschützing **4691** 8 Oe 60
Breitensee 12 Rf 59
Breitensee 4 Pf 56
Breitensteig 21 Qe 63
Breitenwaida **2014** 5 Ra 58
Breitenwang **6600** RE 14 Le 64
Breitlahner Karlshütte 26 Me 66
Breitlahnhütte 18 Of 65
Breitofnerhütte 30 Pd 67
Breitsteingraben 19 Pc 64
Breitstetten 12 Re 60
Bremer Hütte 25 Mb 67
Brenden 13 Kf 64
Brennalm 11 Qd 61
Brennbauer 20 Qc 64
Brenn-Hütte 17 Nd 63
Brennwald 14 Le 65
Breška ves = Pirkdorf 30 Pe 69
Breslauer Hütte 25 Lf 67
Bretstein **8763** JU 19 Pc 65
Brettl 10 Qa 61
Brixen im Thale **6364** KB 16 Nb 64
Brixlegg **6230** KU 16 Mf 64
Brodi = Loibltal 30 Pb 70
Brodingberg **8069** GU 21 Qd 66
Bromberg **2833** WB 21 Rb 63
Bromberg 16 Nb 64
Bromberg 4 Qa 58
Brombergalm 18 Oe 62
Bruck **8251** 21 Qf 64
Bruck 8 Oc 59
Bruck am Ziller **6262** SZ 16 Mf 64
Bruck an der Großglocknerstraße **5671** ZE 17 Ne 65
Bruck an der Leitha **2460** BL 12 Re 61
Bruck an der Mur **8600** BM 20 Qb 64
Bruckberg 17 Ne 65
Bruckdorf 18 Oc 66
Bruckdorf 18 Oe 66
Bruckenhausen (Gasthaus) 19 Pc 64
Bruckhäusl (Gasthaus) 16 Nc 64
Bruck-Waasen **4722** GR 8 Oe 59
Bruckwirthalm 19 Pd 63
Bruderndorf 4 Pf 57
Bruderndorf 5 Rb 58
Brückbach (Gasthaus) 9 Pd 61
Brückenwirt (Gasthaus) 19 Pb 65
Brückenwirt (Gasthaus) 21 Ra 65
Brückl **9371** SV 30 Pc 68
Brünnerhütte 18 Oe 64
Brugg 13 Kd 64
Brugg 5 Qe 56
Bruggen 25 Ld 66
Bruggen 27 Nc 67
Bruggen 28 Oa 68
Brugger 30 Pf 67
Bruggeralm 27 Nb 67
Bruggermühl 16 Na 64
Brunau 14 Lf 65
Brunn 11 Qd 60
Brunn 18 Ob 62
Brunn 4 Qb 55
Brunn 4 Qb 56
Brunn 5 Qe 58
Brunn, Bad Fischau- **2712** WB 11 Ra 62
Brunn, Johnsdorf- **8350** FB 32 Qf 67
Brunn, Pölfing- **8544** DL 31 Qb 68
Brunnachalm 29 Oe 67
Brunnalm 16 Mf 65
Brunnalm 19 Pa 63
Brunnalm 20 Qc 63
Brunnalm 27 Nc 67
Brunn am Gebirge **2345** MD 11 Rb 60
Brunn am Wald 4 Qc 58
Brunn an der Wild **3595** HO 4 Qd 57
Brunnbach 9 Pc 62
Brunnbauer 20 Qa 66
Brunnebenalm 19 Pe 64
Brunnenkogelhaus 25 Ma 67
Brunnental 9 Pa 62
Brunnenthal **4780** SD 8 Oc 58
Brunnern 9 Pa 60
Brunnkirchen 11 Qd 58
Brunntalalm 18 Od 63
Bschlabs 14 Ld 65
Bubendorf im Burgenland 22 Rb 64
Bubenreuther Hütte 27 Nd 67
Buch **6922** B 13 Ke 64
Buch 10 Qa 60
Buch 30 Pd 67
Buchau 16 Me 64
Buchbach **2633** NK 4 Qb 56
Buchbauer 30 Pe 67
Buch bei Jenbach **6200** SZ 16 Me 64
Buchberg 20 Qa 63
Buchberg 21 Qc 65
Buchberg 7 Oa 61
Buchberg 8 Od 61
Buchberghütte 18 Oc 62
Buchboden 13 Kf 65
Buchbrunn 30 Pd 69
Bucheben 17 Nf 66
Buchegg, Haselbach- 21 Qd 66
Buchel 13 Kd 65
Buchen 15 Ma 65
Buchen 24 Kf 66
Buchenort 8 Oc 62
Buch-Geiseldorf **8274** HB 21 Qf 65
Buchkirchen **4611** WL 8 Pa 59
Buchleiten 8 Od 60
Buchmeister 19 Pc 62
Buchschachen 21 Ra 65
Buchsteinhaus (Gasthaus) 19 Pd 63
Büchler 19 Pb 64
Büchsengut 20 Qa 64
Bürgeralm 20 Qb 63
Bürgerwiesen 5 Qd 57
Bürgl-Hütte 17 Nc 65
Bürmoos **5111** SL 7 Nf 61
Bürs 24 Ke 66
Bürserberg **6700** BZ 23 Ke 66
Büschendorf 19 Pc 63
Bullendorf 6 Rd 57
Bundschuh 29 Oe 66
Burg 11 Qf 62
Burg 22 Rc 65
Burgau **8291** FF 21 Ra 66
Burgau 18 Od 62
Burgeralm 17 Nd 64
Burgfeld 21 Qf 64
Burgfried 17 Oa 62
Burghardt (Gasthaus) 20 Qc 63
Burgkirchen **5274** BR 7 Oa 59
Burgschleinitz-Kühnring **3730** HO 5 Qe 57
Burgstall 16 Me 65
Burgstall 4 Qd 57
Burgstallberg 29 Od 67
Burgstaller Alm 28 Nf 67
Buttendorf 5 Qe 57

C

Carl-von-Stahl-Haus 17 Oa 63
Carnuntum, Petronell- **2404** BL 12 Rf 60
Celler Hütte 28 Ob 66
Christenthal 10 Qc 61
Cirkovče = Schilterndorf 30 Pe 69
Clarahütte 27 Nb 66
Coburger Hütte 14 Lf 64
Compton-Hütte, E.-T.- 28 Oa 68
Csaterberg 22 Rc 66

D

Dachstein-Südwand-Hütte 18 Od 64
Dafins 13 Ke 65
Dalaas **6752** BZ 24 Kf 66
Dallein 5 Qe 56
Dalsenalm 17 Ne 63
Dambach 19 Pc 62
Damböckhaus 11 Qe 62
Damüls **6884** B 13 Kf 65
Dandorf 9 Pe 59
Dangifing 7 Ob 59
Danielgütl 9 Pc 61
Dankholz 4 Qb 58
Dappach 4 Qc 57
Darmstädter Hütte 24 Lb 66
Dasl 18 Od 66
Dauerbach 4/10 Pe 58
Davidl-A. 29 Oe 67
Davidschlag 9 Pb 58
Dawin 24 Lc 66
Debant 28 Ne 68
Dechantskirchen **8241** HB 21 Qf 64
Defreggerhaus 27 Nc 66
Deinsberg 30 Pc 67
Deinzendorf 5 Qf 57
Dellach **9635** HE 28 Oa 69
Dellach 28 Oc 69
Dellach 29 Od 68
Dellach 29 Pa 69
Dellacher Alm 28 Nf 68
Dellacher Alm 28 Oc 69
Dellach im Drautal **9772** SP 28 Oa 68
Dengg 16 Na 64
Dengg (Gasthaus) 21 Qd 64
Dernegg 21 Qd 64
Desselbrunn **4693** VB 8 Oe 60
Detz 14 Lf 65
Deuchendorf 20 Qb 64
Deutenham 8 Oe 60
Deutsch-Altenburg, Bad **2405** BL 12 Rf 60
Deutsch Bieling 22 Rc 67
Deutsch-Brodersdorf **2443** 12 Rc 61
Deutsch Ehrensdorf 22 Rc 66
Deutscher Peter (Gasthaus) 30 Pb 70
Deutschfeistritz **8121** GU 20 Qb 65
Deutsch Gerisdorf 22 Rb 64
Deutsch Goritz **8483** RA 32 Qe 68
Deutsch Griffen **9572** 29 Pa 67
Deutsch Haseldorf 32 Qf 68
Deutsch Haslau 12 Rf 60
Deutsch Hörschlag 3 Pc 57
Deutsch Jahrndorf **2423** 12 Sa 61
Deutsch Kaltenbrunn **7572** JE 21 Ra 66
Deutschkreuz **7301** 22 Rd 63
Deutschlandsberg **8530** DL 31 Qb 68
Deutsch Minihof 21 Rb 67
Deutsch Schützen-Eisenberg **7474** OW 22 Rc 66
Deutsch Tschantschendorf 22 Rb 66
Deutsch-Wagram **2232** GF 12 Rd 59
Diasalpe 24 Lc 66
Dickenau 10 Qc 61
Dickenbach 21 Qc 64
Dielach 29 Pb 67
Dielach 30 Pc 68
Diendorf 5 Qe 58
Dienersdorf **8224** HB 21 Qf 65
Dienten am Hochkönig **5652** ZE 17 Nf 64
Diepersdorf 32 Qe 68
Diepholz 5 Rb 57
Diepolding 7 Ob 59
Diepoltsham 7 Ob 59
Diersbach **4775** SD 8 Od 58
Dierthalling 8 Od 58
Dieschitz 29 Pa 69
Dietach **4407** SE 9 Pc 60
Dietachdorf 9 Pc 60
Dietersdorf 11 Qf 59
Dietersdorf 19 Pd 65
Dietersdorf 31 Qc 67
Dietersdorf 5 Ra 58
Dietersdorf am Gnasbach **8093** RA 32 Qe 68
Dietersdorf bei Fürstenfeld 21 Ra 67
Dietlalm 19 Pa 63
Dietlreith 19 Pa 63
Dietmanns **3813** WT 4 Pf 56
Dietmannsdorf 31 Qb 68
Dietmannsdorf an der Wild 4 Qc 56
Dietmannsdorf bei Trieben 19 Pc 64
Dietrichsbach 10 Pf 58
Dietrichschlag 9 Pb 58
Dietzen 32 Qf 68
Diex **9103** VK 30 Pd 68
Diezl (Gasthaus) 29 Pa 67
Digruber (Gasthaus) 11 Qd 62
Dillachboden 20 Qb 66
Dimbach **4371** PE 10 Pf 59
Dippersdorf 10 Pe 60
Dippersdorf 5 Qf 58
Dirnbach 19 Pa 62
Dirnbach 32 Qf 68
Dirnbach (Gasthaus) 10 Pf 61
Dirnberger 17 Ne 63
Ditteshütte 24 La 66
Dob = Aich 30 Pe 69
Dobermannsdorf, Palterndorf- **2181** GF 6 Re 57
Doberndorf 5 Qe 56
Dobersberg 30 Pc 67
Dobersberg, Reinberg- 4 Qb 55
Dobersdorf **7564** 21 Ra 67
Dobl **8143** GU 31 Qc 67
Dobritsch 30 Pc 67
Döbling 11 Rb 59
Döbriach **9873** 29 Od 68
Döllach 19 Pb 63
Döllach 20 Qb 63
Döllach 27 Nd 67
Döllach im Mölltal 28 Nf 67
Dölsach **9991** LZ 28 Ne 68
Dörfl 10 Qc 60
Dörfl 11 Qe 62
Dörfl 11 Qf 60
Dörfl 16 Mf 64
Dörfl 18 Of 64
Dörfl 19 Pa 65
Dörfl 21 Qe 63
Dörfl 29 Of 68
Dörfl 30 Pf 66
Dörfl 5 Qf 58
Dörfl, Steinberg- **7453** OP 22 Rc 64
Dörfla 31 Qd 67
Dörflach 20 Qb 63
Dörfl an der Raab 21 Qd 66
Dörfler 29 Pb 67
Dörfles 12 Re 59
Dörfles 5 Rc 57
Doiber 32 Ra 67
Doiberbach 32 Ra 67
Doktor-K.-Renner-Haus 17 Nd 64
Dolina 30 Pc 69
Donaudorf 11 Qe 58
Donaustadt 12 Rd 59
Donauwirt (Gasthaus) 12 Rf 60
Donawitz **8704** 20 Qa 64
Donnersbach **8953** LI 19 Pa 64
Donnersbachwald **8953** LI 19 Pa 64
Donnersdorf 32 Qf 68
Donnerskirchen **7082** EU 12 Rd 61
Donnersteinhütte 8 Of 62
Doren **6933** B 13 Kf 63
Dorf 16 Na 64
Dorf 16 Nc 65
Dorf 21 Qd 63
Dorf 25 Lf 66
Dorf 3 Pc 57
Dorf 8 Oe 58
Dorf 9 Pa 61
Dorf 9 Pe 60
Dorf an der Enns 9 Pc 60
Dorf an der Pram **4751** SD 8 Od 59
Dorfbeuern **5152** SL 7 Oa 60
Dorfen 7 Nf 60
Dorfgastein **5632** JO 17 Oa 65
Dorfham 8 Of 60
Dorfheim 17 Ne 64
Dorfleiten 16 Nb 63
Dorfstadt 10 Qa 58
Dorfstetten **4392** ME 10 Pf 59
Dorfviertel 21 Qe 64
Dorfwerfen 17 Ob 64
Dormitz 14 Lf 65
Dorna 4 Qd 56
Dornach 9 Pe 59
Dornau 32 Of 68
Dornauberg 26 Me 66
Dornbach 11 Ra 60
Dornbach 28 Oc 67
Dornberg 11 Qf 59
Dornbirn **6850** DO 13 Ke 64
Dortmunder Hütte 15 Lf 65
Douglasshütte 23 Ke 66
Draschitz 29 Od 69
Drasendorf 30 Pc 68
Drasenhofen **2165** MI 6 Rd 56
Draßburg-Baumgarten **7021** MA 12 Rc 62
Draßling 31 Qd 68
Draßmarkt **7372** OP 22 Rc 64
Draßnitz 28 Oa 68
Drathekogel 21 Qe 63
Drauchen 32 Qf 68
Draugsteinhütte 18 Ob 65
Draxlerhaus (Gasthaus) 19 Pc 64
Dreihütten 21 Rb 64
Dreistetten 11 Ra 62
Dresdner Hütte 25 Ma 67
Dreulach 29 Od 69
Dr.-Friedrich-Oedl-Haus 17 Ob 63
Dr.-Heinrich-Hackel-Hütte 18 Ob 64
Dr.-J.-Mehrl-Hütte 29 Oe 67
Drobollach am Faaker See **9580** 29 Of 69
Dröschitz 29 Pa 69
Drösiedl 4 Qb 56
Drösiedl 4 Qc 56
Drösing **2265** GF 6 Rf 57
Drosendorf Stadt-Zissersdorf **2095** HO 5 Qd 55
Droß, Stratzing- **3552** KR 5 Qd 58
Dr.-Rudolf-Weißgerber-Hütte 28 Oa 67
Dr.-Theodor-Körner-Haus 18 Od 65
Druckerhütte 30 Pd 68
Druschalm 18 Oe 65
Dümler Hütte 19 Pb 63
Düns 13 Ke 65
Dürnbach im Burgenland 22 Rc 65
Dürnbachtal 11 Qf 62
Dürnberg **5422** 17 Oa 63
Dürnberg 10 Pf 58
Dürnberg 20 Pe 65
Dürnkrut **2263** GF 6 Re 58
Dürnleins 5 Rb 57
Dürnohr 11 Qf 59
Dürnstein **3601** KR 10 Qd 58
Dürnstein in der Steiermark **9323** MU 30 Pc 67
Dürradmer 20 Qa 62
Dürrenbachalm 18 Oe 64
Duisburger Hütte 28 Nf 66
Duisitzseehütte 18 Od 65
Durchham 7 Ob 59
Durchholzen 16 Nb 63
Durchkaser-A. 17 Nd 63
Durrach 14 Lc 64
Duttendorf 7 Nf 60
Dvor = Hof 30 Pe 69

E

Ebbs **6341** KU 16 Nb 63
Ebelsberg 9 Pb 59
Ebelthal 11 Qf 61
Eben 15 Mb 65
Eben 16 Mf 64
Eben 17 Ob 65
Eben 21 Qe 64
Eben am Achensee **6212** SZ 16 Me 64
Ebenau **5323** SL 17 Ob 62
Ebendorf 6 Rd 57
Ebenedt 10 Pf 58
Ebene Reichenau **9565** 29 Of 67
Ebenforstalm 9 Pc 62
Ebenfurth **2490** WB 12 Rc 61
Eben im Pongau **5531** JO 18 Oc 64
Ebensee **4802** GM 8 Oe 62
Ebenseer Hochkogel Hütte 18 Oe 62
Ebental **9065** KL 30 Pb 69
Ebenthal **2251** GF 6 Re 58
Ebenwald 29 Od 69
Ebenwaldhaus 11 Qd 61
Eberau **7521** GS 22 Rc 66
Eberbach 11 Qf 61
Ebergassing **2435** WU 12 Rc 60
Eberhardschlag 3 Pb 57
Eberndorf **9141** VK 30 Pd 69
Ebersau 8 Oc 60
Ebersberg 11 Qf 60
Ebersbrunn 5 Qf 58
Eberschwang **4906** RI 8 Od 60
Ebersdorf **8273** HB 21 Qf 65
Ebersdorf an der Zaya 6 Re 57
Eberstalzell **4653** WL 8 Of 60
Eberstein **9372** SV 30 Pd 68
Eberweis 4 Qa 55
Ebne 24 Lb 66
Ebner 20 Qb 65
Ebneralpe 25 Lf 66
Ebnerhof 10 Qc 61
Ebnit 13 Ke 64
Ebreichsdorf **2483** BN 12 Rc 61
Ebriach 30 Pc 70
Ebring 19 Pc 66
Echsenbach **3903** ZT 4 Qb 56
Eck 11 Qf 60
Eck 18 Od 62
Eckartsau **2305** GF 12 Re 60
Eckartsroith 8 Oe 59
Eckbauer 11 Qd 62
Eckberthütte 17 Oa 64
Ecktoni (Gasthaus) 20 Qc 65
Eckwirt (Gasthaus) 20 Qa 66
Ed 16 Nc 64
Edelhütte 26 Mf 66
Edelsbach bei Feldbach **8332** FB 32 Qe 67
Edelschrott **8583** VO 31 Qa 67
Edelsdorf 20 Qc 64
Edelsgrub **8302** GU 21 Qd 66
Edelstal 12 Rf 60
Edeltraute Hütte 19 Pc 64
Edelweiß 16 Nc 65
Edelweiß, Haus 8 Oe 62
Edelweißhaus 14 Lb 65
Edelweißhütte 25 Lf 67
Edenbauer (Gasthaus) 20 Qc 63
Eder (Gasthaus) 10 Qb 62
Eder (Gasthaus) 28 Nf 69
Ederding 11 Qd 59
Ederhütte 17 Nf 64
Edern 29 Pa 68
Edla 32 Qe 68
Edlach 19 Pc 64
Edlach an der Rax 21 Qe 63
Edlbach **4508** KI 19 Pb 62
Edlbach 8 Of 61
Edlbruck 3 Pc 57
Edling 20 Pf 64
Edling 29 Od 68
Edling 29 Pa 68
Edling 30 Pd 69
Edlinger Haus 19 Pb 64
Edlitz **2842** NK 21 Ra 63
Edmund-Graf-Hütte 24 Lc 66
Edt bei Lambach **4650** WL 8 Of 60
Edtsdorf 9 Pc 59
Eferding **4070** EF 8-9 Pa 59
Egelsdorf 21 Qe 66
Egelsee 11 Qd 60
Egelsee 11 Qe 59
Egenstein 8 Of 61
Egerbach 16 Na 63
Egg **4622** 17 Ob 65
Egg **6863** B 13 Kf 64
Egg **9624** 28 Oc 69
Egg 18 Ob 62
Egg am Faaker See 29 Of 69
Eggelsberg **5142** BR 7 Nf 60
Eggen 30 Pb 68
Eggenberg 8 Oc 61
Eggenberg 8 Od 58
Eggenburg **3730** HO 5 Qe 57
Eggendorf **2492** WB 11 Qe 59
Eggendorf 11 Qd 59
Eggendorf 21 Qf 65
Eggendorf am Wagram 5 Ra 58
Eggendorf am Walde 5 Qe 57
Eggendorf im Thale **2031** 5 Ra 57
Eggendorf im Traunkreis **4622** LL 9 Pa 60
Eggenfeld 20 Qb 66
Eggeralm 28 Oc 69
Eggerding **4773** SD 8 Oc 58
Eggerding 8 Oe 60
Eggern **3861** 4 Qa 55
Eggersdorf 6 Rc 57
Eggersdorf bei Graz **8063** GU 21 Qd 66
Eggersham 8 Oc 58
Ehenbichl **6600** RE 14 Le 64
Ehrendorf 8 Oe 61
Ehrenhausen **8461** LB 31 Qd 68
Ehrenschachen 21 Ra 64
Ehrentrudisalm (Gasthaus) 17 Oa 62
Ehrnsdorf 9 Pa 61
Ehrwald **6632** RE 14 Lf 64
Ehrwalder Alm 15 Lf 64
Eibenberg 3 Pe 58
Eibenbergalm 18 Oe 62
Eibenstein 4 Qd 56
Eibesthal 6 Rd 57
Eibiswald **8552** DL 31 Qb 68
Eibleckalm 17 Ob 62
Eiblerhütte 30 Pf 68
Eichberg 10 Qc 59
Eichberg 21 Qf 64
Eichberg 21 Ra 63
Eichberg 4 Pf 56
Eichberg bei Hartmannsdorf 21 Qe 66
Eichbüchl 11 Rb 62
Eichenberg **6911** B 13 Ke 63
Eichenbrunn 5 Rc 57
Eichereben 8 Oc 61
Eichfeld **8480** RA 32 Qe 68
Eichgraben **3032** 11 Qf 60
Eichham 8 Of 61
Eichhorn 28 Nf 66
Eichhorn 6 Re 57
Eidenberg **4201** UU 9 Pb 58
Eidendorf 8-9 Pa 58
Eiersdorf 30 Pc 69
Einach 18 Of 66
Einersdorf 30 Pe 69
Einöd 11 Qe 59
Einöd 20 Qb 64
Einöd 9 Pe 62
Eisbach **8103** GU 20 Qb 66
Eisenau 8 Oe 62
Eisenberg 4 Qc 57
Eisenberg, Deutsch Schützen- **7474** OW 22 Rc 66
Eisenbergamt 4 Qc 57
Eisenbirn 8 Od 58
Eisenerz **8790** 20 Pf 63
Eisengraben 4 Qc 57
Eisenhüttl 21 Ra 66
Eisenkappel **9135** 30 Pd 70
Eisenkappel-Vellach **9135** VK 30 Pd 70
Eisenkappler Hütte 30 Pc 70
Eisenstadt **7000** E 12 Rc 62
Eisentratten **9861** 29 Od 67
Eisenzinken 22 Rb 65
Eisgarn **3862** GD 4 Qa 55
Eitenthal 10 Qb 59
Eitweg **9421** 30 Pf 68
Eitzersthal 5 Ra 58
Eitzing **4971** RI 8 Oc 59
Eiweggwirt (Gasthaus) 20 Qc 64
Eizendorf 9 Pe 59
Elberfelder Hütte 27 Ne 67
Elbigenalp **6652** RE 14 Lc 65
Elferhütte 26 Mb 66
Elixhausen **5161** SL 7 Oa 61
Ellbögen **6082** IL 15 Mc 65
Ellenbogen 14 Lb 65
Ellends 4 Qc 56
Ellerberg 9/10 Pe 58
Ellmau **6352** KU 16 Nb 63
Ellmau 18 Ob 62
Ellmau-A. 17 Nd 64
Elmen **6644** RE 14 Ld 64
Elmleiten 21 Qd 64
Els 4 Qc 58
Elsarn 10 Qc 58
Elsarn im Straßertal 5 Qe 58
Elsbach 11 Ra 59
Elsbethen **5061** SL 17 Oa 62
Elsenreith 10 Qb 58
Eltendorf **7562** JE 21 Ra 67
Eltlehen 19 Pb 64
Elz 9 Pd 58
Embach 16 Na 63
Embach 17 Nf 65
Emberg 16 Mf 65
Emberg 28 Oa 68
Emmersdorf 29 Od 69
Emmersdorf an der Donau **3644** ME 10 Qb 59
Empersdorf **8081** LB 31 Qd 67
Emser Reute **8207** 13 Ke 64
Endach 16 Na 63
Endlas 4 Qb 58
Eng, Wirtshaus 15 Md 64
Engabrunn 5 Qe 58
Enge 14 Ld 63
Engelbrechts 4 Qb 55
Engelbrechts 4 Qb 58
Engelhartstetten **2292** GF 12 Rf 60
Engelhartszell **4090** SD 8 Oe 58
Engelmannsbrunn 5 Qf 58
Engelsdorf 5 Qe 57
Engelstein 4 Pf 57
Engertberg 8 Od 58
Engerwitzdorf **4210** UU 9 Pc 59
Engevorsäß 13 Kf 64
Engljähring 8 Oc 61
Enns **4470** LL 9 Pc 59
Ennsbach 10 Qa 60
Ennsdorf **4482** 9 Pc 59
Ennsling 18 Oe 64
Ennstaler Hütte 19 Pd 63
Entbruck 25 Ld 66
Entholz 8 Oe 58
Entschendorf 21 Qe 66
Entschendorf 31 Qe 68
Enzelsdorf 30 Pd 68
Enzelsdorf 31 Qc 67
Enzenbachmühle 8 Of 61
Enzenkirchen **4761** SD 8 Od 58
Enzersdorf 19 Pd 65
Enzersdorf 6 Rc 57
Enzersdorf an der Fischa **2431** BL 12 Rd 60
Enzersdorf im Thale **2032** 5 Rb 57
Enzersfeld **2202** KO 12 Rc 59
Enzesfeld-Lindabrunn **2551** BN 11 Ra 61
Enzianhütte 11 Qf 61
Enzianhütte 16 Nb 65
Enzingerboden 17 Nd 65
E.-Pichl-Hütte 28 Ne 69
Eppenberg 4 Qb 58
Eppenstein 20 Pe 66
Eppersdorf 30 Pc 68
Eppzirler 15 Mb 65
Erbersdorf 21 Qe 67
Erdberg 6 Rd 57
Erdleiten 9 Pd 58
Erdmannsdorf 9 Pd 58
Erdpreß 6 Re 58
Erfurter Hütte 16 Me 64
Erichhütte 17 Oa 64
Erl **6343** KU 16 Nb 62
Erla, Sankt Pantaleon- **4303** AM 9 Pd 59
Erlabach 9 Pd 60
Erlach **2822** WB 11 Rb 62
Erlach 29 Oe 68
Erlachalpe 24 Lb 65
Erlacher Hütte 29 Oe 67
Erlachgraben 29 Od 69
Erlachsölde 9 Pd 61
Erla-H. 16 Na 65
Erlanger Hütte 25 Le 66
Erlauf **3253** ME 10 Qa 60
Erler 29 Pa 67
Erlerberg 16 Nb 62
Erlsbach 27 Nb 67
Erlsberg 19 Pa 64
Ernsdorf bei Staatz 6 Rc 57
Ernstbrunn **2115** KO 5 Rc 58
Ernsthofen **4432** AM 9 Pc 60
Ernsting 7 Nf 60
Erpersdorf 11 Qf 59
Erpfendorf **6383** 16 Nc 63
Ertl **3352** AM 9 Pd 61
Erzherzog-Johann-Hütte 27 Nd 66
Erzherzog-Johann-Klause 16 Mf 63
Eschabruck 4 Qb 57
Eschau 20 Pe 62
Eschelberg 8-9 Pa 58
Eschenau **3153** LF 10 Qd 60
Eschenau 17 Oa 65
Eschenau 4 Qb 56
Eschenau im Hausruckkreis **4724** GR 8 Oe 58
Esebeckhütte 29 Pa 66
Essener- und Rostocker Hütte 27 Nb 66
Eßling 12 Rd 59
Etmißl **8622** BM 20 Qa 64
Etrach 19 Of 66
Etsdorf-Haitzendorf **3492** KR 5 Qe 58
Ettendorf **9472** 30 Pf 69
Ettendorf bei Stainz 31 Qb 67
Etzelsdorf 9 Pa 61
Etzelshofen 8 Oc 58
Etzelsreith 4 Qd 56
Etzen 4 Qa 57
Etzerreit 2-3 Pa 57
Etzersdorf 11 Qe 59
Etzersdorf-Rollsdorf **8160** WZ 21 Qd 66
Etzerstetten 10 Qa 60
Etzing 8 Of 58
Etzmannsdorf 5 Qf 57
Etzmannsdorf am Kamp 5 Qd 57
Eugendorf **5301** SL 7 Oa 61
Eulenbach 4 Qa 56
Euratsfeld **3324** AM 10 Pf 60
Exenbach 17 Ne 64

F

Faak am See **9583** 29 Of 69
Fachwerk 20 Pf 63
Fadental 10 Qc 62
Fading 31 Qc 67
Faggen **6522** LA 25 Ld 66
Fahndorf 5 Qf 57
Fahrafeld 11 Qe 60
Fahrafeld 11 Ra 61
Fahrnau 18 Oe 62
Faistenau **5324** SL 17 Ob 62
Faistenau 16 Nb 62
Falbeson 25 Mb 66
Falkendorf **8862** MU 19 Of 66
Falkenhütte 15 Md 64
Falkenstein **2162** MI 6 Rd 56
Falkenstein 21 Qd 64
Falkert Schutzhaus 29 Oe 67
Falkertspitze 29 Oe 67
Falkner 25 Ma 67
Falkner Hütte 25 Lf 67
Fallbach **2133** MI 6 Rc 57
Fallerscheinalpe 14 Ld 64
Falpans 25 Ld 66
Faltel (Gasthaus) 19 Pb 63
Falzthurnalm 15 Md 64
Faning 29 Pb 68
Faningberg 18 Od 66
Fanning 18 Oe 66
Fara, Sele = Zell-Pfarre 30 Pc 70
Farrenauhütte 8 Of 62
Faschina 13 Kf 65
Fasching 19 Pe 64
Faßhuber 19 Pc 64
Fasulhütte 24 Lb 66
Fauxmühle 2-3 Pa 57
Favoriten 12 Rc 60
Federaun 29 Oe 69
Feffernitz 29 Od 68
Fegendorf 29 Oe 66
Fehring **8350** FB 32 Qf 67
Feichsen 10 Qa 60
Feichtauhütte 9 Pb 62
Feichten **6524** 25 Le 66
Feichten 16 Nb 64
Feichter 20 Qb 65
Feilmoos 16 Mf 64
Feinfeld 4 Qd 57
Feistenau 17 Nd 64
Feistritz 10 Qb 59
Feistritz 28 Oa 68
Feistritz 28 Ob 68
Feistritz 28 Oc 67
Feistritz 29 Pb 67
Feistritz, Maria Buch- **8741** JU 19 Pe 66
Feistritz am Kammersberg 19 Pa 65
Feistritz am Wechsel **2873** NK 21 Ra 63
Feistritz an der Drau **9710** 29 Od 68
Feistritz an der Gail **9613** 29 Od 69
Feistritz bei Anger **8184** WZ 21 Qd 65
Feistritz bei Knittelfeld **8715** KF 20 Pf 65
Feistritz bei Weißkirchen 20 Pe 66
Feistritzer Schwaig 21 Qf 63
Feistritz im Rosental **9181** KL 29 Pa 69
Feistritz ob Bleiburg 30 Pe 69
Feistrizsattel 21 Qf 63
Felben 17 Nc 65
Felberer 11 Qd 60
Feld 24 Lc 66
Feld 27 Nd 67
Feld am See-Afritz **9544** VL 29 Oe 68
Feldbach **8330** FB 32 Qf 67
Feldbannalm 29 Oe 68
Feldernalm 15 Lf 64
Feldkirch **6800** FK 13 Kd 65
Feldkirchen an der Donau **4101** UU 8-9 Pa 59
Feldkirchen bei Graz **8073** GU 31 Qc 67
Feldkirchen bei Mattighofen **5143** BR 7 Oa 60
Feldkirchen in Kärnten **9560** FE 29 Pa 68
Feldner Hütte 28 Oa 68
Felferhaus 19 Pd 66
Felfernigthal 29 Pa 67
Felixdorf **2603** 11 Rb 61
Fell 19 Od 66
Fellbach 28 Ob 68
Feller 29 Oc 68
Fellern 17 Nd 65
Felling 4 Qc 58
Felling 5 Qe 56
Fels am Wagram **3481** TU 5 Qe 58
Fendels **6522** LA 25 Ld 66
Ferlach **9170** KL 30 Pb 69
Ferleiten 17 Ne 66
Ferndorf **9702** VL 29 Od 68
Fernitz **8072** GU 31 Qc 67
Fernitz 5 Qe 57
Ferschbachhäusl 17 Nd 65
Ferschnitz **3325** AM 10 Pf 60
Fesel 19 Pd 62
Fesenhub 9 Pd 61
Feuerkogelhütte 8 Oe 62
Feuersbrunn **3483** 5 Qe 58
Feuring 16 Nb 64
Feyregg 9 Pb 60
Fieberbrunn **6391** KB 17 Nd 64
Fiecht 15 Me 64
Fiegler 18 Of 65
Fieglhütte 25 Ma 67
Filsendorf 10 Qb 59
Filzmoos **5532** JO 18 Oc 64
Fimberalpe 24 Lb 67
Finkaualm 16 Na 65
Finkenberg **6292** SZ 16 Me 66
Finkenhaus (Gasthaus) 11 Ra 62
Finkenstein **9584** VL 29 Of 69
Finklham 8 Of 59
Finsterau 4 Qa 55
Fischamend Markt **2401** WU 12 Rd 60
Fischau, Bad **2721** 11 Ra 62
Fischbach **8654** WZ 21 Qd 64
Fischbach 16 Nc 63
Fischer (Gasthaus) 30 Pe 69
Fischer am See (Gasthaus) 14 Le 64
Fischerau 8 Of 62
Fischerhütte 20 Pf 65
Fischering 30 Pe 68
Fischern 19 Pa 63
Fischerndorf 18 Oe 63
Fisching 20 Pe 66
Fisching 9 Pc 59
Fischlham **4652** WL 8 Of 60
Fiss **6534** LA 25 Ld 66
Fistriz 4 Qc 56
Flachalm 15 Md 64
Flachau **5542** JO 18 Oc 65
Flachau 4 Qb 57
Fladenalm 20 Qb 63
Fladnitz an der Teichalm **8163** WZ 20 Qc 65
Fladnitz im Raabtal **8322** FB 31 Qe 67
Flaming (Gasthaus) 30 Pd 66
Flandorf 12 Rc 59
Flaschberg 28 Nf 68
Flathalpe 24 Lc 66
Flatschach **8720** KF 20 Pe 65
Flatschacher Schlag 19 Pe 65
Flattach **9831** SP 28 Oa 67
Flattendorf 21 Qf 65
Flattnitz, Weitensfeld- **9344** SV 29 Of 67
Flatz 11 Qf 62
Flaurling **6403** IL 15 Ma 65
Flaurlinger Alpe 15 Ma 65
Flecken 17 Nd 64
Fließ **6521** LA 25 Ld 66
Fließeralpe 24 Lc 66
Flinderlmühle 19 Pc 62
Flinsbach 10 Qd 59
Flirsch **6572** LA 24 Lc 66
Floing **8183** 21 Qe 65
Floisalm 19 Pe 64
Floridsdorf 12 Rc 59
Fluh 13 Ke 63
Fluttendorf 31 Qb 67
Föderlach 29 Of 69
Föllim 6 Rd 57
Fölz 20 Qb 63
Fölzalpe 20 Qa 63
Förk 29 Od 69
Förolach 28 Oc 69
Fohnsdorf **8753** JU 19 Pd 65
Fohnsdorfer Hütte 19 Pd 65
Fontanella **6733** BZ 13 Kf 65
Forchach **6600** RE 14 Ld 64
Forchtenau 12 Rb 62
Forchtenau 8 Oc 59
Fornach **4892** VB 8 Oc 60
Forst 30 Pe 67
Forst 31 Qc 67
Forstalpenhütte 30 Pd 67
Forstau **5500** JO 18 Od 64
Forstau 9 Pb 61
Forstern 8 Ob 60
Forsterreith 8 Oc 60
Forsthaus 10 Qa 62
Forsthaus 8 Oc 61
Forsthof 11 Qf 60
Forsthub 18 Oc 62
Fotsch 15 Mb 65
Fradenalm 26 Mc 66
Frättingsdorf **2132** 6 Rc 57
Fraganter Hütte 28 Nf 67
Fraham **4070** EF 8 Pa 59
Fraham 7 Oa 61
Fraham 7 Ob 59
Frajbah = Freibach 30 Pc 70
Frankenau-Unterpullendorf **7361** OP 22 Rd 64
Frankenburg am Hausruck **4873** VB 8 Oc 60
Frankenfels **3213** PL 10 Qb 61
Frankenmarkt **4890** VB 8 Oc 61
Frankenreith 4 Qa 57
Franking **5131** BR 7 Nf 60
Frannach **8081** FB 31 Qd 67
Frantschach 30 Pe 67
Franzbauer (Gasthaus) 20 Qb 62
Franz-Eduard-Matras-Haus 17 Oa 64
Franzen **3594** 4 Qc 57
Franzensdorf 12 Rd 60
Franz-Fischer-Hütte 18 Oc 65
Franzi 30 Pb 70
Französichalm 17 Nd 66
Franz-Senn-Hütte 25 Ma 66
Frass 30 Pf 67
Frastanz **6820** FK 13 Kd 65
Fratnikalm 27 Nc 67
Fratres 4 Qc 55
Frauenberg **8600** BM 20 Qb 64
Frauenberg 19 Pc 63
Frauenburg, Unzmarkt- **8800** JU 19 Pc 65
Frauendorf 11 Qe 59
Frauendorf 5 Qf 57
Frauendorf an der Au 11 Qf 58
Frauenhofen 11 Ra 59
Frauenhofen, Sankt Bernhard- **3580** HO 5 Qd 57
Frauenkirchen **7132** ND 12 Rf 62
Frauenstein **9311** SV 30 Pb 68
Frauenstein 7 Oa 59
Frauenstein 9 Pa 62
Frauental an der Laßnitz **8523** DL 31 Qb 68
Frauschereck 8 Ob 60
Fraxern 13 Kd 65
Frederik-Simms-Hütte 14 Lc 65
Freibach 30 Pc 69
Freibach 30 Pc 70
Freiberg 19 Pa 66
Freiburger Hütte 13 Kf 65
Freidorf 9 Pd 58
Freidorf an der Laßnitz 31 Qb 68
Freienberg 21 Qe 65
Freienstein, Sankt Peter- **8792** LN 20 Qa 64
Freiländer Alm (Gasthaus) 31 Qa 67
Freiland **3183** 10 Qd 61
Freiland bei Deutschlandsberg **8530** DL 31 Qa 68
Freilassing 8-9 Pa 58
Freilassinger Hütte 18 Ob 64
Freiling 11 Qe 60
Freiling 8 Of 58
Frein an der Mürz **8694** 10 Qc 62
Freinberg **4785** SD 2 Od 57
Freischling 5 Qe 57
Freisinggraben 20 Qa 66
Freistadt **4240** FR 3 Pc 58
Freistritz 28 Oa 68
Freistritz an der Gail 29 Od 69
Freistritzgraben 19 Pd 66
Freithof 16 Me 66
Freitstabl 25 Lf 67
Freitzenschlag 4 Pf 57
Fresach **9712** VL 29 Od 68
Freschenhaus 13 Ke 64
Fresen 21 Qe 65
Fresing **8441** 31 Qc 68
Freßnitz **7801** 21 Qd 63
Freudenstein 8-9 Pa 58
Freudenthal 3 Pc 57
Freudenthal 8 Oc 61
Freundorf 11 Ra 59
Freydegg 10 Pf 60
Frido-Kordon-Hütte 29 Od 67
Friebrietz 6 Rc 57
Friedauwerk 20 Pf 64
Friedberg **8240** HB 21 Ra 64
Friedburg **5211** 7 Ob 60
Friedersbach **3533** 4 Qb 57
Friedl 19 Pa 64
Friedrich-Haller-Haus (Gasthaus) 11 Qe 62
Friedrichshafner Hütte 24 Lb 66
Friedrichshof 12 Rf 61
Friedrichshütte 21 Qe 63
Friesach **9360** SV 30 Pc 67
Friesam 8 Oe 60
Friesenberghaus 26 Me 66
Frießer 29 Pa 67
Frindorf 2-3 Pa 57
Frischmannhütte 25 Lf 66
Fritzelsdorf 10 Qb 59
Fritzens **6122** IL 15 Md 65
Fritzhütte 14 Lc 65
Fröhlichberg 21 Qf 67
Frösaugraben 21 Qe 66
Fröschnitz 21 Qe 63
Frohn 28 Ne 68
Frohnalpe 27 Ne 69
Frohnleiten **8130** GU 20 Qb 65
Frohsdorf 11 Rb 62
Frojach **8841** MU 19 Pb 66
Fromberg 4 Qa 56
Fronleben 15 Mb 66
Fronsburg 5 Qe 56
Frühauf (Gasthaus) 29 Oe 67
Frühwärts 4 Qb 55

Frutten-Gießelsdorf **8354** FB 32 Qf 68
Fuchsberg 11 Qe 59
Fuchsenbigl 12 Re 60
Fuchskogel 20 Qb 65
Fuchslehen (Gasthaus) 10 Pf 61
Fuchsmoos 25 Le 66
Fügen **6263** SZ 16 Me 64
Fügenberg **6263** SZ 16 Me 64
Füllersdorf 5 Rb 58
Fürch 7 Oa 59
Fürling 9 Pd 58
Fürnitz **9586** 29 Oe 69
Fürstaualm 17 Nf 65
Fürstenfeld **8280** FF 21 Qf 66
Fürstenreith 10 Pf 61
Fürth 17 Ne 65
Fugging 11 Qd 59
Fuglau 4 Qd 57
Fuhrmannsloch 24 Lc 67
Fulpmes **6166** IL 26 Mc 66
Furth 10 Ob 61
Furth 10 Qb 61
Furth 11 Qe 60
Furth 5 Ra 58
Furth 7 Oa 60
Furth an der Triesting **2564** BN 11 Qf 61
Furth bei Göttweig **3511** KR 11 Qd 58
Furthof 11 Qd 61
Furtner (Gasthaus) 11 Qe 61
Furtschagl-Haus 26 Me 66
Fusch, Bad 17 Ne 65
Fusch an der Großglocknerstraße **5672** ZE 17 Ne 65
Fuschl am See **5330** SL 18 Ob 62
Fußach **6972** B 13 Kd 64
Fussialmhütte 19 Pb 65

G

Gaaden **2531** MD 11 Rb 60
Gaal **8731** KF 19 Pd 65
Gaaldorf 19 Pd 65
Gaalgraben 19 Pd 65
Gaalwald 19 Pd 65
Gaas 22 Rc 66
Gaberlhaus 20 Pf 66
Gabersdorf **8424** LB 31 Qd 68
Gabersdorf 10 Qd 59
Gablern 30 Pd 69
Gablitz **3003** WU 11 Ra 59
Gablonzer Hütte 18 Oc 63
Gadauner-Grund-Alm 28 Oa 66
Gadaunern 17 Oa 65
Gadinger 11 Qf 60
Gänsdorf 30 Pd 68
Gänserndorf **2230** GF 12 Re 59
Gaflenz **3334** SE 9 Pe 61
Gagering 16 Mf 64
Gaicht 14 Ld 64
Gaier 18 Oc 64
Gaihof 21 Qd 64
Gaimberg **9900** LZ 28 Ne 67
Gaimbergalm 27 Ne 67
Gaindorf 5 Qf 57
Gainfarn 11 Rb 61
Gais 13 Ke 65
Gais 26 Mf 67
Gaisberg 16 Nb 63
Gaisberg 30 Pc 67
Gaiselberg 6 Re 58
Gaisfeld, Krottendorf- **8564** VO 31 Qb 67
Gaishorn am See **8783** LI 19 Pd 64
Gaislach 25 Lf 67
Gaisruck 5 Ra 58
Gaisrücken 11 Qf 60
Gaißau **6974** B 13 Kd 64
Gaißau 17 Ob 62
Gaißaubachl 17 Ob 62
Gaistalalm 15 Ma 64
Gajach 28 Ob 68
Gajacheralm 28 Ob 68
Galgenau 9 Pc 58
Galgenberg 6 Rd 56
Galgenuel 24 Kf 66
Gallbrunn 12 Rd 60
Gallizien **9132** VK 30 Pc 69
Gallmannsegg **8573** VO 20 Qa 66
Gallneukirchen **4210** UU 9 Pc 58
Gallspach **4713** GR 8 Oe 59
Gallzein **6200** SZ 16 Me 64
Galthof 4 Qa 55
Galtür **6563** LA 24 La 67
Gaming **3292** SB 10 Qa 61
Gamischdorf 22 Rb 66
Gamlitz **8462** LB 31 Qd 68
Gampadelsalpe 24 Kf 66
Gampenalm 24 Lb 67
Gampern **4851** VB 8 Od 61
Gams 20 Qb 65
Gams bei Hieflau **8922** LI 19 Pe 63
Gamsblick 17 Nc 65
Gamsgraben 20 Qb 65
Gamsjäger 20 Qc 63
Gamsjoch 15 Md 64
Gamskogel-Hütte 16 Nb 65
Gams ob Frauental **8524** 31 Qb 68
Gamsstein 16 Me 65
Gand 24 Lb 66
Gansbach **3122** 10 Qc 59
Ganser 19 Pb 65
Ganz **8680** MZ 21 Qd 63
Ganz 27 Nc 67
Ganz 4 Qb 56
Ganzalm 21 Qe 63
Gappnighütte 29 Od 67
Garfülla 13 Kf 65
Gargellen **6787** 24 Kf 67
Garmanns 4 Qc 58
Garmanns 6 Rc 57
Garnhofalm 18 Oc 65
Garnweid 9 Pb 61
Garolden 4 Qb 55
Gars am Kamp **3571** HO 5 Qd 57
Garsella 13 Kf 65
Garsten **4451** SE 9 Pc 60
Gartenbrunn **2154** MI 5 Rc 57
Garzern 30 Pc 68
Gaschurn **6793** BZ 24 La 67
Gasen **8616** WZ 21 Qd 64
Gaspoltshofen **4673** GR 8 Oe 60
Gasse 15 Ma 64
Gasse 15 Mb 65
Gasselsdorf 19 Pd 65
Gasselsdorf 31 Qb 68
Gassen 19 Pc 65
Gassen 29 Od 68
Gassen 29 Oe 68
Gasseralm 28 Oc 68
Gassing 20 Qb 64
Gassolding 9 Pe 59
Gasteig 16 Nc 63
Gasteig 17 Oa 63
Gasteil 11 Qf 62
Gastein 25 Mb 66
Gastern **3852** WT 4 Qb 55
Gatschach 28 Ob 68
Gatschberg 18 Of 64
Gatschen 19 Pa 64
Gattendorf **2474** 12 Rf 61
Gattersdorf 30 Pd 68
Gattmannsdorf 10 Qf 60
Gaubitsch 6 Rc 57
Gaudeamus-Hütte 16 Nb 63
Gauderndorf 5 Qe 57
Gausendorf 20 Pf 64
Gaweinstal **2191** MI 6 Rd 58
Gebertsham 7 Oa 61
Gebharts 4 Qa 56
Gebmanns 6 Rc 58
Geboltskirchen **4682** GR 8 Od 60
Gedeier 15 Mc 66
Gedersdorf **3494** KR 5 Qe 58
Gegalalm 20 Pf 63
Gehren 13 La 65
Gehring 21 Rb 63
Geiersberg **4922** RI 8 Od 59
Geigerhütte 29 Oe 68
Geinberg **4943** RI 7 Ob 59
Geiselbrechthof 5 Rb 56
Geiseldorf, Buch- **8274** HB 21 Qf 65
Geiselham 8 Oe 59
Geisenheim 8 Of 59
Geißstall 10 Qa 61
Geistthal **8153** VO 20 Qa 66
Geitzendorf 5 Rb 58
Gemeinlebarn 11 Qe 59
Gemmersdorf 30 Pf 68
Gemse (Gasthaus) 20 Qb 63
Gendorf 28 Oc 68
Gentschach 28 Nf 68
Georgenberg 4 Qc 56
Gepatschhaus 25 Le 67
Gerach-Haus 13 Ke 65
Geraer Hütte 26 Md 66
Geralm 17 Nf 64
Geras **2093** HO 5 Qd 56
Gerasdorf 11 Ra 62
Gerasdorf bei Wien **2201** WU 12 Rc 59
Gerersdorf **3385** PL 10 Qd 59
Gerersdorf-Sulz **7542** GS 22 Rb 66
Geretsberg **5132** BR 7 Nf 60
Geretschlag 2 Of 57
Geretschlag 21 Rb 63
Gerhardshof (Gasthaus) 31 Qa 67
Gerhaus 12 Re 60
Gerlamoos 28 Ob 68
Gerlas 4 Qa 57
Gerling 17 Ne 64
Gerling 8-9 Pa 58
Gerlos **6281** SZ 16 Na 65
Gerlosberg **6280** SZ 16 Mf 65
Gerlosplatte (Gasthaus) 16 Na 65
Germanns 4 Qc 57
Germans 4 Qb 57
Gernalm 15 Md 64
Gerolding 10 Qc 59
Gerolssteinhütte 16 Mf 65
Gerotten 4 Qb 57
Gersdorf 18 Of 64
Gersdorf 31 Qd 68
Gersdorf an der Feistritz WZ 21 Qe 66
Gerstberg 9 Pd 60
Gerweis 4 Qb 56
Gesäuse-Eingang 19 Pd 63
Geschwendt 4 Qa 57
Gestüthof 19 Pb 66
Gettsdorf 5 Qf 57
Getzersdorf, Inzersdorf- **3131** PL 11 Qe 59
Geyersberg 10 Qc 59
Gfäll 13 Kf 64
Gfaß 15 Mb 65
Gföhl **3542** 4 Qc 58
Gießelsdorf, Frutten- **8354** FB 32 Qf 68
Gießenbach 15 Mb 64
Gießenberg 31 Qb 67
Gießener Hütte 28 Ob 67
Gießhübl **2372** MD 11 Rb 60
Gießhübl 11 Qe 61
Gießlhütte 30 Pd 68
Giger 19 Pc 65
Giggl 24 Lc 66
Gilgenberg am Weilhart **5133** BR 7 Nf 60
Gillaus 4 Qc 58
Gillersdorf 21 Ra 67
Gimpelhaus 14 Ld 64
Gimplach 20 Pf 64
Gimpling 7 Ob 59
Ginau 18 Ob 64
Ginzersdorf 6 Re 57
Ginzldorf 8 Od 58
Gipfelhaus Kitzbüheler Horn 16 Nc 64
Gippel 11 Qd 62
Girm 22 Rd 63
Gitschtal 28 Ob 68
Gjaidalm 18 Od 63
Glainach 30 Pb 69
Glanegg **9555** FE 29 Pa 68
Glanhofen 29 Pa 68
Glantersberg 16 Na 64
Glantschach 30 Pc 69
Glarsdorf 20 Pf 64
Glasenbach 17 Oa 62
Glashütten 11 Ra 60
Glashütten 31 Qa 68
Glashütten bei Langeck im Burgenland 22 Rc 64
Glashütten bei Schlaining 22 Rb 65
Glasing 22 Rb 66
Glatz 13 Kf 64
Glatzau 31 Qd 67
Glatzham 16 Na 63
Glaubendorf **3704** 5 Qf 58
Gleichenbach 22 Rb 63
Gleichenberg, Bad **8344** 32 Qf 67
Gleichenberg Dorf 32 Qf 67
Gleiming 18 Od 64
Glein 20 Pf 65
Gleinalpenhaus 20 Qa 65
Gleink **4407** 9 Pc 60
Gleinstätten **8443** LB 31 Qb 68
Gleinz 31 Qb 68
Gleisdorf **8200** WZ 21 Qe 66
Gleiß 9 Pe 61
Gleißenfeld 21 Ra 63
Gleiwitzer Hütte 17 Ne 65
Glinzendorf **2282** GF 12 Rd 59
Glitt 24 Lc 66
Globasnica = Globasnitz 30 Pd 69
Globasnitz **9142** VK 30 Pd 69
Glocknerblick 17 Ne 65
Glocknerblick 28 Nf 67
Glocknerhaus 17 Ne 65
Glockner Haus 28 Ne 66
Gloden 4 Qb 58
Glöcklwirt (Gasthaus) 20 Qb 66
Glödnitz **9346** 29 Pa 67
Gloggnitz **2640** NK 21 Qf 63
Glojach **8421** FB 31 Qd 67
Glorer Hütte 27 Ne 66
Glungezerhütte 15 Md 65
Gmainhof 21 Qd 64
Gmeineck-Alpengasthof 28 Oc 67
Gmünd **3950** GD 4 Pf 56
Gmünd **9853** SP 29 Oc 67
Gmünd 16 Mf 65
Gmünder Hütte 16 Mf 65
Gmünder Hütte 28 Oc 66
Gmunden **4810** GM 8 Oe 61
Gmundner Hütte 8 Oe 61
Gnadendorf **2152** MI 6 Rc 57
Gnadenwald **6060** IL 15 Md 65
Gnas **8342** 32 Qe 67
Gneixendorf 5 Qd 58
Gnesau **9563** 29 Of 68
Gniebing **8330** FB 32 Qe 67
Gnies 21 Qe 66
Gnigl **5023** 7 Oa 62
Gobelsburg 5 Qe 58
Goberling 22 Rb 65
Gobernitz, Siedlung 20 Pe 65
Goderschach 28 Oa 69
Göblasbruck 10 Qd 60
Gödersdorf **9585** 29 Oe 69
Göfis **6811** FK 13 Kd 65
Göllerhaus (Gasthaus) 10 Qc 62
Göllersdorf **2013** HL 5 Ra 58
Göltschach 30 Pb 69
Göming **5110** SL 7 Nf 61
Göpfritz an der Wild **3800** ZT 4 Qc 56
Göpfritzschlag 4 Qc 55
Göppinger Hütte 13 La 65
Göriach **5571** TA 27 Nd 67
Göriach 20 Qb 63
Göriach 28 Oc 67
Göriacher Alpe 28 Oc 67
Göritz 20 Qa 64
Görtschach **9615** 28 Oc 69
Görtschach 28 Ne 68
Görtschacher Alm 28 Oc 69
Gösing **3221** 10 Qb 61
Gösing **3482** 5 Qe 58
Göslerhütte 30 Pf 68
Gösseling 30 Pc 68
Gösselsdorf 30 Pd 69
Gössendorf **8071** GU 31 Qc 67
Gößl 18 Of 63
Gößnitz 28 Oa 67
Gösting 6 Re 57
Göstling an der Ybbs **3345** SB 10 Pf 62
Götschka 9 Pc 58
Göttlesbrunn-Arbesthal **2464** BL 12 Re 60
Göttsbach 10 Qa 60
Götzendorf **2245** 6 Re 58
Götzendorf an der Leitha **2434** BL 12 Rd 61
Götzens **6091** IL 15 Mb 65
Götzis **6840** FK 13 Kd 64
Götzles 4 Qb 56
Götzling 19 Pd 65
Götznerberg 13 Kd 64
Goferhütte 19 Pd 63
Goganz (Gasthaus) 10 Qa 61
Goggendorf 5 Qf 57
Goggitsch 21 Qd 66
Goggitsch 5 Qe 56
Goggitschbach 21 Qd 66
Goglesalpe 25 Ld 66
Going am Wilden Kaiser **6353** KB 16 Nb 63
Gois 17 Nf 62
Goisbach 10 Qc 59
Goiserer Hütte 18 Od 63
Goisern, Bad **4822** 18 Od 63
Goldbach 19 Pa 64
Goldeckhütte 28 Oc 68
Goldegg **5622** JO 17 Oa 65
Goldenes Brünnl, Wirtshaus 5 Rb 58
Goldgeben 5 Ra 58
Goldsberg 21 Qf 64
Goldwörth **4100** UU 8-9 Pa 59
Goll 27 Nd 68
Golling an der Erlauf **3381** ME 10 Qa 59
Golling an der Salzach **5440** 17 Oa 63
Gollinghütte 18 Oe 65
Gollrad **8635** 20 Qb 63
Golmer Hütte 24 Ke 66
Gols **7122** ND 12 Rf 61
Gopprechts 4 Qa 55
Goritschach 29 Oe 69
Goritschach 30 Pc 69
Goritschach 30 Pd 69
Goritz 32 Qf 68
Gornja ves = Oberdorf 30 Pe 69
Gortipohl 24 Kf 66
Gosau **4824** GM 18 Oc 63
Gosaumühle 18 Od 63
Gosauschmied 18 Od 63
Gosdorf **8482** RA 32 Qe 68
Goßam 10 Qb 59
Gossendorf **8330** FB 32 Qf 67
Gottestal 29 Of 69
Gotthartschlag 4 Qb 58
Gottsdorf, Persenburg- **3680** ME 10 Qa 60
Gottsgut 25 Lf 66
Gowilalmhütte 19 Pc 63
Graben 10 Qc 59
Graben 7 Ob 59
Grabenbergalm 16 Mf 63
Grabendorf 18 Oe 66
Grabenegg 10 Qb 60
Grabensee 11 Qf 59
Grabenviertel 21 Qe 64
Grabenwegdörfel 11 Ra 61
Grabenwirt (Gasthaus) 11 Rb 63
Grabenwirt (Gasthaus) 29 Of 66
Grabersdorf **8342** FB 32 Qe 68
Grablach 30 Pe 69
Grabneralm Haus 19 Pc 63
Grabs 24 Kf 66
Graden **8593** VO 20 Qa 66
Gradenalm 28 Ne 67
Gradenegg 29 Pb 68
Gradenfeld 31 Qc 67
Grades **9362** 29 Pb 67
Gradnitz 30 Pb 69
Gradnitz 4 Qa 57
Gradwohl (Gasthaus) 21 Qe 64
Gräbern-Prebl 30 Pe 67
Grän **6673** RE 14 Ld 63
Graf 19 Pc 65
Grafenbach 30 Pd 68
Grafenberg 28 Oa 67
Grafenberg, Straning- **3722** HO 5 Qf 57
Grafenbergalm 18 Ob 65
Grafendorf 28 Oa 69
Grafendorf 30 Pc 67
Grafendorf 31 Qb 67
Grafendorf bei Hartberg **8232** HB 21 Qf 65
Grafenhütte 19 Pc 65
Grafenmühl 10 Qa 61
Grafenschachen **7423** OW 21 Ra 65
Grafenschlag **3912** ZT 4 Qa 58
Grafenschlag 4 Qb 56
Grafenstein **9131** KL 30 Pc 69
Grafensulz 6 Rc 57
Grafenwörth **3484** TU 5 Qe 58
Graf-Meran-Haus 20 Qc 63
Grainbrunn **3524** 4 Qb 58
Gralla **8430** LB 31 Qd 68
Gramais **6651** RE 14 Ld 65
Gramastetten **4201** UU 9 Pb 58
Gramatl 21 Ra 63
Gramatneusiedl **2440** WU 12 Rc 61
Grambach **8071** GU 21 Qc 67
Grametten 4 Qa 55
Grammaialm 15 Md 64
Granitz 21 Qd 65
Granlwirt (Gasthaus) 31 Qa 67
Graschnitz 20 Qb 64
Grasdorf 31 Qe 68
Graslehen 25 Le 66
Grasse 25 Le 66
Grassinger Hütte 11 Qe 62
Graßnitz 20 Qb 63
Gratkorn **8101** GU 20 Qb 66
Gratschach 28 Ob 67
Gratschach 29 Of 69
Gratwein **8112** GU 20 Qb 66
Grauschelalm 18 Of 66
Graz **8010** G 20 Qc 66
Grazer Hütte 18 Of 65
Grebenzenhaus (Gasthaus) 30 Pb 66
Greifenburg **9761** SP 28 Oa 68
Greifenstein **3422** 11 Rb 59
Greiln 16 Nb 64
Greim 18 Od 65
Greimwiesenalm 19 Pa 65
Grein **4360** PE 10 Pf 59
Greinerschlag 4/10 Pe 58
Greisdorf **8511** DL 31 Qb 67
Greit 21 Qf 65
Greit-A. 16 Mf 64
Greith 19 Pc 66
Greith 20 Pf 65
Greith 20 Qb 63
Greith 21 Qd 66
Greith (Gasthaus) 20 Qb 62
Greizer Hütte 26 Mf 66
Gresten **3264** SB 10 Pf 61
Gretschitz 30 Pd 68
Greutschach 30 Pd 68
Griebitsch 28 Oa 68
Griechenberg 10 Qd 59
Grier 26 Me 66
Gries 18 Oc 65
Gries 24 Lc 66
Gries 25 Lf 66
Gries 29 Od 66
Gries 9 Pb 60
Gries am Brenner **6156** IL 26 Mc 66
Griesbach 4 Pf 58
Griesbach 4 Qa 55
Griesbach 4 Qc 55
Griesbachalm 14 Lc 65
Grieselstein 32 Ra 67
Griesenau 16 Nc 63
Griesener A. 16 Nb 63
Gries im Sellrain **6182** IL 15 Ma 65
Grieskirchen **4710** GR 8 Oe 59
Grießen 17 Nd 64
Grießenkarhaus 18 Ob 65
Grießl 17 Ob 64
Grießner Hütte 29 Of 66
Grieswirt (Gasthaus) 19 Pc 65
Griffen **9112** VK 30 Pe 68
Grillenberg 11 Ra 61
Grillitschhütte 30 Pf 68
Grilzgraben 29 Of 68
Griminitzen 28 Oa 69
Grimmenstein **2840** NK 21 Ra 63
Grimmingalm 17 Nf 66
Grimmingalm 19 Pa 63
Grimminghütte 19 Pa 64
Grimstein 25 Le 66
Grins **6591** LA 24 Lc 66
Grinzens **6094** IL 15 Mb 65
Grinzing 11 Rb 59
Grisse 24 Lc 66
Grist 14 Ld 65
Gritsch 32 Ra 67
Gritschenberg 19 Pa 64
Gritzen 27 Nc 67
Grodnau 21 Rb 64
Gröben 14 Le 64
Gröbming **8962** LI 18 Of 64
Grödig **5082** SL 17 Oa 62
Grötsch 31 Qc 68
Groisbach 11 Ra 60
Groißenbrunn 12 Rf 59
Großaigen 10 Qc 60
Großarl **5611** JO 17 Ob 65
Großau **3824** 4 Qd 55
Großau 11 Ra 61
Großau 21 Qe 63
Großau 9 Pd 61
Großau bei Gleisdorf 21 Qe 66
Großbachler 10 Pe 62
Großbachselten 22 Rb 65
Großblumau 9 Pd 62
Großbuch 29 Pb 68
Großbürbisch 22 Rb 67
Großdorf 13 Kf 64
Großdorf 20 Qa 64
Großdorf 27 Nd 66
Großeberharts 4 Qb 55
Großebersdorf **2203** MI 12 Rc 59
Großedling 30 Pe 68
Großeibenstein 4 Pf 56
Großelmau 18 Ob 65
Großendorf 9 Pa 60
Groß-Engersdorf **2212** MI 12 Rd 59
Großenschwand 8 Oc 61
Groß-Enzersdorf **2301** GF 12 Rd 60
Großer Hafner 28 Oc 66
Großerlau 10 Pf 59
Großfelgitsch 31 Qd 67
Großgerharts 4 Qb 55
Groß-Gerungs **3920** ZT 4 Pf 57
Großglobnitz 4 Qa 57
Großgmain **5084** SL 17 Nf 62
Großgöttfritz **3913** ZT 4 Qb 57
Großgundholz 4 Pf 57
Großhain 11 Qd 59
Großharras **2034** MI 5 Rb 57
Großhart **8272** HB 21 Qf 66
Großhartmannsdorf 21 Qf 66
Großhaselbach 4 Qb 56
Großhaslau 4 Qa 57
Großheinrichschlag **3611** 10 Qc 58
Großhinterbergerhütte 30 Pd 67
Großhöbarten 4 Qa 56
Großhöflein **7051** EU 12 Rc 62
Großhöniggraben 11 Ra 60
Großhornburg 30 Pd 68
Großinzersdorf 6 Re 58
Großjedlersdorf 12 Rc 59
Großkainraths 4 Qb 56
Großklein **8452** LB 31 Qc 68
Großkrottenbach 11 Qf 60
Großkrut **2143** MI 6 Re 57
Großlobming **8734** KF 20 Pe 66
Großmärz 16 Mf 65
Großmeiseldorf **3711** 5 Qf 58
Großmengersdorf 9 Pb 60
Großmittel 11 Rb 61
Großmotten 4 Qc 57
Großmugl **2002** KO 5 Rb 58
Großmutschen 22 Rd 64
Groß Neusiedl 4 Qa 56
Großnondorf 4 Qb 58
Großnondorf 5 Qf 57
Großotten 4 Pf 57
Großpertenschlag 10 Pf 58
Großpertholz, Bad **3972** GD 4 Pe 57
Großpesendorf **8211** 21 Qe 66
Großpetersdorf **7503** OW 22 Rb 65
Großpichl 8 Od 58
Großprethal 30 Pe 66
Großpriel 10 Qb 59
Großprolling 10 Pf 61
Großpromau 10 Pe 62
Groß-Radischen 4 Qa 55
Großraming **4463** SE 9 Pd 61
Großreichenbach 4 Qa 57
Großreifling **8931** 19 Pe 63
Großreinprechts 4 Qb 58
Großreipersdorf 5 Qf 57
Großriedenthal **3471** TU 5 Qf 58
Großrotte 27 Nb 67
Großrupprechts 4 Qa 56
Großrußbach **2114** KO 6 Rc 58
Großrust 11 Qd 59
Groß Sankt Florian **8522** DL 31 Qb 68
Großschieder 7 Nf 60
Großschollach 10 Qc 60
Groß-Schweinbarth **2221** GF 6 Rd 58
Groß-Sieghart **3812** WT 4 Qc 56
Großsölk **8961** LI 18 Of 64
Großsteinbach **8265** FF 21 Qf 66

Großstelzendorf 5 Qf 57
Großstelzendorf 5 Ra 58
Großstübing **8114** GU 20 Qb 65
Großsulz 31 Qc 67
Groß-Taxen 4 Qb 55
Großtraberg **4183** 3 Pb 58
Großveitsch **8664** 20 Qc 63
Großwarasdorf **7304** OP 22 Rd 63
Großweichselbach 10 Qb 60
Großweiffendorf 8 Ob 60
Großweikersdorf **3701** TU 5 Qf 58
Großweißenbach 4 Qa 57
Großwiesendorf 5 Qf 58
Großwilfersdorf **8263** FF 21 Qf 66
Großwolfgers 4 Pf 57
Grottendorf 4 Qc 57
Grua 29 Pb 68
Grub 10 Pf 60
Grub 11 Ra 60
Grub 16 Mf 63
Grub 16 Nc 64
Grub 21 Qe 64
Grub 29 Of 66
Grub 9 Pd 58
Grub-A. 17 Nc 64
Grubberg 31 Qb 67
Grubberg (Gasthaus) 10 Qa 61
Grubegg 18 Of 63
Gruben 27 Nc 66
Gruben 29 Oe 66
Grubener Hütte 25 Lf 66
Gruberalm 17 Nf 66
Gruberau 11 Ra 60
Gruberberg 16 Na 64
Grubing 16 Nc 65
Grübelehütte 24 Lc 66
Grübern 5 Qe 57
Grübl 29 Oe 66
Grünalm 17 Ob 62
Grünau **3202** PL 10 Qc 60
Grünau im Almtal **4645** GM 8 Of 61
Grünbach **4264** FR 3 Pd 57
Grünbach 4 Qa 56
Grünbach am Schneeberg **2733** NK 11 Qf 62
Grünbacher Hütte 16 Nc 62
Grünberg 4 Qd 56
Grünburger Hütte 9 Pb 61
Gründau 16 Nb 64
Gründberg 9 Pb 59
Gründberg 9 Pb 60
Grüne-Wand-Haus 26 Mf 66
Grünhütte 30 Pd 67
Grünwald 2 Of 57
Gruisla 32 Qf 68
Grund 5 Ra 57
Grundalm 29 Oe 67
Grunddorf 5 Qe 58
Grundhütten 16 Na 66
Grundlsee **8993** LI 18 Oe 63
Gruska 29 Pb 66
Grutten-Hütte 16 Nb 63
Gschaid bei Birkfeld **8190** WZ 21 Qe 65
Gschaid bei Weiz 21 Qd 65
Gschaidegger 19 Pd 63
Gschaiderwirt (Gasthaus) 11 Qe 62
Gschaidt, Hochneukirchen- **2852** WB 21 Ra 64
Gscheid (Gasthaus) 10 Qc 62
Gscheidt 11 Qd 62
Gschmaier 21 Qf 66
Gschnitz **6150** IL 26 Mb 66
Gschöder 20 Qa 63
Gschwand 10 Qc 62
Gschwandt **4816** GM 8 Oe 61
Gschwend 13 Ke 63
Gschwendt 10 Qb 58
Gschwendt 18 Oc 62
Gschwendt 21 Qd 66
Gsellalpe 25 Le 66
Gsollalm 20 Pf 63
Gstadt 10 Pe 61
Gstadt 9 Pb 61
Gstaig 7 Oa 60
Gstatterboden **8913** 19 Pd 63
Gstetten 11 Qe 60
Gstettenhof 10 Qc 62
Gstettner 11 Qe 61
Gündorf 31 Qc 68
Günseck 22 Rb 64
Günselsdorf **2525** 11 Rb 61
Güssing **7540** GS 22 Rb 66
Gütle 13 Ke 64
Güttenbach **7535** GS 22 Rb 66
Guflhütte 25 Le 67
Gugging 11 Rb 59
Guglwald 2-3 Pa 57
Gumping 5 Qe 57
Gumpolding 9 Pa 59
Gumpoldskirchen **2352** MD 11 Rb 60
Gumprechtsberg 10 Qa 60
Gundendorf 8 Of 61
Gundersdorf **8511** DL 31 Qb 67
Gundertshausen 7 Nf 60
Gunglgrün 14 Le 65
Gunskirchen **4623** WL 8 Of 60
Guntersdorf **2042** HL 5 Ra 57
Guntramsdorf **2353** MD 11 Rb 60
Gunzenberg 30 Pc 67
Gurk **9342** SV 30 Pb 67
Gurten **4942** RI 8 Oc 59
Gurtis 13 Kd 65
Gurtschitschach 30 Pd 69
Gusen 9 Pc 59
Gusenalm 28 Oc 68
Gussendorf 31 Qb 68
Gußwerk **8632** BM 10 Qb 62
Gut am Steg 10 Qc 59
Gutau **4293** FR 9 Pd 58
Gutenberg an der Raabklamm **8160** WZ 21 Qd 65
Gutenbrunn **3665** ZT 10 Qa 58
Gutenbrunn 11 Qe 59
Gutenbrunn 21 Qd 63
Gutenbrunn 6 Rd 56
Gutendorf 32 Qf 67
Gutenhof (Gasthaus) 12 Rc 60
Gutenhofen 9 Pd 60
Gutenstein **2770** WB 11 Qf 61
Gutferding 7 Ob 61
Gutschau 14 Lc 65
Guttaring **9334** SV 30 Pc 67
Guttaringberg 30 Pc 67
Guttaringerhütte 30 Pd 67
Guttenberghaus 18 Oe 64
Guttenbrunn 4 Qa 56
Gwabl 27 Nd 67
Gwechenberghütte 18 Oc 63
Gwiggen 14 Lf 65

H

Haag **3350** AM 9 Pd 60
Haag am Hausruck **4680** GR 8 Od 59
Haagdorf 10 Pf 60
Habach 16 Mf 64
Habach 16 Nb 65
Habernau 18 Of 62
Habersauer-A. 16 Nb 63
Habersdorf 21 Qf 65
Habert 21 Ra 64
Habichen 14 Lf 65
Habigen 24 Lc 66
Habruck 10 Qc 58
Habruck 9 Pb 58
Habsburghaus 11 Qe 62
Hackenbuch 7 Nf 60
Hackendorf 8 Oe 58
Hackerberg 21 Ra 65
Hacklbrunn 3 Pd 57
Hackstock 3 Pe 58
Haderlehn 14 Lf 65
Hadermarkt 7 Ne 60
Hadersdorf 11 Rb 59
Hadersdorf am Kamp **3493** 5 Qe 58
Hadersfeld 11 Rb 59
Haderswörth 11 Rb 62
Hadres **2061** HL 5 Ra 56
Hägerau 14 Lb 65
Häring, Bad **6323** KU 16 Na 63
Häselgehr **6651** RE 14 Lc 65
Häuselalm 20 Qa 63
Häuslalm 17 Oa 64
Häusleralmhütte 28 Oa 67
Häusling 10 Qc 59
Häusling 26 Mf 66
Hafeichtalm 18 Oc 65
Hafendorf 30 Pd 69
Hafnerbach **3385** PL 10 Qc 59
Hafnerberg 11 Qd 60
Hafnerberg 11 Qf 61
Hafning 21 Ra 63
Hafning bei Trofaiach **8793** LN 20 Pf 64
Hagauer 20 Pf 62
Hagelhütte 15 Md 64
Hagenau 7 Oa 59
Hagenbach 20 Pf 64
Hagenberg 6 Rc 57
Hagenberg im Mühlkreis **4232** FR 9 Pd 58
Hagenbrunn **2102** KO 12 Rc 59
Hagendorf 6 Rc 57
Hagener Hütte 28 Oa 66
Hagensdorf im Burgenland 22 Rc 67
Hagenwirt (Gasthaus) 15 Md 63
Haggen 15 Ma 65
Hahnenbühel (Gasthaus) 21 Qe 63
Hahnhütte 29 Pa 67
Haibach im Mühlkreis **4204** UU 9 Pc 58
Haibach ob der Donau **4083** EF 8 Of 58
Haid **4053** 9 Pb 59
Haid 10 Pf 58
Haid 4 Pf 57
Haideggendorf 21 Ra 64
Haidenbach 29 Of 68
Haidershofen **4431** AM 9 Pc 60
Haidhof 11 Ra 61
Haidhof-Siedlung 11 Rb 61
Haiding 8 Of 59
Haidkirchen 30 Pc 68
Haigermoos **5120** BR 7 Nf 60
Haimburg **9111** 30 Pd 68
Haiming **6425** IM 14 Le 65
Haimschlag 4 Qb 56
Hainbach 10 Qc 61
Hainbach 8 Od 61
Hainberg 10 Qc 60
Hainbuch 9 Pc 60
Hainburg an der Donau **2410** BL 12 Rf 60
Haindorf 5 Qe 58
Haindorf, Markersdorf- **3385** PL 10 Qc 60
Hainersdorf **8264** FF 21 Qf 66
Hainfeld **3170** LF 11 Qe 60
Hainfeld bei Fürstenfeld 21 Qf 66
Hainsdorf-Brunnsee 31 Qe 68
Hainsdorf im Schwarzautal **8421** LB 31 Qd 68
Hainstetten 10 Pf 60
Hainzenberg **6280** SZ 16 Mf 65
Hainzl 19 Pb 64
Hainzlalm 19 Pb 65
Hainzleralm 20 Qa 63
Hairlach 25 Le 66
Haitzendorf, Etsdorf- **3485** KR 5 Qe 58
Haitzmann 9 Pe 62
Haizing 8 Of 58
Halbarting 9 Pb 60
Halbenrain **8492** RA 32 Qf 68
Halbturn **7131** ND 12 Rf 61
Haldensee 14 Ld 64
Halder 29 Pa 68
Hall **8911** LI 19 Pc 63
Hall, Bad **4540** SE 9 Pb 60
Hallein **5400** HA 17 Oa 62
Halleiner Hütte 17 Ob 62
Hallenstein 17 Ne 63
Hallerangeralm 15 Mc 64
Hallerangerhaus 15 Mc 64
Hallerndorf 16 Nb 64
Hallinger 19 Of 66
Hall in Tirol **6060** IL 15 Md 65
Hallstatt **4830** GM 18 Od 63
Halltal **6380** BM 15 Mc 65
Hallwang **5101** SL 7 Oa 61
Halm (Gasthaus) 31 Qa 68
Halt 21 Qe 65
Haltbergerhof 11 Qf 62
Halterhütte 18 Oe 64
Hammer 22 Rc 64
Hammer (Gasthaus) 10 Pf 62
Hammer (Gasthaus) 18 Oc 65
Hammerl 30 Pc 66
Hammerschmiedberg 9 Pd 58
Hanauer Hütte 14 Ld 65
Handenberg **5144** BR 7 Nf 60
Haneburger 15 Md 65
Hanfthal 5 Rc 57
Hanging 2 Oe 57
Hannebauer 29 Of 67
Hannersdorf **7473** OW 22 Rc 65
Hannoverhaus 28 Ob 66
Hansl im Reith 21 Qe 64
Hans-Wödl-Hütte 18 Oe 64
Harbach **3970** GD 3 Pe 56
Harbach 10 Qb 60
Harbach 17 Oa 65
Harbach 9 Pb 59
Hard **6971** B 13 Ke 63
Hardegg **2082** HL 5 Qf 56
Hargelsberg **4483** LL 9 Pc 60
Harham 17 Ne 64
Haringsee **2286** GF 12 Re 60
Harlach 31 Qb 68
Harland 11 Qd 60
Harmannsdorf **2111** KO 6 Rc 58
Harmannsdorf **3713** 5 Qe 57
Harmannstadt 4 Pf 57
Harmanschlag 3 Pe 57
Harmisch 22 Rc 66
Harrachstal 3 Pe 58
Harrau 4 Qc 58
Harruck 4 Pf 57
Hart 10 Pf 60
Hart 20 Pe 65
Hart 29 Pa 68
Hart 5 Qd 56
Hart bei Graz **8042** GU 21 Qc 66
Hartberg **8230** HB 21 Qf 65
Hartenberg 32 Ra 67
Harterding 7 Ob 59
Hartheim 9 Pa 59
Hart im Zillertal **6263** SZ 16 Mf 64
Hartkirchen **4081** 8 Of 58
Hartl **8224** HB 21 Qf 66
Hartlamalm 18 Of 66
Hartmannsdorf 30 Pc 67
Haruckstein 10 Pf 58
Haschendorf 12 Rb 61
Haschendorf 22 Rd 63
Hasel 19 Pa 62
Haselbach 16 Mf 65
Haselbach 4 Pf 58
Haselbach 5 Rb 58
Haselbach 7 Oa 59
Haselbach 8 Of 58
Haselbach-Buchegg 21 Qd 66
Haselreith 7 Oa 60
Haselsdorf 31 Qb 67
Hasendorf 11 Qe 59
Hasendorf an der Mur 31 Qd 68
Hasendorf im Burgenland 22 Rb 66
Hasenriegel (Gasthaus) 11 Qf 60
Hasenufer 9 Pb 59
Haslach 15 Ma 65
Haslach 16 Nc 64
Haslach 17 Oa 62
Haslach 27 Nd 67
Haslach 5 Rb 57
Haslach 9 Pd 58
Haslach an der Mühl **4170** RO 2-3 Pa 57
Haslau 10 Qa 59
Haslau 16 Na 64
Haslau 4 Qa 56
Haslau 8 Oc 61
Haslau bei Birkfeld **8190** WZ 21 Qd 64
Haslau-Maria Ellend **2402** BL 12 Re 60
Hasreith 31 Qb 68
Haßbach 21 Ra 63
Haswaalm 19 Of 65
Hattendorf 30 Pe 68
Hatting 15 Ma 65
Hattmannsdorf 21 Ra 64
Hatzenbach 5 Rb 58
Haufenreith 21 Qd 65
Haugschlag **3874** GD 4 Qa 55
Haugsdorf **2054** HL 5 Ra 56
Hauning 16 Nb 63
Haunoldstein **3384** PL 10 Qc 60
Haus **8967** LI 18 Oe 64
Haus 16 Mf 64
Haus 16 Na 64
Hausbach 4 Pf 58
Hausbach 4 Qb 56
Hausbach 9 Pb 61
Hausbrunn **2154** MI 6 Re 57
Hausdorf 20 Qb 66
Hausdorf 30 Pb 67
Hausebner 20 Qc 65
Hausergasse 17 Nd 63
Hausheim 11 Qd 59
Hausleiten **3464** KO 5 Ra 58
Hausleiten 9 Pc 60
Hausmann 9 Pc 61
Hausmannstätten **8071** GU 31 Qc 67
Hausmening **3363** 9 Pe 60
Hautzendorf 6 Rc 58
Haxenmühle (Gasthaus) 11 Qe 60
Hebalpe (Gasthaus) 30 Pf 67
Hehenberg 8 Oe 59
Heiden 29 Pa 66
Heidenreichstein **3860** GD 4 Qa 55
Heidenreichstein, Reinberg- 4 Qb 55
Heidnische Kirche (Gasthaus) 17 Ne 66
Heiligenbach-A. 29 Oe 67
Heiligenberg **4730** GR 8 Oe 58
Heiligenblut **9844** SP 28 Ne 66
Heiligenblut 10 Qb 59
Heiligenbrunn **7522** GS 22 Rc 67
Heiligeneich 11 Qf 59
Heiligengeist 29 Oe 69
Heiligenkreuz **2532** 11 Ra 60
Heiligenkreuz 9 Pa 60
Heiligenkreuz am Waasen **8081** LB 31 Qd 67
Heiligenkreuz im Lafnitztal **7561** JE 22 Rb 67
Heiligenstadt 7 Ob 60
Heiligkreuz 25 Lf 67
Heimbautal 11 Ra 60
Heimschuh **8451** LB 31 Qc 68
Heinerachalpe 25 Lf 66
Heinfels **9920** LZ 27 Nc 68
Heinigstetten 11 Qd 59
Heinreichs 4 Qa 56
Heinrich-Hueter-Hütte 24 Ke 66
Heinrichs 4 Pf 57
Heinrichs bei Weitra **3962** 4 Pe 56
Heinrichsberg 10 Qc 60
Heinrichschlag 3 Pd 57
Heinrich-Schweiger-Haus 17 Ne 66
Heinrichsdorf 5 Qe 56
Heinrichsreith 5 Qd 55
Heising 27 Nb 66
Heiterwandhütte 14 Le 65
Heiterwang **6611** RE 14 Le 64
Heitzing 8 Od 58
Heitzles 4 Qb 58
Helfbrunn 32 Qe 68
Helfenberg **4184** RO 2-3 Pa 57
Helfens 6 Rc 58
Helfenstein 16 Mf 64
Hellmonsödt **4202** UU 9 Pb 58
Helmahof 12 Rd 59
Helpersdorf 9 Pa 61
Helpfau-Uttendorf **5261** BR 7 Oa 60
Hemerach 29 Od 66
Hemerwaldalpe 15 Lf 65
Henaralm 18 Of 62
Hendorf (Gasthaus) 10 Qb 60
Hengsberg **8411** LB 31 Qc 67
Hengsthütte 11 Qf 62
Henndorf 10 Pf 58
Henndorf am Wallersee **5302** SL 7 Ob 61
Henndorf im Burgenland 21 Ra 67
Hennersdorf **2332** MD 12 Rc 60
Henzing 11 Qf 59
Herbersdorf 31 Qb 67
Herbstheim 7 Ob 59
Herbstmühle 31 Qa 68
Hermading 7 Oa 59
Hermagor-Pressegger See **9620** HE 28 Ob 69
Hermann-von-Barth-Hütte 14 Lc 65
Hernals 12 Rc 59
Hernstein **2560** BN 11 Ra 61
Herrenhaus (Gasthaus) 10 Qb 62
Herrgottschnitzerhütte 21 Qf 63
Herrnalm 21 Qd 64
Herrnbaumgarten **2171** MI 6 Re 57
Herrnberg 21 Qf 66
Herrnleis 6 Rc 58
Herteralmhütte 31 Qa 68
Herzogbirbaum 5 Rb 58
Herzogenburg **3130** PL 11 Qe 59
Herzograd 9 Pc 60
Herzogreith 9 Pd 58
Herzogsdorf **4175** UU 8-9 Pa 58
Hessendorf 10 Qc 59
Hessendorf 5 Qe 56
Heßhütte 19 Pd 63
Hetzendorf 19 Pd 65
Hetzmannsdorf 5 Ra 57
Hetzmannsdorf 6 Rc 58
Heuberg 11 Qe 60
Heufurth 5 Qe 56
Heugraben 11 Qe 60
Heugraben 21 Ra 66
Heutal 17 Nd 63
Hieflau **8920** LN 19 Pe 63
Hienhartalm 20 Pe 63
Hiesbach 10 Pe 60
Hieselegg (Gasthaus) 20 Qa 64
Hietzing 11 Rb 60
Hildesheimer Hütte 25 Ma 67
Hilkering 8 Of 58
Hilpersdorf 11 Qe 59
Hilpersdorf 28 Oc 67
Himberg **2325** WU 12 Rc 60
Himmelberg **9562** FE 29 Pa 68
Himmelpforthütte 18 Oc 62
Hinteraigen 8 Of 58
Hinteralmhütte 10 Qc 62
Hinterbärenbad 16 Nb 63
Hinterberg 16 Mf 63
Hinterberg 16 Nc 63
Hinterberg 18 Oc 63
Hinterberg 20 Qb 63
Hinterberg 20 Qb 65
Hinterbichl 27 Nb 66
Hinterbrühl **2371** MD 11 Rb 60
Hintere-Buchholzerhütte 29 Oe 68
Hinterecker 20 Qa 64
Hinteregg 19 Pb 63
Hinteregg 19 Pb 65
Hinteregg 27 Nc 66
Hintere Lignitzalmen 18 Oe 65
Hintere Ödalm 17 Nd 66
Hintere Reuthe 13 Kf 64
Hintere Tannbergau 19 Pa 62
Hintere Tarrentonalpe 14 Le 65
Hintere Weißau-A. 16 Me 63
Hintergföll 17 Nd 63
Hinterglemm ZE **5754** 17 Nd 64
Hintergöriach 18 Oe 65
Hintergreit 25 Ld 67
Hinterhof 20 Qb 65
Hinterholz 8 Ob 59
Hinterhornbach **6600** RE 14 Lc 64
Hinterkleinarl 18 Ob 65
Hinterkobl 24 Lc 67
Hinterkönigschlag 3 Pc 57
Hinterkrimml 16 Na 65
Hinterlaufnitz 20 Qb 65
Hinterleiten 10 Qa 59
Hinterm-Brunn-Alm 28 Ob 68
Hintermoos 17 Nf 64
Hinternebelberg 2 Of 57
Hinterriß 15 Mc 64
Hintersberg 21 Qf 64
Hintersdorf **3413** 11 Rb 59
Hintersee **5324** SL 18 Ob 62
Hinterstein 16 Nb 63
Hintersteiner Alm 19 Pb 63
Hinterstoder **4573** KI 19 Pa 62
Hintertal 17 Nf 64
Hinterthal 20 Pf 65
Hinterthiersee **6335** 16 Na 63
Hintertux 26 Md 66
Hinterweißenbach 3 Pb 57
Hinterwildalpen 20 Pf 63
Hinterwinkl 29 Of 68
Hipfelhütte 30 Pf 68
Hippach **6283** 16 Mf 65
Hippersdorf 5 Qf 58
Hipples 6 Rc 58
Hirm-Antau **7024** MA 12 Rc 62
Hirnbink 21 Qc 64
Hirnsdorf **8221** WZ 21 Qe 66
Hirschau 13 Kf 64
Hirschau 3 Pe 57
Hirschbach **3942** 4 Qa 56
Hirschbach 21 Qd 63
Hirschbach im Mühlkreis **4242** FR 9 Pc 58
Hirschbichl 17 Ne 63
Hirschegg **6992** 13 La 64
Hirschegg **8584** VO 30 Pf 66
Hirschenschlag 4 Qa 55
Hirschenstein 3 Pe 57
Hirschenwies 3 Pe 57
Hirschstein 29 Pa 67
Hirschwang an der Rax 11 Qe 62
Hirt 30 Pc 67
Hittisau **6952** B 13 Kf 64
Hitzendorf **8151** GU 20 Qb 66
Hochälpelehütte 13 Ke 64
Hochalm 17 Nf 65
Hochalm 20 Qa 63
Hochalmblick 28 Oa 66
Hochart 21 Ra 64
Hochbrunn 16 Nc 64
Hochbundschuh 20 Pf 66
Hochburg 7 Nf 60
Hochburg-Ach **5122** BR 7 Nf 60
Hocheck 8 Oc 60
Hocheck (Gasthaus) 20 Qb 66
Hochegg 19 Pb 65
Hochegg 21 Ra 63
Hochegg 31 Qd 67
Hochenegg 21 Qe 66
Hochfeistritz 30 Pd 68
Hochfilzen **6395** KB 17 Nd 64
Hochfügen 16 Me 65
Hochgallmig 25 Ld 66
Hochgschaid 11 Qe 60
Hochgurgl 25 Ma 67
Hochjochhospiz 25 Le 67
Hochkarhaus 20 Pf 62
Hochkeilhütte 17 Oa 64
Hochkolber 16 Mf 64
Hoch-Kramml 2 Of 57
Hochkrumbach 13 La 65
Hochleckenhaus 8 Od 62
Hochleger Hütte 15 Ma 65
Hochleiten 17 Nd 65
Hochleithen **2123** MI 6 Rd 58
Hochlenzen 19 Pa 65
Hochmölbinghütte 19 Pa 63
Hochmühleck 18 Oe 64
Hochneukirchen-Gschaidt **2852** WB 21 Rb 64
Hochosterwitz 30 Pc 68
Hochreichart-Schutzhaus 19 Pe 64
Hochrieß 10 Qa 60
Hochrindlhütte 29 Of 67
Hochrotherd 11 Ra 60
Hochscheibenalm 19 Pd 63
Hochschneeberg 11 Qe 62
Hochschober Hütte 27 Nd 67
Hochschwarza 19 Pa 65
Hochseeberg 9 Pe 61
Hochsöldenhütte 25 Lf 67
Hochstadelhaus 28 Nf 68
Hochsteinhütte 27 Nd 68
Hochstögenalm 15 Me 63
Hochstraß 11 Qf 60
Hochstraß 22 Rc 64
Hochstraß 9 Pd 59
Hochstubaihütte 25 Ma 67
Hochteger 16 Me 65
Hochtristenhütte 28 Oa 68
Hochwald 25 Lf 67
Hochweißsteinhaus 27 Ne 69
Hochwildehütte 25 Lf 68
Hochwolkersdorf **2802** WB 21 Rb 63
Hochzeigerhaus 25 Le 66
Höbach 19 Pa 62
Höbenbach 11 Qd 59
Höbersbrunn 6 Rd 58
Höbersdorf 5 Ra 58
Höch, Sankt Andrä- **8444** LB 31 Qc 68
Höchst **6973** B 13 Kd 64
Höcken 8 Ob 60
Hödl 11 Qf 62

Höfen **6600** RE 14 Le 64
Höflach 32 Qf 67
Höfle 13 La 64
Höflein **2465** BL 12 Re 60
Höflein **3421** 11 Rb 59
Höfnerhaus 11 Qf 61
Höf-Präbach **8063** GU 21 Qd 66
Höft 8 Oe 60
Höggen 18 Oc 64
Höhenberg 4 Pf 56
Höhnhart **5251** BR 7 Ob 60
Höhwirt (Gasthaus) 21 Rb 64
Höll 22 Rc 66
Hölle 12 Re 62
Hölle (Gasthaus) 11 Qe 61
Höllenstein 16 Me 64
Höllensteinhütte 26 Me 66
Hölles, Matzendorf- **2751** WB 11 Rb 61
Hölltalstube 8 Od 61
Hönigsberg 21 Qd 63
Hönigthal 21 Qd 66
Höplihütte 18 Oc 62
Höpperg 14 Lf 65
Hörbach 8 Oe 60
Hörbich **4132** RO 8 Of 58
Hörbranz **6912** B 13 Ke 63
Hörbrunn 16 Na 64
Hörersdorf 6 Rd 57
Hörgas 20 Qb 66
Hörgattern 8 Od 61
Höring 7 Oa 60
Hörleinsödt 2-3 Pa 57
Hörmanns 4 Qb 57
Hörmanns bei Litschau 4 Qa 55
Hörmanns bei Weitra 4 Pf 56
Hörmannsreit 17 Ob 62
Hörmsdorf 31 Qb 68
Hörnbach 9 Pe 59
Hörsching **4063** LL 9 Pa 59
Hörstorf 8 Of 59
Hörstorf 9 Pe 60
Hörtendorf 30 Pc 69
Hörtleben 19 Pb 64
Hörtling 10 Pf 60
Hörweix 4 Qa 57
Hörzendorf 30 Pb 68
Höschbauerwirt (Gasthaus) 11 Qe 62
Hößhaus 19 Pa 63
Hötzelsdorf **3753** 5 Qd 56
Hof 10 Pf 62
Hof 13 Kf 64
Hof 14 Lf 64
Hof 16 Me 64
Hof 16 Nb 64
Hof 17 Nf 64
Hof 18 Ob 64
Hof 20 Pf 65
Hof 27 Nc 67
Hof 30 Pe 69
Hofalm 19 Pd 65
Hofalm 20 Qc 63
Hof am Leithagebirge **2451** BL 12 Rd 61
Hof bei Salzburg **5322** SL 7 Ob 62
Hof bei Straden **8345** RA 32 Qf 68
Hoferalm 18 Od 64
Hoferhütte 29 Od 67
Hofern 5 Qf 56
Hofgastein, Bad **5630** JO 17 Oa 66
Hofgasteiner Haus 17 Oa 66
Hofhütte 20 Pe 66
Hofkirchen an der Trattnach **4716** GR 8 Oe 59
Hofkirchen bei Hartberg **8224** HB 21 Qe 65
Hofkirchen im Mühlkreis **4142** RO 8 Oe 58
Hofkirchen im Traunkreis **4492** LL 9 Pc 60
Hofmanning 18 Of 64
Hofmannshaus 27 Ne 66
Hofpürglhütte 18 Oc 64
Hofstätten 21 Qe 64
Hofstätten an der Raab **8200** WZ 21 Qe 66
Hofstätten bei Deutsch-Goritz 32 Qe 68
Hofstall 10 Qa 61
Hofstatt 22 Rd 64
Hofstetten **3202** 10 Qc 60
Hofweiden 7 Ne 60
Hogmann, Wirtshaus 4 Qc 57
Hohe Geige 25 Lf 66
Hohe Knallhütte 18 Od 63
Hohenau 4 Qb 55
Hohenau an der March **2273** GF 6 Rf 57
Hohenau an der Raab **8162** WZ 21 Qd 65
Hohenberg **3192** LF 11 Qd 61
Hohenberg 19 Pa 63
Hohenbrugg 21 Qf 66
Hohenbrugg-Weinberg **8350** FB 32 Ra 67
Hoheneck 14 Le 65
Hoheneich **3945** GD 4 Qa 56
Hohenems **6845** DO 13 Ke 64
Hohenfeld 31 Qa 67
Hohenilz 21 Qe 65
Hohenkendl (Gasthaus) 16 Nc 63
Hohenlehen 9 Pe 61
Hohenruppersdorf **2223** GF 6 Rd 58
Hohenschlag 2 Of 57
Hohensteg 9 Pd 59
Hohentauern **8785** JU 19 Pc 64
Hohenthurn **9613** VL 29 Od 69
Hohenwarth 4 Qc 55
Hohenwarth-Mühlbach am Manhartsberg **3472** HL 5 Qe 58
Hohenweiler **6914** B 13 Ke 63
Hohenzell **4921** RI 8 Od 59
Hohenzollernhaus 25 Ld 67
Hohe Scharten Alm 18 Od 63
Holdernach 16 Mf 64
Hollabrunn **2020** HL 5 Ra 57
Hollabrunn 21 Ra 63
Hollbruck 27 Nc 68
Hollegg 20 Qc 65
Hollenbach 4 Qc 56
Hollenburg **3506** 11 Qe 58
Hollenstein 4 Qa 56
Hollenstein 5 Qf 57
Hollenstein an der Ybbs **3343** AM 9 Pe 62
Hollenthon **2812** WB 21 Rb 63
Hollenzen 16 Mf 65
Hollersbach im Pinzgau **5731** ZE 16 Nc 65
Hollersberg 30 Pc 67
Hollhaus 18 Of 63
Holz 9 Pc 60
Holzalm 16 Mf 64
Holzgau **6654** RE 14 Lb 65
Holzhamm 16 Nb 64
Holzhausen **4614** WL 9 Pa 59
Holzhausen 7 Nf 60
Holzleithen 14 Lf 65
Holzleithen 9 Pd 59
Holzmeister 19 Pc 66
Holzmeister 21 Qc 65
Holzmeisteralm 18 Oc 63
Holzöster 7 Nf 60
Holzschlag 22 Rb 64
Holzschlag (Gasthaus) 2 Of 56
Homeliše = Homölisch 30 Pc 70
Homölisch 30 Pc 70
Hopfau 21 Qf 65
Hopfgarten im Brixental **6361** KB 16 Na 64
Hopfgarten in Defereggen **9961** LZ 27 Ne 67
Hopfing 9 Pb 62
Hopfreben Bad 13 La 65
Hopfriesen 18 Od 65
Horitschon **7312** OP 22 Rd 63
Horn **3580** HO 5 Qd 57
Hornberg 14 Ld 64
Hornsburg 6 Rc 58
Hornstein **7053** EU 12 Rc 61
Hoyer (Gasthaus) 20 Qa 65
Hub 8 Ob 59
Hubberg 10 Pf 61
Huben **9953** 27 Nd 67
Huben 25 Lf 66
Huber (Gasthaus) 20 Qb 64
Huber Berggasthaus 18 Oc 63
Hubertus 15 Md 65
Hubertushof (Gasthaus) 10 Qb 62
Hubertushof, Hotel 20 Qc 63
Hubertuskapelle 28 Ne 69
Hühnerkaralm 18 Ob 66
Hühnersberg 28 Oc 67
Hürm **3383** 10 Qc 60
Hürth 32 Qf 68
Hütt 31 Qd 68
Hüttau **5511** 18 Ob 64
Hütte 16 Nc 63
Hütte 16 Nc 64
Hütte 17 Nd 64
Hütten 17 Ne 64
Hüttenberg **9375** SV 30 Pd 67
Hüttendorf 29 Oe 69
Hüttendorn 6 Rd 57
Hüttenedt 8 Oc 61
Hüttenstein 18 Oc 62
Hüttererböden Hütte 19 Pa 63
Hüttgrabenhäusl (Gasthaus) 10 Pe 62
Hüttschlag **5612** JO 18 Ob 66
Huggenbergalm 17 Ne 64
Hugo-Gerbers-Hütte 28 Nf 68
Humertsham 7 Oa 60
Hummenberg 2 Of 57
Hummersdorf 17 Ne 65
Hummersdorf 32 Qf 68
Humtschach 30 Pe 68
Hundsalm 17 Ne 63
Hundsdorf 17 Ne 65
Hundsdorf 17 Nf 65
Hundsdorf 17 Oa 66
Hundsdorf 29 Pa 67
Hundsdorf 29 Pa 69
Hundsham 8 Of 59
Hundsheim **2405** BL 12 Rf 60
Hundsheim 10 Qd 58
Hutmannhaus 29 Oe 67
Hutterer (Gasthaus) 20 Qb 64
Hutterhütte 20 Qb 65
Hygna 16 Mf 64

I

Ibaualpe 24 La 66
Ibm 7 Nf 60
Idalpe 24 Lb 67
Idolsberg **3544** 4 Qc 57
Ifang 8 Oc 61
Igelsberg 17 Ne 64
Iglbach 8-9 Pa 58
Igls **6080** 15 Mc 65
Ignaz-Mattis-Hütte 18 Od 65
Illingeralm 18 Ob 62
Illitsch 29 Oe 69
Illmanns 4 Qa 55
Illmau 4 Qb 55
Illmitz **7142** ND 12 Re 62
Illmitzen 30 Pf 69
Ilz **8262** FF 21 Qf 66
Ilzbach 21 Qe 66
Imbach 5 Qd 58
Im Gries (Gasthaus) 11 Qe 61
Imlau 17 Oa 64
Immendorf **2022** 5 Ra 57
Imming 16 Mf 64
Imolkam 8 Ob 59
Imst **6460** IM 14 Le 65
Imsterau 14 Le 65
Imsterberg **6491** IM 14 Le 65
In der Au (Gasthaus) 26 Mf 66
In der Kreh (Gasthaus) 8 Oe 61
In der Sag 18 Od 62
Ingering 19 Pd 65
Ingolstädter Haus 17 Nf 63
Ingolsthal 29 Pb 67
Inkersdorf 5 Qf 58
Innenschlag 2-3 Pa 57
Inneralpbach 16 Mf 64
Innerberg 24 Kf 66
Innerbraz **6751** BZ 24 Kf 66
Innere Einöde 29 Oe 68
Innere Großrotte 27 Nb 67
Innerfragant 28 Oa 67
Innergeschlöß 27 Nc 66
Innerkrems 29 Oe 67
Innerlaterns 13 Ke 65
Innermanzing, Neustift- **3052** PL 11 Qf 60
Innerneualm 18 Of 65
Innernöring 29 Od 67
Innernsee 8 Oe 59
Innerochsendorf 10 Pf 60
Innerroh 8 Of 60
Innerst (Gasthaus) 15 Md 65
Innertreffling 9 Pc 59
Innervals 26 Md 66
Innervillgraten **9932** LZ 27 Nc 68
Innerwald 24 La 66
Innerzwain (Gasthaus) 20 Qa 63
Inning 10 Qc 60
Innsbruck **6020** I 15 Mc 65
Innsbrucker Hütte 26 Mb 66
In Santen 9 Pb 62
Inzell 8 Of 58
Inzenhof 22 Rb 67
Inzersdorf 11 Rb 60
Inzersdorf-Getzersdorf **3131** PL 11 Qd 59
Inzersdorf im Kremstal **4560** KI 9 Pa 61
Inzing **6401** IL 15 Mb 65
Inzinger Alpe 15 Ma 65
Irdning **8952** LI 19 Pa 64
Irnfritz **3754** HO 4 Qd 56
Irnharting 8 Of 60
Irrsdorf 8 Ob 61
Irschen **9773** SP 28 Nf 68
Ischgl **6561** LA 24 Lb 66
Ischl, Bad **4820** GM 18 Od 62
Ischlerhütt 18 Oe 62
Iselsberg-Stronach **9991** LZ 28 Ne 68
Issalm 16 Na 65
Itonsalpe 24 Kf 66
Ittensberg 13 Kf 64
Itterdörfl 16 Na 64

J

Jabing 22 Rb 65
Jadersdorf 28 Ob 69
Jadorf 17 Oa 63
Jägerwirt (Gasthaus) 18 Ob 63
Jägerwirt (Gasthaus) 20 Pf 66
Jägerwirt (Gasthaus) 29 Of 67
Jägerwirt (Gasthaus) 31 Qa 67
Jagdhausalm 27 Na 67
Jagenbach **3923** 4 Qa 57
Jagerberg **8091** FB 31 Qe 68
Jagereck 16 Nc 63
Jahrings 4 Qa 57
Jaidhof **3542** KR 4 Qc 58
Jakling 30 Pe 68
Jakobsberg 30 Pc 66
Jamm 32 Qf 68
Jamnighütte 28 Oa 67
Jamtalhütte 24 La 67
Japons **3763** HO 4 Qd 56
Jarolden 4 Qb 55
Jasen 20 Qc 66
Jasnitz 20 Qc 64
Jauchsdorf 7 Nf 61
Jaudling 4 Qb 56
Jauernig 29 Pa 67
Jaunstein 30 Pd 69
Jauring 20 Qb 63
Jedenspeigen **2264** GF 6 Rf 58
Jedl 18 Oc 66
Jeging **5222** BR 7 Oa 60
Jeitendorf 4 Qb 58
Jenbach **6200** SZ 16 Me 64
Jenig **9631** 28 Ob 69
Jennersdorf **8380** JE 32 Ra 67
Jerzens **6460** IM 25 Le 66
Jesachalm 27 Nb 67
Jettsdorf 5 Qe 58
Jetzelsdorf **2053** 5 Ra 56
Jeutendorf 11 Qe 59
Joachimsthal 3 Pe 57
Jobst 21 Qf 66
Jochalm 28 Oa 69
Jochberg **6373** KB 16 Nc 64
Jochbergwald 16 Nc 65
Jochhütte 25 Le 66
Joching 10 Qc 58
Jochling 8 Od 60
Jöß 31 Qc 68
Johannesberg 11 Qf 59
Johann in Tirol 16 Nc 63
Johannishütte 27 Nb 66
Johnsbach **8912** LI 19 Pd 63
Johnsdorf-Brunn **8350** FB 32 Qf 67
Jois **7093** ND 12 Re 61
Jormannsdorf 21 Rb 65
Josefsberg 10 Qb 62
Josefsthal 4 Qa 55
Judenau **3441** TU 11 Qf 59
Judenburg **8750** JU 19 Pd 66
Judenburger Hütte 19 Pd 66
Judendorf 30 Pc 67
Judenstein 15 Md 65
Jürgbauer 20 Pe 65
Jufenalm 17 Nf 64
Juifenau 15 Ma 65
Julbach **4162** RO 2 Of 57
Jungholz **6691** RE 14 Lc 63
Junsberg 26 Me 66
Jura 11 Qf 61

K

Kachlberg 20 Qb 66
Kadolz, Seefeld- **2062** HL 5 Rb 56
Kälberhart 10 Qc 60
Kagran 12 Rc 59
Kahralm 18 Ob 63
Kaibing **8222** HB 21 Qe 66
Kaibling-Bergheim (Gasthaus) 18 Oe 64
Kainach 31 Qc 67
Kainach bei Voitsberg **8573** VO 20 Qa 66
Kainbach **8010** GU 21 Qc 66
Kaindl-Hütte 16 Nb 63
Kaindorf **8224** 21 Qf 65
Kaindorf an der Sulm **8430** LB 31 Qc 68
Kainisch, Pichl **8984** LI 18 Oe 63
Kainraith 5 Qe 56
Kainraths 4 Qb 56
Kainrathschlag 4 Pf 57
Kainz 19 Pc 64
Kaiser 20 Qb 65
Kaiserbrunn (Gasthaus) 11 Qe 62
Kaiserebersdorf 12 Rc 60
Kaiserhaus 16 Mf 63
Kaiserjochhütte 14 Lb 65
Kaisers 14 Lb 65
Kaisers 25 Lf 67
Kaisersberg 20 Pf 65
Kaisersdorf **7342** OP 22 Rc 63
Kaisersteinbruch 12 Re 61
Kaisertal-Hütte 16 Nb 63
Kaiser Tauernhaus 27 Nd 66
Kaiserwacht 15 Md 63
Kajetansbrücke 25 Ld 67
Kalch 20 Qc 63
Kalkgruben 22 Rc 63
Kalksbrunn 11 Rb 60
Kalkstein 27 Nb 68
Kalladorf 5 Ra 57
Kallham **4720** GR 8 Oe 59
Kals am Großglockner **9981** LZ 27 Nd 67
Kalsdorf bei Graz **8401** GU 31 Qc 67
Kals-Matreier Törl 27 Nd 67
Kalte Kuchel (Gasthaus) 11 Qd 61
Kaltenbach **6272** SZ 16 Mf 65
Kaltenberg 21 Ra 63
Kaltenberg 9 Pd 58
Kaltenberghütte 24 La 66
Kaltenbrunn 25 Le 66
Kaltenbrunn 4 Qb 58
Kaltenleutgeben **2391** MD 11 Ra 60
Kaltenwirt 25 Ld 67
Kaltherberg 19 Of 65
Kaltwasser 29 Of 66
Kaltwiesen (Gasthaus) 21 Qf 64
Kalwang **8775** LN 20 Pe 64
Kamering 29 Od 68
Kammer 5 Qe 58
Kammerhof 10 Qd 60
Kammerland 15 Mb 65
Kammern im Liesingtal **8773** LN 20 Pf 64
Kammersdorf, Nappersdorf- **2033** HL 5 Rb 57
Kamp 30 Pf 67
Kamp 4 Pf 58
Kamp 5 Qe 58
Kampertal 19 Pc 62
Kandler Haus 10 Qc 61
Kaning 29 Oe 68
Kanlehen 10 Pf 62
Kanning 9 Pd 60
Kantnig 29 Of 69
Kanzelhöhe 29 Of 69
Kapellen **8691** MZ 21 Qd 63
Kapelln **3141** PL 11 Qe 59
Kapfenberg **8605** BM 20 Qb 64
Kapfenstein **8353** FB 32 Qf 67
Kapfing 16 Mf 65
Kapitel 20 Qa 65
Kappel am Krappfeld **9321** SV 30 Pc 68
Kappel an der Drau 30 Pb 69
Kappellerfeld 12 Rc 59
Kappern 9 Pa 59
Kappl **6555** LA 24 Lc 66
Kappl 14 Lc 63
Kaprun **5710** ZE 17 Ne 65
Karalm 17 Nf 65
Karalm 17 Oa 65
Karalm 26 Mb 66
Karawankenblick 30 Pd 68
Karbach 32 Qf 68
Kareckhaus (Gasthaus) 29 Od 66
Karl 22 Rb 64
Karla 32 Qf 68
Karlbad (Gasthaus) 29 Oe 67
Karlesbodenhütte 14 Lc 64
Karlgraben 21 Qd 63
Karl-Ludwig-Haus 21 Qe 63
Karlsbach 10 Qa 60
Karlsbach 2 Oe 57
Karlsbader Hütte 28 Ne 68
Karlsberg 30 Pb 68
Karlsdorf bei Ilz 21 Qf 66
Karlsteg (Gasthaus) 26 Me 66
Karlstein an der Thaya **3822** WT 4 Qc 55
Karlstetten **3121** PL 11 Qd 59
Karlstift **3973** 3 Pe 57
Karnabrunn **2113** 6 Rc 58
Karnberg 30 Pb 68
Karnburg 30 Pb 69
Karneralm (Gasthaus) 29 Oe 67
Karnerwirt (Gasthaus) 31 Qc 68
Karnerwirth (Gasthaus) 11 Qf 61
Karres 14 Le 65
Karreser Alpe 14 Le 65
Karrösten 14 Le 65
Kartellhütte 24 Lb 66
Kartitsch **9941** 27 Nc 68
Karwendelhaus 15 Mc 64
Kasern 26 Md 66
Kasernenhütten (Gasthaus) 5 Qd 57
Kasseler Hütte 26 Mf 66
Kasten 8 Ob 61
Kasten bei Böheimkirchen **3072** PL 11 Qe 60
Katalalpe 27 Nc 66
Kathal 19 Pd 66
Katrinalm 18 Od 62
Katsch, Frojach- **8842** MU 19 Pb 66
Katsdorf **4223** PE 9 Pc 59
Kattau 5 Qe 57
Kattowitzer Hütte 28 Oc 66
Katzbach 9 Pb 59
Katzelsdorf **2801** WB 11 Rb 62
Katzelsdorf 6 Re 56
Katzelsdorf am Wienerwald 11 Ra 59
Katzenberg 8 Ob 59
Kaufbeurer Haus 14 Lc 64
Kaufing 8 Oe 60
Kaufmann 28 Ne 67
Kaumberg **2572** LF 11 Qf 61
Kaunerberg **6522** LA 25 Le 66
Kaunergrathütte 25 Le 67
Kauns **6522** LA 25 Ld 66
Kaunzalm 16 Me 64
Kautendorf **2134** 6 Rc 57
Kautzen **3851** WT 4 Qb 55
Kavallar 28 Oc 68
Kefermarkt **4292** FR 9 Pd 58
Keferreuth 9 Pa 62
Kehlbach 17 Ne 64
Kehlegg 13 Kc 64
Kehrbach 10 Qa 59
Kelchsau 16 Na 64
Kellerberg 29 Oe 69
Kellerjochhütte 16 Me 65
Kelmen 14 Le 64
Kelzendorf 9 Pc 58
Kematen am Innbach **4633** GR 8 Of 60
Kematen an der Krems **4531** LL 9 Pa 60
Kematen an der Ybbs **3331** AM 9 Pe 60
Kematen in Tirol **6175** IL 15 Mb 65
Kemater Alpe 15 Mb 65
Kemating 7 Nf 61
Kemating 8 Oc 60
Kemating 8 Od 61
Kemeten **7531** OW 21 Ra 65
Kenading 8 Od 58
Kendlbruck 29 Of 66
Kendler 17 Oa 62
Kendlhofalm 17 Nf 65
Kendlötz 16 Nb 62
Kennelbach **6921** B 13 Ke 64
Kerer 20 Pf 64
Kernhof **3195** 10 Qd 62
Kernstockhütte 21 Qf 65
Kernstock-Warte (Gasthaus) 10 Qb 62
Kerschbaum 3 Pc 57
Kerschbaumeralm-Schützenhaus 27 Ne 68
Kerschdorf 29 Od 69
Kerschdorf 29 Pa 69
Kerschham 7 Oa 60
Kesselfall-Alpenhaus 17 Ne 65
Kettenreith 10 Qc 60
Kettlasbrunn **2192** 6 Rd 57
Ketzelsdorf 6 Rd 57
Keuschen (Gasthaus) 8 Ob 61
Keutschach am See **9074** KL 29 Pa 69
Khünburg 28 Oc 69
Kiblitz 5 Qf 58
Kickerlochhütte 20 Pe 66
Kicking 10 Qc 59
Kieler Wetterhaus 24 Lb 66
Kienberg **3291** 10 Qa 61
Kienberg 14 Lb 65
Kienberg 25 Le 66
Kienberg 4 Qc 57
Kienbigl (Gasthaus) 10 Qc 62
Kienegg 21 Ra 63
Kienklause (Gasthaus) 8 Od 61
Kienzen 14 Lc 63
Kierling 11 Rb 59
Kilb **3233** ME 10 Qc 60
Kimpling 8 Od 59
Kindberg **8650** MZ 20 Qc 64
Kindbergdörfl 20 Qc 64
Kindthal 20 Qc 64
Kirchau 21 Ra 63
Kirchbach **9632** HE 28 Oa 69
Kirchbach 2 Of 57
Kirchbach 4 Qa 57
Kirchbach in Steiermark **8082** FB 31 Qd 67
Kirchberg **3811** 4 Qc 56
Kirchberg 30 Pd 67
Kirchberg am Wagram **3470** TU 5 Qf 58
Kirchberg am Walde **3932** GD 4 Qa 56
Kirchberg am Wechsel **2880** NK 21 Qf 63
Kirchberg an der Pielach **3204** PL 10 Qc 61
Kirchberg an der Pielach 10 Qb 60
Kirchberg an der Raab **8324** FB 31 Qe 67
Kirchberg bei Mattighofen **5232** BR 7 Oa 60
Kirchberg in Tirol **6365** KB 16 Nb 64
Kirchberg ob der Donau **4131** RO 8 Of 58
Kirchberg-Thening **4062** LL 9 Pa 59
Kirchbichl **6322** KU 16 Na 63
Kirchdorf 13 Ke 65
Kirchdorf 13 Kf 64
Kirchdorf 13 La 64
Kirchdorf 20 Qb 65
Kirchdorf am Inn **4943** RI 7 Ob 59
Kirchdorf an der Krems **4560** KI 9 Pa 61
Kirchdorfer Hütte 9 Pa 62
Kirchdorf in Tirol **6382** KB 16 Nc 63
Kirchenlandl 19 Pe 63
Kirchfidisch 22 Rb 66
Kirchham **4656** GM 8 Of 61
Kirchham 17 Ne 64

Kirchham 8 Oc 61
Kirchheim im Innkreis **4932** RI 8 Oc 59
Kirchplatzl 15 Ma 64
Kirchschlag **3631** ZT 10 Qb 58
Kirchschlag bei Linz **4202** UU 9 Pb 58
Kirchschlag in der Buckligen Welt **2860** WB 22 Rb 64
Kirchstetten **3062** PL 11 Qe 60
Kirchstetten 6 Rd 56
Kirchstetten 9 Pd 60
Kirl (Gasthaus) 20 Qb 64
Kirnberg an der Mank **3241** ME 10 Ob 60
Kirschentheuer 29 Pb 69
Kitschdorf 30 Pd 67
Kittenbach 31 Qd 67
Kittsee **2421** 12 Sa 60
Kitzbühel **6370** KB 16 Nc 64
Kitzeck im Sausal **8442** LB 31 Qc 68
Kitzelsdorf 31 Qb 68
Kitzl 20 Qc 64
Kitzladen, Loipersdorf- **7411** OW 21 Ra 65
Kitzsteinalm 17 Oa 66
Klaffer am Hochficht **4163** RO 2 Of 56
Klafterreith 8 Ob 60
Klagenfurt **9020** K 30 Pb 69
Klagenfurter Hütte 29 Pa 70
Klam **4352** PE 9 Pe 59
Klamm 11 Qf 60
Klamm 15 Ma 64
Klammalm 26 Md 66
Klammbachalm 15 Me 63
Klammleiterbach 9/10 Pe 58
Klaunz 27 Nd 67
Klaus **6833** FK 13 Kd 65
Klaus 20 Pf 62
Klaus 24 Lc 66
Klaus 9 Pe 59
Klausalm 18 Od 63
Klausalm 18 Of 64
Klaus an der Pyhrnbahn **4564** KI 9 Pa 62
Klausberghütte 13 Ke 64
Klausen 16 Nb 64
Klausen 16 Nc 65
Klausen 18 Of 65
Klausen 27 Nd 67
Klausen, Wieden- 32 Qe 68
Klausenhütte 16 Nb 62
Klausen-Leopoldsdorf **2533** BN 11 Qf 60
Klausstube 8 Od 61
Klauswaldstube 8 Oc 61
Klauswirt (Gasthaus) 11 Qe 61
Kleblach-Lind **9763** SP 28 Ob 68
Kleblaralm 25 Ma 67
Kledering 12 Rc 60
Kleinarl **5602** JO 18 Ob 65
Kleinarler Hütte 18 Ob 65
Kleinbaumgarten 5 Rc 57
Kleinburgstall 5 Qe 57
Kleineberharts 4 Qb 55
Kleinebersdorf 6 Rc 58
Kleinedling 30 Pe 68
Kleinegg 29 Od 68
Kleineibenstein 4 Pf 56
Kleinelmau 18 Ob 65
Kleinengersdorf 12 Rc 59
Kleinenzersdorf 4 Qc 57
Kleinfeistritz 20 Pe 66
Kleinfeld 11 Ra 61
Kleinfelgitsch 31 Qd 67
Kleingerungs 10 Qa 58
Kleinglödnitz **9345** 29 Pa 67
Kleingloms 4 Qa 56
Kleingöpfritz 4 Qb 56
Kleingöttfritz 4 Qa 58
Kleingundholz 4 Pf 57
Kleinhadersdorf 6 Rd 57
Kleinhaider 9 Pd 58
Kleinharras 6 Rd 58
Kleinhaslau 4 Qb 58
Kleinhaugsdorf 5 Ra 56
Kleinheinrichschlag 4 Qc 58
Kleinhöflein 5 Qf 56
Kleinhöflein im Burgenland 12 Rc 62
Kleinhollenstein 9 Pe 62
Kleinhornburg 30 Pd 68
Kleinjetzelsdorf 5 Qe 57
Kleinkadolz 5 Rb 57
Kleinkirchheim, Bad **9546** SP 29 Oe 68
Kleinlobming **8734** KF 20 Pe 66
Kleinmariazell 11 Qf 60
Klein Meinharts 4 Qa 57
Kleinmeiseldorf 5 Qe 57
Kleinmollsberg 8 Oe 58
Kleinmünchen 9 Pb 59
Kleinmutschen 22 Rd 64
Klein-Neusiedl **2431** WU 12 Rd 60
Kleinnondorf [s.ö. Rapottenstein] 4 Qa 58
Kleinnondorf [s.w. Rapottenstein] 4 Qa 58
Kleinpertenschlag 10 Pf 58
Kleinpertholz 10 Qa 58
Kleinpertholz 4 Pf 57
Kleinpetersdorf 22 Rb 65
Klein-Pöchlarn **3660** ME 10 Qb 59
Kleinpoppen 4 Qa 56
Kleinprechthütte 18 Od 65
Kleinraabs 4 Qc 57
Kleinraming **4442** 9 Pc 61
Kleinrampfenhütte 19 Pd 65
Kleinreichenbach 4 Qb 56
Kleinreifling **4464** 9 Pd 62
Kleinreith 8 Oe 61
Kleinriedenthal 5 Ra 56
Kleinrötz 6 Rc 58
Kleinruprechts 4 Qa 56
Kleinrust 11 Qd 59
Klein Sankt Paul **9373** SV 30 Pd 68
Klein Sankt Veit 29 Pa 68
Klein Sankt Veit 30 Pd 68
Kleinschlag **8234** HB 21 Qf 64
Kleinschönau 4 Qa 56
Kleinschweinbarth 6 Rd 56
Kleinsiegharts 10 Pf 58
Kleinsierndorf 5 Rb 57
Kleinsölk **8961** LI 18 Of 64
Kleinsöll 16 Mf 64
Kleinstaasdorf 11 Ra 59
Kleinsteinbach 21 Ra 66
Kleinstelzendorf 5 Qf 57
Kleinstetteldorf 5 Ra 57
Klein-Taxen 4 Qb 55
Kleinulrichschlag 4 Qd 56
Kleinwarasdorf 22 Rd 64
Kleinweikersdorf 5 Rb 57
Kleinweißenbach 4 Qb 58
Kleinwetzles 4 Pf 57
Kleinwien 11 Qd 58
Kleinwilfersdorf 5 Rb 58
Kleinwolfgers 4 Qa 57
Kleinwolfstein 10 Pf 60
Kleinwolkersdorf 11 Rb 62
Kleinzell **3171** LF 11 Qe 61
Kleinzeller Hinteralm 11 Qd 61
Kleinzell im Mühlkreis **4115** RO 8 Of 58
Kleinzicken 22 Rb 65
Kleinzwettl 4 Qb 55
Klement 5 Rc 57
Klendorf 9 Pc 59
Kletzenmarkt 8 Of 59
Kleylehof 12 Sa 61
Kliening 30 Pe 67
Kliensnerhütte 8 Of 61
Klimm 14 Ld 64
Klingenbach **7013** EU 12 Rd 62
Klingfurth 11 Rb 63
Klippitztörlhütte 30 Pd 67
Kloaßner Hütte 19 Pd 65
Klöch **8493** RA 32 Qf 68
Klösterle **6754** 24 La 66
Klösterle 29 Of 68
Klosterfrauenalm 27 Nd 67
Klostermarienberg 22 Rd 64
Klosterneuburg **3400** WU 11 Rb 59
Klosterneuburger Hütte 19 Pc 65
Knallhütten 19 Of 65
Knaplhof 18 Oe 64
Knappenberg **9376** 30 Pd 67
Knappengraben 20 Qb 63
Knappenhaus (Gasthaus) 29 Oe 69
Knappenhof (Gasthaus) 11 Qe 62
Knappenhütte 26 Mb 66
Knierübl (Gasthaus) 9 Pc 59
Knittelfeld **8720** KF 20 Pe 65
Knödelhütte 30 Pf 67
Knoll 16 Nb 64
Knoll 9 Pd 58
Knollnhof 11 Qd 62
Kobenz **8720** KF 20 Pe 65
Kobenzbach 20 Pe 65
Kobersdorf **7332** OP 22 Rc 63
Kobinger Hütte 16 Nb 64
Koblach **6842** FK 13 Kd 64
Koch (Gasthaus) 21 Qf 65
Kochalmbauer (Gasthaus) 18 Of 63
Köckendorf 2-3 Pa 57
Köcking 30 Pd 69
Köfels 25 Lf 66
Köflach **8580** VO 20 Qa 66
Köfles 25 Lf 66
Köhlberg 5 Qe 56
Köhlerhöhle (Gasthaus) 10 Qb 61
Kölbl (Gasthaus) 19 Pd 63
Kölln 7 Nf 60
Kölner Haus 25 Ld 66
Königsalm, Wirtshaus 4 Qc 58
Königsbach 4 Qb 58
Königsbachalm 18 Oc 62
Königsbrunn 12 Rc 59
Königsbrunn am Wagram **3465** TU 5 Qf 58
Königsdorf **7563** 21 Ra 67
Königsedt 8 Oe 58
Königstetten **3433** TU 11 Ra 59
Königswiesen **4280** FR 4/10 Pe 58
Köppelreith 21 Qe 65
Köppling, Sankt Johann- **8565** VO 31 Qb 67
Kössen **6345** KB 16 Nc 63
Kößlbach 18 Od 62
Kößldorf 8 Od 58
Kößlwang 8 Of 60
Köstenberg **9231** 29 Of 69
Köstendorf **5203** SL 7 Ob 61
Köstendorf 28 Oc 69
Kötschachdorf 17 Oa 66
Kötschach-Mauthen **9640** HE 28 Nf 69
Kötschachtal 17 Oa 66
Köttlach 21 Qf 63
Köttmannsdorf **9071** KL 29 Pb 69
Kogelloisl 21 Qe 64
Kogelsbach 10 Pf 62
Kogerl 20 Pe 64
Kogl 10 Pe 61
Kogl 11 Qf 59
Koglalm 18 Ob 65
Koglhof **8191** WZ 21 Qd 65
Kogl im Burgenland 22 Rb 64
Koglwirt (Gasthaus) 31 Qc 68
Kohfidisch **7512** OW 22 Rb 66
Kohlberg **8342** FB 32 Qe 67
Kohleck 8 Oc 60
Kohlgrube 8 Od 60
Kohlhube 20 Pf 66
Kohlmarhaus 28 Oc 67
Kohlschneidt-A. 17 Nf 65
Kohlstatthütte 29 Oe 66
Kolbnitz **9815** 28 Ob 66
Kollerschlag **4154** RO 2 Oe 57
Kollersdorf 4 Qa 56
Kollersdorf 5 Qe 58
Kollmannhof 11 Qe 61
Kollmitzberg 10 Pf 60
Kollmitzdörfl 4 Qd 56
Kollnbrunn 6 Rd 58
Kollnitz 10 Qa 59
Kolm (Gasthaus) 11 Qd 61
Kolm-Saigurn 28 Nf 66
Kolsass **6114** IL 15 Md 65
Kolsassberg **6114** IL 15 Md 65
Komau 4 Pf 58
Kombauer 19 Pb 64
Komperdellalpe 25 Ld 66
Konradhütte 28 Ob 66
Konradsheim 9 Pe 61
Konstanzer Hütte 24 Lb 66
Kopein 29 Of 69
Kopfing bei Kaindorf 21 Qf 65
Kopfingerdorf 8 Od 58
Kopfing im Innkreis **4794** SD 8 Od 58
Kopfstetten 12 Re 60
Koplarn 10 Pf 60
Koppentretalm 18 Oe 63
Koppl **5020** SL 17 Oa 62
Koprein-Sonnseite (Gasthaus) 30 Pd 70
Koprivna = Koprein-Sonnseite 30 Pd 70
Koralpenhaus 30 Pf 68
Kornat 28 Nf 68
Kornberg 10 Pf 60
Kornberg bei Riegersburg **8333** FB 32 Qf 67
Korneuburg **2100** KO 11 Rb 59
Korpitsch 29 Oe 69
Korte = Trögern 30 Pc 70
Koschach 28 Oc 67
Koschutahaus 30 Pb 70
Koschutnik 30 Pc 70
Kossiach 30 Pb 69
Kosten 27 Nd 68
Kotalm 18 Oe 62
Kotezicken 22 Rb 66
Kothütte 29 Oe 67
Kottaun 5 Qd 56
Kottes-Purk **3623** ZT 10 Qb 58
Kottingbrunn **2542** 11 Rb 61
Kottinghörmanns 4 Qa 56
Kottingneusiedl 6 Rc 56
Kotzendorf 5 Qe 57
Kozje = Kossiach 30 Pb 69
Kräuping 30 Pc 67
Kräuterinhütte 20 Qa 62
Kraftwerk 8 Of 58
Kraig **9311** 30 Pb 68
Krainerhütte 11 Ra 61
Krakaudorf **8854** MU 19 Of 66
Krakauhintermühlen **8854** MU 19 Of 65
Krakauschatten **8854** MU 19 Of 66
Krall 18 Of 64
Krammersdorf 21 Qd 65
Krampen 21 Qd 63
Kramsach **6233** KU 16 Mf 64
Kran 16 Na 63
Kranichberg 21 Qf 63
Kranichberger Schwaig 21 Qf 63
Kranichsteg 8 Of 61
Kranzach 16 Nb 63
Kraß 28 Nf 67
Kraßnitz 29 Pb 67
Kraßnitz 30 Pb 67
Kratzerwirt (Gasthaus) 21 Qe 65
Kraubath an der Mur **8714** LN 20 Pf 65
Krautgraben 20 Pe 63
Krautwasch 20 Qa 65
Krefelder Hütte 17 Ne 65
Kreisbach 11 Qd 60
Kreith 15 Mc 65
Krems 20 Qa 66
Krems 9 Pa 61
Krems an der Donau **3500** KS 11 Qd 58
Kremsbrücke **9862** 29 Od 67
Kremschlag 21 Qe 64
Kremsdorf 9 Pb 59
Krems in Kärnten **9861** SP 29 Od 67
Kremsmünster **4550** KI 9 Pa 60
Krendlmarhütte 28 Oc 68
Krenglbach **4631** WL 8 Of 59
Krenmühle 10 Pf 61
Krenn 20 Qb 63
Krennach 21 Qf 67
Krennhof 20 Qa 66
Krensdorf **7031** 12 Rc 62
Krenstetten 9 Pe 60
Kreuschlach 29 Od 67
Kreuth 11 Qf 59
Kreuth 28 Ob 69
Kreuth, Bleiberg- **9531** 29 Od 69
Kreuttal **2123** MI 6 Rc 58
Kreuzbach 31 Pf 68
Kreuzberg (Gasthaus) 28 Ob 68
Kreuzen 29 Od 69
Kreuzen, Bad **4362** 9 Pe 59
Kreuzerhütte 19 Pa 65
Kreuzstein, Hotel 18 Oc 62
Kreuzwirt 29 Pa 68
Kreuzwirt (Gasthaus) 20 Qa 66
Kreuzwirt (Gasthaus) 21 Qd 65
Kreuzwirt (Gasthaus) 21 Qe 64
Kreuzwirt (Gasthaus) 31 Qc 69
Kriegl 20 Pf 66
Krieglach **8670** MZ 21 Qd 63
Krimml **5743** ZE 16 Na 65
Krimmlalm 16 Mf 65
Krimmler-Tauern-Haus 27 Na 66
Krippau 19 Pe 63
Krispl **5421** HA 17 Ob 62
Kristenalm 15 Mb 65
Kristendorf 30 Pd 69
Kritzendorf **3420** 11 Rb 59
Kroatisch Ehrensdorf 22 Rc 66
Kroatisch Geresdorf 22 Rd 64
Kroatisch Minihof 22 Rd 64
Kroatisch Reinersdorf 22 Rc 67
Kroatisch Tschantschendorf 22 Rb 66
Krobotek 32 Ra 67
Kröllendorf 9 Pe 60
Krößbach 25 Mb 66
Kroisbach 21 Qf 64
Kroisbach an der Feistritz 21 Qf 66
Kroisbach an der Raab 21 Qe 66
Kroisegg 21 Ra 64
Kronau 11 Qf 59
Kronberg 10 Pf 58
Kronberg 6 Rd 58
Kronegg 10 Pf 58
Kronhof 28 Oa 69
Kronnersdorf 32 Qe 68
Kronstorf **4484** LL 9 Pc 60
Krottendorf **8160** WZ 21 Qd 65
Krottendorf 20 Qb 64
Krottendorf 32 Qf 68
Krottendorf 8 Of 61
Krottendorf 9 Pd 60
Krottendorf 9 Pe 60
Krottendorf-Gaisfeld **8564** VO 31 Qa 67
Krottendorf im Saßtal 31 Qe 67
Kruckenhütte 29 Of 68
Krumau am Kamp **3543** KR 4 Qc 57
Krumbach **6942** B 13 Kf 64
Krumbach Markt **2851** WB 21 Ra 64
Krumegg **8323** GU 21 Qd 67
Krummholzhütte 18 Oe 64
Krummnußbaum **3375** ME 10 Qa 59
Krumpendorf am Wörther See **9201** KL 29 Pb 69
Krumpfmühle 10 Pf 61
Krungleralm 18 Of 64
Krusdorf **8345** FB 32 Qe 68
Krustetten 11 Qd 58
Kuchelreith 4 Pf 57
Kuchl **5431** HA 17 Oa 63
Kühbruck 23 Kd 66
Kühnring, Burgschleinitz- **3730** HO 5 Qe 57
Kühnsdorf **9125** 30 Pd 69
Kühtai 15 Lf 65
Kühwiesen 21 Qd 66
Küpfern 9 Pd 61
Kürnberg 9 Pd 61
Kürsinger Hütte 27 Nb 66
Kuffarn 10 Qb 59
Kuffern 11 Qd 59
Kufstein **6330** KU 16 Na 63
Kufsteiner Haus 16 Na 63
Kukmirn **7543** GS 21 Rb 66
Kulm 9 Pc 58
Kulma 21 Ra 63
Kulm am Zirbitz **8820** MU 30 Pc 66
Kulm bei Weiz **8212** WZ 21 Qe 66
Kulm-Dörfl 18 Od 64
Kulmer Hütte 19 Pc 66
Kulm im Burgenland 22 Rc 66
Kumberg **8062** GU 21 Qd 66
Kumpfmühle 11 Qe 61
Kumpitz 19 Pd 65
Kundl **6250** 16 Mf 64
Kundlalm 16 Na 64
Kunigalm 27 Ne 67
Kupphof 25 Le 66

L

Laa 31 Qc 67
Laa an der Thaya **2136** MI 6 Rc 56
Laab 9 Pd 59
Laaben **3053** 11 Qf 60
Laab im Walde **2381** MD 11 Ra 60
Laach 9 Pd 59
Laafeld 32 Qf 68
Laakirchen **4663** GM 8 Oe 61
Laas 28 Nf 68
Laas 29 Od 68
Laastadt 29 Oe 68
Labach 18 Oc 64
Labebne 24 Lc 66
Labientschach 29 Od 69
Labuch **8200** WZ 21 Qd 66
Labuttendorf 31 Qd 68
Lachsfeld 5 Rb 58
Lachtalhaus 19 Pb 65
Lacken 17 Nf 65
Lacken 8-9 Pa 58
Lackenalm 16 Na 65
Lackenalm 18 Oc 65
Lackenbach **7322** OP 22 Rc 63
Lackendorf **7321** 22 Rd 63
Lackenhof **3295** 10 Qa 61
Lackenkammer 27 Nc 67
Lacknerbrunn (Gasthaus) 26 Mf 66
Ladenbergalm 18 Ob 62
Ladendorf **2126** MI 6 Rc 58
Ladendorf 6 Rd 57
Lading 30 Pe 68
Ladings 4 Qc 58
Ladis **6531** LA 25 Ld 66
Ladner (Gasthaus) 18 Of 63
Ladstatt 28 Ne 68
Lähn 14 Le 64
Lämmerbach 18 Ob 62
Längapiesting 11 Qf 62
Längdorf 29 Pa 69
Längenfeld **6444** IM 25 Lf 66
Lärchenheim (Gasthaus) 14 Lf 64
Lärchfilzhochalm 17 Nd 64
Lafairs 25 Ld 67
Lafnitz **8233** HB 21 Qf 64
Laggen 29 Od 67
Laggeralm 29 Od 67
Laggerhof 29 Od 68
Laglmühle (Gasthaus) 21 Ra 64
Laguzalpe 13 Kf 65
Lahn 18 Od 63
Lahnbach 14 Ld 65
Lahnberg 27 Nb 68
Lahndorf 9 Pc 61
Lahner Alm 16 Nc 65
Lahnfriedalm 18 Oe 63
Lahnsattel 10 Qc 62
Lahntal 17 Ne 64
Lahnthal 16 Na 64
Laideregg 17 Ob 64
Laimach 16 Mf 65
Laimbach, Münichreith- **3663** ME 10 Qa 59
Lainach 28 Nf 67
Lainbach **8921** 19 Pe 63
Laintal 20 Qa 64
Laiter 8 Ob 61
Lak 30 Pb 69
Lalider 15 Md 64
Lambach **4650** WL 8 Of 60
Lambichl 30 Pb 69
Lambrechten **4772** RI 8 Od 59
Lamm 18 Od 66
Lamm 30 Pe 68
Lamm 9 Pc 58
Lammhütte 20 Qa 65
Lamming 20 Pf 63
Lamnitz 28 Nf 67
Lampersberg 28 Oc 68
Lamperstätten 31 Qc 68
Lamprechtsberg 30 Pf 69
Lamprechtshausen **5112** SL 7 Nf 61
Lamsenjochhütte 15 Md 64
Lanau 20 Qc 63
Land 7 Oa 61
Landeck **6500** LA 25 Ld 66
Landeckalm 27 Nd 66
Landegg 12 Rc 61
Landfriedstetten 10 Qb 60
Landl **8931** LI 19 Pd 63
Landl 16 Na 63
Landsberger Hütte 14 Lc 64
Landscha bei Weiz 21 Qd 65
Landsee 22 Rb 63
Landskron **9523** 29 Of 69
Landwierseehütte 18 Oe 65
Lanersbach **6293** 16 Me 66
Lang **8403** LB 31 Qc 68
Langalm (Gasthaus) 29 Oe 67
Langau **2091** HO 5 Qe 56
Langau **3294** 10 Qa 62
Langbath 8 Oe 62
Langböden 10 Qa 62
Langbruck 9 Pb 58
Langdorf 8 Oc 59
Langeck im Burgenland 22 Rc 64
Langegg **3872** 4 Qa 56
Langegg 30 Pe 68
Langegg bei Graz **8323** GU 21 Qd 66
Langen **6932** B 13 Ke 63
Langen am Arlberg 24 La 66
Langenegg **6941** 13 Kf 64
Langenlois **3550** KR 5 Qd 58
Langenschönbichl 11 Qf 59
Langental 22 Rd 64
Langenwang **8665** MZ 21 Qd 63
Langenzersdorf **2103** KO 12 Rc 59
Langesthei 24 Lc 66
Langfeld 4 Pf 57
Langfirling 9/10 Pe 58
Langleithen 9 Pa 62
Langmann 31 Qa 67
Langmoosalm 18 Of 63
Langmoosalpe 18 Oe 63
Langschlag **3921** ZT 4 Pf 57
Langschlag 4 Qa 58
Langschwarza 4 Qa 56
Langtalereckhütte 25 Lf 68
Langwies 8 Oc 60
Langzeil 22 Rb 67
Langzwettl 9 Pb 58
Lannach **8502** DL 31 Qb 67
Lans **6072** IL 15 Mc 65
Lantschern 19 Pa 64
Lantschfeldalm 18 Oc 65
Lanzendorf bei Kasten 11 Qe 60
Lanzenkirchen **2821** WB 11 Rb 62
Lanzersdorf 2 Of 57
Laponisalm 26 Mb 66
Larchach 25 Le 66
Lareinalpe 24 Lb 67
Larstighof 25 Lf 66
Lasaberg 18 Oe 66
Lasberg **4291** FR 9 Pd 58
L.-Aschenbrenner-Hütte 16 Me 63
Lasern 18 Od 63
Lassach 28 Nf 67
Lassach 28 Oa 67
Lassee **2291** GF 12 Re 59
Lasselsdorf 31 Qb 67
Lassendorf 30 Pc 69
Lassersdorf 8-9 Pa 58
Lasshofer Hütte 18 Oe 65
Lassing **8903** LI 19 Pb 63
Lassing 10 Pf 62
Laßnitz bei Murau **8850** MU 29 Pb 66
Laßnitzhöhe **8301** GU 21 Qd 66
Laßnitzthal **8200** WZ 21 Qd 66
Laterns **6830** FK 13 Ke 65
Latschach 28 Oc 69
Latschach 30 Pc 68
Latschach ob dem Faaker See 29 Of 69
Latschenhütte 14 Ld 65
Latz 13 Kd 65
Laubegg 31 Qd 68
Laudorf 31 Qe 68
Laufenbach 8 Od 58
Laufenberg 29 Od 68
Laufener Hütte 18 Ob 63
Lauffen **4821** 18 Od 63
Laufnitzdorf 20 Qb 65
Laufnitzgraben 20 Qb 65
Launsdorf **9314** 30 Pc 68
Laussa **4461** SE 9 Pc 61
Lautenbach 10 Qc 59
Lauterach **6923** B 13 Ke 64
Lauterbach 16 Nb 64
Lauterbach 3 Pe 56
Lauterbach 7 Oa 61
Lauterbach 9 Pa 61
Lavamünd **9473** WO 30 Pf 69
Lavant **9900** LZ 28 Ne 68
Lavantegg **8742** 30 Pd 66
Laxenburg **2361** MD 12 Rc 60
Lebenbrunn 22 Rb 64
Lebing 21 Qf 64
Lebing 31 Qb 68

Lebring-Sankt Margarethen **8403** LB 31 Qc 68
Lech **6764** BZ 13 La 65
Lechaschau **6600** RE 14 Le 64
Lechen 21 Qd 63
Lechleiten 13 Lb 65
Lechner 11 Qe 61
Lechtaler Alpen 14 Lb 65
Lechtalhütte 14 Lc 65
Ledenitzen **9581** 29 Of 69
Lehen 10 Qb 59
Lehenalm 17 Oa 65
Lehen bei Oberndorf 10 Qb 60
Lehenbrunn 9 Pd 59
Lehenrotte 10 Qd 61
Lehn 25 Lf 66
Lehndorf 5 Qd 56
Lehnerjochhütte 25 Le 66
Lehofen 9 Pd 60
Leiben **3652** ME 10 Qb 59
Leiblfing 15 Mb 65
Leibnitz **8430** LB 31 Qc 68
Leibsdorf 30 Pc 69
Leiding 11 Rb 63
Leifling 28 Oa 69
Leinig 29 Pa 68
Leisach **9900** LZ 27 Ne 68
Leisbach 29 Pb 69
Leising 20 Pf 65
Leistalmhütte 19 Pa 63
Leiten 15 Me 63
Leiten 2 Of 57
Leiten 27 Nd 68
Leitersdorf bei Hartberg 21 Qf 66
Leitersdorf im Raabtal **8330** FB 32 Qf 67
Leithaprodersdorf **2443** EU 12 Rc 61
Leithen 15 Mb 65
Leithen 8 Od 60
Leithner 9 Pd 62
Leitmannsdorf 3 Pc 57
Leitner (Gasthaus) 11 Qf 61
Leitner (Gasthaus) 21 Qd 64
Leitner Alm 16 Nc 65
Leitring 31 Qd 68
Leitwang 16 Nc 63
Leitzersdorf **2003** 5 Rb 58
Lembach 21 Qe 64
Lembach 22 Rb 64
Lembach 4 Qa 58
Lembach bei Riegersburg 21 Qf 67
Lembach im Mühlkreis **4132** RO 8 Of 58
Lemberg 21 Qf 67
Lend **5651** ZE 17 Oa 65
Lend 17 Nf 65
Lendorf **9811** SP 28 Oc 68
Lendorf 30 Pb 69
Lengau **5211** BR 7 Ob 61
Lengau 17 Nd 64
Lengberg 28 Nf 68
Lengdorf 17 Nd 65
Lengenfeld **3552** KR 5 Qd 58
Lengfelden 7 Oa 61
Lengfelden 7 Oa 62
Lengholz 28 Ob 68
Lenzbauer (Gasthaus) 31 Qa 68
Lenzenalpe 25 Ma 67
Lenzing **4860** VB 8 Od 61
Lenzing 17 Ne 64
Leoben **8700** LE 20 Qa 64
Leoben 29 Od 67
Leobenbach 29 Od 67
Leobendorf **2100** KO 5 Rb 58
Leobengraben 29 Od 67
Leobersdorf **2544** BN 11 Rb 61
Leogang **5771** ZE 17 Ne 64
Leombach 9 Pa 60
Leonding **4060** LL 9 Pb 59
Leonfelden, Bad **4190** UU 9 Pb 58
Leonsbergalm 18 Od 62
Leonstein **4592** 9 Pb 61
Leopold-Happisch-Haus 17 Ob 63
Leopoldschlag **4262** FR 3 Pc 57
Leopoldsdorf **2333** WU 12 Rc 60
Leopoldsdorf 4 Qa 55
Leopoldsdorf, Klausen- **2533** BN 11 Qf 60
Leopoldsdorf im Marchfelde **2285** GF 12 Re 59
Leopoldskron 17 Oa 62
Leppener Klammern 28 Oa 68
Leppersdorf 8 Pa 59
Lerch 27 Nc 67
Lerchenau 6 Rc 58
Lermoos **6631** RE 14 Lf 64
Lesach 27 Nd 67
Lesacher Riegel-Hütte 27 Nd 67
Lesachtal **9653** HE 28 Ne 68
Leschgi 31 Qa 67
Leska 21 Qd 65
Lessach **5580** TA 18 Oe 65
Leßnig 28 Ob 68
Letina = Lettenstätten 30 Pe 69
Lettenstätten 30 Pe 69
Lettenwag 10 Pe 62
Leukental, Söll- 16 Na 64
Leutasch **6105** IL 15 Ma 64
Leutenhofen 13 Ke 63
Leutkircher Hütte 24 Lb 65
Leutschach **8463** LB 31 Qc 69
Lichendorf 31 Qd 68
Lichendorf 31 Qe 67
Lichtenau 3 Pd 57
Lichtenau 4 Qa 58
Lichtenau im Mühlkreis **4170** RO 2-3 Pa 57
Lichtenau im Waldviertel **3522** KR 4 Qc 58
Lichtenberg **4040** UU 9 Pb 58
Lichtenberg 4 Qb 56
Lichtenberg 8 Oc 61
Lichteneck 20 Pf 63
Lichtenegg **2813** WB 21 Rb 63
Lichtenegg 31 Qe 67
Lichtenstein 9 Pc 58
Lichtenwörth **2493** WB 11 Rb 62
Liebau, Minihof- **8384** JE 32 Ra 67
Liebenau **4252** FR 4 Pe 57
Liebenberg 4 Qc 56
Liebenfels **9556** 30 Pb 68
Liebensdorf 31 Qd 67
Liebenstein 3 Pe 58
Liebenthal 3 Pc 57
Lieberbach 31 Qb 67
Liebing **7443** 22 Rc 64
Liebnitz 4 Qc 56
Lieboch **8501** GU 31 Qb 67
Liembachalm 18 Oc 63
Liemberg 29 Pb 68
Lien 18 Od 64
Lienz **9900** LZ 27 Ne 68
Lienzer Dolomitenhütte 28 Ne 68
Lienzer Hütte 27 Ne 67
Liesenegg 28 Oc 68
Lieserhofen 28 Oc 68
Liesfeld 16 Mf 64
Liesing **9653** 28 Ne 68
Liesing 11 Rb 60
Liesing 19 Pd 64
Liesingau 20 Pe 64
Liesingtal 20 Pf 65
Liezen **8940** LI 19 Pb 63
Liezener Hütte 19 Pa 63
Ligist **8563** VO 31 Qb 67
Lilienfeld **3180** LF 11 Qd 61
Limbach 4 Qa 56
Limbach im Burgenland 21 Ra 66
Limberg **3721** 5 Qf 57
Lind 20 Pe 65
Lind 29 Oe 69
Lind 30 Pe 69
Lind (Gasthaus) 20 Qa 66
Lindabrunn, Enzesfeld- **2551** BN 11 Ra 61
Lindach 8 Oe 61
Lindau 4 Qc 56
Lindau 9 Pd 61
Lindauer Hütte 24 Ke 66
Lind bei Sankt Veit 31 Qd 68
Lind bei Scheifling 19 Pc 66
Linde (Gasthaus) 9 Pb 61
Lindegg 21 Qf 66
Linden 10 Pf 58
Lindenthal 18 Oc 63
Lindgraben 22 Rc 63
Lindgrub 11 Ra 63
Lind im Drautal, Kleblach- **9753** SP 28 Ob 68
Lindlingalm 17 Nc 64
Lind ob Velden 29 Of 69
Lindsberg 28 Nf 68
Lingenau **6951** B 13 Kf 64
Linsenberg 30 Pc 69
Linserhof (Gasthaus) 14 Le 65
Linz **4020** L 9 Pb 59
Linzer Haus 19 Pb 63
Liperalm 27 Nb 68
Lipica = Lipizach 30 Pb 69
Lipizach 30 Pb 69
Lippbauer (Gasthaus) 30 Pe 68
Lippitzbach 30 Pe 69
Lipsch 31 Qd 68
Litschau **3874** GD 4 Qa 55
Litschgraben 4 Qc 58
Litzelsdorf **7532** OW 21 Ra 65
Litzerhütte 30 Pd 67
Litzlfelden 16 Nc 63
Lixlberg 8 Od 61
Lizumer Hütte 15 Md 66
Lobendorf 4 Qc 58
Lobersberg 28 Nf 67
Lobming 20 Pf 65
Loch 13 Ke 64
Lochalm-Hütte 17 Ne 64
Lochau **6911** B 13 Ke 63
Lochau 24 Lc 66
Lochen **5221** BR 7 Oa 60
Lochlehen 15 Mb 64
Lockenhaus **7442** OP 22 Rc 64
Lodron Hütte 16 Na 64
Löbenau 18 Oc 64
Lödersdorf **8334** FB 32 Qf 67
Löffelau 13 Kf 64
Löffelbach 21 Qf 65
Lölling **9335** 30 Pd 67
Lofer **5090** 17 Ne 63
Loferer Alpe 17 Nd 63
Logelalm 19 Pc 63
Lohn 4 Qa 58
Lohnsburg am Kobernaußerwald **4923** RI 8 Oc 60
Loibegg 30 Pd 69
Loibersdorf 10 Qb 59
Loibersdorf 5 Qe 57
Loibersdorf 9 Pb 60
Loibersdorf 9 Pc 58
Loibes 4 Qc 55
Loibichl **5311** 8 Oc 62
Loibltal 30 Pb 70
Loich **3211** PL 10 Qc 61
Loidesthal 6 Re 58
Loimanns 4 Qa 55
Loimersdorf 12 Re 60
Loimeth 21 Qf 66
Loiperbach, Natschbach- **2620** NK 11 Ra 62
Loipersbach im Burgenland **7022** MA 12 Rc 63
Loipersdorf bei Fürstenfeld **8282** FF 21 Ra 67
Loipersdorf-Kitzladen **7411** OW 21 Ra 65
Loitzbach 10 Qb 60
Loitzendorf 10 Qb 59
Loiwein 4 Qc 58
Loosdorf **2133** 6 Rc 57
Loosdorf **3382** ME 10 Qc 59
Lopernalm 18 Of 63
Lorea-Alpe 14 Le 64
Lorenzberg 30 Pf 69
Lorenzenberg 30 Pc 67
Lorenzeralm 28 Ob 68
Loretto 12 Rc 61
Lorüns **6700** BZ 24 Kf 66
Losau 10 Qb 59
Loschberg 4 Qb 58
Losenheim 11 Qe 62
Losenstein **4460** SE 9 Pc 61
Loserhütte 18 Oe 63
Lottersberg 10 Qc 59
Loymühle 8-9 Pa 58
Lucka 8 Od 60
Lucknerhaus 27 Nd 66
Luden 4 Qd 55
Luderlehen 19 Pb 64
Ludersdorf-Wilfersdorf **8200** WZ 21 Qd 66
Ludesch **6713** BZ 13 Kd 65
Ludescherberg 13 Ke 65
Ludmannsdorf **9072** KL 29 Pa 69
Ludmerfeld 11 Qf 60
Ludweis-Aigen **3762** WT 4 Qc 56
Ludweishofen 5 Qd 56
Ludwigshof 22 Rb 66
Ludwig-Walter-Haus 29 Od 69
Lueg, Hotel 18 Oc 62
Lüsener Alm 25 Ma 66
Lüsens 25 Ma 66
Luft (Gasthaus) 10 Qc 60
Luftenberg an der Donau **4222** PE 9 Pc 59
Lugendorf 4 Qb 58
Luggau 17 Oa 65
Lugitsch 32 Qe 68
Lugmühle 9 Pd 58
Lugnitz 9 Pc 59
Luising 22 Rc 67
Lukasberg 8 Od 60
Lumberg 14 Ld 63
Lumplgraben 9 Pd 61
Lungötz **5523** 18 Oc 64
Lunz am See **3293** SB 10 Qa 61
Lurgbauer 21 Qd 63
Lurgbauerhütte 11 Qd 62
Lurnfeld **9813** SP 28 Ob 67
Lustenau **6890** DO 13 Kd 64
Lustenauer Hütte 13 Ke 64
Lutzmannsburg **7361** OP 22 Rd 64
Lutzmannsdorf 19 Pa 66

M

Maasbach 8 Oc 58
Maasch 9/10 Pe 58
Madau 14 Lc 65
Madeisas Stüble 13 Ke 65
Madlener Hütte 24 La 67
Madrisahütte 24 Kf 67
Madseit 26 Me 66
Madstein 20 Pf 64
Mäder **6841** FK 13 Kd 64
Magdalenaberg 9 Pa 61
Magdalensberg **9064** KL 30 Pc 68
Magersdorf 5 Ra 57
Magetsham 8 Oc 60
Maglern **9602** 29 Od 69
Mahdalmhütte 18 Oc 64
Mahdschneid 8 Od 62
Mahorko (Gasthaus) 31 Qc 69
Mahr 20 Qc 63
Mahralm 19 Pb 64
Mahrensdorf 32 Qf 67
Mahrersdorf 11 Ra 62
Mahrersdorf 4 Qd 57
Mai (Gasthaus) 31 Qd 69
Maiden 8 Oe 58
Maien 13 Ke 64
Maierdorf **8342** FB 32 Qe 67
Maierhöfen 21 Rb 64
Maierhofalm 18 Od 65
Maierhofen 21 Qf 66
Maiersch 5 Qe 57
Maiersdorf 11 Ra 61
Maigen 4 Qc 58
Maigen 5 Qe 57
Mailberg **2024** HL 5 Rb 57
Maildorf 30 Pe 68
Mainburg 10 Qc 60
Mainhartsdorf 19 Pb 65
Mainsdorf 31 Qa 68
Mairalmhütte 8 Oe 61
Mairhof 14 Le 65
Mairspindt 3 Pd 57
Maisbirbaum 5 Rb 58
Maishofen **5751** ZE 17 Ne 64
Maissau **3712** HL 5 Qe 57
Maitratten 29 Of 68
Maitschern 19 Pa 63
Maldonalpe 14 Ld 65
Male 30 Pb 70
Malgrübler 15 Md 65
Mallenitzen 29 Of 69
Mallersbach 5 Qe 56
Mallnitz **9822** SP 28 Oa 67
Mallon 5 Qf 58
Malta **9854** SP 28 Oc 67
Maltaberg 28 Oc 67
Maltern 21 Rb 64
Maltschach 31 Qc 69
Mamauwiese (Gasthaus) 11 Qe 62
Mamling 7 Ob 59
Mandarfen 25 Lf 67
Mandelbaueralm 20 Qb 64
Mandling **8974** 18 Od 64
Manhartsbrunn 6 Rc 58
Mank **3240** ME 10 Qb 60
Mannersdorf 10 Qb 60
Mannersdorf am Leithagebirge **2452** BL 12 Rd 61
Mannersdorf an der March 6 Re 58
Mannersdorf an der Rabnitz **7444** OP 22 Rc 64
Mannheimer Hütte 23 Ke 66
Manning **4901** VB 8 Od 60
Manning 31 Qd 67
Mannsdorf 8 Of 58
Mannsdorf an der Donau **2304** GF 12 Rd 60
Mannshalm 4 Qa 57
Mantscha (Gasthaus) 20 Qb 66
Mar 19 Pb 65
Marbach am Walde 4 Qa 57
Marbach an der Donau **3671** ME 10 Qa 59
Marbach an der Kleinen Erlauf 10 Qa 60
Marbach an der Kleinen Krems 4 Qb 58
Marbach im Felde 4 Qc 57
March 9 Pd 58
Marchegg **2293** GF 12 Rf 59
Marchegg-Bahnhof 12 Rf 59
Marchkopf 16 Me 65
Marchstein 10 Pf 58
Marchtrenk **4614** WL 9 Pa 59
Marchtring 31 Qd 68
Mareil 15 Lf 65
Marendabach 15 Ma 65
Margarethen am Moos **2433** 12 Rd 60
Margarethenhütte 20 Qb 64
Maria Alm am Steinernen Meer **5761** ZE 17 Nf 64
Maria Anzbach **3034** PL 11 Qf 60
Maria Bild 32 Ra 67
Maria Buch-Feistritz **8741** JU 19 Pe 66
Maria Elend **9182** 29 Pa 69
Maria Elend, Haslau- **2402** BL 12 Rd 60
Maria Ellend 17 Nf 65
Maria Enzerdorf am Gebirge **2344** MD 11 Rb 60
Maria Feicht 29 Pb 68
Maria Gail 29 Of 69
Mariahof **8812** MU 19 Pc 66
Maria Laach am Jauerling **3643** KR 10 Qb 59
Maria Laah 9 Pc 60
Maria Lankowitz **8591** VO 20 Qa 66
Maria Lanzendorf **2326** WU 12 Rc 60
Maria Luggau **9655** 27 Ne 68
Maria Neustift **4443** SE 9 Pd 61
Mariannenhütte 20 Qb 64
Mariapfarr **5571** TA 18 Oe 66
Maria Ponsee 11 Qe 59
Maria Rain **9161** KL 30 Pb 69
Maria Rojach **9422** 30 Pf 68
Maria Saal **9063** KL 30 Pb 69
Maria Schmolln **5241** BR 7 Ob 60
Maria Schutz **2642** 21 Qf 63
Mariasdorf **7433** OW 21 Rb 64
Mariastein **6322** KU 16 Na 63
Maria Taferl **3672** ME 10 Qa 59
Mariathal 16 Mf 64
Mariathal 5 Ra 57
Maria Wörth **9082** KL 29 Pa 69
Mariazell **8630** BM 10 Qb 62
Marienberg, Gipfelhaus 14 Lf 64
Marienheim (Gasthof) 29 Pb 67
Marienhof 22 Rd 64
Mariensee 21 Qf 63
Marienseer Schwaig 21 Qf 63
Marie-Valerie-Haus 28 Oa 66
Markersdorf 11 Qf 59
Markersdorf 9/10 Pe 58
Markersdorf-Haindorf **3385** PL 10 Qc 60
Markgrafneusiedlung **2282** GF 12 Rd 59
Markl 4 Qb 56
Markt Allhau **7411** OW 21 Ra 65
Markt Hartmannsdorf **8311** WZ 21 Qe 66
Markthof 12 Rf 60
Marktl 11 Qd 61
Markt Neuhodis **7464** OW 22 Rc 65
Markt Piesting **2753** WB 11 Ra 61
Markt Sankt Florian **4490** LL 9 Pc 59
Markt Sankt Martin **7341** OP 22 Rc 63
Martele 28 Nf 67
Martinau 14 Ld 64
Martin-Busch-Hütte = Neue-Samoar-Hütte 25 Lf 68
Martingsdorf 6 Rd 58
Martinsberg **3664** ZT 10 Qa 58
Marul 13 Kf 65
Marz **7221** MA 12 Rc 62
Masenberg 21 Qf 65
Masnerhütte 24 Lc 66
Mason 24 Kf 66
Massendorf 10 Qc 60
Mathon **6562** 24 Lb 66
Matrei am Brenner **6143** IL 26 Mc 66
Matreier-Tauern-Haus 27 Nc 66
Matrei in Osttirol **9971** LZ 27 Nd 67
Matschach 29 Pa 70
Matschiedl 29 Od 69
Mattersberg 27 Nd 67
Mattersburg **7210** MA 12 Rc 62
Mattighofen **5230** BR 7 Oa 60
Mattling 28 Ne 68
Mattsee **5163** SL 7 Oa 61
Matzelsdorf 29 Od 68
Matzelsdorf 5 Qe 57
Matzelsdorf 9 Pb 60
Matzelsdorf 9 Pc 58
Matzendorf-Hölles **2751** WB 11 Rb 61
Matzen-Raggendorf **2243** GF 6 Rd 58
Matzleinsdorf, Zelking- **3393** ME 10 Qb 59
Matzles 4 Qb 56
Matzlesschlag 4 Qb 56
Matzlewald 25 Le 66
Mauer 11 Rb 60
Mauerbach **3001** WU 11 Ra 59
Mauer bei Amstetten **3362** 9 Pe 60
Mauer bei Melk 10 Qc 59
Mauerkirchen **5270** BR 7 Oa 59
Mauern 26 Mc 66
Maurach **6212** 16 Me 64
Maurach 18 Ob 66
Maurer 16 Nc 63
Maustrenk 6 Re 57
Mautern an der Donau **3512** KR 11 Qd 58
Mauternbach 10 Qd 58
Mauterndorf **5570** TA 18 Od 66
Mauterndorf 19 Pd 65
Mautern in Steiermark **8774** LN 20 Pe 64
Mauthaus 24 La 67
Mauthausen **4310** PE 9 Pd 59
Mauthen, Kötschach- **9640** HE 28 Nf 69
Mauthstadt 20 Qb 65
Maxendorf 31 Qd 67
Maxglan 17 Oa 62
Maxhoist (Gasthaus) 30 Pf 67
Maxldorf 3 Pe 57
Mayer 20 Pe 64
Mayerhofen 10 Qa 59
Mayerhofen 17 Oa 65
Mayersdorf 31 Qb 67
Mayrberg 17 Ne 63
Mayrhofen **6290** SZ 16 Mf 65
Mayrhofen 16 Nc 65
Mechters 11 Qe 60
Medratz 26 Mc 66
Meggenhofen **4714** GR 8 Oe 59
Mehrn 16 Mf 64
Mehrnbach **4941** RI 8 Oc 59
Meidling 11 Qd 59
Meieralm 15 Me 63
Meiningen **6812** FK 13 Kd 65
Meires 4 Qb 56
Meiselding **9312** 30 Pc 68
Meisingerödt 2 Of 57
Meißner Haus 15 Mc 65
Melk **3390** ME 10 Qb 59
Mellach **8072** GU 31 Qc 67
Mellach 28 Oc 69
Mellau **6881** B 13 Kf 64
Mellitz 27 Nc 67
Memminger Hütte 14 Lc 65
Mendling 10 Pf 62
Menggalm 19 Pc 63
Merkenbrechts 4 Qc 56
Merkendorf **8344** FB 32 Qf 68
Merkersdorf 5 Qf 56
Merkersdorf 5 Rb 57
Merzebenhütte 26 Mb 66
Merzenstein 4 Qa 57
Messensach 30 Pe 68
Messern **3761** 4 Qd 56
Meßnerdorf 27 Nd 67
Metnitz **9363** SV 29 Pb 67
Mettensdorf 9 Pe 59
Mettersdorf 30 Pe 68
Mettersdorf 31 Qb 67
Mettersdorf 7 Oa 60
Mettersdorf am Saßbach **8092** RA 31 Qe 68
Mettmach **4931** RI 8 Ob 60
Metzgertobelalpe 13 La 65
Meyer 20 Pf 65
Michaelbeuern **5152** 7 Oa 60
Michaelerberg **8962** LI 18 Of 64
Michaelnbach **4712** GR 8 Oe 59
Michelbach **3074** PL 11 Qe 60
Micheldorf **9322** 30 Pc 67
Micheldorf am Kienberge 8 Pa 62
Micheldorf in Oberösterreich **4563** KI 9 Pa 61
Michelhausen **3451** TU 11 Qf 59
Michelhofen 29 Od 69
Michelstetten 6 Rc 57
Michlbauer 19 Pa 66
Michlgleinz 31 Qb 68
Mieders **6142** IL 26 Mc 65
Miedlingsdorf 22 Rb 65
Mieger 30 Pc 69
Mieming **6414** IM 15 Lf 65
Miesenbach **2761** WB 21 Qe 64
Miklauzhof **9133** 30 Pd 69
Milchgraben 21 Qd 66
Milders 26 Mb 66
Millrüti (Gasthaus) 13 Ke 64
Millstätter Hütte 29 Od 67
Millstatt **9872** SP 29 Od 68
Mils **6060** IL 15 Md 65
Mils bei Imst **6491** IM 14 Ld 65
Minichhofen 5 Qf 57
Minihof-Liebau **8384** JE 32 Ra 67
Mining **4962** BR 7 Oa 59
Mischendorf **7511** OW 22 Rb 66
Missingdorf 5 Qe 56
Mistelbach **2130** MI 6 Rd 57
Mistelbach 4 Pf 57
Mistelbach bei Wels **4613** 9 Pa 59
Mistlberg 2 Oe 57
Mittelberg **6993** B 13 La 65
Mittelberg 13 Kd 65
Mittelberg 25 Lf 67
Mittelberg 5 Qd 58
Mitteldorf 27 Nc 67
Mitteldorf 28 Nf 67
Mitten 28 Nf 67
Mittenaualm 14 Le 64
Mittendorf an der Fischa 12 Rc 61
Mitteralm 18 Oe 62
Mitteralm 28 Oa 66
Mitterarnsdorf **3621** 10 Qc 58
Mitterau 10 Qc 59
Mitterbach 11 Qd 61
Mitterbach 3 Pd 57
Mitterbach am Erlaufsee **3224** LF 10 Qb 62
Mitterberg 29 Od 68
Mitterberg 29 Oe 66
Mitterding 8 Oc 58
Mitterdombach 21 Qf 65
Mitterdorf 16 Mf 65
Mitterdorf 19 Pa 65
Mitterdorf 19 Pd 66
Mitterdorf 20 Qa 66
Mitterdorf an der Raab **8181** MZ 21 Qd 66
Mitterdorf im Mürztal **8662** MZ 20 Qc 63
Mitteregg 14 Le 64
Mitteregg 21 Ra 63

Mitteregg 31 Qc 68
Mitterfladnitz 21 Qe 67
Mittergallsbach 8 Of 59
Mittergraben 5 Ra 57
Mitterhofen 17 Ne 64
Mitterhütten 26 Mf 66
Mitterkaser-A. 17 Nd 64
Mitterkirchen im Machland **4343** PE 9 Pe 60
Mitterkleinarl 18 Ob 65
Mitterlabill **8413** FB 31 Qd 67
Mitterland 16 Na 63
Mitterlaßnitz 21 Qd 66
Mitterndorf 10 Pf 59
Mitterndorf 11 Qf 59
Mitterndorf 8 Od 58
Mitterndorf 8 Oe 61
Mitterndorf, Bad **8983** LI 18 Of 63
Mitterndorf an der Fischa **2441** BN 12 Rc 61
Mitterpullendorf 22 Rc 64
Mitterreith 4 Qb 57
Mitterretzbach 5 Qf 56
Mitterriegel 8 Od 60
Mitterschlag 4 Pf 57
Mittersill **5730** ZE 16 Nc 65
Mitterstockstall 5 Qf 58
Mitterstroheim 8 Of 59
Mitterweißenbach 18 Od 62
Mitterweng 19 Pb 63
Mitterwinkel 30 Pb 70
Mittewald an der Drau **9912** 27 Nd 68
Mittewald ob Villach 29 Oe 69
Mittlern 30 Pe 69
Mixnitz **8131** 20 Qb 65
Moarsepphaus 19 Pc 65
Moasserhof 21 Qd 63
Mochl 20 Pf 64
Moderstock 16 Na 64
Modriach **8583** VO 31 Qa 67
Modsiedl 4 Qc 56
Möbersdorf 20 Pe 66
Möchling 30 Pc 69
Möderbrugg, Sankt Oswald- **8763** JU 19 Pc 65
Möderndorf 28 Ob 69
Möderndorfer Alm 28 Ob 69
Mödling **2340** MD 11 Rb 60
Mödlinger Hütte 19 Pd 63
Mödring 29 Pa 67
Mödring 5 Qd 57
Möderitsch 29 Pa 67
Möggers **6900** B 13 Ke 63
Mölbling **9330** SV 30 Pc 67
Möllbrücke **9813** 28 Ob 68
Möllersdorf **2513** 11 Rb 61
Möltern 21 Rb 64
Mönchdorf **4281** 4/10 Pe 58
Mönchhof **7123** ND 12 Rf 61
Mönchmeierhof 22 Rb 65
Mönichkirchen **2872** NK 21 Ra 64
Mönichkirchner Schwaig 21 Qf 64
Mönichwald **8252** HB 21 Qf 64
Mörbisch am See **7072** EU 12 Rd 62
Mörsbachhütte 19 Pa 64
Mörschwang **4982** RI 8 Oc 59
Mörtersdorf 5 Qe 57
Mörtschach **9842** 28 Nf 67
Möschitzgraben 19 Pd 66
Mösel 30 Pd 67
Mösendorf 8 Oc 61
Möserer 19 Pb 66
Mösern 15 Ma 65
Mößlacher 28 Oc 68
Mößna 19 Pa 65
Mötlas 9/10 Pe 58
Mötz **6423** IM 14 Lf 65
Mogersdorf **8382** JE 32 Rb 67
Mold, Rosenburg- **3573** HO 5 Qe 57
Mollands 5 Qd 58
Mollendorf 10 Qb 59
Mollersdorf 11 Qf 59
Mollmannsdorf 6 Rc 58
Molln **4591** KI 9 Pb 61
Mollram 11 Ra 62
Molzbichl 29 Od 68
Molzegg 21 Qf 63
Mondsee **5310** VB 8 Oc 61
Moniholz 4 Qb 58
Mooralm 18 Of 66
Moos 10 Pf 62
Moos 15 Ma 64
Moos 16 Mf 64
Moos 27 Nc 67
Moos 30 Pe 69
Moos 31 Qb 68
Moos 7 Oa 60
Moosau 10 Pe 62
Moosbach **5271** BR 7 Oa 59
Moosbach 10 Qb 62
Moosbach 10 Qd 61
Moosbrunn **2440** WU 12 Rc 61
Moosburg **9062** KL 29 Pa 69
Moosdorf **5141** BR 7 Nf 60
Moosen 16 Nb 64
Moosheim 16 Na 63
Mooshöhe 19 Pd 62
Mooshof Alpe 27 Nc 68
Mooshuben (Gasthaus) 10 Qc 62
Moosing 31 Qb 67
Mooskirchen **8562** VO 31 Qb 67
Mooswacht 17 Ne 63
Mooswald 29 Od 68
Mooswirt (Gasthaus) 19 Pc 65
Morawitzer A. 29 Oe 67
Moritzenalm 18 Oc 66
Moritzreith 4 Qc 58
Morsbach 16 Na 63
Mortantsch **8160** MZ 21 Qd 65
Morzg **5034** 17 Oa 62
Moschendorf 22 Rc 66
Mosen 16 Mf 64
Moser (Gasthaus) 31 Qc 69
Mosinz 30 Pd 67
Mostbach 4 Qc 55
Motten 4 Qa 55
Mottingeramt 4 Qc 57
Muckendorf an der Donau 11 Ra 59
Mühl 14 Le 64
Mühl (Gasthaus) 20 Qc 66
Mühlacken 8-9 Pa 58
Mühlau 19 Pc 63
Mühlbach **5732** 16 Nc 65
Mühlbach 17 Nd 65
Mühlbach 25 Le 66
Mühlbach 27 Nd 67
Mühlbach 29 Of 69
Mühlbach 4 Pf 57
Mühlbach 7 Oa 61
Mühlbach 8 Od 61
Mühlbach am Hochkönig **5505** JO 17 Oa 64
Mühlbach am Manhartsberg, Hohenwarth- **3473** HL 5 Qe 58
Mühldorf **3622** KR 10 Qb 58
Mühldorf **9814** 28 Ob 67
Mühldorf 8 Of 61
Mühldorf bei Feldbach **8330** FB 32 Qf 67
Mühle 30 Pf 67
Mühlen **8822** 30 Pc 66
Mühleplatz 24 Kf 66
Mühlgraben 10 Qb 60
Mühlgraben 16 Nb 63
Mühlhaus 10 Qa 60
Mühlheim am Inn **4961** RI 7 Ob 59
Mühlhuber 20 Qb 66
Mühlleiten 12 Rd 60
Mühlmax 20 Qc 65
Mühlreit 18 Oe 63
Mühltal 15 Mc 65
Mühltal 16 Na 64
Mühltal 7 Nf 59
Mühring 8 Od 60
Müllendorf **2482** MD 12 Rc 61
Müllendorf **7052** EU 12 Rc 62
Mülleralm 16 Na 65
Müllnerhütte 29 Of 67
Münchreith an der Thaya 4 Qc 55
Münichreith 10 Qb 58
Münichreith-Laimbach **3662** ME 10 Qa 59
Münichsthal 6 Rc 58
Münichthal 20 Pe 63
Münster **6232** KU 16 Me 64
Münzbach **4323** PE 9 Pe 59
Münzbach 4 Pf 57
Münzhütte 30 Pd 68
Münzkirchen **4792** SD 8 Od 58
Mürdorf 19 Pd 66
Mürfeldorf 10 Qb 59
Mürzhofen **8644** MZ 20 Qc 64
Mürzsteg **8693** MZ 20 Qc 63
Mürzzuschlag **8680** MZ 21 Qd 63
Müselbach 13 Kf 64
Mützens 26 Mc 66
Muggendorf **2763** WB 11 Qf 61
Muhr **5583** TA 28 Oc 66
Muhr 29 Oe 66
Mundenham 7 Oa 60
Munderfing **5222** BR 7 Ob 60
Munderfing 8 Od 59
Murau **8850** MU 19 Pa 66
Murauer Hütte 19 Pa 66
Mureck **8480** RA 32 Qe 68
Murfeld **8473** RA 31 Qd 68
Murstetten 11 Qe 59
Musau **6600** RE 14 Ld 63
Musel 20 Pf 63
Mußbach 8 Of 58
Muth 18 Od 63
Muthmannsdorf, Winzendorf- **2723** WB 11 Ra 62
Muttekopfhütte 14 Ld 65
Muttendorf 31 Qb 67
Mutterbergalm 25 Ma 66
Mutterer Alm 15 Mb 65
Mutters **6162** IL 15 Mc 65
Muttersberg 13 Ke 65
Muttjöchle 24 Kf 66

N

Naarn im Machlande **4331** PE 9 Pd 59
Naas **8160** MZ 21 Qd 65
Nabegg 10 Pf 59
Nadelbach 9/10 Pe 58
Nagelschmied (Gasthaus) 19 Pc 63
Naggl 28 Ob 68
Naglern 6 Rc 58
Na Gori = Rupertiberg 29 Pa 69
Namlos **6642** RE 14 Ld 64
Nampolach 28 Oc 69
Napfenkogel 18 Oe 64
Nappersdorf-Kammersdorf **2023** HL 5 Rb 57
Napplach 28 Ob 67
Narrenhofer (Gasthaus) 21 Qe 64
Naschberg 16 Mf 64
Nassau 31 Qb 68
Nassereith **6465** IM 14 Le 65
Naßfeldhütte 28 Ob 69
Naßwald **2661** 11 Qd 62
Natschbach-Loipersbach **2620** NK 11 Ra 62
Natternbach **4723** GR 8 Oe 58
Natters **6161** IL 15 Mb 65
Nattersmühle 10 Qb 61
Nauderer Skihütte 25 Ld 67
Nauders **6543** LA 24 Lc 67
Navis **6141** IL 26 Md 66
Nazl-A. 29 Oe 67
Nebelberg **4154** RO 2 Of 57
Nebersdorf 22 Rd 64
Neckenmarkt **7311** OP 22 Rd 63
Neder 26 Mb 66
Neggerndorf 18 Oe 66
Neidling **3100** PL 10 Qd 59
Nenzing **6710** BZ 23 Ke 65
Nenzinger Himmel 23 Kd 66
Nesselwängle **6672** RE 14 Ld 64
Nestelbach bei Graz **8302** GU 21 Qd 66
Nestelbach im Ilztal **8262** FF 21 Qf 66
Nestelberg 10 Qb 61
Nestelberg 31 Qc 68
Nettingsdorf 9 Pb 60
Neuaigen 11 Ra 58
Neualm 18 Oe 65
Neualm 19 Pc 64
Neubau **2125** 6 Rd 58
Neubau 4 Qc 57
Neubau 4 Qd 57
Neubau 9 Pb 59
Neubauhaus 28 Nf 66
Neuberg 10 Qc 60
Neubergalm 16 Me 64
Neubergalm 18 Oe 64
Neubergalpe 25 Le 66
Neuberg an der Mürz **8692** MZ 21 Qd 63
Neuberger 22 Rb 66
Neuberg im Burgenland **7535** GS 22 Rb 66
Neubruck 10 Qa 61
Neuburger Hütte 15 Ma 65
Neudau **8292** HB 21 Ra 66
Neudauberg 21 Ra 66
Neudegg 5 Qf 58
Neudenstein 30 Pd 69
Neudörfl **7201** MA 11 Rb 62
Neudorf **2475** 12 Rf 61
Neudorf 10 Pe 59
Neudorf 10 Qb 58
Neudorf 20 Qc 65
Neudorf 21 Qe 66
Neudorf 25 Lf 66
Neudorf 2-3 Pa 57
Neudorf 31 Qb 67
Neudorf 9 Pb 58
Neudorf 9 Pd 58
Neudorf 9 Pd 61
Neudorf an der Mur 31 Qd 68
Neudorf bei Ilz 21 Qf 66
Neudorf bei Landsee 22 Rc 63
Neudorf bei Passail **8162** WZ 20 Qc 65
Neudorf bei Staatz **2135** MI 6 Rc 56
Neudorf im Sausal 31 Qc 68
Neudorf ob Wildon 31 Qc 67
Neue Amstettener Hütte 9 Pe 61
Neue Bamberger Hütte 16 Na 65
Neue Bonner Hütte 29 Od 66
Neue Chemnitzer Hütte 25 Lf 67
Neue Fürther Hütte 16 Nc 66
Neue Heilbronner Hütte 24 La 66
Neue Pforzheimer Hütte 25 Ma 66
Neue Prager Hütte 27 Nc 66
Neue Regensburger Hütte 25 Mb 66
Neue Reichenberger Hütte 27 Nb 67
Neue Reutlinger Hütte (Gasthaus) 24 La 66
Neue-Samoar-Hütte 25 Lf 68
Neues Luckner Haus 27 Nd 66
Neueßling 12 Rd 59
Neues Wirtshaus 12 Rc 59
Neue Thüringer Hütte 16 Nc 66
Neue Wacht 17 Oa 65
Neufahrn 7 Ob 61
Neufeld an der Leitha **2491** EU 12 Rc 62
Neufelden **4120** RO 8 Of 58
Neugötzens 15 Mb 65
Neu-Guntramsdorf 11 Rb 60
Neuhäusl 18 Oc 64
Neuhaus **2565** 11 Ra 61
Neuhaus 10 Qa 62
Neuhaus 30 Pf 69
Neuhaus 8 Ob 59
Neuhaus am Klausenbach **8385** JE 32 Qf 67
Neuhaus an der Gail 29 Oe 69
Neuhausen 7 Nf 60
Neuhaus in der Wart 22 Rb 65
Neuhof 10 Qb 58
Neuhof 12 Rf 60
Neuhof 20 Qa 65
Neuhof 9 Pd 59
Neuhof (Gasthaus) 22 Rb 65
Neuhofen an der Krems **4501** LL 9 Pb 60
Neuhofen an der Ybbs **3364** AM 10 Pf 60
Neuhofen im Innkreis **4910** RI 8 Oc 59
Neukematen 9 Pb 60
Neukirchen **4814** 8 Oe 61
Neukirchen am Großvenediger **5741** ZE 16 Nb 65
Neukirchen am Walde **4724** GR 8 Oe 58
Neukirchen an der Enknach **5145** BR 7 Oa 59
Neukirchen an der Vöckla **4872** VB 8 Od 60
Neukirchen an der Wild 4 Qd 57
Neukirchen bei Lambach **4671** WL 8 Oe 60
Neulengbach **3040** PL 11 Qf 59
Neuleutasch 15 Mb 64
Neumarkt am Wallersee **5202** SL 7 Ob 61
Neumarkt an der Raab 32 Ra 67
Neumarkt an der Ybbs **3371** ME 10 Qa 60
Neumarkt im Hausruckkreis **4720** GR 8 Oe 59
Neumarkt im Mühlkreis **4212** FR 9 Pc 58
Neumarkt im Tauchental 22 Rb 65
Neumarkt in Steiermark **8820** MU 19 Pc 66
Neumühle 22 Rb 63
Neunagelberg 4 Pf 56
Neundling 2 Of 57
Neunkirchen **2620** NK 11 Ra 62
Neunkirchner Hütte 19 Pa 65
Neunzen 4 Qc 56
Neupölla **3593** 4 Qc 57
Neupurkersdorf 11 Ra 60
Neu-Riegers 4 Qc 55
Neurißhof 11 Rb 61
Neuruppersdorf 6 Rd 56
Neurur 25 Lf 66
Neusach 28 Ob 68
Neuschitz 28 Oc 67
Neuschmiedalm 17 Nd 65
Neusiedl 11 Qf 59
Neusiedl 11 Qf 61
Neusiedl 11 Ra 61
Neusiedl 21 Qf 66
Neusiedl am See **7100** ND 12 Re 61
Neusiedl am Walde 11 Qf 62
Neusiedl an der Zaya **2183** GF 6 Re 57
Neusiedl bei Güssing 21 Ra 66
Neußerling 8-9 Pa 58
Neustadtl an der Donau **3323** AM 10 Pf 59
Neustift 10 Qa 61
Neustift 32 Qf 68
Neustift 4 Pf 58
Neustift 4 Qa 58
Neustift, Schönberg- 5 Qe 58
Neustift an der Lafnitz 21 Qf 64
Neustift bei Güssing **7540** GS 22 Rb 67
Neustift bei Sebersdorf 21 Qf 66
Neustift im Felde 5 Qf 58
Neustift im Mühlkreis **4143** RO 2 Oe 57
Neustift im Stubaital **6167** IL 26 Mb 66
Neustift-Innermanzing **3052** PL 11 Qf 60
Neu Süßenbrunn 12 Rc 59
Neutal **7343** OP 22 Rc 63
Neutersdorf 31 Qd 68
Neu-Waldhäusl 10 Qa 59
Neuwaldhütte 21 Qf 63
Neuweidling 11 Qd 58
Neuwirth (Gasthaus) 29 Pa 68
Neuzeug **4523** 9 Pb 60
Nexing 6 Rd 58
Neydharting, Bad Wimsbach- **4654** WL 8 Of 60
Nickelsdorf **2425** 12 Sa 61
Nidermülleralm 28 Oa 68
Niederabsdorf, Ringelsdorf- **2272** GF 6 Rf 57
Niederaigen 10 Pf 60
Niederaigen 20 Qc 63
Niederalm 17 Oa 62
Niederalpl 20 Qc 63
Niederarnsdorf 7 Nf 61
Niederau **6314** 16 Na 64
Niederbach 10 Qc 61
Niederbreitenbach 16 Na 63
Niederdörfl 30 Pc 69
Niederdorf 20 Pf 65
Niederdorf 20 Qa 64
Niederedlitz 4 Qb 55
Niederelbehütte 24 Lb 66
Niederfellabrunn 5 Rb 58
Niederfladnitz **2081** 5 Qf 56
Niedergail 28 Ne 68
Niedergallmig 25 Ld 66
Niedergams 31 Qb 68
Niedergößnitz 20 Pf 66
Niedergrubalm 17 Ne 64
Niedergrünbach 4 Qc 57
Niederhof 17 Ne 65
Niederhofstetten 9/10 Pe 58
Niederhollabrunn **2004** KO 5 Rb 58
Niederkappel **4133** RO 8 Of 58
Niederkreuzstetten **2124** 6 Rc 58
Niederleis **2116** MI 6 Rc 57
Niedermauern 27 Nc 67
Niedermittereckeralm 18 Oe 62
Niederndorf **6342** KU 16 Nb 63
Niederndorferberg **6342** KU 16 Nb 63
Niederneukirchen **4491** LL 9 Pb 60
Niederneustift 4 Qa 57
Niedernondorf **3531** 4 Qb 57
Niedernsill **5722** ZE 17 Nd 65
Niederöblarn **8960** LI 19 Of 64
Niederranna 8 Oe 58
Niederrußbach **3702** 5 Ra 58
Niedersachsenhaus 28 Nf 66
Niederschleinz 5 Qf 57
Niederschöckl 21 Qc 66
Niederschrems 4 Qa 56
Niedersulz 6 Re 58
Niederthalheim **4692** VB 8 Oe 60
Niederthei 25 Lf 66
Niederuntersberg 17 Oa 65
Niederwaldkirchen **4174** RO 8-9 Pa 58
Niederwinkl 9 Pb 58
Niederwölz **8831** MU 19 Pc 66
Niederzirking 9 Pd 59
Nigglai 28 Ob 68
Nigglaieralm 28 Ob 68
Niglalmhütte 9 Pd 62
Nikelsdorf 29 Od 68
Nikitsch **7302** OP 22 Rd 64
Niklasdorf **8712** LN 20 Qa 64
Nikolsdorf **9782** LZ 28 Nf 68
Nitscha **8200** WZ 21 Qe 66
Nitzing 11 Ra 59
Nockhof 15 Mb 65
Nodendorf 6 Rc 57
Nöchling **3691** ME 10 Pf 59
Nödersdorf 4 Qd 56
Nöhagen 4 Qc 58
Nölbling 28 Oa 69
Nördlinger Hütte 15 Mb 65
Nörsach 28 Nf 68
Nößlach 26 Mc 66
Nöstach 11 Qf 61
Nöster 11 Qe 61
Nötsch im Gailtal **9611** 29 Od 69
Nofels 13 Kd 65
Noggels 24 Lc 67
Nonča ves = Einersdorf 30 Pe 69
Nondorf 4 Pf 57
Nondorf 4 Qa 56
Nondorf 4 Qd 55
Nondorf an der Wild 4 Qc 56
Nondorf bei Gars 5 Qe 57
Nonnenalm 15 Md 63
Nonnersdorf 10 Qb 59
Nonnersdorf 5 Qe 56
Noreia 30 Pc 67
Nostra 28 Ne 69
Nothdorf 16 Na 65
Nürnberger Hütte 25 Mb 67
Nützling 11 Qe 60
Nüziders **6714** BZ 13 Ke 65
Nufels 25 Le 66
Nußbach **4542** KI 9 Pa 61
Nußberg 29 Pb 68
Nußdorf am Attersee **4865** VB 8 Od 61
Nußdorf am Haunsberg **5151** SL 7 Oa 61
Nußdorf ob der Traisen **3133** PL 11 Qe 59
Nussendorf 10 Qa 59

O

Obdach **8742** JU 19 Pd 66
Obendorf 21 Rb 66
Oberafendorf **3200** PL 10 Qd 60
Oberaich **8600** BM 20 Qb 64
Oberalberting 8 Oc 60
Oberallach 28 Ob 68
Oberalm **5411** HA 17 Oa 62
Oberamlach 28 Oc 68
Oberantlang 8 Oe 58
Oberarnsdorf 10 Qc 59
Oberasch 18 Ob 62
Oberaschau 8 Oc 62
Oberaßling 27 Nd 68
Oberau **6311** 16 Na 64
Oberaurach 16 Nc 64
Oberbairing 9 Pb 58
Oberberg 16 Mf 63
Oberbergalm 16 Me 63
Oberbergen 10 Qd 58
Oberbierbaum 11 Qe 59
Oberbildein 22 Rc 66
Oberboden 29 Of 68
Oberbrunn 8 Od 60
Oberdamüls 13 Kf 65
Oberdannegg 11 Ra 63
Oberdissau 21 Qd 64
Oberdörfli 29 Pa 69
Oberdorf 18 Oc 64
Oberdorf 19 Pc 63
Oberdorf 20 Qa 64
Oberdorf 20 Qa 66
Oberdorf 28 Ob 68
Oberdorf 30 Pe 69
Oberdorf 8 Ob 60
Oberdorf am Hochegg **8324** FB 31 Qe 67
Oberdorf bei Thannhausen 21 Qd 65
Oberdorf im Burgenland **7501** OW 21 Rb 65
Oberdrauburg **9781** SP 28 Nf 68
Oberdrosen 32 Ra 67
Oberdrum 27 Ne 67
Oberdürnbach 5 Qe 57
Obere Bischofsalm 28 Oa 69
Obereching 7 Nf 61
Oberedlitz 4 Qb 55
Obere Ennsalm 18 Oc 65
Obereggendorf **2492** 11 Rb 62
Obereita 10 Qa 59
Obere Palfau 20 Pe 62
Obere Pindlalm 18 Oe 65
Obererleinsbach 8 Oe 59
Obere Schloßalpe 17 Oa 66
Oberesternberg **4092** 2 Od 57
Obere Thomanbauerhütte 28 Ob 67
Oberfarrach 20 Pe 65
Oberfellabrunn 5 Ra 57
Oberferlach 29 Of 69
Oberfladnitz 21 Qe 67
Oberfladnitz 5 Qf 56
Obergänserndorf 6 Rc 58
Obergail 28 Ne 68
Obergarten 14 Lf 64
Obergeng 9 Pb 58
Obergiblen 14 Lc 65
Obergnas 32 Qe 67
Obergottesfeld 28 Ob 68
Obergrabern 5 Qf 57
Obergrünbach 4 Qc 55
Obergrünbach 4 Qc 58
Obergrünburg **4593** 9 Pb 61
Obergurgl **6456** 25 Lf 67
Oberhaag **8455** LB 31 Qb 68
Oberhaag 2 Of 57
Oberhalden 13 Kf 64
Oberhart 31 Qb 68
Oberhart 8 Pa 60
Oberhatzendorf 32 Qf 67
Oberhaus 18 Oe 64
Oberhausalpe 27 Nb 67
Oberhausen 12 Rd 60
Oberhautzenthal 5 Ra 58
Oberhochegg 21 Oe 65
Oberhöflein 11 Ra 62
Oberhöflein 5 Qe 56
Oberhof 10 Qc 59
Oberhof 11 Qe 62
Oberhof 16 Na 65
Oberhof 29 Pa 67
Oberhofen am Irrsee **4894** VB 8 Ob 61
Oberhofen im Inntal **6405** IL 15 Ma 65
Oberhofstetter 11 Qe 60
Oberholz 5 Qe 58
Oberhub 10 Qb 60
Oberhüttenalm 18 Od 65
Oberjassingau 20 Pe 63
Oberkappel **4144** RO 2 Oe 57
Oberkirchbach 11 Rb 59

Oberkirchen 4 Pf 57
Oberkohlstätten 22 Rb 64
Oberkreuzstetten 6 Rc 58
Oberkurzheim **8761** JU 19 Pd 65
Oberlaa 12 Rc 60
Oberlamm 21 Ra 67
Oberlandhütte 16 Nb 64
Oberlangkampfen 16 Na 63
Oberlaussa 19 Pc 63
Oberlech 13 La 65
Oberlehen 18 Ob 64
Oberleibnig 27 Nd 67
Oberleins 14 Le 65
Oberlembach 4 Pf 56
Oberlend 17 Oa 65
Oberlengdorf 18 Of 64
Oberletzen 14 Le 63
Oberlienz **9900** LZ 27 Ne 68
Oberlimbach 21 Ra 66
Oberloibach 30 Pe 69
Oberloiben 10 Qd 58
Oberloisdorf **7451** 22 Rc 64
Obermallebern 5 Ra 58
Obermamau 11 Qd 59
Obermarkersdorf 5 Qf 56
Obermarreith 3 Pd 58
Obermauern 27 Nc 66
Obermeisling **3521** 4 Qc 58
Obermieger 30 Pc 69
Obermixnitz 5 Qe 56
Obermöschach 28 Ob 69
Obermoos 14 Lf 64
Obermosgan 30 Pd 70
Obermühl **4131** 8 Of 58
Obermühlbach 30 Pb 68
Obermühlham 8 Oc 61
Obern 15 Ma 64
Obernalb 5 Qf 56
Obernberg 8 Of 58
Obernberg am Brenner **6156** IL 26 Mc 66
Obernberg am Inn **4982** RI 8 Ob 59
Oberndorf 10 Qb 59
Oberndorf 16 Na 64
Oberndorf 16 Nb 63
Oberndorf 4 Qc 55
Oberndorf 9 Pd 60
Oberndorf 9/10 Pe 58
Oberndorf an der Melk **3281** SB 10 Qb 60
Oberndorf bei Salzburg **5110** SL 7 Nf 61
Oberndorf bei Schwanenstadt **4690** VB 8 Oe 60
Oberndorf in Tirol **6372** KB 16 Nc 64
Oberneuberg 21 Qf 65
Oberneukirchen **4181** UU 9 Pb 58
Obernitschaberg 21 Qe 66
Obernondorf 4 Qb 57
Obernursch 5 Rb 58
Obernußdorf 28 Ne 67
Oberolberndorf 5 Ra 58
Oberort 20 Qa 63
Oberparschenbrunn 5 Ra 58
Oberpaßberg 3 Pd 57
Oberpeischlach 27 Nd 67
Oberperfuss **6173** IL 15 Mb 65
Oberpetersdorf 22 Rc 63
Oberpettneu 15 Ma 65
Oberpiesting 11 Ra 61
Oberpilsbach 8 Od 60
Oberpinswang 14 Le 63
Oberpirkach 28 Nf 68
Oberprätis 21 Qe 64
Oberpremstätten 31 Qc 67
Oberpullendorf **7350** OP 22 Rc 64
Oberpurkla 32 Qf 68
Oberrabitz 22 Rb 64
Oberradl 10 Qc 60
Oberragnitz 31 Qd 67
Oberrainskogler 9 Pd 61
Oberrakitsch 31 Qe 68
Oberrand 9 Pe 61
Oberrauchenödt 3 Pd 57
Oberravelsbach 5 Qe 57
Oberregau 8 Od 61
Oberreith 5 Qd 58
Oberrettenbach **8212** WZ 21 Qe 66
Oberried 25 Lf 66
Oberrohr 21 Qf 65
Oberrohrbach **2105** 5 Rb 58
Oberrohrendorf 11 Qd 58
Oberrosenauerwald 4 Pf 57
Oberrotte 27 Nb 67
Oberrußbach 5 Ra 58
Obersaifen 21 Qe 65
Ober Sankt Georgen **4372** 10 Pf 58
Obersattler (Gasthaus) 20 Qc 64
Obersberg 11 Qd 62
Oberschachern 28 Nf 66
Oberscharten 8 Pa 59
Oberschlierbach **4553** KI 9 Pa 61
Oberschöckl 21 Qc 66
Oberschotterlee 5 Rb 57
Oberschützen **7432** OW 21 Rb 65
Oberschwarzenberg 2 Oe 56
Obersdorf 18 Of 63
Obersdorf 6 Rd 58
Obersiebenbrunn **2283** GF 12 Re 59
Oberspiß 24 Lc 67
Oberstaller Alm 27 Nb 67
Oberstanz 20 Qc 64
Obersteigenthal 16 Nb 62
Obersteinabrunn 5 Ra 57
Obersteinriedl 9 Pe 61
Oberstinkenbrunn 5 Ra 57
Oberstockstall 5 Qf 58
Oberstorcha **8324** FB 32 Qe 67
Oberstrahlbach 4 Qa 57
Oberstuttern 19 Of 64
Obersulz **2224** 6 Rd 58
Obersulzbachhütte 16 Nb 66
Obertal 26 Mb 66
Obertauern **5562** 18 Od 65
Oberthal 18 Od 64
Oberthal 20 Qb 66
Oberthern 5 Qf 58
Oberthürnau 4 Qd 55
Oberthumeritz 4 Qd 56
Obertilliach **9942** LZ 27 Nd 68
Obert-Klinke-Hütte 19 Pc 63
Obertöllern 30 Pb 69
Obertomaschitz 30 Pd 70
Obertraun **4831** GM 18 Od 63
Obertreßleinsbach 8 Oe 58
Obertreubach **5272** 7 Ob 59
Obertrum am See **5162** SL 7 Oa 61
Obertweng 29 Oe 68
Obervellach **9821** SP 28 Oa 67
Obervellach 28 Oc 69
Obervogau **8461** LB 31 Qd 68
Oberwald 31 Qa 67
Oberwaldbauern 21 Ra 64
Oberwalder Hütte 27 Ne 66
Oberwaldschlag 9 Pb 58
Oberwaltersdorf **2522** BN 11 Rb 61
Oberwang **4882** VB 8 Oc 61
Oberwart **7400** OW 21 Rb 65
Oberweg 26 Md 66
Oberweiden **2295** 12 Re 59
Oberweinberg 21 Ra 64
Oberweinberg 7 Ob 60
Oberweis **4664** 8 Oe 61
Oberweisburg 18 Od 66
Oberwestegg 13 La 64
Oberwietingberg 30 Pd 67
Oberwindhag 4 Pf 57
Oberwinkl 9 Pb 58
Oberwödling 8 Oe 59
Oberwölbling **3124** 11 Qd 59
Oberwölz Stadt **8832** MU 19 Pb 65
Oberzalimhütte 23 Kd 66
Oberzeiring **8762** JU 19 Pc 65
Oberzirking 9 Pd 59
Oberzögersdorf 11 Ra 58
Obgrün 21 Qf 66
Obirsko = Ebriach 30 Pc 70
Obladis, Bad 25 Ld 66
Obritz 5 Ra 56
Obritzberg-Rust **3123** PL 11 Qd 59
Obsteig **6416** IM 14 Lf 65
Obsweyer 9 Pd 61
Obtarrenz 14 Le 65
Ochnerbauer 20 Qc 64
Ochsenburg 11 Qd 60
Ochsenlacke 27 Nc 67
Ochsenschluchtalm 28 Oa 68
Ockert 10 Qb 60
Öblarn **8960** LI 19 Of 64
Oed **2755** 11 Qf 61
Oed 10 Qa 58
Oed 10 Qc 59
Öd 16 Na 64
Oed 16 Nb 63
Ödenhof (Gasthaus) 11 Qf 62
Ödernalm 18 Of 63
Oed-Oehling **3312** AM 9 Pe 60
Oedt an der Wild 4 Qc 56
Oedt bei Feldbach 32 Qe 67
Ödwirt (Gasthaus) 19 Of 64
Öhler 11 Qf 62
Oehling, Oed- **3312** AM 9 Pe 60
Öppelhausen 7 Oa 60
Oepping **4150** RO 2 Of 57
Örgenhiasalm 18 Ob 66
Oertelsmühle 10 Pf 61
Östen 25 Lf 66
Ötscher Haus (Gasthaus) 10 Qa 62
Oetting 28 Nf 68
Oetz **6433** 14 Lf 65
Oetzbach 10 Qb 58
Ötzling 8 Od 60
Ötztal 14 Lf 65
Oeynhausen 11 Rb 61
Ofenbach 11 Rb 62
Offenegg 21 Qd 65
Offenhausen **4625** WL 8 Oe 60
Ofnerhütte 30 Pd 68
Oftering **4064** LL 9 Pa 59
Oggau **7063** EU 12 Rd 62
Ohlsdorf **4694** GM 8 Oe 61
Ohnerstorf 2 Of 57
Oisching 10 Qb 62
Oisching 20 Qa 64
Oisnitz 31 Qb 67
Oisternig (Gasthaus) 29 Oc 69
Olbersdorf 21 Ra 63
Olbersdorf 5 Qe 58
Olgersdorf 6 Rc 57
Ollern 11 Ra 59
Ollersdorf **2252** 6 Re 58
Ollersdorf im Burgenland **7533** GS 21 Ra 66
Olperer Hütte 26 Md 66
Olsach 29 Od 68
Oman 30 Pc 67
Omesberg 13 La 65
Oppenberg **8786** LI 19 Pb 64
Opponitz **3342** AM 10 Pe 61
Ornading 8 Ob 59
Ort 31 Qa 69
Ort 8 Oc 62
Ortbauer 19 Pc 64
Orth an der Donau **2304** GF 12 Re 60
Orthof 21 Qe 63
Orthofer (Gasthaus) 21 Qe 64
Ort im Innkreis **4974** RI 8 Oc 59
Ortner 20 Qa 65
Ortnerhof (Gasthaus) 21 Qd 63
Oscar-Schauer-Haus = Sattelhaus 20 Pf 66
Osch 10 Qa 62
Oschenitzen 30 Pd 69
Oslip **7000** EU 12 Rd 62
Osnabrücker Hütte 28 Ob 66
Ossarn 11 Qe 59
Ossiach **9570** FE 29 Of 69
Osterguntenalpe 13 Kf 64
Ostermiething **5121** BR 7 Ne 60
Osternach 8 Oc 59
Osterwitz **8530** DL 31 Qa 67
Ostpreußenhütte 17 Oa 64
Ostra 4 Qc 58
Ottakring 11 Rb 59
Ottendorf 5 Rb 58
Ottendorf 7 Oa 60
Ottendorf an der Rittschein **8312** FF 21 Qf 66
Ottenhausen 7 Oa 60
Ottenschlag **3631** ZT 10 Qb 58
Ottenschlag 4 Qa 56
Ottenschlag im Mühlkreis **4204** UU 9 Pc 58
Ottensheim **4100** UU 8-9 Pa 59
Ottenthal **2163** 6 Rd 56
Ottenthal 5 Qf 58
Otternitz 31 Qb 68
Ottertal **2880** NK 21 Qf 63
Ottmanach 30 Pc 68
Ottnang am Hausruck **4901** VB 8 Od 60
Ottohaus (Gasthaus) 11 Qe 62
Ottohütte 29 Oe 69
Ottokar-Kernstock-Haus 20 Qb 64
Otto-Mayr-Hütte 14 Ld 63
Ottsdorf 9 Pa 61

P

Paal 29 Of 66
Paalsdorf 21 Qe 66
Paasdorf 6 Rd 57
Pabneukirchen **4363** PE 10 Pe 59
Pabst (Gasthaus) 29 Od 67
Pabstriegel 19 Pe 65
Pacher 21 Qe 64
Pachern 19 Pb 66
Pachfurth 12 Re 60
Pack **8583** VO 30 Pf 67
Padasteralm 26 Mc 66
Padasterjochhütte 26 Mc 66
Paichlberg 9 Pb 60
Paieralm 18 Of 66
Paintner Alpe 27 Nd 68
Paisberg 20 Pe 66
Paldau **8341** FB 32 Qe 67
Palfau **8923** LI 20 Pe 62
Pallweis 4 Qc 58
Palm 21 Ra 63
Palt 11 Qd 58
Palten 19 Pc 64
Palten 9 Pb 62
Palterndorf-Dobermannsdorf **2182** GF 6 Re 57
Palting **5163** BR 7 Oa 60
Palúd-Schihütte 23 Kd 66
Pama **2422** 12 Sa 60
Pamhagen **7152** ND 12 Rf 63
Pankrazberg 16 Me 64
Panydorf 2 Of 56
Paradies (Gasthaus) 19 Pc 63
Parbasdorf **2232** GF 12 Rd 59
Parisdorf 5 Qf 57
Parndorf **7111** ND 12 Re 61
Parschallen 8 Od 61
Parschlug **8605** BM 20 Qb 64
Partenen **6749** 24 La 67
Partenreith 8 Of 58
Partitsch 24 Lc 67
Pasching **4061** LL 9 Pb 59
Passail **8162** WZ 21 Qc 65
Paßau 28 Oa 66
Passauer Hütte 17 Ne 64
Passendorf 5 Qe 56
Passering 30 Pc 68
Passhammer 19 Pd 65
Paßriach 28 Oc 69
Pasterzen Haus 27 Ne 66
Patergassen **9564** 30 Of 66
Paternion **9711** VL 29 Od 68
Patsch **6082** IL 15 Mc 65
Patscher Hütte 27 Nb 67
Pattigham **4910** RI 8 Oc 60
Patzenthal 5 Rb 57
Patzmannsdorf 5 Rb 57
Paudorf **3511** KR 11 Qd 59
Paulhof 12 Rf 62
Paurach 32 Qe 67
Pauritsch (Gasthaus) 31 Qa 68
Pausendorf 20 Pe 65
Pax 11 Qe 62
Payerbach **2650** NK 21 Qf 63
Paznaun 24 Lb 66
Peesen 21 Qd 65
Peggau **8120** GU 20 Qb 65
Peggetz 28 Ne 68
Pehendorf 4 Qa 58
Peida 15 Ma 65
Peigarten 4 Qb 55
Peigarten 4 Qb 57
Peigarten 5 Ra 56
Peilstein im Mühlviertel **4153** RO 2 Of 57
Peisching 11 Ra 62
Pellendorf 12 Rc 60
Pellendorf 6 Rd 58
Pelmberg 9 Pb 58
Penk **9816** 28 Ob 67
Penk 21 Qf 63
Penk 30 Pe 69
Penkenhütte 16 Me 66
Pennewang **4624** WL 8 Qe 60
Penzelberg 28 Ne 67
Penzendorf 21 Qf 65
Penzendorf 27 Nd 68
Penzing 11 Qf 59
Penzing 11 Rb 60
Pepellalm 27 Nb 66
Perau 29 Od 67
Perbersdorf bei Sankt Peter 32 Qe 68
Perbersdorf bei Sankt Veit 31 Qd 68
Perchau am Sattel **8820** MU 19 Pc 66
Percht 18 Oe 64
Perchtolsdorf **2380** MD 11 Rb 60
Peregreithalm 14 Le 65
Perersdorf 11 Qe 60
Perfuchs 25 Ld 66
Perg **4320** PE 9 Pd 59
Pergkirchen 9 Pd 59
Perjen 25 Ld 66
Perl (Gasthaus) 21 Qd 63
Perlsdorf **8342** FB 32 Qe 67
Perndorf 4 Qa 57
Perneck 18 Od 62
Pernegg **3753** HO 5 Qd 56
Pernegg, Sommerau 17 Ob 63
Pernegg an der Mur **8132** BM 20 Qb 65
Pernersdorf **2052** HL 5 Ra 57
Pernersdorf 9 Pd 60
Pernhofen 5 Rb 56
Pernitz **2763** WB 11 Qf 61
Pernthon 4 Qa 58
Perpat 24 Lc 66
Persal 27 Me 66
Perschenegg 11 Qe 60
Persenbeug-Gottsdorf **3680** ME 10 Qa 60
Pertisau **6213** 15 Me 64
Pertlstein **8350** FB 32 Qf 67
Perwang am Grabensee **5163** BR 7 Oa 60
Perwarth 10 Pf 60
Perweinhütte 19 Pa 64
Perwürz 19 Pc 64
Perzendorf 11 Ra 58
Pesenbach 8-9 Pa 58
Peter-Anich-Hütte 15 Ma 65
Peterbauer (Gasthaus) 19 Pe 64
Peterdorf 19 Pb 66
Peterer Alm 30 Pe 66
Petersdorf I bei Fehring 32 Qf 67
Petersdorf II **8323** FB 31 Qd 67
Peterskirchen **4743** RI 8 Od 59
Peter-Wiechenthaler-Hütte 17 Nf 64
Peterwirt (Gasthaus) 20 Pe 63
Petronell **2404** BL 12 Rf 60
Petrus 20 Pf 63
Pettenbach **4643** KI 8 Of 61
Pettendorf 5 Ra 58
Pettighofen 8 Od 61
Pettneu am Arlberg **6574** LA 24 Lb 66
Petzelsdorf 32 Qf 67
Petzenkirchen **3252** ME 10 Qa 60
Petzenkönig (Gasthaus) 30 Pe 69
Peuerbach **4722** GR 8 Oe 58
Pfälzer Hütte 23 Kd 66
Pfaffenberg 8 Oe 60
Pfaffendorf **2052** 5 Ra 56
Pfaffenhofen **6405** IL 15 Ma 65
Pfaffenreith 4 Qd 57
Pfaffenreith 10 Qa 59
Pfaffenschlag 10 Pf 61
Pfaffenschlag 4 Qc 56
Pfaffenschlag bei Waidhofen an der Thaya **3834** WT 4 Qb 56
Pfaffenschwendt 17 Nd 64
Pfaffetschlag 2 Of 56
Pfaffing **4870** VB 8 Oc 60
Pfaffing 11 Qd 59
Pfaffing 8 Of 61
Pfaffings 4 Qa 58
Pfafflar **6644** RE 14 Ld 65
Pfaffstätt **5222** BR 7 Oa 60
Pfaffstätten **2511** BN 11 Rb 61
Pfaffstetten 5 Qf 58
Pfandl 16 Nb 63
Pfannhammer 20 Qb 62
Pfarralm 10 Qc 62
Pfarre, Zell- 30 Pc 70
Pfarrkirchen bei Bad Hall **4540** SE 9 Pb 60
Pfarrkirchen im Mühlkreis **4141** RO 8 Oe 58
Pfarrwerfen **5452** JO 17 Ob 64
Pfeiferstocker 30 Pf 68
Pfeishütte 15 Mc 65
Pfitscher Joch-Haus = Rifugio Passo di Vizze 26 Md 67
Pfitz 13 Kd 65
Pflach **6600** RE 14 Le 63
Pflüglhof 28 Oc 67
Pfösing 6 Rc 58
Pfons **6143** IL 26 Mc 66
Pframa 12 Re 60
Pfrontner Haus 14 Ld 63
Pfunds **6542** LA 25 Ld 67
Pfundser-Ochsenberg-Hütte 24 Lc 67
Pians **6551** LA 24 Lc 66
Piber 20 Qa 66
Piberbach **4531** LL 9 Pb 60
Piberstein 20 Qa 66
Piburg 14 Lf 65
Picheldorf 20 Qa 64
Pichelhofen 19 Pc 65
Pichl 18 Ob 63
Pichl 18 Oe 66
Pichl 18 Of 66
Pichl 19 Pb 62
Pichla bei Mureck 31 Qd 68
Pichla bei Radkersburg 32 Qf 68
Pichlbauer 9 Pd 62
Pichlbauer (Gasthaus) 30 Pe 67
Pichl bei Wels **4632** WL 8 Of 59
Pichlern 29 Oe 66
Pichlern 9 Pb 60
Pichl-Kainisch **8984** LI 18 Oe 63
Pichl-Preunegg **8973** LI 18 Od 64
Pichlwang 8 Od 61
Piebersbach 9 Pd 58
Pieberschlag 3 Pd 57
Pielach 10 Qc 59
Pielachleiten 10 Qc 61
Pierbach **4282** FR 3 Pe 59
Piesdorf 8 Od 61
Piesendorf **5721** ZE 17 Ne 65
Pilgersdorf **7441** OP 22 Rb 64
Pill **6130** SZ 15 Me 65
Piller 25 Le 66
Pillersdorf 5 Qf 56
Pillichsdorf **2211** MI 12 Rd 59
Pinegg 16 Mf 63
Pinggau **8243** HB 21 Ra 65
Pinkafeld **7423** OW 21 Ra 64
Pinnisalm 26 Mb 66
Pinsdorf **4812** GM 8 Oe 61
Pinzgauer Hütte 17 Ne 65
Piößmes 25 Le 66
Pirawarth, Bad **2222** GF 6 Rd 58
Pirchlalm 28 Nf 66
Piringsdorf-Unterrabnitz **7371** OP 22 Rc 64
Pirk 29 Pa 69
Pirka **8054** GU 31 Qc 67
Pirkdorf 30 Pe 69
Pirker 19 Pb 65
Pirkhof 31 Qb 67
Pirnitzalm 18 Ob 64
Pirtendorf 17 Ne 65
Pischeldorf **9064** 30 Pc 68
Pischelsdorf 11 Qf 59
Pischelsdorf 12 Rd 61
Pischelsdorf 29 Oe 66
Pischelsdorf am Engelbach **5233** BR 7 Oa 60
Pischelsdorf in der Steiermark **8212** WZ 21 Qe 66
Pisching 10 Qa 59
Pisterlalm 19 Pa 65
Pistorf **8443** LB 31 Qb 68
Pisweg 30 Pb 67
Pitschgau **8552** DL 31 Qb 68
Pitten **2823** NK 11 Ra 62
Pitting 8 Oe 60
Pitze 25 Lf 67
Pitzen 18 Ob 64
Pitzenberg **4690** VB 8 Oe 60
Pitzenhof 25 Le 66
Plachhaus 20 Qb 63
Plainfeld **5332** SL 7 Ob 62
Plambach 10 Qd 60
Plana 19 Pa 63
Planeralm 18 Oe 63
Plangeroß 25 Le 67
Plank am Kamp **3564** 5 Qe 57
Plankau 18 Oe 62
Plankenberg 11 Qf 59
Plankenstein 10 Qb 60
Plankensteinhütte 18 Od 63
Planner Haus 19 Pb 64
Plannersee 19 Pb 64
Plansee 14 Le 64
Plaschischen 29 Pa 69
Platt 5 Qf 57
Platten 9 Pd 61
Platzalpe 25 Ld 67
Platzl 14 Lf 65
Platzl 15 Ma 64
Plauener Hütte 27 Na 66
Plazera 13 Ke 65
Pleißing **2083** 5 Qe 56
Plenk 20 Qc 63
Plenzengreith 20 Qc 65
Pleschnitzzinkenhütte 18 Oe 64
Pleschwirt (Gasthaus) 20 Qb 66
Pleßberg 4 Qb 55
Plestätten 30 Pf 69
Pletzachalm 15 Me 64
Plöckenhaus (Gasthaus) 28 Nf 69
Plon 27 Nc 67
Plumsalm 15 Md 64
Plumserjochhütte 15 Md 64
Pockhorn 28 Ne 66
Poden = Bodental 29 Pb 70
Podersdorf am See **7141** ND 12 Re 62
Podgoria 22 Rb 65
Podjuna = Jaunstein 30 Pd 69
Podlanig 28 Nf 68
Podler 22 Rb 65
Pöbring, Artstetten- **3361** ME 10 Qb 59
Pöchlarn **3380** ME 10 Qb 59
Pöckau 29 Oe 69
Pöggstall **3650** ME 10 Qb 59
Pöham 18 Ob 64
Pölfing-Brunn **8544** DL 31 Qb 68
Pölitzalm 18 Od 62
Pölla 28 Oc 66
Pöllaberg 10 Qb 60
Pölland 29 Oc 69
Pöllau **8225** HB 21 Qe 65
Pöllau 11 Ra 61
Pöllau 20 Qc 65
Pöllau am Greim 19 Pa 65
Pöllau bei Gleisdorf 21 Qe 66
Pöllauberg 21 Qe 65
Pölling 30 Pc 68
Pölling 30 Pe 68
Pöls **8761** JU 19 Pd 65
Pöls, Zwaring- **8142** GU 31 Qc 67
Pölsen 17 Nd 65
Pölten 32 Qf 68
Pölzl 20 Qe 63
Pömmerstall 10 Qb 59
Pörtasch 30 Pd 69
Pörtschach am Wörther See **9210** KL 29 Pa 69
Pösting 8-9 Pa 59
Pöstlingberg 9 Pb 59
Pöttelsdorf **7023** MA 12 Rc 62
Pötting **4720** GR 8 Oe 59
Pöttsching **7033** MA 12 Rc 62
Pötzles 4 Qb 57
Poggersdorf **9131** KL 30 Pc 69
Poggschlag 10 Qa 58
Pogöriach 29 Od 68
Pogöriach 29 Of 69
Pogusch (Gasthaus) 20 Qb 63
Poigen 4 Qd 57
Point 17 Ne 64
Point 21 Qf 65
Point 9 Pe 62
Pointmühle 10 Qa 61
Poitschach 29 Pa 68
Poldlbauer (Gasthaus) 21 Qe 63
Polinikhütte 28 Oa 67
Pollham **4710** GR 8 Of 59
Polliger 29 Pa 67

Polling im Innkreis **4951** BR 7 Ob 59
Polling in Tirol **6403** IL 15 Ma 65
Polsenz 8 Of 59
Polsing 9 Pa 59
Polster 19 Pa 62
Polster 20 Pf 63
Poltenalm 26 Md 66
Pommersdorf 4 Qc 56
Pongritz (Gasthaus) 20 Qa 66
Ponigl 21 Qd 65
Ponigl 31 Qc 67
Ponikva = Penk 30 Pe 69
Poppendorf **8342** FB 32 Qe 68
Poppendorf 10 Qc 60
Poppendorfer Bergen 22 Rb 67
Poppendorf im Burgenland 22 Rb 67
Poppernigg 31 Qa 69
Porrau 5 Ra 57
Port 24 Lc 67
Poschach 25 Ma 67
Poschalm 17 Nf 64
Possau 30 Pc 68
Possegger 29 Od 68
Possegg-Müllner 21 Qd 64
Posselsdorf 5 Qd 56
Postalm 16 Nb 66
Postalm 18 Oc 63
Postmühle (Gasthaus) 21 Qd 64
Potok = Bach 29 Pa 69
Potsdamer Hütte 25 Mb 66
Pottenbrunn **3140** 11 Qe 59
Pottendorf **2486** BN 12 Rc 61
Pottenhofen 6 Rd 56
Pottenstein **2563** BN 11 Ra 61
Pottschach 11 Qf 62
Potz 18 Of 64
Potzneusiedl **2473** 12 Rf 60
Poysdorf **2161** 6 Rd 56
Poysdorf **2170** MI 6 Rd 57
Präbach, Höf- **8063** GU 21 Qd 66
Präbichl 20 Pf 64
Präer Alm 17 Oa 65
Prägraten **9974** LZ 27 Nb 66
Prätis 21 Qe 65
Pram **4742** GR 8 Od 59
Prama 16 Nc 63
Prambachkirchen **4731** EF 8 Of 59
Pramerdorf 8 Od 59
Pramet **4874** RI 8 Oc 60
Pranhartsberg 5 Qf 57
Prarath 31 Qb 68
Praunfalk 18 Oe 63
Praxmar 25 Ma 66
Prebersdorf 21 Qe 66
Prebl **9461** 30 Pe 67
Preblau 30 Pe 67
Prebusch 21 Qe 66
Preding **8504** DL 31 Qc 67
Preding 21 Qd 65
Predlitz **8863** MU 29 Of 66
Preg 20 Pf 65
Pregarten **4230** FR 9 Pd 58
Pregartsdorf 9 Pd 58
Preims 30 Pe 67
Prein an der Rax **2654** 21 Qe 63
Preineder Schwaig 21 Qf 64
Preinreichs 4 Pf 57
Preinreichs 4 Qc 57
Preintaler Hütte 18 Oe 65
Preisdorf 28 Ob 66
Preitenegg **9451** WO 30 Pf 67
Prekowa 29 Pb 67
Prellenkirchen **2472** BL 12 Rf 60
Premstätten 21 Qd 67
Prenning 20 Qb 65
Prenten 14 Lb 65
Pressbaum **3021** WU 11 Ra 60
Pressegger See, Hermagor- **9620** HE 28 Ob 69
Preßguts **8211** WZ 21 Qe 66
Presshäuser 5 Ra 57
Pressingberg 29 Od 67
Pretrobruck 4 Pf 58
Prettenthaler (Gasthaus) 20 Qa 65
Pretul 21 Qd 63
Preunegg, Pichl- **8973** LI 18 Od 64
Preuwitz 5 Qe 58
Pribelsdorf 30 Pd 69
Pribitzalm 20 Qa 63
Pridahof 32 Qf 68
Priel 5 Qd 58
Priel-Schutzhaus 19 Pa 62
Priethal 9 Pb 61
Prigglitz **2640** NK 11 Qf 62
Primau 16 Nb 63
Prinzelndorf 10 Qb 59
Prinzendorf an der Zaya **2185** 6 Re 57
Prinzersdorf **3385** PL 10 Qc 59
Priwaldkreuz 29 Pb 66
Probstdorf 12 Rd 60
Projern 30 Pb 68
Proleb **8712** LN 20 Qa 64
Prosegg 27 Nc 66
Proslhaus 20 Qa 65
Prossaualm 28 Ob 66
Prottes **2242** GF 6 Re 58
Pruggern **8965** LI 18 Of 64
Prutz **6522** LA 25 Ld 66
Prutzendorf 5 Qe 56
Prymhäuser 11 Ra 61
Puch 29 Oe 69
Puch 4 Qc 55
Puch 5 Ra 58
Pucha 18 Oc 62
Puch bei Hallein **5412** HA 17 Oa 62
Puch bei Weiz **8182** WZ 21 Qe 65
Puchberg am Schneeberg **2734** NK 11 Qf 62
Puchberg bei Randegg 10 Pf 61
Puchen 18 Oe 63
Puchenau **4040** UU 9 Pb 59
Puchenstuben **3214** SB 10 Qb 61
Puchheim, Attnang- **4800** VB 8 Oe 60
Puchkirchen am Trattberg **4850** VB 8 Od 60
Puchschachen 19 Pe 65
Pucking **4053** LL 9 Pa 59
Pühring 9 Pc 60
Pühringer Hütte 18 Of 62
Pürbach **3944** 4 Qa 56
Pürgg-Trautenfels **8951** LI 19 Pa 63
Pürgschachen 19 Pb 63
Pürstendorf 6 Rc 58
Pürstling 3 Pd 57
Pulgarn 9 Pc 59
Pulkau **3741** HL 5 Qf 56
Pummersdorf 10 Qc 60
Pumperlalm 20 Pf 63
Punitz 22 Rb 66
Punzing 8 Of 59
Pupping **4070** EF 8 Of 59
Purbach am Neusiedler See **7083** EU 12 Re 61
Purgstall an der Erlauf **3251** SB 10 Qa 60
Purgstall bei Eggersdorf **8063** GU 21 Qd 66
Purk, Kottes- **3623** ZT 4 Qb 58
Purkersdorf **3002** WU 11 Ra 59
Purrath 10 Pf 58
Purtscheller Haus 17 Oa 63
Pusarnitz **9812** 28 Oc 68
Puschlin 25 Ld 66
Pusterwald **8764** 19 Pc 65
Pustritz **9104** 30 Pe 68
Putschall 28 Nf 67
Putzenalm 18 Oe 65
Putzing 6 Rc 58
Putzleinsdorf **4134** RO 8 Of 58
Putzmühle 10 Pf 61
Pyburg 9 Pd 59
Pyhra **3143** PL 11 Qe 60
Pyhra 6 Rc 57
Pyhrabruck 3 Pe 56
Pyhrafeld 10 Pf 60
Pyhrgasgatterl-Skihaus 19 Pc 63
Pyhrn 19 Pb 63
Pyramidenkogel 29 Pa 69
Pyrawang 2 Od 57
Pysdorf 12 Rd 59

Q

Quadratsch 24 Lc 66

R

Raab **4760** SD 8 Od 58
Raab 21 Qc 65
Raaba **8042** GU 21 Qc 67
Raabau **8330** FB 32 Qf 67
Raabs an der Thaya **3820** WT 4 Qc 56
Raach am Hochgebirge **2640** NK 21 Qf 63
Raan 5 Qe 57
Raasdorf **2281** GF 12 Rd 59
Raazwaldalpe 14 Le 64
Rab 18 Oc 65
Rabach 9 Pb 61
Rabenberg (Gasthaus) 29 Pb 70
Rabenbrunn 8 Of 62
Rabendorf 21 Qe 65
Rabensburg **2274** MI 6 Rf 57
Rabenstein an der Pielach **3203** PL 10 Qc 60
Rabenwald **8225** HB 21 Qe 65
Rabesreith 4 Qd 55
Rabing 30 Pc 67
Rabland 27 Nc 68
Rabnitz 21 Qc 66
Rachau **8720** KF 20 Pf 65
Radau 8 Oc 61
Radendorf 29 Oe 69
Radenthein **9545** SP 29 Od 68
Radersdorf 31 Qe 67
Radiga 31 Qc 68
Radin 24 Kf 66
Radisch, Aug- **8342** FB 32 Qe 68
Radiše = Radsberg 30 Pc 69
Radkersburg, Bad **8490** RA 32 Qf 68
Radl 28 Oc 67
Radl 4 Qc 56
Radlach 28 Ob 68
Radlbrunn 5 Qf 58
Radmer **8795** LN 19 Pe 63
Radmer an der Hasel 19 Pe 63
Radmer an der Stube **8795** 19 Pe 63
Radmerer 19 Pd 63
Radnig 28 Ob 69
Radochen 32 Qf 68
Radsberg 30 Pc 69
Radstadt **5550** JO 18 Oc 64
Radstädter Hütte 18 Oc 64
Radurschlhaus 25 Ld 67
Radweg 29 Pa 68
Radwirt (Gasthof) 20 Qc 63
Raffelstetten 9 Pc 59
Rafing 5 Qe 57
Rafings 4 Qb 56
Ragelsdorf 5 Ra 56
Raggendorf, Matzen- **2215** GF 6 Rd 58
Raglitz 11 Ra 62
Ragnitz **8413** LB 31 Qd 68
Rahstorf 8 Oe 61
Raidenwirt (Gasthaus) 30 Pb 70
Raiding **7321** 22 Rd 63
Raidling 11 Qe 59
Rainbach im Innkreis **4791** SD 8 Od 58
Rainbach im Mühlkreis **4261** FR 3 Pc 57
Rainberg 10 Qb 60
Rainfeld **3162** 11 Qe 60
Raipoltenbach 11 Qf 59
Raisdorf 5 Qd 56
Raisenmarkt 11 Ra 61
Raitiser Alm 15 Mb 65
Rajok (Gasthaus) 31 Qa 69
Rakollach 30 Pd 69
Rals 27 Nd 68
Ralser 16 Nb 63
Rametzhofen 10 Qc 60
Ramingstein **5591** TA 29 Oe 66
Rammern 17 Nd 64
Rammersdorf 10 Qc 60
Ramolhütte 25 Lf 68
Ramolkogl 25 Lf 67
Rampetzreith 2 Of 57
Ramplach 11 Ra 63
Ramsanger 16 Me 65
Ramsau **3172** LF 11 Qe 61
Ramsau 16 Mf 64
Ramsau 17 Oa 62
Ramsau 18 Od 63
Ramsau 18 Oe 63
Ramsau 20 Qa 62
Ramsau 4 Qc 57
Ramsau 8 Oc 60
Ramsau 8 Oe 61
Ramsau 9 Pb 62
Ramsau am Dachstein **8972** LI 18 Od 64
Ramsau im Zillertal **6283** SZ 16 Mf 65
Ramsbach 20 Pf 64
Ramsberg 16 Mf 65
Ramseben 19 Pb 62
Ramseiden 17 Nf 64
Ramssattel 21 Qf 63
Randegg **3263** SB 10 Pf 61
Raneralmhütte 28 Ne 67
Rangersdorf **9833** SP 28 Nf 67
Ranggen **6175** IL 15 Mb 65
Raning **8342** FB 32 Qe 68
Raning 30 Pe 67
Rankenthal 16 Na 65
Rankleithen 8 Of 61
Rankweil **6830** FK 13 Kd 65
Rannersdorf 12 Rc 60
Rannersdorf 6 Re 57
Rannersdorf am Saßbach 31 Qd 68
Ransdorf 21 Rb 63
Ranseredt 8 Od 58
Ranshofen **8582** 7 Oa 59
Ranten **8853** MU 19 Pa 66
Rapoltendorf 11 Qe 59
Rappodkogel 20 Pf 66
Rappolten-Kirchen 11 Qf 59
Rappoltenreith 10 Qa 59
Rappoltschlag 4 Qb 58
Rappottenstein **3911** ZT 4 Qa 58
Raschala 5 Ra 57
Rassach **8522** DL 31 Qb 67
Rassing 11 Qe 59
Rassingdorf 5 Qe 56
Raßnig 28 Oa 68
Raßnitz 20 Pe 65
Rastbach 4 Qc 58
Rastenberg 4 Qb 57
Rastenfeld **3532** KR 4 Qb 57
Rastkogelhütte 16 Me 65
Ratsch an der Weinstraße **8461** LB 31 Qd 68
Ratschendorf **8483** RA 32 Qe 68
Ratschenhof 4 Qb 57
Ratten **8673** WZ 21 Qe 64
Rattenberg **6240** KU 16 Mf 64
Rattenberg 19 Pe 65
Rattendorf 28 Ob 69
Rattendorfer Alm 28 Oa 69
Rattersdorf **7443** 22 Rc 64
Ratzenberg 10 Qa 60
Ratzersdorf 11 Qd 59
Ratzling 8 Oe 58
Rauch 20 Qa 64
Rauchenkatsch 29 Od 67
Rauchenwarth **2320** 12 Rd 60
Rauchwart im Burgenland 22 Rb 66
Rauhekopfhütte 25 Le 67
Raumberg 19 Pa 64
Rauris **5661** ZE 17 Nf 65
Rauriser Tauernhaus 28 Nf 66
Raut 27 Ne 68
Rautalm 28 Nf 68
Rauth 14 Le 64
Rauth 26 Me 66
Rauth 30 Pb 69
Rauthhütte 15 Ma 64
Ravelsbach **3720** HL 5 Qf 57
Ravensburger Hütte 13 La 65
Rax 32 Ra 67
Raxenböck 10 Qc 61
Raxendorf **3654** ME 10 Qb 59
Reauz 29 Pb 69
Reberca = Rechberg 30 Pd 69
Rechberg **4322** PE 9/10 Pe 59
Rechberg 30 Pd 69
Rechen 10 Pf 61
Rechnitz **7471** OW 22 Rc 65
Redessen 4 Qd 56
Redleiten **4873** VB 8 Oc 60
Redlham **4690** VB 8 Oe 60
Redlmühl 8 Of 61
Redlschlag 22 Rb 64
Redlthal 8 Oc 60
Refler 19 Pa 66
Refling 18 Oe 66
Regau **4844** VB 8 Oe 61
Regelsbrunn **2403** 12 Re 60
Rehbach 14 Lc 63
Rehenberg 13 Kf 64
Rehgraben 22 Rb 66
Reibers 4 Qb 55
Reichau 4 Qc 58
Reichenau **9565** FE 29 Of 67
Reichenau am Freiwalde 3 Pe 57
Reichenau an der Rax **2651** NK 11 Qe 62
Reichenau im Mühlkreis **4204** UU 9 Pc 58
Reichenbach 4 Qa 55
Reichendorf **8212** WZ 21 Qe 66
Reichenfels **9463** WO 30 Pe 67
Reichensteinhütte 20 Pf 64
Reichenthal **4193** UU 3 Pc 57
Reichenthalheim 8 Od 61
Reichers 4 Qb 57
Reichersberg **4981** RI 8 Oc 59
Reichersdorf 11 Qe 59
Reichhalms 4 Qc 57
Reichharts 4 Qd 56
Reichraming **4462** SE 9 Pc 61
Reideben 30 Pf 68
Reidling, Sitzenberg- **3454** TU 11 Qe 59
Reifling **8750** JU 19 Pd 66
Reifmühle 3 Pb 57
Reifnitz **9081** 29 Pa 69
Reiftaler, Wirtshaus 10 Qc 61
Reifthal 19 Pb 63
Reiherbach 21 Qe 64
Reikersdorf 5 Qe 57
Rein **8103** 20 Qb 66
Reinberg 21 Qf 64
Reinberg-Dobersberg 4 Qb 55
Reinberg-Heidenreichstein 4 Qb 55
Reinberg-Litschau 4 Qa 55
Reindlau 15 Mb 64
Reinersdorfer Bach 22 Rb 67
Reingers **3863** GD 4 Qa 55
Reinischwirt (Gasthaus) 31 Qa 67
Reinolz 4 Qb 55
Reinpolz 4 Pf 56
Reinprechts 4 Pf 56
Reinprechtspölla 5 Qe 57
Reinsbach 4 Qb 56
Reinsberg **3264** SB 10 Qa 61
Reintal 11 Qe 61
Reinthal **2276** 6 Re 57
Reisach 28 Oa 69
Reisalpe **9633** 11 Qd 61
Reisberger Halt (Gasthaus) 30 Pd 68
Reisenberg **2440** BN 12 Rd 61
Reisling 4 Qc 58
Reißeck **9815** SP 28 Ob 67
Reißeckhütte 28 Oc 67
Reisser (Gasthaus) 20 Qb 64
Reißkofelbad 28 Oa 69
Reit 16 Na 65
Reit 17 Ne 63
Reit 28 Oc 66
Reit 7 Oa 61
Reitbauer 21 Qe 63
Reitdorf 18 Oc 64
Reitenbauer 19 Pd 66
Reiterdörfl 17 Nd 63
Reiterer Haus 21 Qf 64
Reiternfeld 18 Od 62
Reith 18 Oc 62
Reith 21 Qd 64
Reith 4 Qd 56
Reith 7 Nf 60
Reith 8 Of 58
Reith 9 Pa 59
Reith bei Hartmannsdorf 21 Qe 66
Reith bei Kitzbühel **6370** KB 16 Nb 64
Reith bei Seefeld **6103** IL 15 Mb 65
Reith im Alpbachtal **6235** KU 16 Mf 64
Reitingau 20 Pe 64
Reitl 10 Pf 61
Reitlehen 16 Nc 65
Reitstein 15 Me 63
Reittern 4 Qc 58
Reitzendorf 10 Qa 58
Reitzenschlag 4 Qa 55
Rekawinkel **3031** 11 Ra 60
Rellseck 24 Kf 66
Rellshüsle 24 Ke 66
Rems 9 Pd 59
Remsach 17 Oa 66
Remschnigg Herberge (Gasthaus) 31 Qc 69
Renalt 25 Mb 66
Rengerberg 17 Ob 62
Renneis 30 Pf 67
Rennersdorf 10 Qd 60
Rennweg **9863** SP 29 Od 67
Renndl 7 Ob 60
Ressnig 30 Pb 69
Resterhöhe 16 Nc 65
Rettenbach 16 Nb 64
Rettenbach 18 Od 62
Rettenbach 21 Rb 64
Rettenbach 28 Nf 67
Rettenbachalm 18 Oe 62
Rettenbachalpe 25 Lf 67
Rettenbach in Oststeiermark 31 Qd 67
Rettenegg **8674** WZ 21 Qe 64
Retteneggalm 17 Oa 65
Rettenkogel-H. 18 Oc 62
Rettenschöss **6342** KU 16 Nb 63
Rettensteinalm 16 Nb 65
Retteralmhütte 18 Od 64
Retz **2070** HL 5 Qf 56
Retznei **8461** LB 31 Qd 68
Reuhof 12 Rd 59
Reute 13 Kf 64
Reuthe **6870** B 13 Kf 64
Reutte **6600** RE 14 Le 64
Reuttener Hütte 14 Ld 64
Reyersdorf, Schönkirchen- **2241** GF 6 Re 59
Richardhof 11 Rb 60
Richterhütte 27 Na 66
Rickenbach 13 Ke 64
Ried 11 Qe 59
Ried 14 Le 65
Ried 16 Me 64
Ried 27 Nd 68
Ried am Riederberg **3004** 11 Ra 59
Riedau **4752** SD 8 Od 59
Riedbach 16 Me 65
Rieden 14 Ld 64
Riedenberg 16 Mf 63
Riedenthal 6 Rc 58
Rieder 15 Md 65
Riederberg 11 Ra 59
Riederhof (Gasthaus) 31 Qb 67
Riedern 14 Le 65
Riedersberg Siedlung 7 Nf 60
Riedersdorf 10 Pe 59
Ried im Innkreis **4910** RI 8 Oc 59
Ried im Oberinntal **6531** LA 25 Ld 66
Ried im Traunkreis **4551** KI 9 Pa 60
Ried im Zillertal **6272** SZ 16 Mf 65
Ried in der Riedmark **4312** PE 9 Pd 59
Rieding 30 Pf 68
Riedler 19 Pa 65
Riedlingsdorf **7422** OW 21 Ra 65
Riedlpeter 30 Pf 67
Riefen 14 Ld 65
Riefensberg **6943** B 13 Kf 63
Riegelmühle 10 Qc 61
Riegers 4 Qb 55
Riegersbach 21 Qf 64
Riegersburg **2092** 5 Qe 56
Riegersburg **8333** FB 21 Qf 67
Riegersdorf **9587** 29 Oe 69
Riegersdorf 21 Qf 66
Riegerting 8 Oc 59
Rieggers 4 Qa 57
Rieglerwirt (Gasthaus) 20 Qa 66
Riemann-Haus 17 Lf 64
Riepl 30 Pd 70
Riesching 8 Of 58
Rietz **6421** IM 15 Ma 65
Rietzenried 25 Le 66
Rieweis 4 Qb 56
Riezlern **6991** 13 La 64
Rifenal 14 Ld 65
Riffelseehütte 25 Le 67
Rincole = Rinkolach 30 Pe 69
Rindbach 8 Oe 62
Rindberg 13 La 64
Rindlberg 3 Pe 57
Rinegg **8844** MU 19 Pa 66
Ringelsdorf-Niederabsdorf **2272** GF 6 Rf 57
Ringendorf 5 Rb 58
Ringlholz 2 Od 57
Rinkenberg 30 Pe 68
Rinkolach 30 Pe 68
Rinn **6074** IL 15 Mc 65
Rinnbach 8 Of 62
Rinnbergalm 18 Oc 63
Rinnegg 21 Qc 66
Rinnen 14 Le 64
Rinner 19 Pc 66
Rinnerkogelhütte 18 Oe 62
Rinnhofer Hütte 21 Qd 62
Ristfeucht (Gasthaus) 17 Ne 63
Rittham 8 Oe 61
Rittis 21 Qc 63
Rittschein 21 Ra 67
Rittscheinbach 21 Qf 66
Ritzengrub 10 Qb 60
Ritzing **7323** OP 22 Rc 63
Ritzmannsdorf 19 Pa 63
Roblekalm 30 Pc 70
Rocheralm 18 Ob 63
Röckalm 28 Oa 66
Röhrabrunn 5 Rb 57
Röhrawiesen 5 Qe 56
Röhrenbach **3592** HO 4 Qc 57
Röhrenbach 11 Qf 59
Röns **6822** FK 13 Ke 65
Röschitz **3743** HO 5 Qf 57
Röthelstein **8131** GU 20 Qb 65
Röthis **6832** FK 13 Kd 65
Rötsch 19 Pd 66
Rötz 20 Qa 64
Rofen 25 Lf 67
Rogatsboden 10 Qa 61
Roggendorf 10 Qc 59
Roggendorf 5 Qe 57
Roggendorf 5 Qf 57
Roggendorf 5 Ra 57
Roggenreith 10 Qb 58
Rohr 16 Mf 65
Rohr 20 Pf 63
Rohrachbach 19 Pb 64
Rohr an der Raab 32 Qe 67
Rohrau **2471** BL 12 Rf 60
Rohrauer Haus 19 Pc 63
Rohrauerhütte 30 Pe 67
Rohrbach 11 Ra 61
Rohrbach 4 Qb 55
Rohrbach 5 Qf 58
Rohrbach 9 Pc 59
Rohrbach am Rosenberg 31 Qd 68
Rohrbach an der Lafnitz **8234** HB 21 Qf 64
Rohrbach an der Teich 22 Rb 65
Rohrbach bei Mattersburg **7222** MA 12 Rc 62
Rohrbach bei Waltersdorf 21 Of 66
Rohrbachgraben 11 Qf 62
Rohrbach in Oberösterreich **4150** RO 2 Of 57
Rohrbach-Steinberg **8151** GU 20 Qb 66
Rohr bei Hartberg **8294** HB 21 Ra 65
Rohrberg **6280** SZ 16 Mf 65
Rohrbrunn 21 Ra 66
Rohrendorf 5 Qf 57
Rohrenreith 4 Qb 57
Rohrer 19 Pb 64
Rohr im Burgenland 21 Ra 66
Rohr im Gebirge **2663** WB 11 Qe 61
Rohr im Kremstal **4532** SE 9 Pb 60
Rohrmoos-Untertal **8970** LI 18 Od 64
Roiten 4 Qa 57
Roith 18 Oe 62
Roith 8 Od 59
Roitham **4661** GM 8 Oe 60
Rollsdorf, Etzersdorf- **8160** WZ 21 Qe 66
Ronacherfels (Gasthaus) 28 Ob 68
Ronigalpe 14 Lc 65
Ronthal 5 Qe 58

Roppen **6426** IM 14 Le 65
Rorregg 10 Qa 59
Rosalienhäuser (Gasthaus) 11 Rb 63
Rosatinalpe 29 Of 67
Rosegg **9232** VL 29 Of 69
Rosegger Haus 21 Qe 63
Roseggerhof (Gasthaus) 21 Qd 64
Roseldorf 5 Qf 57
Roseldorf 5 Rb 58
Rosenau **3332** 9 Pe 61
Rosenau am Hengstpaß **4581** Kl 19 Pc 62
Rosenau Dorf 4 Qa 57
Rosenau-Schloß **3924** 4 Qa 57
Rosenbach **9183** 29 Of 69
Rosenburg-Mold **3573** HO 5 Qd 57
Rosenfeld 10 Qb 59
Rosenfeld 10 Qb 60
Rosenheim 28 Oc 68
Rosensteiner 19 Pa 64
Rosental 17 Ne 64
Rosental 20 Qa 66
Rosentaler-A. 29 Oe 67
Rosenthal 16 Nb 65
Rossatz **3602** KR 10 Qc 58
Roßbach **5273** BR 7 Ob 59
Roßbach 29 Pb 67
Roßberg 18 Ob 63
Rossböck (Gasthaus) 11 Qe 62
Roßbruck 4 Pe 57
Rossegg 21 Qd 65
Rossegg 31 Qb 67
Roßhag (Gasthaus) 26 Me 66
Roßhütte 15 Mb 64
Roßkogelhütte 15 Ma 65
Roßleithen **4575** Kl 19 Pb 62
Roßwiese 28 Ob 67
Rostocker Hütte, Essener und 27 Nb 66
Rotenberg 21 Ra 66
Rotenbrunnen, Bad 13 Kf 65
Rotenturm an der Pinka **7501** OW 21 Rb 65
Rotgülden 18 Oc 66
Rotgüldenseehütte 28 Oc 66
Rothenau 11 Qd 60
Rothenbrunn 15 Mb 65
Rothenburg 19 Pd 66
Rothenseehof 6 Rc 56
Rothleiten **8130** GU 20 Qb 65
Rothmüller 20 Qb 65
Rotholz 16 Me 64
Rothwald 10 Qa 62
Rothweinsdorf 4 Qc 56
Rothwolf 9 Pc 61
Rotmoos 20 Qa 63
Rottal 4 Qa 55
Rottenbach **4681** LI 8 Oe 59
Rottenberg 10 Qa 59
Rottendorf 29 Pa 68
Rottenegg **4112** 8-9 Pa 58
Rottenmann **8786** GB 19 Pb 63
Rottenmann 19 Pa 66
Rottenmanner Hütte 19 Pc 64
Rottenstein 28 Ob 68
Rottenstein 30 Pc 69
Rottersdorf 11 Qd 59
Rotwandl Hütte 15 Md 63
Rubenthaler Alm 28 Oc 67
Rubland 29 Od 69
Ruckerstätten 7 Oa 61
Ruden **9113** VK 30 Pe 69
Ruders 4 Qb 55
Rudersdorf **7571** JE 21 Ra 66
Rudmanns 4 Qb 57
Rudnigalpe 28 Ob 69
Rudolfhütte 11 Qe 61
Rudolf-Schober-Hütte 18 Of 65
Rudolfshütte 27 Nd 66
Rudolz 4 Qb 55
Rückersdorf 30 Pd 69
Rührsdorf 10 Qc 58
Rüstorf **4690** VB 8 Oe 60
Rufling 9 Pb 59
Ruhringsdorf 8 Oe 59
Rum **6064** IL 15 Mc 65
Rumpelmühle (Gasthaus) 20 Qc 64
Rupertiberg 29 Pa 69
Ruperti-Haus 17 Nf 65
Rupertihaus 17 Oa 64
Ruperting 18 Oe 64
Ruppersdorf 21 Qf 66
Ruppersthal 5 Qf 58
Ruprechtshofen **3244** ME 10 Qb 60
Ruprechtshofen 9 Pd 60
Ruschletalm 27 Nb 68
Rußbach 18 Od 62
Rußbach am Paß Gschütt **5442** HA 18 Oc 63
Rußdorf 19 Pb 66
Rust **7071** EU 12 Rd 62
Rust, Obritzberg- **3123** PL 11 Qf 59
Rustenfeld 12 Rc 60
Rutzendorf 12 Rd 59
Rutzenham **4690** VB 8 Oe 60
Rutzenmoos **4845** 8 Oe 61
Ruzersdorf 2 Of 57

S

Saak 29 Od 69
Saalbach **5753** ZE 17 Nd 64
Saalfelden am Steinernen Meer **5760** ZE 17 Nf 64
Saarbrückener Hütte 24 La 67
Saarleinsbach 2 Of 57
Saaz 32 Qe 67
Sabatenreith 4 Qd 56
Sabathyhütte 19 Pd 66
Sachendorf 20 Pe 65
Sachsenburg **9751** 28 Ob 68
Sachsendorf 5 Qe 58
Sack 14 Ld 65
Säulinghaus 14 Le 63
Säusenstein **3374** 10 Qa 59
Safen 10 Qa 61
Safenau 21 Qf 65
Sagalm 15 Md 65
Sagas 28 Oa 67
Sagbauer 20 Pe 66
Sagbauer (Gasthaus) 21 Qd 63
Saggau 31 Qc 68
Saggraben 10 Qa 58
Saghammer 3 Pe 57
Sagl 15 Ma 65
Sagritz 28 Nf 67
Sagschneider 18 Of 65
Sajach 31 Qd 68
Salchau 19 Pb 65
Salchendorf 30 Pc 68
Salcher 19 Pb 65
Salla **8592** VO 20 Pf 66
Sallapulka 5 Qe 56
Sallingberg **3525** ZT 4 Qb 58
Sallingstadt 4 Qa 57
Salmannsdorf 22 Rb 64
Salmhütte 27 Ne 66
Salnau 2 Of 57
Salvehaus 16 Nb 64
Salzburg **5020** S 17 Oa 62
Salzburger Hütte 17 Ne 65
Salzeralm 18 Of 63
Salzkofelhütte 28 Ob 68
Salzstiegelhaus 20 Pe 66
Sameralm 29 Oe 67
Samerhütte 20 Pe 66
Saminger 9 Pd 58
Sand 9 Pc 61
Sandbach 8 Oe 58
Sandbeck 12 Re 62
Sandberg 5 Qf 57
Sandighütte 28 Nf 67
Sandl **4251** FR 3 Pd 57
Sankt Aegidi **4725** SD 8 Oe 58
Sankt Aegyd am Neuwalde **3193** LF 11 Qd 62
Sankt Agatha **4084** GR 8 Of 58
Sankt Agatha 18 Od 63
Sankt Alban 7 Nf 61
Sankt Andrä **9433** WO 30 Pe 68
Sankt Andrä 27 Nc 66
Sankt Andrä 29 Of 69
Sankt Andrä 29 Pa 67
Sankt Andrä am Zicksee **7161** ND 12 Rf 62
Sankt Andrä an der Traisen 11 Qe 59
Sankt Andrä-Höch **8444** LB 31 Qb 68
Sankt Andrä im Lungau **5580** TA 18 Oe 66
Sankt Andrä-Wördern **3423** TU 11 Rb 59
Sankt Anna 21 Qf 65
Sankt Anna 30 Pd 66
Sankt Anna am Aigen **8354** FB 32 Qf 68
Sankt Anton am Arlberg **8560** LA 24 Lb 66
Sankt Anton an der Jeßnitz **3283** SB 10 Qb 61
Sankt Anton im Montafon **6771** BZ 24 Kf 66
Sankt Bartholomä **8113** GU 20 Qb 66
Sankt Bartlmä 29 Pa 69
Sankt Benedikten 20 Pf 65
Sankt Bernhard-Frauenhofen **3580** HO 4 Qd 57
Sankt Blasen **8812** MU 19 Pb 66
Sankt Blasien 9 Pb 60
Sankt Christoph am Arlberg 24 Lb 66
Sankt Christophen **3051** 11 Qf 60
Sankt Corona am Schöpfl 11 Qf 60
Sankt Corona am Wechsel **2880** NK 21 Qf 63
Sankt Daniel 28 Oa 69
Sankt Dionysen 20 Qb 64
Sankt Donat 30 Pc 68
Sankt Egyden **9536** 29 Pa 69
Sankt Egyden, Siedlung 11 Ra 62
Sankt Egyden am Steinfelde **2731** NK 11 Ra 62
Sankt Erhard bei Mixnitz **8615** 20 Qc 64
Sankt Filippen 30 Pc 68
Sankt Florian 30 Pc 68
Sankt Florian am Inn **4780** SD 8 Oc 58
Sankt Gallen **8933** LI 19 Pd 62
Sankt Gallenkirch **6791** BZ 24 Kf 66
Sankt Gandolf 30 Pb 69
Sankt Georgen **9423** 30 Pf 68
Sankt Georgen 17 Nf 65
Sankt Georgen 19 Pc 63
Sankt Georgen 29 Od 66
Sankt Georgen 29 Oe 69
Sankt Georgen 30 Pc 67
Sankt Georgen 7 Oa 59
Sankt Georgen 8 Oe 59
Sankt Georgen am Fillmannsbach **5144** BR 7 Oa 60
Sankt Georgen am Längsee **9313** SV 30 Pc 68
Sankt Georgen am Leithagebirge 12 Rd 62
Sankt Georgen am Reith **3344** AM 10 Pf 62
Sankt Georgen am Steinfelde **3151** 11 Qd 60
Sankt Georgen am Weinberge 30 Pd 68
Sankt Georgen am Ybbsfelde **3372** AM 10 Pf 60
Sankt Georgen an der Gusen **4222** PE 9 Pc 59
Sankt Georgen an der Leys **3282** SB 10 Qb 60
Sankt Georgen an der Stiefing **8413** LB 31 Qd 67
Sankt Georgen bei Obernburg am Inn **4983** RI 8 Ob 59
Sankt Georgen bei Salzburg **5110** SL 7 Nf 61
Sankt Georgenberg 15 Me 64
Sankt Georgen im Attergau **4880** VB 8 Oc 61
Sankt Georgen im Gailtal **9612** 29 Od 69
Sankt Georgen in der Klaus 9 Pe 61
Sankt Georgen in Obdachegg 20 Pe 66
Sankt Georgen ob Judenburg **8756** JU 19 Pc 65
Sankt Georgen ob Murau **8861** MU 19 Pa 66
Sankt Gerold **6700** BZ 13 Ke 65
Sankt Gertraud **9413** 30 Pf 67
Sankt Gertraudi 16 Mf 64
Sankt Gilgen **5340** SL 18 Oc 62
Sankt Gotthard 10 Qb 60
Sankt Gotthard im Mühlkreis **4112** UU 8-9 Pa 58
Sankt Ilgen **8621** BM 20 Qa 63
Sankt Jakob 29 Od 68
Sankt Jakob 29 Pb 67
Sankt Jakob 30 Pd 68
Sankt Jakob am Arlberg 24 Lb 66
Sankt Jakob am Thurn 17 Oa 62
Sankt Jakob bei Mixnitz **8614** 20 Qc 64
Sankt Jakob bei Winkling 30 Pe 68
Sankt Jakob im Lesachtal **9651** 28 Nf 68
Sankt Jakob im Rosental **9184** VL 29 Pa 69
Sankt Jakob im Walde **8255** HB 21 Qe 64
Sankt Jakob in Defereggen **9963** LZ 27 Nb 67
Sankt Jakob in Haus **6391** KB 17 Nd 64
Sankt Jodok **6154** 26 Mc 66
Sankt Johann **8222** 21 Qe 65
Sankt Johann am Pressen 30 Pd 67
Sankt Johann am Steinfelde 11 Qf 62
Sankt Johann am Tauern **8765** JU 19 Pc 64
Sankt Johann am Walde **5242** BR 7 Ob 60
Sankt Johann am Wimberg **4172** RO 8-9 Pa 58
Sankt Johann im Pongau **5600** JO 17 Ob 64
Sankt Johann im Rosental 29 Pb 69
Sankt Johann im Saggautal **8453** LB 31 Qc 68
Sankt Johann im Walde **9900** LZ 27 Nd 67
Sankt Johann in der Haide **8295** HB 21 Qf 65
Sankt Johann in Engstetten 9 Pd 60
Sankt Johann in Tirol **6380** KB 16 Nc 63
Sankt Johann-Köppling **8565** VO 31 Qb 67
Sankt Josef 30 Pf 68
Sankt Josef (Weststeiermark) **8503** DL 31 Qb 67
Sankt Justina 27 Nd 68
Sankt Kanzian am Klopeiner See **9122** VK 30 Pd 69
Sankt Katharein an der Laming **8611** BM 20 Qa 64
Sankt Katharina in der Wiel 31 Qa 68
Sankt Kathrein 26 Mc 66
Sankt Kathrein am Hauenstein **8672** WZ 21 Qd 64
Sankt Kathrein am Offenegg **8171** WZ 21 Qd 65
Sankt Kathrein im Burgenland 22 Rc 66
Sankt Kind 21 Qf 66
Sankt Klementen 30 Pc 68
Sankt Kollmann 30 Pe 68
Sankt Koloman **5423** HA 17 Ob 63
Sankt Konrad **4817** GM 8 Of 61
Sankt Lambrecht **8813** MU 19 Pb 66
Sankt Laurenz 7 Ob 59
Sankt Leonhard 29 Pb 68
Sankt Leonhard 30 Pc 66
Sankt Leonhard 31 Qa 69
Sankt Leonhard, Bad 29 Of 68
Sankt Leonhard am Forst **3243** ME 10 Qb 60
Sankt Leonhard am Walde 10 Pf 61
Sankt Leonhard an der Saualpe 30 Pd 68
Sankt Leonhard bei Freistadt **4294** FR 9 Pd 58
Sankt Leonhard im Lavanttal, Bad **9462** WO 30 Pe 67
Sankt Leonhard im Pitztal **6481** IM 25 Le 66
Sankt Lorenz **5310** VB 8 Oc 62
Sankt Lorenzen 29 Of 67
Sankt Lorenzen 30 Pc 69
Sankt Lorenzen 31 Qa 69
Sankt Lorenzen am Steinfelde 11 Ra 62
Sankt Lorenzen am Wechsel **8242** HB 21 Qf 64
Sankt Lorenzen bei Knittelfeld **8715** KF 20 Pf 65
Sankt Lorenzen im Gitschtal 28 Ob 69
Sankt Lorenzen im Lesachtal **9654** 28 Ne 68
Sankt Lorenzen im Mürztal **8642** BM 20 Qc 64
Sankt Lorenzen im Paltental 19 Pc 64
Sankt Lorenzen ob Murau 19 Pa 66
Sankt Magdalen **9524** 29 Of 69
Sankt Magdalena am Lemberg **8274** HB 21 Qf 65
Sankt Marein 30 Pe 68
Sankt Marein 4 Qc 57
Sankt Marein bei Graz **8323** GU 21 Qd 67
Sankt Marein bei Knittelfeld **8733** KF 20 Pe 65
Sankt Marein bei Neumarkt **8820** MU 19 Pc 66
Sankt Marein im Mürztal **8641** BM 20 Qc 64
Sankt Margareten im Rosental **9173** KL 30 Pc 69
Sankt Margarethen 17 Oa 62
Sankt Margarethen 29 Of 68
Sankt Margarethen 30 Pd 69
Sankt Margarethen, Lebring- **8403** LB 31 Qc 67
Sankt Margarethen an der Raab **8321** WZ 21 Qe 66
Sankt Margarethen an der Sierning **3231** 10 Qc 60
Sankt Margarethen bei Knittelfeld **8720** KF 20 Pe 65
Sankt Margarethen im Burgenland **7062** EU 12 Rd 62
Sankt Margarethen im Lavanttal **9412** 30 Pe 67
Sankt Margarethen im Lungau **5582** TA 29 Od 66
Sankt Marien **4502** LL 9 Pb 60
Sankt Marienkirchen am Hausruck **4922** RI 8 Od 59
Sankt Marienkirchen an der Polsens **4076** EF 8 Of 59
Sankt Marienkirchen bei Schärding **4774** SD 8 Oc 58
Sankt Martha 20 Pe 65
Sankt Martin **3971** GD 4 Pe 57
Sankt Martin **5522** 18 Oc 64
Sankt Martin 15 Md 65
Sankt Martin 18 Od 66
Sankt Martin 19 Pb 66
Sankt Martin 29 Of 69
Sankt Martin 29 Pa 68
Sankt Martin 30 Pc 68
Sankt Martin 30 Pd 68
Sankt Martin 30 Pe 68
Sankt Martin 9 Pb 59
Sankt Martin am Grimming **8954** LI 18 Of 64
Sankt Martin am Silberberg 30 Pd 67
Sankt Martin am Wöllmißberg **8580** VO 31 Qa 67
Sankt Martin am Ybbsfelde 10 Pf 60
Sankt Martin an der Raab **8383** JE 32 Ra 67
Sankt Martin bei Lofer **5092** ZE 17 Ne 63
Sankt Martin im Innkreis **4973** RI 8 Oc 59
Sankt Martin im Mühlkreis **4113** RO 8-9 Pa 58
Sankt Martin im Sulmtal **8543** 31 Qb 68
Sankt Martin in der Wart 21 Rb 65
Sankt Michael **9143** 30 Pe 69
Sankt Michael **9411** 30 Pe 68
Sankt Michael 10 Qc 58
Sankt Michael 15 Md 65
Sankt Michael 30 Pc 68
Sankt Michael 9 Pb 60
Sankt Michael am Bruckbach 9 Pd 61
Sankt Michael im Burgenland **7535** GS 22 Rb 66
Sankt Michael im Lungau **5582** TA 18 Od 66
Sankt Michael in Obersteiermark **8770** LN 20 Pf 65
Sankt Michael ob der Gurk 30 Pc 69
Sankt Niklas an der Drau 29 Of 69
Sankt Nikola an der Donau **4381** PE 10 Pf 59
Sankt Nikolai im Sausal **8505** LB 31 Qc 68
Sankt Nikolai im Sölktal **8961** LI 19 Pa 65
Sankt Nikolai ob Draßling **8422** LB 31 Qd 68
Sankt Nikolar 29 Od 67
Sankt Nikolaus 22 Rb 66
Sankt Oswald **3684** ME 10 Qa 59
Sankt Oswald **8763** JU 19 Pc 65
Sankt Oswald 27 Nc 68
Sankt Oswald 29 Oe 68
Sankt Oswald 29 Pa 69
Sankt Oswald 2-3 Pa 57
Sankt Oswald 30 Pd 68
Sankt Oswald bei Freistadt **4271** FR 3 Pd 58
Sankt Oswald bei Plankenwarth **8113** GU 20 Qb 66
Sankt Oswald in Freiland 31 Qa 67
Sankt Oswald ob Eibiswald **8553** DL 31 Qa 68
Sankt Pankratius 31 Qb 69
Sankt Pankraz **4572** KI 19 Pb 62
Sankt Pankrazen 20 Qa 66
Sankt Pantaleon **5120** BR 7 Nf 60
Sankt Pantaleon-Erla **4303** AM 9 Pd 59
Sankt Paul an der Gail 29 Od 69
Sankt Paul im Lavanttal **9470** WO 30 Pe 68
Sankt Peter 29 Oc 68
Sankt Peter 29 Od 66
Sankt Peter 29 Pa 69
Sankt Peter 30 Pb 67
Sankt Peter 30 Pc 69
Sankt Peter am Bichl 30 Pb 68
Sankt Peter am Hart **4963** BR 7 Oa 59
Sankt Peter am Kammersberg **8843** MU 19 Pa 65
Sankt Peter am Ottersbach **8093** RA 31 Qe 68
Sankt Peter am Wallersberg 30 Pd 69
Sankt Peter am Wechsel 21 Qf 63
Sankt Peter am Wimberg **4171** RO 8-9 Pa 58
Sankt Peter-Freienstein **8792** LN 20 Qa 64
Sankt Peter im Holz 28 Oc 68
Sankt Peter im Lavanttal 30 Pe 67
Sankt Peter im Sulmtal **8542** DL 31 Qb 68
Sankt Peter in der Au **3352** AM 9 Pd 60
Sankt Peter in der Au Dorf **3352** 9 Pd 60
Sankt Peter ob Judenburg **8755** JU 19 Pd 66
Sankt Pölten **3100** P 11 Qd 59
Sankt-Pöltner-Hütte 17 Nc 66
Sankt Primus **9123** 30 Pd 69
Sankt Radegund **5121** BR 7 Ne 60
Sankt Radegund 30 Pe 69
Sankt Radegund bei Graz **8061** GU 21 Qc 66
Sankt Roman **4793** SD 8 Od 58
Sankt Ruprecht an der Raab **8181** WZ 21 Qd 66
Sankt Ruprecht ob Murau **8862** MU 19 Of 66
Sankt Salvator **9361** 30 Pb 67
Sankt Sebastian 30 Pc 68
Sankt Sigmund im Sellrain **6182** IL 15 Ma 65
Sankt Sixt 8 Oe 58
Sankt Stefan **9431** 30 Pe 68
Sankt Stefan 21 Qf 65
Sankt Stefan 30 Pc 67
Sankt Stefan 30 Pd 68
Sankt Stefan 30 Pd 69
Sankt Stefan am Walde **4170** RO 2-3 Pa 57
Sankt Stefan im Rosental **8083** FB 31 Qe 67
Sankt Stefan ob Leoben **8713** LN 20 Pf 65
Sankt Stefan ob Stainz **8511** DL 31 Qb 67
Sankt Stephan **9623** HE 29 Oc 69
Sankt Thomas **4732** GR 8 Of 59
Sankt Thomas 30 Pc 69
Sankt Thomas am Blasenstein **4364** PE 9/10 Pe 59
Sankt Thomas am Zeiselberg 30 Pc 68
Sankt Ulrich 29 Of 69
Sankt Ulrich 29 Pa 68
Sankt Ulrich 30 Pf 68
Sankt Ulrich 6 Re 57
Sankt Ulrich am Johanneserberg 30 Pd 68
Sankt Ulrich am Pillersee **6393** KB 17 Nd 63
Sankt Ulrich am Waasen **8072** LB 31 Qd 67
Sankt Ulrich bei Steyr **4400** SE 9 Pc 60
Sankt Ulrich im Mühlkreis **4120** RO 8-9 Pa 58
Sankt Ulrich in Greith 31 Qb 68
Sankt Urban **9560** FE 29 Pa 68
Sankt Valentin **4300** 9 Pd 60
Sankt Valentin 11 Qf 63
Sankt Veit 15 Ma 65
Sankt Veit am Vogau **8423** LB 31 Qd 68
Sankt Veit an der Glan **9300** SV 30 Pb 68
Sankt Veit an der Gölsen **3161** LF 11 Qd 60
Sankt Veit an der Triesting 11 Ra 61
Sankt Veit im Innkreis **5273** BR 7 Ob 59
Sankt Veit im Jauntal 30 Pc 69
Sankt Veit im Mühlkreis **4173** RO 8-9 Pa 58
Sankt Veit im Pongau **5621** JO 17 Oa 65
Sankt Veit in Defereggen **9962** LZ 27 Nc 67
Sankt Veit in der Gegend 30 Pc 66
Sankt Vinzenz 31 Pf 68
Sankt Walburgen 30 Pd 68
Sankt Willibald **4762** SD 8 Oe 58
Sankt Wolfgang 19 Pd 66
Sankt Wolfgang 21 Qf 63
Sankt Wolfgang 4 Pf 57
Sankt Wolfgang im Salzkammergut **5360** GM 18 Oc 62
Santneralm 18 Od 65
Sarasdorf 12 Rd 61
Sarleinsbach **4152** RO 2 Of 57
Sarmingstein **4382** 10 Pf 59
Sarning 4 Qb 56
Sarotlahütte 24 Kf 66
Sarsteinhütte 18 Od 63
Sassendorf 10 Qd 59
Satteins **6822** FK 13 Kd 65
Sattelbach 11 Ra 61
Sattelhaus 20 Pf 66
Sattelhof (Gasthaus) 10 Qc 62
Sattelwirt 20 Qa 66
Sattendorf **9520** 29 Of 69
Sattentalalm 18 Oe 64
Sattl 18 Oe 63
Sattl (Gasthaus) 9 Pb 61
Sattledt **4642** WL 9 Pa 60
Sattlegger Hütte 28 Oa 68
Sattler 20 Qc 64
Sattler (Gasthaus) 20 Qa 64
Sattlerhube 20 Pf 66

Sattlermüller 30 Pe 67
Saubachgut 19 Pb 62
Saubersdorf 11 Ra 62
Saubichel 21 Ra 64
Sauerbrunn, Bad- **7202** MA 12 Rb 62
Sauerbrunn (Gasthaus) 31 Qb 67
Sauerfeld 18 Oe 66
Sauggern 4 Qd 56
Saulach 7 Oa 61
Sauldorf 7 Oa 60
Saulueg 16 Mf 64
Saureggen 29 Of 67
Saurs 14 Ld 65
Sautens **6432** IM 14 Lf 65
Sautern 11 Ra 62
Sautern 9 Pa 61
Saxenegg 9/10 Pe 59
Schachau 10 Qb 60
Schachendorf **7472** OW 22 Rc 65
Schachmad 8 Od 61
Schadendorfberg 31 Qb 67
Schaditz 4 Qd 55
Schäferhütte 25 Lf 68
Schäffern **8244** HB 21 Ra 64
Schärding **4780** SD 8 Oc 58
Schafbachalm 18 Ob 62
Schafberg 4 Qa 58
Schaffenfeld 10 Pf 60
Schafferhube (Gasthaus) 20 Pf 65
Schafferreith 19 Pa 63
Schaftenau 16 Ma 63
Schafthal 21 Qc 66
Schagges 4 Pf 56
Schaidl (Gasthaus) 18 Od 64
Schaitten 10 Qa 61
Schalchen **5231** BR 7 Oa 60
Schalkl 24 Lc 67
Schalladorf 5 Ra 57
Schallau 10 Pf 61
Schallendorf im Burgenland 22 Rb 66
Schaller 26 Mb 66
Schallerbach, Bad **4701** GR 8 Of 59
Schaltneralm 18 Of 66
Schalzbach 13 La 65
Schandachen 4 Qa 55
Schandorf 22 Rc 65
Schanz 14 Lf 64
Scharbach (Gasthaus) 29 Of 67
Schardenberg **4784** SD 2 Oc 57
Schardorf 20 Pf 64
Scharfling 18 Oc 62
Scharndorf **2403** BL 12 Re 60
Scharnitz **6108** IL 15 Mb 64
Scharnstein **4644** GM 8 Of 61
Schartenalm 28 Nf 68
Scharwandhütte 18 Oc 63
Schattbach 18 Oc 64
Schattberg Dienten 17 Nf 64
Schattenberg 29 Oe 68
Schattendorf **7022** MA 12 Rc 62
Schattenlaganthütte 23 Ke 66
Schattwald **6677** RE 14 Lc 63
Schatzdorf 8 Od 59
Schatzerberg 25 Ld 66
Schaueregg **7421** 21 Ra 64
Schaufelmühl 10 Qa 61
Scheffach 16 Mf 64
Scheffau am Tennengebirge **5440** HA 17 Ob 63
Scheffau am Wilden Kaiser **6351** KU 16 Nb 63
Scheffsnoth 17 Ne 63
Scheibbs **3270** SB 10 Qa 61
Scheibelwies 10 Qc 59
Scheiben 16 Nb 62
Scheiben 19 Pc 65
Scheibenhütte 21 Qe 63
Scheibenwald-Hütte 16 Nc 63
Scheiblau 10 Qa 61
Scheiblingkirchen, Thernberg- **2831** NK 21 Ra 63
Scheibrand 25 Le 66
Scheideldorf 4 Qc 56
Scheifling **8811** MU 19 Pc 66
Scheiklalm 20 Qc 63
Schelchen 9 Pe 62
Schenkenbrunn 10 Qc 59
Schenkenfelden **4192** UU 3 Pc 58
Schenkofenhütte 17 Oa 63
Scherbartl 30 Pf 68
Scherfeck 7 Ob 60
Schermanngraben (Gasthaus) 21 Ra 66
Scherzboden 29 Oe 68
Scheuchenerb 9 Pe 62
Scheuchenstein 11 Qf 62
Scheutz 4 Qc 58
Schied 17 Oa 65
Schiedlberg **4521** SE 9 Pb 60
Schiefer 32 Ra 67
Schiefling 30 Pe 67
Schiefling am See **9535** KL 29 Pa 69
Schießlingalm 20 Qb 63
Schiestlhaus 20 Qa 63
Schilcherhaus 18 Od 63
Schildlehen (Gasthaus) 18 Od 64
Schildorn **4874** RI 8 Oc 60
Schiltern **3553** 5 Qd 58
Schiltern 11 Ra 63
Schiltern 19 Pb 66
Schilterndorf 30 Pe 69
Schiltinger Amt 4 Qd 57
Schimpelhütten 19 Of 65
Schindeltal 11 Qa 61
Schindlau 2 Of 57
Schindlbach 9 Pa 62
Schindler (Gasthaus) 31 Qa 68
Schindlhütte 10 Qb 61
Schirmannsreith 4 Qd 57
Schirmitzbühel 20 Qb 64
Schirnes 4 Qb 56
Schitterdorf 20 Qc 65
Schlader 4 Qc 55
Schladming **8970** LI 18 Od 64
Schladminger Hütte 18 Oe 64
Schladnitz-Dorf 20 Qa 65
Schlägl **4160** RO 2 Of 57
Schlaffer-Kuhalm 20 Pf 65
Schlag 19 Pd 65
Schlag 21 Ra 64
Schlag 21 Rb 63
Schlag 4 Qa 55
Schlag bei Thalberg **8241** HB 21 Qf 64
Schlagerbauer 19 Pb 63
Schlagl 21 Qf 63
Schlaiten **9951** LZ 27 Nd 67
Schlanitzen 28 Ob 69
Schlappenhart 10 Qa 61
Schlatt **4690** VB 8 Oe 60
Schlaugenham 8 Oe 60
Schleedorf **5203** SL 7 Oa 61
Schleinbach, Ulrichskirchen- **2123** MI 6 Rc 58
Schleinz 11 Rb 62
Schleißheim **4600** WL 9 Pa 60
Schletz 6 Rc 57
Schlickendorf 5 Qe 58
Schlickeralm 26 Mb 66
Schlierbach **4553** 9 Pa 61
Schlierbach 16 Me 64
Schlinach-A. 16 Nc 64
Schlins **6824** FK 13 Ke 65
Schlitters **6262** SZ 16 Me 64
Schlögelsbach 15 Md 65
Schlögen 8 Of 58
Schloßberg **8463** LB 31 Qc 69
Schlosserhütte 9 Pc 61
Schloßvilla 29 Od 68
Schlüßlberg **4710** GR 8 Of 59
Schmaleck 9 Pe 62
Schmalleiten 11 Qf 62
Schmalzgrub 16 Na 64
Schmelz 10 Qc 62
Schmelz (Gasthaus) 19 Pd 66
Schmida 11 Ra 58
Schmidham 7 Oa 60
Schmidham 8 Oc 61
Schmidt-Zabierow-Hütte 17 Nd 63
Schmieden 14 Ld 64
Schmiedrait 21 Ra 64
Schmiedthal 16 Na 63
Schmiedwirt (Gasthaus) 20 Pf 66
Schmirn **6154** IL 26 Md 66
Schmitten 17 Ne 65
Schmoll 20 Qb 64
Schmollhube 20 Qa 65
Schnann 24 Lc 66
Schnapfenalpe 24 La 67
Schneckenalm 18 Of 63
Schneealpenhaus 21 Qd 63
Schneebauerhütte 29 Pb 68
Schneebergdörfl 11 Qf 62
Schneegattern **5212** 8 Ob 60
Schneiderau 17 Nd 65
Schnelleviertel 21 Qf 64
Schnepfau **6882** B 13 Kf 64
Schnifis **6822** FK 13 Ke 65
Schnotzendorf 10 Pf 60
Schoberalm 18 Od 65
Schoberboden 28 Ob 67
Schoberkogel (Gasthaus) 21 Qd 64
Schobersteinhütte 9 Pb 61
Schocksberg 8 Of 60
Schöder **8844** MU 19 Pa 66
Schöferhof 9 Pd 58
Schölbing 21 Qf 65
Schöllbüchl 4 Pf 57
Schönabrunn 12 Rf 60
Schönalm 18 Oe 62
Schönangeralm 16 Na 64
Schönau **2525** BN 11 Rb 61
Schönau 14 Lc 65
Schönau 16 Mf 63
Schönau 4 Pf 57
Schönau 9 Pd 59
Schönau, Bad **2853** WB 21 Rb 64
Schönau an der Donau 12 Rd 60
Schönau an der Enns, Bahnhof 19 Pd 62
Schönau bei Litschau 4 Qa 55
Schönau bei Pöllau 21 Qf 65
Schönau im Mühlkreis **4274** FR 9 Pe 58
Schönbach **3633** ZT 4 Qa 58
Schönbach 16 Nb 65
Schönberg 20 Pe 65
Schönberg 3 Pe 57
Schönberg am Kamp **3562** KR 5 Qe 58
Schönberg an der Laßnitz 31 Qc 67
Schönberg bei Niederwölz 19 Pb 65
Schönberg im Stubaital **6141** IL 15 Mc 65
Schönberg-Neustift 5 Qe 58
Schönbichl 10 Pf 60
Schönbichl 4 Pf 58
Schönblickhaus 17 Nd 63
Schönbühel an der Donau **3392** 10 Qc 59
Schöndorf 3 Pc 57
Schöndorf 9 Pe 60
Schöneben 16 Me 65
Schöneben 2 Of 56
Schöneben 3 Pe 57
Schöneben (Gasthaus) 10 Qc 62
Schöne-Buch-Hütte 13 Ke 65
Schöneck (Gasthaus) 9 Pc 59
Schönegg 31 Qc 68
Schönenbach 13 La 64
Schönering 9 Pa 59
Schönfeld 12 Re 59
Schönfeld 4 Pf 58
Schönfeld 4 Qc 56
Schöngrabern 5 Ra 57
Schönhalden 13 La 64
Schönherrn 21 Ra 64
Schönkirchen-Reyersdorf **2241** GF 12 Re 59
Schönleitenhaus 20 Qb 63
Schönleiten-Hütte 17 Ne 64
Schönleithen 8 Of 58
Schönweg 30 Pe 68
Schönwendhaus (Gasthaus) 17 Nc 65
Schönwies **6491** LA 14 Ld 65
Schönwieshütte 25 Lf 67
Schöpflgitter 11 Qf 60
Schörfling am Attersee **4861** VB 8 Od 61
Schörghubmühle 9 Pd 61
Schörgstätt 7 Oa 61
Schöttlhof 30 Pc 68
Schöttl-Jagdhaus 19 Pb 65
Scholastika 15 Me 64
Scholber (Gasthaus) 9 Pc 61
Schoppernau **6886** B 13 Kf 65
Schorn 18 Oc 63
Schottwien **2641** NK 21 Qf 63
Schrambach 10 Qd 61
Schrambachalm 15 Me 64
Schranawand 12 Rc 61
Schrattenau 8 Of 61
Schrattenberg **2172** MI 6 Re 56
Schrattenbruck 10 Qb 59
Schrattenthal **2073** HL 5 Qf 56
Schrattl 30 Pe 68
Schrauding 20 Qb 65
Schrecken 13 Kf 64
Schredergasse 17 Nd 63
Schreiberinalm 18 Oe 63
Schreinermühle 12 Rb 62
Schrems **3943** GD 4 Qa 56
Schrems bei Frohnleiten **8130** GU 20 Qb 65
Schrick 6 Rd 58
Schröcken **6888** B 13 La 65
Schrötten an der Laßnitz 31 Qc 68
Schroltmühl (Gasthaus) 10 Pf 61
Schromenau 11 Qf 61
Schrottendorf 27 Ne 68
Schrotthütte 30 Pf 67
Schruf (Gasthaus) 11 Qd 62
Schruns **6780** BZ 24 Kf 66
Schüsserlbrunn 20 Qc 64
Schütt 29 Oe 69
Schüttachalm 17 Nd 64
Schüttalm 18 Od 62
Schüttdorf 17 Ne 65
Schüttmann-A. 18 Od 63
Schützen am Gebirge **7081** EU 12 Rd 62
Schützing 32 Qf 67
Schuppertholz 4 Qc 55
Schuß 29 Of 67
Schusternazl (Gasthaus) 11 Ra 60
Schwabalm 18 Ob 65
Schwabegg 30 Pe 69
Schwabegghütte 14 Lc 64
Schwabenbartel (Gasthaus) 20 Qa 63
Schwabenberger (Gasthaus) 20 Qb 63
Schwaberger 19 Pb 64
Schwachhofer 11 Qd 61
Schwadorf **2432** WU 12 Rd 60
Schwaig 29 Of 68
Schwaiger 20 Pe 65
Schwaigern 8 Oc 61
Schwaighof 18 Ob 64
Schwaighof 21 Ra 64
Schwaighof 9 Pd 58
Schwaighofer 21 Qd 64
Schwallenbach 10 Qc 59
Schwanberger Brendlhütte 31 Qa 68
Schwand im Innkreis **5134** BR 7 Nf 59
Schwandorf 31 Qa 68
Schwanenstadt **4690** VB 8 Oe 60
Schwarten 31 Qd 67
Schwarzach **6858** B 13 Ke 64
Schwarzach im Pongau **5620** JO 17 Oa 65
Schwarzau 3 Pe 57
Schwarzau am Steinfelde **2625** NK 11 Ra 62
Schwarzau im Gebirge **2662** NK 11 Qe 62
Schwarzau im Schwarzautal **8421** FB 31 Qd 67
Schwarzenau **3900** ZT 4 Qb 56
Schwarzenau 16 Na 64
Schwarzenbach **2803** WB 22 Rb 63
Schwarzenbach 19 Pc 64
Schwarzenbach 30 Pf 68
Schwarzenbach 4 Qa 57
Schwarzenbach am Größing 20 Pe 66
Schwarzenbach an der Gölsen 11 Qd 60
Schwarzenbach an der Pielach **3212** PL 10 Qc 61
Schwarzenberg **6867** B 13 Kf 64
Schwarzenberg 17 Oa 62
Schwarzenberg 22 Rb 63
Schwarzenberg im Mühlkreis **4164** RO 2 Oe 56
Schwarzenbrunn 18 Of 62
Schwarzensee 11 Ra 61
Schwarzenseealm 18 Of 65
Schwarzindien (Gasthaus) 8 Oc 62
Schwarzkopf 17 Ne 66
Schwarzmoos 8 Ob 60
Schwarzwald 29 Od 68
Schwarzwasserhütte 13 La 64
Schwaz **6130** SZ 15 Me 64
Schwechat **2320** SW 12 Rc 60
Schwechat 11 Ra 61
Schweiggers **3931** ZT 4 Qa 57
Schweinau 15 Me 63
Schweinbach 9 Pc 59
Schweinberg 9 Pe 60
Schweinburg 4 Qd 56
Schweinegg 20 Qc 65
Schweinz 21 Qf 66
Schweizeben (Gasthaus) 20 Qb 64
Schwendau **6283** SZ 16 Me 65
Schwendberg 16 Me 65
Schwende 13 Kf 65
Schwende 13 La 64
Schwendgraben 22 Rb 64
Schwendt **6345** KB 16 Nc 63
Schwendt 16 Nb 63
Schwendt 17 Nd 63
Schwendt 8 Od 58
Schwendterdörfl 16 Na 64
Schwersberg 28 Nf 67
Schwertberg **4311** PE 9 Pd 59
Schwerting 7 Nf 60
Schwöbing 21 Qd 63
Schwoich **6330** KU 16 Na 63
Sebersdorf **8272** HB 21 Qf 66
Seblas 27 Nd 67
Seckau **8732** KF 20 Pe 65
Sedugg 25 Mb 66
See **6553** LA 24 Lc 66
See 18 Ob 65
See 19 Pc 66
Seeb 4 Qc 58
Seebach 11 Qd 62
Seebach 18 Ob 63
Seebach 19 Pa 66
Seebach 19 Pb 62
Seebach 29 Oe 68
Seebach 8 Of 59
Seebarn 5 Qe 58
Seebarn 6 Rc 58
Seebauer 19 Pb 62
Seebenalm 14 Lf 64
Seebenstein **2824** NK 11 Ra 62
Seeberg 8 Od 61
Seeberg 9 Pe 61
Seeberger 20 Qa 64
Seeboden **9871** SP 28 Oc 68
Seebs 4 Qc 56
Seefeld 8 Od 61
Seefeld in Tirol **6100** IL 15 Mb 65
Seefeld-Kadolz **2062** HL 5 Rb 56
Seeham **5164** SL 7 Oa 61
Seehaus 18 Of 62
Seehaus 19 Pd 65
Seehof 12 Rd 62
Seehof (Gasthaus) 15 Me 64
Seekarhaus 18 Od 65
Seekirchen am Wallersee **5201** SL 7 Oa 61
Seekirchen Land 7 Oa 61
Seelealpe 14 Lc 65
Seetalerhütte 30 Pd 67
Seethal 18 Of 66
Seetratten 18 Oc 63
Seewalchen 7 Oa 61
Seewalchen am Attersee **4863** VB 8 Od 61
Seewald 18 Ob 63
Seewald (Gasthaus) 13 Kf 65
Seewaldalm 18 Of 65
Seewiesen **8636** 20 Qb 63
Seewirt (Gasthaus) 10 Qb 62
Seewirt (Gasthaus) 29 Oe 68
Seewirt (Gasthaus) 29 Of 67
Seibersdorf **2444** BN 12 Rc 61
Seibersdorf am Hammerwald 21 Qf 65
Seibersdorf bei Sankt Veit 31 Qd 68
Seibuttendorf 31 Qd 67
Seidlvilla (Gasthaus) 21 Qf 65
Seidlwinkl 17 Nf 65
Seidolach 30 Pb 69
Seiersberg **8054** GU 31 Qc 67
Seiflitzhütten 28 Oc 68
Seisenegg 10 Pf 60
Seiserwirt (Gasthaus) 21 Rb 64
Seitelschlag 2 Of 57
Seitenalmhütte 18 Oc 64
Seitenstetten **3353** AM 9 Pd 60
Seiterndorf 10 Qb 59
Seitnerhütte 10 Qc 61
Seitz 20 Pf 64
Seitzersdorf-Wolfpassing 5 Ra 58
Selbitz 4 Qa 57
Sele-Fara = Zell-Pfarre 30 Pc 70
Selkach 29 Pa 69
Sellrain **6181** IL 15 Mb 65
Selpritsch 29 Of 69
Seltschach 29 Oe 69
Selzthal **8900** LI 19 Pb 63
Semmering **2680** NK 21 Qe 63
Semriach **8102** GU 20 Qc 65
Senftenbach **4973** RI 8 Oc 59
Senftenberg **3541** KR 4 Qd 58
Sennhof 25 Lf 66
Senning 5 Rb 58
Sensenschmied 19 Pb 63
Seppenalm 28 Ne 66
Sepp-Huber-Hütte (Gasthaus) 8 Of 62
Serfaus **6534** LA 25 Ld 66
Sernau (Gasthaus) 31 Qc 68
Sexen 9 Pe 59
Seydegg 18 Oc 63
Seyfrieds 4 Qa 56
Seyring 12 Rc 59
Sibratsgfäll **6952** B 13 La 64
Sicheldorf 32 Qf 68
Siebenbrunn 21 Qf 65
Siebenhirten 11 Qe 60
Siebenhirten 6 Rd 57
Siebenhütten 30 Pe 70
Siebenlinden 4 Pf 57
Siebensee 20 Pf 63
Siebing 31 Qe 68
Sieding **2631** 11 Qf 62
Siegel (Gasthaus) 29 Of 67
Siegelsdorf 30 Pe 68
Siegendorf 10 Qc 60
Siegendorf im Burgenland **7011** EU 12 Rd 62
Siegenfeld 11 Ra 60
Siegerlandhütte 25 Ma 67
Siegersdorf 11 Qf 59
Siegersdorf 12 Rb 61
Siegersdorf bei Herberstein **8222** HB 21 Qe 65
Siegertshaft 7 Oa 60
Siegesbach 18 Oe 62
Sieggraben **7223** MA 22 Rc 63
Sieghartskirchen **3443** TU 11 Qf 59
Sieghartsreith 5 Qd 56
Sierndorf **2011** KO 5 Ra 58
Sierndorf an der March 6 Rf 58
Sierning **4522** SE 9 Pb 60
Siezenheim, Wals- **5071** SL 17 Nf 62
Siflitz 28 Oc 68
Siget in der Wart 22 Rb 65
Siggen 16 Nb 65
Sigharting **4771** SD 8 Od 58
Sighartstein 7 Ob 61
Sigleß **7032** MA 12 Rc 62
Sigmundsherberg **3751** HO 5 Qe 57
Silberegg 30 Pc 67
Silberkarhütte 18 Oe 64
Silbertal **6780** BZ 24 Kf 66
Sillalm 18 Oe 63
Sillian **9920** LZ 27 Nc 68
Sillianer Hütte 27 Nc 67
Sillweg 19 Pd 65
Silz **6424** IM 14 Lf 65
Simbach 8 Pa 59
Simling 7 Ne 60
Simling 8 Od 58
Simmering 12 Rc 60
Simonsfeld 5 Rb 58
Simonyhütte 18 Od 64
Sinabelkirchen **8261** WZ 21 Qe 66
Sindelburg, Wallsee- **3313** AM 9 Pe 60
Singerberg 30 Pb 70
Singerin 11 Qe 62
Singerin (Gasthaus) 11 Qf 61
Sipbachzell **4621** WL 9 Pa 60
Sirnitz **9571** 29 Pa 68
Sistrans **6073** IL 15 Mc 65
Sittendorf **2393** 11 Ra 60
Sittendorf 5 Qe 58
Sittersdorf **9133** VK 30 Pd 69
Sittich 29 Pa 68
Sittmoos 28 Nf 69
Sitzenberg-Reidling **3454** TU 11 Qe 59
Sitzendorf 4 Qd 56
Sitzendorf an der Schmida **3714** HL 5 Qf 57
Sitzenhart 5 Qf 57
Sitzenthal 10 Qc 59
Sitzmanns 4 Pf 57
Six (Gasthaus) 30 Pe 67
Slovenji Plajberg = Windisch-Bleiberg 30 Pb 70
Šmihel = Sankt Michael 30 Pe 69
Soboth **8554** DL 31 Qa 68
Söbriach 28 Oa 67
Söchau **8362** FF 21 Qf 66
Södingberg **8152** VO 20 Qa 66
Sölde 26 Mb 66
Sölden **6450** IM 25 Lf 67
Söll **6306** KU 16 Nb 63
Sölling 10 Qa 60
Söll-Leukental 16 Na 64
Sölsnitz 20 Qc 64
Soisgegend 10 Qc 61
Sollenau **2601** WB 11 Rb 61
Solsteinhaus 15 Mb 65
Sommeralm 21 Qd 65
Sommerau 17 Ob 63
Sommerau 30 Pd 67
Sommerau Pernegg 17 Ob 63
Sommerbergalm 26 Md 66
Sommerein **2453** BL 12 Rd 61
Sonnalm 17 Ne 65
Sonnberg 17 Ne 63
Sonnberg 21 Qd 64
Sonnberg 28 Nf 67
Sonnberg 5 Ra 57
Sonnberg-A. 17 Nd 65
Sonnberg Dienten 17 Nf 64
Sonnberg im Mühlkreis **4180** UU 9 Pb 58
Sonndorf 5 Qe 57
Sonnenhof (Gasthaus) 20 Qb 66
Sonnenrißhütte 9 Pd 62
Sonnenscheinhütte 20 Qa 63
Sonnenspitze 15 Md 65
Sonnhof 18 Od 65
Sonnleiten 7 Oa 60
Sonnleithen 11 Qe 60
Sonntag **6731** BZ 13 Kf 65
Sonntag (Gasthaus) 30 Pe 68
Sonntagberg **3332** AM 9 Pe 61
Sonnwendstein Alpenhaus (Gasthaus) 21 Qf 63
Sooß **2500** BN 11 Rb 61
Sooß 10 Qc 60
Spadenberggütli 9 Pd 61
Spandlalm 18 Oc 65
Spaner 19 Pe 63
Spannagel-Haus 26 Md 66
Spannberg **2244** GF 6 Re 58
Spanswag 7 Oa 61
Spar 19 Pd 65
Sparbach 11 Rb 60
Sparbach 4 Qb 56
Sparbacher Hütte 11 Qe 62
Sparberegg 21 Ra 64
Spattendorf 9 Pc 58
Spechtenseehütte 19 Pa 63
Speich 19 Pc 65
Speikkogel 20 Qa 65
Speisendorf 4 Qc 55
Speltenbach 21 Ra 66
Spengerwirt (Gasthaus) 30 Pf 66
Sperkenthal 4 Qc 57
Sperrenhaus 25 Le 67
Sperre Pack (Gasthaus) 30 Pf 67
Sperten 16 Nc 63
Spertendorf 16 Nb 64
Spiegelsberg 19 Pb 63
Spielberg 10 Qc 59
Spielberg 4 Qa 58
Spielbergalm 17 Ob 62
Spielberg bei Knittelfeld **8720** KF 20 Pe 65

Spielberg-Haus 17 Nd 64
Spielbichl 16 Nc 65
Spielbichler 10 Qa 62
Spieldorf 8 Of 61
Spielfeld **8471** LB 31 Qd 68
Spillern **2104** KO 5 Rb 58
Spiss **6542** LA 24 Lc 67
Spital 4 Pf 57
Spital am Pyhrn **4582** KI 19 Pb 63
Spital am Semmering **8684** MZ 21 Qe 63
Spitalhaus 17 Nc 65
Spittal an der Drau **9800** SP 28 Oc 68
Spitz **3620** KR 4 Qc 58
Spitzbauer (Gasthaus) 21 Qf 64
Spitz bei Deutsch-Goritz 32 Qe 68
Spitzeralpe 29 Of 67
Spitzkofel 27 Ne 68
Spitzmühle (Gasthaus) 31 Qc 69
Spitzzicken 22 Rb 65
Spodnja Plaznica = Blasnitzen 30 Pd 69
Spörbichl 3 Pd 57
Spöttling Taurer 27 Nd 66
Sportgastein 28 Oa 66
Sprögnitz 4 Qb 57
Srednji Kot = Mitterwinkel 30 Pb 70
Sreiach 30 Pd 69
Staasdorf 11 Ra 59
Staatz **2134** MI 6 Rc 57
Stablalpe 14 Ld 64
Stadelbach 29 Oe 69
Stadelmaier 20 Pf 65
Stadl 8 Oe 58
Stadl an der Mur **8862** MU 19 Of 66
Stadlau 12 Rc 59
Stadl Paura **4651** WL 8 Of 60
Stadt 29 Of 68
Stadtschlaining **7461** OW 22 Rb 65
Staffach 26 Mc 66
Staffbrücke 11 Qf 61
Staffelalpe 13 Ke 64
Staffen 16 Nc 63
Stainach **8950** LI 19 Pa 63
Stainz **8510** DL 31 Qb 67
Stainz bei Straden **8345** FB 32 Qf 68
Stall **9832** SP 28 Nf 67
Stallahütten 19 Pb 64
Stallburgalm 9 Pd 62
Stallehr **6700** BZ 24 Kf 66
Stallenhütte 15 Md 64
Stallerseehütte 27 Nb 67
Stallhofen **8152** VO 20 Qb 66
Stallhofen 28 Ob 67
Stallhofen 29 Pa 69
Stallnalm 16 Me 65
Stambach **8232** HB 21 Qf 65
Stammeregg 31 Qb 69
Stammersdorf 12 Rc 59
Stampf 30 Pf 67
Stampfen 28 Nf 67
Stams **6422** IM 15 Lf 65
Stamser Alpe 15 Lf 65
Standorf 9 Pc 59
Stang 22 Rb 63
Stang-A. 29 Oe 67
Stangau 11 Ra 60
Stang bei Hatzendorf 21 Qf 67
Staning 9 Pc 60
Staningersdorf 4 Qd 56
Stans **6135** SZ 15 Me 64
Stanzach **6642** RE 14 Ld 64
Stanz im Mürztal **8653** MZ 25 Ld 66
Stappitz 28 Oa 67
Starkenbach 14 Ld 65
Starkenburger Hütte 25 Mb 66
Starnwörth 5 Ra 58
Starrein 5 Qe 56
Starzing 11 Qf 59
Stattegg **8046** GU 20 Qc 66
Statzendorf **3125** PL 11 Qd 59
Statzer-Haus 17 Nf 65
Staudach 15 Lf 65
Staudach 21 Qf 65
Staudach 9 Pb 59
Staudachhof (Gasthof) 30 Pb 67
Šteben = Sankt Stefan 30 Pd 69
Steeg **4823** 18 Od 63
Steeg **6655** RE 14 Lb 65
Steeg 20 Qb 64
Steegen **4722** GR 8 Oe 59
Stefan-Schatzl-Hütte 18 Ob 63
Stefansdorf 8 Oe 59
Steg 21 Qd 65
Stegen 16 Mf 64
Stegendorf 30 Pb 68
Stegersbach **7551** GS 21 Ra 66
Steigeralm 29 Oe 66
Steigerhütte (Gasthaus) 29 Oe 67
Steigl (Gasthaus) 8 Oc 60
Steilerer 19 Pb 65
Stein **8282** FF 21 Ra 67
Stein 11 Qd 58
Stein 13 Kf 65
Stein 16 Mf 64
Stein 25 Ld 66
Stein 28 Oa 68
Stein 30 Pb 69
Stein 4 Qa 58
Steinabrückl, Wöllersdorf- **2751** WB 11 Rb 62
Steinabrunn 5 Rb 58
Steinach am Brenner **6150** IL 26 Mc 66
Steinakirchen am Forst **3261** SB 10 Qa 60
Steinalpl 11 Qd 62
Steinaweg 11 Qd 58
Steinbach 10 Pf 62
Steinbach 21 Qe 63
Steinbach 4 Qa 56
Steinbach 4 Qb 57
Steinbach 6 Rc 57
Steinbach 7 Oa 61
Steinbach 9 Pc 58
Steinbach am Attersee **4853** VB 8 Od 62
Steinbach am Ziehberg **4562** KI 9 Pa 61
Steinbach an der Steyr **4594** KI 9 Pb 61
Steinbachhütte 19 Pb 65
Steinbach im Burgenland 22 Rb 63
Steinbauer (Gasthaus) 30 Pf 67
Steinberg 18 Oe 63
Steinberg 31 Qb 67
Steinberg, Rohrbach- **8151** GU 20 Qb 66
Steinberg-A. 8 Of 62
Steinberg am Rofan **6215** SZ 16 Me 63
Steinberg an der Rabnitz **7453** OP 22 Rc 64
Steinberg-Haus 16 Nb 64
Steinbichl 29 Pb 68
Steinbock (Gasthaus) 26 Me 66
Steinbruch 11 Qe 62
Steinbruch 8-9 Pa 58
Steinbrucker 19 Pc 64
Steinbrück 25 Ld 66
Steinbrunn-Zillingtal **7035** EU 12 Rc 62
Steindorf 17 Nd 65
Steindorf 7 Ob 61
Steindorf 8 Od 61
Steindorf am Ossiacher See **9552** FE 29 Of 68
Steinebrunn 6 Rd 56
Steinegg 4 Qd 57
Steineralm 16 Nb 65
Steineralm 28 Nf 67
Steineralm 28 Nf 68
Steinerhaus 18 Oe 64
Steinerhütte 30 Pd 68
Steinerkirchen 8 Oe 59
Steinerkirchen an der Traun **4652** WL 8 Of 60
Steinerne Mühl 2-3 Pa 57
Steinfeld **9754** SP 28 Ob 68
Steinfeld 11 Ra 61
Steinfeld 9 Pb 60
Steinfelden **2524** 11 Rb 61
Steinfelden 8 Of 61
Steinfurt 22 Rc 66
Steingraben 22 Rb 66
Steingraber Kreuz 10 Qa 61
Steinhäusl 11 Qf 60
Steinhaus **4641** WL 8 Pa 60
Steinhaus am Semmering **8685** 21 Qe 63
Steinhauser Hütte 29 Oe 68
Steinholz 8 Of 59
Steinhüttenalm 18 Od 63
Stein im Jauntal 30 Pc 69
Steinmühle 20 Pe 65
Steinplanhütte 20 Pf 66
Steinplatte (Gasthaus) 17 Nd 63
Steinrieser 21 Od 63
Steinseehütte 14 Ld 65
Steinwald 3 Pd 58
Steinwand 8 Od 61
Steinwender Hütte 29 Of 68
Steirisch Laßnitz 29 Pb 66
Stelzen 8 Oc 60
Stelzermühle 9 Pd 61
Stelzing 30 Pd 67
Stenzengreith **8061** WZ 21 Qc 65
Stephanshart 9 Pe 60
Sterzen 27 Ne 68
Stetteldorf am Wagram **3463** KO 5 Qf 58
Stetten **2100** KO 12 Rc 59
Stettenhof 5 Qe 58
Steuer 18 Oc 63
Steuerberg 29 Pa 68
Steyern 9 Pb 62
Steyersberger Schwaig (Gasthaus) 21 Qf 63
Steyr **4400** SR 9 Pc 60
Steyrbrücke 19 Pa 62
Steyregg **4221** UU 9 Pc 59
Steyrermühl **4662** 8 Oe 61
Steyrerseehaus 19 Pa 63
Steyrling **4571** 9 Pa 62
Steyrsteg 19 Pc 62
Stefansdorf 8 Oe 59
Stickelberg 21 Rb 63
Stickler (Gasthaus) 11 Ra 62
Sticklerhütte 18 Oc 66
Stiefern 5 Qe 57
Stierberg 4 Pf 57
Stift 16 Mf 65
Stifters Gipfelhaus 29 Of 68
Stift Griffen 30 Pd 68
Stifting 10 Pf 58
Stiftingviertel 21 Qe 64
Stiftung bei Reichenthal 3 Pc 57
Stiftwirt 20 Qc 63
Stift Zwettl 4 Qb 57
Stillfried **2262** 6 Re 58
Stillupphaus 26 Mf 66
Stinatz **7552** GS 21 Ra 65
Stiwoll **8113** GU 20 Qb 66
Stixendorf 4 Qc 58
Stixenlehen 10 Pf 62
Stixneusiedl **2463** 12 Rd 60
Stock 14 Lc 65
Stockach 16 Me 65
Stockach 16 Nb 63
Stockenboi **9714** VL 28 Oc 68
Stocker 18 Oc 63
Stockeralm 16 Nb 65
Stockerau **2000** KO 5 Rb 58
Stockerdörfl 16 Nc 64
Stockerhütte 11 Qd 60
Stockern **3744** 5 Qe 57
Stocking **8410** LB 31 Qd 67
Stocklenalm 25 Mb 66
Stockwinkel 8 Od 61
Stöbitz 9 Pd 60
Stöckl (Gasthaus) 10 Qb 62
Stögersbach 21 Qf 64
Stögersdorf 31 Qb 67
Stöller 29 Of 66
Stölzles 4 Qa 56
Stössing **3073** 11 Qe 60
Stöttera 12 Rc 62
Stoffhütte 30 Pf 67
Stoies 4 Qb 56
Stoitzendorf 5 Qf 57
Stollberg 11 Qe 60
Stollhof 11 Ra 62
Stolzalpe **8852** MU 19 Pa 66
Stoob **7344** OP 22 Rd 64
Stopfenreuth 12 Rf 60
Stopisnig 30 Pd 68
Storchenhütte 18 Ob 63
Stosia 28 Oc 68
Stotzing 12 Rd 61
Stouhütte 29 Pa 70
Strad 14 Le 65
Straden **8345** RA 32 Qe 68
Straganz 30 Pc 68
Strajach 28 Nf 68
Strallegg **8192** WZ 21 Qe 64
Stranach 28 Nf 67
Stranach 29 Od 66
Stranig 28 Oa 69
Stranigeralm 28 Oa 69
Straning-Grafenberg **3722** HO 5 Qf 57
Stranzendorf 5 Ra 58
Straß 10 Qb 60
Straß 21 Rb 63
Straß 7 Oa 61
Straß 8 Od 60
Straß 9 Pa 59
Straß 9 Pe 58
Strass bei Jenbach **6261** 16 Me 64
Straßberghaus 15 Ma 64
Straßburg **9341** SV 30 Pb 67
Strassen **9920** LZ 27 Nc 68
Straßengel **8111** 20 Qb 66
Straßenhohl (Gasthaus) 31 Qa 68
Straßenwirt (Gasthaus) 31 Qa 68
Straßerhalt 30 Pf 67
Straßham 9 Pa 59
Straßhof 21 Ra 63
Strasshof an der Nordbahn **2231** GF 12 Rd 59
Straß im Attergau **4881** VB 8 Oc 61
Straß im Straßertale **3491** KR 5 Qe 58
Straß in Steiermark **8472** LB 31 Qd 68
Straßwalchen **5204** SL 7 Ob 61
Stratberg 2 Of 57
Stratzdorf 5 Qe 58
Stratzing-Droß **3552** KR 5 Qd 58
Straubinger Haus 17 Nc 63
Strauchenmoos 18 Od 64
Straudorf 12 Re 60
Strebersdorf 12 Rc 59
Strebersdorf 22 Rd 64
Strechmayer 19 Pb 64
Streichenhof 9 Pd 61
Streifing 6 Rc 58
Streining 8 Of 60
Streitbach 4 Qa 56
Streitdorf 5 Rb 58
Streitwiesen 10 Qb 59
Strem **7522** GS 22 Rc 66
Strengberg **3314** 9 Pd 60
Strengen **6571** 24 Lc 66
Strettweg 19 Pd 66
Stricker 18 Of 64
Strieden 28 Nf 68
Strimpfing 12 Re 59
Stripsenjoch-Haus 16 Nb 63
Strobl **5350** SL 18 Oc 62
Strobler-H. 18 Oc 63
Ströden 27 Nb 66
Stroheim **4074** 8 Of 59
Strohwolln 17 Ne 63
Stronach, Iselsberg- **9991** LZ 28 Ne 68
Stronegg 5 Rb 57
Stronsdorf **2153** MI 5 Rb 57
Strpna ves = Traundorf 30 Pe 69
Strub 17 Nd 63
Strubegg 18 Oc 63
Strülz 29 Pb 67
Strugarjach 29 Pa 70
Strugarji = Strugarjach 29 Pa 70
Stubeck 29 Od 67
Stuben 21 Rb 64
Stuben 24 Lc 67
Stuben am Arlberg **6762** 24 La 66
Stubenbach 13 La 65
Stubenberg **8223** HB 21 Qe 65
Stubenberghaus 20 Qc 66
Stubenberghaus 21 Qd 66
Studenzen **8322** FB 21 Qe 67
Stüblergut (Gasthaus) 20 Pf 66
Stübming 20 Qc 63
Stüdlhütte 27 Nd 66
Stützenhofen 6 Rd 56
Stuhl Alpe 18 Oc 64
Stuhlfelden **5724** ZE 17 Ne 65
Stumberg 3 Pe 58
Stumm **6272** SZ 16 Mf 65
Stummerberg **6772** SZ 16 Mf 65
Stumpf 20 Pf 66
Stuttenhof 6 Rc 56
Stuttgarter Hütte 14 Lb 65
Suben **4975** SD 8 Oc 58
Sudetendeutsche Hütte 27 Nd 66
Südwienerhütte 18 Oc 65
Süßenbach 4 Qa 56
Süßenbach 4 Qc 55
Süßenbrunn 12 Rc 59
Suetschach 29 Pa 69
Sulz **6832** FK 13 Kd 65
Sulz, Geresdorf- **7542** GS 22 Rb 66
Sulzau 16 Nb 65
Sulzbauer 9 Pd 62
Sulz bei Gleisdorf 21 Qe 66
Sulzberg **6934** B 13 Kf 63
Sulzenalm 18 Od 64
Sulzenauhütte 25 Ma 67
Sulzgraben 20 Pe 66
Sulzhof 31 Qb 68
Sulz im Weinviertel **2224** GF 6 Rd 58
Sulz im Wienerwald **2392** 11 Ra 60
Sulzriegel 21 Rb 65
Sumetendorf 22 Rc 66
Summerau 3 Pc 57
Sumperalm 19 Pa 63
Sunk 19 Pc 64
Sunki 31 Qc 69
Suppersberg 28 Oa 68
Suttenbrunn 5 Ra 57
Syrafeld 4 Qa 57

T

Tadten **7162** ND 12 Rf 62
Tainach **9121** 30 Pc 69
Taiskirchen im Innkreis **4753** RI 8 Od 59
Takern I. 21 Qe 66
Takern II. 21 Qe 66
Tal 13 Ke 65
Tallesbrunn 12 Re 59
Tamischbachturm 19 Pe 63
Tamsweg **5580** TA 18 Oe 66
Tannberg 7 Ob 61
Tannheim **6675** RE 14 Ld 63
Tannheimer Hütte 14 Ld 63
Tannläger Alpe 13 La 65
Tanzelsdorf 31 Qb 68
Tanzenberg 29 Pa 67
Tanzleben 9 Pd 61
Tappenkarseehütte 18 Ob 65
Tarrenz **6464** IM 14 Le 65
Tarsdorf **5121** BR 7 Ne 60
Taschachhaus 25 Le 67
Taschen 25 Le 66
Tassach 29 Oe 68
Tatscherhof 21 Qd 63
Tattendorf **2523** 11 Rb 61
Tatzmannsdorf, Bad **7431** OW 21 Rb 65
Taubitz 4 Qc 58
Tauchen **7421** 21 Ra 64
Tauchen 21 Rb 64
Tauchendorf 29 Pb 68
Tauern 29 Of 69
Tauernhaus 17 Nc 65
Tauernhaus 19 Pb 64
Taufkirchen an der Pram **4775** SD 8 Od 58
Taufkirchen an der Trattnach **4715** GR 8 Oe 59
Taugl 17 Ob 63
Tauka 32 Ra 68
Tauplitz **8982** LI 19 Of 63
Tauplitzalm 19 Of 63
Tauplitzhaus 18 Of 63
Tauriskiahütte 18 Oc 65
Tautendorf 5 Qd 57
Tautendorf bei Fürstenfeld 21 Qf 67
Tavern (Gasthaus) 10 Qb 61
Taxelberg 8 Of 60
Taxenbach **5660** ZE 17 Nf 65
Taxwirt (Gasthaus) 30 Pe 66
Tebrin (Gasthaus) 20 Qd 63
Techelsberg am Wörthersee **9210** KL 29 Pa 69
Techendorf **9762** 28 Ob 68
Teesdorf **2524** 11 Rb 61
Teichalm (Gasthaus) 20 Qc 65
Teichstätt 7 Ob 60
Teichwirt (Gasthaus) 20 Qc 65
Telfes im Stubai **6165** IL 15 Mc 66
Telfs **6410** IL 15 Ma 65
Teltschenalm 18 Of 63
Tendel-A. 28 Od 66
Tenneck **5451** 17 Oa 64
Terfens **6123** SZ 15 Md 65
Terkl 30 Pc 70
Ternberg **4452** SE 9 Pc 61
Ternitz **2630** NK 11 Ra 62
Terzer Haus (Gasthaus) 10 Qb 62
Tessenberg 27 Nc 68
Tessendorf 30 Pb 69
Tetter (Gasthaus) 18 Oe 64
Teuchl 28 Ob 67
Teuchl 29 Pa 66
Teufelsmühle, Wirtshaus 5 Rb 58
Teufenbach **8833** MU 19 Pb 66
Texing **3242** ME 10 Qb 60
Thail 4 Pf 57
Thal **9911** 27 Nd 68
Thal 10 Qc 59
Thal 11 Qf 61
Thal 13 Kf 63
Thal 14 Lf 65
Thal 16 Na 63
Thal 21 Rb 63
Thalberger Schwaig 21 Qf 64
Thaler Bach 27 Nd 68
Thalerhof 31 Qc 67
Thalgau **5303** SL 8 Ob 61
Thalheim 11 Qe 59
Thalheim bei Wels **4600** WL 8 Pa 60
Thalhof 21 Qe 63
Thallern 11 Qd 58
Thalling 9 Pc 60
Thanham 8 Oc 61
Thannberg 17 Nf 65
Thannhausen **8160** WZ 21 Qd 65
Thann [n. Hargelsberg] 9 Pc 60
Thann [n. Steyr] 9 Pc 60
Thannstraß 7 Ob 60
Thanstetten 9 Pb 60
Thaur **6065** IL 15 Mc 65
Thaurer Alm 15 Mc 65
Thaures 4 Pf 57
Thaures 4 Qa 55
Thaya **3842** WT 4 Qb 56
Theiß 11 Qe 58
Theißenegg 30 Pf 67
Thening, Kirchberg- **4062** LL 9 Pa 59
Thennwirt 16 Nb 64
Theodor-Körner-Hütte 18 Oc 63
Theras **3742** 5 Qe 56
Theresienfeld **2604** WB 11 Rb 62
Thernberg, Scheiblingskirchen- **2832** NK 21 Ra 63
Theyern 11 Qd 59
Thierbach 16 Mf 64
Thörl **8621** BM 20 Qb 64
Thörlstein 18 Ob 65
Thomabach 29 Oe 66
Thomasberg **2842** NK 21 Ra 63
Thomasroith **4905** 8 Od 60
Thomatal **5591** TA 29 Oe 66
Thon 30 Pb 69
Thonhofer 21 Qd 63
Thorhof 11 Qd 61
Thüringen **6712** BZ 13 Ke 65
Thüringerberg **6721** BZ 13 Ke 65
Thürnthal 5 Qe 58
Thuma 4 Qc 55
Thumersbach 17 Ne 65
Thunau am Kamp 5 Qd 57
Thun-Formaneck-Hütte 29 Oe 67
Thures 4 Qc 55
Thurn **9900** LZ 27 Ne 67
Tiefbrunau 18 Ob 62
Tiefenbach 21 Rb 63
Tiefenbach 4 Qb 55
Tiefenbach 4 Qc 57
Tiefenbach 8 Od 59
Tiefenbach bei Kaindorf **8224** HB 21 Qe 65
Tiefenbacher (Gasthaus) 11 Qe 61
Tiefenfucha 11 Qd 58
Tiefental 11 Qd 62
Tiefental 21 Qc 66
Tiefentalalm 16 Na 65
Tiefenthal 5 Qf 58
Tiefgraben **5310** VB 8 Ob 61
Tiefhof 24 Lc 67
Tienzens 26 Mc 66
Tiergartenhütte 18 Od 63
Tieschen **8355** RA 32 Qf 68
Tiffen 29 Pa 68
Tigring 29 Pa 69
Tilisunahütte 24 Kf 66
Tillfußalm 15 Ma 64
Tillmitsch **8430** LB 31 Qc 68
Timelkam **4850** 8 Od 61
Timenitz 30 Pc 69
Timmersdorf **8772** 20 Pf 64
Tirol 21 Qd 63
Tirolerhof (Gasthaus) 21 Qf 63
Tisis 13 Kd 65
Tobadill **6551** LA 24 Lc 66
Tobaj **7540** GS 22 Rb 66
Tober 21 Qc 65
Tobiasl 10 Qc 62
Tölzer Hütte 15 Md 63
Töplach 30 Pc 68
Töplitsch 29 Oe 69
Tösens **6541** LA 25 Ld 66
Toldern 26 Md 66
Tolleterau 8 Oe 59
Tollinggraben 20 Qa 64
Tonerhöhe 29 Pb 67
Tonionhütte 20 Qc 62
Tonish 29 Od 67
Tonner 19 Pc 63
Torf 29 Pa 67
Torscharte 15 Mc 64
Tosters 13 Kd 65
Totalphütte 23 Ke 66
Totzenbach 11 Qe 59
Touristenrast 26 Md 66
Trabenreith 4 Qd 56
Traboch **8772** LN 20 Pf 64
Tradigist 10 Qc 60
Tränktörl 21 Qf 64
Traföß 20 Qb 65
Tragöß **8612** BM 20 Qa 64
Tragwein **4284** FR 9 Pd 59
Trahütten **8530** DL 31 Qa 68
Trahüttner Hütte 31 Qa 67
Trainting 7 Oa 61
Traisen **3160** LF 11 Qd 60
Traiskirchen **2514** BN 11 Rb 61
Traismauer **3133** PL 11 Qe 59
Trandorf 10 Qb 58
Trangoni-H. 29 Oe 68
Trasdorf 11 Qf 59
Tratten 19 Pa 66
Tratten 21 Qf 63
Tratten 29 Od 69
Trattenbach **2881** NK 21 Qf 63
Trattenbach **4453** 9 Pb 61
Trattenbachalm 16 Nc 65
Trauch 11 Qd 62
Traun **4050** LL 9 Pb 59
Traunbach-Au 18 Oc 63
Traundorf 30 Pe 69
Traundorf 9 Pc 59
Trauneralm (Hotel) 28 Ne 66
Traunfeld 6 Rd 58
Traunkirchen **4801** GM 8 Oe 61
Traunstein **3632** ZT 10 Qa 58
Traunstein 8 Oe 61
Trausdorf an der Wulka **7061** EU 12 Rd 62
Trautenfels, Pürgg- **8951** LI 19 Pa 63
Trautmannsdorf 5 Qe 56
Trautmannsdorf an der Leitha **2454** BL 12 Rd 61
Trautmannsdorf in Oststeiermark **8343** FB 32 Qf 67
Trawiesalm 20 Qa 63
Trebesing **9852** SP 28 Oc 67
Treffelsdorf 30 Pb 68
Treffen **9521** VL 29 Oe 69
Treffling 29 Oc 68
Treffling 30 Pc 67
Trefflingtaler Haus 10 Qb 61
Treglwang **8782** LI 19 Pd 64
Trenchtling 20 Qa 63
Trenkwald 25 Lf 66
Tresdorf 6 Rc 58
Treßdorf 28 Nf 67
Treßdorf 28 Oa 69
Tribulaunhütte 26 Mb 67
Tribuswinkel **2512** 11 Rb 61
Trieben **8784** LI 19 Pc 64
Triebendorf 19 Pb 66
Triebl 11 Qd 62
Triebl 20 Qa 65
Trimmelkam 7 Nf 60
Trins **6152** IL 26 Mc 66
Tristach **9900** LZ 28 Ne 68
Trixlegg 17 Nd 64

Tröbings 4 Qc 56
Trögern 30 Pc 70
Tröglhütte 19 Pb 65
Tröpolach 28 Ob 69
Tröpolacheralm 28 Ob 69
Trössengraben 31 Qe 67
Trössing **8342** RA 32 Qe 68
Trofaiach **8793** LN 20 Pf 64
Troibetsdorf 10 Qb 59
Troiseckalm 20 Qc 63
Troppberg 11 Ra 59
Trosch (Gasthaus) 10 Qa 61
Trosselsdorf 9 Pc 58
Trübenbach 10 Qb 61
Trübensee 11 Ra 59
Trumau **2521** BN 11 Rb 61
Truttendorf 30 Pc 69
Tschachoritsch 29 Pb 69
Tschafein 24 Lb 67
Tschagguns **6774** BZ 24 Kf 66
Tschenagl 31 Qa 69
Tschengla 23 Ke 66
Tscheyalpe 25 Ld 67
Tschurndorf 22 Rc 63
Tübinger Hütte 24 Kf 67
Türlwandhütte 18 Od 64
Türnau 4 Qa 55
Türnitz **3184** LF 10 Qc 61
Türnitzer Hütte 10 Qd 61
Türtsch **2512** 13 Kf 65
Tuffbad 28 Ne 68
Tuft (Gasthaus) 11 Qf 62
Tulbing **3434** TU 11 Ra 59
Tulfein 15 Mc 65
Tulfer Hütte 15 Md 65
Tulfes **6060** IL 15 Md 65
Tullinger 20 Pf 64
Tulln **3430** TU 11 Ra 59
Tullnerbach **3013** WU 11 Ra 60
Tultschnig 29 Pb 69
Tulwitz **8163** GU 20 Qc 65
Tumeltsham **4910** RI 8 Oc 59
Tumpen 14 Lf 65
Tunzendorf 18 Of 64
Turnau **8625** BM 20 Qb 63
Turnaualm 18 Oc 63
Turrach, Predlitz- **8864** MU 29 Of 67
Tutschach 20 Qb 63
Tuxer Jochhaus 26 Md 66
Tweng **5563** TA 18 Od 65
Tyrnau 20 Qc 65

U

Uderns **6271** SZ 16 Mf 65
Übelbach **8124** GU 20 Qb 65
Übelstein 20 Qb 64
Überackern **5122** BR 7 Nf 59
Übersaxen **6830** FK 13 Kd 65
Übersbach **8362** FF 21 Ra 67
Uferhaus (Gasthaus) 12 Re 60
Ullrichsdorf 21 Ra 64
Ulmerfeld **3363** 10 Pe 60
Ulmich 24 Lb 66
Ulnalm 18 Od 65
Ulreichsberg (Gasthaus) 10 Qc 62
Ulrichs 4 Pf 56
Ulrichs 4 Qa 56
Ulrichsberg **4161** 2 Of 57
Ulrichsbrunn 20 Qc 65
Ulrichschlag 10 Qa 59
Ulrichskirchen, Schleinbach- **2122** MI 6 Rc 58
Ulzhütte 30 Pe 67
Umbach 10 Qc 60
Umberg 10 Qa 61
Umberg 29 Of 69
Umhausen **6441** IM 25 Lf 66
Umlberg 15 Md 65
Ungenach **4841** VB 8 Od 60
Ungerbach 22 Rb 64
Ungerberg 11 Qf 62
Ungerberg 21 Rb 65
Ungerdorf **8200** WZ 21 Qd 66
Ungerdorf 31 Qe 68
Ungerndorf 6 Rc 57
Unken **5091** 17 Ne 63
Unkenberg 17 Ne 63
Unserfrau-Altweitra **3970** GD 4 Pf 56
Unterach am Attersee **4866** VB 8 Oc 62
Unteraffnang 8 Oe 60
Unteralkus 27 Nd 67
Unteramlach 29 Od 68
Unterangerberg 16 Na 63
Unterarzing 9 Pd 58
Unteraßling 27 Nd 68
Unterauerlinghütte (Gasthaus) 30 Pf 67
Unterauersbach **8342** FB 32 Qe 67
Unteraurach 16 Nc 64
Unterberg 16 Mf 63
Unterberg 17 Oa 65
Unterberg 17 Ob 65
Unterbergen 10 Qd 58
Unterbergen 21 Ra 65
Unterbergen 30 Pf 69
Unterbildein 22 Rc 66
Unterboden 13 La 65
Unterdambach 9 Pc 61
Unterdannegg 11 Ra 63
Unterdorf 19 Pb 66
Unterdorf 7 Ob 61
Unterdürnbach 5 Qf 57
Untere Bischofsalm 28 Oa 69
Untere Bodenhütte 20 Pe 65
Untereching 7 Nf 61
Untere Ennsalm 18 Oc 65
Untere-Galfuna-Alpe 24 La 66
Untereggen 27 Ne 68
Untereggendorf **2492** 11 Rb 62
Untere Neuweidhütte 14 Lf 64
Untererb 7 Ob 60
Unteres Älpele 13 La 65
Untere Valentinalm 28 Nf 69
Untere Zehner Alm 18 Od 65
Unterfahrenbach 31 Oc 68
Unterfeistritz 21 Qe 65
Unterfeld 27 Nc 68
Unterferlach 29 Of 69
Unterferlach 30 Pb 69
Unterfladnitz **8181** WZ 21 Qd 66
Unterfrauenhaid **7321** 22 Rc 63
Unterfreundorf 8 Of 59
Unterfriesach 20 Qb 66
Untergarten 14 Lf 64
Untergassen 16 Mf 65
Untergeng 9 Pb 58
Untergergla 31 Qb 68
Untergrafendorf 11 Qe 59
Untergralla 31 Qd 68
Untergrimming 19 Pa 63
Untergroßau 21 Qe 66
Untergrub 5 Rb 58
Untergrünburg **4594** 9 Pb 61
Unterhaag 31 Qb 68
Unterhalden 13 Kf 63
Unterhart 8-9 Pa 58
Unterhatzendorf 32 Qf 67
Unterhaus 21 Rb 64
Unterhautzenthal 5 Ra 58
Unterhochegg 21 Qe 65
Unterhöflein 11 Ra 62
Unterhörzing 8 Oe 58
Unterholz 10 Pf 60
Unterholz 9 Pe 61
Unterhub 10 Qb 60
Unterjassingau 20 Pe 63
Unterkainisch 18 Oe 63
Unterkirchbach 11 Rb 59
Unterkirchen 15 Mb 64
Unterklien 13 Ke 64
Unterkohlstätten **7435** OW 22 Rb 64
Unterkolbnitz 28 Ob 67
Unterkoppl 7 Oa 62
Unterlainberg 19 Pb 62
Unterlamm **8352** FB 32 Ra 67
Unterlangkampfen 16 Na 63
Unterlaussa 19 Pd 62
Unterleibnig 27 Nd 67
Unterleins 14 Le 65
Unterlembach 4 Pf 56
Unterlichtalpe 14 Lc 64
Unterlimbach 21 Ra 66
Unterlochen 7 Oa 60
Unterloibach 30 Pe 69
Unterloiben 10 Qd 58
Unterloibl 30 Pb 70
Unterloisdorf 22 Rd 64
Unterlungitz 21 Qf 65
Untermallebern 5 Ra 58
Untermamau 11 Qd 59
Untermarkersdorf 5 Ra 56
Untermarkter Alpe 14 Ld 65
Untermarreith 3 Pd 58
Untermauerbach 11 Rb 59
Untermeisling 4 Qc 58
Untermieger 30 Pc 69
Untermieming 15 Lf 65
Untermixnitz 5 Qf 56
Untermöschach 28 Ob 69
Untermühl 8 Of 58
Untermühlham 8 Oc 61
Unternalb 5 Qf 56
Unternberg **5580** TA 18 Oe 66
Unternberg 21 Qf 63
Unternberg 30 Pe 69
Unterneuburg 21 Qe 65
Untern Gippel 11 Qd 62
Unternußdorf 28 Ne 68
Unterolberndorf 6 Rc 58
Unterort 20 Qa 64
Unterparschenbrunn 5 Ra 58
Unterpaßberg 3 Pc 57
Unterpeischlach 27 Nd 67
Unterpertholz 4 Qc 55
Unterpetersdorf 22 Rd 63
Unterpettneu 15 Ma 65
Unterpfaffendorf 4 Qd 56
Unterpilsbach 8 Od 60
Unterpinswang 14 Le 63
Unterpirkach 28 Nf 68
Unterpremstätten **8141** GU 31 Qc 67
Unterpullendorf, Frankenau- **7452** OP 22 Rd 64
Unterpurkla 32 Qf 68
Unterrabenthan 4 Qa 57
Unterrabnitz, Piringsdorf- **7371** OP 22 Rc 64
Unterradberg 11 Qd 59
Unterreichenbach (Gasthaus) 9 Pc 59
Unterreith 5 Qd 58
Unterrettenbach 21 Qe 66
Unterretzbach **2074** 5 Qf 56
Unterried 25 Lf 66
Unterrohr **8294** 21 Ra 65
Unterrohr 9 Pb 60
Unterrohrbach **3163** 11 Qe 60
Unterrohrbach 5 Rb 58
Unterrotte 27 Nb 67
Unterschachern 28 Nf 66
Unterschotterlee 5 Rb 57
Unterschützen 21 Rb 65
Unterschwarza 31 Qd 68
Untersee 18 Od 63
Untersiebenbrunn **2284** GF 12 Re 59
Untersonnberg 9 Pb 58
Unterstallbach 9 Pc 60
Unterstalleralm 27 Nb 67
Unterstanz 20 Qc 64
Unterstinkenbrunn **2154** 5 Rc 57
Unterstockstall 5 Qf 58
Unterstorcha 32 Qe 67
Untertal 20 Qa 64
Untertal, Rohrmoos- **8970** LI 18 Od 64
Untertauern **5561** JO 18 Oc 65
Unterteufenbach 8 Oc 58
Unterthal 20 Qb 66
Unterthalheim 10 Qa 59
Unterthern 5 Qf 58
Unterthörl 29 Od 69
Unterthürnau 4 Qd 55
Unterthumeritz 4 Qd 56
Untertiefenbach 21 Qf 65
Untertilliach **9942** LZ 27 Nd 68
Untertreßleinsbach 8 Oe 58
Untertreubach **5272** 7 Ob 59
Untertweng 29 Oe 68
Untervellach 28 Oc 69
Untervogau 31 Qd 68
Unterwald 19 Pd 64
Unterwald 3 Pd 57
Unterwalden 27 Nc 68
Unterwaldschlag 9 Pb 58
Unterwaltersdorf **2442** 12 Rc 61
Unterwand 18 Ob 63
Unterwart **7501** OW 21 Rb 65
Unterweg 26 Mc 66
Unterweidach 15 Ma 64
Unterweinberg 21 Ra 64
Unterweinberg 7 Ob 60
Unterweisburg 29 Od 66
Unterweißau 7 Oa 60
Unterweißenbach **4273** FR 9 Pe 58
Unterweitersdorf **4210** FR 9 Pc 58
Unterwestegg 13 Lb 64
Unterwinden 11 Qe 59
Unterwöbling 11 Qd 59
Unterwöllan 29 Oe 68
Unterwolfern **4493** 9 Pc 60
Unterwolfsbach 11 Qe 59
Unterzeiring 19 Pc 65
Unterzeiß 9 Pc 58
Unterzögersdorf 11 Ra 58
Unzmarkt-Frauenburg **8800** JU 19 Pc 65
Urberbauer 21 Qd 63
Urbersdorf 22 Rc 66
Urfahr 9 Pb 59
Urgalpe 25 Ld 66
Urgen 25 Ld 66
Urgersbach 11 Qe 62
Urlbach 9 Pd 61
Urmannsau 10 Qa 61
Urreiting 17 Ob 64
Urscha 21 Qe 66
Urschendorf 11 Ra 62
Ursprung 10 Qc 59
Ursprung 16 Na 63
Ursprungalm 18 Oc 65
Ursprungalm (Gasthaus) 18 Od 65
Usting 8 Oe 59
Utissenbach 4 Qa 57
Utschgraben 20 Qb 64
Uttendorf **5723** ZE 17 Nd 65
Uttendorf, Helpfau- **5261** BR 7 Oa 60
Utzenaich **4972** RI 8 Oc 59
Utzenlaa 11 Qf 58
Utzweih 7 Ob 61

V

Vallruckalm 15 Md 65
Valorsalpe 13 Ke 64
Vals **6154** IL 26 Md 66
Valzur 24 Lb 67
Vandans **6773** BZ 24 Kf 66
Vasoldsberg **8071** GU 21 Qd 67
Večna ves = Wackendorf 30 Pe 69
Veitsau 11 Ra 61
Veitsch **8663** MZ 20 Qc 63
Veitschalmhütten 20 Qc 63
Veitsdorf 9 Pc 58
Velden am Wörther See **9220** VL 29 Of 69
Velinja ves = Wellersdorf 29 Pa 69
Vellach 29 Pb 67
Vellach, Eisenkappel- **9135** VK 30 Pd 70
Velm 12 Rc 60
Venediger Haus 27 Nc 66
Vent **6458** 25 Lf 67
Verditzalm 29 Oe 68
Vergalda 24 Kf 67
Vergaldaalm 24 Kf 67
Vergein 27 Nd 68
Verhounig 30 Pd 68
Verpeilhütte 25 Le 66
Versahl 24 Lb 66
Versbichl 19 Pb 63
Vestennötting 4 Qb 56
Vestenpoppen 4 Qb 56
Vesulalpe 24 Lb 66
Vichtenstein **4091** SD 2 Od 57
Viecht 8 Oe 60
Viechtau 8 Oe 61
Viechtwang 8 Of 61
Viehausen 10 Qd 59
Viehausen 17 Nf 62
Viehdorf **3322** AM 10 Pf 60
Viehdorf 9 Pc 60
Viehhofen **5752** ZE 17 Ne 64
Viendorf 5 Ra 58
Viertal 18 Oc 64
Viertorhütte 30 Pf 67
Vießling 10 Qc 59
Vigaun **5400** HA 17 Oa 62
Viktor-Hinterberger-Hütte 27 Nc 68
Viktorsberg **6832** FK 13 Kd 65
Viktring **9073** 30 Pb 69
Villach **9500** VL 29 Oe 69
Villacher Hütte 28 Oc 66
Vils **6682** RE 14 Ld 63
Vilsalphütte 14 Lc 64
Vilser Alpe 14 Ld 63
Vinaders 26 Mc 66
Virgen **9972** LZ 27 Nc 66
Vitis **3902** WT 4 Qb 56
Vochera an der Laßnitz 31 Qb 68
Vockenberg 19 Pc 66
Vockenberg 21 Qe 65
Vöcklabruck **4840** VB 8 Od 61
Vöcklamarkt **4870** VB 8 Oc 61
Vöestbad (Gasthaus) 9 Pc 59
Vögeialm 18 Od 65
Vögelsberg 15 Md 65
Völkermarkt **9100** VK 30 Pd 69
Völs **6176** IL 15 Mb 65
Vösendorf **2331** MD 11 Rb 60
Vöslau, Bad **2540** BN 11 Rb 61
Vöslauer Hütte 11 Ra 61
Voglau 18 Ob 63
Voglernalm 17 Ne 64
Vogrče = Rinkenberg 30 Pe 69
Vois 11 Qe 62
Voismaut 11 Qe 62
Voisthaler Hütte 20 Qa 63
Voitsau 10 Qb 58
Voitsberg **8570** VO 20 Qa 66
Voitschlag 4 Qb 58
Voitsdorf 9 Pa 61
Volders **6111** IL 15 Md 65
Volderwildbach 15 Md 65
Voldöpp 16 Mf 64
Volkersdorf 9 Pc 59
Vomp **6134** SZ 15 Md 64
Vomperbach 15 Md 65
Vomperberg 15 Md 64
Vorau **8250** HB 21 Qf 64
Vorau 7 Oa 60
Vorauer Schwaig 21 Qf 64
Vorchdorf **4655** GM 8 Of 61
Vorderanger 2 Of 56
Vorderberg **9614** 29 Oc 69
Vorderberg 28 Nf 68
Vorderbockbach 14 Lb 65
Vordere Fundusalm 25 Lf 66
Vordere Gimbachalm 18 Oe 62
Vordere Göriachalmen 18 Oe 65
Vordere Gottschalalpe 18 Oc 65
Vordere Niedere Alpe 13 Kf 64
Vordere Ödalm 17 Nd 65
Vordere-Polles-Alm 25 Lf 66
Vordere-Sulztalalpe 25 Ma 66
Vordere Tannbergau 19 Pa 62
Vordere Urbanalm 18 Oe 65
Vordergöriach 18 Oe 66
Vorderhornbach **6600** RE 14 Ld 64
Vorderkleinarl 18 Ob 65
Vorderkönigschlag 3 Pc 57
Vorderkrems 29 Od 67
Vorderkrimml 16 Na 65
Vorderlanersbach 16 Me 66
Vordermöring 29 Od 67
Vordernbachalpe 18 Of 63
Vordernberg **8794** LN 20 Pf 64
Vorderschlagen 8 Od 60
Vordersdorf 31 Qb 68
Vordersee 17 Ob 62
Vorderstoder **4574** KI 19 Pb 62
Vorderstubach 17 Nd 65
Vorderthiersee **6335** 16 Na 63
Vorderweißenbach **4191** UU 3 Pb 57
Vorderwinkel 29 Of 68
Vormoos 7 Oa 60
Vorstadt Murau 19 Pa 66
Vorstanddorf 17 Nf 65
Vorwald 19 Pd 64
Vorwald 29 Oe 68

W

Waasen 10 Qa 60
Waasen 12 Rf 63
Waasen, Bruck- **4722** GR 8 Oe 59
Wabelsdorf 30 Pc 69
Wabutschnik 30 Pc 70
Wachsenberg 29 Pa 68
Wachtberg 4 Pf 57
Wachtl 16 Na 63
Wackendorf 30 Pe 69
Wackersbach 8 Of 59
Wängle **6600** RE 14 Le 64
Wagendorf 21 Qf 65
Wagendorf 30 Pc 67
Wagendorf 31 Qd 68
Wagenham 7 Oa 60
Wagenitzseehütte 28 Ne 67
Wagerberg 21 Ra 66
Waging 8 Od 58
Wagna **8435** LB 31 Qd 68
Wagnerhütte 24 Lb 66
Wagrain **5602** JO 18 Ob 65
Wagram an der Donau 12 Re 60
Wagram an der Traisen 11 Qe 58
Wagrein 16 Nb 63
Wagreiner Haus 18 Ob 65
Wahrleiten 7 Ob 60
Waidach 16 Nc 63
Waidach 17 Oa 62
Waidegg 28 Ob 69
Waiden 4 Qc 57
Waidendorf 6 Re 58
Waidern 9 Pb 60
Waidhofen an der Thaya **3830** WT 4 Qb 56
Waidhofen an der Ybbs **3340** WY 9 Pe 61
Waidisch 30 Pb 70
Waidmannsfeld **2763** WB 11 Qf 61
Waidring **6384** KB 17 Nd 63
Waisach 28 Oa 68
Waisenberg 30 Pd 68
Waisenegg **8190** WZ 21 Qd 64
Waitzendorf 5 Qf 56
Waizenkirchen **4730** GR 8 Of 59
Walbersdorf 12 Rc 62
Walchen 15 Md 65
Walchen 17 Ob 65
Walchen 19 Pa 64
Walchsee **6344** KU 16 Nb 63
Wald **3144** 11 Qe 60
Wald 14 Le 65
Wald 14 Lf 65
Wald 18 Oc 65
Waldalm 20 Pe 62
Wald am Schoberpaß **8781** LN 19 Pd 64
Waldbach **8253** HB 21 Qe 64
Waldbauer (Gasthaus) 20 Pf 64
Waldberg 3 Pc 58
Waldberg 4 Qb 56
Waldegg **2754** WB 11 Ra 61
Waldenstein **3961** GD 4 Qa 56
Waldenstein 30 Pf 67
Walder Alm 15 Md 64
Walder Hütte 29 Oe 68
Waldhams 4 Qa 57
Waldhausen **3914** ZT 4 Qb 58
Waldhausen im Strudengau **4391** PE 10 Pf 59
Waldheimat-Schutzhaus 21 Qd 64
Waldheimhütte 19 Pd 66
Waldhers 4 Qc 55
Waldhof 18 Ob 63
Waldhof 20 Qb 66
Waldhornried (Gasthaus) 22 Rb 66
Wald im Pinzgau **5742** ZE 16 Nb 65
Walding **4111** UU 8-9 Pa 58
Wald in Weststeiermark 31 Qb 67
Waldkirchen am Wesen **4085** SD 8 Oe 58
Waldkirchen an der Thaya **3844** WT 4 Qc 55
Waldneukirchen **4595** SE 9 Pb 61
Waldpeter (Gasthaus) 31 Qa 68
Waldpoint 8 Od 60
Waldrast 30 Pf 68
Waldreichs 4 Qc 56
Waldreichs 4 Qc 57
Waldsäge 19 Pd 65
Waldschule 21 Qd 64
Waldstein **8122** 20 Qb 65
Waldzell **4924** RI 8 Oc 60
Walkenstein **3752** 5 Qe 56
Walkersdorf 21 Qf 66
Walkersdorf 5 Qe 58
Wallendorf 22 Rb 67
Walleralm 16 Nb 63
Wallern an der Trattnach **4702** GR 8 Of 59
Wallern im Burgenland **7151** ND 12 Rf 62
Wallersbach 19 Pc 65
Wallersee-Zell 7 Oa 61
Wallhorn 27 Nc 66
Walling 9 Pd 60
Wallmersdorf 9 Pe 60
Wallsee-Sindelburg **3313** AM 9 Pe 60
Walpersbach **2822** WB 11 Rb 62
Wals-Siezenheim **5071** SL 17 Nf 62
Waltendorf 11 Qf 59
Walterschlag 4 Qa 57
Waltersdorf, Bad **8271** HB 21 Qf 66
Waltersdorf an der March 6 Rf 58
Waltersdorf bei Staatz 6 Rd 57
Walterskirchen 6 Re 57
Waltersschlag 4 Pf 57
Waltra 32 Qf 68
Wampersdorf **2485** 12 Rc 61
Wand 24 Lc 67
Wandaler (Gasthaus) 30 Pe 66
Wandau 19 Pe 63
Wandelitzen 30 Pd 68
Wang **3262** SB 10 Qa 60
Wangenitzalm 28 Ne 67
Wanghausen 7 Ne 60
Wanglalm 15 Ma 64
Wankham 8 Oe 61
Wannersdorf 20 Qb 65
Wantendorf 10 Qd 60
Wanzenau 5 Qd 57
Warmbad Villach **9504** 29 Oe 69
Warnsdorfer Hütte 27 Nb 66
Warnungs 4 Qa 56
Warscheneck 19 Pb 63
Wartberg 5 Qf 57
Wartberg an der Krems **4552** KI 9 Pa 61
Wartberg im Mürztal **8661** MZ 20 Qc 64
Wartberg ob der Aist **4224** FR 9 Pc 58
Warth **2831** NK 21 Ra 63
Warth **6767** B 13 La 65
Wartmannstetten **2620** NK 11 Ra 63
Waschbach 5 Qf 56
Wasenbruck 12 Rd 61
Wasserburg 11 Qe 59
Wasserdobl 8 Ob 60
Wasserhub 8 Of 61
Wasserleith 20 Pe 65
Wasserstubenalpe 24 La 66
Wastl am Wald 10 Qb 61
Watschig 28 Ob 69
Wattenberg **6112** IL 15 Md 65
Wattens **6112** IL 15 Md 65
Watzelsdorf 30 Pd 69
Watzelsdorf 5 Qf 57
Watzendorf 11 Qe 59
Watzlberg 8 Ob 61
Watzmanns 4 Pf 57
Waucher 31 Qc 69
Waxenberg **4182** 9 Pb 58
Waxeneckhaus 11 Qf 61
Waxriegel Haus 21 Qe 63
Weber 30 Pf 67
Weberhaus (Gasthaus) 22 Rb 67
Weberleitner (Gasthaus) 21 Qd 64
Webersdorf 7 Nf 60
Weer **6114** SZ 15 Md 65
Weerberg **6133** SZ 15 Me 65
Wegscheid **8634** 20 Qb 63
Wegscheid 16 Na 65
Wegscheid 17 Nf 62
Wegscheid 17 Ob 63
Wegscheid 4 Qc 57
Wegscheider 28 Oc 68
Wegscheider (Gasthaus) 29 Pa 68
Wehrberg 7 Nf 60
Weiberberg 9 Pd 58
Weibern **4675** GR 8 Oe 59
Weibnitz 21 Ra 63
Weichselbaum **8382** JE 32 Ra 67

Weichselboden **8633** 20 Qa 63
Weichstetten 9 Pb 60
Weichtal (Gasthaus) 11 Qe 62
Weidawirt (Gasthaus) 10 Qb 61
Weiden am See **7121** ND 12 Rf 61
Weidenau 9 Pe 58
Weiden bei Rechnitz **7463** OW 22 Rb 65
Weidenburg 28 Oa 69
Weidenerhütte 15 Me 65
Weidenholz 8 Of 58
Weidensbacher Holzstube 8 Od 61
Weidenthal 7 Nf 60
Weidern 11 Qd 59
Weidet 8 Pa 59
Weidling 11 Rb 59
Weienried 13 Ke 63
Weigelsdorf 12 Rc 61
Weigetschlag 3 Pb 57
Weikendorf **2253** GF 12 Re 59
Weikersdorf 8 Of 58
Weikersdorf am Steinfelde **2722** WB 11 Ra 62
Weikertschlag 4 Pf 57
Weikertschlag an der Thaya **3823** 4 Qc 55
Weilbach **4984** RI 8 Oc 59
Weiler **6833** FK 13 Kd 65
Weinberg 10 Qd 60
Weinberg 30 Pf 68
Weinberg, Hohenbrugg- **8350** FB 32 Qf 67
Weinburg am Saßbach **8481** RA 31 Qe 68
Weingraben 22 Rc 64
Weinitzen **8044** GU 21 Qc 66
Weinling 10 Qa 59
Weinpolz 4 Qb 56
Weins 10 Pf 59
Weinsteig 6 Rc 58
Weinzierl am Walde **3521** KR 4 Qc 58
Weirichulm 26 Md 66
Weisburg 18 Od 66
Weißach 16 Na 63
Weißbach bei Lofer **5093** ZE 17 Ne 63
Weißberg 29 Pa 67
Weißbergerhütte 30 Pd 67
Weißbriach **9622** 28 Ob 68
Weißenalbern 4 Qa 56
Weißenbach 10 Qa 61
Weißenbach 18 Oc 62
Weißenbach 18 Od 63
Weißenbach 19 Pa 63
Weißenbach 21 Qf 64
Weißenbach 28 Oc 68
Weißenbach 29 Oe 69
Weißenbach 29 Of 68
Weißenbach 9 Pc 61
Weißenbach, Bad 30 Pe 67
Weißenbach, Gniebing- **8330** FB 32 Qe 67
Weißenbach-A, 9 Pa 61
Weißenbach am Attersee **4854** 18 Od 62
Weißenbach am Lech **6671** RE 14 Ld 64
Weißenbach an der Enns **8932** 19 Pd 62
Weißenbach an der Enns 18 Oe 64
Weißenbach an der Triesting **2564** 11 Ra 61
Weißenbach bei Liezen **8940** LI 19 Pb 63
Weißenbach bei Mödling 11 Rb 60
Weißenbachhütte 15 Me 64
Weißenberg 30 Pf 68
Weißenberg 9 Pb 60
Weißenfluhalpe 13 Ke 64
Weißengütl 19 Pd 62
Weißenkirchen im Attergau 8 Oc 61
Weißenkirchen in der Wachau **3610** KR 10 Qc 58
Weißenstein **9721** VL 29 Oe 68
Weißensteinalm 16 Nc 63
Weißensteiner Hütte 20 Pe 66
Weißes Kreuz (Gasthof) 21 Ra 63
Weiße Wand 18 Oe 65
Weißkirchen an der Traun **4512** WL 9 Pa 60
Weißkirchen in Steiermark **8741** JU 20 Pe 66
Weißleiten 17 Nd 63
Weißpriach **5571** TA 18 Oe 66
Weistrach **3351** AM 9 Pd 60
Weiten **3653** ME 10 Qb 59
Weitendorf **8410** LB 31 Qc 67
Weitenegg 10 Qb 59
Weitensfeld-Flattnitz **9344** SV 29 Pa 67
Weiterschwang 8 Od 61
Weitersfeld **2084** HO 5 Qe 56
Weitersfeld an der Mur **8473** 31 Qe 68
Weitersfelden **4272** FR 3 Pe 58
Weitlanbrunn 27 Nc 68
Weitra **3970** GD 4 Pf 56
Weittalalm 16 Mf 63
Weitwörht 7 Nf 61
Weixelbaum 32 Qe 68
Weixmannstall 25 Lf 66
Weiz **8160** WZ 21 Qd 65
Weizelsdorf 29 Pb 69
Weizklamm (Gasthaus) 21 Qd 65
Welchau 9 Pb 62
Welgersdorf 22 Rb 65
Wellersdorf 29 Pa 69
Wels **4600** WE 8 Pa 60
Welser-H. 18 Oc 63
Welser Hütte 19 Pa 62
Welten 32 Ra 67
Welzelach 27 Nc 67
Wendbach 9 Pc 61
Wendling **4741** GR 8 Od 59
Weng 15 Me 64
Weng 17 Oa 65
Weng 7 Oa 61
Weng 8 Oe 59
Weng bei Admont **8911** LI 19 Pc 63
Weng im Innkreis **4952** BR 7 Oa 59
Wengle 14 Le 64
Wenigzell **8254** HB 21 Qe 64
Wenireith 21 Qf 65
Wenns **6473** IM 14 Le 65
Wenns 16 Nc 65
Wenzelberg 8 Od 58
Weppersdorf **7331** OP 22 Rc 63
Werber (Gasthaus) 20 Qc 64
Werbutzalm 29 Oc 69
Werfen **5450** JO 17 Oa 64
Werfenau 7 Ne 60
Werfenweng **5453** JO 18 Ob 64
Werndorf **8402** GU 31 Qc 67
Wernersdorf **8551** DL 31 Qb 68
Wernstein am Inn **4783** SD 8 Oc 58
Werschenlag 4 Qb 57
Wertschach 29 Od 69
Wesenufer **4085** 8 Oe 58
Westendorf **6363** KB 16 Nb 64
Westfalenhütte 25 Ma 66
Wettmannstätten **8521** DL 31 Qc 68
Wetzawinkel 21 Qe 66
Wetzelsdorf 21 Qe 67
Wetzelsdorf 6 Rd 57
Wetzelsdorf bei Kirchbach 31 Qe 67
Wetzelsdorf in Weststeiermark 31 Qb 67
Wetzleinsdorf 6 Rc 58
Wetzles 4 Pf 56
Wetzles 4 Qc 55
Weyer 16 Nb 65
Weyerbrunn 5 Rb 57
Weyer Markt **3335** SE 9 Pd 61
Weyersdorf 10 Qd 59
Weyregg am Attersee **4852** VB 8 Od 61
Widmais 8 Oc 61
Wiedendorf 5 Qe 58
Wieden-Klausen 32 Qe 68
Wiederfeld 4 Qb 56
Wiederschwing 29 Oe 68
Wiedrechtshausen 17 Nd 65
Wiedweg 29 Oe 68
Wiegen 30 Pc 67
Wielands 4 Pf 56
Wielandsberg 10 Qd 60
Wielfresen **8551** DL 31 Qa 68
Wielings 4 Qa 55
Wien **1010** W 11 Rc 59
Wienau 3 Pe 58
Wienerbruck **3223** 10 Qb 62
Wienerherberg 12 Rd 60
Wienerhütte 11 Rb 60
Wienern 18 Of 63
Wienern 4 Qc 56
Wiener-Neudorf **2351** MD 11 Rb 60
Wiener Neustadt **2700** WN 11 Rb 62
Wiener-Neustädter-Hütte 14 Lf 64
Wienhof 11 Qf 60
Wiersdorf 31 Qe 68
Wies **8551** DL 31 Qb 68
Wiesalm 18 Od 63
Wiesalpe 18 Oe 64
Wiesbadner Hütte 24 La 67
Wiesberg 21 Qf 65
Wiesberghaus 18 Od 63
Wiese 25 Le 66
Wieselburg **3250** SB 10 Qa 60
Wiesele 25 Lf 66
Wieselsfeld 5 Ra 57
Wieselstein 17 Ob 63
Wiesen **7203** MA 12 Rb 62
Wiesen 17 Nd 65
Wiesen 27 Nd 68
Wiesen 5 Rb 58
Wiesenau 18 Oc 62
Wiesenau 30 Pe 67
Wiesenberg 8 Od 59
Wiesenfeld 11 Qd 60
Wiesenfeld 4 Pf 58
Wiesenreith 4 Qb 57
Wiesenschwang 16 Nc 64
Wieser 18 Ob 63
Wieser (Gasthaus) 11 Qe 61
Wieseralm 18 Oe 65
Wieser Alm 9 Pb 62
Wiesersberg 17 Ne 64
Wiesfleck 21 Ra 63
Wiesfleck 21 Ra 64
Wiesing **6200** SZ 16 Me 64
Wiesing 17 Ne 64
Wiesmaiern 7 Nf 59
Wiesmath **2811** 21 Rb 63
Wietersdorf 30 Pd 68
Wieting **9374** 30 Pd 67
Wildalm 16 Nb 65
Wildalpen **8924** LI 20 Pf 63
Wildbach 31 Qb 68
Wildberg 9 Pb 58
Wildbichl 16 Nb 62
Wildenau **4933** 8 Ob 59
Wildendürnbach **2164** MI 6 Rc 56
Wildenseehütte 18 Oe 62
Wildermieming **6414** IL 15 Lf 65
Wildmoos 25 Ld 67
Wildon **8410** LB 31 Qc 67
Wildseeloder-Haus 17 Nd 64
Wildshut 7 Nf 60
Wildungsmauer 12 Re 60
Wilfersdorf **2193** MI 6 Rd 57
Wilfersdorf 11 Ra 59
Wilfersdorf, Ludersdorf- **8200** WZ 21 Qd 66
Wilfleinsdorf **2462** 12 Re 61
Wilhalm 4 Qd 57
Wilhelming 8 Oc 59
Wilhelmsberg 8 Oe 60
Wilhelmsburg **3150** PL 11 Qd 60
Wilhelmsdorf 17 Ne 65
Wilhelmsdorf 5 Qe 57
Wilhering **4073** LL 9 Pb 59
Willendorf **2732** NK 11 Ra 62
Willendorf in der Wachau 10 Qc 59
Willersbach 10 Pf 59
Willersdorf 21 Ra 64
Willi-Merkl-Hütte 14 Ld 63
Willing 8 Oe 60
Wim 8 Of 60
Wimberg 17 Oa 62
Wimberg 9 Pa 61
Wimitz 29 Pa 68
Wimitz (Gasthaus) 30 Pb 68
Wimm 16 Nb 63
Wimmersdorf 11 Qf 59
Wimmtaler Alm 16 Mf 65
Wimpassing 10 Qc 59
Wimpassing 8 Of 60
Wimpassing an der Leitha **2485** EU 12 Rc 61
Wimpassing im Schwarzatale **2632** NK 11 Qf 62
Wimsbach-Neydharting, Bad **4654** WL 8 Of 60
Windau 16 Nb 64
Windbachalm 27 Nb 66
Windegg 8 Pd 59
Winden 19 Pc 65
Winden 9 Pd 59
Winden am See **7092** ND 12 Re 61
Windhaag bei Freistadt **4263** FR 3 Pd 57
Windhaag bei Perg **4322** PE 8 Pd 59
Windhag 10 Pe 61
Windigsteig **3841** WT 4 Qb 56
Windischbachau 10 Pf 62
Windisch-Baumgarten 6 Re 57
Windisch-Bleiberg 29 Pb 70
Windischgarsten **4580** KI 19 Pb 62
Windisch-Minihof 32 Ra 67
Windorf 8-9 Pa 58
Windpassing 5 Ra 57
Windpassing 9 Pd 59
Winkel 16 Nb 63
Winkel 31 Qa 67
Winkel 4 Qc 57
Winkeltal 27 Nc 68
Winkl 16 Mf 64
Winkl 17 Nd 63
Winkl 18 Od 63
Winkl 25 Lf 66
Winkl 27 Nc 68
Winkl 28 Ne 66
Winkl 29 Od 68
Winklarn **3300** AM 10 Pe 60
Winkl-Boden 21 Qe 65
Winkle 25 Lf 66
Winkler 19 Pc 63
Winkler 20 Qc 64
Winklern **9841** SP 28 Nf 67
Winklern 29 Oe 68
Winklern 30 Pb 67
Winklern bei Oberwölz **8832** MU 19 Pb 65
Winkling 8 Od 59
Winkling 9 Pc 60
Winnebachseehütte 25 Ma 66
Winten 22 Rc 66
Winterbach 10 Qb 61
Winterleitenhütte 19 Pd 66
Wintersbach 10 Pf 61
Wintersdorf 9 Pc 58
Winterstallen 25 Lf 67
Winzendorf 21 Qf 65
Winzendorf-Muthmannsdorf **2722** WB 11 Ra 62
Wippenham **4942** RI 8 Oc 59
Wippersberg 9 Pd 60
Wirl 24 La 67
Wirling 18 Od 62
Wirnzberg 9 Pb 60
Wirtbartl 31 Qa 68
Wirt im Hallerwald (Gasthaus) 9 Pb 61
Wirtsalm 29 Oe 66
Wirtsbaueralm 28 Ne 66
Wirtshaus zur grünen Wiese 21 Ra 63
Wirtshaus zur Walderuh 20 Pe 63
Wischachtal 5 Ra 58
Wisperndorf 30 Pe 67
Wittau 12 Rd 60
Wittmannsdorf 32 Qe 68
Wittmannshof 12 Rf 61
Witzelsberg 9 Pd 58
Witzelsdorf 12 Re 60
Witzersdorf 8 Of 58
Wochenbrunn 16 Nb 63
Wodl 21 Qd 63
Wodmaier 28 Nf 69
Wöbring 29 Pa 67
Wögel 30 Pd 70
Wöglerin (Gasthaus) 11 Ra 60
Wölfnitz **9061** 30 Pb 69
Wölfnitz 30 Pd 68
Wöllatratten 28 Oa 67
Wöllersdorf 11 Qf 60
Wöllersdorf-Steinabrückl **2752** WB 11 Ra 61
Wöllmerdorf 19 Pd 66
Wölting 18 Oe 66
Wördern, Sankt Andrä- **3423** TU 11 Rb 59
Wörgl **6300** KU 16 Na 64
Wörnharts 4 Pf 57
Wörschach **8942** LI 19 Pa 63
Wörschachwald 19 Pa 63
Wörterberg 21 Ra 65
Wörth 17 Nf 65
Wörth 31 Qe 67
Wörth an der Lafnitz **8293** HB 21 Ra 65
Wörther See 29 Pa 69
Wösendorf 10 Qc 58
Woff (Gasthaus) 20 Qb 66
Wohlfahrtsbrunn 10 Qb 60
Wohlmuthing 16 Nc 63
Wohlsdorf 31 Qc 68
Wohnesammerhütte 19 Pa 65
Wokounigalm 30 Pb 70
Wolf 2 Of 57
Wolfau **7412** OW 21 Ra 65
Wolfauer Meierhof 21 Ra 65
Wolfenreith 10 Qc 58
Wolfenreith 10 Qc 59
Wolfenstein 4 Qa 56
Wolfgruben bei Gleisdorf 21 Qe 66
Wolfpassing **3261** SB 10 Qa 60
Wolfpassing 11 Ra 59
Wolfpassing, Seitzersdorf- 5 Ra 58
Wolfpassing an der Hochleithen 6 Rd 58
Wolfrathshauser Hütte 14 Le 64
Wolfsbach **3354** AM 9 Pd 60
Wolfsbach 5 Qd 56
Wolfsberg **9400** WO 30 Pe 68
Wolfsberg 4 Qb 57
Wolfsberger Hütte 30 Pd 68
Wolfsberg im Schwarzautal **8421** LB 31 Qd 68
Wolfsbrunn 5 Ra 57
Wolfsegg am Hausruck **4902** VB 8 Od 60
Wolfsgraben **3012** WU 11 Ra 60
Wolfshof 5 Qd 57
Wolfsthal **2412** BL 12 Rf 60
Wolfurt **6960** B 13 Ke 64
Wolkersdorf 21 Qd 66
Wolkersdorf im Weinviertel **2120** MI 6 Rc 58
Wollanig 29 Oe 69
Wollmannsberg 5 Rb 58
Wollmersdorf 9 Pe 60
Wolschart 30 Pc 68
Wopfing 11 Ra 61
Woppendorf 22 Rc 65
Wormser Hütte 24 Kf 66
Würflach **2732** NK 11 Ra 62
Würmla **3042** TU 11 Qf 59
Würmlach 28 Nf 69
Würnitz **2112** 6 Rc 58
Würnsdorf 10 Qa 59
Württemberger Hütte 14 Ld 65
Wufing 8 Oe 60
Wuggau 31 Ob 68
Wulkaprodersdorf **7041** EU 12 Rc 62
Wullersdorf **2041** HL 5 Ra 57
Wullowitz 3 Pc 57
Wultendorf 6 Rc 57
Wultschau 4 Pe 56
Wulzeshofen **2064** 5 Rb 56
Wunderstätten 30 Pf 69
Wundschuh **8142** GU 31 Qc 67
Wunzenalm 28 Oa 67
Wurdach 29 Pa 69
Wurmbach 4 Qc 56
Wurmbrand 4 Pf 57
Wurtenalm 28 Nf 67
Wurzach 29 Od 69
Wurzenalm 19 Pb 63
Wutschein 30 Pc 69

Y

Ybbs an der Donau **3370** ME 10 Qa 60
Ybbsbachamt 10 Pf 61
Ybbsitz **3341** AM 10 Pf 61
Ybbstaler Hütte 10 Qa 62
Yspertal **3683** ME 10 Qa 59

Z

Zagersdorf 12 Rc 62
Zahling 21 Rb 67
Zaina 11 Ra 59
Zaingrub 5 Qe 57
Zalln 15 Me 65
Zaluandaalm 24 Ke 66
Zammelsberg 29 Pa 68
Zams **6511** LA 25 Ld 66
Zarnsdorf 10 Qa 60
Zauchen 18 Of 63
Zauchenhaus 29 Oe 68
Zauchseehaus 18 Oc 65
Zaunhof 25 Le 66
Zaußenberg 5 Qf 58
Zdarskyhütte 11 Qd 61
Zederhaus **5584** TA 18 Oc 66
Zedlach 27 Nc 67
Zedlitzdorf 29 Of 68
Zefereralm 18 Od 64
Zehensdorf 31 Qe 68
Zeil bei Stubenberg 21 Qe 65
Zeillern **3311** AM 9 Pe 60
Zeining 10 Qb 59
Zeinisjochhütte 24 La 67
Zeiselmauer **3424** TU 11 Ra 59
Zeitling 9 Pd 59
Zelking-Matzleimsdorf **3393** ME 10 Qb 60
Zell **9170** KL 30 Pc 69
Zell 8 Od 61
Zell, Bad **4283** FR 9 Pd 59
Zell, Wallersee- 7 Oa 61
Zell am Moos **4893** VB 8 Ob 61
Zell am Pettenfirst **4840** VB 8 Od 60
Zell am See **5700** ZE 17 Ne 65
Zell am Ziller **6280** SZ 16 Mf 65
Zell an der Pram **4755** SD 8 Od 59
Zell-Arzberg 9 Pe 61
Zellberg **6280** SZ 16 Mf 65
Zeller Hütte 19 Pb 63
Zellerndorf **2051** HL 5 Qf 57
Zell-Pfarre 30 Pc 70
Zeltschach 30 Pc 67
Zeltweg **8740** JU 20 Pe 66
Želuče = Selkach 29 Pa 69
Zemendorf **7023** 12 Rc 62
Zemling 5 Qe 58
Zemmendorf 4 Qd 56
Zerlach **8082** FB 31 Qd 67
Zettenreith 4 Qd 56
Zettersfeldhütte 28 Ne 67
Zettling **8141** GU 31 Qc 67
Zettlitz 4 Qd 56
Zeutschach **8820** MU 19 Pb 66
Zicker-A. 29 Od 67
Ziebl 29 Od 68
Ziegelhütte 17 Nf 65
Ziegenberg 21 Qf 66
Ziem 19 Pa 63
Zienitzen 30 Pb 67
Zieregg (Gasthaus) 31 Qd 69
Ziernitz 19 Pc 63
Ziernreith 4 Qc 55
Ziersdorf **3710** HL 5 Qf 58
Zigeunerhütte 22 Rb 64
Zillergrund 16 Mf 66
Zillingdorf **2492** WB 11 Rb 62
Zillingtal, Steinbrunn- **7034** EU 12 Rc 62
Zinödlbauer 19 Pd 63
Zintberg 16 Me 64
Zintring 10 Qb 59
Zipf **4871** 8 Oc 60
Zippelkogel 9 Pc 62
Ziprein 31 Qd 67
Zirbitzkogelhaus 19 Pd 66
Zirkitz 29 Pa 68
Zirkitzen 29 Oe 68
Zirl **6170** IL 15 Mb 65
Zirmebenjoch 15 Ld 65
Zissersdorf 5 Ra 58
Zissersdorf, Drossendorf Stadt- **2094** HO 5 Qd 56
Zissettaverne (Gasthaus) 21 Qe 64
Zistelbergalm 17 Ob 62
Zistersdorf **2225** GF 6 Re 57
Zistl Wirtshaus 19 Pc 65
Zittauer Hütte 16 Na 66
Zitteraueralm 28 Oa 66
Zitternberg 5 Qd 57
Zlabern 6 Rd 56
Zlan **9713** 29 Od 68
Zlatten 20 Qb 64
Zöbern **2871** NK 21 Ra 64
Zöbersdorf 21 Ra 64
Zöbing **3561** 5 Qe 58
Zöbing 21 Qe 66
Zöblen **6677** 14 Lc 63
Zöbring 10 Qa 59
Zöllerhütte 20 Qb 65
Zölling 29 Od 67
Zoitzach 18 Oe 66
Zorn 17 Nf 65
Zosen 30 Pd 67
Zotten 27 Nc 67
Zozl (Gasthaus) 31 Qc 69
Zuberbach 22 Rb 65
Zürs **6763** 24 La 65
Zug 13 La 65
Zugriegealm 18 Oe 65
Zulissen 3 Pc 57
Zum guten Hirt 20 Qc 65
Zupfing 8 Od 59
Zurndorf **2424** ND 12 Rf 61
Žvabek = Schwabegg 30 Pe 69
Zvrhnja Vesca = Oberdörfel 29 Pa 69
Zwaring **8142** GU 31 Qc 67
Zweiersdorf 11 Ra 62
Zweinitz **9343** 29 Pb 67
Zwentendorf 6 Rc 57
Zwentendorf an der Donau **3435** TU 11 Qf 59
Zwerndorf 12 Re 59
Zwettl an der Rodl **4180** UU 9 Pb 58
Zwettl-Niederösterreich **3910** ZT 4 Qa 57
Zwickenberg 28 Nf 68
Zwieselalm 18 Oc 63
Zwieselbachalm 18 Od 62
Zwieselbauer 16 Na 64
Zwieselstein 25 Ma 67
Zwing 13 Kf 64
Zwing (Gasthaus) 11 Qf 62
Zwingendorf **2063** 5 Rb 56
Zwinzen 4 Qb 56
Zwischenwässern 30 Pc 67
Zwischenwasser **6832** FK 13 Ke 65
Zwölfaxing **2324** 12 Rc 60
Zwölferhornhütte 18 Ob 62

Zeichenerklärung · Legend
Segni convenzionali · Signos convencionais

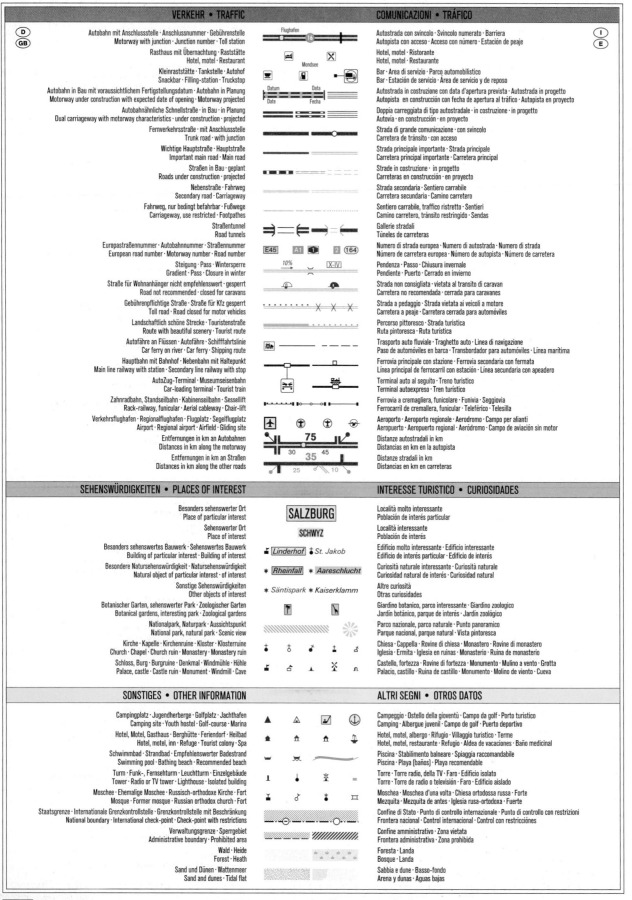

VERKEHR · TRAFFIC — COMUNICAZIONI · TRÁFICO

D / GB		I / E
Autobahn mit Anschlussstelle · Anschlussnummer · Gebührenstelle — Motorway with junction · Junction number · Toll station	Flughafen 16	Autostrada con svincolo · Svincolo numerato · Barriera — Autopista con acceso · Acceso con número · Estación de peaje
Rasthaus mit Übernachtung · Raststätte — Hotel, motel · Restaurant	Mondsee	Hotel, motel · Ristorante — Hotel, motel · Restaurante
Kleinraststätte · Tankstelle · Autohof — Snackbar · Filling-station · Truckstop		Bar · Area di servizio · Parco automobilistico — Bar · Estación de servicio · Área de servicio y de reposo
Autobahn in Bau mit voraussichtlichem Fertigstellungsdatum · Autobahn in Planung — Motorway under construction with expected date of opening · Motorway projected	Datum Data / Date Fecha	Autostrada in costruzione con data d'apertura prevista · Autostrada in progetto — Autopista en construcción con fecha de apertura al tráfico · Autopista en proyecto
Autobahnähnliche Schnellstraße · in Bau · in Planung — Dual carriageway with motorway characteristics · under construction · projected		Doppia carreggiata di tipo autostradale · in costruzione · in progetto — Autovía · en construcción · en proyecto
Fernverkehrsstraße · mit Anschlussstelle — Trunk road · with junction		Strada di grande comunicazione · con svincolo — Carretera de tránsito · con acceso
Wichtige Hauptstraße · Hauptstraße — Important main road · Main road		Strada principale importante · Strada principale — Carretera principal importante · Carretera principal
Straßen in Bau · geplant — Roads under construction · projected		Strade in costruzione · in progetto — Carreteras en construcción · en proyecto
Nebenstraße · Fahrweg — Secondary road · Carriageway		Strada secondaria · Sentiero carrabile — Carretera secundaria · Camino carretero
Fahrweg, nur bedingt befahrbar · Fußwege — Carriageway, use restricted · Footpaths		Sentiero carrabile, traffico ristretto · Sentieri — Camino carretero, tránsito restringido · Sendas
Straßentunnel — Road tunnels		Gallerie stradali — Túneles de carreteras
Europastraßennummer · Autobahnnummer · Straßennummer — European road number · Motorway number · Road number	E45 A1 1 2 (164)	Numero di strada europea · Numero di autostrada · Numero di strada — Número de carretera europea · Número de autopista · Número de carretera
Steigung · Pass · Wintersperre — Gradient · Pass · Closure in winter	10% X-IV	Pendenza · Passo · Chiusura invernale — Pendiente · Puerto · Cerrado en invierno
Straße für Wohnanhänger nicht empfehlenswert · gesperrt — Road not recommended · closed for caravans		Strada non consigliata · vietata al transito di caravan — Carretera no recomendada · cerrada para caravanes
Gebührenpflichtige Straße · Straße für Kfz gesperrt — Toll road · Road closed for motor vehicles	X X X	Strada a pedaggio · Strada vietata ai veicoli a motore — Carretera a peaje · Carretera cerrada para automóviles
Landschaftlich schöne Strecke · Touristenstraße — Route with beautiful scenery · Tourist route		Percorso pittoresco · Strada turistica — Ruta pintoresca · Ruta turística
Autofähre an Flüssen · Autofähre · Schifffahrtslinie — Car ferry on river · Car ferry · Shipping route		Trasporto auto fluviale · Traghetto auto · Linea di navigazione — Paso de automóviles en barca · Transbordador para automóviles · Línea marítima
Hauptbahn mit Bahnhof · Nebenbahn mit Haltepunkt — Main line railway with station · Secondary line railway with stop		Ferrovia principale con stazione · Ferrovia secondaria con fermata — Línea principal de ferrocarril con estación · Línea secundaria con apeadero
AutoZug-Terminal · Museumseisenbahn — Car-loading terminal · Tourist train		Terminal auto al seguito · Treno turistico — Terminal autoexpreso · Tren turístico
Zahnradbahn, Standseilbahn · Kabinenseilbahn · Sessellift — Rack-railway, funicular · Aerial cableway · Chair-lift		Ferrovia a cremagliera, funicolare · Funivia · Seggiovia — Ferrocarril de cremallera, funicular · Teleférico · Telesilla
Verkehrsflughafen · Regionalflughafen · Flugplatz · Segelflugplatz — Airport · Regional airport · Airfield · Gliding site		Aeroporto · Aeroporto regionale · Aerodromo · Campo per alianti — Aeropuerto · Aeropuerto regional · Aeródromo · Campo de aviación sin motor
Entfernungen in km an Autobahnen — Distances in km along the motorway	75 / 30 45	Distanze autostradali in km — Distancias en km en la autopista
Entfernungen in km an Straßen — Distances in km along the other roads	35 / 25 10	Distanze stradali in km — Distancias en km en carreteras

SEHENSWÜRDIGKEITEN · PLACES OF INTEREST — INTERESSE TURISTICO · CURIOSIDADES

Besonders sehenswerter Ort — Place of particular interest	**SALZBURG**	Località molto interessante — Población de interés particular
Sehenswerter Ort — Place of interest	SCHWYZ	Località interessante — Población de interés
Besonders sehenswertes Bauwerk · Sehenswertes Bauwerk — Building of particular interest · Building of interest	*Linderhof* *St. Jakob*	Edificio molto interessante · Edificio interessante — Edificio de interés particular · Edificio de interés
Besondere Natursehenswürdigkeit · Natursehenswürdigkeit — Natural object of particular interest · of interest	*Rheinfall* *Aareschlucht*	Curiosità naturale interessante · Curiosità naturale — Curiosidad natural de interés · Curiosidad natural
Sonstige Sehenswürdigkeiten — Other objects of interest	*Säntispark* *Kaiserklamm*	Altre curiosità — Otras curiosidades
Botanischer Garten, sehenswerter Park · Zoologischer Garten — Botanical gardens, interesting park · Zoological gardens		Giardino botanico, parco interessante · Giardino zoologico — Jardín botánico, parque de interés · Jardín zoológico
Nationalpark, Naturpark · Aussichtspunkt — National park, natural park · Scenic view		Parco nazionale, parco naturale · Punto panoramico — Parque nacional, parque natural · Vista pintoresca
Kirche · Kapelle · Kirchenruine · Kloster · Klosterruine — Church · Chapel · Church ruin · Monastery · Monastery ruin		Chiesa · Cappella · Rovine di chiesa · Monastero · Rovine di monastero — Iglesia · Ermita · Iglesia en ruinas · Monasterio · Ruina de monasterio
Schloss, Burg · Burgruine · Denkmal · Windmühle · Höhle — Palace, castle · Castle ruin · Monument · Windmill · Cave		Castello, fortezza · Rovine di fortezza · Monumento · Mulino a vento · Grotta — Palacio, castillo · Ruina de castillo · Monumento · Molino de viento · Cueva

SONSTIGES · OTHER INFORMATION — ALTRI SEGNI · OTROS DATOS

Campingplatz · Jugendherberge · Golfplatz · Jachthafen — Camping site · Youth hostel · Golf-course · Marina		Campeggio · Ostello della gioventù · Campo da golf · Porto turistico — Camping · Albergue juvenil · Campo de golf · Puerto deportivo
Hotel, Motel, Gasthaus · Berghütte · Feriendorf · Heilbad — Hotel, motel, inn · Refuge · Tourist colony · Spa		Hotel, motel, albergo · Rifugio · Villaggio turistico · Terme — Hotel, motel, restaurante · Refugio · Aldea de vacaciones · Baño medicinal
Schwimmbad · Strandbad · Empfehlenswerter Badestrand — Swimming pool · Bathing beach · Recommended beach		Piscina · Stabilimento balneare · Spiaggia raccomandabile — Piscina · Playa (baños) · Playa recomendable
Turm · Funk-, Fernsehturm · Leuchtturm · Einzelgebäude — Tower · Radio or TV tower · Lighthouse · Isolated building		Torre · Torre radio, della TV · Faro · Edificio isolato — Torre · Torre de radio o televisión · Faro · Edificio aislado
Moschee · Ehemalige Moschee · Russisch-orthodoxe Kirche · Fort — Mosque · Former mosque · Russian orthodox church · Fort		Moschea · Moschea d'una volta · Chiesa ortodossa russa · Forte — Mezquita · Mezquita de antes · Iglesia rusa-ortodoxa · Fuerte
Staatsgrenze · Internationale Grenzkontrollstelle · Grenzkontrollstelle mit Beschränkung — National boundary · International check-point · Check-point with restrictions		Confine di Stato · Punto di controllo internazionale · Punto di controllo con restrizioni — Frontera nacional · Control internacional · Control con restricciónes
Verwaltungsgrenze · Sperrgebiet — Administrative boundary · Prohibited area		Confine amministrativo · Zona vietata — Frontera administrativa · Zona prohibida
Wald · Heide — Forest · Heath		Foresta · Landa — Bosque · Landa
Sand und Dünen · Wattenmeer — Sand and dunes · Tidal flat		Sabbia e dune · Basso-fondo — Arena y dunas · Aguas bajas

Sinais convencionais · Légende
Legenda · Objaśnienia znaków

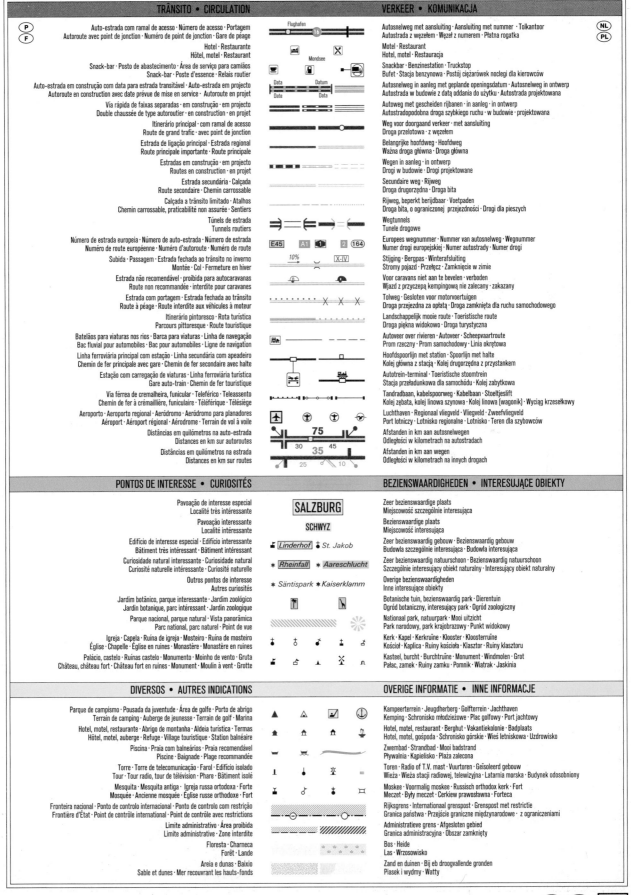

TRÂNSITO • CIRCULATION	VERKEER • KOMUNIKACJA
Auto-estrada com ramal de acesso · Número de acesso · Portagem	Autosnelweg met aansluiting · Aansluiting met nummer · Tolkantoor
Autoroute avec point de jonction · Numéro de point de jonction · Gare de péage	Autostrada z węzłem · Węzeł z numerem · Płatna rogatka
Hotel · Restaurante	Motel · Restaurant
Hôtel, motel · Restaurant	Hotel, motel · Restauracja
Snack-bar · Posto de abastecimento · Área de serviço para camiões	Snackbar · Benzinestation · Truckstop
Snack-bar · Poste d'essence · Relais routier	Bufet · Stacja benzynowa · Postój ciężarówek noclegi dla kierowców
Auto-estrada em construção com data para estrada transitável · Auto-estrada em projecto	Autosnelweg in aanleg met geplande openingsdatum · Autosnelweg in ontwerp
Autoroute en construction avec date prévue de mise en service · Autoroute en projet	Autostrada w budowie z datą oddania do użytku · Autostrada projektowana
Via rápida de faixas separadas · em construção · em projecto	Autoweg met gescheiden rijbanen · in aanleg · in ontwerp
Double chaussée de type autoroutier · en construction · en projet	Autostradopodobna droga szybkiego ruchu · w budowie · projektowana
Itinerário principal · com ramal de acesso	Weg voor doorgaand verkeer · met aansluiting
Route de grand trafic · avec point de jonction	Droga przelotowa · z węzłem
Estrada de ligação principal · Estrada regional	Belangrijke hoofdweg · Hoofdweg
Route principale importante · Route principale	Ważna droga główna · Droga główna
Estradas em construção · em projecto	Wegen in aanleg · in ontwerp
Routes en construction · en projet	Drogi w budowie · Drogi projektowane
Estrada secundária · Calçada	Secundaire weg · Rijweg
Route secondaire · Chemin carrossable	Droga drugorzędna · Droga bita
Calçada a trânsito limitado · Atalhos	Rijweg, beperkt berijdbaar · Voetpaden
Chemin carrossable, praticabilité non assurée · Sentiers	Droga bita, o ograniczonej przejezdności · Drogi dla pieszych
Túneis de estrada	Wegtunnels
Tunnels routiers	Tunele drogowe
Número de estrada europeia · Número de auto-estrada · Número de estrada	Europees wegnummer · Nummer van autosnelweg · Wegnummer
Numéro de route européenne · Numéro d'autoroute · Numéro de route	Numer drogi europejskiej · Numer autostrady · Numer drogi
Subida · Passagem · Estrada fechada ao trânsito no inverno	Stijging · Bergpas · Winterafsluiting
Montée · Col · Fermeture en hiver	Stromy pojazd · Przełęcz · Zamknięcie w zimie
Estrada não recomendável · proibida para autocaravanas	Voor caravans niet aan te bevelen · verboden
Route non recommandée · interdite pour caravanes	Wjazd z przyczepą kempingową nie zalecany · zakazany
Estrada com portagem · Estrada fechada ao trânsito	Tolweg · Gesloten voor motorvoertuigen
Route à péage · Route interdite aux véhicules à moteur	Droga przejezdna za opłatą · Droga zamknięta dla ruchu samochodowego
Itinerário pintoresco · Rota turística	Landschappelijk mooie route · Toeristische route
Parcours pittoresque · Route touristique	Droga piękna widokowo · Droga turystyczna
Bateláos para viaturas nos rios · Barca para viaturas · Linha de navegação	Autoveer over rivieren · Autoveer · Scheepvaartroute
Bac fluvial pour automobiles · Bac pour automobiles · Ligne de navigation	Prom rzeczny · Prom samochodowy · Linia okrętowa
Linha ferroviária principal com estação · Linha secundária com apeadeiro	Hoofdspoorlijn met station · Spoorlijn met halte
Chemin de fer principale avec gare · Chemin de fer secondaire avec halte	Kolej główna z stacją · Kolej drugorzędna z przystankiem
Estação com carregação de viaturas · Linha ferroviária turística	Autotrein-terminal · Toeristische stoomtrein
Gare auto-train · Chemin de fer touristique	Stacja przeładunkowa dla samochodu · Kolej zabytkowa
Via férrea de cremalheira, funicular · Teleférico · Teleassento	Tandradbaan, kabelspoorweg · Kabelbaan · Stoeltjeslift
Chemin de fer à crémaillière, funiculaire · Téléférique · Télésiège	Kolej zębata, kolej linowa szynowa · Kolej linowa [wagonik] · Wyciąg krzesełkowy
Aeroporto · Aeroporto regional · Aeródromo · Aeródromo para planadores	Luchthaven · Regionaal vliegveld · Vliegveld · Zweefvliegveld
Aéroport · Aéroport régional · Aérodrome · Terrain de vol à voile	Port lotniczy · Lotnisko regionalne · Lotnisko · Teren dla szybowców
Distâncias em quilómetros na auto-estrada	Afstanden in km aan autosnelwegen
Distances en km sur autoroutes	Odległości w kilometrach na autostradach
Distâncias em quilómetros na estrada	Afstanden in km aan wegen
Distances en km sur routes	Odległości w kilometrach na innych drogach

PONTOS DE INTERESSE • CURIOSITÉS	BEZIENSWAARDIGHEDEN • INTERESUJĄCE OBIEKTY
Pavoação de interesse especial	Zeer bezienswaardige plaats
Localité très intéressante	Miejscowość szczególnie interesująca
Pavoação interessante	Bezienswaardige plaats
Localité intéressante	Miejscowość interesująca
Edifício de interesse especial · Edifício interessante	Zeer bezienswaardig gebouw · Bezienswaardig gebouw
Bâtiment très intéressant · Bâtiment intéressant	Budowla szczególnie interesująca · Budowla interesująca
Curiosidade natural interessante · Curiosidade natural	Zeer bezienswaardig natuurschoon · Bezienswaardig natuurschoon
Curiosité naturelle intéressante · Curiosité naturelle	Szczególnie interesujący obiekt naturalny · Interesujący obiekt naturalny
Outros pontos de interesse	Overige bezienswaardigheden
Autres curiosités	Inne interesujące obiekty
Jardim botânico, parque interessante · Jardim zoológico	Botanische tuin, bezienswaardig park · Dierentuin
Jardin botanique, parc intéressant · Jardin zoologique	Ogród botaniczny, interesujący park · Ogród zoologiczny
Parque nacional, parque natural · Vista panorâmica	Nationaal park, natuurpark · Mooi uitzicht
Parc national, parc naturel · Point de vue	Park narodowy, park krajobrazowy · Punkt widokowy
Igreja · Capela · Ruína de igreja · Mosteiro · Ruína de mosteiro	Kerk · Kapel · Kerkruïne · Klooster · Kloosterruïne
Église · Chapelle · Église en ruines · Monastère · Monastère en ruines	Kościół · Kaplica · Ruiny kościoła · Klasztor · Ruiny klasztoru
Palácio, castelo · Ruínas castelo · Monumento · Moinho de vento · Gruta	Kasteel, burcht · Burchtruïne · Monument · Windmolen · Grot
Château, château fort · Château fort en ruines · Monument · Moulin à vent · Grotte	Pałac, zamek · Ruiny zamku · Pomnik · Wiatrak · Jaskinia

DIVERSOS • AUTRES INDICATIONS	OVERIGE INFORMATIE • INNE INFORMACJE
Parque de campismo · Pousada da juventude · Área de golfe · Porto de abrigo	Kampeerterrein · Jeugdherberg · Golfterrein · Jachthaven
Terrain de camping · Auberge de jeunesse · Terrain de golf · Marina	Kemping · Schronisko młodzieżowe · Plac golfowy · Port jachtowy
Hotel, motel, restaurante · Abrigo de montanha · Aldeia turística · Termas	Hotel, motel, restaurant · Berghut · Vakantiekolonie · Badplaats
Hôtel, motel, auberge · Refuge · Village touristique · Station balnéaire	Hotel, motel, gospoda · Schronisko górskie · Wieś letniskowa · Uzdrowisko
Piscina · Praia com balneários · Praia recomendável	Zwembad · Strandbad · Mooi badstrand
Piscine · Baignade · Plage recommandée	Pływalnia · Kąpielisko · Plaża zalecona
Torre · Torre de telecomunicação · Farol · Edifício isolado	Toren · Radio of T.V. mast · Vuurtoren · Geïsoleerd gebouw
Tour · Tour radio, tour de télévision · Phare · Bâtiment isolé	Wieża · Wieża stacji radiowej, telewizyjna · Latarnia morska · Budynek odosobniony
Mesquita · Mesquita antiga · Igreja russa ortodoxa · Forte	Moskee · Voormalig moskee · Russisch orthodox kerk · Fort
Mosquée · Ancienne mosquée · Église russe orthodoxe · Fort	Meczet · Były meczet · Cerkiew prawosławna · Forteca
Fronteira nacional · Ponto de controlo internacional · Ponto de controlo com restrição	Rijksgrens · Internationaal grenspost · Grenspost met restrictie
Frontière d'État · Point de contrôle international · Point de contrôle avec restrictions	Granica państwa · Przejście graniczne międzynarodowe · z ograniczeniami
Limite administrativo · Área proibida	Administratieve grens · Afgesloten gebied
Limite administrative · Zone interdite	Granica administracyjna · Obszar zamknięty
Floresta · Charneca	Bos · Heide
Forêt · Lande	Las · Wrzosowisko
Areia e dunas · Baixio	Zand en duinen · Bij eb droogvallende gronden
Sable et dunes · Mer recouvrant les hauts-fonds	Piasek i wydmy · Watty

Vysvětlivky · Jelmagyarázat
Tegnforklaring · Teckenförklaring

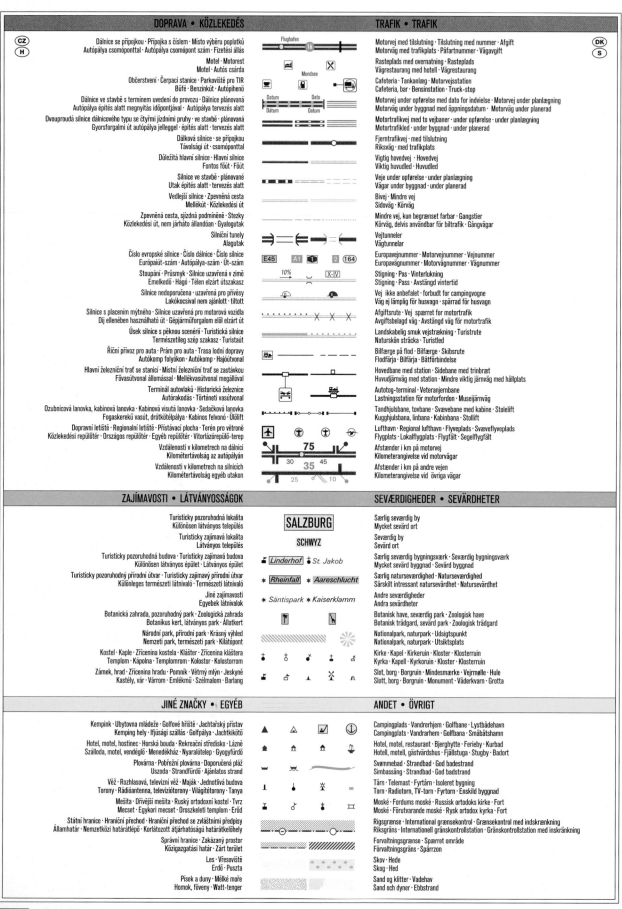

DOPRAVA · KÖZLEKEDÉS | TRAFIK · TRAFIK

(CZ) (H)

(DK) (S)

Čeština / Magyar	Dansk / Svenska
Dálnice se připojkou · Přípojka s číslem · Místo výběru poplatků Autópálya csomóponttal · Autópálya csomópont szám · Fizetési állás	Motorvej med tilslutning · Tilslutning med nummer · Afgift Motorväg med trafikplats · Påfartnummer · Vägavgift
Motel · Motorest Motel · Autós csárda	Rasteplads med overnatning · Rasteplads Vägrestaurang med hotell · Vägrestaurang
Občerstvení · Čerpací stanice · Parkoviště pro TIR Büfé · Benzinkút · Autópihenő	Cafeteria · Tankanlæg · Motorvejsstation Cafeteria, bar · Bensinstation · Truck-stop
Dálnice ve stavbě s termínem uvedení do provozu · Dálnice plánovaná Autópálya építés alatt megnyitás időpontjával · Autópálya tervezés alatt	Motorvej under opførelse med dato for indvielse · Motorvej under planlægning Motorväg under byggnad med öppningsdatum · Motorväg under planerad
Dvouproudá silnice dálnicového typu ve čtyřmi jízdními pruhy · ve stavbě · plánovaná Gyorsforgalmi út autópálya jelleggel · építés alatt · tervezés alatt	Motortrafikvej med to vejbaner · under opførelse · under planlægning Motortrafikled · under byggnad · under planerad
Dálková silnice · se připojkou Távolsági út · csomóponttal	Fjerntrafikvej · med tilslutning Riksväg · med trafikplats
Důležitá hlavní silnice · Hlavní silnice Fontos főút · Főút	Vigtig hovedvej · Hovedvej Viktig huvudled · Huvudled
Silnice ve stavbě · plánované Utak építés alatt · tervezés alatt	Veje under opførelse · under planlægning Vägar under byggnad · under planerad
Vedlejší silnice · Zpevněná cesta Mellékút · Közlekedési út	Bivej · Mindre vej Sidoväg · Körväg
Zpevněná cesta, sjízdná podmíněně · Stezky Közlekedési út, nem járható állandóan · Gyalogutak	Mindre vej, kun begrænset farbar · Gangstier Körväg, delvis användbar för biltrafik · Gångvägar
Silniční tunely Alagutak	Vejtunneler Vägtunnelar
Číslo evropské silnice · Číslo dálnice · Číslo silnice Európaiút-szám · Autópálya-szám · Út-szám	Europavejnummer · Motorvejnummer · Vejnummer Europavägnummer · Motorvägnummer · Vägnummer
Stoupání · Průsmyk · Silnice uzavřená v zimě Emelkedő · Hágó · Télen elzárt útszakasz	Stigning · Pas · Vinterlukning Stigning · Pass · Avstängd vintertid
Silnice nedoporučena · uzavřená pro přívěsy Lakókocsival nem ajánlott · tiltott	Vej ikke anbefalet · forbudt for campingvogne Väg ej lämplig för husvagn · spärrad för husvagn
Silnice s placením mýtného · Silnice uzavřená pro motorová vozidla Díj ellenében használható út · Gépjárműforgalom elöl elzárt út	Afgiftsrute · Vej spærret for motortrafik Avgiftsbelagd väg · Avstängd väg för motortrafik
Úsek silnice s pěknou scenérií · Turistická silnice Természetileg szép szakasz · Turistaút	Landskabelig smuk vejstrækning · Turistrute Naturskön sträcka · Turistled
Říční přívoz pro auta · Prám pro auta · Trasa lodní dopravy Autókomp folyókon · Autókomp · Hajóútvonal	Bilfærge på flod · Bilfærge · Skibsrute Flodfärja · Bilfärja · Båtförbindelse
Hlavní železniční trať se stanicí · Místní železniční trať se zastávkou Fővasútvonal állomással · Mellékvasútvonal megállóval	Hovedbane med station · Sidebane med trinbræt Huvudjärnväg med station · Mindre viktig järnväg med hållplats
Terminál autovlaků · Historická železnice Autórakodás · Történeti vasútvonal	Autotog-terminal · Veteranjernbane Lastningsstation för motorfordon · Museijärnväg
Ozubnicová lanovka, kabinová lanovka · Kabinová visutá lanovka · Sedačková lanovka Fogaskerekű vasút, drótkötélpálya · Kabinos felvonó · Ülőlift	Tandhjulsbane, tovbane · Svævebane med kabine · Stolelift Kugghjulsbana, linbana · Kabinbana · Stollift
Dopravní letiště · Regionální letiště · Přistávací plocha · Terén pro větroně Közlekedési repülőtér · Országos repülőtér · Egyéb repülőtér · Vitorlázórepülő-terep	Lufthavn · Regional lufthavn · Flyveplads · Svæveflyveplads Flygplats · Lokalflygplats · Flygfält · Segelflygfält
Vzdálenosti v kilometrech na dálnici Kilométertávolság az autópályán	Afstænder i km på motorvej Kilometerangivelse vid motorvägar
Vzdálenosti v kilometrech na silnicích Kilométertávolság egyéb utakon	Afstænder i km på andre vejen Kilometerangivelse vid övriga vägar

ZAJÍMAVOSTI · LÁTVÁNYOSSÁGOK | SEVÆRDIGHEDER · SEVÄRDHETER

Turisticky pozoruhodná lokalita Különösen látványos település	Særlig seværdig by Mycket sevärd ort
Turisticky zajímavá lokalita Látványos település	Seværdig by Sevärd ort
Turisticky pozoruhodná budova · Turisticky zajímavá budova Különösen látványos épület · Látványos épület	Særlig seværdig bygningsværk · Seværdig bygningsværk Mycket sevärd byggnad · Sevärd byggnad
Turisticky pozoruhodný přírodní útvar · Turisticky zajímavý přírodní útvar Különleges természeti látnivaló · Természeti látnivaló	Særlig naturseværdighed · Naturseværdighed Särskilt intressant natursevärdhet · Natursevärdhet
Jiné zajímavosti Egyebek látnivalok	Andre seværdigheder Andra sevärdheter
Botanická zahrada, pozoruhodný park · Zoologická zahrada Botanikus kert, látványos park · Állatkert	Botanisk have, seværdig park · Zoologisk have Botanisk trädgard, sevärd park · Zoologisk trädgard
Národní park, přírodní útvar · Krásný výhled Nemzeti park, természeti park · Kilátópont	Nationalpark, naturpark · Udsigtspunkt Nationalpark, naturpark · Utsiktsplats
Kostel · Kaple · Zřícenina kostela · Klášter · Zřícenina kláštera Templom · Kápolna · Templomrom · Kolostor · Kolostorrom	Kirke · Kapel · Kirkeruin · Kloster · Klosterruin Kyrka · Kapell · Kyrkoruin · Kloster · Klosterruin
Zámek, hrad · Zřícenina hradu · Pomník · Větrný mlýn · Jeskyně Kastély, vár · Várrom · Emlékmű · Szélmalom · Barlang	Slot, borg · Borgruin · Mindesmærke · Vejrmølle · Hule Slott, borg · Borgruin · Monument · Väderkvarn · Grotta

JINÉ ZNAČKY · EGYÉB | ANDET · ÖVRIGT

Kempink · Ubytovna mládeže · Golfové hřiště · Jachtařský přístav Kemping hely · Ifjúsági szállás · Golfpálya · Jachtkikötő	Campingplads · Vandrerhjem · Golfbane · Lystbådehavn Campingplats · Vandrarhem · Golfbana · Småbåtshamn
Hotel, motel, hostinec · Horská bouda · Rekreační středisko · Lázně Szálloda, motel, vendéglő · Menedékház · Nyaralótelep · Gyogyfürdő	Hotel, motel, restaurant · Bjerghytte · Ferieby · Kurbad Hotell, motell, gästvärdshus · Fjällstuga · Stugby · Badort
Plovárna · Pobřežní plovárna · Doporučená pláž Uszoda · Strandfürdő · Ajánlatos strand	Svømmebad · Strandbad · God badestrand Simbassäng · Strandbad · God badstrand
Věž · Rozhlasová, televizní věž · Maják · Jednotlivá budova Torony · Rádióantenna, televíziótorony · Világítótorony · Tanya	Tårn · Telemast · Fyrtårn · Isoleret bygning Torn · Radiotorn, TV-torn · Fyrtorn · Enskild byggnad
Mešita · Dřívější mešita · Ruský ortodoxní kostel · Tvrz Mecset · Egykori mecset · Oroszkeleti templom · Erőd	Moské · Fordums moské · Russisk ortodoks kirke · Fort Moské · Förutvarande moské · Rysk ortodox kyrka · Fort
Státní hranice · Hraniční přechod · Hraniční přechod se zvláštními předpisy Államhatár · Nemzetközi határátlépő · Korlátozott átjárhatóságú határátkelőhely	Rigsgrænse · International grænsekontrol · Grænsekontrol med indskrænkning Riksgräns · Internationell gränskontrollstation · Gränskontrollstation med inskränkning
Správní hranice · Zakázaný prostor Közigazgatási határ · Zárt terület	Forvaltningsgrænse · Spærret område Förvaltningsgräns · Spärrzon
Les · Vresoviště Erdő · Puszta	Skov · Hede Skog · Hed
Písek a duny · Mělké moře Homok, föveny · Watt-tenger	Sand og klitter · Vadehav Sand och dyner · Ebbstrand

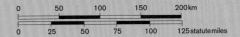

Europa • Europe • Evropa • Európa
1:4.500.000

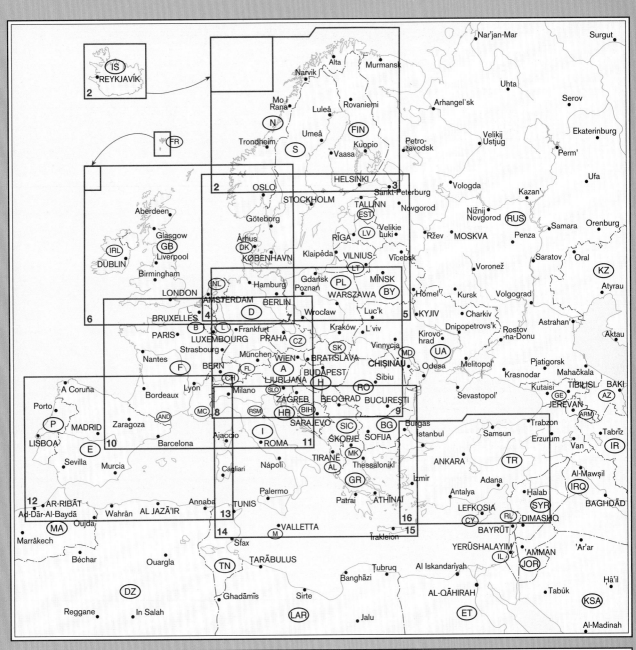

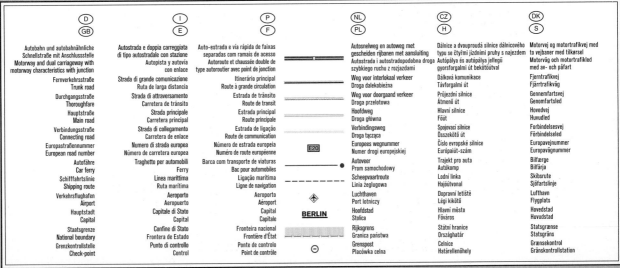

D / GB	I / E	P / F	NL / PL	CZ / H	DK / S
Autobahn und autobahnähnliche Schnellstraße mit Anschlussstelle / Motorway and dual carriageway with motorway characteristics with junction	Autostrada e doppia carreggiata di tipo autostradale con stazione / Autopista y autovía con enlace	Auto-estrada e vía rápida de faixas separadas com ramais de acesso / Autoroute et chaussée double de type autoroutier avec point de jonction	Autosnelweg en autoweg met gescheiden rijbanen met aansluiting / Autostrada i autostradopodobna droga szybkiego ruchu z rozjazdami	Dálnice a dvouproudá silnice dálnicového typu se čtyřmi jízdními pruhy s nájezdem / Autópálya és autópálya jellegű gyorsforgalmi út bekötőútval	Motorvej og motortrafikvej med to vejbaner med tilkørsel / Motorväg och motortrafikled med av- och påfart
Fernverkehrsstraße / Trunk road	Strada di grande comunicazione / Ruta de larga distancia	Itinerário principal / Route à grande circulation	Weg voor interlokaal verkeer / Droga dalekobieżna	Dálková komunikace / Távforgalmi út	Fjerntrafikvej / Fjärrtrafikväg
Durchgangsstraße / Thoroughfare	Strada di attraversamento / Carretera de tránsito	Estrada de trânsito / Route de transit	Weg voor doorgaand verkeer / Droga przelotowa	Průjezdní silnice / Átmenő út	Gennemfartsvej / Genomfartsled
Hauptstraße / Main road	Strada principale / Carretera principal	Estrada principal / Route principale	Hoofdweg / Droga główna	Hlavní silnice / Főút	Hovedvej / Huvudled
Verbindungsstraße / Connecting road	Strada di collegamento / Carretera de enlace	Estrada de ligação / Route de communication	Verbindingsweg / Droga łącząca	Spojovací silnice / Összekötő út	Forbindelsesvej / Förbindelseled
Europastraßennummer / European road number	Numero di strada europea / Número de carretera europea	Número de estrada europeia / Numéro de route européenne	Europees wegnummer / Numer drogi europejskiej	Číslo evropské silnice / Európaiút-szám	Europavejnummer / Europavägnummer
Autofähre / Car ferry	Traghetto per automobili / Ferry	Barca com transporte de viaturas / Bac pour automobiles	Autoveer / Prom samochodowy	Trajekt pro auta / Autókomp	Bilfærge / Bilfärja
Schifffahrtslinie / Shipping route	Linea marittima / Ruta marítima	Ligação marítima / Ligne de navigation	Scheepvaartroute / Linia żeglugowa	Lodní linka / Hajóútvonal	Skibsrute / Sjöfartslinje
Verkehrsflughafen / Airport	Aeroporto / Aeropuerto	Aeroporto / Aéroport	Luchthaven / Port lotniczy	Dopravní letiště / Légi kikötő	Lufthavn / Flygplats
Hauptstadt / Capital	Capitale di Stato / Capitale	Capital / Capital	Hoofdstad / Stolica	Hlavní město / Főváros	Hovedstad / Huvudstad
Staatsgrenze / National boundary	Confine di Stato / Frontera de Estado	Fronteira nacional / Frontière d'État	Rijksgrens / Granica państwa	Státní hranice / Országhatár	Statsgrænse / Statsgräns
Grenzkontrollstelle / Check-point	Punto di controllo / Control	Ponte de controlo / Point de contrôle	Grenspost / Placówka celna	Celnice / Határellenőhely	Grænsekontrol / Gränskontrollstation

BERLIN

1

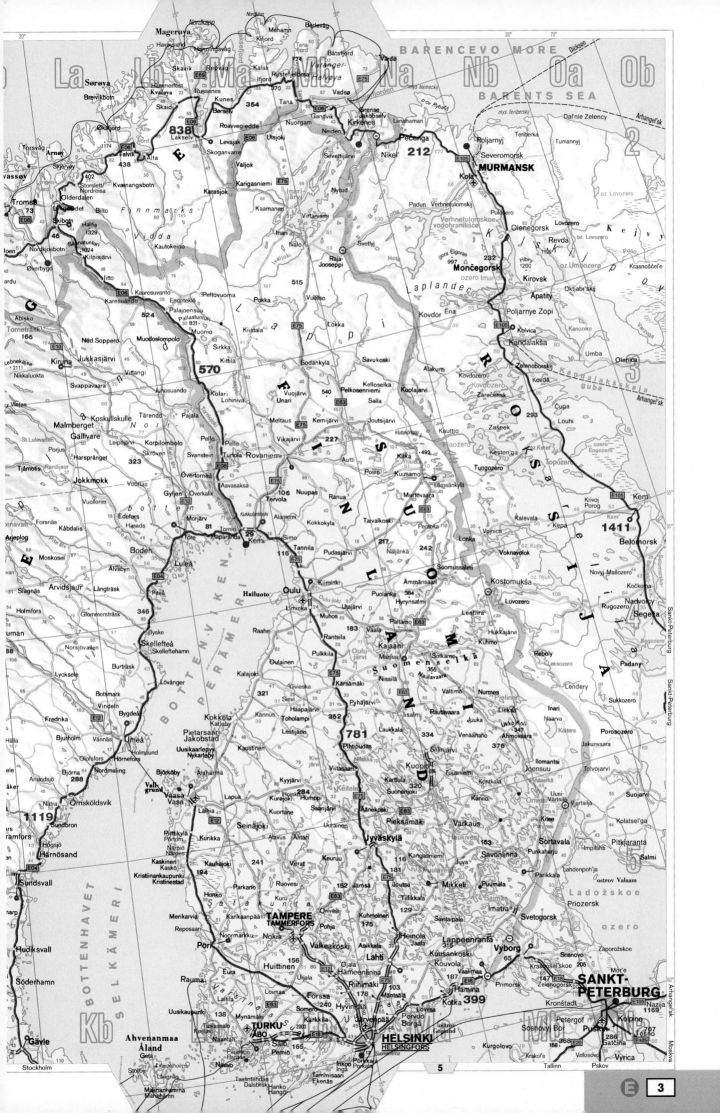

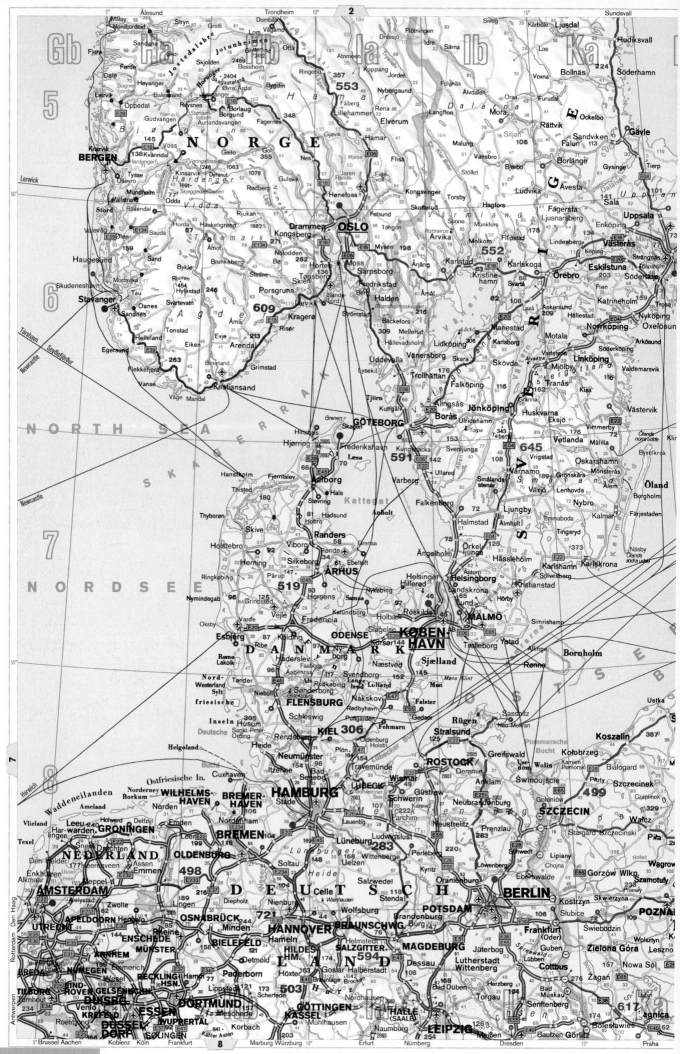

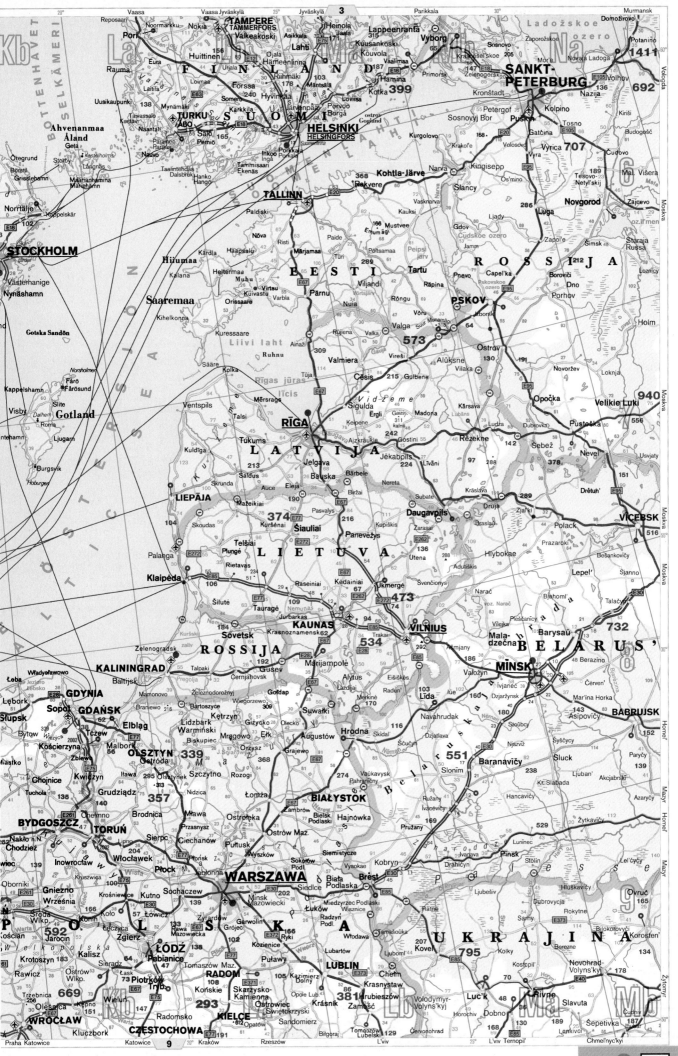

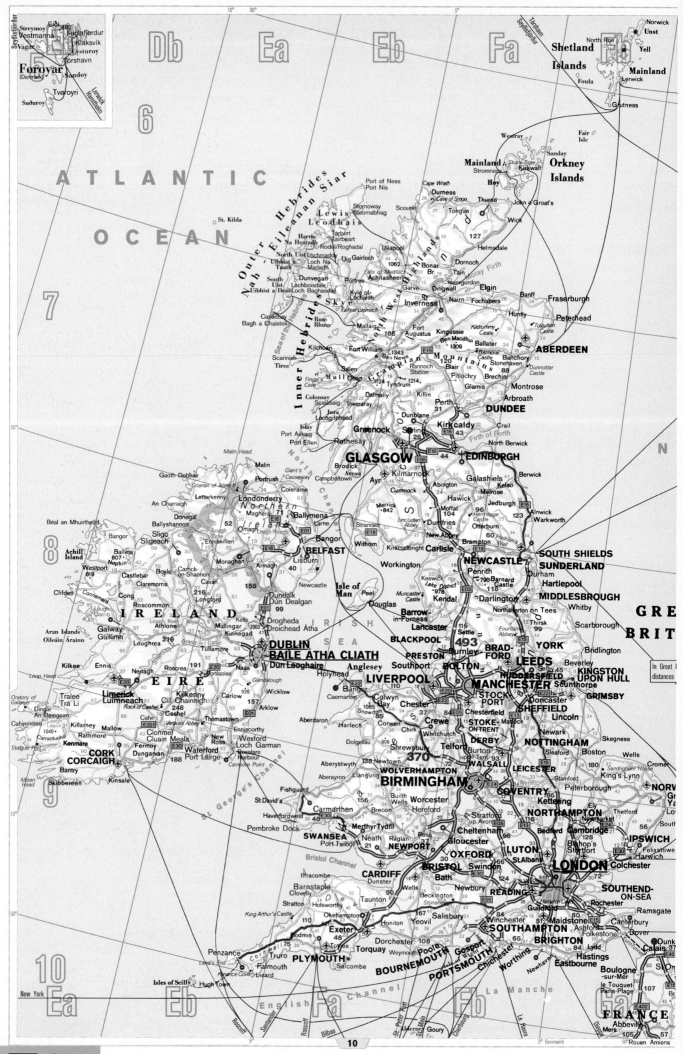

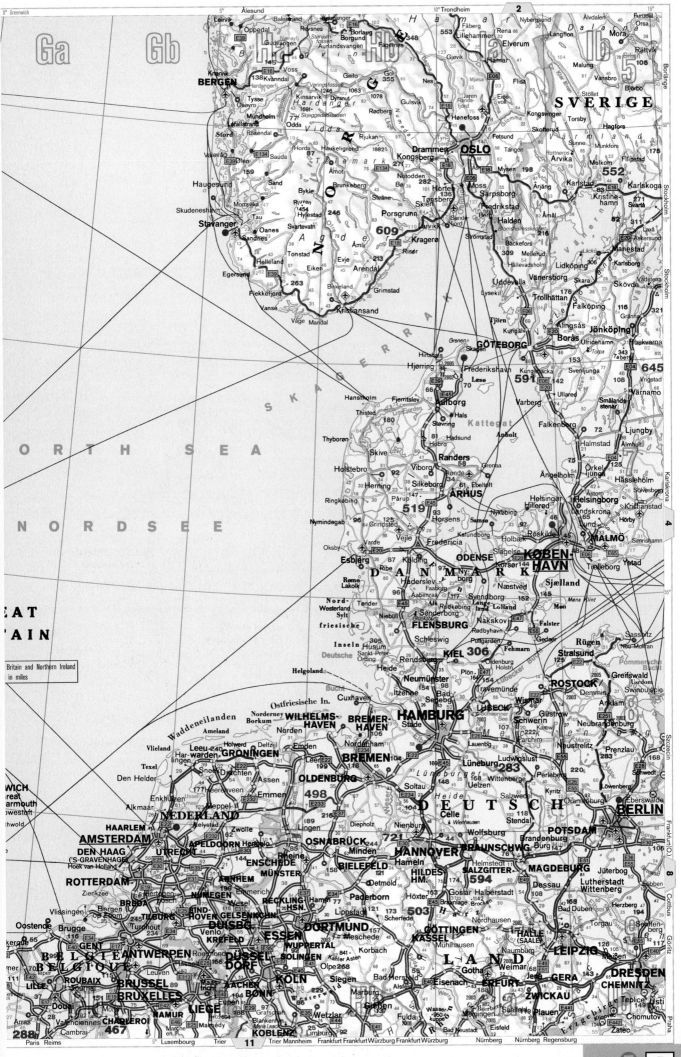

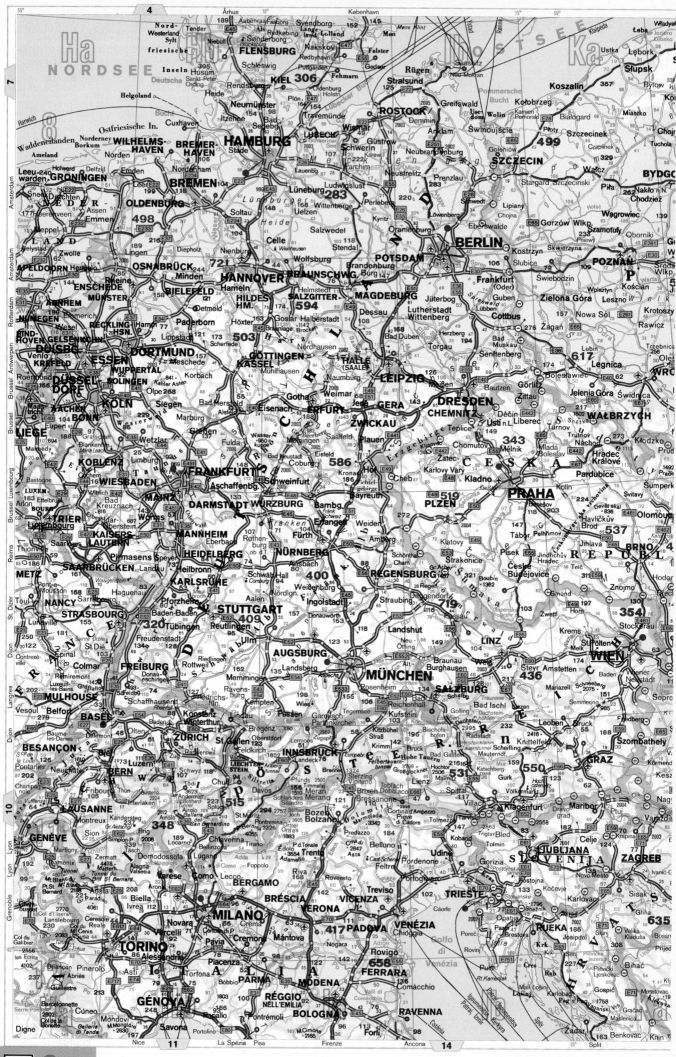

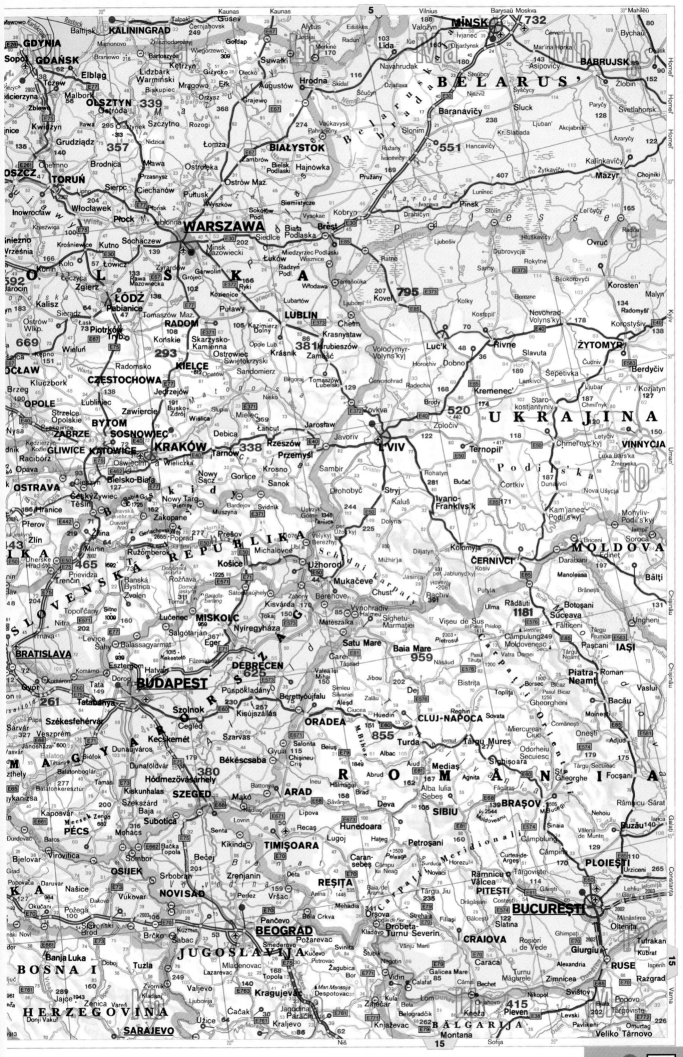

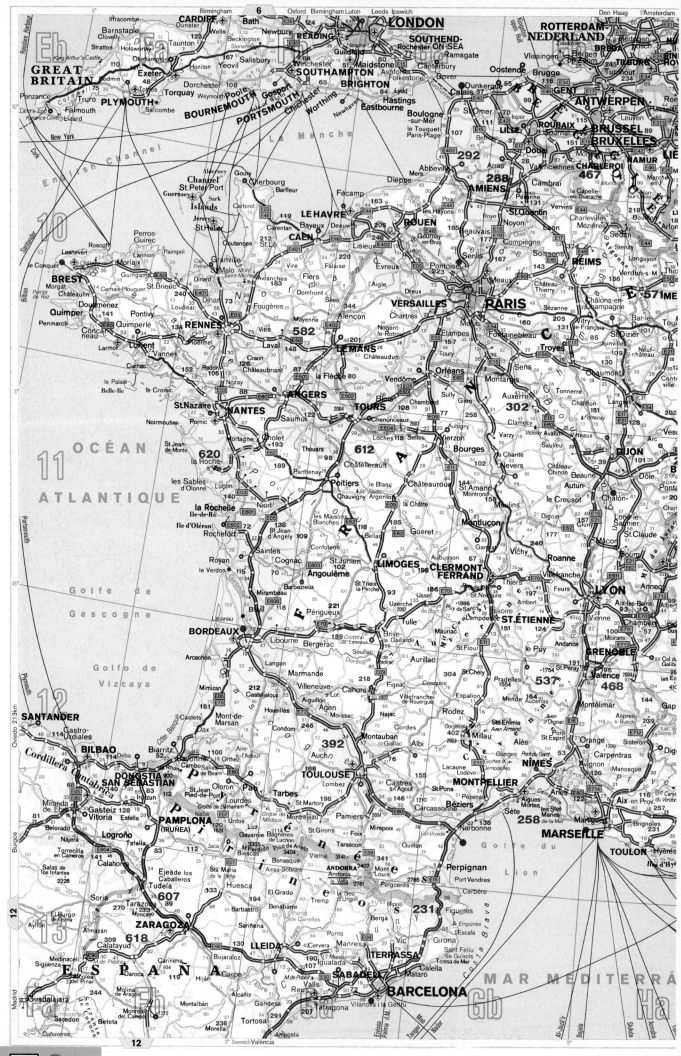

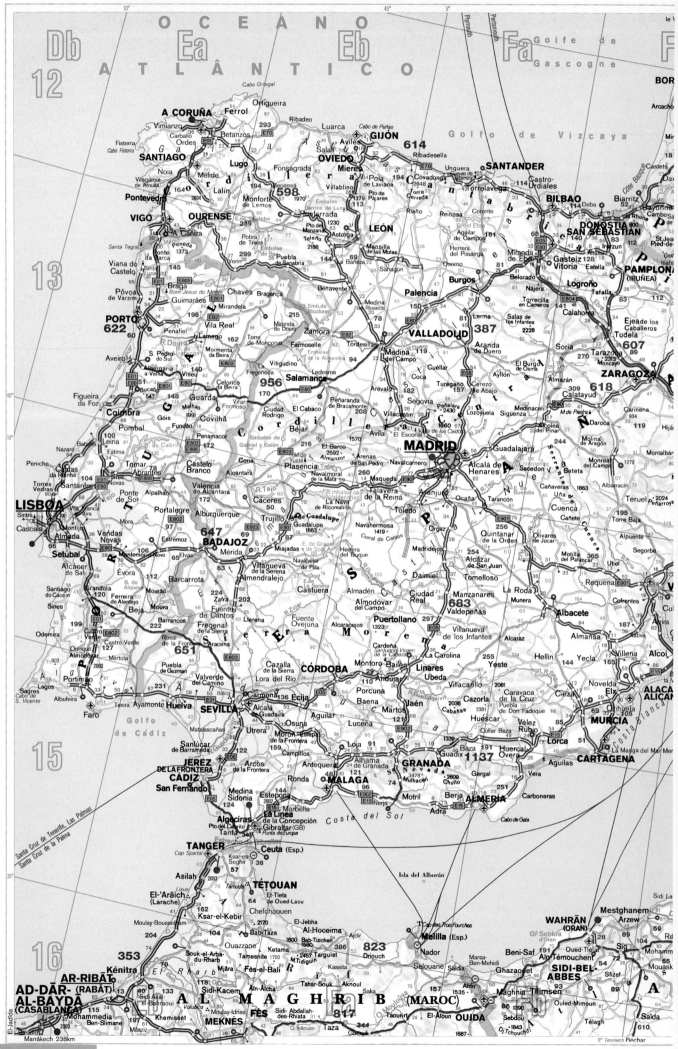

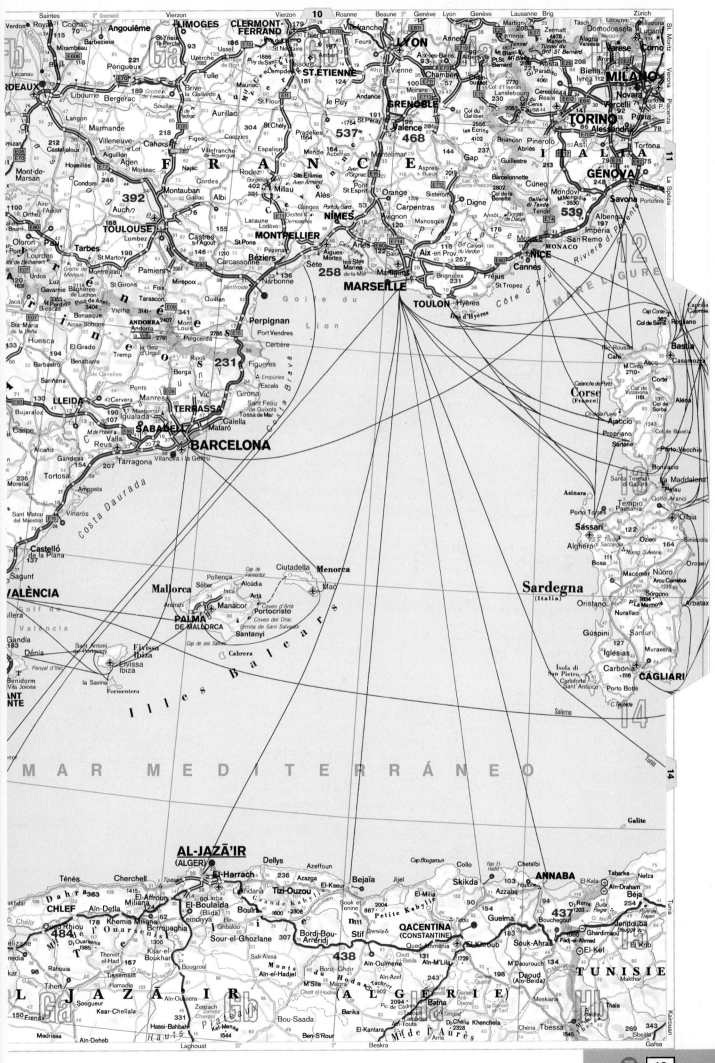

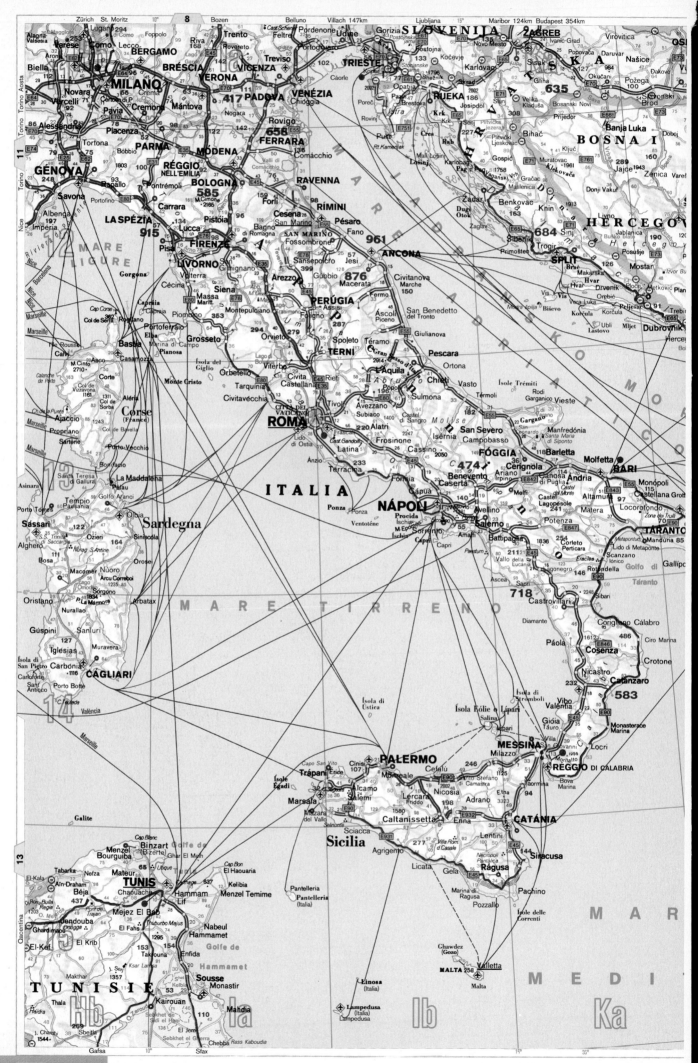

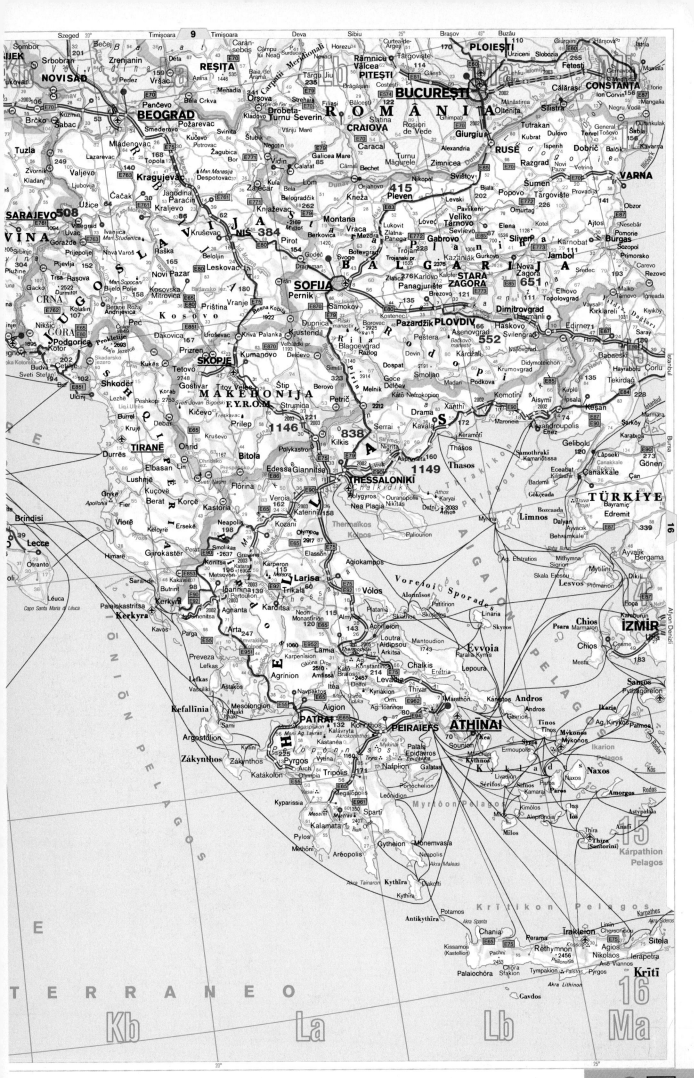

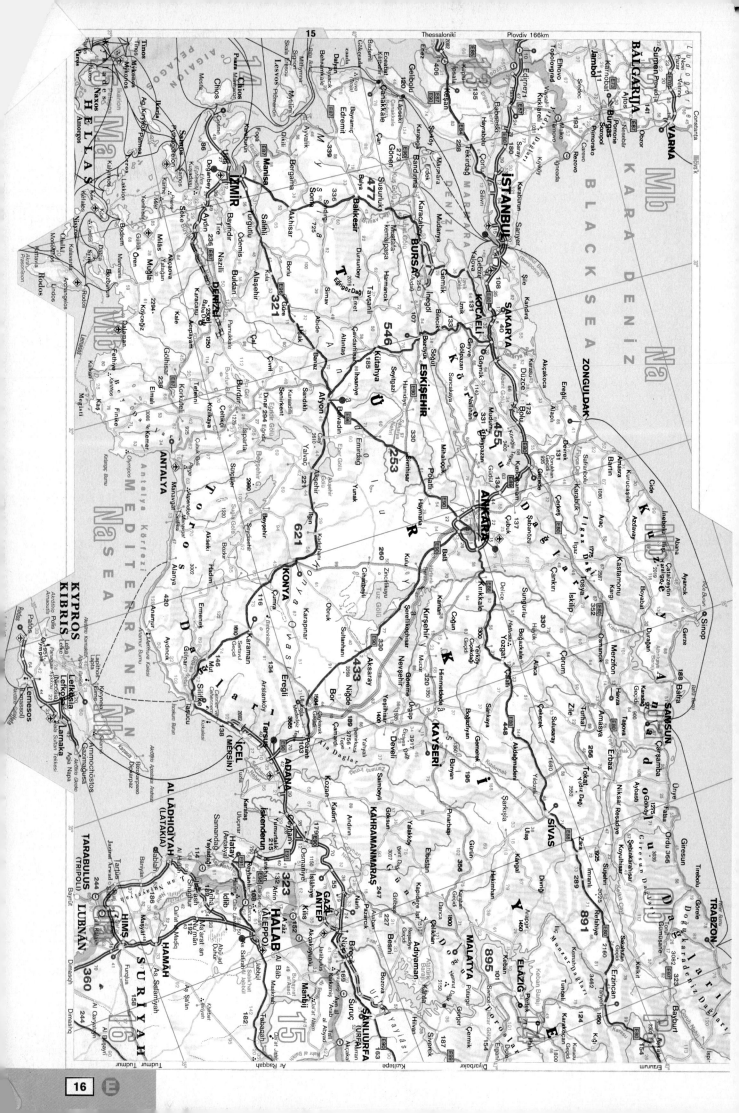